总装备部人才战略工程专项资助

运筹学导论
（第10版）

Introduction to Operations Research (Tenth Edition)

【美】Frederick S. Hillier, Gerald J. Lieberman 著

李晓松 吕彬 郭全魁 李增华 刘同 译

国防工业出版社

·北京·

著作权合同登记　图字：军-2015-034 号

图书在版编目(CIP)数据

运筹学导论：第 10 版 /（美）弗雷德里克·S. 希利尔（Frederick S. Hillier），（美）杰拉尔德·J. 利伯曼（Gerald J. Lieberman）著；李晓松等译. —北京：国防工业出版社，2022. 4 重印

书名原文：Introduction to Operations Research (Tenth Edition)
ISBN 978-7-118-11586-4

Ⅰ. ①运… Ⅱ. ①弗… ②杰… ③李… Ⅲ. ①运筹学 Ⅳ. ①O22

中国版本图书馆 CIP 数据核字（2018）第 189584 号

Frederick S. Hillier, Gerald J. Lieberman
Introduction to Operations Research (Tenth Edition)
ISBN 9780073523453
Copyright© 2015 by McGraw-Hill Education.

All Rights reserved. No part of this publication may be reproduced or transmitted in any form or by any means, electronic or mechanical, including without limitation photocopying, recording, taping, or any database, information or retrieval system, without the prior written permission of the publisher.

This authorized Chinese translation edition is jointly published by McGraw-Hill Education and National Defense Industry Press. This edition is authorized for sale in the People's Republic of China only, excluding Hong Kong, Macao SAR and Taiwan.

Translation Copyright© 2018 by McGraw-Hill Education and National Defense Industry Press.

版权所有。未经出版人事先书面许可，对本出版物的任何部分不得以任何方式或途径复制或传播，包括但不限于复印、录制、录音，或通过任何数据库、信息或可检索的系统。

本授权中文简体字翻译版由麦格劳-希尔（亚洲）教育出版公司和国防工业出版社合作出版。此版本经授权仅限在中华人民共和国境内（不包括香港特别行政区、澳门特别行政区和台湾）销售。

版权© 2018 由麦格劳-希尔（亚洲）教育出版公司与国防工业出版社所有。

本书封面贴有 McGraw-Hill Education 公司防伪标签，无标签者不得销售。

※

国防工业出版社出版发行
（北京市海淀区紫竹院南路23号　邮政编码 100048）
北京虎彩文化传播有限公司印刷
新华书店经售

＊

开本 787×1092　1/16　印张 52¼　字数 1400 千字
2022 年 4 月第 1 版第 2 次印刷　印数 1501—2000 册　定价 368.00 元

（本书如有印装错误，我社负责调换）

国防书店：(010)88540777　　　　发行邮购：(010)88540776
发行传真：(010)88540755　　　　发行业务：(010)88540717

序

《运筹学导论(第10版)》作为运筹学领域的佳作,是美国多所高校的运筹学教材用书,销售量一直名列前茅。原著作者长期从事运筹学的教学和科研工作,是业界的佼佼者。原著具有内容翔实、专业性强、应用价值高等特点,对国内同类著作产生了重大影响。翻译出版该著作,对于丰富和发展我国管理学和运筹学理论和方法体系,完善管理学的定量研究手段,具有较大的理论价值和实践意义。译著可作为运筹学、管理学、系统工程等专业的教材,也可作为从事军事管理、经济管理等领域的研究人员的参考用书。

10多年来,我一直带领本书的译者从事运筹学研究和教学工作,一直致力于将运筹学理论和方法深度融入军事管理的各个领域、各个环节和各个要素,并开创了装备运筹学研究和教学体系。我非常欣慰地看到译者这么多年来始终坚持运用运筹学的思维、理论和方法解决实际工作中的问题,并取得了一系列丰硕成果。译著的出版是译者从事运筹学工作的再思考、再学习、再研究和再升华。实践探索永无止境、理论创新永无止境,衷心希望译者再接再厉,充分挖掘和发挥运筹学在军事管理决策优化中的作用,取得更多更好的研究成果,为军事管理定量化分析做出更大贡献。

陈庆华

译 者 序

《运筹学导论》于1967年首次出版,至今已出版到第10版,是国际权威的运筹学经典著作,广泛应用于管理学、经济学、军事学等专业领域。原著通过理论与案例相结合、模型与软件相结合、定性与定量相结合等方式,深入浅出地介绍了运筹学相关理论和方法,覆盖了运筹学的各个专业方向,阐述了运筹学的起源、特征和作用,分析了运筹学的各类经典方法,如线性规划、对偶理论、网络优化、博弈论和排队论等,是原著作者几十年研究成果和教学实践的"大集成"。

运筹学是研究经济社会问题的定量分析及决策优化理论和方法的学科,主要运用数学模型、计算机技术和定量分析等方法,揭示研究对象的结构、功能与运行规律。军事管理学是研究军事管理活动及其规律的学科,是融合军事科学、自然科学与社会科学为一体的综合性学科,涉及政治、经济、军事和科技等多个领域。随着新一代信息技术的蓬勃发展,以及大数据和知识经济时代的到来,运筹学与复杂系统、人工智能、管理工程等多学科理论方法的相互渗透和交叉融合,必将成为未来军事管理学的发展方向与趋势。当前军事管理学研究普遍存在定性描述多、定量分析少,宏观概述多、模型仿真少,实践经验总结多、理论方法论证少等问题。翻译出版《运筹学导论(第10版)》一书,对于拓宽国内军事管理学研究思路,改进军事管理学研究手段,丰富和发展军事管理学学科体系,提高军队建设和部队管理决策优化水平,具有较好的理论和实践指导价值。

原著具有以下特点。一是著作经典。原著作者长期从事运筹学教学和科研工作,是运筹学业界的"大师",《运筹学导论》至今已出版到了第10版,在业内影响深远,获得了运筹学英文出版物最高奖项等多项奖励,是运筹学专业的经典著作之一,为我国运筹学教材的编写提供了重要支撑。二是专注执着。不忘初心,方得始终。原著作者将全部的精力、热情和智慧投入到了运筹学的研究与教学中。原著作者之一弗雷德里克·S.希利尔更是提前退休以便集中精力从事专著的写作。不仅如此,他对运筹学的执着追求还感染着身边的人,他的爱人、儿子以及学生都参与了原著的撰写。50年如一日的运筹学"长征"路,值得所有人敬佩。三是内容全面。原著内容几乎覆盖了运筹学所有的基础理论、重要方法和先进工具,充分体现了运筹学的发展历程、特点规律、深刻内涵和地位作用。四是实用性强。原著深入浅出,通俗易懂,理论与实践结合紧密,专业解析与科学普及互为补充,案例引导与软件实现深度融合,是解决军事管理实践问题强有力的定量分析手段和工具。

译著共20章,具体分工如下:第1章绪论(郭全魁),第2章运筹学建模方法概述(吕彬、郭全魁),第3章线性规划导论(郭全魁),第4章求解线性规划问题:单纯形法(郭全魁),第5章单纯形法(李晓松),第6章对偶理论(李晓松),第7章不确定条件下的线性规划(李增华),第8章线性规划的其他算法(李晓松),第9章运输与指派问题(李增华),第10章网络优化模型(李增华、李晓松),第11章动态规划(刘同),第12章整数规划(李晓松),第13章非线性规划(李晓松),第14章启发式算法(李晓松),第15章博弈论(吕彬、刘同),第16章决策理论(李晓松),第17章排队论(刘同),第18章库存理论(吕彬),第19章马尔可夫决策过程(吕彬、刘同),第20章仿真(吕彬)。翻译过程中得到了北京赛诺达文信息技术有限公司的大力支持和帮助。

感谢领路人陈庆华教授把我们带入了略显枯燥又令人流连忘返的运筹学领域,感谢他多年来对团队孜孜不倦的引导、帮助和支持。感谢《运筹学导论(第9版)》胡运权等译者在运筹学领域所做出的重要贡献,并对引用他们的翻译成果感到荣幸。

由于译者水平有限,书中难免有翻译不当之处,敬请广大读者批评指正。

译者
2016 年 12 月

关于作者

弗雷德里克·S. 希利尔(Frederick S. Hillier)出生在美国华盛顿州的阿伯丁,高中期间曾在华盛顿州的写作、数学、辩论和音乐比赛中获奖,本科毕业于斯坦福大学,是工程学班级的第一名(300多名学生),曾获专业写作McKinsey奖、大二学生杰出辩论奖,参加过斯坦福木管五重奏小组的演出,并因在工程学和人文社会科学结合上的突出贡献获汉密尔顿奖。Hillier博士不仅取得了工业工程学理学学士学位,还获得了3项国家奖学金,并用奖学金攻读了斯坦福大学运筹学专业研究生。他获得博士学位后,留在斯坦福大学任教,28岁时获该校终身教职,32岁时被聘为教授,还是康奈尔大学、卡内基·梅隆大学、丹麦技术大学、新西兰坎特布里大学、英国剑桥大学的访问学者。Hillier博士在斯坦福大学任教35年后,于1996年提前退休,集中精力从事专著的写作,现为斯坦福大学运筹学的名誉教授。

Hillier博士的研究涉及很多领域,包括整数规划、排队论及其应用、统计质量管理以及经费预算与生产系统设计等方面。他的论著领域广泛,一些重要论文至少10次被有关专著重新出版。Hillier博士是美国管理科学研究所和美国海军研究署资助的"关联项目资金预算"研究竞赛的首位获奖者,1995年,他和Gerald J. Lieberman博士还因本书(第6版)获美国运筹学和管理科学学会的兰切斯特奖荣誉提名奖,该奖项是各类运筹学英语出版物的最高奖。

Hillier博士在相关领域专业协会中担任过很多领导职务,如曾任美国运筹学会(ORSA)的财务主管、TIMS会议的副主席、1989年在日本大阪举行的TIMS国际会议的合作主持人、TIMS出版委员会主席、美国运筹学会运筹学选题编委会主席、美国运筹学会资源计划委员会主席、美国运筹学会和美国管理科学研究所联合会议委员会主席、美国运筹学与管理科学研究会John von Neumann理论奖评选委员会主席。1993年,他创办了斯普林格国际系列丛书中的《运筹学与管理科学》,并一直担任编辑。

Hillier 博士除了《运筹学导论》和其他两本配套出版物——《数学规划导论》（第 2 版，1995）与《运筹学随机模型导论》（1990）外，著作还有《风险关联投资评估》（North Holland，1969）、《排队论的表和图》（Elsevier North Holland，1981）及《管理科学导论：运用电子表格的建模与案例研究方法》（第 5 版，McGraw-Hill/lrwin，2003）。

杰拉尔德·J·利伯曼（Gerald J. Lieberman）于 1999 年去世，曾任斯坦福大学运筹学和统计学的名誉教授，是该校运筹学系的创建者和系主任，同时具有工程和运筹统计的背景（拥有库伯大学机械工程学学士学位、哥伦比亚大学数理统计学硕士学位和斯坦福大学统计学博士学位）。

Lieberman 博士是斯坦福大学近几十年来最著名领导人之一，继出任运筹学系主任之后，历任人文和理学院副院长、副教务长和研究生部主任、教职员评议会主席、大学顾问委员会成员。

Lieberman 博士在担任大学领导期间，积极从事教学研究，主要研究运筹学的随机理论，包括应用概率和统计学的交叉知识，出版物涉及可靠性与质量管理、复合系统建模以及有限资源条件下的优化设计等。

Lieberman 博士作为运筹学领域深受尊敬的资深元老，担任过一系列领导职务，包括管理科学研究所的主席，专业荣誉包括当选国家工程院士、获美国质量管理协会的 Shewart 奖以及因在斯坦福大学和在行为科学高级研究中心任研究员期间做出的卓越贡献获 Cuthberston 奖。1996 年，美国运筹学与管理科学研究会因其在运筹学和管理科学方面的杰出贡献授予他具有极高声誉的 Kimball 奖章。

Lieberman 博士除《运筹学导论》和其他两本配套出版物——《数学规划导论》（第 2 版，1995）和《运筹学随机模型导论》（1990）外，著作还有《工业统计手册》（Prentice-Hall，1995）、《非中心 t 分布表》（Stanford University Press，1957）、《超几何概率分布表》（Stanford University Press，1961）、《工程统计学》（第 2 版，Prentice-Han，1972）、《管理科学导论：运用电子表格的建模与案例研究方法》（McGraw-Hill/Irwin，2000）。

引 言

50年前,当Gerald J. Lieberman和我着手编写本书的第1版时,我们的目标是写一本有开创性的参考书,它将有助于指导未来运筹学这一新生领域的教育方向。本书出版后,我们一直不清楚这个目标的实现程度,但有一点是肯定的,对本书的需求量远超出我们的预料。我们谁也无法想象随着时间的推移,世界范围内这样的高需求能否继续。

特别高兴的是,本书第6版获得了美国运筹学与管理科学研究会(运筹学界最高的职业学会)的兰切斯特奖荣誉提名奖(该奖项用于奖励每年运筹学领域最优秀的英语出版物)。2004年,本书第8版获得了美国运筹学与管理科学研究会专著写作奖,对本书给予了很高的评价,褒奖函如下。

37年来,本书的各个版本已引导了超过50万大学生熟悉运筹学,并吸引了更多的人进入这个领域从事科学活动。很多运筹学的领军人物及教师都是通过本书进入了该领域。本书已翻译成了15种其他语言,为运筹学在世界范围内的推广作出了贡献。本书在出版37年后仍然保持超群的地位。虽然第8版刚发行,其第7版在该类图书市场上的占有率高达46%,在McGraw-Hill工程类出版物的国际销售中名列第二。取得上述成就,可概括为以下两点:第一,从学生的角度来看,本书有很强的引导力,解释清晰而直观,案例科学实用、条理清晰,软件支持非常得力,数学知识适度;第二,从教师的角度来看,其吸引力在于生动的材料以及十分清晰易懂的语言表达。

50年前着手编写本书时,Lieberman已经是运筹学领域的杰出成员,一位有成就的作者和斯坦福大学运筹学系的主任,而我则是刚开始职业生涯的年轻助理教授。我非常幸运能有机会同他一起工作并向他学习,我永远感激Lieberman给我的这个机会。

现在,Lieberman永远离开了我们,14年前他因病去世时,我就决定用更高标准继续本书的后续各版,用以纪念Lieberman。所以我从斯坦福大学提前退休,以便全力完成本书的写作,使我有更多的时间用于准备每一个新的版本,同时也使我能更好地掌握运筹学的发展和新的趋势,使新版本的内容及时得到更新。

第10版的主要修改

● **教育专用分析解算平台**。本书第10版继续提供使用Excel和解算机(前线系统公司的产品)计算及解决一些运筹学模型。前线系统公司也提供部分先进的、以Excel为基础的软件包。分析求解平台教学版的最新版软件包,提供了令人兴奋的多用途工具,具备处理本书大多数章节运筹学模型的强大能力,包括线性规划、非线性规划、决策分析、仿真与预测。更正确地说,该平台利用整合的软件包就能够使用电子表格处理大多数运筹学模型,超过了通过Excel添加工具处理运筹学问题的方式(过去版本的做法)。我们很高兴能够为学生提供这样一个集成平台——分析求解平台教学版(ASPE),该平台为学生提供了140天的免费认证试用。

同时,该平台可以为不喜好使用电子数据表的用户提供帮助。本书第10版还提供了一些其他吸引人的软件(稍后描述)。此外,通过 Excel 的标准解算机也可以简单地获得电子数据表模型。我们相信,多数教师和学生将会喜欢上分析求解平台教学版的强大功能和多种应用。

- **有关鲁棒优化的新小节**。运筹学的典型应用包括预测未来可能的行动,所有模型参数必须建立在对未来限制条件预测的基础上。这有时就造成了巨大的不确定性,即参数可能影响模型最优方案的执行。针对约束的微小改变而产生的无界问题,鲁棒优化技术提供了获得可行或接近最优解的方式,而不用考虑参数估计值的约束。7.4 节介绍鲁棒优化方法解决线性规划问题。

- **有关机会约束的新小节**。本书第 10 版 7.5 节继续讨论 7.4 节的有关约束条件变化不十分复杂的情况。运用机会约束的作用是:通过每个机会约束改变原始约束,使得原始约束更有可能获得满意的效果。如果原问题是线性规划问题,那么,每个机会约束能够转化为等价的线性规划确定性约束。7.5 节描述该方法如何实现。

- **有关补偿随机规划的新章节**。随机规划是解决当参数值不确定性时的线性规划模型(或其他模型)的一个新算法。该方法特别适用于两个(或多个)阶段问题,第二阶段可以补偿第一阶段决策的失误(由于参数错误估计导致结果错误)。7.6 节描述补偿随机规划如何处理此类问题。

- **有关不确定性线性规划问题的新章节**。线性规划问题的重要假设是确定假设,也就是说,线性规划模型的参数值被认为是已知约束。虽然这个假设很方便,但是却不令人满意。贯彻于运筹学课程最重要的理念是:虽然针对问题通过一些简单的假设建立模型是非常必要的,但是,在解完模型后对这些假设的分析同样非常重要。这一观点要毫不动摇地贯彻到线性规划建模,因为所有的方法现在已经广泛应用到了处理不确定性下的线性规划问题。其中一个重要的技术是灵敏度分析,而一些其他相对初步的技术现在也已经很好地发展起来了。因此,上一版第 6 章(对偶理论和灵敏度分析)现在被分为了 2 章:第 6 章和第 7 章。本书第 10 版第 7 章包括了上一版第 6 章有关灵敏度的 3 节,同时增加了新的 3 节内容。

- **有关提升运筹学与商业分析关系的新章节**。过去几十年运筹学研究领域发展的重要方向是商业决策,以及商业决策相关的管理决策。虽然商业决策学科与运筹学学科在某些方面有所不同,但是两个学科关系非常亲密。运筹学关注于先进商业分析工具,而商业分析专业人士可能缺乏相关知识。无论如何,运筹学与商业分析的融合发展是未来几年的重要方向。事实上,我们甚至可以想象商业分析可能替代运筹学,成为一门整合的科学。由于两个学科的融合和发展,在运筹学教材中需要对两个学科的关系进行讲解和分析。1.3 节详细描述了相关内容。

- **许多新问题或修正问题**。许多新问题已经增加到了新的章节和应用案例中。此外,本书第 9 版存在的相关问题已经修正。

- **关于重新编排书,以便减少书的字数**。非常不幸的是,本书的每个新版本都明显比前一版本字数多。本书第 7 版相比以前变得更厚,特别是作为教材显得太厚重。因此,我们在本书第 8 版和第 9 版编著过程中努力减少了书的厚度。同时,采取了必要措施避免了后续版本厚度的增加。事实上,这个版本通过各种方式相比第 9 版减少了很多页。一方面没有添加过多的新材料,另一方面是删除了某些低优先级的材料,包括参数线性规划与灵敏度分析相结合的描述(已经包括在 8.2 节),以及一个复杂的动态规划案例(Wyndor 问题与 3 个状态变量),该案例通过其他方式更容易解决。最后,最重要的是,删除了 2 个应用价值较小的内容(马尔可夫链和马尔可夫决策过程的 2 节)。该内容可以通过本书网站进行学习。由于马尔可夫链是关于概率理论和随机过程的具体运筹学工具,所以更适合在参考文献中补充介绍。

- **反映运筹学的最新发展趋势**。本书第 10 版力求与时俱进,在运筹学教程中增加了相对较新的内容,以及确保所有材料已经在本书第9版的基础上进行了更新。同时,本书第10版还谨慎地更新了每一章的应用案例和参考文献。

本书的其他特色

- **强调实际应用。** 运筹学研究在全世界众多公司和组织产生了巨大的影响。因此,本书的目标之一就是清晰地向学生介绍这些故事,以激发学生学习相关材料。这个目标通过4种方式实现。一是通过书中各章节有关公司或组织运筹学实际运用的案例,学习书中各章节内容。学生需要阅读相关章节的内容,才能够很好地理解书中的每一个案例。二是通过简单的描述阐述相关运筹学技术的应用(特别是在第2章和第12章)。三是很多应用案例在章节的结尾和本书网站进行了介绍。四是一些章节的参考文献介绍了很多获得运筹学奖励的应用案例。在这些章节的结尾处包含的问题,需要阅读一个或多个应用案例才能有很好的了解。

- **链接了许多引人注目的运筹学应用的文章。** 我们很开心能够与本领域杰出的协会(美国运筹学与管理科学研究会)合作,该学会通过本书的网站提供了近100篇有关运筹学应用的论文,包括所有应用案例的详细内容(有关该学会的学报、会议、工作情况、学者得奖和教学资料等信息可登录www.informs.org查询)。这些文字有助于教师辅导学生深入了解运筹学应用情况。同时,也可以采取案例研讨的方式改进运筹学课程。

- **网站上丰富的补充章节。** 此外,网站上提供了本书几乎所有内容和额外材料,包括了9个完整的章节和相当多的补充材料,以及大量的附加案例。所有的补充章节包括了问题和参考文献,大部分的补充章节也有习题。如果学生没有通过电子设备获取相关材料,教师应该在讲课中介绍部分补充材料。

- **许多可用的其他示例。** 本书网站的一项重要辅导功能是有成套的章节解题案例。我们相信大多数学生会觉得书中的例子已足够,但是部分学生会觉得需要学习额外的例子。这些解题案例可以为部分学生提供额外帮助,同时也有助于备考。我们希望教师能够向学生传达该类解题案例的重要作用。

- **满足灵活的需求。** 我们发现教师在运筹学教学中的重点大相径庭。他们有的想强调运筹学的运算和算法;有的强调建立模型,而不关心如何对模型进行计算求解;有的强调运筹学在管理决策中的应用和作用。一些教师关注运筹学确定性模型,而有的关注随机性模型。教师在软件选择方面也有较大差异。本书伟大之处在于满足了上述多样化的需求。此外,本书的编排方式非常有利于教师选择所需要的内容,同时也适用于教师所使用的运筹学软件。

- **定制化的服务。** 因为本书具有很大的灵活性,教师可以轻松选择部分内容进行辅导,而不用对本书所有内容进行辅导。幸运的是,McGraw-Hill出版社为了满足读者需求,提供了定制化的微小版本。使用McGraw-Hill Create^{TM},可以获得所需要的部分章节内容,还可以轻松地重新排列各章节内容,并快速上传撰写的内容。如果需要,可以搜索本书相关的补充材料。例如,如果你关注电子表格建模和应用,我们建议你查看Hillier-Hillier教材中"管理科学入门:电子表格建模和案例研究"一节。根据你的教学风格合理排版所需要的书。Create甚至可以允许创建个性化的封面,并添加你的姓名、学校和课程信息。订购个性化图书,你将在3~5个工作日获得免费的复习书或通过电子邮件快速获得。你可以访问www.mcgrawhillcreate.com,并成为注册会员,分享你通过使用McGraw-Hill个性化服务教授运筹学课程的经验。

本书用途

为了更好地满足学生的需求,同时更能反映当代运筹学实践的要求,本书进行了修订。由于软件应用与运筹学实践活动的结合更加紧密,书中介绍了多种软件应用方案,为教师选择软件提供了很大的灵活性,随书附带的所有教学资源有助于提高学生的学习能力。因此,本书及其网站为学生提供了一套个性化的教科书,用于补充和支持课堂教学。

我和McGraw-Hill编辑团队认为,这次修订使得第10版更像一本"学生用书":清晰、有趣,组织有序的案例和插图,更好的服务于学生找到重要材料和有意思的家庭作业,没有过多的概念、术语和数学公式。我们相信并坚信大多数使用过本书以前版本的教师将会同意这是迄今为止最好的版本。

本书适合初学者。与以前的版本一样,数学一直保持在相对基础的水平。大多数章节(第1章~第15章)不需要高中代数以外的相关数学知识。微积分仅在第13章和第11章的例子中使用。矩阵概念在第5章、第6章、第7章、8.4节和第13章使用。第16章~第20章需要先学习一些概率理论,有些部分还要用到微积分。总体来说,针对第16章~第20章内容以及前几章复杂案例,先学习初等微积分是有用的。

本书的内容主要针对高年级本科生和硕士研究生。因为这本书具有极大的灵活性,可以通过组合多个章节形成运筹学课程。第1章和第2章为运筹学课程介绍。第3章~第15章基本上独立于第16章~第20章,反之亦然。此外,第3章~第15章的各个章节也是相对独立的,除了都使用第3章和第4章中提出的基本内容。第6章、第7章和8.2节均由第5章导出,8.1节和8.2节用到了第6章和第7章的部分内容,学习10.6节需要先熟悉9.1节和9.3节中的问题,掌握10.7节需要先学习8.3节和9.2节。第16章~第20章内容相对灵活,需要了解许多综合知识。

运筹学初级课程安排,一般应涵盖线性规划和数学规划,并且一些概率模型可以在1/4学时(40h)或学期中进行部分讲授。例如,一个合理的课程安排应包括第1章~第4章、第16章~18章和第20章,以及第10章~第14章的部分内容。稍微高级的运筹学课程可在两个季度(60~80h)内完成,排除其中几个章节,如第8章、第15章和第19章。第1章~第9章及第10章的部分是线性规划课程的重要基础(占1/4课时)。第10章~第15章内容是有关确定性模型的课程(占1/4课时)。最后,第16章~第20章内容是有关概率模型的课程(占1/4课时)。事实上,后3个课程可以作为硕士研究生运筹学的核心基础课程。每个课程在斯坦福大学本科或研究生教学中都进行了规划。

本书网站将提供有关该图书的更新,包括错误修订。网址:www.mhhe.com/hillier。

致谢

感谢审稿人团队对本书第10版提出的意见建议。审稿人包括:
Linda Chattin,亚利桑那州立大学
Antoine Deza,麦克马斯特大学
Jeff Kennington,南卫理公会大学
Adeel Khalid,南方理工大学
James Luedtke,威斯康星大学麦迪逊分校
Layek Abdel-Malek,新泽西理工学院
Jason Trobaugh,圣路易斯华盛顿大学
Yiliu Tu,卡尔加里大学
Li Zhang,赛特多大学
Xiang Zhou,香港城市大学

另外，感谢通过电子邮件向我们反馈本书第9版意见建议的教师和学生。

这个版本是整个团队努力的结晶。我们的案例作者 Karl Schmedders 和 Molly Stephens（我们系的毕业生）为第7版撰写了24个精致案例，所有这些案例都收录在这个新版本中。博士毕业生 Michael O'Sullivan 为本书第7版开发的运筹学辅导工具（基于我儿子 Mark Hillier 为本书第5版和第6版开发的工具），在本版中继续使用。Mark（与本书第1版同年出生，在斯坦福大学获得博士学位，现在是华盛顿大学定量分析的终身副教授），提供了电子表格工具、Excel 文件包（包括许多 Excel 模板）、排队仿真工具，在本版中继续得到应用。他还对教育专用分析解算平台（ASPE）的文本材料提供了重要帮助，并对本书网站上的第21章和第28章做出了巨大贡献。此外，他更新了本书第10版的解题手册。早期版本的解题手册是由一大批博士生逐步完成的，包括本书第8版的 Che-Lin Su 和第9版的 Pelin Canbolat。最后，感谢我亲爱的妻子 Ann Hillier（斯坦福大学毕业生，选修运筹学），她几乎每天都为我提供重要的帮助。

所有上面提到的个人都是团队的重要成员。我还要感谢4个人及其公司为本书提供的软件和素材。斯坦福大学博士研究生 William Sun（Accele 软件公司的首席执行官）和他的团队为本书提供了最早期的软件，并使用 Java 2 实现了本书第7版的软件辅导工具，并在后续版本中持续改进。芝加哥大学和 LINDO 系统公司的 Linus Schrage（50年前跟我学习了运筹学课程），为本书的网站提供了 LINGO 和 LINDO 工具。他还指导了 LINGO/LINDO 工具的改进。另一个长期的朋友，Bjarni Kristjansson（负责 Maximal 软件），在本书网站提供了运筹学辅助工具 MPL/Solvers 和 MPL 教材。还有另一个朋友，Daniel Flystra（前线系统公司的负责人），向本书用户提供了教育专用分析解算平台140天的免费许可证。感谢上述4个人和他们的公司为本书作出的贡献。

非常荣幸能够与美国运筹学与管理科学研究会合作（从本书第9版开始）。学生可以通过阅读该协会高质量的运筹学应用案例而受益。这个卓越的专业运筹学学会为本书提供了章节穿插的应用案例、参考文献中的相关案例，以及部分运筹学获奖案例。

非常高兴能够与 McGraw-Hill 出版社编辑和制作人员进行合作，包括 Raghu Srinivasan（全球出版商）、Kathryn Neubauer Carney（专业编辑）、Vincent Bradshaw（专业编辑）和 Mary JaneLampe（项目经理）。

希望读者能够通过电子邮件向我提出你的意见和发现的错误，以帮助我们进一步修改本书。我将继续遵守不向任何人（包括你的学生）提供书中习题及案例答案的承诺。

希望你爱上这本书。

Frederick S. Hillier
斯坦福大学（fhillier@stanford.edu）
2013年5月

目 录

第1章 绪论 ··· 1
  1.1 运筹学的起源 ·· 1
  1.2 运筹学的本质 ·· 2
  1.3 分析和运筹的兴起 ·· 2
  1.4 运筹的影响 ·· 4
  1.5 算法和运筹课件 ··· 5
  参考文献 ·· 7
  习题 ·· 7

第2章 运筹学建模方法概述 ··· 8
  2.1 确定问题并收集数据 ··· 8
  2.2 构建数学模型 ··· 10
  2.3 从模型中推演出解决方案 ··· 12
  2.4 模型测试 ·· 13
  2.5 模型应用 ·· 14
  2.6 实施 ··· 15
  2.7 结论 ··· 16
  参考文献 ·· 16
  习题 ··· 17

第3章 线性规划导论 ·· 20
  3.1 原形示例 ·· 21
      3.1.1 作为线性规划问题建模 ··· 22
      3.1.2 图解法 ··· 22
      3.1.3 结论 ·· 24
      3.1.4 用运筹学课件继续学习过程 ·· 24
  3.2 线性规划模型 ·· 25
      3.2.1 模型的标准形式 ·· 26
      3.2.2 其他形式 ·· 26
      3.2.3 模型的解相关术语 ··· 27
  3.3 线性规划的假设 ··· 29
      3.3.1 比例性 ··· 29
      3.3.2 可加性 ··· 31
      3.3.3 可分割性 ·· 32
      3.3.4 确定性 ··· 32

3.3.5 前景假设 … 33
3.4 附加示例 … 33
　3.4.1 放射治疗的设计 … 34
　3.4.2 区域规划 … 36
　3.4.3 控制空气污染 … 38
　3.4.4 回收固体废弃物 … 41
　3.4.5 人员安排 … 44
　3.4.6 通过配送网络来配送货物 … 46
3.5 用电子表格建立求解线性规划模型 … 47
　3.5.1 在电子表格上建立模型 … 47
　3.5.2 用 Solver 求解模型 … 50
　3.5.3 用 ASPE 的 Solver 求解模型 … 54
3.6 构建大型线性规划模型 … 55
　3.6.1 建模语言 … 56
　3.6.2 一个有巨大模型的问题实例 … 57
　3.6.3 导出模型的结构 … 57
　3.6.4 用 MPL 建模 … 58
　3.6.5 LINGO 建模语言 … 61
3.7 结论 … 62
参考文献 … 62
习题 … 63

第4章 求解线性规划问题：单纯形法 … 79
4.1 单纯形法的本质 … 79
　4.1.1 示例求解 … 80
　4.1.2 关键求解原理 … 81
4.2 单纯形法的构建 … 82
4.3 单纯形法的代数运算 … 85
　4.3.1 初始化 … 85
　4.3.2 最优性检验 … 86
　4.3.3 确定移动方向(迭代步骤1) … 86
　4.3.4 确定停止处(迭代步骤2) … 87
　4.3.5 求新的 BF 解(迭代步骤3) … 87
　4.3.6 新 BF 解的最优性检验 … 88
　4.3.7 第二次迭代和求得最优解 … 89
4.4 单纯形法的表格形式 … 90
　4.4.1 单纯形法总结(以迭代1为例) … 90
　4.4.2 最小比检验 … 91
　4.4.3 例题的第二次迭代和最优解 … 92
4.5 破解单纯形法的纠结 … 93
　4.5.1 进基变量的纠结 … 93
　4.5.2 出基变量的纠结——退化 … 94

4.5.3 没有出基变量——Z 无界 …… 94
4.5.4 多个最优解 …… 95
4.6 适应其他模型形式 …… 96
4.6.1 等式约束 …… 97
4.6.2 负的右端项 …… 100
4.6.3 "≥"形式的约束条件 …… 100
4.6.4 最小化 …… 101
4.6.5 求解放射治疗例子 …… 102
4.6.6 两阶段法 …… 104
4.6.7 无可行解 …… 108
4.6.8 允许为负的变量 …… 109
4.7 优化后分析 …… 110
4.7.1 再优化 …… 111
4.7.2 影子价格 …… 111
4.7.3 灵敏度分析 …… 113
4.7.4 运用 Excel 产生灵敏度分析信息 …… 114
4.7.5 参数线性规划 …… 115
4.8 计算机实现 …… 116
4.8.1 单纯形法的实施 …… 116
4.8.2 本书特色线性规划软件 …… 117
4.8.3 线性规划问题可用软件选项 …… 118
4.9 求解线性规划问题的内点法 …… 118
4.9.1 关键求解原理 …… 118
4.9.2 与单纯形法的比较 …… 120
4.9.3 优化后分析中单纯形法和内点算法的结合 …… 120
4.10 结论 …… 121
附录 4.1 LINDO 和 LINGO 的使用介绍 …… 121
参考文献 …… 124
习题 …… 125

第 5 章 单纯形法 …… 140
5.1 单纯形法基础 …… 140
5.1.1 术语 …… 140
5.1.2 相邻 CPF 解 …… 142
5.1.3 CPF 解的性质 …… 143
5.1.4 扩展形式问题的延伸 …… 145
5.2 单纯形法的矩阵形式 …… 148
5.2.1 求一个基本可行解 …… 149
5.2.2 当前方程组的矩阵形式 …… 151
5.2.3 单纯形法矩阵形式的小结 …… 153
5.2.4 最终的评述 …… 155
5.3 基础的洞悉 …… 155

	5.3.1 使适用于其他模型形式	157
	5.3.2 应用	157
5.4	改进单纯形法	158
5.5	结论	160
参考文献		161
习题		161

第6章 对偶理论 171

- 6.1 对偶理论的实质 171
  - 6.1.1 对偶问题的起源 173
  - 6.1.2 原问题——对偶问题关系总结 175
  - 6.1.3 应用 177
- 6.2 对偶的经济解释 177
  - 6.2.1 对偶问题的解释 178
  - 6.2.2 单纯形法的解释 179
- 6.3 原问题与对偶问题的关系 180
  - 6.3.1 互补基本解 180
  - 6.3.2 互补的基本解之间的关系 182
- 6.4 改造适用于其他原问题形式 184
  - 6.4.1 用SOB方法决定对偶问题约束形式 185
- 6.5 对偶理论在灵敏度分析中的作用 187
  - 6.5.1 非基变量系数的改变 187
  - 6.5.2 问题中引入新变量 188
  - 6.5.3 其他应用 189
- 6.6 结论 189
- 参考文献 189
- 习题 189

第7章 不确定条件下的线性规划 196

- 7.1 灵敏度分析的本质 196
- 7.2 灵敏度分析的应用 202
- 7.3 通过电子表格进行灵敏度分析 216
  - 7.3.1 检验模型单个参数变化 217
  - 7.3.2 运用参数分析报告进行系统性灵敏度分析 219
  - 7.3.3 检验模型双向变化 221
  - 7.3.4 利用双向参数分析报告(ASPE)分析上述问题 222
  - 7.3.5 利用灵敏度报告进行灵敏度分析 224
  - 7.3.6 其他类型敏感度分析 228
- 7.4 鲁棒优化 229
  - 7.4.1 具有独立参数的鲁棒优化法 229
  - 7.4.2 示例 230
  - 7.4.3 拓展应用 231
- 7.5 机会约束 231

7.5.1　机会约束的形式 ………………………………………………………… 232
　　　7.5.2　示例 ………………………………………………………………………… 232
　　　7.5.3　硬约束的处理 ………………………………………………………… 233
　　　7.5.4　应用拓展 ………………………………………………………………… 234
　7.6　带补偿的随机规划 …………………………………………………………… 234
　　　7.6.1　示例 ………………………………………………………………………… 234
　　　7.6.2　一些典型应用 ………………………………………………………… 236
　7.7　小结 ……………………………………………………………………………… 237
　参考文献 ……………………………………………………………………………… 238
　习题 …………………………………………………………………………………… 238

第8章　线性规划的其他算法 …………………………………………………… 254
　8.1　对偶单纯形法 ………………………………………………………………… 254
　　　8.1.1　对偶单纯形法的总结 ………………………………………………… 255
　　　8.1.2　一个例子 ………………………………………………………………… 255
　8.2　参数线性规划 ………………………………………………………………… 257
　　　8.2.1　参数 c_j 的系统改变 …………………………………………………… 257
　　　8.2.2　参数 c_j 系统变化时参数线性规划过程小结 …………………… 259
　　　8.2.3　参数 b_j 的系统变化 …………………………………………………… 259
　　　8.2.4　参数 b_j 系统变化时参数线性规划过程小结 …………………… 260
　8.3　上界法 …………………………………………………………………………… 261
　　　8.3.1　一个例子 ………………………………………………………………… 262
　8.4　内点算法 ………………………………………………………………………… 263
　　　8.4.1　概念1和概念2梯度的相关性 ………………………………………… 264
　　　8.4.2　使用投影梯度以实现概念1和概念2 ………………………………… 265
　　　8.4.3　实现概念3的中心化方案 ……………………………………………… 266
　　　8.4.4　本算法的总结与说明 ………………………………………………… 267
　　　8.4.5　内点算法总结 ………………………………………………………… 269
　8.5　结论 ……………………………………………………………………………… 272
　参考文献 ……………………………………………………………………………… 272
　习题 …………………………………………………………………………………… 273

第9章　运输与指派问题 ………………………………………………………… 279
　9.1　运输问题 ………………………………………………………………………… 279
　　　9.1.1　原型范例 ………………………………………………………………… 279
　　　9.1.2　运输问题模型 ………………………………………………………… 282
　　　9.1.3　用 Excel 建立和求解运输问题 ……………………………………… 284
　　　9.1.4　一个关于虚销地的例子 ……………………………………………… 286
　　　9.1.5　一个关于虚产地的例子 ……………………………………………… 288
　　　9.1.6　运输问题小结 ………………………………………………………… 290
　9.2　用于运输问题的单纯形法 …………………………………………………… 290
　　　9.2.1　运输单纯形法的提出 ………………………………………………… 290

9.2.2 初始化 ································· 292
9.2.3 最优性检验 ································· 297
9.2.4 一次迭代过程 ································· 298
9.2.5 运输单纯形法小结 ································· 300
9.2.6 本例的特征 ································· 302
9.3 指派问题 ································· 302
9.3.1 原型范例 ································· 303
9.3.2 指派问题模型 ································· 303
9.3.3 指派问题的求解步骤 ································· 305
9.4 求解指派问题的专用算法 ································· 309
9.4.1 等价成本表的作用 ································· 309
9.4.2 生成额外零元素 ································· 310
9.4.3 匈牙利算法小结 ································· 312
9.5 结论 ································· 312
习题 ································· 312

第10章 网络优化模型

10.1 原型范例 ································· 325
10.2 网络术语 ································· 326
10.3 最短路径问题 ································· 328
  10.3.1 最短路径问题的算法 ································· 329
  10.3.2 算法在Seervada公园最短路径问题中的应用 ································· 329
  10.3.3 用Excel电子表格描述并求解最短路径问题 ································· 330
  10.3.4 其他应用 ································· 332
10.4 最小支撑树问题 ································· 332
  10.4.1 应用举例 ································· 333
  10.4.2 算法 ································· 333
  10.4.3 最小支撑树问题的算法 ································· 334
  10.4.4 算法在Seervada公园最小支撑树问题上的应用 ································· 334
10.5 最大流问题 ································· 336
  10.5.1 应用举例 ································· 337
  10.5.2 算法 ································· 337
  10.5.3 最大流问题的增广链算法 ································· 338
  10.5.4 应用算法求解Seervada公园最大流问题 ································· 338
  10.5.5 寻找增广链 ································· 340
  10.5.6 用Excel描述和求解最大流问题 ································· 341
10.6 最小费用流问题 ································· 342
  10.6.1 一些应用 ································· 343
  10.6.2 建立模型 ································· 344
  10.6.3 例子 ································· 345
  10.6.4 用Excel描述和求解最小费用流问题 ································· 345
  10.6.5 特殊案例 ································· 346

10.6.6　小结 348
10.7　网络单纯形法 348
　　10.7.1　引入上界法 348
　　10.7.2　基可行解和可行生成树的一致性 349
　　10.7.3　选择入基变量 350
　　10.7.4　寻找出基变量和下一个基可行解 351
　　10.7.5　本例的结尾 352
10.8　项目的时间-费用平衡优化网络模型 354
　　10.8.1　一个原型实例——Reliable 建筑公司问题 355
　　10.8.2　项目网络图 356
　　10.8.3　关键路径 357
　　10.8.4　各项活动的时间-费用平衡 358
　　10.8.5　哪些活动应该赶工 359
　　10.8.6　用线性规划制定赶工决策 360
10.9　结论 363
参考文献 363
习题 364

第11章　动态规划 376
11.1　动态规划的范例 376
　　11.1.1　例1　驿站马车问题 376
　　11.1.2　问题的求解 377
11.2　动态规划问题的特性 379
11.3　确定性动态规划 381
　　11.3.1　例2　医疗队分配问题 382
　　11.3.2　一种常见的问题范例——工作分配问题 386
　　11.3.3　例3　向科研小组分配科学家 387
　　11.3.4　例4　车间雇佣问题 389
11.4　随机性动态规划 394
　　11.4.1　例5　确定次品限额 394
　　11.4.2　例6　在拉斯维加斯赢钱 396
11.5　结论 398
部分参考文献 398
习题 398

第12章　整数规划 405
12.1　范例 405
　　12.1.1　二值整数规划模型 406
　　12.1.2　用于求解此类模型的软件 407
12.2　整数规划的应用 408
　　12.2.1　投资分析 408
　　12.2.2　选址 409
　　12.2.3　设计生产和销售网络 409

- 12.2.4 发送运输 ... 410
- 12.2.5 安排相互联系的活动 ... 410
- 12.2.6 航空应用 ... 411
- 12.3 0-1变量在模型构建中的创新应用 ... 412
  - 12.3.1 "或"约束 ... 412
  - 12.3.2 保留 N 个约束条件中的 K 个 ... 413
  - 12.3.3 有 N 个可能取值的函数 ... 414
  - 12.3.4 固定支出问题 ... 414
  - 12.3.5 一般整数变量的二值表示 ... 416
- 12.4 一些建模举例 ... 416
  - 12.4.1 例1 当决策变量是连续变量时的选择 ... 417
  - 12.4.2 例2 违反比例性 ... 419
  - 12.4.3 例3 覆盖所有特征 ... 421
- 12.5 求解整数规划问题的若干展望 ... 423
- 12.6 分支定界法及其在求解0-1整数规划中的应用 ... 426
  - 12.6.1 分支 ... 427
  - 12.6.2 定界 ... 428
  - 12.6.3 剪枝 ... 428
  - 12.6.4 0-1整数规划问题的分支定界算法总结 ... 429
  - 12.6.5 示例 ... 430
  - 12.6.6 分支定界法的其他方案 ... 433
- 12.7 用于混合整数规划的分支定界算法 ... 435
  - 12.7.1 混合整数规划的分支定界算法总结 ... 437
- 12.8 解0-1整数规划的分支——切割法 ... 441
  - 12.8.1 背景 ... 441
  - 12.8.2 对纯0-1整数规划问题的自动预处理 ... 441
  - 12.8.3 生成纯0-1整数规划问题的割平面 ... 444
- 12.9 同约束规划的结合 ... 445
  - 12.9.1 约束规划的原理 ... 446
  - 12.9.2 约束规划的潜能 ... 447
  - 12.9.3 所有变量取不同值约束 ... 447
  - 12.9.4 元素约束 ... 448
  - 12.9.5 当前的研究 ... 449
- 12.10 结论 ... 449
- 参考文献 ... 450
- 习题 ... 450

第13章 非线性规划 ... 465
- 13.1 应用实例 ... 465
  - 13.1.1 具有价格弹性的产品组合问题 ... 465
  - 13.1.2 运输成本存在总量折扣时的运输问题 ... 466
  - 13.1.3 存在风险的证券投资组合选择 ... 467

- 13.2 非线性规划问题的图解说明 ……… 468
- 13.3 非线性规划问题的类型 ……… 472
  - 13.3.1 无约束最优化 ……… 472
  - 13.3.2 线性约束优化 ……… 473
  - 13.3.3 二次规划 ……… 473
  - 13.3.4 凸规划 ……… 473
  - 13.3.5 可分规划 ……… 474
  - 13.3.6 非凸规划 ……… 474
  - 13.3.7 几何规划 ……… 474
  - 13.3.8 分式规划 ……… 475
  - 13.3.9 互补问题 ……… 475
- 13.4 单变量无约束优化 ……… 476
  - 13.4.1 二分法 ……… 476
  - 13.4.2 二分法概述 ……… 477
  - 13.4.3 牛顿法 ……… 478
  - 13.4.4 牛顿法概述 ……… 479
- 13.5 多变量无约束优化 ……… 480
  - 13.5.1 梯度搜索法 ……… 480
  - 13.5.2 梯度搜索法概述 ……… 482
  - 13.5.3 牛顿法 ……… 484
- 13.6 约束优化的库恩-塔克(KKT)条件 ……… 484
- 13.7 二次规划 ……… 488
  - 13.7.1 二次规划的库恩-塔克条件 ……… 489
  - 13.7.2 改进单纯形法 ……… 490
  - 13.7.3 部分软件选项 ……… 492
- 13.8 可分规划 ……… 493
  - 13.8.1 线性规划问题重写 ……… 494
  - 13.8.2 展开 ……… 497
- 13.9 凸规划 ……… 497
  - 13.9.1 逐次线性逼近算法(弗兰克-沃尔夫算法) ……… 498
  - 13.9.2 弗兰克-沃尔夫算法概述 ……… 499
  - 13.9.3 一些其他算法 ……… 501
  - 13.9.4 顺序无约束极小化技术(罚函数法) ……… 502
  - 13.9.5 罚函数法概述 ……… 502
  - 13.9.6 凸规划的软件部分选项 ……… 504
- 13.10 非凸规划(带电子表格) ……… 504
  - 13.10.1 求解非凸规划问题所面临的挑战 ……… 504
  - 13.10.2 利用求解程序找出局部最优解 ……… 505
  - 13.10.3 寻找局部最优解的更系统方法 ……… 507
  - 13.10.4 进化求解程序 ……… 507
- 13.11 结论 ……… 508

参考文献 ················· 508
习题 ··················· 509

第 14 章　启发式算法 ············ 529

14.1　通用启发式算法的性质 ········ 529
14.1.1　示例:具有多个局部最优解的非线性规划问题 ··· 529
14.1.2　示例:旅行商问题 ······ 531
14.1.3　子游逆转算法 ········ 533

14.2　禁忌搜索 ············· 534
14.2.1　基本概念 ··········· 534
14.2.2　基本禁忌搜索算法概述 ···· 535
14.2.3　有约束条件最小生成树问题 ·· 535
14.2.4　旅行商问题示例 ······· 539

14.3　模拟退火 ············· 542
14.3.1　基本概念 ··········· 542
14.3.2　基本模拟退火算法概要 ···· 544
14.3.3　旅行商问题示例 ······· 544
14.3.4　非线性规划示例 ······· 547

14.4　遗传算法 ············· 550
14.4.1　基本概念 ··········· 550
14.4.2　基本遗传算法概述 ······ 551
14.4.3　非线性规划示例的完整版本 ·· 552
14.4.4　旅行商问题示例 ······· 554
14.4.5　子代的生成程序 ······· 557

14.5　总结 ··············· 558

参考文献 ················· 559
习题 ··················· 559

第 15 章　博弈论 ·············· 565

15.1　两人零和游戏制定 ········· 565
15.2　简单对策求解——典型范例 ···· 566
15.2.1　两人零和游戏模型 ······ 567
15.2.2　示例变形 1 ········· 567
15.2.3　示例变形 2 ········· 568
15.2.4　示例变形 3 ········· 570

15.3　混合策略游戏 ··········· 571
15.4　图示求解法 ············ 572
15.5　线性规划求解 ··········· 574
15.5.1　线性规划模型 ········ 575
15.5.2　政治竞选问题变形 3 的应用 · 576

15.6　扩充 ··············· 577
15.7　结论 ··············· 578

参考文献 ················· 578

习题 ·················· 578

第16章 决策理论 ·················· 585
16.1 原型案例 ·················· 585
16.2 不进行试验的决策 ·················· 586
16.2.1 此框架下原型实例的建模 ·················· 587
16.2.2 最大最小收益准则 ·················· 587
16.2.3 最大似然值准则 ·················· 588
16.2.4 贝时斯决策准则 ·················· 589
16.2.5 贝叶斯决策的灵敏性分析 ·················· 589
16.3 进行试验时的决策制定 ·················· 590
16.3.1 继续原型实例 ·················· 590
16.3.2 后验概率 ·················· 591
16.3.3 试验的价值 ·················· 593
16.4 决策树 ·················· 595
16.4.1 建立决策树 ·················· 595
16.4.2 进行分析 ·················· 597
16.5 使用电子表格对决策树进行灵敏性分析 ·················· 598
16.5.1 使用 ASPE 建立 Goferbroke 公司第一问题的决策树 ·················· 599
16.5.2 Goferbroke 公司完整问题的决策树 ·················· 600
16.5.3 用电子数据表进行灵敏性分析 ·················· 600
16.5.4 使用数据表进行系统的灵敏性分析图 ·················· 602
16.6 效用理论 ·················· 603
16.6.1 现金的效用函数 ·················· 604
16.6.2 等价抽奖法 ·················· 605
16.6.3 对 Goferbroke 公司完整问题应用效用理论 ·················· 605
16.6.4 评估 $U(M)$ 的另一个方法 ·················· 607
16.6.5 使用带有效用的决策树分析 Goferbroke 公司问题 ·················· 607
16.7 决策分析的实际应用 ·················· 608
16.8 结论 ·················· 609
参考文献 ·················· 609
习题 ·················· 610

第17章 排队论 ·················· 623
17.1 典型案例 ·················· 623
17.2 排队模型的基本组成 ·················· 623
17.3 排队系统实例 ·················· 627
17.4 指数分布的作用 ·················· 629
17.5 生灭过程 ·················· 633
17.6 基于生灭过程的排队模型 ·················· 637
17.7 非指数分布的排队模型 ·················· 646
17.8 有优先规则的排队模型 ·················· 651
17.9 排队网络 ·················· 655

17.10　排队论的应用 ······ 658
17.11　本章小结 ······ 660
参考文献 ······ 661
习题 ······ 662

第18章　库存理论 ······ 681

18.1　示例 ······ 682
18.1.1　示例1：电视机扬声器生产 ······ 682
18.1.2　示例2：自行车批发销售 ······ 682

18.2　库存模型组成要素 ······ 683

18.3　确定性连续监控模型 ······ 685
18.3.1　基本EOQ模型 ······ 685
18.3.2　计划内断货的EOQ模型 ······ 687
18.3.3　含数量折扣的EOQ模型 ······ 689
18.3.4　一些实用的Excel模板 ······ 690
18.3.5　关于EOQ模型的探讨 ······ 691
18.3.6　产品需求的不同类型 ······ 691
18.3.7　适时制（JIT）库存管理的作用 ······ 692

18.4　确定性定期监控模型 ······ 692
18.4.1　示例 ······ 693
18.4.2　算法 ······ 694
18.4.3　运用算法求解飞机生产问题 ······ 695
18.4.4　最优生产计划 ······ 696

18.5　供应链管理的确定性多级库存模型 ······ 696
18.5.1　二级库存系统模型 ······ 697
18.5.2　多级库存系统模型 ······ 701

18.6　随机连续监控库存模型 ······ 709
18.6.1　模型假设 ······ 709
18.6.2　选择订货量 Q ······ 710
18.6.3　选择再订货点 R ······ 710
18.6.4　示例 ······ 712

18.7　易逝品单周期随机模型 ······ 712
18.7.1　易逝品的类型 ······ 713
18.7.2　示例 ······ 713
18.7.3　易逝品单周期随机模型假设 ······ 715
18.7.4　不含初始库存（$I=0$）和准备成本（$K=0$）的模型分析 ······ 715
18.7.5　初始库存 $I>0$、准备成本 $K=0$ 时的模型分析 ······ 718
18.7.6　准备成本 $K>0$ 时的模型分析 ······ 718
18.7.7　需求呈指数分布时的最优策略近似解 ······ 720

18.8　收益管理 ······ 721
18.8.1　基于容量控制的折扣票价模型 ······ 722
18.8.2　基于容量控制的折扣票价模型应用示例 ······ 723

	18.8.3 超售模型	724
	18.8.4 超售模型应用示例	726
	18.8.5 其他模型	727
18.9	小结	727
参考文献		728
习题		729

第19章 马尔可夫决策过程 … 746
19.1	典型范例	746
19.2	马尔可夫决策过程模型	748
19.3	线性规划与最优策略	751
19.4	结语	754
参考文献		755
习题		755

第20章 仿真 … 759
20.1	仿真本质	759
	20.1.1 仿真在运筹学研究中的作用	759
	20.1.2 离散事件系统仿真与连续系统仿真	760
	20.1.3 游戏规则	761
	20.1.4 时间步长法步骤简介	765
	20.1.5 事件步长法步骤简介	766
	20.1.6 更多示例请参阅运筹学课件	768
20.2	仿真应用的部分常见类型	768
	20.2.1 排队系统的设计与运行	768
	20.2.2 库存管理系统	769
	20.2.3 估算按时完成项目的概率	769
	20.2.4 制造系统的设计与运行	769
	20.2.5 配送系统的设计与运行	770
	20.2.6 金融风险分析	770
	20.2.7 医保应用	770
	20.2.8 其他服务行业的应用	771
	20.2.9 军事应用	771
	20.2.10 新应用	771
20.3	随机数生成	771
	20.3.1 随机数特征	772
	20.3.2 随机数生成同余法	772
20.4	概率分布随机观测值的生成	774
	20.4.1 简单离散分布	774
	20.4.2 逆转换法	775
	20.4.3 逆转换方法步骤简介	775
	20.4.4 指数分布和厄兰分布	776
	20.4.5 正态分布和卡方分布	776

  20.4.6 舍选法 …………………………………………………………………………… 777
20.5 主要仿真研究概述 …………………………………………………………………… 777
20.6 用电子数据表实施模拟 ……………………………………………………………… 780
  20.6.1 库存管理示例——报贩弗雷迪问题 ………………………………………… 781
  20.6.2 上述问题的电子数据表模型 ………………………………………………… 781
  20.6.3 分析求解程序平台教学版应用 ……………………………………………… 783
  20.6.4 用仿真和 ASPE 求解器进行优化 …………………………………………… 791
20.7 结论 …………………………………………………………………………………… 794
参考文献 ……………………………………………………………………………………… 795
习题 …………………………………………………………………………………………… 796

第1章 绪 论

1.1 运筹学的起源

自工业革命以来,各类组织机构已经发生了深刻的变化。组织机构的规模和复杂程度明显增加,早期名不见经传的小作坊已经演变成为当今价值数十亿美元的集团公司。与这种革命性变化相伴生的就是不断细化的劳动分工和管理职能,但也产生了许多新的问题,而且有些问题正在发生。其中的一个问题就是组织机构中的一些部门倾向于按照自身的目标和价值体系实现独立自治,这必然导致该部门的目标无法与组织机构的整体目标相契合,一个部门实现利益最大化的同时,通常会损害其他部门的利益,导致各部门因纠结于利益冲突而无法顺畅运转下去。这就相应地产生了另外一个问题,随着组织机构复杂性和专业化程度的增加,从组织机构的全局角度对可用资源的最有效配置越来越难实现。这类问题的存在及解决需求为运筹学的诞生与成长提供了环境条件。

运筹学的起源可以追溯到数十年前[①],那时人们试图运用科学方法解决组织机构的管理问题,而这一活动称为运筹,要源于其在第二次世界大战早期中提供的军事服务。为了取得预期作战效果,急需把稀缺资源有效地分配给不同的军事行动及其内部活动,因而英国和美国的军事管理部门先后召集一大批科学家运用科学方法来解决这样或那样的战略战术问题。事实上,科学家们被要求对(军事)行动开展研究,这些科学家小组就是最初的运筹小组。英国赢得空战,多亏了这些小组创建了运用新式雷达的有效方法。得益于在更好的组织护航和反潜行动方面的研究,这些小组在赢得北大西洋战争中发挥了重要作用,在太平洋岛屿战役中也发挥了同样作用。

战争结束后,运筹学在战争中取得的巨大成功也激发了人们将其应用于其他领域的兴趣。随着战后工业浪潮的兴起,由日益复杂化和专业化的组织机构所引发的问题再次成为人们关注的焦点,包括战时曾供职于运筹小组的商业咨询人员和机构在内,越来越多的人感到,这些问题与军事领域的同类基础性问题是一样的,只是应用背景不同。在20世纪50年代早期,运筹学被引荐到各类组织机构中,包括商业、工业和政府部门。随后,运筹学得到广泛传播(参考文献[6]讲到了运筹研究领域的开发过程,介绍了43位运筹先驱者的生平和贡献)。

可以肯定的是,这一时期运筹学的快速发展,至少有两个因素发挥了重要作用。一个因素是早期在改进运筹方法技术中取得的坚实成果。战后,许多曾经参加运筹小组的科学家或听说过这项工作的人们受到启发,开展相关领域的研究,技术发展水平取得了重大进步。一个典型例子就是1947年由乔治·丹茨格(George Dantzig)创建的用以解决线性规划问题的单纯形法。在20世纪50年代末期,用以解决线性规划、动态规划、排队论和存储论等问题的许多运筹学标准化工具,已经得到相当完善的开发。

第二个推动运筹学发展的动因就是计算机革命的冲击。运筹学所考虑的典型复杂问题的解决离不开大量的计算,手工计算根本不可能解决问题。因此,数字式电子计算机的发展,尤其是

---

① 参考文献[7]提供了一个关于运筹学起源于1564年的有趣故事,并列举了从1564年到2004年间影响运筹学发展的可观事例。参考文献[1-6]也为这段历史提供了进一步注解。

其超出人类上百万倍的算术计算能力,为运筹学的发展带来了巨大福音。到了20世纪80年代,个人计算机的巨大增长和运筹学软件的开发完善进一步推动了运筹学的发展。从20世纪90年代直到21世纪,越来越多的人很容易地使用运筹学解决问题,这也加速了运筹学的发展。例如,Excel等电子表格软件的广泛使用,为多种运筹学问题提供了解决手段。如今,确实有大量的人使用运筹学软件。因此,从大型机到笔记本计算机,大量的计算机被习惯性地用来解决运筹学问题,甚至是大规模的运筹学问题。

1.2 运筹学的本质

正如其名字所蕴含的那样,运筹学是指"对运作进行的研究"。也就是说,运筹学主要适用于研究解决那些引导和调整组织机构内运行(活动)的问题,而所谓的组织活动在本质上是非物质的。事实上,运筹学已被广泛应用于各个领域,如制造、运输、建筑、电信、金融计划、健康管理、军事和公共服务,举不胜举。因而,运筹学的应用领域相当广泛。

运筹学本身的研究主要是指,运用一种类似于科学领域已经建立的方法那样来处理问题。在相当程度上,科学方法常被用来研究其所关心的问题(事实上,"管理学"这一术语有时作为运筹学的同义词使用)。需要特别强调的是,运筹学方法的处理过程以细心的观测和明确的描述问题作为开始,并收集所有相关数据。下一步就是构建科学模型(通常是数学模型)描述实际问题的本质,并假设这一模型能够精确代表问题的本质特征,而且模型的结论(答案)就是实际问题的有效解。接下来,要通过某些经验或案例对模型假设进行验证,并根据需要对模型进行修正,最终证明得到了正确假设(这一步通常称为模型验证)。从某种意义上讲,运筹学蕴含了对组织机构运作的本质特征进行创造性科学研究的过程。然而,运筹学的研究并不尽于此,其对组织机构的实际运行管理也有专门性研究,因而,运筹学必须在决策者需要时能够为其提供易于理解的正确解决方案才能算得上成功。

运筹学的第二个特点就是其具有宽广的视角。如前面所述,运筹学是从组织性的视角研究问题,因而,运筹学是站在组织机构整体利益最大化的角度来解决组织内各部门间的利益冲突。这并不意味着对组织方方面面存在的每个问题都必须给予明确的考虑,而是其各方面所追求的目标必须与组织机构整体利益目标相一致。

运筹学的第三个特点就是其通常要为从现实问题中抽象出的模型寻找一个最佳解决方案(或一个最优解)。(我们说一个最佳方案而不直接说最佳方案,是因为有时问题对应多个最佳方案。)我们的目标不是对组织机构现状进行简单改进,而是要确定最佳的组织机构运行活动过程。尽管要根据管理的现实需要,对寻优做细致的阐释,但寻求最优化是运筹学一个重要的主题。

根据运筹学的前三个特点可以推出其第四个特点。显而易见,个人不可能成为运筹工作全领域的专家,这就需要一群具有不同背景和技能的人员来开展运筹工作。对一个新问题的运筹研究,基本的条件就是要有团队攻关。典型的运筹小组包括在以下领域受到过高度训练的人员:数学、统计与概率论、经济学、商业管理、计算机学、工程、物理、行为科学和运筹专业技能。运筹小组也要有必要的经验和各项技能来恰当地处理组织机构中的许多分枝问题。

1.3 分析和运筹的兴起

近年来,商界中的"分析学"(或称为商业分析)以及在管理决策中引入分析的重要性引起了人们巨大的争论。这一争论源于托马斯·H. 达文波特(Thomas H. Davenport)发表的一系列论著,他作为知名的头脑领袖,曾经帮助过上百家世界企业实现生意上的复兴。他的一篇论文《分析的竞争》发表于 2006 年 1 月出版的《哈佛商业评论》杂志,在论文中首先提出了"分析"的概念,该论文入选该杂志创刊 90 年十大必读论文。这篇论文随后被冠以书名《分析的竞争:取胜的新科学》和《工作中的分析:更聪明的决策会取得更好的效果》出版发行成为两本畅销书(参见章末的参考文献[2,3])。

那什么是"分析"呢?简单地回答就是运筹的另一个名字,但二者研究的侧重点不同。进一步说,"分析"随着时间推移逐渐融入到运筹方法中,这也有益于"分析"的长远发展。

"分析"认为,我们已经进入到大数据时代,许多企业和组织机构通常用大量的数据来进行辅助管理决策。当前,数据潮主要来自于对装载、售卖、供应商和消费者以及电子邮件、网络流量与社交网络等进行的复杂计算追踪。正如如下定义所描述的那样,"分析"的关注点在于如何使数据发挥最有效的作用。

"'分析'是为决策者进行优化决策时提供洞察数据的一种科学方法。"

"分析"的应用范围可划分为三类。第一类是"描述分析",就是运用创新性技术来收集相关数据并建立兴趣模型以便更好地描述和理解正在发生的事情。一项重要的技术就是数据挖掘(参考文献[8]有描述),一些在描述分析方面的分析专家也被称作数据科学家。

第二(更高级的)类是"预测分析",就是运用数据来预测将来会发生什么。统计预报方法(如第 27 章所述)在预测分析中被突出运用,模拟仿真方法(第 20 章)也发挥了重要作用。

第三(最高级)类是"规则分析",就是运用数据来指出将来应该做什么。本书多个章节介绍的运筹学强大的优化技术正是规则分析所需要的。

运筹分析人员对这三类都涉猎到,但第一类涉猎极少,第二类涉猎一些,第三类涉猎最多。因此,运筹学被认为重点关注于高级分析——预测活动和规范活动——在这些活动中,与运筹分析人员相比,分析学专家可能更投入于整个商业过程,包括第一类(发现需求)之前和第三类(实现)之后的商业活动。放眼未来,"分析"和"运筹"随着时间的推移逐渐融合。对多数人来说,由于"分析"(或商业分析)一词与"运筹"一词相比含义更广泛,我们会看到"分析学"有可能最终取代"运筹学"成为这一综合性学科的通用名称。

尽管"分析"最初被作为重要的工具介绍给主要的商业组织,但其在其他相关领域也是一个强大的工具。举个例子,"分析"(与运筹一起)在 2012 年美国总统竞选中发挥了重要作用。奥巴马的竞选管理雇佣了一个多学科人员组成的团队,包括统计学家、预测建模师、数据挖掘专家、数学家、软件编程师和运筹分析师,其建立的整个分析部门规模是 2008 年竞选的 6 倍。基于这一分析方面的投入,借助于运用定制信息的方式从微观潜在选民和捐助人那里直接获取的大量数据,奥巴马团队发起了全方位和全面靠前的竞选。选举曾被认为双方势均力敌,但是关于奥巴马获胜的描述分析和预测分析推动了奥巴马的"地面竞选"。根据这次经验,两大政党毫无疑问地将在未来重要的政治竞选中充分地发挥"分析"的作用。

另一个关于"分析"应用的知名例子在《点球成金》(参考文献[10])这本书中进行了描述,随后在 2011 年拍成了同名电影。它们讲述了一个真实的故事,奥克兰运动家棒球队如何取得了巨大的成功,尽管在美国职业棒球大联盟中只有很小的预算,但通过运用各类非传统数据(称为棒球资料统计分析)在球员召募中更好地评价球员的潜能。尽管这些评价经常与传统棒球观念相悖,但描述分析和预测分析都能找出那些被忽视的可能对球队大有帮助的球员。在见证了"分析"产生的巨大作用之后,许多棒球职业联盟球队也马上雇佣"分析"专家。其他的运动队也开始运用"分析"了(参考文献[4,5]有 17 篇文章描述"分析"在各种运动中的应用)。

以上两个以及其他数不清的关于"分析"和运筹力量的成功故事,必然使得它们未来的应用不断增加。与此同时,运筹还具有更有力的影响,接下来的章节对其进行描述。

1.4 运筹的影响

运筹对提升全球众多组织的运行效率产生了深刻影响。在此过程中，运筹对于多个国家经济产出的增长做出了重要贡献。现在国际运筹联合会（IFORS）有几十个成员国家，每个国家各自也有运筹学会。欧洲和亚洲也有运筹联合会，在各自的大洲里联合举办国际会议、出版国际期刊。另外，运筹与管理科学学会（INFORMS）是一个国际性社团，总部设在美国。正如在许多其他发达国家一样，运筹在美国是一个重要的职业。从美国劳动统计局2013年统计情况看，约6.5万运筹分析人员在美国工作，平均薪水约为7.9万美元。

由于分析业的快速增长，运筹与管理科学学会接受了将分析方法作为决策的重要方法，并大大融合以及进一步丰富了运筹学方法。所以，这一领袖学会目前将商业分析和运筹年会列入了其主要会议。它也为达到一定标准并通过考试的个人提供分析职业认证书。另外，运筹与管理科学学会出版了许多业内领先的期刊，其中一个为 *Analytics*，另一个为 *Interfaces*，定期发表文章描述主要的运筹研究成果及其对组织机构产生的影响。

为了更好地理解运筹的广泛应用，我们在表 1.1 中列出了 *Interfaces* 杂志中提到的实际应用例子。注意：表的前两列给出了组织机构和应用的差异性与多样性。第三列给出了应用案例的章节，这些章节用了诸多笔墨来描述应用案例，并列举了包含具体细节的参考文章（你将在本章看到第一个应用案例）。最后一列给出了这些应用所产生的年均数百万美元的经费节约额。此外，未在表中列出的附加收益（如改进的顾客服务和改良的管控）有时被认为比金钱收益更重要（在随后的习题 1.3-1、习题 1.3-2 和习题 1.3-3 中，你将有机会研究这些无形收益）。在我们的网站上有具体描述这些应用的文章链接，www.mhhe.com/hillier。

表 1.1 运筹应用案例列表

机　构	应用领域	章节	年均节省经费/美元
联邦快递公司	物流运输计划	1.4	未估算
大陆航空公司	正常航空计划表被打乱时对机组的再分配	2.2	4000 万
Swift 公司	提高销售与生产绩效	3.1	1200 万
纪念斯隆-凯特琳癌症中心	放射治疗设计	3.4	4 亿 5900 万
Welch's 公司	优化原材料的使用与搬运	3.5	15 万
INDEVAL 证券公司	处理墨西哥的证券交易	3.6	1500 万
三星电子	压缩生产时间和库存水平	4.3	增收 2 亿
太平洋木业公司	长期森林生态管理	7.2	净现值 3 亿 9800 万
宝洁公司	生产与分发系统的再设计	9.1	2 亿
加拿大太平洋铁路公司	铁路货运运行图调整	10.3	1 亿
惠普公司	产品组合管理	10.5	1 亿 8000 万
挪威公司	海底天然气管线网络的最大流	10.5	1 亿 4000 万
美国联合航空公司	计划被打乱时重新为航线安排飞机	10.6	未估算
美国军方	"沙漠风暴"行动中的后勤规划	11.3	未估算
MISO	管理 13 个州的电力输送	12.2	7 亿
荷兰铁路	优化铁路运行网	12.2	1 亿 500 万
塔可钟	制订餐厅员工工作计划表	12.5	1300 万
美国废物管理公司	为废物归集处理开发了路径管理系统	12.7	1 亿
工人银行	为投资顾问开发了决策支持系统	13.1	增收 3100 万

（续）

机构	应用领域	章节	年均节省经费/美元
DHL	优化市场资源利用	13.10	2200万
西尔斯	为上门服务和宅送进行车辆路径规划和调度	14.2	4200万
英特尔公司	设计安排生产线	14.4	未估算
康菲石油公司	评估石油开发项目	16.2	未估算
工人赔偿局	管理高风险的残疾索赔和康复项目	16.3	400万
美国西屋电器	评估研发项目	16.4	未估算
美国科凯国际集团	提高银行柜员服务效率	17.6	2000万
通用汽车	提高生产线的效率	17.9	9000万
迪尔公司	整个供应链的库存管理	18.5	减少10亿库存
时代公司	杂志分发渠道管理	18.7	增加利润350万
洲际酒店	营收管理	18.8	增收4亿
第一银行	管理信用额度和信用卡利率	19.2	增加利润7500万
美林证券	金融服务价格分析	20.2	增收5000万
沙索公司	提高其生产工序效率	20.5	2300万
美国联邦航空局	管理恶劣天气中的航空流	20.5	2亿

尽管多数常规的运筹研究得出的收益比表1.1中列举的应用收益更保守，但表中最右列的数据的确准确反映出大型的、精心设计的运筹会产生巨大的作用。

应用案例

联邦快递公司是世界最大的快递服务公司。每个工作日，公司担负了全美及上百个国家及地区数以百万计的文件、包裹和其他物品的快递业务。有时，这些货物势必经过通宵运输一直到次日上午10:30。

提供快递服务所面临的物流方面的挑战是令人震惊的，在相当短的时间内，数以百万计的日常货物量必须进行独立分拣并输送到正确的集散位置（通常用空运），然后分发到精确的目的地（通常用机动车）。这怎么才能做到？

运筹成为这家公司的技术引擎。公司自1973年成立以来，运筹就为其主要商业决策提供帮助，包括设备投资、线路分布、计划编排、金融及设施选址等。在早期证明运筹确实能拯救公司之后，邀请运筹代表出席每周的高层管理例会成为公司的惯例，事实上，公司中有的副总也来自于公司优秀的运筹团队。

联邦快递公司已成为世界级知名公司，其在《财富》杂志举办的年度"世界最受尊敬的公司"榜单中位列前茅，并被评选为2013年百强企业。公司也是第一个（1991年度）"运筹与管理科学学会奖"的获得者，该年度奖项主要奖励那些致力于将运筹开创性、多元化、新颖和持续地融入到组织管理决策中的人和单位。直到如今，联邦快递公司对运筹仍有巨大的依赖。

来源：R. O. Mason, J. L. McKenney, W. Carlson, and D. Copeland, "Absolutely, Positively Operations research: The Federal Express Story", *Interfaces*, **27**(2): 17-36, March-April 1997. （我们网站上提供了文章链接：www.mhhe.com/hillier）。

1.5 算法和运筹课件

本书的一个重要部分就是描述运筹学中解决某些类型问题的主要算法（系统的解决过程）。一些算法是相当有效的，并被用来解决含有成百上千变量的问题。你将会看到这些算法是如何工作的，是什么原因使这些算法如此有效率。你将用这些算法在计算机上解决各类问题。本书网站（www.mhhe.com/hillier）提供的运筹课件是完成这些工作的关键工具。

运筹课件的一个特征就是包含称为OR Tutor的程序。这个程序是帮助你学习算法的私人老师，它囊括了许多示例来演示和解释算法，这些示例成为本书的补充示例。

另外，运筹学课件包含一个称为运筹交互教程（IOR Tutorial）的专用软件包，运行在Java环境,设计这一创新性的软件包专门用来提高使用本书的学生的学习经验。IOR 教程包括许多交互程序,它们以很方便的形式交互地执行算法。当你专注于学习和执行算法逻辑时,由计算机来负责所有的常规计算。你会发现,这些交互程序是完成课后问题的、具有启发性的有效方法。IOR 教程还包含许多其他有用的程序,包括一些自动程序自动地执行算法,以及一些程序能够用图形演示算法如何根据问题的数据变化求解。

实际上,这些算法通常由商业软件执行。我们认为,让学生熟知这些软件是非常重要的,因为这些软件在他们毕业后将用到。所以,你的运筹学课程随后包含了大量的材料,将向你介绍四个相当流行的软件包。这些软件将使你能够有效求解本书中遇到的几乎所有的运筹学模型。我们还在无法应用这些软件的案例 IOR 教程中,增加了我们自己的自动计算程序。

现今利用 Excel 等电子表格软件建立小型的运筹学模型也越来越为大众所欢迎。标准的 Excel 程序自带了一个 Solver 插件(Frontline Systems 公司的一款产品),可以用来求解这类模型。你的运筹学课件包含了为本书中几乎每一章独立建立的 Excel 文件。每章提出一个能用 Excel 求解的例子,完整的电子表格建模和求解通过该章的 Excel 文件给出。对于本书中的许多模型,我们也提供了 Excel 模板,这个模板囊括了求解模型所必需的全部方程。

本版教材的新做法就是提供了一个来自 Frontline System 公司强大的软件包,称为分析求解平台教学版(ASPE),其能够完全兼容 Excel 和 Solver 插件。最新发布的分析求解平台软件包含了 Frontline System 公司其他三个流行产品的所有功能:①优秀的求解平台,提供了强大的优化计算表格,包括线性规划、混合整数规划、非线性规划、非平滑和全局优化五个方面的求解模型;②专业的风险计算,能够进行模拟和风险分析;③XLMiner 插件,提供了基于 Excel 的数据挖掘和预测工具。ASPE 还具备求解非确定性和资源决策优化模型的能力,能进行灵敏度分析和建立决策树,还提供了超高性能的线性混合整数优化工具。学生版的分析求解平台(ASP)包括了处理小规模问题的所有功能。本书中 ASPE 的特殊之处在于大大提高了 Excel 中 Solver 插件的版本(详见 3.5 节),能够用 Excel 建立决策树(详见 16.5 节),并提供了用 Excel 建立模拟模型的工具(详见 20.6 节)。

多年之后,LINDO(及其同类建模语言 LINGO)仍然并将继续成为受欢迎的运筹学软件包。学生版的 LINDO 和 LINGO 软件可以从网站 www.lindo.com 上免费下载,在你的运筹学课件中也有提供。至于 Excel,我们每次都会给出用其求解的示例,具体在你的运筹学课件相应章节的 LINGO/LINDO 文件中有详细描述。

当处理大型和疑难运筹学问题时,通常要运用建模系统来高效阐述数学模型并录入计算机。MPL 是一个用户友好型的建模系统,它包括了大量精选的求解插件来高效地解决这类问题。这些求解插件包括 CPLEX、GUROBI、CoinMP 和 SULUM 用于求解线性和整数规划(详见第 3 章~第 10 章、第 12 章),以及 CONOPT 用于求解凸规划(详见第 13 章部分内容)和 LGO 用于求解全局优化(详见 13.10 节)。学生版的 MPL,连同学生版的求解工具,也能从网站上免费下载。为便于学习,在运筹学课件中也包括了这一学生版本的工具(包括刚提到的 6 个求解插件)。同样,运用软件求解的示例,在运筹学课件相应章节的 MPL/Solvers 文件中有具体描述。此外,学术用户可以到有关的网站接收 MPL、CPLEX、GUROBI 的完整版。这意味着,任何学术用户(教授或学生)能够获得含有 CPLEX 和 GUROBI 的 MPL 专业版,并用于其课程作业。

我们稍后将进一步介绍这四个软件包及其运用方法(在第 3 章、第 4 章的结尾部分),附录 1 也提供了运筹学课件的相关文档,包括 OR Tutor 和 IOR Tutorial。

为了提示你学习运筹学课件中的相关资料,从第 3 章开始每章结尾部分列出了网站上该章的学习辅助资料清单,并在习题部分的开头进行了说明,在左侧题号及部分材料(包括示例和交互程序)中有标注的地方,会为你的学习提供帮助。

我们网站还提供了学习辅导途径,就是在第3章开始提供解题例集。如果需要,这些完整例题将是书上例题的补充;如果不需要看附加的例题,它们也不会打断书上正常的例题描述。在准备考试的时候,你也许会发现这些附加例题可能会很有用。如在本书网站的解题例集部分,包括了当前主题的求解例题,我们也会给出提示。为使你不忽视这一提示,我们每次会将词语**附加例题**(或类似词语)加粗显示。

网站也列出了各章术语集。

参 考 文 献

[1] Assad, A. A., and S. I. Gass (eds.): *Profiles in Operations Research: Pioneers and Innovators*, Springer, New York, 2011.

[2] Davenport, T. H., and J. G. Harris: *Competing on Analytics: The New Science of Winning*, Harvard Business School Press, Cambridge, MA, 2007.

[3] Davenport, T. H., J. G. Harris, and R. Morison: *Analytics at Work: Smarter Decisions, Better Results* Harvard Business School Press, Cambridge, MA, 2010.

[4] Fry, M. J., and J. W. Ohlmann (eds.): Special Issue on Analytics in Sports, Part I: General Sports Applications, *Interfaces*, **42**(2), March-April 2012.

[5] Fry, M. J., and J. W. Ohlmann (eds.): Special Issue on Analytics in Sports: Part II: Sports Scheduling Applications, *Interfaces*, **42**(3), May-June 2012.

[6] Gass, S. I., "Model World: On the Evolution of Operations Research", *Interfaces*, **41**(4): 389-393, July-August 2011.

[7] Gass, S. I., and A. A. Assad: *An Annotated Timeline of Operations Research: An Informal History*, Kluwer Academic Publishers (now Springer), Boston, 2005.

[8] Gass, S. I., and M. Fu (eds.): *Encyclopedia of Operations Research and Management Science*, 3rd ed., Springer, New York, 2014.

[9] Han, J., M. Kamber, and J. Pei: *Data Mining: Concepts and Techniques*, 3rd ed., Elsevier/Morgan Kaufmann, Waltham, MA, 2011.

[10] Lewis, M.: *Moneyball: The Art of Winning an Unfair Game*, W. W. Norton & Company, New York, 2003.

[11] Liberatore, M. J., and W. Luo: "The Analytics Movement: Implications for Operations Research," *Interfaces*, **40**(4): 313-324, July-August 2010.

[12] Saxena, R., and A. Srinivasan: *Business Analytics: A Practitioner's Guide*, Springer, New York, 2013.

[13] Wein, L. M. (ed.): "50th Anniversary Issue," *Operations Research* (a special issue featuring personalized accounts of some of the key early theoretical and practical developments in the field), **50**(1), January-February 2002.

习 题

1.3-1 从表1.1中选择一个运筹学应用案例,阅读第三列提到的相关文章(所有文献在网站 www.mhhe.com/hillier 上都有链接),写一份关于运筹学应用与获益(包括非金融收益)的总结,篇幅两页。

1.3-2 从表1.1中选择三个运筹学应用案例,阅读第三列提到的相关文章(所有文献在网站 www.mhhe.com/hillier 上都有链接),针对每个案例,分别写一份关于运筹学应用与获益(包括非金融收益)的总结,篇幅一页。

1.3-3 阅读1.4节应用案例中列举的完整描述运筹研究的参考文献,列出其研究给出的各种金融与非金融性收益。

第 2 章 运筹学建模方法概述

本章旨在论述运筹学(OR)中采用的各种数学方法。鉴于定量技术是当前运筹学的主要内容构成,本书的编排具有一定的实用性。尽管如此,并不意味着各种实际的运筹学研究仅仅是做一些数学演算。实际上,数学分析通常在全部工作中所占比例很少。本章通过对典型的大型运筹学研究的主要阶段的阐述,帮助读者更清晰地了解相关内容。

运筹学研究的一般步骤有交叉重叠归纳如下:
(1) 确定问题并收集相关数据。
(2) 建立数学模型以描述该问题。
(3) 编制计算机程序,根据数学模型推演出该问题的各种解决方案。
(4) 测试该模型,必要时加以精炼。
(5) 按管理要求,将该模型应用于当前课题。
(6) 实施。
下面对上述各阶段依次进行讨论。

本章末尾处的参考文献包含了部分获奖的运筹学研究资料,这些资料列举了实施这些阶段的优秀案例。本章全篇穿插这些案例的一些片断。欲了解更多有关获奖的运筹学应用,本书网站上有部分详细阐述运筹学研究的文章,详见网址:www.mhhe.com/hillier。

2.1 确定问题并收集数据

与教材范例不同,多数运筹学研究小组最初遇到的实际问题描述模糊不清,不够准确。因此,首要任务是研究相关系统,并对待研究问题进行清晰界定,包括确定合适的研究目标、限制条件、待研究领域与组织中其他领域的相互关系、备选方案、决策时限等。确定问题这一过程至关重要,它极大地影响着相关研究结论。因为从"错误"的问题中推导出"正确"答案并非易事。

首先需要认识到,运筹学研究小组常以顾问的身份出现。因此,小组成员不仅要接受课题并提出他们认为合理的解决方案,还需向管理层(通常是一位核心决策者)提供建议。运筹学研究小组对问题进行详细的技术分析,并向管理层提出建议。通常,提交给管理层的报告会提出一些备选方案,这些备选方案针对不同的前提条件,或只有管理层能进行评估的不同的政策性参数(如权衡成本和收益)。管理者对研究结果及和建议进行评估,综合考虑诸多不确定因素,最后根据自己的判断做出最终决策。因此,至关重要的是,运筹学研究小组必须与管理者保持合拍,包括从管理者的角度确定"正确"的问题,以获得管理层对研究过程的支持。

确定合适的目标是界定问题的一个非常重要的方面。确定合适目标需先确定对待研究系统拥有实际决策权的管理者(一名或多名),并了解其对相关目标的见解(为获得决策者对研究的支持,从刚开始就要让决策人参与其中,这点非常关键)。

就性质而言,运筹学主要针对组织的整体利益而非局部利益。一项运筹学研究是为整个组织寻求最优解,而非为某一局部最优化的整体次优解。因此,所确定的理想目标即为整个组织的目标,但做到这点并非总能轻而易举。许多问题主要针对组织的局部利益,若确定的目标过于笼统,且对组织各部门的负面影响均明确加以考虑,则分析会变得过于冗杂。所以,研究目标要尽量具体,不但应涵盖决策者的主要目标,还应与组织更高层级的目标保持合理程度的一致性。

营利性组织规避次优化问题的可能方式是将长期利润最大化(考虑资金的时间价值)作为唯一目标。长期这一限定词表明,目标具有灵活性,可把不能立即转化为利润的活动(如研究和开发项目)确定为目标,可以从最终利润产出角度,表明上述目标的合理性。该方法具有相当大的优点。该目标具体、实用、足够宽泛,且涵盖营利组织的基本目标。事实上,有人认为,所有其他正当合理的目标均可转化为长期利润最大化目标。

但在现实实践中,许多营利机构并不采用此法。对许多美国公司的研究表明,管理者倾向于将追求令人满意的利润与其他目标相结合,而非长期利润的最大化。通常,其他目标包括保持稳定的利润、提高(或维持)市场份额、产品多样化、维持价格的稳定、提高员工士气、保持企业的家族控制,以及提高公司的声望。实现这些目标或许会实现长期利润的最大化,但这种关系过于含糊,不便于将其全部纳入长期利润最大化这一目标。

此外,还需要考虑不同于利润动机的社会责任。通常,非跨国企业要考虑对以下五方产生的影响:①希望获得利润(股息、股票升值等)的企业所有者(股东等);②希望以合理工资稳定就业的企业员工;③希望以合理价格获得可靠产品的客户;④希望以合理价格售卖其产品的供应商;⑤希望获取公平税收并兼顾国家利益的政府或国家。上述五方对企业均不可或缺,公司不应被视为任何一方剥削他方的专属工具。依此类推,跨国企业在社会责任方面应承担更多义务。因此,即使管理层的首要责任是创造利润(最终惠及所有五方),但还必须承认,管理层还需承担更为广泛的社会责任。

运筹学研究小组常花费大量时间收集问题相关数据。通常,许多数据既有助于准确理解问题,也为下一阶段数学模型的构建提供了必要的输入信息。但往往由于信息缺失或已有的信息过时或格式错误,致研究开始时无法获得大部分所需数据。因此,有必要安装一个新的计算机管理信息系统,用于按规定格式持续收集所需数据。通常,运筹研究小组需争取组织中其他关键人物(包括信息技术专家)的协助,以便追踪所有重要数据。即便如此,仍有许多数据可能非常"软",如仅基于推测的粗略估计。通常,运筹研究小组会花费相当多的时间提高数据精确度,并利用最优数据。

近年来,随着数据库的广泛使用以及数据库规模的迅猛增长,运筹学研究小组屡屡发现数据问题的最大障碍并非是可用数据太少,而是数据太多。数据来源可能成千上万,可用 GB 甚至 TB 来计量。在此环境下,锁定相关数据并确定数据关联模式或会工作量浩繁。运筹学研究小组可采用新研发的数据挖掘工具解决该问题。数据挖掘可搜索大量数据库并作出有用的决策提供有趣的方式(数据挖掘的更多背景资料请参阅本章末参考文献[6])。

案例:20 世纪 90 年代后期,金融综合服务公司受到电子经纪公司极低交易成本的冲击。对此,美林证券公司进行了一项大型的运筹学研究,以应对这一冲击。公司对收取服务费项目进行了全面调查,调查范围涵盖全服务资产期权(按资产价值的一定比例收费,而非单笔交易收费)及期望在网上直接投资客户的低成本期权。数据收集和处理在该项研究中发挥了关键作用。为了分析不同期权对单个客户行为的影响,小组需要收集处理 500 万客户、1000 万个账户、1 亿条交易记录以及 2.5 亿笔台账记录等 200GB 的综合性客户数据库。这需要从海量生产数据库中合并、协调、过滤和清理数据。本项研究成果的实施,使公司一年内所持客户资产上涨近 500 亿美元,收益增长近 8000 万美元(该项研究的详细内容请参阅参考文献[A2]。有关数据采集和处理在运筹学研究中起特别关键作用的其他获奖的实例,请参阅参考文献[A1,A10,A14])。

2.2 构建数学模型

决策者的问题确定后,下一阶段是以便于分析的形式重新表述该问题。传统的运筹学方法就是构建一个能代表问题实质的数学模型。在讨论如何构建数学模型之前,首先探讨模型的一般性质和数学模型的特殊性质。

模型或理想化表述是日常生活中不可或缺的一部分。常见的模型包括飞机模型、肖像、地球仪等。同样,模型在科学和商务方面也起着非常重要的作用,如原子模型、遗传结构模型、描述运动物理规律或化学反应的数学方程式、图形、组织结构图和工业会计系统等。此类模型对于抽象出调查对象的本质、显示相互关系和帮助分析具有巨大价值。

数学模型也是一种理想化表述,但以数学符号和表达式表示。物理学定律 $F=ma$ 和 $E=mc^2$ 均为常见例子。同样,商业问题的数学模型是由描述问题本质的方程式及其相关数学表达式构成的系统。因此,如要做 n 个相关的定量决策,这些决策可表示为值待定的决策变量(如 $x_1, x_2, \cdots, x_n$)。绩效(比如利润)的适当测定则采用这些决策变量的数学函数表示(如 $P = 3x_1 + 2x_2 + \cdots + 5x_n$)。该函数称为目标函数。可分配给决策变量值的任何限制也用数学方式表示,一般用不等式或等式表示(如 $x_1 + 3x_1x_2 + 2x_2 \leq 10$)。表示这些限制条件的数学表达式常称为约束条件。约束条件和目标函数中的常数(即系数和右侧值)称为模型参数。那么,数学模型可以表述为,选择决策变量的值以便在规定的约束条件下使目标函数最大化。该类模型及其不同的变化形式,构成了运筹学模型的典型特征。

确定分配至模型参数的合适值(每个参数分配一个值)是建模过程中既关键又具有挑战性的一环。与教科书的案例(数字是给定的)不同,确定一个真实问题的参数值需要搜集相关数据。如前文所述,搜集准确数据通常比较困难。因此,分配至参数的值往往(必定)是一个粗略的估算值。由于参数真值的不确定性,如果分配至参数的值会在合理范围内发生变化,非常有必要分析所导出的模型的解是如何改变的。这一过程称为灵敏度分析,下节(和第 7 章的大量内容)将进一步予以论述。

尽管我们常说商业问题的数学模型,但实际问题通常不会只有一种正确模型。2.4 节将讲述模型测试过程通常是如何导出一系列模型以更好地描述问题的。建立两个或多个完全不同的模型帮助分析同一个问题甚至也是有可能的。

本书其余部分有大量数学模型案例。下面几个章节将研究一个特别重要的模型类型——线性规划模型,该模型中目标函数和约束条件的数学函数均为线性函数。第 3 章论述线性规划模型的具体构建过程,以便解决如下问题:①使利润最大化的产品组合;②最大程度地减少附近组织损伤的同时有效攻击肿瘤的放射治疗方案;③作物净收益最大化的面积分配;④空气质量达标的最低成本污染治理方法组合。

数学模型相对于语言描述问题具有诸多优点。优点之一就在于数学模型描述问题更简明扼要,更易于理解问题的整体结构,有助于揭示重要的因果关系。这样便可更清楚地表述其他数据与分析的相关性。同时,也有利于从总体上处理问题,并同步考虑所有与之相关的关系。最后,数学模型在强大的数学和计算机技术与问题分析之间构建了桥梁。实际上,个人计算机和大型计算机套装软件已广泛应用于数学模型问题的求解。

然而,应用数学模型时须避免其存在的陷阱。该类模型必然是对问题理想化的抽象,为使模型易于求解(能解决),一般须取近似值,并简化假设。因此,必须注意确保模型对问题的有效描述。判断一个模型有效性的正确标准是看该模型是否能足够准确地预测备选方案的相对有效性,从而做出优化决策。因此,没有必要将所有备选研究方案中具有同等效果的不太重要的细节或因素都加以考虑。只要可选方案的相关值(如值差)足够准确,甚至不同方案的绩效测定绝对量级都不必完全正确。因而,模型预测与实际情况之间高度相关就已足够。为确定这一要求是否得到满足,需做大量测试并对模型进行相应修改(见 2.4 节)。虽然测试阶段放在本章后部分讲述,但在实际应用中,大量模型验证工作在研究的建模阶段就已展开,以帮助数学模型的构建。

构建模型的一个良好方式是从极简单的模型开始,逐步研究更复杂的精细模型,从而更接近现实问题的复杂性。只要模型能够求解,模型扩展就可继续,须不断在模型精度和易处理性之间进行基本的权衡(该过程的详细描述请参阅参考文献[9])。

建立运筹学模型的一个关键步骤是构建目标函数。这需要制定一个与每名决策者的最终目标(在确定问题时即已确定)相关的绩效测定方法。如有多个目标,则各目标的测定通常进行转换并组合成一个复合的测定方法,称为整体绩效测定。该整体测定可能是有形的(如利润),符合组织更高级的目标,也可能是抽象的(如功用)。如属后者,该项测定方法往往比较复杂,需要一个过程,以仔细对比目标及其相对重要性。整体绩效测定方法确定后,将此测定方式用决策变量的数学函数表示出来以获得目标函数。另外,还有一些方法同步明确考虑多个目标,其中一种方法(目标规划)将在第 8 章的附录中论述。

应 用 案 例

2012 年与美国联合航空合并之前,美国大陆航空公司是美国旅客运输、航空货运和航空邮递的主要航空公司。每日离港航班达 2000 个,涵盖 100 多条国内航线和近 100 条国际航线。合并为美国联合航空公司后,机队拥有 700 多架飞机,开通航线超过 370 条。

像大陆航空这类航空公司(目前为合并后的美国联合航空公司的组成部分)往往面临因恶劣天气、飞机机械故障和机组人员短缺等突发状况,每天都会干扰航班的正常运行,甚至导致航班延误和取消。导致的连锁反应是,机组人员有时无法服务后续预定航班。航空公司必须迅速行动,填补空缺,恢复正常航班计划,同时,还需兼顾运行成本、遵守所有政府相关规定、履行合同义务并满足人们对生活品质的要求。

为应对此类问题,大陆航空公司运筹学研究小组构建了一个周密的数学模型,一旦出现紧急情况,便能尽快重新分配机组人员。由于大陆航空公司机组人员以及每日航班量巨大,要求模型要足够庞大,将所有航班与机组人员的可能配对组合均要加以考虑。因此,该模型有数以百万计的决策变量和数千个约束条件。在模型投入应用的首年(主要是 2001 年),模型使用了四次,用于恢复重大的航班计划中断事故(包括两次雪灾、一次洪水以及"911"恐怖袭击),此举导致成本减少约 4000 万美元。该模型随后还被广泛用于处理各种日常较轻微的中断事件。

尽管其他航空公司后来也竞相采用此类运筹学方法,但相对于其他航空公司,大陆航空公司凭借其先发优势,恢复航班计划速度更快,航班延误时间更短,航班取消情况更少。在航业经历 21 世纪初的艰难挣扎后,大陆航空公司获得了相对较强的市场地位。这一领先举措,令大陆航空公司赢得了 2002 弗朗茨·爱德曼(Franz Edelman)运筹与管理科学成就久负盛名的一等奖。

来源:G. Yu, M. Argüello, C. Song, S. M. McGowan, and A. White, "A New Era for Crew Recovery at Continental Airlines," *Interfaces*, 33(1):5-22, Jan. -Feb. 2003(A link to this article is provided on our website, www.mhhe.com/nillier.)

案例:荷兰负责水资源管理和公共工程的政府机构荷兰水运局(Rijkswaterstaat)委托了一项大型的运筹学研究,以便为制定新的国家水资源管理政策提供思路。新政策节省了数以亿计美元的投资,每年可减少农业损失约 1500 万美元,同时,还能减少热污染和藻类污染。该运筹学研究小组不是构建了一个数学模型,而是开发了一个包含多达 50 个模型的综合性集成系统。此外,部分模型还有简化版和完整版。简化版用于获取基本要点,包括政策取舍分析。完整版则用于需要全面分析或更高精确度或需详尽方案的场所。整个运筹学研究直接投入人力超过 125 人年(1/3 以上的人力用于数据收集),创建了几十个计算机程序,对海量数据进行了结构重组(该项研究的详情请参阅参考文献[A8],以及参考文献[A3,A9],在获奖运筹学研究集中,收集了其他案例,以及大量数学模型)。

2.3 从模型中推演出解决方案

针对所研究问题构建数学模型后,运筹学研究的下一个步骤是开发一个程序(通常是计算机程序),用以从该模型中推导出解决方案。人们可能会认为这一定是运筹学研究的主要工作,但实际上,多数情况下并非如此。某些情况下,这仅仅是一个相对简单的步骤——从现有的软件包中挑选一个运筹学研究的标准算法(系统的求解程序)应用在计算机上即可。对于经验丰富的运筹学研究人员来说,找出解决方案是最有趣的部分,而实际要做的主要工作都在找到解决方案之前和之后的步骤中完成,包括本节后面将要介绍的后优化分析。

鉴于本书将用大量篇幅介绍如何从各种重要的数学模型中找出解决方案,此处不再赘述,但需对这些解决方案的性质进行论述。

运筹学一个不变的主题就是找出最优或最佳解决方案。事实上,本书中已开发并提供了诸多针对特定问题求解的程序。尽管如此,需要澄清一点:最优解决方案,是仅仅针对所使用的模型而言的。鉴于模型是对问题的理想化表述而非对真实问题的确切表示,所以不能想当然地认为模型的最优解一定是现实问题实施的最优解。实际问题中,包含了大量难以估算和不确定因素。尽管如此,如果模型构建良好并经过精心测试,其推导出的解决方案往往非常接近实际问题的理想方案。因此,注意力应放在运筹学研究的实际成功验证上,重点观察运筹学方法是否比其他工具提供更优的行动指南,而不是浪费在无谓的完美上。已故的赫伯特·西蒙(Herbert Simon,著名管理学家和诺贝尔经济学奖得主)指出,在实践中,满意化比最优化应用更为普遍。满意化一词源于满意与优化两词的组合。西蒙发现,管理者对解决手边问题的态度,更趋于找到"足够好"的解决方案。与其费尽心机地为各种相互矛盾的理想目标找到一揽子最佳解决方案(包括一套完善的评定组织各部门表现的标准),人们也许更倾向于找到更为务实的方法。可根据以往绩效水平或根据目前争取实现的竞争目标设定目标,从而建立各领域绩效的最低满意度标准。若解决方案能满足所有上述目标,则可以直接采用。这就是满意化的本质。

最优化和满意化之间的区别反映了在现实中理论应用于实践时,人们常常面临的理论与现实间的差距。正如英格兰运筹学先驱和带头人塞缪尔·埃隆(Samuel Eilon)所言:"最优化本质是科学,满意化关乎可行性艺术。"

运筹学研究小组试图尽量将"科学本质"引入决策过程。然而,成功的团队在此过程中充分认识到,决策者最需要的是,在合理的时间内,获得满足决策需要的建议。因此,运筹学研究的目标应该是以最佳方式进行研究,而不是得出一个模型的最优解。所以,除了追求科学本质外,团队还应考虑研究成本和推迟完成研究可能造成的损失,并争取实现研究收益的最大化。理解这一概念后,运筹学研究小组有时亦采用启发式程序(即凭直觉设计程序,而不过分关注能否获得最优解)以期获得不错的次优解。当为相关问题模型找出最优解时间和成本花费巨大时,尤其常采用上述程序。近年来,在开发有效可行的启发式算法方面取得了相当大的进展,该算法不仅为特定类型问题设计了特定的启发式程序,而且也提供了通用结构和战略指南。启发式算法的应用(第14章的主题)目前还在持续扩大中。

目前为止的讨论,似乎一直在暗示,运筹学研究仅仅是为了找到一个解决方案,而这个方案可能是,也可能不是最佳方案。事实上,情况往往并非如此。原始模型的最优解可能与真实问题的理想要求相差甚远,因此需要进一步做分析。因此,后优化分析(找到最优解后所做的分析)是大多数运筹学研究的一个非常重要的组成部分。这项分析由于涉及一些假设问题的研究,即研究如果将来条件发生变化时最优解会发生什么变化,所以有时也被称为假设分析。上述假设往往由最终决策者而非运筹研究团队提出。

功能强大的电子数据表软件的出现往往令电子数据表在后优化分析中发挥了核心作用。电子数据表的一大优点是,任何人(包括管理者)利用它都可以轻松进行交互,可以看到模型发生变化时最优解(根据模型的当前版本)所发生的变化。对模型变更进行实验的过程同样有助于更好地理解该模型,并增加对模型有效性的信心。

某种程度上,后优化分析包括灵敏度分析,以便确定模型的哪些参数对解决方案的确定起关键作用("敏感参数")。敏感参数(本书全篇使用)一般定义如下。

对于所有参数均有规定值的数学模型,模型的敏感参数是指那些最优解不变时其值就不能改变的参数。

识别敏感参数非常重要,因为通过这一过程,便可确定哪些参数在分配数值时需要格外注意,以免扭曲模型的输出。

分配给参数的值往往仅为预估值(如单位利润),其确切值只有在方案实施后才能知晓。因此,在敏感参数确定后,必须特别注意对各敏感参数值进行更为接近的估算,或至少估算其可能值范围,然后方能确定对敏感参数可能值的所有组合来说,较为适合的方案。

若该方案正在实施中,则后续敏感参数值的任何变动,就意味着需要对该方案进行变动。

某些情况下,模型的某些参数代表着政策决策(如资源分配)。在此情况下,分配给这些参数的值往往具有一定的灵活性。降低某些值可能会使另外一些值有所增加。后优化分析包括对这类取舍措施的研究。

结合 2.4 节(模型测试)所述的研究阶段,后优化分析还包含获取一系列由多个理想研究方案改进近似值组成的解决方案。因此,根据初始解决方案存在的明显不足,对模型、模型输入数据(或许还包含求解程序)进行改进,从而得到新的解决方案,并重复该循环。这个过程一直持续直到后续解决方案的改进空间变小,不必继续改进为止。即使这样,仍然可以向管理层提出多个备选解决方案(或许是对其中一个模型及其输入数据来说为最佳的解决方案)供管理层作最终选择。如 2.1 节所述,只要可能,通常都会提出一些备选研究方案,供管理层做出最终选择。

案例:重新回顾 2.2 节末介绍的荷兰水运局(Rijkswaterstaat)实施的荷兰国家水资源管理政策运筹学研究。该项研究并不仅仅提出一个解决方案建议即草草结束,相反,研究小组确定了一些较有吸引力的备选方案,并对其进行了分析和对比。最终的选择权留给了荷兰政治议程,最后由议会批准。

该项研究中灵敏度分析发挥了非常重要的作用。例如,模型的某些参数代表环境标准。灵敏度分析包括评估参数值从现行环境标准变更为其他合理值时对水资源管理问题的影响。灵敏度分析还用于评估模型假设条件变化时所产生的影响(如对未来国际条约对于进入荷兰的污染物所产生的效应进行了假设)。同时,以适当的概率对多种场景(如极度干旱年份或极度多雨年份)进行了分析(请参阅参考文献[A11,A13]更多案例;快速推演相应类型的解决方案是运筹学应用获奖的关键)。

2.4 模型测试

大型数学模型开发与大型计算机程序开发有类似之处。完成计算机程序的第一个版本后,这一版本无疑会包含许多缺陷,必须对程序进行全面测试,尽可能找出缺陷并加以修正。最终,经过较长时期的程序不断改进后,编程人员(或编程团队)才能得出结论,即目前为止该程序在一般情况可以获得合理有效的结果。尽管程序中仍然隐藏有部分小缺陷(且可能永远检测不到),但主要缺陷已被充分消除,程序已可以可靠使用。

同样,大型数学模型的第一个版本必然也包含许多不足。无疑有些相关因子或相互关系还未纳入模型,且部分参数未进行正确预估。但由于对复杂作业问题的各个方面和细节的沟通与理解存在困难,且收集可靠数据也有难度,所以模型存在不足是不可避免的。因此,在使用模型之前必须对模型进行全面测试,尽可能多地找出缺陷并加以消除。最终,经过较长时期的模型不断改进后,运筹学研究小组得出结论,即目前为止该模型可以获得合理有效的结果。虽然模型中仍然隐藏有部分小缺陷(且可能永远检测不到),但主要缺陷已被充分消除,模型现可以可靠使用。

测试和改进模型,提高其有效性的过程通常称为模型验证。

由于模型验证过程很大程度上取决于所研究问题及所使用模型的性质,因此很难描述模型验证的实施过程。在此我们仅做一些概述,并介绍一个案例(具体讨论请参阅参考文献[3])。

运筹学研究小组或会花数月时间对模型的所有细节部分进行开发,很容易"只见树木,不见森林"。因此,在完成模型初始版本的细节(即"树木")之后,模型验证的一个较好的方法是对整体模型(即"森林")重新进行审视,查找明显错误或疏漏。研究小组在进行该项评审时,评审人员中最好至少应有一名未参与模型构建的人员。重新检查问题的定义并将其与模型进行比较或会有助于发现错误。应确保所有数学表达式中使用的计量单位的一致性。有时通过改变参数值和/或决策变量,检查模型输出的合理性,亦有利于验证模型的有效性。当参数或变量被赋予接近最大值或最小值的极限值时,验证效果尤其明显。

模型测试的一个更为系统的方法是进行回溯测试。如适用,该测试包括使用历史数据重建过去,然后,确定若使用了这些历史数据、模型及从模型推演出的解决方案将会产生的效果。将该假设效果与实际情况进行对比,以确定使用该模型是否会为现行实践带来显著改善。这种方式还可用于找出模型存在的缺陷和需修改之处。此外,通过使用从模型推演出的备选研究方案并对其假设效果进行预估可收集大量证据,证明模型在预测备选研究方案相关效应方面的成效。

另一方面,回溯测试的缺点是,所用数据与指导模型构建时所用的数据相同。关键问题是,过去是否能真正代表未来,若不能,则该模型在将来的表现可能与在过去的表现存在相当大的差异。

通过暂时维持现状从而对模型进行进一步测试,有助于规避回溯测试的上述缺陷。即提供模型构建时无法获得的新数据。然后,将这些新数据以同样的方式用于模型评估。

记录模型验证的过程并形成文件是非常重要的,这有助于提高后续用户对模型的信心。此外,如果将来模型出现问题,该文件有助于对可能存在的问题进行诊断。

案例:回顾一下为 IBM 实施的运筹学研究,此项研究旨在将 IBM 备件库存国内网络进行整合从而改善对 IBM 客户的服务支持。该项研究催生了一个新的库存系统,系统将 IBM 库存降低 2.5 亿美元以上,并通过提高运营效率每年还节省成本 2000 万美元,与此同时,还提升了客户服务。该项研究的模型验证阶段一个特别有趣的地方是,将库存系统的未来用户纳入了测试过程。原因在于这些未来用户(即 IBM 负责库存系统执行职能的区域经理)均对正在开发的系统持怀疑态度,他们还委派代表加入用户团队,担任运筹学研究小组顾问。新系统初始版本开发完成后(基于多级库存模型),对系统进行了实施前测试。通过用户小组的大量反馈,对系统进行了重大改进(该项研究的详细内容请参阅参考文献[A5])。

2.5 模型应用

测试阶段完成,且建立了一个可以接受的模型后,还有哪些工作呢?如果需重复使用模型,则下一个步骤就是安装一个完整记录资料的系统,以便于按管理要求应用该模型。该系统包含模型、求解程序(包括后优化分析)以及应用操作程序。即使发生人员变更,亦能定期调用系统,提供特定的数值解。

该系统通常是基于计算机的,往往需要使用和整合大量的计算机程序。在需要接口程序的情况下,每次使用模型时数据库和管理信息系统可提供最新输入。将求解程序(另一个程序)应用于模型后,附加的计算机程序可自动触发执行结果。

其他情况下,安装一个名为决策支持系统的交互式计算机系统,帮助管理人员使用数据和模型,根据需要为其决策提供支持(而不是取代)。另一个程序可生成管理报告(用管理语言),对模型输出及其应用的含义进行说明。

重大的运筹学研究可能需要耗时数月(或更长)用于开发、测试和安装计算机系统,其中包括制定和实施一套将来用于系统维护的程序。当条件随时间发生变化时,应通过该程序对计算机系统(包括模型)进行相应修改。

案例: 2.2 节应用案例介绍了美国大陆航空公司实施的运筹学研究,该项研究催生了一个巨型数学模型,当航班发生中断情况时,用于向飞行航班重新配备机组人员。由于发生中断时需要立即应用该模型,所以又开发了一个名为 CrewSolver 的决策支持系统,该系统集成了模型和代表现行业务的巨大内存数据存储。CrewSolver 可令机组协调员输入有关航班中断的数据后,利用图形用户界面请求快速解决方案,立即重新为班机配置机组人员(参阅参考文献[A4,A6],查阅更多有关决策支持系统起关键作用的运筹学研究获奖案例)。

2.6 实 施

一套模型应用的系统开发完成后,运筹学研究的最后阶段是按管理要求应用该系统。该阶段是运筹学研究的关键阶段,因为当且仅当在该阶段,方能体现研究价值。因此,运筹学研究小组参与此阶段的实施至关重要,既为确保模型解决方案被准确解读为操作流程,还能修正方案中发现的瑕疵。

实施阶段的成功很大程度上取决于管理高层和运营管理层的支持与否。如果运筹学研究小组在整个研究过程中自始至终让管理层了解全过程并鼓励管理层积极提供指导,研究小组便极有可能获得管理层的支持。良好的沟通有助于确保管理层愿望的实现,也让管理层对该项研究有更强的主人翁意识,从而赢得他们对实施阶段的支持。

实施阶段包括若干步骤。首先,运筹学研究小组就拟采用的新系统向经营管理层做出详细解释,并说明它与现行工作的关联性。接下来,双方共同负责开发将该系统投入运行所需程序。之后,运营管理层将见证对有关人员的详尽培训,并启动新的行动规范。如一切顺利,新系统可运行若干年。出于这一考虑,运筹学研究小组应监督所实施行动规范的最初操作,旨在确定未来是否需要修正。

整个新系统使用期间,获得有关系统运行情况以及模型假设是否继续成立等方面的反馈是相当重要的。当原假设条件发生显著偏离时,应重新登录模型,确定是否需要修改系统。先前实施的后优化分析(如 2.3 节所述)可为该评审过程提供有益帮助。

当研究达到成熟阶段,研究小组最好能用文档清晰准确地记录其研究方法,以便使研究工作可以再现。可重复性是运筹学研究人员职业道德规范的一部分,特别是对存在争议的公共政策问题进行研究时,更应注意这一点。

案例: 本案例将揭示在执行新程序之前,一个成功的实施阶段或会涉及数千名员工。1996年3月,三星电子公司启动了一项重大的运筹学研究,开发新方法和调度应用程序,旨在简化整个半导体制造工艺并降低在制品库存。研究持续了五年以上,于 2001 年 6 月最终完成,主要原因是实施阶段工作量庞大。运筹学研究小组需根据新生产程序的原则和逻辑对管理人员、生产人员和工程技术人员进行培训以获得他们的支持。最终有 3000 余人参加了培训课程。然后分阶段实施新程序,以便建立信心。然而,这种耐心的实施过程换回了巨大的回报。新流程将公司从半导体行业中效率最低的制造商变为效益最高的制造商。到运筹学研究实施完成时,营业收入增加超过 10 亿美元。(该项研究的详细内容请参阅参考文献 A12。精心策划实施策略所起关键作用的其他获奖运筹学研究案例,请参阅参考文献[A4,A5,A7])。

2.7 结　　论

虽然本书的其余部分主要侧重于构建数学模型和模型求解,但本章我们试图强调的是,这仅仅是典型运筹学研究整个过程中较小的一部分。其他阶段同样对成功实施研究非常重要。在阅读后面章节时,须全面客观地看待模型和求解程序在整个过程中的作用。对数学模型有了更深入了解后,我们建议您重温本章内容,以便进一步强化这一认识。

运筹学研究与计算机应用密不可分。早些年一般使用大型计算机,但目前个人计算机和工作站被广泛应用于解决运筹学模型问题。

总结有关运筹学研究主要阶段的讨论,应强调的是本章所述许多"规则"均有例外情况。就本质而言,运筹学研究需要极大的智慧和创新力,所以不太可能总结出一套运筹学研究小组一贯遵循的标准程序。前面所述内容,不妨看作一个成功的运筹学研究概要模型。

参 考 文 献

[1] Board,J.,C. Sutcliffe,and W. T. Ziemba:"Applying Operations Research Techniques to Financial Markets," *Interfaces*,**33**(2):12-24,March-April 2003.

[2] Brown,G. G.,and R. E. Rosenthal:"Optimization Tradecraft:Hard-Won Insights from Real-World Decision Support," *Interfaces*,**38**(5):356-366,September-October 2008.

[3] Gass,S. I.:"Decision-Aiding Models:Validation,Assessment,and Related Issues for Policy Analysis," *Operations Research*,**31**:603-631,1983.

[4] Gass,S. I.:"Model World:Danger,Beware the User as Modeler," *Interfaces*,**20**(3):60-64,May-June 1990.

[5] Hall,R. W.:"What's So Scientific about MS/OR?" *Interfaces*,**15**(2):40-45,March-April 1985.

[6] Han,J.,M. Kamber,and J. Pei:*Data Mining:Concepts and Techniques*,3rd ed. Elsevier/Morgan Kaufmann,Waltham,MA,2011.

[7] Howard,R. A.:"The Ethical OR/MS Professional," *Interfaces*,**31**(6):69-82,November-December 2001.

[8] Miser,H. J.:"The Easy Chair:Observation and Experimentation," *Interfaces*,**19**(5):23-30,September-October 1989.

[9] Morris,W. T.:"On the Art of Modeling." *Management Science*,**13**:B707-717,1967.

[10] Murphy,F. H.:"The Occasional Observer:Some Simple Precepts for Project Success," *Interfaces*,**28**(5):25-28,September-October 1998.

[11] Murphy,F. H.:"ASP,The Art and Science of Practice:Elements of the Practice of Operations Research:A Framework," *Interfaces*,**35**(2):154-163,March-April 2005.

[12] Murty,K. G.:*Case Studies in Operations Research:Realistic Applications of Optimal Decision Making*,Springer,New York,scheduled for publication in 2014.

[13] Pidd,M.:"Just Modeling Through:A Rough Guide to Modeling," *Interfaces*,**29**(2):118-132,March-April 1999.

[14] Williams,H. P.:*Model Building in Mathematical Programming*,5th ed.,Wiley,Hoboken,NJ,2013.

[15] Wright,P. D.,M. J. Liberatore,and R. L. Nydick:"A Survey of Operations Research Models and Applications in Homeland Security," *Interfaces*,**36**(6):514-529,November-December 2006.

习　题

2.1-1　2.1 节中的案例总结了为美林证券做的一项获奖运筹学研究。请阅读参考文献[A2]了解该研究的详情。
　　(a) 总结该项研究的实施背景。
　　(b) 引述运筹学研究团队(称为管理科学团队)实施该项研究职责的一句话声明。
　　(c) 确定管理科学团队获取的每个客户的数据类型。
　　(d) 确定作为该项研究的研究成果向公司客户提供的新报价方案。
　　(e) 对美林证券的竞争地位产生了什么影响？

2.1-2　阅读参考文献[A1]，该项描述了为通用汽车实施的获奖运筹学研究。
　　(a) 总结实施该项研究的背景。
　　(b) 该项研究的目标是什么？
　　(c) 描述如何使用软件使数据收集自动化。
　　(d) 因本项研究而促使产能提高，最终入帐的投入节省了多少？利润增加了多少？

2.1-3　阅读参考文献[A14]，该项描述了为旧金山警察局做的一项运筹学研究。
　　(a) 总结该项研究的实施背景。
　　(b) 确定通过识别待开发调度程序的六个指令解决的部分问题。
　　(c) 描述如何收集所需数据。
　　(d) 列出该项研究产生的各种有形和无形收益。

2.1-4　参阅参考文献[A10]，其中描述了为美国康涅狄格州纽黑文市卫生厅所做的一项运筹学研究。
　　(a) 总结该项研究的实施背景。
　　(b) 概述追溯和测试每一个针头和注射器以便收集所需数据的系统。
　　(c) 总结该跟踪和检测系统的初步成果。
　　(d) 描述该项研究对公共政策的直接影响及潜在影响。

2.2-1　阅读 2.2 节详细描述的应用案例中归纳的运筹学研究的参考文章。列出该项研究产生的各种有形和无形收益。

2.2-2　阅读参考文献[A3]，该项描述了为美国 Swift 公司实施的一项运筹学研究。
　　(a) 总结该项研究的实施背景。
　　(b) 描述该项研究中构建的三种通用模型中各类模型的目的。
　　(c) 公司目前采用了多少个由本研究产生的特定模型？
　　(d) 列出该项研究产生的各种有形收益和无形收益。

2.2-3　阅读参考文献[A8]，其中描述了为荷兰水运局做的一项运筹学研究(特别注意第 3 页~第 20 页和第 30 页~第 32 页)。
　　(a) 总结该项研究的实施背景。
　　(b) 总结第 10 页~第 18 页中所述五个数学模型的用途。
　　(c) 总结用于比较本文第 6 页和第 7 页所述政策的"影响测评"(绩效测定)。
　　(d) 列出该项研究产生的各种有形收益和无形收益。

2.2-4　阅读参考文献[5]。
　　(a) 确定作者列举的自然科学模型和运筹学模型实例。

(b) 作者对于自然科学研究中所使用的模型基本规则也可用于指导运筹学研究的观点是什么？

2.2-5 阅读参考文献[A9]，其中描述了为庞巴迪福来捷(Flexjet)实施的一项获奖运筹学研究。

(a) 该项研究的目标是什么？

(b) 如本参考文献的第53页和第58页、第59页所述，该项运筹学研究主要将多种数学模型结合起来。参见本书目录章节标题，列出所有类型的模型。

(c) 本研究带来的经济收益是什么？

2.3-1 参阅参考文献[A11]，其中描述了为飞利浦电子公司实施的一项运筹学研究。

(a) 总结该项研究的实施背景。

(b) 该项研究的目的是什么？

(c) 开发软件对于迅速解决问题有什么益处？

(d) 列出由本项研究产生的协同计划过程的四个步骤。

(e) 列出该项研究产生的各种有形收益和无形收益。

2.3-2 请参阅参考文献[5]。

(a) 对于模型使用的唯一目标是否为找到最优解，作者的观点是什么？

(b) 对于建模的互补作用、模型信息评估，以及在确定行动方案时是否使用决策者的判断，作者的观点是什么？

2.3-3 参阅参考文献[A13]，其中描述了为英特尔实施的赢得2011年丹尼尔·H.瓦格纳(Daniel H. Wagner)杰出运筹学实践奖的运筹学研究。

(a) 待解决的问题是什么？该项研究的目标是什么？

(b) 由于问题的复杂性，实际上不太可能以最佳方式解决问题。为获得次优解决方案该用什么算法？

2.4-1 参阅参考文献[A8]的第18页～第20页，该部分内容描述了为荷兰水运局做的一项运筹学研究。请描述从本研究模型验证中学到的重要教训。

2.4-2 阅读参考文献[8]，归纳作者对于模型验证过程中观察和实验的作用的观点。

2.4-3 阅读参考文献[3]的第603页～第617页。

(a) 作者对于模型是否可完全验证的观点是什么？

(b) 总结模型有效性、数据有效性、逻辑/数学有效性、预测有效性、操作有效性和动态有效性之间的区别。

(c) 描述灵敏度分析在模型操作有效性测试中所起的作用。

(d) 对于是否有适用于所有模型的验证方法，作者的观点是什么？

(e) 本文在哪几页列出了基本验证步骤？

2.5-1 参阅参考文献[A6]，其中描述了为德士古(Texaco)实施的一项运筹学研究。

(a) 总结该项研究的实施背景。

(b) 简要概述由于该项研究而开发的决策支持系统奥米伽远程导航系统(OMEGA)的用户界面。

(c) 奥米伽远程导航系统(OMEGA)不断更新和扩展，以反映操作环境的变化，简要概述各种变化。

(d) 总结采用奥米伽远程导航系统(OMEGA)的方法。

(e) 列出该项研究产生的各种有形收益和无形收益。

2.5-2 阅读参考文献[A4],其中描述了为黄色货运系统有限公司(Yellow Freight System, Inc.)做的一项运筹学研究。

(a) 参阅本文第147页~第149页,总结实施该项研究的背景。

(b) 参阅第150页,简要概述因本研究开发的计算机系统SYSNET系统。另外,归纳SYSNET的应用。

(c) 参阅第162页和第163页,描述SYSNET系统交互功能具有重要性的原因。

(d) 参阅第163页,总结SYSNET系统的输出。

(e) 参阅第168页~第172页,总结使用SYSNET的各种好处。

2.6-1 参阅参考文献[A4],其中描述了为黄色货运系统有限公司(Yellow Freight System, Inc.)做的一项运筹学研究和由此创建的计算机系统SYSNET系统。

(a) 简要概述运筹学研究小组如何获得高层管理人员对实施SYSNET系统的支持。

(b) 简要概述制定的实施战略。

(c) 简要概述现场实施。

(d) 简要概述实施SYSNET系统时如何采用管理激励机制和所采用的强制手段。

2.6-2 阅读参考文献[A5],其中描述了为IBM做的一项运筹学研究以及由此产生的计算机系统优化器(Optimizer)。

(a) 总结实施该项研究的背景。

(b) 列出运筹学研究小组成员在开始开发模型和求解算法时面临的复杂因素。

(c) 简要概述优化器的实施前测试。

(d) 简要概述现场实施测试。

(e) 简要概述国内实施。

(f) 列出该项研究产生的各种有形和无形收益。

2.6-3 阅读参考文献[A7],其中描述了为TNT快递公司做的一项获弗朗茨·爱德曼(Franz Edelman)运筹学与管理科学成就奖的运筹学研究。该项研究引导公司制定了世界范围的全局优化(GO)计划。随后成立了"全局优化研究院",对实施计划的关键员工进行培训。

(a) 全局优化研究院的主要目的是什么?

(b) 学员投入多少时间到这个计划中?

(c) 授予毕业雇员什么称号?

2.7-1 从本章末尾列出的参考文献的后半部选择其中一个获奖的运筹学建模方法应用(不包括已用于其他问题的应用)。阅读该篇文章,然后撰写两页总结,概括应用及其所产生收益(包括非财务收益)。

2.7-2 从本章末尾列出的参考文献的后半部选择其中三个获奖的运筹学建模方法应用(不包括已用于其他问题的应用)。阅读每篇文章,分别撰写一个一页的总结,概括应用和所产生收益(包括非财务收益)。

2.7-3 阅读参考文献[4],作者描述了开发和应用基于计算机的模型的运筹学研究的13个详细阶段,而本章仅划分了6个大致阶段。将13个详细阶段分属(或主要包含)的相应大致阶段进行列表。

第3章 线性规划导论

线性规划的发展已成为20世纪中叶最重要的科学进步之一，我们也赞同这一说法。从1950年开始，线性规划就起到了不同寻常的作用。如今，线性规划已成为标准工具，并为世界上工业化国家的许多规模化的公司财团节省了数千或数百万美元，并日益广泛地应用于社会其他领域。大量基于计算机的科学计算均致力于线性规划的应用。有很多关于线性规划的教材，发表了数以百计的描述线性规划重要应用的文章。

这一知名工具的本质是什么？它能解决哪类问题？在你看了随后的事例之后，你将会洞察这些问题的答案。尽管如此，一个简要的归纳可以为你提供洞察视角。简单地说，如何在竞争活动中分配有限资源的这类问题，最常见的就是找到最佳的可能方式（如最优化问题）。更准确地说，这类问题可以归纳为对竞争资源的活动选定合适的活动水平，而这些资源又是活动运行所必需的。选定的活动水平将限定每项活动中各种资源的消耗量。这一描述适用于多种情形，范围涵盖从生产设备的分配到基于内需的国家资源分配，从证券组合投资分析到运输模式选定，从农业生产计划到放射治疗等。尽管如此，这些情形的共同特征就是，必须要选定活动的水平以为其分配资源。

线性规划运用数学模型来描述相关问题。形容词"线性"意味着模型中所有的数学函数都必须是线性函数。"规划"一词不是指计算机程序（英语中规划与程序同词），其本质上是"计划"的同义词。因而，线性规划是指对活动进行计划以获得最优结果。例如，在所有的可能选项中，到达最佳特定目标（依据数学模型）。

尽管为活动分配资源是现实应用中最普遍的问题类型，但线性规划在其他方面也有很多重要的应用。实际上，任何问题只要其数学模型符合线性规划模型一般形式，这样的问题都是线性规划问题（于是，线性规划问题及其模型通常简称线性规划来代替，甚至仅仅用LP表示）。因此，一个相当有效率的解法产生了，称为单纯形法（Simplex Method），它也可用于求解大规模线性规划问题。这也成为近年来线性规划产生巨大影响的原因。

由于线性规划的重要性，我们在本章和随后7章专门论述它。在本章介绍线性规划问题的一般特征之后，第4章和第5章着重介绍单纯形法，第6章和第7章讨论单纯形法初步应用之后，再对线性规划问题做进一步分析。第8章讲述了单纯形法诸多广泛的应用领域，并介绍了内点法，与单纯形法相比，它能够解决更大型的线性规划问题。第9章和第10章探讨了一些特殊类型的线性规划问题，其重要性值得单独研究。

在随后的章节中，你将会看到线性规划在其他运筹领域的应用。

我们通过研究一个微小的线性规划问题的原形示例作为本章的开始。这个示例足够小以于能够用图形直接求解。在3.2节和3.3节中给出了一般线性规划模型及其基本假设。3.4节给出了线性规划问题应用的补充示例。3.5节描述了适度规模的线性规划模型能够很方便地通过电子表格得到演示和求解。尽管如此，现实遇到的某些线性规划问题往往需要巨大的模型。3.6节举例说明了大型模型产生，以及如何用MPL（本节将描述其建模过程）和LINGO（本书网站中本章的补充材料2描述了其建模过程）等专门建模语言来成功构建模型。

3.1 原形示例

Wyndor Glass 公司生产高质量的玻璃产品,包括窗户和玻璃门。公司有 3 个工厂。铝框和硬件在工厂 1 生产,木框在工厂 2 生产,工厂 3 生产玻璃并组装产品。

由于利润下滑,公司高层决定调整生产线。终止生产不赢利的产品,释放的产能用于生产 2 个有巨大销售潜力的新产品。

产品 1:带铝框的 8 英尺玻璃门。

产品 2:带木框的 4×6 英尺玻璃窗户。

产品 1 需要工厂 1 和工厂 3 的部分产能,不需要工厂 2 的产能。产品 2 只需要工厂 2 和工厂 3 的产能。市场分析得到的结论是,工厂生产的产品均能卖掉。尽管如此,由于两种产品将竞争工厂 3 的产能,不清楚两种产品如何组合生产才能获得最大利润。因此,组织一个运筹小组来研究这个问题。

运筹小组开始时,同高管讨论明确该项研究的管理目标。经过讨论明确了对以下问题的界定。

决定两种产品的生产率是基于总利润最大化来考虑,但也受制于 3 个工厂有限的产能(每种产品将以 20 个作为一批生产,那生产率定义为每周的批数)。生产率的任何组合都能满足约束条件的限制,包括其中一个产品不生产而尽可能多地生产另一种产品。

运筹小组还明确了需要收集的数据。

(1) 每个工厂能够为这些新产品提供的每周生产时间的小时数(这些工厂的大部分时间已经给了当前的产品,因此新产品的可用产能相当有限)。

(2) 每个工厂生产每批新产品生产时间的小时数。

(3) 每批新产品的利润数(之所以选择批次利润作为合适的度量指标,是因为运筹小组总结出,每增产一批产品所增加的利润大体上与总批数无关)。由于在新产品投产和销售之初不发生实际性的成本,所以每种产品的总利润大致等于批次利润乘以产品批次数。

应 用 案 例

位于科罗拉多州格里利市的 Swift 公司是一家多种经营的蛋白质厂商。到目前为止,牛肉及相关产品的年均销售额超过 80 亿美元,在公司业务中占比最大。为了提高公司的销售额及生产效率,公司的高层管理者认为需要达到 3 个目标:一是让公司的业务代表告知超过 8000 名顾客关于当前以及未来可用库存的正确信息,并考虑要求交货日期和交付时产品的最大库存时间;二是为每个工厂制定超过 28 天高效的员工排班时间表;三是当牛的可用数量和工厂的处理能力给定时,要准确确定一个工厂能否按照需求订单明细规定的日期和时间配送相应数量的订货。

为了满足这 3 个挑战性的目标,运筹小组开发了一个由 45 个线性规划模型集成的系统,这些模型主要基于 3 个模型公式,在接到订单时,能实时为 5 个工厂动态分配牛肉生产活动。系统运行第一年实现总账面效益达到 1274 万美元,其中 1200 万归功于产品结构优化。其他的收益包括减少订单丢失、减少价格折扣和更好地按时递送。

资料来源:A. Bixby, B. Downs, and M. Self, "A Scheduling and Capable-to-Promise Application for Swift & Company," *Interfaces*, 36(1):39-50, Jan.-Feb. 2006. (我们的网址提供了本文链接:www.mhhe.com/hillier。)

为了获取对这些数据合理的估计,需要得到公司各部门相关人员的帮助。制造部门的员工提供了上面的第一类数据。第二类数据需要精于生产工序设计的制造工程师来对其进行估计。这些工程师和市场部门的人员通过分析成本数据,以及来自市场部门的定价信息,由会计部门对第三类数据进行估计。

表 3.1 汇总了收集的数据。

表 3.1　Wyndor Glass 公司问题的数据

工　厂	每批生产时间/h		每周可用生产时间/h
	产品 1	产品 2	
1	1	0	4
2	0	2	12
3	3	2	18
每批利润/美元	3000	5000	

运筹小组迅即意识到这是典型的产品结构类线性规划模型,接着构建了相应的数学模型。

3.1.1　作为线性规划问题建模

从前文对问题的定义中可以看出,为获得最大的总利润,需要决定每周生产的相应产品的批数。因此,来针对该问题构建数学(线性规划)模型,令

x_1 = 每周产品 1 的生产批数

x_2 = 每周产品 2 的生产批数

Z = 每周生产这两种产品的总利润(千美元)

因而,x_1、x_2 是模型的决策变量,根据表 3.1 最后一行,可得

$$Z = 3x_1 + 5x_2$$

我们的目标是选择 x_1 和 x_2 的值来使 $Z = 3x_1 + 5x_2$ 最大,而它们的值受约束于 3 个工厂有限的生产能力。表 3.1 表明,生产每批产品 1 需要消耗工厂 1 生产时间 1h,而工厂 1 每周生产时间只有 4h 可用。这一约束在数学上可用不等式表示为 $x_1 \leq 4$。同理,工厂 2 的约束条件是 $2x_2 \leq 12$。工厂 3 每周的生产时间数,通过选取 x_1 和 x_2 表达新产品的生产率可表示为 $3x_1 + 2x_2$,所以,工厂 3 约束的数学表示为 $3x_1 + 2x_2 \leq 18$。最后,由于生产率不能为负,决策变量受到非负约束:$x_1 \geq 0$ 和 $x_2 \geq 0$。

用线性规划的数学语言归纳一下,问题描述为选择 x_1 和 x_2 的值,使

$$\text{Max } Z = 3x_1 + 5x_2$$

s. t.

$$x_1 \leq 4$$
$$2x_2 \leq 12$$
$$3x_1 + 2x_2 \leq 18$$

且

$$x_1 \geq 0, x_2 \geq 0$$

(注意:线性规划模型中 x_1 和 x_2 系数如何确定以充分反映表 3.1 的信息。)

这个问题是典型的资源分配问题,线性规划问题中的常见类型。资源分配问题的重要特点就是大多数或者全部约束方程是资源约束。资源约束的右侧表示某种资源的可能使用数量,资源约束的左侧表示可供使用的资源数量,因此左侧必须小于等于右侧。产品结构问题属于资源分配问题的一类,可在 3.4 节中看到其他类的资源分配问题以及其他类线性规划问题的示例。

3.1.2　图解法

这个很小规模的问题有两个变量,仅仅是二维的,因此图解法就能够对其进行求解。这个过程包括构建以 x_1 和 x_2 为轴的二维图。第一步是求出 (x_1, x_2) 符合约束条件的取值范围,这是通

过对每个约束条件许可值范围描画边界线得到的。首先,注意到非负限制 $x_1 \geq 0, x_2 \geq 0$,要求位于坐标系的正数区域(包括两个坐标轴),也就是第一象限。接着,考虑约束条件 $x_1 \leq 4$ 意味着 (x_1, x_2) 的取值不能位于直线 $x_1 = 4$ 的右侧。结果如图 3.1 所示,图中阴影区域包含可行的 (x_1, x_2) 取值。

用同样的方式,约束条件 $2x_2 \leq 12$(或相当于 $x_2 \leq 6$)意味着直线 $2x_2 = 12$ 应增加为可行域的边界。最后的约束条件 $3x_1 + 2x_2 \leq 18$,要求绘制位于 $3x_1 + 2x_2 = 18$(另一条线)上 (x_1, x_2) 表示的点以完成约束边界(注意:满足约束条件 $3x_1 + 2x_2 \leq 18$ 的所有点在直线 $3x_1 + 2x_2 = 18$ 上或者在它的下方,因此约束线上方的点不满足不等式),(x_1, x_2) 的所有允许取值区域被称为可行域,如图 3.2 所示(在运筹学教程中图解法示例部分,提供了构建可行域更详细的说明示例)。

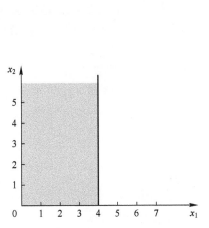

图 3.1 阴影区域给出由 $x_1 \geq 0, x_2 \geq 0$,$x_1 \leq 4$ 确定的 (x_1, x_2) 允许取值

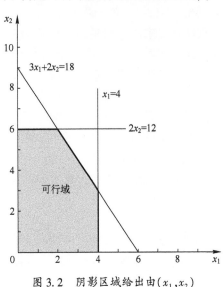

图 3.2 阴影区域给出由 (x_1, x_2) 允许值的集合,称为可行域

最后的步骤是在可行域中找出使目标函数 $Z = 3x_1 + 5x_2$ 取得最大值的点。为了能够发现如何使这一步骤有效地完成,需通过反复实验。例如,实验 $Z = 10 = 3x_1 + 5x_2$ 来看在可行域内是否存在 (x_1, x_2) 值能达到 10。通过绘出直线 $3x_1 + 5x_2 = 10$(图 3.3),可以看到在可行域内这条线上有许多点满足这一条件。通过任意选择直线 $Z = 10$ 获得了希望得到的结果,接下来应任意选择更大的 Z 值,如 $Z = 20 = 3x_1 + 5x_2$ 进行试探。图 3.3 表明直线 $3x_1 + 5x_2 = 20$ 的一部分线段位于可行域内,因此,Z 的最大可行值不会低于 20。

现在注意在图 3.3 中刚建立的两条直线是平行的。这并非巧合,因为以这种方式构建的任何直线,对于选定的 Z 值都有 $Z = 3x_1 + 5x_2$ 的形式,这意味着 $5x_2 = -3x_1 + Z$,或者等价为

$$x_2 = -\frac{3}{5}x_1 + \frac{1}{5}Z$$

最后的等式,称为目标函数的斜截

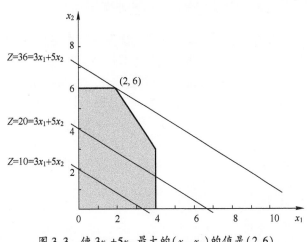

图 3.3 使 $3x_1 + 5x_2$ 最大的 (x_1, x_2) 的值是 $(2,6)$

形式,表明直线的斜率是$-3/5$(每增加1个单位的x_1,x_2相应变化$-3/5$个单位),而直线在x_2轴上的截距是$1/5Z$($x_1=0$时,$x_2=1/5Z$)。事实上,斜率固定为$-3/5$意味着以这种方式建立的所有直线都是平行的。

再次,比较在图3.3中的直线$10=3x_1+5x_2$和$20=3x_1+5x_2$,我们注意到,被赋予较大值Z的直线($Z=20$)与其他直线相比($Z=10$),距离原点更高更远。这一事实还可以通过目标函数的斜截形式反映出来,这意味着,当为Z选择的值增加时,x_1轴的截距($1/5Z$)也增加。

这些结果意味着在图3.3中构建直线的反复实验过程中,仅仅是画出至少包含可行域中一个点的一簇平行线,并选择Z取得最大值所对应的直线。图3.3表示这条直线穿过点$(2,6)$意味着最优解为$x_1=2$, $x_2=6$。这条线对应的等式为$3x_1+5x_2=3(2)+5(6)=36=Z$,意味着Z的最优值是$Z=36$。点$(2,6)$位于两条线$2x_2=12$和$3x_1+2x_2=18$的交点上,如图3.2所示,因此,这个点能被代数计算出来因为它是两个等式的公共解。

刚才看到寻找最优点$(2,6)$的反复实验过程,你现在可以用这个方法流程化地去求解其他问题了。用尺子足够形成一条线来建立斜率,而不是画几条平行线。然后在可行域内,沿着使Z增加的方向,以固定的斜率移动尺子(当目标函数为求极小值时,沿着使Z减小的方向移动尺子)。当它仍然穿过区域中的点的最后一瞬间停止移动尺子,这点就是期望最优解。

这个过程通常称为线性规划的图解法。它可用于解决具有两个变量的任意线性规划问题。在增加一些难度的情况下,可以对它进行扩展来解决3个变量但不多于3个变量的问题(下一章我们将聚焦用单纯形法解决较大规模的问题)。

3.1.3 结论

运筹小组用这个方法找到了最优解$x_1=2$, $x_2=6$, $Z=36$。这个解意味着Wyndor Glass公司生产产品1和产品2的生产率分别是2批/周和6批/周,总利润是每周36000美元。根据这个模型,两种产品的其他产品结构都没有这种组合赢利多。

尽管如此,在第2章强调过,一个良好的运筹研究不是只简单地为初始模型找到解就停止了。在第2章描述的6个阶段都十分重要,包括模型彻底测试(见2.4节)和优化后分析(见2.3节)。

在充分认清实际情况后,运筹小组现在在准备更认真地(见3.3节继续研究)评价模型的有效性,对表3.1估计效果的基础上进行灵敏度分析,这不同于其不精确、环境变化等的分析。(7.2节继续讨论)。

3.1.4 用运筹学课件继续学习过程

本书的诸多特点之一就是你会发现用本书网站上的运筹学课件是非常有帮助的。这个课件的关键之处就是有一个称为OR Tutor的程序。这个程序包括本节介绍的图解法的一个完整演示示例。这个示例先是引入问题、构建问题的线性规划模型,然后应用图解法逐步求解模型。像本书其他章节的许多其他求解示例一样,计算机的举例演示着重于那些难以用纸面文字来传递的概念。可参考附录1中有关软件的文档材料。

如果想看到更多的示例,可以访问本书网站的解题示例部分。这部分包含一些有完整求解过程的例题,几乎涵盖本书的每一章,它们是对本书例子和OR Tutor中例子的补充。本章的示例是以一个相对易懂的问题开始的,包括构建一个小的线性规划模型,然后用图解法求解。后续的例子将逐渐变得具有挑战性。

运筹学课件的另一关键部分是一个称为IOR Tutorial的程序。该程序的特征是它有许多交互程序来交互运行书中不同的求解方法,这使你能够高效地专心理解和执行算法逻辑,而由计算机来进行数字运算。程序中还包含应用图解法求解线性规划问题的交互程序。一旦安装了这个程序后,第二程序将使你很快地用图解法运行对修订问题数据影响的敏感度分析。然后,可以打印工作以及家庭作业的结果。与 IOR Tutor 中的其他软件一样,这些软件是专门设计用来在完成家庭作业过程中,为你提供有效、愉快和有启发的学习体验。

当构建两个以上决策变量的线性规划模型时(无法用图解法),第 4 章介绍的单纯形法将使你仍然能很快地找到一个最优解。这样做有助于模型验证,因为找到一个无意义的最优解意味着在建模时出错了。

我们在 1.5 节中提到,运筹学课件介绍了 4 个特别流行的商业软件包——Excel 及其 Solver,一个强大的 Excel 嵌入软件称为 Analytical Solver Platform,LINGO/LINDO,MPL/ Solvers——用于求解各种运筹模型。所有这 4 个软件包都包含求解线性规划模型的单纯形法。3.5 节描述了如何借助 Solver 或者 ASPE 软件,应用 Excel 数据表格形式来建立和求解线性规划模型,其他软件包在 3.6 节中描述(MPL 和 LINGO)、本书网站上本章附录 1 和 2(LINGO)、4.8 节(LINDO 和 MPL 的各种求解工具)以及附录 4.1(LINGO 和 LINDO),MPL、LINGO 和 LINDO 本书网站提供了教程。此外,运筹学课件还包含了 1 个 Excel 文件、1 个 LINGO/LINDO 文件以及 1 个 MPL/ Solvers 文件,演示如何用各软件包求解本章中的每个例子。

3.2 线性规划模型

Wyndor Glass 公司的问题是为了举例说明典型的线性规划问题(微型版本)。尽管如此,线性规划包含的内容太多以至于不能通过一个简单的例子完全说明它的特征。本节我们讨论线性规划问题的一般特征,包括线性规划数学模型的各种合理形式。

让我们从一些基本的术语和符号开始。表 3.2 的第一列总结了 Wyndor Glass 公司问题的构成部分。第二列介绍了适用于多数线性规划问题同样构成部分的更通用形式。关键词是资源和活动,m 表示能被使用的不同种类资源的数量,n 表示被考虑的活动的数量。一些典型的资源包括资金、特定的机器、设备、工具和人员。活动的例子包括特定项目的投资、特定媒体的广告、从特定的出发点到特定目的地的货物运输。在线性规划的任何应用中,所有的活动可能是一般类型的(如这 3 个例子中的任何一个),单独的活动可能是一般类别内的特定事物。

表 3.2 线性规划的常用术语

原型范例	一般问题
工厂的生产能力	资源
3 个工厂	m 种资源
产品产量	活动
2 种产品	n 个活动
产品 j,x_j 的生产率	活动 j,x_j 的水平
利润 Z	绩效 Z 的整体度量

正如本章引言中描写的一样,线性规划最常见的应用包括将资源分配给活动时,一种可用资源的数量是有限的,所以要将资源仔细地分配给活动。对分配的决策意味着选择活动的级别,从而达到总体绩效的最优值。

通常使用特定的符号来表示线性规划模型的不同组成部分。下面列出了这些符号,并相应给出了为活动分配资源等一般问题的解释:

$Z=$ 绩效 Z 的整体度量

$x_j=$ 活动 j 的级别 $(j=1,2,\cdots,n)$

$c_j=$ 活动 j 的级别增加 1 个单位引起的 Z 的增加

$b_i=$ 可分配给所有活动的资源 i 的数量 $(i=1,2,\cdots,m)$

$a_{ij}=$ 每单位活动 j 所消耗的资源 i 的数量

模型处理的是关于对活动水平作出决策的问题,因此 $x_1,x_2,\cdots,x_n$ 称为决策变量。如表 3.3 所总结的那样,c_j、b_i 和 a_{ij} 的值 $(i=1,2,\cdots,m;j=1,2,\cdots,n)$ 是模型的输入常量,因此 c_j、b_i 和 a_{ij} 也称作模型的参数。

表 3.3 为活动分配资源线性规划模型所需数据

资源	单位活动的资源使用				资源可用数量
	活动				
	1	2	…	n	
1	a_{11}	a_{12}	…	a_{1n}	b_1
2	a_{21}	a_{22}	…	a_{21}	b_2
⋮	⋮	⋮	⋱	⋮	⋮
m	a_{m1}	a_{m2}	…	a_{mn}	b_m
每单位的活动对 Z 的贡献	c_1	c_2	…	c_n	

注意表 3.3 中与表 3.1 对应的部分。

3.2.1 模型的标准形式

正如处理 Wyndor Glass 公司问题的过程,我们现在能够为活动分配资源这个一般问题构建数学模型。特定地,该模型就是选择 $x_1,x_2,\cdots,x_n$ 的值为

$$\text{Max } Z=c_1x_1+c_2x_2+\cdots+c_nx_n$$

$$\text{s.t. } a_{11}x_1+a_{12}x_2+\cdots+a_{1n}x_n \leq b_1$$

$$a_{21}x_1+a_{22}x_2+\cdots+a_{2n}x_n \leq b_2$$

$$\cdots$$

$$a_{m1}x_1+a_{m2}x_2+\cdots+a_{mn}x_n \leq b_m$$

且

$$x_1 \geq 0, x_2 \geq 0, \cdots, x_n \geq 0$$

我们称其为关于线性规划问题我们的标准形式[①]。任何情形只要符合该模型的数学公式都是线性规划问题。

注意:上一节建立的 Wyndor Glass 公司问题模型符合我们的标准形式,且 $m=3,n=2$。

现在可以总结线性规划模型的通用术语了。求最大值的函数 $c_1x_1+c_2x_2+\cdots+c_nx_n$ 称为目标函数。限制条件通常称为约束。前 m 个约束(左边关于所有变量的一个函数 $a_{11}x_1+a_{12}x_2+\cdots+a_{1n}x_n$)有时称为约束函数(或者结构性约束)。类似地,$x_j \geq 0$ 限制条件称为非负约束(或非负条件)。

3.2.2 其他形式

现在我们马上增加一些实际上不符合前面模型标准形式的线性规划问题的自然形式。其他合理的形式如下。

[①] 称为我们的标准形式而不是标准形式是因为有些教材采用其他形式。

(1) 目标函数是最小化而不是最大化,即

$$\text{Min } Z = c_1 x_1 + c_2 x_2 + \cdots + c_n x_n$$

(2) 一些约束条件含有大于等于不等式,即

$$a_{i1} x_1 + a_{i2} x_2 + \cdots + a_{in} x_n \geq b_i (\text{部分 } i \text{ 值})$$

(3) 一些约束条件是等式形式,即

$$a_{i1} x_1 + a_{i2} x_2 + \cdots + a_{in} x_n = b_i (\text{部分 } i \text{ 值})$$

(4) 一些决策变量没有非负限制,即

$$x_j \text{ 无符号约束}(\text{部分 } i \text{ 值})$$

任何混合了以上某些形式,而保留前面标准模型其他部分的问题仍然是线性规划问题。我们对"将有限的资源分配给竞争性活动"术语的解释可能不再适用,或者根本不能用了;但如果不考虑其解释或上下文关系,所需的只是对问题的数学描述满足允许形式。因此,一个线性规划问题的规范定义是模型的每个组成部分符合标准形式,或符合上面列出的其他合法形式之一。

3.2.3 模型的解相关术语

你可能习惯用词语"解"来表示问题的最终答案,但在线性规划(及其扩展)中的习惯用语却非常不同。这里,决策变量$(x_1, x_2, \cdots, x_n)$的任意特定值都称为一个解,无论它是否为期望的或许可的。通过使用合适的形容词来区别不同类型的解。

可行解是指满足所有约束条件的解。

不可行解是指至少一个约束条件不满足的解。

例题中,图3.2中的点(2,3)和点(4,1)是可行解,点(-1,3)和点(4,4)是不可行解。

可行域是所有可行解的集合。

例题中,图3.2中的整个阴影区域就是可行域。

一个问题可能没有可行解。在本例中,如果新产品要求每周达到至少50000美元的净利润补足当前产品线的不足部分,将可能发生没有可行解的情况。相应的约束为$3x_1 + 5x_2 \geq 50$,这将干掉整个可行域,因此,没有新产品的组合优于当前。这个情况如图3.4所示。

已知有可行解,线性规划的目的就是找到最佳可行解,正如模型中的目标函数值所度量的那样。

最优解是指目标函数取得最有利值的可行解。

当目标函数为求极大化时,最有利值就是最大值,如果目标函数求极小化时,最有利值就是极小值。

大多数问题只有一个最优解,但也有可能不止一个。如本例中当每批产品2的利润变为2000美元时,这种情况将会出现。这将使目标函数变为$Z = 3x_1 + 2x_2$,因此连接点(2,6)与点(4,3)的线段上所有的点都是最优的。这种情况在图3.5中进行了说明。正如在这种情况下,任何有多个最优解的问题将有无穷多个解,每一个解都有相同的目标函数值。

另一种可能是问题没有最优解,它发生在如果没有可行解或约束条件不能阻止目标函数值

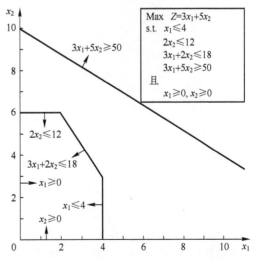

图3.4 如果给问题增加$3x_1 + 5x_2 \geq 50$的约束,则Wyndor Glass公司的问题将没有可行解

(Z)在有利的方向上(正的或者负的)无限增长的情况下。后一种情况被认为有无界 Z 或者目标无界。为了举例说明这种情况,将后两个约束条件从例子中删除,如图 3.6 所示。

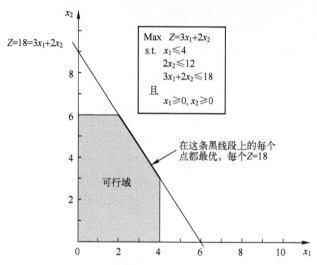

图 3.5 Wyndor Glass 公司的问题如果将目标函数改为 $Z=3x_1+2x_2$ 时将有多个最优解

我们接着介绍一种专用类型的可行解,它在用单纯形法求解最优解时发挥了重要作用。

角点可行解(CPF 解)是指位于可行域角点上的解。

(CPF 解通常被运筹专家们称为极点(或顶点),但我们在导论课程中更建议用角点这一术语。)图 3.7 标出了例题中的 5 个 CPF 解。

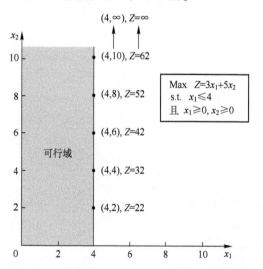

图 3.6 如果仅有的约束条件为 $x_1 \leq 4$,Wyndor Glass 公司的问题将没有最优解,因为 x_2 将会在可行域中无限增加而无法达到 $Z=3x_1+5x_2$ 的最大值

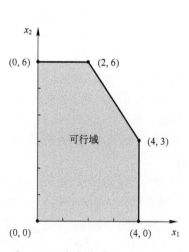

图 3.7 5 个点就是 Wyndor Glass 公司问题的 5 个 CPF 解

4.1 节和 5.1 节将重点分析 CPF 解对各种规模问题的有用性质,包括如下与最优解的关系。

最优解与 CPF 解之间的关系:考虑任意有可行解和可行域有界的线性规划问题,该问题必定有 CPF 解并至少有一个最优解,而且,最佳 CPF 解一定是一个最优解。因此,如果一个问题有且只有一个最优解,它必有一个 CPF 解。如果一个问题有多个最优解,至少有两个一定是 CPF 解。

本例只有一个最优解,$(x_1,x_2)=(2,6)$,这是一个 CPF 解(思考图解法如何从 CPF 解找到最优解)。当本例改为有多个最优解时,如图 3.5 所示,这些最优解中的两个 (2,6) 和 (4,3) 是 CPF 解。

3.3 线性规划的假设

所有线性规划的假设实际上都蕴含在3.2节模型表达式中。特别地,从数学视角来看,所设仅仅是模型必须有一个线性目标函数服从于线性约束。尽管如此,从建模视角来看,线性规划模型的这些数学性质意味着关于建模问题的活动和数据的假设必须成立,其中包括活动水平变化效果的假设。强调这些假设是好的,这样你就能更容易地估计任何给定的问题多大程度上能应用线性规划。进一步说,我们仍需要看看Wyndor Glass公司的运筹小组为什么会认为线性规划建模提供了一个问题的满意表达方法。

3.3.1 比例性

比例性是关于目标函数和约束函数的假设,概括如下。

比例性假设:每个活动对目标函数Z值的贡献与x_j的活动水平成比例,如目标函数中$c_j x_j$所代表的。类似地,每个活动对每个约束条件左侧的贡献与x_j的活动水平成比例。因此,这个假设淘汰了线性规划模型任何函数(不论目标函数还是约束条件的左侧函数)中除了指数为1以外的任意项中的任何变量[①]。

为了说明这个假设,考虑Wyndor Glass公司问题目标函数($Z=3x_1+5x_2$)中第一项($3x_1$)。这一项代表了由生产产品1产生的每周利润(以千万美元表示),以每周x_1批的生产率表示。表3.4中的比例性满足列给出了3.1节中的假设情况,也就是说,这个利润确实与x_1成比例,以至于$3x_1$成为目标函数的合适项。相反,接下来的3列给出了不同的假设情况,其中比例性假设不成立。

首先考虑表3.4中案例1列的情况。产品1的生产初始化将会有启动成本时,这种情况就会出现。例如,安装生产设施可能会有成本,还有安排新产品的配送也有成本。由于这些是一次性成本,因为它们需要按周进行分期偿还,以与Z相称(每周数千美元的利润)。假设进行分期偿还已经完成,并且总启动成本量使Z减少1,但不考虑初始成本的利润将是$3x_1$。这意味着产品1对于利润Z的贡献当$x_1>0$时是$3x_1-1$,当$x_1=0$时是$3x_1=0$(没有启动成本)。这个利润函数[②],如图3.8中给出的实曲线,当然与x_1不成比例。

表3.4 满足或违背比例性的例子

x_1	产品1的利润(每周千美元)			
	比例性满足	违背比例性		
		案例1	案例2	案例3
0	0	0	0	0
1	3	2	3	3
2	6	5	7	5
3	9	8	12	6
4	12	11	18	6

[①] 当函数包括交叉乘积项时,比例性应被解释为,在其他变量不变的情况下,函数值的改变与每个变量(x_j)的单独变化成比例。因此,交叉乘积项满足比例性要求,只要其中的每个变量指数为1(然而,交叉乘积项违背了可加性假设,随后会讨论)。

[②] 如果产品1对Z的贡献是当$x_1 \geq 0$时为$3x_1-1$,包括$x_1=0$,然后固定常数-1,将从目标函数中去掉而不改变最优解,比例将被恢复。尽管如此,这个"固定"这里并不起作用,因为常数-1在$x_1=0$时不能用。

乍一看，表3.4中案例2与案例1可能看起来相似。尽管如此，事实上，案例2是以不同的方式发生的。这里不再有启动成本，每周产品1的第一个单位的利润确实是3，作为原始假设。尽管如此，现在是一个正在增加的边际利润，如产品1的利润函数的斜率（图3.9中的实曲线）是随着x_1的增加而增加的。这种违反比例性的情况可能发生，因为较高的生产水平有时会获得规模经济，如使用更高效率的机器、较长的生产周期、大量购买原材料的数量折扣、学习曲线作用、工人因特定的生产模式而获得的经验使工作效率更高等。随着边际成本的下降，边际收益将会上升（假定边际收入为常数）。

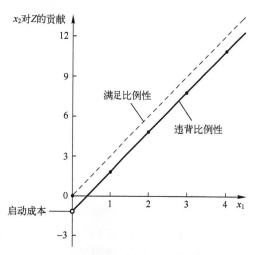

图3.8 实曲线违背了比例性假设由于x_1从0增加时产生了启动成本。
这些点的值由表3.4案例1列给出

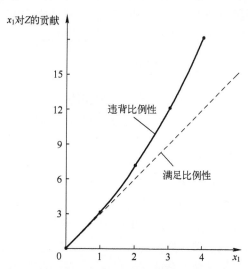

图3.9 实曲线违背了比例性假设因为其斜率（产品1的边际回报）随x_1增加保持增加。
这些点的值由表3.4案例2列给出

再回到表3.4，案例3与案例2的情况相反，其边际回报是下降的。在这种情况下，产品1的利润函数的斜率（图3.10中给出的实曲线）随着x_1的增加而下降。这种违背比例性的情况可能发生，是因为销售水平的提高，营销成本也需要成比例上涨更多。例如，不做广告的情况下，产品1可能每周销售率为1（$x_1=1$），然而，为了使销售率上涨为$x_1=2$，可能需要适量的广告。当$x_1=3$时，可能需要激烈的广告投放；当$x_1=4$时，可能需要降低价格。

所有这3种情况都是违背比例性假设的例子。真实情况是什么？产品1（或者其他产品）的实际利润等于销售额收入减去各种直接成本和间接成本。不可避免地，这些成本中的一些部分，不是与生产率严格成比例的，这可能成为解释上面情况的一个理由。尽管如此，实际问题是，利润的所有部分被计算后，比例性是否与实际的建模目的相接近。对于Wyndor Glass公司的问题，运筹小组检查了目标函数和约束函数。结论是，在不严重歪曲事实时，比例性将确实要被假设。

对于其他问题，当比例性假设作为合理的近似不成立时将会发生什么？大多数情况下，

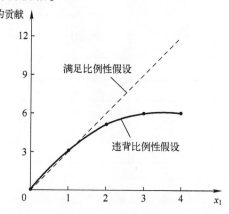

图3.10 实曲线违背了比例性假设因为其斜率（产品1的边际回报）随x_1增加而递减。
这些点的值由表3.4案例3列给出

这意味着必须使用非线性规划来代替(将在第13章讨论)。尽管如此,我们确实指出在13.8节中一类相当重要的非比例性问题,能够通过恰当地重新建立模型来用线性规划处理。进一步说,如果仅因为启动成本的增加而违背比例性假设,可以使用扩展的线性规划(混合整数规划),将在12.3节讨论(固定费用问题)。

3.3.2 可加性

尽管比例性假设淘汰了指数不为1的情况,但并没有禁止叉积项(这些项包括两个或多个变量之积)。可加性假设将淘汰后者出现的可能性,概括如下。

可加性假设:线性规划模型中的每个函数(无论是目标函数还是约束函数的左端项)是每个活动的各自贡献之和。

为了使定义更精确并澄清为什么我们需要担心这个假设,让我们来看一些例子。表3.5给出了Wyndor Glass公司问题的目标函数的一些可能情况。在每一种情况下,产品的贡献如3.1节假设的一样,即产品1为$3x_1$,产品2为$5x_2$。区别在最后一行,其给出了当两种产品联合生产时Z的函数值。满足可加性列给出了这样的情况,函数值通过前两行简单相加获得(3+5=8),所以如之前假设的$Z=3x_1+5x_2$。相反,接下来的两列给出了可加性假设将不满足(但不是比例性假设)的假定情况。

参见表3.5中的案例1,这种情况对应目标函数为$Z=3x_1+5x_2+x_1x_2$,对于$(x_1,x_2)=(1,1)$,$Z=3+5+1=9$。因此,违背可加性假设$Z=3+5$(比例性假设仍然满足,因为在一个变量的值固定后,另一个变量使Z的增加与该变量的值成比例)。如果两种产品在增加利润方面是互补的,这种情况将会出现。例如,假设市场或者本身生产的两种新产品之一需要一个主要的广告投放,但是如果决定生产两种产品,同一个单一的广告能同时有效地提高两种产品的利润。因为节省了第二种产品的主要成本,它们的联合利润将某种程度上多于它们独立生产时各自利润的总和。

表3.5 目标函数满足或违背可加性的例子

(x_1,x_2)	Z值		
	满足可加性	违背可加性	
		案例1	案例2
(1,0)	3	3	3
(0,1)	5	5	5
(1,1)	8	9	7

表3.5中的案例2也违背了可加性假设,因为在相应的目标函数中出现了额外项,$Z=3x_1+5x_2-x_1x_2$,因此,对于$(x_1,x_2)=(1,1)$,$Z=3+5-1=7$。与第一种情况相反,如果两种产品在某种程度上竞争将减少它们的联合利润时,案例2就会出现。例如,假设两种产品需要用同样的机器和设备。如果两种产品中的一种单独生产,机器和设备将单独使用。尽管如此,生产两种产品将需要来回切换生产过程,涉及临时关闭一个产品的生产并启动另一个产品的生产的时间和成本问题。因为大量的额外成本,它们的联合利润比每一种产品独自生产带来的利润的总和某种程度上要少。

相同类型活动之间的交互能够影响约束函数的可加性。例如,考虑Wyndor Glass公司问题的第三个约束函数$3x_1+2x_2 \leq 18$(这是涉及两个产品的唯一约束)。这个约束是关于工厂3的生产能力,其中两种新产品的可用生产时间是每周18h。左侧的函数$(3x_1+2x_2)$表示这些产品每周将消耗的生产时间小时数。表3.6的满足可加性列给出了这种情况,接着的两列表示了函数包含叉积的形式,不满足可加性。对于这3列,使用工厂3生产能力的产品的各自贡献和以前的假设一样,即产品1为$3x_1$,产品2为$2x_2$,或者$x_1=2$时$3(2)=6$,$x_2=3$时$2(3)=6$。这与表3.5的情况一样,区别之处位于最后一行,其中给出了两种产品联合生产时总的函数值。

对于案例3(表3.6),两种产品的生产时间通过函数$3x_1+2x_2+0.5x_1x_2$给出,因此,当$(x_1,x_2)=(2,3)$时,总函数值为6+6+3=15,违背可加性假设的值6+6=12。在与表3.5中的案例2相同的情形下,这种情况将会出现,即额外的时间被浪费在两种产品之间来回的生产转换过程中。额外的叉积$(0.5x_1x_2)$给出了生产时间以这样的方式浪费(注意到在两种产品中转换浪费的时间导致正的叉积项,总的函数用于度量总的生产时间,其在案例2中将导致负的叉积项,因为总的函数用于度量利润)。

表3.6中的案例4,生产时间的函数为$3x_1+2x_2-0.1x_1^2x_2$,因此,当$(x_1,x_2)=(2,3)$时,函数值为6+6-1.2=10.8。这种情况将以如下方式产生。正如在案例3中,假设两个产品同样的机器和设备类型。但是假设现在从一种产品转换到另一种产品需要的时间相当小。因为每种产品需要通过一系列的生产操作,单个生产设备正常生产产品时将会产生偶然的空闲时间。在这些空闲时间里,这些设备可用于生产其他产品。因此,消耗的总生产时间(包括空闲时间)是:当两种产品被联合生产时,将小于单独生产每种产品各产品消耗时间的总和。

表3.6 目标函数满足或违背可加性的例子

(x_1,x_2)	消耗资源量		
	满足可加性	违背可加性	
		案例3	案例4
(2,0)	6	6	6
(0,3)	6	6	6
(2,3)	12	15	10.8

在分析由这4个案例说明的两种产品的可能交叉类型时,运筹小组认为没有因素在实际的Wyndor Glass公司问题中发挥关键作用。因此,可加性假设作为一个合理的近似被采用。

对于其他问题,如果可加性不是合理的假设,那模型的一部分或者全部数学函数就是非线性(由于叉积项)的,你可以进入非线性规划领域学习相关知识(第13章)。

3.3.3 可分割性

我们接下来的假设是关于决策变量的允许值。

可分割性假设:在线性规划模型中的决策变量,被允许取满足函数和非负性约束的任意值,包括非整数值。因此,这些变量并不严格都是整数值。由于每个决策变量代表了一些活动的水平,假设活动能够以分数方式表示。

对于Wyndor Glass公司的问题,决策变量代表了生产率(一种产品每周生产的批数)。由于在可行域内这些生产率可以有任意分数值,可分割性假设成立。

在某种情况下,可分割性假设并不成立,因为部分或所有的决策变量必须被限定为整数值。具有这种限制的数学模型称为整数规划模型,并将在第12章讨论它们。

3.3.4 确定性

我们最后的假设关系到模型的参数,即在目标函数中的系数c_j、在约束函数中的系数a_{ij}和约

束函数右端的 b_i。

确定性假设：赋予线性规划模型的每个参数的值假设为已知常量。

在实际应用中，确定性假设很少被恰好满足。建立线性规划模型时通常会选择一些将来的活动过程。因此，使用的参数值将是基于对将来条件的一种预期，这必然会带来某种程度的不确定性。

由于这一原因，在假设参数值下找到最优解后，引入灵敏度分析通常是重要的。正如 2.3 节讨论的那样，目的之一是识别灵敏参数（不改变最优解它们的值也不会变化），因为灵敏参数值的任何后续变化意味着要立即改变正在使用的解。

灵敏度分析在分析 Wyndor Glass 公司问题时发挥了重要作用，将在 7.2 节讲述。尽管如此，在我们结束故事前很有必要多了解一些背景。

偶然情况下，参数的不确定性程度太大以至于不能只进行灵敏度分析。7.4 节 ~ 7.6 节介绍了在不确定情况下处理线性规划的其他方法。

3.3.5 前景假设

我们在 2.2 节中强调，数学模型是现实问题理想化的表达。模型为了便于处理，需要做近似和简化的假设。增加太多的细节和精细度将使模型在对问题进行分析时显得很笨重。我们只需要将模型的预测和真实问题中实际发生的情况建立高度关联。

这个建议当然适用于线性规划。在线性规划的实际应用中，非常常见的是 4 个假设几乎没有一个被完全满足。除了分割性假设，都会有很小的差距。这对于确定性假设来说尤其严重，所以灵敏度分析作为对违反假设的弥补通常是必须的。

尽管如此，对于运筹小组来说，检查所研究问题的 4 个假设并分析存在多大的差距是非常重要的。如果在主要方面任何假设都不满足，就需要采用大量有帮助的可替代模型，如本书后续章节所描述。这些其他模型的缺点就是对于求解它们的可用算法并不像求解线性规划那样强大，但在某些情况下这种差距正在缩小。对于一些应用，强大的线性规划方法用于初始分析，更复杂的模型用于更进一步的分析。

正如在 3.4 节例题中所学习的那样，你将发现分析线性规划 4 个假设如何应用，是非常好的练习。

3.4　附加示例

Wyndor Glass 公司的问题是一个各个领域线性规划问题的典型示例：这是一个资源分配问题（线性规划问题最常见的类型），因为它涉及在竞争性的活动中分配有限的资源，而且，其模型满足我们的标准形式，它的背景是改进传统的商务计划。然而，线性规划的应用范围更广。本节我们将开阔视野。当研究下面的例子时，应该注意的是这些例子潜在的数学模型而不是这些例子的背景，使其具有线性规划问题的特征。然后，考虑怎样在其他背景下，只改变活动的名称等，建立同样的线性规划数学模型。

这些例子是实际应用的缩小版本。与 Wyndor 问题以及 OR Tutor 中的图解法演示示例一样，这些例子中的第一个只有两个变量，能够用图形法求解。新的特征是：它是一个最小化问题并有混合形式的约束函数（这个例子是对放射治疗设计方面实际情境的极大简化，不过本节中第一个应用案例介绍了运筹学在该领域实际带来的令人惊喜的影响）。接下来的例子有远远多于两个决策变量，因此建模也更有挑战性。尽管我们将提到它们的最优解是通过单纯形法获得的,但这里关注的是对这些大型问题如何建立线性规划模型。接下来一节和下一章我们将转到求解此类问题的软件工具和算法(通常是单纯形法)的问题上。

在学习这些更有挑战性的建模示例之前,如果需要先学习构建小的相对简单的线性规划模型的附加示例,我们建议你返回学习 OR Tutor 中图解法的演示示例和本书网站本章求解示例部分的一些例子。

3.4.1 放射治疗的设计

玛丽被诊断为患有晚期癌症。尤其严重的是,她的膀胱长了一个大的恶性肿瘤(整个膀胱病变)。

玛丽将接受最先进的医学治疗以给她带来每个可能的生存机会。这个治疗将包括大量的放射性治疗。

放射性治疗包括使用外部光束治疗仪透过患者的身体,通过电离辐射,破坏癌细胞和健康的组织。通常,控制几束光束在一个二维的平面上从不同的角度进行精确照射。由于衰减,射入点附近的组织会比射出点附近的组织的光束带来更多的放射。发散性还可能导致光束方向以外的组织受到放射。由于肿瘤细胞在显微情况下看通常是分散在健康细胞中的,通过肿瘤区的放射量需要足够大才能杀死恶性细胞,它们对放射性稍加敏感,而要求足够少地涉及健康细胞。同时,对关键组织的放射总量一定不能超过已经建立的耐受水平,目的是防止造成比疾病本身更严重的伤害。同样的原因,对于整个健康组织的放射总量应该是最小的。

由于需要认真地平衡这些因素,放射性治疗的设计是一个非常精细的过程,设计的目标是选择用于放射的光束组合和光束强度,以产生最佳剂量分布(身体里的放射剂量用"千拉德"作为度量单位)。一旦治疗设计完成后,就将分几个星期多次进行治疗。

在玛丽的案例中,肿瘤的尺寸和位置使她的治疗设计需要更加精细。图 3.11 中肿瘤的交叉部位图从上面看几乎避开了所有的关键组织。这些组织包括了重要的器官(如直肠)以及减弱放射性的骨结构(如股骨和骨盆),也给出了在保证安全的情况下两束射线的进入点和方向(实际上,在这一点上,我们简化了例子,因为通常必须要考虑几十个可能的放射束)。

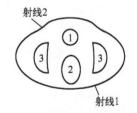

图 3.11 玛丽肿瘤的交叉部位
(从上部看),附近重要的
组织和用到的放射线
1—膀胱肿瘤;2—直肠尾骨等;
3—股骨、骨盆等。

应 用 案 例

前列腺癌是男性诊断中最常见的一种癌症。仅 2013 年,估计在美国就有接近 24 万例新增病例和将近 3 万人死亡。像许多其他癌症一样,放化疗是治疗前列腺癌的常用方法,其目的是对肿瘤区域给予足够高的放射剂量以杀死恶性细胞,同时最小化对肿瘤附近健康组织的放射剂量。这种治疗可通过两种方式应用:外部放射治疗(如本章第一个例子所描述的)或短距离放射治疗,就是在肿瘤区放置大约 100 个放射性"种子"。难点在于如何确定最有效的三维几何模式放置这些种子。

位于纽约的纪念斯隆-凯特琳癌症中心(MSKCC)是世界上最早的私人癌症中心。来自佐治亚理工学院的医疗和健康运筹中心的运筹团队与 MSKCC 的医生开发了一种称为"下一代"非常尖端的优化方法,用来优化短距离放射治疗方法来治疗癌症。潜在的模型与线性规划的结构一致,但有一个模型例外。除了具有适合线性规划的常见连续变量外,模型还有一些二元变量(变量取值为 0 或 1)(线性规划的这种扩展称为混合整数规划,将在第 12 章讨论)。当开始向病人体内植入这些种子时,通过一个计算机系统自动计划,医务人员可以很容易地操作这个系统,优化过程可以在几分钟内完成。

由于这套系统非常有效并且能够极大地减少副作用,优化短距离放射治疗消除癌症组织应用的突破对于医疗成本和治疗病人的生活质量均有着重要的影响。如果所有的美国诊所均采用这种方法,由于减少了预处理计划会议需求和术后 CT 扫描,据估计每年可以节省近 5 亿美元,并提供更加有效的手术及减少处理并发症的必要。可以预期的是,这种方法可以扩展到其他短距离放射治疗中,如治疗乳腺、子宫颈、食道、胆管、胰腺、头部、脖子和眼睛。

该线性规划及其扩展应用使该运筹团队于 2007 年在表彰运筹学和管理学成就的 Franz Edelman 奖的全球竞争中获得了知名的一等奖。

资料来源：E. K. Lee and M. Zaider,"Operations Research Advances Cancer Therapeutics," *Interfaces*,**38**(1):5-25,Jan.-Feb. 2008.（我们网站上提供了该文章的链接：www.mhhe.com/hillier。）

对于任何给定强度的建议放射束,对身体不同部分的放射吸收结果进行分析需要一个复杂的过程。简单地说,在仔细解剖分析的基础上,组织的二维交叉部位的能量分布,可以绘在等剂量图上,图上的等高线表示进入点剂量强度的百分比。一个细格滤线栅被置于等剂量图上。通过求每一种组织在该区域吸收放射剂量的总和,可以计算出肿瘤、健康解剖、重要组织等吸收的平均剂量。多于一束射线（治疗顺序）时,放射量是可以叠加的。

在彻底分析这种类型之后,医疗小组仔细地预计了设计玛丽治疗需要的数据,如表 3.7 所列。第一列列出了必须考虑的身体区域,接下来的两列给出了各自区域吸收的每束射线辐射剂量的平均占比。例如,如果放射线 1 在进入点的剂量水平是 1 千拉德,那么,在二维平面上整个健康解剖组织将吸收平均 0.4 千拉德的放射量,附近的关键组织将吸收平均 0.3 千拉德,肿瘤区域将吸收平均 0.5 千拉德,肿瘤中心部分将吸收平均 0.6 千拉德。最后一列给出了身体各个部分平均吸收的两个放射束的总放射剂量的约束限制。特别地,健康解剖组织的平均吸收量必须尽可能小,关键组织不能超过 2.7 千拉德,整个肿瘤区域必须平均为 6 千拉德,肿瘤中心至少为 6 千拉德。

作为线性规划问题建模：需要对两个进入点的放射剂量进行决策。因此,两个决策变量 x_1、x_2 分别表示放射线 1 和放射线 2 在射入点的放射量（千拉德）。因为到达健康组织的放射量应该最小,用 Z 表示这个量。表 3.7 中的数据可以用来直接建立如下的线性规划模型,[①]即

表 3.7　玛丽的放射治疗设计数据

区　域	区域吸收的输入剂量比例（平均）		总平均剂量限制/千拉德
	放射线 1	放射线 2	
健康解剖组织	0.4	0.5	最小化
关键组织	0.3	0.1	≤2.7
肿瘤区域	0.5	0.5	=6
肿瘤中心	0.6	0.4	≥6

$$\text{Min } Z = 0.4x_1 + 0.5x_2$$
$$\text{s.t. } 0.3x_1 + 0.1x_2 \leq 2.7$$
$$0.5x_1 + 0.5x_2 = 6$$
$$0.6x_1 + 0.4x_2 \geq 6$$

且

$$x_1 \geq 0, x_2 \geq 0$$

注意这个模型与 3.1 节中 Wyndor Glass 公司问题模型的不同之处。后者模型包含最大化

---

①　这个模型比实际应用要小得多。为得到最好的结果,实际的模型甚至需要包含数万个决策变量和约束,如参见 H. E. Romeijn, R. K. Ahuja, J. F. Dempsey, and A. Kumar, "A New Linear Programming Approach to Radiation Therapy Treatment Planning Problems," *Operations Research*, **54**(2):201-216, March-April 2006。作为一种替代方法是将线性规划同其他运筹学方法结合（像见本节的应用案例）,也可参见 G. J. Lim, M. C. Ferris, S. J. Wright, D. M. Shepard, and M. A. Earl, "An Optimization Framework for Conformal Radiation Treatment Planning," *INFORMS Journal on Computing*, **19**(3):366-380, Summer 2007。

Z,并且所有的约束条件都是"≤"形式。这个新模型并不符合这一标准形式,但它确实符合 3.2 节中描述的 3 个其他合法的形式,即最小化 Z,约束条件为"="形式和"≥"形式。

尽管如此,两个模型都只有两个变量,因此这个新问题也能用图解法求解,在 3.1 节图 3.12 中给出了图解法说明。可行解由 $(6,6)$ 和 $(7.5,4.5)$ 之间的黑色线段构成,因为仅有该线段上的点能同时满足所有的约束(注意:等式约束将可行解限制在这条线段上,然后另两个约束决定了线段的两个端点)。虚线是目标函数线,它穿过最优解 $(x_1, x_2) = (7.5, 4.5)$ 得 $Z = 5.25$。这个解比点 $(6,6)$ 更优,因为减少 Z 值(Z 为正值)会使目标函数线朝原点(这时 $Z = 0$)方向移动。$(7.5, 4.5)$ 对应的 $Z = 5.25$ 比 $(6,6)$ 对应的 $Z = 5.4$ 小。

因此,最优设计就是在射入点射线 1 用 7.5 千拉德的剂量,射线 2 用 4.5 千拉德的剂量。

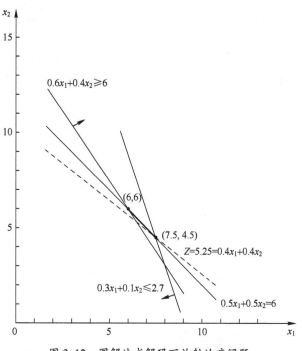

图 3.12 图解法求解玛丽放射治疗问题

与 Wyndor 问题相反,这个问题并不是一个资源分配问题。然而,它归入一类称为成本收益平衡问题的线性规划问题。这类问题的主要特点是它在某种成本与某种收益之间寻求最佳平衡点。在这个特殊例题中,成本就是对健康解剖组织的破坏,收益就是到达肿瘤中心的放射量。模型中的第三个约束条件是一个收益约束,其中右端项代表收益的最低可接受水平,左端项代表达到的收益水平。这是最重要的约束,但其他两个约束也强加了额外的限制(在本节中,稍后将看到两个成本收益平衡问题的附加例题)。

3.4.2 区域规划

南部联盟农场是由以色列的 3 个集体农场(公共农业社区)组成的联合体,这个集团的总体规划在技术协调办公室制定,该办公室当前正在规划第二年的农业产量。

每一个农场的农业产出受限于可使用的灌溉土地量和水利委员会(国家政府办公室)分配的用于灌溉的水量。这些数据如表 3.8 所列。

表 3.8 南部联盟农场的资源数据

农场	可用土地/英亩	分配水资源/英尺^3
1	400	600
2	600	800
3	300	375

适合本地区种植的农作物包括甜菜、棉花与高粱,这 3 种农作物是下一季考虑种植的。这些作物的主要差异在于它们每英亩的期望净收益和水的消耗量。此外,农业部已经制定了南部联盟农场分配给每种作物的总英亩数最大配额,如表 3.9 所列。

表 3.9 南部联盟农场的作物数据

作物	最大配额/英亩	水消耗/(英尺³/英亩)	净回报/(美元/英亩)
1	600	3	1000
2	500	2	750
3	325	1	250

由于可用的灌溉水资源有限,南部联盟农场在下一季将不能用所有可灌溉土地来种植计划的作物。为了确保 3 个农场之间的均衡,已经就每一个农场以相同比例使用其可灌溉土地达成一致。例如,农场 1 使用其 400 英亩可用土地中的 200 英亩,那么,农场 2 将使用其 600 英亩可用土地中的 300 英亩,农场 3 将使用其 300 英亩可用土地中的 150 英亩。尽管如此,作物的任何组合可以在任何农场种植,技术协调办公室的工作是在满足给定的约束下,为每个农场分配每一种作物的种植量,目标是整体上最大化南部联盟农场的净回报。

作为线性规划问题建模: 需要确定的数量是为每一个农场选择每一种作物的种植英亩数,决策变量 $x_j(j=1,2,\cdots,9)$ 代表了这 9 个产量,如表 3.10 所列。

表 3.10 南部联盟农场问题的决策变量

作物	分配数/英亩		
	农场		
	1	2	3
甜菜	x_1	x_2	x_3
棉花	x_4	x_5	x_6
高粱	x_7	x_8	x_9

由于 Z 表示总净回报的数值,该问题的线性规划模型结果为

$$\text{Max } Z = 1000(x_1+x_2+x_3)+750(x_4+x_5+x_6)+250(x_7+x_8+x_9)$$

服从于如下约束条件。

(1) 每个农场的可用土地为

$$x_1+x_4+x_7 \leqslant 400$$
$$x_2+x_5+x_8 \leqslant 600$$
$$x_3+x_6+x_9 \leqslant 300$$

(2) 每个农场的水资源分配为

$$3x_1+2x_4+x_7 \leqslant 600$$
$$3x_2+2x_5+x_8 \leqslant 800$$
$$3x_3+2x_6+x_9 \leqslant 375$$

(3) 每种作物的总英亩数为

$$x_1+x_2+x_3 \leqslant 600$$
$$x_4+x_5+x_6 \leqslant 500$$
$$x_7+x_8+x_9 \leqslant 325$$

(4) 种植土地的比例相等,即

$$\frac{x_1+x_4+x_7}{400}=\frac{x_2+x_5+x_8}{600}$$

$$\frac{x_2+x_5+x_8}{600} = \frac{x_3+x_6+x_9}{300}$$

$$\frac{x_3+x_6+x_9}{300} = \frac{x_1+x_4+x_7}{400}$$

(5) 非负约束为

$$x_j \geq 0, \quad j=1,2,\cdots,9$$

现在模型结束,除了等式约束不是线性规划模型的适合约束,因为部分变量位于等式的右端。因此,其最终形式[①]为

$$3(x_1+x_4+x_7)-2(x_2+x_5+x_8) = 0$$
$$(x_2+x_5+x_8)-2(x_3+x_6+x_9) = 0$$
$$4(x_3+x_6+x_9)-3(x_1+x_4+x_7) = 0$$

技术协调办公室建立了这个模型并应用单纯形法(第 4 章介绍)得到最优解,即

$$(x_1,x_2,x_3,x_4,x_5,x_6,x_7,x_8,x_9) = (133\frac{1}{3},100,25,100,250,150,0,0,0)$$

如表 3.11 所列,得到的目标函数最优值是 $Z=633333\frac{1}{3}$,即总的净回报是 633333.33 美元。

表 3.11 南部联盟农场的问题的最优解

作 物	分配数/英亩		
	农场		
	1	2	3
甜菜	$133\frac{1}{3}$	100	25
棉花	100	250	150
高粱	0	0	0

这个问题是资源分配问题的另一个例子(如 Wyndor 问题)。前三类约束都是资源约束,第四类增加了某些侧面的约束。

3.4.3 控制空气污染

NORI & LEETS 公司是世界上该地区的主要钢厂之一,坐落于 Steeltown 市,而且是该市唯一的大雇主。Steeltown 市随着 NORI & LEETS 公司的成长而繁荣,公司雇用了近 50000 名当地居民作为员工。因此,市民的态度一直是,对 NORI & LEETS 公司有利的事情就是对 Steeltown 市有利的。尽管如此,现在这样的态度正在发生变化,公司熔炉产生的失控的空气污染正在毁坏城市的面貌并危害居民的健康。

最近,由于股东的反对导致公司选举了一个新的开明董事会,这些董事们决定担负起社会责任,他们与 Steeltown 市政府官员和居民一起研究怎样解决空气污染问题,并共同制定了严格的 Steeltown 市空气质量标准。

在空气中 3 种主要的污染成分是颗粒物、硫氧化物和碳氢化合物。新的标准要求公司减少

---

① 实际上,这些等式中的任何一个都是冗余的,如果需要可以删除。同样,由于这些等式中,任何两个可使用的土地约束中也能被删除,因为当剩余土地的约束和这些等式满足时,它们将自动满足。尽管如此,加上这些不必要的约束也是没有妨碍的(除了小部分的额外计算),因此不用担心要在自己建立的模型中删除它们。

这些污染的年排放量,如表 3.12 所列。公司董事会已经指示管理层让工程团队确定怎样以最经济的方式减少污染量。

表 3.12 NORI & LEETS 公司的清洁空气标准

污染物	要求年均排放率的减少量/百万磅
颗粒物	60
硫氧化物	150
碳氢化合物	125

钢厂有两种主要污染来源,即炼生铁的高炉和将铁炼成钢的平炉。对于这两种熔炉,工程师已经确定最有效的消除污染方法是:①增加烟囱的高度[①];②使用过滤装置(包括气体过滤器);③在熔炉燃料中加入高级清洁材料。每一种方法都存在技术限制,即能在多大程度上使用(如烟囱高度的最大可增加量),但是在使用这些方法的技术限制比例上也有相当的灵活性。

表 3.13 给出了在其技术极限下只用一种消除污染方法时,每种炉能被消除的排放量(百万磅/年)。为了分析,假设每种方法也能被不完全应用,而是以某种比例使排放率减少,而且这种比例对于高炉和平炉是不同的。对每种类型的熔炉来说,每种方法取得的排放减少量并不会受是否使用其他方法的影响。

表 3.13 NORI & LEETS 公司每种最大可用消除方法的排放率(每年百万磅计)减少量

污染物	高烟囱		过滤器		改善燃料	
	高炉	平炉	高炉	平炉	高炉	平炉
颗粒物	12	9	25	20	17	13
硫氧化物	35	42	18	31	56	49
碳氢化合物	37	53	28	24	29	20

在发掘出这些数据后,很清楚没有单一的方法自己就能够达到所有要求的排放量。另一方面,将所有 3 种方法对两种熔炉的全部消除能力(如果公司的产品价格保持竞争性,这种方法是极其昂贵的)的总和,远远足够了。因此,工程师基于相对成本得出结论,他们将不得不使用方法的某种组合,用每种方法所占比例来表示。而且两种类型的熔炉可能不会用相同的方法组合。

需要通过分析来估计每种消除方法所需的年均总成本。每一种方法的年成本包括增加的运行与维修花费以及由使用该方法导致的生产效率降低所带来的收益损失。其他主要成本是建立该方法的要求启动成本(初始资本支出)。为了计算一次性成本和持续的年均成本,用货币的时间价值计算年均支出(超过方法的预期寿命)并将其等价地折算到启动成本里。

分析得到了用这些方法的全部消除能力时,其总的年均成本估计(以百万美元计),如表 3.14 所列。也确定了以较低水平使用一种方法的成本,与部分使用表 3.13 给出的消除能力大致成比例。对于任何给定的比例分数,年总成本将大约是表 3.14 所表示的相应数量乘以比例分数。

---

① 这种特定的消除方法也存在争议。因为其效果就是通过将排放物扩散得更远来减少地面的污染水平,环境组织认为这将增加空气中的硫氧化物的持续时间而制造了更多的酸雨。因此,美国环境保护机构在 1985 年采取了取消对使用高烟囱的激励措施。

表 3.14 NORI & LEETS 公司使用最大可用消除方法年均总成本 （单位：百万美元）

消除方法	高炉	平炉
高烟囱	8	10
过滤器	7	6
改善燃料	11	9

现在的步骤就是建立公司污染消除计划的总体框架，这个计划将确定哪一种消除方法将会以多大程度来使用，这个程度是由它们对高炉和平炉的消除能力所占比例来确定的。由于要找出一个以最小可能成本满足需求的计划这类问题的组合性本质，需要建立运筹小组解决问题。小组采用了线性规划方法，建立的模型概括如下。

作为线性规划问题建模：该问题有 6 个决策变量 $x_j, j=1,2,\cdots,6$，每个代表使用 3 种消除方法中的一种，对每种炉型消除能力所占的比例（因此，x_j 不能超过 1）。这些变量排列在表 3.15 中。

表 3.15 NORI & LEETS 公司的决策变量（一种消除方法的最大可用程度的比例）

消除方法	高炉	平炉
高烟囱	x_1	x_2
过滤器	x_3	x_4
改善燃料	x_5	x_6

由于目标是满足排放减少要求时的总成本最小，表 3.12、表 3.13、表 3.14 中的数据生成如下模型，即

$$\text{Min } Z = 8x_1 + 10x_2 + 7x_3 + 6x_4 + 11x_5 + 9x_6$$

服从于如下约束条件。

(1) 排放减少为

$$12x_1 + 9x_2 + 25x_3 + 20x_4 + 17x_5 + 13x_6 \geqslant 60$$
$$35x_1 + 42x_2 + 18x_3 + 31x_4 + 56x_5 + 49x_6 \geqslant 150$$
$$37x_1 + 53x_2 + 28x_3 + 24x_4 + 29x_5 + 20x_6 \geqslant 125$$

(2) 技术限制为

$$x_j \leqslant 1, j=1,2,\cdots,6$$

(3) 非负约束为

$$x_j \geqslant 0, j=1,2,\cdots,6$$

运筹小组用该模型[①]找到了一个最小成本计划，即

$$(x_1, x_2, x_3, x_4, x_5, x_6) = (1, 0.623, 0.343, 1, 0.048, 1)$$

这时，$Z=32.16$（年均总成本为 32.16 百万美元）。然后，引入灵敏度分析得到对表 3.12 中的空气标准进行调节可能带来的影响，并分析表 3.14 给出的成本数据的不精确性造成的影响（第 7 章末尾的案例 7.1 将继续讨论该例子）。下面进行详细的计划和管理评价。不久，这个关于控制空气污染的规划被公司彻底执行，Steeltown 市的市民深（清洁地）吸了一口气。

像放射治疗问题一样，这是另一个成本收益平衡问题的例子。本例中的成本是货币成本，收益是各种类型的污染消除。每类污染物的收益约束是：位于式子左边的能达到的消除量和位于

---

① 一种等价的建模能够以其消除方法的自然单位来表达每个决策变量，如 x_1 和 x_2 表示烟囱增加高度的英尺数。

式子右边的可接受消除水平。

3.4.4 回收固体废弃物

SAVE-IT 公司运营了一家回收中心,收集 4 种固体废物,并处理它们以使其熔合成一种可销售的产品(处理和熔合是两个分开的过程)。根据原材料的混合情况,这种产品被划分为 3 个不同的级别(表 3.16 的第一列)。尽管每一个级别的混合物比例有一些灵活性,但质量标准规定了每一个级别产品中每种材料比例允许的最大量和最小量(这个比例是材料在这一级别产品中所占重量的百分比)。在两个较高的级别中,为每种材料指定了固定的百分比。这些指定的比例、熔合的成本以及每一个级别产品售价如表 3.16 所列。

表 3.16 SAVE-IT 公司的产品数据

级 别	指定比例	每磅熔合成本/美元	每磅售价/美元
A	材料 1:不超过总量的 30% 材料 2:不少于总量的 40% 材料 3:不超过总量的 50% 材料 4:严格等于总量的 20%	3.00	8.50
B	材料 1:不超过总量的 50% 材料 2:不少于总量的 10% 材料 4:严格等于总量的 10%	2.50	7.00
C	材料 1:不超过总量的 70%	2.00	5.50

回收中心有固定的来源收集固体废弃物,因此能够保持稳定的速度来处理它们。表 3.17 给出了每周收集和处理的数量,还给出了每一种原材料的处理成本。

SAVE-IT 公司由绿色地球独资拥有,绿色地球是一家致力于处理环境问题的组织,因此 SAVE-IT 的利润被用于帮助支持绿色地球组织的活动。绿色地球组织筹集的捐款和补助金,每周高达 30000 美元,专门用于固体废物原料的整个处理花费。绿色地球组织的董事会指示 SAVE-IT 公司管理层以如下方式分配资金:至少保证每一种原材料可用数量的一半实际被收集和处理。这些附加条件如表 3.17 所列。

表 3.17 SAVE-IT 公司的固体废弃物原料数据

原 料	每周可用磅数/lb	每磅处理成本/美元	附加限制
1	3000	3.00	1. 对每种原料,至少每周可用磅数的一半应被收集和处理。 2. 每周 30000 美元应用于处理这些原料
2	2000	6.00	
3	4000	4.00	
4	1000	5.00	

在表 3.16 和表 3.17 指定的约束内,管理层要确定每种级别产品的生产数量和用于每种级别产品原材料的精确混合比例。目标是最大化每周的净收益(总销售收入减去总熔合成本),不包含被捐赠的每周 30000 美元的固定处理成本。

作为线性规划问题建模:在试图建立线性规划模型前,我们必须仔细考虑决策变量的恰当定义。尽管这些定义通常很明确,但有时候却是整个建模的关键所在。在清楚地认识了什么样的信息是真正所需的,以及通过决策变量的意义来传递这些信息最方便的形式之后,我们将建立目标函数和关于这些决策变量值的约束条件。

在这个特定问题中,对决策制定进行了定义,但是以何种方式来恰当地传达这些信息可能需要认真考虑(尝试并看看你会不会得出下面不恰当的决策变量)。

因为一组决策是要生产的每个级别的每种产品的产量,自然就会相应得出这组决策变量。沿着之前试验性的思路,我们定义

$$y_i = 每周生产的 i 级产品的磅数 (i=A,B,C)$$

另一组决策是每一产品等级原料的混合。这种混合由该产品等级中每种原料的比例来确定,这将定义另一组决策变量,即

$$z_{ij} = i 级产品中原料 j 的比例 (i=A,B,C;j=1,2,3,4)$$

尽管如此,表 3.17 给出了处理成本与材料可应用的数量(lb)而不是比例,因此需要在一些约束中记录这些数量信息。对于材料 $j(j=1,2,3,4)$,有

$$每周使用的材料 j 的磅数 = z_{Aj}y_A + z_{Bj}y_B + z_{Cj}y_C$$

例如,由于表 3.17 给出了材料 1 每周的可用量是 3000lb,模型中的一个约束应为

$$z_{Aj}y_A + z_{Bj}y_B + z_{Cj}y_C \leqslant 3000$$

不幸的是,它不是一个合法的线性规划约束形式。左边的表达式不是一个线性函数,因为它含有变量的乘积。因此,使用这些决策变量不能建立线性规划模型。

幸运的是,还有一种方法来定义决策变量,这将满足线性规划的格式(你知道怎么做吗)。只需将每个旧决策变量的积替换为单个的决策变量。换句话说,定义

$$x_{ij} = z_{ij}y_i (i=A,B,C;j=1,2,3,4)$$
$$= 每周分配给 i 级产品的材料 j 的磅数$$

然后,令 x_{ij} 为决策变量。将 x_{ij} 以不同的方式组合产生以下在模型中需要的数量($i=A,B,C;j=1,2,3,4$),即

$$x_{i1} + x_{i2} + x_{i3} + x_{i4} = 每周生产的 i 级产品的磅数$$
$$x_{Aj} + x_{Bj} + x_{Cj} = 每周使用的材料 j 的磅数$$
$$\frac{x_{ij}}{x_{i1} + x_{i2} + x_{i3} + x_{i4}} = i 级产品中材料 j 的比例$$

事实上,最后的表达式是一个不复杂的非线性函数。例如,考虑表 3.16 中的 A 级产品第一个规定(材料 1 的比例不超过 30%)。这个限制给出了非线性的约束,即

$$\frac{x_{A1}}{x_{A1} + x_{A2} + x_{A3} + x_{A4}} \leqslant 0.3$$

然而,通过在不等式两边都乘以分式的分母就生成了一个等价约束

$$x_{A1} \leqslant 0.3(x_{A1} + x_{A2} + x_{A3} + x_{A4})$$

得

$$0.7x_{A1} - 0.3x_{A2} - 0.3x_{A3} - 0.3x_{A4} \leqslant 0$$

这是一个合法的线性规划约束。

通过这一调整,上面给出的 3 个数量直接导出了模型中的所有约束。目标函数是基于管理层的目标,即最大化每周的 3 个级别的产品净收益(总销售收入减去总熔合成本)而建立的。这样,对每一级的产品,每一磅的利润是由表 3.16 第四列的销售价格减去第三列给出的熔合成本得到的。这些差值提供了目标函数的系数。

因此,完整的线性规划模型为

$$\text{Max } Z = 5.5(x_{A1} + x_{A2} + x_{A3} + x_{A4}) + 4.5(x_{B1} + x_{B2} + x_{B3} + x_{B4})$$
$$+ 3.5(x_{C1} + x_{C2} + x_{C3} + x_{C4})$$

服从于如下约束条件。

(1) 混合规定(表 3.16 的第二列),即

$$x_{A1} \leq 0.3(x_{A1}+x_{A2}+x_{A3}+x_{A4}) \quad A\text{ 等级材料 1}$$
$$x_{A2} \geq 0.4(x_{A1}+x_{A2}+x_{A3}+x_{A4}) \quad A\text{ 等级材料 2}$$
$$x_{A3} \leq 0.5(x_{A1}+x_{A2}+x_{A3}+x_{A4}) \quad A\text{ 等级材料 3}$$
$$x_{A4} = 0.2(x_{A1}+x_{A2}+x_{A3}+x_{A4}) \quad A\text{ 等级材料 4}$$
$$x_{B1} \leq 0.5(x_{B1}+x_{B2}+x_{B3}+x_{B4}) \quad B\text{ 等级材料 1}$$
$$x_{B2} \geq 0.1(x_{B1}+x_{B2}+x_{B3}+x_{B4}) \quad B\text{ 等级材料 2}$$
$$x_{B4} = 0.1(x_{B1}+x_{B2}+x_{B3}+x_{B4}) \quad B\text{ 等级材料 4}$$
$$x_{C1} \leq 0.7(x_{C1}+x_{C2}+x_{C3}+x_{C4}) \quad C\text{ 等级材料 1}$$

(2) 材料的可用量(表 3.17 第二列),即

$$x_{A1}+x_{B1}+x_{C1} \leq 3000 \quad \text{材料 1}$$
$$x_{A2}+x_{B2}+x_{C2} \leq 2000 \quad \text{材料 2}$$
$$x_{A3}+x_{B3}+x_{C3} \leq 4000 \quad \text{材料 3}$$
$$x_{A4}+x_{B4}+x_{C4} \leq 1000 \quad \text{材料 4}$$

(3) 处理量约束(表 3.17 右侧),即

$$x_{A1}+x_{B1}+x_{C1} \geq 1500 \quad \text{材料 1}$$
$$x_{A2}+x_{B2}+x_{C2} \geq 1000 \quad \text{材料 2}$$
$$x_{A3}+x_{B3}+x_{C3} \geq 2000 \quad \text{材料 3}$$
$$x_{A4}+x_{B4}+x_{C4} \geq 500 \quad \text{材料 4}$$

(4) 处理成本约束(表 3.17 右侧),即

$$3(x_{A1}+x_{B1}+x_{C1})+6(x_{A2}+x_{B2}+x_{C2})+4(x_{A3}+x_{B3}+x_{C3})$$
$$+5(x_{A4}+x_{B4}+x_{C4}) = 30000$$

(5) 非负约束,即

$$x_{A1} \geq 0, x_{A2} \geq 0, \cdots, x_{C4} \geq 0$$

模型建立完成,还要按照线性规划模型的适用形式重写混合物指定的约束条件,就是将所有的决策变量移至等式的左边并合并同类项,具体如下。

混合物指定为

$$0.7x_{A1}-0.3x_{A2}-0.3x_{A3}-0.3x_{A4} \leq 0 \quad A\text{ 等级材料 1}$$
$$-0.4x_{A1}+0.6x_{A2}-0.4x_{A3}-0.4x_{A4} \geq 0 \quad A\text{ 等级材料 2}$$
$$-0.5x_{A1}-0.5x_{A2}+0.5x_{A3}-0.5x_{A4} \leq 0 \quad A\text{ 等级材料 3}$$
$$-0.2x_{A1}-0.2x_{A2}-0.2x_{A3}+0.8x_{A4} = 0 \quad A\text{ 等级材料 4}$$
$$0.5x_{B1}-0.5x_{B2}-0.5x_{B3}-0.5x_{B4} \leq 0 \quad B\text{ 等级材料 1}$$
$$-0.1x_{B1}+0.9x_{B2}-0.1x_{B3}-0.1x_{B4} \geq 0 \quad B\text{ 等级材料 2}$$
$$-0.1x_{B1}-0.1x_{B2}-0.1x_{B3}+0.9x_{B4} = 0 \quad B\text{ 等级材料 4}$$
$$0.3x_{C1}-0.7x_{C2}-0.7x_{C3}-0.7x_{C4} \leq 0 \quad C\text{ 等级材料 1}$$

模型的最优解如表 3.18 所列,然后,这些 x_{ij} 的值用于计算表中的其他利润值。求得的目标函数最优值为 $Z=35109.65$(每周总利润为 35109.65 美元)。

SAVE-IT 公司的问题是一个混合问题的例子。混合问题的目标是找到最终产品的最佳混合来满足特定的规格。最早的一些线性规划应用是汽油混合。其中,通过石油成分混合来得到不同级别的汽油产品。其他此类混合问题的最终产品包括钢材、化肥和动物饲料。这些问题有多种约束(一些是资源约束,一些是收益约束,一些是其他约束),所以混合问题并不属于本节先前描述的这两大类(资源分配问题和成本收益平衡问题)中的一类。

表 3.18 SAVE-IT 公司问题的最优解

等 级	每周使用磅数 材料				每周生产的磅数
	1	2	3	4	
A	412.3(19.2%)	859.6(40%)	447.4(20.8%)	429.8(20%)	2149
B	2587.7(50%)	517.5(10%)	1552.6(30%)	517.5(10%)	5157
C	0	0	0	0	0
总量	3000	1377	2000	947	

3.4.5 人员安排

联合航空公司正在增加更多航班往来于中心机场,因此它需要雇用更多的客服代理。尽管如此,应该雇用多少还不清楚。管理层认识到有必要进行成本控制,并持续提供满意的客服水平。因此,运筹小组正研究如何安排代理来以最小的人力成本提供满意的服务。

基于新的航班计划,对在每天不同时间段值班并提供满意客服水平客服代理的最小数量进行了分析。表 3.19 最右列给出了第一列中各时间段内需要的代理的数量。表中的其他输入反映了客服代理联盟合同中的条款。这一条款是每位代理每周 5 天 8h 的轮班替换。批准的轮班如下:

第 1 班:上午 6:00 至下午 2:00;
第 2 班:上午 8:00 至下午 4:00;
第 3 班:正午至下午 8:00;
第 4 班:下午 4:00 至子夜;
第 5 班:下午 10:00 至上午 6:00。

表 3.19 联合航空公司的人员安排问题数据

时 段	覆盖时段 班次					所需最小代理数量
	1	2	3	4	5	
上午 6:00 至上午 8:00	√					48
上午 8:00 至上午 10:00	√	√				79
上午 10:00 至正午	√	√				65
正午至下午 2:00	√	√	√			87
下午 2:00 至下午 4:00		√	√			64
下午 4:00 至下午 6:00			√	√		73
下午 6:00 至下午 8:00			√	√		82
下午 8:00 至下午 10:00				√		43
下午 10:00 至子夜				√	√	52
子夜至上午 6:00					√	15
每个代理的日成本/美元	170	160	175	180	195	

表 3.19 中的对钩给出了各轮班覆盖的时间。由于有些班不如其他班受欢迎,合同中规定的薪水也根据班不同而有所区别。对每个班,每个代理每天的补偿(包括收益)在最底行列出。问

题是确定每天应该安排多少代理给各个班,从而最小化代理的总人工成本。在最底行的基础上,要满足或超过最右列的服务需求。

作为线性规划问题建模: 线性规划问题总是要找到活动水平的最佳组合。建立这个特殊问题模型的关键是认识活动的本质。

对应于每个班的活动,其每个活动的水平为安排到该班的代理数量。因此,这个问题意味着找到最佳的换班数量组合。由于决策变量就是活动的水平,5 个决策变量为

$$x_j = 分配给班 j 的代理数量, j=1,2,3,4,5$$

这些决策变量值的主要限制就是在每个时间段工作的代理数量必须满足表 3.19 最右列给出的最小需求。例如,从下午 2:00 到下午 4:00,安排给覆盖该班时段(班 2 和 3)的总代理数量必须至少为 64,因此,有

$$x_2 + x_3 \geq 64$$

为该时段的约束条件。

由于目标是将分配给 5 个班的代理的总成本最小,目标函数的系数由表 3.19 最后一行给出。

因此,完整的线性规划模型为

$$\text{Min } Z = 170x_1 + 160x_2 + 175x_3 + 180x_4 + 195x_5$$

s. t.
$$x_1 \geq 48 (上午 6:00 至上午 8:00)$$
$$x_1 + x_2 \geq 79 (上午 8:00 至上午 10:00)$$
$$x_1 + x_2 \geq 65 (上午 10:00 至正午)$$
$$x_1 + x_2 + x_3 \geq 87 (正午至下午 2:00)$$
$$x_2 + x_3 \geq 64 (下午 2:00 至下午 4:00)$$
$$x_3 + x_4 \geq 73 (下午 4:00 至下午 6:00)$$
$$x_3 + x_4 \geq 82 (下午 6:00 至下午 8:00)$$
$$x_4 \geq 43 (下午 8:00 至下午 10:00)$$
$$x_4 + x_5 \geq 52 (下午 10:00 至子夜)$$
$$x_5 \geq 15 (子夜至上午 6:00)$$

且

$$x_j \geq 0, \quad j=1,2,3,4,5$$

如果视觉够敏锐,可能已经注意到了第三个约束 $x_1 + x_2 \geq 65$,实际上,并不是必需的,因为第二个约束 $x_1 + x_2 \geq 79$ 已经确保了 $x_1 + x_2$ 将比 65 大。因此, $x_1 + x_2 \geq 65$ 是一个可以去掉的冗余约束。同样地,第六个约束 $x_3 + x_4 \geq 73$ 也是一个冗余约束,因为第七个约束是 $x_3 + x_4 \geq 82$(事实上,非负约束中的 3 个—— $x_1 \geq 0, x_4 \geq 0, x_5 \geq 0$ ——也是冗余约束,因为第一个、第八个和第十个约束函数为 $x_1 \geq 48, x_4 \geq 43, x_5 \geq 15$。尽管如此,通过去掉这 3 个非负约束并没有得到计算好处)。

这个模型的最优解是 $(x_1, x_2, x_3, x_4, x_5) = (48, 31, 39, 43, 15)$。这时, $Z = 30610$,也就是说,总的日人力成本为 30610 美元。

这个问题是线性规划不满足分割性假设时的一个示例。分配给每个班的代理数量需要为整数。严格地说,模型应该对每个决策变量有一个附加的约束,指定变量必须有一个整数值。增加这些约束将把这个线性规划模型转换为整数规划模型(见第 12 章)。

没有这些约束,上面给出的最优解结果也是整数值,所以不包括这些约束也没有害处(约束条件的形式使结果最可能成为整数)。如果某些变量结果是非整数的,最简单的方法就是取近似整数值(对这个例子取近似是可行的,因为所有的约束条件都是"≥"形式,且系数非负)。取

近似值并不能确保整数规划模型得到一个最优解,但对这么大的数取近似值所产生的误差在大多数实际情况中是可以忽略的。另一个选择是,利用第 12 章介绍的整数规划方法来精确求得整数值的最优解。

注意:问题中所有的约束函数都是收益约束。每个约束的左侧代表了某时段某个数量的代理带来的收益,右侧代表了那个收益的最低可接受水平。由于目标是最小化代理的总成本,服从于收益约束,这就是成本收益平衡问题的另一个例子(像放射治疗和空气污染例子)。

3.4.6 通过配送网络来配送货物

问题:Distribution 公司将在两个不同的工厂生产相同的新产品,然后,产品必须被运到两个仓库,每个工厂可供应任一仓库。图 3.13 给出了可用于运输的配送网络,其中 F_1 和 F_2 是两个工厂,W_1 和 W_2 是两个仓库。DC 是一个配送中心。从 F_1 和 F_2 运出的新产品数量在其左侧表示,W_1 和 W_2 可接受的数量在其右侧表示。每个箭头代表一个可行的运输路线。这样,从 F_1 运输到 W_2 有 3 条可行的路线($F_1 \to DC \to W_2$,$F_1 \to F_2 \to DC \to W_2$ 和 $F_1 \to W_1 \to W_2$)。从 F_2 到 W_2 只有一条路线($F_2 \to DC \to W_2$),到 W_1 有一条路线($F_2 \to DC \to W_2 \to W_1$)。每条运输线路的单位成本在箭头旁边列出。在 $F_1 \to F_2$ 与 $DC \to W_2$ 附近给出了这些路线的最大运输量。其他路线有足够的运输能力来处理两个工厂发出的任何货物。

需要做出决策的是每一条运输路线应该运输多少,目标是最小化总的运输成本。

作为线性规划问题建模:有 7 条运输线路,我们需要 7 个决策变量($x_{F_1\text{-}F_2}$,$x_{F_1\text{-}DC}$,$x_{F_1\text{-}W_1}$,$x_{F_2\text{-}DC}$,$x_{DC\text{-}W_2}$,$x_{W_1\text{-}W_2}$,$x_{W_2\text{-}W_1}$)来代表通过各自路线的运量。

对这些变量的值有若干约束。除了常规的非负约束外,还有两个上界约束,$x_{F_1\text{-}F_2} \leq 10$ 和 $x_{DC\text{-}W_2} \leq 80$,因为其受到 $F_1 \to F_2$ 和 $DC \to W_2$ 两条路线运输能力的限制。其他所有约束来自于 5 个网络流约束,每个对应 5 个定位点中的一个。这些约束有如下形式。

每个定位点的网络流约束为

$$\text{运出量} - \text{运入量} = \text{需求量}$$

如图 3.13 所示,需求量 F_1 是 50、F_2 是 40、W_1 是 -30、W_2 是 -60。

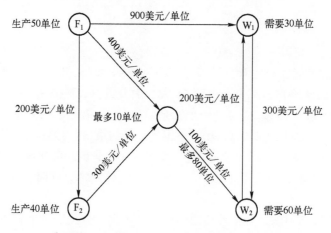

图 3.13 Distribution Unlimited 公司的配送网络

DC 的需求量是多少?工厂生产的所有产品最终都为仓库所需,所以从工厂到配送中心的任何产品都应该被送往仓库。因此,从配送中心送到仓库的总运量应等于从工厂到配送中心的总运量。换句话说,这两个运量(网络流约束的需求量)的差值应为 0。

由于目标是使总运输成本最小,目标函数的系数直接来自于图 3.13 中给出的单位运输成本。因此,通过在目标函数中使用百美元作为货币单位,完整的线性规划模型为

$$\text{Min } Z = 2x_{F_1-F_2} + 4x_{F_1-DC} + 9x_{F_1-W_1} + 3x_{F_2-DC} + x_{DC-W_2} + 3x_{W_1-W_2} + 2x_{W_2-W_1}$$

服从于以下约束。

(1) 网络流约束,即

$$x_{F_1-F_2} + x_{F_1-DC} + x_{F_1-W_1} = 50(\text{工厂 1})$$
$$-x_{F_1-F_2} + x_{F_2-DC} = 40(\text{工厂 2})$$
$$-x_{F_1-DC} - x_{F_2-DC} + x_{DC-W_2} = 0(\text{配送中心})$$
$$-x_{F_1-W_1} + x_{W_1-W_2} - x_{W_2-W_1} = -30(\text{仓库 1})$$
$$-x_{DC-W_2} - x_{W_1-W_2} + x_{W_2-W_1} = -60(\text{仓库 2})$$

(2) 上界约束,即

$$x_{F_1-F_2} \leq 10, x_{DC-W_2} \leq 80$$

(3) 非负约束,即

$$x_{F_1-F_2} \geq 0, x_{F_1-DC} \geq 0, x_{F_1-W_1} \geq 0, x_{F_2-DC} \geq 0,$$
$$x_{DC-W_2} \geq 0, x_{W_1-W_2} \geq 0, x_{W_2-W_1} \geq 0$$

你将在 10.6 节中会再次看到这个问题,那时,我们将关注这个类型(称为最小费用流问题)的线性规划问题。在 10.7 节中,我们将求到其最优解,即

$$x_{F_1-F_2} = 0, x_{F_1-DC} = 40, x_{F_1-W_1} = 10, x_{F_2-DC} = 40,$$
$$x_{DC-W_2} = 80, x_{W_1-W_2} = 0, x_{W_2-W_1} = 20$$

得出总的运输成本为 49000 美元。

这个问题并不符合到目前为止介绍过的任何类型的线性规划问题。然而,这是一个固定需求问题,因为其主要的约束条件(网络流约束)都是固定需求约束。因为它们是等式约束,这些约束中的每一个都为固定需求,即该定位点的网络流出要求等于某一固定量。第 9 章和第 10 章将关注这一新类型的固定需求问题的线性规划问题。

3.5 用电子表格建立求解线性规划模型

电子表格软件,如 Excel 及其 Solver,是分析和求解小型线性规划问题的一个流行工具。线性规划模型的主要特征,包括其参数,能很容易地输入电子表格。尽管如此,数据表格软件除了显示数据还有更多功能。如果我们添加更多的附加信息,电子表格能用来快速分析潜在的解。例如,可以检查一个潜在的解是否可行,能够得到什么样的 Z 值(利润和成本)。电子表格的强大之处在于其能够快速揭示解的任何变化所带来的结果。

此外,Solver 能快速用单纯形法找到模型的最优解。我们在本节的靠后部分将详细描述这是如何实现的。

为了说明在电子表格上建立和求解线性规划模型的过程,现在我们回到 3.1 节中的 Wyndor 例子。

3.5.1 在电子表格上建立模型

通过将数据从表 3.1 转入电子表格,图 3.14 展示了 Wyndor 问题(列 E 和 F 被保留用于存储下面描述的输入项)。我们将显示数据的单元称为数据单元格。这些单元格以轻度阴影形式

表示来区别于电子表格中的其他单元格。①

	A	B	C	D	E	F	G
1		Wyndor Glass Co. Product-Mix Problem					
2							
3			Doors	Windows			
4		Profit Per Batch ($000)	3	5			
5							Hours
6			Hours Used Per Batch Produced				Available
7		Plant 1	1	0			4
8		Plant 2	0	2			12
9		Plant 3	3	2			18

图 3.14　Wyndor 问题数据从表 3.1 转入数据单元格后的原始电子表格

应用案例

Welch 公司是世界上最大的康科德和尼亚加拉葡萄的加工厂,2012 年净销售额达到 6 亿 5000 万美元。像 Welch 葡萄果冻和 Welch 葡萄汁等产品已经被几代美国消费者所亲睐。

每年 9 月,农场主开始将葡萄运到加工厂,然后将原葡萄榨汁。在葡萄汁准备成为成品果酱、果冻、果汁、浓缩物之前,是需要花费时间的。

在需求变化并且收成质量和数量均不确定时,如何处理收获的葡萄是一项复杂的任务。典型的决策包括:主要产品用哪种制作方法、确定各工厂之间葡萄汁的运量、运输方式的选择等。

由于 Welch 公司没有优化原材料运输和用于生产制作方法的正式系统,运筹小组为该公司开发了一套初级的线性规划模型。这个大模型有 8000 个决策变量,聚焦到活动的细节。小规模的检验证明模型是有效的。

为了使模型更有用,该小组对模型进行了修改,以产品组的需求汇总取代了细节。这样将模型的规模减少到只有 324 个决策变量和 361 个约束函数。然后,模型被录入到电子表格中。

自 1994 年以来,Welch 公司每个月都会运行这个不断升级的电子表格模型,并且将 Solver 生成的最优物流计划信息提供给高层管理者。仅仅在第一年,应用和优化该模型大概节省了近 15 万美元。将线性规划模型转为电子表格的主要优点就是向具有不同数学理解水平的管理者解释该模型变得更容易了。这引发了一场对运筹研究方法的广泛赞赏。

资料来源:E. W. Schuster and S. J. Allen, "Raw Material Management at Welch's, Inc.," *Interfaces*, **28**(5):13-24, Sept.-Oct. 1998. (我们网站上提供了本文的链接 www.mhhe.com/hillier。)

后面将看到电子表格通过使用区域名很容易理解。区域名是赋予给定一簇单元格的描述名,使人能立即识别那是什么。这样,Wyndor 问题的数据单元被赋予区域名 UnitProfit(C4:D4), HoursUsedPerBatchProduced(C7:D9) 和 HoursAvailable(G7:G9)。注意:在区域名中不能使用空格,每一个新的区域名用大写字母开头。要输入一个区域名,首先选择单元格的范围,然后单击电子表格顶部编辑栏左侧的名称框,并输入名称。

开始使用数据表格建立该问题的线性规划模型时,有 3 个问题需要回答。

(1) 需要做出什么决策?对于这个问题,必需的决策是两个新产品的生产率(每周生产的批数)。

(2) 这些决策有什么约束?这里的约束是这两种产品在各自工厂每周使用的生产时间小时数不能超过可用的小时数。

(3) 这些决策的总体绩效度量是什么?Wyndor 的总体绩效度量是每周两种产品的总利润,因此目标函数是最大化这个量。

图 3.15 显示了这些答案是如何被融入到电子表格中的。在第一个答案的基础上,两种产品的生产率被置于单元格 C12 和 D12 中并将其放在这些产品的列中,刚好在数据单元格下面。由于我们尚不知道这些生产率应是多少,此时,它们输入为 0(事实上,任何试验解都能够输入,尽

---

① 通过使用首页标签上的边界菜单按钮与填充颜色菜单按钮来添加边界和阴影。

管负的生产率应该排除，因为它们是不合理的）。之后，当求解生产率的最佳组合时，这些数字将被改变。

	A	B	C	D	E	F	G
1		Wyndor Glass Co. Product-Mix Problem					
2							
3			Doors	Windows			
4		Profit Per Batch ($000)	3	5			
5					Hours		Hours
6			Hours Used Per Batch Produced		Used		Available
7		Plant 1	1	0	0	<=	4
8		Plant 2	0	2	0	<=	12
9		Plant 3	3	2	0	<=	18
10							
11			Doors	Windows			Total Profit ($000)
12		Batches Produced	0	0			0

图 3.15 初始试验解（两个生产率为 0）输入可变单元格（C12 和 D12）的 Wyndor 问题完整电子表格

因此，这些包括了需要决策的单元格称为可变单元格。为了突出可变单元格，它们加了阴影并加有边界（在运筹学课件的电子表格文件中，这些可变单元格在彩色显示器上显示为亮黄色）。这些可变的单元格被命名为 BatchesProduced（C12:D12）。

用问题 2 的答案，两种产品在各自工厂每周花费的生产时间总的小时数被输入到单元格 E7、E8 和 E9，刚好在相应的数据单元右侧。这 3 个单元格的 Excel 方程为

$$E7 = C7 * C12 + D7 * D12$$
$$E8 = C8 * C12 + D8 * D12$$
$$E9 = C9 * C12 + D9 * D12$$

其中每个星号表示相乘。由于这些单元格中的每个格提供了基于可变单元格（C12 和 D12）的输出，它们称为输出单元格。

注意：输出单元格的每个等式包括两个乘积之和。在 Excel 中有一个函数 SUMPRODUCT，它将对具有相同行和相同列的两个区域单元格的单独项相乘后再求和。对于被求和的每个乘积，是将在第一区域中的一项乘以在第二区域中相应位置的项得到的积。例如，考虑两个区域，C7:D7 和 C12:D12，因此每个区域都有一行两列。这种情况下，SUMPRODUCT（C7:D7，C12:D12）将区域 C7:D7 中的每个单独项，用区域 C12:D12 中的每个相应项去乘以它们，然后将这些单项乘积求和，如上第一个方程所示。用区域名 Batches Produced（C12:D12），表达式就变为 SUMPRODUCT（C7:D7，BatchesProduced）。尽管可以选择这么短的等式，但该函数作为长等式输入的简化是相当方便的。

接着，"≤"符号被输入到单元格 F7、F8 和 F9 表示每个左侧的总值不允许超过 G 列中相应的数字。电子表格仍将允许输入不符合"≤"符号的试验解。尽管如此，这些"≤"符号起到一个提醒作用，就是如果 G 列中的数字没有变化，这样的试验解需要被淘汰。

最后，由于第三个问题的答案是整体绩效为两种产品的总利润，这个利润（每周）将输入到单元格 G12 中。很像 E 列中的数字，它也是求积的和，即

G12 = SUMPRODUCT（C4:D4，C12:D12）

用区域名 TotalProfit（G12）、ProfitPerBatch（C4:D4）和 BatchesProduced（C12:D12），该等式变为

TotalProfit = SUMPRODUCT（ProfitPerBatch，BatchesProduced）

这是一个用区域名使结果等式容易理解的很好的例子。不需要到电子表格中去看单元格 G12、C4:D4 和 C12:D12 是什么，区域名字立即就能揭示方程在做什么。

TotalProfit(G12)是一个特殊类型的输出单元格。它是一个特定的单元格,当做关于生产率的决定时其值要尽可能大。因此,TotalProfit(G12)称为目标单元格。目标单元格比可变单元格的阴影更深,而且通过加重的边界更容易区分出来(在运筹学课件包括的电子表格文件中,该单元格在彩色显示器上显示桔色)。

图 3.16 的底部汇总了需要输入到 Hours Used 列和 Total Profit 单元格的所有公式,也汇总列出了区域名称(字母序)和相应单元格。

	A	B	C	D	E	F	G
1		Wyndor Glass Co. Product-Mix Problem					
2							
3			Doors	Windows			
4		Profit Per Batch ($000)	3	5			
5							Hours
6			Hours Used Per Batch Produced		Hours Used		Available
7		Plant 1	1	0	0	<=	4
8		Plant 2	0	2	0	<=	12
9		Plant 3	3	2	0	<=	18
10							
11			Doors	Windows			Total Profit ($000)
12		Batches Produced	0	0			0

Range Name	Cells
BatchesProduced	C12:D12
HoursAvailable	G7:G9
HoursUsed	E7:E9
HoursUsedPerBatchProduced	C7:D9
ProfitPerBatch	C4:D4
TotalProfit	G12

	E
5	Hours
6	Used
7	=SUMPRODUCT(C7:D7,BatchesProduced)
8	=SUMPRODUCT(C8:D8,BatchesProduced)
9	=SUMPRODUCT(C9:D9,BatchesProduced)

	G
11	Total Profit
12	=SUMPRODUCT(ProfitPerBatch,BatchesProduced)

图 3.16 Wyndor 问题的电子表格模型,包括目标单元格 TotalProfit(G12)的表达式和 E 列其他输出单元格,目的是最大化目标单元格

这时,完成了 Wyndor 问题电子表格的建立。

据此模型,分析任何关于生产率的试验解变得很容易。每次,生产率输入到单元格 C12 和 D12 中,Excel 立即计算出关于使用时间和总利润的输出单元格。尽管如此,不是必须使用试验解。我们接着将描述 Solver 如何能用于快速找到最优解。

3.5.2 用 Solver 求解模型

Excel 包含了一个称为 Solver 的工具,它用单纯形法寻找最优解。ASPE(在运筹课件中提供了 Excel 插件)包含了一个更先进的 Solver 版本也能用来求解相同问题。ASPE 的 Solver 将在后续章节中介绍。

第一次使用标准的 Solver 时,需要安装它。单击 Office 按钮,选择 Excel Options,然后单击窗口左边的 Add-Ins,选择窗口底部的 Manage Excel Add-Ins,然后单击 Go 按钮。确保在 Add-Ins 对话框中 Solver 被选中,然后它将会出现在 Data 标签上。对于 Excel 2011(对于 Mac),从工具菜单中选择 Add-Ins,然后确保 Solver 被选中。

开始时,通过将可变单元格置为 0,输入任意的一个试验解,如图 3.16 所示。Solver 将在求解问题后将其变为最优值

通过单击 Data 标签上的 Solver 按钮启动这个程序。Solver 对话框如图 3.17 所示。

在 Solver 开始工作前,需要准确知道模型的每个部分在电子表格中的位置。Solver 对话框被用来输入这些信息。你有机会来输入区域名字,在单元格地址中输入或在电子表格中单

击单元格①。图 3.17 给出了用第一个选项的结果，所以 TotalProfit（不是 G12）已经输入为目标单元格和 BatchesProduced（不是区域 C12:D12）已经输入为可变单元格。由于目的是最大化目标单元格，Max 也要被选中。

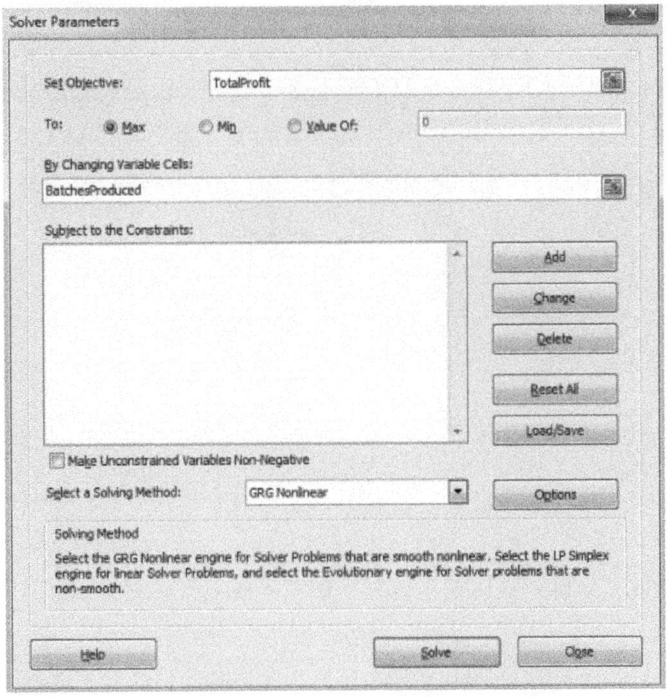

图 3.17 Solver 对话框对图 3.16 中的目标单元格和可变单元格进行了区分。它也表明了目标单元为求最大化值

接下来，包含约束函数的单元格需要进行指定。这通过单击位于 Solver 对话框上的 Add 按钮来完成。这将调出增加约束对话框，如图 3.18 所示。图 3.16 中 F7、F8 和 F9 单元格的"≤"符号提醒 HoursUsed（E7:E9）区域中的单元格都必须小于或等于 HoursAvailable（G7:G9）区域中相应的单元格。这些约束由 Solver 通过在增加约束对话框左边输入 HoursUsed（或 E7:E9）和在右边输入 HoursAvailable（或 G7:G9）进行区分。左右两边中间的符号，有一个菜单来选择 ≤（小于或等于）、= 或 ≥（大于或等于），这里选择"≤"。尽管之前就在电子表格的 F 列中输入"≤"符号，但这个选择也很有必要，因为 Solver 只会用增加约束对话框中指定的约束函数。

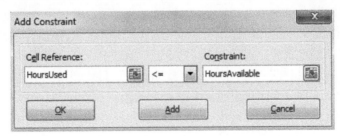

图 3.18 在输入约束集合 HoursUsed(E7:E9) ≤ HoursAvailable(G7:G9) 之后的增加约束对话框，它指定了图 3.16 中的 E7、E8、E9 单元格应分别小于或等于 G7、G8、G9 单元格

---

① 如果通过单击来选择它们，它们将首先出现在有单元格地址和美元符号（如 C9：D9）的对话框中。可以忽略美元符号，Solver 将最后使用相应的区域名代替单元格地址和美元符号（如果给定单元格地域的区域名已经定义），但是仅限于在加入约束条件或者关闭和重打开 Solver 对话框后。

如果要增加更多的约束条件，应单击 Add 按钮来调出一个新的增加约束对话框。由于本例中没有更多的约束，下一步就是单击 OK 按钮返回 Solver 对话框。

在让 Solver 求解模型之前，还需要再完成两个步骤。我们需要告诉 Solver，对于可变单元格非负约束是必需的，淘汰负的生产率。还需要明确这是一个线性规划问题所以可以用单纯形法。在图 3.19 中有例子说明了这个问题，其中 *Make Unconstrained Variables Non-Negative* 选项已经被选中，在 *Solving Method* 中选择了 *Simplex LP*（而不是 *GRG Nonlinear* 或 *Evolutionary*，它们被用来求解非线性规划问题）。该图中列出的 Solver 对话框概括了完整的模型。

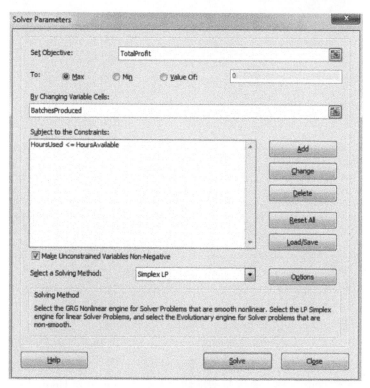

图 3.19　在电子表格中指定整个模型后的 Solver 对话框

现在可以准备单击 Solver 对话框中的 Solver 按钮，它将开始启动求解问题的后台进程。一转眼的功夫（对于小型问题），Solver 将显示结果。通常，它将显示其找到一个最优解，在 Solver Results 对话框中详细说明，如图 3.20 所示。如果模型没有可行解或没有最优解，对话框将表示为"Solver 无法找到最优解"或者"目标单元格值非凸"。对话框也提供了生成各种不同报告的选项。其中的一个（灵敏度报告）随后将在 4.7 节和 7.3 节中讨论。

模型求解后，Solver 将可变单元格中的原始数值替换成最优数值，如图 3.21 所示。因此，最优解就是每周生产 2 批门和 6 批窗，正如 3.1 节中图解法求解的结果一样。电子表格也能显示目标单元格中相应的数字（每周总利润为 36000 美元），以及输出单元格 HoursUsed（E7：E9）中的数字。

这时，你可能想检查一下，当数据单元格中的任何数字变成其他可能值时，最优解将发生什么变化。这很容易办到，因为在保存文件时，Solver 存储了所有目标单元格、可变单元格和约束等的地址。所有你需要做的就是将数据单元格按想要的进行改变，然后，再单击 Solver 对话框中的 Solver 按钮（4.7 节和 7.3 节将关注于这类灵敏度分析，包括如何用 Solver 的灵敏度报告来加速这类"如果……将发生什么变化"的分析）。

第 3 章 线性规划导论

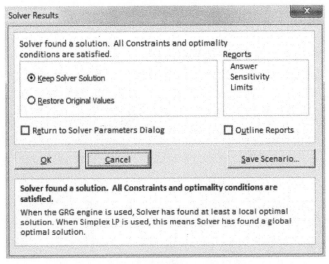

图 3.20 Solver 结果对话框表明已经找到一个最优解

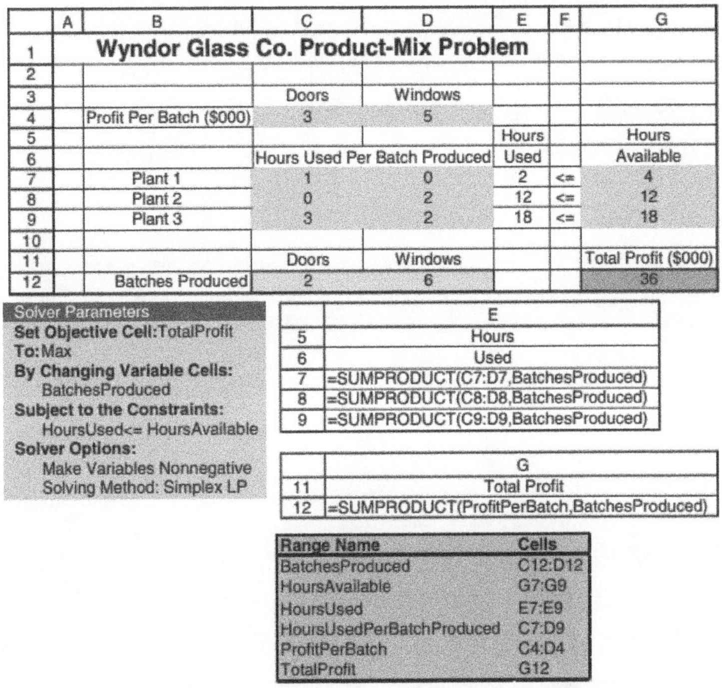

图 3.21 求解 Wyndor 问题后得到的电子表格

为了帮助你增加对这些变化的学习经验,你的运筹课件包含的本章(像其他章一样)Excel 文件,提供了一个该例子(Wyndor 问题和 3.4 节中的例子)完整的建模与求解的电子表格。我们鼓励你运行这些例子来看看不同数据时将发生什么变化等。你也会发现将这些电子表格作为模板来完成家庭作业是非常有用的。

此外,我们建议你用本章的 Excel 文件仔细观察 3.4 节中例题的电子表格建模形式。这将演示如何用电子表格建立比 Wyndor 问题更大型、更复杂的线性规划模型。

在后续章节中,你将看到如何用电子表格构建和求解各种 OR 模型的其他示例。本书网站上的附加章节也包括了一个完整的章节(第 21 章)介绍了电子表格的建模艺术。该章描述了建立电子表格模型的通用过程和基本原则,也给出了调试这些模型的方法。

3.5.3 用 ASPE 的 Solver 求解模型

Frontline Systems 是最先开发在 Excel 中嵌入标准 Solver（本节以后称为 Excel 的 Solver）的公司，并开发了 Solver 的 Premium 版，功能大大增加了。公司目前以一款相当强大的 Premium Solver 作为特色，称为分析求解平台。在本书的新版中，我们非常高兴地提供了从 Frontline Systems 公司得到 Excel 插件，分析求解平台教育版（ASPE）。安装这一软件的说明在本书最开始的页上（在扉页之前）以及在本书的网站 www.mhhe.com/hillier 上也给出了。

当 ASPE 安装后，在 Excel 功能区有一个称为分析求解平台的可用新标签。选择该标签将显示其功能区，如图 3.22 所示。在该功能区中的按钮将用于与 ASPE 交互。同样的图标也显示了 ASPE 的一个新特点——Solver Options and Model Specifications 窗格（列出目标单元格、可变单元格、约束条件等）——这些连同你的主电子表格都能被看到，并同时可视。通过单击 Analytic Solver Platform 功能区左边远处的 Model 按钮，这个窗格能够被触发开（为了看到模型）或者触发关（隐藏模型并为电子表格留出更多空间）。由于模型已经在前节中由 Excel 的 Solver 建立，也在 ASPE Model 窗口中建立，其目标指定为 TotalProfit（G12），可变单元格为 BatchesProduced（C12：D12），约束条件为 HoursUsed（E7：E9）<=HoursAvailable（G7：G9）。Excel 的 Solver 的数据与 ASPE 的数据相互兼容。改变其中一个也会同时改变另一个。因此，可以选择用 Excel 的 Solver，或者选择 ASPE，然后可以来回使用，并不会丢失任何 Solver 数据。

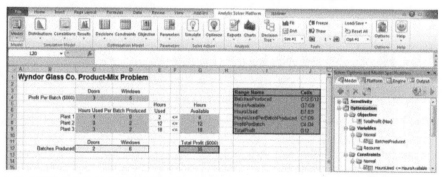

图 3.22　分析求解平台功能区和电子表格求解 Wyndor 问题连同 Solver Options and Model Specifications 窗格

如果模型之前并未用 Excel 的 Solver 建立，那用 ASPE 建模的步骤与在前节提到的用 Excel 的 Solver 步骤是相似的。两种情况下，我们需要指定目标单元格、可变单元格和约束条件的位置，然后点击来求解模型。尽管如此，用户界面会有些不同。ASPE 用 Analytic Solver Platform 功能区的按钮取代了 Solver 对话框。我们现在将同你一起经历用 ASPE 建立 Wyndor 问题模型的过程步骤。

指定 TotalProfit（G12）作为目标单元格，选择电子表格中的单元格然后单击 Analytic Solver Platform 功能区中的 Objective 按钮。这将有一个下拉菜单，可以选择最小化（Min）或最大化（Max）目标单元格。在 Min 或 Max 选项中是更进一步的选项（Normal、Expected、VaR 等）。现在，我们将一直选择 Normal 选项。

指定 UnitsProduced（C12：D12）作为可变单元格，选择电子表格中的这些单元格然后单击 Analytic Solver Platform 功能区的 Decisions 按钮。这时，将有一个下拉菜单，可以选择各个选项（Plot、Normal、Recourse）。对于线性规划，我们将一直选择 Normal 选项。

接着需要指定约束函数。对于 Wyndor 问题，约束函数为 HoursUsed（E7：E9）<= HoursAvailable（G7：G9）。为了在 ASPE 中输入这些约束，选择代表这些约束（HoursUsed，或 E7：

E9)左端项的单元格并单击 Analytic Solver Platform 功能区的 Constraints 按钮。这里有一个关于各种约束条件的下拉按钮。对于线性规划约束函数,选择 Normal Constraint 和需要的约束类型(<=、=或>=)。对于 Wyndor 问题,选择"<=",然后将调出增加约束对话框,这非常像 Excel 的 Solver 中的增加约束对话框(图3.18)。然后,用像 Excel 的 Solver 一样的方式输入约束。

通过如图3.22中右边的 Model 窗格来修改模型很容易。例如,要删去模型中的一个元素(如目标、单元格或约束),只需选择模型中对应的那个部分然后单击接近 Model 窗格顶部的红色×。要改变模型中的一个元素,双击模型窗格中的那个元素将调出一个对话框允许对模型的那个部分进行修改。

选择 Model 窗格顶部的 Engine 标签,将展示用来求解问题的算法及关于该算法各种选项的相关信息。顶部的下拉菜单将允许选择算法。对于线性规划模型(如 Wyndor 问题),将要选择 Standard LP/Quadratic Engine。这等价于在 Excel 的 Solver 中的 Simplex LP 选项。为了使无限制变量非负(正如在图3.19中用 Excel 的 Solver 所做的那样),要确保 Assume Non-negative 选项设为真。图3.23给出了完成这些选择后的模型窗格。

一旦模型在 ASPE 中全部建完,通过单击 Analytic Solver Platform 功能区上的 Optimize 按钮,模型将被求解。正像 Excel 的 Solver 那样,这将展示在电子表格中求解模型的结果,如图3.24所示。在该图中,Model 窗格的 Output 标签也将列出求解过程的总结,包括消息(类似于图3.20)"Solver 找到一个解,所有约束和最优化条件都被满足。"

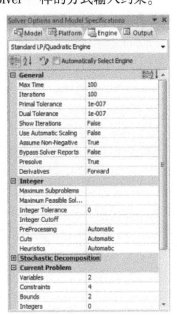

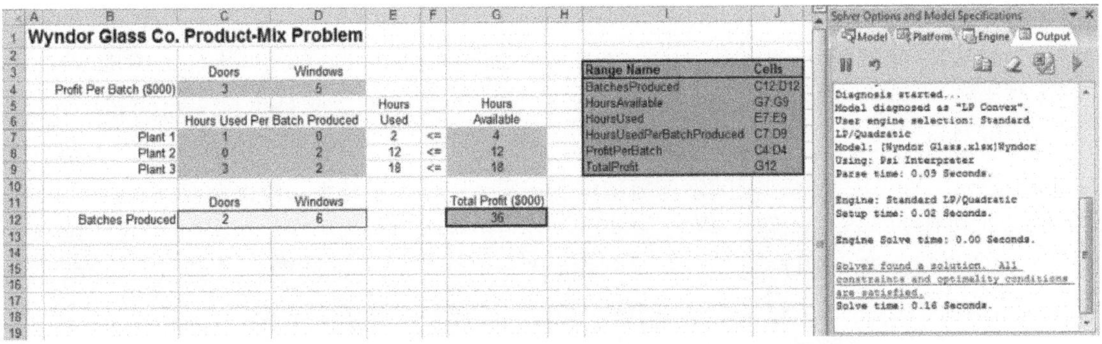

图3.23 ASPE中模型的 Engine 标签,包括选择求解引擎(本例中选择Standard LP/Quadratic Engine)并将 Assume Non-negative 选项置为 True

图3.24 模型窗格的输出表格列出了 Wyndor 问题的求解过程总结

3.6 构建大型线性规划模型

线性规划模型有不同的规模。例如,3.1节和3.4节中,模型的规模从3个约束条件2个决策变量(对于 Wyndor 公司问题和放射性治疗问题)到17个约束条件、12个决策变量(对于 SAVE-IT 公司问题)。后者可能看起来像一个相当大规模的模型,毕竟要花费大量时间去记下这个规模的模型。但相反,本章应用案例给出的模型要远远大得多。

写出这些数学表达式是不现实的,这个模型规模并不罕见。实践中的线性规划模型通常有数百个或上千个约束条件。实际上,它们偶尔甚至有上百万个约束条件。决策变量的数量通常多于约束条件的数量,偶尔达到上百万。

构建如此恐怖的大型模型将是一项非常繁琐的工作。甚至一个有 1000 个约束条件和 1000 个决策变量的"中等规模"的模型就有超过 100 万个参数(包括约束条件中 100 万个系数)。对于这样的模型,写出这些代数表达式并将这些参数填写到电子表格中是相当不切实际的。

实践中,这些非常大的模型是如何表示的呢?这就需要用到建模语言。

3.6.1 建模语言

一种数学模型语言是指专门设计用来构建大型数学模型包括线性规划模型的软件,甚至包含上百万个约束条件,它们通常也只用很少的几类。同样,决策变量也将归为很少的几类。因此,运用数据库中大的数据块,建模语言用一条描述就能同时建立关于某型变量同一类型的约束。后面我们将举例说明这个过程。

除了高效地建立大模型,建模语言还能加快模型的管理任务,包括访问数据、把数据转为模型参数、需要时修改模型并分析模型的解。它也可以从决策者的视角生成总结报告,并存档模型内容。

最近几十年间,若干优秀的建模语言被开发出来,这其中包括 AMPL、MPL、OPL、GAMS 和 LINGO。其中一个的学生版 MPL(Mathematical Programming Language),在本书网站上连同扩展辅导材料一起提供给你。由于后续的版本将在未来几年发布,最新的学生版也能从网站 maximalsoftware.com 上下载。MPL 是 Maximal 软件公司的一个产品,它的一个特点就是能为 MPL 中的 Excel 提供扩展支持。这包括了从 MPL 中输入和输出 Excel 单元格。完整版通过 OptiMax Component Library 提供了 Excel VBA 宏语言以及各种编程语言,现在这些都包括在 MPL 中。这个特点允许将 MPL 模型完整融入 Excel 中并可以用 MPL 支持的强大工具求解。

LINGO 是 LINDO System 公司的产品,也是市场上一个称为 What's Best! 的数据表格嵌入式优化器,其被设计用于大型工业问题,以及有一个称为 LINDO API 的调用子程序库。LINGO 软件包括 LINDO 界面的一个子集,能为许多人通俗地介绍线性规划。具有 LINDO 界面的 LINGO 学生版也在本书网站中收录。所有 LINDO System 公司的产品都可从 www.lindo.com 下载。像 MPL、LINGO 是一个强大的多功能建模语言。LINGO 的一个显著特点是其处置包括线性规划模型在内的各种运筹学问题的强大灵活性。例如,当处理高度非线性模型时,它包含一个全面优化器将用于找出全局最优解(更多内容参见 13.10 节)。最新版的 LINGO 也内置了编程语言,这样就能像执行部分程序来解决若干不同的优化问题那样处理问题,在执行运行参数分析(如 4.7 节和 8.2 节中所述)任务时非常有用。另外,LINGO 具有求解随机规划问题(7.4 节的主题)的特殊能力,用各种函数来计算最盈利的分布和运行扩展图形分析。

本书网站包含了 MPL、LINGO 和 LINDO 对书中几乎每个示例的建模和求解,对这些示例,建模语言和优化器基本上均可使用。

现在看一个简单的例子来说明怎样会产生一个非常大规模的线性规划模型。

应 用 案 例

一个国家金融基础的重要部分就是其证券市场。通过允许大量金融机构及其客户交易股票、债券以及其他金融证券,他们的证券市场有助于为公共和私人机构提供资金。因此,证券市场的充分运行在国家的经济增长提供平台方面发挥了重要作用。

每个中央证券管理处及其能够快速处理证券交易的系统是证券市场的运行支撑的组成部分,也是金融系统稳定的重要部分。在墨西哥,一个称为 INDEVAL 的机构为整个国家提供了中央证券管理及其证券处理系统。这个证券处理系统为交易中的各方提供电子条目、修改现金和证券余额查询服务。

INDEVAL 日均处理的证券交易总值超过 2500 亿美元,这使 INDEVAL 成为墨西哥整个金融部门的主要流动性通道。因此,INDEVAL 的系统对于清算证券交易是非常有效的一个系统,能够使交易后几乎同时交付的货币数量最大化,这是相当重要的。由于以前对该系统不满意,INDEVAL 的董事会在 2005 年安排了一个重要的研究来完全重新设计这个系统。

在投入超过 12000 人时的工作量重新设计后,新系统在 2008 年 11 月成功启用。新系统的核心就是一个大型的线性规划模型,每天多次应用于选择上千个待处理交易中哪个应当用存款人的可用余额来快速处理。线性规划非常适合这个应用,因为在考虑各相关约束时,大型模型能被快速求解以最大化交易处理额。

这个线性规划的应用减少了每日流动性需求 1300 亿美元,已经大大提高并增强了墨西哥金融基础。它也减少了市场参与者的盘中融资成本每年超过 1500 亿美元。这一应用使 INDEVAL 在 2010 国际评奖中,赢得了运筹与管理科学成就领域弗朗茨·爱德曼(Franz Edelman)奖著名的一等奖。

参考资料:D. Muñoz, M. de Lascurain, O. Romeo-Hernandez, F. Solis, L. de los Santoz, A. Palacios-Brun, F. Herrería, and J. Villaseñor, "INDEVAL Develops a New Operating and Settlement System Using Operations Research," *Interfaces* 41, no. 1 (January-February 2011), pp. 8-17. (我们网站提供了这篇文章链接,www.mhhe.com/hillier。)

3.6.2 一个有巨大模型的问题实例

Worldwide 公司的管理层需要处理一个产品结构问题,这是一个比 3.1 节介绍的 Wyndor Glass 公司产品结构问题更加复杂的问题。该公司在世界各地有 10 家工厂,每家工厂生产相同的 10 种产品,然后在各自区域销售。未来的 10 个月中各月对每家工厂每种产品的需求(销售潜力)是已知的。尽管在指定月份中一家工厂销售的产品数量不能超过需求,但生产的数量可以更大,其中超出的数量将在库存中存储供下月销售(每月有一定的存储成本)。在库存中每单位的每种产品占据相同的库存空间,每家工厂存储的产品总数量有一个上限(库存能力)。

每家工厂有相同的 10 个生产线(我们将它们称为机器),每个生产线用于生产 10 种产品中的任意一种。每一种产品的单位生产成本和产品的生产率(每天生产产品的单位数)依赖于所使用的工厂和机器的结合(但不是当月)。工作天数的数量(可用生产天数)不同月之间有变化。

由于一些工厂和机器比其他工厂和机器能够以更低的成本或更快的速度生产,有时候将一些产品从一个工厂运到另一个工厂销售是值得的。对于每个运出产品的工厂(出厂)和运入产品的工厂(入厂)组合,任何产品的单位运输成本是固定的,所有产品的单位运输成本是相同的。

管理层现在需要确定每种产品每月在每家工厂的每种机器上应该生产多少,每月每家工厂每种产品应该出售多少,每月每家工厂应该运输每种产品多少到其他工厂。考虑到每种产品的世界性价格,目标是找出使总利润最大时的可行计划(总销售额减去产品生产的总成本、库存成本和运输成本之和)。

我们应该再次注意到这是一个在许多方面简化了的例子。我们已经假设工厂、机器、产品、月份都一样(都是 10)。在多数实际情况下,产品的数量可能远远大于此数并且规划周期可能远远长于 10 个月,而机器(生产线的类型)的数目可能少于 10。我们也假设每个工厂有同样类型的机器(生产线),并且每种机器类型能生产各种产品。实际上,工厂在机器的类型和它们能生产的产品上可能会有一些不同。最终结果是,一些公司相应的模型可能比这个例子的模型规模小,但有一些公司的模型可能远远大于这个例子的规模(可能是巨大的)。

3.6.3 导出模型的结构

由于库存成本和有限的库存能力,必须跟踪每月每家工厂每种产品的库存数量。因此,线性规划模型必须有 4 个决策变量:生产数量、库存数量、销售数量和运输数量。10 家工厂、10 种机器、10 种产品和 10 个月,这就给出了总共 21000 个决策变量,列出如下。

(1) 决策变量

10000 个生产变量:每个代表工厂、机器、产品和月份的一个组合。
1000 个库存变量:每个代表工厂、产品和月份的一个组合。
1000 个销售变量:每个代表工厂、产品和月份的一个组合。
9000 个运输变量:每个代表产品、月份、工厂(出厂)和另一个工厂(入厂)的一个组合。

将这些决策变量中的每一个乘以对应的单位成本或者单位收入,然后求总和,目标函数计算如下。

(2) 目标函数为

$$\text{Max 利润} = \text{总销售额} - \text{总成本}$$

其中

$$\text{总成本} = \text{总生产成本} + \text{总库存成本} + \text{总运输成本}$$

当最大化这个目标函数时,21000 个决策变量需要满足非负约束和四类约束条件——生产能力约束、工厂平衡约束(为库存变量提供合适值的等式约束)、最大库存约束和最大销售约束。如下所列,有一共 3100 个约束,但每种类型的所有约束都遵循相同的模式。

(3) 约束函数

1000 个生产能力约束(每个代表工厂、机器和月份的一个组合)为

$$\text{使用的生产天数} \leq \text{可用的生产天数}$$

式中:左侧是 10 项之和,每项代表每种产品,表示产品的产量(一个决策变量)除以产品的生产率(已知常数)。

1000 个工厂平衡约束(每个代表工厂、产品和月份的一个组合)为

$$\text{生产数量} + \text{上个月库存} + \text{运入数量} = \text{销售量} + \text{当前库存} + \text{运出数量}$$

式中:生产数量为表示机器产量的决策变量之和;运入数量为从其他工厂运来数量的决策变量之和;运出数量为对应运往其他工厂数量的决策变量之和。

100 个最大库存量约束(每个代表工厂和月份的一个组合)为

$$\text{总库存} \leq \text{库存能力}$$

式中:左边代表每种产品库存量的决策变量之和。

1000 个最大销售约束(每个代表工厂、产品和月份的一种组合)为

$$\text{销售量} \leq \text{需求量}$$

现在让我们来看看 MPL 建模语言如何非常简洁地建立这个巨大的模型。

3.6.4 用 MPL 建模

建模工具开始赋予模型一个名字,然后列出问题每个实体的索引,具体如下。

```
TITLE
    Production_Planning;
INDEX
product := A1..A10;
month := (Jan,Feb,Mar,Apr,May,Jun,Jul,Aug,Sep,Oct);
plant := p1..p10;
fromplant := plant;
toplant := plant;
machine := m1..m10;
```

除了月份以外,右边的输入项对应各自产品、工厂和机器的任意标记,同样的标记也用在数据文件中。注意:每个输入项名字的后面有一个冒号,在每个语句的结尾有一个分号(一个语句可以扩展超过不止一行)。

大型模型的大量工作就是向数据文件中收集和组织不同类型的数据。数据文件可能是密集式或者稀疏式的。在密集式中,数据文件包含每一个可能的所有索引值组合的输入。例如,假设数据文件中包括不同工厂用不同的机器(生产线)生产不同的产品的生产率。密集式中,文件包括工厂、机器、产品的所有组合输入。尽管如此,输入的大部分组合可能是0,因为某些工厂可能并没有某些机器,即使有,对于某些工厂某些机器来说可能不生产某些产品。密集式中非零输入的百分比被定义为数据集的密度。在实践中,大数据集低于5%的密度是很常见的,经常有低于1%的情况。有如此低密度的数据集称为稀疏的。在这种情形下,以稀疏式使用数据文件更有效。这种形式中,只有非零值(和其对应的索引值的标识)才能输入数据文件。通常,稀疏式数据可以从文本文件或者从公共数据库中读取。高效处理稀疏数据集的能力是成功建立和求解大规模优化模型的关键。MPL能够使用密集式和稀疏式两种数据。

在 Worldwide 公司的例子中,需要建立产品价格、需求、产品成本、生产率、可用生产天数、库存成本、库存能力、运输成本 8 个数据文件。我们假设这些数据文件都是可用的稀疏式的。下一步就是为每一个文件赋一个简短的建议名称,识别(包括方括号)该型数据的索引,具体如下。

```
DATA
    Price[product] := SPARSEFILE("Price.dat");
    Demand[plant,product,month] := SPARSEFILE("Demand.dat");
    ProdCost[plant,machine,product] := SPARSEFILE("Produce.dat",4);
    ProdRate[plant,machine,product] := SPARSEFILE("Produce.dat",5);
    ProdDaysAvail[month] := SPARSEFILE("ProdDays.dat");
    InvtCost[plant,product] := SPARSEFILE("InvtCost.dat");
    InvtCapacity[plant] := SPARSEFILE("InvtCap.dat");
    ShipCost[fromplant,toplant] := SPARSEFILE("ShipCost.dat");
```

为了举例说明这些数据文件的内容,考虑这样一个文件,它提供了生产成本和生产率。这里有一个稀疏文件 produce.dat 前几项的样本:

```
!
! Produce.dat - Production Cost and Rate
!
! ProdCost[plant,machine,product]:
! ProdRate[plant,machine,product]:
!
    p1,m11,A1,73.30,500,
    p1,m11,A2,52.90,450,
    p1,m12,A3,65.40,550,
    p1,m13,A3,47.60,350,
```

接下来,建模工具为每种类型的决策变量赋予了一个简短的名称。在名称后的方括号内,是脚本运行的索引。

```
VARIABLES
    Produce[plant,machine,product,month] -> Prod;
```

```
    Inventory[plant,product,month] -> Invt;
    Sales[plant,product,month] -> Sale;
    Ship[product,month,fromplant,toplant]
        WHERE (fromplant<> toplant);
```

当决策变量的命名长度多于 4 个字母时，右边指向 4 个字母缩写的箭头满足许多求解工具对名称长度的限制。最后一行表示出厂下标和入厂下标不允许有相同的值。

写下模型前还需要做一个额外的步骤。即为了使模型易读，先引入宏，代表目标函数的和是非常有用的。

```
MACROS
    Total Revenue  := SUM(plant,product,month:Price * Sales);
    TotalProdCost  := SUM(plant,machine,product,month:
                          ProdCost * Produce);
    TotalInvtCost  := SUM(plant,product,month:
                          InvtCost * Inventory);
    TotalShipCost  := SUM(product,month,fromplant,toplant:
                          ShipCost * Ship);
    TotalCost  := TotalProdCost + TotalInvtCost + TotalShipCost;
```

前 4 个宏用了 MPL 的关键词 SUM 执行求和。紧接着每个 SUM 关键词(括号里面的)的，先是运行求和的索引。接着(冒号后)的是一个向量积，它由数据向量(一个数据文件)乘以一个变量的向量(四类决策变量中的一种)得到。

现在这个有 3100 个约束函数和 21000 个决策变量的模型，能够以下面的简洁形式记录下来。

```
MODEL
    MAX Profit  = TotalRevenue - TotalCost;
SUBJECT TO
    ProdCapacity[plant,machine,month] -> PCap:
        SUM(product:Produce/ProdRate) <= ProdDaysAvail;
    PlantBal[plant,product,month] -> PBal:
        SUM(machine:Produce) + Inventory [month - 1]
    + SUM(fromplant:Ship[fromplant,toplant: = plant])
    =
        Sales + Inventory
    + SUM(toplant:Ship[fromplant: = plant,toplant]);
    MaxInventory [plant,month] -> MaxI:
        SUM(product:Inventory) <= InvtCapacity;
BOUNDS
    Sales <= Demand;
END
```

对于这 4 种类型中的每种约束，第一行给出了该类型的名称。名称后方括号内的索引值的每个组合就是该类型的一个约束。括号的右边，箭头指向了求解工具能使用的缩写为 4 个字母的名称。第一行下面，该类型通用形式的约束条件用 SUM 运算显示。

对于每一个生产能力约束，将由决策变量(该月该工厂该机器上该产品的产量)组成的求和计算中的每一项除以相应的生产率,得到了用掉的生产天数。求和后得到该月该工厂该机器用掉的生产天数的总和,因此这个数一定不超过可用的生产天数。

对每个工厂、产品和月份平衡约束的目的是为了给出当前库存变量的正确值,给出所有其他决策变量的值包括上月的库存水平。这些约束中每个 SUM 运算都包括简单的决策变量求和,而不是向量积。这种情况也适用于最大库存约束的 SUM 运算。相反,最大销售约束的左边恰恰是 1000 个关于工厂、产品和月份的组合的单个决策变量(将这些单个决策变量的上界约束从常规的约束函数中分离出来是有好处的,因为通过使用 8.3 节介绍的上界法能够提高计算效率)。这里没有下界约束,因为 MPL 自动假设 21000 个决策变量有非负约束,除非特别定义非零下界。对于 3100 个约束函数中的每个约束函数,注意:左边是关于决策变量的线性函数,右边是从有关数据文件中读取的常量。因此,目标函数也是关于决策变量的线性函数,这个模型是个合法的线性规划模型。

为了求解这个模型,MPL 支持安装于其中的各种先进的求解工具(求解线性规划及其他运筹模型的软件包)。正如 1.5 节曾提到的,这些求解工具包括 CPLEX、GUROBI、CoinMP 和 SULUM,它们都可以相当高效地求解非常大型的线性规划模型。在你的运筹课件中的 MPL 学生版也已经安装了这 4 个求解工具的学生版本。以 CPLEX 为例,其学生版用单纯形法求解线性规划模型。因此,求解用 MPL 建立的模型,不得不从 Run 菜单或者单击工具栏上的 Run Solve 按钮选择 Solve CPLEX,然后将通过单击 Status 窗口底部的 View 按钮可以在窗口中显示解的文件。对于特别大的线性规划模型,1.5 节指出了学术用户能够获得完整版的带有 CPLEX 和 GUROBI 的 MPL 用于其课程作业。

上面对 MPL 的简要介绍,说明建模者能够很容易地用该建模语言以清晰规范的方式建立大型线性规划模型。为了帮助使用 MPL,本书网站也收录了一个 MPL 教程。该教程通过建立这里讨论的生产计划模型的一个小版本的例子进行详细介绍。还可以在本书网站的其他地方看到本章和随后各章的其他线性规划的例子将采用 MPL 建模,并用 CPLEX 求解。

3.6.5　LINGO 建模语言

LINGO 是本书描述的另一个流行的建模语言。LINDO Systems 公司开发了 LINGO,因其易于使用的优化工具而知名,LINDO 是 LINGO 软件的子集。LINDO Systems 同时开发电子表格求解器 What's Best! 和一种被称为求解器库的产品 LINDO API。LINGO 的学生版在本书网站上有提供(上述软件的最新试用版本可从网站 www.lindo.com 上下载)。LINDO 和 What's Best! 共享 LINDO API 作为求解引擎。LINDO API 有基于单纯形法和内点/障碍算法的求解器(见 4.9 节和 7.4 节的讨论),求解机会约束模型(见 7.5 节)的特殊求解器和随机规划问题(见 7.6 节)的求解器,以及非线性规划(见第 13 章)的求解器,甚至包括求解非凸规划的全局求解器。

与 MPL 一样,LINGO 能够使建模者以简洁清晰的方式有效地构建大型线性规划模型,并将数据从模型构建中分离出来。这种分离意味着当描述问题的数据需要每天(甚至每分钟)都发生变化时,使用者仅仅需要变化数据,而不需要关心模型。可以用较少的数据集建立模型,然后为模型提供大的数据集,模型的式子将随新数据集自动调整。

LINGO 用集合作为基础的概念。例如,在 Worldwide 公司生产计划问题中,关心的简单或原始的集合为产品、厂房、机器和月份。每个集合的每个元素可能有一个或多个与其相关的属性,如产品的价格、厂房的存储能力、机器的生产率、一个月内可用生产天数。这些属性的一部分是输入数据,而其他的,像生产和运输量是模型的决策变量。也可以定义由其他集合组合而成的导出集合。与 MPL 一样,SUM 运算通常用于记下紧缩形式的目标函数和约束条件。

LINGO 有一个纸制手册,整个手册也可通过 Help 命令在 LINGO 中直接使用,并可通过各种方法被搜索到。

本书网站在本章的附加内容中对 LINGO 作了进一步描述并用一对小型例子进行了说明。第二个附加内容阐述了 LINGO 如何用于建立 Worldwide 公司生产计划示例模型。第 4 章结尾的附录 4.1 也提供了运用 LINDO 和 LINGO 的说明介绍。此外,网站的 LINGO 教程提供了用建模语言进行基础建模所需的细节。网站还收录了本章以及其他章中用 LINGO 对各类例子的建模和求解应用。

3.7 结 论

线性规划是一个处理资源分配问题、成本收益平衡问题和需求满足问题以及其他类似数学问题的强大方法。它已经成为对于许多商业和工业组织都非常重要的标准工具。进而,几乎所有的社会组织在一定程度上都有类似的问题,关于线性规划非常广泛的应用日益获得人们的认可。

然而,并不是所有的这类问题都能被构建为线性规划模型,即便只是一个合理的近似。当一个或多个线性规划假设被严重破坏时,就应该考虑用其他的数学规划模型代替,如整数规划模型(第 12 章)或者非线性规划模型(第 13 章)。

参 考 文 献

[1] Baker, K. R.: *Optimization Modeling with Spreadsheets*, 2nd ed., Wiley, New York, 2012.
[2] Denardo, E. V.: *Linear Programming and Generalizations: A Problem-based Introduction with preadsheets*, Springer, New York, 2011, chap. 7.
[3] Hillier, F. S., and M. S. Hillier: *Introduction to Management Science: A Modeling and Case Studies Approach with Spreadsheets*, 5th ed., McGraw-Hill/Irwin, Burr Ridge, IL, 2014, chaps. 2, 3.
[4] *LINGO User's Guide*, LINDO Systems, Inc., Chicago, IL, 2011.
[5] *MPL Modeling System* (*Release* 4.2) manual, Maximal Software, Inc., Arlington, VA, e-mail: info@maximalsoftware.com, 2012.
[6] Murty, K. G.: *Optimization for Decision Making: Linear and Quadratic Models*, Springer, New York, 2010, chap. 3.
[7] Schrage, L.: *Optimization Modeling with LINGO*, LINDO Systems Press, Chicago, IL, 2008.
[8] Williams, H. P.: *Model Building in Mathematical Programming*, 4th ed., Wiley, New York, 1999.

一些成功的线性规划应用

(我们网站 www.mhhe.com/hillier 提供了下面所有文章的链接。)

[A1] Ambs, K., S. Cwilich, M. Deng, D. J. Houck, D. F. Lynch, and D. Yan: "Optimizing Restoration Capacity in the AT&T Network," *Interfaces*, 30(1): 26-44, January-February 2000.

[A2] Caixeta-Filho, J. V., J. M. van Swaay-Neto, and A. de P. Wagemaker: "Optimization of the Production Planning and Trade of Lily Flowers at Jan de Wit Company," *Interfaces*, 32(1): 35-46, January-February 2002.

[A3] Chalermkraivuth, K. C., S. Bollapragada, M. C. Clark, J. Deaton, L. Kiaer, J. P. Murdzek, W. Neeves, B. J. Scholz, and D. Toledano: "GE Asset Management, Genworth Financial, and GE Insurance Use a Sequential-Linear-Programming Algorithm to Optimize Portfolios," *Interfaces*, 35(5): 370-380, September-October 2005.

[A4] Elimam, A. A., M. Girgis, and S. Kotob: "A Solution to Post Crash Debt Entanglements in Kuwait's al-Manakh Stock Market," *Interfaces*, 27(1): 89-106, January-February 1997.

[A5] Epstein, R., R. Morales, J. Serón, and A. Weintraub: "Use of OR Systems in the Chilean Forest Industries," *Interfaces*, 29

(1):7-29,January-February 1999.

[A6] Feunekes,U.,S. Palmer,A. Feunekes,J. MacNaughton,J. Cunningham,and K. Mathisen:"Taking the Politics Out of Paving:Achieving Transportation Asset Management Excellence Through OR," *Interfaces*,**41**(1):51-65,January-February 2011.

[A7] Geraghty,M. K.,and E. Johnson:"Revenue Management Saves National Car Rental," *Interfaces*,**27**(1):107-127,January-February 1997.

[A8] Leachman,R. C.,R. F. Benson,C. Liu,and D. J. Raar:"IMPReSS:An Automated ProductionPlanning and Delivery-Quotation System at Harris Corporation—Semiconductor Sector," *Interfaces*,**26**(1):6-37,January-February 1996.

[A9] Mukuch,W. M.,J. L. Dodge,J. G. Ecker,D. C. Granfors,and G. J. Hahn:"Managing Consumer Credit Delinquency in the U.S. Economy:A Multi-Billion Dollar Management Science Application," *Interfaces*,**22**(1):90-109,January-February 1992.

[A10] Murty,K. G.,Y. -w. Wan,J. Liu,M. M. Tseng,E. Leung,K. -K. Lai,and H. W. C. Chiu:"Hongkong International Terminals Gains Elastic Capacity Using a Data-Intensive DecisionSupport System," *Interfaces*,**35**(1):61-75,January-February 2005.

[A11] Yoshino,T.,T. Sasaki,and T. Hasegawa:"The Traffic-Control System on the Hanshin Expressway," *Interfaces*,**25**(1):94-108,January-February 1995.

习 题

一些习题(或其部分)左边的符号有如下含义。

D:前面列出的相应演示示例可能会有帮助。

I:你将发现使用 IOR Tutorial 中相应的程序是非常有帮助的(打印出工作记录)。

C:用单纯形法通过计算机求解习题。做这个工作可利用的软件包括 Excel 的 Solver 和 ASPE(见 3.5 节)、MPL/Solvers(见 3.6 节)、LINGO(本书网站上本章补充材料 1、2 和附录 4.1)和 LINDO(附录 4.1),但要按照导师给你的选择意见来使用软件。当一个习题需要用 Solver 去求解模型时,你可以使用 Excel 的 Solver 或者 ASPE 的 Solver。

题号上有星号表示书后至少会给出该题的一部分答案。

3.1-1 阅读在 3.1 节应用案例中总结的充分描述运筹研究的参考文章。简要描述该研究中是如何应用线性规划的,然后列出从研究中总结出的各种金融和非金融收益。

D 3.1-2* 对以下每个约束,分别画图来表示满足该约束的非负解。

(a) $x_1+3x_2\leq 6$。

(b) $4x_1+3x_2\leq 12$。

(c) $4x_1+x_2\leq 8$。

(d) 现在把这些约束条件放到一张图上,展示整个约束条件集合加上非负约束的可行域。

D 3.1-3 考虑如下线性规划模型的目标函数:
$$\text{Max } Z=2x_1+3x_2$$

(a) 对 $Z=6,Z=12,Z=18$,画图对应的目标函数表示的直线。

(b) 求出这 3 个目标函数直线对应方程的斜截形式。比较这 3 条线的斜率,还比较其在 x_2 轴上的截距。

3.1-4 考虑如下直线对应的方程:
$$20x_1+40x_2=400$$

(a) 求出该等式的斜截式。

(b) 用这个形式确定这条直线的斜率及其在 x_2 轴上的截距。

(c) 用(b)得到的信息画出这条直线的图形。

D,I 3.1-5* 用图解法求解问题:

$$\text{Max } Z = 2x_1 + 3x_2$$
$$\text{s. t. } x_2 \leqslant 10$$
$$2x_1 + 5x_2 \leqslant 60$$
$$x_1 + x_2 \leqslant 18$$
$$3x_1 + x_2 \leqslant 44$$

且
$$x_1 \geqslant 0, x_2 \geqslant 0$$

D,I 3.1-6 用图解法求解问题：
$$\text{Max } Z = 10x_1 + 20x_2$$
$$\text{s. t. } -x_1 + 2x_2 \leqslant 15$$
$$x_1 + x_2 \leqslant 12$$
$$5x_1 + 3x_2 \leqslant 45$$

且
$$x_1 \geqslant 0, x_2 \geqslant 0$$

3.1-7 Whitt 窗户公司，是一家只有 3 名雇员生产两种手工窗户的公司：一种木框和一种铝框窗户。公司每个木框窗户赚 300 美元利润，每个铝框窗户赚 150 美元利润。Doug 制作木框，每天能制作 6 个；Linda 制作铝框，每天制作能 4 个；Bob 制作和切割玻璃，每天能制作 48 英尺^2。每个木框窗用 6 英尺^2 玻璃，每个铝框窗用 8 英尺^2 玻璃。

公司希望决定每种窗户每天的生产数量使总利润最大。

（a）描述该问题与 3.1 节描述的 Wyndor Glass 问题之间的相似之处。然后，对这个问题建立并填写像表 3.1 那样的表格，确定活动和资源。

（b）为这个问题建立线性规划模型。

D,I(c) 用图解法求解这个模型。

（d）小镇上有一个新的竞争者也开始制造木框。这将使公司降低要价，那每个木框窗的利润也会降低。如果每个木框窗的利润从 300 美元减少到 200 美元，最优解将如何变化（就算真的有）？从 300 美元减少到 100 美元又将如何？（你会发现，用 IOR Tutorial 中的图解分析和灵敏度分析程序是很有帮助的。）

（e）Doug 正考虑减少工作时间，这将减少他每天制造的木框数量。如果他每天只制作 5 个木框窗，那最优解将如何变化？（你会发现，用 IOR Tutorial 中的图解分析和灵敏度分析程序是很有帮助的。）

3.1-8 WorldLight 公司生产两种光装置（产品 1 和产品 2），它们都需要金属框和电子部件。管理层想决定每种产品要生产的单位数量以使利润最大化。对于 1 个单位的产品 1，需要 1 个单位的框部件和 2 个单位的电子部件；对于 1 个单位的产品 2，需要 3 个单位的框部件和 2 个单位的电子部件。公司有 200 个单位的框部件和 300 个单位的电子部件。每个单位的产品 1 带来 1 美元利润，每个单位的产品 2，产量在 60 件以内时，带来 2 美元利润。当产品 2 超过 60 个单位时没有利润，因此要排除这样的超出。

（a）为这个问题建立线性规划模型。

D,I(b) 用图解法求解这个模型，得到的总利润是多少？

3.1-9 Primo 保险公司正引进 2 个新产品线：专门险和抵押险。每单位专门险的期望利润是 5 美元，而每单位抵押险为 2 美元。

管理层希望为新产品线建立销售定额以实现总的最大期望利润。工作要求如下。

部　门	每单元的工作时间/h		可用工作时间/h
	专门险	抵押险	
承保	3	2	2400
管理	0	1	800
债权	2	0	1200

（a）为这个问题建立线性规划模型。

D,I（b）用图解法求解这个模型。

（c）通过代数求解两个相关等式的联立解，验证你从（b）中得到的最优解的精确值。

3.1-10　Weenies and Buns 是生产热狗和热狗面包的食品加工厂，它们每周要为生产热狗面包磨最多达 200lb 的面粉。每个热狗面包需要 0.1lb 的面粉。它们当前与 Pigland 有限公司有个合同，规定每周一运输 800lb 的猪肉。每个热狗需要 1/4lb 的猪肉产品。a 热狗和热狗面包的所有其他成分是充足供应的。最后，Weenies and Buns 有 5 个全时雇员（每周工作 40h）。每个热狗需要一个劳力 3min 的劳动，而每个热狗面包需要一个劳力 2min 的劳动。每个热狗产生 0.88 美元的利润，每个热狗面包产生 0.30 美元的利润。

Weenies and Buns 想知道每周应该生产多少热狗和热狗面包以达到最大的可能利润。

（a）为这个问题建立线性规划模型。

D,I（b）用图解法求解这个模型。

3.1-11*　Omega 制造公司关停了不赢利的产品生产线。这一做法产生了可观的剩余生产能力。管理层考虑将这些生产能力用于生产 3 种产品中的一个或多个，称它们为产品 1、产品 2 和产品 3。机器的可用生产能力可能限制产量如下。

机器类型	可用时间（每周机器小时）
铣床	500
车床	350
磨床	150

生产每单位各个产品需要的小时数：

机　器　类　型	产品 1	产品 2	产品 3
铣床	9	3	5
车床	5	4	0
磨床	3	0	2

销售部门表示产品 1 和产品 2 的销售潜力超过了最大生产量，产品 3 的销售潜力是每周 20 个单位。产品 1、产品 2 和产品 3 的单位利润将分别为 50 美元、20 美元和 25 美元。目标是确定每种产品 Omega 应该生产多少来使利润最大化。

（a）为这个问题建立线性规划模型。

C（b）用计算机通过单纯形法求解这个模型。

D 3.1-12　考虑如下问题，其中 c_1 的值并未确定。

$$\text{Max } Z = c_1 x_1 + x_2$$

$$\text{s. t.} \quad x_1 + x_2 \leq 6$$

$$x_1 + 2x_2 \leq 10$$

且

$$x_1 \geq 0, x_2 \geq 0$$

对于 $c_1(-\infty < c_1 < +\infty)$ 的各种可能值,用图形分析来确定 (x_1, x_2) 的最优解。

D 3.1-13 考虑如下问题,其中 k 的值并未确定。

$$\text{Max } Z = x_1 + 2x_2$$
$$\text{s. t. } -x_1 + x_2 \leq 2$$
$$x_2 \leq 3$$
$$kx_1 + x_2 \leq 2k + 3, \quad k \geq 0$$

且

$$x_1 \geq 0, x_2 \geq 0$$

当前正在用的解是 $x_1 = 2, x_2 = 3$。用图形分析来确定 k 的值使这个解最优。

D 3.1-14 考虑如下问题,其中 c_1 和 c_2 的值并未确定。

$$\text{Max } Z = c_1 x_1 + c_2 x_2$$
$$\text{s. t. } 2x_1 + x_2 \leq 11$$
$$-x_1 + 2x_2 \leq 2$$

且

$$x_1 \geq 0, x_2 \geq 0$$

对于 c_1 和 c_2 的各种可能值,用图形分析确定 (x_1, x_2) 的最优解。(提示:区分 $c_2 = 0, c_2 > 0$ 和 $c_2 < 0$ 3 种情况。对于后 2 种情况,关注 c_1 和 c_2 的比值。)

D 3.2-1 下表总结了 A 和 B 两种产品的关键要素和生产它们的 Q、R 和 S 3 种资源的需求。

资源	单位生产资源用量		可用资源数量
	产品 A	产品 B	
Q	2	1	2
R	1	2	2
S	3	3	4
单位利润	3	2	

线性规划的所设均成立。

(a) 为这个问题建立线性规划模型。

D,I(b) 用图解法求解这个模型。

(c) 通过代数求解两个相关等式的联立解,验证从(b)中得到的最优解的精确值。

3.2-2 下图中的阴影区域代表线性规划问题的可行域,其目标函数为求最大值。

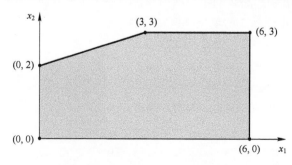

标记下列说法是对还是错,基于图解法说明你的答案。在每种情况下,给出一个目标函数的例子来说明你的答案。

(a) 如果(3,3)对应的目标函数值大于(0,2)和(6,3)对应的值,那(3,3)一定是一个最优解。

(b) 如果(3,3)是一个最优解并且存在多个最优解,(0,2)或(6,3)中有一个一定也是最优解。

(c) 点(0,0)不是最优解。

3.2-3 这是幸运的一天,你刚刚赢得了20000美元的奖金,决定拿出8000美元交税和作为聚会费用,用其余的12000美元投资。听说了这个消息后,你的两个不同朋友向你提供两个不同创业企业的投资机会。在这两种情形中,这项投资将花费这个夏天的时间和你的现金。如果成为第一个朋友的全资合作者,你将需要10000美元和400h的时间,预计利润将是9000美元(忽略时间价值)。如果成为第二个朋友的全资合作者,你将需要4000美元和500h,预计利润也将是9000美元。尽管如此,两个朋友是灵活的,并允许你就全部合伙投资的任意比例进行投资。如果你选择以一定比例投资,那么,上面全面投资相应的数值(金钱投资、时间投资和利润)都乘以它们相应的比例值。

由于你正在寻找一个有意义的夏季工作(最多600h),你已经决定以任意组合参与一个或两个朋友的,并最大化预计利润。现在需要解决找到最优组合的问题。

(a) 描述该问题与3.1节描述的Wyndor Glass问题之间的相似之处。然后,对这个问题建立并填写像表3.1那样的表格,确定活动和资源。

(b) 为这个问题建立线性规划模型。

D,I (c) 用图解法求解这个模型。你的总预计利润是多少?

D,I 3.2-4 用图解法求解如下模型的所有最优解:

$$\text{Max } Z = 500x_1 + 300x_2$$
$$\text{s.t. } 15x_1 + 5x_2 \leq 300$$
$$10x_1 + 6x_2 \leq 240$$
$$8x_1 + 12x_2 \leq 450$$

且

$$x_1 \geq 0, x_2 \geq 0$$

D 3.2-5 用图解法证明如下模型没有可行解:

$$\text{Max } Z = 5x_1 + 7x_2$$
$$\text{s.t. } 2x_1 - x_2 \leq -1$$
$$-x_1 + 2x_2 \leq -1$$

且

$$x_1 \geq 0, x_2 \geq 0$$

D 3.2-6 假设如下约束是一个线性规划模型的约束:

$$-x_1 + 3x_2 \leq 30$$
$$-3x_1 + x_2 \leq 30$$

且

$$x_1 \geq 0, x_2 \geq 0$$

(a) 证明可行域无界。

(b) 如果目标函数是$Z = -x_1 + x_2$,这个模型有最优解吗?如果有,求出来。如果没有,解释为什么没有。

(c) 当目标函数是 $Z=x_1-x_2$，重复(b)的要求。

(d) 模型没有最优解时的目标函数，是不是意味着根据这个模型没有好的解？请给出解释。当构建模型时可能犯什么错误？

3.3-1 重新考虑习题 3.2-3。解释为什么线性规划的 4 个假设(3.3 节)中的每一个看起来都能合理地满足这个问题。是否有一个假设比其他的更可疑？如果是，要做些什么才能考虑到这种情况。

3.3-2 考虑有两个决策变量(x_1, x_2)的问题，分别代表了活动 1 和活动 2 的水平。对每个变量，允许取值为 0、1 和 2，两个变量这些取值的可能组合由各种约束决定。目标就是最大化 Z 所表示的某种运行度量。对于可能的(x_1, x_2)可行值对应的 Z 值估计由下表给出。

x_1	x_2		
	0	1	2
0	0	4	8
1	3	8	13
2	6	12	18

基于这些信息，考虑是该问题完全满足线性规划的 4 个假设，解释你的答案。

3.4-1 阅读 3.4 节应用案例中充分描述运筹研究的参考文章。简要描述线性规划在该研究中是如何应用的，然后，列出该项研究带来的金融与非金融效益。

3.4-2* 对于 3.3 节讨论的每个线性规划假设，写一段分析关于如何将其应用于 3.4 节给出的如下示例。

(a) 设计放射治疗(Mary)。

(b) 区域规划(南部联盟农场)。

(c) 控制空气污染(NORI & LEETS 公司)。

3.4-3 对于 3.3 节讨论的每个线性规划假设，写一段分析关于如何将其应用于 3.4 节给出的如下示例。

(a) 固体废物的回收利用(SAVE-IT 公司)。

(b) 人事规划(联合航空公司)。

(c) 通过配送网络配送货物(Distribution Unlimited 公司)。

D,I 3.4-4 用图解法求解这个问题：

$$\text{Min } Z = 15x_1 + 20x_2$$
$$\text{s.t.} \quad x_1 + 2x_2 \geq 10$$
$$2x_1 - 3x_2 \leq 6$$
$$x_1 + x_2 \geq 6$$

且

$$x_1 \geq 0, x_2 \geq 0$$

D,I 3.4-5 用图解法求解这个问题：

$$\text{Min } Z = 3x_1 + 2x_2$$
$$\text{s.t.} \quad x_1 + 2x_2 \leq 12$$
$$2x_1 + 3x_2 = 12$$
$$2x_1 + x_2 \geq 8$$

且
$$x_1 \geq 0, x_2 \geq 0$$

D 3.4-6 考虑如下问题，其中 c_1 的值并未确定：

$$\text{Max } Z = c_1 x_1 + 2x_2$$
$$\text{s. t. } 4x_1 + x_2 \leq 12$$
$$x_1 - x_2 \geq 2$$

且
$$x_1 \geq 0, x_2 \geq 0$$

对于 c_1 的各种可能值，用图形分析来确定 (x_1, x_2) 的最优解。

D,I 3.4-7 考虑如下模型：

$$\text{Min } Z = 40x_1 + 50x_2$$
$$\text{s. t. } 2x_1 + 3x_2 \geq 30$$
$$x_1 + x_2 \geq 12$$
$$2x_1 + x_2 \geq 20$$

且
$$x_1 \geq 0, x_2 \geq 0$$

(a) 用图解法求解这个模型。

(b) 如果目标函数变为 $Z = 40x_1 + 70x_2$，最优解如何变化？（你会发现用 IOR Tutorial 中的图解分析和灵敏度分析非常有用。）

(c) 如果第三个约束条件变为 $2x_1 + x_2 \geq 15$，最优解如何变化？（你会发现用 IOR Tutorial 中的图解分析和灵敏度分析非常有用。）

3.4-8 Ralph Edmund 喜欢牛排和马铃薯，因此他决定所有进餐稳定在只吃这两种食物（加上某些饮料和维生素）。Ralph 意识到这不是最健康的饮食，因此他想确定两种食物的正确摄入量以满足自己关键的营养需求。他已经获得了如下表列出的营养和成本信息。

Ralph 希望决定以最小的成本满足这些需求的牛排和马铃薯的每天食用量（可能为分数）。

(a) 为这个问题建立线性规划模型。

D,I(b) 用图解法求解这个模型。

C(c) 用计算机通过单纯形法求解这个模型。

要 素	每份摄取要素的克数		每天需要量/g
碳水化合物	5	15	≥50
蛋白质	20	5	≥40
脂肪	15	2	≤60
每份成本	8 美元	4 美元	

3.4-9 Web Mercantile 通过在线目录销售多种家用产品。公司需要大量的仓库空间来存储货物。现在正在制定下 5 个月租用仓库存储空间的计划。这些月中每个月所需的空间是已知的。尽管如此，由于这些空间需求有很大差别，以每个月的空间需求为基础租用空间可能是最经济的。另一方面，续租月份租用空间的额外花费比第一个月少，因此为今后 5 个月租用最大的所需空间可能并不是很昂贵。另一个选择是改变租用空间总数量的方法（通过添加新的租用或让旧租期满），至少改变一次，但不是每月都改变。

空间需求和不同租期的租用花费如下。

月　份	需求空间/英尺²
1	30000
2	20000
3	40000
4	10000
5	50000

租期/月	每平方英尺租用成本/美元
1	65
2	100
3	135
4	160
5	190

目标是满足空间需求的基础上总的租用成本最小。

(a) 为这个问题建立线性规划模型。

C(b) 用单纯形法求解这个模型。

3.4-10　Larry Edison 是 Buckly 大学计算机中心的主任。他现在需要编制中心的人事工作计划。中心的开放时间从上午 8:00 到半夜。Larry 对中心每天不同时段的使用情况做了监控，并得到如下计算机咨询员的需求数量。

每天时段	需值班咨询员的最少数量
上午 8:00 至中午	4
中午至下午 4:00	8
下午 4:00 至下午 8:00	10
下午 8:00 至午夜	6

可以雇用两种类型的计算机咨询员：全职的和兼职的。全职的咨询员在如下时段工作连续 8h：上午班(上午 8:00 至下午 4:00)，下午班(中午至晚上 8:00)或夜班(下午 4:00 至午夜)。全职咨询员的报酬是每小时 40 美元。

兼职的咨询员能够以上表所列的四班轮换中的任何一种方式工作，兼职报酬为每小时 30 美元。

附加的要求是在每个时段内，必须有至少两名全职咨询员值班。

Larry 想确定多少全职和兼职工作人员应该在每一班工作，才能满足上面的需求并使成本最小。

(a) 为这个问题建立线性规划模型。

C(b) 用单纯形法求解这个模型。

3.4-11* 　Medequip 公司在两个工厂生产精密医疗诊断设备。3 个医疗中心订购了本月生产出来的产品。下表列出了从每个工厂运送给上述客户的单位运输成本。表中也给出了每家工厂生产的产品单位数和每个客户订购的单位数。

	单位运输成本/美元			产量/单位
	客户 1	客户 2	客户 3	
工厂 1	600	800	700	
工厂 2	400	900	600	
订购量/单位	300	200	400	

现在需要确定从每个工厂到每个客户运输数量的运输计划。

(a) 为这个问题建立线性规划模型。

C(b) 用单纯形法求解这个模型。

3.4-12* Al Ferris 目前有 60000 美元想用于投资,以便能够在 5 年内积累资金用于购买退休养老金。在咨询了他的理财顾问后,他有 4 种类型的固定收入投资,我们标记为 A、B、C、D。

投资 A 和投资 B 在未来 5 年(称为年 1~年 5)的每一年年初开始投资,1 美元的投资 A 在 2 年后(在能立即再投资的时间内)的年初得到 1.40 美元的回报(0.40 美元利润)。1 美元的投资 B 在 3 年后的年初得到 1.70 美元的回报。

投资 C 和投资 D 在未来只有一次机会可用。1 美元的投资 C 从第 2 年年初开始,在第 5 年年末得到 1.90 美元的回报。1 美元的投资 D 在第 5 年年初开始,在第 5 年年末得到 1.30 美元的回报。

Al 希望知道哪一种投资计划能够在第 6 年年初得到最多的积累资金。

(a) 这个问题的所有约束函数能被表示为是等式约束。为了做到这一点,令 A_t、B_t、C_t、D_t 分别表示在投入在投资 A、投资 B、投资 C、投资 D 的资金数量。在第 t 年开始投资时,对于每个 t 投资是可用的并将在第 5 年末得到投资收益。令 R_t 表示在第 t 年年初没有用于投资的美元数量(从而可用于之后年份的投资)。这样,在 t 年年初的投资数量加上 R_t 必等于此时可用的投资金额。写出关于上面 5 年每年年初的相关变量的方程,并得到这个问题的 5 个约束函数。

(b) 为这个问题建立线性规划模型。

C(c) 用单纯形法求解这个模型。

3.4-13 Metalco 公司希望从几种可用合金(属性如下)中制得一种新的合金含锡 40%、锌 35%、铅 25%。

属 性	合金				
	1	2	3	4	5
锡含量	60	25	45	20	50
锌含量	10	15	45	50	40
铅含量	30	60	10	30	10
成本/(美元/lb)	22	20	25	24	27

目标是决定这些被混合的合金的比例,以最小的成本生产新的合金。

(a) 为这个问题建立线性规划模型。

C(b) 用单纯形法求解这个模型。

3.4-14* 一架货运飞机有 3 个存储货物的隔间:前、中、后。这些隔间有重量和空间的容量限制,概括如下。

隔 间	重量容量/t	空间容量/英尺^3
前	12	7000
中	18	9000
后	10	5000

另外,为了维持飞机的平衡,各隔间的货物的重量与各隔间的载重能力必须有相同比例。如下一班次航班有空间时将运输如下 4 种货物。

货 物	重量/t	体积/(英尺^3/t)	利润/(美元/t)
1	20	500	320
2	16	700	400
3	25	600	360
4	13	400	290

这些货物的任何比例都是可接受的。目标是确定每种货物运输多少(如果有)能被接受,怎样分配于飞机的不同隔间,使航班的总利润最大。

(a) 为这个问题建立线性规划模型。

C(b) 用单纯形法求解这个模型并求出其多个最优解中的一个。

3.4-15 Oxbridge 大学维护一台强大的主机,用于为教职人员、博士研究生和研究合作者提供研究使用。在所有的工作时间,需要有操作者操作并维护计算机,运行一些程序服务。计算机系的主任 Beryl Ingram 监督其运行。

现在是秋季学期开始,Beryl 面临给不同的操作者分配不同的工作时间,因为所有的操作者当前都在该大学登记注册,他们每天只有有限的工作时间,如下表所列。

操 作 者	薪酬率 /(美元/h)	可用最大时数				
		周一	周二	周三	周四	周五
K. C.	25	6	0	6	0	6
D. H.	26	0	6	0	6	0
H. B.	24	4	8	4	0	4
S. C.	23	5	5	5	0	5
K. S.	28	3	0	3	8	0
N. K.	30	0	0	0	6	2

有 6 名操作者(4 个大学生和 2 个研究生)。他们的薪酬率不同,因为他们的计算机经验和编程能力不同。上表给出了他们的薪酬率和每人每天能工作的最大时间数。

每一名操作者必须保证每周有一个最小时间数来掌握足够的操作知识。这个时间被设定为对于大学生是每周 8h(K. C.、D. H.、H. B. 和 S. C.),对于研究生是每周 7h(K. S. 和 N. K.)。

计算机设备在上午 8:00 至晚上 10:00 是开放的。从周一至周五的这些时间内要有一名操作者值班。在周六和周日,可由其他职员操作。

由于预算紧缩,Beryl 不得不最小化成本。她希望确定赋予每一名操作者每天工作的小时数。

(a) 为这个问题建立线性规划模型。

C(b) 用单纯形法求解这个模型。

3.4-16 Joyce 和 Marvin 开办了一个日托学前班。他们正试图确定给这些孩子吃什么午餐。他们需要降低成本,但也需要满足这些孩子的营养需求。他们已经确定与花生酱、果冻三明治以及全麦饼干、牛奶、桔子汁的混合物打交道。每一种食物成分的营养和成本如下表所列。

食 物	脂肪热量/cal	总热值/cal	维生素 C/mg	蛋白质/g	成本/美元
面包(一片)	10	70	0	3	5
花生酱(一汤匙)	75	100	0	4	4
草莓果冻(一汤匙)	0	50	3	0	7
全麦饼干(一块)	20	60	0	1	8
牛奶(一杯)	70	150	2	8	15
果汁(一杯)	0	100	120	1	35

注:1cal = 4.186J

营养需求如下。每个孩子应该摄入 400~600cal。来自脂肪的卡路里数量不多于总数的 30%。每个孩子应该消耗 60mg 的维生素 C 和 12g 的蛋白质。由于实际原因,每个孩子需要 2 片面包(制作三明治),至少是花生酱和果冻的 2 倍多,至少一杯液体(牛奶和/或果汁)。

Joyce 和 Marvin 将选择每一个孩子的食物组合使成本最低并满足以上需求。

(a) 为这个问题建立线性规划模型。

C(b) 用单纯形法求解这个模型。

3.5-1 阅读 3.5 节应用案例中列出的充分描述运筹研究的参考文献,简要描述线性规划如何在这些研究中得到应用,然后列举从该项研究中带来的各种金融和非金融的收益。

3.5-2* 给出下列一个关于线性规划问题的数据,目标函数是将分配 3 种资源到 2 个非负活动产生的利润最大化。

资　源	每项活动的单位资源用量		可用资源数量
	活动 1	活动 2	
1	2	1	10
2	3	3	20
3	2	4	20
单位贡献/美元	20	30	

注:单位贡献=活动的单位利润

(a) 为这个问题建立线性规划模型。

D,I(b) 用图解法求解这个模型。

(c) 用 Excel 电子表格列出这个模型。

(d) 用电子表格检查如下解:$(x_1, x_2) = (2,2), (3,3), (2,4), (4,2), (3,4), (4,3)$。这些解中哪些是可行的?这些可行解中哪些有目标函数的最优值?

C(e) 用 Solver 通过单纯形法求解模型。

C(f) 用 ASPE 及其 Solver 通过单纯形法求解模型。

3.5-3 Ed Butler 是 Bilco 公司的生产经理,公司生产 3 种类型的汽车备件。每一个备用件均需经过 2 台机器加工,所需的时间(h)如下表所列。

机　器	备件		
	A	B	C
1	0.02	0.03	0.05
2	0.05	0.02	0.04

每台机器每月有 40h 的可用时间。制造每个备件将产生单位利润如下。

	备　件		
	A	B	C
利润/美元	50	40	30

Ed 想确定生产的备件结构以最大化生产利润。

(a) 为这个问题建立线性规划模型。

(b) 用 Excel 电子表格列出这个模型。

(c) 自己猜测 3 个最优解。用电子表格检查每个解的可行性,如果可行,求出目标函数值。猜测哪个可行解有最佳目标函数值。

C(d) 用 Solver 通过单纯形法求解模型。

3.5-4 给出下列一个关于线性规划问题的数据,目标函数是两个非负活动的成本最小化,并达到不低于它们最低水平的 3 个收益。

利　润	每项活动的单位利润贡献		最低可接受水平
	活动 1	活动 2	
1	5	3	60
2	2	2	30
3	7	9	126
单位成本/美元	60	50	

注:单位贡献=活动的单位利润

(a) 为这个问题建立线性规划模型。

D,I(b) 用图解法求解这个模型。

(c) 用 Excel 电子表格列出这个模型。

(d) 用电子表格检查如下解:$(x_1, x_2) = (7,7), (7,8), (8,7), (8,8), (8,9), (9,8)$。这些解中哪些是可行的?这些可行解中哪些有目标函数的最优值?

C(e) 用 Solver 通过单纯形法求解模型。

C(f) 用 ASPE 及其 Solver 来通过单纯形法求解模型。

3.5-5* Fred Jonasson 管理一家家庭农场。农场除了种植几种农作物外,还养猪供应市场。他现在希望确定喂养每一头猪的可用各种饲料的数量(玉米、桶糟、紫花苜蓿)。因为猪将吃这几种饲料的任意混合物,目标是确定如何混合饲料可以以最小的成本满足一定的营养需求。下表给出了每种饲料每千克所包含的基本营养成分的单位数,以及每一天的营养需求和食物成本。

营养成份	玉米	桶糟	紫花苜蓿	每日最少需求
碳水化合物	90	20	40	200
蛋白质	30	80	60	180
维生素	10	20	60	150
成本/美元	2.10	1.80	1.50	

(a) 为这个问题建立线性规划模型。

(b) 用 Excel 电子表格列出这个模型。

(c) 用电子表格检查如果 $(x_1, x_2, x_3) = (1, 2, 2)$ 是可行解,那这样的食物搭配每天成本将是多少?其提供的每种营养成份的数量是多少?

(d) 花几分钟时间用电子表格来试验并构建你对最优解的最佳猜测。你猜到的解的每天成本是多少?

C(e) 用 Solver 通过单纯形法求解模型。

C(f) 用 ASPE 及其 Solver 来通过单纯形法求解模型。

3.5-6 Maureen Laird 是 Alva 电力公司的首席金融官,公司是一个中西部的主要公共机构。从现在起的 5 年、10 年、20 年,公司计划建建新的水电站,满足公司服务区域人口增长的需求。为了抵上最少的建设成本,Maureen 目前用公司的一些钱满足将来公司的现金流需求。Maureen 可购买 3 种类型的金融资产,每种每单位需要花费 100 万美元。可以购买分数单位的资产。从现在起,资产带来的 5 年、10 年、20 年收入,应该至少满足这些年最小的现金流需求(每个时间段超出的收入将被用于为股票持有者分红,而不是存下来以满足下一个时期的现金流需求)。下表给出了当一个新水电厂建设时,每种投资产生的单位收入和将来每个时期的最低收入。

年	单位投资收入/百万美元			最小现金流需求/百万美元
	资产 1	资产 2	资产 3	
5	2	1	0.5	400
10	0.5	0.5	1	100
15	0	1.5	2	300

Maureen 希望确定这些资产的组合,以最小化的总投资量满足现金流需求。

(a) 为这个问题建立线性规划模型。
(b) 用电子表格列出这个模型。
(c) 用电子表格检查购买 100 个单位资产 1、100 个单位资产 2 和 200 个单位资产 3 的可能性。这种投资组合从现在开始的 5 年、10 年、15 年将产生多少现金流?总投资将是多少?
(d) 花几分钟时间用电子表格来试验并构建你对最优解的最佳猜测。你猜到的解的总投资量多少?
C(e) 用 Solver 通过单纯形法求解模型。
C(f) 用 ASPE 及其 Solver 通过单纯形法求解模型。

3.6-1 Philbrick 公司有两个工厂,分别在美国的两端,两个工厂生产同样的两种产品,然后将其销往各自半个国家批发商。来自批发商未来两个月(2 月和 3 月)的订单,需求单位数量如下(公司不必完全满足这些订单,但是如果不减少利润,公司将愿意满足)。

产 品	工厂 1		工厂 2	
	2 月	3 月	2 月	3 月
1	3600	6300	4900	4200
2	4500	5400	5100	6000

每家工厂在 2 月有 20 个生产日、在 3 月有 23 个生产日可用于生产和运输这些产品。1 月底库存耗尽,但每个工厂有足够的库存能力来保持 1000 个单位的两种产品的总量,如果超出的数量在 2 月生产 3 月销售。在每家工厂,以这种方式存储货物的成本是产品 1 为 3 美元/单位,产品 2 为 4 美元/单位。

每家工厂有相同的两种生产线,每种都能够生产两种产品。每家工厂每种产品的单位生产成本如下表所列。

产 品	工厂 1/美元		工厂 2/美元	
	生产线 1	生产线 2	生产线 1	生产线 2
1	62	59	61	65
2	78	85	89	86

每家工厂每个生产线的每种产品的生产率(每天生产此产品的数量)如下。

产 品	工厂 1/美元		工厂 2/美元	
	生产线 1	生产线 2	生产线 1	生产线 2
1	100	140	130	110
2	120	150	160	130

当一个工厂出售产品给其客户(工厂所在的半个国家的批发商)时,公司得到净销售收入(销售价格减去正常的运输成本)是每单位的产品 1~83 美元,每单位的产品 2 得到 112 美元。然而,也有可能(偶偶希望)一个工厂运输产品到国家的另一区域帮助弥补另一个工厂的销售。当这种情况发生时,将增加额外运输成本为每单位产品 1 需 9 美元,每单位产品 2 需 7 美元。

管理层现在需要确定每月中每家工厂每条生产线的每种产品应该生产多少、销售多少、运往其他工厂客户多少。目标是确定哪个可行计划能使总利润最大化(总的净销售收入减去生产成本、库存成本和额外运输成本的总和)。

(a) 建立完整的代数形式的线性规划模型,表示出这个问题的每个约束和决策变量。

C(b) 在 Excel 电子表格上建立相同的模型,然后用 Excel Solver 求解模型。

C(c) 用 MPL 以简洁形式建立模型,然后用 MPL Solver 求解模型。

C(d) 用 LINGO 以简洁形式建立模型,然后用 LINGO Solver 求解模型。

C 3.6-2　重新考虑习题 3.1-11。

(a) 用 MPL/Solvers 建立并求解该问题的线性规划模型。

(b) 用 LINGO 建立并求解该模型。

C 3.6-3　重新考虑习题 3.4-11。

(a) 用 MPL/Solvers 建立并求解该问题的线性规划模型。

(b) 用 LINGO 建立并求解该模型。

C 3.6-4　重新考虑习题 3.4-15。

(a) 用 MPL/Solvers 建立并求解该问题的线性规划模型。

(b) 用 LINGO 建立并求解该模型。

C 3.6-5　重新考虑习题 3.5-5。

(a) 用 MPL/Solvers 建立并求解该问题的线性规划模型。

(b) 用 LINGO 建立并求解该模型。

C 3.6-6　重新考虑习题 3.5-6。

(a) 用 MPL/Solvers 建立并求解该问题的线性规划模型。

(b) 用 LINGO 建立并求解该模型。

C 3.6-7　Quality Paper 公司是一家大型的造纸公司,管辖 10 个造纸厂,需要供应 1000 个客户。使用 3 种可相互替代的机器和 4 种原材料来制造 5 种不同类型的纸。因此,公司需要制定详细的每月生产分配计划,目标是使每月份生产和销售纸的总成本最小。具体地,必须联合决定每个工厂的每种类型的机器生产的每种纸的数量,以及从各个工厂运到各客户每种纸的数量。

相关数据符号表述如下:

D_{jk} = 顾客 j 需要 k 型纸的单位数量

r_{klm} = 在 l 型机器上生产 1 个单位 k 型纸需要原材料 m 的数量

R_{im} = 造纸厂 i 中可用原材料 m 的单位数量

c_{kl} = 在 l 型机器上生产 1 个单位 k 型纸需要的生产能力

C_{il} = 造纸厂 i 中可用 l 型机器的生产能力

P_{ikl} = 造纸厂 i 在 l 型机器上生产 1 个单位 k 型纸的生产成本

T_{ijk} = 将每单位 k 型纸从造纸厂 i 运到顾客 j 的运输成本

(a) 用这些符号,手工建立该问题的线性规划模型。

(b) 该模型有多少约束函数和决策变量?

C(c) 用 MPL 建立模型。

C(d) 用 LINGO 建立模型。

3.6-8 阅读 3.6 节应用案例中列出的充分描述运筹研究的参考文献,简要描述线性规划如何在这些研究中得到应用,然后,列举从该项研究中带来的各种金融和非金融的收益。

3.7-1 从本章末参考文献的下端部分,找出这些线性规划成功应用中的 1 篇。阅读该文章,然后,写两页纸篇幅的应用总结及其带来的收益(包括非金融的收益)。

3.7-2 从本章末参考文献的下端部分,找出这些线性规划成功应用中的 3 篇。对每一篇文章,阅读然后写一页纸篇幅的应用总结及其带来的收益(包括非金融的收益)。

案　　例

案例 3.1 汽车装配

汽车联盟公司是一家大型汽车制造公司。制造的汽车分 3 个车系:卡车系、小汽车系、中型豪华车系。一个工厂位于底特律郊外,组装中型豪华车系的两个车型。第一个车型——Family Thrillseeker,是四门的私家轿车,配有乙烯基座椅、塑料内饰、标准配置、低油耗。它的市场定位为预算紧张的中产阶级家庭的精明采购,每销售一辆 Family Thrillseeker 可为公司产生 3600 美元的利润。第二个车型,Classy Cruiser 是两门的豪华私家轿车,有皮革座椅、木质内饰、定制配置和巡航能力。它的市场定位为有影响的富裕中上层家庭。每销售一辆 Classy Cruiser 可为公司产生 5400 美元的合理利润。

Rachel Rosencrantz 是装配厂的管理者,正在考虑下个月的生产计划。具体地说,她必须决定安排组装多少 Family Thrillseeker 和 Classy Cruiser,以使公司的利润最大化。她知道工厂该月有 48000 工时的能力,也知道组装一辆 Family Thrillseeker 需要 6 个工时,组装一辆 Classy Cruiser 需要 10.5 个工时。

因为工厂仅仅是一个组装厂,组装两个车型必需的部分部件不在工厂生产,而需要从密歇根附近区域的其他工厂运输,如轮胎、方向盘、窗户、座位和门都来自不同的供应工厂。对于下个月,Rachel 知道她将从车门供应者那里仅能获得 20000 个车门(10000 个左边的门,10000 个右边的门)。最近的一次罢工迫使某个供应商工厂关闭了几天,该工厂下个月将不能满足其生产计划。Family Thrillseeker 和 Classy Cruiser 均使用同样的车门。

此外,近期公司预测了对不同车型的月度需求,表明 Classy Cruiser 的需求限于 3500 辆。Family Thrillseeker 在组装工厂的生产能力内的需求没有限制。

(a) 建立并求解线性规划模型,确定应该组装 Family Thrillseeker 和 Classy Cruiser 的数量。
在她做出最终的生产决定之前,Rachel 计划独立研究下列问题,除非另有说明。

(b) 市场部得知其能够开展一个目标为 500000 美元的广告投入,将使下个月 Classy Cruiser 的需求增加 20%。这个投入应该执行吗?

(c) Rachel 得知通过使用超时劳动能使下个月工厂的生产能力增加 25%的工时。利用这个新的组装能力,能组装多少辆 Family Thrillseeker 和 Classy Cruiser?

(d) Rachel 得知获得超时劳动需要付出额外的成本。她愿意付出的比常规时间的劳动成本之外最大的超时劳动成本是多少?给出需要一次性付出总额的答案。

(e) Rachel 研究了使用有目标的广告投放和超时劳动两者的选择。广告投放带来 Classy Cruiser 20%的需求增长,超时劳动带来工厂生产能力 25%的提高。如果每台 Classy Cruiser 的销售利润比每台 Family Thrillseeker 的多 50%,使用广告投放和超时劳动,应该组装 Family Thrillseeker 和 Classy Cruiser 多少辆?

(f) 已知广告投放的成本是 500000 美元,在常规时段外,最大的超时劳动使用成本是

1600000 美元,那么,(e)中得到的解比(a)中得到的解更明智吗？

(g) 汽车联盟公司已经确认,代销商使产品 Farnily Thrillseeker 的价格打折扣并降低很多,由于和经销者利润共享,公司因此从 Family Thrillseeker 获得的利润不是 3600 美元,而是 2800 美元。在这个新的折扣价格下,确定 Family Thrillseeker 和 Classy Cruiser 的组装数量。

(h) 公司通过在组装线末端的随机检测中发现了 Family Thrillseeker 的质量问题。监督者发现超过 60%的情形,4 个门中的两个封闭不完好。由于随机测试发现有缺陷的 Family Thrillseeker 的百分比太高了,主管人员决定在生产线的末端对每一辆 Family Thrillseeker 执行质量控制检测。由于增加了检测,组装一台 Family Thrillseeker 的时间已经从 6h 增加到 7.5h。确定在 Family Thrillseeker 新的组装时间下,每一种车型的单位组装数量。

(i) 汽车联盟公司的董事会希望得到豪华私家轿车市场更大的份额,并想满足对 Classy Cruiser 的全部需求。他们要求 Rachel 确定她的组装计划产生的利润与(a)中得出的利润相比将减少多少利润。如果减少的利润不超过 2000000 美元,他们将要求 Rachel 满足 Classy Cruiser 的全部需求。

(j) Rachel 现在将通过结合所有在(f)、(g)、(h)中描述的新的想法定下最终决心。她最终决定是否进行广告投放、是否使用超时劳动,以及需要组装 Family Thrillseeker 的数目、需要组装 Classy Cruiser 的数目。

预告我们网站上增加的案例(www.mhhe.com/hillier)

案例 3.2　食堂削减成本

本案例专注于一个让许多学生心里感到亲切的主题。大学食堂的管理者如何选择砂锅炖荤素什锦的成分使学生觉得其足够美味并能使成本最小？在本案例中,只有两个决策变量的线性规划模型,能用于处理管理者要面对的 7 个具体问题。

案例 3.3　呼叫中心人员配备

加利福尼亚儿童医院当前对病人采用一套混乱的、分散的预约和注册流程。因此,其决定通过建立一个专门进行预约和注册的呼叫中心集中处理。医院的管理者现在需要制定一个计划,对每个可能的工作变化确定每类人员需要雇佣多少人。需要用线性规划制定一个计划,使呼叫中心每个工作时提供 14h 的服务到达满意水平的成本最小。这个模型需要 2 个以上决策变量,因此将需要像 3.5 节或 3.6 节中描述的软件包求解模型的两个版本。

案例 3.4　推广早餐麦片粥

超晶公司的市场营销副总裁需要制定一个公司新早餐麦片粥的推广活动。三家广告媒体被选中进行推广,但需要现在要确定每家媒体需要使用多少。约束条件包括有限的广告预算、有限的规划预算、有限的可用电视广告商业时段以及需要有效地告知两个特殊的目标受众(幼儿和幼儿家长)并充分利用好折让优惠方案。相应的线性规划模型需要 2 个以上决策变量,因此将需要像 3.5 节或 3.6 节中描述的软件包求解该模型。这个案例也需要分析线性规划的 4 个假设在这个问题中是如何满足的。线性规划实际上是否为这种情况下的管理决策提供了一个合理的根据？(案例 13.3 将继续分析该案例。)

第4章 求解线性规划问题:单纯形法

现在,我们开始准备学习单纯形法,这是求解线性规划问题的通用方法。该方法是伟大的乔治·丹茨格(George Dantzig)[1]在1947年创造的,它已被证明是一种非常有效的方法,现今常被用于在计算机上解决巨大问题。除了用于解决微小的问题,该方法总是在计算机上执行,相关软件包也得到广泛使用。单纯形法的扩展算法和变种算法也用于对模型进行优化后分析(包括灵敏度分析)。

本章介绍和说明单纯形法的主要特点。4.1节介绍了其一般性质,包括几何解释。后续3个部分介绍了求解标准型线性规划模型(目标求最大值,所有函数为"≤"形式,所有变量取值为非负)的过程,只有约束函数右侧的 b_i 项受到非负限制。4.5节给出了求解细节。4.6节描述了如何使单纯形法适应其他模型形式。接下来我们讨论优化后分析(见4.7节),并描述了单纯形法的计算机实现(见4.8节)。4.9节介绍了一种替代单纯形法解决巨大的线性规划问题的方法(内点法)。

4.1 单纯形法的本质

单纯形法是一个代数过程。然而,它的本质概念却是几何的。理解这些几何概念,为我们了解单纯形法是如何工作的、是什么使它如此有效等问题提供了一种强烈的直观感受。因此,在钻研其代数细节之前,本节从几何角度专注于研究图形。

为了说明一般的几何原理,我们将以3.1节中提出的Wyndor Glass公司为例子进行说明(4.2节和4.3节用单纯形法的代数算法求解同一问题)。5.1节将进一步精心说明大型问题的几何原理。

为了加深印象,在图4.1中又重复了例子的模型和图像。图形中,5个约束边界及其交点被加黑标出,因为它们是分析问题的关键。其中,每个约束边界(Constraint Boundary)是由相应约束条件所生成的一条边界线。边界线的交点是问题的角点解(Corner-point Solutions)。可行域的5个角——(0,0), (0,6), (2,6), (4,3)和(4,0)——是角点可行解(CPF Solutions)(其他3个点——(0,9), (4,6)和(6,

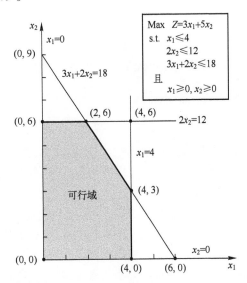

图4.1 Wyndor Glass公司问题的约束边界和角点解

---

[1] 被誉为运筹学重要先驱的乔治·丹茨格广受尊敬,由于单纯形法的发展及其一系列的关键贡献,乔治·丹茨格通常被称作线性规划之父。作者有幸与他在斯坦福大学的运筹学系同事近30年。丹茨格博士始终投身运筹学的活动,直到他在2005年90岁时去世。

0)——称为角点非可行解)。

本例中,每个角点解位于两个约束边界的交点上(对于 n 个决策变量的线性规划问题,每个角点解位于 n 个约束边界的交点上①)。图4.1中,某对CPF解共享一个约束边界,而其他对并不是。用以下定义对这些情况进行区分是非常重要的。

对于 n 个决策变量的任意线性规划问题,位于 $n-1$ 条约束边界上的两个CPF解是相邻的。两个相邻CPF解相连构成一条线段,并位于同一约束边界线上。这样的线段称为可行域的边。

本例中,由于 $n=2$,所以在同一约束边界上的两个CPF解是相邻的。例如,(0,0)和(0,6)是相邻的因为它们都在约束边界 $x_1=0$ 上。图4.1的可行域有5条边,来自于形成这个可行域的5条线段。这里要引起注意的是,两条边界线相交形成一个CPF解。因此,每一个CPF都有两个与之相邻的 CPF 解(每一个都在两条边其中一条的另一端),如表4.1所列(在该表的每一行,第一列的 CPF 解与第二列里的两个 CPF 解都相邻,但第二列里的两个 CPF 解却互不相邻)。

表4.1 Wyndor Glass 公司问题每个 CPF 解的相邻 CPF 解

CPF 解	相邻 CPF 解
(0,0)	(0,6)和(4,0)
(0,6)	(2,6)和(0,0)
(2,6)	(4,3)和(0,6)
(4,3)	(4,0)和(2,6)
(4,0)	(0,0)和(4,3)

我们之所以对相邻的 CPF 解感兴趣,是因为接下来介绍的这些解的通用性质能为我们提供有效的方法来判断某个 CPF 解是否是最优解。

最优性检验:考虑任意至少拥有一个最优解的线性规划问题,如果一个 CPF 解没有比它更好(用 Z 的值来衡量)的相邻 CPF 解,那么,它就是最优解。

例如,(2,6)显然最优,因为其对应的 $Z=36$,大于 (0,6) 对应的 $Z=30$ 和(4,3)对应的 $Z=27$(我们将会在5.1节中深入讨论这个性质为什么成立)。最优性检验被单纯形法用来判断是否得到最优解。

下面就开始用单纯形法求解该示例。

4.1.1 示例求解

下面给出用单纯形法求解 Wyndor Glass 公司问题时的计算(从几何视角)要点。在每一步,先给出结论,然后在括号中给出原因(参见图4.1的可视化结果)。

初始化:选择 (0,0) 作为初始 CPF 解来检测(这是一个方便的选择,因为确定这个初始 CPF 解不需要计算)。

最优性检验:得到 (0, 0) 不是最优解(相邻的 CPF 解优于它)。

迭代 1:通过执行以下3个步骤,转到更优的相邻 CPF 解 (0,6)。

(1) 考虑从(0,0)发出的两条可行域边界线,选择沿着指向 x_2 轴的边界线移动(由目标函数 $Z=3x_1+5x_2$ 可知,沿着 x_2 轴移动比沿着 x_1 轴移动 Z 值的增加速度快)。

(2) 在移动到第一个新约束边界线 $2x_2=12$ 处停下(按照步骤(1)中确定的方向移动得越远,将会离开可行域。例如,当移至该方向第二个新的约束边界点(0,9)时,这个点是非可行解

---

① 虽然角点解定义为 n 个约束边界的交点,但也有可能存在一个或多个其他的约束边界通过一个相同的点。

的角点)。

(3) 求解新约束边界线集合的交点(0,6)(这些约束边界的方程是 $x_1=0,2x_2=12$,求解即能得到这个解)。

最优性检验:结论是 (0,6) 不是最优解(因为有一个相邻的 CPF 解更优)。

迭代 2:通过以下 3 个步骤,转到更优的相邻 CPF 解 (2,6)。

(1) 考虑从 (0,6) 发出的两条可行域边界线,选择沿着指向右侧的边界线移动(沿着该方向的边界线移动时 Z 值增加,而沿着 x_2 反向移动时 Z 值减小)。

(2) 在移到第一个新约束边界线 $3x_1+2x_2=18$ 处停止(按照步骤(1)确定的方向移动得再远,将会离开可行域)。

(3) 求解新约束边界线集合的交点(2,6)(这些约束边界的方程是 $3x_1+2x_2=18$ 和 $2x_2=12$,求解即能得到这个解)。

最优性检验:结论是(2,6)为最优解,结束(没有相邻的 CPF 解更优)。

CPF 解检验的顺序如图 4.2 所示。在图中,每个带圈的数字代表了在第几次迭时代得到了这个解(在本书的网站上阅读求解例题部分,可以找到其他例题来演示单纯形法在搜寻一系列的 CPF 解之后得到最优解)。

现在,让我们来看看单纯形法 6 个关键的求解原理,它们反映了上述步骤背后的基本原理(记住,这些原理对拥有两个以上决策变量的问题也适用,而这类问题不能通过构建如图 4.2 图形那样的方式快速地找到最优解)。

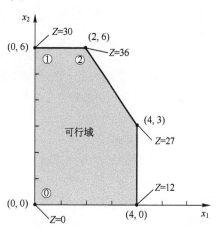

图 4.2 该图给出了 Wyndor Glass 单纯形法检查的系列 CPF 解(⓪,①,②),最优解 (2,6)在检查了 3 个解之后被找到

4.1.2 关键求解原理

第一个求解原理是基于 3.2 节最后给出的最优解和 CPF 解之间的关系上建立的。

求解原理 1:单纯形法只专注于 CPF 解。对于至少有一个最优解的任意问题,找到最优解仅需找到最好的 CPF 解[①]。

由于可行解的数量通常是无限的,将需要检验的解的数量减少至很小的有限数量(图 4.2 中的 3 个)是一个巨大的简化。

接下来的求解原理决定了单纯形法的流程。

求解原理 2:单纯形法是一个迭代算法(一个系统化的求解过程,通过保持重复固定的一系列步骤——迭代,直到获得期望的结果),具有如下结构。

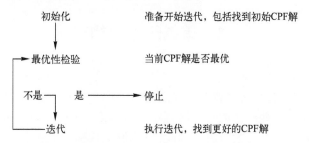

---

① 仅有限制条件就是问题必须存在 CPF 解,如可行域有界就会确保这一点。

当例题解决时,注意该流程图怎样被执行,通过两次迭代直到找到最优解。接下来关注如何开始求解。

求解原理 3:只要有可能,单纯形法的初始解选择原点(所有决策变量等于 0)作为初始 CPF 解。当有太多的决策变量以至于不能利用图形找到初始 CPF 解时,这一选择意味着需要用代数方法来寻找初始 CPF 解。

当所有的决策变量有非负约束时,通常选择原点作为初始解是可能的,因为这些约束边界线相交造成了原点就是一个角点解。这个解就是 CPF 解,除非它由于不符合一个或者更多约束函数而不可行。如果它不可行,就需要特殊的处理过程来找到初始 CPF 解,我们将在 4.6 节中讨论。

下一个求解原理关系到在每次迭代中更优解的选择。

求解原理 4:给定一个 CPF 解,收集其相邻 CPF 解的信息比收集其他 CPF 解的信息在计算上要快很多。因此,每次单纯形法执行一次迭代从当前 CPF 解转到更优的 CPF 解时,总是选择与当前 CPF 解相邻的 CPF 解,并不考虑其他 CPF 解。最后,到达最优解的整个求解路径是沿着可行域的边界进行的。

接下来关注的是在每次迭代中选择哪个相邻 CPF 解。

求解原理 5:在当前 CPF 解确定之后,单纯形法检查可行域中从该 CPF 解出发的每一条边,这些边中的每一条都指向另一端的一个相邻 CPF 解,但单纯形法并不着急花费时间来求解相邻 CPF 解,而是确定当沿着该边移动时 Z 的增长率。在具有正增长率的边界线中,单纯形法选择沿着增长率最大的边线移动。当求解出该边线另一端的相邻 CPF 解时,一次迭代已经完成。然后,将得到的这个相邻 CPF 解作为当前 CPF 解进行最优性检验(如果需要)并转入下次迭代。

例题中,第一次迭代时,从 $(0,0)$ 沿着 x_1 轴边线移动时,Z 的增长率为 3(x_1 每增加一个单位,Z 增加 3 个单位),而沿着 x_2 轴移动时,Z 的增长率为 5(x_2 每增加一个单位,Z 增加 5 个单位),因此决定选择沿着后者进行移动。第二次迭代时,从 $(0,6)$ 出发只有一条正增长率的边指向 $(2,6)$,因此决定沿着此边移动。

最后的求解原理说明最优性检验如何有效运行。

求解原理 6:求解原理 5 描述了单纯形法如何检查可行域中从当前 CPF 解出发的每条边,这样的检查会快速确定沿着边线向相邻 CPF 解移动时得到的 Z 的增长率,Z 的正增长率意味着相邻 CPF 解优于当前 CPF 解,而 Z 的负增长率意味着相邻 CPF 解更劣。因此,最优性检验就是检查是否有能够使 Z 产生正增长率的边界线。如果没有这样的边存在,那么,当前 CPF 解就是最优解。

例题中,沿着从 $(2,6)$ 出发的任何一条边移动将会使 Z 的值减少。由于我们想得到 Z 的最大值,这一事实使我们迅速地得出 $(2,6)$ 就是最优解的结论。

4.2 单纯形法的构建

4.1 节强调了单纯形法基于的几何原理。尽管如此,这一算法通常在计算机上执行,而计算机只能执行代数指令。因此,有必要将刚才描述的原理性几何求解步骤翻译为可执行的代数求解步骤。本节我们将介绍单纯形法的代数语言并将其与 4.1 节的原理相关联。

代数求解步骤是基于方程组的求解。因此,单纯形法构建的第一步就是将约束条件不等式转化为等价的约束等式(非负约束作为不等式保留是因为它们将会被单独处理)。这个变换主要通过引入松弛变量来实现。为了举例说明,考虑 3.1 节中 Wyndor Glass 公司问题示例的第一个约束函数：$x_1 \leq 4$。

这一约束的松弛变量定义为 $x_3=4-x_1$，其就是不等式左边的松弛量，得到 $x_1+x_3=4$。给出的这个等式中，当或者仅当 $4-x_1=x_3 \geq 0$ 时，$x_1 \leq 4$ 成立。因此，原始约束 $x_1 \leq 4$ 整个等价于 $x_1+x_3=4$ 和 $x_3 \geq 0$ 组成的约束对。

对其他约束函数引入松弛变量后，例题原始的线性规划模型（下面左侧所示）被替换为等价模型（称为模型的扩展形式），如下面右侧所示。

模型的原始形式

$$\begin{array}{ll} \text{Max} & Z = 3x_1 + 5x_2 \\ \text{s.t.} & x_1 \leq 4 \\ & 2x_2 \leq 12 \\ & 3x_1 + 2x_2 \leq 18 \end{array}$$

且

$$x_1 \geq 0, x_2 \geq 0$$

模型的扩展形式①

$$\begin{array}{ll} \text{Max} & Z = 3x_1 + 5x_2 \\ \text{s.t.} & (1)\ x_1 + x_3 = 4 \\ & (2)\ 2x_2 + x_4 = 12 \\ & (3)\ 3x_1 + 2x_2 + x_5 = 18 \end{array}$$

且

$$x_j \geq 0,\quad j=1,2,3,4,5$$

尽管模型的两种形式都精确地表达了同一问题，但新形式更便于进行代数运算和确定 CPF 解。我们称这种形式为问题的扩展形式，是因为原始形式通过引入单纯形法所需的附加变量后被扩展了。

如果当前解的松弛变量等于 0，那该解位于对应约束函数的约束边界上。如果松弛变量的值大于 0，意味着解位于约束边界线的可行一侧，而松弛变量的值小于 0 时，意味着解位于约束边界线的不可行一侧。这些性质在运筹学指导书的"理解松弛变量"部分给出了例题证明。

4.1 节部分的术语（角点解等）适用于问题的原始形式。现在介绍扩展形式相对应的术语。

扩展解是原始变量（决策变量）的解扩展上相应松弛变量值后得到的解。

例如，将例题中的解 $(3,2)$ 扩展后得到的扩展解为 $(3,2,1,8,5)$，因为相应松弛变量的值是 $x_3=1, x_4=8, x_5=5$。

基解是角点解的扩展解。

举例说明，如图 4.1 中的角点非可行解 $(4,6)$，带入松弛变量的值 $x_3=0, x_4=0, x_5=-6$ 扩展后，得到相应的基解 $(4,6,0,0,-6)$。

实际上，角点解（及基解）可以可行也可以非可行，有以下定义。

基可行解（BF 解）是 CPF 解的扩展解。

因此，例题的 CPF 解 $(0,6)$ 等价于扩展形式的 BF 解 $(0,6,4,0,6)$。

基解和角点解之间（或者 BF 解和 CPF 解之间）的唯一区别在于是否包含松弛变量的值。

对任意基解，获得相应的角点解仅需删去松弛变量即可。因此，这两类解之间的几何和代数关系非常密切，我们将在 5.1 节中描述。

由于基解、基可行解等术语是线性规划标准词汇表中非常重要的，我们现在需要弄清它们的代数性质。对于例题中的扩展形式，注意约束条件函数中有 5 个变量和 3 个等式，因此，有

变量的个数 − 方程的个数 = 5 − 3 = 2

这一事实给出了解决问题的 2 个自由度，因为可以选择任意 2 个变量设置任意数值来求解

---

① 松弛变量并未在目标函数中出现，因其系数为 0。

3个方程中的剩余3个变量。① 单纯形法用0作为这一任意值。因此,2个变量(称为非基变量)被置为0,同时,关于其他3个变量(称为基变量)的3个方程的解称为基解。这些性质一般定义如下。

基解具有如下性质。

(1) 每个变量可指派为非基变量或者基变量。

(2) 基变量的个数等于约束条件(现在是方程)的个数。因此,非基变量的个数等于变量的总数减去约束条件的个数。

(3) 非基变量的值设为0。

(4) 求解出方程组(扩展形的约束条件)的同时,也获得了基变量的值(基变量的集合通常称为基)。

(5) 如果基变量满足非负约束,那基解就是BF解。

为了说明这些定义,再来看一下例题的BF解(0,6,4,0,6)。这个解之前是通过扩展CPF解(0,6)获得的。尽管如此,得到相同解的另一种方法是选择 x_1 和 x_4 作为2个非基变量,并令这2个变量值为0。这3个方程就产生了,分别求解得到 $x_3=4, x_2=6, x_5=6$ 作为3个基变量的解,如下所示(基变量加粗)。

令 $x_1=0$, $x_4=0$, 得

(1) $x_1\quad +\boldsymbol{x_3}\quad\quad\quad\quad =4\quad \boldsymbol{x_3}=4$

(2) $\quad\quad 2\boldsymbol{x_2}\quad +x_4\quad\quad =12\quad \boldsymbol{x_2}=6$

(3) $3x_1+2\boldsymbol{x_2}\quad\quad\quad +\boldsymbol{x_5}=18\quad \boldsymbol{x_5}=6$

因为所有3个基变量是非负的,基解(0,6,4,0,6)实际上是一个BF解。本书网站上解题示例部分包括了关于CPF解和BF解的另一个解题示例。

就像某2个CPF解是相邻的那样,其对应的2个BF解也是相邻的。这里给出判断2个BF解是相邻的简单方法。

对于2个BF解,如果所有非基变量中只有一个不同,则它们是相邻的。这意味着它们的基变量中也只有一个不同,虽然可能数值不同。

所以,从当前BF解向相邻BF解移动,意味着将一个变量从非基变量变为基变量,对另一个变量则采取相反的变换(然后,调整基变量的值来继续满足方程)。

为了说明相邻BF解,考虑图4.1中的2个相邻CPF解(0,0)和(0,6)。它们的扩展解(0,0,4,12,18)和(0,6,4,0,6),自动就是相邻BF解。尽管如此,不需要看图4.1就能得到这个结论。另一个标志就是非基变量,(x_1,x_2) 和 (x_1,x_4) 除了 x_2 被 x_4 代替外也相同。因此,从(0,0,4,12,18)转到(0,6,4,0,6)包括了将 x_2 从非基变量变换为基变量,而 x_4 采取了相反变换。

当采用扩展形式处理问题时,同时将目标函数方程作为新的约束条件方程进行考虑和处理是非常方便的。因此,在我们开始单纯形法之前,需要把问题等价地改写为

Max Z

s.t. (0) $Z-3x_1-5x_2\quad\quad\quad\quad\quad\quad =0$

(1) $\quad\quad x_1\quad\quad +x_3\quad\quad\quad\quad =4$

(2) $\quad\quad\quad\quad 2x_2\quad\quad +x_4\quad\quad =12$

(3) $\quad\quad 3x_1+2x_2\quad\quad\quad\quad +x_5=18$

---

① 这种判断方程组自由度数的方法是可行的,只要方程组不包括任何冗余方程。对于从线性规划模型扩展形式构成的方程组,同样有效。

且

$$x_j \geq 0, \quad j=1,2,\cdots,5$$

方程(0)就像一个原始的约束条件,因其已经是等式形式,不需要引入松弛变量。在增加一个方程的同时,我们也在方程组中增加了一个未知数(Z)。因此,当按照上文所述用方程(1)~方程(3)获得基解时,我们同时利用方程(0)求解 Z。

幸运的是,Wyndor Glass 公司的问题符合我们的标准形式,所有的约束函数都有非负的右端项 b_i。如果不是这种情况,在运用单纯形法之前将需要做一些额外的调整。这些细节将在 4.6 节中描述,我们当前关注的是单纯形法本身。

4.3 单纯形法的代数运算

继续以 3.1 节给出的例子为蓝本,如 4.2 节结尾所改写的那样,为作说明之用。为开启将单纯形法的几何原理和代数原理相联系的工作,在表 4.2 中从代数和几何两个视角,并行地列出单纯形法是如何求解该例的。几何视角(4.1 节中首次描述)是建立在模型的原始形式(没有松弛变量)上的,所以当检查表的第二列时,再看图 4.1 可以取得更直观的效果。当检查表的第三列时,可参照 4.2 节结尾给出的模型扩展形式。

下面补充表 4.2 第三列中每一步的具体细节。

表 4.2 单纯形法求解 Wyndor Glass 公司问题的几何和代数解释

方法步骤	几何解释	代数解释
初始	选择(0,0)作为初始 CPF 解	选择 x_1 和 x_2 作为非基变量(=0)作为初始 BF 解:(0,0,4,12,18)
最优性检测	不是最优,因为沿着从(0,0)出发的任何一条边移动会使 Z 值增加	不是最优,因为增加任一非基变量(x_1 或 x_2)的值会使 Z 值增加
迭代 1 第 1 步	沿着 x_2 轴的边向上移动	增加 x_2 的值并调整其他变量的值来满足方程组
第 2 步	当到达第一个新的约束边界($2x_2=12$)时停止移动	当第一个基变量(x_3,x_4 或 x_5)下降到 0 时(x_4)停止
第 3 步	找到 2 个新约束边界线的交点:(0,6)就是新的 CPF 解	x_2 现在作为新的基变量,x_4 现在成为非基变量,解方程组得:(0,6,4,0,6)是新的 BF 解
最优性检验	不是最优,因为沿着从(0,6)出发的边向右移动会使 Z 值增加	不是最优,因为增加一个非基变量(x_1)的值会使 Z 值增加
迭代 2 第 1 步	沿着这条边向右移动	增加 x_1 的值并调整其他变量的值来满足方程组
第 2 步	当到达第一个新的约束边界($3x_1+2x_2=18$)时停止移动	当第一个基变量(x_2,x_3 或 x_5)下降到 0 时(x_5)停止
第 3 步	找到 2 个新约束边界线的交点:(2,6)就是新的 CPF 解	x_1 现在作为新的基变量,x_5 现在成为非基变量,解方程组得:(2,6,2,0,0)是新的 BF 解
最优性检验	(2,6)是最优解,因为沿着从(2,6)出发的任何边移动会使 Z 值减少	(2,6,2,0,0)是最优解,因为增加任何一个非基变量(x_4 或 x_5)的值会使 Z 值减少

4.3.1 初始化

选择 x_1 和 x_2 为非基变量(令变量为 0)作为初始 BF 解,是基于 4.1 介绍的求解原理 3 得到的。这一选择减少了从以下方程组(基变量加粗)求解基变量(x_3, x_4, x_5)的工作量。

令 $x_1 = 0$, $x_2 = 0$, 得

(1) $x_1 \quad\quad +x_3 \quad\quad\quad\quad = 4 \quad\quad x_3 = 4$

(2) $\quad\quad 2x_2 \quad +x_4 \quad\quad = 12 \quad\quad x_4 = 12$

(3) $3x_1 + 2x_2 \quad\quad\quad +x_5 = 18 \quad\quad x_5 = 18$

因此,初始 BF 解是 $(0, 0, 4, 12, 18)$。

注意:这个解能够立即得出是因为每个方程只有一个基变量,系数为 1,且不在其他方程中出现。你很快将发现基变量集合改变时,单纯形法也能用一种代数方法(高斯消元法)将方程转化为同样方便的形式立即得出 BF 解。这一形式称为高斯消元法的常态形式。

应用案例

三星电子有限公司是动态和静态随机存储设备及其他数字集成电路经销商中的佼佼者,它已成为 2009 年以来世界最大(年均收入超过 1000 亿美元)的信息技术公司,雇员超过 20 万,分布在 60 多个国家。公司坐落于韩国的 Kiheung 地区(可能是世界上最大的半导体制造地),每月制造超过 30 万个硅晶片。

循环周期是一个工业术语,表示从一批空白硅晶片进入制造过程直到晶片上的所有配件均装配完成所花费的时间。缩短循环周期是公司一直努力的目标,因其不但可以降低成本,还可以向潜在顾客提供更短的交货时间。这是一个非常关键的方法,使其在竞争激烈的产业中保持或增加市场份额。

为了缩短循环周期需要应对 3 个挑战。第一,仍然是产品结构挑战。第二,公司经常需要对目标周期时间内的晶原生产表进行根本性改变以适应客户需求预测的变化。第三,通用型的机器设备并不同质,只有少量机器能够按照设计步骤逐个装配。

运筹小组建立了一个具有成千上万变量和约束条件的巨大线性规划模型应对这些挑战。目标函数包括最小化未交货订单和成品库存。尽管这个模型规模很大,通过运行高度复杂的单纯形法(及相关技术),在需要时数分钟内就能解出。

该模型的不断运行,使公司制造动态随机存储设备的生产循环周期由原来的 80 天以上缩短到 30 天以内,巨大的改进和因其产生的制造成本的减少及售价降低使三星公司年均销售收入增加了 2 亿美元。

资料来源:R. C. Leachman, J. Kang, and Y. Lin: "SLIM: Short Cycle Time and Low Inventory in Manufacturing at Samsung Electronics," *Interfaces*, **32**(1): 61-77, Jan. -Feb. 2002. 我们网站上提供了文章链接:www.mhhe.com/hillier。

4.3.2 最优性检验

目标函数为 $Z = 3x_1 + 5x_2$,因此对于初始 BF 解,$Z = 0$。因为在目标函数中,没有一个基变量 (x_3, x_4, x_5) 有非零系数,所以如果变量从 0 开始增长,那每个非基变量 (x_1, x_2) 的系数给出了 Z 的增长率(基变量的值会被调整以继续满足方程组)①。这些增长率 $(3 \sim 5)$ 是正的,因此,基于 4.1 节中的求解原理 6,我们得出结论,$(0, 0, 4, 12, 18)$ 不是最优解。

对之后迭代产生的每个 BF 解,至少有一个基变量在目标函数中系数非 0。因此,最优性检验将把新方程(0)改写成只有非基变量的目标函数,稍后将会看到。

4.3.3 确定移动方向(迭代步骤 1)

从 0 开始增加一个非基变量(同时调整基变量的值以满足方程组),相当于沿着从当前 CPF 解发出的边界线移动。基于 4.1 节的求解原理 4 和求解原理 5,增加哪一个非基变量,要按如下选择:

$$Z = 3x_1 + 5x_2$$

---

① 注意:变量 x_j 的系数解释是基于这些变量位于等式右侧的情况,$Z = 3x_1 + 5x_2$。当这些变量被移到方程(0)的左端时,$Z - 3x_1 - 5x_2 = 0$,非零系数变号。

增加 x_1? Z 的增长率是 3。
增加 x_2? Z 的增长率是 5。
5>3,所以选择 x_2 来增加。
如下所述,我们称 x_2 为迭代 1 的进基变量。

在单纯形法的每一次迭代中,步骤 1 的目的是选择一个非基变量从 0 开始增加(同时调整基变量的值以满足方程约束)。从 0 增加这个非基变量的值将其转变为下一个 BF 解中的基变量。因此,这个变量称为当前迭代的进基变量(因为它进入了基中)。

4.3.4 确定停止处(迭代步骤 2)

步骤 2 处理的是在进基变量 x_2 停止移动前能增加多少的问题。Z 随着 x_2 的增加而增加,所以想在可行域的范围内尽可能地增加其值。满足扩展形式的约束条件(如下所示)的要求意味着增加 x_2(同时保持非基变量 $x_1=0$)改变了如下右侧式子中一些基变量的值。

令 $x_1=0$,得

(1) $x_1 + x_3 \qquad\qquad = 4 \qquad x_3 = 4$
(2) $\qquad 2x_2 + x_4 \qquad = 12 \qquad x_4 = 12-2x_2$
(3) $3x_1 + 2x_2 \qquad\quad + x_5 = 18 \qquad x_5 = 18-2x_2$

另一个可行性要求是所有的变量必须非负。非基变量(包括进基变量)是非负的,但是我们需要检查在基变量不破坏非负约束的情况下 x_2 能增加多少。

$x_3 = 4 \geq 0 \quad \Rightarrow x_2$ 无上界

$x_4 = 12-2x_2 \quad \Rightarrow x_2 \leq \dfrac{12}{2} = 6 \leftarrow$ 最小值

$x_5 = 18-2x_2 \quad \Rightarrow x_2 \leq \dfrac{18}{2} = 9$

因此,x_2 只能增加到 6,此时,x_4 减少为 0。若 x_2 的值增加超过 6,将会使 x_4 为负,违反了可行性。

这些计算称为最小比检测。这个检测的目的是在进基变量增加时确定哪个基变量最先减至 0。在进基变量系数为 0 或者为负值时,可以立即划去任何方程中的基变量,因为在进基变量增加时这个基变量不会减少(正如例题中方程(1)中的 x_3 那样)。尽管如此,对进基变量的系数严格为正(>0)的方程来说,这个检测计算的是右端项与进基变量系数的比值。方程中拥有最小比值的基变量会随着进基变量值的增加首先减小到 0。

在任何单纯形法的迭代过程中,步骤 2 通过最小比检测决定随着进基变量的增加哪个基变量会首先减少到 0。这个基变量减至 0 使其在下一个 BF 解中它变成了非基变量。因此,这个变量在当前迭代中称为出基变量(因为它离开了基)。

因此,例题迭代 1 中 x_4 是出基变量。

4.3.5 求新的 BF 解(迭代步骤 3)

把 x_2 从 0 增至 6 使左边的初始 BF 解变成了右边新的 BF 解。

	初始 BF 解	新 BF 解
非基变量:	$x_1=0, x_2=0$	$x_1=0, x_4=0$
基变量:	$x_3=4, x_4=12, x_5=18$	$x_3=?, x_2=6, x_5=?$

步骤 3 的目的是把方程组转换为一种对于最优性检验和(如果需要)新 BF 解的下次迭代更方便的形式(高斯消元的常态形)。在这个过程中,这种形式也将求出新解中 x_3 和 x_5 的值。

下面再看一下原始方程组的完整形式,其中新的基变量以粗体标示（变量 Z 在目标函数方程中作为基变量）：

$$(0) \quad Z-3x_1 \quad -5x_2 \qquad\qquad = 0$$
$$(1) \qquad\quad x_1 \qquad +x_3 \qquad\quad = 4$$
$$(2) \qquad\qquad 2\boldsymbol{x_2} \quad +x_4 \qquad = 12$$
$$(3) \qquad 3x_1+2x_2 \qquad\quad +\boldsymbol{x_5} = 18$$

在方程 (2) 中,x_2 代替 x_4 成为基变量。为了求解这个关于 Z、x_2、x_3 和 x_5 的方程组,需要进行一些初等代数运算,把当前 x_4 的系数形式(0,0,1,0) 变成 x_2 的新系数。可以用以下两类初等代数运算。

(1) 方程乘以(或除以)一个非零常数。
(2) 一个方程加上(或减去)另一个方程的倍数。

准备执行这些运算时,必须注意在上面方程组中 x_2 的系数分别为 -5、0、2 和 2,而我们想让这些系数分别变为 0、0、1 和 0。为了将方程(2)中的系数 2 变为 1,运用第一类初等代数运算,将方程 (2) 除以 2,得

$$(2) \quad \boldsymbol{x_2}+\frac{1}{2}x_4 = 6$$

为了把系数 -5 和 2 变为 0,运用第二类初等代数运算。特别地,把方程 (0) 加上新的方程 (2) 的 5 倍,方程 (3) 减去新的方程 (2) 的 2 倍,得到新的方程组为

$$(0) \quad Z-3x_1 \qquad\quad +\frac{5}{2}x_4 \qquad = 30$$
$$(1) \qquad\quad x_1 \quad +x_3 \qquad\qquad = 4$$
$$(2) \qquad\qquad\quad \boldsymbol{x_2} \quad +\frac{1}{2}x_4 \qquad = 6$$
$$(3) \qquad 3x_1 \qquad\qquad -x_4+ \quad \boldsymbol{x_5} = 6$$

因为 $x_1=0$ 和 $x_4=0$,由这个形式的方程组可立即得出新的 BF 解,即 $(x_1,x_2,x_3,x_4,x_5)=(0,6,4,0,6)$,$Z=30$。

求线性方程组联立解的计算过程称为高斯-乔丹消元法或简称高斯消元法[①]。这个方法的核心原理,就是运用初等代数运算把初始方程组变为高斯消元法的常态形,这时每个基变量只存在于一个方程中且系数为 +1,在其他方程中这个变量会被消去。

4.3.6 新 BF 解的最优性检验

当前方程 (0) 给出了以当前非基变量表示的目标函数的值:

$$Z = 30+3x_1-\frac{5}{2}x_4$$

任意一个非基变量从 0 开始增加(同时调整基变量的值以继续满足方程成立)将会导致向两个相邻 BF 解其中的一个移动。由于 x_1 有正系数,增加 x_1 会移向优于当前 BF 解的相邻 BF 解,因此当前解不是最优解。

---

① 实际上,高斯-乔丹消元法和高斯消元法有一些技术上的区别,但我们这里不再区分。

4.3.7 第二次迭代和求得最优解

由于 $Z=30+3x_1-\frac{5}{2}x_4$，Z 将随着 x_1 的增加而增加，而不是随着 x_4 的增加而增加。因此，步骤 1 选择 x_1 作为进基变量。

步骤 2 中，当前方程组关于 x_1 能增加多少（$x_4=0$）给出如下结论：

$x_3=4-x_1\geq 0 \quad \Rightarrow x_1\leq\frac{4}{1}=4$

$x_2=6\geq 0 \quad\quad \Rightarrow x_1$ 无上界

$x_5=6-3x_1 \quad \Rightarrow x_1\leq\frac{6}{3}=2 \quad \leftarrow$ 最小值

因此，最小比检测表明，x_5 是出基变量。

步骤 3 中，x_1 替换 x_5 成为基变量，我们对当前方程组进行初等代数运算，把 x_5 的当前系数 $(0,0,0,1)$ 变为 x_1 的新系数，得到如下新方程组：

(0) $Z \quad\quad\quad\quad +\frac{3}{2}x_4+x_5=36$

(1) $\quad\quad x_3+\frac{1}{3}x_4-\frac{1}{3}x_5=2$

(2) $\quad\quad x_2 \quad +\frac{1}{2}x_4 \quad\quad =6$

(3) $\quad x_1 \quad\quad -\frac{1}{3}x_4+\frac{1}{3}x_5=2$

因此，下个 BF 解是 $(x_1,x_2,x_3,x_4,x_5)=(2,6,2,0,0)$，得 $Z=36$。对这个新的 BF 解进行最优性检验，用当前方程 (0)，将 Z 表示成关于当前非基变量的函数：

$$Z=36-\frac{3}{2}x_4-x_5$$

增加 x_4 或 x_5 都会使 Z 减少，因此两个相邻 BF 解都不会像当前 BF 解一样好。因此，根据 4.1 节的求解原理 6 可知，当前 BF 解必最优。

根据问题的原始形式（无松弛变量），最优解为 $x_1=2,x_2=6$，得

$$Z=3x_1+5x_2=36$$

如果想看关于单纯形法应用的其他示例，建议你现在阅读 OR 教程中标题为"单纯形法——代数形式"的示范。这个示范同时展示了单纯形法的代数和几何动态演化。像本书其他部分（包括下一节）介绍的许多示例一样，这个计算机示例突出强调了难以用书面文字表达的概念。此外，本书网站的解题示例部分包含了应用单纯形法的另一个例子。

为了进一步帮助你高效地学习单纯形法，在运筹学课件中的 IOR Tutorial 中包含了一个标题为用单纯形法交互求解的程序。当你一步一步决策时，这个程序几乎能完成所有计算，使你能更专注于研究概念，而不是注重于大量的计算。因此，你可能在家庭作业中要用到这个程序。这个软件还会帮助你发现在第一次迭代时出现的错误。

在你学了单纯形法之后，需要简单地应用一个自动计算程序，迅速求得线性规划问题的最优解。为了便于学习，我们在 IOR Tutorial 中收录了一个称为用单纯形法自动求解的程序。这个程序仅被设计用于课本上规模的问题，包括检查用交互程序得到的解。4.8 节将介绍更强大的

软件求解线性规划,它们也将在本书网站中提供。

下一节包含对单纯形法表格形式的介绍应用起来更方便。

4.4 单纯形法的表格形式

4.3 节讲解的单纯形法的代数形式可能是理解算法潜在逻辑关系的最好方法。尽管如此,它并不是进行所需计算最方便的形式。当需要手工求解问题(或者借助运筹学课件进行交互学习时),我们向你推荐本节中描述的表格形式。①

单纯形法的表格形式只记录核心信息,即:①变量的系数;②方程式右端的常数项;③每个方程的基变量。这样省去了书写每个方程的变量符号,但更重要的是突出了算术计算中的数字,并精简了运算需记录的内容。

表 4.3 比较了 Wyndor Glass 公司问题的原始方程组的代数形式(左侧)和表格形式(右侧),右边的表格称为单纯形表,每个方程的基变量在左侧用粗体标出,在右则单纯形表的第一列给出(尽管只有 x_j 是基变量或非基变量,Z 在方程(0)中充当基变量)。基变量列中未列出的其余所有变量(x_1,x_2)自动成为非基变量。在我们令$(x_1=0,x_2=0)$之后,"右端项"列给出了基变量导出结果,因此,初始 BF 解是$(x_1,x_2,x_3,x_4,x_5)=(0,0,4,12,18)$,而 $Z=0$。

表 4.3 Wyndor Glass 公司问题的原始方程组

(a) 代数形式			(b) 表格形式							
			基变量	方程编号	\multicolumn{5}{c}{系数}	右端项
					Z	x_1	x_2	x_3	x_4	x_5	
(0) $Z-3x_1$	$-5x_2$	$=0$	Z	(0)	1	-3	-5	0	0	0	0
(1)	x_1	$+x_3$	$=4$	x_3	(1)	0	1	0	1	0	0	4
(2)	$2x_2$	$+x_4$	$=12$	x_4	(2)	0	0	2	0	1	0	12
(3) $3x_1+2x_2$		$+x_5=18$	x_5	(3)	0	3	2	0	0	1	18

单纯形法的表格形式运用单纯形表来简洁地表达产生当前 BF 解的方程组。对于这个解,在最左侧列的每个变量等于对应的最右侧列的数值(未列出的变量值为 0)。当进行最优性检验或迭代时,仅仅与 Z 列右侧的那些数值相关②。术语"行"指的是 Z 列右面的一行数字(包括右端项数字),第 i 行与方程 i 相对应。

下面总结单纯形法的表格形式,同时,简单描述它在 Wyndor Glass 公司问题中的应用。记住,这个逻辑与前一节描述的代数形式是相同的。只是对当前方程组和后续迭代的表示形式有了变化(另外,在最优性检验或迭代的步骤 1 和步骤 2 时,将不需要费力去把变量移动到方程的右侧)。

4.4.1 单纯形法总结(以迭代 1 为例)

初始化:引入松弛变量,选择决策变量作为初始非基变量(令之为 0),选择松弛变量作为初始基变量(参见 4.6 节,如果不是我们的标准形式—目标求最大值,只有"≤"的方程约束和所有

---

① 一种对计算机自动化执行更为方便的表格形式将在 5.2 节中讲述。

② 由于这个原因,允许略去方程号和 Z 列来减少单纯形表的规模。我们倾向于保留这些列,以提示单纯形表正在表达当前的方程组,以及 Z 是方程(0)的一个变量。

变量为非负——或者有 b_i 值为负的模型需要做必要的调整)。

例题中,这一选择得到了表 4.3 中(b)栏所列的初始单纯形表,因此初始 BF 解为 (0,0,4, 12,18)。

最优性检验:当且仅当第 0 行的每个系数为非负(≥0)时,当前 BF 解为最优解。如果最优,就停止计算;否则,进行迭代得到下一个 BF 解。迭代需要将一个非基变量变为基变量(步骤 1),以及相应把一个基变量变为非基变量(步骤 2),然后求出新解(步骤 3)。

例题中,像 $Z=3x_1+5x_2$ 所表示的那样,增加 x_1 或 x_2 的值,会使 Z 增加,所以当前 BF 解不是最优,同样的结论也可以从方程 $Z-3x_1-5x_2=0$ 中得出。表 4.3 中(b)栏中第 0 行列出了系数-3 和-5。

迭代:步骤 1:通过选择方程(0)中系数为负且绝对值最大(即最负系数)的变量(自然是非基变量)作为进基变量。框出这个系数下面的列,称其为枢列。

例题中,最负系数是 x_2 的系数-5(5>3),因此,x_2 将会变成基变量(表 4.4 给出了这种变化,在 x_2 列中-5 的下面用框标出)。

步骤 2:通过运用最小比检验确定出基变量。

4.4.2 最小比检验

(1) 挑出枢列中严格为正(>0)的系数。
(2) 将挑出的每一个系数去除同一行的右端项。
(3) 标出最小比值所在的行。
(4) 该行的基变量就是出基变量,在下一个单纯形表的基变量列中,由进基变量替换该变量。

框出该行,称为枢行。称同时在两个框中的数字为枢数。

例题中,最小比检验的计算在表 4.4 右侧列出。因此,第二行是枢行(表 4.5 中第一个单纯形表中该行被框出),x_4 是出基变量。在下一个单纯形表中(表 4.5 底部),第二行中 x_2 代替 x_4 成为基变量。

表 4.4 运用最小比检验确定 Wyndor Glass 公司问题的第一个出基变量

基变量	方程编号	系 数						右端项	比值
		Z	x_1	x_2	x_3	x_4	x_5		
Z	(0)	1	-3	-5	0	0	0	0	
x_3	(1)	0	1	0	1	0	0	4	
x_4	(2)	0	0	2	0	1	0	12→12/2=6←Min	
x_5	(3)	0	3	2	0	0	1	18→18/2=9	

步骤 3:用初等行变换求解新 BF 解(用非零常数去乘或除某行;将一行的倍数加到或去减另一行),通过高斯消元法,在当前单纯形表下方,建立一个新的单纯形表,然后继续回到最优性检验。特定的初等行变换实施如下。

(1) 将枢行除以枢数。在后面两步中要用到这个新枢行。
(2) 对其他在枢列中有负系数的行(包括第 0 行),将该系数的绝对值与新枢行的乘积加到该行上去。
(3) 对其他在枢列中有正系数的行,减去该系数与新枢行的乘积。

例题中,由于 x_2 代替 x_4 成为基变量,需要把第一个单纯形表 x_4 列的系数(0,0,1,0)格式应用于第二个单纯形表的 x_2 列。开始时,将枢行(第二行)除以枢数(2),得到了表 4.5 中新的第二行。接下来,将新的第二行数值乘以 5 加到第 0 行上去,然后从第三行减去新的第二行的 2 倍(或者等价地,将第三行减去老第二行)。这些计算得到了新的单纯形表如表 4.6 迭代 1 所列。因此,新的 BF 解是 $(0,6,4,0,6)$,对应 $Z=30$。接下来返回最优性检验,检查新的 BF 解是否最优。由于新的第 0 行仍然具有负系数(x_1 的系数为 -3),解并不是最优,所以至少还需迭代一次。

表 4.5 第一个枢行除以第一个枢数后 Wyndor Glass 公司问题的单纯形表

迭代	基变量	方程编号	系数						右端项
			Z	x_1	x_2	x_3	x_4	x_5	
0	Z	(0)	1	-3	-5	0	0	0	0
	x_3	(1)	0	1	0	1	0	0	4
	x_4	(2)	0	0	2	0	1	0	12
	x_5	(3)	0	3	2	0	0	1	18
1	Z	(0)	1						
	x_3	(1)	0						
	x_4	(2)	0	0	1	0	$\frac{1}{2}$	0	6
	x_5	(3)	0						

表 4.6 Wyndor Glass 公司问题的前两个单纯形表

迭代	基变量	方程编号	系数						右端项
			Z	x_1	x_2	x_3	x_4	x_5	
0	Z	(0)	1	-3	-5	0	0	0	0
	x_3	(1)	0	1	0	1	0	0	4
	x_4	(2)	0	0	2	0	1	0	12
	x_5	(3)	0	3	2	0	0	1	18
1	Z	(0)	1	-3	0	0	$\frac{5}{2}$	0	30
	x_3	(1)	0	1	0	1	0	0	4
	x_2	(2)	0	0	1	0	$\frac{1}{2}$	0	6
	x_5	(3)	0	3	0	0	-1	1	6

4.4.3 例题的第二次迭代和最优解

第二次迭代从表 4.6 的第二个单纯形表开始寻找下一个 BF 解。按照步骤 1 和步骤 2 的说明,确定 x_1 作为进基变量,x_5 是出基变量,如表 4.7 所列。

表 4.7 Wyndor Glass 公司迭代 2 中的步骤 1 和步骤 2

迭代	基变量	方程编号	系数						右端项	
			Z	x_1	x_2	x_3	x_4	x_5		
1	Z	(0)	1	-3	0	0	$\frac{5}{2}$	0	30	
	x_3	(1)	0	1	0	1	0	0	4	$4/1 = 4$
	x_2	(2)	0	0	1	0	$\frac{1}{2}$	0	6	
	x_5	(3)	0	3	0	0	-1	1	6	$6/3 = 2 \leftarrow \text{Min}$

步骤3中,先把表4.7中的枢行(第三行)除以枢数(3)。接下来,把得到的新的第三行的3倍加到第0行上,最后,从第一行减去新的第三行。

现在得到了表4.8所列的单纯形表集合。因此,新的BF解是(2,6,2,0,0),相应$Z=36$。通过最优性检验,发现这个解是最优的,因为第0行没有负的系数,所以算法结束。

表4.8 Wyndor Glass公司问题的完整单纯形表

迭代	基变量	方程编号	系数						右端项
			Z	x_1	x_2	x_3	x_4	x_5	
0	Z	(0)	1	-3	-5	0	0	0	0
	x_3	(1)	0	1	0	1	0	0	4
	x_4	(2)	0	0	2	0	1	0	12
	x_5	(3)	0	3	2	0	0	1	18
1	Z	(0)	1	-3	0	0	$\frac{5}{2}$	0	30
	x_3	(1)	0	1	0	1	0	0	4
	x_2	(2)	0	0	1	0	$\frac{1}{2}$	0	6
	x_5	(3)	0	3	0	0	-1	1	6
2	Z	(0)	1	0	0	0	$\frac{3}{2}$	1	36
	x_3	(1)	0	0	0	1	$\frac{1}{3}$	$-\frac{1}{3}$	2
	x_2	(2)	0	0	1	0	$\frac{1}{2}$	0	6
	x_1	(3)	0	1	0	0	$-\frac{1}{3}$	$\frac{1}{3}$	2

最后,Wyndor Glass公司问题的最优解(不考虑松弛变量值)为$x_1=2, x_2=6$。

现在对比一下表4.8和4.3节中的工作,验证单纯形法的这两种形式是等价的。注意:当学习了单纯形法背后的逻辑原理时,使用代数形式较好,但表格形式以更简单、更简洁的形式组织计算工作。此后,我们将通常采取表格形式。

应用单纯形法表格形式的补充示例参考OR教程中标题为"单纯形法——表格形式"的介绍。另一个例子在本书网站的解题示例部分也有介绍。

4.5 破解单纯形法的纠结

注意到,之前的两节中,如果按照单纯形法的变量选取规则,由于一些纠结或者类似情况,不能做出明确的选择时,我们从没提到过应该如何处理这些问题。下面详细讨论这些内容。

4.5.1 进基变量的纠结

每次迭代的步骤1中,都选择方程(0)中有最大绝对值负系数的非基变量作为进基变量。现在假设两个或者更多非基变量的负系数有相同最大值(绝对值),这时就出现了纠结。例如,当Wyndor Glass公司问题的目标函数变为$Z=3x_1+3x_2$时,这时,初始方程(0)变为$Z-3x_1-3x_2=0$,迭代时就会出现纠结。这个纠结该如何破解呢?

答案就是可以任选一个候选数作为进基变量。不管纠结的变量如何选择,最终都会得到最优解,没有一种简便方法能预计到哪个选择会更快地到达最优解。在这个例题中,单纯形法选择x_1作为初始进基变量到达最优解(2,6)要经过3次迭代,而如果选择x_2则只需2次迭代。

4.5.2 出基变量的纠结——退化

现在假设在迭代的步骤 2 中,纠结于 2 个或多个基变量中选哪个出基。选哪一个真的重要吗?理论上,严格来说是很重要的,因为会产生后续一系列事件。首先,当进基变量增加后,纠结的基变量会同时变为 0。因此,在新的 BF 解中,未被选为出基变量的一个或者多个变量的值也会为 0(注意:值为 0 的基变量称为退化,相应的 BF 解也称为退化解)。第二,如果这些退化的基变量中的一个,保持值为 0 直至在后续的迭代中选为出基变量,相应的进基变量也必须保持值为 0(因为其值将不会增加除非令出基变量为负),因此 Z 值必然保持不变。第三,如果 Z 保持相同值而不是在每次迭代中都有所增加,单纯形法就会陷入一个循环,周期性地重复同一系列解而不是使 Z 朝着最优解方向增加。事实上,这些例子都是人为构设的,因此它们确实会陷入这样一个周期性的循环。①

幸运的是,尽管理论上无限期循环是可能发生的,但是在实际应用中却极少听说会发生。如果发生循环,需要通过改变出基变量的选择来跳出循环。另外,也构建有一些特殊的规则②用来打破纠结、避免循环。尽管如此,这些规则在实际应用中通常会忽视,这里也不再对其进行重复。对于你们的学习目的而言,只需随意地突破这种纠结并继续计算,无需担心退化的基变量会出现什么结果。

4.5.3 没有出基变量——Z 无界

在迭代的步骤 2 中,还存在一种从未讨论过的结果,即没有变量可选为出基变量③。这时,会出现这样的结果:当进基变量无限增加却不会使当前任何一个基变量为负值。在表格形式中,这意味着枢列中的每个系数(包括第 0 行)都是负数或者为 0。

如表 4.9 所列,这种情况在图 3.6 所举的例子中出现过。该例中,没有考虑 Wyndor Glass 公司问题的末尾两个约束条件,且模型中也未包括进来。注意:图 3.6 中 x_2 是如何在不离开可行域范围却又能无限增加(导致 Z 的无限增加)的。然后,注意表 4.9 中,x_2 作为进基变量,但是枢列中唯一的系数是 0。因为最小比检验只考虑大于 0 的系数,因此无法通过比值来确定出基变量。

表 4.9 Wyndor Glass 公司问题去掉最后两个约束条件时的初始单纯形表

基变量	方程编号	系数				右端项	比值
		Z	x_1	x_2	x_3		
Z	(0)	1	-3	-5	0	0	none
x_3	(1)	0	1	0	1	4	

注:当 $x_1=0, x_2$ 增加时,$x_3 = 4-1x_1-0x_2 = 4 > 0$

像表 4.9 这类表格可解释为约束条件无法阻止目标函数 Z 的值无限增加,因此,单纯形法将会得到 Z 无界的信息并停止计算。因为线性规划没有发现一种方法创造无限利润,反映实际问

---

① 获取关于周期性循环的进一步信息,参见 J. A. J. Hall and K. I. M. McKinnon: "The Simplest Examples Where the Simplex Method Cycles and Conditions Where EXPAND Fails to Prevent Cycling," *Mathematical Programming*, Series B, 100(1): 135-150, May 2004。

② 参见 R. Bland: "New Finite Pivoting Rules for the Simplex Method," *Mathematics of Operations Research*, 2: 103-107, 1977。

③ 注意类似的情况(无进基变量)不会在迭代的步骤 1 中出现,因为如果出现,最优性检验将会报出已得到最优解,算法停止。

题的真实信息发生错误。也许是模型构建错误,要么忽略了相关约束条件,要么错误地表达了它们,也可能是发生了计算错误。

4.5.4 多个最优解

在 3.2 节中提到(在最优解的定义下方)一个问题可以有不止一个最优解。图 3.5 说明了这个事实,通过将 Wyndor Glass 公司的问题中的目标函数改为 $Z=3x_1+2x_2$,以至于在 $(2,6)$ 和 $(4,3)$ 之间线段上的每一个点都是最优的。因此,所有的最优解都是这两个最优 CPF 解的加权平均,即

$$(x_1,x_2)=w_1(2,6)+w_2(4,3)$$

其中,权数 w_1 和 w_2 满足关系

$$w_1+w_2=1$$

且

$$w_1\geq 0, w_2\geq 0$$

例如,令 $w_1=\frac{1}{3}, w_2=\frac{2}{3}$,得

$$(x_1,x_2)=\frac{1}{3}(2,6)+\frac{2}{3}(4,3)=\left(\frac{2}{3}+\frac{8}{3},\frac{6}{3}+\frac{6}{3}\right)=\left(\frac{10}{3},4\right)$$

是一个最优解。

一般地,2 个或多个解(向量)的任意加权平均,当权数非负且和为 1 时,称为这些解的凸组合。因此,本例的每个最优解都是 $(2,6)$ 和 $(4,3)$ 的凸组合。

这个例子是典型的有多个最优解的问题。

正如 3.2 节结尾指出的那样,任意有多个最优解(并且可行域有界)的线性规划问题至少有 2 个最优 CPF 解。每个最优解是这些最优 CPF 解的凸组合,因此,在扩展形式中,每个最优解都是最优 BF 解的凸组合。

(习题 4.5-5 和习题 4.5-6 会引导你洞察这一结论背后的原因。)

单纯形法在找到一最优 BF 解时自动停止。尽管如此,线性规划问题的这么多应用里,一些不确定的因素并未包含在模型中,而这些因素可能用来在这些最优解中做出有意义的选择。在这种情况下,也应该找出其他的最优解。如上所述,这就需要找出其他所有 BF 解,每一个最优解就是最优 BF 解的凸组合。

在单纯形法得到一个最优 BF 解之后,可以检测一下是否还有其他最优 BF 解。如果有,可按照以下方法找出它们。

当一个问题有多于一个最优 BF 解时,在最终单纯形表的第 0 行至少有一个非基变量的系数为 0,增加任一这样的变量值都不会改变 Z 的值。因此,想获得其他最优 BF 解(如果需要),可以通过单纯形法的附加迭代实现,迭代时,每次选择一个系数为 0 的非基变量作为进基交量。[①]

为了举例说明这个问题,再考虑刚才提到的情况,Wyndor Glass 公司问题的目标函数改为 $Z=3x_1+2x_2$。单纯形法得到表 4.10 所列的前 3 个单纯形表,并找到最优 BF 解后停止。尽管如此,由于有一个非基变量(x_3)在第 0 行的系数为 0,在表 4.10 中再实施一次迭代找出另外的最优 BF 解。因此,这 2 个最优 BF 解为 $(4,3,0,6,0)$ 和 $(2,6,2,0,0)$,都得 $Z=18$。注意:最后一个

---

① 如果迭代中找不到出基变量,那就意味着可行域无界,进基变量的值可无限增加,而 Z 值不发生变化。

表中,也有一个非基变量(x_4)在第 0 行的系数为 0。这种情况是必然的,因为附加的迭代没有改变第 0 行,所以这个出基变量必须会保持系数为 0。若令 x_4 作为进基变量将又回到第三个表(检查一下)。因此,这两个是仅有的最优 BF 解,其他最优解是它们的凸组合,即

$$(x_1, x_2, x_3, x_4, x_5) = w_1(2,6,2,0,0) + w_2(4,3,0,6,0)$$
$$w_1 + w_2 = 1, \quad w_1 \geq 0, \quad w_2 \geq 0$$

表 4.10 $c_2 = 2$ 时,Wyndor Glass 公司问题全部最优 BF 解的完整单纯形表

迭代	基变量	方程编号	系数						右端项	解最优
			Z	x_1	x_2	x_3	x_4	x_5		
0	Z	(0)	1	−3	−2	0	0	0	0	否
	x_3	(1)	0	1	0	1	0	0	4	
	x_4	(2)	0	0	2	0	1	0	12	
	x_5	(3)	0	3	2	0	0	1	18	
1	Z	(0)	1	0	−2	3	0	0	12	否
	x_1	(1)	0	1	0	1	0	0	4	
	x_4	(2)	0	0	2	0	1	0	12	
	x_5	(3)	0	0	2	−3	0	1	6	
2	Z	(0)	1	0	0	0	0	1	18	是
	x_1	(1)	0	1	0	1	0	0	4	
	x_4	(2)	0	0	0	3	1	−1	6	
	x_2	(3)	0	0	1	$-\frac{3}{2}$	0	$\frac{1}{2}$	3	
附加	Z	(0)	1	0	0	0	0	1	18	是
	x_1	(1)	0	1	0	0	$-\frac{1}{3}$	$\frac{1}{3}$	2	
	x_3	(2)	0	0	0	1	$\frac{1}{3}$	$-\frac{1}{3}$	2	
	x_2	(3)	0	0	1	0	$\frac{1}{2}$	0	6	

4.6 适应其他模型形式

到目前为止,我们在假设问题是我们的标准形式(Z 求最大值,约束条件是"≤"形式,全部变量非负)以及 $b_i \geq 0 (i=1,2,\cdots,m)$ 的情况下介绍了单纯形法的详细内容。

本节将指出如何进行调整以满足其他合法形式的线性规划模型求解所需。你将看到,所有这些调整都会在初始步骤内完成,剩下的可以应用已经学过的单纯形法。

由约束条件的其他形式("="或"≥"形式,或右端项为负)造成的唯一严重问题在于如何确定初始 BF 解。之前,这个初始解是通过把松弛变量作为初始基变量方便地得到,这样每个变量等于它所在方程的非负右端项。现在必须要进行一些其他的处理。用来处理这些情况的标准方法称为人工变量法。这种方法通过在每个需要的约束条件中引入一个虚拟变量(称为人工变量),构建了一个更简便的人工问题。引进这个变量的唯一目的就是为了成为该方程的初始基变量。通常还会限制它们为非负。目标函数也要做修改,若它们取值大于 0,就对其强加一个严厉的惩罚因子。单纯形法的每次迭代会自动迫使人工变量消失(变为 0),一次一个,直到它们都消失,这之后真正的问题就得到了解决。

为了举例说明人工变量法，首先考虑问题中非标准形式仅仅是一个或多个等式约束的情况。

4.6.1 等式约束

任意一个等式约束：
$$a_{i1}x_1+a_{i2}x_2+\cdots+a_{in}x_n=b_i$$

实际上，等价于一组不等式约束：
$$a_{i1}x_1+a_{i2}x_2+\cdots+a_{in}x_n\leqslant b_i$$
$$a_{i1}x_1+a_{i2}x_2+\cdots+a_{in}x_n\geqslant b_i$$

尽管如此，为了不这样替换以避免增加约束条件的数量，用人工变量法更方便。我们将通过以下例子说明这个方法。

例 假设3.1节中的Wyndor Glass公司的问题修改为第三车间的产能必须全部利用，在线性规划模型中唯一的变化就是第三个约束条件，$3x_1+2x_2\leqslant 18$，被替代变成了等式约束：
$$3x_1+2x_2=18$$

因此，完整的模型如图4.3右上角所示。图中还以粗线条标出了可行域，但其仅为连接点(2,6)和点(4,3)的线段。

当引入不等式约束仍然需要的松弛变量后，问题的扩展形式的方程组变为

(0) $Z-3x_1\ -5x_2\qquad\qquad =0$

(1) $\qquad\ x_1\qquad\ +x_3\qquad =4$

(2) $\qquad\qquad 2x_2\qquad +x_4=12$

(3) $\qquad 3x_1+2x_2\qquad\qquad =18$

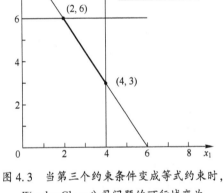

图4.3 当第三个约束条件变成等式约束时，Wyndor Glass公司问题的可行域变为(2,6)和(4,3)之间的线段

不幸的是，这些方程没有一个明显的初始BF解，因为方程(3)中不再有一个松弛变量用作初始基变量，必须找一个初始BF解启动单纯形法。

这个困难可以通过以下方法克服。

获得初始BF解： 方法是通过对实际问题做2次修改而构建一个与之有相同最优解的人工问题。

(1) 应用人工变量法，在方程(3)中引入一个非负的人工变量（称为$\bar{x}_5$）①，就好像它是一个松弛变量一样：

(3) $\qquad 3x_1+2x_2+\bar{x}_5=18$

(2) 安排一个相当大的惩罚因子迫使$\bar{x}_5>0$，使得目标函数$Z=3x_1+2x_2$变为
$$Z=3x_1+2x_2-M\bar{x}_5$$

式中：符号M代表一个巨大的正数（这种在最优解中迫使$\bar{x}_5$趋向于$\bar{x}_5=0$的方法称为大M法）。

现在，通过对人工问题应用单纯形法找出真实问题的最优解，从如下初始BF解启动算法：

---

① 我们将一直通过在人工变量上方加横线对其进行标注。

初始 BF 解

非基变量：$x_1=0$，$x_2=0$

基变量：$x_3=4$，$x_4=12$，$\bar{x}_5=18$

因为$\bar{x}_5$在人工问题的第三个约束条件中起到了松弛变量的作用，因此这个约束与$3x_1+2x_2\leq 18$等价（正如3.1节中原始的Wyndor Glass公司问题一样）。下面在真实问题的旁边列出人工问题（扩展前）：

真实问题

Max $Z=3x_1+5x_2$

s.t. $x_1\leq 4$

$2x_2\leq 12$

$3x_1+2x_2\leq 18$

且

$x_1\geq 0, x_2\geq 0$

人工问题

定义 $\bar{x}_5=18-3x_1-2x_2$

Max $Z=3x_1+5x_2-M\bar{x}_5$

s.t. $x_1\leq 4$

$2x_2\leq 12$

$3x_1+2x_2\leq 18$

（所以 $3x_1+2x_2+\bar{x}_5=18$）

且

$x_1\geq 0, x_2\geq 0, \bar{x}_5\geq 0$

因此，正如在3.1节中描述的那样，人工问题中(x_1,x_2)的可行域如图4.4所示。这个可行域与原始问题可行域只有一部分一致，就是$\bar{x}_5=0$处（所以$3x_1+2x_2=18$）。

图4.4也演示了单纯形法对CPF解（或扩展后BF解）的检查顺序。带圈的数字标出了是在哪一次迭代中得到该解。注意：这里单纯形法是逆时针移动，而在真实的Wyndor Glass公司问题中是顺时针移动的（图4.2）。造成这个差别的原因是人工问题目标函数中的附加项$-M\bar{x}_5$。

在运用单纯形法和演示它是沿着图4.4所示的路径移动之前，需要做以下准备工作。

把方程(0)变为常态形式：人工问题扩展后的方程组为

(0)　$Z-3x_1-5x_2\qquad\qquad +M\bar{x}_5=0$

(1)　$\qquad x_1\quad +x_3\qquad\qquad =4$

(2)　$\qquad\qquad 2x_2\quad +x_4\qquad =12$

(3)　$\qquad 3x_1+2x_2\qquad\quad +\bar{x}_5=18$

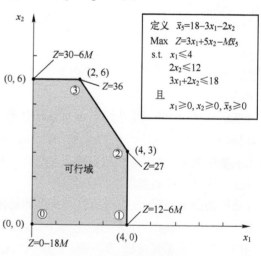

图4.4　该图给出了图4.3真实问题对应的人工问题的可行域和由单纯形法检查的系列CPF解（⓪，①，②，③）

其中的初始基变量$(x_3,x_4,\bar{x}_5)$以粗体显示。尽管如此，这个方程组并不是高斯消元法的常态形式，因为在方程(0)中的基变量$\bar{x}_5$有非零系数。回顾一下，在单纯形法运用最优性检验或找到进基变量之前，所有的基变量必须从方程(0)中代数消去。这种消去是必须做的，这样每个非基变量的负系数将会在非基变量从0增加时也让Z增加，并相应调整基变量的值。

为了从方程(0)中消去$\bar{x}_5$，我们需让方程(0)中减去方程(3)的M倍，即

$$Z\quad -3x_1-5x_2\quad +M\bar{x}_5=0$$
$$\underline{-M(3x_1+2x_2+\bar{x}_5)=18}$$

新(0) $\quad Z-(3M+3)x_1-(2M+5)x_2=-18M$

应用单纯形法:新方程(0)仅用非基变量(x_1,x_2)表示 Z,即

$$Z=-18M+(3M+3)x_1+(2M+5)x_2$$

由于 $3M+3>2M+5$(记住 M 代表一个很大的数),通过增加 x_1 使 Z 增加的速度会比增加 x_2 使 Z 增加的速度更快,因此选择 x_1 作为进基变量。这在迭代 1 中会导致从(0,0)移到(4,0),如图 4.4 所示,因此 Z 增加了 $4(3M+3)$。

M 不会在方程(0)之外的其他方程中出现。因此,只需在进行最优性检验和选取进基变量时考虑它们。处理这些数量的一种方法就是赋予 M 某个特定(巨大)常数值,并按正常的方式处理方程(0)中的系数。尽管如此,这种方法可能会导致明显的舍入误差以至于最优性检验无效。因此,最好按照我们的方法去处理,即将方程(0)中的每一项系数表示成为符号数 M 的线性函数 $aM+b$,并单独记录和更新(1)的乘数因子 a 和(2)加项 b 的当前数值。因为 M 值被假定得很大,以至于当 $a\neq 0$ 时,与 M 相比 b 几乎可以忽略不计,除了需要借助加项突破纠结外,选择最优性检验和进基变量时只需按常规方法运用乘数因子计算。

用例子中的这种方法得到表 4.11 所列的单纯形表。注意:在前 2 个单纯形表中的人工变量 $\bar{x}_5$ 是基变量 ($\bar{x}_5>0$),后 2 个单纯形表中是非基变量($\bar{x}_5=0$)。因此,这个人工问题的前 2 个 BF 解对真实问题来说是不可行的,而后 2 个 BF 解对真实问题是可行的。

表 4.11　图 4.4 中问题的完整单纯形表

迭代	基变量	方程编号	系数						右端项
			Z	x_1	x_2	x_3	x_4	$\bar{x}_5$	
0	Z	(0)	1	$-3M-3$	$-2M-5$	0	0	0	$-18M$
	x_3	(1)	0	1	0	1	0	0	4
	x_4	(2)	0	0	2	0	1	0	12
	$\bar{x}_5$	(3)	0	3	2	0	0	1	18
1	Z	(0)	1	0	$-2M-5$	$3M+3$	0	0	$-6M+12$
	x_1	(1)	0	1	0	1	0	0	4
	x_4	(2)	0	0	2	0	1	0	12
	$\bar{x}_5$	(3)	0	0	2	3	0	1	6
2	Z	(0)	1	0	0	$-\frac{9}{2}$	0	$M+\frac{5}{2}$	18
	x_1	(1)	0	1	0	1	0	0	4
	x_4	(2)	0	0	0	3	1	-1	6
	x_2	(3)	0	0	1	$-\frac{3}{2}$	0	$\frac{1}{2}$	3
3	Z	(0)	1	0	0	0	$\frac{3}{2}$	$M+1$	36
	x_1	(1)	0	1	0	0	$-\frac{1}{3}$	$\frac{1}{3}$	2
	x_3	(2)	0	0	0	1	$\frac{1}{3}$	$-\frac{1}{3}$	2
	x_2	(3)	0	0	1	0	$\frac{1}{2}$	0	6

这个例子只有一个等式约束,如果一个线性规划模型有不止一个等式约束,那每一个都要用这种方法处理(如果右端项为负,要先在两端同时乘以 -1)。

4.6.2 负的右端项

前文提到的处理右端项为负数的等式约束的方法(即两端各乘以-1)也适用于右端项为负数的不等式约束。不等式两边同乘以-1并使不等号变向,即"≤"变为"≥",反之亦然。例如,对约束条件进行类似变换,即

$$x_1-x_2 \leq -1 \quad (x_1 \leq x_2-1)$$

给出等价约束

$$-x_1+x_2 \geq 1 \quad (x_2-1 \geq x_1)$$

而现在右端项为正。所有约束条件都有非负的右端项时,单纯形法就可以开始了,因为(扩展后)这时右端项就成为各个初始基变量的值,一定能满足变量的非负要求。

接下来将关注如何用人工变量法扩展"≥"的约束,如 $-x_1+x_2 \geq 1$。

4.6.3 "≥"形式的约束条件

为了举例演示人工变量法如何解决"≥"形式的约束条件,我们将利用在3.4节中提到的设计玛丽放射治疗方案这个模型。为便于描述,下面重复一遍模型,把要特别关注的约束加了框。

放射治疗示例

$$\text{Min} \quad Z = 0.4x_1+0.5x_2$$
$$\text{s.t.} \quad 0.3x_1+0.1x_2 \leq 2.7$$
$$0.5x_1+0.5x_2 = 6$$
$$\boxed{0.6x_1+0.4x_2 \geq 6}$$

且

$$x_1 \geq 0, \quad x_2 \geq 0$$

这个例子的图解法(如图3.12所描述)在图4.5中以一种稍微不同的形式再次出现。图中的3条线和2个轴,组成了问题的5条约束边界线。位于每对约束边界的交点上的点是角点解。只有两个角点可行解(6,6)和(7.5,4.5),可行域就是连接这两个点的线段。最优解是$(x_1,x_2) = (7.5, 4.5)$,$Z=5.25$。

很快我们将通过直接求解相应的人工问题演示单纯形法是如何解决这个问题的。但是,首先必须描述如何处理第三个约束。

我们的方法包括引入一个剩余变量 x_5(定义 $x_5 = 0.6x_1+0.4x_2-6$)和一个人工变量 $\bar{x}_6$,即

$$0.6x_1+0.4x_2 \geq 6$$
$$\rightarrow \quad 0.6x_1+0.4x_2-x_5 = 6 \quad (x_5 \geq 0)$$
$$\rightarrow \quad 0.6x_1+0.4x_2-x_5+\bar{x}_6 = 6 \quad (x_5 \geq 0, \bar{x}_6 \geq 0)$$

式中:x_5 称为剩余变量,是因减去该剩余变量即方

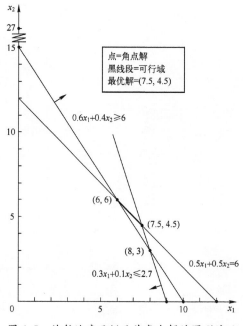

图4.5 放射治疗示例及其角点解的图形演示

程左端项与右端项之差,不等式方程约束就变换为等价的等式约束。一旦完成变换,就可以像处理等式约束那样引入人工变量。

在第一个约束条件引入松弛变量 x_3、第二个约束条件引入人工变量 $\bar{x}_4$ 后,就可以应用大 M 法,因此,完整的人工问题(扩展形式)为

$$\text{Min} \quad Z = 0.4x_1 + 0.5x_2 + M\bar{x}_4 + M\bar{x}_6$$
$$\text{s.t.} \quad 0.3x_1 + 0.1x_2 + x_3 \qquad\qquad = 2.7$$
$$0.5x_1 + 0.5x_2 \qquad + \bar{x}_4 \qquad\qquad = 6$$
$$0.6x_1 + 0.4x_2 \qquad\qquad -x_5 + \bar{x}_6 = 6$$

且

$$x_1 \geq 0, \quad x_2 \geq 0, \quad x_3 \geq 0, \quad \bar{x}_4 \geq 0, \quad x_5 \geq 0, \quad \bar{x}_6 \geq 0$$

注意:目标函数中人工变量的系数是 $+M$,而不是 $-M$,因为我们现在要使 Z 最小化,因此,尽管 $\bar{x}_4$ 和(或) $\bar{x}_6 > 0$ 可能是这个人工问题的可行解,但 $+M$ 的巨大惩罚作用会在最优解中防止这种情况发生。

通常,引入人工变量扩大了可行域。我们来把下面真实问题的原始约束条件同人工问题对 (x_1, x_2) 的相应约束进行比较。

真实问题对 (x_1, x_2) 的约束   人工问题对 (x_1, x_2) 的约束

$0.3x_1 + 0.1x_2 \leq 2.7$ $0.3x_1 + 0.1x_2 \leq 2.7$

$0.5x_1 + 0.5x_2 = 6$ $0.5x_1 + 0.5x_2 \leq 6$ ($\bar{x}_4 = 0$ 时"="成立)

$0.6x_1 + 0.4x_2 \geq 6$ 无此约束   (除了 $\bar{x}_6 = 0$ 时)

$x_1 \geq 0, \quad x_2 \geq 0$ $x_1 \geq 0, \quad x_2 \geq 0$

引入人工变量 $\bar{x}_4$ 在第二个约束中起到了松弛变量的作用,使 (x_1, x_2) 的取值位于 $0.5x_1 + 0.5x_2 = 6$ 直线下方,如图 4.5 所示。在真实问题的第三个约束中引入 x_5 和 $\bar{x}_6$ (并将这两个变量移至右侧)得到方程

$$0.6x_1 + 0.4x_2 = 6 + x_5 - \bar{x}_6$$

由于 x_5 和 $\bar{x}_6$ 都被限制为非负,它们的差值 $x_5 - \bar{x}_6$ 可以是任意正数或负数。因此,$0.6x_1 + 0.4x_2$ 可以得到任意值,这得到了从人工问题中把第三个约束消去并允许点可以位于图 4.5 中直线 $0.6x_1 + 0.4x_2 = 6$ 的两侧的效果(我们在方程组中保留第三个约束条件仅仅因为其稍候在大 M 法令 $\bar{x}_6$ 趋向于 0 时会再次相关)。因此,人工问题的可行域是图 4.5 中的整个多面体,其顶点是 $(0,0)$,$(9,0)$,$(7.5, 4.5)$ 和 $(0, 12)$。

由于原点现在成为人工问题的可行解,那单纯形法就将 $(0,0)$ 作为初始 CPF 解开始启动,即将 $(x_1, x_2, x_3, \bar{x}_4, x_5, \bar{x}_6) = (0, 0, 2.7, 6, 0, 6)$ 作为初始 BF 解(将原点可行解作为单纯形法便于启动的初始点,是建立人工问题的关键)。我们稍后将追踪单纯形法求解人工问题和原问题时,从原点到最优解的整个求解路径。首先要解决的问题是,单纯形法如何处理求目标函数最小化的问题呢?

4.6.4 最小化

单纯形法解决最小化问题的一个最直接的办法就是在最优性检验和迭代第一步时,交换第

0 行正系数和负系数的角色。尽管如此,我们给出通过下面一种简单的方法把任意一个最小值问题变换为等价的最大值问题,而不是去改变单纯形法的计算规则,即

$$\text{Min } Z = \sum_{j=1}^{n} c_j x_j$$

等价于

$$\text{Max } -Z = \sum_{j=1}^{n} (-c_j) x_j$$

也就是说,这两个表达式最优解相同。

这两个式子是等价的,因为 Z 值越小,$-Z$ 越大,因此在整个可行域内使 Z 取得最小值的解必定也能为 $-Z$ 提供最大值。

因此,在放射性治疗示例中,对表达式作如下变换:

Min $Z = 0.4x_1 + 0.5x_2$

→Max$-Z = -0.4x_1 - 0.5x_2$

引入人工变量 $\bar{x}_4$ 和 $\bar{x}_6$,运用大 M 法,相应作如下变换:

Min $Z = 0.4x_1 + 0.5x_2 + M\bar{x}_4 + M\bar{x}_6$

→Max$-Z = -0.4x_1 - 0.5x_2 - M\bar{x}_4 - M\bar{x}_6$

4.6.5 求解放射治疗例子

我们马上准备用单纯形法求解放射治疗的例子。运用刚才所学的最大化变形,整个方程组变为

(0) $-Z + 0.4x_1 + 0.5x_2 \quad\quad +M\bar{x}_4 \quad +M\bar{x}_6 = 0$

(1) $0.3x_1 + 0.1x_2 \quad +x_3 \quad\quad\quad\quad\quad = 2.7$

(2) $0.5x_1 + 0.5x_2 \quad\quad\quad +\bar{x}_4 \quad\quad\quad = 6$

(3) $0.6x_1 + 0.4x_2 \quad\quad\quad\quad\quad -x_5 + \bar{x}_6 = 6$

(对于这个人工问题)初始 BF 解的基变量($x_3, \bar{x}_4, \bar{x}_6$)以粗体显示。

注意:这个方程组不是单纯形法要求的高斯消元法的常态形,如单纯形法所需要的那样,基变量 $\bar{x}_4$ 和 $\bar{x}_6$ 仍需从方程(0)中被代数消元。由于 $\bar{x}_4$ 和 $\bar{x}_6$ 都有系数 M,方程(0)需减去方程(2)和方程(3)的 M 倍。所有系数(包括右端项)的运算汇总如下,其中向量对应上面方程单纯形表的相关行。

0 行:

$\quad\quad\quad [0.4, \quad\quad 0.5, \quad 0, \quad M, \quad 0, \quad M, \quad 0]$

$-M[0.5, \quad\quad 0.5, \quad 0, \quad 1, \quad 0, \quad 0, \quad 6]$

$-M[0.6, \quad\quad 0.4, \quad 0, \quad 0, \quad -1, \quad 1, \quad 6]$

新 0 行 $= [-1.1M+0.4, \quad -0.9M+0.5, \quad 0, \quad 0, \quad M, \quad 0, \quad -12M]$

得到初始单纯形表,并准备启动单纯形法,如表 4.12 顶部所列。正常用单纯形法得到表 4.12 中剩下的一系列单纯形表。在最优性检验和每次迭代选择进基变量时,对包含 M 的数值处理如同表 4.11 讨论的一样。

表 4.12 大 M 法求解放射治疗示例

迭代	基变量	方程编号	系数							右端项
			Z	x_1	x_2	x_3	$\bar{x}_4$	x_5	$\bar{x}_6$	
0	Z	(0)	-1	$-1.1M+0.4$	$-0.9M+0.5$	0	0	M	0	$-12M$
	x_3	(1)	0	0.3	0.1	1	0	0	0	2.7
	$\bar{x}_4$	(2)	0	0.5	0.5	0	1	0	0	6
	$\bar{x}_6$	(3)	0	0.6	0.4	0	0	-1	1	6
1	Z	(0)	-1	0	$-\frac{16}{30}M+\frac{11}{30}$	$\frac{11}{3}M-\frac{4}{3}$	0	M	0	$-2.1M-3.6$
	x_1	(1)	0	1	$\frac{1}{3}$	$\frac{10}{3}$	0	0	0	9
	$\bar{x}_4$	(2)	0	0	$\frac{1}{3}$	$-\frac{5}{3}$	1	0	0	1.5
	$\bar{x}_6$	(3)	0	0	0.2	-2	0	-1	1	0.6
2	Z	(0)	-1	0	0	$-\frac{5}{3}M+\frac{7}{3}$	0	$-\frac{5}{3}M+\frac{11}{6}$	$\frac{8}{3}M-\frac{11}{6}$	$-0.5M-4.7$
	x_1	(1)	0	1	0	$\frac{20}{3}$	0	$\frac{5}{3}$	$-\frac{5}{3}$	8
	$\bar{x}_4$	(2)	0	0	0	$\frac{5}{3}$	1	$\frac{5}{3}$	$-\frac{5}{3}$	0.5
	x_2	(3)	0	0	1	-10	0	-5	5	3
3	Z	(0)	-1	0	0	0.5	$M-1.1$	0	M	-5.25
	x_1	(1)	0	1	0	5	-1	0	0	7.5
	x_5	(2)	0	0	0	1	0.6	1	-1	0.3
	x_2	(3)	0	0	1	-5	3	0	0	4.5

特别地,当遇到 M 出现时,只用到它的乘数因子,除非出现纠结情况,要用到后面的加项打破纠结。这样的纠结通常发生在最后一次选择进基变量时(见倒数第二张单纯形表),第 0 行中 x_3 和 x_5 有相同的乘数因子 $-\frac{5}{3}$,将加项相比,$\frac{11}{6} < \frac{7}{3}$ 导致选择 x_5 作为进基变量。

注意表 4.12 中人工变量 $\bar{x}_4$ 和 $\bar{x}_6$ 以及 Z 值的变化过程。我们从大的值开始,$\bar{x}_4=6$,$\bar{x}_6=6$ 时,$Z=12M(-Z=-12M)$。第一次迭代大大减少了这些值。大 M 法在第二次迭代中,成功使 $\bar{x}_6$ 变为 0(成为一个新的非基变量),在接下来的一次迭代中也使 $\bar{x}_4$ 发生了同样变化。随着 $\bar{x}_4=0$ 和 $\bar{x}_6=0$,最后表中给出的基解对于真实问题也一定可行。由于其通过了最优性检验,因此它也是最优的。

下面通过图 4.6 看大 M 法是如何工作的。人工问题的可行域开始有 4 个 CPF 解——(0,0),(9,0),(0,12) 和 (7.5,4.5)——然后前 3 个被 2 个新的 CPF 解所替代——(8,0),(6,6)——在 $\bar{x}_6$ 减为 $\bar{x}_6=0$ 后以至于 $0.6x_1+0.4x_2 \geq 6$ 成为一个附加约束(注意:这 3 个被替代的 CPF 解——(0,0),(9,0) 和 (0,12)——实际上是图 4.5 中真实问题的角点非可行解)。人工问题以原点作为方便的初始 CPF 解开始,我们沿着边界移动到其他 3 个 CPF 解——(9,0),(8,3) 和 (7.5,4.5)。这些解的最后一个是真实问题可行解的第一个。幸运的是,第一个可行解也是最优的,因此不再需要更多的迭代。

对于含有人工变量的其他问题,在获得真实问题的第一个可行解之后,可能还需要更多的迭代达到最优解(表 4.11 给出的求解示例就是这种情况)。因此,大 M 法可以看作有两个阶段。在第一个阶段,所有的人工变量都变为 0(因为 M 的单位惩罚量会远大于 0),以获得实际问题的初始 BF 解。在第二阶段,所有人工变量保持为 0(因为同样的惩罚措施),同时,单纯形法产生的真实问题的一系列 BF 解会逐步引向最优解。下面阐述的两阶段法是直接进行这 2 个阶段计算而不引入 M 的效率更高的过程。

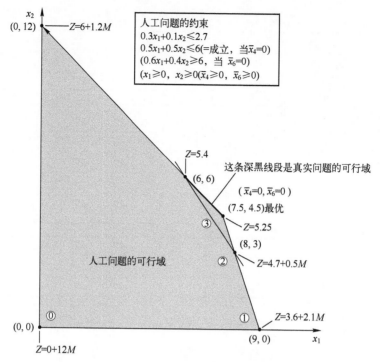

图 4.6 该图给出了图 4.5 真实问题对应的人工问题的可行域和由单纯形法(大 M 法)检查的系列 CPF 解(⓪,①,②,③)

4.6.6 两阶段法

对表 4.12 中刚求解的放射治疗问题,回顾它的真实目标函数:

真实问题:Min $Z = 0.4x_1 + 0.5x_2$

尽管如此,大 M 法在整个过程中使用如下目标函数(或者与它等价的求最大值形式):

大 M 方法:Min $Z = 0.4x_1 + 0.5x_2 + M\bar{x}_4 + M\bar{x}_6$

由于前 2 个系数相对于 M 来说是可以忽略不计的,故两阶段可以通过运用如下 2 个目标函数去掉 M,相应地,其中的 Z 有完全不同的定义。

两阶段法:

第一阶段:Min $Z = \bar{x}_4 + \bar{x}_6$　(直到 $\bar{x}_4 = 0, \bar{x}_6 = 0$)

第二阶段:Min $Z = 0.4x_1 + 0.5x_2$　($\bar{x}_4 = 0, \bar{x}_6 = 0$)

第一阶段的目标函数通过把大 M 法的目标函数除以 M 后,去掉可忽略项而得到的。因为第一阶段得到了真实问题的 BF 解(当 $\bar{x}_4 = 0$ 和 $\bar{x}_6 = 0$ 时),在第二阶段中,这个解也作为单纯形法求解真实问题(具有真实目标函数)时的初始 BF 解。

在使用两阶段法求解例题前,先总结一下通用步骤。

两阶段法总结:初始化:为了获得人工问题必需且明确的初始 BF 解,通过引入人工变量修改原始问题的约束条件。

第一阶段:这一阶段的目标是找出真实问题的 BF 解。具体如下:

Min $Z = \sum$ 人工变量,受修正的约束条件约束

这个问题的最优解($Z = 0$)将会是真实问题的 BF 解。

第二阶段:这一阶段的目标是找到真实问题的最优解。由于人工变量并不是真实问题的一

部分,这些变量现在可以去掉了(无论如何它们现在都是 0)①。从第一阶段结束时得到的 BF 解出发,应用单纯形法求解真实问题。

本例中,各自阶段单纯形法求解的问题总结如下:
第一阶段问题(放射治疗例题):
Min $Z = \bar{x}_4 + \bar{x}_6$
s. t. $0.3x_1 + 0.1x_2 + x_3 = 2.7$
$0.5x_1 + 0.5x_2 + \bar{x}_4 = 6$
$0.6x_1 + 0.4x_2 - x_5 + \bar{x}_6 = 6$

且
$x_1 \geq 0, x_2 \geq 0, x_3 \geq 0, \bar{x}_4 \geq 0, x_5 \geq 0, \bar{x}_6 \geq 0$

第二阶段问题(放射治疗例题):
Min $Z = 0.4x_1 + 0.5x_2$
s. t. $0.3x_1 + 0.1x_2 + x_3 = 2.7$
$0.5x_1 + 0.5x_2 = 6$
$0.6x_1 + 0.4x_2 - x_5 = 6$

且
$x_1 \geq 0, x_2 \geq 0, x_3 \geq 0, x_5 \geq 0$

这两个问题唯一的不同之处在于目标函数,以及包括(在第一阶段)或不包括(在第二阶段)人工变量 $\bar{x}_4$ 和 $\bar{x}_6$。当没有人工变量时,第二阶段问题就不会有一个明显的初始 BF 解。求解第一阶段问题的唯一目的在于得到当 $\bar{x}_4 = 0$ 和 $\bar{x}_6 = 0$ 时的 BF 解,以便使这个解(不含人工变量)作为第二阶段的初始 BF 解。

表 4.13 显示的是用单纯形法求第一阶段问题的结果(通过将 Min $Z = \bar{x}_4 + \bar{x}_6$ 变换为 Max $-Z = -\bar{x}_4 - \bar{x}_6$,然后,用初等行变换从 $-Z + \bar{x}_4 + \bar{x}_6 = 0$ 中消去基变量 $\bar{x}_4$ 和 $\bar{x}_6$,得到初始表中的第 0 行)。在倒数第二张表中,在选择 x_3 还是 x_5 作为进基变量时有纠结,可以随意打破这个纠结,如选 x_3。在第一阶段结束时,得到解 $(x_1, x_2, x_3, \bar{x}_4, x_5, \bar{x}_6) = (6, 6, 0.3, 0, 0, 0)$,在消去 $\bar{x}_4$ 和 $\bar{x}_6$ 后,得 $(x_1, x_2, x_3, x_5) = (6, 6, 0.3, 0)$。

表 4.13 求解放射治疗示例的两阶段法中的第一阶段

迭代	基变量	方程编号	系数							右端顶
			Z	x_1	x_2	x_3	$\bar{x}_4$	x_5	$\bar{x}_6$	
0	Z	(0)	-1	-1.1	-0.9	0	0	1	0	-12
	x_3	(1)	0	0.3	0.1	1	0	0	0	2.7
	$\bar{x}_4$	(2)	0	0.5	0.5	0	1	0	0	6
	$\bar{x}_6$	(3)	0	0.6	0.4	0	0	-1	1	6
1	Z	(0)	-1	0	$-\dfrac{16}{30}$	$\dfrac{11}{3}$	0	1	0	-2.1
	x_1	(1)	0	1	$\dfrac{1}{3}$	$\dfrac{10}{3}$	0	0	0	9
	$\bar{x}_4$	(2)	0	0	$\dfrac{1}{3}$	$-\dfrac{5}{3}$	1	0	0	1.5
	$\bar{x}_6$	(3)	0	0	0.2	-2	0	-1	1	0.6

---

① 这里我们忽略了另外 3 种可能:①人工变量>0(将在下节讨论);②人工变量退化为基变量;③在第二阶段中人工变量保留为非基查量(不允许它们成为基变量),作为接下来进行优化后分析的辅助方法。你的 IOR 教程允许你探索这些可能性。

(续)

迭 代	基变量	方程编号	系 数							右端项
			Z	x_1	x_2	x_3	$\bar{x}_4$	x_5	$\bar{x}_6$	
2	Z	(0)	-1	0	0	$-\frac{5}{3}$	0	$-\frac{5}{3}$	$\frac{8}{3}$	-0.5
	x_1	(1)	0	1	0	$\frac{20}{3}$	0	$\frac{5}{3}$	$-\frac{5}{3}$	8
	$\bar{x}_4$	(2)	0	0	0	$\frac{5}{3}$	1	$\frac{5}{3}$	$-\frac{5}{3}$	0.5
	x_2	(3)	0	0	1	-10	0	-5	5	3
3	Z	(0)	-1	0	0	0	1	0	1	0
	x_1	(1)	0	1	0	0	-4	-5	5	6
	x_3	(2)	0	0	0	1	$\frac{3}{5}$	1	-1	0.3
	x_2	(3)	0	0	1	0	$\frac{6}{5}$	5	-5	6

正如总结中所叙述的,第一阶段的解确实是真实问题(第二阶段问题)的 BF 解,因为这是有 3 个约束条件组成的第二阶段问题的方程组的解(在设 $x_5=0$ 之后)。事实上,在删去 $\bar{x}_4$ 和 $\bar{x}_6$ 列以及 0 行之后的每次迭代,表 4.13 给出了用高斯消元法把方程组简化为最后单纯形表所示的形式求解这个线性方程组的方法。

表 4.14 给出了第一阶段完成后,第二阶段开始前的准备工作。从表 4.13 的最后一张单纯形表出发,去掉人工变量($\bar{x}_4$ 和 $\bar{x}_6$),把第二阶段的目标函数(最大值形式表示 $-Z=-0.4x_1-0.5x_2$)换入 0 行,然后,恢复高斯消元法的常态形式(通过代数法从第 0 行中消去基变量 x_1 和 x_2)。因此,最后一张单纯形表中的第 0 行是在倒数第二张单纯表中进行初等行变换运算得到的:从第 0 行减去第一行的 2/5 和第三行的 1/2。除了消去的两列外,注意第一行至第三行没有变化。唯一的调整发生在第 0 行,目的是用第二阶段的目标函数替换第一阶段的目标函数。

表 4.14 准备开始求解放射治疗示例第二阶段

	基变量	方程编号	系 数							右端项
			Z	x_1	x_2	x_3	$\bar{x}_4$	x_5	$\bar{x}_6$	
第一阶段 最终表	Z	(0)	-1	0	0	0	1	0	1	0
	x_1	(1)	0	1	0	0	-4	-5	5	6
	x_3	(2)	0	0	0	1	$\frac{3}{5}$	1	-1	0.3
	x_2	(3)	0	0	1	0	6	5	-5	6
去掉 $\bar{x}_4$ 和 $\bar{x}_6$	Z	(0)	-1	0	0	0		0		0
	x_1	(1)	0	1	0	0		-5		6
	x_3	(2)	0	0	0	1		1		0.3
	x_2	(3)	0	0	1	0		5		6
替换第二 阶段目标 函数	Z	(0)	-1	0.4	0.5	0		0		0
	x_1	(1)	0	1	0	0		-5		6
	x_3	(2)	0	0	0	1		1		0.3
	x_2	(3)	0	0	1	0		5		6
恢复高斯 消元常态 形式	Z	(0)	-1	0	0	0		-0.5		0
	x_1	(1)	0	1	0	0		-5		6
	x_3	(2)	0	0	0	1		1		0.3
	x_2	(3)	0	0	1	0		5		6

表 4.14 的最后一张单纯形表是用单纯形法求解第二阶段问题的初始表格，如表 4.15 顶部所列。只一次迭代就得到了最优解，如第二张表所列：$(x_1, x_2, x_3, x_5) = (7.5, 4.5, 0, 0.3)$。这个解是真实问题期望的最优解，而不是第一阶段构建的人工问题的最优解。

表 4.15 求解放射治疗示例两阶段法的第二阶段

迭代	基变量	方程编号	系数					右端项
			Z	x_1	x_2	x_3	x_5	
0	Z	(0)	−1	0	0	0	−0.5	−5.4
	x_1	(1)	0	1	0	0	−5	6
	x_3	(2)	0	0	0	1	1	0.3
	x_2	(3)	0	0	1	0	5	6
1	Z	(0)	−1	0	0	0.5	0	−5.25
	x_1	(1)	0	1	0	5	0	7.5
	x_5	(2)	0	0	0	1	1	0.3
	x_2	(3)	0	0	1	−5	0	4.5

现在我们看到图 4.7 给出的两阶段法工作的图形表示。从原点出发，第一阶段检查了人工问题的 4 个 CPF 解。前 3 个实际上是图 4.5 中所示真实问题的角点非可行解，第四个 CPF 解 (6, 6)，是真实问题第一个解并且是可行的，因此它成为第二阶段的初始 CPF 解。在第二阶段经过一次迭代即得到最优 CPF 解 (7.5, 4.5)。

表 4.13 中倒数第二张表格的进基变量出现纠结，如果可以用其他方法打破，第一阶段将可直接从 (8, 3) 转到 (7.5, 4.5)。当用 (7.5, 4.5) 建立第二阶段单纯形表时，最优性检验会揭示这个解是最优的，就无需再迭代。

对比大 M 法和两阶段法是很有意思的，先比较目标函数：

大 M 法：
Min $Z = 0.4x_1 + 0.5x_2 + M\bar{x}_4 + M\bar{x}_6$

两阶段法：
第一阶段：Min $Z = \bar{x}_4 + \bar{x}_6$
第二阶段：Min $Z = 0.4x_1 + 0.5x_2$

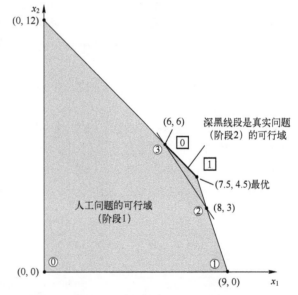

图 4.7 用两阶段法求解放射治疗问题，该图给出了阶段 1（⓪，①，②，③）和阶段 2（ 0 1 ）中的系列 CPF 解

因为大 M 法的目标函数中，$M\bar{x}_4$ 和 $M\bar{x}_6$ 项主导支配着 $0.4x_1$ 和 $0.5x_2$ 项，只要 $\bar{x}_4$ 和 $\bar{x}_6$ 大于 0，这个目标函数本质上与第一阶段目标函数是等价的。因此，当 $\bar{x}_4 = 0$ 和 $\bar{x}_6 = 0$ 时，大 M 法的目标函数与第二阶段的目标函数完全等价。

由于目标函数本质上的等价性，大 M 法和两阶段法通常有相同的系列 BF 解。例外情况也是可能发生的，就是当两阶段法的第一阶段进基变量存在纠结时，如表 4.13 中第三张单纯形表所列。注意表 4.12 和表 4.13 的前 3 张单纯形表几乎是一致的，唯一的不同在于表 4.12 中 M 的乘数因子在表 4.13 对应的位置上变成了唯一的数量。因而，在表 4.12 的第三张单纯形表中的加项打破了进基变量纠结，但在表 4.13 中却不行。本例的结果就是两阶段需要再进行一次迭代。总体说来,尽管如此,加项因素的作用很小。

两阶段法比大 M 法效率更高,因其在第一阶段只用乘数因子,在第二阶段就去掉人工变量(大 M 法可以通过赋予 M 一个相当巨大的值把乘项和加项结合起来,但这会产生数值不稳定的问题)。考虑到这些原因,计算机应用中通常采用两阶段法。

本书网站的解题示例部分提供了对同一问题应用大 M 法和两阶段法求解的另一个例题。

4.6.7 无可行解

到目前为止,本节主要关心的一个基础性的问题,就是当不存在一个明显的初始 BF 解时如何确定一个初始 BF 解。你已经见识了如何运用人工变量方法构造人工问题,从而得到人工问题的初始 BF 解。运用大 M 法或两阶段法,使单纯形法向着 BF 解进发,最终朝向真实问题的最优解。

尽管如此,你应该提防该方法中的一些陷阱。可能无法清晰地选出问题的初始 BF 解,一个很好的理由就是这个问题压根就没有可行解。然而,通过构建人工可行解,无法阻挡单纯形法的照常进行,并最终会得到一个假设出来的最优解。

幸运的是,当这种情况发生时,人工变量法提供了下列信号表明这种情况已经发生了:

如果原始问题无可行解,大 M 法和两阶段法的第一阶段得到的解中至少有一个人工变量大于 0,否则,它们都等于 0。

为了说明这一点,我们将放射治疗问题(图 4.5)的第一个约束条件做如下改变:

$0.3x_1+0.1x_2 \leq 2.7 \rightarrow 0.3x_1+0.1x_2 \leq 1.8$

因此,这个问题不再有可行解。像之前一样(表 4.12)应用大 M 法会产生如表 4.16 所列的单纯形表(两阶段法的第一阶段会得到同样的表格,只是含有 M 的每个表达式都被乘数因子所代替)。因此,大 M 法正常情况下将会指示最优解是 $(3,9,0,0,0,0.6)$。尽管如此,由于人工变量 $\bar{x}_6 = 0.6 > 0$,这里的真实信息是本题无可行解。①

表 4.16 大 M 法求解修改后无可行解的放射治疗示例

迭代	基变量	方程编号	系数							右端项
			Z	x_1	x_2	x_3	$\bar{x}_4$	x_5	$\bar{x}_6$	
0	Z	(0)	-1	$-1.1M+0.4$	$-0.9M+0.5$	0	0	M	0	$-12M$
	x_3	(1)	0	0.3	0.1	1	0	0	0	1.8
	$\bar{x}_4$	(2)	0	0.5	0.5	0	1	0	0	6
	$\bar{x}_6$	(3)	0	0.6	0.4	0	0	-1	1	6
1	Z	(0)	-1	0	$-\frac{16}{30}M+\frac{11}{30}$	$\frac{11}{3}M-\frac{4}{3}$	0	M	0	$-5.4M-2.4$
	x_1	(1)	0	1	$\frac{1}{3}$	$\frac{10}{3}$	0	0	0	6
	$\bar{x}_4$	(2)	0	0	$\frac{1}{3}$	$-\frac{5}{3}$	1	0	0	3
	$\bar{x}_6$	(3)	0	0	0.2	-2	0	-1	1	2.4
2	Z	(0)	-1	0	0	$M+0.5$	$1.6M-1.1$	M	0	$-0.6M-5.7$
	x_1	(1)	0	1	0	5	-1	0	0	3
	$\bar{x}_4$	(2)	0	0	0	-5	3	0	0	9
	x_2	(3)	0	0	1	-1	-0.6	-1	1	0.6

---

① 已经开发出一些方法(集成在线性规划软件)用来分析究竟是什么原因引起一个大型线性规划问题无可行解,以便于修正函数中的错误。例子参考 J. W. Chinneck: *Feasibility and Infeasibility in Optimization: Algorithms and Computational Methods*, Springer Science + Business Media, New York, 2008。

4.6.8 允许为负的变量

在大多数现实问题中,决策变量的负值可能没有物理意义,因此必须在它们的线性规划模型函数中包含非负约束。然而,情况并非一直这样。为了举例说明,假设 Wyndor Glass 公司问题改变为产品 1 已经投产,第一个决策变量 x_1 表示产品 1 生产率的增加值。因此,x_1 为负值表示产品 1 产量减少数。这样的削减也许会发生,以满足新的利润更大的产品 2 提高生产率的要求。因此,模型中 x_1 的值允许为负。

由于选定出基变量的过程要求所有变量有非负约束,因此在应用单纯形法之前,任何一个包含允许为负的变量的问题必须转化为只有非负变量的等价的问题。幸运的是,这个变换是可以实施的。每个变量所需的修改都取决于它许可值是否有(负值的)下界。现在分别讨论两种情况。

允许为负的有界变量:考虑任意决策变量 x_j,允许有负值并满足如下形式的约束:
$$x_j \geq L_j$$
式中:L_j 为某个负的常数。通过对变量做如下改变,这个约束能转化为一个非负约束,即
$$x_j' = x_j - L_j$$
则
$$x_j' \geq 0$$

因此,在整个模型中,$x_j' + L_j$ 将代替 x_j,这样,新定义的决策变量 x_j' 将不会为负(也可使用同样的方法,当 L_j 为正时,将约束条件 $x_j \geq L_j$ 转化为非负约束 $x_j' \geq 0$)。

为了举例说明,假设 Wyndor Glass 公司问题中的产品 1 当前的生产率为 10,根据给出的 x_1 的定义,在这一点上完整的模型与 3.1 节中给出的是一样的,除了非负约束 $x_1 \geq 0$ 被替换为 $x_1 \geq -10$。为了得到单纯形法需要的等价模型,这个决策变量将被重新定义为产品 1 的总生产率 $x_1' = x_1 + 10$,这就使得目标函数和约束条件发生了变化,具体如下:

$$
\begin{array}{l}
Z = 3x_1 + 5x_2 \\
x_1 \leq 4 \\
2x_2 \leq 12 \\
3x_1 + 2x_2 \leq 18 \\
x_1 \geq -10, \quad x_2 \geq 0
\end{array}
\rightarrow
\begin{array}{l}
Z = 3(x_1' - 10) + 5x_2 \\
x_1' - 10 \leq 4 \\
2x_2 \leq 12 \\
3(x_1' - 10) + 2x_2 \leq 18 \\
x_1' - 10 \geq -10, \quad x_2 \geq 0
\end{array}
\rightarrow
\begin{array}{l}
Z = -30 + 3x_1' + 5x_2 \\
x_1' \leq 14 \\
2x_2 \leq 12 \\
3x_1' + 2x_2 \leq 48 \\
x_1' \geq 0, \quad x_2 \geq 0
\end{array}
$$

允许为负的无界变量:如果建立的模型中 x_j 没有下界约束,这样的情况下,就需要另一个方法:模型中的 x_j 需要用 2 个非负变量的差来代替,即
$$x_j = x_j^+ - x_j^-$$
其中
$$x_j^+ \geq 0, x_j^- \geq 0$$

由于 x_j^+ 和 x_j^- 可以有任意非负值,差值 $x_j^+ - x_j^-$ 可以有任意值(正的或负的),因此其可以作为模型中 x_j 的合理替代者。如此替代后,单纯形法只需处理非负变量即可。

新变量 x_j^+ 和 x_j^- 有着简单的意义。如下段中所解释的,新形式模型的每个 BF 解一定具有这样的性质:$x_j^+ = 0$ 或者 $x_j^- = 0$(或均为 0)。因此,在单纯形法得到的最优解(BF 解)为
$$x_j^+ = \begin{cases} x_j, & x_j \geq 0 \\ 0, & \text{其他} \end{cases}$$

$$x_j^- = \begin{cases} |x_j|, & x_j \leq 0 \\ 0, & 其他 \end{cases}$$

所以，x_j^+ 代表决策变量 x_j 正的部分，x_j^- 代表负的部分（就像变量上标所表示的那样）。

例如，如果 $x_j = 10$，由上面的表达式得出 $x_j^+ = 10$ 和 $x_j^- = 0$。在 x_j^+ 和 x_j^- 的值更大时，$x_j = x_j^+ - x_j^- = 10$ 也得出了相同的值，使得 $x_j^+ = x_j^- + 10$。在二维图中绘出 x_j^+ 和 x_j^- 的这些值，得到一条直线，该直线以 $x_j^+ = 10, x_j^- = 0$ 为端点来避免违背非负约束。这个端点是这条线上唯一的角点解，因此，在包括模型的所有变量的解中，只有这个端点可以作为全部 CPF 解或者 BF 解的一部分。这个例子说明了为什么每个 BF 解必须有 $x_j^+ = 0$ 或者 $x_j^- = 0$（或均为 0）。

为了说明 x_j^+ 和 x_j^- 的作用，我们回到本章之前介绍的例子中，其中 x_1 重新定义为 Wyndor Glass 公司产品 1 生产率 10 的增加量。

尽管如此，现在假设 $x_1 \geq -10$ 这个约束并不包含在原始模型中，因为很清楚它并不会改变最优解（在一些问题中，特定的变量无需特定的下界约束，因为约束条件已经阻止了其取得更小值）。因此，在单纯形法应用之前，x_1 将被替换为如下差值：

$$x_1 = x_1^+ - x_1^-$$

其中

$$x_1^+ \geq 0, x_1^- \geq 0$$

具体表述如下：

$$\begin{array}{l} \text{Max} \quad Z = 3x_1 + 5x_2 \\ \text{s.t.} \quad x_1 \leq 4 \\ \qquad 2x_2 \leq 12 \\ \qquad 3x_1 + 2x_2 \leq 18 \\ \qquad x_2 \geq 0 \text{（仅有）} \end{array} \rightarrow \begin{array}{l} \text{Max} \quad Z = 3x_1^+ - 3x_1^- + 5x_2 \\ \text{s.t.} \quad x_1^+ - x_1^- \leq 4 \\ \qquad 2x_2 \leq 12 \\ \qquad 3x_1^+ - 3x_1^- + 2x_2 \leq 18 \\ \qquad x_1^+ \geq 0, x_1^- \geq 0, x_2 \geq 0 \end{array}$$

从计算的视角来说，这个方法有一个不足，就是新的等价模型变量比初始模型多。事实上，如果所有初始变量都没有下界约束，这个新的模型会有 2 倍数量的变量。幸运的是，这个方法可稍作修改以使变量的数量只增加一个，不管有多少变量被替换。这个修改就是可以通过下式替换 x_j：

$$x_j = x_j' - x''$$

其中

$$x_j' \geq 0, \quad x'' \geq 0$$

对于所有相关 j 来说，x'' 是同一个变量。x'' 的含义在这种情况下就是：x'' 为最大（绝对值）的负原始变量的当前值，因此 x_j' 就是 x_j 超过这个值的数量。因此，当 $x'' = 0$ 时，单纯形法现在可以使一些 x_j' 变量大于 0。

4.7 优化后分析

我们在 2.3 节、2.4 节和 2.5 节中强调了优化后分析——得到模型原始版本的最优解后进行的分析——构成了大多数运筹研究中非常主要、非常重要的部分。事实是，优化后分析非常重要，对于典型的线性规划应用是非常真实的。本节将关注于单纯形法在优化后分析中的作用。

表 4.17 总结了线性规划研究优化后分析的典型步骤,最右列给出了包括单纯形法在内的一些算法。这些方法在本节中将简要介绍,后序章节再具体介绍细节。

表 4.17 线性规划的优化后分析

任务	目的	方法
模型调试	查出模型中的错误和缺点	再优化
模型确认	证明模型有效	见 2.4 节
关于资源分配的最终管理决策(b_i 值)	对组织资源在研究活动与其他活动之间进行合理性分析	影子价格
模型参数估计	决定重要的估计,可能在进一步研究进影响最优解	灵敏度分析
模型参数平衡点	确定最佳权衡点	参数线性规划

由于你可能没有机会掌握这些特殊章节,本节有两个目的:一是确信至少使你在这些重要方法中有个入门;二是如果你今后有机会钻研这些问题时,为你提供有益的背景知识。

4.7.1 再优化

如 3.6 节所讨论的那样,从现实中产生的线性规划模型通常非常大,有上百个、上千个甚至上百万个约束条件和决策变量。在这种情况下,基本模型的诸多变化可能会引起我们在考虑不同应用场景时的兴趣。因此,在找到一个版本线性规划模型的最优解之后,对该模型的稍许不同版本,我们常需要再次(通常是多次)求解。在模型调试步骤中(见 2.3 节和 2.4 节),我们几乎不得不再求解若干次。同样,在优化后分析的后续步骤中我们也不得不进行剧多次数的计算。

再应用单纯形法从头求解每个新版本模型是一种简单的方法,对于大型问题每次迭代都需要成百甚至上千次迭代。尽管如此,一个更高效的方法就是再优化。再优化包括推导模型中是如何变化以至于影响到最终单纯形表(见 5.3 节和 7.1 节)。那被修改的单纯形表和原先模型的最优解就可以作为求解新模型的初始表和初始基本解。对于新模型,如果这个解是可行的,那单纯形法就可以正常应用,从这个初始 BF 解开始。如果这个解不可行,一个相关的算法称为对偶单纯形法(见 8.1 节),可能被用来找出新的最优解①,从这个初始基本解开始。

再优化方法与重新求解方式相比,一个大大的优点就是修改后模型的最优解更接近于原模型的最优解,而不是接近运用单纯形法常规构建的初始 BF 解。因此,假设模型的修改是适度的,那么,只需要稍加迭代进行再优化,无需从头开始进行上百次、上千次的运算。事实上,原先模型和修改后模型的最优解通常是相同的,这种情况下,再优化方法只需一次最优性检验而无需迭代。

4.7.2 影子价格

回忆一下,线性规划问题通常解释为向一些活动分配资源。特别地,当约束条件是"≤"形式时,我们把 b_i(右端项)理解为活动中能想到的被使用的各自资源的数量。在许多情况下,可用的数量可能会有某些限制范围。如果这样,在初始(有效的)模型中的 b_i 值实际上可能代表了管理上试验性的初始决策,这个决策是关于有多少资源会被提供给模型中所考虑的活动,而不是纳入管理视野的其他重要活动。从这个更广阔的视角来说,在修改的模型中某些 b_i 的值可能增加,但只有在管理方面有足够强大的事实证明时,这种修改才是有利可得的。

---

① 应用对偶单纯形法的一个要求就是,修正的最终表的第 0 行要通过最优性检验。如不能通过,仍有另一个称为原始-对偶方法的算法来代替。

因此,关于资源对业绩度量(Z)的经济贡献信息对于当前的研究特别重要。单纯形法以各种资源影子价格的形式提供了这类信息。

资源 i 的影子价格(用 y_i^* 表示)衡量这种资源的边际值,也就是(稍微)增加所使用资源 (b_i)的量时,相应 Z 的增长率。单纯形法通过 y_i^* = 最终单纯形表第 0 行中第 i 个松弛变量的系数,确定影子价格。

以 Wyndor Glass 公司问题为例说明:

资源 i = 所考虑的两种新新品可能的工厂 i 的生产能力

b_i = 工厂 i 关于这两种新产品每周可用的生产小时数

为新产品提供相当多的生产时间时,将需要调整生产当前产品的生产时间,因此,选择 b_i 值是一个非常困难的管理决策。正如 3.1 节和本章基本模型中所反映的试探性的初始决策为

$b_1 = 4, \quad b_2 = 12, \quad b_3 = 18$

尽管如此,管理层现在希望估计 b_i 变为任意值时产生的影响。

这 3 种资源的影子价格提供的正是管理层所需的信息,由表 4.8 的最终表得出

$y_1^* = 0 =$ 资源 1 的影子价格

$y_2^* = \dfrac{3}{2} =$ 资源 2 的影子价格

$y_3^* = 1 =$ 资源 3 的影子价格

当仅有两个决策变量时,这些数字可通过检查图形中单个 b_i 增加 1 时引起最优解 Z 的增加量 y_i^* 来得到验证。如图 4.8 中用 3.1 节提到的图解法演示证明了对于资源 2 来说的这个增量。最优解是 $(2,6)$,$Z = 36$,当 b_2 增加 1 时(从 12 增加到 13),最优解改为 $\left(\dfrac{5}{3}, \dfrac{13}{2}\right)$,$Z = 37\dfrac{1}{2}$。因此,有

$$y_2^* = \Delta Z = 37\dfrac{1}{2} - 36 = \dfrac{3}{2}$$

由于 Z 代表周利润是以"千美元"为单位的,这样,$y_2^* = \dfrac{3}{2}$ 意味着车间 2 每周对两种新产品多增加 1h 的生产时间,会使每周总利润增加 1500 美元。这在实际中可能发生吗?这取决于当前占用这个生产时间的其他产品的边际利润。如果工厂 2 的当前产品每周生产时间的每小时贡献利润少于 1500 美元,那么,把生产时间转到新产品上就是值得的。

我们将在 7.2 节中继续讨论这个例子,Wyndor Glass 公司的运筹小组将影子价格作为对模型灵敏度分析的一部分。

图 4.8 举例证明了 $y_2^* = \dfrac{3}{2}$ 是 b_2 稍作增加时 Z 的增长率。尽管如此,也证明了一种普遍现象,只有在 b_2 的增量很小的情况下才成立。一旦 b_2 的增加量超过 18 时,最优解将停留在 $(0,9)$ 而 Z 值不再增加(在那

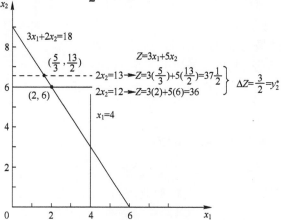

图 4.8 给出了 Wyndor Glass 公司问题中资源 2 的影子价格为 $y_2^* = \dfrac{3}{2}$。图中两个点为 $b_2 = 12$ 或 $b_2 = 13$ 时的最优解,并将这些解代入目标函数得到 b_2 增加 1 会使 Z 增加 $y_2^* = \dfrac{3}{2}$

个点,最优解对应的基变量组发生了变化,因此将得到一个新的单纯形表具有新的影子价格,包括 $y_2^* = 0$)。

注意图 4.8 中为何 $y_1^* = 0$。因为资源 1 的约束,$x_1 \leq 4$,在最优解(2,6)时没有起到约束作用,说明这种资源存在剩余。因此,当 b_1 的增加超过 4 并不会产生一个使 Z 值更大的新的最优解。

相反,对资源 2 和资源 3 的约束,$2x_2 \leq 12, 3x_1 + 2x_2 \leq 18$,是有约束力的约束(在最优解时约束等号成立)。因为这些资源的限制供应($b_2 = 12, b_3 = 18$)限制了 Z 的进一步增长,它们有正的影子价格。经济学家称这类资源是稀缺资源,而把处于过剩状态的资源(如资源 1)称为免费物品(其影子价格为 0)。

当管理者考虑组织内资源的再分配时,影子价格提供的这类信息显然是很有价值的。当增加 b_i 只需要从组织的外部市场来购买更多的资源能够实现时,影子价格也是非常有帮助的。例如,假设 Z 代表利润,项目活动的单位利润(c_i 的值)包含了所消耗资源的成本(以常规价格计算)。资源 i 正的影子价格 y_i^* 意味着以常规价格多购买一个单位的这种资源时,总利润 Z 的值可以增加 y_i^*。相反,如果在市场上必须为这种资源支付昂贵的价格时,y_i^* 代表了值得支付的最大加价(超出常规价格)费用。[①]

影子价格的理论基础由第 6 章描述的对偶理论提供。

4.7.3 灵敏度分析

在 3.3 节结尾讨论线性规划的确定性假设时,我们指出模型参数的值(表 3.3 所列的 a_{ij}、b_i 和 c_j)通常只是估计量,其真实值只有未来在线性规划研究在某个时间实施后才会知道。灵敏度分析的主要目的就是要确定灵敏参数(也就是说,如果不改变最优解,这些参数不能改变)。灵敏参数是指那些需特别小心估计的参数,使得到错误最优解的风险最小化。当实施研究时,它们也将需要特别密切地观测。如果发现灵敏参数的真实值与模型中的估计值不同时,这即意味着需要改变这个解。

如何确定灵敏参数呢?就拿 b_i 来说,你刚看到由单纯形法提供的影子价格给出的这个信息。特别地,如果 $y_i^* > 0$,若 b_i 改变,则最优解改变,因此 b_i 是灵敏参数。尽管如此,$y_i^* = 0$ 意味着最优解至少是对 b_i 的微小改变不敏感。因此,如果 b_i 所用的值是对可用(不是管理决策)资源数的估计时,那么,需要密切关注的 b_i 值是那些有正的影子价格——特别是那些大的影子价格的资源。

当仅有两个变量时,各参数的灵敏度可由图示分析完成。例如,在图 4.9 中,$c_1 = 3$ 可以变为

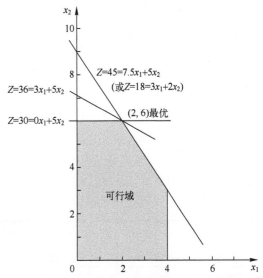

图 4.9 这个图演示了 Wyndor Glass 公司问题中 c_1 和 c_2 的灵敏度分析。从初始的目标函数线(其中 $c_1 = 3$,$c_2 = 5$,最优解为(2,6))开始,另外两条线给出了在仍然保持(2,6)为最优解时,目标函数线的斜率变化值。因此,当 $c_2 = 5$ 时,c_1 的许可范围为 $0 \leq c_1 \leq 7.5$,$c_1 = 3$ 时,c_2 的许可范围为 $c_2 \geq 2$

[①] 如果单位利润不包括所消耗资源的成本,那 y_i^* 代表增加 b_i 时值得花费的最大的总单位价格。

$0\sim7.5$ 中的任何一个值,而不会使最优解 $(2,6)$ 变化(原因是这个范围内的任意 c_1 值都可使 $Z = c_1x_1 + 5x_2$ 的斜率位于 $2x_2 = 12$ 和 $3x_1 + 2x_2 = 18$ 的斜率之间)。类似地,如果 $c_2 = 5$ 是唯一改变的参数,它可以是大于 2 的任意值,而不会影响最优解。因此,c_1 和 c_2 都不是敏感参数(你的 IOR Tutorial 上名字为"图解法与灵敏度分析"的程序可以使你非常有效地进行图解分析)。

图解分析每个 a_{ij} 参数的灵敏度最简单的方法是检查对应的约束条件在最优解时是否有限制作用。因为 $x_1 \leq 4$ 不是有限制作用的约束,其系数($a_{11} = 1, a_{12} = 0$)任何足够小的变化数也不会改变最优解,因此它们不是灵敏参数。另外,$2x_2 \leq 12$ 和 $3x_1 + 2x_2 \leq 18$ 都是有限制作用的约束,因此改变任意一个它们的系数($a_{21} = 0, a_{22} = 2, a_{31} = 3, a_{32} = 2$)都会引起最优解的变化,所以它们都是灵敏参数。

通常,在执行灵敏度分析时,与 a_{ij} 相比,我们会给 b_i 和 c_j 更多的注意力。对于有成百个甚至上千个约束和变量的现实问题,改变一个 a_{ij} 值的影响通常可以忽略不计,但改变一个 b_i 或 c_j 的值却会产生真正的影响。进一步说,在许多情况下,a_{ij} 值是由所采用的工艺决定的(a_{ij} 值有时称为工艺系数),因此它们的最终值可能会有相对小(或者没有)的不确定性。这是幸运的,因为在大型问题中 a_{ij} 参数的数量远多于参数 b_i 和 c_j。

对于多于 2 个(或者 3 个)决策变量的问题,不能像刚才对 Wyndor Glass 公司问题那样用图解法分析参数的灵敏度,但可以从单纯形法中抽取同样的信息。得到这些信息需要用到 5.3 节所述的"基本洞察"推导由初始模型参数值变化所引起的最终单纯形表的变化。其他的过程将在 7.1 节和 7.2 节中描述和说明。

4.7.4 运用 Excel 产生灵敏度分析信息

灵敏度分析通常包含在基于单纯形法的软件包中,例如,当用 Excel 电子表格建立和求解线性规划模型时,Solver 按照需求产生灵敏度分析信息(ASPE 的 Solver 也会产生同样精确的信息),如图 3.21 所示,当 Solver 给出信息找到解时,它也会在右侧给出 3 个可提供的报告列表。在求解 Wyndor Glass 公司问题后,通过选择第二个报告(标记为"灵敏度"),你将会得到如图 4.10 所示的灵敏度报告。报告的上部分表提供了决策变量及其目标函数中系数的灵敏度分析信息。报告的下部分表提供了约束条件及其右端项的灵敏度分析信息。

先看图 4.10 中的上部分,"最终值"列表示的是最优解,下列给出了"减少的成本"(我们现在不讨论"减少的成本",因为它们提供的信息也可以从上表的其余部分收集到)。接下来 3 列提供的是确定目标函数中每个系数 c_j 允许范围所必需的信息。

变量单元格						
单 元 格	名 称	最 终 值	减少的成本	目标系数	允许增加值	允许减少值
\$C\$12	生产门批数	2	0	3	4.5	3
\$D\$12	生产窗批数	6	0	5	1E+30	3
约 束 条 件						
单 元 格	名 称	最 终 值	影子价格	约束右端项	允许增加值	允许减少值
\$E\$7	工厂 1 消耗	2	0	4	1E+30	2
\$E\$8	工厂 2 消耗	12	1.5	12	6	6
\$E\$9	工厂 3 消耗	18	1	18	6	6

图 4.10 Solver 求解 Wyndor Glass 公司问题提供的灵敏度报告

对任意 c_j，它的允许范围是假定其他系数不变，保持当前最优解仍为最优时系数的取值变化范围。

"目标系数"列给出了每个系数的当前值，以千美元为单位，接下来的两列给出了这个值在允许范围内的允许增加值和允许减少值。

因此，$3-3 \leq c_1 \leq 3+4.5$，得 $0 \leq c_1 \leq 7.5$，就是针对当前最优解不变时 c_1 的允许范围（假设 $c_2=5$），如图 4.9 图形法所得到的一样。同样，由于 Excel 用 $1E+30(10^{30})$ 表示无穷大，$5-3 \leq c_2 \leq 5+\infty$，得 $2 \leq c_2$ 就是 c_2 的允许范围。

事实是，两个决策变量系数的允许增加值和允许减少值都大于 0，这提供了另一个有用的信息，如下所述。

当 Excel Solver 提供的灵敏度分析报告的上部分表格中显示，每个目标函数系数的允许增加值和允许减少值都大于 0，这标志着"最终值"列的最优解是唯一的最优解。相反，如果存在任意允许增加值和允许减少值等于 0，就标志着有多个最优解。在允许范围内稍微改变一小点相应系数的值使之大于 0，重新求解就会得到原始问题的另一个最优 CPF 解。

现在考虑图 4.10 中下部分的表格，其着重于对 3 个约束条件的灵敏度分析。"最终值"列给出取得最优解时，每个约束条件左边的值。接下来两列给出了每个约束条件的影子价格和右端项（b_i）的当前数值。当只有一个 b_i 值改变时，后两列给出的是为了保持在允许范围内，其允许增加和允许减少值。

对任意 b_i，其允许范围是假设其他右端项保持不变的情况下，使当前最优 BF 解（基变量的值有调整①）保持可行。该范围值的一个重要性质是，只要 b_i 保持在允许范围内，评估 b_i 的改变对 Z 的影响时，当前 b_i 的影子价格仍然有效。

这样，运用图 4.10 下部分，把后两列与右端项的当前值结合起来，得出如下许可范围：

$2 \leq b_1$
$6 \leq b_2 \leq 18$
$12 \leq b_3 \leq 24$

这个由 Solver 提供的灵敏度分析报告是典型的由线性规划软件包提供的灵敏度分析信息。你将在附录 4.1 中看到 LINDO 和 LINGO 会提供几乎一样的报告。MPL/Solvers 当调出解文件对话框时，也会给出同样的报告。再说一遍，对于两个变量的问题而言，这种代数法获得的信息也能从图解分析中导出（见习题 4.7-1）。例如，在图 4.8 中，$b_2 \leq 18$，当 b_2 从 12 开始增加时，位于两个约束边界 $2x_2=b_2$ 和 $3x_1+2x_2=18$ 交点上的原始最优 CPF 解仍将保持可行（包括 $x_1 \geq 0$）。

本书网站的解题示例部分包含应用灵敏度分析（图解法和灵敏度分析报告都采用了）的另一个例子。7.1 节~7.3 节将更深入地详述这类分析。

4.7.5 参数线性规划

灵敏度分析是在原始模型中一次改变一个参数检查其对最优解的影响。相反，参数线性规划（或简称参数规划）是系统性研究多个参数在某个范围内同时变化时最优解的变化情况。这种研究为灵敏度分析提供了有用的拓展延伸，例如，检查有相互关联的参数由于外因变化如经济状况变化而发生改变时造成的影响。尽管如此，更重要的应用是对参数值平衡点的研究。例如，

---

① 由于基变量的值是由方程组（扩展形式的约束条件）的联立求解得到的，如果一个右端项变化时至少这些值中有部分值会变化。尽管如此，只要右端项的新值保持在允许范围内，当前基变量的调整值仍满足非负约束并仍将可行。如果调整后的基解仍然可行，它也仍将最优。在 7.2 节中我们会进一步详述。

如果 c_i 值代表各活动的单位利润,通过适当转换活动中的人力和设备来减少其他 c_i 值为代价,而增加某些 c_i 的值是可能的。同样,如果 b_i 值代表可用资源的数量,也可通过允许减少一些 b_i 值的方法使另一些 b_i 的值增加。

在一些应用中,研究的主要目的是确定两个基本因素之间最适当的平衡点,如成本和利润之间。常用的方法是把其中一个因素表示在目标函数(如求总成本最小值)中,把相关另一个放入约束条件中(如利润≥最低可接受水平),如 3.4 节中 NORI & LEETS 公司的空气污染问题那样的做法。当通过其他代价改善了一个因素而使基于平衡点(如最小可接受利润值)的初始试验决策发生变化时,参数线性规划方法就能对其进行系统性研究。

参数线性规划的算法是灵敏度分析方法的自然拓展,因此,它也是基于单纯形法的。这个过程将在 8.2 节中描述。

4.8 计算机实现

如果计算机从未被发明,你可能不会听说线性规划和单纯形法。尽管可以通过手工(可能在计算器的辅助下)运用单纯形法解决小型问题,但其中的计算太繁琐以至于不能按照常规方法进行。尽管如此,单纯形法非常适合在计算机上执行。计算机革命使线性规划在近几十年的广泛应用成为可能。

4.8.1 单纯形法的实施

单纯形法的计算机编码现在在所有的现代计算机系统中被广泛应用。这些编码通常是精妙的数学规划软件包的一部分,它也包括了后续章节提到的许多程序(包括那些用于优化后分析的)。

这些产品的计算机编码并不是紧密遵循 4.3 节和 4.4 节中所介绍的单纯形法的代数形式或表格形式。这些形式从计算机实现角度考虑可以简化。因此,编码采用矩阵形式(通常称为改进单纯形法)代替,因其是特别适合计算机实现的。这种形式完成了与代数形式或表格形式几乎一样的工作,但是当它计算和储存当前迭代实际需要的数字时完成了这些工作,然后以更简洁的格式带着这些基本数据。改进单纯形法在 5.2 节和 5.4 节中描述。

单纯形法通常用来求解相当大型的线性规划问题。例如,强大的台式计算机(包括工作站)通常用来求解有成百上千甚至上百万个约束条件和大量决策变量的问题。有时,成功解决了有上千万约束条件和变量的问题[1]。对线性规划的某一特殊模型(如本书后续会介绍的运输问题、指派问题和最小费用流问题),甚至更大的问题现在也可以通过单纯形法的特殊版本解决。

许多因素会影响用一般单纯形法求解线性规划问题的耗时长短。最重要的一个因素就是常规约束条件的数量。事实上,计算时间与这个数量的立方大致成正比,以至于这个数量翻倍就会使运算时间大约变为 8 倍。相反,变量的数目是一个相对小的影响因素[2]。因此,变量数目翻倍将不太可能使计算时间翻倍。第三个某种重要因素是约束系数表的密度(即非 0 系数的比例),因为它影响了每次迭代的计算时间(对于实践中遇到的大型问题,密度低于 5% 甚至 1% 都是常

---

[1] 不要在家里尝试。解决这样一个巨大的问题需要一个特别高级的利用系数矩阵稀疏性的方法(如快速找到高级初始 BF 解的破碎方法)。在数据少许更新后问题周期性重复求解时,通过应用(或修改)最后的最优解提供一个初始 BF 解进行新一轮运算会省许多时间。

[2] 这个叙述是假定应用了 5.2 节和 5.4 节中介绍的改进单纯形法。

见的,这样大的稀疏性将大大加速单纯形法的计算)。关于迭代次数的一个常见经验法则是:它大约为约束条件数量的2倍。

对于大型线性规划问题,开始构建模型和将其输入计算机时发生一些错误或失误是不可避免的。因此,正如2.4节所描述的,需要一个测试和提炼模型(模型有效性)的完整过程。通常,最终产品不是一个仅由单纯形法一次求解的单一静态模型。相反,运筹小组和管理层通常考虑基于基本模型的一系列变化(有时甚至上千种变化)作为优化后分析的一部分检测不同的情境结果。当能在台式计算机上交互执行时,整个过程被大大加速。在数学规划模型语言和不断改进的计算机技术的帮助下,现在这已经很常见了。

直到20世纪80年代中期,线性规划问题还几乎是在大型计算机上求解的。从那以后,台式计算机(包括个人计算机和工作站)求解线性规划问题的能力爆发。工作站包括一些具有并行的处理能力的工作站,现在一般也用来代替大型机解决大型线性规划模型。最快的个人计算机也不会落后很远,尽管求解大型问题需要更多的内存,甚至笔记本计算机现在也能求解相当大的线性规划问题。

4.8.2 本书特色线性规划软件

如3.6节所述,你的运筹课件中的MPL软件学生版提供了一个学生友好型的模型语言,能以简洁的方式高效构建大型规划模型(和相关模型)。MPL也提供了一些经典Solver来相当快地求解这些模型。你的运筹课件中的MPL学生版包括了4个软件的学生版——CPLEX、GUROBI、CoinMP和SULUM。MPL的专业版本通常用来求解巨大的有数千(或可能甚至上百万)约束条件和决策变量的线性规划模型。本书网站提供了一个MPL教程的若干个MPL示例。

LINDO(Linear, Interactive, and Discrete Optimizer)在线性规划应用及其拓展领域有着非常长的历史。轻松用LINDO界面,作为LINDO系统(www.lindo.com)中LINGO优化模型包的子集,也是可以找到的。LINDO的长期流行部分归因于其易于使用。对于课本上规模的问题,模型被以一种直观、明确的方式输入和求解,因此,LINDO界面为学生运用提供了一个方便的工具。尽管对小问题易于使用,但专业版的LINDO/LINGO也能求解有数千(或可能甚至上百万)约束条件和决策变量的巨大模型。

本书网站的运筹课件提供包括了一个学生版的LINDO/LINGO,伴随一个扩展教程。附录4.1提供了一个快速介绍。此外,软件包括了延伸的在线帮助。运筹课件还包括了本书用到的主要示例的LINGO/LINDO公式。

针对线性规划及其扩展形式的基于电子表格的求解工具正变得越来越受欢迎。引领这条道路的是一个基本的Solver由Frontline Systems为Microsoft Excel开发的。除了Solver,Frontline Systems也曾开发了更强大的*Premium Solver*产品,包括非常多功能的分析解决平台教育版(Analytic Solver Platform for Education, ASPE)包含在你们的运筹课件中(ASPE具有强大的功能来解决除线性规划之外的许多类型的运筹问题)。现在,由于像Microsoft Excel等电子表格包的广泛使用,这些求解工具正第一时间向许多人介绍线性规划的潜力。对于课本上规模的线性规划问题(以及相当大规模的问题),电子表格提供了一个更方便的方法构建和求解模型,如3.5节所述。更强大的电子表格求解工具能求解有数千个决策变量的相当大的模型。尽管如此,当电子表格遇到一个难以处理的规模时,一个好的模型语言及其求解工具可能会提供一个更方便的方法构建并求解模型。

电子表格提供了一个优秀的沟通工具,特别是与管理人员沟通时,他们对这种形式感到非常舒服,而不是采用运筹模型的代数形式。因此,优化软件包和模型语言现在能正常输入输出数据并形成电子表格结果。例如,MPL 模型语言包括了一个改进(称为 *OptiMax Component Library*)能使建模者仍然使用 MPL 非常有效地建立模型,并能为模型使用者创建电子表格模型的感觉。

本书网站上所有这些软件、教程以及示例会为你提供关于线性规划(及一些其他领域的运筹问题)的若干能吸引你的软件选项。

4.8.3 线性规划问题可用软件选项

(1)演示示例(在 OR Tutor 中)和 IOR Tutorial 中的交互及自动程序高效学习单纯形法。

(2)Excel 及其 Solver 以电子表格的形式建立并求解线性规划模型。

(3)Analytic Solver Platform for Education (ASPE)大大扩展了 Excel 的 Solver 功能。

(4)MPL 学生版及其 Solver——CPLEX、GUROBI、CoinMP 和 SULUM——高效建立并求解大型线性规划模型。

(5)学生版 LINGO 及其 Solver(与 LINDO 共享)提供了另一个方法高效建立并求解大型线性规划模型。

你的导师将明确你用哪个软件。不论选择哪个,你将积累使用这类运筹专家们曾使用的最先进软件的经验。

4.9 求解线性规划问题的内点法

20 世纪 80 年代,运筹学上最引入注目的新发展就是求解线性规划问题的内点法的发现。这是 1984 年由 AT&T Bell 实验室的一名年轻数学家 Narendra Karmarkar 发现的,当时他借助该方法成功开发出了一个线性规划问题的新算法。尽管这种特殊算法在与单纯形法的竞争中只取得了部分成功,但以下所述的关键求解原理看上去在求解巨大的线性规划问题方面有很大潜力,而这方面可能是单纯形法做不到的。许多顶尖的研究者陆续地致力于修改 Karmarkar 算法以使其完全开发出这种潜力。已经取得了(并将继续取得)很大的进步,也开发出许多运用内点法的强大算法。如今,更强大的被设计用来求解真正大型线性规划问题的软件包除包含单纯形法及其衍生方法外,至少包括一种内点算法。随着对这些算法研究的继续,它们的计算机实现也在改进。这刺激了对单纯形法的重新研究,单纯形法的计算机实现也得到不断改进。在求解巨大问题上,这两种方法之间的竞争还在继续。

现在让我们看一下 Karmarkar 算法背后的关键思想及它后续利用内点法的一些衍生算法。

4.9.1 关键求解原理

尽管根本上不同于单纯形法,但 Karmarkar 算法还是有一点与其相同的特征。它是一种迭代算法。它开始于得到的一个可行试验解。在每次迭代中,它在可行域内从当前试验解开始移动至另一个更好的试验解。然后,继续这个过程直到达到(基本上)最优的试验解为止。

大的不同在于这些试验解的性质。对于单纯形法,试验解是 CPF 解(或扩展后的 BF 解)。因此,所有的移动都是沿着可行域的边界进行的。对于 Karmarkar 算法,试验解是内点,就是可行域边界以内的点。由于这个原因,Karmarkar 算法及其衍生算法称为内点算法。

尽管如此,由于内点算法的早期版本很早获得专利,故内点算法也通常称为障碍算法(或障碍法)。用"障碍"一词是因为从搜索的视角看,其试验解都是内点,每一个约束边界都被当作障碍。但我们将继续用提示性更强的内点算法这一术语。

为了描述内点算法,图 4.11 展示了在运筹学课件中按内点算法解 Wyndor Glass 公司问题时得到的从初始试验解(1,2)开始的路径。注意路径到达最优解(2,6)时,路径上的所有试验解(点)均在可行域边界内(所有后续的未标出的试验解也位于可行域边界内)。请将这条路径与单纯形法沿着可行域边界从(0,0)到(0,6)到(2,6)的路径进行比较。

表 4.18 给出了来自于 IOR Tutorial 关于该问题的实际输出①(自己试一下)。注意连续的试验解是如何变得越来越接近最优解,但却不会真正到达最优解。然而,这个偏差变得可以无限小,以至于最终的试验解可被认为是实际目标的最优解(本书网站的求解例题部分给出了 IOR Tutorial 关于另一个示例的输出)。

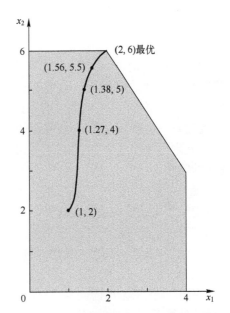

图 4.11 从(1,2)到(2,6)的曲线给出内点算法的一个典型路径,穿过 Wyndor Glass 公司问题可行域的内部

在 8.4 节给出了 IOR Tutorial 中内点算法的详细说明。

表 4.18 运筹课件中内点法求解 Wyndor Glass 公司问题结果输出

迭 代	x_1	x_2	Z
0	1	2	13
1	1.27298	4	23.8189
2	1.37744	5	29.1323
3	1.56291	5.5	32.1887
4	1.80268	5.71816	33.9989
5	1.92134	5.82908	34.9094
6	1.96639	5.90595	35.429
7	1.98385	5.95199	35.7115
8	1.99197	5.97594	35.8556
9	1.99599	5.98796	35.9278
10	1.99799	5.99398	35.9639
11	1.999	5.99699	35.9819
12	1.9995	5.9985	35.991
13	1.99975	5.99925	35.9955
14	1.99987	5.99962	35.9977
15	1.99994	5.99981	35.9989

① 这个程序称为内点算法的自动求解。对算法的特定参数 α(8.4 节中有定义),选项菜单提供了两个选择。这里选择了默认值 $\alpha=0.5$。

4.9.2 与单纯形法的比较

比较内点法和单纯形法的一个有意义的方法是检验它们理论上的计算复杂性。Karmarkar已证明他算法的原始版本是一个多项式时间算法,即求解任何线性规划问题所需的时间能被界定为该问题规模的多项式函数。病态的反例已经被构建出来为了说明单纯形法不具备这个性质,因此它是一个指数时间算法(即所需时间仅由问题规模的指数函数界定)。在最坏的情况下,这个差别是很明显的。然而,它并未告诉我们其在真实问题上平均表现的比较情况,这才是更重要的问题。

决定一个算法在真实问题上的表现的两个基本因素就是每次迭代的平均计算时间和迭代次数。我们接下来的比较就涉及这两个因素。

内点算法远比单纯形法复杂得多。每一次迭代都需要相当多的扩展运算才能找到下一个试验解。因此,内点算法每次迭代的计算时间是单纯形法计算时间的几倍长。

对相当小的问题,内点算法需要的迭代次数与单纯形法需要的迭代次数相比差不多。例如,对于具有10个约束条件的问题,两种算法大约都需要20次迭代。因此,对类似规模的问题,内点法的总计算时间将是单纯形法的数倍长。

另一方面,内点法的主要优点就是求解大型问题不需要比小型问题产生更多的迭代次数。例如,一个有10000个约束条件的问题可能只需100次以内的迭代。甚至考虑到这个规模的问题每次迭代所需的基本时间,如此少的迭代次数也会使问题变得容易处理。相反,单纯形法可能需要20000次迭代,因此可能需要大量的计算时间。因此,对于这种非常大型的问题来说,内点算法常常比单纯形法快。对于处理有成百上千(甚至上百万)个约束条件的巨大问题时,内点法可能是求解问题最好的期望。

关于求解大型问题的迭代次数有非常大差异的原因是所遵循的求解路径不同。每次迭代中,单纯形法沿着可行域边界从当前CPF解移至相邻的CPF解。大型问题有天文数字般的CPF解,从初始CPF解出发至最优解可能是一个沿着边界的非常迂回的路径,每次只走一小步就到达了下一个相邻CPF解,因此到达最优解必须经过相当多的步数。相反,内点算法避开了所有这些而直接通过可行域直击最优解。增加更多的约束条件会增加更多的可行域边界,但对通过可行域内部的这条路径上的试验解的个数几乎没有影响。这常常使得内点法有可能求解拥有大量约束条件的问题。

最后一个关键的关注在于4.7节所述的各种优化后分析的能力。单纯形法及其衍生方法非常适合并且已被广泛应用于这类分析,不幸的是,内点法在该领域能力有限[①]。考虑到优化后分析的巨大重要性,而这恰恰是内点法的一个主要劣势。但是,我们接下来将指出单纯形法和内点法如何相结合克服这个劣势。

4.9.3 优化后分析中单纯形法和内点算法的结合

像刚才提到的那样,内点法的主要缺点就是其在进行优化后分析时的能力有限。为了克服这个缺点,研究者们已经开发出在内点法结束后转向单纯形法的计算程序。回忆一下,内点算法得到的试验解会越来越接近最优解(最佳CPF解),但不会精确到达那里。因此,转换程序需要

[①] 然而,旨在增加这种能力的研究已经取得一些进步。例如,参考 E. A. Yildirim and M. J. Todd: "Sensitivity Analysis in Linear Programming and Semidefinite Programming Using Interior-Point Methods," *Mathematical Programming*, Series A, 90(2): 229-261, April 2001。

识别离最后试验解非常接近的 CPF 解(或扩展后的 BF 解)。

例如,通过看图 4.11,很容易看出表 4.18 中的最终试验解非常接近 CPF 解(2,6)。不幸的是,对有上千个决策变量的问题(因此没有图形可用)时,识别一个邻近的 CPF 解(或 BF 解)是非常具有挑战性和消耗时间的任务。然而,开发一个交叉算法将内点法得到的解转化为一个 BF 解,这方面已经取得了可喜的进步。

一旦这个邻近的 BF 解被发现后,对单纯形法的最优性检验被用于检验其是否为实际上的最优 BF 解。如果不是,单纯形法通过迭代从该 BF 解移到最优解。一般地,只需要非常少数的几次迭代(可能一次),因为内点算法已将我们带到非常接近最优解了。因此,这些迭代会很快完成,即使对那些太巨大以致很难从头求解的问题也是如此。在实际到达最优解后,单纯形法及其变种也被用于进行优化后分析。

4.10 结 论

单纯形法是求解线性规划的一个有效而可靠的算法,它也为非常有效地进行多种优化后分析奠定了基础。

尽管它具有一个有意义的几何解释,但单纯形法仍是一个代数过程。每次迭代中,它通过选择进基变量和出基变量,用高斯消元法求解一个线性方程组,实现从当前 BF 解移向一个更好的相邻 BF 解。当当前解没有更好的相邻 BF 解时,当前解就是最优解,算法停止。

我们介绍了单纯形法的完整代数形式表达它的逻辑,接着我们将其简化为更方便的表格形式。为了准备开始单纯形法,有时需用人工变量得到人工问题的初始 BF 解。如果是这种情况,不论使用大 M 法还是两阶段法都能确保单纯形法得到真实问题的最优解。

单纯形法及其变种的计算机实现已变得非常强大,以至于它们现在通常被用于求解巨大的线性规划问题。内点算法也为解决这类问题提供了一个强大的工具。

附录 4.1 LINDO 和 LINGO 的使用介绍

LINDO 软件可用以下两种形式或语句接受优化模型:LINDO 语句或 LINGO 语句。我们将首先描述 LINDO 语句结构。LINDO 语句的优点:对简单的线性规划和整数规划问题的描述是非常容易和自然的,自 1981 年得到广泛使用。

LINDO 语句允许自然输入一个教材中的模型。例如,这里给出了 3.1 节介绍的 Wyndor Glass 公司问题的输入方法。假设你已经安装了 LINGO,只要单击 LINGO 图标启动 LINGO,然后立即输入下列语句:

```
! Wyndor Glass Co. Problem. LINDO model
! X1 = batches of product 1 per week
! X2 = batches of product 2 per week
! Profit, in 1000 of dollars,
MAX Profit) 3 X1 + 5 X2
Subject to
! Production time
Plant1) X1 <= 4
Plant2) 2 X2 <= 12
```

```
Plant3)  3 X1 + 2 X2 <= 18
END
```

前4行,每行都以一个感叹号作为开始,是简单的注释。第四行注释进一步说明目标函数以1000美元为单位。数字1000没有像通常表达时在后面3位数字之前加逗号,因为LINDO/LINGO不接受逗号(LINDO语句也不接受代数表达式中的括号)。第五行继续描述这个模型,决策变量可以是小写字母也可以是大写字母。大写字母通常用于使变量在接下来的下标中不显得矮小。你可以使用更有提示性的名称来代替X1或X2,像生产的产品名称,如门窗等单词拼写来代表模型中的决策变量。

LINDO式的第五行表示模型的目标是使目标函数$3x_1+5x_2$最大化。单词利润后加括号表示最优。这就清楚了,在解报告中代表最大化的量称为利润。

第七行的注释指出下列约束为所用生产时间。接下来3行对每个约束条件开头处给出一个名称(紧跟的一个括号表明这个名称是可选的)。这些约束除不等式符号外以通常方式书写。因为大多数键盘不包括"≤"和"≥",LINDO将"<"或"<="作为"≤",将">"或">="作为"≥"(在有"≤"和"≥"的键盘,LINDO将不再识别它们)。

约束条件的结尾处标记单词END。变量的非负约束不需列出,因为LINDO自动假设所有变量≥ 0。如果说,x_1不存在非负约束,这将意味着在END下面一行键入FREE X1。

为了在LINGO/LINDO中求解模型,单击LINGO窗口顶端红色牛眼状的求解按钮。图A4.1给出了"求解报告"的结果。顶端一行给出已找到的全局最优解,目标函数值为36,经两次迭代。接下来就是最优解中x_1和x_2的值。

```
Global optimal solution found.
Objective value:                    36.00000
Total solver iterations:

  Variable        Value      Reduced Cost
      X1       2.000000         0.000000
      X2       6.000000         0.000000

      Row   Slack or Surplus    Dual Price
   PROFIT      36.00000         1.000000
   PLANT1       2.000000         0.000000
   PLANT2       0.000000         1.500000
   PLANT3       0.000000         1.000000
```

图 A4.1 由LINDO语句提供的关于Wyndor Glass公司问题的解报告

"Value"列右端的列给出了缩减成本(Reduced Cost)。本章中我们未曾讨论过,因为它们反映的信息也能从目标函数系数允许范围中收集到。这些允许范围也是可以得到的(你将在下个图中看到)。当这个变量是最优解中的基变量时(如在Wyndor Glass公司问题中的两个变量),其缩减成本自动为0。当一个变量为非基变量时,缩减成本提供了一些有意义的信息。当一个变量的目标函数系数在求最大值的模型中太小或在求最小值的模型中太大,在最优解中其值将为0。缩减成本意味着这个系数需要增大(目标求最大值时)或减小(目标求最小值时)多少,最优解才会发生变化,这个变量才会变成基变量。尽管如此,回顾一下,同样的信息也能从目标函数里该变量系数的允许值中得到。缩减成本(非基变量)恰好是在允许范围内该系数当前值的允许增加值(目标求极大值时)或允许减小值(目标求极小值时)。

图A4.1的底部提供了关于3个约束条件的信息。其松弛或剩余列给出了每个约束条件左右两端的差值,对偶价格列给出了另一个名字,影子价格,曾在4.7节中讨论过(这个可替换的名字来自于 6.1 节中发现的事实,就是这些影子价格正是第 6 章介绍的对偶变量的最优值)。需要注意,LINDO 采用了与本书各处习惯相比不同的符号规约(见 4.7 节中有关影子价格定义的脚注)。特别地,对目标最小化问题,LINGO/LINDO 的影子价格(对偶价格)是我们得到数字的负值。

在 LINDO 提供了解报告后,你将可以选择进行范围(灵敏度)分析。图 A4.2 给出了范围报告,是由单击 LINDGO I Range 生成的。

除了目标函数中的系数用千美元为单位代替美元为单位外,这个报告与前面图 4.10 中用 Solver 生成的灵敏度分析报告的最后 3 列是一致的。如曾在 4.7 节所讨论的,范围报告的前 2 行数字表示目标函数中每个系数的允许范围(假设模型中其他不变)为

$$0 \leqslant c_1 \leqslant 7.5$$
$$2 \leqslant c_2$$

类似地,最后 3 行表示每个右端项的允许范围(假设模型中其他不变)为

$$2 \leqslant b_1$$
$$6 \leqslant b_2 \leqslant 18$$
$$12 \leqslant b_3 \leqslant 24$$

你可以通过单击 Files | Print 以标准的 Windows 风格打印结果。

```
Ranges in which the basis is unchanged:
               Objective Coefficient Ranges
               Current      Allowable    Allowable
Variable    Coefficient    Increase     Decrease
   X1         3.000000     4.500000     3.000000
   X2         5.000000     INFINITY     3.000000
               Righthand Side Ranges
               Current      Allowable    Allowable
Row              RHS        Increase     Decrease
 PLANT1       4.000000     INFINITY     2.000000
 PLANT2      12.000000     6.000000     6.000000
 PLANT3      18.000000     6.000000     6.000000
```

图 A4.2　由 LINDO 提供的关于 Wyndor Glass 公司问题的允许范围

这都是启动 LINGO/LINDO 的基础,可以打开或关闭报告生成。例如,如果标准解自动生成报告已被关闭(简洁模式),可以通过单击 LINGO | Options | Interface | Output level | Verbose | Apply 返回。生成范围报告的功能可以通过单击 LINGO | Options | General solver | Dual computations | Prices & Ranges | Apply 打开或关闭。

LINGO 支持的第二种输入风格就是 LINGO 语句。LINGO 语句比 LINDO 语句强大得多。应用 LINGO 语句的优点:①允许任意的数学表达,包括括号和所有熟悉的数学运算,如乘、除、对数、三角函数等;②不仅能求解线性规划问题,也能求解非线性规划问题;③能适应具有下标的变量和集合功能的大应用;④能从电子表格或数据库中读取输入数据并将解信息发回电子表格或数据库中;⑤能自然表达稀疏关系;⑥编程功能,使你在进行参数分析时可以自动求解一系列模型;⑦快速建立并求解机会约束规划问题(见 7.5 节)和随机规划问题(见 7.6 节)。在 LINGO 中 Wyndor 问题应用 subscript/sets 表达的式子如下:

```
! Wyndor Glass Co. Problem;
SETS:
```

```
    PRODUCT: PPB, X; ! Each product has a profit/batch
and amount;
    RESOURCE: HOURSAVAILABLE; ! Each resource has a capacity;
! Each resource product combination has an hours/batch;
RXP( RESOURCE,PRODUCT): HPB;
ENDSETS
DATA:
PRODUCT = DOORS WINDOWS; ! The products;
    PPB = 3 5; ! Profit per batch;
        RESOURCE = PLANT1 PLANT2 PLANT3;
HOURSAVAILABLE = 4 12 18;
    HPB = 1 0 ! Hours per batch;
        0 2
        3 2;
ENDDATA
! Sum over all products j the profit per batch times batches
produced;
MAX = @SUM( PRODUCT(j): PPB(j) * X(j) );
@FOR( RESOURCE(i) ): ! For each resource i...;
! Sum over all products j of hours per batch time batches
produced...;
@SUM( RXP(i,j): HPB(i,j) * X(j) ) <= HOURSAVAILABLE(i);
);
```

原始的 Wyndor 问题有 2 个产品和 3 种资源。如果将其扩展为有 4 个产品和 5 种项资源，这是一个平常的变化，只需要在 DATA 部分插入相应的新数据，模型的式子将会自动调整。它的 subscript/sets 功能也允许自然表达 3 阶的或更高阶的模型。3.6 节中描述的大型问题有 5 个维度：工厂、机器、产品、地区/客户和时间周期。这难以用 2 维的电子表格表示，但却很容易用带有 sets 和 subscript 的模型语言来表达。在实际上，像在 3.6 节中多达 10（10）（10）（10）（10）= 100000 个可能的关系组合并不存在，即并非所有工厂可以生产所有的产品，并非所有客户都需要所有的产品。这个建模语言中的 subscript/sets 功能使表达这类稀疏的关系更容易。

对你涉及的大多数模型，LINGO 能自动识别你正在使用 LINDO 语句还是 LINGO 语句。你可以通过单击 LINGO |Options | Interface | File format | lng（对 LINGO）或 ltx（对 LINDO）选择你的默认语句。

LINGO 包含一个扩展的在线支持（Help）菜单，给出更多例子和更多细节。第 3 章补充材料 1 和 2（见本书网站）也提供了相对完整的对 LINGO 的介绍。网站上的 LINGO 教程也提供了更多的细节。网站上关于各章的 LINGO/LINDO 文件给出了大多数章节中例子的 LINGO/LINDO 建模。

参 考 文 献

[1] Dantzig, G. B., and M. N. Thapa: *Linear Programming 1: Introduction*, Springer, New York, 1997.

[2] Denardo, E. V.: *Linear Programming and Generalizations: A Problem-based Introduction with Spreadsheets*, Springer, New

York, 2011.

[3] Fourer, R.: "Software Survey: Linear Programming," *OR/MS Today*, June 2011, pp. 60-69.
[4] Luenberger, D., and Y. Ye: *Linear and Nonlinear Programming*, 3rd ed., Springer, New York, 2008.
[5] Maros, I.: *Computational Techniques of the Simplex Method*, Kluwer Academic Publishers (now Springer), Boston, MA, 2003.
[6] Schrage, L.: *Optimization Modeling with LINGO*, LINDO Systems, Chicago, 2008.
[7] Tretkoff, C., and I. Lustig: "New Age of Optimization Applications," *OR/MS Today*, December 2006, pp. 46-49.
[8] Vanderbei, R. J.: *Linear Programming: Foundations and Extensions*, 4th ed., Springer, New York, 2014.

习　题

一些习题(或其部分)左边的符号有如下含义。

D:前面列出的相应演示示例可能会有帮助。

I:我们建议你使用前面列出的相应交互程序(打印出你的工作记录)。

C:用任意一个可选软件(或导师指定的)通过计算机自动求解(见本书4.8节所介绍的或本书中和网站中列出的选项清单)。

题号上有星号表示书后至少会给出该题的一部分答案。

4.1-1　考虑如下问题。

Max $Z = x_1 + 2x_2$

s.t. $x_1 \leq 2$

$x_2 \leq 2$

$x_1 + x_2 \leq 3$

且

$x_1 \geq 0, x_2 \geq 0$

(a) 画出可行域并圈出所有CPF解。

(b) 对于每个CPF解,确定它满足的一对约束条件方程。

(c) 对于每个CPF解,用这对约束方程来代数求解当前角点的 x_1 和 x_2 值。

(d) 对于每个CPF解,确定其相邻CPF解。

(e) 对于每一对相邻CPF解,通过给出其方程来表示它们共享的约束边界。

4.1-2　考虑如下问题。

Max $Z = 3x_1 + 2x_2$

s.t. $2x_1 + x_2 \leq 6$

$x_1 + 2x_2 \leq 6$

且

$x_1 \geq 0, x_2 \geq 0$

D,I(a) 用图解法求解这个问题,圈出图中所有的角点解。

(b) 对于每个CPF解,确定它满足的一对约束条件方程。

(c) 对于每个CPF解,确定其相邻CPF解。

(d) 计算每个CPF解相应的 Z 值,用这些信息确定最优解。

(e) 图上描出单纯形法逐步求解问题所做的工作。

4.1-3　一个有两个活动的线性规划模型可行解如下。

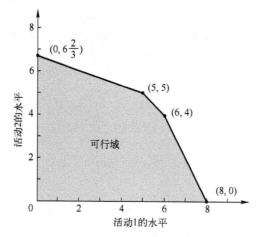

目标是使两项活动的总利润最大。活动 1 的单位利润是 1000 美元,活动 2 的单位利润是 2000 美元。

(a) 计算每个 CPF 解的总利润,用这些信息确定最优解。

(b) 用 4.1 节中给出的单纯形法的求解原理求出一系列 CPF 解,它们会在单纯形法到达最优解时被检验。

4.1-4* 考虑习题 3.2-3 中构建的线性规划模型(书后给出)。

(a) 用图形分析确定这个模型所有的角点解,并逐个标出可行或不可行。

(b) 计算每一个 CPF 的目标函数值,用这些信息确定最优解。

(c) 用 4.1 节中给出的单纯形法的求解原理求出一系列 CPF 解,它们会在单纯形法到达最优解时被检验(提示:对这个模型有两个可选的结果要确定)。

4.1-5 对下面问题重复习题 4.1-4 的要求。

Max $Z = x_1 + 2x_2$

s.t. $x_1 + 3x_2 \leq 8$

$x_1 + x_2 \leq 4$

且

$x_1 \geq 0, x_2 \geq 0$

4.1-6 图上描出单纯形法逐步求解如下问题时所做的工作。

Max $Z = 2x_1 + 3x_2$

s.t. $-3x_1 + x_2 \leq 1$

$4x_1 + 2x_2 \leq 20$

$4x_1 - x_2 \leq 10$

$-x_1 + 2x_2 \leq 5$

且

$x_1 \geq 0, x_2 \geq 0$

4.1-7 图上描出单纯形法逐步求解如下问题时所做的工作。

Min $Z = 5x_1 + 7x_2$

s.t. $2x_1 + 3x_2 \geq 42$

$3x_1 + 4x_2 \geq 20$

$x_1 + x_2 \geq 18$

且

$x_1 \geq 0, x_2 \geq 0$

4.1-8 标出下面关于线性规划问题的叙述是正确还是错误，然后解释你的答案。

（a）关于求目标最小值的问题，如果评估一个 CPF 解的目标函数值不比每个相邻 CPF 解大，则这个解是最优解。

（b）只有 CPF 解是最优，所以最优解的数量不会超过 CPF 解的数量。

（c）如果存在多个最优解，那最优 CPF 解可能会有也是最优解的相邻 CPF 解（Z 有相同值）。

4.1-9 如下叙述给出了关于 4.1 节描述的 6 个求解原理的不正确解释。对每种情况，解释表述的错误之处。

（a）最好的 CPF 解都是一个最优解。

（b）单纯形法的一次迭代检查是否当前 CPF 解最优，如果不是，转到一个新的 CPF 解。

（c）尽管任意 CPF 解能被选中作为初始 CPF 解，单纯形法总是选择原点。

（d）当单纯形法准备要选择一个新的 CPF 解，并从当前 CPF 向其移动时，它仅考虑相邻 CPF 解，因为它们中的一个更可能成为最优解。

（e）选择要从当前 CPF 解移动到的新的 CPF 解时，单纯形法识别出所有相邻 CPF 解并决定哪个给出最大的目标函数值的增长率。

4.2-1 再考虑习题 4.1-4 中的模型。

（a）引入松弛变量是为了写出约束条件的扩展形式。

（b）对每一个 CPF 解，通过计算松弛变量的值找出相应的 BF 解。对每个 BF 解，用变量的值确定非基变量和基变量。

（c）对每个 BF 解，证明（通过代入解）当非基变量被设为 0 后，该 BF 解也是（a）中得到的方程组的联立解。

4.2-2 重新考虑习题 4.1-5 中的模型，按照习题 4.2-1 中（a）、（b）、（c）的要求：

（d）对角点不可行解和相应的基不可行解重复（b）。

（e）对基不可行解重复（c）。

4.3-1 阅读 4.3 节应用案例中全面描述运筹研究中提到的参考文献，简要描述单纯形法在该研究中的应用，然后列举该研究得出的各种金融与非金融收益。

D,I **4.3-2** 用单纯形法（代数形式）一步步求解习题 4.1-4 中的模型。

4.3-3 重新考虑习题 4.1-5 中的模型。

（a）用单纯形法（代数形式）手工求解这个模型。

D,J（b）用你的 IOR Tutorial 中相应的交互程序重复（a）。

C（c）运用基于单纯形法的软件包验证你求得的最优解。

D,I **4.3-4*** 用单纯形法（代数形式）一步步求解下述问题。

Max $Z = 4x_1 + 3x_2 + 6x_3$

s.t. $3x_1 + x_2 + 3x_3 \leq 30$

$2x_1 + 2x_2 + 3x_3 \leq 40$

且

$x_1 \geq 0, x_2 \geq 0, x_3 \geq 0$

D,I **4.3-5** 用单纯形法（代数形式）一步步求解下述问题。

Max $Z = x_1 + 2x_2 + 4x_3$

s.t. $3x_1+x_2+5x_3 \leq 10$

$x_1+4x_2+x_3 \leq 8$

$2x_1+2x_3 \leq 7$

且

$x_1 \geq 0, x_2 \geq 0, x_3 \geq 0$

4.3-6 考虑如下问题。

Max $Z=5x_1+3x_2+4x_3$

s.t. $2x_1+x_2+x_3 \leq 20$

$3x_1+x_2+2x_3 \leq 30$

且

$x_1 \geq 0, x_2 \geq 0, x_3 \geq 0$

已知最优解中的非零变量是 x_2 和 x_3。

(a) 不实际执行任何迭代,描述你如何能用该信息改造单纯形法,以便以尽可能少的迭代次数求解(从通常的初始 BF 解开始)该问题。

(b) 用(a)中开发的程序手工求解该问题(不要使用运筹学课件)。

4.3-7 考虑如下问题。

Max $Z=2x_1+4x_2+3x_3$

s.t. $x_1+3x_2+2x_3 \leq 30$

$x_1+x_2+x_3 \leq 24$

$3x_1+5x_2+3x_3 \leq 60$

且

$x_1 \geq 0, x_2 \geq 0, x_3 \geq 0$

已知最优解中 $x_1>0, x_2=0, x_3>0$。

(a) 不实际执行任何迭代,描述你如何能用该信息改造单纯形法,以便以尽可能少的迭代次数求解(从通常的初始 BF 解开始)该问题。

(b) 用(a)中开发的程序手工求解该问题(不要使用运筹学课件)。

4.3-8 标出下面的叙述是正确还是错误,然后通过参考本章中具体的描述来解释你的答案。

(a) 单纯形法选择进基变量的准则得到应用,是因为它总是指向最好的相邻 BF 解(Z 最大)。

(b) 单纯形法选择出基变量的最小比准则得到应用,因为另一个较大比率的选择可能会产生不可行的基解。

(c) 单纯形法求解下一个 BF 解时,运用初等代数变换从某个方程(它所在的方程)之外的其他方程中消去每个非基变量,并使其在这个方程的系数为+1。

D,I 4.4-1 用单纯形法的表格形式重做习题 4.3-2。

D,I,C 4.4-2 用单纯形法的表格形式重做习题 4.3-3。

4.4-3 考虑如下问题。

Max $Z=2x_1+x_2$

s. t. $x_1+x_2 \leqslant 40$

$4x_1+x_2 \leqslant 100$

且

$x_1 \geqslant 0, x_2 \geqslant 0$

(a) 用手工画图法求解这个问题,并确定所有的 CPF 解。

D,I(b) 用 IOR Tutorial 图解法求解这个问题。

D(c) 用单纯形法的代数形式手工计算求解这个问题。

D,I(d) 用 IOR Tutorial 单纯形法的代数形式交互求解这个问题。

D(e) 用单纯形法的表格形式手工计算求解这个问题。

D,I(f) 用 IOR Tutorial 单纯形法的表格形式交互求解这个问题。

C(g) 用基于单纯形法的软件包来求解这个问题。

4.4-4 对以下问题重复习题 4.4-3 的要求。

Max $Z=2x_1+3x_2$

s. t. $x_1+2x_2 \leqslant 30$

$x_1+x_2 \leqslant 20$

且

$x_1 \geqslant 0, x_2 \geqslant 0$

4.4-5 考虑如下问题。

Max $Z=2x_1+4x_2+3x_3$

s. t. $3x_1+4x_2+2x_3 \leqslant 60$

$2x_1+x_2+2x_3 \leqslant 40$

$x_1+3x_2+2x_3 \leqslant 80$

且

$x_1 \geqslant 0, x_2 \geqslant 0, x_3 \geqslant 0$

D,I(a) 用单纯形法的代数形式一步一步求解。

D,I(b) 用单纯形法的表格形式一步一步求解。

C(c) 用基于单纯形法的软件包来求解这个问题。

4.4-6 考虑如下问题。

Max $Z=3x_1+5x_2+6x_3$

s. t. $2x_1+x_2+x_3 \leqslant 4$

$x_1+2x_2+x_3 \leqslant 4$

$x_1+x_2+2x_3 \leqslant 4$

$x_1+x_2+x_3 \leqslant 3$

且

$x_1 \geqslant 0, x_2 \geqslant 0, x_3 \geqslant 0$

D,I(a) 用单纯形法的代数形式一步一步求解。

D,I(b) 用单纯形法的表格形式求解。

C(c) 用基于单纯形法的计算机软件包来求解这个问题。

D,I 4.4-7 用单纯形法(表格形式)一步一步求解如下问题。

Max $Z = 2x_1 - x_2 + x_3$

s.t. $3x_1 + x_2 + x_3 \leq 6$

$x_1 - x_2 + 2x_3 \leq 1$

$x_1 + x_2 - x_3 \leq 2$

且

$x_1 \geq 0, x_2 \geq 0, x_3 \geq 0$

D,I 4.4-8 用单纯形法一步一步求解如下问题。

Max $Z = -x_1 + x_2 + 2x_3$

s.t. $x_1 + 2x_2 - x_3 \leq 20$

$-2x_1 + 4x_2 + 2x_3 \leq 60$

$2x_1 + 3x_2 + x_3 \leq 50$

且

$x_1 \geq 0, x_2 \geq 0, x_3 \geq 0$

4.5-1 考虑如下关于线性规划和单纯形法的叙述,标出每个叙述是正确还是错误,然后解释你的答案。

(a) 在单纯形法的一次具体迭代中,如果纠结于选择哪个变量作为出基变量,那么,接下来的 BF 解必须至少有一个基变量等于 0。

(b) 如果某次迭代中没有出基变量,那该问题无可行解。

(c) 如果最终表的第 0 行中至少有一个基变量的系数为 0,那该问题有多个最优解?

(d) 如果一个问题有多个最优解,那该问题必定有有界可行域。

4.5-2 假设如下约束是一个线性规划模型的约束条件,决策变量是 x_1 和 x_2。

$-x_1 + 3x_2 \leq 30$

$-3x_1 + x_2 \leq 30$

且

$x_1 \geq 0, x_2 \geq 0$

(a) 图解证明可行域无界。

(b) 如果目标函数为 Max $Z = -x_1 + x_2$,模型有最优解吗?如果存在,求出来。如果不存在,解释为什么不存在。

(c) 当目标函数为 Max $Z = x_1 - x_2$,重复(b)的要求。

(d) 对于没有最优解模型的目标函数,意味着没有针对于模型的好解吗?请解释。在构建模型时什么地方会出错?

D,I(e) 选择一个目标函数使这个模型没有最优解。然后用单纯形法一步一步证明 Z 无界。

C(f) 对于(e)中选的目标函数,用基于单纯形法的软件包证明 Z 无界。

4.5-3 按照习题 4.5-2 中的说明,但约束条件如下。

$2x_1 - x_2 \leq 20$

$x_1 - 2x_2 \leq 20$

且

$x_1 \geq 0, x_2 \geq 0$

D,I 4.5-4 考虑如下问题。

Max $Z = 5x_1 + x_2 + 3x_3 + 4x_4$

s.t. $x_1 - 2x_2 + 4x_3 + 3x_4 \leq 20$

$-4x_1 + 6x_2 + 5x_3 - 4x_4 \leq 40$

$2x_1 - 3x_2 + 3x_3 + 8x_4 \leq 50$

且

$x_1 \geq 0, x_2 \geq 0, x_3 \geq 0, x_4 \geq 0$

用单纯形法一步一步证明 Z 无界。

4.5-5 任何可行域有界的线性规划问题具有一个基本的性质，就是每个可行解能表示为 CPF 解的凸组合（可能不只一种方法）。类似地，对于问题的扩展形式，每个可行解也能表示为 BF 解的凸组合。

(a) 证明任何一组可行解的任意凸组合一定是可行解（所以任意 CPF 解的凸组合一定可行）。

(b) 引用(a)的结果证明任意 BF 解的凸组合一定是一个可行解。

4.5-6 运用习题 4.5-5 中给出的事实，证明下列观点对于可行域有界和有多个最优解的任意线性规划问题一定为真。

(a) 每个最优 BF 解的凸组合一定最优。

(b) 没有其他可行解是最优的。

4.5-7 考虑两个变量的线性规划问题，其 CPF 解为(0, 0)，(6, 0)，(6, 3)，(3, 3) 和 (0, 2)（见习题 3.2-2 中可行域图）。

(a) 利用可行域的图确定模型的所有约束条件。

(b) 对于每对相邻 CPF 解，给出目标函数的一个示例，使位于两个角点之间线段上的所有点成为多个最优解。

(c) 现在假设目标函数是 Max $Z = -x_1 + 2x_2$，用图解法找到所有的最优解。

D,I(d) 对于(c)中的目标函数，用单纯形法一步一步地找出所有最优 BF 解。然后写出代数表达式表示所有的最优解。

D,I 4.5-8 考虑如下问题。

Max $Z = x_1 + x_2 + x_3 + x_4$

s.t. $x_1 + x_2 \leq 3$

$x_3 + x_4 \leq 2$

且

$x_j \geq 0, j = 1, 2, 3, 4$

用单纯形法一步一步求出所有最优 BF 解。

4.6-1* 考虑如下问题。

Max $Z = 2x_1 + 3x_2$

s.t. $x_1 + 2x_2 \leq 4$

$x_1 + x_2 \leq 3$

且

$x_1 \geq 0, x_2 \geq 0$

D,I(a) 图解这个问题。

(b) 用大 M 法,建立完整的首个单纯形表,确定相应的初始(人工)BF 解,并确定初始进基变量和出基变量。

I(c) 继续(b)的工作,用单纯形法一步一步求解。

4.6-2 考虑如下问题。

Max $Z = 4x_1 + 2x_2 + 3x_3 + 5x_4$

s.t. $2x_1 + 3x_2 + 4x_3 + 2x_4 = 300$

$8x_1 + x_2 + x_3 + 5x_4 = 300$

且

$x_j \geq 0, j = 1, 2, 3, 4$

(a) 用大 M 法,建立完整的首个单纯形表,确定相应的初始(人工)BF 解,并确定初始进基变量和出基变量。

I(b) 用单纯形法一步一步求解。

(c) 用两阶段法,建立第一阶段完整的首个单纯形表,确定相应的初始(人工)BF 解,并确定初始进基变量和出基变量。

I(d) 一步一步地完成第一阶段。

(e) 建立第二阶段完整的首个单纯形表。

I(f) 一步一步地完成第二阶段求解。

(g) 比较(b)和(d)、(f)中得到的一系列 BF 解,对于通过引入人工变量建立的人工问题,这些解中哪些是可行的?对真实问题哪些解是可行的?

C(h) 用基于单纯形法的软件包来求解问题。

4.6-3* 考虑如下问题。

Min $Z = 2x_1 + 3x_2 + x_3$

s.t. $x_1 + 4x_2 + 2x_3 \geq 8$

$3x_1 + 2x_2 \geq 6$

且

$x_1 \geq 0, x_2 \geq 0, x_3 \geq 0$

(a) 将这个问题改写,使其符合 3.2 节描述线性规划问题的标准形式。

I(b) 用大 M 单纯形法一步一步求解这个问题。

I(c) 用两阶段法一步一步求解这个问题。

(d) 比较(b)和(c)中得到的系列 BF 解,这些解中哪些对于引入人工变量构建的人工问题是可行的,如此对真实问题实际可行。

C(e) 用基于单纯形法的软件求解这个问题。

4.6-4 对于大 M 法,解释当所有人工变量都不是基变量时,为什么单纯形法决不选择一个人工变量作为进基变量。

4.6-5 考虑如下问题。

Max $Z = 90x_1 + 70x_2$

s.t. $2x_1 + x_2 \leq 2$

$x_1 - x_2 \geq 2$

且

$x_1 \geq 0, x_2 \geq 0$

(a) 图解证明这个问题没有可行解。

C(b) 用基于单纯形法的计算机软件包证明这个问题无可行解。

I(c) 用大 M 单纯形法一步一步求解证明这个问题无可行解。

I(d) 用两阶段法的第一阶段重复(c)。

4.6-6 按照习题 4.6-5 的要求完成下题。

Min $Z = 5000x_1 + 7000x_2$

s.t. $-2x_1 + x_2 \geq 1$

$x_1 - 2x_2 \geq 1$

且

$x_1 \geq 0, x_2 \geq 0$

4.6-7 考虑如下问题。

Max $Z = 2x_1 + 5x_2 + 3x_3$

s.t. $x_1 - 2x_2 + x_3 \geq 20$

$2x_1 + 4x_2 + x_3 = 50$

且

$x_1 \geq 0, x_2 \geq 0, x_3 \geq 0$

(a) 用大 M 法,建立完整的首个单纯形表,确定相应的初始(人工)BF 解,并确定初始进基变量和出基变量。

I(b) 用单纯形法一步一步求解。

I(c) 用两阶段法,建立第一阶段完整的首个单纯形表,确定相应的初始(人工)BF 解,并确定初始进基变量和出基变量。

I(d) 一步一步地完成第一阶段。

(e) 建立第二阶段完整的首个单纯形表。

I(f) 一步一步地完成第二阶段求解。

(g) 比较(b)和(d)、(f)中得到的一系列 BF 解,对于通过引入人工变量建立的人工问题,这些解中哪些是可行的?对真实问题哪些解是可行的?

C(h) 用基于单纯形法的软件包求解问题。

4.6-8 考虑如下问题。

Min $Z = 2x_1 + x_2 + 3x_3$

s.t. $5x_1 + 2x_2 + 7x_3 = 420$

$3x_1 + 2x_2 + 5x_3 \geq 280$

且

$x_1 \geq 0, x_2 \geq 0, x_3 \geq 0$

I(a) 用两阶段法,一步一步地完成第一阶段。

C(b) 用基于单纯形的软件包建立并求解第一阶段的问题。

I(c) 一步一步地完成第二阶段求解原始问题。

C(d) 用基于单纯形的软件包求解原始问题。

4.6-9* 考虑如下问题。

Min $Z = 3x_1 + 2x_2 + 4x_3$

s.t. $2x_1 + x_2 + 3x_3 = 60$

$3x_1 + 3x_2 + 5x_3 \geq 120$

且

$x_1 \geq 0, x_2 \geq 0, x_3 \geq 0$

I(a) 用大 M 单纯形法一步一步求解这个问题。

I(b) 用两阶段法一步一步求解这个问题。

(c) 比较(a)和(b)中得到的一系列 BF 解,对于通过引入人工变量建立的人工问题,这些解中哪些是可行的?对真实问题哪些解是可行的?

C(d) 用基于单纯形的软件包求解这个问题。

4.6-10 按照习题 4.6-9 的要求完成下题。

Min $Z = 3x_1 + 2x_2 + 7x_3$

s. t. $\quad -x_1 + x_2 = 10$

$\quad 2x_1 - x_2 + x_3 \geq 10$

且

$x_1 \geq 0, x_2 \geq 0, x_3 \geq 0$

4.6-11 标出以下每个叙述是正确还是错误,然后解释你的答案。

(a) 当一个线性规划模型有一个等式约束,一个人工变量将被引入这个约束,是为了在启动单纯形法时,能有明确的对原始问题可行的初始基解。

(b) 当通过引入人工变量建立一个人工问题时,用大 M 法如果人工问题最优解中的所有人工变量都等于 0,那真实问题就没有可行解。

(c) 两阶段法通常在实践中应用是因为它通常到达最优解时比大 M 法需要较少的迭代。

4.6-12 考虑如下问题。

Max $Z = x_1 + 4x_2 + 2x_3$

s. t. $\quad 4x_1 + x_2 + 2x_3 \leq 5$

$\quad -x_1 + x_2 + 2x_3 \leq 10$

且

$x_2 \geq 0, x_3 \geq 0$

(x_1 没有非负约束)

(a) 将这个问题改写,使所有变量都有非负约束。

D,I(b) 用单纯形法一步一步求解这个问题。

C(c) 用基于单纯形的软件包求解这个问题。

4.6-13* 考虑如下问题。

Max $Z = -x_1 + 4x_2$

s. t. $\quad -3x_1 + x_2 \leq 6$

$\quad x_1 + 2x_2 \leq 4$

$\quad x_2 \geq -3$

(x_1 无下界约束)

D,I(a) 图解这个问题。

(b) 重新改写这个问题使其只有两个约束条件并且所有变量没有非负约束。

D,I(c) 用单纯形一步一步求解这个问题。

4.6-14 考虑如下问题。

Max $Z = -x_1 + 2x_2 + x_3$

s. t. $\quad 3x_2+x_3 \leqslant 120$

$\quad\quad x_1-x_2-4x_3 \leqslant 80$

$\quad\quad -3x_1+x_2+2x_3 \leqslant 100$

(没有非负约束)

(a) 将这个问题改写,使所有变量都有非负约束。

D,I(b) 用单纯形法一步一步求解这个问题。

C(c) 用基于单纯形的计算机软件包求解这个问题。

4.6-15 本章对于目标函数为求最大值的线性规划问题,描述了单纯形法并应用于该问题。4.6 节描述了将求最小值的问题转化为等价的求最大值的问题以便用单纯形法求解。对于求最小值问题的另一个选项就是对本章描述的单纯形法的规则做稍许修改,以能够直接应用该算法。

(a) 描述将需要进行的这些修改。

(b) 用大 M 法,应用(a)中修改的方法直接手工求解如下问题(不要用你的运筹课件)。

Min $Z=3x_1+8x_2+5x_3$

s. t. $\quad 3x_2+4x_3 \geqslant 70$

$\quad\quad 3x_1+5x_2+2x_3 \geqslant 70$

且

$x_1 \geqslant 0, x_2 \geqslant 0, x_3 \geqslant 0$

4.6-16 考虑如下问题。

Max $Z=-2x_1+x_2-4x_3+3x_4$

s. t. $\quad x_1+x_2+3x_3+2x_4 \leqslant 4$

$\quad\quad\quad x_1-x_3+x_4 \geqslant -1$

$\quad\quad\quad\quad 2x_1+x_2 \leqslant 2$

$\quad\quad x_1+2x_2+x_3+2x_4 = 2$

且

$x_2 \geqslant 0, x_3 \geqslant 0, x_4 \geqslant 0$

(x_1 无非负约束)

(a) 将这个问题改写,使其符合 3.2 节描述线性规划问题的标准形式。

(b) 用大 M 法,建立完整的首个单纯形表,确定相应的初始(人工)BF 解,并确定初始进基变量和出基变量。

(c) 用两阶段法,建立第一阶段首个单纯形表的第 0 行。

C(d) 用基于单纯形的计算机软件包求解这个问题。

I 4.6-17 考虑如下问题。

Max $Z=4x_1+5x_2+3x_3$

s. t. $\quad x_1+x_2+2x_3 \geqslant 20$

$\quad\quad 15x_1+6x_2-5x_3 \leqslant 50$

$\quad\quad x_1+3x_2+5x_3 \leqslant 30$

且

$x_1 \geqslant 0, x_2 \geqslant 0, x_3 \geqslant 0$

用单纯形法一步一步地证明这个问题没有任何可行解。

4.7-1 参考图 4.10 和 3.1 节中 Wyndor Glass 公司问题各个右端项的允许范围结果,用图解分析证明每个允许范围是正确的。

4.7-2 重新考虑习题 4.1-5 中模型。理解各个约束条件的右端项为各资源的可用数量。

I(a) 用如图 4.8 中的图形分析确定各资源的影子价格。

I(b) 用图形分析来对这个模型进行灵敏度分析。特别地,通过检查确定最优解的图形,检查模型中的每个参数决定是否为灵敏参数(最优解不变时参数值不变)。

I(c) 用如图 4.9 中的图形分析方法,决定每个 c_j 值(目标函数中 x_j 的系数)的允许范围。在该范围当前最优解将保持最优。

I(d) 只改变一个 b_i 值(约束条件 i 的右端项)改变相应的约束边界。如果当前最优 CPF 解位于这个约束边界上,这个 CPF 解也将变化。用图形分析确定每个 b_i 值的允许范围。在该范围这个 CPF 解将保持可行。

C(e) 用基于单纯形法的计算机软件包求解这个问题,验证(a)、(c)、(d)中你的答案,然后生成灵敏度分析信息。

4.7-3 给你如下线性规划问题。

Max $Z = 4x_1 + 2x_2$

s.t. $2x_1 \leq 16$(资源 1)

$x_1 + 3x_2 \leq 17$(资源 2)

$x_2 \leq 5$(资源 3)

且

$x_1 \geq 0, x_2 \geq 0$

D,I(a) 图解该问题。

(b) 用图形分析找出资源的影子价格。

(c) 求出最优值 Z 增加 15,资源 1 将需要再增加多少个单位。

4.7-4 考虑如下问题。

Max $Z = x_1 - 7x_2 + 3x_3$

s.t. $2x_1 + x_2 - x_3 \leq 4$(资源 1)

$4x_1 - 3x_2 \leq 2$(资源 2)

$-3x_1 + 2x_2 + x_3 \leq 3$(资源 3)

且

$x_1 \geq 0, x_2 \geq 0, x_3 \geq 0$

D,I(a) 用单纯表法一步一步地求解该问题。

(b) 确定 3 种资源的影子价格并描述它们的意义。

C(c) 用基于单纯形法的软件包求解问题并生成灵敏度信息。用该信息确定每种资源的影子价格、每个目标函数系数的许可范围和每个右端项的许可范围。

4.7-5* 考虑如下问题。

Max $Z = 2x_1 - 2x_2 + 3x_3$

s.t. $-x_1 + x_2 + x_3 \leq 4$(资源 1)

$2x_1 - x_2 + x_3 \leq 2$(资源 2)

$x_1 + x_2 + 3x_3 \leq 12$(资源 3)

且

$x_1 \geq 0, x_2 \geq 0, x_3 \geq 0$

D,I(a) 用单纯表法一步一步地求解该问题。

(b) 确定 3 种资源的影子价格并描述它们的意义。

C(c) 用基于单纯形法的软件包求解问题并生成灵敏度信息。用该信息确定每种资源的影子价格、每个目标函数系数的许可范围和每个右端项的许可范围。

4.7-6 考虑如下问题。

Max $Z = 5x_1 + 4x_2 - x_3 + 3x_4$

s.t. $3x_1 + 2x_2 - 3x_3 + x_4 \leq 24$(资源 1)

$3x_1 + 3x_2 + x_3 + 3x_4 \leq 36$(资源 2)

且

$x_1 \geq 0, x_2 \geq 0, x_3 \geq 0, x_4 \geq 0$

D,I(a) 用单纯表法一步一步地求解该问题。

(b) 确定两种资源的影子价格并描述它们的意义。

C(c) 用基于单纯形法的软件包求解问题并生成灵敏度信息。用该信息确定每种资源的影子价格、每个目标函数系数的许可范围和每个右端项的许可范围。

4.8-1 用你的 IOR Tutorial 中的内点法求解习题 4.1-4 中的模型。从 Option 菜单中选择 $\alpha = 0.5$，用 $(x_1, x_2) = (0.1, 0.4)$ 作为初始试验解，然后进行 15 次迭代。画出可行域的图形，然后描出试验解穿过可行域的轨迹。

4.8-2 对习题 4.1-5 中的模型重复习题 4.9-1。

案 例

案例 4.1 织物与秋装

从她办公楼的 10 楼，Katherine Rally 注视着成群的纽约人奋斗在挤满了黄色出租车的街道和杂乱摆放着热狗摊的人行道上。在这个炎热的 7 月的一天，她特别注意各类女人的时装，猜测着她们在秋季将会选择穿什么。她的想法并不是随便想想，这些想法对她的工作非常重要，因为她拥有并管理 TrendLines 公司，一个精品女装公司。

今天是一个特别重要的日子，因为她必须与生产经理 Ted Lawson 见面，要制定下个月的秋装生产计划。具体地说，她必须根据每个工厂的生产能力、有限的资源和需求预计，确定她将要生产的每种时装系列的产量。下个月产量的精确计划对于秋季销售是非常重要的，因为下个月生产的服装系列 9 月份将会出现在商店中，女人通常会在 9 月秋装最先上市时大量购买。

她转身回到堆放杂乱的玻璃桌前并注视着盖在上面的大量文件。她的目光徘徊在几乎 6 个月前就设计出的时装款式上，每种款式的需要原料的清单，以及在时装表演上通过消费者调查得出的对各款服装需求预测的清单上。她想起设计秋季时装线并在纽约、米兰和巴黎的时装发布会上展出时那些繁忙并有时像恶梦一样的日子。最终，她为秋装系列作品付给她团队的 6 个设计师共 860000 美元。加上雇用模特、发型师、化妆师，缝制和修改服装、制作布景、时装表演设计和排练、租用会议厅等，3 场发布会的每场都另外花费了 2700000 美元。

她研究了服装款式和原料需求。她的秋装系列中包括正装和休闲装。她根据服装原料质量和成本、人力和机器成本、种类需求和 TrendLines 品牌的声誉，确定了每种服装的售价。

秋季正装包括：

服装种类	原料消耗	价格/美元	人力与机器成本/美元
羊毛宽松长裤	3 码羊毛, 2 码醋酸面料	300	160
羊绒衫	1.5 码羊绒	450	150
丝绸衬衫	1.5 码丝绸	180	100
真丝背心	0.5 码丝绸	120	60
西服裙	2 码人造丝, 1.5 码醋酸面料	270	120
羊毛外套	2.5 码羊毛, 1.5 码醋酸面料	320	140

秋季休闲装包括：

服装种类	原料消耗	价格/美元	人力与机器成本/美元
天鹅绒裤	1.5 码天鹅绒, 2 码醋酸面料	350	175
棉毛衫	1.5 码棉织物	130	60
棉裙	0.5 码棉织物	75	40
天鹅绒衫	1.5 码天鹅绒	200	160
纽扣衬衫	1.5 码人造丝	120	90

她知道这些，为了下个月，她已订了 45000 码的羊毛、28000 码的醋酸面料、9000 码的羊绒、18000 码的丝绸、30000 码的人造丝、20000 码的天鹅绒和 30000 码棉织物用于生产。原料价格如下：

原料	每码价格/美元	原料	每码价格/美元
羊毛	9	人造丝	2.25
醋酸面料	1.5	天鹅绒	12
羊绒	60	棉织物	2.5
丝绸	13		

生产中未使用的原材料可退给织物批发商，全价返还涉及的材料款项，但零碎的原料片不能再退给批发商。

丝绸衬衫和棉毛衫会有剩余边角料。具体地，生产一件丝绸衬衫或一件棉毛衫分别需要 2 码丝绸和棉织物。在这 2 码中，1.5 码用于丝绸衬衫或者棉毛衫，剩下 0.5 码成了边角料。她不想浪费原料，所以计划用丝或棉的长方形余料分别生产一件真丝背心或一条棉裙。因此，在生产一件丝绸衬衫的同时会生产出一件真丝背心。同样，生产一件棉套衫的同时生产出一条棉裙。注意：不需要通过生产丝绸衬衫和棉毛衫，也可以单独生产真丝背心和棉裙。

需求预测表明，有些品种的服装需求有限。具体来说，因为天鹅绒裤和天鹅绒衫是一时的流行风尚，TrendLines 预测只能卖出 5500 条天鹅绒裤和 6000 件天鹅绒衫。TrendLines 并不想比预测需求量生产更多，因为一旦裤子和衫过时了，公司就不能卖掉它们。TrendLines 可以比预测需求量生产的少，因为公司并不需要满足需求。羊绒衫需求量也有限，因为它相当贵，TrendLines 预计最多能卖出 4000 件。丝绸衬衫和真丝背心需求也有限，因为大多数女人认为丝绸很难打理，TrendLines 预计最多可卖 12000 件丝绸衬衫和 15000 件真丝背心。

需求预测还表明，羊毛宽松长裤、西服裙和羊毛外套需求很大，因为它们是各种职业套装的基本搭配。具体地说,羊毛宽松长裤需求为 7000 条、羊毛外套需求为 5000 件。Katherine 希望满足这两种服装至少 60% 的需求来保住她的忠实顾客基础使将来不丢失生意。尽管西服裙需求无法估计,但 Katherine 觉得至少应生产 2800 条。

(a) Ted 正试图使 Katherine 相信不要生产天鹅绒衫。因为这种时装的需求相当小。他认为光这种时装本身就需要固定设计和其他费用共 500000 美元。出售这种时装的净贡献(服装价格-原料成本-人工成本)能够弥补固定成本。每件天鹅绒衫净贡献 22 美元,他认为,给定这一净贡献值,即使满足最大需求也不会产生一点利润。你如何看待他的观点?

(b) 在给定产量、资源和需求约束下,建立并求解利润最大化的线性规划模型。

在做出最终决策之前,除非另有说明,Katherine 打算独自探究以下问题。

(c) 织物批发商通知 Katherine 天鹅绒不能退回,因为需求预测表明未来天鹅绒的需求将会下降。因此,Katherine 将无法得到天鹅绒的返还款。这个因素会怎样改变生产计划?

(d) 针对(b) 和 (c)求得的解有区别,直观的经济解释是什么?

(e) 裁缝在缝制衣袖和把它们缝到羊毛外套时遇到了困难,因为外套的款式有奇怪的形状,而粗重的羊毛原料很难切割和缝制。缝一件羊毛外套而增加的人工时间使每件外套的人工和设备成本增加 80 美元。给出这一最新成本,各种时装应分别生产多少件才能使利润最大化?

(f) 织物批发商通知 Katherine 由于另一织物顾客取消了订单,她可得获得额外 10000 码的醋酸面料。各种时装 TrendLines 应分别生产多少件才能使利润最大化?

(g) TrendLines 假设 9 月和 10 月未卖出的各类服装,可以在 11 月的一次大的展销会上以原价的 60% 卖出。因此,它可以在 11 月的展销会上无限量销售各种服装(前面提到的需求上限只与 9 月和 10 月的销售有关)。应如何制定新的生产计划以使利润最大化?

案例 4.2 新前沿

美银将很快开始为其用户提供网上银行。为了制定其通过互联网提供服务的计划,将在三类社团 4 个不同年龄组的人群中开展调查。美银正在制定一些约束条件关于被调查每个年龄组和每个社团范围应该有多大。需要用线性规划来制定一个调查计划,满足所有不同场景下的调查约束并使总成本最小。

案例 4.3 给学校安排学生

在决定关闭其一所中学后,斯普林菲尔德教育局需要将所有下一届中学学生重新安排到 3 个保留的学校。许多学生将乘坐公共汽车,因此最小化总的乘车成本将是一个目标。另一个目标是对于步行与骑车上学的学生,最小化其不方便性和安全担忧。

已知 3 所学校的能力,并需要大致平衡每个学校中 3 个年级的学生数量,如何用线性规划确定每个学校应分配城市 6 个住宅区中每个区的学生数量?如果每一个住宅区必须整个被安排到同一所学校将会发生什么?(该示例将在案例 7.3 和案例 12.4 中继续。)

第 5 章 单纯形法

第 4 章介绍了单纯形方法的基本技巧。现在我们将深入分析一下更加具体的方法。5.1 节讨论构成单纯形法基础的几何与代数的基本性质。然后讨论单纯形法的矩阵形式,它大大简化了计算机的执行过程。接下来我们给出有关单纯形法的基本规律,使我们能够了解如何从初始单纯形表变化到最终单纯形表中。该规律是第 6 章(对偶理论)和 7.1 节~7.3 节(灵敏度分析)的基础。本章然后介绍改进单纯形法,该方法将单纯形法的矩阵形式进一步流程化。此外,单纯形法的软件算法是基于改进的单纯形法。

5.1 单纯形法基础

4.1 节介绍了角点可行解及其在单纯形法中所起的关键作用,在 4.2 节和 4.3 节中我们把这些几何概念与单纯形法的代数联系起来。然而,这些都是基于 Wyndor Glass 公司问题背景下,只有两个决策变量,所以可以直观地进行几何解释。当我们解决更复杂的问题时,这些原理如何才能推广到较高的维数呢?本节我们将讨论这个问题。

我们从介绍 n 维变量的线性规划问题的一些基本术语开始。在我们做这些介绍时你会发现,参考图 5.1(与图 4.1 相同)在二维空间($n=2$)中解释这些定义很有帮助。

5.1.1 术语

我们已经很清楚任何线性规划问题的最优解一定位于可行域的边界上。因为边界是一个几何概念,所以先用定义阐明可行域的边界怎样用代数表示。

任何约束的约束边界方程都是通过把"≤""="或"≥"转化成"="获得的。

因此,函数约束条件的约束边界方程形式就是 $a_{i1}x_1+a_{i2}x_2+\cdots+a_{in}x_n=b_i$,而非负约束条件的约束边界方程形式是 $x_j=0$。在 n 维空间中,每一个这样的方程定义了一个"平滑"的几何图形,称为超平面,类似于二维空间中的直线、三维空间中的平面。这个超平面用对应的约束形成了约束边界(Constraint Boundary)。当约束符号为"≤"或"≥"时,边界约束条件把所有满足约束条件的点(所有位于一侧的点,包含约束边界)和不满足约束条件的点(所有位于约束边界另一侧的点)区分开。当约束符号为"="时,只有在约束边界上的点满足约束条件。

例如,Wyndor Glass 公司问题有 5 个约束(3 个约束函数和 2 个非负约束),所以它有 5 个边界约束方程,如图 5.1 所示。由于 $n=2$,定义这些约束边界方程的超平面为简单直线。因此,5 个约束条件的约束边界为如图 5.1 所示的 5 条直线。

可行域的边界仅包括满足一个或多个约束边界方程的可行解。

在几何上,可行域边界上的任意点都位于一个或多个约束边界方程所定义的超平面上。在图 5.1 中,边界由 5 条粗线组成。

下一步,我们会给出一个 n 维空间中"角点可行解解"的一般定义。角点可行解(CPF),是指不位于任何其他两个可行解连接的线段上的可行解。

如定义所述,若有可行解位于其他两个可行解连接的线段上,那么,这个可行解就不是

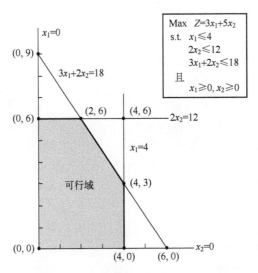

图 5.1　Wyndor Glass 公司问题的约束边界、约束边界方程和角点解

CPF 解。例如，$n=2$，图 5.1 中，点 (2,3) 不是 CPF 解，因为它位于许多条这样的线段上，如点 (0,3) 和点 (4,3) 连接的线段。类似地，(0,3) 也不是一个 CPF 解，因为它位于点 (0,0) 和点 (0,6) 连接的线段上。但是，(0,0) 是一个 CPF 解，因为不可能找到其他两个可行解位于点 (0,0) 的两端。

当决策变量的个数 n 大于 2 或 3 时，CPF 的定义对确定解就不方便了。因此，运用代数方法对解释这种问题是最有效的。在 Wyndor Glass 公司的例子中，图 5.1 中每一个 CPF 解都位于两条约束线段交点上，即有两个边界约束方程的方程组的公共解。表 5.1 总结了这些解的情况，其中定义方程指的是约束边界方程，由这些方程得出(定义)所列出的 CPF 解。

在任何有 n 维向量的线性规划问题中，每一个 CPF 解都位于 n 个约束边界的交点上，即它是有 n 个约束边界方程的方程组的公共解。

然而，这并不是说每个从 $n+m$ 个约束(n 个非负约束和 m 个函数约束)中选出的 n 个约束边界方程的组合都能产生一个 CPF 解。特别是，这样一个方程组的公共解可能会不满足一个或多个没有被选中的另外 m 个约束。这种情况下，它就是一个角点非可行解。

本例中有 3 个这样的解，如表 5.2 所列。

表 5.1　Wyndor Glass 公司问题每个 CPF 解的定义方程

CPF 解	CPF 解的定义方程
(0,0)	$x_1 = 0$
	$x_2 = 0$
(0,6)	$x_1 = 0$
	$2x_2 = 12$
(2,6)	$2x_2 = 12$
	$3x_1 + 2x_2 = 18$
(4,3)	$3x_1 + 2x_2 = 18$
	$x_1 = 4$
(4,0)	$x_1 = 4$
	$x_2 = 9$

表 5.2　Wyndor Glass 公司问题中角点非可行解的定义方程

角点非可行解	定义方程
(0,9)	$x_1 = 0$
	$3x_1 + 2x_2 = 18$
(4,6)	$2x_2 = 12$
	$x_1 = 4$
(6,0)	$3x_1 + 2x_2 = 18$
	$x_2 = 0$

此外，一个 n 维约束边界方程组可能完全无解。在这个例子中发生了两次，即：①$x_1=0$ 和 $x_1=4$；②$x_2=0$ 和 $2x_2=12$。我们不考虑这样的方程组。

最后还有种可能(在这个例子中不会发生)是由于方程减少，一个 n 维约束边界方程组有多个解。你也不需要关注这种情况，因为单纯形方法绕过了这些困难。

还应当提到有可能在 n 个约束方程中有多于一个以上组合得到相同的角点解。例如，Wyndor Glass 公司问题中的 $x_1 \leq 4$ 约束若用 $x_1 \leq 2$ 替换，在图 5.1 中的 CPF 解 (2,6) 可以从 3 对约束方程中的任意一对中导出(这是在 4.5 节中讨论的不同内容的退化例子)。

对这个例子做总结，对 5 个约束和 2 个变量，有 10 对约束边界方程，其中 5 对变为 CPF 解(表5.1)，3 对变为角点非可行解的定义方程(表5.2)，2 对无解。

5.1.2 相邻 CPF 解

4.1 节介绍了相邻 CPF 解和它们在线性规划问题中的作用，我们现在来详细说明。

回顾第 4 章(当我们不考虑松弛变量、剩余变量和人工变量时)单纯形法从当前的 CPF 解转型它相邻的一个 CPF 解的每一次迭代，这个过程会沿着怎样的路径呢？相邻 CPF 解的真正意义是什么呢？首先我们把这些问题用几何来阐述，然后转到代数解释。

当 $n=2$ 时，这些问题很好回答。在这种情况下，可行域的边界由形成了多边形的几条相连的线段组成，如图 5.1 中 5 条粗线所示。这些线段就是可行域的边界。从每个 CPF 解引出的是这样的两条边界线，在其另一端就是一个相邻 CPF 解(注意：图 5.1 中，每一个 CPF 解是如何有两个相邻的 CPF 解)。在一次迭代中遵循的路径就是沿着该边界线从一端移动到另一端。在表 5.1 中，第一次迭代为沿边界从点 (0,0) 移动到点 (0,6)。接着的下一步迭代是沿边界从点 (0,6) 移动到点 (2,6)。表 5.1 中，每一次到相邻 CPF 解的移动都包含了一个定义方程组(约束边界方程组，依此方程组得到解)的变化。

当 $n=3$ 时，答案就显得更加复杂一些。为了帮助你想象将会发生什么，图 5.2 展示了当 $n=3$ 时的一个典型的可行域图形，这里的点为 CPF 解。这个可行域是个多面体而不是当 $n=2$ 时的个多边形(图 5.1)。因为约束边界现在是平面而不是直线，多面体的表面形成了可行域的边界，每个面都是满足其他约束条件的约束边界的一部分。注意：每个 CPF 解都取决于 3 个约束的交点(有时包括一些非负约束而形成约束边界 $x_1=0,x_2=0$ 和 $x_3=0$)。这些解也满足其他约束，而不满足一个或多个其他约束条件的交点则是角点非可行解。

图 5.2 中的粗线部分描述了单纯形法典型迭代的路径。点 (2,4,3) 是开始迭代的当前 CPF 解，点 (4,2,4) 是迭代结束后的新 CPF 解。点 (2,4,3) 为 $x_2=4,x_1+x_2=6$ 和 $-x_1+2x_3=4$。3 个约束边界的交点，所以这 3 个方程是这个 CPF 解的定义方程。如果 $x_2=4$ 的定义方程被移走，另外两个约束边界(平面)的交界就会形成一条直线。这条直线上的两个线段，如图 5.2 所示为点 (2,4,3) 到点 (4,2,4) 的粗线，位于可行域的边界上。这条线以外的点都是不可行的。这条线段就是可行域的边界，它的端点 (2,4,3) 和点 (4,2,4) 就是相邻 CPF 解。

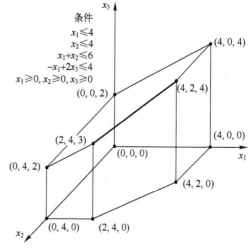

图 5.2 3 变量线性规划问题的可行域和 CPF 解

当 $n=3$ 时，所有的可行域的边界都是以这种方式形成的可行线段,它位于两个约束边界的交界处,边界的两个端点就是相邻 CPF 解。在图 5.2 中,可行域由 15 条边界构成,这样就有 15 对相邻 CPF 解。对于当前 CPF 解(2,4,3),有 3 种方法来移走这 3 个定义方程的一个来得到另外两个约束方程的交界,所以从点(2,4,3)就可以引出 3 个边界。点(4,2,4)、点(0,4,2)和点(2,4,0)就是由这 3 个边界分别引出的,它们就是点(2,4,3)的相邻 CPF 解。

下步迭代中,单纯形法选择了 3 条边界中的一个,如图 5.2 中的粗线段所示,然后沿着这条边界移动,从点(2,4,3)直移到第一个新的约束边界 $x_1=4$ 的另一个端点上(我们不能继续沿着这条直线到下一个约束边界 $x_2=0$,因为这样就得出了一个角点非可行解(6,0,5))。这两个边界与新的约束边界的交点即为新的 CPF 解(4,2,4)。

当 $n>3$ 时,相同的原理可以推广到更高的维数,除非约束边界为超平面而不是平面。

考虑任何一个具有 n 个决策变量和一个有界的可行域的线性规划问题。一个 CPF 解位于 n 个约束边界的交点上(并且也满足其他约束)。一个可行域的边界是一条可行的线段,它位于 $n-1$ 个约束边界线的交界处,该边界线的每一个端点都处于另一个约束边界上(所以这些端点为 CPF 解)。如果连接两个 CPF 解的线段为可行域的边界,那么,这两个 CPF 解就是相邻的。从每个 CPF 解引出的 n 条这样的边界,每条边界都可以得出 n 个相邻 CPF 解之一。单纯形法的每一次迭代就是从当前 CPF 解沿这 n 条边界线之一移动到相邻的一个 CPF 解。

当从几何视角转到代数视角时,约束边界的交点就转化为约束边界方程的公共解了。得出(定义)了一个 CPF 解的 n 个边界约束方程就是它的定义方程,去掉其中一个方程就得到了一条直线,其可行部分就是该可行域边界线段。

下面分析一下 CPF 解的重要性质,然后阐述所有这些原理的内涵解释单纯形法。然而,由于你才接触到上面的总结,还是让我们预习一下它的含义。当单纯形法选择了一个入基变量时,它的几何解释就是选择了从当前 CPF 解引出的移动所遵循的一条边。从 0 开始增加这个变量值(同时相应改变其他基变量值)相当于解点沿着这条边移动。使一个基变量(出基变量)减少直到 0 时,相应地到达了位于可行域边界另一端的第一个新约束边界。

5.1.3 CPF 解的性质

我们现在关注 CPF 解的 3 个主要性质,对任何有可行解和一个有界可行域的线性规划问题都成立。

性质 1:(a)如果只有一个最优解,它一定是 CPF 解。(b)如果有许多最优解(在有界可行域中),至少两个必为相邻 CPF 解。

性质 1 从几何视角来看更加直观。首先考虑(a)情况,在 Wyndor Glass 公司问题的例子中(图 5.1)最优解(2,6)就是 CPF 解。注意:得出这个结果的例子没有什么特别之处。任何只有一个最优解的问题,总是可能使目标函数线(超平面)提升,直到在可行域的一角触到一点(最优解)。

我们现在给出此项的代数证明。

对性质 1 的(a)情况证明:我们用反证法给予证明,假设只有一个最优解但它不是 CPF 解。我们会在下面说明这个假设会得出矛盾结论从而不可能是正确的(这个假设的最优解用 x^* 表示,目标函数值用 Z^* 表示)。

回顾 CPF 解的定义(不位于任何其他两个可行解连接的线段上的可行解)。由于假设最优解 x^* 不是 CPF 解,这就意味着必定存在另外两个这样的可行解,其连线中一定包含这个最优解。设这两个可行解分别为 x'、x''，用 Z_1、Z_2 分别表示它们各自的目标函数值。当 $0<\alpha<1$ 时，x'、x'' 连成的线段上其他的点为

$$x^* = \alpha x'' + (1-\alpha) x'$$

这样

$$Z' = \alpha Z_2 + (1-\alpha) Z_1$$

因为权数 α 与 $1-\alpha$ 之和为 1，那么，Z^*、Z_1、Z_2 相比较可能性只有①$Z^* = Z_1 = Z_2$；②$Z_1 < Z^* < Z_2$；③$Z_1 > Z^* > Z_2$。第一种可能性表示 x' 和 x'' 都为最优解，这与只有一个最优解的假设矛盾。后两种可能与 x^*（不是 CPF 解）是最优解的假设矛盾。得出的结论为当只有一个最优解时，它不可能不是 CPF 解。

现在考虑(b)情况，在 3.2 节中，在最优解的定义下，我们曾经通过改变目标函数 $Z = 3x_1 + 2x_2$ 来证明过(b)情况（图 3.5）。当我们图解这个问题时，目标函数线持续上移直到包含连接两个 CPF 解(2,6)和解(4,3)的线段。同样的事情也会在多维情况下发生，除非目标函数超平面持续上移直到包含连接两点（或多点）的相邻 CPF 解的线段。这样，所有的最优解都可以通过对最优 CPF 解的加权平均而获得（这种情形在习题 4.5-5 和习题 4.5-6 中有进一步描述）。

性质 1 的真正意义在于它极大地简化了寻找最优解的方法，因为我们只需考虑 CPF 解。这种简化的过程将在性质 2 中被强调。

性质 2：只有有限个 CPF 解。

这条性质在图 5.1 和图 5.2 中已经被证实。图 5.1 中只有 5 个 CPF 解，图 5.2 中有 10 个。下面分析为什么解的个数是有限的，其实每一个 CPF 解都是 $m+n$ 个约束边界方程中的 n 个方程公共解。$m+n$ 个方程中每次取 n 个不同方程的组合数为

$$\binom{m+n}{n} = \frac{(m+n)!}{m!n!}$$

这是一个有限的数目。因此，这个数目即为 CPF 解个数的一个上限。在图 5.1 中，$m=3$，$n=2$，所以只有 10 组由两个方程组成的方程组，但只有 5 组能得出 CPF 解。在图 5.2 中，$m=4$，$n=3$，有 35 组由 3 个方程组成的方程组，但只有 10 组能得出 CPF 解。

性质 2 指出，原则上详尽的列举就可以得到一个最优解，即寻找并比较所有的有限个 CPF 解。但是，CPF 解的有限个数也就可能是 CPF 解无限多的个数（在实际应用中）。例如，一个相当小的只是 $m=50$、$n=50$ 线性规划问题，就要求解 $\dfrac{100!}{(50!)^2} \approx 10^{29}$ 组方程组。相反，在这种规模的问题中，单纯形法只需要测试大约 100 个 CPF 解。可以获得这么大量的节约是经过 4.1 节中最优性检验的。性质 3 将再次说明。

性质 3：如果一个 CPF 解没有相邻 CPF 解比它更优（以 Z 来测量），那么，就不存在任何更好的 CPF 解。这样，假定这个问题至少有一个最优解（由问题具有可行解和一个有界的可行域来保证），这个 CPF 解就是最优解（由性质 1）。

为说明性质 3，考虑图 5.1 中的 Wyndor Glass 公司问题。CPF 解(2,6)的相邻 CPF 解为(0,6)和(4,3)，它们的 Z 值都不比点(2,6)的 Z 值更好。这个结果表明，其他的 CPF 解(0,0)和(4,0)都不会优于(2,6)，所以(2,6)必为最优解。

相反，图 5.3 给出了一个绝不会在线性规划问题中发生的可行域（因为过点 $\left(\dfrac{8}{3}, 5\right)$ 的约束

边界线的延长会切掉部分区域),而且这违背了性质 3。除了可行域扩大到 $\left(\frac{8}{3}, 5\right)$ 以外,这里描述的问题同 Wyndor Glass 公司问题一样(包括相同的目标函数)。因此,(2,6)的相邻 CPF 解为 (0,6) 和 $\left(\frac{8}{3}, 5\right)$,同样都没有(2,6)更优。然而,另一个 CPF 解(4,5)要优于(2,6),这就违背了性质 3。原因就在于可行域的边界从(2,6)到 $\left(\frac{8}{3}, 5\right)$,然后向外弯折到(4,5),超出了过点(2,6)的目标函数线。

关键问题是图 5.3 所示的情况在线性规划中是绝不可能发生的。图 5.3 中的可行域意味着约束条件 $2x_2 \leq 12, 3x_1 + 2x_2 \leq 18$,要求 $0 \leq x_1 \leq \frac{8}{3}$。然而,在条件 $\frac{8}{3} \leq x_1 \leq 4$ 下,约束 $3x_1 + 2x_2 \leq 18$ 被 $x_2 \leq 5$ 所取替了。这种"条件约束"在线性规划中是不允许的。

性质 3 适用于所有线性规划问题的基本原因在于可行域具有凸集。对具有两个变量的线性规划问题,凸集的性质表示可行域内部每个 CPF 解的角度小于 180°。例如,图 5.1 中,点(0,0)、点(0,6)和点(4,0)角度都是 90°,点(2,6)和点(4,3)的角度介于 90°和 18°之间。相反,图 5.3 中的可行域不是一个凸集,因为点 $\left(\frac{8}{3}, 5\right)$ 的角度大于 180°。这种"向外弯曲"大于 180°的

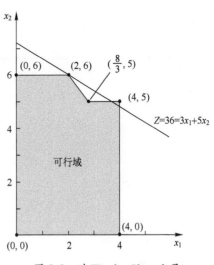

图 5.3 对 Wyndor Glass 公司问题修订违背了性质 3

角度情况在线性规划中不可能发生。在更高维数时,概念"不会向外弯曲"(凸集的基本性质)依然成立。

为了更明确"凸可行域"的特征,考虑穿过最优 CPF 解的目标函数的超平面(在初始 Wyndor Glass 公司问题的例子中,这个超平面是过点(2,6)的目标函数线)。所有的相邻解((0,6)和(4,3))必位于超平面上或下侧(以 Z 衡量)。可行域为凸集意味着它的边界不可能"向外弯曲"越过相邻 CPF 解得到另一个位于超平面之上的 CPF 解,所以性质 3 成立。

5.1.4 扩展形式问题的延伸

对于我们定义的标准形式下的任何线性规划问题(包括含有"≤"形式的函数约束),添加剩余变量后的函数约束形式为

(1) $a_{11}x_1 + a_{12}x_2 + \cdots + a_{1n}x_n + x_{n+1} = b_1$

(2) $a_{21}x_1 + a_{22}x_2 + \cdots + a_{2n}x_n + x_{n+2} = b_2$

...

(m) $a_{m1}x_1 + a_{m2}x_2 + \cdots + a_{mn}x_n + x_{n+m} = b_m$

式中:$x_{n+1}, x_{n+2}, \cdots, x_{n+m}$ 为松弛变量。对于其他形式的线性规划问题,4.6 节介绍了通过引入人工变量等方法得到与此相同的形式(由高斯消元法得到的形式)的重要性。这样,原来的解 $(x_1, x_2, \cdots, x_n)$ 就被相应的松弛变量或人工变量 $(x_{n+1}, x_{n+2}, \cdots, x_{n+m})$ 也可能是些剩余变量扩展了。这个扩展使得在 4.2 节中把基本解定义为扩展的角点解,把基本可行解(BF 解)(Basic

Feasible Solutions（BF Solutions））定义为扩展的 CPF 解。因此，前述的 CPF 解的 3 个性质对于 BF 解也适用。

现在让我们明确一下基本解和角点解之间的代数关系。回顾一下，每一个角点解都是 n 个边界约束方程（我们称为定义方程）的公共解。关键问题是：在问题的扩展形式下，我们如何判断一个特定的约束边界方程是否为一个定义方程？每一个约束都有一个指示变量，它完全可以表示（依据它的值是否为 0）当前解是否满足这个约束边界方程。表 5.3 给出个总结。对于表中每一行的约束，任意只有当且仅当约束的指示变量（第五列）值为 0 时才满足相应的约束边界方程（第四列）。最后一行（"$\geq$"形式的函数约束），指示变量 $\bar{x}_{n+i} - x_{s_i}$，实际上是人工变量 $\bar{x}_{n+i}$ 与剩余变量 x_{s_i} 的差。

表 5.3　约束边界方程的指示变量

约束类型	约束形式	扩展形式的约束	约束边界方程	指示变量
无约束	$x_j \geq 0$	$x_j \geq 0$	$x_j = 0$	x_j
函数（$\leq$）	$\sum_{j=1}^{n} a_{ij} x_j \leq b_i$	$\sum_{j=1}^{n} a_{ij} x_j + x_{n+i} \leq b_i$	$\sum_{j=1}^{n} a_{ij} x_j = b_i$	x_{n+i}
函数（$=$）	$\sum_{j=1}^{n} a_{ij} x_j = b_i$	$\sum_{j=1}^{n} a_{ij} x_j + \bar{x}_{n+i} = b_i$	$\sum_{j=1}^{n} a_{ij} x_j = b_i$	$\bar{x}_{n+i}$
函数（$\geq$）	$\sum_{j=1}^{n} a_{ij} x_j \geq b_i$	$\sum_{j=1}^{n} a_{ij} x_j + \bar{x}_{n+i} - x_{s_i} = b_i$	$\sum_{j=1}^{n} a_{ij} x_j = b_i$	$\bar{x}_{n+i} - x_{s_i}$
注：指示变量=0 满足约束边界方程；指示变量≠0 不满足约束边界方程				

这样，只要一个约束边界方程是角点解的定义方程之一，在问题的扩展形式里它的指示变量都为 0。每个这样的指示变量在相应的基本解中都称为非基变量。最终结论（在 4.2 节中介绍过）总结如下。

每一个基本解都有 m 个基变量，剩下的变量取值为非基变量（非基变量数为 n 与剩余变量个数之和）。基变量的取值是由扩展形式中 m 个方程的公共解得到的（非基变量值为 0），基本解为由非基变量做指示变量的 n 个定义方程的扩展角点解。特别地，只要求表 5.3 中第五列的指示变量为非基变量，第四列中的约束边界方程就是该角点解的定义方程（当约束条件为"$\geq$"的形式，两个增补变量 $\bar{x}_{n+i}$ 和 x_{si}，至少一个恒为非基变量，但仅当这两个变量同为非基变量时约束边界方程才成为定义方程）。

现在考虑基本可行解。注意：在问题的扩展形式中解为可行解的唯一条件是它满足方程组且所有变量都非负。

一个 BF 解也是基本解，其中所有 m 个基变量都非负（≥ 0）。

如果这 m 个基变量任何一个取值为 0，这个基本可行解就为退化的。

在当前的 BF 解中，有可能变量取值为 0 而不是非基变量（这种情况对应于一个 CPF 解除了满足 n 个定义方程外，还满足另一个约束边界方程）。这样，就有必要追踪哪个是非基变量（或者基变量组），而不是看它们的值是否为 0。

我们很早就注意到不是所有的 n 维方程组都能导出一个角点解，因为方程组要么无解，要么有多个解。类似地，不是所有的 n 个非基变量的组合都能得出基本解。然而，在单纯形法中，这些情况都被避免了。

为说明这些定义，再一次考虑 Wyndor Glass 公司的例子。它的约束边界方程和指示变量如表 5.4 所列。

表 5.4 Wyndor Glass 公司问题中约束边界方程的指示变量

约　　束	扩展形式的约束	约束边界方程	指示变量
$x_1 \geq 0$	$x_1 \geq 0$	$x_1 = 0$	x_1
$x_2 \geq 0$	$x_2 \geq 0$	$x_2 = 0$	x_2
$x_1 \leq 4$	(1) $x_1 + x_3 = 4$	$x_1 = 4$	x_3
$2x_2 \leq 12$	(2) $2x_2 + x_4 = 12$	$2x_2 = 12$	x_4
$3x_1 + x_2 \leq 18$	(3) $3x_1 + 2x_2 + x_5 = 8$	$3x_1 + 2x_2 = 18$	x_5

注：指示变量=0 满足约束边界方程；指示变量≠0 约束边界方程无效

扩展每一个 CPF 解(表 5.1)得出表 5.5 中的基本可行解。除了第一个解和最后一个解之外，表 5.5 把每一个相邻 BF 解顺次排列。注意：每一个情况下非基变量必然是定义方程的指示变量。这样，相邻 BF 解的差异缘于仅有个非基变量的不同。同样，注意：当非基变量取值都为 0 时，每一个 BF 解都是扩展形式(表 5.4)下方程组的公共解。

表 5.5 Wyndor Glass 公司问题的基本可行解

CPF 解	定义方程	BF 解	非基变量
(0,0)	$x_1 = 0$ $x_2 = 0$	(0,0,4,12,18)	x_1 x_2
(0,6)	$x_1 = 0$ $2x_2 = 12$	(0,6,4,0,6)	x_1 x_4
(2,6)	$2x_2 = 12$ $3x_1 + 2x_2 = 18$	(2,6,2,0,0)	x_4 x_5
(4,3)	$3x_1 + 2x_2 = 18$ $x_1 = 4$	(4,3,0,6,0)	x_5 x_3
(4,0)	$x_1 = 4$ $x_2 = 0$	(4,0,0,12,6)	x_3 x_2

注：指示变量=0 满足约束边界方程；指示变量≠0 约束边界方程无效

类似地，3 个角点非可行解(表 5.2)得出表 5.6 中的 3 个基非可行解。

表 5.6 Wyndor Glass 公司问题的基本非可行解

角点非可行解	定义方程	基本非可行解	非基变量
(0,9)	$x_1 = 0$ $3x_1 + 2x_2 = 18$	(0,9,4,-6,0)	x_1 x_5
(4,6)	$2x_2 = 12$ $x_1 = 4$	(4,6,0,0,-6)	x_4 x_3
(6,0)	$3x_1 + 2x_2 = 18$ $x_2 = 0$	(6,0,-2,12,0)	x_5 x_2

另外两组非基变量：①x_1 和 x_3 及②x_2 和 x_4，都不能得出基本解，因为令任意组变最取值为 0 都不能得出表 5.4 中给出的方程组(1)和方程组(3)的解。这个结论与本节开始部分得出的对应的约束边界方程不能得出解的结果相同。

单纯形法从 BF 解开始，然后迭代到更优的基本可行解直到达到最优解。那么，每一次迭代是怎么到达相邻 BF 解的呢?

关于问题的原始形式,回顾一下从当前解移到相邻 CPF 解过程:①从 n 个定义当前解的约束边界中去掉一个约束边界(定义方程);②将当前解在可行的方向上沿着剩下的 $n-1$ 个约束边界交线(可行域的边缘)移动;③当到达第一个新的约束边界(定义方程)时停止。

同时,在我们新的术语中,单纯形法从当前解到达新的相邻 BF 解的步骤是:①从定义当前解的 n 个非基变量中去掉一个(作为入基变量);②通过把这个变量值从 0 增加(并调节其他基变量值使之仍满足方程组)来改变当前解,同时保持其他 $n-1$ 个非基变量值仍为 0;③当第一个基变量(出基变量)值达到 0(它的约束边界)时停止。在这两种解释中,步骤①里 n 个非基变量的选择都是通过选择一个 Z 的增加率最高(步骤②中确定)的变量(入基变量的单位增加量)。

表 5.7 列出了单纯形法中几何解释和代数解释之间紧密的对应关系。利用 4.3 节和 4.4 节给出的结果,第四列总结了 Wyndor Glass 公司问题中求解基本可行解的顺序,第三列列出了相应的 CPF 解。在第三列,注意每一次迭代是如何删除一个约束边界(定义方程)的,并增加一个新的约束边界以得到一个新的 CPF 解。类似地,注意第五列中每一次迭代是如何删除一个约束边界(定义方程)并增加一个新的约束边界以得到新的基本可行解。此外,被删除和增加的非基变量就是第三列中被删除和增加的定义方程的指示变量。最后一列显示了问题的扩展形式的初始方程组(不包括方程(0)),当前基变量用粗体表示。在每种情况下,注意如何把非基变量赋为 0 值,然后解这个方程组得到基变量的值,必然会得到与第三列对应的定义方程组相同的解(x_1,x_2)的值。

表 5.7　Wyndor Glass 公司问题中单纯形法得到的解的顺序

迭　代	CPF 解	定义方程	BF 解	非基变量	扩展形式下函数约束
0	(0,0)	$x_1=0$ $x_2=0$	(0,0,4,12,18)	$x_1=0$ $x_2=0$	$x_1\ \ \ \ \ \ \ \ \ +x_3=4$ $\ \ \ \ \ 2x_2\ \ \ +x_4=12$ $3x_1+2x_2\ \ \ +x_5=18$
1	(0,6)	$x_1=0$ $2x_2=12$	(0,6,4,0,6)	$x_1=0$ $x_4=0$	$x_1\ \ \ \ \ \ \ \ \ +x_3=4$ $\ \ \ \ \ 2x_2\ \ \ +x_4=12$ $3x_1+2x_2\ \ \ +x_5=18$
2	(2,6)	$2x_2=12$ $3x_1+2x_2=18$	(2,6,2,0,0)	$x_1=0$ $x_5=0$	$x_1\ \ \ \ \ \ \ \ \ +x_3=4$ $\ \ \ \ \ 2x_2\ \ \ +x_4=12$ $3x_1+2x_2\ \ \ +x_5=18$

5.2　单纯形法的矩阵形式

第 4 章中介绍的单纯形法(分别用的是代数形式或表格形式),可通过矩阵形式进一步阐述单纯形法理论和运算能力。我们先从表达线性规划问题的矩阵形式开始。

为帮助区分矩阵、向量和数量,我们始终用黑斜体大写字母来表示矩阵,黑斜体小写字母表示向量,自斜体字母表示数量。我们用黑体零(**0**)来表示零向量(向量的元素全部为 0),无论它是行向量还是列向量(上下文中应该已经明确)。但是正体的 0 仍然表示数字 0。

利用矩阵表示,我们在 3.2 节中给出的线性规划模型的标准形式就成为

$$\text{Max}\quad Z=\boldsymbol{cx}$$
$$\text{s.t.}\quad \boldsymbol{Ax}\leqslant\boldsymbol{b}$$
$$\boldsymbol{x}\geqslant\boldsymbol{0}$$

式中:c 为行向量,$c=[c_1,c_2,\cdots,c_n]$;x、b、0 都是列向量,即

$$x=\begin{bmatrix}x_1\\x_2\\\vdots\\x_n\end{bmatrix};\quad b=\begin{bmatrix}b_1\\b_2\\\vdots\\b_m\end{bmatrix};\quad 0=\begin{bmatrix}0\\0\\\vdots\\0\end{bmatrix}$$

A 为矩阵,即

$$A=\begin{bmatrix}a_{11}&a_{12}&\cdots&a_{1n}\\a_{21}&a_{22}&\cdots&a_{2n}\\\vdots&\vdots&\ddots&\vdots\\a_{m1}&a_{m2}&\cdots&a_{mn}\end{bmatrix}$$

为了得到问题的扩展形式,引入松弛变量的列向量,即

$$x_s=\begin{bmatrix}x_{n+1}\\x_{n+2}\\\vdots\\x_{n+m}\end{bmatrix}$$

这样约束变为

$$[A,I]\begin{bmatrix}x\\x_s\end{bmatrix}=b$$

且

$$\begin{bmatrix}x\\x_s\end{bmatrix}\geqslant 0$$

式中:I 为 $m\times n$ 单位矩阵;零向量 0 有 $n+m$ 个元素(我们在本节后讨论如何处理非标准形式的问题)。

5.2.1 求一个基本可行解

回顾一下,单纯形法的一般方法是为了得到系列更优的 BF 解直到得到最优解。单纯形法矩阵形式的一个关键是确立一种方法,即在确定其基变量和非基变量之后,如何求每一个新的 BF 解算法。给定这些变量,基本解为该 m 个方程 $[A,I]\begin{bmatrix}x\\x_s\end{bmatrix}=b$ 的解,在这里,$n+m$ 个元素 $\begin{bmatrix}x\\x_s\end{bmatrix}$ 中的 n 个非基变量被赋值为 0。通过赋予这 n 个变量 0 值后使其从方程中消去,剩下了含有 m 个未知数(基变量)的 m 个方程。方程的集合可以表示为

$$Bx_B=b$$

其中基变量向量为

$$x_B=\begin{bmatrix}x_{B_1}\\x_{B2}\\\vdots\\x_{B_m}\end{bmatrix}$$

是从 $\begin{bmatrix} x \\ x_s \end{bmatrix}$ 消去非基变量后得到的。

从 $[A,I]$ 中消去非基变量对应的系数的列后得到的基矩阵为

$$B = \begin{bmatrix} B_{11} & B_{12} & \cdots & B_{1m} \\ B_{21} & B_{22} & \cdots & B_{2m} \\ \vdots & \vdots & \ddots & \vdots \\ B_{11} & B_{m2} & \cdots & B_{mm} \end{bmatrix}$$

(此外,采用单纯形法时,x_B 的元素和 B 的列可能会以不同的顺序给出。)

单纯形法仅介绍了像 B 一样的非退化的基变量,这样 B^{-1} 也总是存在的。所以,为了解出 $Bx_B = b$ 方程两边左乘 B^{-1}:$B^{-1}Bx_B = B^{-1}b$。

由于 $B^{-1}B = 1$,基变量的解为

$$x_B = B^{-1}b$$

令 c_B 表示目标函数中对应 x_B 的一个系数列向量(包括松弛变量系数0),那么,该基本解的目标函数的值即为

$$Z = c_B x_B = c_B B^{-1} b$$

为了说明这种求 BF 解的方法,再次以 3.1 节中的 Wyndor Glass 公司问题为例,用原单纯形法求解,如表 4.8 所列,本例中:

$$C = [3,5]; \quad [A,I] = \begin{bmatrix} 1 & 0 & 1 & 0 & 0 \\ 0 & 2 & 0 & 1 & 0 \\ 3 & 2 & 0 & 0 & 1 \end{bmatrix}; \quad b = \begin{bmatrix} 4 \\ 12 \\ 18 \end{bmatrix}; \quad x = \begin{bmatrix} x_1 \\ x_2 \end{bmatrix}; \quad x_s = \begin{bmatrix} x_3 \\ x_4 \\ x_5 \end{bmatrix}$$

参照表 4.8,我们看到由单纯形法(原方法或修正的方法)得到 BF 解的顺序为

迭代 0:

$$x_B = \begin{bmatrix} x_3 \\ x_4 \\ x_5 \end{bmatrix}; \quad B = \begin{bmatrix} 1 & 0 & 0 \\ 0 & 1 & 0 \\ 0 & 0 & 1 \end{bmatrix} = B^{-1}$$

所以

$$\begin{bmatrix} x_3 \\ x_4 \\ x_5 \end{bmatrix} = \begin{bmatrix} 1 & 0 & 0 \\ 0 & 1 & 0 \\ 0 & 0 & 1 \end{bmatrix} \begin{bmatrix} 4 \\ 12 \\ 18 \end{bmatrix} = \begin{bmatrix} 4 \\ 12 \\ 18 \end{bmatrix}$$

$$c_B = [0,0,0]$$

$$Z = [0,0,0] \begin{bmatrix} 4 \\ 12 \\ 18 \end{bmatrix} = 0$$

迭代 1:

$$x_B = \begin{bmatrix} x_3 \\ x_4 \\ x_5 \end{bmatrix}; \quad B = \begin{bmatrix} 1 & 0 & 0 \\ 0 & 2 & 0 \\ 0 & 2 & 1 \end{bmatrix}; \quad B^{-1} = \begin{bmatrix} 1 & 0 & 0 \\ 0 & \frac{1}{2} & 0 \\ 0 & -1 & 1 \end{bmatrix}$$

所以

$$\begin{bmatrix} x_3 \\ x_4 \\ x_5 \end{bmatrix} = \begin{bmatrix} 1 & 0 & 0 \\ 0 & \frac{1}{2} & 0 \\ 0 & -1 & 1 \end{bmatrix} \begin{bmatrix} 4 \\ 12 \\ 18 \end{bmatrix} = \begin{bmatrix} 4 \\ 6 \\ 6 \end{bmatrix}; \quad c_B = [0,5,0]; \quad Z = [0,5,0] \begin{bmatrix} 4 \\ 6 \\ 6 \end{bmatrix} = 30$$

迭代 2:

$$x_B = \begin{bmatrix} x_3 \\ x_4 \\ x_5 \end{bmatrix}; \quad B = \begin{bmatrix} 1 & 0 & 1 \\ 0 & 2 & 0 \\ 0 & 2 & 3 \end{bmatrix}; \quad B^{-1} = \begin{bmatrix} 1 & \frac{1}{3} & -\frac{1}{3} \\ 0 & \frac{1}{2} & 0 \\ 0 & -\frac{1}{3} & \frac{1}{3} \end{bmatrix}$$

所以

$$\begin{bmatrix} x_3 \\ x_4 \\ x_5 \end{bmatrix} = \begin{bmatrix} 1 & \frac{1}{3} & -\frac{1}{3} \\ 0 & \frac{1}{2} & 0 \\ 0 & -\frac{1}{3} & \frac{1}{3} \end{bmatrix} \begin{bmatrix} 4 \\ 12 \\ 18 \end{bmatrix} = \begin{bmatrix} 2 \\ 6 \\ 2 \end{bmatrix}; \quad c_B = [0,5,3]; Z = [0,5,3] \begin{bmatrix} 2 \\ 6 \\ 2 \end{bmatrix} = 36$$

5.2.2 当前方程组的矩阵形式

我们总结改进单纯形法之前的最后一个准备就是列出任一次迭代单纯形表格形式中方程组的矩阵形式。

对于原方程组,矩阵形式为

$$\begin{bmatrix} 1 & -c & 0 \\ 0 & A & I \end{bmatrix} \begin{bmatrix} Z \\ x \\ x_s \end{bmatrix} = \begin{bmatrix} 0 \\ b \end{bmatrix}$$

这个方程组同样在表 5.8 的第一列中列出。

单纯形法执行的代数运算(用一个常数乘以一个方程和把一个方程的倍数加到另一个方程上)用矩阵形式表示,就是用适当的矩阵左乘原方程组中方程的两边。这个矩阵应该与单位矩阵有相同的元素,除非代数运算的每一次倍乘都达到需要执行矩阵乘法运算的点。甚至在超过几次的一系列迭代的代数运算之后,在整个方程组中仍然能够用新方程组中我们已经知道的新的右端项来推断出这个矩阵全部向量必定是(象征性)什么。特别是在任何一次迭代后,有 $x_B = B^{-1}b$ 和 $Z = c_B B^{-1} b$,所以新方程组的右端项为

$$\begin{bmatrix} Z \\ x_B \end{bmatrix} = \begin{bmatrix} 1 & c_B B^{-1} \\ 0 & B^{-1} \end{bmatrix} \begin{bmatrix} 0 \\ b \end{bmatrix} = \begin{bmatrix} c_B B^{-1} b \\ B^{-1} b \end{bmatrix}$$

由于我们在方程组的原形式两边执行相同次序的代数运算,所以用与左乘原方程右端的相同的矩阵来左乘方程左端,这样,由于

$$\begin{bmatrix} 1 & c_B B^{-1} \\ 0 & B^{-1} \end{bmatrix} \begin{bmatrix} 1 & -c & 0 \\ 0 & A & I \end{bmatrix} = \begin{bmatrix} 1 & c_B B^{-1} A - c & c_B B^{-1} \\ 0 & B^{-1} A & B^{-1} \end{bmatrix}$$

在任何次选代之后得到方程组的矩阵形式为

$$\begin{bmatrix} 1 & c_B B^{-1} A - c & c_B B^{-1} \\ 0 & B^{-1} A & B^{-1} \end{bmatrix} = \begin{bmatrix} c_B B^{-1} b \\ B^{-1} b \end{bmatrix}$$

表 5.8 中的第二个单纯形法也显示了相同的方程组。

表 5.8 矩阵形式下初始单纯形表和后续单纯形表

迭代	基变量	方程	系数			右端项
			Z	原变量	松弛变量	
0	Z x_B	(0) $(1,2,\cdots,m)$	1 0	$-c$ A	0 I	0 b
⋮	⋮	⋮	⋮	⋮	⋮	⋮
任意	Z x_B	(0) $(1,2,\cdots,m)$	1 0	$c_B B^{-1} A - c$ $B^{-1} A$	$c_B B^{-1}$ B^{-1}	$c_B B^{-1} b$ $B^{-1} b$

例:为了说明当前方程组的矩阵形式,我们要演示怎样对 Wyndor Glass 公司问题得到由迭代 2 导出的最终方程组。利用前述部分末尾迭代 2 中给定的 B^{-1} 和 c_B,有

$$B^{-1} A = \begin{bmatrix} 1 & \frac{1}{3} & -\frac{1}{3} \\ 0 & \frac{1}{2} & 0 \\ 0 & -\frac{1}{3} & \frac{1}{3} \end{bmatrix} \begin{bmatrix} 1 & 0 \\ 0 & 2 \\ 3 & 2 \end{bmatrix} = \begin{bmatrix} 0 & 0 \\ 0 & 1 \\ 1 & 0 \end{bmatrix}$$

$$c_B B^{-1} = [0,5,3] \begin{bmatrix} 1 & \frac{1}{3} & -\frac{1}{3} \\ 0 & \frac{1}{2} & 0 \\ 0 & -\frac{1}{3} & \frac{1}{3} \end{bmatrix} = \left[0, \frac{3}{2}, 1\right]$$

$$c_B B^{-1} A - c = [0,5,3] \begin{bmatrix} 0 & 0 \\ 0 & 1 \\ 1 & 0 \end{bmatrix} - [3,5] = [0,0]$$

同样,利用在前述部分结尾计算的值 $x_B = B^{-1} b$ 和 $Z = c_B B^{-1} b$,这个结果给出下面的方程组,与表 5.8 中最终单纯形表所示一致,即

$$\begin{bmatrix} 1 & 0 & 0 & 0 & \frac{3}{2} & 1 \\ 0 & 0 & 0 & 1 & \frac{1}{3} & -\frac{1}{3} \\ 0 & 0 & 1 & 0 & \frac{1}{2} & 0 \\ 0 & 1 & 0 & 0 & -\frac{1}{3} & \frac{1}{3} \end{bmatrix} \begin{bmatrix} Z \\ x_1 \\ x_2 \\ x_3 \\ x_4 \\ x_5 \end{bmatrix} = \begin{bmatrix} 36 \\ 2 \\ 6 \\ 2 \end{bmatrix}$$

在任何一次迭代后,方程组集合的矩阵形式(见上一个例子的方框)提供了单纯形法矩阵形式执行的关键。这些方程显示的矩阵形式(或表 5.8 的下端部分)提供了直接计算将在观看方

程集合中出现的(对单纯形法代数形式)或在现有单纯形表中(对单纯形法的表格形式)所有数字的直接方法。单纯形法的3种形式将恰好提供相同的决策(入基变量、出基变量等)。这些形式之间的唯一差别是用于确定决策时需要计算数字的方法不同。正如下面总结的,矩阵形式提供了一种方便的方法,不需要对一系列方程组或单纯形表计算这些数字。

5.2.3 单纯形法矩阵形式的小结

1. 初始化

如第4章中描述的,引进松弛变量到初始的基变量,并由此得到初始的 x_B、c_B、B 和 B^{-1} ($B=I=B^{-1}$ 满足标准形式的假设时),然后进行最优化检验。

2. 迭代

第1步,确定入基变量。参见方程(0)中非基变量的系数,然后(如4.4节中所述)选择最大绝对值的系数为负的变量作为入基变量。

第2步,确定出基变量。应用矩形表达式对 $B^{-1}A$(原变量的系数)和 B^{-1}(松弛变量的系数)计算除了方程(0)之外每个方程入基变量的系数。同样利用前述的 $x_B=B^{-1}b$(见第3步)的计算求得这些方程的右端项。然后,如同4.4节所述的应用计算最小比值选择出基变量。

第3步,确定新的基可行解。通过用 $[A,I]$ 中入基变量的相应列替换出基变量的列,更新基矩阵 B。同样,在 x_B 和 c_B 中进行相应替换,然后,导出 B^{-1} 并使 $x_B=B^{-1}b$。

3. 最优性测试

应用矩阵表达式 $c_BB^{-1}A-c$(对原变量的系数)和 c_BB^{-1}(对松弛变量的系数)计算方程(0)中非基变量的系数,当或仅当所有这些系数均为非负时结束运算;否则,再进行迭代,找出下一个基可行解。

例:我们曾在本节开头对 Wyndor Glass 公司问题进行了上述矩阵运算,现在我们用完整的单纯形法矩阵将各部分综合到一起,即

$$c=[3,5]; \quad [A,I]=\begin{bmatrix}1 & 0 & 1 & 0 & 0 \\ 0 & 2 & 0 & 1 & 0 \\ 3 & 2 & 0 & 0 & 1\end{bmatrix}; \quad b=\begin{bmatrix}4 \\ 12 \\ 18\end{bmatrix}$$

初始化:

初始基变量为松弛变量,正如本节第一个例子中的迭代,即

$$x_B=\begin{bmatrix}x_3 \\ x_4 \\ x_5\end{bmatrix}=\begin{bmatrix}4 \\ 12 \\ 18\end{bmatrix}; \quad c_B=[0,0,0]; \quad B=\begin{bmatrix}1 & 0 & 0 \\ 0 & 1 & 0 \\ 1 & 0 & 1\end{bmatrix}=B^{-1}$$

最优性检验:

非基变量(x_1 和 x_2)的系数为

$$c_BB^{-1}A-c=[0,0]-[3,5]=[-3,-5]$$

这些负的系数说明初始的基可行解($x_B=b$)为非最优解。

迭代1:

因 -5 的绝对值较 -3 大,入基变量为 x_2。仅对矩阵的有关部分进行运算,x_2 在除方程(0)之外其他方程中的系数为

$$B^{-1}A=\begin{bmatrix}- & 0 \\ - & 2 \\ - & 2\end{bmatrix}$$

x_B 所给出方程的右端项见初始化步骤。所以最小比值计算得到出基变量为 x_4, 因为 12/2<18/2。本节第一个例子的迭代 1 已给出了更新后的 x_B、c_B、B 和 B^{-1} 的结果为

$$B=\begin{bmatrix} 1 & 0 & 0 \\ 0 & 2 & 0 \\ 0 & 2 & 1 \end{bmatrix}; \quad B^{-1}=\begin{bmatrix} 1 & 0 & 0 \\ 0 & \frac{1}{2} & 0 \\ 0 & -1 & 1 \end{bmatrix}; \quad x_B=\begin{bmatrix} x_3 \\ x_2 \\ x_5 \end{bmatrix}=B^{-1}b=\begin{bmatrix} 4 \\ 6 \\ 6 \end{bmatrix}; \quad c_B=[0,5,0]$$

所以 x_2 已替换了 x_B 中的 x_4,从 [3,5,0,0,0] 提供了 c_B 的新元素,并从 $[A,I]$ 中为 B 添加了新的一列。

最优性检验:

现在非基变量为 x_1 和 x_4,它们在方程(0) 中的系数为

对 x_1,有

$$c_B B^{-1} A - c = [0,5,0]\begin{bmatrix} 1 & 0 & 0 \\ 0 & \frac{1}{2} & 0 \\ 0 & -1 & 1 \end{bmatrix}\begin{bmatrix} 1 & 0 \\ 0 & 2 \\ 3 & 2 \end{bmatrix} - [-3,-5] = [-3,-]$$

对 x_4,有

$$c_B B^{-1} = [0,5,0]\begin{bmatrix} 1 & 0 & 0 \\ 0 & \frac{1}{2} & 0 \\ 0 & -1 & 1 \end{bmatrix} = [-, \frac{5}{2}, -]$$

因为 x_1 有一个负的系数,现在的 BF 解非最优,所以继续下一次迭代。

迭代 2:

因为 x_1 是非基变量,在方程(0)中系数为负,它成了入基变量,它在其他方程中的系数为

$$B^{-1}A=\begin{bmatrix} 1 & 0 & 0 \\ 0 & \frac{1}{2} & 0 \\ 0 & -1 & 1 \end{bmatrix}\begin{bmatrix} 1 & 0 \\ 0 & 2 \\ 3 & 2 \end{bmatrix}=\begin{bmatrix} 1 & - \\ 0 & - \\ 3 & - \end{bmatrix}$$

利用上一次迭代中得到的 x_B,最小比值的计算表明 x_5 是出基变量,因为 6/3<4/1。本节第一个例子的迭代 2 已得出更新后的 x_B、c_B、B 和 B^{-1},结果为

$$B=\begin{bmatrix} 1 & 0 & 1 \\ 0 & 2 & 0 \\ 0 & 2 & 3 \end{bmatrix}; \quad B^{-1}=\begin{bmatrix} 1 & \frac{1}{3} & -\frac{1}{3} \\ 0 & \frac{1}{2} & 0 \\ 0 & -\frac{1}{3} & \frac{1}{3} \end{bmatrix}; \quad x_B=\begin{bmatrix} x_3 \\ x_2 \\ x_1 \end{bmatrix}=B^{-1}b=\begin{bmatrix} 2 \\ 6 \\ 2 \end{bmatrix}; \quad c_B=[0,5,3]$$

所以用 x_1 已替换了 x_B 中的 x_5,从 [3,5,0,0,0] 为 c_B 提供了新元素,并从 $[A,I]$ 中为 B 添加了新的一列。

最优性检验:

现非基变量为 x_4 和 x_5,应用本节第二个例子的计算表明它在方程(0)中的系数为 3/2 和 1。因为这些系数非负,现 BF 解 $(x_1=2, x_2=6, x_3=2, x_4=0, x_5=0)$ 为最优,运算结束。

5.2.4 最终的评述

上述例子说明单纯形法的矩阵形式只用了少量矩阵表达式来进行所需的计算。这些矩阵表达式参考表 5.8。对该表表明,为了计算表中其他所有值,依据正在求解的模型的原始参数(A、b 和 c)。只需知道出现在目前单纯形表松弛变量的 B^{-1} 和 $c_B B^{-1}$,当涉及最终单纯形表时,这个非常有价值,将在下一节阐述。

正如本节中已经指出的,单纯形法矩阵形式的一个缺点是需要推导 B^{-1},即每次迭代后更新了的基矩阵的逆。虽然对小规模的非奇异方阵有现成的求逆的程序(对 2×2 或 3×3 矩阵的求逆甚至可以用手工计算),但随着矩阵规模增大,求逆所需运算时间急剧增长。但是,有一种非常有效的方法来更新 B^{-1},从一次迭代到下一次重新求取新的基矩阵逆。将此同单纯形法的矩阵形式结合起来,这个矩阵形式的改进版本通常称为改进单纯形法,这是经常用于商业软件的单纯形法版本。我们将在 5.4 节讨论讨论该算法。

本书网站给出了应用单纯形法矩阵形式的另一个例子。这个例子由于应用了改进单纯形法,每一步的迭代更新 B^{-1} 时间大幅提高,而不用更新基矩阵求逆的方法。

最后应当记住,本节讲述的单纯形法矩阵形式是假定问题已变换成 3.2 节中给出的一般线性规划问题的标准形式。但将其他形式进行修改也比较直接,其初始步骤类似 4.6 节讲述的单纯形法代数形式或表格形式。当这些步骤中包含引入工变量得到一个初始 BF 解,并由此得到一个单位矩阵作为初始矩阵时,这些变量被包含在 x_s 的 m 个元素中。

5.3 基础的洞悉

我们将要着眼于由 5.2 节的改进单纯形法揭示的(任何形式的)单纯形法的一个性质。该节是对偶理论和敏感度分析(第 6 章)两个线性规划重要部分的基础。

我们首先描述满足线性规划标准形式的问题求解的洞悉(3.2 节),然后讨论如何求解其他形式。问题基于 5.2 节中的表 5.8,现描述如下。

表 5.8 提供的信息:应用矩阵概念,在 5.8 给出了初始单纯形表的行,第 0 行为 $[-c, 0, 0]$,其余行为 $[A, I, b]$。在任意一次迭代后,单纯形在中松弛变量的系数变为:第 0 行为 $c_B B^{-1}$ 其余的行为 B^{-1},这里 B 是当前的基矩阵。测试现有单纯形表的其余部分,通过松弛变量系数反映出现有单纯形表全部行是如何从初始单纯形表的行中得到的,特别是任意一次迭代后,即

$$第 0 行 = [-c, 0, 0] + c_B B^{-1} [A, I, b]$$

第 1 行 ~ 第 m 行 = $B^{-1}[A, I, b]$

我们将在本节末描述这些应用。这些应用仅当已得到最优解的最终单纯形表时特别重要。所以在这之后我们将仅关注最优解方面的"基础信息"。

为了区分任意一次迭代后矩阵的符号(B^{-1} 等)同最后一次迭代的相应符号,在后面例子中引入以下符号。

设 B 是用单纯形法找出最优解时的基矩阵,令

$S^* = B^{-1}$ = 第 1 行 ~ 第 m 行中松弛变量系数

$A^* = B^{-1} A$ = 第 1 行 ~ 第 m 行中原变量的系数

$y^* = c_B B^{-1}$ = 第 0 行中松弛变量的系数

$z^* = c_B B^{-1} A$,所以 $z^* - c$ = 第 0 行中原变量的系数

$Z^* = c_B B^{-1} b$ = 目标函数的最优值

$b^* = B^{-1}b =$ 第 1 行 ~ 第 m 行最优的右端项值

表 5.9 表明,其中每一个符号均在最终单纯形表中得到匹配。为了解释这些符号,表 5.9 中包括了 Wyndor Glass 公司问题的初始表,以及问题的最终表。

再看表 5.9 现假定已给出初始表数据 t 和 T,最终表中只给出 y^* 和 S^*。怎样仅用这些信息求解最终表中余下的部分呢?本节给出了答案,现概述如下。

表 5.9 初始和最终单纯形表矩阵形式的一般符号,以 Wyndor Glass 公司问题为例

	初 始 表
第 0 行	$t = [-3, -5 \mid 0, 0, 0 \mid 0] = [-c \mid 0 \mid 0]$
其他行	$T = \begin{bmatrix} 1 & 0 & 1 & 0 & 0 & 4 \\ 0 & 2 & 0 & 1 & 0 & 12 \\ 3 & 2 & 0 & 0 & 1 & 18 \end{bmatrix} = [A \mid I \mid b]$
合并	$\begin{bmatrix} t \\ T \end{bmatrix} = \begin{bmatrix} -c & 0 & 0 \\ A & I & b \end{bmatrix}$
	最 终 表
第 0 行	$t^* = \left[0, 0 \mid 0, \dfrac{3}{2}, 1 \mid 36\right] = [z^* - c \mid y^* \mid Z^*]$
其他行	$T^* = \begin{bmatrix} 0 & 0 & 1 & \frac{1}{3} & -\frac{1}{3} & 2 \\ 0 & 1 & 0 & \frac{1}{2} & 0 & 6 \\ 1 & 0 & 0 & -\frac{1}{3} & \frac{1}{3} & 2 \end{bmatrix} = [A^* \mid S^* \mid b^*]$
合并	$\begin{bmatrix} t^* \\ T^* \end{bmatrix} = \begin{bmatrix} z^* - c & y^* & Z^* \\ A^* & S^* & b^* \end{bmatrix}$

基础的洞悉:

(1) $t^* = t + y^* T = [y^* A - c \mid y^* \mid y^* b]$

(2) $T^* = S^* T = [S^* A \mid S^* \mid S^* b]$

这样,只要通过已知的初始表中模型的参数(c、A 和 b)以及最终表中松弛变量的系数(y^* 和 S^*),这些方程就可以计算出最终表上所有其他的数了。

现在我们总结两个方程所蕴涵数学逻辑。为得到方程(2),回忆一下单纯形法(不包含第 0 行的)中执行的代数运算整个过程,这与用一些矩阵(称其为 M 矩阵)左乘 T 等同。这样

$$T^* = MT$$

现在识别 M。写出 T 和 T^* 组成部分,方程变为

$$[A^* \mid S^* \mid b^*] = M [A \mid I \mid b]$$
$$= [MA \mid M \mid Mb]$$

因为这些相等的方程的中间部分(或其他任何部分)一定相同,即有 $M = S^*$,所以方程(2)为有效方程。

注意到对第 0 行的代数运算整个过程,等同于把 T 行的某个线性组合加 t 上,这相当于把向量 T 的某个倍数加到 t 上,可发现方程(1)是由相似的形式得到的。用 v 表示这个向量,有

$$t^* = t + vT$$

但是 v 仍需要辨识。写出 t 和 t^* 的组成部分,得到

$$[z^*-c|y^*|Z^*] = [-c|0|0] + v[A|I|b]$$
$$= [-c+vA|v|vb]$$

令这些相等的向量方程的中间部分相等,就得出 $v=y^*$,证明方程(1)有效。

5.3.1 使适用于其他模型形式

迄今为止,我们对基础洞悉的描述是建立在初始模型为 3.2 节所描述的标准形式的假设下。然而,上述数学逻辑只展示了初始模型为其他形式时应当怎么调整。关键在于初始表中的单位矩阵 I,最终表上转化成了 S^*,如果一定要在初始表中引入一些人工变量作为初始基变量,那么,它就是所有初始基变量(包括松弛变量和人工变量)列的组合(以适当的顺序排列),它在这个表中形成了 I(对任何剩余变量的列都是无关的)。在最终表上相同的列由 $T^* = S^*T$ 得出 S^*,由 $t^* = t + y^*T$ 得出 y^*。如果 M 被引进初始的第 0 行作为人工变量的系数,那么,方程 $t^* = t + y^*T$ 中的 t 在基变量的非 0 系数被代数消去后即为初始表中的第 0 行(还可选择,把初始第 0 行用做 t,但此时这些 M 必须从最终第 0 行中减去以得到 y^*)(见练习题 5.3-9)。

5.3.2 应用

基础的洞悉在线性规划中有许多重要的应用。其中之一涉及改进单纯形法。这个方法主要基于 5.2 节中讲述的单纯形法的矩阵形式。如前一节所述(表 5.8),这个方法利用 B^{-1} 和初始表对每一步迭代来计算当前表上的所有相关数据。利用 B^{-1} 通过公式 $y^* = c_B B^{-1}$ 计算 y^* 比基础的洞悉就更深层。

另一个应用是用于描述 4.7 节中的影子价格($y_1^*, y_1^*, \cdots, y_1^*$)。基础的洞悉表明 Z^*(Z 的最优值)为

$$Z^* = y^* \mathbf{b} = \sum_{i=1}^{m} y_i^* b_i$$

所以,就有对于 Wyndor Glass 公司问题的例子:

$$Z^* = 0b_1 + \frac{3}{2}b_2 + b_3$$

这个方程就给出了 4.7 节中给出的 y_i^* 值的解释。

另一组极其重要的应用是围绕许多优化后任务(再优化技术、敏感度分析、参数的线性规划,见 4.7 节)。其研究是分析初始模型一个或多个变化造成的影响。特别地,假设已经对初始模型应用单纯形法得到了一个最优解(即 y^* 和 S^*)。然后,做上述的这些改变。如果相同的代数运算过程严格应用于修改的初始表,最终表上的结果会有什么改变呢?由于 y^* 和 S^* 没有改变,所以基础的洞悉马上就得出了答案。

优化后分析的一般内容包括对 b 的可能变化情况。参数 b 通常代表线性规划模型进行决策时需考虑的各项活动可用资源数。所以用单纯形法求得最优解后,管理者需要研究当有关资源分配的决策发生变化时将带来的后果。应用公式

$$x_B = S^* b$$
$$Z^* = y^* b$$

可以确切知道最优的 BF 解如何变化(或因负的变量变为非可行时),以及作为 b 函数的目标函

数最优值如何变化。不需要对每一个新的 b 一次次地重复应用单纯形法,因为松弛变量的系数已解决了相关问题。

例如,考虑把 $b_2=12$ 变为 $b_2=13$,如表 4.8 中 Wyndor Glass 公司问题所列。没有必要解出新最优解 $\left((x_1,x_2)=\left(\frac{5}{3},\frac{13}{2}\right)\right)$。因为最终表中基变量($b^*$)的值会立即由基础的洞察显示出来,即

$$\begin{bmatrix} x_3 \\ x_2 \\ x_1 \end{bmatrix} = b^* = S^* b = \begin{bmatrix} 1 & \frac{1}{3} & -\frac{1}{3} \\ 0 & \frac{1}{2} & 0 \\ 0 & -\frac{1}{3} & \frac{1}{3} \end{bmatrix} \begin{bmatrix} 4 \\ 13 \\ 18 \end{bmatrix} = \begin{bmatrix} \frac{7}{3} \\ \frac{13}{2} \\ \frac{5}{3} \end{bmatrix}$$

有一个更简单的方法进行计算。因为唯一改变在 b 的第二分量($\Delta b_2 = 1$),它只被第二列的 S^* 左乘,b^* 的变化可以简单计算为

$$\Delta b^* = \begin{bmatrix} \frac{1}{3} \\ \frac{1}{2} \\ -\frac{1}{3} \end{bmatrix} \Delta b_2 = \begin{bmatrix} \frac{1}{3} \\ \frac{1}{2} \\ -\frac{1}{3} \end{bmatrix}$$

所以最终表上基变量的初始值($x_3=2, x_2=6, x_1=2$)现在变为

$$\begin{bmatrix} x_3 \\ x_2 \\ x_1 \end{bmatrix} = \begin{bmatrix} 2 \\ 6 \\ 2 \end{bmatrix} + \begin{bmatrix} \frac{1}{3} \\ \frac{1}{2} \\ -\frac{1}{3} \end{bmatrix} = \begin{bmatrix} \frac{7}{3} \\ \frac{13}{2} \\ \frac{5}{3} \end{bmatrix}$$

(如果这些值中的任何一个为负值,则不可行,那么,可以应用 4.7 节中的重新优化技术,从这个新最终表开始。)对于前述的方程应用增量分析法解 Z^* 同样可以立即得到

$$\Delta Z^* = \frac{3}{2} \Delta b_2 = \frac{3}{2}$$

基础的洞悉能够以类似的方式应用于研究模型原型其他形式的变化,这也是 7.1 节~7.3 节介绍的敏感度分析的一个重要方面。

你还会在下一章看到基础的审视对线性规划的对偶理论所起的关键作用。

5.4 改进单纯形法

改进单纯形法直接建立在 5.2 节讲述的单纯形法矩阵式基础上,但该节未提到其区别在于改进单纯形法采用了一个对矩阵形式的重要改进。改进单纯形法并不是每次迭代后都对新的基矩阵的求逆(这对大型矩阵计算特别昂贵),而是利用了非常有效的算法在每次迭代后将 B 转换为新的 B^{-1}。本节我们将集中描述和解释这个算法。

这个算法基于单纯形法的两个性质。一个是 5.3 节在表 5.8 中提供的洞悉,特别是在每次迭代后,新单纯形表中松弛变量除第 0 行以外的所有系数变为 B^{-1},其中 B 是新表中的基矩阵。

只要求解的是 3.2 节中给出的线性规划模型的标准形式,上述性质始终成立(对需要引进人工变量的非标准形式,唯一的区别是只要引入合适的有序列,在初始单纯形表第 0 行下面形成一个单位矩阵,然后在随后表中就会提供 $\boldsymbol{B}^{-1}$)。

单纯形法的另一个性质是:在用高斯消元法执行初等代数运算(例如,一个方程除以一个常数或从一个方程中减去某个方程乘上一个常数),迭代的第 3 步改变单纯形表包括 $\boldsymbol{B}^{-1}$ 的数字。所以在每次迭代后需要从原有的 $\boldsymbol{B}^{-1}$(用 $\boldsymbol{B}_{旧}^{-1}$ 标记)更新获得新的 $\boldsymbol{B}^{-1}$(用 $\boldsymbol{B}_{新}^{-1}$ 标记),需要用单纯形法通常进行的代数运算对整个方程组(除了第(0)行)实施。由此在迭代的第 1 步、第 2 步给出入基变量和出基变量的选择后,这个算法应用迭代的第 3 步(见 4.3 节和 4.4 节的讲述)得到新的单纯形表或方程组的 $\boldsymbol{B}^{-1}$ 部分。

为了正式地阐述这种方法,令

x_k = 入基变量

a'_{ik} = 当前方程 i 中 x_k 的系数,$i=1,2,\cdots,m$(在迭代的步骤 2 中计算)

i = 包含出基变量的方程的个数

我们回顾一下,新的方程组(不包括方程(0))可以由前述的从第(i)个方程中减去第(r)个方程的 a'_{ik}/a'_{rk} 倍得到,$i=1,2,\cdots,m,i\neq r$,然后用方程(r)除以 a'_{rk}。这样,$\boldsymbol{B}_{新}^{-1}$ 的 i 行 j 列元素为

$$(\boldsymbol{B}_{新}^{-1})_{ij} = \begin{cases} (\boldsymbol{B}_{旧}^{-1}) - \dfrac{a'_{ik}}{a'_{rk}}(\boldsymbol{B}_{旧}^{-1})_{rj}, & i\neq r \\ \dfrac{1}{a'_{rk}}(\boldsymbol{B}_{旧}^{-1})_{rj} & i=r \end{cases}$$

此式用矩阵符号表示为

$$\boldsymbol{B}_{新}^{-1} = \boldsymbol{E}\boldsymbol{B}_{旧}^{-1}$$

式中:矩阵 $\boldsymbol{E}$ 为单位矩阵,除非它的第 r 个列向量被替换为

$$\boldsymbol{\eta} = \begin{bmatrix} \eta_1 \\ \eta_2 \\ \vdots \\ \eta_m \end{bmatrix}$$

其中

$$\eta_i = \begin{cases} -\dfrac{a'_{ik}}{a'_{rk}}, & i\neq r \\ \dfrac{1}{a'_{rk}}, & i=r \end{cases}$$

因此,$\boldsymbol{E} = [\boldsymbol{U}_1, \boldsymbol{U}_2, \cdots, \boldsymbol{U}_{r-1}, \boldsymbol{\eta}, \boldsymbol{U}_{r+1}, \cdots, \boldsymbol{U}_m]$,其中每个一列向量的 m 元素都是 0,只有第 i 个除外,为 1。

例:我们将通过 Wyndor Glass 公司问题中的应用来解释这个算法。对同一问题在 5.2 节中已应用了单纯形法的矩阵形式,所以可以参考该节中每次迭代的结果(入基变量、出基变量等),将这些信息应用于现在的算法。

迭代 1:

在 5.2 节中找到初始的 $\boldsymbol{B}^{-1} = \boldsymbol{I}$,入基变量是 x_2(即 $k=2$)。在方程(1)、(2)、(3)中的系数 $a_{12} = 0$,$a_{22} = 2$ 和 $a_{32} = 2$。出基变量为 x_4,含有 x_4 方程的数字为 $r=2$。为得到新 $\boldsymbol{B}^{-1}$,有

$$\boldsymbol{\eta} = \begin{bmatrix} -\dfrac{a_{12}}{a_{22}} \\ \dfrac{1}{a_{22}} \\ -\dfrac{a_{32}}{a_{22}} \end{bmatrix} = \begin{bmatrix} 0 \\ \dfrac{1}{2} \\ -1 \end{bmatrix}$$

迭代 2：

从 5.2 节可知第 2 次迭代的入基变量为 x_1（即 $k=1$），在目前的方程（1）、(2)、(3) 中的系数为 $a'_{11}=1, a'_{21}=0$ 和 $a'_{31}=3$，所以出基变量为 x_5。包含 x_1 方程的数字为 $r=3$。由此结果得

$$\boldsymbol{\eta} = \begin{bmatrix} -\dfrac{a'_{11}}{a'_{31}} \\ -\dfrac{a'_{21}}{a'_{31}} \\ \dfrac{1}{a'_{31}} \end{bmatrix} = \begin{bmatrix} -\dfrac{1}{3} \\ 0 \\ \dfrac{1}{3} \end{bmatrix}$$

新的 $\boldsymbol{B}^{-1}$ 为

$$\boldsymbol{B}^{-1} = \begin{bmatrix} 1 & 0 & -\dfrac{1}{3} \\ 0 & 1 & 0 \\ 0 & 0 & \dfrac{1}{3} \end{bmatrix} \begin{bmatrix} 1 & 0 & 0 \\ 0 & \dfrac{1}{2} & 0 \\ 0 & -1 & 1 \end{bmatrix} = \begin{bmatrix} 1 & \dfrac{1}{3} & -\dfrac{1}{3} \\ 0 & \dfrac{1}{2} & 0 \\ 0 & -\dfrac{1}{3} & \dfrac{1}{3} \end{bmatrix}$$

至此已不需要进行更多迭代，本例结束。

因为改进单纯形法包含每次迭代用于更新 $\boldsymbol{B}^{-1}$ 的算法与 5.2 节中单纯形法矩阵形式的其他部分，将上例与 5.2 节中矩阵形式结合，提供了应用改进单纯形法完整的例子。正如 5.2 节结尾处提到的，本书网站的例子提供了应用改进单纯形法的另一例子。

比较改进单纯形法相对于单纯形法代数和表格形式的优点。其优点之一是算法的计算量将得到减少，当一个矩阵中含有大量 0 元素时（这在规模大的实际问题中经常出现）特别明显。在每次迭代中需要储存的信息总量较少，有时是相当程度的减少。改进单纯形法同样允许计算中产生不可避免的误差，这可以通过周期性地直接对 $\boldsymbol{B}$ 求逆得到 $\boldsymbol{B}^{-1}$ 来控制。还有 4.7 节和 5.3 节末尾讨论的优化后分析，应用改进单纯形法时将更便于掌握。基于上述理由，改进单纯形法在计算机操作中通常作为优先选择的形式。

5.5 结　　论

尽管单纯形法是一个代数过程，它基于一些十分简单的几何概念。这些概念可以使达到和确认最优解之前利用算法检验数量相对较少的 BF 解。

第 4 章描述了初等的代数运算被运用于进行单纯形法的代数形式，进而说明单纯形法的表格形式如何以相同方式使用等价的初等行运算。学习这些形式的单纯形法是学习单纯形法基本概念的一个好方法。然而，这些形式的单纯形法没有提供在计算机上运行的最有效形式。矩阵

方法是结合和执行初等代数运算或行变换的一种更快的方法。因此,利用单纯形法的矩阵形式,改进单纯形法提供了一种适合计算机执行单纯形法的有效方法。这种改进是通过将单纯形法同一种有效的计算组合,将现有基矩阵的迭代过程一步步更新。

最终单纯形表包含了如何能够直接从初始单纯行表进行代数重建的全部信息。这个基础的洞悉有很重要的应用,尤其是对于优化后分析。

参 考 文 献

[1] Bazaraa, M. S., J. J. Jarvis, and H. D. Sherali: Linear Programming and Network Flows, 4th ed., Wiley, Hoboken, NJ, 2010.
[2] Dantzig, G. B., and M. N. Thapa: Linear Programming 1: Introduction, Springer, New York, 1997.
[3] Dantzig, G. B., and M. N. Thapa: Linear Programming 2: Theory and Extensions, Springer, New York, 2003.
[4] Denardo, E. V.: Linear Programming and Generalizations: A Problem-based Introduction with Spreadsheets, Springer, New York, 2011.
[5] Elhallaoui, I., A. Metrane, G. Desaulniers, and F. Soumis: "An Improved Primal Simplex Algorithm for Degenerate Linear Programs," INFORMS Journal on Computing, 23(4): 569–577, Fall 2011.
[6] Luenberger, D., and Y. Ye: Linear and Nonlinear Programming, 3rd ed., Springer, New York, 2008.
[7] Murty, K. G.: Optimization for Decision Making: Linear and Quadratic Models, Springer, New York, 2010.
[8] Vanderbei, R. J.: Linear Programming: Foundations and Extensions, 4th ed., Springer, New York, 2014.

习 题

某些习题(或其中一部分)左端的符号意义如下。

D:上面列出演示的例子可能会有帮助。

I:可以应用上面列出的程序检查你的作业。

习题上有星号表示书后至少给出该题一部分答案。

5.1-1 * 考虑下面的问题。

Max $Z = 3x_1 + 2x_2$

s. t.

$2x_1 + x_2 \leq 6$

$x_1 + 2x_2 \leq 6$

且

$x_1 \geq 0, x_2 \geq 0$

I(a) 用图解法解这个问题,在图上画出 CPF 解。

(b) 找出这个问题包含两个定义方程所有集合,对于每个集合,解出相应的角点解(如果解存在),并对它们进行分类,是 CPF 解还是角点非可行解。

(c) 引入松弛变量以便写出扩展形式的函数约束。利用这些松弛变量,对于(b)中找到的每个角点解识别基本解。

(d) 对于(b)每一个含两个定义方程的集合做以下工作。对每个定义方程确定指示变量;删除这两个指示(非基)变量后,表示(c)中的方程组;然后用后面的方程组解出剩下的两个变量(基变量);把最终的基本解同(c)部分相应的基本解相比较。

(e) 不执行单纯形法,利用它的几何解释(和目标函数)确定到达最优解的路径(CPF 解的顺序);依次对每一个 CPF 解确定下一步迭代的决策(i)哪个定义方程要删掉,哪个要添加上(ii);哪一个指示变量被删除了(从入基变量中),哪一个被添加进去了(从出基变量中)。

5.1-2 按照习题 5.1-1 计算习题 3.1-6。

5.1-3 考虑下面的问题。

Max $Z = 2x_1 + 3x_2$

s.t.

$-3x_1 + x_2 \leq 1$

$4x_1 + 2x_2 \leq 20$

$4x_1 - x_2 \leq 10$

$-x_1 + 2x_2 \leq 5$

且

$x_1 \geq 0, x_2 \geq 0$

I(a) 用图解法解这个问题,在图上画出 CPF 解。

(b) 列表标出每一个 CPF 解和相应的定义方程,基本可行解和非基变量。计算每一个解 Z 值,利用这些信息找出最优解。

(c) 为每一个角点非可行解等列出相应的表。同样确定不能得到解的定义方程和非基变量。

5.1-4 考虑下面的问题。

Max $Z = 2x_1 - x_2 + x_3$

s.t.

$3x_1 + x_2 + x_3 \leq 60$

$x_1 - x_2 + 2x_3 \leq 10$

$x_1 + x_2 - x_3 \leq 20$

且

$x_1 \geq 0, x_2 \geq 0, x_3 \geq 0$

在引入松弛变量并进行单纯形法的一次迭代后,得到下面的单纯形表:

迭代	基变量	方程	系数							右端项
			Z	x_1	x_2	x_3	x_4	x_5	x_6	
1	Z	(0)	1	0	-1	3	0	2	0	20
	x_4	(1)	0	0	4	-5	1	-3	0	30
	x_1	(2)	0	1	-1	2	0	1	0	10
	x_6	(3)	0	0	2	-3	0	-1	1	10

(a) 确定迭代 1 中的 CPF 解。

(b) 确定定义这个 CPF 解约束边界方程。

5.1-5 考虑表 5.2 中 3 个变量的线性规划问题。

(a) 构造一个如表 5.1 所列的表,给出每一个 CPF 解的定义方程组。

(b) 哪一个是角点非可行解(6,0,5)的定义方程?

(c) 确定3个约束边界方程组中的一个,它既没有得出 CPF 解,又没有得出角点非可行解。解释该方程组为什么会出现这种情况。

5.1-6 考虑下面的问题。

Max $Z = 3x_1 + 2x_2$

s. t.

$2x_1 + x_2 \geq 10$

$-3x_1 + 2x_2 \leq 6$

$x_1 + x_2 \geq 6$

且

$x_1 \geq 0, x_2 \geq 0$

(a) 识别这个问题的10组定义方程。对于每一组解出(如果解存在)相应的角点解,并判断是 CPF 解还是角点非可行解。

(b) 对每一个角点解,给出相应的基本解和非基变量。

5.1-7 重新考虑习题 3.1-5 中给出的模型。

(a) 确定这个问题的一组定义方程,对每一组,解出(如果解存在)相应的角点解,并判断是 CPF 解还是角点非可行解。

(b) 对每一个角点解,给出相应的基本解和这一组的非基变量。

5.1-8 在大部分情况下,下面每一个表述都是正确的,但不总正确。对每一种情况,说明表述何时不正确,为什么。

(a) 最好的 CPF 解是一个最优解。

(b) 一个最优解就是一个 CPF 解。

(c) 如果相邻 CPF 解没有更好的(用目标函数值来测量),该 CPF 解是唯一的最优解。

5.1-9 考虑有 n 个决策变量(每个都有一个非负约束)和 m 个函数约束的线性规划原形式(扩展之前)的线性规划问题,指出下面每一个陈述的正确与错误,然后用本章提供的特定材料(包括引用的材料)证明你的答案。

(a) 如果一个可行解是最优解,那它一定是 CPF 解。

(b) CPF 解的个数至少为

$$\frac{(m+n)!}{m!n!}$$

(c) 如果一个 CPF 解有更好的相邻 CPF 解(以 Z 值衡量),那么,这些相邻最优解之一必为最优解。

5.1-10 判断下面关于线性规划问题表述的对错,然后证明你的答案。

(a) 如果一个可行解是最优解但不是 CPF 解,那么,存在无穷多个最优解。

(b) 如果目标函数的值在两个不同的可行点 x^*、x^{**} 上相等,那么,连接 x^* 和 x^{**} 的线段上所有的点都是可行的,且这些点上的 Z 值都相等。

(c) 如果问题含有 n 个变量(扩展前),那么,任何 n 个约束边界方程的公共解都是 CPF 解。

5.1-11 考虑一个线性规划问题的扩展形式,该问题具有可行解和有界的可行域。判断下列陈述的对错,然后用本章提供的特定材料(包括引用的材料)证明你的答案。

(a) 至少有一个最优解。

(b) 存在一个最优解必为基本可行解。

(c) 基本可行解的个数是有限的。

5.1-12 再次考虑习题 4.6-9 的模型,现在已知最优解中基变量为 x_2 和 x_3,利用已知条件确定有 3 个约束边界方程的方程组,其公共解必为最优解。然后解方程组得出这个解。

5.1-13 再次考虑习题 4.3-6。现在不用单纯形法而利用所给的已知条件和单纯形法理论确定有 3 个约束边界方程(含 x_1、x_2、x_3)的方程组(其公共解必为最优解)。解这个方程组寻找最优解。

5.1-14 考虑下面的问题。

Max $Z = 2x_1 + 2x_2 + 3x_3$

s.t.

$2x_1 + x_2 + 2x_3 \leq 4$

$x_1 + x_2 + x_3 \leq 3$

且

$x_1 \geq 0, x_2 \geq 0, x_3 \geq 0$

令 x_4、x_5 为各自函数约束的松弛变量,这两个变量为初始基本可行解的基变量,已知由单纯形法经过两步迭代得到最优解,其过程如下:(1)迭代 1,入基变量为 x_3,出基变量为 x_4;(2)迭代 2,入基变量为 x_2,出基变量为 x_5。

(a) 对这个问题的可行域画一个三维的图,标出单纯形法迭代的路径。

(b) 给出为什么单纯形法沿这条路径进行迭代的几何解释。

(c) 对于单纯形法经过的可行域两条边中的每一个,写出每个约束边所在的方程,然后给出每一个端点上要增加的约束边界方程。

(d) 对由单纯形法得到的 3 个 CPF 解的每一个(包括初始的 CPF 解),确定定义方程组,并利用定义方程组解出这 3 个解。

(e) 对于每个由(d)得到的 CPF 解,给出相应的 BF 解和非基变量的组,并解释如何根据这些非基变量确定由(d)得到的定义方程。

5.1-15 考虑下面的问题。

Max $Z = 3x_1 + 4x_2 + 2x_3$

s.t.

$x_1 + x_2 + x_3 \leq 20$

$x_1 + 2x_2 + x_3 \leq 30$

且

$x_1 \geq 0, x_2 \geq 0, x_3 \geq 0$

令 x_4 和 x_5 为各自函数约束的松弛变量,这两个变量为初始基本可行解的基变量,已知由单纯形法经过两步迭代得到最优解,其过程如下:(1)迭代 1,入基变量为 x_2,出基变量为 x_5;迭代 2,入基变量为 x_1,出基变量为 x_4。对这种情况按习题 5.1-14 中的说明解答。

5.1-16 通过观察图 5.2,解释当目标函数如下时,为什么这个问题 CPF 解有 1(b)性质。

(a) Max $Z = x_3$。

(b) Max $Z = -x_1 + 2x_3$。

5.1-17 考虑如图 5.2 所示的 3 个变量的线性规划问题。

(a) 用几何方法解释为什么满足任何个别约束的解集为凸集。

(b) 利用(a)的结论解释为什么整个可行域(同时满足所有约束的公共解集)为凸集。

5.1-18 假设如图 5.2 所示的 3 个变量的线性规划问题有目标函数

$$\text{Max } Z = 3x_1 + 4x_2 + 3x_3$$

不用单纯形法的代数运算,只应用它的几何意义(包括选择使 Z 有最大增加率的边界),确定并解释它所沿图 5.2 中从初始解到最优解的路径。

5.1-19 考虑如图 5.2 所示的 3 个变量的线性规划问题。

(a) 构建类似表 5.4 的表,给出每一个约束边界方程和初始约束的指示变量。

(b) 对于 CPF 解(2,4,3)和它的 3 个相邻 CPF 解(4,2,4)、(0,4,2)、(2,4,0),构建如表 5.5 所列的表格,写出相应的定义方程、基本可行解和非基变量。

(c) 利用(b)中得到的定义方程组证明点(4,2,4)、点(0,4,2)和点(2,4,0)与点(2,4,3)相邻,但这 3 个 CPF 解不互为相邻点。然后再利用(b)中得到的该组非基变量证明这点。

5.1-20 图 5.2 中过点(2,4,3)和点(4,2,4)的直线方程为

$$(2,4,3) + \alpha[(4,2,4) - (2,4,3)] = (2,4,3) + \alpha(2,-2,1)$$

当 $0 \leq \alpha \leq 1$ 时,为这两点之间的线段。在对各自函数约束加入松弛变量 x_4、x_5、x_6 和 x_7,扩展后,方程变为

$$(2,4,3,2,0,0,0) + \alpha(2,-2,1,-2,2,0,0)$$

利用这个公式直接回答下面的问题,进而给出单纯形法迭代由点(2,4,3)向点(4,2,4)移动时的代数和几何解释(已知迭代沿这条线段移动)。

(a) 哪个是入基变量?
(b) 哪个是出基变量?
(c) 新的基本可行解是什么?

5.1-21 考虑有两个变量的数学规划问题,其可行域如下图所示,6 个点为 CPF 解。该问题目标函数是线性的,两条虚线是通过最优解(4,5)和次优解(2,5)的目标函数线。注意:非最优解(2,5)比它的两个相邻 CPF 解更优,这违背了 5.1 节中线性规划的 CPF 解的性质 3。通过构建出这个可行域的边界上的 6 条线段是线性规划约束条件的约束边界,证明该问题不是线性规划问题。

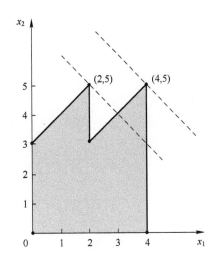

5.2-1 考虑下面的问题。

$$\text{Max } Z = 8x_1 + 4x_2 + 6x_3 + 3x_4 + 9x_5$$

s. t.

$$x_1 + 2x_2 + 3x_3 + 3x_4 \qquad \leq 180 \text{(资源1)}$$
$$4x_1 + 3x_2 + 2x_3 + x_4 + x_5 \leq 270 \text{(资源2)}$$
$$x_1 + 2x_2 \qquad + x_4 + 3x_5 \leq 180 \text{(资源3)}$$

且

$$x_j \geq 0, j = 1, 2, \cdots, 5$$

已知最优解中的基变量为 x_3、x_1、x_5，且

$$\begin{bmatrix} 3 & 1 & 0 \\ 2 & 4 & 1 \\ 0 & 1 & 3 \end{bmatrix}^{-1} = \frac{1}{27} \begin{bmatrix} 11 & -3 & 1 \\ -6 & 9 & -3 \\ 2 & -3 & 10 \end{bmatrix}$$

(a) 根据所给条件求出最优解。

(b) 根据所给条件求出3个资源的影子价格。

I5.2-2* 用改进单纯形法逐步求解下面的问题。

Max $Z = 5x_1 + 8x_2 + 7x_3 + 4x_4 + 6x_5$

s.t.

$$2x_1 + 3x_2 + 3x_3 + 2x_4 + 2x_5 \leq 20$$
$$3x_1 + 5x_2 + 4x_3 + 2x_4 + 4x_5 \leq 30$$

且

$$x_j \geq 0, j = 1, 2, 3, 4, 5$$

5.2-3 再考虑问题 5.1-1 按(e)的 CPF 解的顺序，对每个相应的基本可行解构造基矩阵 B。对每个 B 手工求逆矩阵 B^{-1}，利用 B^{-1} 计算当前解，然后进行下一步迭代(或证明当前解为最优解)。

I5.2-4 用改进单纯形法逐步解习题 4.1-5 模型。

I5.2-5 用改进单纯形法逐步解习题 4.7-6 模型。

D 5.3-1* 考虑下面的问题。

Max $Z = x_1 - x_2 + 2x_3$

s.t.

$$2x_1 - 2x_2 + 3x_3 \leq 5$$
$$x_1 + x_2 - x_3 \leq 3$$
$$x_1 - x_2 + x_3 \leq 2$$

且

$$x_1 \geq 0, x_2 \geq 0, x_3 \geq 0$$

令 x_4、x_5 和 x_6 为各自约束的松弛变量，应用单纯形法后的最终单纯形表的一部分如下表所列：

迭代	方程	系数							右端项
		Z	x_1	x_2	x_3	x_4	x_5	x_6	
Z	(0)	1				1	1	0	
x_2	(1)	0				1	3	0	
x_6	(2)	0				0	1	1	
x_3	(3)	0				1	2	0	

(a) 利用5.3节中给出的基础的洞悉计算最终单纯形表中缺少的数字,写出运算过程。
(b) 确定对应最终表上基本可行解的CPF解的定义方程。

D 5.3-2 考虑下面的问题。

Max $Z = 4x_1 + 3x_2 + x_3 + 2x_4$

s.t.

$4x_1 + 2x_2 + x_3 + x_4 \leq 5$

$3x_1 + x_2 + 2x_3 + x_4 \leq 4$

且

$x_1 \geq 0, x_2 \geq 0, x_3 \geq 0, x_4 \geq 0$

令 x_5 和 x_6 为各自约束的松弛变量,应用单纯形法后的最终单纯形表的一部分如下表所列:

基变量	方程	系数							右端项
		Z	x_1	x_2	x_3	x_4	x_5	x_6	
Z	(0)	1					1	1	
x_2	(1)	0					1	-1	
x_4	(2)	0					-1	2	

(a) 利用5.3节中给出的基础洞悉计算最终单纯形表中缺少的数字,写出运算过程。
(b) 确定对应最终表上基本可行解的CPF解的定义方程。

D5.3-3 考虑下面的问题。

Max $Z = 6x_1 + x_2 + 2x_3$

s.t.

$2x_1 + 2x_2 + \frac{1}{2}x_3 \leq 2$

$-4x_1 - 2x_2 - \frac{3}{2}x_3 \leq 3$

$x_1 + 2x_2 + \frac{1}{2}x_3 \leq 1$

且

$x_1 \geq 0, x_2 \geq 0, x_3 \geq 0$

令 x_4、x_5 和 x_6 为各自约束的松弛变量,应用单纯形法后的最终单纯形表的一部分如下表所列:

基变量	方程	系数							右端项
		Z	x_1	x_2	x_3	x_4	x_5	x_6	
Z	(0)	1				2	0	2	
x_5	(1)	0				1	1	2	
x_3	(2)	0				-2	0	4	
x_1	(3)	0				1	0	-1	

利用5.3节中给出的基础的洞悉计算最终单纯形表中缺少的数字,写出运算过程。

D 5.3-4 考虑下面的问题:

Max $Z = 20x_1 + 6x_2 + 8x_3$

s. t.

$8x_1 + 2x_2 + 3x_3 \leq 200$

$4x_1 + 3x_2 \leq 100$

$2x_1 + x_3 \leq 50$

$x_3 \leq 20$

且

$x_1 \geq 0, x_2 \geq 0, x_3 \geq 0$

令 x_4、x_5、x_6 和 x_7 分别为第一个~第四个约束的松弛变量。假设经单纯形法的几步迭代之后,当前单纯形表的一部分如下所列:

基变量	方程	系数								右端项
		Z	x_1	x_2	x_3	x_4	x_5	x_6	x_7	
Z	(0)	1				$\frac{9}{4}$	$\frac{1}{2}$	0	0	
x_1	(1)	0				$\frac{3}{16}$	$-\frac{1}{8}$	0	0	
x_2	(2)	0				$-\frac{1}{4}$	$\frac{1}{2}$	0	0	
x_6	(3)	0				$-\frac{3}{8}$	$\frac{1}{4}$	1	0	
x_7	(4)	0				0	0	0	1	

(a) 利用5.3节中给出的基础的洞悉计算最终单纯形表中缺少的数字,写出运算过程。

(b) 指出为进行下步迭代,缺少的哪一个数字会由改进单纯形法产生。

(c) 确定对应当前表中基本可行解的CPF解的定义方程。

D 5.3-5 考虑下面的问题。

Max $Z = c_1x_1 + c_2x_2 + c_3x_3$

s. t.

$x_1 + 2x_2 + x_3 \leq b$

$2x_1 + x_2 + 3x_3 \leq 2b$

且

$x_1 \geq 0, x_2 \geq 0, x_3 \geq 0$

注意:目标函数中系数(c_1, c_2, c_3)的值并没有给出,约束函数中右端项唯一特别处是第二个右端项(2b)为第一个(b)的2倍。

现在假设老板提出了对c_1、c_2、c_3 和 b 的最优估计值,但并没有告诉你,然后运用单纯形方法。给你如下所示的最终单纯形表(这里 x_4、x_5 为各自约束函数的松弛变量),但你不知道 Z^* 的值。

基变量	方程	系数						右端项
		Z	x_1	x_2	x_3	x_4	x_5	
Z	(0)	1	$\frac{7}{10}$	0	0	$\frac{3}{5}$	$\frac{4}{5}$	Z^*
x_2	(1)	0	$\frac{1}{5}$	1	0	$\frac{3}{5}$	$-\frac{1}{5}$	1
x_3	(2)	0	$\frac{3}{5}$	0	1	$-\frac{1}{5}$	$\frac{2}{5}$	3

(a) 利用5.3节中的基础的洞悉解出用到的(c_1,c_2,c_3)的值。

(b) 利用5.3节中的基础的洞悉解出用到的b的值。

(c) 用两种方法计算出Z^*的值,一种利用你从(a)中得到的结果,另一种利用你从(b)中得到的结果,并写出运算步骤。

5.3-6 对于5.3节例子的迭代2给出下面的表达式:

最终第0行 = $[-3,-5 \mid 0,0,0 \mid 0] + \left[0, \frac{3}{2}, 1\right] \begin{bmatrix} 1 & 0 & 1 & 0 & 0 & 4 \\ 0 & 2 & 0 & 1 & 0 & 12 \\ 3 & 2 & 0 & 0 & 1 & 18 \end{bmatrix}$

结合代数运算(用矩阵形式),从第0行的迭代1和迭代2导出这个式子。

5.3-7 5.3节中对基础的洞悉大部分描述都假设问题为标准形式。现在考虑下面每一种其他形式,其中初始化步骤中另外的调整都已经在4.6节中给出,包括适当地应用人工变量和大M法,写出在基础洞悉下的调整结果。

(a) 等式约束。

(b) 函数约束为"≥"形式。

(c) 负的右端项。

(d) 变量值允许为负(无下界)。

5.3-8 再次考虑习题4.6-5模型。利用人工变量和大M法建立完整的初始单纯形表,然后找出约束S^*的列,这里S^*在最终表上的基础的洞悉中应用,并解释为什么是这些列。

5.3-9 考虑下面的问题。

Max $Z = 2x_1 + 3x_2 + 2x_3$

s.t.

$x_1 + 4x_2 + 2x_3 \geq 8$

$3x_1 + 2x_2 \geq 6$

且

$x_1 \geq 0, x_2 \geq 0, x_3 \geq 0$

令x_4和x_6分别为第一个、第二个方程的剩余变量,令$\bar{x}_5$、$\bar{x}_6$为相应的人工变量。利用大M法对这个模型进行4.6节的调整后,初始单纯形表就可以应用单纯形法,具体如下:

基变量	方程	系数								右端项
		Z	x_1	x_2	x_3	x_4	$\bar{x}_5$	x_6	$\bar{x}_7$	
Z	(0)	-1	$-4M+2$	$-6M+3$	$-2M+2$	M	0	M	0	$-14M$
$\bar{x}_5$	(1)	0	1	4	2	-1	1	0	0	8
x_7	(2)	0	3	2	0	0	0	-1	1	6

应用单纯形法后的部分最终表如下所列:

基变量	方程	系数								右端项
		Z	x_1	x_2	x_3	x_4	$\bar{x}_5$	x_6	$\bar{x}_7$	
Z	(0)	-1					$M-0.5$		$M-0.5$	
x_2	(1)	0					0.3		-0.1	
x_1	(2)	0					-0.2		0.4	

(a) 根据上面的表格,利用 5.3 节中给出的基础洞悉计算最终单纯形表中缺少的数字,写出运算过程。

(b) 研究 5.3 节的数学推理,证实基础洞悉(见方程 $T^*=MT$ 和 $t^*=t+vT$ 及后来 M 和 v 的推导)。这个推理假设初始模型符合我们的标准形式,而当前问题不是标准形式。当 t 为上面初始单纯形表的第 0 行,T 为第 1 行和第 2 行时,试用最小的调整使同样推理能应用于当前问题。对这个问题推导 M 和 v。

(c) 当应用方程 $t^*=t+vT$ 时,另一个选择是利用 $t=[2,3,2,0,M,0,M,0]$,即为对初始基变量 $\bar{x}_5$、$\bar{x}_7$ 的非 0 系数进行代数消元前的初始第 0 行。用新 t 对这个方程重复(b)得出新 v 以后,说明该方程所得到的最终第 0 行与在(b)中得到的结果是相同的。

(d) 确定最终表中对应于最优 BF 解的 CPF 解的定义方程。

5.3-10 考虑下面的问题。

Max $Z = 3x_1 + 7x_2 + 2x_3$

s.t.

$-2x_1 + 2x_2 + x_3 \leq 10$

$3x_1 + x_2 - x_3 \leq 20$

且

$x_1 \geq 0, x_2 \geq 0, x_3 \geq 0$

已划最优解中的基变量为 x_1 和 x_3。

(a) 引入松弛变量,并利用所给信息直接应用高斯消元法找到最优解。

(b) 继续(a)的工作以找出影子价格。

(c) 利用所给信息确定最优 CPF 解的定义方程,并为这些方程找到最优解。

(d) 对最优 BF 解构建基矩阵 B,手工求 B 的逆阵,然后,利用 B^{-1} 解出最优解和影子价格 y^*,再应用改进单纯形法的最优性检验来证明这个解是最优解。

(e) (d) 的 B^{-1} 和 y^*,利用 5.3 节的基础洞悉建立完整的最终单纯形表。

5.4-1 考虑习题 5.2-2 中给出的模型,令 x_6 和 x_7 分别是前两个约束的松弛变量。已知 x_2 是入基变量,x_7 是出基变量(单纯形法第一次迭代中),在第二次(最后)的迭代中,x_4 是入基变量,x_6 是出基变量。运用 5.4 节讲述更新 B^{-1} 的过程,找出第一次和第二次迭代后的新的 B^{-1}。

I5.4-2 用改进单纯形法求解习题 4.3-4 中给出的模型。

I5.4-3 用改进单纯形法求解习题 4.7-5 中给出的模型。

I5.4-4 用改进单纯形法求解习题 3.1-6 中给出的模型。

第 6 章 对 偶 理 论

在线性规划早期发展阶段的众多重要发现中,对偶概念及其分支是其中最重要的内容之一。对于任何一个线性规划问题都具有对应的、称为对偶(Dual)问题的线性规划问题。对偶问题与原问题(Primal)之间的关系在众多领域中都非常有用。例如,我们很快可以看到在4.7节中所描述的影子价格问题实际上就是通过获得对偶问题的最优解得到的。同样,本章还将提出许多对偶理论的重要应用。

为了更加清晰地阐述,在前三节假设我们所研究的对偶问题对应的原问题采用的是标准形式(但并没有限定 b_i 值必须是正的)。对应其他形式的原问题将在6.4节进行讨论。我们在本章开始将讨论对偶的基本理论及应用。之后,我们将对对偶问题进行经济上的解释(6.2节),并深入研究对偶问题与原问题之间的关系(6.3节)。6.5节集中讨论对偶问题在灵敏度分析中所起的作用。灵敏度分析将在下一章详细分析,灵敏度分析,是指基本过程模型参数变化后对最优值的作用。

6.1 对偶理论的实质

下表左侧给出了原问题的标准形式(可能是从另一种形式转换过来的),原问题对偶问题在右侧给出。

原 问 题	对 偶 问 题
Max $Z = \sum_{j=1}^{n} c_j x_j$ s.t. $\sum_{j=1}^{n} a_{ij} x_j \leq b_i, \ i=1,2,\cdots,m$ 且 $x_j \geq 0, j=1,2,\cdots,n$	Min $W = \sum_{i=1}^{m} b_i y_i$ s.t. $\sum_{i=1}^{m} a_{ij} y_i \geq c_j, \ i=1,2,\cdots,n$ 且 $y_j \geq 0, j=1,2,\cdots,m$

因此,当原问题是求最大值时,对偶问题是求最小值。对偶问题与原问题使用相同的变量,但是位置并不相同,总结如下。

(1) 原问题目标函数系数是对偶问题约束方程的约束右端项。
(2) 原问题约束方程的约束右端项是对偶问题目标函数的系数。
(3) 原问题一个变量在所有约束方程中的系数是对偶问题一个约束方程中的全部系数。

为了加强比较,看一下这两个问题的矩阵形式(就像我们在5.2节开始时介绍的那样。其中 c 和 $y = [y_1, y_2, \cdots, y_m]$ 都是行向量,但是 b 和 x 全部是列向量。

原 问 题	对 偶 问 题
Max $Z = cx$ s.t. $Ax \leq b$ 且 $x \geq 0$	Min $W = yb$ s.t. $yA \geq c$ 且 $y \geq 0$

3.1 节中的 Wyndor Glass 公司例子的原问题与对偶问题的代数形式和矩阵形式如表 6.1 所列。

表 6.1 Wyndor Glass 公司例子的原问题与对偶问题

原问题代数形式	对偶问题代数形式
Max $Z = 3x_1 + 5x_2$ s. t. $x_1 \leq 4$ $2x_2 \leq 12$ $3x_1 + 2x_2 \leq 18$ 且 $x_1 \geq 0, x_2 \geq 0$	Min $W = 4y_1 + 12y_2 + 18y_3$ s. t. $y_1 + 3y_3 \geq 3$ $2y_2 + 2y_3 \geq 5$ 且 $y_1 \geq 0, y_2 \geq 0, y_3 \geq 0$
原问题矩阵形式	对偶问题矩阵形式
Max $Z = [3, 5]\begin{bmatrix} x_1 \\ x_2 \end{bmatrix}$ s. t. $\begin{bmatrix} 1 & 0 \\ 0 & 2 \\ 3 & 2 \end{bmatrix} \begin{bmatrix} x_1 \\ x_2 \end{bmatrix} \leq \begin{bmatrix} 4 \\ 12 \\ 8 \end{bmatrix}$ 且 $\begin{bmatrix} x_1 \\ x_2 \end{bmatrix} \geq \begin{bmatrix} 0 \\ 0 \end{bmatrix}$	Min $W = [y_1, y_2, y_3] \begin{bmatrix} 4 \\ 12 \\ 18 \end{bmatrix}$ s. t. $[y_1, y_2, y_3] \begin{bmatrix} 1 & 0 \\ 0 & 2 \\ 3 & 2 \end{bmatrix} \geq [3, 5]$ 且 $[y_1, y_2, y_3] \geq [0, 0, 0]$

这个对于线性规划问题的原问题——对偶问题如表 6.2 所列。同样可以帮助我们理解两个问题之间的对应关系。它展示了线性规划问题中所有的变量（a_{ij}, b_i 和 c_j），以及它们是怎么构造这两个问题的。所有原问题的标题都是水平的，而对于对偶问题的标题，则需要把书旋转一下。对于原问题，每一列（除了右端项列）给出了不同的约束方程同一个变量的系数，之后是目标函数系数，而每一行（除了最下边一行）给出了对于同一个约束方程的参数。对于对偶问题，每行（除了右端项）给出了全部约束方程中对于同一个变量的系数，然后是目标函数的系数，而每一列（除了最右边的）给出了同一个约束方程的参数。另外，右端项列给出了原问题的约束右端项和对偶问题的目标函数系数，而最下边一行给出了原问题的目标函数系数和对偶问题的约束右端项。

表 6.2 由 Wyndor Glass 公司例子得出的原问题对偶问题的线性规划表

			(a) 典型案例				
			原问题				
			系数				右端项
			x_1	x_2	$\cdots$	x_n	
对偶问题	系数	y_1	a_{11}	a_{12}	$\cdots$	a_{1n}	$\leq b_1$
		y_2	a_{21}	a_{22}	$\cdots$	a_{2n}	$\leq b_2$
		$\vdots$					$\vdots$
		y_m	a_{m1}	a_{m2}	$\cdots$	a_{mn}	$\leq b_m$
	右端项		Ⅳ	Ⅵ	$\cdots$	Ⅵ	目标函数系数（最小值）
			c_1	c_2	$\cdots$	c_n	
			目标函数系数（最大值）				

(续)

(b) Wyndor Glass 公司案例			
	x_1	x_2	
y_1	1	0	≤4
y_2	0	2	≤12
y_3	3	2	≤18
	VI 3	VI 5	

因此,我们现在可以得到原问题与对偶问题的一般关系,描述如下。

(1) 任何一个问题的约束方程中参数都是另一个问题中变量的系数。

(2) 任何一个问题目标函数的系数都是另一个问题的约束右端项。

因此,在这两个问题当中的各个数据之间都有着直接的对应关系,表 6.3 将给出相应总结。这些直接的对应关系在对包含灵敏度分析在内的对偶理论的许多应用当中都起着重要的作用。

本书网站将给出另一种原问题和对偶问题的表格,用于建立对偶问题的线性规划模型。

表 6.3 原问题与对偶问题实体之间的联系

一个问题		另一个问题
约束 i	⟷	变量 j
目标函数	⟷	右端项

6.1.1 对偶问题的起源

对偶理论是在 5.3 节介绍的单纯形表分析的基础上建立的(尤其是第 0 行)。为了分析原因,我们继续使用表 5.9 中最终单纯形表中第 0 行的符号,只是将最终表中的 W^* 替换 Z^*,同时在提及其他单纯形表时将 z^* 和 y^* 的星号去掉。因此,在对于原问题使用单纯形法的每一次迭代过程中,第 0 行的当前数据都会在表 6.4 中表示出来。对于变量 $x_1, x_2, \cdots, x_n$ 的系数,由前面的内容可知,用 $z = (z_1, z_2, \cdots, z_n)$ 表示一个向量,单纯形法在达到当前单纯形表的过程中,通过减去初始单纯形表中的系数 $-c$ 得到这个向量(不要将向量 z 与目标函数的 Z 弄混淆了)。类似地,由于初始单纯形表中第 0 行的变量 $x_{n+1}, x_{n+2}, \cdots, x_{n+m}$ 系数全都是 0, $y = (y_1, y_2, \cdots, y_m)$ 代表一个向量,单纯形法需要将这个向量加到这些系数上。同时,通过观察,我们可以得出原模型中数量与参数之间的关系为

$$W = yb = \sum_{i=1}^{m} b_i y_i$$

$$z = yA$$

所以

$$z_j = \sum_{i=1}^{m} a_{ij} y_i, j = 1, 2, \cdots, n$$

表 6.4 单纯形表中的第 0 行

迭代	基变量	方程	系数								右端项
			Z	x_1	x_2	$\cdots$	x_n	x_{n+1}	x_{n+2}	$\cdots$	x_{n+m}	
任何	Z	(0)	1	z_1-c_1	z_2-c_2	$\cdots$	z_n-c_n	y_1	y_2	$\cdots$	y_m	W

为了说明 Wyndor Glass 公司的例子,第一个方程给出 $W=4y_1+12y_2+18y_3$,这个方程就是表 6.1 中右边方框内对偶问题的目标函数。第二个方程组给出 $z_1=y_1+3y_3$ 和 $z_2=2y_2+2y_3$,这组方程就是表 6.1 中对偶问题的约束方程左端。因此,通过减去这些"≥"约束方程的右端($c_1=3$ 和 $c_2=5$),(z_1-c_1) 和 (z_2-c_2) 就可以解释为约束方程的剩余变量。

接下来的关键是,单纯形法试图利用这些符号去实现什么(依照最优性检验)。它通过寻找一组基变量和相应的基可行解,使得第 0 行的全部系数都为非负。这时的解便是最优解,则停止迭代。通过使用表 6.4 中的符号,这一目标可以解释如下:

最优解的条件为

$z_j-c_j \geq 0$, $j=1,2,\cdots,n$

$y_i \geq 0$, $i=1,2,\cdots,m$

当我们替代了前边对于 z_j 的解释后,最优解的条件说明,单纯形法可以解释成这样一种方法,即寻找下面一组 $y_1,y_2,\cdots,y_m$ 的值,使得

$$W = \sum_{i=1}^{m} b_i y_i$$

s.t.

$$\sum_{i=1}^{m} a_{ij} y_i \geq c_j, \quad j=1,2,\cdots,n$$

且

$$y_i \geq 0, \quad i=1,2,\cdots,m$$

但是,方框中的内容,除了没有关于 W 要达到的目标外,其余的部分正好是一个对偶问题。为了完成这个方框内的模型,探讨一下缺少的这个目标应该是什么形式。

因为 W 就是 Z 的当前值,而且由于原问题中的目标是求 Z 的最大值。因此,第一反应就是 W 也应该是求最大值。但是,由于如下几个原因,可以说明 W 也是求最大值。这一结论是不正确的,这个新问题的可行解只能是那些原问题所有可行解中满足最优解条件的。因此,只有原问题当中的最优解才能是新问题的可行解。所以,我们可以得出,原问题中 Z 的最优值是新问题中 W 的可能值里最小的,所以 W 是最小的(关于这一问题的完整证明,我们将在 6.3 节给出)。将这个目标添加到上边方框内的模型中,我们就得到了对偶问题的完整形式。

从而,对偶问题可以被视为线性规划问题中对单纯形法目标的重新解释,也就是为原问题找到一个解,这个解要满足最优检验。在达到这个原问题最优解之前,当前单纯形表中第 0 行相应的 y(松弛变量的系数)必须是对偶问题的非可行解。但是,达到这个原问题最优解之后,相应的 y 必须是对偶问题的最优解(用 y^* 标记)。因为它是一个可行解,而这个可行解同时又是 W 的最小可能值。这个最优解 $(y_1^*,y_2^*,\cdots,y_m^*)$ 就是 4.7 节介绍的原问题中资源的影子价格。最优解 W 也是最优解 Z 的值,也就是说,两个问题最优解的值是相等的。同时也说明,对于原问题的可行解 x 与对偶问题的可行解 y,永远存在 $cx \leq yb$。

为了更清楚地解释,我们在表 6.5 的左边给出了 Wyndor Glass 公司这个例子应用单纯形法进行迭代过程中原问题与对偶问题的第 0 行。在原问题与对偶问题中,第 0 行都被分解成 3 个部分:决策变量的系数(x_1,x_2)、松弛变量系数(x_3,x_4,x_5)和右端项(Z 的值)。松弛变量系数给出了对偶问题中相应变量(y_1,y_2,y_3)的值。每一个第 0 行都给出了对偶问题相应的解,并展示在表 6.5,y_1、y_2、y_3 所在列当中。为了解释其余的两列,我们回忆 (z_1-c_1) 和 (z_2-c_2) 是对偶问题约束方程中的剩余变量。所以,增加了这些剩余变量之后,对偶问题的完整形式为:

第 6 章 对偶理论

Min $W = 4y_1 + 12y_2 + 18y_3$
s. t.
$y_1 \quad\quad +3y_3 \quad -(z_1-c_1) = 3$
$\quad\quad 2y_2 +2y_3 \quad -(z_2-c_2) = 5$

且
$y_1 \geq 0, y_2 \geq 0, y_3 \geq 0$

因此,通过使用 y_1、y_2、y_3 所在列当中的数字,可以通过如下的方法来计算剩余变量:

$z_1-c_1 = y_1+3y_3-3$

$z_2-c_2 = 2y_2+2y_3-5$

所以,剩余变量中每一个负值都表示对应的约束条件不满足。表格的最右端一列当中是经过 $W=4y_1+12y_2+18y_3$ 计算得出的对偶问题目标函数的值。

与表 6.4 所展示的一样,表 6.5 中第 0 行右边的所有数量都已经被第 0 行识别出来,而这个过程当中没有任何新的计算。特别是,表 6.5 所列,对偶问题当中的数值已经出现在表 6.4 的第 0 行中(在两行虚线之内)。

对于最开始的第 0 行,表 6.5 中可以看出,因为两个剩余变量的值全是负的,所以相应的对偶问题的解 $(y_1,y_2,y_3) = (0,0,0)$ 是不可行的。第一步迭代成功地将两个负剩余中的一个变为非负的,但是还有一个是负值,所以要继续迭代。经过两步迭代之后,原问题满足了最优检验的条件,因为对偶问题中的全部变量以及剩余变量都已经变为非负。这个对偶问题的解 $(y_1^*, y_2^*, y_3^*) = \left(0, \dfrac{3}{2}, 1\right)$ 就是最优解(可以通过直接对对偶问题使用单纯形法证明这个解是最优解),所以 W 和 Z 的最优解就是 $Z^* = 36 = W^*$。

表 6.5 Wyndor Glass 公司例子中每一步迭代中第 0 行和相应对偶问题的解

迭代	原问题		对偶问题					
	0 行		y_1	y_2	y_3	z_1-c_1	z_2-c_2	W
0	$[-3,-5 \mid 0,0,0 \mid 0]$		0	0	0	-3	-5	0
1	$[-3,0 \mid 0,\dfrac{5}{2},0 \mid 30]$		0	$\dfrac{5}{2}$	0	-3	0	30
2	$[0,0 \mid 0,\dfrac{3}{2},1 \mid 36]$		0	$\dfrac{3}{2}$	1	0	0	36

6.1.2 原问题——对偶问题关系总结

现在,总结一下我们对原问题与对偶问题之间关系的新发现。

弱对偶性(Weak Duality Property):如果 x 是原问题的一个可行解,y 是对偶问题的一个可行解,那么有

$$cx \leq yb$$

例如,对于 Wyndor Glass 公司这个例子,原问题的一个可行解 $x_1=3, x_2=3$,则目标函数值 $Z = cx = 24$,而对于对偶问题的一个可行解 $y_1=1, y_2=1, y_3=2$,则会产生一个更大的目标函数值 $W = yb = 52$。很明显,对偶问题目标函数值大于原问题目标函数值。这只是两个问题可行解的一个例子。事实上,对于任意一对原问题与对偶问题的可行解,这种不等性一定存在。因为原问题的最大可行值等于对偶问题的最小可行值,而这一条正好是我们下面要说的性质。

强对偶性(Strong Duality Property):如果 x^* 是原问题的最优解,y^* 是对偶问题的最优解,那

么有如下关系,即

$$cx^* = y^* b$$

因此,这两条性质可以说明,当两个问题中有一个不是最优解,或者两个都不是最优解时,会有 $cx < yb$。当两个都是最优解时,则是上式相等。

弱对偶性描述了原问题与对偶问题的任意一组可行解之间的关系,其中两个解对于它们各自的问题是可行的。在每一步迭代中,单纯形法找到这两个问题的一对特殊解。在这一对解中,原问题的解是可行的,而对偶问题的解是不可行的(最终迭代除外)。下一条性质描述了这种情形以及这一对解之间的关系。

互补解特性:在每一步迭代过程中,单纯形法为原问题生成一个 CPF 解 x,同时为对偶问题生成一个互补解(Complementary Solution)y(在第 0 行中可以找到,松弛变量系数),并且满足 $cx = yb$。如果 x 不是原问题的最优解,那么,y 也不是对偶问题的可行解。

为了说明这个问题,仍以 Wyndor Glass 公司为例。进行了一次迭代之后,$x_1 = 0, x_2 = 6$。对于对偶问题 $y_1 = 0, y_2 = \frac{5}{2}, y_3 = 0$,则有 $cx = 30 = yb$。这时,x 是原问题的可行解,但是 y 不是对偶问题的可行解(因为不满足 $y_1 + 3y_3 \geq 3$ 这个约束条件)。

对于互补解特性,当使用单纯形法最后一步迭代时依然成立,这时,可以为原问题找到最优解。但是,对于互补解 y,我们在下边这条性质里可以看到还有其他更多的内容需要说明。

最优互补解特性:在最后一步迭代完成时,单纯形法为原问题得到一个最优解 x^*,同时得到一个对偶问题的最优互补解 y^*(在第 0 行中可以找到,松弛变量系数),满足 $cx^* = y^* b$。

这里 y^* 就是原问题中资源的影子价格。

举例来说,在最后一次迭代完成后,有原问题的最优解 $x_1^* = 2, x_2^* = 6$ 和对偶问题的最优解 $y_1^* = 0, y_2^* = \frac{3}{2}, y_3^* = 1$,这时有 $cx^* = 36 = y^* b$。

在 6.3 节我们会对其中这些性质做更进一步的观察,到时候就会发现,互补解特性可以进行更多考虑。特别是当松弛变量和剩余变量引入原问题与对偶问题中时,原问题的每一个基可行解都在对偶问题中有一个互补的基本解。我们在表 6.4 中已经注意到单纯形法通过 $z_j - c_j$ 得到对偶问题中剩余变量的值。这个结果称为互补松弛的性质,这个性质是关于一个问题中的基变量与另一个问题中的非基变量之间的关系。

在 6.4 节中,当讨论完如何在原问题不是标准形式的情况下构建对偶问题之后,我们将会讨论另一个非常有用的性质,这个性质的概要如下。

对称性(Symmetry Property):对于任意一个原问题和它的对偶问题,两个问题之间的一切关系必定是对称的。这是因为对偶问题的对偶问题是原问题。

因此,前边所讨论的所有性质都忽略了两个问题中哪一个是原问题,哪一个是对偶问题(对于弱对偶性中不等号的方向要求原问题的目标函数是求最大值,而对偶问题的目标函数是求最小值),从而单纯形法可以被应用于两个问题当中的任意一个,并且将同时为另一个问题得到一个互补解,并最终产生一个互补最优解。

到目前为止,我们主要将注意力集中在讨论原问题的可行解或最优解及其在对偶问题当中相对应的解的关系上。但是,很可能存在这样一种情况,那就是原问题没有可行解或者是原问题有可行解但是没有最优解(因为目标函数是无界的)。最后这一条性质就是针对这样一种情况提出的。

对偶定理(Duality Theorem):原问题与对偶问题只存在下面所述的可能关系。

(1) 如果一个问题拥有可行解和有界的目标函数(所以就会有一个最优解),那么,另一个问题也会有可行解和有界的目标函数。这时,弱对偶性与强对偶性都是可用的。

(2) 如果一个问题拥有可行解,但是目标函数是无界的(所以没有最优解),那么,另一个问题没有可行解。

(3) 如果一个问题没有可行解,那么,另一个问题或者没有可行解,或者有可行解但是目标函数无界。

6.1.3 应用

如前所述,对偶理论的一个重要应用就是单纯形法可以通过直接解答对偶问题来为原问题寻找到一个最优解。我们在 4.8 节讨论过,约束方程的数量对单纯形法计算过程的影响远远大于变量个数的影响。如果 $m>n$,那么,对偶问题有(n)个约束方程,而原问题有(m)个约束方程,所以对偶问题有更少的约束方程数量。针对对偶问题应用单纯形法比直接对原问题使用单纯形法将会显著地降低计算过程。

弱对偶性与强对偶性描述了原问题与对偶问题之间的重要关系。对偶问题的一个有用应用就是评价原问题的计划方案。举例来说,假设 x 是一个计划要实施的可行方案,如果通过观察对偶问题而得到的另一个可行方案 y,使得 $cx=yb$,那么,在这种情况下,即使我们没有使用单纯形法,也可以知道 x 一定是最优解。即使 $cx<yb$,yb 仍然为目标函数 Z 提供了一个最优解的上界。所以,如果 $yb-cx$ 足够小,那么,我们也可以接受这个方案,而不用再继续计算。

对于互补解特性的一个重要的应用是在 8.1 节介绍的对偶单纯形法中的使用。这一算法在原问题上使用时就好像同时在对偶问题上使用单纯形法一样,之所以可以这样使用,就是因为这一条性质的存在。由于单纯形表中第 0 行和右端项相互颠倒,所以,对偶单纯形法保持第 0 行在开始和迭代过程中是非负的,而右端项在开始时可以有负值(迭代的目标就是消除右端项中的负值)。因此,这个算法偶尔会被使用,因为以这种形式建立初始单纯形表会比单纯形法要求的形式建立单纯形表更加简便。它经常用于再优化(见 4.7 节)。因为对原模型的改变将导致对最终单纯形表的修订,使之满足这种形式。这种情况对于特定类型的灵敏度分析非常常见,我们将在下章中分析。

总体来说,对偶理论在灵敏度分析中扮演了重要的角色,在 6.5 节将详细论述。

另一个重要的应用是对于对偶问题的经济解释以及对原问题的分析。我们在 4.7 节中已经看到了一个例子,那就是影子价格。在 6.2 节中,我们将会看到如何将这种解释扩展到整个对偶问题,之后如何扩展到整个单纯形法。

6.2 对偶的经济解释

对于对偶问题的经济解释是直接建立在 3.2 节中介绍的对于原问题的典型解释基础上的(线性规划模型采用标准形式)。为了帮助回忆,我们在表 6.6 中总结了对于原问题的解释。

表 6.6 原问题的经济解释

数量	解释
x_j	第 j 个产品($j=1,2,\cdots,n$)
c_j	第 j 个产品单位利润
Z	所有产品的利润
b_i	第 i 种可用资源数量($i=1,2,\cdots,m$)
a_{ij}	第 j 种产品每单位消耗第 i 种资源数量

6.2.1 对偶问题的解释

为了发现如何从对原问题的解释中发展出对于对偶问题的经济解释①,我们注意到表 6.4 中 W 就是当前单纯形表中 Z 的值。由于

$$W = b_1 y_1 + b_2 y_2 + \cdots + b_m y_m$$

因此,每一个 $b_i y_i$ 都可以被解释成:如果原问题目前拥有 b_i 个单位的第 i 种可用资源,那么,可对利润产生多大的贡献。

对偶变量 y_i 可以被解释成每一单位的资源 $i(i=1,2,\cdots,m)$ 种资源对利润的贡献。

换句话说,y_i 的值就是 4.7 节中所说的影子价格。

举例来说,当单纯形法的第二次迭代找到了 Wyndor Glass 公司问题的最优解时,同时也就找到了对偶变量的最优值(表 6.5 的最底行) $y_1^* = 0, y_2^* = \frac{3}{2}, y_3^* = 1$。这就是 4.7 节对这一问题通过作图分析而得出的影子价格。我们回忆前面 Wyndor Glass 公司的例子,在这个例子中资源就是用来生产两种新产品的 3 个车间的可用生产能力,所以 b_i 表示第 i 个车间每周用来生产产品的总共的小时数,在这里 $i=1,2,3$。正如 4.7 节所讨论的那样,影子价格就是单独地增加 1 单位任何一个 b_i,可以给目标函数最优值带来 y_i^* 的增加量(一个星期总共能够增加多少美元的利润)。因此,y_i^* 可以解释为在最优方案中 1 单位第 i 种资源可以贡献的利润量。

对于对偶变量的解释将引导我们对整个对偶问题进行全面的解释。特别地,由于每一单位的第 j 种产品消耗 a_{ij} 单位的第 i 种资源,因此 $\sum_{i=1}^{m} a_{ij} y_i$ 可以解释为生产 1 单位的第 j 种产品($j=1,2,\cdots,n$)时所消耗的各种混合资源对于当前利润的贡献。

对于 Wyndor Glass 公司问题,1 单位的产品 j 对应着每个星期生产 1 批第 j 种产品,在例子里 $j=1,2$,为了生产 1 批第 1 种产品,所对应的各种混合资源的消耗是第 1 个车间 1h 的制造时间和第 3 个车间 3h 的制造时间。为了生产 1 批第 2 种产品,对应的各种混合资源的消耗是第 2 个车间和第 3 个车间各 2h。因此,$y_1 + 3y_3$ 和 $2y_1 + 2y_3$ 可以解释成每星期生产的每批各种产品所消耗混合资源对于利润所产生的贡献(千美元/星期)。

对于每种产品 j,同样的或者更多数量的资源组合也可以用于其他方法。但是,如果与将这些资源用于生产 j 产品相比,其他方法使用这些资源不能产生更多的利润,那么,这些方法就不会被考虑。c_j 被解释成第 j 种产品的单位利润,对偶问题当中的每一个约束方程被解释如下。

$\sum_{i=1}^{m} a_{ij} y_i \geq c_j$ 说明,各种资源对于利润的贡献至少应该和将它们用于生产 1 单位的第 j 种产品产生的利润相等,否则,这些资源就没有被最佳利用。

对于 Wyndor Glass 公司问题,单位利润(千美元/星期)是 $c_1 = 3$ 和 $c_2 = 5$。所以,对偶问题约束方程是 $y_1 + 3y_3 \geq 3$ 和 $2y_1 + 2y_3 \geq 5$。类似地,非负的约束被解释如下:$y_i \geq 0$ 说明,第 i 种资源($i=1,2,\cdots,m$)对于利润的贡献应攻大于 0,否则,最好还是根本不用这种资源。

目标函数 $\text{Min } W = \sum_{i=1}^{m} b_i y_i$ 可以视为被各种产品所消耗资源的最小的总隐含价值。对于 Wyndor Glass 公司问题,被两种产品消耗的各种资源的总隐含价值(千美元/星期)为:

---

① 事实上,人们提出了几种存在细微差别的解释。我们这里介绍的这种解释似乎是最有用的,因为它直接解释了在原问题中单纯形法做了些什么。

$$W = 4y_1 + 12y_2 + 18y_3$$

这种解释还可以通过区别原问题当中对于任何个 BF 解 $(x_1, x_2, \cdots, x_{n+m})$ 中的基变量与非基变量来进一步讨论。回忆基变量中(变量值为非 0)总是会在第 0 行中存在一个 0 系数。因此，再一次观察表 6.4 以及相应的 z_j 方程，我们可以看到

$$\sum_{i=1}^{m} a_{ij} y_i = c_j, \quad x_j > 0 (j = 1, 2, \cdots, n)$$

$$y_i = 0, x_{n+i} > 0 \quad (i = 1, 2, \cdots, m)$$

(这是 6.3 节中讨论的松弛性的一种。)对于第一个方程，经济学上的解释是：一旦第 j 种产品按照严格确定的水平去生产，那么，它所消耗的资源的边际值一定要等于(不允许超出)这种产品的单位利润。第二个方程表示，一旦这种资源没有被产品完全使用($x_{n+i}>0$)，那么，这种资源的边际价值就是 0($y_i = 0$)。用经济学术语来说，这种资源属于免费品。对于过度供应的商品，它的价格一定会下降为 0。这是由供求关系法则决定的。这些可以说明，应该把对偶问题求最小值的目标函数解释为被消耗的资源的全部隐含价值，而不是资源的分配。

为了更好地说明这两个方程，考虑 Wyndor Glass 问题的最优 BF 解(2,6,2,0,0)。基变量是 x_1、x_2、x_3，所以其第 0 行的系数是 0，就像表 6.5 中最底行所表示的那样。这个最底行同时也给出了对偶问题的解 $y_1^* = 0, y_2^* = \frac{3}{2}, y_3^* = 1$，剩余变量($z_1^* - c_1$) = 0 以及 ($z_2^* - c_2$) = 0。对于 $x_1 > 0$ 以及 $x_2 > 0$，这些剩余变量以及直接的计算都表明 $y_1^* + 3y_3^* = c_1 = 3$ 和 $2y_2^* + 2y_3^* = c_2 = 5$。因此，生产一批每种产品所消耗的各种资源确实是等于这种产品的单位利润。第一个生产车间约束方程中的松弛变量 $x_3 > 0$，所以增加其生产能力的边际价值是 0($y_1^* = 0$)。

6.2.2 单纯形法的解释

对于对偶问题的解释同样为在原问题中使用单纯形法做了些什么，提供了经济上的解释。单纯形法的目标就是找出如何使用可用的资源，以实现总利润最大化。为了达到这个目标，我们必须找到这样一个 BF 解来满足对资源有利可图的利用的全部条件(对偶问题的约束条件)。这些条件构成了算法的最优约束条件。对于任意一个给定的 BF 解，这些伴随着基变量的需求(对偶问题的约束)会自动满足。但是，对于非基变量，这些条件可能满足，也可能不满足。

特别地，如果变量 x_j 是一个非基变量，那么，就表示第 j 种产品没有被生产。我们就需要计算每生产 1 单位这种产品所消耗的资源 $\sum_{i=1}^{m} a_{ij} y_i$，目前能对利润有多大的贡献。利润可能小于、大于或者等于 c_j。如果小于，那么，在单纯形表的第 0 行，$z_j - c_j < 0$，因此将这些资源用于这种产品的生产将会更有利润。如果大于($z_j - c_j > 0$)，则说明这些资源已经被用于生产其他产品，而生产这些其他产品可以比生产本产品产生更多的利润，所以这些资源不应该被转移过来生产第 j 种产品。

类似地，如果松弛变量 x_{n+i} 是一个非基变量，那么，第 i 种资源的 b_i 个单位全部被利用，于是，y_i 是这种资源对于利润的边际贡献。因此，如果 $y_i < 0$，那么，可以通过减少对这种资源的使用(也就是增加 x_{n+i})增加利润。如果 $y_i > 0$，则说明可以继续增加对这种资源使用。如果 $y_i = 0$，这种资源不会对利润有任何影响。

因此，单纯形法就是检查当前 BF 解中所有非基变量，发现哪一个可以更有效地使用资源以产生更多的利润。如果任何一个都不满足条件，则任何一种对资源的改变或减少都不可能增加利润，所以当前的解就是最优解。如果有一个或者多个可以增加利润，那么，单纯形法就挑选出这样一个变量，增加一个单位该变量的生产可以增加最多利润。之后，就把这个非基变量变为基

变量,并给这个变量增加尽可能多的资源来生产它,直到生产它的资源的边际价值改变。这样改进之后的 BF 解又形成了一个新的第 0 行(也就是一个新的对偶解)。之后重复上面的过程,直到找到最优解。

对于对偶问题经济上的解释扩展了我们分析原问题的能力。但是,在 6.1 节中我们已经看到,这种解释只是两个问题之间关系的一部分。在 6.3 节中我们将更深入地讨论这些关系。

6.3 原问题与对偶问题的关系

因为对偶问题也是一个线性规划问题,所以它同样也有角点解,而且,通过使用问题的扩展形式我们可以把这些角点解解释成基本解。由于方程的约束函数是"≥"的形式,所以扩展形式是通过在约束方程 j $(j=1,2,\cdots,n)^2$ 左边减去(而不是加上)剩余变量获得的①。这些剩余变量为

$$z_j - c_j = \sum_{i=1}^{m} a_{ij} y_i - c_j, \quad j = 1, 2, \cdots, n$$

因此,z_j-c_j 扮演了约束 j 中剩余变量(或者是松弛变量,如果这些约束方程都乘以-1)的角色,每一个角落点解 $(y_1, y_2, \cdots, y_m)$ 通过对 z_j-c_j 的解释产生了一个基本解 $(y_1, y_2, \cdots, y_m, z_1-c_1, \cdots, z_n-c_n)$。所以,一个扩展形式的对偶问题拥有 n 个约束方程,$n+m$ 个变量。每一个基本解拥有 n 个基变量和 m 个非基变量(如表 6.3 所列,对偶问题中的约束方程对应着原问题中的变量,对偶问题中的变量对应着原问题中约束方程)。

6.3.1 互补基本解

在原问题与对偶问题之间的关系中,一个很重要的关系就是原问题与对偶问题基本解之间的直接对应关系。这种对应关系的关键就是原问题基本解的单纯形表的第 0 行,正如表 6.4 或者表 6.5 展示的那样。这样的一个第 0 行可以在原问题的任何一个基本解、可行解或者非可行解中,通过使用表 5.8 中公式获得。

我们再来注意一下表 6.4 和表 6.5,如何直接从第 0 行找到对偶问题的完整解(包括剩余变量)。在第 0 行的系数中每一个原问题的变量都对应着一个对偶问题的变量。表 6.7 给出了总结。接下来,我们先考察任意一个问题,之后继续用 Wyndor Glass 公司问题来说明。

这里我们可以发现一个关键问题,就是直接从第 0 行中读出来的对偶问题解也必须是一个基本解。原因是原问题当中的 m 个基变量要求在第 0 行当中的系数为 0,从而要求对偶问题当中 m 个对应的变量,也就是 m 个非基变量的系数是 0。其余的 n 个变量(基变量)的值也必须是本节最开始给出的一系列方程的解。如果用矩阵的形式表示,这一系列方程可以写成 $z-c=yA-c$,在 5.3 节观察到的结果实际上说明了 $z-c$ 和 y 的解是第 0 行中相应的部分。

由于 6.1 节所讨论的对称性(以及表 6.7 中所描述的变量之间的对应关系),原问题基本解与对偶问题基本解之间的对应也是对称的。而且,一对互补的基本解拥有同样的目标函数值,表 6.4 中的 W。

下面让我们总结一下原问题与对偶问题基本解之间的对应关系。第一条性质将 6.1 节讨论的互补解特性扩展到了两个问题的扩展形式,进而扩展到了原问题任意一个基本解(可行的或者不可行的)。

---

① 你可能想知道,为什么这里没有像在 4.6 节中那样介绍人工变量。这是因为这些变量除了改变可行域,并在单纯形法开始时起到简化作用外没有其他价值。我们现在感兴趣的不是如何在对偶问题中应用单纯形法,也不是改变它的可行域。

互补基本解的特性：原问题当中的每一个基本解在对偶问题中都拥有一个互补的基本解，并且它们各自的目标函数值 Z 和 W 相等。给定一个原问题的单纯形表，从第 0 行可以直接利用在 6.4 给出的关系找到对偶问题的基本解 $(y, z-c)$。

下一条性质指出了如何在互补的基本解中确定基变量与非基变量。互补松弛性在表 6.7 中给出了变量之间的对应关系。原问题基本解与对偶问题基本解中的变量满足表 6.8 中给出的互补松弛关系。而且，这种关系是对称的，所以两个问题的基本解彼此互补。

表 6.7 原问题与对偶问题变量之间的对应关系

	原 变 量		相应对偶变量	
任意问题	（决策变量）x_j		z_j-c_j（剩余变量）$j=1,2,\cdots,n$	
	（松弛变量）x_{n+i}		y_i（决策变量）$i=1,2,\cdots,m$	
Wyndor Glass 公司问题	决策变量	x_1	z_1-c_1	（剩余变量）
		x_2	z_2-c_2	
	松弛变量	x_3	y_1	（决策变量）
		x_4	y_2	
		x_5	y_3	

表 6.8 互补基本解之间的互补松弛关系

原变量	相应的对偶变量
基变量	非基变量（m 个）
非基变量	基变量（n 个）

这一性质为互补松弛性的原因说明对于任意的一对相对应的变量，如果它们中的一个在其非负的约束中（基变量>0）有松弛变量，那么，在另一个当中一定没有松弛变量（非基变量=0）。我们在 6.2 节中提到过，这条性质对于线性规划问题经济学上的解释十分有用。

例如，为了更生动地说明这两条性质，我们再次考虑 3.1 节所举的 Wyndor Glass 公司问题例子，所有的 8 个基本解（5 个可行解、3 个非可行解）都被列举在表 6.9 中。因此，它的对偶问题（表 6.1）也必须拥有 8 个基本解。原问题每一个基本解的互补解也在表 6.9 中给出。

表 6.9 Wyndor Glass 公司问题的互补基本解

序号	原 问 题		$Z=W$	对偶问题	
	基本解	是否可行		是否可行	基本解
1	$(0,0,4,12,18)$	是	0	否	$(0,0,0,-3,-5)$
2	$(4,0,0,12,6)$	是	12	否	$(3,0,0,0,-5)$
3	$(6,0,-2,12,0)$	否	18	否	$(0,0,1,0,-3)$
4	$(4,3,0,6,0)$	是	27	否	$\left(-\frac{9}{2},0,\frac{5}{2},0,0\right)$
5	$(0,6,4,0,6)$	是	30	否	$\left(0,\frac{5}{2},0,-3,0\right)$
6	$(2,6,2,0,0)$	是	36	是	$\left(0,\frac{3}{2},1,0,0\right)$
7	$(4,6,0,0,-6)$	否	42	是	$\left(3,\frac{5}{2},0,0,0\right)$
8	$(0,9,4,-6,0)$	否	45	是	$\left(0,0,\frac{5}{2},\frac{9}{2},0\right)$

原问题用单纯形法得到的 3 个 BF 解分别是表 6.9 中的第 1 个、第 5 个和第 6 个。已经在表 6.5 中看到如何直接从第 0 行中读出对偶问题的解，从松弛变量系数开始，接下来是最初始的

变量。其他对偶问题的基本解也可以通过为原问题的每一个基本解构造第 0 行，并运用表 5.8 底部给出的公式找出来。

对于原问题的每一个基本解，都可以通过使用互补松弛性识别对偶问题的互补解中的基变量与非基变量，因此，通过使用本节开始给出的方程，可以直接获得互补解。例如，考虑表 6.9 中倒数第二个解 $(4,6,0,0,-6)$。注意到 x_1、x_2 和 x_5 是基变量，因为这些变量不为 0。表 6.7 表明，它们对应的对偶问题变量是 (z_1-c_1)、(z_2-c_2) 和 y_3。表 6.8 说明这些变量在对偶问题当中是非基变量，所以

$$z_1-c_1=0, z_2-c_2=0, y_3=0$$

因此，对偶问题约束条件的扩展形式为

$$\begin{aligned} y_1 \quad &+y_3 \quad -(z_1-c_1) = 3 \\ 2y_2 \quad &+2y_3 \quad -(z_2-c_2) = 5 \end{aligned}$$

被缩减为

$$\begin{aligned} y_1 \quad &+0 \quad -0 = 3 \\ 2y_2 \quad &+0 \quad -0 = 5 \end{aligned}$$

所以，可以得到 $y_1=3$ 和 $y_2=\frac{5}{2}$。将这两个值与非基变量的 0 值结合起来，就得到表 6.9 中倒数第二行最右面的基本解 $\left(3,\frac{5}{2},0,0,0\right)$。我们注意到，这个对偶问题的基本解是可行的，因为所有的 5 个变量都满足非负的约束条件。

最后，我们注意到表 6.9 中的 $\left(0,\frac{3}{2},1,0,0\right)$ 是对偶问题的最优解，因为它是使目标函数值 W (36) 最小的基本可行解。

6.3.2 互补的基本解之间的关系

现在，我们把注意力转回研究互补的基本解之间的关系上来，先从它们之间可能的关系开始。表 6.9 中间的那几列提供了一些有价值的线索。在这些基本解之间，我们发现对于是否可行这个问题的回答，大多数同样满足互补关系。特别是，除了一个特例之外，其他解全都满足，如果一个解是可行的，则另一个解是不可行的（这当中也存在两个解都是不可行的这种可能性，就像第三对解）。唯一的例外是第 6 对解，而从 $W=Z$ 这一列可以看出，这个解对于原问题是最优解。由于第六个解在对偶问题中也是最优的（互补最优解特性），这个最优解中 $W=36$，而前 5 个解由于全部小于 36，所以这 5 个解都是不可行的（对偶问题的目标函数是求最小值）。同样的原因，对于原问题，由于最后两个解 $Z>36$，所以它们两个也不是可行解。

这个解释可以被强对偶性支持，也就是说，对于原问题与对偶问题的最优解有 $Z=W$ 支持。

接下来让我们把 6.1 节中的互补最优解特性扩展为两个问题的扩展形式。

互补的最优基本解特性：任意一个原问题的最优基本解，在其对偶问题当中都拥有一个互补的最优基本解。它们各自的目标函数值（Z 和 W）相等。给定一个原问题最优解的单纯形表的第 0 行，可以利用表 6.4 得到互补的对偶问题的最优解 (y^*, z^*-c)。

为了回顾在这条性质背后的原因，我们注意对偶解 (y^*, z^*-c) 必须对对偶问题是可行的，因为原问题最优解条件要求所有的对偶变量（包括剩余变量）必须是非负的。既然这个解是可行的，那么，通过弱对偶性我们可以知道它对对偶问题一定是最优的（由于 $W=Z$，所以 $y^*b=cx^*$，这里 x^* 是原问题的最优解）。

基本解可以按照它们是否满足以下两个条件进行分类：一个条件是它是否可行，也就是说，是否所有扩展形式中的变量（包括松弛变量）都是非负的；另一个条件是最优性，也就是说，是否第 0 行中的全部系数（也就是对偶问题中的互补的基本解全部变量）都是非负的。我们在表 6.10 中给出了分类后各种不同类型解的命名。举例来说，在表 6.9 中的基本解 1、2、4 和 5 是不满意解，6 是最优解，7 和 8 是超优解，而 3 既不是可行解也不是超优解。

表 6.10　基本解分类

		是否满足最优解？	
		是	不是
是否可行	是	最优解	不满意解
	否	超优解	不可行也不超优

通过给出的定义，表 6.11 总结了互补的基本解之间的一般关系。表 6.11 给出的前 3 个之间的转换关系如图 6.1 所示，因此，当使用单纯形法把原问题中的不满意解向最优解转化的同时，在对偶问题的互补基本解当中也进行着将超优解向可行解转化的过程。相反，有时候直接在原问题上处理超优解，使其转化为可行解，这样会更加简单（或者必要）。这也就是对偶单纯形法的目的。对偶单纯形法将在 8.1 节介绍。

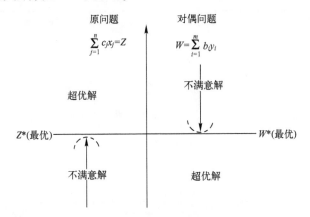

图 6.1　互补基本解之间的类型转换回

表 6.11　互补的基本解之间的关系

		全部基本解	
原问题基本解	互补对偶基本解	原问题可行	对偶可行
不满意解	超优解	是	否
最优解	最优解	是	是
超优解	不满意解	否	是
不可行也不超优	不可行也不超优	否	否

表 6.11 的第三列和第四列介绍了其他两个非常常见的术语，这两个术语用来描述一对互补的基本解。这两个互补的解中，如果原问题的基本解是可行的，我们就称其为原可行解；同样，如果对偶问题对应的互补的基本解是可行的，我们就称其为对偶可行解。通过使用这两个术语，单纯形法通过处理原可行解，努力使其同时也达到对偶可行解。一旦达到这个目的，这两个互补的解就是各自的最优解。

在灵敏度分析中这些关系是非常有用的，下章将详细介绍。

6.4 改造适用于其他原问题形式

一般地,我们都假设原问题是通过我们的标准形式给出的。但是,我们在本章的开头指出,任何一个线性规划问题,无论是否以标准形式给出,都要处理对偶问题。因此,本节我们将注意力放在对原问题的其他形式上,如对偶问题是如何变化的。

4.6 节讨论了每一种非标准形式,并且指出了如何将这些非标准形式转化成方程形式的标准形式。这些转化的方法在表 6.12 中给出了总结。因此,总是可以将任意一个非标准形式的模型转化成标准形式,然后,为标准形式构造一个对偶问题模型。为了说明,我们在表 6.13 中给出了如何找出标准形式模型(标准形式模型一定有对偶问题)的对偶问题模型,可以注意到,我们正是以原问题的标准形式而结束的。由于任何一对原问题与对偶问题都可以转换为这些形式,这表明,对偶问题的对偶问题就是原问题。所以,对于任何的原问题和对偶问题,它们之间的关系一定是对称的。这就是表 6.1 中给出的对称性(没有证明),而表 6.13 进行了证明。

通过对称性可以得到一个结论,那就是前边所讲述的关于原问题与对偶问题之间的关系都是可以颠倒的。

表 6.12 将线性规划问题转化成标准形式

非标准形式	等价的标准形式
Min Z	Max $(-Z)$
$\sum_{j=1}^{n} a_{ij}x_j \geq b_i$	$-\sum_{j=1}^{n} a_{ij}x_j \leq -b_i$
$\sum_{j=1}^{n} a_{ij}x_j = b_i$	$\sum_{j=1}^{n} a_{ij}x_j \leq b_i$ 且 $-\sum_{j=1}^{n} a_{ij}x_j \leq -b_i$
x_j 无约束	$x_j^+ - x_j^-, x_j^+ \geq 0, x_j^- \geq 0$

表 6.13 构造对偶问题的对偶问题

对偶问题	转化为标准形式
Min $W = yb$ s.t. $yA \geq c$ $y \geq 0$	→ Max $(-W) = -yb$ s.t. $-yA \leq -c$ $y \geq 0$
转化为标准形式	对偶问题
Max $Z = cx$ s.t. $Ax \leq b$ $x \geq 0$	← Min $(-Z) = -cx$ s.t. $-Ax \geq -b$ $x \geq 0$

另一个结论就是对于两个问题,哪一个被称为原问题、哪一个称为对偶问题并没有实质上的区别。实际上,你可能会看见一个线性规划问题满足我们所提到的对偶问题的标准形式。我们的习惯是:将按照符合实际问题所建立的模型称为原问题,而不在乎它的形式。

我们在说明如何为一个非标准形式构造一个对偶问题时,并没有包括约束方程是等式和变量是无约束这两种情况。事实上,对于这两种形式是有捷径的。对于等式形式的约束条件同样可以按照"≤"的约束条件形式构造它的对偶问题,只不过在对偶问题当中,相应变量的非负约束条件需要去掉(也就是说,这个变量是无约束的)。由于对称性,在原问题中去掉一个非负的约束,对于对偶问题的影响仅仅是将相对应的不等的约束变成等式的约束。

另一个捷径涉及对于求最大值问题的"≥"约束条件。最直接的方法就是将这些约束全都转化成"≤"的形式,即

$$\sum_{j=1}^{n} a_{ij}x_j \geq b_i \rightarrow -\sum_{j=1}^{n} a_{ij}x_j \leq -b_i$$

接下来就可以按照通常的方法来构造对偶问题了。以$-a_{ij}$作为第j个约束方程(这个约束方程含有"≥"的形式)中y_i的系数,以$-b_i$作为目标函数(是求最小值)的系数,这里y_i同样含有非负的约束$y_i \geq 0$。现在,假设我们定义了一个新的变量$y'_i = y_i$。用y'_i替代y_i对对偶问题进行解释,这会导致以下的变化:①约束方程j的变量系数变成a_{ij},目标函数系数为b_i;②变量的约束变为$y'_i \leq 0$。捷径就是通过使用y'_i替代y_i,作为对偶变量,于是,在原约束中的参数(a_{ij}和b_i)立即变成了对偶问题中变量的系数。

这里有一个非常有用的可以帮助记忆对偶问题约束形式的策略。对于求最大值的问题,约束大多数是以"≤"形式出现的。小部分是以"="形式出现的,极个别的是以"≥"形式出现的。类似地,对于求最小值的问题,约束更多的是以"≥"形式出现的,小部分是以"="形式出现的,极个别的是以"≤"出现的。对于任意类型的问题中的一个独立变量的约束,更多的是以非负的形式出现的,一小部分是无约束的,非常个别的一部分变量是以小于0或者等于0作为约束的。现在回忆一下表6.3中的原问题与对偶问题各项之间的对应关系。也就是一个问题中的第i个约束方程对应着另一个问题当中的第i个变量,一个问题中的第i个变量也对应着另一个问题中的第i个约束方程。上面所说的这些大部分、小部分、极个别方法,也可以简称为SOB方法,说明了对偶问题中一个约束方程或者是一个变量的约束是大部分的、小部分的或者极个别的取决于原问题当中与之相对应的项是大部分的、小部分的还是极个别的。下面进行总结。

6.4.1 用SOB方法决定对偶问题约束形式[①]

(1)无论原问题是以最大值形式还是以最小值形式出现,对偶问题自动以与原问题相反的形式出现(即原问题求最大值对偶问题求最小值,原问题求最小值对偶问题求最大值)。

(2)按照表6.14,将原问题当中的约束方程以及对变量的约束条件分别加上大部分、小部分与极个别这样的3种标签。这个标签的种类取决于这个问题是求最大值(使用第二列)还是求最小值(使用第三列)。

(3)对于对偶问题中对变量的约束,使用与原问题中与这个变量相对应的那个约束方程相同的标签(对应关系见表6.3)。

(4)对于对偶问题中每一个约束方程,使用与原问题中与这个约束方程相对应的那个变量约束相同的标签(对应关系见表6.3)。

表6.14第二列与第三列之间的箭头清楚地说明了原问题与对偶问题约束形式之间的对应

[①] 这个特殊的用来帮助记忆约束种类的工具是由Harvey Mudd大学的Arthur T. Benjamin教授所提出的。关于Arthur T. Benjamin教授的一件非常有意思的事情是他本人就是一个非常伟大的人类计算器,他可以用大脑进行6位数的乘法计算。对SOB方法进一步讨论和推导可参见他的著作。

关系。我们注意到,这些对应关系总是发生在一个问题的约束方程与另一个问题中对变量的约束这两者之间,由于原问题既可以是求最大值也可以是求最小值(而对偶问题目标函数的形式与原问题相反),表的第二列给出了原问题以及对偶问题求最大值的形式,而第三列给出了另一个问题的最小值形式。

为了更生动地说明,考虑我们在 3.4 节开始时给出的那个放射治疗的例子。为了能在表 6.14 中展示双向的转换,在以这个模型的目标函数取最小值之前,先以这个模型的目标函数取最大值作为原问题。

在表 6.15 的左侧给出了这个问题的目标函数取最大值的形式。通过使用表 6.14 的第二列表现这个问题,表中的箭头表明第三列中对偶问题的形式。这些箭头在表 6.15 中用来展示对偶问题的结果(由于这些箭头,我们把这些约束放在对偶问题的后边,而不是像通常那样放在顶部)。在每一个方程的约束旁边我们加了 S、O 或者 B 的标签,分别代表大部分、小部分或者极个别。就像 SOB 方法所指明的那样,对偶问题约束的标签总是与原问题相对应的约束所拥有的标签相同。

表 6.14 原问题—对偶问题对应的形式

标 签	原问题(或对偶问题)		对偶问题(或原问题)
	Max Z(或 W)		Min W(或 Z)
	约束 i		变量 y_i(或 x_i)
大部分	≤的形式	⟷	$y_i \geq 0$
小部分	=的形式	⟷	无约束
极个别	≥的形式	⟷	$y_i' \leq 0$
	变量 x_j(或 y_j)		约束 j
大部分	$x_j \geq 0$	⟷	≥的形式
小部分	无约束	⟷	=的形式
极个别	$x_j' \leq 0$	⟷	≤的形式

表 6.15 放射治疗例子的原问题与对偶问题的一种形式

原问题		对偶问题
Max $-Z=-0.4x_1-0.5x_2$ s. t.		Min $W=2.7y_1+6y_2+6y_3'$ s. t.
(S)　$0.3x_1+0.1x_2 \leq 2.7$	⟷	$y_1 \geq 0$　(S)
(O)　$0.5x_1+0.5x_2 = 6$	⟷	y_2 无约束　(O)
(B)　$0.6x_1+0.4x_2 \geq 6$	⟷	$y_3' \leq 0$　(B)
且		
(S)　$x_1 \geq 0$	⟷	$0.3y_1+0.5y_2+0.6y_3' \geq -0.4$　(S)
(S)　$x_2 \geq 0$	⟷	$0.1y_1+0.5y_2+0.4y_3' \geq -0.5$　(S)

但是,如果不是为了说明,一般不需要将原问题转化为最大值的形式。使用最初始的最小值形式,表 6.16 左侧给出了原问题的方程。现在让我们用表 6.14 的第三列表现这个原问题。箭头给出了对偶问题的形式,并用第二列展示。表 6.16 右侧展示了对偶问题的结果。同样,这里 S、O、B 标签显示了 SOB 方法的使用。

正如表 6.15 与表 6.16 中的原问题是等价的,这两个对偶问题也是完全等价的。认识这种等价性的关键就在于这样的事实,对偶每一个版本中的变量是其他版本中变量的负数($y_1' = -y_1$, $y_2' = -y_2, y_3 = -y_3'$)。所以,对于一个版本如果把变量换成另一个版本中的变量,并且将目标函数以及约束全部乘以-1,就可以得到另一个版本(习题 6.4-5 会让你验证这一结论)。

如果想了解 SOB 解决对偶问题的其他案例,可以查看本书的网页对应的案例章节。

如果单纯形法被应用于一个含有非正约束变量的原问题或者对偶问题(如表 6.15 中对偶问题中的 $y_3' \le 0$),这个变量就应该变换成非负的形式(如 $y_3 = -y_3'$)。

表 6.16 放射治疗例子的原问题与对偶问题的另一种形式

原问题		对偶问题
Min $Z = 0.4x_1 + 0.5x_2$		Max $W = 2.7y_1' + 6y_2' + 6y_3$
s. t.		s. t.
(B)　$0.3x_1 + 0.1x_2 \le 2.7$	↔	$y_1' \le 0$　(B)
(O)　$0.5x_1 + 0.5x_2 = 6$	↔	y_2' 无约束　(O)
(S)　$0.6x_1 + 0.4x_2 \ge 6$	↔	$y_3 \ge 0$　(S)
且		
(S)　$x_1 \ge 0$	↔	$0.3y_1' + 0.5y_2' + 0.6y_3 \le 0.4$　(S)
(S)　$x_2 \ge 0$	↔	$0.1y_1' + 0.5y_2' + 0.4y_3 \le 0.5$　(S)

当在原问题当中使用人工变量帮助单纯形法解决问题时,对于单纯形表第 0 行中对偶的解释如下:因为人工变量扮演的是松弛变量的角色,它们的系数规定了对偶问题中互补的基本解中相应变量的值,由于使用人工变量,实际上是将原来的实际问题变成了一个简单的人工问题,因此,这个对偶问题实际上也是这个人工问题的对偶问题。但是,当所有的人工变量都变成非基变量时,我们又回到了实际的原问题和对偶问题。在两阶段法中,人工变量应该在第二阶段保留,这样可以帮助很快在第 0 行中读出对偶问题的完整形式。对于大 M 法,由于大 M 加到第 0 行初始化人工变量的系数,所以对偶问题中对应的变量的当前值就是人工变量的负值,也就是负 M。

举例来说,观察一下在表 4.12 中给出的放射治疗的例子中最终单纯形表的第 0 行。当 M 从变量 $\bar{x}_4$ 和 $\bar{x}_6$ 的系数中减去之后,在表 6.15 中给出的对偶问题的最优解是从 x_3、$\bar{x}_4$ 和 $\bar{x}_6$ 的系数中直接读出的 $(y_1, y_2, y_3') = (0.5, -1.1, 0)$。与通常一样,对于两个约束方程中的剩余变量是直接从 x_1 和 x_2 的系 $z_1 - c_1 = 0$ 和 $z_2 - c_2 = 0$ 直接读出来的。

6.5　对偶理论在灵敏度分析中的作用

灵敏度分析主要研究改变 a_{ij}、b_i 和 c_j 对最优解产生的影响。但是,改变原问题中的参数值同样会改变对偶问题中对应的值。因此,可以选择使用哪个问题进行研究。由于 6.1 节和 6.3 节中介绍的原问题和对偶问题之间的关系(尤其是互补的基本解特性),因此很容易按照要求在两个问题之间进行转换。在一些问题当中直接分析对偶问题以决定对原问题的影响会更加方便。下面我们来讨论两个这样的例子。

6.5.1　非基变量系数的改变

假设在最初始的原问题的最优解中,非基变量的系数发生改变。这些改变对最优解会有什么影响。它是否仍然可行? 它是否仍然最优?

由于所涉及的变量是非基变量,所以变量系数的改变不会影响解的可行性。因此,对于这种情况就只存在一个问题,即这个解是否还是最优的。就像表 6.10 和表 6.11 中指出的那样,这个问题的另一个等价的问法是:是否改变之后的这个原最优解所对应的对偶问题的互补基本解仍然是可行的。由于这样的改变只是影响对偶问题中的一个约束方程,因此,要回答这个问题时只需简单地检验一下这个互补的基本解是否满足新的约束条件。

我们将在 7.2 节中通过相关案例解释这个问题。问题的另一个解法可以通过本书网站进行查询。

6.5.2 问题中引入新变量

正如表 6.6 中指出的那样,模型中的决策变量通常是代表考虑中的各种产品的生产水平。在某些情况下,这些产品是从更大范围的一组产品中挑选出来的,而这一组中的其他产品可能是因为看起来似乎效益不是特别好,所以没有包含进来,或者是这些产品在模型建立好或求出最优解之后才被发现的。对于这两种情况的任意一种,关键问题都是这些之前没有被考虑的产品是否值得投产。换句话说,就是将这些产品加入最开始的模型中是否会改变最优解。

增加一种新产品就意味着在原模型中增加一个新的变量,并且在约束方程和目标函数中给它以合适的系数。而对于对偶问题的唯一影响就是在对偶问题当中增加了一个新的约束(表 6.3)。

当这些改变发生后,原来的最优解加上新增加的这个以 0 为值的变量(非基变量)所组成的新解对于新模型是否仍然是最优的?如前所述,这个问题的另一个等价的说法是原最优解所对应的对偶问题的互补基本解仍然是可行的。同样,如前所述,要回答这个问题只需简单地检验这个互补的基本解是否满足新增加的约束条件。

为了更清楚地说明,我们来考虑 3.1 节中给出的 Wyndor Glass 公司的例子。假设现在生产线有一个新的第二种产品加入了考虑当中。我们用 $x_{新}$ 代表整个新增加的产品,改变之后的模型如下:

Max $Z = 3x_1 + 5x_2 + 4x_{新}$

s.t

$$x_1 + 2x_{新} \leq 4$$
$$ 2x_2 + 3x_{新} \leq 12$$
$$3x_1 + 2x_2 + x_{新} \leq 18$$

且

$x_1 \geq 0, x_2 \geq 0, x_{新} \geq 0$

当我们加入松弛变量后,最开始的那个问题在没有包含这个新增加的变量 $x_{新}$ 时的最优解(表 4.8)是 $(x_1, x_2, x_3, x_4, x_5) = (2, 6, 2, 0, 0)$。这个解再加上 $x_{新} = 0$ 仍然还是最优解吗?

为了回答这个问题,我们需要检查对偶问题互补的基本解。就像 6.3 节介绍的互补的最优基本解特性那样,这个解在原问题的最终单纯形表的第 0 行给出。利用表 6.4 给出的方法在表 6.5 中解释。因此,就像表 6.5 的底行和表 6.9 的第 6 行中给出的那样,这个解是 $(y_1, y_2, y_3, z_1-c_1, z_2-c_2) = \left(0, \frac{3}{2}, 1, 0, 0\right)$

(这个解在 6.3 节表 6.9 的倒数第 2 行给出。)

由于这个解是最初始模型的对偶问题的最优解,它当然会满足表 6.1 中给出的最初始模型的对偶问题约束条件。但是,这个解还满足这个新的对偶问题的约束吗?

$$2y_1 + 3y_2 + y_3 \geq 4$$

我们将这个解代入,可以看到

$$2(0) + 3\left(\frac{3}{2}\right) + (1) \geq 4$$

满足约束条件。所以,这个解仍然是可行的(因此它仍然是最优的)。因此,最初始的原问题解

$(2,6,2,0,0)$,加上这个新增加的变量 $x_{新}=0$ 仍然是最优的。所以,这个新产品不应该投产。

这个方法同样可以非常简单地帮助灵敏度分析预估加在新变量上的系数。通过简单地查看新的对偶问题的约束方程,马上就可以发现这些参数变化多少才可以影响对偶问题的解的可行性,进而分析这些参数变化多少就可以影响原问题解的最优性。

6.5.3 其他应用

我们已经讨论了对偶理论对于灵敏度分析的两个应用,也就是影子价格和对偶单纯形法。正如 4.7 节和 6.2 节中描述的那样,$(y_1^*,y_2^*,\cdots,y_m^*)$ 说明了各种资源的影子价格,也就说明了如果资源总量 b_i 变化将会如何影响 Z,结果的分析将在 7.2 节中做详细的介绍。

总体来说,6.2 节中对于原问题和对偶问题的经济解释为灵敏度分析提供了一些有用的信息。

当我们研究 b_i 的变化或者 a_{ij} 的变化影响时,最初始模型的最优解可能变为超优解(就像表 6.10 中定义的那样)。如果我们想再次获得最优解,对偶单纯形法将会在这个解的基础上被使用(对偶单纯形法将在 8.1 节介绍)。

我们曾在 6.1 节中提到过,有的时候直接在对偶问题上使用单纯形法识别原问题的最优解会更有效。当使用这种方法寻找解时,对于原问题的灵敏度分析将会如下节所述直接对对偶问题进行操作,然后对原问题互补的基本解进行推断(表 6.11)。由于 6.1 节与 6.3 节中所讲述的原问题与对偶问题之间的紧密联系,这种方法与灵敏度分析有直接相关性。

6.6 结 论

每一个线性规划问题都伴随着一个对偶线性规划问题。在原问题与对偶问题之间有很多有用的关系,利用这些关系可以提高我们分析原问题的能力。例如,对于对偶问题经济学上的解释给出了影子价格的概念,利用影子价格我们可以分析原问题当中所使用资源的边际价值并且可以对单纯形法进行解释。因为单纯形法可以直接应用于这两种问题中的任意一种,以同时解决它们,所以,直接处理对偶问题可以显著地减少计算的复杂程度。对偶理论,包括处理超优解的对偶单纯形法(见 8.1 节)同样在灵敏度分析当中扮演了重要的角色。

参 考 文 献

[1] Dantzig, G. B., and M. N. Thapa: Linear Programming 1: Introduction, Springer, New York, 1997.
[2] Denardo, E. V.: Linear Programming and Generalizations: A Problem-based Introduction with Spreadsheets, Springer, New York, 2011, chap. 12.
[3] Luenberger, D. G., and Y. Ye: Linear and Nonlinear Programming, 3rd ed., Springer, New York, 2008, chap. 4.
[4] Murty, K. G.: Optimization for Decision Making: Linear and Quadratic Models, Springer, New York, 2010, chap. 5.
[5] Nazareth, J. L.: An Optimization Primer: On Models, Algorithms, and Duality, Springer-Verlag, New York, 2004.
[6] Vanderbei, R. J.: Linear Programming: Foundations and Extensions, 4th ed., Springer, New York, 2014, chap 5.

习 题

某些习题(或其中一部分)左端的符号意义如下。

D:上面列出演示的例子可能会有帮助。

I:可以应用上面列出的程序检查你的作业。

E^*:使用 Excel 表格。

习题上有星号表示书后至少给出该题一部分答案。

6.1-1* 为下面给出的每一个满足标准格式的线性规划问题建立对偶问题。

(a) 习题 3.1-6 的模型。

(b) 习题 4.7-5 的模型。

6.1-2 考虑习题 4.5-4 中的线性规划模型。

(a) 为这个模型建立原问题-对偶问题表,并建立对偶模型。

(b) 这个问题中的 Z 无界对对偶问题有什么影响?

6.1-3 对于下面每一个线性规划模型,是应该直接在原问题上应用单纯形法还是应该在对偶问题上应用单纯形法?给出你的建议并解释。

(a) Max $Z = 10x_1 - 4x_2 + 7x_3$

s. t.

$3x_1 - x_2 + 2x_3 \leq 25$

$x_1 - 2x_2 + 3x_3 \leq 25$

$5x_1 + x_2 + 2x_3 \leq 40$

$x_1 + x_2 + x_3 \leq 90$

$2x_1 - x_2 + 2x_3 \leq 20$

且

$x_1 \geq 0, x_2 \geq 0, x_3 \geq 0$

(b) Max $Z = 2x_1 + 5x_2 + 3x_3 + 4x_4 + x_5$

s. t.

$x_1 + 3x_2 + 2x_3 + 3x_4 + x_5 \leq 6$

$4x_1 + 6x_2 + 5x_3 + 7x_4 + x_5 \leq 15$

且

$x_j \geq 0$

6.1-4 考虑下面的问题。

Max $Z = -x_1 - 2x_2 - x_3$

s. t.

$x_1 + x_2 + 2x_3 \leq 12$

$x_1 + x_2 - x_3 \leq 1$

且

$x_1 \geq 0, x_2 \geq 0, x_3 \geq 0$

(a) 建立对偶问题。

(b) 利用对偶理论说明原问题的最优解有 $Z \leq 0$。

6.1-5 考虑下面的问题。

Max $Z = 2x_1 + 6x_2 + 9x_3$

s. t.

$x_1 + x_3 \leq 3$ (资源 1)

$x_2 + 2x_3 \leq 5$ (资源 2)

且

$x_1 \geq 0, x_2 \geq 0, x_3 \geq 0$

(a) 为这个原问题建立对偶问题。

I(b) 用图形法解决这个对偶问题,并用求出的结果说明原问题中资源的影子价格。

C(c) 用单纯形法解原问题,找出影子价格证明你在(b)中得到的结论。

6.1-6 按照习题 6.1-5 的要求解答本题。

Max $Z = x_1 - 3x_2 + 2x_3$

s.t.

$2x_1 + 2x_2 - 2x_3 \leq 6$ (资源 1)

$-x_2 + 2x_3 \leq 4$ (资源 2)

且

$x_1 \geq 0, x_2 \geq 0, x_3 \geq 0$

6.1-7 考虑下面的问题。

Max $Z = x_1 + 2x_2$

s.t.

$-x_1 + x_2 \leq -2$

$4x_1 + x_2 \leq 4$

且

$x_1 \geq 0, x_2 \geq 0$

I(a) 用图形法证明这个问题没有解。

(b) 建立对偶问题。

I(c) 用图形法证明对偶问题目标函数无界。

I6.1-8 建立一个有两个决策变量、两个约束方程、有可行解但是目标函数无界的原问题,并画图。之后,建立这个原问题的对偶问题,并用图形法证明对偶问题没有可行解。

I6.1-9 建立一对原问题与对偶问题,每一个问题有两个决策变量、两个约束方程。每个问题都没有可行解,并用图形法证明。

6.1-10 建立一对原问题与对偶问题,每一个问题有两个决策变量、两个约束方程。原问题都没有可行解,对偶问题有无界解。

6.1-11 利用弱对偶性证明如果原问题与对偶问题都有可行解,那么,两个问题都有最优解。

6.1-12 考虑我们在 6.1 节给出的原问题与对偶问题的标准矩阵形式。利用对偶问题对于原问题的这种形式的定义证明以下结论。

(a) 6.1 节中的弱对偶性。

(b) 如果原问题有无界的可行域,那么,对偶问题没有可行解。

6.1-13 考虑我们在 6.1 节给出的原问题与对偶问题的标准矩阵形式,用 y^* 表示对偶问题的最优解。假设 b 被 $\bar{b}$ 所代替,用 $\bar{x}$ 表示新的原问题最优解。证明 $c\bar{x} \leq y^* \bar{b}$。

6.1-14 对于任意一个标准形式的线性规划问题及其对偶问题,判断下列说法的正误,并证明。

(a) 对于原问题与对偶问题来说,两个问题中约束方程的数量与变量的数量(扩大之前)之和相等。

(b) 在每一步迭代中,单纯形法都分别计算出一个原问题与对偶问题的 CPF 解,所以这个过程中两个问题的目标函数值始终相等。

(c) 如果原问题拥有无界解,那么,对偶问题的最优解的目标函数值一定是 0。

6.2-1 考虑表 4.8 中给出的 Wyndor Glass 公司问题的单纯形表。对于每一个单纯形表,给出下列问题的经济解释。

(a) 第 0 行中松弛变量 (x_3, x_4, x_5) 系数。

(b) 第 0 行中决策变量 (x_1, x_2) 系数。

(c) 最终作为结果而选择进入变量(或者最终停止计算时的决策表)。

6.3-1* 考虑下面的问题。

Max $Z = 6x_1 + 8x_2$

s.t.

$5x_1 + 2x_2 \leq 20$

$x_1 + 2x_2 \leq 10$

且

$x_1 \geq 0, x_2 \geq 0$

(a) 为这个原问题建立对偶问题。

(b) 用图形法解原问题与对偶问题。找出这两个问题的 CPF 解,以及角点中的非可行解。计算这些解的目标函数值。

(c) 利用(b)中得到的信息,绘制一张表格计算这些互补的基本解(使用与表 6.9 相同的标题)。

I(d) 利用单纯形法一步一步解这个问题。在每一步迭代之后找出这个问题的 BF 解以及对偶问题中互补的解,找出相应的角点。

6.3-2 考虑习题 4.1-5 中的那个含有两个约束方程和两个变量的模型。回答习题 6.3-1 中的全部问题。

6.3-3 考虑表 6.1 中给出的 Wyndor Glass 公司模型的原问题与对偶问题。利用表 5.5、表 5.6、表 6.8 和表 6.9 绘制新的表格。在表格的第一列写出非基本变量,第二列写出对偶问题中相对应的变量,第三列写出对偶问题中互补的基本解中的非基变量。利用这张表格解释这个例子的互补松弛性。

6.3-4 假设原问题拥有一个退化的 BF 解(一个或者多个基变量等于 0)作为它的最优解。这个退化的最优解对于对偶问题说明什么?为什么?如果反过来说还正确吗?

6.3-5 考虑下面的问题。

Max $Z = 2x_1 - 4x_2$

s.t.

$x_1 - x_2 \leq 1$

且

$x_1 \geq 0, x_2 \geq 0$

(a) 建立对偶问题,并通过观察找到最优解。

(b) 利用互补松弛性以及对偶问题中的最优解找到原问题的最优解。

(c) 假设原问题的目标函数中 x_1 的系数 c_1 可以取任意值。当 c_1 取什么值时对偶问题没有可行解?对于这些值,按照对偶理论对原问题分别代表什么情况?

6.3-6 考虑下面的问题:

Max $Z = 2x_1 + 7x_2 + 4x_3$

s. t.

$\quad x_1 + 2x_2 + x_3 \leq 10$

$\quad 3x_1 + 3x_2 + 2x_3 \leq 10$

且

$\quad x_1 \geq 0, x_2 \geq 0, x_3 \geq 0$

(a) 建立这个原问题的对偶问题。

(b) 利用对偶问题证明原问题中目标函数的值不能超过 25。

(c) 已经可以推测出 x_2 和 x_3 且会包含在原问题的最优解当中。直接利用高斯消元法转换出基本解(和 Z)。同时利用原问题中的等式(0)来转换并识别对偶问题中互补的基本解。分析这两个解是否分别是两个问题的最优解。

I(d) 利用图形法解对偶问题。利用这个解找出原问题最优解中的基变量和非基变量,并利用高斯消元法转化出这个解。

6.3-7 再次考虑习题 6.1-3(b)。

(a) 建立它的对偶问题。

I(b) 用图形法解这个对偶问题。

(c) 利用(b)中的信息找出原问题最优解中的非基变量以及基变量。

(d) 利用(c)的结果并使用高斯消元法得到原问题的最优解。从系统的初始方程开始(不包括等式(0)),建造单纯形表,并设非基变量为 0。

(e) 利用(c)中的结果为这个原问题的最优 CPF 解写出定义方程(见 5.1 节),之后用这个方程得到这个解。

6.3-8 考虑习题 5.3-10 中给出的模型。

(a) 建立对偶问题。

(b) 利用最优解中给出的基变量信息写出非基变量以及对偶问题最优解中的基变量。

(c) 利用(b)中的结果为这个对偶问题的最优 CPF 解写出定义方程(见 5.1 节),之后用这个方程得到这个解。

I(d) 利用图形法解这个问题证明你在(c)中的结论。

6.3-9 考虑习题 3.1-5 中给出的模型。

(a) 建立原问题的对偶问题。

(b) 利用 $(x_1, x_2) = (13, 5)$ 是原问题的最优解这一信息找出对偶问题最优的 BF 解中的基变量和非基变量。

(c) 利用(b)中的信息通过转化方程(0)找到对偶问题的这个最优解。通过使用高斯消元法转化这个方程。

I(d) 利用(b)中的结果为这个对偶问题的最优 CPF 解写出定义方程(见 5.1 节)。通过检查这个最优解是否满足方程证明(c)中得到的这个解是不是最优解。

6.3-10 假设你在使用改进单纯形法(见 5.2 节)处理标准形式的原问题时,想同时得到对偶问题中的信息。

(a) 如何识别对偶问题中的最优解?

(b) 在每一步迭代时都获得了个 BF 解之后,如何得到对偶问题当中互补的基本解?

6.4-1 考虑下面的问题。

Max $Z = x_1 + x_2$

s. t.
$$x_1 + 2x_2 = 10$$
$$2x_1 + x_2 \geq 2$$

且
$$x_2 \geq 0 (x_1 \text{ 无约束})$$

(a) 利用 SOB 方法建立对偶问题。

(b) 利用表 6.12 将这个原问题从 6.1 节开头给出的形式转化成标准形式，建立相应的对偶问题。之后，说明得到的对偶问题与从(a)中得到的对偶问题等价。

6.4-2 考虑原问题与对偶问题是以我们在 6.1 节开头介绍的标准的矩阵形式给出的。利用对偶问题的定义证明下列结论。

(a) 如果原问题中的约束方程 $Ax \leq b$ 变成 $Ax = b$，对于对偶问题的唯一改变就是去掉非负的约束 $y \geq 0$(提示：$Ax = b$ 等价于把约束方程变成 $Ax \leq b$ 并且 $Ax \geq b$)。

(b) 如果原问题中的约束方程 $Ax \leq b$ 变成 $Ax \geq b$，对于对偶问题的唯一改变就是去掉非负的约束 $y \geq 0$ 变成非正约束 $y \leq 0$(提示：$Ax \geq b$ 等价于把约束方程变成 $-Ax \leq -b$)。

(c) 如果把原问题中的非负约束 $x \geq 0$ 去掉，对于对偶问题的唯一的改变就是将对偶问题中的约束方程 $yA \geq c$ 变成 $yA = c$(提示：对于 A 变量没有约束可以用两个非负的变量表示)。

6.4-3* 为习题 4.6-3 中的线性规划模型建立对偶问题。

6.4-4 考虑下面的问题。

Min $Z = x_1 + 2x_2$

s. t.
$$-2x_1 + x_2 \geq 1$$
$$x_1 - 2x_2 \geq 1$$

且
$$x_1 \geq 0, x_2 \geq 0$$

(a) 建立对偶问题。

I(b) 利用图形分析法处理对偶问题判断原问题是否有可行解，如果有，目标函数是否有界。

6.4-5 考虑表 6.15 和表 6.16 中给出的放射治疗例子的对偶问题的两个版本。回顾 6.4 节中的内容说明为什么这两个版本是完全等价的。然后，从表 6.15 一步步地转化到表 6.16 证明等价性。

6.4-6 对于下面的每一个线性规划问题，利用 SOB 方法建立对偶问题。

(a) 习题 4.6-7 中的模型。

(b) 习题 4.6-16 中的模型。

6.4-7 考虑习题 4.6-2 中给出的带等式约束的模型。

(a) 建立这个问题的对偶问题。

(b) 证明(a)中的结果是正确的(也就是说，等式的约束方程在对偶问题中没有非负约束)。为此，首先将原问题转化成标准形式(表 6.12)，然后建立对偶问题，接下来把这个对偶问题转化成(a)中得到的形式。

6.4-8* 考虑习题 4.6-14 中没有非负约束的模型。

(a) 建立这个问题的对偶问题。

(b) 证明(a)中的结果是正确的(也就是说，在原问题中没有非负约束在对偶问题当中产生等式的约束方程)。为此,首先将原问题转化成标准形式,然后建立对偶问题,接下来把这个对偶问题转化成(a)中得到的形式。

6.4-9 考虑表 6.1 中给出的 Wyndor Glass 公司问题的对偶问题。利用表 6.13 中给出的步骤对这个对偶问题进行转变,证明对偶问题的对偶是原问题。

6.4-10 考虑下面的问题。

Min $Z = -x_1 - 3x_2$

s. t.

$x_1 - 2x_2 \leq 2$

$-x_1 + x_2 \leq 4$

且

$x_1 \geq 0, x_2 \geq 0$

I (a) 用图形法证明这个目标函数有无界解。

(b) 建立对偶问题。

I(c) 用图形法证明对偶问题没有可行解。

6.5-1 考虑习题 7.2-2 中的模型。直接利用对偶理论判断,当下面的变化独立发生时,最优解是否仍然保持最优性。

(a) 习题 7.2-2 中的(e)问题。

(b) 习题 7.2-2 中的(g)问题。

6.5-2 考虑习题 7.2-4 中的模型。直接利用对偶理论判断,当下面的变化独立发生时,最优解是否仍然保持最优性。

(a) 习题 7.2-4 中的(b)问题。

(b) 习题 7.2-4 中的(d)问题。

6.5-3 考虑习题 7.2-5 中的(d)问题。直接利用对偶理论判断,当下面的变化独立发生时,最优解是否仍然保持最优性。

第 7 章 不确定条件下的线性规划

确定性假设为本书第 3.3 节所述线性规划关键假设之一，该假设假定线性规划模型各参数赋值均为已知常量。这是一种简便易行的假设，但实际上很难满足。通常，构建线性规划模型旨在选出未来行动的方案，因此参数值的确定有赖于对未来条件的预测。如此一来，采用模型最优解后实际参数情况将会如何变化，有时便存在极大的不确定性。因此，我们现在便着重介绍一些处理此类不确定性的方法。

灵敏度分析是处理不确定性的技术中最重要的手段。如前所述（参见本书 2.3 节、3.3 节和 4.7 节），灵敏度分析也是多数线性规划研究的重要组成部分，其目的之一便是确定当参数估值出现错误时会对模型最优解产生何种影响。这种分析通常用于在应用模型前确定那些有待进一步认真估值的参数，还可用于识别更适合大部分合理参数值的新解。此外，某些参数值（如资源量）也许代表管理层决定。此时，如何选择参数值便可能成为研究的主要问题，可通过灵敏度分析加以解决。

7.1 节对（基于 5.3 节基本观点得出的）灵敏度分析基本步骤进行了概述，7.2 节对其展开详述，7.3 节主要讲述如何直接使用电子表格进行灵敏度分析（如无暇阅读整章，可仅读本章 7.3 节以简要了解灵敏度分析）。

本章其余部分介绍了另外一些处理不确定型线性规划的重要技巧。对于那些必须完全满足约束条件的问题，通过 7.4 节鲁棒优化法所求之解事实上不但确保可行，而且接近最优，不用考虑参数值与估值间存在的合理偏差。当稍许不满足某些限制条件而不至于产生严重后果时，可采用 7.5 节介绍的机会约束法。只要原约束条件极可能划分为两个（或更多）阶段时，便可利用 7.6 节讲述的补偿随机规划法处理此类问题，此时，机会约束条件对原约束条件做出修正，以便用第二阶段决策补偿第一阶段中由于某些参数估值失误所导致的不尽人意。

7.1 灵敏度分析的本质

通常，在成功运用单纯形法求得线性规划模型的最优解时，运筹研究团队的工作还远未结束。正如我们在 3.3 节结束部分所指出的，线性规划假设之一便是模型所有参数 a_{ij}、b_i 和 c_j 均为已知常量。但实际上，模型所用参数值通常只是基于对未来条件的预测所得的估值。一般情况下，计算估值所用数据要么未经整理，要么根本不存在，因此原模型参数可能仅仅是忙碌的线性规划人员的经验之谈，并且这些数据可能是有意高估或低估，借以保护评估人员的利益。

因此，成功的经理或运筹研究人员始终不会盲目相信计算机求得的原始数据，多数情况下仅将这些数据视为继续分析问题的起点而已。所谓的"最优"解，也仅针对某一描述实际问题的特定模型而言，只有经检验同样适用于该问题其他合理表述后，方可作为指导行动的依据。此外，模型参数（尤其是参数 b_i）有时是根据管理决策（如为相关活动配置某类资源的数量）而赋值的，一旦意识到决策存在潜在不良影响，应对其重新审查。

因此，参数如有其他赋值时，则需进行灵敏度分析，检查其他可能的参数赋值对单纯形法求得的最优解有何影响，这一点十分重要。通常，有些参数可取任何合理值，且不影响最优解的最佳性。然而，有些参数一旦被赋予其他值，就可能产生新的最优解。若原解因此导致目标函数极差值甚至不可行时,情况尤为严重。

因此,灵敏度分析主要目的之一便是识别敏感参数(即最优解不变的情况下,赋值不能变动的参数)。对于目标函数参数中的非敏感参数,确定它们保持最优解不变的情况下的取值范围亦是有益的(我们把该取值范围称作该参数允许范围)。某些情况下,改变函数约束右侧条件会对 BF 最优解的可行性造成影响。对此类参数而言,确定使 BF 最优解始终有效的取值范围是有益的(我们将该取值范围称作相关右侧条件允许范围)。该取值范围也是当前受相应条件制约的影子价格保持有效的范围。下一节将介绍计算该取值范围的具体步骤。

该取值范围的重要性体现在以下两点:首先,它可确定出更重要参数,以便人们对其做出更加慎重的估值,并从中选出一个适用于大多数可能估值的解;其次,在研究实施过程中,该取值范围可确定那些需要倍加关注的参数,如果发现某一参数真值超出其允许范围,这便意味着解需马上改变。

如果是小规模问题,可直接运用单纯形法分别检查参数值诸多变化所带来的影响,以便发现最优解是否发生改变。该方法在使用电子表格公式时尤为简便易行。最优解求解程序(Solver)制定后,只需在电子表格中输入想要的变化值,再单击"求解"按钮即可。

但是,对于实践中经常遇到的较大规模问题,如果必须应用单纯形法从头分别检查其中各参数值变化,此时,灵敏度分析便需要大量的计算。幸运的是,本书 5.3 节所探讨的基本理念实际上免除了这样的运算工作。该基本理念能立即揭示出原模型的任何变化是如何改变单纯形表中的数值的(假定单纯形法的原代数运算顺序在此保持不变)。因此,先做一些简单计算修改单纯形表,然后便可轻松检查原 BF 最优解现在是否是非最优解(或不可行解)。如果是该解可在需要时用作初始基本解,重新运算单纯形法(或对偶单纯形法),用以发现新的最优解。如果模型变化不大,仅需若干次迭代便可通过该"优化的"初始基本解获得全新最优解。

为更具体描述该过程,可考虑以下情况:现已应用单纯形法求得一个线性规划模型最优解,其中模型参数 b_i、c_j 和 a_{ij} 的值已确定。若开始灵敏度分析,其中至少应有一个参数值发生变化,然后令 $\bar{b}_i$、$\bar{c}_j$ 和 $\bar{a}_{ij}$ 分别表示不同参数值。于是,模型的矩阵表示形式修正为

$$b \to \bar{b}, c \to \bar{c}, A \to \bar{A}$$

首先,修改最终单纯形表以体现这些变化。特别地,我们希望找到修正后的最终单纯形表,使得从新的初始单纯形表开始到最终单纯形表的代数运算过程(包括对行乘以相同的倍数,与其他行相加或相减)不变(这一过程未必等同于重复应用单纯形法,因为初始单纯形表中的变化或可引发单纯形法改变某些当前所应用的代数运算过程)。继续采用表 5.9 中所列符号和用于表达上述基本理念的方程式($t^* = t + y^* T$ 和 $T^* = S^* T$),根据 y^*、S^*(这两个参数保持不变)及新初始单纯形表可求得经过修正的最终单纯形表(表 7.1)。注意:y^* 和 S^* 均为最终单纯形表的松弛变量系数,在该表中向量 y^*(对偶变量)等于第 0 行的系数,而矩阵 S^* 给出该形表中其他行的系数。因此,仅通过 y^*、S^* 及初始单纯形表中的修正值,表 7.1 便可表明,最终单纯形表中其余部分的修正值可立即计算得出,而无需重复任何代数运算。

表 7.1 原模型变化后得到的修正的最终单纯形表

	等式	变量系数			右侧条件
		目标值(Z)	原始变量	松弛变量	
新初始单纯形表	(0)	1	$-\bar{c}$	0	0
	$(1,2,\cdots,m)$	0	$\bar{A}$	I	$\bar{b}$
修正后最终单纯形表	(0)	1	$z^* - \bar{c} = y^* \bar{A} - \bar{c}$	y^*	$Z^* = y^* \bar{b}$
	$(1,2,\cdots,m)$	0	$A^* = S^* \bar{A}$	S^*	$b^* = S^* \bar{b}$

示例(Wyndor Glass 公司模型变化一)：为便于说明，在 3.1 节中用于解决 Wyndor Glass 公司相关问题的模型中，假设表 7.2 中内容是对该模型的首次修正。

表 7.2 用于 Wyndor Glass 公司模型灵敏度分析的原模型及首次修正模型
(即原模型变化一)

原模型	修正模型
求极大值 $Z = [3, 5] \begin{bmatrix} x_1 \\ x_2 \end{bmatrix}$ 约束条件为 $\begin{bmatrix} 1 & 0 \\ 0 & 2 \\ 3 & 2 \end{bmatrix} \begin{bmatrix} x_1 \\ x_2 \end{bmatrix} \leq \begin{bmatrix} 4 \\ 12 \\ 18 \end{bmatrix}$ 且 $x \geq 0$	求极大值 $Z = [3, 5] \begin{bmatrix} x_1 \\ x_2 \end{bmatrix}$ 约束条件为 $\begin{bmatrix} 1 & 0 \\ 0 & 2 \\ 3 & 2 \end{bmatrix} \begin{bmatrix} x_1 \\ x_2 \end{bmatrix} \leq \begin{bmatrix} 4 \\ 12 \\ 18 \end{bmatrix}$ 且 $x \geq 0$

因此，原模型变化如下：$c_1 = 3 \rightarrow 4$、$a_{31} = 3 \rightarrow 2$ 及 $b_2 = 12 \rightarrow 24$。这些变化的图形效果如图 7.1 所示。单纯形法已求得原模型 CPF 最优解为 (2, 6)，它位于两条约束边界(虚线 $2x_2 = 12$ 和 $3x_1 + 2x_2 = 18$)的交点位置。现在，如图所示，模型修正后两条约束边界(实线 $2x_2 = 24$ 和 $2x_1 + 2x_2 = 18$)发生移位。所以，前述 CPF 最优解 (2, 6) 移至新解 (-3, 12) 处，但该解为修正模型的不可行角点解。通过上述几段对赋值过程的描述可以发现这一增广形式的代数移位。该过程对于那些无法用图解分析表达的大规模问题亦十分有效。

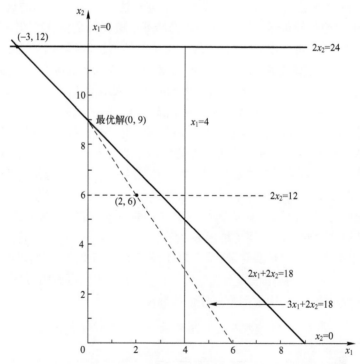

图 7.1 Wyndor Glass 公司模型变化一：最终角点解从 (2, 6) 变为 (-3, 12)，其中，该模型赋值发生如下变化：$c_1 = 3 \rightarrow 4$、$a_{31} = 3 \rightarrow 2$ 及 $b_2 = 12 \rightarrow 24$

为进行运算，首先用矩阵列出修正模型参数：

$$\bar{c}=[4,5]\ ;\ \bar{A}=\begin{bmatrix}1&0\\0&2\\2&2\end{bmatrix}\ ;\ \bar{b}=\begin{bmatrix}4\\24\\18\end{bmatrix}$$

计算求得新初始单纯形表,如表 7.3 上部分所列,该表下方是原最终单纯形表(初见于表 4.8)。在原最终单纯形表内有部分数据显然未受模型变化影响,也就是说,0 行(y^*)及其余 3 行(S^*)的松弛变量系数保持不变,我们将这几行数据用实线框出。所以,有

$$y^*=\left[0,\frac{3}{2},1\right]\ ;\ S^*=\begin{bmatrix}1&\frac{1}{3}&-\frac{1}{3}\\0&\frac{1}{2}&0\\0&-\frac{1}{3}&\frac{1}{3}\end{bmatrix}$$

采用与单纯形法原代数运算相同的过程时,松弛变量系数必然保持不变,这是因为这些变量系数在初始单纯形表中也未改变。

但是,由于初始单纯形表中其他数据发生了变化,因此最终单纯形表中其他数据也会随之变化。根据表 7.1 中公式,求得最终单纯形表中其余修正数据为

$$z^*-\bar{c}=\left[0,\frac{3}{2},1\right]\begin{bmatrix}1&0\\0&2\\2&2\end{bmatrix}-[4,5]=[-2,0]$$

$$Z^*=\left[0,\frac{3}{2},1\right]\begin{bmatrix}4\\24\\18\end{bmatrix}=54$$

$$A^*=\begin{bmatrix}1&\frac{1}{3}&-\frac{1}{3}\\0&\frac{1}{2}&0\\0&-\frac{1}{3}&\frac{1}{3}\end{bmatrix}\begin{bmatrix}1&0\\0&2\\2&2\end{bmatrix}=\begin{bmatrix}\frac{1}{3}&0\\0&1\\\frac{2}{3}&0\end{bmatrix}$$

$$b^*=\begin{bmatrix}1&\frac{1}{3}&-\frac{1}{3}\\0&\frac{1}{2}&0\\0&-\frac{1}{3}&\frac{1}{3}\end{bmatrix}\begin{bmatrix}4\\24\\18\end{bmatrix}=\begin{bmatrix}6\\12\\-2\end{bmatrix}$$

表 7.3 针对 Wyndor Glass 公司模型的变体,求解修正的最终单纯形表

	基本变量	等式	下列变量系数						右侧数值
			Z	x_1	x_2	x_3	x_4	x_5	
新初始单纯形表	Z	(0)	-1	-4	-5	0	0	0	0
	x_3	(1)	0	1	0	1	0	0	4
	x_4	(2)	0	0	2	0	1	0	24
	x_5	(3)	0	2	2	0	0	1	18

(续)

	基本变量	等式	下列变量系数						右侧数值
			Z	x_1	x_2	x_3	x_4	x_5	
原模型最终单纯形表	Z	(0)	1	0	0	0	$\frac{3}{2}$	1	36
	x_3	(1)	0	0	0	0	$\frac{3}{2}$	1	2
	x_2	(2)	0	0	1	0	$\frac{1}{2}$	0	6
	x_1	(3)	0	1	0	0	$-\frac{1}{3}$	$\frac{1}{3}$	2
修正的最终单纯形表	Z	(0)	1	-2	0	0	$\frac{3}{2}$	1	54
	x_3	(1)	0	$\frac{1}{3}$	0	1	$\frac{1}{3}$	$-\frac{1}{3}$	6
	x_2	(2)	0	0	1	0	$\frac{1}{3}$	0	12
	x_1	(3)	0	$\frac{2}{3}$	0	0	$-\frac{1}{3}$	$\frac{1}{3}$	-2

表7.3底部为修正后最终单纯形表。

事实上,求解修正最终单纯形表的计算还可大幅简化。由于原模型(单纯形表)x_2所有系数均未发生任何改变,因此在最终单纯形表中也不会变化,所以该部分运算可以省略。还有若干其他原参数(a_{11},a_{21},b_1,b_3)也保持不变,因此另一捷径是只计算最终单纯形表中与初始单纯形表增量变化对应的那部分增量变化,而对那些在初始单纯形表的向量乘法或矩阵乘法运算中不涉及任何变化的参数均可忽略不计。特别是初始单纯形表中只有$\Delta c_1=1$、$\Delta a_{31}=-1$和$\Delta b_2=12$涉及增量变化,因此仅需考虑这些参数便可。该简化法如下所示,标有0或-的位置表示无需运算。

$$\Delta(z^*-c)=y^*\Delta A-\Delta c=\left[0,\frac{3}{2},1\right]\begin{bmatrix}0 & -\\ 0 & -\\ -1 & -\end{bmatrix}-[1,-]=[-2,-]$$

$$\Delta Z^*=y^*\Delta b=\left[0,\frac{3}{2},1\right]\begin{bmatrix}0\\ 12\\ 0\end{bmatrix}=18$$

$$\Delta A^*=S^*\Delta A=\begin{bmatrix}1 & \frac{1}{3} & -\frac{1}{3}\\ 0 & \frac{1}{2} & 0\\ 0 & -\frac{1}{3} & \frac{1}{3}\end{bmatrix}\begin{bmatrix}0 & -\\ 0 & -\\ -1 & -\end{bmatrix}=\begin{bmatrix}\frac{1}{3} & -\\ 0 & -\\ -\frac{1}{3} & -\end{bmatrix}$$

$$\Delta b^*=S^*\Delta b=\begin{bmatrix}1 & \frac{1}{3} & -\frac{1}{3}\\ 0 & \frac{1}{2} & 0\\ 0 & -\frac{1}{3} & \frac{1}{3}\end{bmatrix}\begin{bmatrix}0\\ 12\\ 0\end{bmatrix}=\begin{bmatrix}4\\ 6\\ -4\end{bmatrix}$$

将增量与最终单纯形表原值(表7.3中部所列)相加便可求出最终修正单纯形表(表7.3底部所列)。

该增量分析还提供了一种有用的总体认识，即最终单纯形表中的变化必与初始单纯形表中各变化成正比。下一节将说明通过该特性如何利用线性内插法或线性外插法确定某给定参数的取值范围，在该范围内最终基本解既是可行解也是最优解。

获得修正的最终单纯形表后，下一步便是(如果需要)利用高斯消去法将其转变为恰当形式。尤其重要的是，i 行基本变量中必须有一个取值为 1 的系数，在其他各行(包括 0 行)必须有一个取值为 0 的系数，这样才可将修正的最终单纯形表用于识别、评价当前基本解。因此，所做变化若与该要求不符(这种情况仅当某一基本变量原约束系数发生变化时，才会出现)，必须继续做出修正以获得修正的最终单纯形表的恰当形式。这一修正过程需运用高斯消去法，即对单纯形法连续应用迭代运算的第三步(见第 4 章)，就像每个不相符的基本变量为入基变量一样。需要注意的是，这些代数运算或可导致右侧数值列的进一步变化，因此只有通过高斯消去法彻底获得修正的最终单纯形表恰当形式后，方可将该列作为当前基本解。

例如，表 7.4 上半部分所列的修正的最终单纯形表，就不是由高斯消去法得出的恰当形式，因为其中基本变量 x_1 列赋值，尤其是 x_1 所在行(第 3 行)系数不是 1，而是 2/3，且 x_1 的第 0 行、第 1 行系数均不为 0(分别为 -2、1/3)。因此，要获得该表的恰当形式，第 3 行系数需乘以 3/2，再乘以 2，然后与 0 行系数相加；再用第 3 行乘以 1/3，再与第 1 行系数相减。于是，便可通过高斯消去法求得表 7.4 下半部分所示的单纯形表的恰当形式，然后，用于识别当前基本解(此前的最优解)新值，即

$$(x_1, x_2, x_3, x_4, x_5) = (-3, 12, 7, 0, 0)$$

由于 x_1 为负值，该基本解便不再可行，但却是超最优解(见表 6.10 中定义)，因此成为对偶可行解，这是因为 0 行所有系数仍为非负数。因此，(如需要)可以该基本解为切入点，通过对偶单纯形法(见本书 8.1 节)重新优化变量。

表 7.4 对 Wyndor Glass 公司模型的变体 1，利用高斯消去法将修正的最终单纯形表转换为恰当形式

	基本变量	等式	下列变量系数						右侧数值
			Z	x_1	x_2	x_3	x_4	x_5	
修正的最终单纯形表	Z	(0)	1	-2	0	0	$\frac{3}{2}$	1	54
	x_3	(1)	0	$\frac{1}{3}$	0	1	$\frac{1}{3}$	$-\frac{1}{3}$	6
	x_2	(2)	0	0	1	0	$\frac{1}{2}$	0	12
	x_1	(3)	0	$\frac{2}{3}$	0	0	$-\frac{1}{3}$	$\frac{1}{3}$	-2
转换至恰当形式	Z	(0)	1	0	0	0	$\frac{1}{2}$	2	48
	x_3	(1)	0	0	0	1	$\frac{1}{2}$	$-\frac{1}{2}$	7
	x_2	(2)	0	0	1	0	$\frac{1}{2}$	0	12
	x_1	(3)	0	1	0	0	$-\frac{1}{2}$	$\frac{1}{2}$	-3

以图 7.1 为例(忽略其中的松弛变量)，对偶单纯形法仅通过一次迭代运算便可从角点解 $(-3, 12)$ 求得 CPF 最优解 $(0, 9)$(以下做法通常有助于灵敏度分析：首先求出一组模型参数可

能值的最优解,然后确定对于不同参数可能值而言,哪些最优解始终表现良好)。

如果基本解($-3,12,7,0,0$)既非初始基可行解,亦非对偶可行解(即单纯形表右侧数值列和第 0 行内均包含负数),则可引入人工变量将单纯形表转换为恰当形式,用作初始单纯形表[①]。

敏感性分析的一般步骤:检验原始最优解对模型各种参数敏感性的常用方式是对各参数分别检验(或至少检验参数 c_j 和 b_i)。除找出参数允许范围(这一点将在下一节讲述)外,检验过程中,可能还需要将参数初始赋值改为可能值范围(包括该范围端点)内的其他可能赋值。接下来可能还需检验不同参数值同时变化(如改变整个函数约束)的若干情况。参数(无论是一个还是多个)每次变化时均需应用此处所述检验步骤。该步骤概括如下。

灵敏度分析一般步骤:

(1) 模型修正。在待检验模型中进行所需变化(一处或多处)。

(2) 最终单纯形表修正。根据基本理念(见表 7.1 底部的公式总结)确定最终单纯形表中的变化(见表 7.3 示例)。

(3) 通过高斯消去法转换为恰当形式。(如有必要)通过高斯消去法将修正的最终单纯形表转换为恰当形式,用以识别、评估当前基本解(见表 7.4 示例)。

(4) 可行性检验。检查修正的单纯形表右侧列内所有基本变量值是否仍为非负数,从而检验该解的可行性。

(5) 最优性检验。(若可行)检查修正的单纯形表内第 0 行所有非基变量系数是否仍为非负数,从而检验该解的最优性。

(6) 重新优化。如果该解未通过上述检验,可将当前单纯形表用作初始单纯形表(并进行必要的转换),然后通过单纯形法或对偶单纯形法重新求得最优解(如需要)。

对于只有两个决策变量的问题而言,进行灵敏度分析时,可用图解分析法替代上述代数运算过程。

下一节将讨论并演示如何将上述代数运算程序应用于对原模型的各重要修正。此外,还将利用图解分析演示使用代数法所取得的效果。部分讨论内容还将涉及本节在研究赋值变化时所引用的关于伟恩德玻璃有限公司模型的范例,并对其展开详述。

7.2 灵敏度分析的应用

通常,灵敏度分析的第一步是研究参数 b_i,即可供所研究活动使用的第 i 个资源量($i=1,2,\cdots,m$)的变化。原因在于,一般情况下,设定或调整该值比设定或调整模型中其他参数值更灵活方便。本书 4.7 节及 6.2 节曾论述过,从经济角度讲,将对偶变量(y_i)理解为经济学中的影子价格对确定应将哪些变化纳入考虑范围极为有益。

案例 1:参数 b_i 的赋值变化。

假设当前模型的仅有变化是有一个或多个 b_i 参数($i=1,2,\cdots,m$)发生了改变。此时,最终单纯形表的唯一变化体现在右侧数值列,因此该表采用高斯消去法后仍为恰当形式,且第 0 行所有非基变量系数仍为非负数。所以,灵敏度分析一般程序中,通过高斯消去法转换为恰当形式与最优性检验这两个步骤均可省略。右侧数值列修正后,唯一的问题便是确认该列所有基本变量值是否仍为非负数(即可行性检验)。

如表 7.1 所列,b_i 值向量由 b 变为 $\bar{b}$ 后,重新计算最终单纯形表右侧数值列的公式如下:

[①] 还有一种原始对偶算法,无需任何转换便可直接用于此类单纯形表。

最终单纯形表第 0 行的右侧数值：$Z^* = y^* \bar{b}$。

最终单纯形表第 $(1,2,\cdots,m)$ 行的右侧数值：$b^* = S^* \bar{b}$。

（未发生变化的向量 y^* 与矩阵 S^* 在最终单纯形表中的位置可参见表 7.1 底部。）第一个等式具有内在的经济学含义，与 6.2 节开始部分所述的对偶变量的经济学含义类似。

向量 y^* 赋予对偶变量最优值，这些值可理解为相应资源的影子价格。尤其当 Z^* 和各 b_i 值分别代表通过原最优解 x^* 所求得的利润及配置的资源量 i 时，y_i^* 表示 b_i 每增加一个单位（即 b_i 的小幅增加）时的利润增加量。

示例（Wyndor Glass 公司模型变体 2）：通过检查对偶变量 $y_i(y_1^* = 0, y_2^* = 3/2, y_3^* = 1)$ 的最优值，本书 3.1 节开始将灵敏度分析用于 Wyndor Glass 公司问题。影子价格为活动（开发两项新产品）的各项资源 i（工厂 i 的有效产能）赋予边际值，此处边际值的单位用 Z（每周数千美元的利润）表示。正如本书 4.7 节（图 4.8）的讨论，配置的资源 2（即 2 号工厂每周生产时间）每增加 1 单位，活动的总利润每周可增加 1500 美元（y_2^* 乘以 1000 美元/周）。这样的利润增长所需赋值变化相对较小，因此不会影响当前基本解的可行性（因此也不会影响 y_i^* 值）。

所以，运筹研究小组对该资源目前用于其他使用场合的盈利能力进行了调查，以确认是否存在周盈利不足 1500 美元的情况。调查显示，相比之下，某旧产品利润极低，其产量已降至最低，仅够维持营销成本。但该产品完全可以停产，以便为新产品再提供 12 个单元的资源 2。因此，下一步需确认如果这样做，会从新产品中盈利多少。这样一来，线性规划模型中的 b_2 会由 12 变为 24。图 7.2 通过图表展示这一变化的效果，包括角点解从 $(2,6)$ 移至 $(-2,12)$（注意：由于约束条件 $3x_1 + 2x_2 \leq 18$ 在本例中并未发生改变，因此图 7.2 中角点解与图 7.1 不同，后者角点解的描述对象是 Wyndor Glass 公司模型变体 1）。

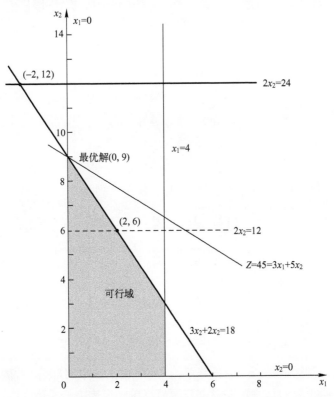

图 7.2　Wyndor Glass 公司模型变体 2 的可行域，其中 $b_2 = 12 \to 24$

这样，Wyndor Glass 公司模型变体 2 相对原模型的唯一改变如下（即对 b_i 向量值的修正）：

$$b = \begin{bmatrix} 4 \\ 12 \\ 18 \end{bmatrix} \rightarrow \bar{b} = \begin{bmatrix} 4 \\ 24 \\ 18 \end{bmatrix}$$

所以，只有 b_2 被赋予新值。

对 Wyndor Glass 公司模型变体 2 的分析：应用（表 7.1）基本理念后，上述 b_2 的变化对原最终单纯形表（见表 7.3 中间部分）产生的影响是表中右侧数值发生如下变化：

$$Z^* = y^* \bar{b} = \begin{bmatrix} 0, \dfrac{3}{2}, 1 \end{bmatrix} \begin{bmatrix} 4 \\ 24 \\ 18 \end{bmatrix} = 54$$

$$b^* = y^* \bar{b} = \begin{bmatrix} 1 & \dfrac{1}{3} & -\dfrac{1}{3} \\ 0 & \dfrac{1}{2} & 0 \\ 0 & -\dfrac{1}{3} & \dfrac{1}{3} \end{bmatrix} \begin{bmatrix} 4 \\ 24 \\ 18 \end{bmatrix} = \begin{bmatrix} 6 \\ 12 \\ -2 \end{bmatrix}$$

因而

$$\begin{bmatrix} x_1 \\ x_2 \\ x_3 \end{bmatrix} = \begin{bmatrix} 6 \\ 12 \\ -2 \end{bmatrix}$$

由于原模型唯一变化为 $\Delta b_2 = 24 - 12 = 12$，因此可采用增量分析更为快速地求得相同解。增量分析仅涉及计算单纯形表中由原模型变化所产生的（一个或多个）增量值，然后将计算求得的增量值与初始值相加。本例中 Z^* 和 b^* 的增量如下：

$$\Delta Z^* = y^* \Delta b = y^* \begin{bmatrix} \Delta b_1 \\ \Delta b_2 \\ \Delta b_3 \end{bmatrix} = y^* \begin{bmatrix} 0 \\ 12 \\ 0 \end{bmatrix}$$

$$\Delta b^* = S^* \Delta b = S^* \begin{bmatrix} \Delta b_1 \\ \Delta b_2 \\ \Delta b_3 \end{bmatrix} = S^* \begin{bmatrix} 0 \\ 12 \\ 0 \end{bmatrix}$$

因此，通过 y^* 的第二个值以及 S^* 的第二列值，仅需下列计算：

$$\Delta Z^* = \dfrac{3}{2}(12) = 18, \quad 因而 \ Z^* = 36 + 18 = 54$$

$$\Delta b_1^* = \dfrac{1}{3}(12) = 4, \quad 因而 \ b_1^* = 2 + 4 = 6$$

$$\Delta b_2^* = \dfrac{1}{2}(12) = 6, \quad 因而 \ b_2^* = 6 + 6 = 12$$

$$\Delta b_3^* = -\dfrac{1}{3}(12) = 4, \quad 因而 \ b_3^* = 2 - 4 = -2$$

其中，这些变量的初始值是通过原最终单纯形表（表 7.3 中间部分）右侧数值列求得。除了该列被赋予新值外，修正后的最终单纯形表与原最终单纯形表完全一致。

于是，当前基本解（原最优解）变为

$$(x_1, x_2, x_3, x_4, x_5) = (-2, 12, 6, 0, 0)$$

但由于存在负值,当前基本解没有通过可行性检验。此时,便可以修正后的单纯形表为起点,应用本书 8.1 节所述的对偶单纯形法重新求取最优解。该方法仅通过一步迭代运算便可求出新的最终单纯形表(表 7.5)(同样,本例也可从一开始便使用单纯形法,并且该法也可仅通过一步迭代运算便得出同样的最终单纯形表)。最终单纯形表显示新的最优解为

$$(x_1, x_2, x_3, x_4, x_5) = (0, 9, 4, 6, 0)$$

此时,$Z = 45$,与原先的 $Z = 36$ 相比,该最优解可使新产品增加 9 个单位的利润(即 9000 美元/周)。$x_4 = 6$ 表明,在该解中,新增的 12 个单位资源 2 中有 6 个单位闲置未用。

根据 $b_2 = 24$ 这一结果,将停产相对利润极少的旧产品,而闲置未用的 6 个单位的资源 2 也可用于他日之需。由于 y_3^* 仍为正值,于是,对重新分配资源 3 的可能性进行了类似研究,但最终还是决定维持现有分配方式不变。因此,当前线性规划模型(即 Wyndor Glass 公司模型变体 2)的参数值及最优解如表 7.5 所列。该模型将用作继续研究模型其他类型变化的起点,这些变化详见本节后面内容。但首先让我们以更广阔的视野看待当前这一案例。

右侧数值的允许范围:尽管对 b_2 而言,$\Delta b_2 = 12$ 的增长过大,以至无法维持基本解的可行性(及最优性),但上述增量分析也清晰表明对 b_2 而言,多大的增长是可行的。尤其需要注意的是

$$b_1^* = 2 + \frac{1}{3}\Delta b_2$$

$$b_2^* = 6 + \frac{1}{3}\Delta b_2$$

$$b_3^* = 2 - \frac{1}{3}\Delta b_2$$

此处,这 3 个量分别为该基本解对应的 x_3、x_2 和 x_1 的值。只要这 3 个量全部保持非负,该基本解便始终为可行解和最优解,即

$$2 + \frac{1}{3}\Delta b_2 \geq 0 \Rightarrow \frac{1}{3}\Delta b_2 \geq -2 \Rightarrow \Delta b_2 \geq -6$$

表 7.5 Wyndor Glass 公司模型变体 2 的数据

模型参数		
$c_1 = 3$,	$c_2 = 5$,	$(n = 2)$
$a_{11} = 1$,	$a_{12} = 0$,	$b_1 = 4$
$a_{21} = 0$,	$a_{22} = 2$,	$b_2 = 24$
$a_{31} = 3$,	$a_{32} = 2$,	$b_3 = 18$

重新优化后的最终单纯形表								
基本变量	等式	变量的系数						右侧数值列
		Z	x_1	x_2	x_3	x_4	x_5	
Z	(0)	1	$\frac{9}{2}$	0	0	0	$\frac{5}{2}$	45
x_3	(1)	0	1	0	1	0	0	4
x_2	(2)	0	$\frac{3}{2}$	1	0	0	$\frac{1}{2}$	9
x_4	(3)	0	-3	0	0	1	-1	6

应 用 案 例

2008 年,太平洋木材公司(PALCO)被洪堡红木公司收购。此前,太平洋木材公司是一家总部位于加州斯科舍省(Scotia)的大型木材控股公司。当时,该公司拥有 20 余万英亩高产林地,供应加州北部洪堡县 5 家工厂。这些林地中曾有一些是全球最为壮观的红木林,由于这些红木林是作为公园建设的,其中的红木都是捐赠或是低价购得的。太平洋木材公司在严格遵守森林保护法的前提下,集中管理剩余林地用于可持续性木材生产。由于太平洋木材公司的森林中栖息着许多野生物种(包括诸如斑点猫头鹰和斑海雀等濒危物种),该司还需严格遵守联邦政府《濒危物种法》。

为制定可持续性生产计划,太平洋木材公司管理层与一运筹研究咨询小组签订合同,研发一项长达120年的12期森林生态系统管理计划。该运筹小组在满足诸多约束条件前提下,通过建立、应用线性规划模型,优化太平洋木材公司整体林地经营活动及盈利能力。该模型规模巨大,涵盖约8500个函数约束条件及353000个决策变量。

该线性规划模型在应用过程中所面临的最大挑战是模型参数估值方面存在诸多不确定性因素。不确定性的主要因素包括不断波动的市场供需变化、伐木成本及环保法规等。为此,运筹小组大量运用了详细灵敏度分析,得出的可持续性生产计划使太平洋木材公司资本净值净增逾3.98亿美元,同时,还生成了更为优化的野生动物栖息地配置方案。

来源: L. R. Fletcher, H. Alden, S. P. Holmen, D. P. Angelis, and M. J. Etzenhouser: "Long-Term Forest Ecosystem Planningat Pacific Lumber," *Interfaces*, 29(1):90-112, Jan-Feb. 1999. (我们的网址提供了本文链接:www.mhhe.com/hillier。)

$$6+\frac{1}{2}\Delta b_2 \geq 0 \Rightarrow \frac{1}{2}\Delta b_2 \geq -6 \Rightarrow \Delta b_2 \geq -12$$

$$2-\frac{1}{3}\Delta b_2 \geq 0 \Rightarrow 2 \geq \frac{1}{3}\Delta b_2 \Rightarrow \Delta b_2 \geq 6$$

由于 $b_2 = 12+\Delta b_2$,因此,只有当$-6 \leq \Delta b_2 \leq 6$,即$6 \leq b_2 \leq 18$时,该解始终为可行解。

(可通过图7.2对该解进行图解检验。)正如本书4.7节所介绍的,b_2的取值范围称为其允许范围。

本书4.7节曾讲到,对任何 b_i 而言,其允许范围便是当前BF最优解①(其基本变量已经校正)保持可行的取值范围。因此,只要 b_i 不超出该允许范围,其影子价格赋值在评价对 Z 影响方面便始终有效(此处假设该模型的唯一变化只涉及 b_i 值的变化)。基本变量校正值则通过公式 $b^* = S^*\bar{b}$ 计算得出。然后,再根据 b_i 取值范围(使 $b^* \geq 0$)求出其允许范围。

许多线性规划软件包利用与该方法自动生成各 b_i 的允许范围(案例2a与案例3也讨论了类似方法,用于生成各 c_j 的允许范围)。本书第4章图4.10与图A4.2分别绘出了Solver和LINDO软件的相应输出结果。表7.6对该输出结果中与Wyndor Glass公司原模型相关的 b_i 进行了总结。例如,b_2 的允许增量与允许减量均为6,也就是说,$-6 \leq \Delta b_2 \leq 6$。上段所做分析介绍了这些值是如何算出的。

右侧数值同时发生变化的分析:多个 b_i 值同时改变时,可再次通过公式 $b^* = S^*\bar{b}$ 观察最终单纯形表右侧数值是如何变化的。如果所有右侧数值仍为非负数,则该可行性检查表明修正后的最终单纯形表所给出的依然为可行解。由于(0)行数值保持不变,意味着该可行解也是最优解②。

尽管此方法可用于检查特定 b_i 值变化的影响,但对于确定所有 b_i 在原值基础上同时变化到什么程度,才会导致修正解为不可行解却帮助不大。作为后优化分析的一部分,机构管理层通常感兴趣的是不同决策变化(如配置给研究活动的资源量)所带来的影响,而这些决策变化决定了右侧数值的取值。管理层不仅需要考虑某组特定数值的变化,更希望探索右侧数值部分增加,同时部分减少的变化所产生的发展趋势。影子价格对此类探索十分有益。但影子价格仅在一定变化范围内才能有效评估对 Z 值变化的影响。对各 b_i 而言,如果其他 b_i 不同时发生变化,则其允许范围给出了其变化范围,但若干 b_i 同时变化时,允许范围是否还有效呢?

下面的百分之百法则可在一定程度上解答这一问题,该法则将各 b_i 允许变动量(允许增量或减量)结合到一起,如表7.6中最后两列数值所列。

右侧数值百分之百法则:同时改变某些约束条件的右侧数值,只要变化不大,影子价格就能有效预测此类变化所产生的影响。为检查变化是否处于合理范围,可计算各变动量占允许变动量(允

---

① 如果当前模型(即 b_i 未改变前的模型)BF最优解不止一个,此处所指最优解为通过单纯形法所求之解。
② 如果当前模型(即 b_i 未改变前的模型)BF最优解不止一个,此处所指最优解为通过单纯形法所求之解。

许增量或减量)的百分比,以使右侧数值处于其允许范围内。如变动百分比相加不超过100%,影子价格就会继续有效(如果变动百分比相加超过100%,便无法确定影子价格是否依然有效)。

示例(Wyndor Glass 公司模型变体3)：为说明右侧数值百分之百法则,对原模型右侧数值向量做出如下改变：

$$b = \begin{bmatrix} 4 \\ 12 \\ 18 \end{bmatrix} \rightarrow \bar{b} = \begin{bmatrix} 4 \\ 15 \\ 15 \end{bmatrix}$$

该例中百分之百法则计算如下。

表 7.6 对 Wyndor Glass 公司原模型进行右侧数值灵敏度分析的典型软件输出结果

约束条件	影子价格	当前右侧数值	允许增量	允许减量
1 号车间	0	4	∞	2
2 号车间	1.5	12	6	6
3 号车间	1	18	6	6

$b_2: 12 \rightarrow 15$ 允许增量百分比 $= 100\left(\dfrac{15-12}{6}\right) = 50\%$

$b_3: 18 \rightarrow 15$ 允许减量百分比 $= 100\left(\dfrac{18-15}{6}\right) = 50\%$

总和 $= 100\%$

由于该例中变化百分比总和不超过100%,因此影子价格能有效预测 Z 值变化所产生的影响。由于 b_2、b_3 影子价格分别为 1.5 和 1,Z 值的变化则为

$$\Delta Z = 1.5(3) + 1(-3) = 1.5$$

因此,Z^* 将由 36 增加至 37.5。

图 7.3 给出了该修正模型的可行域(虚线代表被修正约束条件的原边界线位置)。现在的最优解为 CPF 解(0,7.5),该解使得

$$Z = 3x_1 + 5x_2 = 0 + 5(7.5) = 37.5$$

这与影子价格的预测完全吻合。但需要注意的是,如果 b_2 继续增加至大于 15,或 b_3 继续减少至小于 15,允许变化量的百分比总和将超过 100%,此时,会使先前求得的最优角点解向 x_2 轴 ($x_1<0$)左侧偏移,因此该不可行解不再是最优解。因此,以前的影子价格也不再是预测 Z^* 新值的有效手段。

案例 2a：改变非基变量系数。

假设某变量 x_j(其中 j 值固定不变)为最终单纯形表最优解的非基变量。在案例 2a 中,当前模型唯一变化是该变量一个或多个系数($c_j, a_{1j}, a_{2j}, \cdots, a_{mj}$)发生了变化。因此,令 $\bar{c}_j$、$\bar{a}_{ij}$ 表示这些参数的新值,其中 $\bar{A}_j$(矩阵 $\bar{A}$ 的 j 列)为包含 $\bar{a}_{ij}$ 的向量,于是修正模型新解为

$$c_j \rightarrow \bar{c}_j, A_j \rightarrow \bar{A}_j$$

正如本书 6.5 节开篇所述,对偶理论为检验这些变化提供了一种简便易行的方法。尤其当对偶问题的互补基本解 y^* 仍满足唯一改变的对偶约束条件时,原始问题的初始最优解仍保持最优。相反,如果 y^* 违反了该对偶约束条件,该初始解不再是最优解。

最优解改变后,如果想要求出新解,其实非常简单。只需运用基本理念对最终单纯形表 x_j 列(因为仅该列数值发生变化)做出修正即可。具体说来,表 7.1 中公式简化如下：

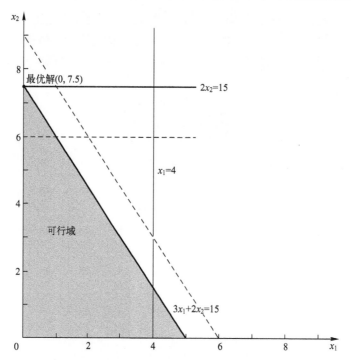

图 7.3 Wyndor Glass 公司模型变体 3 的可行域,其中 $b_2 = 12 \to 15$、$b_3 = 18 \to 15$

最终单纯形表第 0 行 x_j 的系数:$z_j^* - \bar{c}_j = y^* \overline{A}_j - \bar{c}_j$。

最终单纯形表第 1 至第 m 行 x_j 的系数:$A_j^* = S^* \overline{A}_j$。

由于当前基本解不再是最优解,第 0 行的负系数便成为 $z_j^* - c_j$ 的新值。所以,需以 x_j 为初始进基变量,重新开始单纯形法运算。

需要注意的是,该过程为 7.1 节结尾处所述灵敏度分析一般程序的简化版。由于(重新优化前的)最终单纯形表在修正过程中仅涉及改变非基变量 x_j 列值,所以上述一般程序的第三步(通过高斯消去法转换为恰当形式)和第四步(可行性检查)由于不相关而删掉了。第五步(最优性检查)由速度更快的最优性检查所取代,该检查在完成第一步(模型修正)后马上进行。只有当该检查表明最优解已发生变化,且希望求得新解时,才需要进行一般程序所述的第二步(修正最终单纯形表)和第六步(重新优化)。

示例(Wyndor Glass 公司模型变体 4):由于 x_1 为当前 Wyndor Glass 公司模型变体 2 的最优解(表 7.5)的非基变量,接下来的灵敏度分析工作是检验 x_1 系数估值合理变化情况下,引入产品 1 是否仍可取。使产品 1 更具吸引力且切实可行的一组变化应为:重新令 $c_1 = 4$、$a_{31} = 2$。在此,我们不对这些变化分别检验(尽管灵敏度分析通常如此),而是同时考察。因此,此处需要考虑的变化为

$$c_1 = 3 \to \bar{c}_1 = 4, \quad A_1 = \begin{bmatrix} 1 \\ 0 \\ 3 \end{bmatrix} \to = \overline{A}_1 = \begin{bmatrix} 1 \\ 0 \\ 2 \end{bmatrix}$$

从 Wyndor Glass 公司模型变体 2 的上述两项变化可得出该公司模型变体 4。事实上,变体 4 等同于 7.1 节及图 7.1 所描述的该公司模型变体 1,因为变体 1 将上述两项变化(即产生该公司模型变化二的 $b_2 = 12 \to 24$)结合到了一起。但与 7.1 节所述变体 1 相比,在处理方法上的主要区别在于分析变体 4 时,变体 2 被视为原模型,因此表 7.5 中最终单纯形表(其中,x_1 在此成为非基变量)成为分析的起点。

a_{31} 的变化将可行域从图 7.2 所示范围修正至图 7.4 所示相应区域。c_1 的变化将目标函数从 $Z=3x_1+5x_2$ 变为 $Z=4x_1+5x_2$。图 7.4 表明最优功能函数线 $Z=45=4x_1+5x_2$ 仍穿过当前最优解 $(0,9)$，因此 a_{31} 与 c_1 变化后，该解仍为最优解。

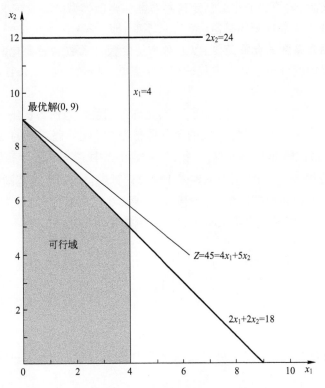

图 7.4 Wyndor Glass 公司模型变体 4 的可行域，该域是对模型变体 2（图 6.3）所做的修正，因此 $a_{31}=3\to 2$、$c_1=3\to 4$

若要通过对偶理论得出同样结论，需要注意 c_1 与 a_{31} 的变化使该对偶问题产生一个唯一改进约束条件，即 $a_{11}y_1+a_{21}y_2+a_{31}y_3\geqslant c_1$。该约束条件与当前 y^* 值（即表 7.5 第 0 行中的松弛变量系数）为

$$y_1^*=0, y_2^*=0, y_3^*=\frac{5}{2}$$

$$y_1+3y_3\geqslant 3 \longrightarrow y_1+2y_3\geqslant 4$$

$$0+2\left(\frac{5}{2}\right)\geqslant 4$$

由于 y^* 值仍满足改进约束条件，因此当前初始解（表 7.5）仍为最优解。

因为该解仍为最优解，所以无需修改最终单纯形表 x_j 列数值（即"灵敏度分析"第二步）。不过，为便于说明，下面仍对 x_j 列数值进行修改，即

$$z_1^*-\bar{c}_1=y^*\overline{A}_1-c_1\begin{bmatrix}0,0,\dfrac{5}{2}\end{bmatrix}\begin{bmatrix}1\\0\\2\end{bmatrix}-4=1$$

$$A_1^*=S*\overline{A}_1=\begin{bmatrix}1 & 0 & 0\\ 0 & 0 & \dfrac{1}{2}\\ 0 & 1 & -1\end{bmatrix}\begin{bmatrix}1\\0\\2\end{bmatrix}=\begin{bmatrix}1\\1\\-2\end{bmatrix}$$

$z_1^* - \bar{c}_1 \geq 0$ 这一事实再次证明当前解的最优性。由于 $z_1^* - c_1$ 为上述对偶问题改进制约条件的剩余变量,这一最优性检验方法与前述检验方法等效。

将当前模型(即变体2)改至变体4的效果分析至此结束。由于对系数 x_1 原始赋值进行任何较大改动均不切实际,运筹研究小组认定这些系数为当前模型的非敏感参数,因此在接下来的灵敏度分析中将保持这些参数最佳赋值(表7.5)不变,即 $c_1 = 3$、$a_{31} = 3$。

非基变量目标函数系数的允许范围:以上对非基变量 x_j 系数同时变化时的分析方法进行了描述、讲解。通常,灵敏度分析主要研究仅改变单一参数 c_j 后的效果。本书4.7节对找到 c_j 的允许范围的方法进行了简化。

回顾本书4.7节所述,可知对任何 c_j 而言,其允许范围就是当前最优解(即 c_j 变化前,通过单纯形法求得的当前模型最优解)保持最优的全部取值范围(此处假设 c_j 的变化为当前模型唯一变化)。当 x_j 为当前最优解非基变量时,只要 $z_j^* - c_j \geq 0$(其中 $z_j^* = y^* A_j$ 为不受 c_j 值变化影响的常量),该解便始终为最优解。因此,通过 $c_j \leq y^* A_j$ 便可计算求得 c_j 的允许范围。

以 Wyndor Glass 公司的当前模型(即变体2,见表7.5左侧数据总结)为例,其中当前最优解 ($c_1 = 3$ 时)为右侧数值。仅考虑决策变量 x_1 和 x_2,该最优解为 $(x_1, x_2) = (0, 9)$,如图7.2所示。

如果仅 c_1 发生变化,只要 $c_1 \leq y^* A_1 = \begin{bmatrix} 0 & 0 & \frac{5}{2} \end{bmatrix} \begin{bmatrix} 1 \\ 0 \\ 3 \end{bmatrix} = 7\frac{1}{2}$,该解仍保持最优。

因而,$c_1 \leq 7\frac{1}{2}$ 为允许范围。

计算此类向量乘法的另一方法,可关注表7.5中:$c_1 = 3$ 时,$z_1^* - c_1 = \frac{9}{2}$(即 x_1 的第0行的系数),所以 $z_1^* = 3 + \frac{9}{2} = 7\frac{1}{2}$。因为 $z_1^* = y^* A_1$,所以该方法可立刻得出相同的允许范围。

图7.2为 $c_1 \leq 7\frac{1}{2}$ 之所以成为允许范围提供了图形化视角。当 $c_1 = 7\frac{1}{2}$ 时,目标函数为 $Z = 7.5x_1 + 5x_2 = 2.5(3x_1 + 2x_2)$,所以最优目标函数线将位于约束条件边界线 $3x_1 + 2x_2 = 18$ 之上(图7.2)。因此,在该允许范围的末端存在多个最优解,均位于 $(0, 9)$ 与 $(4, 3)$ 之间的线段上。如果 c_1 有所增大(即 $c_1 > 7\frac{1}{2}$),则仅 $(4, 3)$ 为最优解,因此,为使 $(0, 9)$ 仍保持为最优解,需 $c_1 \leq 7\frac{1}{2}$。

对任何非基决策变量 x_j,$z_j^* - c_j$ 的值有时称作 x_j 的减少成本,因为该值代表活动 j 必须降低的最小单位成本,否则,该活动便失去实施的意义(使 $x_j > 0$)。将 c_j 理解为活动 j 的单位收益(因此,单位成本降低多少,c_j 便会增加多少),则 $z_j^* - c_j$ 的值是保持当前 BF 最优解前提下 c_j 最大允许增加值。

通过线性规划软件包得出的灵敏度分析数据通常包括减少成本和目标函数中各系数的允许范围两项内容(以及表7.6所列信息类型)。图4.10为通过 Solver 获得的数据,图 A4.1 与 A4.2 为通过 LINGO 和 LINDO 所获得的数据。表7.7展示了当前模型(Wyndor Glass 公司模型变体2)信息的典型模式。最后3列数值用于计算各系数的允许范围,因此其允许范围为

$$c_1 \leq 3 + 4.5 = 7.5$$
$$c_2 \geq 5 - 3 = 2$$

正如本书4.7节所述,如果任一允许增量或允许减量值为零,则意味表中所列最优解仅为多个最优解之一。此时,改变相应系数,使其在允许范围内略大于零,并重新求解,便可得出原模型另一 CPF 最优解。

至此,我们描述了对非基变量如何计算表7.7所列的信息类型的方法。但对于诸如x_2等基本变量,其减少成本自动为0。案例3将讨论x_j为基本变量时,如何获得c_j的允许范围。

目标函数系数同时变化时的分析:无论x_j为基本变量还是非基变量,仅当该目标函数系数为唯一变化量时,c_j的允许范围方为有效。然而,如果目标函数系数同时改变,可运用百分之百法则检验原解是否仍为最优解。该法则与处理右侧数值同时变化的百分之百法则大同小异,也将各c_j的允许变化量(允许增量或允许减量)彼此结合(这些允许变化量类似表7.7中最后两列数值),现描述如下。

处理目标函数系数同步变化时的百分之百法则:如果目标函数系数同时改变,计算各变动量占允许变动量(允许增量或减量)的百分比,以使该系数处于其允许范围内。如变动百分比之和未超过100%,原最优解必仍为最优(如变动百分比之和超过100%,则无法确保原最优解仍为最优解)。

表7.7 Wyndor Glass公司模型变体2目标函数系数灵敏度分析的典型软件输出值

变量	值	减少成本	当前系数	允许增量	允许减量
x_1	0	4.5	3	4.5	∞
x_2	9	0	5	∞	3

根据表7.7(并参看图7.2),百分之百法则表明,即使同时令$c_1>3$、$c_2<5$,只要变化不过大,(0,9)仍将是Wyndor Glass公司模型变体2的最优解。例如,如果c_1增加1.5(即允许变化量的$33\frac{1}{3}\%$),则c_2至多可减少2(即允许变化量的$66\frac{2}{3}\%$)。同样,如果c_1增加3(即允许变化量的$66\frac{2}{3}\%$),则c_2最多只能减少1(即允许变化量的$33\frac{1}{3}\%$)。上述最大变化量使目标函数变为$Z=4.5x_1+3x_2$,或变为$Z=6x_1+4x_2$,无论哪个变化均使图7.2中最优目标函数线发生顺时针方向旋转,直至与约束条件边界方程$3x_1+2x_2=18$重合为止。

总之,目标函数系数同向改变时,允许变化量百分比之和大于100%时,最优解却可能保持不变。案例3讨论结束时将给出一个相关示例。

案例2b:引入新变量。

求得最优解后,我们会发现线性规划并未考虑全部具有吸引力的备选活动。考虑一项新活动需要为当前模型的目标函数引入一个新变量、相应系数以及约束条件(即案例2b)。

处理案例2b的便捷方法便是将其完全视为案例2a。也就是假设原模型实际包括该新变量x_j,只是其所有系数均等于0(以便这些系数在最终单纯形表中仍为0),且x_j为当前BF解的非基变量。因此,如果将这些0系数变为其在新变量下的实际值,该过程(包括所有重新优化的步骤)则会与案例2a的过程完全相同。

特别是在当检验当前解是否仍为最优解时,仅需检验互补基本解y^*是否满足新对偶约束条件,该约束条件与原始问题新增变量相对应。6.5节对此已有涉及,并通过Wyndor Glass公司问题对其进行了阐释。

案例3:基本变量系数的变化。

现在假设被研究变量x_j(j值固定)为最终单纯形表中最优解的一个基本变量。案例3假设当前模型的唯一变化为该基本变量系数的变化。

案例3有别于案例2a之处在于,通过高斯消去法获得的单纯形表需要保持适当形式。这一要求使得非基变量列可任意取值,因而对案例2a没有影响。但案例3基本变量x_j对应行在单纯形表内必须有一个系数为1,且其余行的系数为0(包括(0)行)。因此,计算求得最终单纯形表

x_j 列变化值后①,可能还需如表7.4所列,用高斯消去法再获得最终单纯形表的适当形式。但这样做反过来可能会改变当前基本解值,使其成为不可行解或非最优解(从而需要进行重新优化)。因此,案例3需执行7.1节结束部分所总结程序的全部步骤。

在应用高斯消去法前,用于修正案例3中 x_j 列数值的公式与用于修正案例2a的相同,现总结如下:

最终单纯形表第0行的 x_j 系数:$z_j^* - \bar{c}_j = y^* \bar{A}_j - \bar{c}_j$。

最终单纯形表第1至第 m 行的 x_j 系数:$A_j^* = S^* \bar{A}_j$。

示例(Wyndor Glass公司模型变体5):因为 x_2 为表7.5 Wyndor Glass公司模型变体2的基本变量,对其系数的灵敏度分析同样适用于案例3。由于当前最优解为 $(x_1=0, x_2=9)$,所以,产品2是当前唯一应当引入的新产品,且应采用较高生产率。因此,目前的关键问题是用于求出当前模型(即变体2) x_2 系数的初始赋值是否过高,而导致所得结论并不成立。该问题可通过检验这些系数合理赋值的最保守集(即 $c_2=3、a_{22}=3、a_{32}=4$)予以验证。由此,需要研究的变化(Wyndor Glass公司模型变体5)包括

$$c_2 = 5 \rightarrow \bar{c}_2 = 3, A_2 = \begin{bmatrix} 0 \\ 2 \\ 2 \end{bmatrix} \rightarrow \bar{A}_2 = \begin{bmatrix} 0 \\ 3 \\ 4 \end{bmatrix}$$

如图所示,这些变化使图7.2中的可行域变为图7.5的可行域。图7.2的最优解为 $(x_1, x_2) = (0, 9)$,这是位于 $x_1=0$ 和 $3x_1+2x_2=18$ 这两条约束边界交叉点的角点解。约束条件修改后,图7.5的对应角点解则为 $(0, 9/2)$。但修正后的目标函数 $Z = 3x_1 + 3x_2$ 下产生了一个新最优解 $(x_1, x_2) = (4, 3/2)$,因此原解不再是最优解。

分析Wyndor Glass公司模型变体:现在看一下如何通过代数方法得出与上述相同的结论。由于变体5中仅 x_2 的系数发生了改变,所以最终单纯形表(表7.5)的唯一变化是 x_2 列。因此,可用上述案例3的公式重新计算该列数值,即

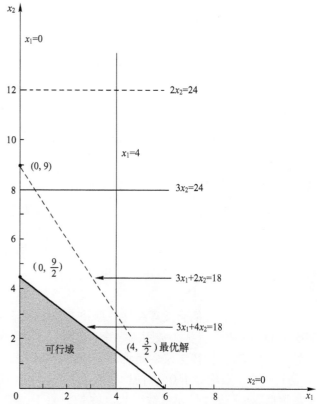

图7.5 Wyndor Glass公司模型变体5的可行域,该图是对模型变体2(图7.2)所做的修正,因此 $c_2=5\rightarrow 3, a_{22}=2\rightarrow 3, a_{32}=2\rightarrow 4$

$$z_2 - \bar{c}_2 = y^* \bar{A}_2 - \bar{c}_2 = \begin{bmatrix} 0, 0, \dfrac{5}{2} \end{bmatrix} \begin{bmatrix} 0 \\ 3 \\ 4 \end{bmatrix} - 3 = 7$$

---

① 对较为了解该领域的读者,在此应当指出案例3存在一个可能缺陷。尤需指出的是,初始单纯形表中的变化可能破坏基本变量系数列的线性无关性。不过,这种情况只有当最终单纯形表基本变量 x_j 的单位系数在该点变为0时才会发生。在此情况下,案例3必须采用更多的单纯形法计算。

$$A_2^* = S^* \overline{A}_2 \begin{bmatrix} 1 & 0 & 0 \\ 0 & 0 & \dfrac{1}{2} \\ 0 & 1 & -1 \end{bmatrix} \begin{bmatrix} 0 \\ 3 \\ 4 \end{bmatrix} = \begin{bmatrix} 0 \\ 2 \\ -1 \end{bmatrix}$$

(可以相同方式运用增量分析计算求得该列数值,也是等效的。即 $\Delta c_2 = -2$、$\Delta a_{22} = 1$、$\Delta a_{32} = 2$。)

表 7.8 上部为修正后的最终单纯形表。需要注意的是,基本变量 x_2 的新系数值与要求不符,所以下一步必须通过高斯消去法将该表变为适当形式。该步包括将第(2)行数值除以 2、用第(0)行数值减去新求得第(2)行数值与 7 的乘积,最后将新求得第(2)行数值与第(3)行数值相加。

表 7.8 中通过该步求得的第二个单纯形表给出了当前基本解的新值,即 $x_3 = 4$、$x_2 = 9/2$、$x_4 = 21/2$ ($x_1 = 0$, $x_5 = 0$)。由于所有这些变量均为非负数,所以该解仍为可行解。但从第(0)行中 x_1 系数为负可知该解不再为最优解。因此,对第二个单纯形表运用单纯形法,并以新基本解作为 BF 初始解来计算新最优解。初始进基变量为 x_1,出基变量为 x_3。本例仅需一步迭代运算便可求得新最优解 $x_1 = 4$、$x_2 = 3/2$、$x_4 = 39/2$ ($x_3 = 0$, $x_5 = 0$),见表 7.8 中最后一个单纯形表。

上述分析表明,c_2、a_{22} 和 a_{32} 为相对敏感参数。但用于进一步分析这些参数的数据仅可通过试运行获取。因此,运筹研究小组建议立即开始小规模($x_2 = 3/2$)生产产品 2,并将该经验用于决策指导,以确定剩余产能应配置给产品 2 还是给产品 1。

基本变量目标函数系数的允许范围:

案例 2a 描述了如何求解所有 c_j 允许范围的方法,其中 x_j 为当前(即 c_j 未改变时)最优解的非基变量。但当 x_j 成为基本变量时,求解所有 c_j 允许范围这一过程却变得更为复杂,这是因为需要利用高斯消去法先将最终单纯形表转变为适当形式,然后再检查其最优性。

为阐明这一过程,考虑 Wyndor Glass 公司模型变体 5(其中 $c_2 = 3$、$a_{22} = 3$、$a_{23} = 4$)。图 7.5 为该变体的图解分析,表 7.8 列出了该变体的解。由于 x_2 是表 7.8 底部所列最优解(其中 $c_2 = 3$)的基本变量,所以计算 c_2 允许范围的步骤如下:

表 7.8 Wyndor Glass 公司模型变体 5 敏感度分析程序

	基本变量	等式	Z	x_1	x_2	x_3	x_4	x_5	右侧数值列
修正后的最终单纯形表	Z	(0)	1	$\dfrac{9}{2}$	7	0	0	$\dfrac{5}{2}$	45
	x_3	(1)	0	1	0	1	0	0	4
	x_2	(2)	0	$\dfrac{3}{2}$	2	0	0	$\dfrac{1}{2}$	9
	x_4	(3)	0	-3	-1	0	1	-1	6
转换为适当形式的最终单纯形表	Z	(0)	1	$-\dfrac{3}{4}$	0	0	0	$\dfrac{3}{4}$	$\dfrac{27}{2}$
	x_3	(1)	0	1	0	1	0	0	4
	x_2	(2)	0	$\dfrac{3}{4}$	1	0	0	$\dfrac{1}{4}$	$\dfrac{9}{2}$
	x_4	(3)	0	$-\dfrac{9}{4}$	0	0	1	$-\dfrac{3}{4}$	$\dfrac{21}{2}$
重新优化后的新最终单纯形表(本例仅需一步单纯形法迭代运算)	Z	(0)	1	0	0	$\dfrac{3}{4}$	0	$\dfrac{3}{4}$	$\dfrac{33}{2}$
	x_1	(1)	0	1	0	1	0	0	4
	x_2	(2)	0	0	1	$-\dfrac{3}{4}$	0	$\dfrac{1}{4}$	$\dfrac{3}{2}$
	x_4	(3)	0	0	0	$\dfrac{9}{4}$	1	$-\dfrac{3}{4}$	$\dfrac{39}{2}$

(1) 因为 x_2 为基本变量,在此需注意,其在新最终单纯形表的第(0)行系数(见表 7.8 下部的单纯形表)在 c_2 未发生改变前(c_2 当前值为 3)自动变为 $z_2^* - c_2 = 0$。

(2) 现在使 $c_2 = 3$ 增加一个量 Δc_2(即 $c_2 = 3 + \Delta c_2$)。于是,上述第一步所关注的系数变为 $z_2^* - c_2 = -\Delta c_2$,因此第(0)行变为

$$(0)\text{行数值} = \left[0, -\Delta c_2, \frac{3}{4}, 0, \frac{3}{4} \,\Big|\, \frac{33}{2}\right]$$

(3) 由于该系数现在为非 0,在此必须进行初步行运算,通过高斯消去法再得到最终单纯形表的适当形式。尤其需将产量与第(0)行数值相加,用第(2)行数值乘以 Δc_2 计算第(0)行的新值,过程为

$$\left[0, -\Delta c_2, \frac{3}{4}, 0, \frac{3}{4} \,\Big|\, \frac{33}{2}\right]$$
$$+ \left[0, -\Delta c_2, -\frac{3}{4}\Delta c_2, 0, \frac{1}{4}\Delta c_2 \,\Big|\, \frac{3}{2}\Delta c_2\right]$$
$$\text{第(0)行的新值} = \left[0, 0, \frac{3}{4} - \frac{3}{4}\Delta c_2, 0, \frac{3}{4} + \Delta c_2 \,\Big|\, \frac{33}{2} + \frac{3}{2}\Delta c_2\right]$$

(4) 利用第(0)行的新值求解 Δc_2 取值范围,该范围应使非基变量(x_3 与 x_5)的系数为非负数:

$$\frac{3}{4} - \frac{3}{4}\Delta c_2 \geq 0 \Rightarrow \frac{3}{4} \geq \frac{3}{4}\Delta c_2 \Rightarrow \Delta c_2 \leq 1$$

$$\frac{3}{4} + \frac{1}{4}\Delta c_2 \geq 0 \Rightarrow \frac{1}{4}\Delta c_2 \geq -\frac{3}{4} \Rightarrow \Delta c_2 \geq -3$$

因此,Δc_2 取值范围为 $-3 \leq \Delta c_2 \leq 1$。

(5) 由于 $c_2 = 3 + \Delta c_2$,将 Δc_2 的取值范围加 3 可得 $0 \leq c_2 \leq 4$,即为 c_2 的允许范围。

由于仅有两个决策变量,该取值范围可通过图 7.5 及目标函数 $Z = 3x_1 + c_2 x_2$ 进行图解验证。又因为 c_2 当前值为 3,所以最优解为 $\left(4, \frac{3}{2}\right)$。在 c_2 增大时,只要 $c_2 \leq 4$,该解仍为最优解。但当 $c_2 \geq 4$ 时,由于约束条件边界为 $3x_1 + 4x_2 = 18$,$\left(0, \frac{9}{2}\right)$ 成为最优解(其中 $c_2 = 4$ 时,上述两个条件的解相交)。相反,c_2 减小时,只有当 $c_2 \geq 0$ 时,$\left(4, \frac{3}{2}\right)$ 仍为最优解。当 $c_2 \leq 0$ 时,由于约束条件边界为 $x_1 = 4$,$(4, 0)$ 成为最优解。

c_1 的取值范围(其中 c_2 值固定为 3)可以类似方式求出,即可通过代数方法或图解方法得出 $c_1 \geq \frac{9}{4}$(习题 7.2-10 要求使用这两种方法对取值范围进行验证)。

因此,c_1 当前值为 3 时,其可减少量仅为 $\frac{3}{4}$。但 c_2 如果同时大幅降低,c_1 也可大幅减小,且不影响最优解。例如,c_1 和 c_2 当前值为 3,假设二者均减去 1,则目标函数由 $Z = 3x_1 + 3x_2$ 变为 $Z = 2x_1 + 2x_2$。根据用于目标函数系数同时变化的百分之百法则,二者的允许变化量百分比分别为 $133\frac{1}{3}\%$ 和 $33\frac{1}{3}\%$,二者之和远高于 100%。但目标函数斜线丝毫未变,因此 $\left(4, \frac{3}{2}\right)$ 仍为最优解。

案例 4:引入新约束条件。

本例中,尽管已求得模型的解,但还必须引入一个新的约束条件。其原因在于:模型建立之初,可能忽略了该约束条件;或者模型建立后,可能又产生了新想法;还有可能是由于该约束条件

似乎不及模型中其他约束条件严格,因此被刻意删除以降低计算量,但现在为了检验已获得解的最优性,需要重新考虑已删除的约束条件。

检验新约束条件会否影响当前最优解仅需直接检验该最优解是否满足新约束条件便可。如果满足,即使模型新增了约束条件,该解仍为最优可行解(即最优解)。这是因为新约束条件只能消去某些以前求得的可行解,却不能增加任何新的可行解。

如果当前最优解确实不满足新约束条件,且仍需要求出新解,此时,需在最终单纯形表内重新设置一行,以引入该条件,同时仅将该最终单纯形表视为初始单纯形表,并且设计附加变量(松弛变量或人工变量)作为新增行的基本变量。由于新增行的某些其他基本变量有非零系数,因此下一步需运用高斯消去法将单纯形表变换至其适当形式,然后再进行重新优化运算。

与前述某些案例相同,上述案例 4 的分析过程也是 7.1 节结尾部分所述灵敏度分析过程的简化形式。案例 4 唯一需要解决的问题便是此前求得的最优解是否仍为可行解,因此省略了分析过程第五步(最优性检验)。分析过程第四步(可行性检验)由更简便的可行性检验(即检验此前求得的最优解是否满足新约束条件)所取代,该验证在第一步(模型修正)结束后便可马上进行。只有当该检验结果为负数且希望对其重新优化时,方需进行第二步、第三步和第六步(即修正最终单纯形表、通过高斯消去法转换为恰当形式及重新优化)。

示例(Wyndor Glass 公司模型变体 6):为说明上述情况,以 Wyndor Glass 公司模型变体 6 为例,变体 6 只是在变体 2 (表 7.5)模型基础上新增约束条件 $2x_1+3x_2 \leqslant 24$,其图解分析见图 7.6。由于以前的最优解 $(0,9)$ 不满足新约束条件,所以新最优解变为 $(0,8)$。

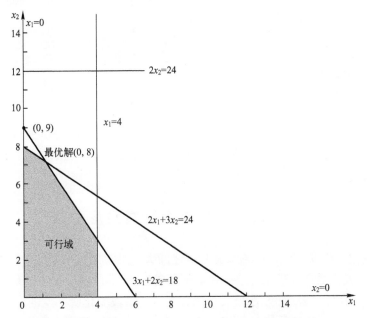

图 7.6 Wyndor Glass 公司模型变体 6 的可行域。变体 6 由变体 2 新增约束条件 $(2x_1+3x_2 \leqslant 24)$ 后修正得出

以代数方法分析该例时,请注意根据此前的最优解 $(0,9)$ 可得出 $2x_1+3x_2 = 27>24$,所以该解不再可行。要得到新最优解,需按上文所述,将新增约束条件引入当前最终单纯形表,引入松弛变量 x_6 作为初始基本变量。这一步可得出表 7.9 中第一个单纯形表。然后,通过高斯消去法将最终单纯形表转化为恰当形式。这一要求从新行产品数值减去第(2)行数值乘以 3,于是,求出当前基本解 $x_3=4$、$x_2=9$、$x_4=6$、$x_6=-3(x_1=0,x_5=0)$,见表 7.9 中第二个单纯形表。在第二个单纯形表中运用对偶单纯形法(见 8.1 节所述内容),仅通过一步迭代运算(有时需要多步),便求

得表 7.9 中最后一个单纯形表中的最优解。

表 7.9 Wyndor Glass 公司模型变化六敏感度分析程序

	基本变量	等式	下列参数系数							右侧数值列
			Z	x_1	x_2	x_3	x_4	x_5	x_6	
修正后的最终单纯形表	Z	(0)	1	$\frac{9}{2}$	0	0	0	$\frac{5}{2}$	0	45
	x_3	(1)	0	1	0	1	0	0	0	4
	x_2	(2)	0	$\frac{3}{2}$	1	0	0	$\frac{1}{2}$	0	9
	x_4	(3)	0	-3	0	0	1	-1	0	6
	x_6	New	0	2	3	0	0	0	1	24
变换为适当形式的最终单纯形表	Z	(0)	1	$\frac{9}{2}$	0	0	0	$\frac{5}{2}$	0	45
	x_3	(1)	0	1	0	1	0	0	0	4
	x_2	(2)	0	$\frac{3}{2}$	1	0	0	$\frac{1}{2}$	0	9
	x_4	(3)	0	-3	0	0	1	-1	0	6
	x_6	New	0	$-\frac{5}{2}$	0	0	0	$-\frac{3}{2}$	1	-3
重新优化后新的最终单纯形表（本例仅需一步对偶单纯形法迭代运算）	Z	(0)	1	$\frac{1}{3}$	0	0	0	0	$\frac{5}{3}$	40
	x_3	(1)	0	1	0	1	0	0	0	4
	x_2	(2)	0	$\frac{2}{3}$	1	0	0	0	$\frac{1}{3}$	8
	x_4	(3)	0	$-\frac{4}{3}$	0	0	1	0	$-\frac{2}{3}$	8
	x_6	New	0	$\frac{5}{3}$	0	0	0	1	$-\frac{2}{3}$	2

至此，本章描述了检验模型参数具体变化的不同方法，而灵敏度分析的另一常用方法，即参数线性规划法，则通过连续改变某个或某些参数，以查看最优解何时出现变化。8.2 节将讲述参数线性规划算法。

7.3 通过电子表格进行灵敏度分析[①]

Solver 软件的电子表格，为 7.1 节、7.2 节所述的大部分灵敏度分析提供了另一种相对简单的计算方法。电子表格法在处理 7.2 节所述案例原模型的不同变化时，方法基本相同。因此，在此仅重点研究（7.2 节案例 2a 和案例 3）目标函数变量的系数变化所产生的影响。通过改变 3.1 节所建立的 Wyndor Glass 公司原模型，将对上述影响进行分析。原模型目标函数中 x_1（即每周新型门的生产批量）与 x_2（即每周新型窗的生产批量）的系数分别为

$c_1 = 3 =$ 每批新型门的利润（以"千美元"为单位）

$c_2 = 5 =$ 每批新型窗的利润（以"千美元"为单位）

为便于阅读，将（图 3.22 中）该模型的电子表格形式复制于图 7.7 中。此处需要是，"每批次利润"单元格（C4:D4）中含有需要变化的量。

[①] 本节内容无需参阅本章前两节亦可理解，但本节后半部分内容则需要 4.7 节所讲述的重要背景知识。

电子表格实际可提供 3 种灵敏度分析方法。第一种方法是仅在电子表格中做出一项变动，然后重新求解来检验该变动所产生的效果。第二种方法是在同一电子表格内系统地生成一张表，用以显示模型中一到两个参数发生一系列变化后的效果。第三种方法是生成并应用 Excel 灵敏度报告。下面逐一讲解这 3 种方法。

7.3.1 检验模型单个参数变化

电子表格优势之一是可交互式地进行不同类型的灵敏度分析。利用 Solver 软件建立最优解模型时，若模型中有一个参数值发生变化，其效果会立竿见影显现出来。此时，仅需在电子表格中修改该参数值，然后单击 "Solve" 按键即可。为便于说明，假设 Wyndor Glass 公司管理层对每批次门的利润（c_1）并不十分确定。尽管可认为图 7.7 中每批次利润值 3000 美元是一个合理的初始赋值，但管理层仍感觉实际利润可能与该值大相径庭，既可能是远高于也可能是远低于该值。不过，c_1 的取值范围为 2~5 是很有可能的。

	B	C	D	E	F	G
1		Wyndor Glass 公司产品线问题				
2						
3			门	窗户		
4		每批次利润/千美元	3	5		
5				时间/h		时间/h
6			各批次生产时间/h	已用时间/h		可用时间/h
7		1 号车间	1	0	2	<	4
8		2 号车间	0	2	12	≤	12
9		3 号车间	3	2	18	≤	18
10						
11			门	窗户		总利润/千美元
12		生产批量	2	6		36

Solver 参数

将目标单元格："总利润"

设置为：最大值

改变变量单元格 生产量

约束条件为：

已用时间(h) ≤ 可用时间(h)

Solver 选项：

变量为非负数

求解方法：性规划单纯法

	E
5	时间/h
6	使用时间/h
7	=对应单元格乘积之和（C7：D7, 生产批量）
8	=对应单元格乘积之和（C8：D8, 生产批量）
9	=对应单元格乘积之和（C9：D9, 生产批量）

	G
11	总利润
12	=对应单元格乘积之和（每批次利润, 生产批量）

区域名称	单元格
生产批量	C12:D12
可用时间/h	G7:9
已用时间/h	E7:E9
每批次生产时间/h	C7:D9
每批次利润	C4:D4
总润	G12

图 7.7 灵敏度分析之前，Wyndor Glass 公司原模型问题的电子表格模型及最优解

图 7.8 展示了每批次门的利润由 $c_1=3$ 降为 $c_1=2$ 后的结果,与图 7.7 相比,产品线最优解未发生任何变化。事实上,新电子表格的唯一变化是单元格 C4 中的新 c_1 值,以及单元格 G12 中总利润减少了 2000 美金(因为每周生产的两批门中,每批利润均降低 1000 美金)。由最优解未发生变化可知 c_1 原赋值 3 过高,尽管该值并未使模型最优解成为不可行解。

	A	B	C	D	E	F	G
1			Wyndor Glass 公司产品线问题				
2							
3			门	窗户			
4		每批次利润/千美元	2	5			
5					时间/h		时间/h
6			每批次生产时间/h		已用时间/h		可用时间/h
7		1号车间	1	0	2	≤	4
8		2号车间	0	2	12	≤	12
9		3号车间	3	2	18	≤	18
10							
11			门	窗户			总利润/千美元
12		生产批量	2	6			34

图 7.8 修改后的 Wyndor Glass 公司产品线问题,其中每批次门的利润赋值由 $c_1=3$ 改为 $c_1=2$,但产品线最优解未发生变化

但如果该赋值过低又会出现何种结果呢?图 7.9 显示若 c_1 增至 5 时所产生的结果。同样,最优解仍未变化。因此,可令当前最优解保持其最优性的 c_1 取值范围(即 7.2 节所讨论的允许范围)为 2~5,甚至还能更大。

	A	B	C	D	E	F	G
1			Wyndor Glass 公司产品线问题				
2							
3			门	窗户			
4		每批次利润/千美元	5	5			
5					时间/h		时间/h
6			各批次生产时间/h		已用时间/h		可用时间/h
7		1号车间	1	0	2	≤	4
8		2号车间	0	2	12	≤	12
9		3号车间	3	2	18	≤	18
10							
11			门	窗户			总利润/千美元
12		生产批量	2	6			4

图 7.9 修改后的 Wyndor Glass 公司产品线问题,其中每批次门的利润赋值由 $c_1=3$ 改为 $c_1=5$,但产品线最优解未发生变化

由于 c_1 初始值 3 既可较大幅度增加,也可较大幅度减小,且均不会改变最优解,所以 c_1 为相对非敏感参数。因此,没必要对其进行非常精确的赋值,也能得到模型的最优解。

关于 c_1 仅需了解这些内容或已足够。但如果 c_1 真值超出 2~5 这一范围时,可能还需做进一步研究 c_1 超出或低于该范围多少时,最优解仍保持不变。

图 7.10 表明,c_1 如果一直增大到 10 时,最优解确实会发生变化。由此可知,在 c_1 从 5 增加到 10 的过程中,最优解发生了改变。

	A	B	C	D	E	F	G
1			Wyndor Glass 公司产品线问题				
2							
3			门	窗户			
4		每批次利润/千美元	10	5			
5					时间/h		时间/h
6			各批次生产时间/h		已用时间/h		可用时间/h
7		1 号车间	1	0	4	≤	4
8		2 号车间	0	2	6	≤	12
9		3 号车间	3	2	18	≤	18
10							
11			门	窗户			总利润/千美元
12		生产批量	4	3			55

图 7.10 修改后的 Wyndor Glass 公司产品线问题,其中每批次门的利润赋值由 $c_1=3$ 改为 $c_1=10$,产品线最优解随之发生变化

7.3.2 运用参数分析报告进行系统性灵敏度分析

为确定最优解何时发生变化,可为随机 c_1 连续赋值,但更好的方法是系统考虑 c_1 的取值范围。3.5 节的教学版 Solver 分析平台(ASPE)可用于生成参数分析报告。本书附赠该软件安装说明,也可从本书网站 www.mhhe.com/hillier 下载该说明。

当数据单元格中含有能发生系统性变化的参数(本例中单元格 C4 中的"每批次门的利润")时,该单元格即称为参数单元格。参数分析报告是用于显示参数单元格引入不同试验值后,改变单元格和/或目标单元格所产生的变化。各试验值所产生的变化结果均由 Solver 软件获取用以重新求解。

要生成参数分析报告,应首先定义参数单元格。本例应选择单元格 C4(即"每批次门的利润"),并在 ASPE 平台菜单栏的"参数"菜单下,选择"优化"选项。在图 7.11 所示的参数单元格对话框内输入参数单元格试验值范围,输入值表明 c_1 将从 1 至 10 进行有条理的变化。需要时,也可以同样方法定义其他参数单元格的试验值范围,但此处跳过该步。

下一步选择(ASPE)平台菜单栏中"报告"菜单下的"优化">"参数分析"选项,弹出图 7.12 所示对话框,在此可规定发生变化的参数单元格有哪些,以及显示哪些变化结果。通过该对话框下半部分的"参数"选项可选出需要变化的参数单元。单击(>>)可选择目前定义的所有参数单元格(并将这些单元格全部移至对话框右侧)。Wyndor Glass 公司案例中仅定义了一个参数单元格,因此只有一个参数单元格(即"每批次门的利润",或单元格 C4)会出现在对话框

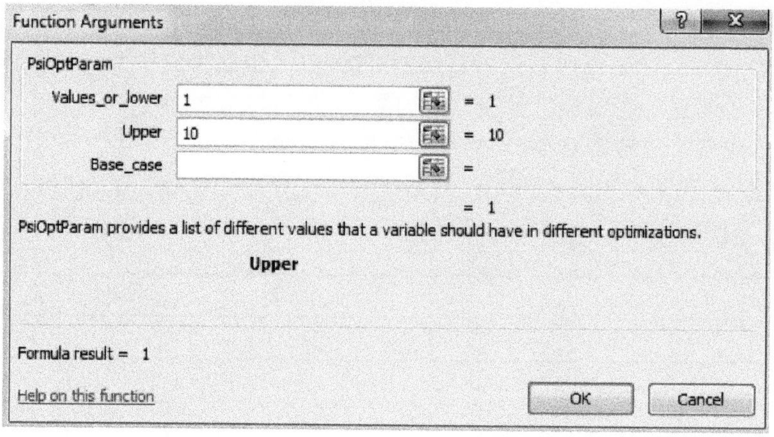

图 7.11 c_1(即单元格 C4)参数单元对话框表明该参数单元格将从 1 至 10 有系统地发生变化

右侧。如果定义了多个参数单元格,可单击"Wyndor"旁的+号查看"Wyndor"电子表格所列参数单元格清单,并选出某些参数单元格进行分析。单击(>)可将单个参数单元格移至右侧清单内。

可从对话框上部选择参数单元格变化时需要显示的结果。单击(>),所有变化单元格(即"门的生产批量"或 C12 单元格)及目标单元格(即"总利润"或 G12 单元格)均将显示在右侧清单中。若要选择上述单元格下的某一子选项,可点击"变化单元格"(或"目标单元格")旁的小+号,便可看到全部变化单元格(或目标单元格),然后点击(>),将所需变化单元格(或目标单元格)移至右侧。

最后,输入长轴点数量,以定义参数分析报告中需显示多少个该参数单元格的不同赋值。这些赋值将平均分布于图 7.11 所示参数单元对话框的上限值和下限值之间。该图参数分析报告有 10 个长轴点,其下限值为 1,上限值为 10,因此报告将显示 c_1 赋值由 1 到 10 的均匀变化结果。

单击"OK"键便可生成图 7.13 中的参数分析报告。报告第一列的试验值将逐一输入参数单元格(即"每批次门的利润",或单元格 C4),并通过 Solver 软件重新求解该问题,由此求得的某试验值最优结果便显示于表的其余列内,即"门的生产批量"列(C4)、"窗户生产批量"列(D4)及"总利润"列(G12)。这一过程会自动用参数单元格中剩余各试验值进行重复运算,并最终生成图 7.13 所列完整的参数分析报告(如果是小型问题,报告很快便会生成)。

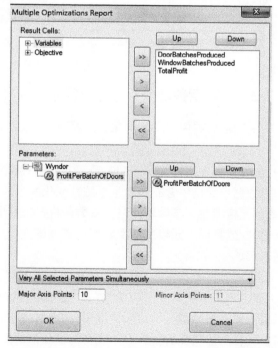

图 7.12 此处,用于解决 Wyndor Glass 公司产品线问题的参数分析报告对话框表明"每批次门的利润"(即单元格 C4)这一参数单元将发生变化,且所有变化单元(即"门的生产批量"及"窗的生产批量")与目标单元(即"总利润")的变化结果均会显示出来

	A	B	C	D
1	每批次门的利润	门的生产批量	窗户生产批量	总利润
2	1	2	6	32
3	2	2	6	34
4	3	2	6	36
5	4	2	6	38
6	5	2	6	40
7	6	2	6	42
8	7	2	6	44
9	8		3	47
10	9	4	3	51
11	10	4	3	55

图 7.13 该参数分析报告显示了 Wyndor Glass 公司产品线问题中"每批次门的利润"发生均匀变化后的结果

参数分析报告表明,当 c_1 取值为 1(或许小于 1 时)~7 时,最优解保持不变,但 c_1 取值为 7~8 的某数值时,最优解开始改变。接下来便可考虑 c_1 取值为 7~8 均匀变化时的情况,以便更精确地找出 c_1 为何值时最优解发生变化。但该步也并非必不可少,因为后面还将很快论述,可使用 Excel 灵敏度报告这一更便捷的方法求出 c_1 到底为何值时最优解会发生变化。

至此已阐释了只改变 c_1(即图 7.7 中的单元格 C4)时,考察其均匀变化结果的方法。该方法同样适用于 c_2(即单元格 D4)。事实上,参数分析报告还可用于考察模型任一单个数据单元格变化的结果,包括"可用时间(h)"(G7:G9)或"每批次生产时间(h)"(C7:D9)中的任一有单元格。

下面讲解考察同一电子表格内两个数据单元同时变化的方法。首先用电子表格,然后再利用参数分析报告对变化结果予以研究。

7.3.3 检验模型双向变化

使用 c_1 和 c_2 的初始赋值 3 和 5 时,模型最优解(图 7.7)倾向于多生产窗户(每周生产 6 批)、少生产门(每周仅生产 2 批)。假设 Wyndor Glass 公司管理层对这一生产不平衡现象表示关注,觉得这一问题或许是由 c_1 赋值过低,而 c_2 赋值过高所致,那么,便引发如下问题:如果 c_1 赋值增加、c_2 赋值减小,能否产生一个更为平衡、利润最高的产品线呢(此处需牢记 c_1 与 c_2 之比才是确定最优产品线的关键,因此,即使 c_1、c_2 赋值发生同向变化,但二者比值变化不大亦不可能改变最优产品线)?

回答这一问题只几秒钟时间,仅需用新值替代图 7.7 中原电子表格的"每批次利润",然后单击 Solve 键即可。图 7.14 表明将"每批次门的利润"与"每批次窗的利润"分别赋值为 4.5 和 4 时,不会使产品线最优解发生任何变化(尽管总利润发生变化,但这仅是因为"每批次利润"赋值发生了改变)。如果"每批次利润"赋值在更大范围内变化,最终是否会改变产品线最优解?图 7.15 表明,确会如此,当"每批次门的利润"为 6、"每批次窗的利润"为 3 时,便产生一个相对平衡的产品线 $(x_1 x_2)=(4,3)$。

图 7.14 与图 7.15 并未说明当"每批次门的利润"从 4.5 增至 6、"每批次窗的利润"从 4 减至 3 时,产品线最优解是受哪个赋值影响而发生变化。下面介绍参数分析报告如何更好地系统解决这一问题。

	A	B	C	D	E	F	G
1		Wyndor Glass 公司产品线问题					
2							
3			门	窗户			
4		每批次利润/千美元	4.5	4			
5					时间/h		时间/h
6			各批次生产时间为33h		已用时间/h		可用时间/h
7		1号车间	1	0	2	≤	4
8		2号车间	0	2	12	≤	12
9		3号车间	3	2	18	≤	18
10							
11			门	窗户			总利润/千美元
12		生产批量	2	6			33

图 7.14 修改后的 Wyndor Glass 公司产品线问题,其中"每批次门的利润"与"每批次窗的利润"赋值分别变为 $c_1=4.5$ 与 $c_2=4$,但最优产品线未发生任何变化

	A	B	C	D	E	F	G
1		Wyndor Glass 公司产品线问题					
2							
3			门	窗户			
4		每批次利润/千美元	6	3			
5					时间/h		时间/h
6			各批次生产时间		已用时间/h		可用时间/h
7		1号车间	1	0	4	≤	4
8		2号车间	0	2	6	≤	12
9		3号车间	3	2	18	≤	18
10							
11			门	窗户			总利润/千美元
12		生产批量	4	3			33

图 7.15 修改后的 Wyndor Glass 公司产品线问题,其中"每批次门的利润"与"每批次窗的利润"赋值分别变为 6 与 3,导致最优产品线发生变化

7.3.4 利用双向参数分析报告(ASPE)分析上述问题

当每批次门窗利润赋值均不精确时,基于 Solver 教育分析平台(ASPE)生成双向参数分析报告,提供了一个系统考察方式。该参数分析报告将上述两个参数单元的不同试验值所产生的结果显示于一个输出单元内。因此,该参数分析报告可用于显示图 5.1 中"总利润"(G12)是如何根据上述两个参数单元(即"每批次门的利润",或单元格 C4 与"每批次窗的利润",或单元格 D4)试验值的取值范围而变化的。针对两个参数单元格内的试验值,Solver 软件可进行重新求解。

要创建 Wyndor Glass 公司产品线问题的双向参数分析报告,需将"每批次门的利润"(C4)与"每批次窗户利润"(D4)均定义为参数单元。接下来,选择 C4 和 D4 单元,再选择 ASPE 平台菜单栏中"参数"菜单下的"优化"选项,然后输入各参数单元试验值范围(与 7.3.2 节图 7.11 做法相同)。本例中"每批次门的利润"(C4)取值变化为 3~6,"每批次窗户利润"(D4)取值变化为 1~5。

然后,选择 ASPE 平台菜单栏中报告菜单下的"优化>参数分析"选项,弹出图 7.16 所示对话框。双参数分析报告需选出两个参数单元,但仅显示一个计算结果。单击"参数"菜单中(>>)键,可同时选择两个被定义参数单元"每批次门的利润"(C4)和"每批次窗户利润"(D4)。单击"结果单元"下(<<)键,清除右侧对话框清单中的参数单元,单击"目标单元"旁+号按钮可显示"总利润"目标单元(即单元格 G12),然后选择"总利润",再单击(>)键将其移至右侧。

接下来,选择图 7.16 中菜单底部的"分别改变两个被选参数"选项,这样两个参数单元试验值便可在各自的全部取值范围内进行变化。参数分析报告中的"长轴点"和"短轴点"两项内则分别输入第一个和第二个参数单元各自的赋值。这些值将均匀分布于各参数单元参数对话框所规定的取值范围内。

因此,如图 7.16 所示,分别选择 4 和 5 作为第一个和第二个参数单元各自的试

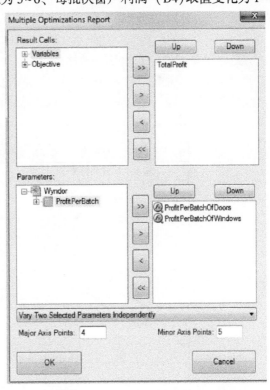

图 7.16 用于解决 Wyndor Glass 公司产品线问题的参数分析报告对话框表明:"每批次门的利润"(C4)以及"每批次窗户利润"(D4)这两个参数单元将发生变化,且将显示目标单元(即"总利润"(G12))的变化结果

验值赋值,则"每批次门的利润"将在 3、4、5、6 4 个值之间变化。同时,"每批次窗户利润"将在 1、2、3、4、5 5 个值之间变化。

单击"OK"按钮,生成图 7.17 中的参数分析报告。该报告中第一列和第一行为各参数单元的试验值。对于第一列与第一行的各试验值组合,Solver 均求解了所关注的输出单元格的值(本例中为"目标单元"),并将该值输入到了本表相应的单元格内。

	A	B	C	D	E	F
1	总利润	每批次窗户利润▼				
2	每批次门的利润▼	1	2	3	4	5
3		15	18	24	30	36
4		19	22	26	32	38
5		23	26	29	34	40
6		27	30	33	36	42

图 7.17 该参数分析报告表明,均匀改变 Wyndor Glass 公司产品线问题中"每批次门的利润"(C4)和"每批次窗户利润"(D4)赋值后,"总利润"(G12)变化的变化情况

除"总利润"(G12)外,还可选择"门的生产批量"(C12)或"窗户生产批量"(D12)显示在图 7.16 对话框中"结果"一栏,于是,可生成一个类似的参数分析报告,显示为获取最优单位利润,第一列与第一行不同试验值组合下应生产的最佳门、窗数量。图 7.18 显示了上述两个参数分析报告。当"每批次门的利润"与"每批次窗户利润"分别采用原估值 3 和 5 时,两个报告右上角(即 F3 单元格)取值的组合,便是本例最优解(x_1, x_2) = (2,6)。从 F3 向下方单元格移动,意味着增加"每批次门的利润"的赋值,而向左移动则意味着降低"每批次窗户利润"的赋值(由于 H26 上方或右侧单元格的变化只会增加(x_1, x_2) = (2,6)作为最优解的优越性,因此报告中并未显示这些单元格)。注意:(x_1, x_2) = (2,6)仍是 H26 附近所有单元格的最优解。这意味着每批次产品利润原赋值不必十分精确,亦不会影响本产品线最优解。

	A	B	C	D	E	F
1	门的生产批量	每批次窗户利润▼				
2	每批次门的利润▼		1	2	3	4	5
3	3	4	2	2	2	2
4	4	4		2	2	2	2
5	5	4	4	4	2	2
6	6	4	4	4	2	2

	A	B	C		E	F
1	窗户生产批量	每批次窗户利润▼				
2	每批次门的利润▼		1	2	3	4	5
3	3	3	6	6	6	
4	4	3	3	6	6	6
5	5	3	3	3	6	6
6	6	3	3	3	6	6

图 7.18 双参数分析报告表明,均匀改变 Wyndor Glass 公司产品线问题中门、窗的单位利润赋值后,门、窗的最优产量变化情况

7.3.5 利用灵敏度报告进行灵敏度分析

至此,我们已了解如何利用电子表格轻松进行某些灵敏度分析。一种方法是分别改变数据单元赋值,然后重新求解;另一种方法是通过参数分析报告均匀生成类似数据。还有另一种更为简便的方法,仅通过 Solver 提供的灵敏度报告便可更为快速、精确地获得相同(甚至更多)数据(其他线性规划软件包输出数据也可生成同样的灵敏度报告,如 MPL/Solvers、LINDO 和 LINGO)。

4.7 节讨论了灵敏度报告,并讲述了利用其进行灵敏度分析的方法。4.7 节图 4.10 展示了 Wyndor Glass 公司问题的灵敏度报告。图 7.19 显示了该报告的部分内容。此处不再对 4.7 节进行赘述,而是重点阐释灵敏度报告如何有效解决本章前两节所提出的 Wyndor Glass 公司相关具体问题的。

本章前两节所考虑的问题是,当前最优解(x_1, x_2) = (2,6)不发生改变的情况下,c_1 初始赋值以 3 为起点的变化范围。图 7.9 和图 7.10 表明,c_1 取值在 5~10 的某数时,最优解才会发生变化。图 7.13 进一步将该最优解发生变化的范围缩小到 7~8。图 7.13 还表明,如果 c_1 初始赋值 3 取值过高,而非过低,那么,需将其减小至小于 1 时,最优解才会发生改变。

现在来看一下图 7.19 中的灵敏度报告是如何解决这一问题的。该报告中"门的生产批量"一行给出 c_1 下列数据:

c_1 当前值:3

c_1 允许增量:4.5 　　　　　因而,$c_1 \leq 3+4.5=7.5$

c_1 允许减量:3 　　　　　　因而,$c_1 \geq 3-3=0$

c_1 允许范围: 　　　　　　　$0 \leq c_1 \leq 7.5$

因此,如果仅改变 c_1 当前值(不对模型作任何改变),只要 c_1 新值不超出 $0 < c_1 < 7.5$ 这一允许范围,当前最优解$(x_1,x_2)=(2,6)$就不会改变。

单元格	名称	终值	减少成本	目标函数系数	允许增量	允许减量
\$C\$12	门的生产批量	2	0	3	4.5	3
\$D\$12	窗户生产批量	6	0	5	1E+30	3

图 7.19　图为 Wyndor Glass 公司原模型问题(图 6.3)灵敏度报告中的一部分,由 Solver 生成。其中,最后 3 列表明各批次门、窗利润的允许范围

图 7.20 以图解方式标明该允许范围。当 c_1 取其原值 3 时,图中实线表明目标函数斜线穿过(2,6) 点。当 c_1 取其允许范围下限,即 $c_1=0$ 时,穿过(2,6) 点的目标函数线为图中直线 B,因此由点(0,6)与(2,6)组成的线段上任一点均为最优解。当 c_1 为任一小于 0 的数值时,目标函数线将进一步旋转,因此(0,6)成为唯一最优解。当 c_1 取其允许范围上限,即 $c_1=7.5$ 时,穿过(2,6) 的目标函数线为图中直线 C,因此由点(2,6)与(4,3)组成的线段上任一点均为最优解。当 c_1 为任一大于 7.5 的数值时,目标函数线甚至比直线 C 更为陡峭,因此(4,3)成为唯一最优解。所以只有当 $0 \leq c_1 \leq 7.5$ 时,原最优解$(x_1,x_2)=(2,6)$保持不变。

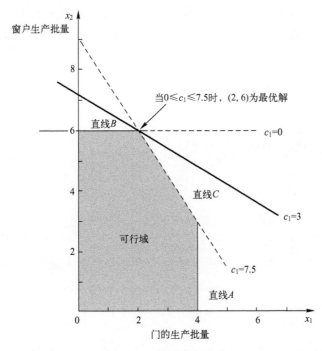

图 7.20　当 c_1(即"每批次门的利润")取值为其允许范围($0 \leq c_1 \leq 7.5$)的上、下限时,穿过实线约束条件边界线的两条虚线为目标函数线,因为对 Wyndor Glass 公司问题而言,两条虚线间的任一目标函数线所产生的最优解仍为$(x_1,x_2)=(2,6)$

结论:c_1 允许范围为 $0 \leq c_1 \leq 7.5$,这是因为在该范围内$(x_1,x_2)=(2,6)$保持为最优解,超出该范围便不再是最优解(尽管当 $c_1=0$ 或 $c_1=7.5$ 时,有多个最优解,但其中仍包括$(x_1,x_2)=(2,6)$)。

由于该允许范围距 c_1(即"每批次门的利润")原赋值 $c_1=3$ 上下浮动较大,因此可确保求得真实正确的利润最优解。

现在让我们回到前两小节所提出的问题。如果 $c_1(3)$ 赋值过低与 $c_2(5)$ 赋值过高的情况同时发生,则会产生什么结果?尤其是在当前最优解保持不变的情况下,c_1 的允许增量与 c_2 的允许减量范围分别是多少?

图 7.14 表明,如果 c_1 增加 1.5(即由 3 增至 4.5)、c_2 减少 1(即由 5 降至 4),最优解保持不变。图 7.15 表明,若将 c_1、c_2 变化值增加 1 倍,最优解将发生变化。但是最优解发生变化的具体取值却无法确定。图 7.18 提供了更多信息,但仍无法确切回答该问题。

幸好还可通过 c_1 与 c_2 的允许增量和允许减量数据,从灵敏度报告(图 7.19)中获取其他信息,但要应用如下规则(7.2 节有所论述)。

处理目标函数系数同时变化的百分之百法则:如果目标函数系数同时改变,计算各变动量占允许变动量(允许增量或减量)的百分比,使该系数处于其允许范围内。如变动百分比相加未超过100%,原最优解必然保持最优(如变动百分比相加超过 100%,则无法确保原最优解仍为最优解)。

该法则并未阐述如果变动百分比相加超过 100% 会发生什么情况,其后果取决于系数变动方向。切记,系数之比才是确定最优解的关键。如果系数变动方向相同,即使变动百分比远高于100%,实际上原最优解仍保持不变。所以,变动百分比超出 100% 后不一定会改变最优解,但只要不超出 100%,则最优解一定保持不变。

只有当其他系数均未发生变化时,才可放心使用某一目标函数系数全部允许增量或减量。如果系数同时变化,则需重点关注各系数允许增量或允许减量的变动百分比。

为便于说明,仍以 Wyndor Glass 公司问题为例,并同时考虑图 7.19 中灵敏度报告所提供的数据。现在假设 c_1 赋值由 3 增加至 4.5,c_2 由 5 减至 4,则百分之百法则的计算如下:

$c_1: 3 \rightarrow 4.5$

允许增量变动百分比:$= 100\left(\dfrac{4.5-3}{4.5}\right)\% = 33\dfrac{1}{3}\%$

$c_2: 5 \rightarrow 4$

允许减量变动百分比:$= 100\left(\dfrac{5-3}{3}\right)\% = 33\dfrac{1}{3}\%$

变动百分比之和:$= \overline{66\dfrac{2}{3}}\%$

由于变动百分比之和未超出 100%,原最优解 $(x_1, x_2) = (2, 6)$ 仍保持不变,其结论与前文图 6.14 所示一致。

现在假设 c_1 赋值由 3 增加至 6,c_2 由 5 减至 3,则百分之百法则的计算如下:

$c_1: 3 \rightarrow 6$

允许增量变动百分比:$= 100\left(\dfrac{6-3}{4.5}\right)\% = 66\dfrac{2}{3}\%$

$c_2: 5 \rightarrow 3$

允许减量变动百分比:$= 100100\left(\dfrac{5-3}{3}\right)\% = 66\dfrac{2}{3}\%$

变动百分比之和:$= \overline{133\dfrac{1}{3}}\%$

由于当前变化百分比之和大于 100%,根据百分之百法则,我们无法继续确保 $(x_1, x_2) = (2, 6)$

仍为最优解。事实上,从前文图 7.15 和图 7.18 便可发现最优解已变为 $(x_1,x_2)=(4,3)$。

结果表明,当 c_1 赋值增加上述相对量、c_2 赋值减小上述相对量时,如何求解使最优解发生变化的数值。由于 100% 处于 $66\frac{2}{3}$% 与 $133\frac{1}{3}$% 的中间位置,因此 c_1、c_2 取值分别位于其在上例赋值的中间位置时,相应的变化百分比之和便为 100%,即 $c_1=5.25$ 时便位于 4.5 与 6 的中间位置,$c_2=3.5$ 时便位于 4 与 3 的中间位置。相应地,其百分之百法则计算如下:

$c_1:3\rightarrow 5.25$

允许增量变动百分比:$=100\%\left(\dfrac{5.25-3}{4.5}\right)\%=50\%$

$c_2:5\rightarrow 3.5$

允许减量变动百分比:$=100\%\left(\dfrac{5-3.5}{3}\right)\%=50\%$

变动百分比之和:$=\overline{100\%}$

尽管该变动百分比之和等于 100%,但并未超出 100%,因此可确保 $(x_1,x_2)=(2,6)$ 仍为最优解。图 7.21 以图解方式表明 (2,6)、(4,3) 目前均为最优解,而且这两点连接所组成的线段上的任一点均为最优解。然而,c_1、c_2 若在初始值基础上发生更大变化(致使变动百分比之和大于 100%),则该目标函数线会大幅移向纵轴,使 $(x_1,x_2)=(4,3)$ 成为唯一最优解。

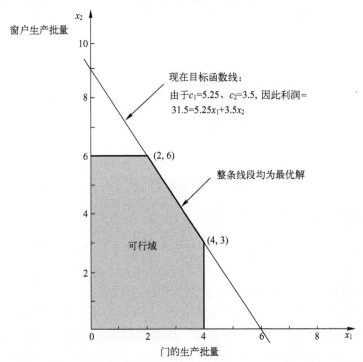

图 7.21　每批次门窗利润赋值分别变为 $c_1=5.25$、$c_2=3.5$ 时,即位于百分之百法则允许范围的边缘时,此处图解法显示 $(x_1,x_2)=(2,6)$ 仍为最优解之一,但该解与点 (4,3) 所形成的线段上的任一其他点亦为最优解

同时,还需牢记允许变动百分比之和即使大于 100%,也不意味最优解会自动发生变化。例如,假设门窗单位利润赋值均减半,则相应的百分之百法则计算如下:

$c_1:3\rightarrow 1.5$

允许减量变动百分比:$=100\%\left(\dfrac{3-1.5}{3}\right)\%=50\%$

$c_2: 5 \to 2.5$

允许减量变动百分比：$= 100\% \left(\dfrac{5-2.5}{3}\right)\% = 83\dfrac{1}{3}\%$

变动百分比之和：$= 133\dfrac{1}{3}\%$

虽然该变动百分比之和大于100%，但图7.22表明原最优解仍保持不变。实际上，该图中目标函数线与原目标函数线（即图7.20中的实线）斜率相同。因此，只要所有利润赋值均按比例变化，自然便会得出相同最优解，上述情况便会发生。

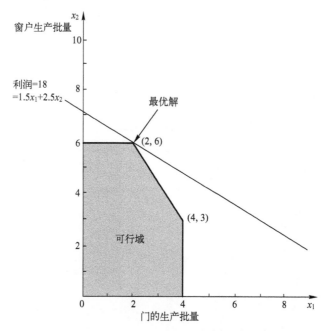

图7.22 当每批次门窗利润赋值分别变为 $c_1 = 1.5$、$c_2 = 2.5$（即原赋值的1/2）时，尽管根据百分之百法则，最优解可能会发生变化，但此处图解法显示 $(x_1, x_2) = (2,6)$ 仍为最优解

7.3.6 其他类型敏感度分析

本节着重探讨了仅当目标函数变量系数发生变化时，如何通过电子表格研究其变化效果。通常，人们对函数约束条件右侧数值的变化效果也充满兴趣。有时，甚至想检验一下函数约束条件中某些系数如果需要改变时，最优解是否会发生变化。

电子表格在研究模型的诸如此类的其他变化时，其方法实际上与使用电子表格研究目标函数系数的变化完全相同。也就是说，仅需在电子表格数据单元内输入任何变化值，然后，通过Solver重新求解模型解来检验这些变化的结果，而且还可利用参数分析报告对任意一或两个数据单元中的进行一系列改变进行系统检验。正如4.7节所述，在改变任一函数约束条件右侧数值会产生何种效果问题上，Solver（或其他任何线性规划软件包）生成的灵敏度报告也可提供有价值信息，如影子价格。多个右侧数值同时变化时，也可采用百分之百法则，类似于目标函数约束条件同时变化时所应用百分之百法则（如何考察右侧数值的变化效果，包括右侧数值同时变化时如何应用百分之百法则，内容详见7.2节案例1）。

7.4 鲁棒优化

正如前几节所述,灵敏度分析是处理线性规划模型中参数值不确定性的重要方法。灵敏度分析的主旨是识别敏感参数,即那些导致最优解发生变化的参数。这一点非常重要,因为对这些参数赋值尤需谨慎,以最大程度地降低最优求解解出错的风险。

但线性规划不确定性的应对方法并非仅此而已。有时,(根据模型求得的)最优解只有在实施很长一段时间后,可能才会知道敏感参数的真值。因此,即使谨慎倍致地为敏感参数赋值,这些参数也可能出现较大赋值错误,其他非敏感参数的赋值错误甚至更大,从而导致不良后果。或许,(根据模型所求得的)最优解最终根本不具备最优性,甚至可能不是一个可行解。

某种程度上,不良后果的严重程度与模型中函数约束条件是否存在自由度有关。因此,对约束条件进行下列区分十分有益。

软约束是可稍许违反、但不至引发严重后果的约束条件。相反,硬约束是必须满足的约束。

鲁棒优化是专为处理含有硬约束条件的问题而设计的。

对于小规模线性规划问题而言,在执行模型最优解前发现其可能不再是最优解,甚至不再是可行解时,通常这一复杂情况不难解决。如果模型只包含软约束条件,那么,即使(根据模型求得的)最优解不可行,也可能被采用。而且,即使某些或全部约束条件均为硬约束,是否被采用也取决于能否在最后一刻对执行中的最优解做出调整(在某些情况下,会事先锁定待执行最优解不允许调整)。如果可调,那么,可能很容易就能知道如何调整使其可行;甚至也可轻易看出如何稍做调整,使其成为最优解。

但在处理现实中经常遇到的较大型线性规划问题时,情况便截然不同了。例如,本章结尾的"主要参考文献[1]"描述了处理题库(该题库由 94 个大型线性规划问题组成,其中包括成千上万的约束条件和变量)中问题时的情况。人们认为参数可能发生随机错误的概率为 0.01%。尽管整个模型所含错误概率如此之小,但发现这些问题中仍有 13 个问题的最优解为不可行解,还有 6 个问题的解也接近不可行。此外,亦看不出如何调整才能使其成为可行解。如果该模型所有限制条件均为硬约束,这便是个棘手问题。因此,鉴于许多现实线性规划问题中的赋值错误率通常远高于 0.01%,甚至可能高于 1%,或者更高,显然,需要找到一种较好的方法,真正确保该解可行。

这便是鲁棒优化法关键作用所在。

鲁棒优化旨在为模型求得一解,并确保该解对参数实际值所有合理的组合而言始终可行,并接近最优。

这是一个令人却步的目标,但目前人们研究出了更为复杂的鲁棒优化理论(见"主要参考文献[1,3])。虽然该理论大部分内容(包括多种线性规划拓展内容)已远超出了本书的范畴,但我们仍将通过以下独立参数的简单示例介绍其中一些基本概念。

7.4.1 具有独立参数的鲁棒优化法

该方法包含以下 4 个基本假设。
(1) 各参数预估值的不确定性均有其范围。
(2) 在该范围内,参数可在最小值与最大值之间任意取值。
(3) 该值不受其他参数取值的影响。
(4) 所有函数约束条件的表达形式均为≤或≥。

不管参数赋值不确定性范围如何,为确保所得解始终可行,我们按以下方法取各参数最保守的值。

(1) 以"≤"形式表达的所有函数约束条件,取各 a_{ij} 的最大值及 b_i 的最小值。
(2) 以"≥"形式表达的所有函数约束条件,取各 a_{ij} 的最小值及 b_i 的最大值。
(3) 以最大化形式表达的目标函数,取各 c_j 的最小值。
(4) 以最小化形式表达的目标函数,取各 c_j 的最大值。

下面仍用 Wyndor Glass 公司示例讲述这一方法。

7.4.2 示例

继续以本书 3.1 节中首次出现的线性规划原型案例为例。Wyndor Glass 公司管理层现正与一位专营门窗的批发商谈判,旨在商洽让其销售公司即将投产的全部新款特殊门窗(即 3.1 节所指的产品 1 和产品 2)事宜。尽管批发商对此很感兴趣,但同时也担心门窗产量或许过小,以至于不值得进行该交易。因此,批发商要求 Wyndor Glass 公司明确这些产品的最低产量(以每周生产批量计量),如果达不到最低产量,Wyndor Glass 公司需支付罚金。

因为此前从未生产过这些新款特殊门窗,Wyndor Glass 公司管理层意识到其线性规划模型(即 3.2 节中依据表 3.1 所建模型)的参数仅是一些估值而已。对各产品而言,其在各车间的每批次生产时间与表 3.1 中的赋值(即 a_{ij})可能存在巨大差异。每批次利润赋值也存在同样的问题。目前,正安排降低某些现有产品产量,以腾出各车间的生产时间,用于两款新产品的生产。因此,各车间(即 b_i)可空出多少生产时间用于新品生产亦存在不确定性。

经过深入研究,目前 Wyndor Glass 公司管理层已经找到了模型各参数的最大和最小值,并确信这些参数符合即将面对的实际。对各参数而言,最小值与最大值所构成的范围称作不确定性范围。各参数的不确定性范围如表 7.10 所列。

现在将前一小节介绍的具有独立参数的鲁棒优化法程序应用于各参数的不确定性范围,从而确定其在新线性规划模型中的值。在此,取各 a_{ij} 的最大值及各 b_i、C_j 的最小值,所得模型如下:

使 $Z = 2.5x_1 + 4.5x_2$ 在以下约束条件下达到最大:

$$1.2x_1 \leq 3.6$$
$$2.2x_2 \leq 11$$
$$3.5x_1 + 2.5x_2 \leq 16$$

且

$$x_1 \geq 0, x_2 \geq 0$$

表 7.10 Wyndor Glass 公司模型参数不确定性范围

参数	不确定性范围	参数	不确定性范围
a_{11}	0.8~1.2	b_2	11~13
a_{22}	1.8~2.2	b_3	16~20
a_{31}	2.5~3.5	c_1	2.5~3.5
a_{32}	1.5~2.5	c_2	4.5~5.5
b_1	3.6~4.4		

该模型十分容易求解,包括用图解法求解。该模型最优解为 $x_1 = 1$ 和 $x_2 = 5$,此时,$Z = 25$(即每周总利润为 25000 美元)。因此,Wyndor Glass 公司管理层现在可向该批发商保证每周至少可

向其供应 1 批新款特制门(即产品 1)和 5 批新款特制窗(即产品 2)。

7.4.3 拓展应用

尽管参数彼此独立时便于采用鲁棒优化法,但因为其他情况下,某些参数最终值会受其他参数值影响。通常还必须将鲁棒优化法拓展应用于这些情况,通常有如下两种情况。

第一种情况是模型各列内的参数(即某一变量的系数,或右侧数值)并非彼此独立。例如,Wyndor Glass 公司问题中各产品每批次利润(即 c_j)可能会受投产后各车间每批次产品实际生产时间影响(即 a_{ij})。因此,需考虑某一变量系数值的诸多情况。同样,将某些员工从一个车间派到另一车间工作可能会提高另一车间每周生产时间,但派出员工的车间会减少等量的生产时间。这同样可能引发诸多需要考虑的潜在情况,它们关乎 b_i 的不同值集。幸好,仍可使用线性规划求解所产生的鲁棒优化模型。

第二种常见情况是模型各行内的参数并非彼此独立。例如,在解决 Wyndor Glass 公司问题时,将工作人员及设备安排至 3 号车间,通过增大 a_{31} 或 a_{32} 中的一者可能会使另一者数值减小(甚或由此改变 b_3 的值)。这便需要对模型中对应行参数值的诸多情况予以考虑。但遗憾的是,求解所产生的鲁棒优化模型时,需采用较线性规划更为复杂的方法。

在此不再继续探讨上述或其他情况。相关详细内容(甚至包括原模型比线性规划模型更为复杂的情况下如何应用鲁棒优化法),可参见"主要参考文献[1,3]"。

鲁棒优化法的缺点之一是缩小模型解范围时过于保守,这在实际中是远不必要的,在处理具有成千上万个(甚至成百万个)参数的大型模型时上述问题尤为突出。不过当不确定参数为某些 a_{ij},且所有这些参数之间相互独立,或只有 a_{ij} 的单列参数内具有从属性时,"主要参考文献[4]"提供了一种可有效克服鲁棒优化法这一缺点的途径。基本思路是要认识到,不是每一个不确定参数 a_{ij} 估值的随机变化都会增大可行解的求解难度。有些变化可以忽略(甚至归零),有些变化可简化可行解求解过程,而仅有一些变化会使问题朝着相反方向发展。因此,可有把握地假设,仅有少数参数会令可行解求解过程变得复杂。但即便如此,仍非常可能求出一个可行解。因此,如能确定这些少数参数,为下列取舍提供了一定的便利,即求得一个相当理想的解,还是确保该解在实际应用时可行。

7.5 机 会 约 束

对于线性规划模型参数而言,通常只有在所采用最优解首次实施一段时间后,才能看出这些参数的真值,在此之前,它们都存在不确定性。7.4 节讲述了用鲁棒优化法处理此类不确定性,即通过修改模型参数值,以确保所求解最终实施时具有可行性。这需要识别各不确定参数可能值的上下限。然后,用上下限值中更难达到可行性的值作为参数的估值。

该方法对处理硬约束(即必须满足的约束条件)时十分有效,但确实也存在某些不足。不足之一便是可能无法准确识别不确定参数的上下限。事实上,该参数甚至可能不具有上下限。例如,某参数的概率分布为正态分布时,会带有较长的尾部,却不会有上下限。与此相关的另一不足是当参数概率分布为没有上下限的正态分布时,通常赋值区域较宽,从而导致过度保守的解。

机会约束主要用于处理具有较长尾部、没有上下限的参数。为简便起见,我们对此类情况会进行简化处理,只将右侧数值(即 b_i)作为不确定参数,这些 b_i 为具有正态分布的独立随机变量。令 μ_i 和 σ_i 分别表示该分布各 b_i 的平均差和标准差。具体而言,我们还假设所有函数约束条件均为"≤"形式(可用同样方式处理以"≥"形式表达的函数约束条件,但原约束条件为等式时,机会约束不适用)。

7.5.1 机会约束的形式

原约束条件为 $\sum_{j=1}^{n} a_{ij}x_j \leq b_i$ 时,相应的机会约束的含义为仅需使满足原约束条件拥有极高的概率即可。令 α = 原约束条件最小可接受概率,换言之,机会约束为

$$p\left\{\sum_{j=1}^{n} a_{ij}x_j \leq b_i\right\} \geq \alpha$$

该式表明,原约束条件概率至少应为 α。接下来,可用一等价约束条件,即一个简单的线性规划约束条件,替代该条件约束。因为 b_i 是机会约束中的唯一随机变量,且假设其呈正态分布,因此该机会约束的确定性等价方程为

$$\sum_{j=1}^{n} a_{ij}x_j \leq \mu_j = K_\alpha \sigma_i$$

式中:K_α 是正态分布表中概率为 α 的常量。例如,$K_{0.90} = -1.28$,$K_{0.95} = -1.645$,$K_{0.99} = -2.33$。

因此,如果 $\alpha = 0.95$,则该机会约束的确定性等价方程为 $\sum_{j=1}^{n} a_{ij}x_j \leq \mu_i - 1.645\sigma_i$。

换言之,如果 μ_i 对应于 b_i 的原始估值,那么,右侧数值减小 $1.645\sigma_i$ 可确保约束条件得以满足的概率至少为 0.95(如果该确定性等价方程为等式,其概率值正好为 0.95,但如果左侧数值小于右侧数值,概率则大于 0.95)。

图 7.23 验证了上述说法。该正态分布为 b_i 实际值(即执行最优解时 b_i 的实际取值)概率密度函数。图中左侧阴影区域(0.05)显示 b_i 小于 $\mu_i - 1.645\sigma_i$ 的概率,因而,b_i 大于该值的概率为 0.95。所以,要求约束条件左侧数值小于等于该值,也即左侧数值至少在 95% 的情况下会小于 b_i 的最终值。

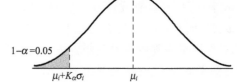

图 7.23 假设 b_i 服从本图所示正态分布

7.5.2 示例

为说明机会约束的用法,仍以本书 3.1 节所述 Wyndor Glass 公司问题的最初版本及其模型为例。现在假设不十分确定两种新产品在 3 个车间的可用生产时间是多少。因此,b_1、b_2 和 b_3 为本模型当前不确定参数(即随机变量)。假设这些参数均呈正态分布,那么,首先要判断各参数的平均差和标准差。表 3.1 给出 3 个车间每周可用生产时间的原始估值,因此,如果这些值看起来仍为最可能的可用生产时间,则可基于它们求得平均生产时间。标准差可对实际可用生产时间与该平均生产时间的偏差进行度量。正态分布的特点为约有 2/3 分布于平均值的 1 个标准差内。所以,判断各 b_i 标准差的一个好方法便是知道实际可用生产时间与平均生产时间存在多大差异,通常,2/3 的情况下这一偏差不会大于标准差。

如前所述,为 α 选择一个适当值也是重要的一步。如何选值取决于下列情况:如果该解执行后与原约束条件不符,不符程度有多严重?如果需对该值进行必要调整,其困难程度有多大?在处理那些允许稍有违反且不会产生严重后果的软约束时,通常 $\alpha = 0.95$,本例亦采用这一数值(下一小节将讨论硬约束的情况)。

表 7.11 列出本例各 b_i 的平均差和标准差。最后两列还分别给出这 3 个函数约束条件的原右侧数值(RHS)及调整后的右侧数值。

表 7.11 本例(利用机会约束调整 Wyndor Glass 公司模型)相关数据

参数	平均值	标准差	原右侧数值	调整后的右侧数值
b_1	4	0.2	4	$4-1.645(0.2)=3.671$
b_2	12	0.5	12	$12-1.645(0.5)=11.178$
b_3	18	1	18	$18-1.645(1)=16.355$

利用表 7.11 中 3 个机会约束的确定性等价方程替换这些机会约束条件,得到以下线性规划模型。

在下列条件下求 $Z=3x_1+5x_2$ 的最大值:

$$x_1 \leqslant 3.671$$
$$2x_2 \leqslant 11.178$$
$$3x_1+2x_2 \leqslant 16.355$$

且

$$x_1 \geqslant 0, x_2 \geqslant 0$$

最优解为 $x_1=1.726$ 和 $x_2=5.589$,此时,$Z=33.122$(即每周总利润为 33122 美元)。此处所求得的每周总利润较 Wyndor Glass 公司初始模型中每周 36000 美元的总利润出现大幅缩减。但通过降低两种新产品的生产批量(其原始赋值分别为 $x_1=2$ 和 $x_2=6$),新生产计划的可行性极高,且投产后无需进行任何调整。

如果假设这 3 个 b_i 不仅呈正态分布,且具有统计独立性,我们便可估计新生产计划可行性的概率。如果 3 个初始函数约束条件均得以满足,新生产计划将会证明是可行的。对每个约束,其满足的概率至少为 0.95,如果对应的机会约束确定性等价等式通过线性规划模型最优解得到满足,则该初始函数约束条件满足的概率恰好为 0.95。因此,3 个约束条件都得以满足的概率至少为 $(0.95)^3=0.857$。但本例中仅第二个和第三个确定性等价方程满足等式的要求,因此满足第一个约束条件的概率大于 0.95。在最理想情况下,即第一个约束条件的概率实际为 1 时,3 个约束条件均得以满足的基本概率为 $(0.95)^2=0.9025$。因此,新生产计划可行性的概率应位于上下限值(即 0.9025 和 0.857)之间(本例中,$x_1=1.726$,比 b_1 的均值 4 低 11 个标准差,因此,满足第一个约束条件的概率实际为 1,也就是说,同时满足 3 个约束条件的概率实际为 0.9025)。

7.5.3 硬约束的处理

机会约束非常适合处理软约束,即那些实际上可稍许违反且不会产生严重后果的约束条件。在处理硬约束(即必须满足的约束条件)时,机会约束也可能发挥一定作用。上节所述鲁棒优化法是专门用于应对含有硬约束的问题的。b_i 为硬约束中不确定参数时,可使用鲁棒优化法估计 b_i 的上下限值。但若 b_i 的概率分布具有较长的尾部,而没有上下限,即呈正态分布状,便无法设定 b_i 的上下限,也即违反硬约束的概率为 0。因此,较好的替代方法是以 α 取值极高(即 α 至少为 0.99)的机会约束替代硬约束。因为 $K_{0.99}=-2.33$,于是,表 7.10 中的右侧数值将进一步减小至 $b_1=3.534$、$b_2=10.835$ 和 $b_3=15.67$。

尽管 $\alpha=0.99$ 看起来似乎非常安全,但仍存在潜在风险。我们实际希望的是使所有初始约束条件最大可能地得到满足。当然,当函数约束条件数量巨大时,这一概率比某一具体初始约束条件得到满足的概率要小很多。

前一小节最后一段描述了所有初始约束条件在一定概率得到满足时,计算其上下限的方法。尤其当存在 M 个含有不确定 b_i 的函数约束条件时,下限值为 α^M。首先,以机会约束的确定性等价约束替换这些机会约束条件,然后计算由此得到的线性规划问题的最优解,接下来确定在最优解下以等式满足的确定性等价方程的数量,并以字母 N 表示,上限值则为 a^N。因此,$a^M \leq$ 全部约束条件均得以满足的概率 $\leq a^N$。

当 $a=0.99$ 且 M 与 N 值较大时,其概率值就可能无法满足人们的要求。因此,当问题含有大量不确定 b_i 时,建议 a 取值尽量接近 1,而不是 0.99。

7.5.4 应用拓展

目前为止,我们仅考虑了 b_i 为唯一不确定参数的情况。如果目标函数(c_j)系数亦为不确定参数,也可十分简便地处理这一情况。首先确定各 c_j 概率分布,用该分布的平均值替代各参数,所求解的最大值或最小值成为目标函数(统计学意义上)的期望值。此外,该期望值为线性函数,因此仍可利用线性规划求解该模型。

当函数约束条件系数(a_{ij})为不确定参数时,情况则复杂得多。因为对各约束条件而言,其所对应的机会约束的确定性等价方程包含一个复杂的非线性表达式。当然,并非无法求解由此得到的非线性规划模型。事实上,LINGO 具有一种特殊功能,可将确定性模型转化为含有概率系数的机会约束模型后求解。该方法可用于求解参数的分布为主要概率分布的模型。

7.6 带补偿的随机规划

随机规划是解决不确定型线性规划(如机会约束)的重要方法。随机规划的创始时间可追溯至 20 世纪 50 年代,时至今日,该方法仍广为使用(相比之下,7.4 节所述的鲁棒优化法于 21 世纪初才开始得到长足发展)。它可用于解决诸多线性规划问题,如当前含有不确定数据的线性规划问题,以及将来执行所选解后情况发展不明的线性规划问题。随机规划假设可对问题随机变量的概率分布进行估值,这些分布随后将全面用于分析之中。模型中有时也采用机会约束,通常旨在优化目标函数在较长时间范围内的期望值。

随机规划法与鲁棒优化法存在较大差异。鲁棒优化法尽量避免使用概率分布,重点关注可能产生的最坏结果。因此,鲁棒优化法极容易导致非常保守的解。鲁棒优化法专门用于处理含有硬约束(即必须满足的约束条件,因为此类约束条件不允许有任何违反)的问题。相比之下,随机规划寻找的是那些平均而言表现良好的解,而非为了安全运行而寻找极为保守的解。因此,随机规划更适用于含有软约束(即实际上可稍许违反且不会产生任何严重结果的约束条件)的问题。如果问题中出现硬约束条件,重要的是能够在实施解的过程中,可在最后时刻对其进行修改,以实现可行性。

随机规划的另一个重要特点是,用随机规划处理问题时,有些决策可以后延,直到初始决策执行过程中积累的经验可以部分或全部消除问题中的不确定性。这称为带补偿的随机规划,因为最初决策产生不良结果后可采取纠正措施加以补偿。对两阶段问题而言,有些决策可在问题第一阶段制定,获得更多信息后,可以在问题第二阶段制定其他决策。对多阶段问题,可随着时间的推移收集到更多信息后,再做相应的决策。

本节介绍了用带补偿的随机规划解决两阶段问题的基本思路。下面以简化的 Wyndor Glass 公司问题为例,对这一思路加以说明。

7.6.1 示例

Wyndor Glass 公司管理层听闻有竞争对手正筹划生产销售一种特殊新型产品,该产品会与 Wyndor Glass 公司生产的 4×6 英尺双悬式木框架门(即"产品 2")形成直接竞争。如果传言属实, Wyndor Glass 公司需对产品 2 的设计进行某些修改, 并降低其价格, 以便更有竞争力。如果传言不属实, 则无需修改产品 2 的设计, 而且 3.1 节表 3.1 中的全部数据仍可使用。

因此, 未来如何发展出现了两种情况, 它们会影响管理层下一步的决策。

第一种情况: 如果竞争对手规划新品的传言不属实, 那么, 表 3.1 中的全部数据仍可使用。

第二种情况: 如果传言属实, 那么, Wyndor Glass 公司需修改产品 2 的设计, 并降低其价格。

表 7.12 为第二种情况下应采用的新数据。

表 7.12 第二种情况下 Wyndor Glass 公司问题应采用的数据

车间	每批次生产时间/h		每周可用生产时间/h
	产品		
	1	2	
1	1	0	4
2	0	2	12
3	3	6	18
每批次利润	$3000	$1000	

鉴于以上因素, Wyndor Glass 公司管理层决定尽快投产产品 1, 但如何处理产品 2 可待情况明朗后再做决定。用第二个下标数字分别表示两种情况, 则相关决策变量如下:

x_1 = 产品 1 每周生产批量

x_{21} = 第一种情况下, 产品 2 的每周生产批量

x_{22} = 第二种情况下, 产品 2 改进后, 每周的生产批量

这是一个两阶段问题, 因为产品 1 在第一阶段便会投产, 但产品 2 只会在第二阶段投产。现在利用带补偿的随机规划可建立模型, 计算上述 3 项决策参数的最优解。鉴于 x_1 的取值, 需尽快安装生产设施, 以便马上投产产品 1, 且产品 1 的产量在第一阶段和第二阶段保持不变。在问题第二阶段, 当情况明朗后, 明确 x_{21} 或 x_{22} (二者中以适用者为准) 的取值, 从而制定 (适宜形式的) 产品 2 的投产起始计划。

这一小型随机规划问题仅有一个相关的概率分布, 也就是会发生哪种情况的概率分布。Wyndor Glass 公司管理层根据能够得到的信息做出以下估值:

第一种情况的发生概率 = 1/4 = 0.25

第二种情况的发生概率 = 3/4 = 0.75

不清楚到底会发生哪种情况确实构成一个难题, 因为两种情况下的最优解大相径庭。如果是第一种情况, 那么, 3.1 节为 Wyndor Glass 公司所建立的原线性规划模型便能适用, 该模型的最优解为 $x_1 = 2$、$x_{21} = 6$、$Z = 36$。如果发生第二种情况, 那么, 线性规划模型就变为

$$\max Z = 3x_1 + x_{22}$$

约束条件为

$$x_1 \leqslant 4$$
$$2x_{22} \leqslant 12$$
$$3x_1 + 6x_2 \leqslant 18$$

且

$$x_1 \geqslant 0, x_{22} \geqslant 0$$

该模型最优解为 $x_1 = 4$、$x_{22} = 1$、$Z = 16.5$。

但我们需要建立一个可同时兼顾两种情况的模型, 该模型应涵盖各种情况下的所有约束条件。考虑到两种情况的概率, 可依概率对各情况下总利润进行加权处理, 计算总利润期望值。相

应的随机规划模型为

$$\max Z = 0.25(3x_1+5x_{21})+0.75(3x_1+x_{22})$$
$$= 3x_1+1.25x_{21}+0.75x_{22}$$

约束条件为

$$x_1 \leqslant 4$$
$$2x_{21} \leqslant 12$$
$$2x_{22} \leqslant 12$$
$$3x_1+2x_{21} \leqslant 18$$
$$3x_1+6x_{22} \leqslant 18$$

且

$$x_1 \geqslant 0, x_{21} \geqslant 0, x_{22} \geqslant 0$$

本模型最优解为 $x_1=4$、$x_{21}=3$、$x_{22}=1$、$Z=16.5$。也就是说,最佳方案是:

每周生产 4 批次产品 1;

接下来,仅在出现第一种情况下,每周生产 3 批次原产品 2;

接下来,仅在出现第二种情况下,每周生产 1 批次改进的产品 2。

需要注意的是,通过带补偿的随机规划,我们为 Wyndor Glass 公司问题求得一个全新的最优方案。与 3.1 节为该问题所求得的初始方案(即每周生产 2 批次产品 1,以及每周按生产 6 批次原产品 2)相比,两者存在很大差异。

7.6.2 一些典型应用

与上例类似,所有应用带补偿的随机规划的场合均涉及未来发展趋势存在多种情况的问题,而这一不确定性不仅对当前决策,也对依最终发生情况而定的未来决策造成影响。但多数情况下,大多数应用所生成的模型规模比上例要大(通常大得多)。上例仅涉及两个阶段,且第一阶段仅需进行一项决策;第二阶段仅存在两种可能情况,也仅需进行一项决策。许多应用必须考虑大量可能出现的情况,问题涉及也不止两个阶段,且各阶段均需制定多项决策。由此生成的模型,其决策变量与函数约束条件可能有成千上万个。尽管如此,其推理论证过程与上述简单例子基本相同。

多年来,带补偿的随机规划在诸多领域得到广泛应用。下面简要介绍其在几个领域的应用情况。

生产计划通常涉及如何将各种有限资源配置给不同产品,用以现在起到未来某段时间内的生产。但未来如何发展具有某些不确定性(如产品需求、资源是否充足等等),可用诸多潜在情况描述。制定生产计划时,重要的一点是将这些不确定性,包括下一生产周期的产品线考虑进去。生产计划还应根据发生哪种情况的信息制定接下来若干生产周期的产品线。随机规划公式所涉及的阶段数量与问题中的生产周期数量相等。

另一个应用涉及一般市场营销决策,这是所有公司在开发新品时都会遇到的过程。由于向国内市场引进新品时要投入巨大广告费用,所以产品能否盈利便不是很清楚。因此,公司营销部通常先在试销市场销售新品,然后再决定是否在全国范围内进行营销。首先要决策的是试销市场新品试销计划(包括生产水平、广告水平等)。产品在试销市场的被接受程度会存在多种情况。根据实际发生的情况决定是否在全国范围内继续推广该产品,如果继续,产品生产、营销计划如何制定?根据上述市场情况,下一个决策可能涉及产品全球推广问题。如果上述所言全部实施,该问题就成了一个三阶段带补偿的随机规划问题。

在从事一系列具有风险的金融投资时,投资业绩很大程度上可能取决于整个投资过程中某些外部因素(如国家经济状况、某经济领域的优势,是否有新竞争性企业的出现等)的演变情况。这样,就需要考虑诸多外部因素可能出现的发展趋势。需决定第一笔投资的数目,然后再根据搜集到的实际发生情况的信息决定今后各项投资(如果还有后续投资的话)的数额。这一做法与多阶段带补偿的随机规划完全吻合。

对于农业而言,每个生长季节都要面临极大的不确定因素。如果风调雨顺,这一季就会有好收成。不过,要是赶上旱灾、洪涝、早霜等,庄稼收成便不尽如人意。在知道会发生哪种天气状况前,需要制定很多决策,确定各种作物的播种面积。然后静观天气变化、收割庄稼(无论产量好坏),此时,还需决定各类作物出售多少、留下多少用于家畜饲料、留出多少用于下一季播种等。所以,这是一个可用带补偿的随机规划解决的两阶段问题。

上述情况表明,制定初步决策时,如存在不确定因素,那么,如能在事态明朗之际做出补偿性决策是十分有益的。补偿性决策有助于对第一阶段所做的任何不利决策进行补偿。

随机规划并非唯一包含补偿机制的分析方法。鲁棒优化法(见7.4节)也可包含补偿机制。"主要参考文献[6]"(见本章结尾部分)介绍了名为 ROME("鲁棒优化一点通"的缩写)的计算机程序包是如何应用补偿鲁棒优化法的。"主要参考文献[6]"还对库存管理、项目管理及投资组合优化领域的案例做了描述。

其他软件包也具有这样的方法,如"运筹学"课件中的 Solver 教育分析平台就具有鲁棒优化法、机会约束及带补偿的随机规划的某些功能。LINGO 在这些领域的功能也非常强大。例如,LINGO 具有特殊功能,可将确定性模型转化为随机规划模型,然后再求解。事实上,LINGO 可计算多阶段任意顺序的随机规划问题。所谓任意顺序,是指"人们制定决策,上天随机决策;于是,人们制定补救决策,上天则又给出一个随机决策;人们再制定另一补救决策,如此等等。"MPL 也具备某些补偿随机规划功能。"主要参考文献[9]"还提供计算大型带补偿的随机规划问题的相关信息。

7.7 小　　结

线性规划模型参数值通常只是估计值。因此,需采用灵敏度分析,对可能的参数估值错误所导致的后果进行研究。5.3节讲述了有效展开此类研究的基本要点。灵敏度分析的总体目标是找出影响最优解的敏感参数,并对其进行更为精确的赋值,然后选出在敏感参数可能值范围内均适宜的一个解。灵敏度分析还有助于指导管理决策,这些决策会影响到某些参数值(如配置给活动的资源量)。各种灵敏度分析是大部分线性规划研究的重要组成部分。

Solver 电子表格也为灵敏度分析提供一些有益方法。一种方法便是在电子表格中反复输入模型中一个或多个参数的不同赋值,然后单击"Solve"按钮,即可马上看出最优解是否发生了改变。另一种方法是通过"运筹学"课件中的 Solver 教育分析平台(ASPE)检验模型中一个或两个参数发生一系列变化所导致的后果。第三种方法是用 Solve 提供的灵敏度报告求出目标函数系数的允许范围、约束条件的影子价格,以及令影子价格保持有效的各右侧数值允许范围(其他应用单纯形法的软件,包括运筹学课件中的不同软件,也可按需提供此类灵敏度报告)。

还有一些重要方法可用于参数真值具有极大不确定性的线性规划问题。有些仅具有硬约束(即必须满足的约束条件)问题,鲁棒优化法所求之解对参数各种合理真值组合而言,基本上可确保是可行解,甚至与最优解相差无几。处理软约束(即实际上可稍许违反且不会产生任何严重结果的约束条件)时,各软约束条件均可由机会约束替代,机会约束只要概率很高便可满足原限制条件的要求。带补偿的随机规划旨在应对两阶段(或更多阶段)的决策问题。对此类问题,可根据某些参数更新后的信息,进行后续决策补偿。

参 考 文 献

[1] Ben-Tal, A., L. El Ghaoui, and A. Nemirovski: *Robust Optimization*, Princeton University Press, Princeton, NJ, 2009.
[2] Bertsimas, D., D.B.Brown, and C.Caramanis: "Theory and Applications of Robust Optimization," *SIAM Review*, **53**(3): 464-501, 2011.
[3] Bertsimas, D., and M.Sim: "The Price of Robustness," *Operations Research*, **52**(1): 35-53, January-February 2004.
[4] Birge, J.R., and F. Louveaux: *Introduction to Stochastic Programming*, 2nd ed., Springer, New York, 2011.
[5] Gal, T., and H. Greenberg(eds): *Advances in Sensitivity Analysis and Parametric Analysis*, Kluwer Academic Publishers(now Springer), Boston, MA, 1997.
[6] Goh, J., and M.Sim: "Robust Optimization Made Easy with ROME," *Operations Research*, **59**(4): 973-985, July-August 2011.
[7] Higle, J.L., and S.W. Wallace: "Sensitivity Analysis and Uncertainty in Linear Programming," *Interfaces*, **33**(4): 53-60, July-August 2003.
[8] Hillier, F.S., and M.S. Hillier: *Introduction to Management Science: A Modeling and Case Studies Approach with Spreadsheets*, 5th ed., McGraw-Hill/Irwin, Burr Ridge, IL, 2014, chap.5.
[9] Infanger, G.: *Planning Under Uncertainty: Solving Large-Scale Stochastic Linear Programs*, Boyd and Fraser, New York, 1994.
[10] Infanger, G. (ed.): *Stochastic Programming: The State of the Art in Honor of George B. Dantzig*, Springer, New York, 2011.
[11] Kall, P., and J.Mayer: *Stochastic Linear Programming: Models, Theory, and Computation*, 2nd ed., Springer, New York, 2011.
[12] Sen, S., and J.L.Higle: "An Introductory Tutorial on Stochastic Linear Programming Models," *Interfaces*, **29**(2): 33-61, March-April, 1999.

习 题

某些习题左侧符号的含义：

D：可参考上述示例。

C：使用装有任何一款推荐软件的计算机(或按导师指导)对问题进行求解。

E*：使用 Excel 软件，该软件或许含有 ASPE 插件。

习题上有 * 号表示书后附有部分该题答案。

7.1-1* 思考以下问题。

求 $Z = 3x_1 + x_2 + 4x_3$ 在以下条件下的最大值：

$$6x_1 + 3x_2 + 5x_3 \leq 25$$
$$3x_1 + 4x_2 + 5x_3 \leq 20$$

且

$$x_1 \geq 0, x_2 \geq 0, x_3 \geq 0$$

与此相对应，最终产生最优解的一组方程式为

$$(0) \quad Z + 2x_2 + \frac{1}{5}x_4 + \frac{3}{5}x_5 = 17$$

$$(1) \quad x_1 - \frac{1}{3}x_2 + \frac{1}{3}x_4 - \frac{1}{3}x_5 = \frac{5}{3}$$

$$(2) \quad x_2 + x_3 - \frac{1}{5}x_4 + \frac{2}{5}x_5 = 3$$

(a) 从该组方程式中求最优解。

(b) 建立对偶问题。

I(c) 求该对偶问题的最优解，并通过图解法检验该最优解。

(d) 假设原问题变化如下：

求 $Z=3x_1+3x_2+4x_3$ 在以下条件下的最大值：

$$6x_1+2x_2+5x_3 \leq 25$$
$$3x_1+3x_2+5x_3 \leq 20$$

且

$$x_1 \geq 0, x_2 \geq 0, x_3 \geq 0$$

通过对偶理论判定前面所求最优解是否仍为最优。

(e) 根据 5.3 节所述基本要点计算 x_2 在(d)对应的最优解方程式中的新系数。

(f) 现在假设原问题仅有一处变化，即在模型中引入以下新变量 x_{new}：

求 $Z=3x_1+x_2+4x_3+2x_{\text{new}}$ 在以下条件下的最大值：

$$6x_1+3x_2+5x_3+3x_{\text{new}} \leq 25$$
$$3x_1+4x_2+5x_3+2x_{\text{new}} \leq 20$$

且

$$x_1 \geq 0, x_2 \geq 0, x_3 \geq 0, x_{\text{new}} \geq 0$$

利用对偶理论判断当 $x_{\text{new}}=0$ 时，前面所得最优解是否仍保持最优。

(g) 对(f)所述引入 x_{new} 后的模型，根据 5.3 节所述基本要点，确定 x_{new} 在相应最终方程中的系数。

D.I 7.1-2 重新思考习题 7.1-1 中的模型。现在对原模型进行灵敏度分析，分别研究下列 6 个变化。对各变化而言，利用灵敏度分析程序修改给出的最后一组方程式（以单纯形表形式），并通过高斯消去法将其转化为恰当形式。转化后，检查该解的可行性及最优性（不要重新优化）。

(a) 将约束条件 1 的右侧数值变为 $b_1=10$。
(b) 将约束条件 2 的右侧数值变为 $b_2=10$。
(c) 将 x_2 的目标函数系数变为 $c_2=3$。
(d) 将 x_3 的目标函数系数变为 $c_3=2$。
(e) 将约束条件 2 的 x_2 系数变为 $a_{22}=2$。
(f) 将约束条件 1 的 x_1 系数变为 $a_{11}=8$。

D.I 7.1-3 思考以下问题。

求 $W=5y_1+4y_2$ 在以下条件下的最小值：

$$4y_1+3y_2 \geq 4$$
$$2y_1+y_2 \geq 3$$
$$y_1+2y_2 \geq 1$$
$$y_1+y_2 \geq 2$$

且

$$y_1 \geq 0, y_2 \geq 0$$

该原始问题中约束条件的数量多于变量数，因此假设单纯形法已直接应用于其对偶问题。如果令 x_5 与 x_6 分别代表其对偶问题的松弛变量，所得到的最终单纯形表如下：

基本变量	方程式	变量参数系数							右侧数值
		Z	x_1	x_2	x_3	x_4	x_5	x_6	
Z	(0)	1	3	0	2	0	1	1	9
X_2	(1)	0	1	1	-1	0	1	-1	1
X_4	(2)	0	2	0	3	1	-1	2	3

现在将对原始模型下列各单独变化进行灵敏度分析,即直接研究各变化对其对偶问题的影响,然后推断对原始问题所产生的互补效果。对原始模型各变化而言,运用 7.1 节结尾部分所总结的灵敏度分析程序研究其对偶问题(不要重新优化),然后判断原始问题的当前基本解是否仍为可行解和最优解。最后直接对原始问题进行图解分析,检验你的判断。

(a) 将目标函数变为 $W = 3y_1 + 5y_2$。

(b) 将函数约束条件右侧数值分别变为 3、5、2、3。

(c) 将第一个约束条件变为 $2y_1 + 4y_2 \geq 7$。

(d) 将第二个约束条件变为 $5y_1 + 2y_2 \geq 10$。

7.2-1 阅读 7.2 节应用案例中的参考文章,其中对运筹学研究做了详尽总结。简要描述该应用案例是如何应用灵敏度分析的,然后列出本研究可带来的财务收益和非财务收益。

D,I 7.2-2* 思考以下问题。

求 $Z = -5x_1 + 5x_2 + 13x_3$ 在以下条件下的最大值:

$$-x_1 + x_2 + 3x_3 \leq 20$$
$$12x_1 + 4x_2 + 10x_3 \leq 90$$

且

$$x_j \geq 0 \quad (j = 1, 2, 3)$$

如令 x_4 与 x_5 为相应约束条件的松弛变量,那么,单纯形法会产生下列一组最后方程式:

(0) $Z + 2x_3 + 5x_4 5 = 100$

(1) $-x_1 + x_2 + 3x_3 + x_4 = 20$

(2) $16x_1 - 2x_3 - \dfrac{1}{5} 4x_4 + x_5 = 10$

现在对原模型进行灵敏度分析,分别研究下列 9 个变化。对各变化而言,利用灵敏度分析程序修改上述一组方程式(以单纯形表形式),并通过高斯消去法将其转化为恰当形式,以求出和评价当前基本解。然后,检验该解的可行性及最优性(不要重新优化)。

(a) 约束条件 1 的右侧数值变为 $b_1 = 30$。

(b) 将约束条件 2 的右侧数值变为 $b_2 = 70$。

(c) 将右侧数值变为

$$\begin{bmatrix} b_1 \\ b_2 \end{bmatrix} = \begin{bmatrix} 10 \\ 100 \end{bmatrix}$$

(d) 将 x_3 的目标函数系数变为 $c_3 = 8$。

(e) 将 x_1 的系数变为

$$\begin{bmatrix} c_1 \\ a_{11} \\ a_{21} \end{bmatrix} = \begin{bmatrix} -2 \\ 0 \\ 5 \end{bmatrix}$$

(f) 将 x_2 的系数变为

$$\begin{bmatrix} c_2 \\ a_{12} \\ a_{22} \end{bmatrix} = \begin{bmatrix} 6 \\ 2 \\ 5 \end{bmatrix}$$

(g) 引入新变量 x_6,其系数为

$$\begin{bmatrix} c_6 \\ a_{16} \\ a_{26} \end{bmatrix} = \begin{bmatrix} 10 \\ 3 \\ 5 \end{bmatrix}$$

(h) 引入一新约束条件:$2x_1+3x_2+5x_3 \leq 50$(以 x_6 表示其松弛变量)。

(i) 将约束条件 2 变为 $10x_1+5x_2+10x_3 \leq 100$。

7.2-3* 重新思考习题 7.2-2 中的模型。假设约束条件方程的右侧数值变为

(约束条件 1 的右侧数值变为)$20+2\theta$

(约束条件 2 的右侧数值变为)$90-\theta$

式中:θ 的赋值可为任何正值或负值。

将与原最优解相对应的基本解(及 Z)表达为 θ 的函数。确定 θ 的上下限值,超出此范围,该基本解便不再可行。

D,I 7.2-4 思考下列问题。

求 $Z = 2x_1+7x_2-3x_3$ 在以下条件下的最大值:

$$x_1+3x_2+4x_3 \leq 30$$
$$x_1+4x_2-x_3 \leq 10$$

且

$$x_1 \geq 0, x_2 \geq 0, x_3 \geq 0$$

令 x_4 与 x_5 为相应约束条件的松弛变量,那么,单纯形法会产生下列一组最后方程式:

(0) $Z+x_2+x_3+2x_5 = 20$

(1) $-x_2+5x_3+x_4-x_5 = 20$

(2) $x_1+4x_2-x_3+x_5 = 10$

现在对原模型进行灵敏度分析,分别研究下列 7 个变化。对各变化而言,利用灵敏度分析程序修改上述一组方程式(以单纯形表形式),并通过高斯消去法将其转化为恰当形式,以求出和评价当前基本解。然后,检查该解的可行性及最优性。如果所有检查均未通过,重新优化这些方程,并求出新的最优解。

(a) 将右侧数值变为

$$\begin{bmatrix} b_1 \\ b_2 \end{bmatrix} = \begin{bmatrix} 20 \\ 30 \end{bmatrix}$$

(b) 将 x_3 系数变为

$$\begin{bmatrix} c_3 \\ a_{13} \\ a_{23} \end{bmatrix} = \begin{bmatrix} -2 \\ 3 \\ -2 \end{bmatrix}$$

(c) 将 x_1 系数变为

$$\begin{bmatrix} c_1 \\ a_{11} \\ a_{21} \end{bmatrix} = \begin{bmatrix} 4 \\ 3 \\ 2 \end{bmatrix}$$

(d) 引入新变量 x_6,其系数为

$$\begin{bmatrix} c_6 \\ a_{16} \\ a_{26} \end{bmatrix} = \begin{bmatrix} -3 \\ 1 \\ 2 \end{bmatrix}$$

(e) 将目标函数变为 $Z = x_1 + 5x_2 - 2x_3$。
(f) 引入新约束条件：$3x_1 + 2x_2 + 3x_3 \leq 25$。
(g) 将约束条件 2 变为 $x_1 + 2x_2 + 2x_3 \leq 35$。

7.2-5 重新思考习题 7.2-4 中的模型。假设约束条件方程的右侧数值变为

(约束条件 1 的右侧数值变为) $30 + 3\theta$

(约束条件 2 的右侧数值变为) $10 - \theta$

式中：θ 的赋值可为任何正值或负值。

将与原最优解相对应的基本解(及 Z)表达为 θ 的函数。确定 θ 的上下限值，超出此范围，该基本解便不再可行。

D,I 7.2-6 思考以下问题。

求 $Z = 2x_1 - x_2 + x_3$ 在以下条件下的最大值：

$$3x_1 - 2x_2 + 2x_3 \leq 15$$
$$-x_1 + x_2 + x_3 \leq 3$$
$$x_1 - x_2 + x_3 \leq 4$$

且

$$x_1 \geq 0, x_2 \geq 0, x_3 \geq 0$$

如令 x_4、x_5、x_6 为相应约束条件的松弛变量，那么，单纯形法会产生下列一组最终方程式：

(0) $Z + 2x_3 + x_4 + x_5 = 18$

(1) $x_2 - 5x_3 + x_4 - 3x_5 = 24$

(2) $x_1 + 4x_3 + x_4 + 2x_5 = 21$

现在对原模型进行灵敏度分析，分别研究下列 8 个变化。对各变化而言，利用灵敏度分析程序修改上述一组方程式(以单纯形表形式)，并通过高斯消去法将其转化为恰当形式，以便求出和评价当前基本解。然后，检查该解的可行性及最优性。如果所有测试均未通过，重新优化这些方程，并求出新的最优解。

(a) 将右侧数值变为

$$\begin{bmatrix} b_1 \\ b_2 \\ b_3 \end{bmatrix} = \begin{bmatrix} 10 \\ 4 \\ 2 \end{bmatrix}$$

(b) 将 x_3 的目标函数系数变为 $c_3 = 2$。

(c) 将 x_1 的目标函数系数变为 $c_1 = 3$。

(d) 将 x_3 的系数变为

$$\begin{bmatrix} c_3 \\ a_{13} \\ a_{23} \\ a_{33} \end{bmatrix} = \begin{bmatrix} 4 \\ 3 \\ 2 \\ 1 \end{bmatrix}$$

(e) 将 x_1、x_2 的系数分别变为

$$\begin{bmatrix} c_1 \\ a_{11} \\ a_{21} \\ a_{31} \end{bmatrix} = \begin{bmatrix} 1 \\ 1 \\ -2 \\ 3 \end{bmatrix}$$

和

$$\begin{bmatrix} c_2 \\ a_{12} \\ a_{22} \\ a_{32} \end{bmatrix} = \begin{bmatrix} -2 \\ -2 \\ 3 \\ 2 \end{bmatrix}$$

(f) 将目标函数变为 $Z = 5x_1 + x_2 + 3x_3$。
(g) 将约束条件 1 变为 $2x_1 - x_2 + 4x_3 \leq 12$。
(h) 引入新约束条件：$2x_1 + x_2 + 3x_3 \leq 60$。

C7.2-7 思考本书 3.4 节所述 Distribution Unlimited 公司问题及图 3.13 对该问题的总结。

尽管图 3.13 对不同运输路线的单位成本做出预估，但这些成本最终值还存在不确定性。因此，管理层希望在采用 3.4 节结尾部分提出的最优解前，先获取更多相关信息，以了解单位成本估计不准确所产生的后果。先通过基于单纯形法的计算机程序包生成灵敏度分析数据，然后再解答以下问题。

(a) 图 3.13 所示单位运输成本中，哪一成本在不违反 3.4 节所给最优解的情况下具有最小误差？估算单位运输成本时，重点工作是什么？
(b) 各单位运输成本的允许范围是多少？
(c) 应如何向管理层解释这些单位运输成本的允许范围？
(d) 如果单位运输成本估值变化不止一处，如何利用生成的灵敏度分析数据确定最优解会否发生变化？

7.2-8 思考以下问题。
求 $Z = c_1x_1 + c_2x_2$
在以下条件下的最大值：

$$2x_1 - x_2 \leq b_1$$
$$x_1 - x_2 \leq b_2$$

且

$$x_1 \geq 0, x_2 \geq 0$$

令 x_4 和 x_5 分别代表函数约束条件的松弛变量。当 $c_1 = 3$、$c_2 = 2$、$b_1 = 30$、$b_2 = 10$ 时：

基本变量	方程式	下列参数系数：					右侧数值
		Z	x_1	x_2	x_3	x_4	
Z	(0)	1	0	0	1	1	40
x_2	(1)	0	0	1	1	-2	10
x_1	(2)	0	1	0	1	-1	20

单纯形法会产生以下一组最终方程式。
I(a) 通过图解法确定 c_1 和 c_2 的允许范围。
(b) 运用代数分析求(a)的解，并予以验证。
I(c) 运用图解分析确定 b_1 和 b_2 的允许范围。
(d) 运用代数分析求(c)的解，并予以验证。
C(e) 通过采用单纯形法的软件包找出 c_1、c_2、b_1 和 b_2 的允许范围。

I7.2-9 思考 Wyndor Glass 公司模型变化五(图 7.5 及表 7.8)，其中表 7.5 给出的参数值变化为 $\bar{c}_2 = 3$、$\bar{a}_{22} = 3$ 和 $\bar{a}_{32} = 4$。通过公式 $\boldsymbol{b}^* = \boldsymbol{S}^* \bar{\boldsymbol{b}}$ 计算各 b_i 的允许范围。然后利用图解分析对各允许范围做出解释。

I7.2-10 思考 Wyndor Glass 公司模型变体 5(图 7.5 及表 7.8),其中表 7.5 给出的参数值变化为 $\bar{c}_2 = 3$、$\bar{a}_{22} = 3$ 和 $\bar{a}_{32} = 4$。通过代数法和图解法对 c_1 的允许范围($c_1 \geqslant \frac{9}{4}$)进行检验。

7.2-11 根据表 7.5 中的问题,计算 c_2 的允许范围。按照表 7.5 中单纯形表格式,用代数法列出所得解。然后,以几何学视角,并参照图 7.2,对所得解进行检验。

7.2-12* 应用表 4.8 中最后一个单纯形表求解 Wyndor Glass 公司原问题中的下列问题。
(a) 计算各 b_i 的允许范围。
(b) 计算 c_1、c_2 的允许范围。
(c) 通过采用单纯形法的软件包找出各 b_i、c_1 和 c_2 的允许范围。

7.2-13 思考 7.2 节所述 Wyndor Glass 公司模型变体 6,利用表 7.9 中最后一个单纯形表求解下列问题。
(a) 计算各 b_i 的允许范围。
(b) 计算 c_1、c_2 的允许范围。
C(c) 通过采用单纯形法的软件包找出各 b_i、c_1 和 c_2 的允许范围。

7.2-14 思考以下问题。
求 $Z = 2x_1 - x_2 + 3x_3$ 在以下条件下的最大值:

$$x_1 + x_2 + 2x_3 = 3$$
$$x_1 - 2x_2 + x_3 \geqslant 1$$
$$2x_2 + x_3 \leqslant 2$$

且

$$x_1 \geqslant 0, x_2 \geqslant 0, x_3 \geqslant 0$$

假设大 M 法(见本书 4.6 节)用于求解初始(人工)BF 解。使 $\bar{x}_4$ 成为第一个约束条件的人工松弛变量,x_5 成为第二个约束条件的剩余变量,x_7 成为第三个约束条件的松弛变量,于是,产生最优解的最终一组方程式为

(0) $Z + 5x_2 + (M+2)\bar{x}_4 + M\bar{x}_6 = 8$
(1) $x_1 - x_2 + \bar{x}_4 - x_7 = 1$
(2) $3x_2 + \bar{x}_4 + x_5 - \bar{x}_6 = 2$

假设原目标函数变为 $Z = 2x_1 + 3x_2 + 4x_3$,并且原来的第三个约束条件变为 $2x_2 + x_3 \leqslant 1$。利用灵敏度分析过程(以单纯形表形式)修改给出的最终一组方程式,并通过高斯消去法将其转化为恰当形式。转化后,测试该解的可行性及最优性(不要重新优化)。

7.3-1 思考以下问题。
求 $Z = 2x_1 + 5x_2$ 在以下条件下的最大值:

$$x_1 + 2x_2 \leqslant 10 \text{ (资源 1)}$$
$$x_1 + 3x_2 \leqslant 12 \text{ (资源 2)}$$

且

$$x_1 \geqslant 0, x_2 \geqslant 0$$

其中 Z 为两项生产活动的利润(单位:美元)。

进行灵敏度分析时发现单位利润的估值正确率仅在 ±50% 以内。也就是说,生产活动 1 的单位利润可能值为 1000~3000 美元,生产活动 2 的单位利润可能值为 2500~7500 美元。

E*(a) 根据单位利润初始估值建立该问题电子表格模型。完成后,通过 Solver 软件计算最优解,并生成灵敏度报告。

E*(b) 利用电子表格与 Solver 软件验证当生产活动 1 单位利润由 2000 美元变为 1000 美元时,或由 2000 美元变为 3000 美元时,最优解是否仍保持最优。

E*(c) 再检验当生产活动 1 单位利润仍为 2000 美元但生产活动 2 单位利润由 5000 美元变为 2500 美元,或由 5000 美元变为 7500 美元时,最优解是否仍保持最优。

E*(d) 当生产活动 1 单位利润由 1000 美元变为 3000 美元(生产活动 2 单位利润保持不变),即增量为 20%时,利用参数分析报告系统地计算出最优解及总利润。接下来,以同样方式系统地计算出当生产活动 2 的单位利润由 2500 美元变为 7500 美元(生产活动 1 单位利润保持不变)时,即增量为 50%时,其最优解及总利润为多少。通过上述所得解对各产品单位利润允许范围进行评价。

I(e) 运用运筹学导论辅导软件中的图解法与灵敏度分析程序对各生产活动单位利润的允许范围进行估值。

E*(f) 运用 Solver 中的灵敏度报告计算各生产活动单位利润的允许范围。然后通过所得允许范围对(b)~(e)的结果进行检验。

E*(g) 运用双向参数分析报告系统地计算出两项生产活动单位利润同时变化时(如(d)所述)的最优解。

I(h) 运用运筹学导论辅导软件中的图解法与灵敏度分析程序,用图表解释(g)的结果。

E*7.3-2 重新思考习题 7.3-1 中的模型。进行灵敏度分析时发现两个函数约束条件右侧数值的估值正确率仅在±50%以内。也就是说,第一个右侧数值的参数可能值范围为 5~15,第二个右侧数值的参数可能值范围为 6~18。

(a) 原电子表格模型计算完毕后,使第一个函数约束条件右侧数值增加 1,然后重新求解影子价格。

(b) 运用参数分析报告计算当第一个函数约束条件的右侧数值增加 1,即由 5 变为 15 时,最优解与总利润为多少? 通过该报告对该右侧数值允许范围进行估值,即令(a)中所求影子价格维持有效的范围。

(c) 第二个函数约束条件也进行(a)步运算。

(d) 第二个函数约束条件也进行(b)步运算,即其右侧数值增加 1,由 6 变为 18。

(e) 运用 Solver 中的灵敏度报告计算各函数约束条件的影子价格及这些约束条件各右侧数值的允许范围。

7.3-3 思考以下问题。

求 $Z = x_1 + 2x_2$ 在以下条件下的最大值:

$$x_1 + 3x_2 \leq 8 \text{ (资源 1)}$$
$$x_1 + x_2 \leq 4 \text{ (资源 2)}$$

且

$$x_1 \geq 0, x_2 \geq 0$$

其中 Z 为两项生产活动的利润(单位:美元),右侧数值代表相应资源可用单位数量。

I(a) 通过图解法求解该模型。

I(b) 使可用资源量增加 1,然后通过图解分析重新确定各资源影子价格。

E*(c) 通过电子表格模型及 Solver 软件求解(a)和(b)。

E*(d) 当唯一变化是可用资源量增量为 1 时(该值比原值小 4,比当前值大 6),运用参数分析报告系统地计算出各资源最优解及总利润。利用所得解对各资源可用量的允许范围进行估值。

(e) 运用 Solver 中的灵敏度报告计算影子价格。再用该报告求出各可用资源量的范围,在该范围内相应的影子价格保持有效。

(f) 为什么在管理层可灵活改变可用资源配置量的情况下,影子价格仍有其作用?

7.3-4* G. A. 制革公司有一款产品是一种特殊玩具,预计单位利润为3美元。由于该玩具需求量大,因此管理层计划增加当前1000件/天的产量。但由于两家玩具零件(零件A与零件B)供货商的供应量有限,所以加大产量比较困难。每件玩具需要安装两个零件A,但该零件供货商仅能将其供应量从2000件/天增至3000件/天。每件玩具需要安装一个零件B,但该零件供货商无法增加供应量,只能维持在1000件/天的水平。因为目前没有其他供应商可提供这些零件,于是,管理层考虑在企业内部开始自行生产,即同时生产同等数量的零件A和零件B,用于弥补上述两家供应商的供货不足。据估计,公司自行生产各种零件的成本比从两家供应商处采购要高出2.5美元。因此,管理层想确定该玩具的产量,以及零件副(即由零件A和零件B组成的一对零件)的产量,以此来实现总利润最大化。

下表为该问题所涉数据的总结:

资源	各生产活动中每件玩具的资源使用情况		可用资源量
	生产活动		
	玩具生产	零件生产	
零件A	2	−1	3000
零件B	1	−1	1000
单位利润	$3	−$2.50	

E*(a) 为该问题建立电子表格模型,并求解。

E*(b) 由于所列两项生产活动的单位利润均为估值,因此管理层想了解在最优解保持不变的情况下,这些估值的上下浮动范围是多少。首先通过电子表格及Solver软件手动生成关于第一项生产活动(即玩具生产)最优解及总利润的表格,其中该项生产活动单位利润增量为50%,即由2美元增至4美元,然后求解该生产活动单位利润范围。第一项生产活动原单位利润为3美元,在最优解保持不变的情况下,关于该项生产活动单位利润的上下浮动范围,可得出什么结论?

E*(c) 第二项生产活动(即零件生产)也进行(b)步运算,并生成相关表格。其中该项生产活动单位利润的增量为50%,即由−3.50美元增至−1.50美元(此时,第一项生产活动的单位利润仍为3美元)。

E*(d) 利用参数分析报告系统地生成(b)步与(c)步所需全部数据,此处所用增量为25%,而不是50%。通过这些数据重新修改(b)步与(c)步所得结论。

I(e) 运用运筹学导论辅导软件中的图解法与灵敏度分析程序确定各生产活动单位利润的上下浮动范围(不要改变另一项生成活动的单位利润),在该范围内最优解保持不变。通过这一数据说明各生产活动单位利润的允许范围。

E*(f) 通过Solver软件的灵敏度报告求出各生产活动单位利润的允许范围。

E*(g) 运用双向参数分析报告系统计算两项生产活动单位利润同时变化时(如(b)、(c)所述)的最优解。

(h) 通过Solver软件灵敏度报告所给出的数据对这两项生产活动单位利润同时变化的范围进行描述,超出这一范围最优解可能发生变化。

E*7.3-5 重新思考习题7.3-4。G. A. 制革公司与上述两位供货商继续磋商后,管理层得知两位供货商均有意考虑在其原有最大供应量(即3000件零件A/天和1000件零件B/天)基础上增加供货,但前提是G. A. 制革公司愿为多生产的零件支付比正常价格稍高一些的费用。为各类零件多支出的具体费用有待继续协商。对正在生产的这款玩具的需求量极大,因此如果零件供应增量充足,可实现每天生产 2500 件,这些玩具一天之内便可售出。这里假设习题 7.3-4 所给出的单位利润初始估值是正确的。

(a) 为该问题建立电子表格模型,并求解,其中零件初始最大供应量保持不变,新增约束条件为每天玩具产量不应大于 2500 件。

(b) 先不考虑零件超出正常价格的额外费用。在此使零件 A 最大供应量增加 1,然后通过电子表格及 Solver 软件确定零件 A 约束条件的影子价格。通过所得影子价格确定 G. A. 制革公司愿为各零件 A 所支付的最大额外费用。

(c) 对零件 B 的约束条件同样进行(b)步运算。

(d) 当零件 A 最大供应增量 100 由 3000 增至 4000 时,对其最大供应增量进行估值,超出该值(b)步所得影子价格(及相应的额外费用)便不再有效。估值可通过参数分析报告计算该供应增量的最优解及总利润(扣除正常价格外的额外费用)。

(e) 当零件 B 的最大供应增量 100 由 1000 增至 2000 时,通过参数分析报告对零件 B 同样进行(d)步运算。

(f) 通过 Solver 软件的灵敏度报告确定各零件约束条件的影子价格及这些约束条件右侧数值的允许范围。

E*7.3-6* 思考本书 3.4 节所述联邦航空公司问题,以及表 3.19 所列数据。第 3 章的 EXCEL 文件包括一张列有该问题公式及最优解的电子表格。下面通过该电子表格及 Solver 软件进行下列(a)~(g)。

管理层与代表公司客服代表的协会将就新合同展开磋商。这可能会使表 3.19 所列不同班次各代表日常开销发生些许变化。以下为几种可能发生的变化,现逐一考虑。对各种情况而言,管理层希望了解变化是否会令电子表格中的解不再为最优解。通过电子表格与 Solver 软件直接回答(a)~(e)中的这一问题。如果最优解发生改变,请将新解记录下来。

(a) 第二班次各代表日常开销由 160 美元变为 165 美元。

(b) 第四班次各代表日常开销由 180 美元变为 170 美元。

(c) (a)与(b)均发生了变化。

(d) 第二、四、五班次各代表日常开销均增加 4 美元,但第一班次和第三班次各代表日常开销均减少 4 美元。

(e) 对各班次而言,每位代表的日常开销增加了 2%。

(f) 通过 Solver 软件生成该问题的灵敏度报告。假设计算机上现在没有可供使用的电子表格模型,因此上述变化有待日后考虑。那么,说明如何通过灵敏度报告检验各情况下原最优解是否一定仍为最优?

(g) 对 5 个班次中的各班次而言,当唯一变化是相应班次各代表日常开销增加 3 美元时(从比当前成本少 15 美元起至比当前成本多 15 美元),运用参数分析报告系统计算各班次的最优解及总成本。

E*7.3-7 重新思考习题 7.3-6 中的联邦航空公司问题及其电子表格模型。

管理层现考虑增大表 3.19 中最右列的一个或多个数字值,该列代表不同时段最小客服代表数量,以提高客服水平。为指导该决策制定,管理层想了解不同时段最小客服代表数量方面的变化将对总成本造成什么影响?

通过 Solver 软件生成灵敏度报告,以便解答以下问题:

(a) 表 3.19 中最右列的哪个/些数值的增加不会导致总成本上涨?说明在不导致总成本上涨的情况下,各数值(假设该值为唯一变化)的增量是多少?

(b) 对于可导致总成本上涨的那些数值而言,各数值每增加 1 后,总成本会上涨多少?说明在答案保持有效的情况下,各数值(假设该值为唯一变化)的增量是多少?

(c) 如果(b)中所涉数值同时增加 1,那么,上述(b)的答案是否仍然有效?

(d) 如果(b)中所涉 10 个数值同时增加 1,那么,上述(b)的答案是否仍然有效?

(e) 如果 10 个数值同时等量增加,在多大范围内上述(b)的答案仍为有效?

7.3-8 大卫、拉德亚娜与莉迪亚 3 人是一家钟表公司的唯一合伙人,他们也在这家生产精良钟表的公司工作。大卫和拉德亚娜每人每周最多可在公司工作 40h,而莉迪亚每周最多可在公司工作 20 小时。

该公司生产两种不同的钟表,一种是落地式大摆钟,另一种是挂钟。制作钟表时,(机械工程师)大卫负责组装钟表内部机械部件,(木工)拉德亚娜负责手工雕刻钟表木质外壳。莉迪亚则负责接单及钟表运输。这 3 项工作每项所需时间如下表所列:

任务	所需时间	
	落地式大摆钟	挂钟
钟表组装	6h	4h
木质外壳雕刻	8h	4h
钟表运输	3h	3h

每生产售出一台落地式大摆钟可获利 300 美元,而每台挂钟的获利为 200 美元。

现在 3 个合伙人想确定每周各类钟表的产量,以使总利润实现最大化。

(a) 为该问题建立代数形式的线性规划模型。

I(b) 运用运筹学导论辅导软件中的图解法与灵敏度分析程序求解该模型。求解后,利用该程序检验如果落地式大摆钟的单位利润由 300 美元增至 375 美元(模型中仅此一项变化),该模型最优解会否发生变化?如果不仅落地式大摆钟的单位利润发生变化,挂钟的单位利润也由 200 美元变为 175 美元,那么,继续检验此时模型最优解是否会发生变化。

E*(c) 利用电子表格建立该问题模型,并求解。

E*(d) 通过 Solver 软件检验(b)中所述变化产生的效果。

E*(e) 当落地式大摆钟的单位利润以 20 美元的增量由 150 美元增至 450 美元(挂钟单位利润保持不变)时,利用参数分析报告系统计算该模型最优解及总利润。然后,以同样方法计算当挂钟的单位利润以 20 美元增量由 50 美元增至 350 美元(落地式大摆钟单位利润保持不变)时,该模型最优解及总利润为多少。通过这些数据对各类钟表单位利润的允许范围进行估值。

E*(f) 当两类钟表单位利润同时变化(如(e)所述)且增量为 50 美元,而不是 20 美元时,通过双向参数分析报告系统计算该模型最优解。

E*(g) 如果 3 位合伙人每人每周最大工作时间均增加 5h,那么,利用 Solver 软件求解这一变化对模型最优解及总利润所产生的影响。

E*(h) 当模型唯一变化是大卫每周最大工作时间分别变为 35h、37h、39h、41h、43h、45h 时,利用参数分析报告系统计算该模型最优解及总利润。当模型唯一变化是拉德亚娜每周最大工作时间与大卫的发生相同变化时,再以同样方法求解该模型最优解及总利润。最后,当模型唯一变化是莉迪亚每周最大工作时间变为 15h、17h、19h、21h、23h、25h 时,仍以同样方法求解该模型最优解及总利润。

E*(i) 生成 Solver 灵敏度报告,利用该报告确定各类钟表单位利润的允许范围,以及各合伙人每周最大工作时间的允许范围。

(j) 为增加总利润收入,3 位合伙人同意他们中有一人需稍微延长每周最大工作时间。具体谁需延长工作时间取决于谁能最大程度增加总收入。通过灵敏度报告选出该人选(此处假设初始单位利润赋值不发生变化)。

(k) 为什么有一个影子价格为零？

(l) 如果莉迪亚每周最大工作时间从20h变为25h，能否有效利用灵敏度报告中的影子价格确定这一变化所产生的影响？如果可以，总利润的增长额是多少？

(m) 除上述莉迪亚最大工作时间的变化外，如果大卫每周最大工作时间也由40h变为35h，请重新进行(l)运算。

I(n) 通过图解分析对(m)中所得答案进行验证。

7.4-1 重新思考7.4节中阐释如何使用鲁棒优化法的示例。现在，Wyndor Glass公司管理层觉得该例所做分析过于保守，原因有3个：第一，某参数真值非常接近其不确定性范围极值(表7.10)的可能性不大；第二、某一约束条件所有参数真值取值均同时偏向各自不确定性范围中效果不佳的一端的可能性也微乎其微；第三、各约束条件均存在一定空间，可用于对违反约束条件的情况稍作补偿。

因此，Wyndor Glass公司管理层要求重新求解该模型，但各参数不确定性范围仅为表7.10中的1/2。

(a) 重新求得的最优解是多少？该最优解可令每周总利润增加多少？

(b) 如果 Wyndor Glass 公司产量达不到向经销商保证的最低供应量时，需向他们支付5000美元罚款，那么，Wyndor Glass公司是否应采用新的最低供应量值？

7.4-2 思考下列问题。

求 $Z=c_1x_1+c_2x_2$ 在以下条件下的最大值：

$$a_{11}x_1+a_{12}x_2 \leqslant b_1$$
$$a_{21}x_1+a_{22}x_2 \leqslant b_2$$

且

$$x_1 \geqslant 0, x_2 \geqslant 0$$

所涉参数赋值及不确定性范围如下表所列：

参数	赋值	不确定性范围	参数	赋值	不确定性范围
a_{11}	1	0.9~1.1	b_1	9	8.5~9.5
a_{12}	2	1.6~2.4	b_2	8	7.6~8.4
a_{21}	2	1.8~2.2	c_1	3	2.7~3.3
a_{22}	1	0.8~1.2	c_2	4	3.6~4.4

(a) 采用上述参数赋值，运用图解法求解该模型。

(b) 现在通过鲁棒优化法为该模型建立一保守模型。列出(a)、(b)中所得Z值，然后用鲁棒优化模型替代原模型，并计算Z的变化百分比。

7.4-3 按照习题7.4-2的提示思考下列问题，相关参数信息如下表所列：

参数	赋值	不确定性范围	参数	赋值	不确定性范围
a_{11}	10	6~12	b_1	50	45~60
a_{12}	5	4~6	b_2	20	15~25
a_{21}	-2	-3~-1	b_3	30	27~32
a_{22}	10	8~12	c_1	20	18~24
a_{31}	5	4~6	c_2	15	12~18
a_{32}	5	3~8			

如下一列顶部数据所列。

求 $Z = c_1 x_1 + c_2 x_2$ 在以下条件下的最大值：

约束条件：

$$a_{11} x_1 + a_{12} x_2 \leq b_1$$
$$a_{21} x_1 + a_{22} x_2 \leq b_2$$
$$a_{31} x_1 + a_{32} x_2 \leq b_3$$
$$x_1 \geq 0, x_2 \geq 0$$

且

$$x_1 \geq 0, x_2 \geq 0$$

C7.4-4 思考下列问题。

求 $Z = 5x_1 + c_2 x_2 + c_3 x_3$ 在以下条件下的最大值：

$$a_{11} x_1 - 3 x_2 + 2 x_3 \leq b_1$$
$$3 x_1 + a_{22} x_2 + x_3 \leq b_2$$
$$2 x_1 - 4 x_2 + a_{33} x_3 \leq 20$$

且

$$x1 \geq 0, x_2 \geq 0, x_3 \geq 0$$

上述不确定参数的赋值及不确定性范围如下表所列：

参数	赋值	不确定性范围	参数	赋值	不确定性范围
a_{11}	4	3.6~4.4	b_2	20	19~22
a_{22}	-1	-1.4~-0.6	c_2	-8	-9~-7
a_{33}	3	2.5~3.5	c_3	4	3~5
b_1	30	27~33			

(a) 利用这些参数赋值求解该模型。

(b) 现在通过鲁棒优化法为该模型建立一保守模型。求解该模型。列出(a)、(b)中所得 Z 值，然后用鲁棒优化模型替代原模型，并计算 Z 值减量百分比。

7.5-1 重新思考 7.5 节中阐释如何使用机会约束条件的示例。需要考虑的是，不久，Wyndor Glass 公司两款新产品在 3 个车间投产后，在具体可用生产时间方面存在不确定性。3 个车间中各车间每周可用生产时间的平均值和标准差，其初始赋值如表 7.11 所列。

现在假设对可用生产时间进行深入研究后，其潜在允许范围很可能被大幅缩小，尤其是表 7.11 中的平均值保持不变，但标准差已减半。但为确保投产后原约束条件仍然成立，a 的值被增至 0.99。现仍假设各车间可用生产时间呈正态分布。

(a) 用概率表达式表达这 3 个机会约束条件，然后写出这些机会约束条件的确定性等价形式。

(b) 求解所得出的线性规划模型。该解每周可为 Wyndor Glass 公司带来的总利润是多少？将该周总利润与 7.5 节中所求得的每周总利润进行比较。将标准差减半后，这种更为严谨的研究方法使每周总利润增长多少？

7.5-2 思考以下约束条件，假设其右侧数值 b 呈正态分布，平均值为 100，标准差为 σ。

$$30 x_1 + 20 x_2 \leq b$$

快速研究随机变量 b 的可能取值后得出 σ 的估值为 10。但随后更为仔细的计算将这一可能取值大幅缩小，由此 σ 被重新赋值为 2。选出该约束条件最小可接受概率(用 a 表示)后，这一约束条件将被视为机会约束条件。

(a) 用概率表达式表达所得出的机会约束条件，然后用 σ 和 K_α 表达其确定性等价形式。

(b) 制作表格，比较 $\sigma=10$ 与 $\sigma=2$ 时该确定性表达式中右侧数值的不同，其中 $\alpha=0.9$、0.95、0.975、0.99 和 0.99865。

7.5-3 假设某线性规划模型有 20 个以不等式表达的约束条件，且这些约束条件右侧数值（即 b_i）为不确定参数，于是，引入含有 α 的机会约束条件取代这些约束条件。接下来，代入机会约束条件并计算由此得到的线性规划模型，发现所得最优解满足其中 10 个确定性表达式的要求，而另外 10 个确定性表达式则不满足。假设这 20 个不确定参数 b_i 均呈现正态分布，请回答下列问题。

(a) 当 $\alpha=0.95$ 时，新线性规划问题最优解满足所有 20 个原约束，因而成为原问题可行解的概率上限和下限为多少？

(b) 重复(a)运算，其中 $\alpha=0.99$。

(c) 假设所有 20 个函数约束条件均为硬约束，即必须满足的约束条件。因此，决策者希望所采用的 α 值至少存在 95% 的概率可确保新线性规划问题的最优解实际上可成为原问题可行解。通过反复尝试，α 最小值（保留 3 位有效数字）。

7.5-4 思考下列问题。

求 $Z=20x_1+30x_2+25x_3$ 在下列条件下的最大值：

$$3x_1+2x_2+x_3\leq b_1$$
$$2x_1+4x_2+2x_3\leq b_1$$
$$x_1+3x_2+5x_3\leq b_3$$

且

$$x_1\geq 0, x_2\geq 0, x_3\geq 0$$

其中 b_1、b_2 和 b_3 为不确定参数，且均呈正态分布。这些参数的均值及标准差分别为 (90,3)、(150,6) 和 (180,9)。

(a) 建议采用 $(x_1,x_2,x_3)=(7,22,19)$ 这个解。如果采用该解，各函数约束条件得以满足的概率是多少？

C(b) 用公式表示上述 3 个约束条件的机会约束条件，其中第一个约束条件的 α 值为 0.975，第二个约束条件的 α 值为 0.95，第三个约束条件的 α 值为 0.90。然后，确定 3 个机会约束条件的确定性等价形式，并求解由此所得线性规划模型的最优解。

(c) 计算新线性规划模型最优解成为原问题可行解的概率。

C7.6-1 重新思考 7.6 节中阐释如何使用带补偿的随机规划的示例。现在 Wyndor 管理层已获得有关其竞争对手正计划生产销售一款特殊新品与其产品 2 展开直接竞争的更多信息，表明该传言实现的可能性与当初想象的不同。因此，有关该传言的概率降至 50%。

建立修正的随机规划模型，并计算其最优解。然后用文字描述相应的最优计划。

C7.6-2 该情况与习题 7.6-1 所述基本相同，只是 Wyndor Glass 公司管理层认为有关上述传言的信息并不可靠。即他们还未确定该传言属实的最大概率应为 50% 还是 75%，亦或是介于二者之间的某个概率。于是，管理层要求计算出这一概率的平衡点，低于该点时 7.6 节所提出的最优计划将不再具备最优性。通过反复尝试计算该平衡点（保留小数点后两位数字）。如果这一概率略小于平衡点，新最优计划是什么？

C7.6-3 皇家可乐公司正考虑开发一款新型特殊碳酸饮料增加至现有标准产品线中，新品的生产时间为 2 年左右（之后，可能生产另一款特殊饮料，用以取代该新品）。但新款饮料能否盈利并不清楚,因此需要分析确定是否进行新品开发。如果是,新品开发结束后将先在小区域试销市场出售,看其接受程度如何。如果试销表明新款饮料会带来盈利,那么,便在全国范围内销售。

在此列出相关数据:新款饮料开发成本及试销市场销售运作成本预计为 4000 万美元。新品在试销市场及全国范围(如果新品在全国销售)的广告经费预算为 1 亿美元。其中,用于试销市场的广告费用至少需 500 万美元,最多为 1000 万美元,也就是说,用于全国市场的广告费为 9000~9500 万美元。为简化分析,假设试销市场与全国市场的销售额和各自市场范围内所投放的广告经费成正比(同时,厂家也认识到广告投放达到饱和程度后,销售增量便会下降)。扣除 4000 万美元的固定成本后,试销市场净利润预计为其广告费用的 1/2。

为进一步简化分析,将试销市场产品销售情况分为以下 3 种:①销售看好;②销售一般;③销售欠佳。这 3 种情况的概率估值分别为 25%、25% 和 50%。如果是销售看好的情况,那么,预计全国市场的净利润约为其广告投入的 2 倍。如果是销售一般,相应地,全国市场净利润约为其广告投入的 0.2 倍。如果是销售欠佳,就放弃该饮品,不在全国市场销售。

运用带补偿的随机规划建立该问题模型。假设公司应开发新款饮料,求解该模型,确定试销市场应投放多少广告经费? 然后,根据试销市场 3 种销售情况,分别计算不同情况下全国市场(如果在全国销售的话)应投放多少广告经费。最后,如果公司研发该新款饮料,请计算其净利润总额(统计学意义上的)期望值,其中包括固定成本。事实上,只要该产品净利润总额预期值为正值,公司就应继续研发。

C7.6-4　思考下列问题。

求 $Z = 5x_1 + c_2 x_2$ 在下列条件下的最大值:

$$3x_1 + a_{12} x_2 \geq 60$$
$$2x_1 + a_{22} x_2 \geq 60$$

且

$$x_1 \geq 0, x_2 \geq 0$$

其中,x_1 代表生产活动 1 的情况,x_2 代表生产活动 2 的情况,c_2、a_{12} 及 a_{22} 的值待定。只有生产活动 1 将于不久后启动,而生产活动 2 的启动时间还要晚些。从现在到生产活动 2 启动的这段时间内可能发生多种不同情况,因而,c_2、a_{12} 和 a_{22} 会随情况的不同而取值不同。所以,现在的目标是通过所有这些信息来选择 x_1 值,并同时制定某具体情况发生后如何选择 x_2 值的计划。

考虑可能发生的有 3 种情况,不同情况下,c_2、a_{12} 和 a_{22} 的值分别为

第一种情况下:$c_2 = 4$、$a_{12} = 2$、$a_{22} = 3$

第二种情况下:$c_2 = 6$、$a_{12} = 3$、$a_{22} = 4$

第三种情况下:$c_2 = 3$、$a_{12} = 2$、$a_{22} = 1$

这 3 种情况发生的可能性相同。

运用带补偿的随机规划为该问题建立相应模型,然后求解最优计划。

案　例

案例 7.1　空气污染控制

回顾 3.4 节(即题为"空气污染控制"小节)关于 NORI & LEETS 公司的问题。运筹研究小组获得最优解后便进行了灵敏度分析。现在我们先提供一些其他背景信息,然后大家重新按照运筹研究小组人员所采取的步骤继续研究该问题。

模型原表达式中各参数值请参见表 3.12、表 3.13 和表 3.14。由于该公司在本例所涉及的

污染治理方法方面经验不多,所以表 3.14 中的成本估算非常笼统,各估值上下浮动可达 10%。此外,表 3.13 中的参数值也存在不确定性,但略好于表 3.14。相比之下,表 3.12 的值为政策标准,因此可为常量。

但是,在如何设置不同污染物的减排政策标准问题上,仍存分歧。表 3.12 的数值只是在还不了解达标所需的总成本前,暂定的初值。政府官员与公司决策层均同意,应在对成本与利润做出权衡的基础上,制定政策标准的最终决策。有鉴于此,政府的结论是:政策标准方面,当前值(即表 3.12 中的全部数值)每增加 10%,即意味着政府投入增加 350 万美元。因此,政府同意在公司接受的范围内,其政策标准值每减少 10%(最多减少 50%),政府便减免 350 万美元的税款。

最后,关于 3 项污染物的政策标准相对值也存在某些争论。正如表 3.12 所列,现在对颗粒物的减排要求不到氧化硫或碳氢化合物减排量的 1/2。因此,有人呼吁缩小此类不平衡现象。另一些人主张这种差距即使再大一些也属合理,因为含硫氧化物与烃类化合物比颗粒物所造成的伤害要大得多。不过,人们已达成共识,在知晓政策标准中哪些方面可做权衡且不会增加总成本后,将重新审视这一问题。

(a) 利用现有的线性规划软件求解 3.4 节所建立的该问题模型。除计算最优解外,再生成灵敏度报告用于优化后分析。由此所得的结果可作为以下各步的基础。

(b) 不考虑参数值不存在不确定性参数的约束条件(即当 $j=1,2,\cdots,6$ 时, $x_j \leqslant 1$),找出模型中的敏感参数(提示:参见 4.7 节关于"灵敏度分析"小节)。如可能,给出哪些参数应更为审慎地赋值的建议。

(c) 分析表 3.14 所列各成本参数赋值,如果其中一项发生错误会产生什么结果。如果真值比估值小 10%,最优解是否会改变?如果真值比估值大 10%,最优解是否会改变?根据结论给出建议,在对成本参数进行更为审慎的估值时,下一步的工作重点是什么?

(d) 思考在应用单纯形法前,将模型转换为最大化形式的情形。利用表 6.14 建立相应的对偶问题,然后将单纯形法所求之解用于原问题,以求得该对偶问题的最优解。如果保持原问题最小化形式,会对该对偶问题的形式以及最优对偶变量产生怎样的影响?

(e) 对各项污染物,利用(d)的结论,说明污染物年排放率减排要求若发生任何微小变化,会使最优解的总成本以怎样的速率发生变动。同时说明,在不改变总成本变动率的情况下减排量的(上下浮动)范围。

(f) 针对表 3.12 所列颗粒物政策标准中的每个单位变化,请确定含硫氧化物需发生多大反向变化,才可使最优解的总成本保持不变?然后再确定烃类化合物需发生多大反向变化(此时含硫化合物的值不变),才可使最优解的总成本保持不变?最后,当含硫化合物、烃类化合物同时等量地与颗粒物排放值发生反向变化时,确定前两者的变化量是多少,方可保持最优解的总成本不变?

第 8 章 线性规划的其他算法

线性规划之所以非常广泛地应用,关键原因是拥有特别有效的算法——单纯形法。单纯形法能按照既定的步骤解决实践中产生的大型的线性规划问题。然而,单纯形法只是线性规划实践工作者常用的算法宝库的一部分。现在开始分析线性规划问题的其他算法。

本章首先介绍 3 种算法,这 3 种算法实际上是单纯形法的变体。接下来的 3 节内容将介绍对偶单纯形法(一种对灵敏度分析特别有用的单纯形法的变体)、参数线性规划(灵敏度分析体系的一种延伸)和上界法(单纯形法的最新进展,处理具有上界变量问题的方法)。我们对这些算法的介绍不会像在第 4 章和第 5 章介绍单纯形法那样深入,目标只是简要介绍这些算法的主要思路。

4.9 节介绍了线性规划的另一种算法,是一种在可行域内部移动的算法。我们将在 8.4 节更深入地讨论这种内点算法。

与线性规划问题不同,线性目标规划不是只拥有一个单独的目标(最大化或最小化 Z)。相反,它拥有多个目标,要求我们必须努力地同时实现这些目标。一些规范化技术使得一个线性目标规划问题得以转化为线性规划问题,因此仍然可以使用基于单纯形法的求解。

8.1 对偶单纯形法

对偶单纯形法基于第 6 章提出的对偶理论。要阐述该算法背后所隐含的基本思路,使用 6.3 节中表 6.10 和表 6.11 介绍的一些术语来描述任意一对原问题和对偶问题的互补性基解是有帮助的。特别地,让我们回顾一下,当原问题基解可行时,这两个互补的基解称为原问题可行解。反之,当互补的对偶基解对于对偶问题可行时,则称它们是对偶可行解。让我们再回顾一下,一个互补的基解仅当它既是原问题可行解也是对偶可行解时,才是对应于它问题的最优解(正如表 6.11 右侧所说明的)。

对偶单纯形法可以视为单纯形法的影像。单纯形法直接处理原问题的基本解,这些基本解对原问题是可行的,但不是对偶可行。然后,单纯形法通过推导达到对偶也可行(单纯形法中的最优检验数),而且移向一个最优解。与此相反,对偶单纯形法在原问题中直接处理的基本解对于对偶问题是可行的而对原问题是不可行的。然后,对偶单纯形法通过推导达到原问题也可行而且移向一个最优解。

不仅如此,对偶单纯形法在解决问题时仿佛单纯形法也正被同时应用于它的对偶问题。如果我们让它们的初始基本解互补,在这两种方法进行的全过程中,每一次迭代都会获得互补基本解。

对偶单纯形法在一些特殊情况下非常有用。通常而言,获得原问题的初始 BF 解比获得对偶初始 BF 解更容易。然而,有时我们必须引入一些人工变量以构建初始 BF 解。

在这种情况下,我们可能更容易以一个对偶 BF 解开始并使用对偶单纯形法。不仅如此,我们可能需要的迭代更少,因为没有必要使那些人工变量为 0。

当一个问题的初始基解(不包括人工变量)既非原问题可行也非对偶问题可行时,也可以通过把单纯形法和对偶单纯形法结合成"原对偶"算法,这一算法的目的是达到原可行和对偶同时可行。

正如在第 6 章、第 7 章和 4.7 节几次提到的,对偶单纯形法的另一个重要且主要的应用是与灵敏度分析结合起来。假定已经通过单纯形法获得了最优解,但这时模型需要(或出于你对灵敏度分析的兴趣)变化。如果先前的最优解已经不再是原问题可行的(但仍满足最优检验),可以马上从这个对偶 BF 解开始并应用对偶单纯形法。比起用单纯形法从头开始求解这个新问题,以这种方式使用对偶单纯形法常常可以更快地获得新的最优解。

对偶单纯形法也可以从一开始就用于解决大型线性规划问题,因为它是一种相当有效的算法。根据最强版计算机经验,对偶单纯形法在求解实践中表明,对特别大型的问题它经常比单纯形法更有效率。

对偶单纯形法的运算规则与单纯形法的运算规则类似。事实上,一旦方法开始,唯一不同的就是选择入基变量和出基变量以及停止计算的标准。

(对一个最大化问题)要开始对偶单纯形法,我们必须使所有方程(0)中的系数为非负(因此这个基本解是对偶可行的)。这个基本解是不可行的(最后一个基本解除外),只是因为有些变量是负的。该算法逐步减小目标函数的值,并总是保持方程(0)中的系数为非负,直到所有变量是非负的。这样得到的基本解是可行的(它满足所有等式),并且根据单纯形法的方程(0)系数非负准则,它是最优的。

下面总结对偶单纯形法的详细过程。

8.1.1 对偶单纯形法的总结

1. 初始化

在把所有"≥"形式的函数约束转化为"≤"形式后(通过两边同乘以 -1),按需要引入剩余变量以建立描述问题的一组方程。寻找一个基本解,使得基变量方程(0)的系数是 0,且基变量的方程(0)系数为非负(因此,如果这个解是可行的,它就是最优的),然后进行可行性检验。

2. 可行性检验

检查所有的基变量是否都是非负的。如果是,那么这个解是可行的,因而也是最优的,算法停止;否则,进行迭代。

3. 迭代

步骤 1:确定出基变量。选择值为负且拥有最大绝对值的基变量。

步骤 2:确定入基变量:将含有出基变量方程的某一倍数加到(0)行方程上,该行方程系数首先达到 0 的非基变量作为入基变量。这个选择是通过检查方程(含有出基变量的方程)系数为负的非基变量,并以方程(0)系数与该方程系数比值中的最小绝对值所对应的非基变量作为入基变量。

步骤 3:确定新的基本解。从当前的方程组出发,按照高斯消元法求解基本量。当令非基变量等于 0 时,每个基变量(和 Z)等于出现该变量(系数 +1)的一个方程新的右端项值,返回到可行性检验。

要完全理解对偶单纯形法,必须意识到该算法的运行与单纯形法被运用于对偶问题中的互补基本解一样(事实上,这一解释正是构建对偶单纯形法的原因)。迭代过程的步骤 1,选择出基变量等同于确定绝对值最大的变量对应于对偶问题中方程(0)的值为负且绝对值最大的变量(表 6.3)。步骤 2,确定入基变量等同于确定对偶问题中的出基变量。方程(0)中最先到 0 的系数对应于对偶问题中最先达到 0 的变量。这两个算法终止的准则也是互补的。

8.1.2 一个例子

我们现在通过应用对偶单纯形法求解 Wyndor Glass 公司的对偶问题(表 6.1)说明这一算

法。通常情况下,这个方法直接应用于我们所关心的问题(原问题)。但是,我们选择这个问题是因为已经在表 4.8 中看到了单纯形法应用于它的对偶问题(即原问题①),因此可以对这两种方法进行比较。为了比较方便,我们继续用 y_i 而不是 x_j。

在最大化形式下,待求解问题为

Max $Z = -4y_1 - 12y_2 - 18y_3$

s. t.

$y_1 \quad\quad\quad +3y_3 \geq 3$

$\quad\quad 2y_2 + 2y_3 \geq 5$

且

$y_1 \geq 0, y_2 \geq 0, y_3 \geq 0$。

既然右端项的值允许为负值,我们没有必要引入人工变量作为初始基变量,我们简单地把函数约束转化为"≤"形式并引入松弛变量充当初始基变量。这样,初始方程组即如表 8.1 第 0 次迭代所列。注意到所有方程(0)的系数都是非负的,因此如果解是可行的,那么,就是最优的。

表 8.1 对偶单纯形法应用于 Wyndor Glass 公司的对偶问题

迭代	基变量	方程	系数						右端项
			Z	y_1	y_2	y_3	y_4	y_5	
0	Z	(0)	1	4	12	18	0	0	0
	y_4	(1)	0	-1	0	-3	1	0	-3
	y_5	(2)	0	0	-2	-2	0	1	-5
1	Z	(0)	1	4	0	6	0	6	-30
	y_4	(1)	0	-1	0	-3	1	0	-3
	y_2	(2)	0	0	1	1	0	$-\frac{1}{2}$	$\frac{5}{2}$
2	Z	(0)	1	2	0	0	2	6	-36
	y_3	(1)	0	$\frac{1}{3}$	0	1	$-\frac{1}{3}$	0	1
	y_2	(2)	0	$-\frac{1}{3}$	1	0	$\frac{1}{3}$	$-\frac{1}{2}$	$\frac{3}{2}$

初始的基本解是 $y_1 = 0, y_2 = 0, y_3 = 0, y_4 = -3, y_5 = -5$,而且,$Z = 0$,这个解不是可行解,因为存在负值。出基变量是 $y_5(5>3)$,入基变量是 $y_2(12/2<18/2)$,得到第二组方程,在表 8.1 中以迭代 1 标记。对应的基本解是 $y_1 = 0, y_2 = \frac{5}{2}, y_3 = 0, y_4 = -3, y_5 = 0$,且 $Z = -30$,不是可行解。

下一个出基变量是 y_4,入基变量是 $y_3(6/3 < 4/1)$,得到表 8.1 的最后一组方程。对应的基本解是 $y_1 = 0, y_2 = \frac{3}{2}, y_3 = 1, y_4 = 0, y_5 = 0$,且 $Z = -36$,它是可行解,因此是最优解。

正如我们在表 4.8 中通过单纯形法得到的,这个问题的对偶问题②的最优解是 $x_1^* = 2, x_2^* = 6, x_3^* = 2, x_4^* = 0, x_5^* = 0$。建议对比表 8.1 和表 4.8,并对比这两个互为镜像方法的互补的步骤。

---

① 回顾 6.1 节中的对称性质,指出对偶问题的对偶即是最初的原问题。

② 6.3 节提出的最优基解互补性质表明了怎样从原问题最终单纯形表的第 0 行读取对偶问题的最优解。不管最终表是利用单纯形法还是对偶单纯形法获得的,这个相似的结论都成立。

如前所述,对偶单纯形法的一个重要应用为当灵敏度分析的结果在初始模型中出现很小变化时,它常被用于很快重新求解一个问题。特别是当原问题的基本解为非可行解时(一个或多个右端项为负值),但仍满足最优性测试(在第(0)行没有负的系数),可以立即从该对偶可行解出发应用对偶单纯形法求解,例如,当一个违背原最优解新的约束被加入初始模型时会出现上述情形,假定表 8.1 求解的问题开始时不包含它的第一个约束($y_1+3y_3 \geq 3$)。在删去第一行后,表 8.1 中第 1 次迭代表明最优解为 $y_1=0, y_2=\frac{5}{2}, y_3=0, y_4=-3, y_5=0$,且 $Z=-30$。现假定灵敏度分析用于增加原来省去的约束 $y_1+3y_3 \geq 3$,这个约束违反了原来的最优解,因为 $y_1=0$ 和 $y_3=0$。这个约束(包括它的松弛变量 y_4)将作为第一行增加到表 8.1 中间的那个表中。不管这个表是应用单纯形法还是对偶单纯形法得到的初始最优解(可能经过多次迭代),对这个表应用对偶单纯形法将导致再一次迭代后得到新的最优解。

假如希望了解应用对偶单纯形法的其他例子,可参阅本书网站的相关部分。

8.2　参数线性规划

在 7.2 节的最后我们讲述了参数线性规划及其在系统地进行灵敏度分析方面的应用,这种分析是通过逐渐地改变各种模型参数进行的。我们现在给出运算过程,首先是 c_j 参数改变的情况,然后是 b_i 参数改变的情况。

8.2.1　参数 c_j 的系统改变

在 c_j 参数改变的情况下,通常的线性规划模型的目标函数为

$$Z = \sum_{j=1}^{n} c_j x_j$$

替换为

$$Z(\theta) = \sum_{j=1}^{n} (c_j + a_j \theta) x_j$$

式中:a_j 是给定的输入常数,代表系数改变的相对比率。因此,θ 从 0 逐渐增加时,系数以这一相对比率改变。

a_j 的赋值可能代表进行系统的灵敏度分析时 c_j 同时发生的变化,由这些变化幅度增加所引起的效果。它们也可能基于由 θ 所度量的一些因素的变化而导致一些系数(如单位利润)会同时发生的变化。这个因素可能是无法控制的,如经济形势。然而,它也可能是受决策者控制的,如从一些活动转换到另一些活动时用到的设备数量和员工数量。

对任意给定的 θ 值,对应的线性规划问题的最优解可以通过单纯形法获得。这个解也许已经通过解 $\theta=0$ 时的最初问题而得到。然而,我们的目标是找到改变了线性规划问题(最大化函数 $Z(\theta)$,约束于最初的约束)的最优解。这个最优解是 θ 的函数,因此,在求解时需要能够确定当 θ 从 0 增加到任意确定正数的过程中,最优解什么时候变化以及怎样变化(如果它确实发生变化)。

图 8.1 说明当 θ 增加时,最优解(给定 θ)的目标函数值 $Z^*(\theta)$ 是怎样变化的,事实上,$Z^*(\theta)$ 总是拥有这种分段线性且是凸状的形式(参见习题 8.2-7)。对应的最优解只在函数 $Z^*(\theta)$ 斜率改变的 θ 值处(当 θ 在增加时)发生变化。因此,图 8.1 描述了一个问题,这个问题对于不同的 θ 值有 3 个不同的解是最优的。第一个对应 $0 \leq \theta \leq \theta_1$,第二个对应 $\theta_1 \leq \theta \leq \theta_2$,第三个

对应 $\theta \geq \theta_2$，因为每个 x_j 的值在这些 θ 的区间上都保持不变，$Z^*(\theta)$ 的值随着 θ 变化只是由于 x_j 的系数作为 θ 的线性函数而变化。这一求解过程直接基于灵敏度分析过程，研究 c_j 参数引起的变化(7.2节例2a和例3)。参数线性规划唯一的基本差别是表达变化的方式是 θ 而不是特定的数字来表示。

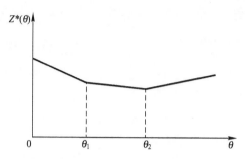

图 8.1　参数线性规划随 θ 参数系统变化时的目标函数值

例：为了说明求解过程，假定 3.1 节提出的最初的 Wyndor Glass 公司问题中 $a_1=2, a_2=-1$，因而

$$Z(\theta) = (3+2\theta)x_1 + (5-\theta)x_2$$

从 $\theta=0$ 时的最终单纯形表(表4.8)开始求解，我们看到它的方程(0)：

$$(0) \quad Z + \frac{3}{2}x_4 + x_5 = 36$$

会首先由最初($\theta=0$)系数发生的这些变化加到方程的左边：

$$(0) \quad Z - 2\theta x_1 + \theta x_2 + \frac{3}{2}x_4 + x_5 = 36$$

因为 x_1 和 x_2 都是基变量(分别出现在方程(3)和(2)中)。所以它们都需要从方程(0)中代数消去：

$$Z - 2\theta x_1 + \theta x_2 + \frac{3}{2}x_4 + x_5 = 36$$
$$+ 2\theta \times 方程(3)$$
$$- \theta \times 方程(2)$$

$$(0) \quad \overline{\qquad\qquad\qquad\qquad}$$

$$Z + \left(\frac{3}{2} - \frac{7}{6}\theta\right)x_4 + \left(1 + \frac{2}{3}\theta\right)x_5 = 36 - 2\theta$$

最优性检验告诉我们只要非基变量的系数仍然非负，当前的基本可行解将维持最优：

$$\frac{3}{2} - \frac{7}{6}\theta \geq 0, 对 0 \leq \theta \leq \frac{9}{7} 成立$$

$$1 + \frac{2}{3}\theta \geq 0, 对所有 \theta \geq 0 成立$$

因而，在 θ 增加到超过 $\theta = \frac{9}{7}$，x_4 需要作为入基变量来进行单纯形法的另一步迭代去寻找新的最优解。然后，表8.2将继续增加直到另一系数变为负数，如此循环直到 θ 增加到希望的值。现在总结一下整个过程，并在表 8.2 中完成了这个例子。

表 8.2 c_j 的参数线性规划应用于 Wyndor Glass 公司的例子

θ 范围	基变量	方程	系数						右端项	最优解
			Z	x_1	x_2	x_3	x_4	x_5		
$0 \leq \theta \leq \frac{9}{7}$	$Z(\theta)$	(0)	1	0	0	0	$\frac{9-7\theta}{6}$	$\frac{3+2\theta}{3}$	$36-2\theta$	$x_4=0$, $x_5=0$
	x_3	(1)	0	0	0	1	$\frac{1}{3}$	$-\frac{1}{3}$	2	$x_3=2$
	x_2	(2)	0	0	1	0	$\frac{1}{2}$	0	6	$x_2=6$
	x_1	(3)	0	1	0	0	$-\frac{1}{3}$	$\frac{1}{3}$	2	$x_1=2$
$\frac{9}{7} \leq \theta \leq 5$	$Z(\theta)$	(0)	1	0	0	$\frac{-9+7\theta}{2}$	0	$\frac{5-\theta}{2}$	$27+5\theta$	$x_3=0$, $x_5=0$
	x_4	(1)	0	0	0	3	1	-1	6	$x_4=6$
	x_2	(2)	0	0	1	$-\frac{3}{2}$	0	$\frac{1}{2}$	3	$x_2=3$
	x_1	(3)	0	1	0	1	0	0	4	$x_1=4$
$\theta \geq 5$	$Z(\theta)$	(0)	1	0	$-5+\theta$	$3+2\theta$	0	0	$12+8\theta$	$x_2=0$, $x_3=0$
	x_4	(1)	0	0	2	0	1	0	12	$x_4=12$
	x_5	(2)	0	0	0	-3	0	1	6	$x_5=6$
	x_1	(3)	0	1	0	1	0	0	4	$x_1=4$

8.2.2 参数 c_j 系统变化时参数线性规划过程小结

(1) 令 $\theta=0$,用单纯形法求解该问题。
(2) 使用灵敏度分析过程(参见 7.2 节案例 2a 和 3)将 $\Delta c_j = a_j\theta$ 引入方程(0)。
(3) 增加 θ 至有一个非基变量在方程(0)的系数成为负数(或者直到 θ 增加到希望的值)。
(4) 以该变量作为入基变量做单纯形法的一步迭代来寻找新的最优解。返回(3)。

8.2.3 参数 b_j 的系统变化

对于 b_j 参数的系统变化情况,原线性规划模型的一个改动是 b_j,由 $b_i + a_i\theta$ 取代,$i = 1, 2, \cdots, m$),其中 a_i 是给定输入常数,这样,问题变为

$$\text{Max } Z(\theta) = \sum_{j=1}^{n} c_j x_j$$

s. t.

$$\sum_{j=1}^{v} \alpha_{lj} \leq \beta_l + \alpha_l \theta, \ i = 1, 2, \cdots, m$$

且

$x_j \geq 0, i = 1, 2, \cdots, n$

目的是确定 θ 的函数的最优解。

在这个公式中,对应的最优函数值 $Z^*(\theta)$ 总是具有如图 8.2 所示的分段线性且具有凹状的形式。最优解中的基变量组仍然只在 $Z^*(\theta)$ 斜率改变处发生变化。然而,与前面情况不同的是,当 θ 增加时,这些变量的值在斜率改变处之间随着 θ 的函数(线性)而变化。原因是增加 θ 的

值改变了初始方程组右端项的值,进而引起最终方程组右端项的值的改变,也就是说,引起最终基变量值的改变。图8.2描绘了对应于不同θ值有3组最优基变量的问题。第一组$0 \leqslant \theta \leqslant \theta_1$,第二组$\theta_1 \leqslant \theta \leqslant \theta_2$,第三个组$\theta \geqslant \theta_2$。在$\theta$的每个这样的区间里,尽管$c_j$固定,然而,因为$x_j$的值在改变,$Z^*(\theta)$的值随着$\theta$变化而变化。

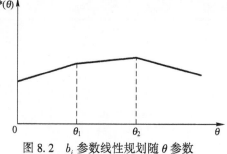

图8.2 b_j参数线性规划随θ参数系统变化的目标函数值

下面的求解过程总结与刚才提出的参数c_j系统变化的求解过程很相似。原因是改变b_j的值等同于改变对偶问题目标函数的系数。因而,对原问题执行这一过程正好与同时对对偶问题应用参数c_j系统变化的参数线性规划过程互补。因此,对偶单纯形法(参见8.1节)被用于获得每一个新的最优解,并且适用的灵敏度分析情况(参见7.2节)是案例1,但这些不同仅是主要的差异。

8.2.4 参数b_j系统变化时参数线性规划过程小结

(1) 令$\theta = 0$,运用单纯形法求解问题。
(2) 运用灵敏度分析过程(7.2节案例1)把改变量$\Delta b_i = a_i \theta$引入右侧一列。
(3) 增加θ值直到基变量对应的右侧一列的值为负(或直到θ增加到希望的值)。
(4) 以该变量作为出基变量进行对偶单纯形法的一步迭代以寻找新的最优解,然后返回(3)。

例:为了在一定程度上说明这个过程,并在过程中揭示与参数c_j变化过程的对偶关系,我们现在把它应用到Wyndor Glass公司的对偶问题(表6.1)。特别地,假定$a_1 = 2$且$a_2 = -1$,那么函数约束成为

$$y_1 + 3y_3 \geqslant 3 + 2\theta$$

或

$$-y_1 - 3y_3 \leqslant -3 - 2\theta$$
$$2y_1 + 2y_3 \geqslant 5 - \theta$$

或

$$-2y_1 + 2y_3 \leqslant -5 + \theta$$

这样,这个问题的对偶问题就正好是表8.2中考虑的示例。

在表8.1中,$\theta = 0$时此问题已经得到解决,因此从该节得到的最终单纯形表出发。应用针对7.2节的案例1的灵敏度分析过程,我们发现表中右侧一列的值如下

$$Z^* = y^* \overline{b} = [2, 6] \begin{bmatrix} -3-2\theta \\ -5+\theta \end{bmatrix} = -36 + 2\theta$$

$$b^* = S^* \overline{b} = \begin{bmatrix} -\frac{1}{3} & 0 \\ \frac{1}{3} & -\frac{1}{2} \end{bmatrix} \begin{bmatrix} -3-2\theta \\ -5+\theta \end{bmatrix} = \begin{bmatrix} 1+\frac{2\theta}{3} \\ \frac{3}{2} - \frac{7\theta}{6} \end{bmatrix}$$

因此,该表中的两个基变量为

$$y_3 = \frac{3+2\theta}{3}$$

和

$$y_2 = \frac{9-7\theta}{6}$$

在 $0 \leq \theta \leq \frac{9}{7}$ 之内仍然保持非负。增加 θ 到超过 $\theta = \frac{9}{7}$ 时,要求使 y_2 成为出基变量,用对偶单纯形法进行下一步迭代,照此分析,表 8.3 对此过程进行了总结。

我们建议同时追溯表 8.2 和表 8.3 以观察这两个过程的对偶关系。

表 8.3 应用于 Wyndor Glass 公司例子对偶问题的 b_j 参数线性规划

θ 范围	基变量	方程	系数						右端项	最优解
			Z	y_1	y_2	y_3	y_4	y_5		
$0 \leq \theta \leq \frac{9}{7}$	$Z(\theta)$	(0)	1	2	0	0	2	6	$-36+2\theta$	$y_1 = y_4 = y_5 = 0$
	y_3	(1)	0	$\frac{1}{3}$	0	1	$-\frac{1}{3}$	0	$\frac{3+2\theta}{3}$	$y_3 = \frac{3+2\theta}{3}$
	y_2	(2)	0	$-\frac{1}{3}$	1	0	$\frac{1}{3}$	$-\frac{1}{2}$	$\frac{9-7\theta}{6}$	$y_2 = \frac{9-7\theta}{6}$
$\frac{9}{7} \leq \theta \leq 5$	$Z(\theta)$	(0)	1	0	6	0	4	3	$-27-5\theta$	$y_2 = y_4 = y_5 = 0$
	y_3	(1)	0	0	1	1	0	$-\frac{1}{2}$	$\frac{5-\theta}{2}$	$y_3 = \frac{5-\theta}{2}$
	y_1	(2)	0	1	-3	0	-1	$\frac{3}{2}$	$\frac{-9+7\theta}{2}$	$y_1 = \frac{-9+7\theta}{2}$
$\theta \geq 5$	$Z(\theta)$	(0)	1	0	12	6	4	0	$-12-8\theta$	$y_2 = y_3 = y_4 = 0$
	y_5	(1)	0	0	-2	-2	0	1	$-5+\theta$	$y_5 = -5+\theta$
	y_1	(2)	0	1	0	3	-1	0	$3+2\theta$	$y_1 = 3+2\theta$

书的网页包括参数 b_j 的系统变化另一种案例。

8.3 上 界 法

在线性规划问题中,一些或者全部的变量 x_j 拥有上界约束 $x_j \leq u_j$ 是十分常见的。这里,u_j 是代表 x_j 的最大可行值的正常数。我们在 4.8 节指出决定单纯形法计算时间长短的最重要因素是函数约束的数量,而非负约束的数量则相对不重要。因此,函数约束中含有大量的上界约束极大地增加所需的计算量。

上界法通过从函数约束中移除上界约束并把它们视为类似非负约束个别处理,避免了增加的计算量[①]。用这种方法移除上界约束只要没有变量增加到超过它的上界就不会有问题。单纯形法唯一一次增加变量的值是当入基变量的值增加以获得一个新的 BF 解。因此,上界法简单地以通常的方式把单纯形法应用于该问题的剩余部分(即无上界约束)。但是有一个附加限制,就是每个新 BF 解必须满足除普通的下界(非负性)约束之外的上界约束。

为实现这个想法,注意到具有一个上界约束 $x_j \leq u_j$ 的决策变量总可以替换为

$$x_j = u_j - y_j$$

式中:y_j 就作为决策变量。换句话说,可以选择以大于 0 的量(x_j)作为决策变量或以小于 u_j($y_j = u_j - x_j$)的量作为决策变量(我们将把 x_j 和 y_j 称作互补的决策变量)。因为

$$0 \leq x_j \leq u_j$$

[①] 上界法假定变量除了上界约束外还有通常的非负性约束。如果一个变量有不同于 0 的下界,如 $x_j \geq L_j$,那么,可以通过 $x_j' = x_j - L_j$ 把这个约束转化为一个非负性约束。

同时有

$$0 \leq y_j \leq u_j$$

这样,在单纯形法的任意点上,既可以

(1) 使用 $x_j, 0 \leq x_j \leq u_j$;

(2) 也可以用 $u_j - y_j$ 替换 $x_j, 0 \leq y_j \leq u_j$。

准则:从选项(1)开始。

任何时候,只要 $x_j = 0$,使用选项(1),那么,x_j 是非基变量。

任何时候,只要 $x_j = u_j$,使用选项(2),那么,$y_j = 0$ 是非基变量。

只在 x_j 达到另一个极限值时改变选择。

因此,只要一个基变量达到它的上界,就要改变选择并使用它的互补决策变量作为新的非基变量(出基变量)定义新的 BF 解。这样,在单纯形法基础上所做的实质修改就在于选择出基变量的准则。

让我们回顾一下,单纯形法选择的是随入基变量的值增加时最先成为负数从而不可行的那个变量作为出基变量。现在所做的修改是当入基变量值增加时,选择替换那个以任何方式,要么变为负数要么超过它的上界,最先成为不可行的变量(注意:存在一种可能,即入基变量可能因超过它的上界从而最先成为不可行,因此,它的互补决策变量成为出基变量)。如果出基变量达到 0,那么,视作一般问题用单纯形法继续进行。然而,反过来,如果达到它的上界,那么,改变选择并使它的互补决策变量成为出基变量。

8.3.1 一个例子

为了说明上界法,考虑如下问题:

Max $Z = 2x_1 + x_2 + 2x_3$

s.t

$4x_1 + x_2 = 12$

$-2x_1 + x_3 = 4$

且

$0 \leq x_1 \leq 4, 0 \leq x_2 \leq 15, 0 \leq x_3 \leq 6$

这样,所有 3 个变量都有上界约束($u_1 = 4, u_2 = 15, u_3 = 6$)。

对确定初始 BF 解($x_1 = 0, x_2 = 12, x_3 = 4$),两个等式约束已符合高斯消元法形式,并且在这个解中没有一个变量超过它的上界,因此 x_2 和 x_3 可以作为初始基变量而不必引入人工变量。不过,为获得方程(0),我们需要从目标函数中以代数方法消去这些变量,如下所述:

$$\begin{array}{r} Z - 2x_1 - x_2 - 2x_3 = 0 \\ +(4x_1 + x_2 = 12) \\ +(-2x_1 + x_3 = 4) \\ \hline (0) \quad Z - 2x_1 = 20 \end{array}$$

初始方程(0)表明初始的入基变量为 x_1,开始第一步迭代。既然没有包括上界约束,那么,初始的方程组和选择出基变量的相应计算列于表 8.4。第二列表示在一些基变量(包括 x_1)成为不可行之前,入基变量可以从 0 增加到多少。与方程(0)相邻的最大值正是 x_1 的上界约束。对方程(1),因为 x_1 的系数为正数,x_1 增加到 3 使该方程的基变量(x_2)从 12 减少到它的下界值 0。对方程(2),因为 x_1 的系数为负值,x_1 增加到 1 使该方程的基变量(x_4)从 4 增加到它的上界 6。

表 8.4 上界法例子中初始出基变量的方程与计算

初始方程组	x_1 最大可行值
(0) $Z-2x_1=20$	$x_1 \leq 4$(因为 $u_1=4$)
(1) $4x_1+x_2=12$	$x_1 \leq \frac{12}{4}=3$
(2) $-2x_1+x_3=4$	$x_1 \leq \frac{6-4}{2}=1 \leftarrow$ 最小值(因为 $u_3=6$)

因为表 8.4 中方程(2)拥有 x_1 最小的最大可行值,所以该方程中的基变量(x_3)成为出基变量。但是,因为 x_3 达到它的上界,于是,用 $6-y_3$ 取代 x_3,所以 $y_3=0$ 成为下一个 BF 解的非基变量,而且成为方程(2)中新的基变量。这一替代将导致方程的下述改变

(2) $-2x_1+x_3=4$
$\rightarrow -2x_1+6-y_3=4$
$\rightarrow -2x_1-y_3=-2$
$\rightarrow x_1+\frac{1}{2}y_3=1$

因此,从其他方程中用代数方法消去 x_1 后,第二个完整的方程组为

(0) $Z+y_3=22$
(1) $x_2-2y_3=8$
(2) $x_1+\frac{1}{2}y_3=1$

相应的 BF 解是 $x_1=1, x_2=8, y_3=0$。通过进行最优性检验,确定这也是一个最优解,所以 $x_1=1, x_2=8, x_3=6-y_3=6$ 是初始问题要求的解。

书的网站包括上界法另一种案例。

8.4 内 点 算 法

在 4.9 节,我们讨论了 1984 年在线性规划领域的惊人发展,也就是 AT&T 贝尔实验室的 Narendra Karmarkar 发明的一种与单纯形法有很大不同的算法。这是一种解决大型线性规划问题的强有力算法。我们现在通过描述他的算法①的一个相对基本的变异方法("仿射"或"仿射缩放"变异方法)介绍 Karmarkar 算法的性质(IOR Tutorial 在 Solve Automatically by the Interior-Point Algorithm 题目下包括这一变异方法)。

本节我们将在一个直观层面讨论 Karmarkar 的主要思想,避开数学细节。特别地,我们将绕过一定的细节,这些细节对算法的完整实施是必需的(如怎样找一个初始可行的试验解),但是对基本概念性理解来说并非关键。所描述的这个思想可以总结如下:

概念 1:穿透可行域内部指向一个最优解。
概念 2:沿着以最快可能速度增加目标函数值的方向移动。
概念 3:变换可行域,使当前试验解位于可行域的中心附近,因而,在概念 2 实现的基础上获

---

① 在 Karmarkar 的著作出现后不久,一些研究人员包括 E. R. Barnes、T. M. Cavalier 和 A. L. Soyster 重新发现,这个变异的基本方法实际上是由一名俄罗斯数学家 I. I. Dikin 于 1967 年提出的。还可以参阅 R. J. Vanderbei, M. S Meketon, and B. A. Freedman,"A Modification of Karmarkar's; Linear Programming Algorithm," Algorithmica,1(4)(Special Issue on New Approaches to Linear Programming):395-407,1986。

得一个大的改进。

为了说明贯穿整节的思想,我们使用下面的例子:

Max $Z = x_1 + 2x_2$

s.t

$x_1 + x_2 \leq 8$

且

$x_1 \geq 0, x_2 \geq 0$

在图 8.3 中用图示方式描述了这个问题,由图中可以看出,最优解是 $(x_1, x_2) = (0, 8)$,且 $Z = 16$。

你会看到使用内点算法解决这个小型例子时需要大量的工作。原因是这个算法是针对有效解决大型问题而设计的,而对小型问题这个算法的效率比单纯形法(或图解法)要差很多。

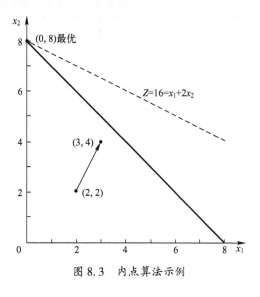

图 8.3 内点算法示例

8.4.1 概念 1 和概念 2 梯度的相关性

本算法开始于一个内部试验解,这个解(与所有后续试验解相似)位于可行域的内部,也就是在可行域的边界以内。因此,该解一定不在 3 条直线 ($x_1 = 1, x_2 = 0, x_1 + x_2 = 8$) 的中的任意一条上,这 3 条线是图 8.3 中可行的边界(不能用位于边界上的试验解是因为这将导致在算法中的某一点上出现未定义被 0 除的数学运算)。我们任选一点 $(x_1, x_2) = (2, 2)$ 作为初始的试验解。

下面开始实施概念 1 和概念 2,注意到图 8.3 中,从 (2, 2) 开始移动,最快可能增加 Z 的方向是垂直(并指向)目标函数线 $Z = 16 = x_1 + 2x_2$。我们已经通过从 (2, 2) 到 (3, 4) 的箭头显示了这个方向。利用向量加法,有

$$(3, 4) = (2, 2) + (1, 2)$$

式中:向量 (1, 2) 是目标函数的梯度(我们将在 13.5 节更广泛的非线性规划内容背景下进一步讨论梯度,这部分内容中与 Karmarkar 算法相似的算法早已经被使用)。(1, 2) 的分量正好是目标函数中的系数。这样,在随后的修改中,梯度 (1, 2) 定义了移动的理想方向,其移动的距离问题将在后面讨论。

线型规划问题以扩展形式改写后,该算法实际上就可用于求解线性规划问题。以 x_3 作为例子中函数约束的松弛变量。我们看到的形式为

Max $Z = x_1 + 2x_2$

s.t

$x_1 + x_2 + x_3 = 8$

且

$x_1 \geq 0, x_2 \geq 0, x_3 \geq 0$

以矩阵表示时(与第 5 章稍有不同,因为现在松弛变量已被并入符号中),扩展形式一般可写为

Max $Z = \mathbf{c}^T \mathbf{x}$

s.t

$\mathbf{A}\mathbf{x} = \mathbf{b}$

且

$x \geq 0$

本例中,有

$$c = \begin{bmatrix} 1 \\ 2 \\ 0 \end{bmatrix}, x = \begin{bmatrix} x_1 \\ x_2 \\ x_3 \end{bmatrix}, A = [1,1,1], A = [8], 0 = \begin{bmatrix} 0 \\ 0 \\ 0 \end{bmatrix}$$

注意:现在$c^T = [1,2,0]$是目标函数的梯度。

图8.4描述了本例的扩展形式。可行域现在由向量$(8,0,0)$、$(0,8,0)$和$(0,0,8)$组成三角形。这个可行域的内部的点满足$x_1 \geq 0, x_2 \geq 0, x_3 \geq 0$。这3个$x_j > 0$条件的每一个都有迫使$(x_1, x_2)$脱离图8.3中构成可行域边界的3条直线之一的作用。

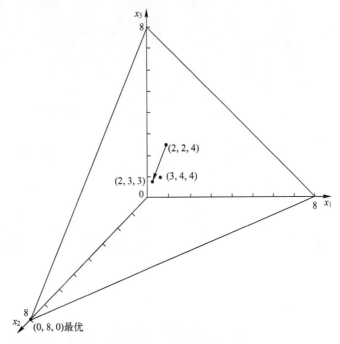

图8.4 扩展形下的内点算法示例

8.4.2 使用投影梯度以实现概念1和概念2

在扩展形式中,本例的初始试验解是$(x_1, x_2, x_3) = (2,2,4)$,加上梯度$(1,2,0)$得到

$$(3,4,4) = (2,2,4) + (1,2,0)$$

然而,现在有个棘手的问题。算法不能从$(2,2,4)$移动到$(3,3,4)$,因为$(3,4,4)$是不可行的。当$x_1 = 3$且$x_2 = 4$时,$x_3 = 8 - x_1 - x_2 = 1$而不是4。点$(3,4,4)$位于三角形可行域下侧,如图8.4所示。因此,为了保证解仍然可行,算法通过作垂直于这个三角形的直线而把点$(3,4,4)$投影(间接地)到可行的三角形区域。因为从$(0,0,0)$到$(1,1,1)$的向量垂直于这个三角形,所以通过$(3,4,4)$的垂线可由方程

$$(x_1, x_2, x_3) = (3,4,4) - \theta(1,1,1)$$

给出,其中θ是一个标量。由于三角形满足方程$x_1 + x_2 + x_3 = 8$,因此这条直线与三角形交于点$(2,3,3)$。因为

$$(2,3,3) = (2,2,4) + (0,1,-1)$$

所以,目标函数的投影梯度(投影于可行域上的梯度)是$(0,1,-1)$。正是这个投影梯度为算法定

义了从(2,2,4)移动的方向,如图8.4中的箭头所示。

有一个公式可以用于直接计算投影梯度。通过定义投影矩阵 P 为

$$P = I - A^T (AA^T)^{-1} A$$

投影梯度为

$$c_p = Pc$$

例如

$$P = \begin{bmatrix} 1 & 0 & 0 \\ 0 & 1 & 0 \\ 0 & 0 & 1 \end{bmatrix} - \begin{bmatrix} 1 \\ 1 \\ 1 \end{bmatrix} \left(\begin{bmatrix} 1 & 1 & 1 \end{bmatrix} \begin{bmatrix} 1 \\ 1 \\ 1 \end{bmatrix} \right)^{-1} \begin{bmatrix} 1 & 1 & 1 \end{bmatrix}$$

$$= \begin{bmatrix} 1 & 0 & 0 \\ 0 & 1 & 0 \\ 0 & 0 & 1 \end{bmatrix} - \frac{1}{3} \begin{bmatrix} 1 \\ 1 \\ 1 \end{bmatrix} \begin{bmatrix} 1 & 1 & 1 \end{bmatrix}$$

$$= \begin{bmatrix} 1 & 0 & 0 \\ 0 & 1 & 0 \\ 0 & 0 & 1 \end{bmatrix} - \frac{1}{3} \begin{bmatrix} 1 \\ 1 \\ 1 \end{bmatrix} = \begin{bmatrix} \frac{2}{3} & -\frac{1}{3} & -\frac{1}{3} \\ -\frac{1}{3} & \frac{2}{3} & -\frac{1}{3} \\ -\frac{1}{3} & -\frac{1}{3} & \frac{2}{3} \end{bmatrix}$$

所以

$$c_p = \begin{bmatrix} \frac{2}{3} & -\frac{1}{3} & -\frac{1}{3} \\ -\frac{1}{3} & \frac{2}{3} & -\frac{1}{3} \\ -\frac{1}{3} & -\frac{1}{3} & \frac{2}{3} \end{bmatrix} \begin{bmatrix} 1 \\ 2 \\ 0 \end{bmatrix} = \begin{bmatrix} 0 \\ 1 \\ -1 \end{bmatrix}$$

从(2,2,4)沿着投影梯度(0,1,-1)方向的移动,按下面公式从0开始增加 a 进行:

$$x = \begin{bmatrix} 2 \\ 2 \\ 4 \end{bmatrix} + 4a c_p = \begin{bmatrix} 2 \\ 2 \\ 4 \end{bmatrix} + 4a \begin{bmatrix} 0 \\ 1 \\ -1 \end{bmatrix}$$

其中,使用系数4只是为了给 a 赋予一个上界1以维持可行性(所有 $x_j \geq 0$)。注意到增加 a 到 $a=1$ 将导致 x_3 减少到 $x_3=4+4(1)(-1)=0$,当 $a>1$ 时就得到 $x_3<0$。因此,a 表示离开可行域之前可移动距离的比例。

为了移动到下一个试验解,a 应增加多少?因为 Z 的增加值与 a 成比例,所以在当前迭代点上,赋予接近上界1的某个值有利于以一个相对大的步长逼近最优。但是,赋予太接近1的值带来的问题是:下一个试验解将遭遇约束边界的阻碍而难以在下一步迭代中形成大的改进。因此,试验解位于可行域中心附近(或至少邻近最优解附近那一部分可行域中心),以及不能太接近任何约束边界,这是很有帮助的。基于这种考虑,Karmarkar 提出 $a=0.25$ 对他的算法将是"安全"的。在实践中,有时也会用到很大的值(如 $a=0.9$)。针对本例(和本章末尾的问题)的计算,我们选定 $a=0.5$(IOR Tutorial 中使用 $a=0.5$ 作为默认值,但 $a=0.9$ 也是可行的)。

8.4.3 实现概念3的中心化方案

现在只剩下一步就可以完成算法描述了,即一个特殊的方案用于转换可行域以使当前试验解位于中心附近。我们刚刚阐述了试验解位于中心附近的好处,但这一中心化方案的另一个重要好处是随着算法向最优解收敛时,它使投影梯度的方向保持指向更接近最优解的位置。

中心化方案的基本思想简单易懂:简单改变每个变量的尺度(单位)因而试验解在新的坐标

系里与每条约束边界等距(Karmarkar 的最初算法应用了一种更复杂的中心化方案)。

例如,图 8.3 有 3 个约束边界,每一个对应扩展形式的问题中 3 个变量的其中之一取 0 值,即 $x_1=0, x_2=0$ 和 $x_3=0$,图 8.4 显示了这 3 个约束边界与 $Ax=b(x_1+x_2+x_3=8)$ 的平面相交形成可行域的边界。初始试验解是 $(x_1,x_2,x_3)=(2,2,4)$,因此,当各变量的长度单位被使用时,这个解距离约束边界 $x_1=0$ 和 $x_2=0$ 均为 2 个单位。距离边界 $x_3=0$ 为 4 个单位。然而,不管在哪种情况下,这些长度单位都是任意的而且能够被转化为希望的值而不改变问题本身。

$$\tilde{x}_1 = \frac{x_1}{2}, \tilde{x}_2 = \frac{x_2}{2}, \tilde{x}_3 = \frac{x_3}{4}$$

因此,为了使当前试验解 $(x_1,x_2,x_3)=(2,2,4)$ 转化为
$$(\tilde{x}_1, \tilde{x}_2, \tilde{x}_3) = (1,1,1)$$

在这个新的坐标下(以 $2\tilde{x}_1$ 替换 x_1,$2\tilde{x}_2$ 替换 x_2,$4\tilde{x}_3$ 马替换 x_3),问题变为

Max $Z = 2\tilde{x}_1 + 4\tilde{x}_2$

s.t

$2\tilde{x}_1 + 2\tilde{x}_2 + 4\tilde{x}_3 = 8$

且

$\tilde{x}_1 \geq 0, \tilde{x}_2 \geq 0, \tilde{x}_3 \geq 0$

图 8.5 描绘了这个问题。

注意到图 8.5 中的试验解 $(1,1,1)$ 与 3 条约束边界 $\tilde{x}_1=0, \tilde{x}_2=0, \tilde{x}_3=0$ 是等距的。对于随后的每一次迭代也一样,问题被再次调整尺度以获得与之相同的性质,因此当前试验解在当前坐标下总是 $(1,1,1)$。

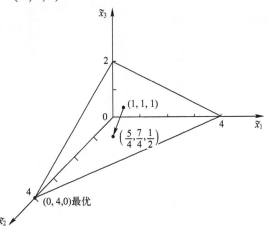

图 8.5 迭代 1 调整尺度后的示例

8.4.4 本算法的总结与说明

现在让我们总结并说明这个算法。我们将详细完成例子中的第一步迭代,然后给出一般过程的一个总结,最后将这个总结应用于第二步迭代。

迭代 1:给定的初始试验解 $(x_1,x_2,x_3)=(2,2,4)$,让 D 成为相应的对角矩阵,从而有 $x=D\tilde{x}$。因此,有

$$D = \begin{bmatrix} 2 & 0 & 0 \\ 0 & 2 & 0 \\ 0 & 0 & 4 \end{bmatrix}$$

那么,调整尺度的变量就是下式的分量:

$$\tilde{x} = D^{-1}x = \begin{bmatrix} \frac{1}{2} & 0 & 0 \\ 0 & \frac{1}{2} & 0 \\ 0 & 0 & \frac{1}{4} \end{bmatrix} \begin{bmatrix} x_1 \\ x_2 \\ x_3 \end{bmatrix} = \begin{bmatrix} \frac{x_1}{2} \\ \frac{x_2}{2} \\ \frac{x_3}{4} \end{bmatrix}$$

在这些新坐标下,A 和 c 成为

$$\widetilde{A} = AD = \begin{bmatrix} 1 & 1 & 1 \end{bmatrix} \begin{bmatrix} 2 & 0 & 0 \\ 0 & 2 & 0 \\ 0 & 0 & 4 \end{bmatrix} = \begin{bmatrix} 2 & 2 & 4 \end{bmatrix}$$

$$\widetilde{c} = Dc = \begin{bmatrix} 2 & 0 & 0 \\ 0 & 2 & 0 \\ 0 & 0 & 4 \end{bmatrix} \begin{bmatrix} 1 \\ 2 \\ 0 \end{bmatrix} = \begin{bmatrix} 2 \\ 4 \\ 0 \end{bmatrix}$$

因此，投影矩阵为

$$P = I - \widetilde{A}^{\mathrm{T}} (\widetilde{A}\widetilde{A}^{\mathrm{T}})^{-1} \widetilde{A}$$

$$= \begin{bmatrix} 1 & 0 & 0 \\ 0 & 1 & 0 \\ 0 & 0 & 1 \end{bmatrix} - \begin{bmatrix} 2 \\ 2 \\ 4 \end{bmatrix} \left(\begin{bmatrix} 2 & 2 & 4 \end{bmatrix} \begin{bmatrix} 2 \\ 2 \\ 4 \end{bmatrix} \right)^{-1} \begin{bmatrix} 2 & 2 & 4 \end{bmatrix}$$

$$= \begin{bmatrix} 1 & 0 & 0 \\ 0 & 1 & 0 \\ 0 & 0 & 1 \end{bmatrix} - \frac{1}{24} \begin{bmatrix} 4 & 4 & 8 \\ 4 & 4 & 8 \\ 8 & 8 & 16 \end{bmatrix}$$

$$= \begin{bmatrix} \frac{5}{6} & -\frac{1}{6} & -\frac{1}{3} \\ -\frac{1}{6} & \frac{5}{6} & -\frac{1}{3} \\ -\frac{1}{3} & -\frac{1}{3} & \frac{1}{3} \end{bmatrix}$$

因此，投影梯度为

$$c_p = P\widetilde{c} = \begin{bmatrix} \frac{5}{6} & -\frac{1}{6} & -\frac{1}{3} \\ -\frac{1}{6} & \frac{5}{6} & -\frac{1}{3} \\ -\frac{1}{3} & -\frac{1}{3} & \frac{1}{3} \end{bmatrix} \begin{bmatrix} 2 \\ 4 \\ 0 \end{bmatrix} = \begin{bmatrix} 1 \\ 3 \\ -2 \end{bmatrix}$$

定义 ν 为含有最大绝对值的向量 c_p 的负分量的绝对值，所以本例中 $\nu = |-2| = 2$，在当前坐标下，现在算法从当前试验解 $(\widetilde{x}_1, \widetilde{x}_2, \widetilde{x}_3) = (1, 1, 1)$ 移动到下一个试验解。

$$\widetilde{x} = \begin{bmatrix} 1 \\ 1 \\ 1 \end{bmatrix} + \frac{a}{\nu} c_p = \begin{bmatrix} 1 \\ 1 \\ 1 \end{bmatrix} + \frac{0.5}{2} \begin{bmatrix} 1 \\ 3 \\ -2 \end{bmatrix} = \begin{bmatrix} \frac{5}{4} \\ \frac{7}{4} \\ \frac{1}{2} \end{bmatrix}$$

如图 8.5 所示（选择 ν 的这个定义，对下一试验解中本方程 $a = 1$ 时，将使得 $\widetilde{x}$ 的最小分量等于 0）。在原坐标系下，这个解为

$$\begin{bmatrix} x_1 \\ x_2 \\ x_3 \end{bmatrix} = D\widetilde{x} = \begin{bmatrix} 2 & 0 & 0 \\ 0 & 2 & 0 \\ 0 & 0 & 4 \end{bmatrix} \begin{bmatrix} \frac{5}{4} \\ \frac{7}{4} \\ \frac{1}{2} \end{bmatrix} = \begin{bmatrix} \frac{5}{2} \\ \frac{7}{2} \\ 2 \end{bmatrix}$$

这就完成了这次迭代,这个新的解将用于开始下一步迭代。
对于任何迭代,这些步骤可以总结如下。

8.4.5 内点算法总结

(1) 给定当前试验解 $(x_1, x_2, \cdots, x_n)$,令

$$D = \begin{bmatrix} x_1 & 0 & 0 & \cdots & 0 \\ 0 & x_2 & 0 & \cdots & 0 \\ 0 & 0 & x_3 & \cdots & 0 \\ \vdots & \vdots & \vdots & \ddots & \vdots \\ 0 & 0 & 0 & \cdots & x_n \end{bmatrix}$$

(2) 计算 $\widetilde{A} = AD$ 和 $\widetilde{c} = Dc$。
(3) 计算 $P = I - \widetilde{A}^T(\widetilde{A}\widetilde{A}^T)^{-1}\widetilde{A}$ 和 $c_p = P\widetilde{c}$。
(4) 找出 c_p 拥有最大绝对值的负分量,并令 v 等于这个绝对值。然后计算

$$\widetilde{x} = \begin{bmatrix} 1 \\ 1 \\ \vdots \\ 1 \end{bmatrix} + \frac{a}{v} c_p$$

式中:a 是 0~1 的一个可选常数(如 $a = 0.5$)。

(5) 计算 $x = D\widetilde{x}$ 作为下一步迭代(步骤(1))的试验解(如果这一试验解与前一个试验解相比无实质上的改变,那么,算法实际上已经收敛于一个最优解,因此算法停止)。

现在让我们把这一总结应用于本例的迭代 2。

迭代 2:

步骤(1):

给定当前试验解 $(x_1, x_2, x_3) = \left(\dfrac{5}{2}, \dfrac{7}{2}, 2\right)$,令

$$D = \begin{bmatrix} \dfrac{5}{2} & 0 & 0 \\ 0 & \dfrac{7}{2} & 0 \\ 0 & 0 & 2 \end{bmatrix}$$

(注意:调整尺度的变量为

$$\begin{bmatrix} \widetilde{x}_1 \\ \widetilde{x}_2 \\ \widetilde{x}_3 \end{bmatrix} = D^{-1}x = \begin{bmatrix} \dfrac{2}{5} & 0 & 0 \\ 0 & \dfrac{2}{7} & 0 \\ 0 & 0 & \dfrac{1}{2} \end{bmatrix} \begin{bmatrix} x_1 \\ x_2 \\ x_3 \end{bmatrix} = \begin{bmatrix} \dfrac{2}{5}x_1 \\ \dfrac{2}{7}x_2 \\ \dfrac{1}{2}x_3 \end{bmatrix}$$

所以,在这些新的坐标下,BF 解为

$$\widetilde{x} = D^{-1} \begin{bmatrix} 8 \\ 0 \\ 0 \end{bmatrix} = \begin{bmatrix} \dfrac{16}{5} \\ 0 \\ 0 \end{bmatrix}$$

$$\widetilde{\boldsymbol{x}} = \boldsymbol{D}^{-1}\begin{bmatrix}0\\8\\0\end{bmatrix} = \begin{bmatrix}0\\\frac{16}{7}\\0\end{bmatrix}$$

和

$$\widetilde{\boldsymbol{x}} = \boldsymbol{D}^{-1}\begin{bmatrix}0\\0\\8\end{bmatrix} = \begin{bmatrix}0\\0\\4\end{bmatrix}$$

如图 8.6 所示。)

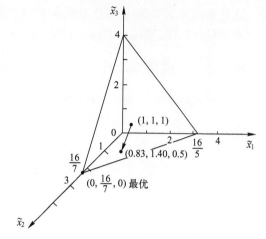

图 8.6 迭代 2 次调整尺度后示例

步骤(2)：

$$\widetilde{\boldsymbol{A}} = \boldsymbol{A}\boldsymbol{D} = \begin{bmatrix}\frac{5}{2} & \frac{7}{2} & 2\end{bmatrix}$$

和

$$\widetilde{\boldsymbol{c}} = \boldsymbol{D}\boldsymbol{c} = \begin{bmatrix}\frac{5}{2}\\7\\0\end{bmatrix}$$

步骤(3)：

$$\boldsymbol{P} = \begin{bmatrix}\frac{13}{18} & -\frac{7}{18} & -\frac{2}{9}\\-\frac{7}{18} & \frac{41}{90} & -\frac{14}{45}\\-\frac{2}{9} & -\frac{14}{45} & \frac{37}{45}\end{bmatrix}$$

和

$$\boldsymbol{c}_p = \begin{bmatrix}-\frac{11}{12}\\\frac{133}{66}\\-\frac{41}{15}\end{bmatrix}$$

步骤(4)：

$$\left|-\frac{41}{15}\right| > \left|-\frac{11}{12}\right| \quad \nu = \frac{41}{15}$$

所以,有

$$\widetilde{\boldsymbol{x}} = \begin{bmatrix}1\\1\\1\end{bmatrix} + \frac{0.5}{\frac{41}{15}}\begin{bmatrix}-\frac{11}{12}\\\frac{133}{60}\\-\frac{41}{15}\end{bmatrix} = \begin{bmatrix}\frac{273}{328}\\\frac{461}{328}\\\frac{1}{2}\end{bmatrix} \approx \begin{bmatrix}0.83\\1.40\\0.50\end{bmatrix}$$

步骤(5)：

$$x = D\tilde{x} = \begin{bmatrix} \dfrac{1365}{656} \\ \dfrac{3227}{656} \\ 1 \end{bmatrix} = \begin{bmatrix} 2.08 \\ 4.92 \\ 1 \end{bmatrix}$$

是迭代 3 的试验解。

因为其余的迭代重复上述计算,在此不再赘述。不过,在迭代 3 刚获得的试验解基础上调整尺度之后形成新的可行域我们在图 8.7 中描述了。同以前一样,调整尺度总是把试验解设置为 $(\tilde{x}_1, \tilde{x}_2, \tilde{x}_3) = (1,1,1)$,与约束边界 $\tilde{x}_1 = 0, \tilde{x}_2 = 0, \tilde{x}_3 = 0$ 的距离相等。注意:在图 8.5、图 8.6 和图 8.7 中,迭代序列和尺度调整把最优解向 (1,1,1) 移动,同时其余 BF 解远离该点。最后,经过足够的迭代,调整尺度后,最优解将非常接近 $(\tilde{x}_1, \tilde{x}_2, \tilde{x}_3) = (0,1,0)$,而其余两个 BF 解将在 $\tilde{x}_1$ 和 $\tilde{x}_3$ 轴上远离初始位置。接着该迭代的步骤(5)将产生一个解,该解在原始坐标系中非常靠近最优解 $(x_1, x_2, x_3) = (0,8,0)$。

图 8.8 显示了问题没有扩展之前在原 $x_1 - x_2$ 的坐标系中的算法进行过程。3 个点 $(x_1, x_2) = (2,2), (2.5, 3.5)$ 和 $(2.08, 4.92)$ 分别是迭代 1、迭代 2 和迭代 3 的试验解。然后,我们作了一条通过这些点并超出一段距离的平滑曲线展示算法在逼近 $(x_1, x_2) = (0,8)$ 过程中后续迭代的轨迹。

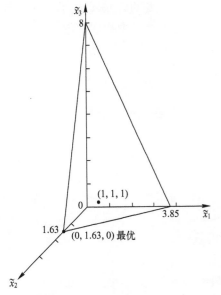
图 8.7 迭代 3 调整尺度后示例

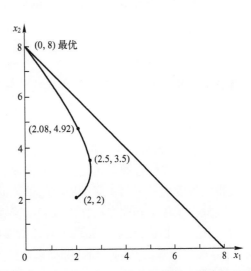
图 8.8 本例在原 $x_1 - x_2$ 坐标系中内点算法的轨迹

对这个特定的例子,函数约束正好是非等式约束。不过,对这个算法而言,等式约束也不会产生任何困难。因为由算法处理这些约束只是在任何需要转化为等式的扩展形式 ($Ax = b$) 完成之后进行的,而不论以何种方式取得扩展形式。为了说明这个问题,假定本例中的唯一改变是把约束 $x_1 + x_2 \leq 8$ 改为 $x_1 + x_2 = 8$。这样,图 8.3 中的可行域刚好变为点 (8,0) 和点 (0,8) 之间的线段。给定该线段内部的一个初始可行试验解,如 $(x_1, x_2) = (4,4)$,该算法就可以按照提出的恰好有两个变量时的 5 步总结所述进行,这里 $A = [1 \quad 1]$,对每步迭代,投影梯度沿这条线段指向 (0,8) 的方向。取 $\alpha = \dfrac{1}{2}$,迭代 1 从点 (4,4) 移动到 (2,6),迭代 2 从 (2,6) 移动到 (1,7) 等(习题 8.4-3 要求验证这些结果)。

尽管本例的任意个版本都只有一个函数约束,然而,正如已经说明的,拥有多于一个约束只导致计算过程的一个改变(不是更大范围的计算)。例子中有一个单独的函数约束意味着 A 只拥有单独的一行,因此步骤(3)的 $(\widetilde{A}\widetilde{A}^T)^{-1}$ 项就是向量乘积 $\widetilde{A}\widetilde{A}^T$ 所得到数值的倒数。多个函数约束意味着 A 有多行,因而,$(\widetilde{A}\widetilde{A}^T)^{-1}$ 是由矩阵乘积 $\widetilde{A}\widetilde{A}^T$ 得到的矩阵的逆阵。

结束前,我们常要加上一个注释以更完整地理解算法,对于特别小型的例子,该算法要求相对大量的计算并经多次迭代后,获得仅是最优解的一个近似值。3.1 节的图解法在图 8.3 中立刻找到了最优解,而且单纯形法只要求一步快速地迭代,然而,不要被这一对比而忽视了内点算法的有效性。这个算法是为解决拥有成百上千条函数约束的大型问题而设计的。对于这样的问题,单纯形法通常需要数千步迭代,通过"穿过"可行域内部,内点算法只要求少得多的迭代次数(尽管每步迭代要做更多的工作),这使内点算法有时能有效地解决大型线性规划问题。这些问题可能在单纯形法和对偶单纯形法的解决范围之外。因此,与这里提出的算法类似的一些内点算法将在线性规划中发挥重要作用。

4.9 节介绍了内点算法与单纯形法的对比,还讨论了内点算法与单纯形法的互补作用,包括它们怎样被组合进一个混合的算法中。

最后,我们必须强调一点,通过描述 1984 年 Karmarkar 提出的开创性算法的一个初等变异方法,本节只是提供一个对内点算法应用于线性规划的概念性介绍。1984 年以来,许多顶尖的研究人员已经对内点算法做了许多关键性的改进,这仍将成为一个重要的研究领域,对这个高级专题的更深入介绍超出了本书的范围,感兴趣的读者可以从本章参考文献中找到详细内容。

8.5 结　　论

对于优化后分析,对偶单纯形法和参数线性规划特别有价值,在其他背景下它们也可能非常有用。

通常情况下,一些变量或全部变量有明显的上界。上界法为这些情况下简化单纯形法提供了一种方法,它可以极大地减少大型问题的计算量。

数学规划计算机软件包通常包括这 3 种程序,并且这 3 种程序被广泛地使用。因为它们的基本结构在很大程度上基于第 4 章中提出的单纯形法。

现在已经提出了很多其他专用算法以利用特殊类型的线性规划问题的特殊结构(如第 9 章和第 10 章将讨论)。目前,在这一领域已有非常多的研究。

Karmarkar 的内点算法开创了研究如何解决线性规划问题的另一关键路线。现在,这个算法的变异方法为高效地解决某些非常大型的问题提供了强有力的过程。

参 考 文 献

[1] Hooker, J. N.: "Karmarkar's Linear Programming Algorithm," *Interfaces*, **16**: 75-90, July-August 1986.

[2] Jones, D., and M. Tamiz: *Practical Goal Programming*, Springer, New York, 2010.

[3] Luenberger, D., and Y. Ye: *Linear and Nonlinear Programming*, 3rd ed., Springer, New York, 2008.

[4] Marsten, R., R. Subramanian, M. Saltzman, I. Lustig, and D. Shanno: "Interior-Point Methods for Linear Programming: Just Call Newton, Lagrange, and Fiacco and McCormick!," *Interfaces*, **20**: 105-116, July-August 1990.

[5] Murty, K. G.: *Optimization for Decision Making: Linear and Quadratic Models*, Springer, New York, 2010.

[6] Vanderbei, R. J.: "Affine-Scaling for Linear Programs with Free Variables," *Mathematical Programming*, **43**: 31-44, 1989.

[7] Vanderbei, R. J.: *Linear Programming: Foundations and Extensions*, 4th ed., Springer, New York, 2014.

[8] Ye, Y.: *Interior-Point Algorithms: Theory and Analysis*, Wiley, Hoboken, NJ, 1997.

习　题

某些习题(或其中一部分)左端的符号意义如下：

I：我们建议你使用 IOR Tutorial(输出记录了你的工作)中的上述程序之对参数线性规划而言，这些程序只应用于 $\theta=0$，在这之后你应该手工继续计算。

C：通过使用 IOR Tutorial 中内点算法的自动程序解决问题。

习题上有星号表示书后有该题的部分答案。

8.1-1　考虑如下问题。

Max $Z = -x_1 - x_2$

s.t.

$x_1 + x_2 \leq 8$
$x_2 \geq 3$
$-x_1 + x_2 \leq 2$

且

$x_1 \geq 0, x_2 \geq 0$

I(a)用图解法求解此题。

(b)用对偶单纯形法手工求解此题。

(c)在图上描绘对偶单纯形法执行的路径。

8.1-2* 应用对偶单纯形法手工解决以下问题。

Min $Z = 5x_1 + 2x_2 + 4x_3$

s.t.

$3x_1 + x_2 + 2x_3 \geq 4$
$6x_1 + 3x_2 + 5x_3 \geq 10$

且

$x_1 \geq 0, x_2 \geq 0, x_3 \geq 0$

8.1-3　应用对偶单纯形法手工解决以下问题。

Min $Z = 7x_1 + 2x_2 + 5x_3 + 4x_4$

s.t.

$2x_1 + 4x_2 + 7x_3 + x_4 \geq 5$
$8x_1 + 4x_2 + 6x_3 + 4x_4 \geq 8$
$3x_1 + 8x_2 + x_3 + 4x_4 \geq 4$

且

$x_j \geq 0, j = 1, 2, 3, 4$

8.1-4　考虑以下问题。

Max $Z = 3x_1 + 2x_2$

s.t.

$3x_1 + x_2 \leq 12$
$x_1 + x_2 \leq 6$
$5x_1 + 3x_2 \leq 27$

且

$x_1 \geq 0, x_2 \geq 0$

I(a) 用原始单纯形法(表格形式)求解此题,找出每步迭代得到的对偶问题的互补基解。

(b) 用对偶单纯形法手工求解此问题的对偶问题,将得到的一系列基解与(a)中得到的互补基解作比较。

8.1-5 考虑 7.2 节中灵敏度分析案例 1 的例子。在该例中,表 4.8 中的初始单纯形表发生了改变,b_2 从 12 变为 24,因而,最终单纯形表右侧一列的数字分别变为 54、6、12 和 -2。从这个修改过的最终单纯形表开始,用对偶单纯形法求解如表 7.5 所列的新的最优解。列出你的求解步骤。

8.1-6* 考虑习题 7.2-2(a)部分。从修改后的最终表出发,使用对偶单纯形法重新优化。

8.2-1* 考虑以下问题。

Max $Z = 8x_1 + 24x_2$

s.t.

$x_1 + 2x_2 \leq 10$

$2x_1 + x_2 \leq 10$

且

$x_1 \geq 0, x_2 \geq 0$

假定 Z 代表利润并且两个业务活动的员工的适当轮换将可能或多或少地改变目标函数。特别地,假定活动 1 的单位利润可增加到超过 8(最大值 18)。同时付出的代价是活动 2 的单位利润从 24 减少该数量的 2 倍。这样 Z 实际上可以表示为

$Z(\theta) = (8+\theta)x_1 + (24-2\theta)x_2$

式中:θ 也是一个决策变量,满足 $0 \leq \theta \leq 10$。

I(a) 用图解法求最初问题的解。然后,用扩展图解法的过程来求解该问题的参数扩展形式,即寻找关于 θ 函数的最优解和最优值 $Z(\theta)$,满足 $0 \leq \theta \leq 10$。

I(b) 用单纯形法求解最初问题的最优解,然后用参数线性规划求函数最优解和最优值 $Z(\theta)$。满足 $0 \leq \theta \leq 10$,绘出 $Z(\theta)$ 的图形。

(c) 确定最优的 θ 值,然后说明如何能通过只求解两个通常的线性规划问题而直接确定该最优值(提示:凸函数在某一个端点获得最大值)。

I8.2-2 应用参数线性规划寻找下述问题函数的最优解 $\theta, 0 \leq \theta \leq 20$。

Max $Z(\theta) = (20+4\theta)x_1 + (30-3\theta)x_2 + 5x_3$

s.t.

$3x_1 + 3x_2 + x_3 \leq 30$

$8x_1 + 6x_2 + 4x_3 \leq 75$

$6x_1 + x_2 + x_3 \leq 45$

且

$x_1 \geq 0, x_2 \geq 0, x_3 \geq 0$

I8.2-3 考虑以下问题。

Max $Z(\theta) = (10-\theta)x_1 + (12+\theta)x_2 + (7+2\theta)x_3$

s.t.

$x_1 + 2x_2 + 2x_3 \leq 30$

$x_1 + x_2 + x_3 \leq 20$

且

$x_1 \geq 0, x_2 \geq 0, x_3 \geq 0$

(a) 应用参数线性规划为这个问题寻找作为 θ 的函数最优解, $\theta \geq 0$。

(b) 为这个问题构建对偶模型。然后, 应用 8.2 节后面一部分所描述的方法为这个对偶问题寻找作为 θ 的函数的最优解, $\theta \geq 0$。图解说明这一代数过程在做些什么, 把所获得的基本解与 (a) 部分得到的互补的基本解做对比。

I8.2-4* 应用针对参数 b_i 系统变化的参数线性规划程序寻找以下问题的 θ 函数的最优解, $0 \leq \theta \leq 25$。

Max $Z(\theta) = 2x_1 + x_2$

s.t.

$x_1 \leq 10 + 2\theta$

$x_1 + x_2 \leq 25 - \theta$

$x_2 \leq 10 + 2\theta$

且

$x_1 \geq 0, x_2 \geq 0$

图解说明这个代数过程是怎样进行的。

I8.2-5 应用参数线性规划为以下问题的 θ 函数寻找一个最优解, $0 \leq \theta \leq 30$。

Max $Z(\theta) = 5x_1 + 6x_2 + 4x_3 + 7x_4$

s.t.

$3x_1 - 2x_2 + x_3 + 3x_4 \leq 135 - 2\theta$

$2x_1 + 4x_2 - x_3 + 2x_4 \leq 78 - \theta$

$x_1 + 2x_2 + x_3 + 2x_4 \leq 30 + \theta$

且

$x_j \geq 0, j = 1, 2, 3, 4$

然后, 找出使最优值 $Z(\theta)$ 达到最大值的 θ 值。

8.2-6 考虑习题 7.2-3。应用参数线性规划寻找作为 θ 的函数最优解 $-20 \leq \theta \leq 0$(提示: 用 $-\theta'$ 替换 θ, 然后从 0 开始增加 θ')。

8.2-7 考虑如图 8.1 所示的参数 c_j 系统地改变时的参数线性规划的函数 $Z^*(\theta)$。

(a) 解释为什么这个函数是分段线性的。

(b) 说明这个函数必须为凸。

8.2-8 考虑如图 8.2 所示的参数 b_i 系统改变时参数线性规划的函数 $Z^*(\theta)$。

(a) 解释为什么这个函数是分段线性的。

(b) 说明这个函数必定是凹的。

8.2-9 令 $Z^* = \text{Max}\left\{\sum_{j=1}^{n} c_j x_j\right\}$

s.t.

$\sum_{j=1}^{n} a_{ij} x_j \leq b_i, i = 1, 2, \cdots, m$

且

$x_j \geq 0, j = 1, 2, \cdots, n$

式中:a_{ij}、b_i 和 c_j 是固定的常数且令$(y_1^*,y_2^*,\cdots,y_m^*)$为对应的最优对偶解,然后,令

$$Z^{**} = \text{Max}\left\{\sum_{j=1}^n c_j x_j\right\}$$

s.t.

$$\sum_{j=1}^n a_{ij}x_j \leq b_i + k_i, i = 1,2,\cdots,m$$

式中:$k_1,k_2,\cdots,k_m$ 是给定的常数,且 $x_j \geq 0, j=1,2,\cdots,n$ 说明下式成立

$$Z^{**} \leq Z^* + \sum_{i=1}^m k_i y_i^*$$

8.3-1 考虑以下问题。

Max $Z(\theta) = 2x_1 + x_2$

s.t.

$$\begin{aligned}
x_1 - x_2 &\leq 5 \\
x_1 &\leq 10 \\
x_2 &\leq 10
\end{aligned}$$

且

$x_1 \geq 0, x_2 \geq 0$

I(a)图解法求解这个问题。

(b)应用上界法人工求解这个问题。

(c)在图上描绘出上界法的路径。

8.3-2* 应用上界法人工求解以下问题。

Max $Z = x_1 + 3x_2 - 2x_3$

s.t.

$$\begin{aligned}
x_2 - 2x_3 &\leq 1 \\
2x_1 + x_2 + 2x_3 &\leq 8 \\
x_1 &\leq 1 \\
x_2 &\leq 3 \\
x_3 &\leq 2
\end{aligned}$$

且

$x_1 \geq 0, x_2 \geq 0, x_3 \geq 0$

8.3-3 应用上界法人工求解以下问题。

Max $Z = 2x_1 + 3x_2 - 2x_3 + 5x_4$

s.t.

$$\begin{aligned}
2x_1 + 2x_2 + x_3 + 2x_4 &\leq 5 \\
x_1 + 2x_2 - 3x_3 + 4x_4 &\leq 5
\end{aligned}$$

且

$0 \leq x_j \leq 1, j = 1,2,3,4$

8.3-4 应用上界法人工求解以下问题。

Max $Z = 2x_1 + 5x_2 + 3x_3 + 4x_4 + x_5$

s.t.

$$x_1+3x_2+2x_3+3x_4+x_5 \leq 6$$
$$4x_1+6x_2+5x_3+7x_4+x_5 \leq 15$$

且

$$0 \leq x_j \leq 1, j=1,2,3,4,5$$

8.3-5 同时应用上界法和对偶单纯形法人工求解以下问题。

Max $Z=3x_1+4x_2+2x_3$

s.t.

$$x_1+x_2+x_3 \geq 15$$
$$x_2+x_3 \geq 10$$

且

$$0 \leq x_1 \leq 25, 0 \leq x_2 \leq 5, 0 \leq x_3 \leq 15$$

C8.4-1 重新考虑8.4节中用来说明内点算法的例子。假定初始可行试验解换成$(x_1,x_2)=(1,3)$。从这个解出发,手工进行两步迭代。然后,使用IOR Tutorial中的自动程序检验你的运算。

8.4-2 考虑以下问题。

Max $Z=3x_1+x_2$

s.t.

$$x_1+x_2 \leq 4$$

且

$$x_1 \geq 0, x_2 \geq 0$$

I(a)图解法求解这个问题,并找出所有CPF解。

C(b)从初始试验解$(x_1,x_2)=(1,1)$出发,手工进行8.4节提出的内点算法的4步迭代。然后,使用IOR Tutorial中的自动程序检验你的运算。

(c)针对本问题,画出与图8.4、图8.5、图8.6、图8.7和图8.8相应的图形。在每个图形中,找出当前坐标系下的基本(或角点)可行解(试验解可以用于决定投影梯度)。

8.4-3 考虑以下问题。

Max $Z=x_1+2x_2$

s.t.

$$x_1+x_2=8$$

且

$$x_1 \geq 0, x_2 \geq 0$$

C(a)在8.4节的末尾,我们讨论了从$(x_1,x_2)=(4,4)$出发,使用内点算法如何解决这个问题。通过手工进行两步迭代验证得出的结果。然后,使用IOR Tutorial中的自动程序检验你的运算。

(b)使用这些结果预测在进行一次迭代时下一个试验解会是多少。

(c)在这个应用问题中,假定算法采用停止运算的判断准则是当两个连续的试验解在任何分量中相差不多于0.01时,停止运算。使用在(b)中得到的预测估计最终试验解和达到这个最终试验解所需的迭代步骤总数。这个解距离最优解$(x_1,x_2)=(0,8)$有多近?

8.4-4 考虑以下问题。

Max $Z=x_1+x_2$

s. t.

$x_1 + x_2 \leq 9$

$2x_1 + x_2 \leq 9$

且

$x_1 \geq 0, x_2 \geq 0$

I(a) 图解法求解此题。

(b) 找出在原始 x_1-x_2 坐标系中目标函数的梯度。如果你从最初开始并沿着梯度的方向移动到可行域的边界,相对于最优解你最终停止在哪个位置。

C(c) 从初始试验解 $(x_1, x_2) = (1, 1)$ 出发,使用 IOR Tutorial 进行 8.4 节提出的内点算法的 10 步迭代。

C(d) 令 $a = 0.9$,重做(c)。

8.4-5 考虑以下问题。

Max $Z = 2x_1 + 5x_2 + 7x_3$

s. t.

$x_1 + 2x_2 + 3x_3 = 6$

且

$x_1 \geq 0, x_2 \geq 0, x_3 \geq 0$

I(a) 闯出可行域。

(b) 找到目标函数的梯度,然后寻找可行域上的投影梯度。

(c) 从初始试验解 $(x_1, x_2, x_3) = (1, 1, 1)$ 出发,由人工进行 8.4 节提出的内点算法的 2 步迭代。

C(d) 从这个相同的初始试验解出发,使用 IOR Tutorial 进行这个算法的 10 步迭代。

C8.4-6 从初始试验解 $(x_1, x_2) = (2, 2)$ 出发,使用 IOR Tutorial 对 3.1 节提出的 Wyndor Glass 公司问题执行 8.4 节所示内点算法的 1~5 步迭代,画出类似图 8.8 的图形以显示该算法在原 x_1-x_2 坐标系下的轨迹。

第 9 章　运输与指派问题

第 3 章指出线性规划具有广泛应用，本章将进一步展开，着重讨论两类重要的线性规划问题。第一类问题称为运输问题，之所以称为运输问题，是因为其很多应用是为了解决货物运输的最优化问题。不过，也有一些重要应用与运输无关，如生产计划问题。

第二类问题称为指派问题，其应用就是指派人员去完成任务。尽管指派问题与运输问题的应用看起来较大差异，然而，接下来读者会发现，指派问题实际上可看作运输问题的一种特殊形式。

下一章还将介绍线性规划的另一种特殊形式——网络优化问题，其中涉及最小费用流问题（见 10.6 节）。届时将看到，运输问题和指派问题实际上都是最小费用流问题的特殊实例。在本章我们将介绍运输问题和指派问题的网络图表示。

运输和指派问题的应用一般涉及大量约束条件和变量，直接用单纯形法的计算机程序求解这两类问题需要大量的计算。幸而此类问题有一个主要特点，即约束条件中大多数系数 a_{ij} 为零，而且系数不为零的部分会呈现出独特的结构。这样，就可利用此类问题的特殊结构设计一种特殊的改进算法，节省计算量。因此，只有对此类问题非常熟悉，才能在遇到时将其识别出来，并运用适当的计算步骤求解。

为了描述这类特殊结构，将介绍约束条件的系数表格，如表 9.1 所列。其中 a_{ij} 表示第 i 个约束条件中的第 j 个变量的系数。后文中，表格中系数全为零的部分将留为空白，系数不为零的地方将标为阴影。

表 9.1　线性规划约束条件的系数表格

$$A = \begin{bmatrix} a_{11} & a_{12} & \cdots & a_{1n} \\ a_{21} & a_{22} & \cdots & a_{2n} \\ \vdots & \vdots & \ddots & \vdots \\ a_{m1} & a_{m2} & \cdots & a_{mn} \end{bmatrix}$$

首先给出一个运输问题的原型范例，建立模型后介绍此类问题的特殊结构，并给出其他应用案例。9.2 节将介绍运输问题的单纯形法，一种用于解决运输问题的改进单纯形法（在 10.7 节，读者将会看到与该算法相关的网络单纯形法，这是单纯形法的另一种改进版本，用于高效解决最小费用流问题，也适用于运输和指派问题），9.3 节重点讲述指派问题，9.4 节介绍一种专门解决指派问题的特殊算法——匈牙利算法。

本书的网站上还提供了本章的补充内容，通过一个完整的案例（包括案例分析），生动展示了企业（本例中为一个炼油厂）在选择新厂址的决策中，如何解决大量的运输问题。

9.1　运输问题

9.1.1　原型范例

P&T 公司的一个主要产品是罐装豌豆。豌豆产自 3 个罐装食品厂（华盛顿州的贝林厄姆附近、俄勒冈州的尤金和明尼苏达州的挨伯特利),然后,通过卡车运到美国西部的 4 个分销仓库(加利福尼亚州的萨克拉门多、犹他州的盐湖城、南达科塔州的来比特市和新墨西哥州的阿尔伯克基),如图 9.1 所示。由于运输费用是主要的开支,管理层就尽可能减少运输费用展开研究。已预估出下一季度每个豌豆产地的产量,并且根据豌豆总产量为每个仓库分配了一定的存储额度。具体数量(以卡车运货量为单位)和每卡车豌豆罐头经由不同路线的运费如表 9.2 所列。由表 9.2 可知,共有 300 卡车豌豆罐头等待运输,现在的问题是怎样安排货物的运输路线可使总运输费用最低。

图 9.1　P&T 公司工厂和仓库的位置图

表 9.2　P&T 公司的运输数据

		每卡年的运输成本/美元				产出
		仓库				
		1	2	3	4	
罐头厂	1	464	513	654	867	25
	2	352	416	690	791	125
	3	995	682	388	685	100
分配		80	65	70	85	

如果忽略产地和仓库的地理位置分布,可以给出这个问题的网络图表示,如图 9.2 所示,左侧表示 3 个产地,右侧表示 4 个仓库,箭头代表可能的运送路线,每个箭头旁边的数字代表每车货物通过该路线所需的运送成本。产地和仓库旁边中括号内的数字代表计划从这里运出多少车豌豆罐头(由于仓库是接收货物,因此其旁边的数字为负值)。

图 9.2 描述的问题实际上是运输问题的线性规划问题。为了构建该问题的模型,用 Z 表示总运输费用,用 $x_{ij}(i=1,2,3;j=1,2,3,4)$ 表示从产地 i 到仓库 j 运输的豌豆罐头数量。因此,目标就是选择这 12 个决策变量(x_{ij})的值,使得 Z 值最小,即

Min $Z = 464x_{11} + 513x_{12} + 654x_{13} + 867x_{14}$
$\qquad + 352x_{21} + 416x_{22} + 690x_{23} + 791x_{24}$
$\qquad + 995x_{31} + 682x_{32} + 388x_{33} + 685x_{34}$

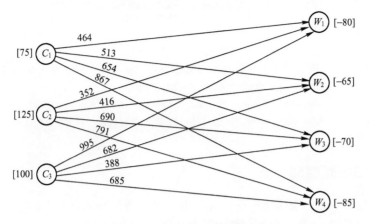

图 9.2 P&T 公司问题的网络表示

s.t.

$x_{11}+x_{12}+x_{13}+x_{14}=75$

$x_{21}+x_{22}+x_{23}+x_{24}=125$

$x_{31}+x_{32}+x_{33}+x_{34}=100$

$x_{11}+x_{21}+x_{31}=80$

$x_{12}+x_{22}+x_{32}=65$

$x_{13}+x_{23}+x_{33}=70$

$x_{14}+x_{24}+x_{34}=85$

且

$x_{ij} \geqslant 0 (i=1,2,3; j=1,2,3,4)$

表 9.3 列出了约束条件系数。在本节后面的部分读者将会看到,正是因为这种特殊结构,才把此类问题称为运输问题。不过,接下来将首先介绍运输问题模型的其他特征。

表 9.3 P&T 公司的约束条件系数

	约束系数											罐装食品厂
	x_{11}	x_{12}	x_{13}	x_{14}	x_{21}	x_{22}	x_{23}	x_{24}	x_{31}	x_{32}	x_{33}	x_{34}	
A =	1	1	1	1									罐头约束
					1	1	1	1					
									1	1	1	1	
	1				1				1				仓库约束
		1				1				1			
			1				1				1		
				1				1				1	

应 用 案 例

宝洁(P&G)公司是全世界规模最大、赢利最高的消费品生产企业,公司在世界范围内生产和销售数百种品牌的消费产品,2012 年的销售额达 830 亿,在 2011 年《财富》杂志推出的"全球最受欢迎的企业"中排名第五位。

公司的历史悠久,可追溯到 19 世纪 30 年代,在漫长的发展历程中公司一直飞速发展。为保持和促进增长,增强公司的全球竞争力,公司进行了一项重要的运筹学研究。在研究开展之前,公司的供应链涵盖数百个供应商、50 多个产品门类、60 多个工厂、15个分销中心和1000多个消费区。然而，随着公司向国际品牌发展，管理者意识到有必要对工厂进行合并以降低生产制造成本、加快市场供应及减少资本投入。因此，该项研究着眼于重新设计公司北美地区的生产和配送系统。结果削减了近20%的北美工厂，由此，每年的税前成本节约超过2亿美元。

这项研究的主要部分就是对每个产品类别建模并求解其运输问题。在做出工厂是否关闭之类的选择之前，需要求解产品的运输问题，从而得出将该工厂的产品运送到配运中心及消费区的配送成本。

资料来源：J. D. Camm, T. E. Chorman, F. A. Dill, J. R. Evans, D. J. Sweeny, and G. W. Wegryn: "BlendingOR/MS, Judgment, and GIS: Restructuring P&G's Supply Chain." Interfaces, 27(1):128–142. Jan.–Feb. 1997. (以下网址提供本立的链接：www.mhhc.rom/hillicr。)

9.1.2 运输问题模型

为了给出运输问题的一般模型，我们需要用一些更通用的术语，而非范例中那样的专业术语。实际上，一般的运输问题关注如何把物品从生产地（称为产地）运到仓库（称为销地），并使运输费用最小。原型范例和一般模型之间的术语的对应关系如表9.4所列。

表9.4 运输问题的术语

行号	原型范例	一般问题
1	罐装豌豆的卡车数量	货物的单位数量
2	3个罐头厂	m个产地
3	4个仓库	n个销地
4	第i个罐头厂的产出	从第i个产地提供的货物s_i
5	第j个仓库分配的货物	第j个销地的需求量d_j
6	从第i个罐头厂运送一卡车产品到第j个仓库的运输费用	从第i个产地到第j个销地的单位分销成本c_{ij}

从表9.4第4行和第5行可以看出，每个产地都向销地供应一定单位量的产品，每个销地都需要从产地接收一定单位量的产品。运输问题的模型对供给和需求做出如下假设。

条件假设：每个产地都提供一定数量的产品，所有的产品都需要运往销地（用s_i代表第i个产地供应的产品数量，$i=1,2,\cdots,m$）。同样，每个销地都接收一定数量的产品，所有接收的产品都只能从产地运来（用d_j代表第j个销地接收的产品数量，$j=1,2,\cdots,n$）。

这一假设适用于P&T公司，因为它的每个罐装厂（产地）都有一个固定的产出，并且每个仓库（销地）都有一个固定的需求量。

该假设意味着供给和需求之间需要存在一个平衡，也即所有产地的供给总和应该等于所有销地的需求总和。

可行解性质：运输问题有可行解的充分必要条件为

$$\sum_{i=1}^{m} s_i = \sum_{j=1}^{n} d_j$$

如表9.2所列，对于P&T公司的问题，其供给（产出）量和需求（分配）量均为300卡车，供给量和需求量相等。

在有些实际问题中，供给事实上代表需要分发的最大数量（而非固定数量）。类似地，在其他情况下，需求代表要接收的最大数量（而非固定数量）。由于违背了假设条件，此类问题一般不完全适用运输问题模型。但可以引入虚销地或虚产地来填补实际数量与最大数量的差值，从而重新定义该问题使之适用运输问题模型。我们将在本节末举两个例子说明如何处理这类问题。

表9.4的最后一行列出了运输每单位的成本，即单位成本，单位成本蕴含着以下适用于任何

运输问题的基本假设。

成本假设：任何特定产地至特定销地的运输成本与所需分销的单位数量成正比。因此，运输成本是分销的单位数量与单位分销成本的积（用 c_{ij} 表示产地 i 至销地 j 的单位成本）。

P&T 公司问题也符合这一假设，因为从任何罐头厂到任何仓库的运输费用均与运输量成正比。

对于运输问题模型，所需数据有供给量、需求量和单位成本。这些数据便是模型的参数，可以很方便地总结为如表 9.5 所列的参数表。

模型：任何问题（无论是否含有运输环节），只要其能通过表 9.5 中的参数完全表达，符合条件假设和成本假设，且目标是使分销单位数量所需的费用最小，均适用该运输问题模型。该模型所需参数如表 9.5 所列。

表 9.5 运输问题的参数表

		每单位分销成本				供 给
		销地				
		1	2	⋯	n	
产地	1	c_{11}	c_{12}	⋯	c_{1n}	s_1
	2	c_{21}	c_{22}	⋯	c_{2n}	s_2
	⋮	⋮	⋮	⋮	⋮	⋮
	m	c_{m1}	c_{m2}	⋯	c_{mn}	s_m
需求		d_1	d_2	⋯	d_n	

这样，定义一个运输问题只需填写一个类似表 9.5 的表格（如 P&T 公司问题中的表 9.2），也可采用如图 9.3 所示的网络图来表示（如 P&T 公司问题中的图 9.2）。一些与运输问题无关的问题也可以采用其中任一方式加以表示。本书网站中例题解答部分，还有这类问题的另外一个例子。

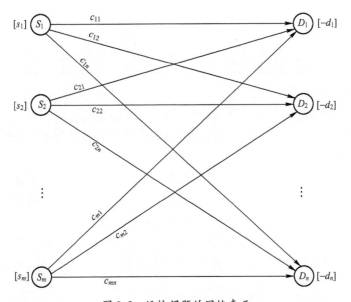

图 9.3 运输问题的网络表示

由于运输问题可以通过参数表和网络图的形式简单表示，所以对此类问题无需写出正规的数学公式模型。不过,我们还将继续介绍一般运输问题的数学模型,以说明运输问题实际上是一种特殊的线性规划问题。

设 Z 为总分销成本,且 $x_{ij}(i=1,2,\cdots,m;j=1,2,\cdots,n)$ 是从产地 i 分配至销地 j 的单位数量,则问题的线性规划表达式为

$$\text{Min } Z = \sum_{i=1}^{m} \sum_{j=1}^{n} c_{ij} x_{ij}$$

s. t.

$$\sum_{j=1}^{n} x_{ij} = s_i (i = 1, 2, \cdots, m)$$

$$\sum_{i=1}^{m} x_{ij} = d_j (j = 1, 2, \cdots, n)$$

且

$$x_{ij} \geq 0 (i=1,2,\cdots,m;j=1,2,\cdots,n)$$

注意到其约束系数表格呈现出特殊的结构,如表 9.6 所列。任何符合这种特殊形式的线性规划问题均是运输问题,而不用考虑其具体内容。实际上,有大量与运输无关的问题都符合这种结构,稍后将举例说明(9.3 节所述的指派问题是另外一个例子)。这种结构也是运输问题被视为一类重要的线性规划问题的原因之一。

表 9.6 运输问题的约束系数

	\multicolumn{12}{c	}{约束系数}	
	x_{11}	x_{12}	$\cdots$	x_{1n}	x_{21}	x_{22}	$\cdots$	x_{2n}	$\cdots$	x_{m1}	x_{m2}	$\cdots$	x_{mn}	
$A=$	1	1	$\cdots$	1										供应约束
					1	1	$\cdots$	1						
									$\cdots$	1	1	$\cdots$	1	
	1				1				$\cdots$	1				需求约束
		1				1					1			
			$\cdots$									$\cdots$		
				1				1					1	

在很多应用中,模型中的供给量和需求量 s_i、d_i 取值都为整数,因而,在实施上要求分销数量也为整数。由于具有如表 9.6 所列的特殊结构,所有此类问题均有如下性质。

整数解性质:对于任一 s_i、d_i 为整数的运输问题,其所有基本可行解中(包括最优解)的基本变量(分销量)也均为整数。

9.2 节所述求解程序只针对基本可行解,因此将自动获得一个整数最优解(读者将会看到,这一求解过程实际上给出了整数解性质的一个证明,习题 9.2-20 可以帮助读者理解这一推理过程)。因此,没有必要在模型中增加一个 x_{ij} 必须为整数的约束条件。

与其他线性规划问题一样,一些常用的软件如 Excel、LING/LIDO 和 MPL/CPLEX,都能够用来建立和解决运输问题(及指派问题)。然而,由于这里的 Excel 方法与读者之前看到的有所区别,以下将详细介绍。

9.1.3 用 Excel 建立和求解运输问题

如 3.5 节所述,采用电子数据表建立线性规划模型,一开始需要回答三个问题:决策什么?

对决策的约束是什么？评估这些决策整体效果的测度是什么？由于运输问题是特殊的线性规划问题，所以，用电子表格描述运输问题也需要首先解决上述问题。接下来，将围绕合理表示上述信息和相关数据，介绍电子数据表的设计。

再次以 P&T 公司问题为例。该问题的决策是要求解从每个罐装食品厂到每个仓库的运载量。决策的约束是从罐装食品厂运输的总数量必须等于其产量（供给量），且每个仓库的接收数量等于其分配数量（需求量）。总体效果测度是运输总费用，因而，目标是使运输的总费用最小。

上述信息可产生如图 9.4 所示的电子数据表格，所有来自表 9.2 的数据都显示在如下数据单元格中：单位成本（D5：G7）；供给量（J12：J14）；需求量（D17：G17）；决策变量为运输量，采用可变动的单元格（D12：G14）；输出单元格，包括总运输量（H12：H14）和总接收量（D15：G15），应用了如图 9.4 下半部分所示的 SUM 函数。约束条件：总运输量（H12：H14）= 供给量（J12：J14），总接收量（D15：G15）= 需求量（D17：G17），已在电子表格中明确给出，且已输入 Solver 对话框中。目标单元格是总费用（J17），其 SUMPRODUCT 函数如图 9.4 的右下角所示。在 Solver 参数对话框中，明确了目标就是最小化目标单元格，选择“变量非负”选项规定所有的运输量须为非负值，由于这是一个线性规划问题，因此求解方法选择“单纯形线性规划”。

开始求解时，可在每个可变单元格中键入任意值（如 0），单击“Solver”按钮之后，Solver 将用单纯形法求解运输问题且给出每个决策变量的最优值。最优解将显示在图 9.4 的运输量单元格（D12：G14）中，计算结果 152535 美元则显示在目标单元格总费用（J17）中。

	A	B	C	D	E	F	G	H	I	J
1	P&T Co. Distribution Problem									
2										
3		Unit Cost		Destination (Warehouse)						
4				Sacramento	Salt Lake City	Rapid City	Albuquerque			
5		Source	Bellingham	$464	$513	$654	$867			
6		(Cannery)	Eugene	$352	$416	$690	$791			
7			Albert Lea	$995	$682	$388	$685			
8										
9										
10		Shipment Quantity		Destination (Warehouse)						
11		(Truckloads)		Sacramento	Salt Lake City	Rapid City	Albuquerque	Total Shipped		Supply
12		Source	Bellingham	0	20	0	55	75	=	75
13		(Cannery)	Eugene	80	45	0	0	125	=	125
14			Albert Lea	0	0	70	30	100	=	100
15			Total Received	80	65	70	85			
16				=	=	=	=			Total Cost
17			Demand	80	65	70	85			$ 152,535

Solver Parameters

Set Objective Cell: Total Cost
To: Min
By Changing Variable Cells:
ShipmentQuantity
Subject to the Constraints:
TotalReceived = Demand
TotalShipped = Supply
Solver Options:
Make Variables Nonnegative
Solving Method: Simplex LP

Range Name	Cells
Demand	D17:G17
ShipmentQuantity	D12:G14
Supply	J12:J14
TotalCost	J17
TotalReceived	D15:G15
TotalShipped	H12:H14
UnitCost	D5:G7

	H
11	Total Shipped
12	=SUM(D12:G12)
13	=SUM(D13:G13)
14	=SUM(D14:G14)

	C	D	E	F	G
15	Total Received	=SUM(D12:D14)	=SUM(E12:E14)	=SUM(F12:F14)	=SUM(G12:G14)

	J
16	Total Cost
17	=SUMPRODUCT(UnitCost,ShipmentQuantity)

图 9.4　P&T 公司问题作为运输问题考虑时的电子表格

需要注意的是，Solver 只是采用一般单纯形法来求解运输问题，而不是采用专门用于高效求解运输问题的单纯形法的优化版，如下一节将介绍的运输单纯形法。因此，包含这类优化版的软件包在求解大型运输问题时要比 Excel Solver 快得多。

前面曾提到,有些问题由于违反了条件假设,因此并不符合运输问题模型,但仍可以添加虚销地和虚产地重构这类问题,使之符合运输问题模型。采用 Excel Solver 时则不必进行这种重构,因为对于供给约束条件为"≤"形式或者需求约束条件为"≥"形式的原始模型,单纯形法可以直接求解。然而,问题的规模越大,就越需要进行重构,并采用运输单纯形法(或其他类似的方法),同时使用另一种软件包。

以下两例说明如何对问题进行重构。

9.1.4 一个关于虚销地的例子

北方飞机公司为全球多家航空公司制造商用飞机。生产过程的最后阶段是生产喷气式发动机,并把它们安装到飞机上。公司目前正在为多个合同组织生产,将在近期提供大量飞机,且喷气式发动机的生产必须安排在接下来的 4 个月内。

为了完成合同,公司每个月必须提供的发动机数量如表 9.7 的第 2 列所列。由表 9.7 可知,在 1 月、2 月、3 月和 4 月底,公司分别至少提供的发动机数量为 10 台、25 台、50 台和 70 台。

可用于生产发动机的设施,受同时期内其他产品的生产、维修、革新等工作的影响而变化,由此导致的每个月能够生产的最大数量和每台发动机的生产成本(单位:百万美元)如表 9.7 中的第 3 列和第 4 列所列。

由于生产成本会发生变化,所以有必要在计划安装前一个月或更早之前,生产出一些发动机以减少生产成本。不足之处是,这些发动机在安装之前需要存储,每台发动机每个月的存储成本为 15000 美元①,如表 9.7 中的最右列所列。

表 9.7 北方航空公司的生产安排数据

月份	计划安装机器数	最大产量/百万美元	生产单位成本/百万美元	单位存储成本/百万美元
1	10	25	1.08	0.015
2	15	35	1.11	0.015
3	25	30	1.10	0.015
4	20	10	1.13	

生产经理要制定一个方案,确定每月生产的发动机数,以使生产和存储费用最低。

建模: 建立该问题的数学模型的方法之一是,设 x_j 为 j 月生产的发动机数目,其中 $j=1,2,3,4$。仅采用这 4 个决策变量,该问题可表示为线性规划问题,但不属于运输问题(见习题 9.2-18)。

另一方面,换一个角度来看,我们可将该问题描述成更易求解的运输问题。在该视角下,将采用产地和销地来描述问题,并且定义了以下符号: x_{ij}、c_{ij}、s_i 和 d_j。

由于喷气式发动机是分销产品,每台都在特定月份生产,然后,在特定月份安装(时间上可能不同),则有

产地 i = 在第 i 月份生产的发动机 $(i=1,2,3,4)$

销地 j = 在第 j 月份安装的发动机 $(j=1,2,3,4)$

x_{ij} = 在第 i 月份生产、第 j 月份安装的发动机数量

c_{ij} = 与每单位 x_{ij} 相关的成本

---

① 为了建模方便,假定当月生产的发动机如果当月安装,就不产生存储成本,只有那些需要至少存储到下个月的发动机,才产生存储成本,成本的发生时间在月末。

$$= \begin{cases} 单位产品的生产和储存成本 & i \leq j \\ ? & i > j \end{cases}$$

$s_i = ?$

$d_j =$ 第 i 月计划安装的数量

相应参数表(不完整)如表 9.8 所列,其中部分单位成本和供应量没有给出。

由于不可能在本月内生产本月之前要安装的发动机,因此,若 $i>j$, x_{ij} 必然为 0,这样的 x_{ij} 也就没有相关联的实际成本。然而,为了能定义一个运输问题并应用 9.2 节中的步骤求解,需要为这些实际不存在的成本赋值。4.6 节中介绍的大 M 法便是赋值的一个方法,我们可为表 9.8 中实际不存在的费用单元格设定一个足够大的值(方便起见用 M 表示),使相应 x_{ij} 值在最终解中均为 0。

表 9.8 北方航空航空公司的部分参数表

产地		每单位分销成本/百万美元				供给
		销地				
		1	2	3	4	
产地	1	1.080	1.095	1.110	1.125	?
	2	?	1.110	1.125	1.140	?
	3	?	?	1.100	1.115	?
	4	?	?	?	1.130	?
需求		10	15	25	20	

表 9.8 中供给列变量的数值并不明确,因为"供给量",即每月的生产量并不是固定值。事实上,问题的目标就是求得生产量的最优解。然而,为了构成一个运输问题模型,需要为表格每一个单元格设置初值,包括供给列。需要指出的是,这里的供给约束的形式与通常的运输问题的约束形式不同,表现为以总供给为上界,形式为

$x_{11}+x_{12}+x_{13}+x_{14} \leq 25$

$x_{21}+x_{22}+x_{23}+x_{24} \leq 35$

$x_{31}+x_{32}+x_{33}+x_{34} \leq 30$

$x_{41}+x_{42}+x_{43}+x_{44} \leq 10$

与标准运输模型的区别在于约束等式变为不等式。

为了与运输问题模型匹配,运用 4.2 节中介绍的松弛变量法转化不等式。本节中每个松弛变量对应一个虚销地,代表每月没有使用的生产能力。通过这种转化,可使每个月的总生产能力相当于运输问题中的供给量。由于与虚销地相对应的需求为没有使用的生产能力总量,这个需求值为

$(25+35+30+10)-(10+15+25+20) = 30$

包含这个需求之后,总的生产能力就与需求相等了,也即满足了可行解性质所提出具备可行解的条件。

由于虚拟的分配没有费用发生,虚销地所对应的成本单元格的值应为 0(不适合为本列赋值 M,因为我们并不要求相应的 x_{ij} 为 0,而只要其总和为 30 即可)。

最终的参数表如表 9.9 所列,表中将虚销地标识为 5(D)。对于这种表达方式,很容易利用 9.2 节中介绍的求解步骤得到最优的生产计划(见习题 9.2-10 和书后的答案)。

表 9.9 北方航空公司的完整参数表

		每单位分销成本/百万美元					供给
		销地					
		1	2	3	4	5(D)	
产地	1	1.080	1.095	1.110	1.125	0	25
	2	M	1.110	1.125	1.140	0	35
	3	M	M	1.100	1.115	0	30
	4	M	M	M	1.130	0	10
需求		10	15	25	20	30	

9.1.5 一个关于虚产地的例子

Metro Water District 是一个对大片区域内水资源分配进行管理的机构。该地区非常干旱,水资源相当匮乏,因此,该地区每年都需要从其他地区购买和引进水资源,主要是从 Colombo、Sacron 和 Calorie 河引进水资源并转售给本区的消费者。该机构的主要客户是 Berdoo、Los Devils、San Go 和 Holly Glass 等市的水务部门。

除了不能将 Calorie 河的水供应给 Holly Glass 市外,该机构可以将以上三条河流引进的水转售给其任何城市。然而,由于水道规划和城市地理因素,为各地域供水的成本不尽相同,每英亩英尺(面积为 1 英亩、深度为 1 英尺的水容积)水的供水成本(单位:10 美元)如表 9.10 所列。该机构的管理者所面临的问题是如何在即将来临的夏季有效分配可用的水资源。

表 9.10 最右一列给出了以百万英亩英尺为单位的三条河可用水资源的数量。该机构必须向每个城市提供一个最低限度的供水量,以满足各个城市的必需供水(San Go 因有独立的水源而除外)。表 9.10 给出每个城市的最低需求量,Los Devils 要求的供水量刚好等于其最低需求量,Berdoo 要求的供水量多于最低需求量 20 个单位,San Go 要求的供水量多于最低需求量 30 个单位,Holly Glass 要求供水量尽可能多。

表 9.10 Metro Water District 水资源数据

	费用/(10 美元/英亩英尺)				供应量/百万英亩英尺
	Berdoo	Los Devils	San Go	Holly Glass	
Colombo River	16	13	22	17	50
Sacron River	14	13	19	15	60
Calorie River	19	20	23	—	50
最低需求量	30	70	0	10	
请求供水量	50	70	30	∞	

管理部门希望在满足 4 个城市最低需求量的同时,以最低的费用来分配三条河的可用水资源。

建模: 表 9.10 以河流作为产地,城市作为销地,形式上基本接近运输问题的参数表。然而,存在一个关键问题,即各个销地的需求量并不明确。各个销地的接收量(除了 Los Devils)实际上是决策变量,均有上界和下界。对于一个城市来说,如果其请求供水量不超过其他城市最低需求满足后的剩余可供给量,那么,该请求供水量就是该城市接收量的上界,否则,其接收量的上界就是剩余可供给量。因此,尽管 Holl Gglass 异常干旱,但其接收量仍有确定的上界,该上界为

$$(50+60+50)-(30+70+0)=60$$

然而,与运输问题参数表中的其他数据一样,需求量必须是常量,而不应是有边界的决策变量。为了解决这一问题,假定暂时不必考虑满足各个城市的最低需求,这样,上界就是给各个城市供水量的唯一约束。在这种情况下,请求供水量能否作为运输问题模型中的需求量呢?通过调整,答案是肯定的(你是否看出来需要调整)。

问题和北方航空公司的生产计划问题类似,只是需求过剩和生产过剩的区别。前面引进虚拟销地接收多余的供给量,这里则引进虚产地满足多余的(无效的)需求。虚产地的虚拟供给量为总需求量与实际的总供给量之差,即

$$(50+70+30+60)-(50+60+50)=50$$

相应的参数如表 9.11 所列,由于虚产地的虚拟供水不产生成本,因此相应单元格的成本为 0。同时,由于 Calorie 不能给 Holly Glass 供水,因此用大 M 作为其水资源运输成本。

表 9.11 无最低需求的 Metro Water District 水资源数据

		费用/(10 美元/英亩英尺)				供应量/百万英亩英尺
		Berdoo	Los Devils	San Go	Holly Glass	
产地	Colombo River	16	13	22	17	50
	Sacron River	14	13	19	15	60
	Calorie River	19	20	23	—	50
	虚产地	0	0	0	0	50
需求量		50	70	30	60	

接下来看如何将各个城市的最低需求量引入模型。由于 San Go 没有最低需求量,无需考虑。类似地,由于 Holly Glass 的需求量(60)超过了虚产地供应量值(50)10 个单位,因而,任何可行解中,实际产地对 Holly Glass 的供给量至少为 10,这样,其最低需求量也能够得到保障。因而,Holly Glass 也不需要调整(如果 Holly Glass 的最低需求量大于 10,将和 Berdoo 一样需要修正)。

Los Devils 的最低需求与其需求量相等,所以其整个需求 70 必须由实际产地提供。这里需要用大 M 法,为从虚拟产地输送到 Los Devils 的费用设置一个大 M 值,确保在最优方案中由虚拟产地分配给 Los Devils 的数量为 0。

最后考虑 Berdoo。与 Holly Glass 不同的是,虚产地除了能提供 Berdoo 的额外需求外,至少还能部分提供 Berdoo 的最低需求。由于 Berdoo 的最低需求值为 30,所以必须使调整后虚拟产地供应 Berdoo 的量不超过 20,从而使 Berdoo 的总需求量不超过 50。修正的方法是将 Berdoo 划分为两个销地,一个需求量为 30,从虚产地获得水资源的费用为 M,另一个需求量为 20,从虚产地获得水资源的费用为 0。最终形成的参数表如表 9.12 所列。9.2 节将详细描述该问题的求解过程。

表 9.12 Metro Water District 参数

			费用/(10 美元/英亩英尺)					供应量
			Berdoo (最小) 1	Berdoo (额外)	Los Devils	San Go	Holly Glass	
产地	Colombo River	1	16	16	13	22	17	50
	Sacron River	2	14	14	13	19	15	60
	Calorie River	3	19	19	20	23	M	50
	虚产地	4(D)	M	0	M	0	0	50
需求量			30	20	70	30	60	

9.1.6 运输问题小结

即使运用上述两例描述的重构方法，一些产销分配问题也不满足运输问题模型。原因之一在于有些产销问题并不是直接从产地发往销地，而是存在中间存放点。3.4 节的例子（图 3.13）就描述了这样一个问题。其中，产地是两个工厂，销地是两个仓库。然而，从特定的工厂运往特定的仓库可能首先要运经储运中心，或是其他工厂或仓库，而后才到达目的地。费用因运输线路的不同而异，而且，某些运输线路还存在运输上限。尽管从形式上看超出了一般运输问题的范畴，但这类问题仍然是一类特殊的线性规划问题，称为最小费用流问题，我们将在 10.6 节详细讨论。10.7 节给出了解决最小费用流问题的一种行之有效的办法——网络单纯形法。没有对运输路线的运输量规定上限的最小费用流问题可称为转运问题。本书网站的 23.1 节专门讨论转运问题。

另一种情况是，直接从产地发往销地，但可能不符合运输问题的其他假设。如果从产地到销地的费用与运量不成线性关系，则违反了线性成本假设；如果产量或销量不确定，则违反了必要假设。例如，有时在货物运到之前，销地的最终需求是不明确的，并且如果到达量与最终的需求量有差异，会导致费用与运量不成线性关系。如果供给量不确定，生产费用也与产量不成线性关系。例如，在建设新的供应地时，明确生产成本是决策时需要考虑的成本问题之一。目前有很多关于运输问题一般化及其解法的研究[①]。

9.2 用于运输问题的单纯形法

由于运输问题是特殊的线性规划问题，能够应用第 4 章讲述的单纯形法进行求解。读者将会看到，利用表 9.6 中所列的特殊结构，这种方法中的大量计算可以被极大地简化。这种改进方法称为运输问题的单纯形法。

在阅读的过程中，应当注意如何利用问题的特殊结构简化计算过程。根据问题的特殊结构来改进解决问题的算法，是一种重要的运筹学方法。

9.2.1 运输单纯形法的提出

为了使读者清楚运输单纯形法所做的改进，先回顾一下一般的（未改进的）单纯形法是如何用表格表示运输问题的。首先构造约束参数表（表 9.6），将目标方程转换为求解最大值形式，使用大 M 法为 $m+n$ 引进工变量 $z_1, z_2, \cdots, z_{m+n}$（4.6 节），从而构造出如表 9.13 所列的单纯形表格，表中空白单元格的值均为 0（单纯形法第一次迭代之前，需要用代数方法消除第 0 行初始（人工）基变量的非 0 系数）。

表 9.13 运输问题原始表

基变量	方程	Z	⋯	x_{ij}	⋯	z_i	⋯	z_{m+j}	⋯	右侧
Z	(0)	−1		c_{ij}		M		M		0
	(1)									

[①] 比如参考文献 K. Holmberg and H. Tuy：" A Production-Transportation Problem with Stochastic Demandand Concave Production Costs," *Mathematical Programming Series A*，**85**：157-179，1999。

(续)

基变量	方程	系数								右侧
		Z	$\cdots$	x_{ij}	$\cdots$	z_i	$\cdots$	z_{m+j}	$\cdots$	
	$\vdots$									
z_i	(i)	0		1		1				s_i
	$\vdots$									
z_{m+j}	$(m+j)$	0		1				1		d_j
	$\vdots$									
	$(m+n)$									

通过一系列迭代,第 0 行将变为如表 9.14 所列的形式。由于表 9.13 中的 0、1 系数的结构,根据 5.3 节中描述的基本原理,u_i 和 v_j 的意义如下：

u_i = 应用单纯形法得到当前单纯形表所进行的迭代过程中,从初始的 0 行(直接地或间接地)减去原始的 i 行的倍数;

v_j = 应用单纯形法得到当前单纯形表所进行的迭代过程中,从初始的 0 行(直接地或间接地)减去原始的 $m+j$ 行的倍数。

表 9.14 运用单纯形法后运输问题表格的第 0 行

基变量	方程	系数								右侧
		Z	$\cdots$	x_{ij}	$\cdots$	z_i	$\cdots$	z_{m+j}	$\cdots$	
Z	(0)	-1		$c_{ij}-u_i-v_j$		$M-u_i$		$M-v_j$		$-\sum_{i=1}^{m}s_i u_i - \sum_{j=1}^{n}d_j v_j$

根据第 6 章介绍的对偶理论,u_i 和 v_j 的另一个属性是它们均属于对偶变量①。如果 x_{ij} 是非基变量,$c_{ij}-u_i-v_j$ 可理解为 x_{ij} 增长时 Z 的改变率。

必要信息:为了更好地理解,回顾一下单纯形法解决问题的过程。在初始化时,需要得到初始基可行解,这是通过引进人工变量作为初始基变量,并使其值等于 s_i 和 d_j 实现的。最优性检验和第一步迭代(选择入基变量)需要知道当前 0 行,这是通过用先前的第 0 行减去另一行的倍数得到的。第二步(决定出基变量)必须识别随着入基变量增加首先为 0 的基变量,这是通过比较当前入基变量的系数和等式右边值实现的。第三步必须确定新的基可行解,这是通过在当前单纯形表上从某一行之外的其他行中减去该行的倍数实现的。

获得必要信息的简便方法:运输问题单纯形法是如何通过更简单的方法获得上述必要信息呢？在接下来的内容中将会得出答案,这里先给出几点简要的说明。

第一,不需要人工变量,因为有更简单、更方便的方法(需要若干变换)获得初始基可行解。

第二,当前 0 行只需要通过计算 u_i 和 v_j 值就能获得,而不需要使用其他任何一行。由于每个基变量在 0 行必然有一个 0 系数,u_i 和 v_j 可通过以下计算系列等式得到,即

$c_{ij}-u_i-v_j=0$,其中对每一个 i 和 j,x_{ij} 是基变量

以后在讨论运输单纯形法的最优性检验时,会进一步描述这一计算过程。鉴于表 9.13 中的特殊结构,利用 $c_{ij}-u_i-v_j$ 作为表 9.14 中 x_{ij} 的系数,可方便地获得第 0 行。

第三,出基变量不需要入基变量的系数即可简便确定,原因在于问题的特殊结构很容易看出

---

① 将这些变量标记为 y_i,然后,通过将目标函数变回原来的最小形式,改变表 9.14 中第 0 行的符号,会更容易识别这些变量。

方案是如何随入基变量的增加而改变的，这样，新的基可行并不需要对单纯形表中的行进行代数计算就能迅速确定(后文中读者将看到运输单纯形法如何执行迭代过程的细节)。

基于以上说明，可以得出结论，几乎整个单纯形表(包括维护工作)都可省掉不用，除输入数据(c_{ij}、u_i 和 v_j)之外，运输单纯形法仅需要获得当前的基可行解①，当前 u_i 和 v_j 值，以及由 $c_{ij}-u_i-v_j$ 得到的非基变量 x_{ij} 的值。如表 9.15 所列，手工计算时，在运输单纯形表中记录这些迭代信息非常方便(需要注意，在表中 x_{ij} 用圆圈标记，以将其与 $c_{ij}-u_i-v_j$ 区开来)。

表 9.15 运输单纯形表的格式

		销地				供应	u_i
		1	2	…	n		
产地	1	c_{11}	c_{12}	…	c_{1n}	s_1	
	2	c_{21}	c_{22}	…	c_{2n}	s_2	
	⋮	…	…	…	…	⋮	
	m	c_{m1}	c_{m2}	…	c_{mn}	s_m	
需求	v_j	d_1	d_2	…	d_n	Z=	

每个单元需要加入的信息

如果 x_{ij} 是基变量：
c_{ij}
$\widehat{x_{ij}}$

如果 x_{ij} 是非基变量：
c_{ij}
$c_{ij}-u_i-v_j$

效率的极大提高：读者可以通过同时运用单纯形法和运输单纯形法求解同一个问题来看这两种方法在效率和方便程度上的巨大差异(见习题 9.2-17)，这种差异对于只能依靠计算机求解的大规模问题说更加明显。可以通过比较单纯形表与运输单纯形表的规模来初步考察这一差异。例如，对于一个有 m 个产地和 n 个销地的运输问题来说，其单纯形表有 m+n+1 行、(m+1)(n+1) 列 (x_{ij} 列左边的列除外)，运输单纯形表有 m 行、n 列(两个额外的信息行和信息列除外)。现在试着给 m 和 n 赋值(如当 m=10、n=100 时，就是一个很典型的中等规模运输问题)，看看这两个表的单元格个数随着 m 和 n 的增长将会以怎样的速率增加。

9.2.2 初始化

初始化的目标是获得初始基可行解。因为运输问题中所有的函数约束均为等式约束，单纯形法一般通过引入人工变量作为初始基变量求解(见 4.6 节)。所得的基解实际上只对修正的问题是可行的，所以需要大量迭代使人工变量转化为 0 获得真正的基可行解。运输单纯形法不考虑这些问题，而是用一个简单程序，直接在运输单纯形表上构建真正的基可行解。

在论述这个程序前需要指出，运输问题的任何基本解中基变量个数总是比预期的少一个。线性规划问题的每一个约束方程通常都有一个基变量。对拥有 m 个产地和 n 个销地的运输问题来说，约束方程的个数是 m+n 个，而基变量的个数为 m+n-1 个。

原因在于，对于运输问题，所有的约束方程均是等式，而这 m+n 个等式有一个是冗余的重复约束，即使删除也不影响可行域；也就是说，当任何 m+n-1 个等式满足时，另一个等式也自动满足(这个事实可以通过以下例子证明：任一供给量实际上都等于总需求量减去所有其他的供给

---

① 由于非基变量自动为 0，当前基可行解可完全通过记录基变量的值确定。从现在起，将利用这一方法。

量,任一需求量也都可以通过总供给量减去其他的需求量求得,见习题 9.2-19)。因此,基可行解在运输单纯形表中表现为 $m+n-1$ 个用圆圈标识的非负值,且每行非负值的总和等于供应量,每列非负值的总和等于需求量①。

建立初始基可行解的程序是每次选择 $m+n-1$ 个基变量,每次选择之后,赋给该基变量一个值满足一个额外的约束。因此,经过 $m+n-1$ 次选择之后,就得到一个能满足所有约束的基可行解。目前,存在很多不同的选择基可行解的准则。在描述完创建基可行解的基本过程之后,将列出其中常见的三种。

建立初始基可行解的一般程序②:首先,初步考虑运输单纯形表中所有的产地行和销地列都能够提供一个基变量(配额)。

(1) 从所考虑的行和列中根据特定法则选择下一个基变量(配额)。

(2) 保证配额的大小恰好能够用完行中剩下的供应量或列中剩下的需求量(较小者)。

(3) 进一步考虑删去行或列(剩余的供给量最小的行或剩余的需求量最小的列,如果行的剩余供应量和列的剩余需求量相同,则选择消除行,随后用列作为退化的基变量,如用圆圈标识的 0 配额)。

(4) 当只剩下一行或一列时,则在该行或该列中任意选择一个基变量(即那些既没有被选做基变量也不属于删掉的行或列中的变量)作为剩余变量,过程结束,否则,转回步骤(1)。

步骤(1)的可用法则如下。

(1) 西北角法。首先选择 x_{11}(也就是从运输单纯形表的西北角开始)。然后,如果 x_{ij} 是最后一个被选择的基变量,且产地 i 的供给有剩余,则选择 $x_{i,j+1}$(即向右移动一列),否则,选择 $x_{i+1,j}$(即向下移动一行)。

例 为了更详尽地介绍西北角法,阐述一下将西北角方法用于 Metro Water District 问题(表 9.12)步骤(1)的一般程序。由于在本例中 $m=4, n=5$,初始基可行解有 $m+n-1=8$ 个基变量。

如表 9.16 所列,首先设定 $x_{11}=30$,正好用尽第 1 列的需求(进一步考虑消除本列)。第一次迭代后第 1 行的剩余供给量为 20,所以下一步选择 x_{12} 作为基变量。由于供给值小于第 2 列的需求值 20,设 $x_{12}=20$,且消除该行(这里根据步骤(3)的说明消除行 1 而不是列 2)。然后,选择 x_{22},由于第 2 列剩余需求为 0,小于第 2 行供给值 60,设 $x_{22}=0$ 并消除第 2 列。

表 9.16 运用西北角法得到的初始基可行解

		销地					供应	u_i
		1	2	3	4	5		
产地	1	16 ㉚→⑳	16	13	22	17	50	
	2	14	14 ⓪→⑥⓪	13	19	15	60	
	3	19	19	20 ⑩→	23 ㉚→	M ⑩	50	
	4(D)	M	0	M	0	0 ㊿	50	

---

① 需要注意的是,任何有 $m+n-1$ 个非 0 变量的可行解不一定是基本解,因为它也有可能是两个或多个退化的基可行解(即部分基变量为 0 的基可行解)的加权平均值。然而,没有必要担心是否将其误作基本解,因为运输问题单纯形法仅构建有效的基可行解。

② 4.1 节中指出,单纯形法是运筹学中系统求解算法的例证,需要注意该过程依次执行的四步构成一次迭代。

(续)

	销地					供应	u_i
	1	2	3	4	5		
需求 v_j	30	20	70	30	60	$Z = 2,470 + 10M$	

继续使用这一法则,将最终获得一个完整的初始基可行解,如表9.16所列,其中圆圈标识的数是基变量的值($x_{11} = 30, \cdots, x_{45} = 50$),且所有其他的变量(如 x_{13})均是值为0的非基变量。箭头表示选择基变量的顺序,解决方案中 Z 的值为

$$Z = 16(30) + 16(20) + \cdots + 0(50) = 2470 + 10M$$

(2) 沃格尔(Vogel)近似法。对需要考虑的行和列,计算罚数,也就是行或列中剩余的最小单位成本和次小单位成本 c_{ij} 的差值(如果行或列中剩余的两个最小单位成本相同,则罚数为0)。在罚数最大的行或列中,选择剩余单位成本最小的变量(如果罚数最大的行或列不止一个或剩余单位成本最小的变量不止一个,任选一个即可)。

例 现在,应用一般程序来求解 MetroWaterDistrict 问题,并在步骤(1)中运用沃格尔近似法选择下一个基变量。对于这一法则,使用参数表(而不是在完整的运输单纯形表)会更加方便,可从表9.12开始。在每一次迭代中,计算出待考虑的行和列中的差值之后,用圆圈圈定最大差值,并用方框将所在行或列中的最小单位成本框起来。选择该单位成本对应的基变量作为下一个基变量,这一选择在当前表的右下角列出,相应的行或列将被删除(见一般程序中的步骤(2)和步骤(3))。下次迭代的表与这次相似,只是少了这次迭代中删去的行或列,且从相应的供给量或需求量中减去最后的配额。

对 Metro Water District 问题应用沃格尔法后得出如表9.17所列的参数表,其中初始基可行解中包含8个基变量,在各参数表的右下角列出。

表 9.17 应用沃格尔法求得的初始基可行解

		销地					供应	行差值
		1	2	3	4	5		
产地	1	16	16	13	22	17	50	3
	2	14	14	13	19	15	60	1
	3	19	19	20	23	M	50	0
	4(D)	M	0	M	[0]	0	50	0
需求		30	20	70	30	60	选择 $x_{44} = 30$	
列差值		2	14	0	⑲	15	消去列 4	

		销地				供应	行差值
		1	2	3	5		
产地	1	16	16	13	17	50	3
	2	14	14	13	15	60	1
	3	19	19	20	M	50	0
	4(D)	M	0	M	[0]	20	0
需求		30	20	70	60	选择 $x_{45} = 20$	
列差值		2	14	0	⑮	消去行 4(D)	

		销地				供应	行差值
		1	2	3	5		

(续)

						供应	行差值
产地	1	16	16	$\boxed{13}$	17	50	③
	2	14	14	13	15	60	1
	3	19	19	20	M	50	0
需求		30	20	70	40	选择 $x_{13}=50$	
列差值		2	2	0	2	消去行 1	

		销地				供应	行差值
		1	2	3	5		
产地	2	14	14	13	$\boxed{15}$	60	1
	3	19	19	20	M	50	0
需求		30	20	20	40	选择 $x_{25}=40$	
列差值		5	5	7	$\boxed{M-15}$	消去列 5	

		销地			供应	行差值
		1	2	3		
产地	2	14	14	$\boxed{13}$	20	1
	3	19	19	20	50	0
需求		30	20	20	选择 $x_{23}=20$	
列差值		5	5	⑦	消去行 2	

		销地			供应	
		1	2	3		
产地	3	19	19	20	50	
需求		30	20	0	选择 $x_{31}=30$ $x_{32}=20$ $x_{33}=0$	$Z=2460$

本例描述了一般程序中需要特别注意的两个微妙特征。

首先,注意最后的迭代选择三个变量(x_{31}、x_{32}和x_{33})作为基变量,而不像其他迭代一样只选择一个,原因在于此时仅需要考虑一行(第 3 行)。因此,一般程序中的步骤(4)指出,要选择与第 3 行相关的每一个剩余变量作为基变量。

其次,注意倒数第 2 步迭代中设定 $x_{23}=20$,这正好等于行中剩余的供给和列中剩余的需求。然而,根据第(3)步只消除行,留下列为下一步迭代提供一个退化的基变量,而不是同时消除行和列。事实上,最后一步迭代使用第 3 列将 $x_{33}=0$ 选作基变量就是出于这个目的。这一情况的另一个描述如表 9.16 所列,其中,设定 $x_{12}=20$,仅仅消除第 1 行,留下第 2 列为下一步迭代提供一个退化的基变量 $x_{22}=0$。

尽管 0 指派看起来毫无意义,但它确实发挥着重要作用。读者很快就会见到,应用运输单纯形法必须知道当前所有 $m+n-1$ 个基变量,包括值为 0 的变量。

(3) Russell 近似法。对于每个待考虑的产地行 i,选定该行中单位成本 c_{ij} 的最大值作为 $\bar{u}_i$。对于每一待考虑的销地列 j,选定该列中单位成本 c_{ij} 的最大值作为 $\bar{v}_j$。对于每个在这些行和列中没有选择过的变量,计算 $\Delta_{ij}=c_{ij}-\bar{u}_i-\bar{v}_j$。选定 Δ_{ij} 取负值且绝对值最大时所对应的变量(若有最大绝对值相同的负值,任取一个即可)。

例 下面再次运用一般程序解决 Metro Water District 公司问题,并在步骤(1)中应用 Russell

近似法（表 9.12）。相应的结果如 9.18 所列，其中包含有基变量序列。

在迭代 1 中，第 1 行中的最大单位成本是 $\bar{u}_1 = 22$，第 1 列中的最大单位成本是 $\bar{v}_1 = M$，有 $\Delta_{11} = c_{11} - \bar{u}_1 - \bar{v}_1 = 16 - 22 - M = -6 - M$

计算所有的 $\Delta_{ij}(i=1,2,3,4;j=1,2,3,4,5)$ 值，可知 $\Delta_{45} = 0 - 2M$ 具有绝对值最大的负值，所以选 $x_{ij} = 50$ 作第一个基变量（配额）。这一配额恰好等于第 4 行中所有的供给量，所以这一行将被删去。

注意到删去这一行会改变下一次迭代中的 $\bar{v}_1$ 和 $\bar{v}_3$，所以在第二次迭代时需要重新计算 $j=1,3$ 时的 Δ_{ij} 值，同样消去 $i=4$，可得此时绝对值最大的负值为

$\Delta_{15} = 17 - 22 - M = -5 - M$

所以 $x_{15} = 10$ 成为第二个基变量（配额），同理消去第 5 列。

依次进行迭代，读者可以通过验证表 9.18 中给出的其他配额值验证自己的理解。对于本节或其他小节的其他步骤，读者会发现 IOR Tutorial 对于进行相关计算和方法阐明都非常有用（见寻找初始基可行解的交互式程序）。

表 9.18 运用 Russell 近似法求得的初始基可行解

迭代	$\bar{u}_1$	$\bar{u}_2$	$\bar{u}_3$	$\bar{u}_4$	$\bar{v}_1$	$\bar{v}_2$	$\bar{v}_3$	$\bar{v}_4$	$\bar{v}_5$	最大负值 Δ_{ij}	配额
1	22	19	M	M	M	19	M	23	M	$\Delta_{45} = -2M$	$x_{45} = 50$
2	22	19	M		19	19	20	23	M	$\Delta_{15} = -5 - M$	$x_{15} = 10$
3	22	19	23		19	19	20	23		$\Delta_{13} = -29$	$x_{13} = 40$
4		19	23		19	19	20	23		$\Delta_{23} = -26$	$x_{23} = 30$
5		19	23		19	19		23		$\Delta_{21} = -24$ *	$x_{21} = 30$
6										与其无关	$x_{31} = 0$
											$x_{32} = 20$
											$x_{34} = 30$
											$Z = 2570$

步骤(1)可用法则的比较：现在比较一下上述用来选择下一个基变量的 3 个法则。西北角法最主要的优点是求解速度快且较易实施。因为它没有关注单位成本 c_{ij}，通常所得到的解往往远非最优解（注意表 9.16 中，$x_{35} = 10$，而 $x_{35} = M$）。多花费些精力找到一个好的初始可行解，会大大减少应用运输单纯形法得到最优解的迭代次数（见习题 9.2-7 和习题 9.2-9）。找到这样的初始可行解则是另外两个法则的目标。

沃格尔近似法是近些年来流行的一种方法，特别是因为它手工计算起来相对容易。由于罚数表示的是未给行或列中单位成本最小的单元格赋值而产生的最小额外单位成本，因而，该方法对总成本考虑得不是非常周全。

Russell 近似法提供了另一个可在计算机上快速完成的（但不能手工完成）优秀准则。尽管不太清楚平均来看哪种方法更有效，但很多情况下 Russell 近似法都能获得比沃格尔法更优的解（例如，沃格尔法获得的最优解为 $Z = 2460$，而 Russell 法获得的最优解为 $Z = 2570$）。对于规模较大的问题而言，可以同时应用两种准则，然后较优的解开始运输单纯形法的迭代。

Russell 近似法的一个显著优点，是其直接仿照运输单纯形法的第一步计算（后面读者将会看到），这一定上程度上会简化整个计算过程。特别是定义 $\bar{u}_i$ 和 $\bar{v}_j$，并用 $c_{ij} - \bar{u}_i - \bar{v}_j$ 作为 $c_{ij} - u_i - v_j$

的估值,这样,当运输单纯形法取得最优解时,就会得到 $c_{ij}-u_i-v_j$ 的值。

现在,用表 9.18 中通过 Russell 近似法获得的初始可行解演示运输单纯形法的其他部分。这样,当前的初始运输单纯形表(在求解 u_i 和 v_j 之前)如表 9.19 所列。

表 9.19 Russell 近似法的初始运输单纯形表(在求解 u_i 和 v_j 之前)

迭代 0		销 地					供给量	u_i
		1	2	3	4	5		
产地	1	16	16	13 ㊵	22	17 ⑩	50	
	2	14 ㉚	14	13 ㉚	19	15	60	
	3	19 ⓪	19 ⑳	20	23 ㉚	M	50	
	4(D)	M	0	M	0	0 ㊿	50	
需求量		30	20	70	30	60	$Z=2570$	
v_j								

下一步将应用最优性检验确认初始解是否为最优。

9.2.3 最优性检验

应用表 9.14 中的标记,可以由单纯形法的标准最优解检验方法(见 4.3 节部分),推导出运输问题的最优性检验方法如下。

最优性检验:对一个基可行解中的所有非基变量 x_{ij},当且仅对应的 $c_{ij}-u_i-v_j \geq 0$ 均成立时,该基可行解才是最优解[1]。

因此,最优性检验的唯一工作,就是计算在当前基可行解下 u_i 和 v_j 的值,然后计算 $c_{ij}-u_i-v_j$ 的值。

因为若 x_{ij} 为基变量,则 $c_{ij}-u_i-v_j$ 的值需要为 0,因而,当 x_{ij} 为基变量时,u_i 和 v_j 需满足等式 $c_{ij}=u_i+v_j$。

共有 $m+n-1$ 个基变量,所以共有 $m+n-1$ 个上述等式。由于未知变量(u_i 和 v_j)的个数共 $m+n$ 个,可对其中一个任意赋值而不违背上述等式,该变量的选择及赋值不影响 $c_{ij}-u_i-v_j$ 的值(即使当 x_{ij} 为非基变量时),所不同的仅仅是计算上述等式的难易程度。为了容易求解,便捷的选择就是选择行中具有最大配额的 u_i(若有相同的最大值任取何一个即可),并赋值为 0。因为这些等式结构简单,代数求解其余的变量值就变得非常容易了。

为了举例说明,对初始基可行解中的每个基变量,列出了相应的等式:

$x_{31}: 19=u_3+v_1$,设 $u_3=0$,得 $v_1=19$
$x_{32}: 19=u_3+v_2$, $v_2=19$
$x_{34}: 23=u_3+v_4$, $v_4=23$

---

[1] 当有两个或更多等价的退化的基可行解(如具有不同的退化基变量为 0 的相同解)时除外,这时,只要部分基变量满足最优性测试就可得到最优解,后续例子中有对该例外的解释(表 9.23 最后两个相同的解,只有最后一个满足最优标准)。

$x_{21}:14=u_2+v_1$,已知 $v_1=19$,得 $u_2=-5$
$x_{23}:13=u_2+v_3$,已知 $u_2=-5$,得 $v_3=18$
$x_{13}:13=u_1+v_3$,已知 $v_3=18$,得 $u_1=-5$
$x_{15}:17=u_1+v_5$,已知 $u_1=-5$,得 $v_5=22$
$x_{45}:0=u_4+v_5$,已知 $v_5=22$,得 $u_4=-22$

设 $u_3=0$(因为表 9.19 中第 3 行的配额数最大),按自上而下的顺序,根据等式可以逐次由已知的值得到未知的值,如等式右侧所示(注意到 u_i 和 v_j 的推导值是由当前基可行解中的基变量 x_{ij} 决定的,所以每得到一个新基可行解后,就要重新计算 u_i 和 v_j 的值)。

一旦掌握了这种方法,读者将会发现解决这类等式问题时,直接在运输单纯形表上进行会更加方便,而无需把它们写下来。因此,在表 9.19 中,读者可以首先写出 $u_3=0$,然后,在其所在行中找出圈定的配额(x_{31},x_{32},x_{34})。对于每个配额,设 $v_j=c_{3j}$,然后在这些列(x_{21})中寻找圈定的配额(除了第 3 行)。在脑中计算 $u_2=c_{21}-v_1$,找出 x_{23},设 $v_1=c_{23}-v_2$,以此类推,直到填完了所有的 u_i 和 v_j 的值。然后,为每个非基变量 x_{ij}(也就是为每一个没有圈定配额的单元格)计算 $c_{ij}-u_i-v_j$ 的值,并将其结果填入表格内,最终将会得到一个如表 9.20 所列的完整的运输单纯形表。

表 9.20 完整的初始运输单纯形

迭代 0		销地					供给量	u_i
		1	2	3	4	5		
产地	1	16 +2	16 +2	13 ⓐ40	22 +4	17 ⓐ10	50	-5
	2	14 ⓐ30	14 0	13 ⓐ30	19 +1	15 -2	60	-5
	3	19 ⓐ0	19 ⓐ20	20 +2	23 ⓐ30	M $M-22$	50	0
	4(D)	M $M+3$	0 +3	M $M+4$	0 -1	0 ⓐ50	50	-22
需求量		30	20	70	30	60	$Z=2570$	
	v_j	19	19	18	23	22		

现在通过检验表 9.20 中给出 $c_{ij}-u_i-v_j$ 值进行最优性检验。因为这些值中有两个($c_{25}-u_2-v_2=-2$ 和 $c_{44}-u_4-v_4=-1$)是负值,可以得出该初始基可行解不是最优解。因此,还需进一步迭代以找到一个更优的基可行解。

9.2.4 一次迭代过程

从单纯形法的完整性而言,改进版单纯形法的迭代必须确定入基变量(第 1 步)、出基变量(第 2 步),最后确定所得的新的基可行解(第 3 步)。

第 1 步:确定入基变量。

由于 $c_{ij}-u_i-v_j$ 代表当非基变量 x_{ij} 增加时目标函数的变化,入基变量对应的 $c_{ij}-u_i-v_j$ 值应为负值,从而降低总成本 Z。这样,表 9.20 中入基变量的备选变量为 x_{25} 和 x_{44}。接下来,选择 $c_{ij}-u_i-v_j$ 绝对值最大时所对应的变量作为入基变量,本例中入基变量为 x_{25}。

第 2 步：确定出基变量。

在满足供需约束下，从 0 开始不断增加入基变量的值，将引起其他基变量值（配额）的变化，将其中首先减小到 0 的变量作为出基变量。

x_{25} 作为入基变量换入后，表 9.20 发生的一系列变化如表 9.21 所列（我们将在入基变量所在的单元格内用一个中间带加号的方框表示，并将相应的 $c_{ij}-u_i-v_j$ 值写在该单元格的右下角）。增加 x_{25} 的值时，需将 x_{15} 减去相同的量以确保第 5 列中的需求量仍然为 60，还需要将 x_{13} 增加同样的量以确保第 1 行的供应量仍为 50，然后，需要将 x_{23} 减小该值以确保第 3 列的需求量仍为 70。x_{23} 的减少量确保了这一连锁反应的成功完成，因为变化后第 2 行的供应量仍为 60（同样，也可以通过减少 x_{23} 值重新分配第 2 行中的供给开始连锁反应，然后，增加 x_{13} 的值并减少 x_{15} 的值使连锁反应继续）。

表 9.21　增加入基变量 x_{25} 引起连锁反应后导致初始运输单纯形表变化简图

		销　地			供应
		3	4	5	
产地	1	… 　13　 　㊵　+	22	17　 　⑩　− 　+4	50
	2	… 　13　 　㉚　−	19　 　+1	15　 　　＋ 　−2	60
	…	…	…	…	
需求		70	30	60	

结果表明，单元格(2,5)和(1,3)为接受单元格(Recipient Cells)，它们分别从施与单元格(Donor Cells)(1,5)和(2,3)得到了附加的配额（这些单元格已在表 9.21 中分别用加号和减号进行了标识）。注意：单元格(1,5)而非(4,5)为第 5 列的施与单元格，因为单元格(4,5)在第 4 行中已经没有接受单元格来继续连锁反应（同样，如果从第 2 行开始连锁反应，单元格(2,1)也不可能成为该行的施与单元格，因为下一步只能选择(3,1)作为接受单元格，单元格(3,2)或(3,4)作为施与单元格，这样连锁反应将无法完成）。还需要注意，除了入基变量，所有连锁反应中涉及的接受单元格和施与单元格都必须与当前基可行解的基变量对应。

每个施与单元格配额的减少量与入基变量（和其他接受单元格）的增加量完全相等。因此，最小的基变量将作为第一个施与单元格，本例中单元格(1,5)（由于表 9.21 中 10<30）将随着入基变量 x_{25} 的增加首先达到 0，这样，x_{15} 成为出基变量。

一般而言，入基变量从 0 开始增加时，总会刚好有一个连锁反应（在任一方向）成功完成从而保持可行性。这一连锁反应其实就是从含有基变量的单元格中进行一系列选择：首先从入基变量所在列选择施与单元格，然后从该施与单元格所在行选择接受单元格，再从该接受单元格所在列选择施与单元格，以此类推，直到入基变所在行产生一个施与单元格为止。当一行或一列中有多于一个基变量单元格时，就需要对每个单元格进行尝试，以确定选择哪个为施单元格与或接收单元格（在一行或一列中，最终只会有一个单元格符合要求）。在连锁反应确定以后，含有最小基变量的施与单元格将自动提供出基变量（若同时有两个施与单元格含有相同的最小基变量，任取一个作为出基变量即可）。

第 3 步：确定新的基可行解。

只需通过为每个接收单元格加上出基变量（在变换之前的值）的值，并同时在每个施与单元格减去同样值,即可获得新的基可行解。表 9.21 中出基变量 x_{15} 的值为 10,为寻找新的基可行解,运输单纯形表变化部分的情况如表 9.22 所列(因为 x_{15} 在新的基可行解中是非基变量,其新配额"0"在这个新表中将不再显示)。

下面着重解释一下在最优性检验中 $c_{ij}-u_i-v_j$ 值的变化情况。因为 10 个单位的配额从施与单元格转移到了接受单元格(表 9.21 和表 9.22),总成本的变化为

$$\Delta Z = 10(15-17+13-13) = 10(-2) = 10(c_{25}-u_2-v_5)$$

表 9.22 显示基可行解变化的运输单纯形表的部分图示

		销 地			供应
		3	4	5	
产地	1	… 13 ㊿	22	17	50
	2	… 13 ⑳	19	15 ⑩	60
	…	…	…	…	
需求		70	30	60	

因此,入基变量 x_{25} 从 0 开始增加,每增加 1 单位 x_{25} 会导致总成本降低 2 单位的变化,这正是 $c_{25}-u_2-v_5=-2$ 在表 9.20 中的体现。实际上,另一种获得每个非基变量 x_{ij} 对应的 $c_{ij}-u_i-v_j$ 值的方法(该方法不如上一种方法有效)是先把入基变量从 0 增加到 1 确定连锁反应,然后计算总成本的变化。这一直观的解释可用于验证最优性检验中的计算是否正确。

在解决 Metro Water District 问题之前,先总结一下运输单纯形法的规则。

9.2.5 运输单纯形法小结

初始化:通过本节开始介绍的步骤创建一个初始基可行解,然后对其进行最优性检验。

最优性检验:从配额量最大的行中选定 u_i 和 v_j,设 $u_i=0$,然后对每个基变量 x_{ij} 对应的下标 (i,j) 计算 $c_{ij}=u_i+v_j$,如果对每个非基变量 x_{ij} 的下标 (i,j) 都有 $c_{ij}-u_i-v_j \geqslant 0$,则当前解是最优解,停止计算,否则,进行以下迭代。

迭代:

(1) 确定入基变量。选择 $c_{ij}-u_i-v_j$ 的值为负值且绝对值最大时所对应的非基变量 x_{ij}。

(2) 确定出基变量。找出那个在入基变量增加时保持可行性的连锁反应。从所有施与单元格中,选择值最小的基变量。

(3) 确定新的基可行解。为每个接受单元格的配额加上出基变量的值,从每一个施与单元格的配额减去相同的值。

将上述步骤应用于 Metro Water District 问题时,会得到如表 9.23 所列完整的运输单纯形法简表。因为第四个简表中所有的 $c_{ij}-u_i-v_j$ 值均非负,由最优性检验可知该简表中的配额是最优的,这与计算所得的结果一致。

读者可以练习一下计算第二个、第三个和第四个表格中 u_i 和 v_j 的值,该练习可以直接在简表上进行,也可以检验一下第二个和第三个简表中的连锁反应,其过程可能比表 9.21 中所列的要复杂些。

表 9.23 Metro Water District 问题运输单纯形表概览

迭代 0		销地					供应	u_i
		1	2	3	4	5		
产地	1	16 +2	16 +2	13 ㊵ +	22 +4	17 ⑩ −	50	−5
	2	14 ㉚	14 0	13 ㉚ −	19 +1	15 + −2	60	−5
	3	19 ⓪	19 ⑳	20 +2	23 ㉚	M M−22	50	0
	4(D)	M M+3	0 +3	M M+4	0 −1	0 ㊿	50	−22
需求	v_j	30 19	20 19	70 18	30 23	60 22	$Z=2570$	

迭代 1		销地					供应	u_i
		1	2	3	4	5		
产地	1	16 +2	16 +2	13 ㊿	22 +4	17 +2	50	−5
	2	14 ㉚ −	14 0	13 ⑳	19 +1	15 ⑩ +	60	−5
	3	19 ⓪ +	19 ⑳	20 +2	23 ㉚ −	M M−20	50	0
	4(D)	M M+1	0 +1	M M+2	0 + −3	0 ㊿ −	50	−20
需求	v_j	30 19	20 19	70 18	30 23	60 20	$Z=2550$	

迭代 2		销地					供应	u_i
		1	2	3	4	5		
产地	1	16 +5	16 +5	13 ㊿	22 +7	17 +2	50	−8
	2	14 +3	14 +3	13 ⑳ −	19 +4	15 ㊵ +	60	−8
	3	19 ㉚	19 ⑳	20 + −1	23 ⓪ −	M M−23	50	0
	4(D)	M M+4	0 +4	M M+2	0 ㉚ +	0 ⑳ −	50	−23
需求	v_j	30 19	20 19	70 21	30 23	60 23	$Z=2460$	

(续)

迭代 3		销 地					供应	u_i
		1	2	3	4	5		
产地	1	16 +4	16 +4	13 ㊿	22 +7	17 +2	50	-7
	2	14 +2	14 +2	13 ⑳	19 +4	15 ㊵	60	-7
	3	19 ㉚	19 ⑳	20 ⓪	23 +1	M $M-22$	50	0
	4(D)	M $M+3$	0 +3	M $M+2$	0 ㉚	0 ⑳	50	-22
需求		30	20	70	30	60	$Z=2460$	
v_j		19	19	20	22	22		

9.2.6 本例的特征

需要注意该例的三个特征。首先,由于基变量 $x_{31}=0$,因而初始基可行解是退化解。不过这个退化的基变量并没有使问题复杂化,因为在第二个简表中单元格(3,1)为接受单元格,使 x_{31} 增加为大于 0 的值。

其次,第三个简表中产生了另一个退化的基变量(x_{34}),因为在第二个简表中,施与单元格(2,1)和(3,4)中的基变量具有相同的最小值 30(这里选择 x_{21} 作为出基变量,如果选择 x_{34},则 x_{21} 将成为退化的基变量)。这个退化的基变量产生了一个难题,因为在第三个简表中,单元格(3,4)成为施与单元格却没有配额可以施与。不过这一点并无大碍,因为给接受单元格加上 0,或从施与单元格中减去 0,各单元格的配额均未发生变化。然而,这个退化的基变量还是成为出基变量,所以,它在第四个表格中被入基变量代替。基变量集合中的这一变化改变了 u_i 和 v_j 的值。因此,如果第四个简表中任一个 $c_{ij}-u_i-v_j$ 的值为负,该算法会使配额发生实际的变化(当所有的施与单元格都有非退化的基变量时)。

最后,因为第四个表格中没有任何 $c_{ij}-u_i-v_j$ 的值为负值,第三个表格中的配额为最优值。因此,算法多执行了一次迭代。这个额外的迭代是由退化导致的缺陷,无论是运输单纯形法还是单纯形法中,都会偶尔出现,但其严重性还不足以改变算法。

既然已经学过了运输单纯形法,读者接下来要做的就是检验这种算法能否证明 9.1 节中的整数解特性部分。习题 9.2-20 将为读者提供推理分析方面的帮助。

9.3 指派问题

指派问题是一类特殊的线性规划问题,旨在给不同的指派对象指派任务。例如,指派对象可能是需要被分配任务的员工。给人分派工作是指派问题的一个常见的应用。然而,指派对象不一定是指人,也可以指机器、车辆、车间甚至时间段。下面的第一个例子即涉及将机器指派到相应的位置,所以这个例子中的指派对象是机器。另一个例子是将产品生产任务指派给不同的车间。

为了与指派问题的定义一致,这类应用一般应符合下列假设条件。

(1) 指派对象的数目和任务的数目一致(一般用 n 表示)。
(2) 每个指派对象只被指派一项任务。
(3) 每项任务只能被一个指派对象执行。
(4) 指派对象 $i(i=1,2,\cdots,n)$ 执行任务 $j(j=1,2,\cdots,n)$ 所需的成本为 c_{ij}。
(5) 指派问题的目标是确定如何分配 n 项任务,使完成任务的总成本最小。

任何满足上述假设条件的问题,都可以应用专为指派问题设计的算法得到有效解决。

前三个假设条件非常严格,许多实际的应用并不是完全满足这些假设。不过,通常可以通过对问题进行重构,使其满足上述假设。例如,我以利用虚拟指派对象或虚拟任务达到这一目的。下面将用一些例子详细描述这些技巧。

9.3.1 原型范例

Job Shop 公司购买了三种不同型号的新机器,车间里有四个位置安置这些机器。这些位置中有些更需要安放特定类型的机器,因为它们几乎是工作的核心,具有频繁的输入输出流(新机器之间没有工作流)。问题的目标是将新机器指派到可选的位置上,并使处理材料的费用最小。表 9.24 中列出了每个位置上安放不同的机器可能产生的处理材料的成本(单位:美元/h)。机器 2 不允许安放到位置 2 上,因此,本例中没有列出相应的成本。

表 9.24　Job Shop 公司的材料处理成本数据

		位　　置			
		1	2	3	4
机器	1	13	16	12	11
	2	15	—	13	20
	3	5	7	10	6

为将此问题转化为标准的指派问题,必须为多出的一个位置引入一个虚拟机器。此外,将机器 2 安置在位置 2 的成本设为极大值 M,从而将其排除在最优方案之外。最终的指派任务成本如表 9.25 所列,其中包含了解决这一问题的需要所有数据。可知,该问题的最优方案为将机器 1 安置在位置 4、机器 2 安置在位置 3、机器 3 安置在位置 1,总成本为 29 美元/h。虚拟的机器被指派到位置 2,将来该位置还可以用于安放其他机器。

表 9.25　Job Shop 公司指派问题的成本表

		任务(位置)			
		1	2	3	4
指派对象 (机器)	1	13	16	12	11
	2	15	M	13	20
	3	5	7	10	6
	4(D)	0	0	0	0

我们将在介绍指派问题模型之后,讨论如何求解上述问题。

9.3.2 指派问题模型

指派问题的数学模型将用到下述决策变量:

$$x_{ij} = \begin{cases} 1, & \text{如果指派对象 } i \text{ 执行任务 } j \\ 0, & \text{否则} \end{cases}$$

式中: $i = 1, 2, \cdots, n; j = 1, 2, \cdots, n$。因此, x_{ij} 是一个值为 0 或 1 的二元变量。正如整数规划一章（第 12 章）所详述的那样，二元变量在运筹学中表示是/非决策时非常重要。本例子中的是/非决策为：指派对象是否应该执行任务 j。

假设 Z 为总成本，指派任务模型为

$$\text{Min } Z = \sum_{i=1}^{n} \sum_{j=1}^{m} c_{ij} x_{ij}$$

s. t.

$$\sum_{j=1}^{n} x_{ij} = 1 \, (i = 1, 2, \cdots, n)$$

$$\sum_{i=1}^{n} x_{ij} = 1 \, (j = 1, 2, \cdots, n)$$

$$x_{ij} \geq 0 \, (i = 1, 2, \cdots, n, j = 1, 2, \cdots, n)$$

式中: x_{ij} 为二元变量。

第一组函数约束是指每个指派对象只能执行一项任务，而第二组函数约束是指每项任务只能由一个指派对象完成。如果删去附加约束 x_{ij} 是二元变量，模型明显就是一个特殊的线性规划问题，可以很容易求解。恰好这里可以删掉这一约束，原因将在下面说明（该约束可以删去，正是指派问题出现在本章中而不是在整数规划一章的原因）。

现在比较这个模型（没有二元变量约束）和 9.1 节（包括表 9.1）第三部分讲的运输问题模型，可以看出两个模型非常相似。实际上，指派问题也是一种特殊类型的运输问题，只不过产地是指派对象，而销地则是任务，并且

产地的数量 m = 销地的数量 n

每个供给量 $s_i = 1$

每个需求量 $d_j = 1$

现在关注一下运输问题模型中的整数解特性。因为此时的 s_i 和 d_j 都是整数（=1），对于指派问题而言，这一特性是指每个可行解（包括最优解）都是整数解。指派问题模型的函数约束使每个变量的值都不大于 1，非负约束条件使每个变量的值都不小于 0。因此，通过删除二元变量约束，可以应用求解线性规划问题的方法来解决指派问题，而最终的可行解（包括最优解）自然会满足二元变量约束。

正如运输问题可以用网络图描述（图 9.3），指派问题也可以用近似的方式描述，如图 9.5 所示。第一列列出 n 个指派对象，第二列列出 n 个任务，方括弧中的数字代表网络图中某个位置可以提供的指派对象数，所以左边的数自然为 1，而右边的数 -1 表示每项任务需要一个指派对象完成。

对于一个特定的指派问题，人们一般不会列出整个数学模型。通过填写一个成本表，就可以将此问题简化（表 9.25），表中包含了指派对象和任务，可以在一个很小的空间表示出所有的必要数据。

有些问题通常不太符合指派问题模型，如某些指派对象可能会被指派完成多于一项任务。在这种情况下，我们可以将指派对象分解为多个相同的指派对象，使每个指派对象只对应一项任务（表 9.29 将通过例子说明这一问题）。同理，如果一项任务由多个指派对象完成，那么，这项任务可以被分解为多个相同的任务，从而使指派对象和任务一一对应。

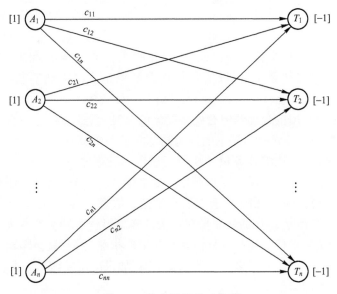

图 9.5 指派问题的网络图

9.3.3 指派问题的求解步骤

解决指派问题时有多种方法,但对于与 Job Shop 公司的例子规模相近问题,用单纯形法可以快速求解,直接应用提供单纯形法的软件包(如 Excel 及其 Solver)求解这类问题会很方便。如果用这种方法求解 Job Shop 公司的问题,就无需在表 9.25 中增加虚拟的机器以满足标准的指派问题模型。对每个地点指派的机器数量的约束条件就可以表示为

$$\sum_{i=1}^{3} x_{ij} \leqslant 1 (j = 1,2,3,4)$$

正如本章的 Excel 文件所示,该问题的电子表格形式与图 9.4 中运输问题的表示形式非常接近,不同的是,所有的供给和需求都是 1,且需求的约束条件是"$\leqslant 1$"而非"$=1$"。

然而,复杂的指派问题用专门的方法求解会更快一些,所以我们建议不要用单纯形法解决复杂的指派问题。

由于指派问题是特殊的运输问题,因此解决指派问题的一种方便且相对快捷的方法,就是运用 9.2 节讲述的运输单纯形法。这一方法需要将成本参数表格转换为相应运输问题的参数表格,如表 9.26(a)所列。

表 9.26 指派问题转化为运输问题时的参数表——以 Job Shop 公司为例

		(a) 一般情况					(b) Job Shop 公司案例				
		每单位的分销成本			供给量			每单位的分销成本			供给量
		销地						销地(位置)			
		1	2	…	n			1	2	3	4	
产地	1	c_{11}	c_{12}	…	c_{1n}	1	1	13	16	12	11	1
	2	c_{12}	—	…	c_{2n}	1	产地 (机器)	2	15	M	13	20	1
	⋮	⋮	⋮	⋮	⋮	⋮		3	5	7	10	6	1
	$m=n$	c_{n1}	c_{n2}	…	c_{mn}	1		4(D)	0	0	0	0	1
需求量		1	1	…	1		需求量		1	1	1	1	

例如，表 9.26(b) 中展示了 Job Shop 公司问题的参数，此表源自成本表 9.25。当用运输单纯形法来求解该运输问题时，得到的最优解为 $x_{13}=0, x_{14}=1, x_{23}=1, x_{31}=1, x_{41}=0, x_{42}=1$（读者可以在习题 9.3-6 中对这个解进行验证）。退化的基变量（$x_{ij}=0$）和虚拟机器的配额（$x_{42}=1$）对于原问题来说没有任何意义，所以实际的指派结果是机器 1 到位置 4、机器 2 到位置 3、机器 3 到位置 1。

利用运输单纯形法求出的最优解中有许多退化的基变量，这并不是巧合。对于任何有 n 个任务的指派问题来说，表 9.26(a) 所展示的运输问题的模型中都有 $m=n$，也就是说，产地的数量 m 和销地的数量 n 与需要完成的任务量 n 相等。运输问题通常具有 $m+n-1$ 个基变量（配额），因此这种特殊类型的运输问题的每个基可行解中都含有 $2n-1$ 个基变量，且其中有且仅有 n 个 $x_{ij}=1$（对应于 n 个指派）。因此，由于所有的变量都是二值量，总存在 $n-1$ 个退化的基变量（$x_{ij}=0$）。正如 9.2 节末所讨论的，退化的基变量在算法的实施过程中不会产生太大的麻烦，然而，却经常会引起不必要的重复迭代。这些重复计算不会影响指派结果，只会影响到退化的基变量所对应的零指派量的标识。当总有很多退化的基变量时，如果应用单纯形法求解，这些多余的重复迭代就变成一个很严重的缺陷了。

运输问题单纯形法的另一个缺点是，它试图利用一个一般目的的算法解决所有的运输问题。因此，对于指派问题这种特殊类型的运输问题（$m=n$，每个 $s_i=1$，每个 $d_j=1$），并没有研究其特殊结构。幸好专门的计算方法已经研发出来了，能够更加高效地解决指派问题。这些算法直接在成本表格上操作，而不会涉及退化的基变量。一旦获得了这些算法中一个算法的计算机程序，就可以很简便地替代运输单纯形法，尤其在指派问题的规模相当大时，这一算法的优势会更加明显。

9.4 节将介绍专用于有效解决指派问题的一个算法——匈牙利算法。

例 工厂产品分配问题。

Better Products 公司决定让产能过剩的三家工厂生产四种新产品。生产每单位产品都需要消耗工厂的生产能力，因此工厂的可用生产能力由每天可生产的产品数量表示，如表 9.27 最右侧一列所列。表中最下面一行给出了每种产品为满足计划销售量的日生产率。除了工厂 2 不能生产产品 3 外，每家工厂都能生产任何产品。然而，正如表 9.27 的主体部分所列，各工厂生产各种产品所消耗的成本不尽相同。

表 9.27 Better Products 公司的数据表格

		每产品的单位成本/美元				生产能力
		1	2	3	4	
工厂	1	41	27	28	24	75
	2	40	29	—	23	75
	3	37	30	27	21	45
需求量		20	30	30	40	

管理者需要决定如何为各工厂分配生产任务，有两个可选方案。

方案 1，允许分开生产，即同一种产品可在多家工厂进行生产。

方案 2，不允许分开生产。

第二个方案增加了一个约束条件，该约束只会增加按表 9.27 求得的最优解的成本。另外，方案 2 的主要优势是消除了一些与产品分离相关联的隐形成本，这些隐形成本包括额外的安装费用、分配费用和管理费用，表 9.27 中没有体现出来。因此，管理者希望在做出最后决定前对每个方案都进行分析。对于方案 2,管理者进一步指出,每家工厂应至少生产一种产品。

下面将分别对这两种方案进行建模和求解,其中把方案 1 看作一个运输问题,把方案 2 看作一个指派问题。

对方案 1 建模:

在允许将产品分开生产的情况下,表 9.27 可以直接转变为运输问题的求解表格。工厂变成产地,产品变成销地(反过来也一样),于是,供给为生产能力,需求为产品的生产率。在表 9.27 中只需要做两处修改。首先,由于工厂 2 无法生产产品 3,使工厂 2 生产产品 3 的单位成本为无穷大数 M,这样就不会为其分派生产任务。其次,总生产能力(75+75+45=195)超过了总需求量(20+30+30+40=120),因此需设置一个需求量为 75 的虚拟销地进行平衡。得到的参数表格如表 9.28 所列。

表 9.28　Better Products 公司问题按方案 1 求解时作为运输问题的参数表格

		每分销单位成本/美元					供给量
		1	2	3	4	5(D)	
产地 (工厂)	1	41	27	28	24	0	75
	2	40	29	M	23	0	75
	3	37	30	27	21	0	45
需求量		20	30	30	40	75	

该运输问题最优解的基变量为

$x_{12}=30, x_{13}=30, x_{15}=15, x_{24}=15, x_{25}=60, x_{31}=20, x_{34}=25$

工厂 1 生产全部的产品 2 和产品 3。

工厂 2 生产 37.5%的产品 4。

工厂 3 生产 62.5%的产品 4 和全部产品 1。

总成本是 $Z=3260$ 美元/天。

对方案 2 建模:

在不能将产品分开生产的情况下,每种商品只能由一家工厂进行生产。因此,产品生产可以看作指派问题,并把工厂当作任务执行者。

管理者指定每家工厂都应被指派生产至少一种产品,由于产品的数目(4)超过工厂的数目(3),因此其中一家工厂要生产 2 种产品。工厂 3 的过剩产能只够再生产一种产品的能力(表 9.27),所以,工厂 1 和工厂 2 中的一家要生产两种产品。

为了在指派问题建模中实现对额外产品生产的指派,可以将工厂 1 和工厂 2 各分为两个指派对象,如表 9.29 所列。

表 9.29　Better Products 公司例子中选择方案 2 时作为指派问题的求解表格

		任务(产品)				
		1	2	3	4	5(D)
指派对象 (工厂)	1a	820	810	840	960	0
	1b	820	810	840	960	0
	2a	800	870	M	920	0
	2b	800	870	M	920	0
	3	740	900	810	840	M

由于指派对象的数量(目前为5)必须与任务数量(目前为4)相等,表9.29中引进了5(D)表示虚任务(产品)。虚任务的作用是为工厂1或工厂2提供虚拟产品,而每家工厂只能接收一种真实产品。生产虚拟产品不需要成本,因此,通常情况下,虚任务的生产成本均为零。唯一的例外是表9.29最下面一行中 M 的引入。这里之所以引入 M,是原因工厂3必须被指派生产一种真实的产品(从第1种、第2种、第3种、第4种中选择一个),无穷大数 M 可以避免指派给工厂3虚拟产品(在表9.28中,M 的作用也是为了防止指派工厂3生产产品2,两者都是为了避免不可行的指派)。

表9.29中的成本数据并不是表9.27或表9.28中所列的单位成本。表9.28中给出了运输问题模型(针对方案1),这时单位成本是合适的,不过现在我们要构建指派问题模型(针对方案2)。对于指派问题,成本 c_{ij} 是指派对象 i 执行第 j 个任务的总成本。在表9.29中,工厂 i 生产产品 j 的总成本(每日)是由单位生产成本乘以每日的产量得到的,这两项因子在表9.27中是分开显示的。例如,假设工厂1生产产品1,利用表9.28中对应的的单位成本41美元和需求量20单位(每天生产的单位数),可以得出

工厂1生产1单位产品1的成本 = 41美元

产品1每日的需求量 = 20单位

每日工厂1生产产品1的总成本 = 20 × 41美元

= 820美元

于是,表9.29中指派对象 $1a$ 或 $1b$ 执行任务1的成本为820美元。

该指派问题的最优解为

工厂1生产产品2和产品3

工厂2生产产品1

工厂3生产产品4

虚任务被指派给工厂2,每天的生产总成本 Z = 3290美元。

通常来说,求最优解的方法之一就是将表9.29中的成本数据表转变为等价的运输问题参数表(表9.26),然后用运输单纯形法求解。由于表9.29中有相同的行,可以将5个指派对象组合为供给量分别为2、2、1的3个产地,从而进行简化(参见习题9.3-5)。这种简化同时也为每个基可行解减少了两个退化的基解。因此,即使这种改进后的形式不再适合表9.26(a)中所列的指派问题的形式,却是应用运输单纯形法的一个更为有效的模型。

图9.6展示的是怎样利用Excel及Solver得到最优解,最优解显示在动态单元格任务(C19:F21)中。由于使用的是一般单纯形法,不需要把问题变换为指派问题模型或者运输问题模型。因此,不需要把工厂1和工厂2各分为两个指派对象,也不需要增加虚任务。取而代之的是,工厂1和工厂2各被指派了两个任务,然后在单元格H19、H20和Solver对话框中相应的约束条件中输入"≤"。同样,不再需要大 M 法防止在单元格E20中为工厂2指派产品3,因为对话框中已经包含了约束条件E20 = 0。目标单元格(I24)中总成本显示每天的总成本位3290美元。

现在将这种方法与把产品4指派给工厂2和工厂3生产的方案1进行比较。两种方法的指派有些差异,但事实上,每天的总成本却几乎相同(方案1每天3260美元,方案2每天3290美元)。然而,方案1还存在与分开产品相关的一些隐形成本(包括额外的建设、分配和管理成本),都没有包含在其目标函数中。对于任何运筹学方法而言,所运用的数学模型只能提供对整个问题近似的描述,管理者在做出最终决定之前,需要对没能纳入模型中的因素进行考虑。在本案例中,管理者在预估将产品分开生产的弊端之后,决定采用方案2。

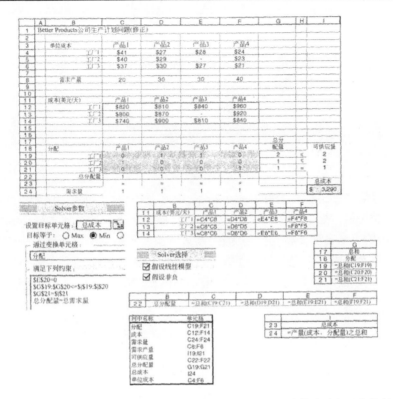

图 9.6 Better Products 公司问题按方案 2 变换成指派问题计算时的电子表格模式

9.4 求解指派问题的专用算法

我们在 9.3 节中指出,运输单纯形法可以用来解决指派问题,但为解决这种问题而专门设计的算法会更高效。下面将介绍解决指派问题的一个典型算法,由于该算法是由匈牙利数学家发明的,因此称为匈牙利算法(Hungarianv Algorithm)或匈牙利方法(Hungarian Method)。我们将着重介绍该算法的关键思路,而忽略在计算机上实施算法所需的一些细节。

9.4.1 等价成本表的作用

匈牙利算法直接在成本表上进行操作。更准确地说,该算法将初始成本表变换为一系列等价的成本表,直到等价成本表中出现一个明显的最优解。最终的等价成本表由正数或 0 组成,可以在 0 所在的位置上指派任务。由于总成本不能为负,总成本为零的指派显然是最优的。接下来的问题是如何对初始成本表进行等价变换而得到这一形式。

进行上述变化是基于以下事实:可以对成本表中一行或一列的每个元素加上或减去一个常数,而不使问题发生实际的变化。也就是说,新成本表的最优解一定是旧成本表的最优解,反之亦然。

因此,该算法的第一步,就是从每一行的元素中减去该行中最小的数。通过这一行削减操作,会得到一个等价的新成本表,其中每一行都至少有一个零值。如果此时表中含有不包含零值的列,那么,下一步就要进行列削减操作,从这些不含零值的列中减去该列中最小的数[1]。这时,

---

[1] 实施行削减操作和列削减操作不存在先后顺序,但先实施行削减操作在进行列削减操作显得更有条理。

等价的新成本表中任一行和列都含有零值。如果这些零值构成一个完整指派序列,那么,这个指派序列就是问题的最优解,算法结束。

举例说明,考虑表 9.25 给出的 Job Shop 公司问题的成本表。为了将该成本表转化为等价的成本表,先在第一行每个元素中减去 11,得到

	1	2	3	4
1	2	5	1	0
2	15	M	13	20
3	5	7	10	6
4(D)	0	0	0	0

由于任何可行解在第 1 行必恰好有一个指派,因而,新表的总成本一定刚好比旧表的总成本小 11。因此,使其中一个表的总成本最小的解同样会使另一个表的总成本最小。

需要注意,初始成本表前 3 行均严格为正,新表的第一行有一个零元素。由于我们的目的就是得到足够的零元素形成一个完整的指派方案,所以这一变换过程还要在其他行和列进行。为了避免出现负值,被减数应该是每行或每列中最小的值。对第 2 行和第 3 行重复这一操作,得到下面的表格。

	1	2	3	4
1	2	5	1	[0]
2	2	M	[0]	7
3	[0]	2	5	1
4(D)	0	[0]	0	0

这个成本表具有一个完整指派方案所需要的全部零值,4 个方框意味着 4 个指派构成了一个最优解(正如 9.3 节中对这个问题的说明),最优解的总成本为 $Z = 29$(表 9.25),也即从第 1 行、第 2 行和第 3 行减下来的值的总和。

然而,最优解并不总是这么容易就能得到,现在我们以 Better Products 公司在选择方案 2 时的指派问题为例进行说明,如表 9.29 所列。

因为这个问题的成本表中除了最后一行,其他每行都有零元素。我们对这个表进行等价变换,首先从每列元素中减去该列的最小元素,结果如下表所列。

	1	2	3	4	5(D)
1a	80	0	30	120	0
1b	80	0	30	120	0
2a	60	60	M	80	0
2b	60	60	M	80	0
3	0	90	0	0	M

现在,每一行或列都含有至少一个零元素,但是由零元素所构成的完整指派方案却不可行,实际上,指派方案的 0 元素的数量最多为 3。因此,为了解决这一问题,必须提出新的办法完成问题求解,而这对于前一个例子实际上是不需要的。

9.4.2 生成额外零元素

新办法就是在不产生负值的情况下增加额外的零元素。现在不是从单一的一行或一列减去一个常数,而是从行和列结合的角度考虑减去或增加一个常数值,以产生新的零值。

该方法首先要在成本表中画一系列的横线或者竖线覆盖所有的零值,而且直线的数量越少

越好,如下表所列。

	1	2	3	4	5(D)
1a	80	0	30	120	0
1b	80	0	30	120	0
2a	60	60	M	80	0
2b	60	60	M	80	0
3	0	90	0	0	M

可以发现,没被划掉的数中最小的是第 3 列上面两行中的数 30,因而,将表中每个元素中都减掉 30,这两个位置就会变成零。为了保持之前的零值且不产生负值,在被直线覆盖的行和列——行 3、列 2 和列 5(D)上再加上 30,这样操作之后即得到下表。

	1	2	3	4	5(D)
1a	50	0	0	90	0
1b	50	0	0	90	0
2a	30	60	M	50	0
2b	30	60	M	50	0
3	0	120	0	0	M

得到这个成本表的一个简便做法就是从没被划线的位置各减掉 30,然后,在有两条线交叉的位置加上 30。

可以看到,列 1 和列 4 都只有一个零值,且其零值都在同一行(行 3),因此,现在可以在零元素的位置上设定 4 个任务,但仍不能设定 5 个(试一下)。一般而言,覆盖所有零值所需的最少直线数等于零元素所能安排的最大任务数。所以,重复前面的步骤,此时,覆盖所有零元素最少需要 4 条直线(与分配的最大数量一样多),方法见下表。

	1	2	3	4	5(D)
1a	~~50~~	~~0~~	~~0~~	~~90~~	0
1b	~~50~~	~~0~~	~~0~~	~~90~~	0
2a	30	60	M	50	0
2b	30	60	M	50	0
3	~~0~~	~~120~~	~~0~~	~~0~~	M

没被划掉的数中最小的又是 30,而且出现在行 2a 和行 2b 的第一个位置。所以,在每个没被划掉的位置减去 30,在被划掉 2 次的位置加上 30(M 除外),得到下表。

	1	2	3	4	5(D)
1a	50	[0]	0	90	30
1b	50	0	[0]	90	30
2a	[0]	30	M	20	0
2b	0	30	M	20	[0]
3	0	120	0	[0]	M

实际上,对于这个表格,有多种在零元素位置上制定指派方案的方法(多个最优解),包括表中用 5 个方框所示的指派方案。表 9.29 所列的总成本为

$$Z = 810 + 840 + 800 + 0 + 840 = 3290$$

至此,我们已经说明了匈牙利算法的全过程,现总结如下。

9.4.3 匈牙利算法小结

（1）从每行中所有元素上减掉该行中的最小元素（称为行削减），得到一张新表。

（2）从新表的每一列中减去该列的最小元素（称为列削减），得到另一张新表。

（3）检查是否可以得出最优解。可以通过计算覆盖所有零值所需的最少直线数判断，如果直线的数量等于行的数量，则可能得到最优解，这时转步骤（6），否则，转步骤（4）。

（4）如果直线的数量小于行的数量，按照以下方法进行调整。

① 从未被直线覆盖的数字中挑出最小的数，将所有未被覆盖的数字减掉这个最小的数。

② 在每个直线交叉点的位置加上这个最小的数。

③ 被划掉但是不在划线交叉点上的数保持不变，直接放到下一个表中。

（5）重复步骤（3）、步骤（4），直到出现一个可行的最优解。

（6）在零元素的位置上逐个进行指派。从只有一个零元素的行或列开始，因为每一行或每一列都需要恰好进行一次指派，在制定一个指派方案之后，把其所在的行和列都划掉。然后，在没被划掉的行和列中继续进行指派，当然，还要优先考虑只有一个零元素的行和列，这样继续下去，直到所有的行和列都被指派到一个任务、都被划掉为止。

9.5 结　　论

线性规划模型的适用范围很广，可用于解决很多类型的问题。一般单纯形法功能强大，可以解决上述多种问题及其演化版本。不过，其中有些问题模型简单，可根据其特殊结构应用改进算法进行快速求解，改进算法可以大大减少计算机求解大规模问题所需的时间，甚至可以有效解决规模巨大的问题。本章中所研究的两类线性规划问题——运输问题和指派问题，便是很好的例子。这两种问题应用普遍，因此，遇见时能够正确地进行识别，应用最优的算法求解是非常重要的。许多线性规划软件包中都包含这些问题的专用算法。

在 10.6 节，将重新审视运输问题和指派问题的特殊结构。在那里将会看到，这些问题是最小费用流问题（一种特殊类型的线性规划问题）的一种具体情况。最小费用流问题是指通过网络图来最小化物流的总成本。单纯形法的改进版本——网络单纯形法（见 10.7 节），可广泛用于解决这类问题，包括它们的特殊情况。

针对特殊类型的线性规划问题（其中许多本书没有提到的问题）的优化算法，大量研究仍在继续。同时，人们还饶有兴趣地运用线性规划解决复杂大系统的运筹问题。不同问题的模型通常会呈现一些特殊的结构，因此正确识别并利用这些特殊结构，是成功应用线性规划解决问题的重要因素。

习　　题

某些习题（或习题部分内容）左侧符号的意义如下。

D：可参考上述示例。

I：建议使用 IOR Tutorial 中相关的交互程序（可记录操作过程）。

C：用安装任一款可用（或指导老师推荐）软件的计算机求解本问题。

习题序号上的星号表示书后至少给出该题一部分答案。

9.1-1　阅读 9.1 节中应用花絮的参考文献，参考文献该运筹研究项目进行了全面介绍。

简要叙述运输问题模型在该运筹研究项目中的应用,然后,列出该项研究带来的各中经济与非经济的效益。

9.1-2 Childfair 公司有 3 个工厂生产儿童手推车并运往 4 个分销中心。工厂 1、工厂 2、工厂 3 每月分别生产 12 单位、17 单位、11 单位货物,每个分销中心每月的需求量是 10 单位。每个工厂到各分销中心的距离如下表所列,每单位货物/mile 的运输成本是 100.5 美元。

		距离/mile 分销中心			
		1	2	3	4
	1	800	1300	400	700
工厂	2	1100	1400	600	1000
	3	600	1200	800	900

如何分配每个工厂到每个分销中心的货物量可以使总运输成本最小?
(a) 将该问题看作运输问题并构建参数表。
(b) 画出该问题的网络图。
C(c) 求出最优解。

9.1-3* 汤姆准备今明两天分别购买 3 品脱和 4 品脱的家庭用酒。迪克希望今明两天共出售 5 品脱该酒,并且今天的售价是 3 美元/品脱,明天的售价是 2.7 美元/品脱。哈利打算今明两天总共出售 4 品脱的酒,且今天的售价是 2.9 美元/品脱,明天的售价是 2.8 美元/品脱。

汤姆想知道如何购买才能在满足自身需求的情况下使总成本最小。
(a) 构建该问题的线性规划模型,并创建其初始单纯形表。
(b) 将该问题作为运输问题并构建其参数表。
C(c) 求出最优解。

9.1-4 Versatech 公司决定生产 3 种新产品,5 个分工厂具备这种生产能力。第 1 种产品在这 5 个分工厂的单位制造成本分别是 31 美元、29 美元、32 美元、28 美元和 29 美元,第 2 种产品的单位制造成本分别是 45 美元、41 美元、4 美元、42 美元和亿美元,第 3 种产品在前 3 个分工厂的单位制造成本分别是 38 美元、35 美元和 40 美元,且不能在第 4 个和第 5 个分工厂生产。预计产品 1、产品 2、产品 3 每天的销售额分别为 700 美元、1000 美元、900 美元。5 个工厂每天的产量分别为 400 美元、600 美元、400 美元、600 美元、1000 美元,产品种类不限。假设每个工厂可以在生产能力范围内生产任意数量的某种产品或产品的组合。

管理者想知道如何指派各个工厂生产产品能够使总的生产成本最小。
(a) 将该问题看作运输问题并创建其参数表。
C(b) 求出最优解。

C9.1-5 重新考虑 9.1 节中 P&T 公司的问题。我们了解到,在运输之前,表 9.2 中每单位产品的运输费用可能会发生细微的变化。

用 Solver 生成该问题的灵敏度报告,利用这个报告确定每单位成本允许的变动范围,可以从这些变动范围中得到哪些信息?

9.1-6 Onenote 公司在 3 个工厂为 4 个客户生产某种产品。3 个工厂在下个周期分别可以生产 60 单位、80 单位、40 单位产品。公司已经分别与客户 1、客户 2、客户 3 签订了 40 单位、60 单位、20 单位的销售合同,客户 3 和客户 4 愿意尽可能多地购买剩余的产品。将每单位产品从

工厂 i 运送给客户 J 的净收益如下表所列。

		顾 客			
		1	2	3	4
工厂	1	800	700	500	200
	2	500	200	100	300
	3	600	400	300	500

管理者想知道应分别出售给客户 3 和客户 4 多少产品,以及如何配送可以获得最多的利润。

(a) 将该问题看作运输问题且目标函数是总收益最大化,并创建单位收益参数表。

(b) 将该问题看作运输问题且目标函数是总成本最小化,并将(a)中生成的单位收益参数表转换为单位成本参数表。

(c) 在 Excel 数据表上展示(a)中产生数据表。

C(d) 用(c)中的信息和 Excel Solver 求出该问题的最优解。

C(e) 针对(b)生产的模型重复(c)和(d)两步操作,比较两种情况下最优解的异同。

9.1-7 MOVE-IT 公司有两个工厂生产升降机卡车并运往 3 个分销中心。两个工厂生产该产品的成本相同,每部卡车被运往不同分销中心的成本如下表所示。

		分 销 中 心		
		1	2	3
车间	A	800	700	400
	B	600	800	500

公司每周能够生产 60 部升降机卡车。每个工厂每周能够生产卡车的数目不大于 50 部,因而,可以在上述范围内调整两个工厂的生产数目来减少运输成本。每个分销中心每周的需求为 20 部卡车。

管理者的目标是确定如何指派每个工厂的生产数量以及如何制定总的运输方案可以使总的运输成本最小。

(a) 将该问题看做运输问题并创建相应的参数表格。

(b) 用 Excel 数据表格展示该问题。

C(c) 用 Solver 求出最优解。

9.1-8 假设每个分销中心每周可获得的卡车数量为 10~30 部,而各个分销中心获得的卡车总数仍为 60 部,重新求习题 9.1-7 的最优解。

9.1-9 为满足未来 3 个月的销售合同需要,MJK 制造公司要生产足够数量的两种产品。这两种产品都在同一种生产设备上生产,且两种产品需要的单位生产时间相同。由于每个月可用的生产和存储设备不同,所以每个月的生产能力、单位生产成本和单位存储成本也不相同。因此,非常有必要在某个月多生产一种或两种产品并将其存储下来备用。

对未来 3 个月,下表第 2 列给出了各月两种产品能在正常时间(RT)和加班时间(O)生产的总数量。对其中任一种产品,接下来的各列分别给出:①销售合同中的需求量;②在正常时间内生产一单位产品的成本(单位:千美元);③在加班时间内生产一单位产品的成本(单位:千美元);④单位产品存储一个月所需成本。在每种情况下,两种产品的数量用"/"隔开,第一种产品的数量在左边,第二种产品的数量在右边。

月 份	最大产品总量		销量	产品 1/产品 2		单位产品的存储成本/千美元
	正常时间	加班时间		单位产品生产成本/千美元		
				正常时间	加班时间	
1	10	3	5/3	15/16	18/20	1/2
2	8	2	3/5	17/15	20/18	2/1
3	10	3	4/4	19/17	22/22	

生产经理想设计一个计划表,列出在 3 个月中,每个月在正常时间和加班时间(若正常时间被用完)生产两种产品的数量。目标是在满足每个月销售合同的前提下生产和存储的总成本最小。在该问题中没有初始库存,3 个月后也不允许有库存。

(a) 将该问题看作运输问题,并创建相应的参数表。
C(b) 求出最优解。

9.2-1 考虑参数表格如下表所列的运输问题。

		分销中心			供给量
		1	2	3	
产地	1	15	9	13	7
	2	11	M	17	5
	3	9	11	9	3
需求量		7	3	5	

(a) 用 Vogel 近似法手工计算(不要用 IOR Tutorial 中的交互程序)选择初始基可行解的第一个基变量。
(b) 用 Russell 近似法手工计算选择初始基可行解的第一个初始变量。
(c) 用西北角法手工创建一个完整的初始基可行解。

D,I9.2-2* 考虑下列运输问题,其参数表如下。

		销 售 地					供给量
		1	2	3	4	5	
产地	1	2	4	6	5	7	4
	2	7	6	3	M	4	6
	3	8	7	5	2	5	6
	4	0	0	0	0	0	4
需求量		4	4	2	5	5	

用下列方法求一个初始的基可行解,比较这些解的目标函数的值。

(a) 西北角法。
(b) Vogel 近似法。
(c) Russell 近似法。

D,I9.2-3 考虑下列运输问题,其参数表格如下。

		销 售 地						供给量
		1	2	3	4	5	6	
产地	1	13	10	22	29	18	0	5
	2	14	13	16	21	M	0	6
	3	3	0	M	11	6	0	7
	4	18	9	19	23	11	0	4
	5	30	24	34	36	28	0	3
需求量		3	5	4	5	6	2	

用下列准则求取一个初始基可行解,比较这些解的目标函数的值。

(a) 西北角法。

(b) Vogel 近似法。

(c) Russell 近似法。

9.2-4 考虑下列运输问题,其参数表格如下。

		销 售 地				供给量
		1	2	3	4	
产地	1	7	4	1	4	1
	2	4	6	7	2	1
	3	8	5	4	6	1
	4	6	7	6	3	1
需求量		1	1	1	1	

(a) 需要注意的是,这个问题有 3 个明显的特征:①产地的数量等于销地的数量;②每个供应量均为 1;③每个需求量均为 1。具备这 3 个特征的运输问题称为指派问题(如 9.3 节所述)。用整数解特性解释为什么这种类型的运输问题可理解为从产地到销地一一对应的指派关系。

(b) 每个基础可行解中有多少个基变量?有多少个退化的基变量?

D,I(c) 用西北角法求出初始基可行解。

I(d) 应用运输单纯形法初始化的一般程序创建一个初始基可行解,但不要用 9.2 节针对步骤(1)提供的 3 种方法,而要用下面给出的成本最小化准则选择下一个基变量(在 OR Courseware 相对应的交互程序中,选择"西北角法则",这样就可以运用任何准则了)。成本最小化规则:对正在考虑的所有行和列,选择拥有最小单位成本 c_{ij} 的变量 x_{ij} 引作为下一个基变量。

D,I(e) 从(c)获得的初始基可行解开始,应用运输单纯形法求最优解。

9.2-5 考虑 9.1 节开头部分给出的运输问题的例子(P&T 公司问题),利用运输单纯形法的最优性检验方法验证所得的解是最优的。

9.2-6 考虑以下运输问题,其参数表格如下。

		销 售 地					供给量
		1	2	3	4	5	
产地	1	8	6	3	7	5	20
	2	5	M	8	4	7	30
	3	6	3	9	6	8	30
	4(D)	0	0	0	0	0	20
需求量		25	25	20	10	20	

在运输单纯形法经过几次迭代后,会获得一个初始基可行解,其基变量如下: $x_{13}=20$, $x_{21}=25$, $x_{24}=5$, $x_{32}=25$, $x_{34}=5$, $x_{42}=0$, $x_{43}=0$, $x_{45}=20$。通过手工计算继续两次迭代,之后确定解是否最优,如果是,给出原因。

D,I9.2-7* 考虑以下运输问题,其参数表格如下。

		销售地				供给量
		1	2	3	4	
产地	1	3	7	6	4	5
	2	2	4	3	2	2
	3	4	3	8	5	3
需求量		3	3	2	2	

用下面的各个规则求取一个初始基可行解。每种情况下,从得到的初始基可行解开始,利用运输单纯形法求出一个最优解,比较应用运输单纯形法迭代的最终次数。

(a) 西北角法。
(b) Vogel 近似法。
(c) Russell 近似法。

D,I9.2-8 Cost-Less 公司从 4 个工厂向 4 个零售企业提供产品,从各工厂向各零售企业运输的成本如下表所列。

		零售企业单位销售费用/美元			
		1	2	3	4
车间	1	500	600	400	200
	2	200	900	100	300
	3	300	400	200	100
	4	200	100	300	200

工厂 1、工厂 2、工厂 3 和工厂 4 每月分别生产产品 10 单位、20 单位、20 单位和 10 单位,零售企业 1、企业 2、企业 3 和企业 4 每月分别需求产品 20 单位、10 单位、10 单位和 20 单位。

分销经理 Randy Smith 希望确定每个月该如何向各个零售企业输送货物才能在满足需求的条件下使总运输费用最小。

(a) 将该问题看作运输问题,创建相应的参数表格。
(b) 用西北角法得出一个初始基可行解。
(c) 从(b)所得的初始基可行解出发,应用运输单纯形法求该问题的最优解。

9.2-9 Energetic 公司需要为一个新建筑制定能量系统计划。

该建筑所需的能量分为 3 种:电力、热水和供暖。3 种能量每天的需求如下表所列(测量的单位相同)。

电力	20 单位
热水	10 单位
供暖	30 单位

3 种可能满足这些需求的能源有电力、天然气和可安装在屋顶的太阳能供热系统。屋顶的大小决定了太阳能供热系统所能提供的最大能量为 30 单位,而其他两种能源可提供的能量没有

限制。电力需求只能通过购电来满足(每单位 50 美元),其他两种能量需求可以通过任一能源或能源组合获得,其单位成本见下表。

	电 力	天 然 气	太 阳 能
热水	90 美元	60 美元	30 美元
供暖	80 美元	50 美元	40 美元

目标是满足所有能量需求的总成本最小。

(a) 将该问题看作运输问题,创建相应的参数表格。

D,I(b) 用西北角法求该问题的一个初始基可行解。

D,I(c) 从(b)得到的初始基可行解开始,利用运输单纯形法求最优解。

D,I(d) 利用 Vogel 法求该问题的初始基可行解。

D,I(e) 从(d)得到的初始基可行解开始,利用运输单纯形法求取最优解。

I(f) 利用 Russell 近似法求该问题的初始基可行解。

D,I(g) 从(f)得到的初始基可行解开始,利用运输单纯形法求最优解。比较(c)和(e)利用运输单纯形法求取最优解需要的迭代次数。

D,I9.2-10* 利用运输单纯形法求解表 9.9 所描述的北部航空公司产品计划问题。

D,I9.2-11* 重新考虑习题 9.1-2。

(a) 利用西北角法求取该问题的初始基可行解。

(b) 从(a)所得到的初始基可行解出发,应用运输单纯形法求取一个最优解。

D,I9.2-12 重新考虑习题 9.1-3b,利用西北角法和运输单纯形法求取该问题的一个最优解。

D,I9.2-13 重新考虑习题 9.1-4,利用西北角法和运输单纯形法求取该问题的一个最优解。

D,I9.2-14 重新考虑习题 9.1-6,利用 Russell 近似法和运输单纯形法求取该习题的一个最优解。

9.2-15 重新考虑习题 9.1-7a 这一运输问题。

D,I(a) 用 9.2 节介绍的每种规则求取一个初始基可行解,记录每种求解方法所需的时间,比较各求解时间和目标函数的值。

C(b) 求取该问题的一个最优解。对(a)中每种方法求得的初始基可行解,计算每个解的目标函数值超出最优解目标函数值的百分比。

D,I(c) 对(a)得出的 3 个初始基可行解,应用运输单纯形法求取(并验证)一个最优解。记录每种情况下花费的时间,比较所需时间和达到最优解需要的迭代次数。

9.2-16 按照习题 9.2-5 中的要求求解习题 9.1-7a。

9.2-17 考虑下列运输问题,其参数表格如下。

		销 售 地		供 给 量
		1	2	
产地	1	8	5	4
	2	6	4	2
需求量		3	3	

(a) 从9.2节中任选一种方法求解该问题的初始基可行解,并用运输单纯形法手工求解该问题(留意一下计算所需的时间)。

(b) 重新将该问题定义为一个一般的线性规划问题,并且用单纯形法手工计算该问题,留意一下这种方法需要的时间并与(a)中的时间比较。

9.2-18 考虑9.1节给出的北部航空公司生产计划问题(表9.7)。将该问题看作线性规划问题,并设决定变量 x_j =第 j 月要生产的喷气发动机的数量($j=1,2,3,4$)。创建该问题的初始单纯形表,比较该表的规模(行数和列数)和看作运输问题求解时相应表(表9.9)的规模。

9.2-19 考虑运输问题(表9.6)的一般线性规划模型。验证9.2节中给出的 $m+n$ 个约束函数(m 个供应约束,n 个需求约束)中有一个是多余的,也就是说,其中任意一约束都可以通过其他 $m+n-1$ 个约束求得。

9.2-20 当处理供应和需求变量中有整数变量的运输问题时,解释为什么运输单纯形法能够确保求取的基可行解的基变量中必有整数值,并首先解释在初始步骤中应用创建初始基可行解的一般程序时(无论选择下一变量用何种方法),为何也会发生上述情况。然后,假设当前的一个基可行解是整数,试解释迭代的第3步为什么必须获得一个新的整数基可行解。最后,解释创建任一初始的基可行解时如何进行初始化操作,才使得运输单纯形法实际上证明了9.1节中的整数解性质。

9.2-21 作为承包商,Susan Meyer需要向3个建筑工地运送沙砾。她可以在城市北部的沙砾矿买到18t,在城市南部的沙砾矿买到14t。建筑工地1、工地2、工地3的沙砾需求量分别为10t、5t、10t。在每个沙砾矿购买每吨沙砾的价格和运送费用如下表所列。

地点	每个工地运送成本/美元			每吨价格/美元
	1	2	3	
北部	100	190	160	300
南部	180	110	140	420

Susan想确定如何从各个矿向各个工地运送沙砾可以使总的购买和运送成本最小。

(a) 构建一个该问题的线性规划模型。用大M法创建初始单纯形表以应用单纯形法(但不用实际计算出来)。

(b) 将该问题定义为运输问题并创建其相应的参数表格。比较该表(和相应的运输单纯形表)的规模与(a)中单纯形表的规模。

D(c) Susan Meyer注意到,她可以直接从北部矿井向工地1和工地2提供沙砾,从南部矿井向工地3提供沙砾。用运输单纯形法的最优性检验(而不是迭代)检验相应的基可行解是否为最优解。

D.I(d) 应用西北角法和运输单纯形法求解(b)定义的问题。

(e) 一般情况下,如(b)中创建的参数表所列,c_{ij} 表示从产地 i 到销地 j 运输的单位成本。对(d)中求得的最优解而言,假设每个基变量对应的 c_{ij} 值是固定的,而每个非基变量对应的 c_{ij} 值可能会经过讨价还价而改变,因为工地经理可能会对承包商的服务有所挑剔。用灵敏度分析确定在保持解最优的情况下非基变量对应的 c_{ij} 值的变化范围,并解释为什么这一信息对于承包商有重要意义。

C9.2-22 考虑9.1节和9.2节中所示的Metro Water District问题的运输问题模型和最优解(表9.12和表9.23)。

参数表中给定的数字是估计值,可能不精确,所以管理者打算做一些"如果-怎样"形式的分析。利用 Excel Solver 生成灵敏度分析报告，然后利用这个报告解释下列问题(在每种情况下，假设只进行一种改变，模型中的其他部分不变)。

(a) 如果向 San Go 运送每立方英尺 Calorie River 水的单位成本是 200 美元而不是 230 美元，表 9.23 中的最优解还能保持最优吗？

(b) 如果向 Los Devils 运送每立方英尺 Sacron Rive 水的单位成本是 160 美元而不是 130 美元，这个解还是最优的吗？

(c) 如果在(a)和(b)中相应的成本同时从最初的 215 美元变为 145 美元，这个解还是最优的吗？

(d) 假设 Sacron River 的供应和 Hollyglass 的需求同时降低同样的数量，如 50 万英尺^3，评估这一变化的影子价格仍然有效吗？

9.2-23 不用生成灵敏度报告，应用 7.1 节和 7.2 节中的灵敏度分析程序对习题 9.2-22 中的 4 个部分进行灵敏度分析。

9.3-1 考虑下列指派问题，其成本表格如下。

		任 务			
		1	2	3	4
指派对象	A	8	6	5	7
	B	6	5	3	4
	C	7	8	4	6
	D	6	7	5	6

(a) 画出该指派问题的网络图示。
(b) 将该问题看作运输问题并创建相应的参数表格。
(c) 在 Excel 上展示该问题的参数表格。
C(d) 用 Excel Solver 求取一个最优解。

9.3-2 用 4 艘货船从一个港口向其他 4 个港口(记为港口 1、港口 2、港口 3 和港口 4)运送货物，任意一艘船都可以参与这些运送任务。不过由于船只和货物的不同，不同船只与港口组合的装载成本、运输成本和卸载成本也有所不同，如下表所示。

		港口/美元			
		1	2	3	4
船只	1	500	400	600	700
	2	600	600	700	500
	3	700	500	700	600
	4	500	400	600	600

目标是将 4 艘货船指派给 4 个不同的港口，总运输成本最小。

(a) 描述为什么这个问题符合指派问题的一般特征。
C(b) 求取最优解。
(c) 重新将该问题定义为一个等价的运输问题并创建相应的参数表。
D,I(d) 用西北角法求取(c)所定义问题的一个初始基可行解。
D,I(e) 从(d)所得的初始基可行解出发，应用运输单纯形法求取原指派问题的最优指派方案。

D,I(f) 除了(e)所得的最优解外,有没有其他最优解? 如果有,用运输单纯形法求出。

9.3-3 重新考虑习题9.1-4。假设预测产品1、产品2、产品3下一周期的销售分别降至280单位、400单位、350单位,而且每个车间都有能力生产其中任一种产品。按管理规定,也就是说,其中3个车间负责生产其中一种产品,而另外两个车间不用生产产品。目标是指派不同的车间生产3种产品以使生产的总成本最小。

(a) 按照指派问题创建相应的成本表。

C(b) 求取最优解。

(c) 按照运输问题创建相应的参数表格。

D,I(d) 应用Vogel法和运输单纯形法求解(c)定义的问题。

9.3-4* 游泳教练准备按年龄的不同,分组培训一批200m混合泳接力赛的运动员参加青少年奥林匹克运动会。有运动员擅长多个游泳项目,而教练需要找到最合适的4个人选。5位运动员各个项目的最短时间如下表所列(单位:s)。

项目	运动员				
	Carl	Chris	David	Tony	Ken
仰泳	37.7	32.9	33.8	37.0	35.4
蛙泳	43.4	33.1	42.2	34.7	41.8
蝶泳	33.3	28.5	38.9	30.4	33.6
自由泳	29.2	26.4	29.6	28.5	31.1

目标是选出最合适的4位运动员参加4个项目,并且使所需要的总时间最短。

(a) 用公式表达该指派问题。

C(b) 求取最优解。

9.3-5 考虑表9.29所列的Better产品公司采用政策2时的指派问题。

(a) 重新按照产地数为3、销地数为5的运输问题创建相应的参数表。

(b) 将9.3节中给出的指派问题的最优解转化为(a)中运输问题的一个完整基可行解(包含退化的基变量)。特别要应用9.2节中给出的"创建初始基可行解的一般程序",但每次迭代时步骤(1)中不要用其介绍的3种准则,而是根据最优解中下一个车间与产品的指派选择下一个基变量。当只剩下一行或一列时,应用步骤(4)选择其余的基变量。

(c) 对(b)中完整的基可行解只应用运输单纯形法的最优性检验部分,验证9.3节中给出的指派问题的最优解实际上是最优的。

(d) 重新按照产地数为3、销地数为5的运输问题创建相应的参数表,比较此运输问题与(a)中定义的运输问题的异同。

(e) 对(d)定义的问题重新执行(b)的计算过程,比较所得基可行解与(b)的基可行解的异同。

D,I9.3-6 应用Vogel法和运输单纯形法求解表9.26(b)所列的Job Shop公司的指派问题(如9.3节中所得的最优解是$x_{14}=1, x_{23}=1, x_{31}=1, x_{42}=1$,其余所有的$x_{ij}=0$)。

9.3-7 重新考虑习题9.1-7。假设分销中心1、2、3分别每周必须获得10单位、20单位、30单位的产品。为了方便管理,管理者要求每个分销中心只能从一个车间接收产品。指派问题的目标是最小化总的运输费用。

(a) 按照指派问题创建相应的成本表,包括定义相应的指派对象和任务。

C(b) 求取一个最优可行解。

(c) 重新考虑该指派问题看做一个等价的运输问题(有 4 个产地)，并创建相应的参数表。

C(d) 求解(c)中定义的问题。

(e) 重新考虑(c)中只有 2 个产地时的情况并创建相应的参数表。

C(f) 求解解决(e)中定义的问题。

9.3-8 考虑下列指派问题，其成本表如下。

		工 作		
		1	2	3
人	A	5	7	4
	B	3	6	5
	C	2	3	4

最优解是 A-3、B-1、C-2 且 $Z=10$。

C(a) 用计算机验证该最优解。

(b) 重新将这个问题看作等价的运输问题并创建相应的参数表。

C(c) 为(b)中定义的运输问题求取 1 个最优解。

(d) 考虑为什么(c)所得的最优基可行解中有一些基变量(退化的)不在指派问题的最优解中。

(e) 现在考虑一下(c)所得的最优基可行解中的非基变量，应用一般线性规划中的灵敏度分析方法分析每个非基变量 x_{ij} 的成本 c_{ij}，从而确定最优情况下 c_{ij} 的变化范围。

9.3-9 考虑 9.3 节中给出的一般指派问题的线性规划模型，创建模型的约束系数表。比较该表与一般运输问题所对应参数的表(表 9.6)，解释从哪些方面看一般的指派问题比一般的运输问题的结构更特殊。

I9.4-1 重新考虑习题 9.3-2 中所示的指派问题，应用匈牙利算法求解该问题(读者可运用 IOR Tutorial 中对应的交互程序)。

I9.4-2 重新考虑习题 9.3-4，将其看作如书后答案中所示的指派问题，应用匈牙利算法手动求解该问题(读者可运用 IOR Tutorial 中对应的交互程序)。

I9.4-3 重新考虑 Better 公司问题采用第二项政策时的指派问题，如表 9.29 所列，假设第一个车间生产第一种产品的成本从 820 美元降低到 720 美元，应用匈牙利算法手动求解该问题(读者可运用 IOR Tutorial 中对应的交互程序)。

I9.4-4 应用匈牙利算法手动求解下列指派问题(可运用 IOR Tutorial 中对应的交互程序)，其成本表如下表所列。

		工 作		
		1	2	3
人	1	M	8	7
	2	7	6	4
	3(D)	0	0	0

I9.4-5 应用匈牙利算法手动求解下列指派问题(可运用 IOR Tutorial 中对应的交互程序)，其成本表如下表所列。

		工 作			
		1	2	3	4
指派	A	4	1	0	1
	B	1	3	4	0
	C	3	2	1	3
	D	2	2	3	0

I9.4-6 应用匈牙利算法手动求解下列指派问题(可运用 IOR Tutorial 中对应的交互程序),其成本表如下表所列。

		工 作			
		1	2	3	4
指派	A	4	6	5	5
	B	7	4	5	6
	C	4	7	6	4
	D	5	3	4	7

案 例

案例 9.1 木材运输问题

Alabama Atlantic 是一家木材公司,拥有 3 个木材产地和 5 个销售市场。产地 1、产地 2、产地 3 每年的产量分别为 1500 万单位、2000 万单位、1500 万单位,5 个市场每年能卖出的木材量分别为 1100 万单位、1200 万单位、900 万单位、1000 万个单位、800 万个单位。

过去,该公司是用火车来运送木材的。随着火车运费的增加,公司正在考虑用船来运输。采用这种方式需要公司在船只使用上进行一些投资,除了投资成本以外,在不同线路上火车运输和船船运输每百万单位的费用如下表所列。

产地	用火车运载木材的单位费用/千美元					用船只运载木材的单位费用/千美元				
	1	2	3	4	5	1	2	3	4	5
1	61	72	45	55	66	31	38	24	—	35
2	69	78	60	49	56	36	43	28	24	31
3	59	66	63	61	47	—	33	36	32	26

公司若用船运输,每运输百万单位木材需要在每条路线上对船只的投资如下。

产地	船只投资费用/千美元				
	1	2	3	4	5
1	275	303	238	—	285
2	293	318	270	250	265
3	—	283	275	268	240

考虑到船的使用寿命以及资金的时间价值,这些投资转换为每年的使用成本是表中的 1/10。该问题的目标是确定如何制定运输计划可以使总费用最少(包含运输费用)。

假设你是运输团队的经理,现在由你来决定运输计划,有下列 3 个选项。

选项1,继续仅用火车运输。
选项2,仅用船只运输(只能用火车的地方除外)。
选项3,或者用船只运输,或者用火车运输,由哪种方式运费少来决定。
计算每个选项的结果并进行比较。

最后,由于上述结果是以目前的运输和投资费用为基础,所以目前采用哪个选项还应考虑这些费用在将来会发生哪些变化。针对每个选项请在确保其为最合理选项的前提下,给出一个未来费用的变化范围(注意:为方便使用,本书的网站中提供了本案例的数据文件)。

案例9.2　Texago公司问题研究

该公司为对新炼油厂进行选址,解决了许多运输问题。目前,公司管理层需要决定,炼油厂的规模是否需要在原计划的基础上有所扩大。这就需要对另外的运输问题进行建模求解,分析的一个重点是将两个运输问题并入一个线性规划模型,同时考虑原油从油田到炼油厂的运输和成品油从炼油厂到分销中心的运输。需要针对得到的结果和推荐方案,提交一个管理备忘录进行说明。

案例9.3　项目选择

本案例主要是关于指派问题在一家制药厂的系列应用,决策中涉及到为治疗5种特定类型的疾病而进行的5个新药研发项目。有5个高级科学家可作为这些项目的项目主任,问题是如何建立项目和项目主任间的一一对应关系,需要考虑多种可能的方案。

第10章 网络优化模型

网络起源于众多背景,且具有多种形式,像交通网、电路网和通信网,遍及人们的日常生活。网络表示在不同领域有广泛应用,如生产、销售、工程规划设计、设备调查选定地点、资源管理和金融规划。事实上,网络表示为描绘系统内各组成部分的关系提供了可视化的、概念上的辅助,可用于自然科学、社会科学和经济科学等各领域的虚拟研究。

近年来,运筹学中最令人瞩目的发展就是网络优化模型理论与应用,这两方面的进展都非常快。许多算法问题的突破起到了重要的推动作用,如从计算机科学领域获取的许多理念。因此,现在许多算法和软件都可用于并且正被用于解决规模巨大的问题,这类问题在二三十年前基于常规理论是难以完成的。

许多网络优化模型实际上是特殊类型的线性规划问题,如前面章节讨论的运输问题和分配问题,都可归为这类问题,其网络表示如图9.3和图9.5所示。

3.4节所介绍的线性规划的例子,即图3.13所示的Distribution Unlimited公司通过配送网络进行配货的问题,也可看作网络优化问题。这种特殊形式的线性规划问题也称为最小费用流问题,将在10.6节介绍。在接下来的部分,将重新回顾该例,然后用网络方法进行求解。

本章将简略介绍网络方法的发展现状,主要介绍5种重要的网络问题以及解决这些问题的一些基本思想(不探究数据结构问题,尽管这对于成功解决大规模应用问题至关重要)。前3类问题——最短路径问题、最小生成树问题和最大流问题,都具有特殊的结构,在实际应用中会经常遇见。

第四类问题——最小费用流问题,由于结构具有一般性,因而,为其他许多应用提供了一种通用方法。事实上,最小费用流问题不但涵盖了最短路径和最大流问题,也涵盖了第9章的运输问题和指派问题。因为最小费用流问题是一种特殊的线性规划问题,所以能通过一种称为网络单纯形法的简化单纯形法有效解决(由于更一般的网络问题求解更加困难,将不再讨论)。

第五类网络问题涉及确定在规定期限内完成项目的最经济的实施方式。介绍了一种称为CPM时间—费用平衡方法的技术,描述项目的网络模型和相关活动的时间—费用平衡,然后用边际费用分析或线性规划求解最优项目计划。

10.1节介绍了一个原型范例,将用于阐述前3种问题的解决方法,10.2节介绍了一些网络基本术语,接下来的4节依次处理前四类问题,10.7节介绍了网络单纯形法,10.8节介绍了用于项目管理的CPM时间-费用平衡方法(网站的第22章还运用网络方法处理了众多类型的项目管理问题)。

10.1 原型范例

最近,Seervada公园只允许限定数量的观光者和背包者徒步旅行,不允许小轿车进入公园,但是公园巡护员可以在一条狭窄弯曲的道路上开电车或吉普车,这条道路(不包括转弯)如图10.1所示,其中位置 O 表示公园入口,其他字母代表巡护站所在位置,线上的数字表示道路的长度。

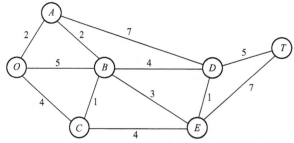

图 10.1 Seervada 公园的道路系统

公园的 T 处有一个优美的景观，在入口和位置 T 之间有少量电车运送游客。

当前公园管理面临 3 个问题。第一个问题是在入口选择哪条路线到达位置 T 的距离最短（这就是将在 10.3 节讨论的最短路径问题的例子）。

第二个问题是需要安装电话线建立起在所有站点间（包括公园入口）的通信联系，由于电话线安装价格较贵，而且在自然条件下电话线容易破裂，需要在路面下安装，以保证每两点之间都能够有联系。问题是在哪些路段安置电话线可使总的路线最短（这就是我们将在 10.4 节讨论的最小生成树问题的例子）。

第三个问题是由于旅游旺季想要从公园入口坐电车到 T 站的人超出了运送能力，为了尽量避免干扰公园里的生态和野生动物，严格规定了每天每条线路允许行驶的车辆数目（不同的路段有不同的限制，将在 10.5 节详细描述）。因此，在旺季，为了增加每天电车的班次，有些线路将不考虑距离的远近。这个问题属于如何在不违背每条线路的限制条件下，调整不同路段上发车的车次以使公园发车的次数最多（这就是将在 10.5 节详细讨论网络最大流问题）。

10.2 网 络 术 语

对于各种网络及其组成的描述，已经形成了一些相对广泛的术语。尽管我们尽力避免使用这类特殊词汇，但在本章仍然需要引入大量术语。建议读者在本节中注重定义的理解，在以后各节接触到时再进行回顾。为了便于辨识，在每个术语定义时都使用了加粗的黑体字。

一个**网络**由一系列节点和一系列连接点的线组成，点称为**节点**（或**顶点**），如图 10.1 所示的网络中有 7 个圈代表 7 个节点，线称为**弧**（或**链**，或**边**，或**支流**），如图 10.1 所示的网络中有 12 条弧，表示公园道路系统中的 12 条路段。弧可以用两端的节点来命名，如 AB 是图 10.1 中节点 A、B 之间的弧。

网络的弧中可能有某种类型的**流**通过，例如，在 10.1 节中通过 Seervada 公园路上的电车流，表 10.1 也给出了一些在典型网络中流的例子。如果通过一条弧的流只有一个方向（如单向的街道），这条弧就称为**有向弧**，方向用代表该弧的线的末端加一个箭头表示。当有向弧用其所连接的两个节点来描述时，起始节点通常写在末端节点的前面，例如，一个有向弧始于节点 A，终于节点 B，应当描述成 AB 而不是 BA，另一种方法是写成 $A \rightarrow B$。

表 10.1 典型网络的组件

节　　点	弧	流
交叉口	道路	车辆
机场	航线	飞机
切换点	线路、频道	信息
泵站	管道	流体
工作中心	加工流程	工作

如果弧中的流允许有两个方向(如两头都能用来抽水的水管),则该弧称为无向弧。为了区分这两种弧,经常用连线来指称无向弧。

尽管无向弧中的流可有两个方向,仍假定流在经过弧时只有一个的方向,而不是在相反方向同时存在两个流(后面的例子要求使用一对方向相反的有向弧)。然而,在确定无向弧中的流时,允许分派一部分反方向的流,但要清楚实际的流是净流(在两个方向上所分配的流之差)。例如,如果一个方向上的流量是10,反方向的流量是4,实际的效果则是6,由原方向的流量10减掉4而得到。即使是对有向弧有时也可用同样的技巧减去之前分配的流。特别是,可以构造一个流经有向弧的"错误"方向的流记录"正确"方向上流的减少量。

只含有向弧的网络称为有向网络,类似地,若网络所有的弧都是无向弧,则称为无向网络。同时含有向弧和无向弧(或所有的弧都是无向弧)的网络,可以根据需要用一对方向相反的有向弧代替每条无向弧,从而转换成有向网络(可根据应用的需要将每对有向弧中的流看作共存的方向相反的流,还是单向的净流)。

如果两个节点之间不是一条弧,那么,一个很自然的问题是它是否由一系列的弧连接。两节点间的路径是指连接两个节点的一组弧的序列。例如,在图10.1中,连接O、T两个节点的一条路径是OB-BD-DT($O \to B \to D \to T$)这组弧。若网络中部分或全部弧是有向弧,那么,就要区别有向路径和无向路径。从节点i到节点j的有向路径是指一组指向节点j的有向弧,这样,从节点i到节点j的路径上的流就是可行的。从节点i到节点j的无向路径是指一组方向既可指向j也可远离j的弧(注意:有向路径同样满足无向路径的定义,但反过来不成立)。通常,无向路径的有些弧指向j,同时,有些弧远离j(如指向i)。在10.5节和10.7节中,读者会发现无向路径在分析有向网络时将发挥重要作用。

为了说明上述定义,图10.2给出了一个典型的有向网络(其节点和弧与图3.13相同,即节点A和B表示两个工厂,节点D和E表示两个仓库,节点C表示配送中心,弧表示物流路径)。AB-BC-CE($A \to B \to C \to E$)这组弧是从A至E的一条有向路径,因为沿着这条路径流向E是可行的。BC-AC-AD($B \to C \to A \to D$)则不是节点B到节点D的有向路径,因为弧AC的方向是远离节点D的(在这条路径中)。然而,$B \to C \to A \to D$却是一条由B至D的无向路径,因为BC-AC-AD这组弧连接了B和D两个节点(即使弧AC的方向会阻止这条路径中的流)。

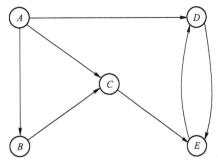

图10.2 图3.13给出的无限配送公司的配送网络为有向网络

作为一个无向路径的例子,假定预先分配给弧AC2单位的从A到C的流,给定该预分配后,给$B \to C \to A \to D$这一无向路径整体分配流量更小的流(如流量为1)是可行的,尽管弧AC的方向会阻碍$C \to A$的正向流。实际上,分配给弧AC的这一"错误"方向的流量刚好可使其"正确"方向的流量减少1单位。在10.5节和10.7节中,将大量运用该方法为无向路径分配流量,由于无向路径中含有与所分配的流方向相反的弧,其实际效果就是在这些弧的"正确"方向上减去分配的流量。

起点与终点重合的路径称为环。在有向网络中,环既可是有向的,也可是无向的,取决于其所包含的路径是否有向(由于一个有向路径同时也是无向的,因而有向环同时也是无向的,但反之则不然)。例如,在图10.2中,DE-ED是有向环,而AB-BC-AC却不是有向环,因为弧AC与弧AB、BC方向相反。另一方面,由于$A \to B \to C \to A$是无向路径,故AB-BC-AC是无向环。在图10.1所示的无向网络中有许多环,如OA-AB-BC-CO,然而,需要注意的是,路径(一系列不同的弧)的定义排除了那些由于折回而产生环的情况,如图 10.1 中的 $OB-BO$ 就不是一个环,因为 OB 和 BO 是同一弧的两种标记而已。在图 10.2 中,$DE-ED$ 则是一个(有向)环,因为 DE 和 ED 是两个不同的弧。

如果网络中的两个节点之间至少存在一条无向路径,就称这两个节点是连通的(需要注意的是,即使网络为有向网络,上述路径也不必为有向路径)。任意两个节点之间都是连通的网络称为连通网络。可以得出,图 10.1 和图 10.2 的所示网络都是连通网络。然而,对于图 10.2 所示的网络,如果去掉弧 AD 和 CE,就不再是连通网络了。

考虑一个有 n 个节点的连通网络(图 10.2 中 $n=5$),删除其上的所有弧,按一定的方式每次添加原始网络图中的一个弧(或树枝)就可以"生成"一棵"树"。第一条弧可以连接任一对节点,然后,每条新弧的一端要连在一个已与其他节点相连接的节点上,另一端应连接一个之前未与其他节点相连的新节点上。这样添加弧时不仅能避免形成环,还能保证连通网中节点的数量恰好比弧的数量多 1。每新添加一个新弧就生成一个更大的树,这棵树是一个不含无向环的连通网络。当第 $n-1$ 个弧添加完毕后,由于所生成的树连接了所有 n 个节点,添加工作就可以停止了,这棵树称为生成树,即连接所有 n 个节点、不含无向环的连通网。每个生成树有且仅有 $n-1$ 条弧,即构建一个连通网所需的最少弧数,也是不含无向环的最大弧数。

图 10.3 利用了图 10.2 中的 5 个节点和部分弧演示了树的生成过程,对每一步新弧都有多种选择,所以图 10.3 演示的只是创建一棵生成树的众多方式中的一种。然而,需要注意,在树的生成过程中,怎样使新添加的弧能满足前面图中定义的条件。10.4 节将深入探讨和演示树的生成。

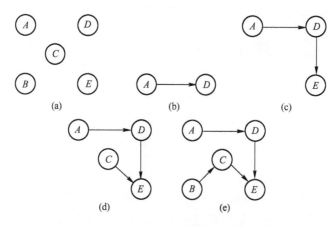

图 10.3 一次增加一条弧生成一棵树的例子

(a) 不含任何弧的节点;(b) 只有 1 条弧的树;(c) 有 2 条弧的树;(d) 有 3 条弧的树;(e) 一颗生成树。

生成树在网络分析中具有重要作用,如它们构成了 10.4 节所讨论的最小生成树问题的基础,此外,生成树(可行的)与 10.7 节讨论的网络单纯形法的基可行解对应。

最后,再介绍几个关于网络流的术语。可在有向弧中传送的流的最大量(可能无穷大)称为弧容量。就节点来说,其差别在于是产生网络流还是吸收网络流,或者既不产生也不吸收。流出量比流入量大的节点称为供给节点(或称源点、源),流入量比流出量大的节点称为需求节点(或称汇聚点、汇),转载节点(或中间节点)则满足流守恒,其流入等于流出。

10.3 最短路径问题

虽然本节末会提到几个其他形式的最短路径问题(包括一些有向网络),但本节主要关注下面的简单形式:考虑一个包含起点和终点的无向连通网络,每条边(无向弧)都对应一个非负距离,目标是找出从起点到终点的最短路径(总距离最短的路径)。

解决这一问题有个相对简单的算法,其实质是从起点开始搜索,升序排列网络各个节点到起点到的(最短)距离,并选择其中距离最短的那条路径,依次进行迭代搜索,直到所选的路径到达终点时问题也就解决了。首先,将简要介绍这一方法,然后,通过求解 10.1 节中 Seervada 公园管理遇到的最短路径问题进行具体阐述。

10.3.1 最短路径问题的算法

第 n 次迭代的目标:找到离起点最近的第 n 个节点($n=1,2,\cdots$重复操作,直到第 n 个最近的节点为终点)。

第 n 次迭代的输入:$n-1$ 个离起点最近的节点(在之前的迭代中确定),包括它们的最短路径和与起点的距离(将这些包括起点在内的节点称为解节点,其他节点称为非解节点)。

第 n 个最近节点的候选节点:对每个解节点,与其直接连接且距离最小的非解节点就是一个候选节点(距离最小的节点有多个时,会产生多个额外的候选节点)。

第 n 个最近节点的计算:对于每个解节点和其候选节点,把它们之间的距离和该解节点到起点的最短距离相加,总距离最小的候选节点是第 n 个最近节点。

10.3.2 算法在 Seervada 公园最短路径问题中的应用

在如图 10.1 所示的道路系统中,Seervada 公司管理人员需要找到从公园入口(节点 O)到景点(节点 T)的最短路径。表 10.2 显示的是应用上述算法求解这一问题所得的结果(其中第 2 个距离最近的节点有 2 个,从而下一次迭代可直接去找第 4 个距离最近的节点)。第 1 列(n)表示迭代次数,第 2 列为开始当前迭代的解节点,去除了那些不相关的解节点(即不直接与任何非解节点连接的节点),第 3 列给出了第 n 个最近节点的候选节点(与解节点距离最近的非解节点),第 4 列计算出了从起点到每个候选节点的最短路径的距离(也就是从起点到解节点的距离加上该解节点到候选节点的距离),第 5 列为距离起点最近的第 n 个节点,最后 2 列是关于新解节点的信息(也就是从起点到这个节点的最短路径的距离和这条最短路径上最末尾的弧)。

表 10.2 最短路径的算法在 Seervada 公园问题上的应用

n	与非解节点直接连接的解节点	相连的最近非解节点	相应的总距离	第 n 个最近节点	最小距离	上一个节点
1	O	A	2	A	2	OA
2,3	O A	C B	4 $2+2=4$	C B	4 4	OC AB
4	A B C	D E E	$2+7=9$ $4+3=7$ $4+4=8$	E	7	BE
5	A B E	D D D	$2+7=9$ $4+4=8$ $7+1=8$	D D	8 8	BD ED
6	D E	T T	$8+5=13$ $7+7=14$	T	13	DT

现在将上述表格和算法要点直接联系起来。第 n 次迭代的输入为前一次迭代的第 5 列和第 6 列给出，其中，从第 5 列的新解节点和第 2 列的解节点中删除那些没有与非解点直接相连的节点后，作为当前迭代的第 2 列，第 n 个最近节点的候选节点作为当前迭代的第 3 列，在第 4 列上进行第 n 个最近节点的计算，当前迭代的结果记录在最后 3 列。

以表 10.2 中 $n=4$ 为例，本次迭代的目标是找出第 4 个距离起点最近的节点。本次迭代的输入为 3 个与起点距离最近的节点(A、B 和 C)和它们的最短距离(分别为 2、4、4)，如表中第 5 列和第 6 列所列。接下来将 A、B 和 C 三个解节点作为第 2 列，开始第 $n=4$ 次迭代。其中，节点 A 只与一个非解节点(D)直接相连，因而，节点 D 就成为与原点距离最近的第 4 个节点的候选节点，节点 D 与原点的最短距离为节点 A 与原点间的最短距离(如第 6 列所列为 2)加上 A 和 D 间的距离(7)，也即 9。与节点 B 直接相连的非解点有 2 个(D、E)，由于节点 E 距离 B 更近，因而，选择节点 E 为下一个与原点距离最近的第 4 个节点的候选节点。从节点 B 到原点的最短距离与 B 和 E 间的距离之和为 4+3=7，如第 4 列所列。与节点 C 相连的非解节点只有 1 个(E)，因而，E 再次成为与原点距离最近的第 4 个节点的候选节点，总距离为 4+4=8。上述 3 个总距离中，值最小的为中间的案例 4+3=7，因此本次迭代中非解节点 E 为与原点距离最近的第 4 个节点。在第 5 列和第 7 列记录相关结果，本次迭代结束。

完成表 10.2 所列的迭代工作后，通过表的最后一列从终点追溯到起点的最短路径有两条：$T→D→E→B→A→O$，或者 $T→D→B→A→O$。因此，从起点到终点的最短路径有两种选择：$O→A→B→E→D→T$，或者 $O→A→B→D→T$，两条路径长度均为 13 英里。

10.3.3 用 Excel 电子表格描述并求解最短路径问题

该算法提供了一个特别简单的途径求解复杂的最短路径问题，但有些数学程序软件包并不包含这种算法，而通常包含如 10.7 节将介绍的网络单纯形法，网络单纯形法也是解决此类问题的一个不错的选择。

因为最短路径问题是特殊的线性规划问题，所以当没有更好的方法时常使用单纯形法。尽管不如复杂最短路径问题的专用算法有效，但是对于不太复杂的问题(但比 Seervada 公园问题要复杂得多)还是能胜任的。基于普通单纯形法的 Excel 电子表格可以提供一个简单的途径，用于描述和求解数十条弧和节点组成的最短路径问题。

图 10.4 是对 Seervada 公园最短路径问题的电子表格描述，与 3.5 节用单独的一行表示每个线性规划模型的函数约束不同，该表格提供了一种特殊的结构，即在第 G 列列出所有节点，在第 B 列、第 C 列列出所有的弧，在第 E 列给出对应每条弧的距离(单位：英里)。因为网络图中的所有连接都是无向弧，而通过最短路径是有一定方向性的，所以每个连接都可以用一对方向相反的有向弧代替。这样，B 列和 C 列所列的弧中 B-C 和 D-E 出现了两次，分别为向上的弧和向下的弧，并且每个方向都可被选中，而其他的连接仅作为从左到右方向的弧列出，因而，要选择从起点目标点的最短路径，这是唯一的可能方向。

网络图中从起点到终点最短的路线可理解为在选中的弧上分配流量为 1 的流，现在要做的决策是这条路线应选择哪些弧。流量被分配为 1 的弧将包含在这条路线中，否则不包括，若不包括，则流量为 0。因而，用决策变量来代表需要决策的每条弧，则有

$$x_{ij} = \begin{cases} 0, \text{不包含弧 } i→j \\ 1, \text{包含弧 } i→j \end{cases}$$

决策变量的值在图中的动态单元格 OnRoute(D4:D17)输入。

在被选中的路径上，每个节点都可以认为有一个流量为 1 的流通过，反之则没有流量。通过

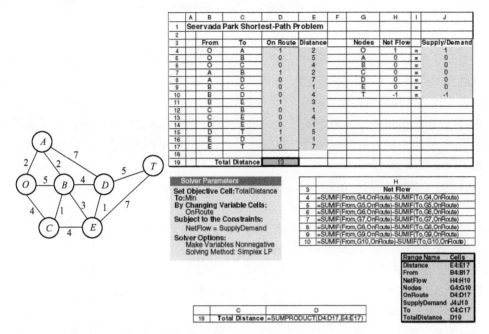

图 10.4 Seervada 公园最短路径问题的电子表格。图中,动态单元格 OnRoute(D4:D17) 是用 Excel Solver 求得的最优解,目标单元格 TotalDistance(D19) 给出了最短路的总里程 (mile),电子表格左侧网络图为图 10.1 中最初给出的 Seervada 公园的道路系统

一个节点的净流量等于流进量减去流出量,所以起点的净流量为 1,而目的节点的净流量为 -1,其他节点的净流量均为 0。这些净流量的相关要求由图 10.4 的第 J 列给出,根据图底部的公式,H 列的单元格计算出节点的实际净流量,相应的约束 NetFlow(H4:H10) = Supply/Demand(J4:J10),在 Solver 参数对话框里定义。

根据图 10.4 底部的公式,目标单元格 TotalDistance(D19) 给出了选中路径的总距离。目标单元格最小化的目标通过 Solver 对话框定义。通过 Solver 运行后,最优解将显示在 D 列。

应用案例

成立于 1881 年的加拿大太平洋铁路公司(CPR)是加拿大第一家拥有横跨大陆铁路线的公司。CPR 在加拿大的铁路网运营里程超过 14000mlie,同时还为美国 Minneapolis、芝加哥、纽约等众多城市服务,此外,通过与其他公司展开合作,CPR 的业务甚至延伸到了墨西哥的主要商业中心。

每天 CPR 要收装大约 7000 车厢货物,需要出口运送到穿越北美的目的地。由于这些货物必须通过火车货厢运输,且在到达目的地之前货厢需要不断地更换火车头,因此 CPR 需要对这些货物和 1600 个火车头、65000 节火厢、5000 名火车员工及 250 个火车站进行协调。

CPR 管理者求助于 MultiModal Applied Systems 运筹咨询公司,并与其合作开发了一套解决上述问题的研究方法,运用大量运筹学技术创造一个新的运营系统。该方法的基础是将火车车厢的流通看成是网络流,其中每个节点代表一个车站及到达时间。这种描述方法使应用网络优化技术成为可能。例如,该方法每天要解决很多最短路径问题。

由于该方法的应用,CPR 每年大约节约 1 亿美元。人力效率、火车头效率、燃料消耗及火车速度均得到了极大的改善。现在 CPR 能够向顾客提供可信的交货时间,并且,由于服务的改进获得了很多的赞誉。网络优化技术的成功应用,使 CPR 于 2003 年荣获国际运筹和管理学 Franz Edelman 成就奖一等奖。

材料来源:P. lreland, R. Case, J. Fall, C. Van Dyke, J. Kuehn, and M. Meketon:"The Canadian Pacific Railway Transforms Opcratioos by Using Models to Develop Its Operating Plans," Interfaces,34(1):5-l4. Jan. Feb. 2004. (网站提供了本文的链接地址:www. mhhc. Com/hillier。)

10.3.4 其他应用

并不是所有的最短路径问题都是使起点到终点之间的距离最短的路程问题。事实上,它甚至可能与路程没有一点关系。这些连接(或弧)可能表示一些其他类型的活动,因此,选择网络中一条路径相当于选择了开展活动的最优次序。连接的长度也可能表示其他意义,如活动的费用,这时的目标将是选择总费用最小的活动次序。本书网站的例题解答部分包含了该类问题的另外一个例子,详述了以最短路径问题的思路建模的过程,并运用最短路径问题的算法和 Solver 数据表格进行了求解。

下面列出了三种类型的应用。
(1) 使路程总距离最短,如 Seervada 公园问题。
(2) 使一系列活动的总费用最小(习题 10.3-3)。
(3) 使一系列活动的总时间最小(习题 10.3-6 和习题 10.3-7)。

上述三种问题可能来源于同一个应用。例如,假如你从一个城镇开车到另一个城镇,中间需要经过若干个城镇,你希望找到一条最好路线。你认为最好路线的标准可能总距离最小,或是总费用最小,还可能是总时间最小。

许多应用要求在有向图中找出从起点到终点的最短有向路径,可通过简单改变前面介绍的算法来处理每次迭代时的有向路径。特别地,当已找出第 n 个节点的候选节点后,只需要考虑从解节点到非解节点的有向弧。

另一种最短路径问题是找到从起点到网络中其他所有节点的最短路径。注意:前面的算法其实已经给出了从起点到除目标点外,比目标点距起点更近的其他节点的最短路径。因此,当所有节点都被看作潜在目标点时,算法只需做出以下改变,即直到所有节点都成为解节点后才停止继续运算。

一种更一般的最短路径问题是找到从每个节点到另外其他每个点的最短路径。另一种类型是放弃"距离"(弧值)的非负约束,也可能被随后加上其他一些约束。所有这些变异问题偶尔会出现在应用中,所以也已被研究者研究。

对于广泛存在的联合优化问题,如某些交通路线或网络设计问题,需要求解大量作为子问题的最短路径问题。虽然我们没有篇幅进一步研究这类问题,但如今这类问题可能是最短路径问题最重要的应用。

10.4 最小支撑树问题

最小支撑树问题与 10.3 节中最短路径问题的形式有些相似。在这两类问题中,所考虑的都是无向连通网络,并且给出的信息包括每条边的正值长度(距离、费用、时间等)。这两类问题均需从所有边中选出一组满足特定的属性的总长度最小的边。对于最短路径问题,被选择路线的特定属性是从起点到终点,对于最小支撑树问题,被选择路线的特定属性是每对节点都要有路线相连。

最小支撑树问题可概括如下。
(1) 给定网络的节点而不是边,但如果要插入一条边,这条潜在的边的长度已知(边的长度的其他度量包括距离、费用、时间)。
(2) 期望通过插入足够的边来设计网络,以满足每对节点间都有路线相连的特定要求。
(3) 目标是在满足这个要求的基础上,寻求一种方式使插入网络中的边的总长度最小。

具有 n 个节点的网络,仅需要 $(n-1)$ 条边即可满足每对节点有一条路线的要求,而不需要更多的边,否则,会增加总长度。这 $(n-1)$ 条边的选取,应恰好能构成一棵支撑树(定义见 10.2 节)。因此,该问题可以归为寻找所有边的总长度最小的支撑树。

图 10.5 以 Seervada 公园问题(见 10.1 节)为例,说明了支撑树的这一概念,根据定义,图 10.5(a)不是一棵支撑树,因为节点 O、A、B、C 与节点 D、E、T 并不连接。这一网络系统实质上包含两棵树,每一组节点构成一棵树。图 10.5(b)是该网络系统的扩展,但因为它有两个环(O-A-B-C-O,D-T-E-D),所以不是树,它的边过多。因为 Seervada 公园问题有 $n=7$ 个节点,根据 10.2 节所指出的,该网络必须恰好有 $n-7=6$ 条边且没有环才构成一棵支撑树。图 10.5(c)满足以上条件,因此该网络是最小支撑树问题的一个可行解(边的总长度为 24mile)(很快将了解到,该解不是最优解,因为还可以构造出总长度仅为 14mile 的支撑树)。

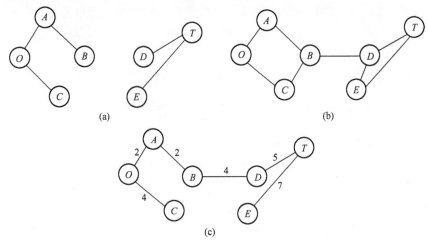

图 10.5 以 Seervada 公园问题为例说明支撑树的概念图解
(a) 非支撑树;(b) 非支撑树;(c) 是支撑树。

10.4.1 应用举例

下面列出了一些最小支撑树问题的主要应用类型。
(1) 通信网络设计(光缆网络、计算机网络、电话线网络、有线电视网络等)。
(2) 费用最低的运输网络设计(铁路、公路等)。
(3) 高压输电网络的设计。
(4) 线路总长度最短的电子设备线路网络设计(如计算机系统)。
(5) 管道网络设计。

在这个信息飞速传播的时代,第一种类型的应用尤为重要。在一个通信网络中,只需要插入足够的边以保证每对节点之间都有通路,这样的网络设计正是最小支撑树问题的典型应用。如今,通信网络系统造价都在数百万美元,所以通过最小支撑树优化通信网络是非常重要的。

10.4.2 算法

最小支撑树问题可以用一种简明直接的方式求解,因为它恰好是运筹学问题中的一种特殊类型,其在每一阶段所寻求的最优解最终构成整个过程的最优解。因此,从任意一个节点开始,第一个阶段就是要选取该节点到另一节点最短的那条边,而不考虑对后面的选取造成的影响。

第二阶段就是要在未连接的节点中确定与已连接的节点距离最短的节点,并将其连到网络。重复以上过程,直到所有的节点都已连接(注意:这与图 10.3 中构造支撑树的过程是相同的,不同的是,本过程在每选取新边时都要遵循一个特殊的规则),最终得到的网络就是一棵最小支撑树。

10.4.3 最小支撑树问题的算法

(1) 任选一个节点,然后将该节点与离它最近的节点进行连接(增加一条边)。

(2) 确定与已连接节点距离最近的未连接节点,然后连接这两个节点(在它们之间增加一条边)。重复该步骤,直至所有的节点都已被连接。

(3) 若出现最短距离相等的多个节点:在第 1 步或第 2 步中出现最短距离相等的多个节点时,可任意选择其中的一个,最终一定会生成一个最优解。但出现上述情况,也预示着可能有多个最优解。所有这样的最优解都可以通过选择每个最短距离相等的节点,继续进行分析其后连接的所有边而求得。

手动实现本算法最快的方法是下面将要介绍的图上作业法。

10.4.4 算法在 Seervada 公园最小支撑树问题上的应用

为了连接公园的所有景点,Seervada 公园的管理部门需要对在哪些道路下铺设电话线的问题做出决策,该决策要使铺设电话线路的总长度最短。利用图 10.1 所给的数据,逐步给出这个问题的答案。

该问题中的节点和节点间的距离如下图所示,其中细线表示节点间潜在的边。

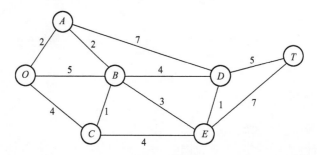

任选节点一个节点,如 O,作为初始节点,未连接的节点中与节点 O 距离最近的节点是 A,连接节点 O 和节点 A,如下图所示。

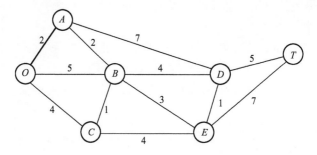

未连接的节点中与节点 O 或节点 A 距离最小的节点是节点 B(距离节点 A 最近),连接节点 A 与节点 B。

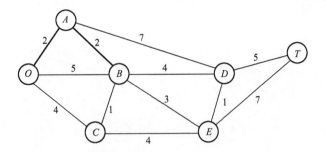

未连接的节点中与节点 O、A 或 B 距离最小的节点是节点 C(距离节点 B 最近),连接节点 B 与节点 C,如下图所示。

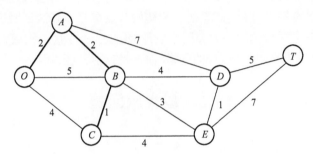

未连接的节点中与节点 O、A、B 或 C 距离最小的节点是节点 E(距离节点 B 最近),连接节点 B 与节点 E,如下图所示。

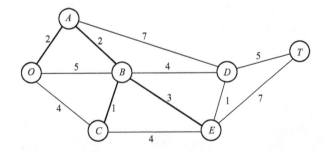

未连接的节点中与节点 O、A、B、C 或 E 距离最小的节点是节点 D(距离节点 E 最近),连接节点 D 与节点 E,如下图所示。

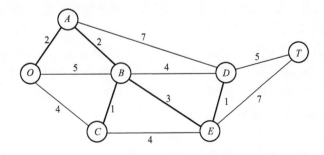

最后剩余一个未连接的节点 T,节点 T 与节点 D 距离最小,连接节点 T 与节点 D,如下图所示。

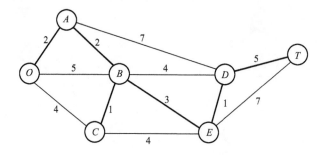

现在所有的节点都已连接,得到了问题的最优解,电话线路的总长度为14mile。

尽管看上去初始节点的选取好像会对最终结果(即电话线路的总长度)产生影响,但实际上并不会。建议读者针对本例,选取异于节点 O 的初始节点重复本算法证明这一事实。

最小支撑树问题是本章讨论的一大类网络设计问题之一,在这一领域,目的是为给定的应用问题(最常见的是交通系统)设计最适合的网络,而不是分析已经设计好的网络。

10.5 最大流问题

下面回忆一下 Seervada 公园管理中遇到的第 3 个问题(见 10.1 节),即在旅游旺季客流量高峰期,如何决定电瓶车从公园入口(图 10.1 中的 O 点)到旅游景点(T 点)的线路,可以使每天电瓶车的总出动量最大(每趟电瓶车将按原路线返回,所以只关注出发路线)。为避免过度破坏生态平衡和野生动物的生活区域,公园每条道路上每天流入的电瓶车次数设定了严格上限。对于每条道路,旅游出发方向的路线已经用如图 10.6 所示的箭头表示出来,每个箭头上标出的数字为每天允许从出发点输送的最大电瓶车次数。在这些限制下,一个可行的方案是

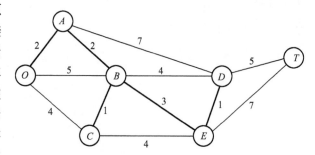

图 10.6 Seervada 公园最大流问题

每天开放 7 趟电瓶车,其中 5 趟使用路线 $O\to B\to E\to T$,1 趟使用路线 $O\to B\to C\to E\to T$,1 趟使用 $O\to B\to C\to E\to D\to T$。然而,由于该方案阻碍了其他任何以 $O\to C$ 为起始的路线(因为路线 $E\to T$ 和路线 $E\to D$ 已经到达了最大容量),所以很容易找到其他更优的可行方案。需要考虑路线的各种组合(以及每条路线分配的电瓶车次数),找出使每天各路输送旅客趟数达到最大的那些路线。这类问题就称为最大流问题。

通常,最大流问题可归纳如下。

(1)所有流经有向连通网络的流都起源于同一节点,称为源点,终止于另一个点,称为汇点(在 Seervada 公园问题中,源点和汇点分别是公园的入口 O 和旅游景点 T)。

(2)剩余的其他点称为中间节点(如在 Seervada 公园问题中的 A 点、B 点、C 点、D 点和 E 点)。

(3)流的方向由箭头标明,弧的容量就是允许的最大流量。在源点,所有的流都从这一点发出,在汇点,所有的流都指向这一点。

(4)问题的目标是使从源点到汇点的总流量达到最大,该值可以由两种等价的方式来衡量,即源点的流出量或汇点的流入量。

10.5.1 应用举例

下面是最大流问题的几类应用。
(1) 公司配送网络中,使从工厂到客户的运送量最大。
(2) 公司供应网络中,使从供应商到工厂的运送量最大。
(3) 使石油管道系统的石油流量最大。
(4) 使沟渠系统的水流量最大。
(5) 使交通网络的车流量最大。

尽管最大流问题中仅有一个源点和一个汇点,但是上述有些实际应用中,流可能来自不止一个节点,也可能终于多个节点,如一个公司的配送网络通常有多个工厂和多个客户。一种解决方法是在问题建模时略作调整,对网络进行扩展,使其满足最大流问题,即在网络中引入一个虚拟源点、一个虚拟汇点和一些新弧。虚拟源点被看做网络中所有流的开端,而在实际中,这些流是以其他节点为源点的。在虚拟源点与每个实际源点之间添加一条始于虚拟源点的弧,这条弧的容量等于实际源点能发出最大流量。类似地,虚拟汇点被看做所有流的终点,而在实际中,流也是以其他节点为汇点的。在虚拟汇点与每个实际汇点之间添加一条指向虚拟汇点的弧,这些弧的容量等于实际汇点能接收的最大流量。调整后,原网络中的所有节点均变为中间节点,于是,扩展后的网络也只有一个源点(虚拟源点)和一个汇点(虚拟汇点),从而满足最大流问题。

应用案例

Hewlett-Packard(HP)需要提供大量创新性产品以满足十多亿消费者的各种需求,其所提供产品的广泛性帮助公司取得了无与伦比的市场份额。然而,提供大量相似的产品也会产生很多问题,比如会使销售代理和消费者感到迷惑,影响产品的收益。因而,在产品的种类上寻求一个适当的平衡十分重要。

基于这一考虑,HP公司的高级管理层将产品的种类管理作为一项高优先级的经营战略来抓。数十年来,在应用运筹学解决重要经营问题方面,HP公司一直处于领先地位,公司自然而然地想到召集公司的高级运筹分析师研究上述问题。

解决上述问题的方法的核心是建立一个网络优化模型。经过调查,剔除产品计划中那些回报不高的产品,产品计划中剩余的产品可看做是通过网络的流,就能得到一个最大流问题模型。自2005年开始使用这种方法后,HP公司产生重要变化,能够将越来越多的精力投入到最关键的产品上。从2005年到2008年,公司的利润增长了5亿美元,此后每年的增长幅度达到1.8亿美元。

这些重大成果,使HP公司获得了2009年国际运筹和管理学 Franz Edelman 成就奖一等奖。

材料来源 J. Ward and 20 co-authors, "HP Transforms Product Portfolio Management with Operations Research," Interfaces, 40(1):17-32. Jan-Feb. 2010. (网站提供了本文的链接地址:www.mhhc.com/hillier。)

10.5.2 算法

由于最大流问题可归结成线性规划问题(见习题10.5-2),所以可用单纯形法求解,可使用第3章和第4章中介绍的任一种线性规划软件包。然而,一个更有效的方法可用来求解这类问题,即增广链算法。这种方法建立在两个直观的概念之上:剩余网络和增广链。

在给弧分配流量后,剩余网络显示了可用于分配其他流的剩余弧容量(称为剩余容量)。例如,考虑图10.6中的弧 $O \rightarrow B$,其弧容量为7。假设分配给这条弧一个流量为5的流,则 $O \rightarrow B$ 的剩余容量为 $7-5=2$,即可再分配给弧 $O \rightarrow B$ 的流量为2。这种状态在剩余网络中可用如下图所示的方法描述。

节点旁边的数字给出了从该节点到另一节点的弧的剩余容量,也就是说,从 O 到 B 的剩余容量为 2,而右边的 5 则表示可分配给从 B 到 O 的剩余容量(实际上,中和了先前分配给从 O 到 B 的部分流量)。

最初,在未分配任何流之前,Seervada 公园最大流问题的剩余网络外观上如图 10.7 所示,初始网络(图 10.6)中的每条弧都从有向弧变成了无向弧。但原方向上的弧容量并未改变,而其相反方向的弧容量则是零,所以对弧流量的限制没变。

接下来,每当有流量分配给某个弧后,与该流量同向的弧的剩余容量就减少该流量,而与该流量反向的弧的剩余容量则加上该流量。

在剩余网络中,从源点到汇点的有向路径中,如果每条弧都有正的剩余容量,则称该路径为增广链。其中,最小的剩余容量称为该增广链的剩余容量,它表示还可以加到该路径上的流量。因此,每个增广链都为初始网络增加流提供了机会。

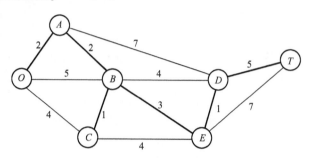

图 10.7 Seervada 公园最大流问题的初始剩余网络

增广链算法重复选取某些增广链,并将增广链增加与其剩余容量相等的流,直到找不出增广链为止。此时,从源点到汇点的流量将不能进一步增加。确保最终解一定为最优的关键,是利用增广链抵消网络中先前分配的流,所以不加区别地选择路径分配流量并没有妨碍使用更优的流量分配组合。

综上所述,算法的每次迭代由以下 3 个步骤组成。

10.5.3 最大流问题的增广链算法①

(1) 在剩余网络中,找出从源点到汇点的有向路径中每个弧上都有正向剩余容量的路径,即找到增广链(如果不存在增广链,该网络已达到最大流)。

(2) 找出该增广链上所有弧中最小的剩余容量,也即该增广链的剩余容量 c^*,在该增广链中增加流量为 c^* 的流。

(3) 从增广链的每个弧的剩余容量中减去 c^*,而在每个弧的反方向的剩余容量中加上 c^*,返回步骤(1)。

在进行步骤(1)时,往往有很多增广链可供选择。尽管用这种方法解决大规模问题时,增广链的正确选择对解决问题的效率非常重要,但这里暂不深入研究(本节的后面将介绍一个找增广链的系统的步骤)。因此,在下面的例子(以及本章最后的问题)中,可随意地选取增广链。

10.5.4 应用算法求解 Seervada 公园最大流问题

下面应用上述方法求解 Seervada 最大流问题(初始网络如图 10.6 所示,该算法的另一个应用例子见本书网站的例题解答部分)。从图 10.7 中的初始的剩余网络开始,通过一两次迭代给出新的剩余网络,其中从 O 到 T 的总流量用粗线标出(紧挨节点 O 和 T)。

第 1 次迭代:在图 10.7 中,$O \rightarrow B \rightarrow E \rightarrow T$ 是其中一条增广链,其剩余容量为 $\min\{7,5,6\}=5$。

---

① 假定弧容量为整数或有理数。

分配给这条路径 5 单位的流量，产生新的剩余网络。

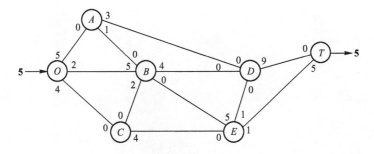

第 2 次迭代：分配 3 单位的流量给增广链 $O \to A \to D \to T$，得到新的剩余网络。

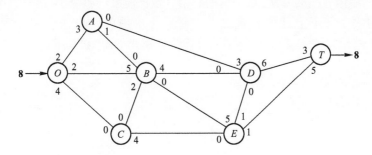

第 3 次迭代：分配 1 单位流量给增广链 $O \to A \to B \to D \to T$。
第 4 次迭代：分配 2 单位流量给 $O \to B \to D \to T$，得到新的剩余网络。

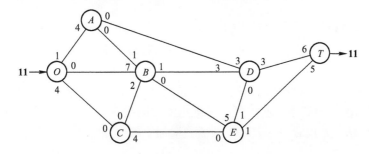

第 5 次迭代：分配 1 单位流量给增广链 $O \to C \to E \to D \to T$。
第 6 次迭代：分配 1 单位流量给 $O \to C \to E \to T$，得到新的剩余网络。

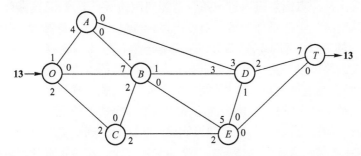

第 7 次迭代：分配 1 单位流量给增广链 $O \to C \to E \to B \to D \to T$，得到剩余网络。

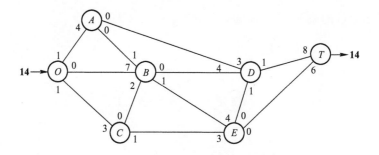

已经没有增广链了,所以现在的流量模式是最优的。

这一流量模式既可以通过流量分配的累积,也可以通过最终的剩余容量和初始弧容量的比较得到。如果使用后面介绍的方法,若最后的剩余容量比原来的容量小,沿着其中一条弧上将有流存在,这个流的大小等于上述两容量之差。通过对从最后一步迭代中得到的剩余网络与图 10.6 或图 10.7 进行比较,这种方法得到的最优流量模式如图 10.8 所示。

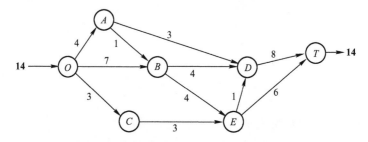

图 10.8 Seervada 公园最大流问题的最优解

这个例子很好地解释了用剩余网络的一条无向弧替代初始网络图中每条有向弧 $i \to j$ 的原因,以及为何当有流 c^* 分配到 $i \to j$ 时,会将 $j \to i$ 的剩余容量增加 c^*。如果没有这一巧妙的设计,前 6 个迭代将无法进行。但是,从这一点上来讲,就不会存在增广链了(因为没有使用过的 $E \to B$ 的弧容量为 0)。因此,这个设计允许我们在第 7 次迭代中为 $O \to C \to E \to B \to D \to T$ 增加 1 单位流量。事实上,增加的流量使在第 1 次迭代中分配给 $O \to B \to E \to T$ 的流量中和了 1 单位,取而代之的是分别将 $O \to B \to D \to T$ 和 $O \to C \to E \to T$ 的流量增加 1 单位。

10.5.5 寻找增广链

当涉及一个大网络时,上述算法最大的困难是寻找增广链。下列系统化的步骤可以使问题得到简化。首先,确定从源点出发只通过一条弧就能到达的所有节点,且这条弧具有严格正值的剩余容量。然后,从对满足上述条件的每个节点出发,确定只通过一条弧就能到达的所有新的节点(从那些还未到达的节点中选取),这条弧也需具有严格正值的剩余容量。对于每个新的到达节点重复上述操作,最终可以得到一个包含所有节点的树,从源点出发能够沿着一条具有严格正值的剩余容量的路径到达这些节点。这样,如果增广链存在,通过这种展开式的过程总可以找到增广链。图 10.9 展示了这一过程,其剩余网络是前例第 6 次迭代后得到的。

尽管图 10.9 所示的过程比较简单,但如果能够判断何时得到最优解,就非常有帮助,这样就不会出现路径不存在而仍费力搜索的情况。一个称为最大流最小割定理的重要定理使得做出上述判断成为可能。一条割(Cut)为一组有向弧集,其中包含了由源点指向汇点的所有有向路径的至少一个弧。通过切割网络得到一条割来分析网络的方法有很多。对于任一给定的割,割值(Cut Value)是指其所包含的所有弧的容量之和。最大流最小割定理(Max Flow Min-cut

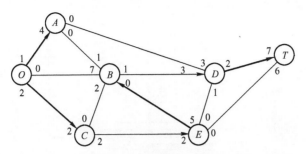

图 10.9　Seervada 公园最大流问题第 7 次迭代寻找增广链的过程

Therem)指出,对于任意只含一个源点和汇点的网络,从源点到汇点的最大可行流等于网络所有割的最小割值。因而,如果用 F 来表示从源点到汇点的任何可行流的流量,任意一个割都将为 F 提供一个上界,并且最小割值等于 F 的最大值。因此,如果初始网络中存在一个割,其割值与当前求解步骤所得的 F 值相等,则当前的流量分配方式就是最优的。相应地,当剩余网络图中存在一个值为零的割时,也即获得了最优方案。

下面以图 10.7 中的网络图为例说明上述方法,网络的其中一条割如图 10.10 所示。其割值是 3+4+1+6=14,也即上面所求得的 F 的最大值,所以这条割就是最小割。同样也要注意到,在第 7 次迭代所产生的剩余网络中 $F=14$,相应割的值为 0,如果已经发现了这一点,就没有必要再去寻找另处的增广链了。

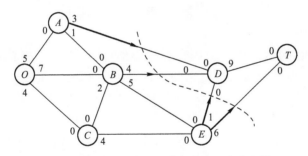

图 10.10　Seervada 公园最大流问题的最小割

10.5.6　用 Excel 描述和求解最大流问题

实践中,大部分最大流问题的规模都远大于 Seervada 公园问题,有些问题有数以千计的点和弧。以上介绍的增广链算法在解决大规模的问题时远比单纯形法更加有效。然而,对于规模适中的问题,运用基于单纯形法的 Excel 求解是比较合理和便捷的。

图 10.11 显示了 Seervada 公园最大流问题的电子表格表示形式。其格式与图 10.4 所示的 Seervada 公园最短路径问题相似。在 B 列和 C 列列出弧,在 F 列列出相对应的弧容量。决策变量是各个弧的流量,其数值通过可变单元格 Flow(D4:D15)输入。通过图右下角给出的公式,用这些流量计算每个节点的净流量(见 H 列和 I 列)。根据求解对话框 Solver 中的第一组约束(I5:I9 = SupplyDemand),中间节点(A、B、C、D 和 E)的净流量应该为 0。第二组约束(Flow ≤ Capacity)明确了弧容量限制。从源点(O)到汇点(T)的总流量应与由源点产生的流量(单元格 I4)相等,所以目标单元格 MaxFlow(D17)应等于单元格 I4。在明确目标单元格的最大化目标值后,单击"Solve"按钮,获得的最优解就显示在 Flow(D4:D15)区域。

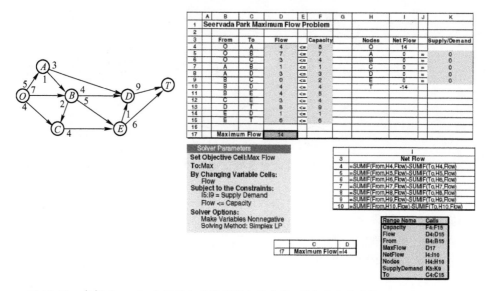

图 10.11 求解 Seervada 公园最大流问题的电子表格，图中变化单元格 Flow (D4:D15) 为由 Excel Solver 得到的最优解，目标单元格 MaxFlow (D17) 给出了网络的最大流，电子表格左边的网络图为图 10.6 给出的 Seervada 公园的最大流问题

10.6　最小费用流问题

最小费用流问题在网络优化模型中具有核心地位，因为它不仅具有广泛的应用，而且求解也非常方便。与最大流问题类似，它关注的是通过有弧容量限制的网络的流量问题。与最短路径问题类似，它关注经过一条弧的流量的费用（或距离）。类似于第 9 章的运输问题或指派问题，它研究具有多个源点（供应节点）和多个终点（需求节点）的问题，同时还考虑相关的费用。事实上，此前学习的 4 个问题都是特殊形式的最小费用流问题，我们将做扼要的证明。

最小费用流问题之所以能够有效求解，是因为它能转化为线性规划模型，所以能够使用单纯形法的简化方式，即网络单纯形法来求解。这一算法将在下一节描述。

最小费用流问题描述如下。

（1）网络是有向连通网络。

（2）至少有一个节点是供应节点。

（3）其他节点中至少有一个是需求节点。

（4）剩余的其他节点都是中间节点。

（5）一条弧的流向只能是按箭头所指的方向，其最大流量由该弧的容量给出（如果两个方向上都有流，应该用一对方向相反的弧示。

（6）网络拥有足够数量和充分容量的弧，使供应节点产生的所有流量都可以到达所有的需求节点。

（7）经过每条弧的流的费用与其流量成正比，流的单位费用已知。

（8）目标是在满足给定需求的前提下，使得通过网络发送供给的总成本最小（目标另一种描述是收益最大）。

10.6.1 一些应用

或许最小费用流问题的最重要应用是公司配送网络的运营。如表10.3第1行所列,这种应用通常涉及货物从货源地(工厂等)到中间存储设施(如有必要),再到客户的运输计划的制定。

对于有些最小费用流问题的应用,所有的转运节点为处理设施而非中间存储设施。如表10.3第2行所列的固体垃圾处理的例子,网络中的材料流以固体垃圾的产生地为源点,然后到达垃圾处理设施,将垃圾处理成垃圾场要求形式,最后再送到各垃圾场。然而,目标仍然是如何决策使总费用最低,这里的总费用包括运输费用和处理费用。

表10.3 最小费用流问题的典型应用

应用类型	供应节点	转运节点	需求节点
配送网络运营	货源	中间存储设施	客户
固体废物管理	固体废物源	处理设施	垃圾场
供应网络运营	供应商	中转仓库	加工设施
产品车间组装	车间	产品的生产	产品的市场
现金流管理	某时间的现金来源	短期投资机会	某时间的现金需求

在其他例子中,需求节点也可能是处理设施。如表10.3的第3行,目标是针对从不同的可能供应商获得货物,将货物存入仓库(如果需要),然后运到公司的处理设施(工厂等)的过程,找出最小费用方案。由于所有供应商提供的供应总量多于公司的需求,因而,网络应包括一个虚拟需求节点,接受供应商未使用的供应量。

表10.3中的另一类应用实例(产品车间组装)说明,弧可以代表实物运输路线以外的事物。这类应用中,公司拥有多个工厂(供应节点),可以不同的成本生产同一种产品。从供应节点出发的每条弧表示在该工厂生产一种的产量,这条弧指向相应的转运节点。这样,转运节点输入端连接的是生产这一产品的各工厂,输出端连接产品相对应的客户(需求节点),目标是决定如何分配各个车间的产量,使得在满足各类产品需求的前提下总费用最小。

表10.3的最后一个应用实例(现金流管理)说明了不同的节点可以代表在不同时间发生的事件。在该例中,每一个供应节点表示一个特定时间(或时期),在这一时间,公司有一些可用的现金。类似地,每个需求节点表示在某个时间(或时期),公司将动用这些现金储备,每个节点的需求量代表将会用到的现金额。目标是通过在现金宽裕时期进行投资,使公司获得最大收入。因此,每个转运节点代表选择某种短期投资方式(如存入银行等)。最终所得的网络会有一个流序列,以表示现金可用、投资以及获益后使用的一系列计划安排。

应 用 案 例

任何大型航空公司每天都要面对一个特殊挑战,即怎样有效弥补没有遵守飞行时刻表带来的影响。恶劣的天气或机械故障可能破坏飞机的起降,某个航班的延误或取消都会引起连锁性反应,该航班的延误或取消无法保证下一航班正常起飞。

为了确保飞机仍然执行各自的飞行航班,这种延误和取消可能需要对航班重新分配员工或者调整计划。2.2节中的应用案例描述了大陆航空公司是如何应用运筹学快速为航班重新分配员工以达到成本最小化的目的。然而,要快速解决为航班重新分配飞机则需要其他方法。

一个航空公司在航班延误和取消的情况下可有两种方法为航班重新分配飞机:一种是换飞机,使随后航班的飞机代替延误或取消的飞机;另一种是应用空闲的飞机代替延误或取消的飞机。然而,当每天发生的延误或取消较多时,快速制定相应决策是一项艰巨的任务。

联合航空公司在应用运筹学解决该问题方面处于领先地位。该问题的建模和求解可以看成是一个最小成本流问题,其中网络中的每个节点代表一个机场,每条弧代表一个航线,模型的目标是保证飞机飞过整个网络,并且使延误和取消所造成的成本最小。当一个状态监控子系统警告运筹控制者延误或取消将要发生时,控制者向模型输入必要的输入变量,接着对模型进行求解,模型在几分钟内提供出新的操作计划。最小化成本流问题的应用减少了大约50%的乘客延误。

资料来源:A. Rakshit, N. Krishnamunhy, and C. Yu: "System Operations Advisor: A Real-Time Decision Support System for Managing Airline Operations at United Airlines." Interfaces. 26(2): 50-58, Mar.-Apr. 1996. (以下网址提供本文的链接: www.mhhe.com/hillier。)

10.6.2 建立模型

对于一个有向连通网络,其 n 个节点中至少包含一个供应节点和一个需求节点。决策变量是 X_{ij} = 经过弧 $i\rightarrow j$ 的流。

已知的信息包括:

c_{ij} = 流经弧 $i\rightarrow j$ 的每单位流的费用;

u_{ij} = 弧 $i\rightarrow j$ 的弧容量;

b_i = 节点 i 产生的净流量;

b_i 的值取决于节点 i 的性质,其中:

$b_i > 0$,若节点 i 为供应节点;

$b_i < 0$,若节点 i 为需求节点;

$b_i = 0$,若节点 i 为转运节点。

目标是在满足预定需求的情况下,使通过网络传送可用供应量的总费用最小。

可用下面的线性规划表达该问题:

$$\text{Min} \quad Z = \sum_{i=1}\sum_{j=1} c_{ij} x_{ij}$$

对任意节点 i,满足

$$\sum_{j=1}^n x_{ij} - \sum_{j=1}^n x_{ji} = b_i$$

且对任意弧 $i\rightarrow j$,有

$$0 \leq x_{ij} \leq u_{ij}$$

节点约束的第一项求和表示流出节点 i 的总流量,第二项求和表示流入节点 i 的总流量,所以两者之差就是在节点 i 产生的净流量。

这些节点约束的系数的模式是最小费用流问题关键特征。识别最小费用流问题并非总是很容易,但通过问题建模后,约束系数的模式为识别这类问题一个很好的途径,接下来就可以使用网络单纯形法进行有效求解了。

在有些应用中,通过每个弧 $i\rightarrow j$ 的流量都必须有下界 $L_{ij} > 0$。当遇到这种情况时,可以使用一个替代变量 $x'_{ij} = x_{ij} - L_{ij}$,则用 $x'_{ij} + L_{ij}$ 替代 x_{ij},将模型转换成上面的非负约束的形式。

实际上,并不能保证问题都有可行的解,这一定程度上取决于网络中的弧及弧容量。然而,对一个设计合理的网络,下面的几个条件是必要的。

可行解的性质:最小费用流问题有可行解的一个必要条件为

$$\sum_{i=1}^n b_i = 0$$

即供应节点产生的总流量等于在需求节点吸收的总流量。

如果有些应用的 b_i 值违反了这一条件,通常的解释是供给量或需求量(无论哪一个)为上界而非实际值。这种情形曾在9.1节的运输问题中出现过,当时的做法是:增加一个虚拟收点来接

收额外供给量,或者增加一个发点来产生额外的需求量。现在类似的步骤是:增加一个虚拟需求节点吸收剩余的供给(从每个供应节点到这个节点的弧的弧容量 $c_{ij}=0$),或者增加一个虚拟供应节点产生多余的需求量(从这个节点到每个需求节点的弧的弧容量 $c_{ij}=0$)。

对于很多应用来说,b_i 和 u_{ij} 都有整数值,这就潜在要求流量 x_{ij} 也是整数。幸而与运输问题一样,由于下面的性质,虽然这个变量没有明确的整数约束,仍保证结果为整数解。

整数解性质:对于 b_i 和 u_{ij} 都为整数的最小费用流问题,每个基可行解(包括最优解)的所有基本变量也为整数值。

10.6.3 例子

图 10.12 给出了最小费用流问题的一个例子。该网络实际上是 3.4 节中 Distribution Unlimiled 公司的配送网络问题(图 3.13)。图 3.13 给出了 b_i、c_{ij} 的值,u_{ij} 的值在这里给出。在图 10.12 中,b_i 的值在节点附近的方括号内标出,所以供应节点($b_i>0$)是 A 和 B(公司的两个工厂),需求节点($b_i<0$)是 D 和 E(两个仓库),转运节点($b_i=0$)是 C(配送中心)。弧上标注的值为 c_{ij} 的值。

本例中,除了两条弧以外,其他弧的容量都超过了所生成的总流量(90),所以实际上可认为 $u_{ij}=\infty$。两条例外的弧是弧 A→B(对应的 $u_{AB}=10$) 和弧 C→E(对应的 $u_{CE}=80$)。

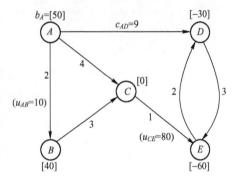

图 10.12 将 Distribution Unlimited 公司的问题看成是一个最小费用流问题

本例的线性规划模型为

Min $Z=2x_{AB}+4x_{AC}+9x_{AD}+3x_{BC}+x_{CE}+3x_{DE}+2x_{ED}$

满足

$$
\begin{aligned}
x_{AB}+x_{AC}+x_{AD} &= 50 \\
-x_{AB}+x_{BC} &= 40 \\
-x_{AC}-x_{BC}+x_{CE} &= 0 \\
-x_{AD}+x_{DE}-x_{ED} &= -30 \\
-x_{CE}-x_{DE}+x_{ED} &= -60
\end{aligned}
$$

且 $x_{AB}\leq 10$, $x_{CE}\leq 80$, 所有的 $x_{ij}\geq 0$。

需要注意这 5 个节点约束(等式约束)中每个变量的系数。每个变量都有两个非零系数,一个是 +1,另一个是 -1。每个最小费用流问题都具有这一模式,正是这种特殊的结构导致了整数解性质。

这一特殊结构的另一个含义是节点约束中有(任意)一个是冗余的。原因是对这些约束方程求和后,等式两边都为零(假如可行解存在,那么 b_i 的总和为零)。只需 $n-1$ 个非冗余的节点约束方程,就可为求得基可行解提供 $n-1$ 个基变量。在下一节中,读者会看到,使用网络单纯形法时,把 $x_{ij}\leq u_{ij}$ 看做非负约束,所以基变量的总个数是 $n-1$,这导致了生成树的 $n-1$ 个弧和 $n-1$ 个基变量一一对应。后面将会详细阐述。

10.6.4 用 Excel 描述和求解最小费用流问题

Excel 为小规模的最小费用流问题提供了一种简便的建模和求解方法,有时较大规模的问题也可使用。图 10.13 展示了具体做法。其格式几乎与图 10.11 的最大流问题相同,不同的是,现在需要考虑单位费用(c_{ij},在第 G 列)。因为每个节点的 b_i 值都是明确的,所以所有节点都必须包括净流量约束。但是,仅有两个弧恰好需要弧容量约束。目标单元格 Total Cost(D12)现在给出的是通过网络的流量(运输量)的总费用(其计算等式在图的底部),所以 Solver 对话框的中定义的目标是使这个总费用最小。单击“Solver”按钮后,可变单元格 Ship(D4:10)显示的就是运行后求得的最优解。

	A	B	C	D	E	F	G	H	I	J	K	L
1	Distribution Unlimited Co. Minimum Cost Flow Problem											
2												
3		From	To	Ship		Capacity	Unit Cost		Nodes	Net Flow		Supply/Demand
4		A	B	0	<=	10	2		A	50	=	50
5		A	C	40			4		B	40	=	40
6		A	D	10			9		C	0	=	0
7		B	C	40			3		D	-30	=	-30
8		C	E	80	<=	80	1		E	-60	=	-60
9		D	E	0			3					
10		E	D	20			2					
11												
12		Total Cost		490								

Solver Parameters

Set Objective Cell: TotalCost
To: Min
By Changing Variable Cells:
Ship
Subject to the Constraints:
D4 <= F4
D8 <= F8
NetFlow = SupplyDemand
Solver Options:
Make Variables Nonnegative
Solving Method: Simplex LP

Range Name	Cells
Capacity	F4:F10
From	B4:B10
NetFlow	J4:J8
Nodes	I4:I8
Ship	D4:D10
SupplyDemand	L4:L8
To	C4:C10
TotalCost	D12
UnitCost	G4:G10

	J
3	Net Flow
4	=SUMIF(From,I4,Ship)-SUMIF(To,I4,Shi
5	=SUMIF(From,I5,Ship)-SUMIF(To,I5,Shi
6	=SUMIF(From,I6,Ship)-SUMIF(To,I6,Shi
7	=SUMIF(From,I7,Ship)-SUMIF(To,I7,Shi
8	=SUMIF(From,I8,Ship)-SUMIF(To,I8,Shi

	C	D
12	Total Cost	=SUMPRODUCT(D4:D10,G4:G10)

图 10.13 用电子表格对 Distriution Unlimited 公司最小费用流问题进行建模和求解,图中变化单元格 Ship(D4:10)为应用 Excel Sover 求得的最优解,目标单元格 Total Cost(D12)给出了通过该网络运送流量的总费用

对于大多数较大规模的最小费用流问题,下一节将要介绍的网络单纯形法提供了一种高效的求解方法。这种方法对求解下面简要描述的最小费用流问题也有一定的吸引力。一些数学软件包通常包含了该算法。

接下来还将用网络单纯形法求解该例。但是,首先看一些特殊案例是如何适用于最小费用流问题的网络形式。

10.6.5 特殊案例

运输问题:将 9.1 节中的运输问题归结为一个最小费用流问题,为所有货源提供一个供应节点,且为所有目标点提供一个需求节点,但转节点不包括在网络中。所有的弧都沿着从供应节点到需求节点这个方向,x_{ij}表示通过弧 $i \to j$ 的流量,对应从供应节点到需求节点的运输量。流量的单位费用 c_{ij}对应单位运输费用。因为运输问题对 x_{ij}没有上界约束,所以所有的 $u_{ij}=\infty$。

使用这种方式求解表 9.2 中的 P&T 公司运输问题,生成如图 9.2 所示的网络图。一般运输问题对应的网络如图 9.3 所示。

指派问题:在 9.3 节讨论过的指派问题是一种特殊的运输问题,它也可以归结为相同形式的最小费用流问题。附加因素:①供应节点的数量等于需求节点的数量;②每个供应节点 $b_i=1$;③对每个需求节点 $b_i=1$。图 9.5 展示了一般指派问题的这种建模形式。

转运问题:除了不具有(有限的)弧容量,这一特殊的案例实际上包含了所有最小费用流问题的一般特征。因而,对于任何最小费用流问题,只要它的每个弧都可以承受所期望的流,就可以称为转运问题。

例如,如图 10.13 所示的 Distribution Unlimited 公司的问题,如果去掉经由弧 $A \to B$ 和 $C \to E$

流容量的上界,那么,它就是一个转运问题。

转运问题通常起源于一般的运输问题,在这些运输问题中,在产地和销地之间分配的物资可以首先通过中转节点。那些中转站可能包括其他产地与销地,额外的转移站也会以转运节点的形式出现。例如,Distribution Unlimited 公司的问题可以看做一般运输问题,有两个产地(图10.13 中,分别用 A 和 B 表示的两个工厂)、两个销地(分别用 D 和 E 表示的两个仓库),以及一个额外的中转站(用 C 表示的分配中心)。

最短路径问题:现在考虑 10.3 节中描述的最短路径问题。为了将这一问题归结为最小费用流问题,把起点作为供应量为 1 的供应节点,把终点看做需求量为 1 的需求节点,其他节点为转运节点。因为最短路径问题的网络是无向的,但是最小费用流是有向的,因此我们把每条边替换为一对方向相反的有向弧(用带有双向箭头的线表示)。唯一的例外是,供应节点和需求节点不需要双向。用节点 i 和 j 之间的距离作为流的单位费用 c_{ij} 或 c_{ji}。与前面的案例一样,弧上没有容量限制,所以所有的 $u_{ij} = \infty$。

图 10.14 描述了将图 10.1 中提到的 Seervada 公园最短路径问题转化为最小费用流问题。在图 10.1 中靠近弧的数字现在用来表示每一方向上流量的单位费用。

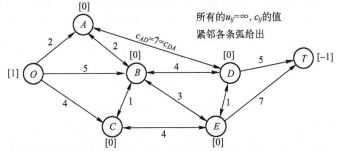

图 10.14　将 Seervada 公园最短路径问题归结为最小费用流问题

最大流问题:最后将讨论的特殊案例是 10.5 节中描述的最大流问题。该案例中的网络提供了一个供应节点(源)、一个需求节点(汇)、其他转载节点以及各种的弧和弧容量。对于这一问题,只需要做 3 处调整就可转化为最小费用流问题。第一,对所有的弧令 $c_{ij} = 0$,以反映最大流问题所缺少的费用度量。第二,选取网络最大可行流量的安全上界值 F,然后,分别为供应节点和需求节点分配值为 F 的供应量和需求量。第三,添加一条从供应节点指向需求节点的弧,并设其有足够大的单位费用 $c_{ij} = M$ 和无限大的容量($u_{ij} = \infty$)。由于这条弧的单位费用大于 0,且其他所有弧上的单位费用为 0,所以最小费用流问题将以最大可能的流量通过其他弧,从而解决最大流问题。

将这种建模方式应用于图 10.6 所示的 Seervada 公园最大流问题,得到图 10.15 所示的网络,其中各条弧邻近的数字表示弧的容量。

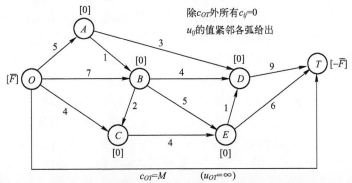

图 10.15　Seervada 公园最大流问题转化为最小费用流问题

10.6.6 小结

除了运输问题外,其他特殊案例都已经在本章和第9章中给出。讨论时,已经给出了高效的专用求解算法。所以,没有必要将这些特殊案例转化为最小费用流问题来解。然而,当很难用计算机编码实现这些专用算法时,可以用网络单纯形法替代。事实上,最近的一些应用表明网络单纯形法十分有效,能很好地替换专用算法。

这些问题是最小费用流问题的特殊情况,其中一个原因是,最小费用流问题和网络单纯形法的潜在原理为这些特殊案例提供了统一的理论;另一个原因是,最小费用流问题的许多应用包括了这些特殊案例的一个或多个特点。所以,有必要了解如何利用这些特点分析解决普通问题。

10.7 网络单纯形法

网络单纯形法是用于解决最小费用流问题的单纯形法的改进方法。因此,在进行每次迭代时有着相同的基本步骤——找到输入基变量,确定出基变量,给出新的基可行解——目的是从当前的基可行解移到另一个相邻的更优的基可行解。只是在执行上述步骤时不是使用单纯形表,而是利用网络结构。

读者可能注意到网络单纯形法与9.2节中的运输单纯形法有一些相似之处。事实上,这两种方法都属于单纯形法的改进形式。运输单纯形法为解决运输问题提供了一种替代算法,类似地,网络单纯形法也为解决一些类型的最小费用流问题拓展了思路。

本节只对网络单纯形法的主要概念进行简要的描述,不涉及完整的计算机应用过程所需要的详细过程,至于如何构建初始基可行解,怎样以最有效的方式执行特定的计算(如找入基变量),这些更详细的介绍请阅读参考文献[1]中给出的其他专业参考书。

10.7.1 引入上界法

本节引入8.3节所述的上界法来有效解决弧容量约束 $x_{ij} \leq u_{ij}$。与函数约束不同,这些约束都是非负约束,因此,仅当在决定出基变量时才加以考虑。特别是当入基变量从0逐渐增加时,出基本变量是第一个达到下界(0)或上界(u_{ij})的基变量。当一个非基变量等于当其上界 $x_{ij}=u_{ij}$ 时,被 $x_{ij}=u_{ij}-y_{ij}$ 替换,所以 $y_{ij}=0$ 成为非基变量(详见8.3节)。

有趣的是,在本节中,y_{ij} 有一个网络上的解释。无论 y_{ij} 何时成为一个具有严格正值($\leq u_{ij}$)的基变,这个值都可以被视为从节点 j 到节点 i 的流量(与弧 $i \to j$ 的方向相反),更准确地说,是对先前从节点 i 到节点 $j(x_{ij}=u_{ij})$ 已分配流量的抵消。因此,当 $x_{ij}=u_{ij}$ 由 $x_{ij}=u_{ij}-y_{ij}$ 替代时,正向弧 $i \to j$ 也可由反向弧 $j \to i$ 替代,新弧具有弧容量 u_{ij}(最多有流 $x_{ij}=u_{ij}$ 可用来抵消)以及单位费用 c_{ij}(每单位流量可节约成本 c_{ij})。为了反映通过已删除弧的流量 $x_{ij}=u_{ij}$,通过减少 b_i(通过 u_{ij})、增加 b_j(通过 u_{ij}),以转移产生自节点 i 到 j 网络流量的总值。如果 y_{ij} 达到上界成为出基变量时,将 $y_{ij}=u_{ij}$ 替代为 $y_{ij}=u_{ij}-x_{ij}$,则 $x_{ij}=0$ 成为新的非基变量,上述步骤将被反转。

图10.12通过一个最小费用流问题展示了上述过程。网络单纯形法生成了一系列基可行解,假设 x_{AB} 是通过反复迭代达到其上界10的出基变量,则 $x_{AB}=10$ 由 $x_{AB}=10-y_{AB}$ 代替,$y_{AB}=0$ 成为新的非基变量。同时,弧 $A \to B$ 被弧 $B \to A$ 替代(其流量为 y_{AB}),新的弧容量为10,单位费用为-2。考虑 $x_{AB}=10$,将 b_A 从50减小到40,将 b_B 从40增加到50,调整后的

网络如图10.16所示。

后面,将用这个例子展示网络单纯形法的全过程。基于网络图10.16,从 $y_{AB}=0$ 为非基变量开始,经过迭代 x_{CE} 达到上界80,因而,被 $x_{CE}=80-y_{CE}$ 替代,类似地,下一步迭代 y_{AB} 达到其上界10。所有这些运算都通过网络直接进行,不需要标记弧流量或跟踪哪些弧是正向弧哪些是反向。使用上界法仅保留节点约束(流出-流入=b_i)作为唯一的函数约束。最小费用流问题倾向于具有远多于节点的弧数,因而,得到的函数约束数远小于弧容量约束数。网

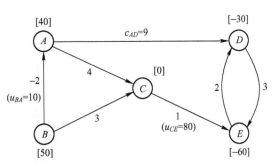

图10.16 引入上界法调整后的网络

络单纯形法的计算时间随着函数约束数量的增加而急剧增加,但是相对于变量数的增加而增加的相对缓慢。因此,采用上界法可以节约大量计算时间。

然而,这种方法对无容量的最小费用流问题(包括上一节中除最后一类特殊例子以外的所有例子)是不必要的,因为这类问题没有弧容量约束。

10.7.2 基可行解和可行生成树的一致性

应用网络单纯形法最重要的概念是基可行解的网络表示。回顾10.6节所述的一些内容,具有 n 个节点,每个基可行解有 $n-1$ 个基变量,每个基变量 x_{ij} 代表通过弧 $i \to j$ 的流量。这 $n-1$ 条弧称为基本弧(类似地,与非基变量对应的弧 $x_{ij}=0$ 或 $y_{ij}=0$,称为非基本弧)。

基本弧的一个关键属性是不会形成无方向的环(该属性可防止求得的解为其他可行解的线性组合而违背基可行解的一个通用属性)。然而,不含无方向环的任意 $n-1$ 条弧的集合可构成一个生成树,因而,任意 $n-1$ 条基本弧的全集会构成一个生成树。

这样,基可行解就能够通过解生成树获得。获得生成树解(Spanning Tree Solution)的步骤如下。

(1) 对于不在生成树中的弧(即非基本弧),将相应的变量(x_{ij} 或 y_{ij})置为0。
(2) 对于在生成树中的弧(即基本弧),通过节点约束构成的线性方程解出相应的变量(x_{ij} 或 y_{ij})。

事实上,网络单纯形法从当前基可行解寻找新的基可行解的效率更高,不用求解线性方程。需要注意的是,上述过程并未考虑基变量的非负约束和弧容量约束,所以得出的生成树解不一定是满足这些约束条件的可行解,这就引出了可行生成树的定义。

可行生成树(Feasible Spanning Tree):既满足节点约束,又满足非负约束或弧容量约束($0 \leq x_{ij} \leq u_{ij}$ 或 $0 \leq y_{ij} \leq u_{ij}$)的生成树解。

基于以上的定义,总结出如下的网络单纯形法基本定理。

网络单纯形法基本定理:基本解是生成树解(逆命题也成立),可行生成树解是基可行解解(逆命题也成立)。

现在以图10.16所示的网络阐述基本定理的应用。图10.16是图10.12将 $x_{AB}=10$ 用 $x_{AB}=10-y_{AB}$ 替代的结果,图10.16所示的网络的一个生成树如图10.3(e)所示,其中有弧 $A \to D$、$D \to E$、$C \to E$ 和 $B \to C$。由这些基本弧,通过下面的过程可以找到生成树解。左侧是10.6节中将 $10-y_{AB}$ 替换 x_{AB} 后给出的节点约束,黑体代表基本弧。右侧从上到下依次表示变量的设置和计算为

$$
\begin{array}{rll}
& \underline{y_{AB}=0, x_{AC}=0, x_{ED}=0} & \\
-y_{AB}+x_{AC}+x_{AD} & =40 & x_{AD}=40 \\
y_{AB}\quad +x_{BC} & =50 & x_{BC}=50 \\
-x_{AC}\quad -x_{BC}+x_{CE} & =0 & x_{CE}=50 \\
-x_{AD}\quad +x_{DE}-x_{ED} & =-30 & x_{DE}=10 \\
-x_{CE}-x_{DE}+x_{ED} & =-60 & 冗余
\end{array}
$$

由于这些基变量的值都满足非负约束和一个相关的容量约束($x_{CE} \leq 80$),因此,该生成树解也是可行生成树解,从而得到基可行解。

将用该解作为初始基可行解解释网络单纯形法。图 10.17 通过网络表示了可行生成树和相应的解,其中弧上的数字现在表示流量(x_{ij}的值)而不是先前的单位费用 c_{ij}。

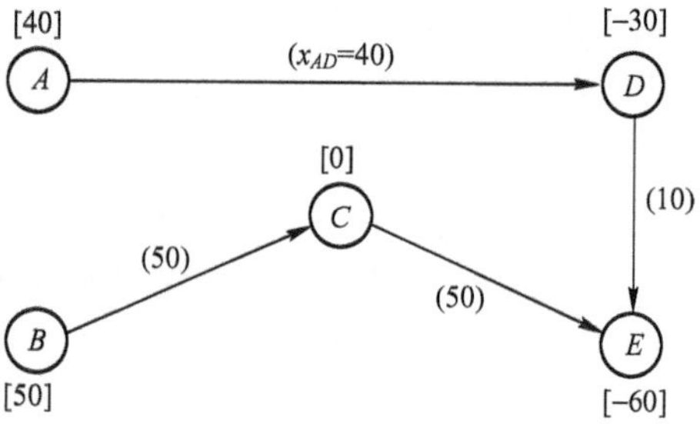

图 10.17 初始可行生成树和解示例

10.7.3 选择入基变量

在开始网络单纯法的迭代之前,先回顾一下标准单纯形法选择入基变量的标准,即选择当非基变量从 0 增加时使目标 Z 增加速率最快的非基变量。现在看一下,不使用单纯形表而使用网络单纯性法应如何做呢?

继续前面的例子,考虑初始基可行解中的非基变量 x_{AC},对应着非基本弧 $A \to C$。将 x_{AC} 从 0 增至 θ 意味着需要在图 10.17 中增加流量为 θ 的弧 $A \to C$。在一个生成树上增加非基本弧,从而在生成树中形成了一个独特的无向环,如图 10.18 所示的 AC-CE-DE-AD。同时,图 10.18 也表明了弧 $A \to C$ 流量增加 θ 时,对网络中其他弧流量的影响。即在环中与弧 $A \to C$ 同向的弧(如 $C \to E$)流量都增加了 θ,弧 $A \to C$ 反向的弧(如弧 $D \to E$ 和 $A \to D$)流量相应减少 θ,不在环中的弧(弧 $B \to C$)流量不变。

弧 $A \to C$ 流量增加 θ 时对 Z(总流量的费用)的增加效果是怎样的呢?图 10.19 给出了回答,即图 10.18 中每条弧的流量变化与单位成本的积。因而,Z 的总变化量为

$$\Delta Z = c_{AC}\theta + c_{CE}\theta + c_{DE}(-\theta) + c_{AD}(-\theta)$$
$$= 4\theta + \theta - 3\theta - 9\theta = -7\theta$$

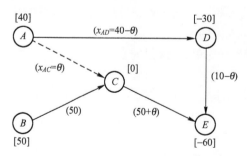

图 10.18 初始可行生成树中弧 $A \to C$ 流量增加 θ 后的效应

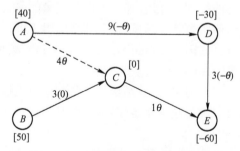

图 10.19 初始可行生成树中弧 $A \to C$ 流量增加 θ 后费用的增加

设 $\theta=1$,则 ΔZ 代表了 x_{AC} 增加时 Z 的变化率,$\Delta Z = -7$。

因为目标是使 Z 最小化,x_{AC} 增加并不希望 Z 增加,所以 x_{AC} 可以成为候选的入基变量。

还需要对其他非基变量进行同样的分析,以找到最终的入基变量。在本例中,还有另外两个非基变量 y_{AB} 和 x_{ED},对应着图 10.16 中的另外两个非基本弧 $B{\to}A$ 和 $E{\to}D$。

图 10.20 显示了在初始可行生成树(图 10.17)中增加弧 $B{\to}A$ 及流量 θ 后网络中费用的增加情况。增加弧 $B{\to}A$ 后形成了无向环 $BA\text{-}AD\text{-}DE\text{-}CE\text{-}BC$,因此,当 $\theta=1$ 时,有

$$\Delta Z = -2\theta + 9\theta + 3\theta + 1(-\theta) + 3(-\theta) = 6\theta = 6$$

当 y_{AB}(通过反向弧 $B{\to}A$ 的流)从零开始增加时,Z 不减反升,这一事实说明,该变量不能作为候选入基变量(记住:y_{AB} 从零开始增加事实上意味着通过弧 $A{\to}B$ 的流 x_{AB} 从上界 10 减少)。

对于最后一个非基本弧 $E{\to}D$ 得到的结果也是类似的。将该弧与流加到初始可行生成树生成了如图 10.21 所示的无向环 $ED\text{-}DE$,因此,弧 $D{\to}E$ 的流量也增加了 θ,但其他弧都未受到影响。因此,有

$$\Delta Z = 2\theta + 3\theta = 5\theta = 5 \quad (\theta = 1)$$

所以 x_{ED} 也不能作为候选入基变量。

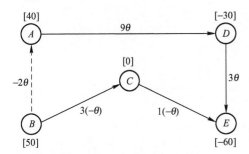

图 10.20 初始可行生成树中增加弧 $B{\to}A$ 及流量 θ 后网络中费用的增加情况流量

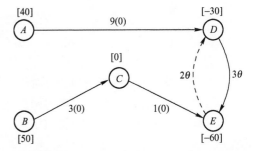

图 10.21 初始可行生成树中增加弧 $E{\to}D$ 及流量 θ 后网络中费用的增加情况

因此,有

$$\theta \Delta Z = \begin{cases} -7, \Delta x_{AC} = 1 \\ 6, \Delta y_{AB} = 1 \\ 5, \Delta x_{ED} = 1 \end{cases}$$

只有 x_{AC} 使 Z 减小,所以 x_{AC} 将作为第 1 次迭代的入基变量。如果还存在其他使 ΔZ 为负的非基变量,则将使 ΔZ 绝对值最大的非基变量作为入基变量(如果不存在使 ΔZ 为负的非基变量,则当前基可行解即为最优)。

除识别无向环外,获得网络单纯形法中 ΔZ 的值还可通一种较为有效的代数方法(尤其是对于较大规模的网络)。其过程与运输单纯形法对每个非基变量 x_{ij} 解出 u_i 和 v_j 从而获得 $c_{ij}-u_i-v_j$ 的做法类似(见 9.2 节)。所以本章不再深入介绍这一过程,读者在做本章的习题时可以采用识别无向环的方法。

10.7.4 寻找出基变量和下一个基可行解

确定入基变量后,紧接着下一步需要同时寻找出基变量和下一个基可行解。对于例子中的第 1 次迭代,关键点如图 10.18 所示。x_{AC} 作为入基变量,弧 $A{\to}C$ 的流量 θ 不断从 0 增加,直到其中一个基变量达到下界(0)或上界(u_{ij})。对于随 0 增大而流量增大的弧只需考虑上界,即

$$x_{AC} = \theta \leq \infty$$

所以 $\theta \leq 30$。

对于随 θ 增大而流量减小的弧只需要考虑下界 0，即
$$x_{DE} = 10-\theta \geq 0$$

所以 $\theta \leq 10$，且
$$x_{AD} = 40-\theta \geq 0$$

所以 $\theta \leq 40$。

流量不受 θ 影响的其他弧（如不属于无向环的弧），即图 10.18 中的弧 $B \to C$，可以不予考虑，因为当 θ 增加时，其流量没有边界值。

对于图 10.18 中的 5 条弧，x_{DE} 应作为出基变量，因为当 θ 具有最小值时它达到边界值。在图中，当 θ 置为 10 时，新的基可行解的基本弧的流量值为

$$x_{AC} = \theta = 10$$
$$x_{CE} = 50+\theta = 60$$
$$x_{AD} = 40-\theta = 30$$
$$x_{BC} = 50$$

相应地，可生成如图 10.22 所示的可行生成树。

如果出基变量已经达到它的上界，对于上界法需要在这一点上进行调整（读者在接下来的两次迭代中将会看到）。在本次迭代中由于它是下界 0，所以不需要进一步讨论。

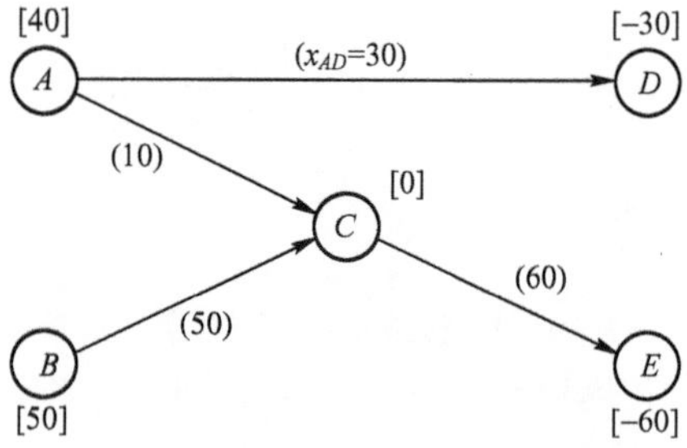

10.7.5 本例的结尾

本例中，再经过两次迭代将获得最优解，下面将重点说明上界法的一些特征。寻找入基变量、出基变量和下一个基可行解的方法与第 1 次迭代类似，不再重复，只对这些步骤进行简要总结。

第 2 次迭代：以如图 10.22 所示的可行生成树开始，引用图 10.16 中的单位费用数据，为选择入基变量得出如表 10.4 所列的计算结果。第 2 列表示增加非基本弧（第 1 列表示）后得到的无向环，第 3 列表示非基本弧流量增加 $\theta = 1$ 时环中的流量发生变化，进而产生相应的网络总费用的增加量。弧 $E \to D$ 能使 ΔZ 产生最大的负增长，因此 x_{ED} 即为入基本变量。

图 10.22 第二个可行生成树和解示例

表 10.4 第 2 次迭代选择入基变量的计算过程

非基本弧	生成的环	$\theta=1$ 时 ΔZ 的值
$B \to A$	BA-AC-BC	$-2+4-3=-1$
$D \to E$	DE-CE-AC-AD	$3-1-4+9=7$
$E \to D$	ED-AD-AC-CE	$2-9+4+1=-2$ 最小值

在满足下列约束条件时，使通过弧 $E \to D$ 的流量 θ 尽可能大，从而求得 θ：

$x_{ED} = \theta \leq u_{ED} = \infty$，所以 $\theta \leq \infty$；

$x_{AD} = 30-\theta \geq 0$，所以 $\theta \leq 30$；

$x_{AC} = 10+\theta \leq u_{AC} = \infty$，所以 $\theta \leq \infty$；

$x_{CE} = 60+\theta \leq u_{CE} = 80$，所以 $\theta \leq 20 \leftarrow$ 最小值。

因为 x_{CE} 达到上界时使 θ 获得最小值 20，所以 x_{CE} 为出基变量。在上述 x_{ED}、x_{AD} 和 x_{AC} 的表达式中，令 $\theta = 20$，可以得到通过下一个基可行解的基本弧的流（其中 $x_{BC} = 50$ 不受 θ 的影响），如图 10.23 所示。

需要特别注意，出基变量 x_{CE} 的获得是在其达到上界值 80 时。因此，根据上界法，x_{CE} 将由 $80 - y_{CE}$ 替代，并将 $y_{CE} = 0$ 作为新的非基变量，同时，原来的弧 $C \to E$ 及 $c_{CE} = 1$、$u_{CE} = 80$ 分别由反向弧 $E \to C$ 及 $c_{EC} = -1$、$u_{EC} = 80$ 替代。调整后的网络图如图 10.24 所示，其中虚线部分表示非基本弧，弧上的数字表示单位费用。

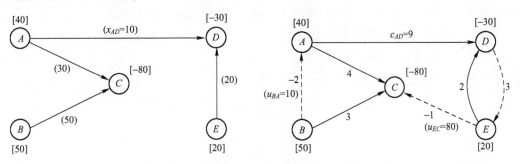

图 10.23　第 3 个可行生成树和解示意图　　图 10.24　第 2 次迭代后具有单位费用的调整后的网络

第 3 次迭代：将图 10.23、图 10.24 应用于第 3 次迭代，通过如表 10.5 所列的计算过程挑选出 y_{AB}（反向弧 $B \to A$）作为入基变量。在满足下面约束的条件下增加通过弧 $B \to A$ 的流量 θ：

$y_{AB} = \theta \leq u_{AB} = 10$，所以 $\theta \leq 10 \leftarrow$ 最小值；

$x_{AC} = 30 + \theta \leq u_{AC} = \infty$，所以 $\theta \leq \infty$；

$x_{BC} = 50 - \theta \geq 0$，所以 $\theta \leq 50$。

表 10.5　第 3 次迭代选择入基变量的计算过程

非 基 本 弧	生成的环	$\theta = 1$ 时 ΔZ 的值
$B \to A$	BA-AC-BC	$-2+3-4=-1$ 最小值
$D \to E$	DE-ED	$3+2=5$
$E \to C$	EC-AC-AD-ED	$-1-4+9-2=2$

y_{AB} 使得 θ 取得最小的上界值为 10，所以 y_{AB} 成为出基变量。在上面 x_{AC} 和 x_{BC} 的表达式中（$x_{AD} = 10$ 和 $x_{ED} = 20$ 保持不变），令 $\theta = 0$，得出下一个基可行解，如图 10.25 所示。

与第 2 次迭代一样，出基变量是在变量 y_{AB} 达到上界时获得的。另外，在进行这一特殊的选择时有两点需要特别注意。

一是入基变量 y_{AB} 在同一次迭代中同时也是出基变量。当入基变量（从 0 增加时）在其他基变量达到边界时，它已先到达上界值。这种情况在上界法中偶尔会出现。

二是曾为反向弧的弧 $B \to A$（$c_{BA} = -2$，$u_{BA} = 10$），现在需要由其反向弧 $A \to B$（$c_{AB} = 2$，$u_{AB} = -10$）替代。毋庸置疑，反向弧的反向弧仍为原正向弧（图 10.12 中节点 A、B 之间的弧），但是网

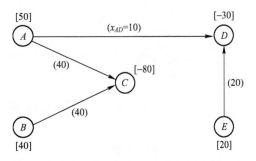

图 10.25　第 4 个（最终）可行生成树和解示例

络流量由节点 $B(b_B=50\to40)$ 向节点 $A(b_A=40\to50)$ 转移了 10。同时，变量 $y_{AB}=10$ 由 $y_{AB}=10-x_{AB}$ 代替，且有 $x_{AB}=0$ 作为新的非基变量。调整后的网络图如图 10.26 所示。

通过最优测试：使用图 10.25 和图 10.26，通过表 10.6 所列的计算过程，利用数学方法继续寻找下一个入基变量。然而，没有一个非基变量使 ΔZ 的值为负，即通过任意一个非基变量引入的流量都不能使 Z 值减小，这就意味着当前的基可行解(图 10.25)通过了最优检测，应该停止进一步的运算。

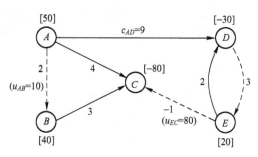

图 10.26　第 3 次迭代完成后带有单位费用的网络图

表 10.6　第 3 次迭代后的最优测试计算

非基本弧	生成的环	$\theta=1$ 时 ΔZ 的值
$A\to B$	AB−BC−AC	2+3−4=1
$D\to E$	DE−ED	3+2=5
$E\to C$	EC−AC−AD−ED	−1−4+9−2=2

在进行最优测试时，通过比较调整后的网络(图 10.26)与初始网络(图 10.12)，识别正向弧的流量，而不是使用反向弧的流量。可以看到，除了节点 C 和节点 E 之间的弧之外，其他弧的流向都是一致的。也就是说，在图 10.26 中，仅仅弧 $E\to C$ 是反向弧，设其流量为 y_{CE}，因而有 $CE=u_{CE}-y_{CE}=80-y_{CE}$，弧 $E\to C$ 恰好是非基本弧，所以通过正向弧 $C\to E$ 的流量为 $y_{CE}=0$，$x_{CE}=80$。其他弧的流量都与图 10.25 所给的相同。因此，最终得出的最优解如图 10.27 所示。

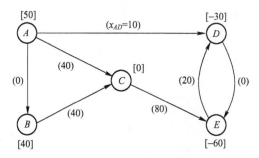

图 10.27　Distribution Unlimiited 公司例子的最初网络的最优流模式

10.8　项目的时间-费用平衡优化网络模型

网络能以图形化的方式来描述一个大型项目的活动流程，如建筑项目、研发项目等。因此，网络理论的一个重要应用领域是辅助这类项目的项目管理。

20 世纪 50 年代后期，PERT(项目评审技术)和 CPM(关键路径技术)两种基于网络的运筹学技术开始用于帮助项目管理人员完成相关工作。这些技术起初用于协调不同的项目活动制定计划，为项目制定实际日程表，并在项目实施中监测项目过程。多年后，两种技术的优点被融合，形成目前通常所指的 PERT/CPM 技术。现在，这种用于项目管理的网络方法仍有着广泛的应用。

第 22 章对本章内容进行了补充(基于 PERT/CPM 的项目管理),提供了对 PERT/CPM 特点的完整、详细描述。现在强调这部分内容主要是出于两方面原因:第一,该方法是本章网络最优化模型的代表;第二,该方法解释了类似模型的应用。

项目时间-费用平衡的 CPM 方法是当初 CPM 技术的关键部分。这种方法能帮助解决下面的问题(项目必须在截止日期前完成):假设项目所有的活动都以常规方式进行,项目将无法在截止日期前完成,但是,可以通过花费更多的费用来加速某些活动等方法,满足项目的时间要求。然而,选择什么样的最优方案,才能在项目截止日期前完成项目并使总费用最小呢?

通常的做法是,使用一个网络图描述各项活动以及执行它们的顺序。通过边际分析或线性规划建立优化模型并找到解。与本章前面的其他网络优化模型一样,特殊的结构能高效地寻求这类问题的解。

10.8.1 一个原型实例——Reliable 建筑公司问题

Reliable 建筑公司中标了一份价值 540 万美元的建筑合同,为一家大型制造企业建造一个新车间。制造企业要求车间务必在 40 周内交付使用。

Reliable 公司指派其最优秀的项目经理 David Peny 负责该项目,确保工程进度。

Perty 先生需要在不同的时间为许多员工分配不同的建筑活动。表 10.7 列出了需要完成的不同活动,第 3 列提供了其他重要的信息。对于任意给定的活动,紧前活动(如表 10.7 的第 3 列所列)是指给定活动开始前必须完成的前一个活动。类似地,将给定活动开始后方可开始的后一道活动称为紧后活动。

表 10.7 Reliahle 建筑公司项目活动表

活动	活动描述	紧前活动	估计工期
A	挖掘	—	2 周
B	基础	A	4 周
C	砌墙	B	10 周
D	盖屋顶	C	6 周
E	安装外管道	C	4 周
F	安装内管道	E	5 周
G	外墙板装修	D	7 周
H	电力系统	E,G	9 周
I	外部油漆	C	7 周
J	砌墙板	F,I	8 周
K	地板安装	J	4 周
L	内部油漆	J	5 周
M	外固定设备安装	H	2 周
N	内固定设备安装	K,L	6 周

例如,第 3 列的前几项表示。
(1) 挖掘活动不需要等待其他活动。
(2) 挖掘活动必须在打基活动之前完成。
(3) 打基活动必须在砌墙活动之前完工等。

当前活动多于一项紧前活动时,所有的紧前活动都必须在该活动开始前完成。

为了给各项活动安排时间，Perty 先生咨询了各工作组的负责人，对每项活动的常规活动时间进行评估，评估结果如表 10.7 最后一列所列。

如果将各活动时间加起来总计为 79 周，远远超过 40 周的工期要求。然而，有些活动是可以同时进行的。在下面的内容中，读者将会看到如何利用网络图可视化表示活动流程，并获得完成项目所需要的总时间(如果各项活动都不延误)。

在本章，读者已经看到赋予权值的网络是如何表示和帮助分析许多种类问题的。类似地，网络图在项目管理时也可起到关键的作用。网络图不仅能够表达各项活动之间的关系、简洁地描述项目的整体计划，也可以帮助项目分析。

10.8.2 项目网络图

用于表示一个项目的网络图称为项目网络图。一个项目网络图由一些节点(常用圆周或三角形表示)和连接两个不同节点的弧(用箭头表示)组成。

如表 10.7 所列，描述一个项目需要三种类型的信息。

(1) 活动信息：将项目分为多个独立的活动(按需要的详细程度)。

(2) 紧前关系：找出每项活动的紧前活动。

(3) 时间信息：评估每项活动的工期。

项目网络图应该能够传达上述所有信息。有两种可以相互替代的项目网络图可以满足要求。

第一种是用弧来表示每项活动的 AOA(Activity-On-Arc)弧活动项目网络，节点用来分隔活动(发出弧)与其紧前活动(到达弧)，弧与弧之间的顺序代表了活动间的次序关系。

第二种是用节点表示每项活动的 AON(Activity-On-Node)节点活动项目网络。节点之间的弧用来表示活动的次序，具有紧前活动的节点都有来自其紧前活动的弧指向它。

早期的 PERT 和 CPM 都是使用 AOA 项目网络图表达，并且使用了很多年。但 AON 项目网络图与 AOA 项目网络图相比，除了能表达相同的信息外，AON 项目网络图还具有以下优点：

(1) AON 项目网络图比 AOA 项目网络图更容易构建。

(2) AON 项目网络图比 AOA 项目网络图更容易被无经验的使用者理解，包括许多管理者。

(3) 当项目发生变化时，AON 项目网络图比 AOA 项目网络图更容易修改。

基于以上原因，AON 项目网络图已经比 AOA 项目网络图得到了更广泛的应用，有望成为项目网络图的标准。因此，接下来只关注 AON 项目网络图。

图 10.28 表示了 Reliable 车间项目的项目网络图。根据表 10.7 第 3 列的内容，注意观察弧是如何从紧前活动节点指向当前活动节点的。因为活动 A 没有紧前活动，于是增加了一个开始活动节点并指向活动

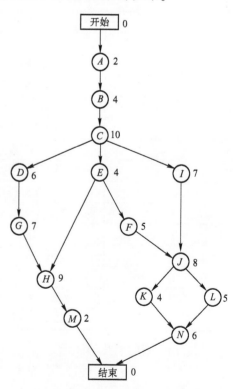

图 10.28 Reliable 建筑公司车间项目的项目网络

A。类似地,节点 M、节点 N 没有紧后活动,从上述活动发出的弧指向最终节点。因此,这个项目网络图表达了项目所有活动和次序的全貌(增加了项目的开始活动和结束活动)。引用表 10.7 最右一列的数据,节点旁边的数字记录了这项活动的估计工期(以周为单位)。

10.8.3 关键路径

前面计算过,该案例项目所有活动的合计工期是 79 周,但有些活动是可以同时进行的。那么,项目究竟需要多长时间呢?

下面介绍项目网络图中的两个概念的含义。

路径:在项目网络图中,表示从起始活动到结束活动连贯组成的一条线路。路径长度:完成该路径上所有活动的持续时间(工期)的总和。

在表 10.8 列出了 Reliable 项目网络图中的 6 条路线及路线的长度。表中,路径最短为 31 周,最长为 44 周。

表 10.8 Reliable 项目网络围的路线及其长度

路 线	长 度
开始→A→B→C→D→G→H→M→结束	2+4+10+6+7+9+2=40 周
开始→A→B→C→E→H→M→结束	2+4+10+4+9+2=31 周
开始→A→B→C→E→F→J→K→N→结束	2+4+10+4+5+8+4+6=43 周
开始→A→B→C→E→F→J→L→N→结束	2+4+10+4+5+8+5+6=44 周
开始→A→B→C→I→J→K→N→结束	2+4+10+7+8+4+6=41 周
开始→A→B→C→I→J→L→N→结束	2+4+10+7+8+5+6=42 周

在这些已经计算出的路径长度中,哪个应该作为该项目的工期呢?下面我们分析导出。

因为在某路径上的各项活动都应该无交叉地按次序完成,所以项目工期不能短于该路径的长度。项目工期也可能长于该路径的长度,由于该路径上有多个紧前活动的活动需要等到持续时间较长的那个紧前活动完成后才能开始进行,而持续时间较长的紧前活动可能位于其他路径中。例如,在表 10.8 中的第二条路径上的活动 H 就有两个紧前活动 G 和紧前活动 E。其中 G 就不在该路径上。活动 C 完成后,活动 E 仅需 4 周就可以完成,而完成活动 D 和完成活动 G 还需要 13 周时间。因此,项目工期应考虑较长的路径。

但项目工期不能用于项目网络图中的最长路径。在这条路径中活动能够不间断地按顺序完成(否则,将不是最长路径)。在这条路径上,到达结束活动的时间正好等于路径的长度。

可以得出一个重要的结论:

(估计)项目工期等于项目网络图中最长路径的长度。这条最长的路径称为关键路径[①](如果最长的路径有多条,则均为关键路径)。

关键路径为

开始→A→B→C→E→F→J→L→N→结束

(估计)项目工期=44 周。

因此,如果没有延误出现,完成项目的总时间应该是 44 周。关键路径上的各活动都是瓶颈活动,任何一个活动完成时间的延误都将延误整个项目。这对于 Perty 先生来说,是一个非

[①] 虽然表 10.8 介绍了对较小项目如何列举所有路径和路径长度找出关键路径,但第 22 章中介绍了通常如何用 PERT/CPM 方法更方便地获得各类信息,包括关键路径。

常有价值的信息,他只需把注意力放在关键路径中项目的规划表上,就可以规划出整个项目的时间表。另外,为了缩减项目的工期(合同要求是 40 周)。关键路径上的活动是主要的缩减对象。

接下来,Perty 先生需要决定哪些活动的工期应该缩减,缩减多少,以使项目在 40 周的最迟完工工期内完成,并且花费的费用最小。他记得 CPM 提供了一个寻求时间-费用平衡的优秀算法,所以他将使用该算法解决问题。

下面了解一下有关背景。

10.8.4 各项活动的时间-费用平衡

先了解一下赶工的概念。

活动赶工:通过采取增加一定费用的特殊措施,将活动工期缩减到常规值以下。这些特殊措施包括加班、雇用临时帮手、使用节省时间的材料和特殊的设备等。项目赶工:通过一些活动赶工使项目工期缩减至常规水平以下。

时间-费用平衡的 CPM 方法关心的是决定花多少费用用于赶工,使工期达到期望值。时间-费用图可以给出解决这个问题所需要的数据。图 10.29 是一个典型的时间-费用关系图。注意:图中标号为常规和赶工两个关键点。

常规点:在时间-费用图中表示某个活动以常规方式进行所需要的费用和时间。赶工点:在时间-费用图中表示某个活动全赶工时所需要的费用和时间。这时,不再有可用于缩减该活动工期的多余费用。作为一种近似算法,CPM 方法假设时间和费用都可以可靠地预测,且没有重大的误差。

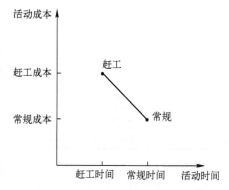

图 10.29 一个典型的活动时间-费用图

对于大多数的应用,假定活动部分赶工的时间和费用为两点连线上的某一点①(如一半的赶工为常规点与赶工点连线的中点)。这种近似将用于估计时间和费用的必要数据减少到两种情形,即常规情形(获得常规点)和全赶工情形(获得赶工点)。

使用这种方法,Perty 先生让员工和项目组负责人收集项目各项活动的上述数据。例如,墙板搭建活动组负责人认为,增加两名员工并且加班能够确保墙板搭建活动工期从 8 周缩减到 6 周,且不能再缩小了。接着 Perty 的手下估算了这种方式进行全赶工的成本,并与常规活动的 8 周计划进行比较,数据如下:

活动 J(墙板搭建)

常规点时间=8 周,费用=430000 美元

赶工点时间=6 周,费用=490000 美元

最大缩减时间=8 周-6 周=2 周

节省的每周赶工费用=(490000 美元-430000 美元)/2=30000 美元

以这种方式分析每项活动的时间-费用关系,可以获得如表 10.9 所列的数据。

---

① 这是为方便作出的假设,只是一种粗略的近似,因为这种比例性并不总是不成立,实际上,时间-费用图是凸曲线,尽管如此,仍可通过简单的线性近似和 12.8 节介绍的分段规划应用线性规划。

表 10.9 Reliable 项目各活动的时间-费用平衡数据

活动	时间/周		费用/美元		最大缩减时间/周	每周节省的赶工费用/美元
	常规	赶工	常规	赶工		
A	2	1	180000	280000	1	100000
B	4	2	320000	420000	2	50000
C	10	7	620000	860000	3	80000
D	6	4	260000	340000	2	40000
E	4	3	410000	570000	1	160000
F	5	3	180000	260000	2	40000
G	7	4	900000	10200000	3	40000
H	9	6	200000	380000	3	60000
I	7	5	210000	270000	2	30000
J	8	6	430000	490000	2	30000
K	4	3	160000	200000	1	40000
L	5	3	250000	350000	2	50000
M	2	1	100000	200000	1	100000
N	6	3	330000	510000	3	60000

10.8.5 哪些活动应该赶工

将表 10.9 中的常规费用和赶工费用分别进行合计,可得

常规费用总计 = 455 万美元

赶工费用总计 = 615 万美元

该项目公司将只收到 540 万美元,这包含了表中所列活动的所有成本,还包括提供给公司的合理利润。在赢得这 540 万美元合同时,Reliable 公司的经理认为,只要项目总成本控制在常规活动的 455 万美元左右,540 万美元这个数额就能够带来合理的利润。Perty 先生明白,他的责任就是尽可能使项目的费用和工期接近预算及合同要求工期。

表 10.8 表明,如果按常规方式施工,项目预计工期为 44 周(如果没有任何活动延误)。如果所有活动都以全赶工方式施工,通过近似计算表明,工期可能被缩减到只有 28 周。但是这样下来总费用将达到 615 万美元,因此全赶工方式是不可行的。

然而,Perty 先生想调查只对少数几个活动进行部分或全部赶工而将预期工期缩减到 40 周的可行性。

问题:将(估计)工期缩减到特定程度时(40 周)赶工费用最小的方式是什么?

解决这个问题的方法之一是用边际费用分析法,利用表 10.9 最右一列的数据(结合表 10.8),比较得出项目周期每缩减 1 周费用最小的赶工方式。使用这种方法时,最简便的方式是建立一个与表 10.10 一样的表,列出项目网络图中所有路线及其当前长度。开始时,这些数据可以从表 10.8 复制。

表 10.10 Reliable 项目边际费用分析的初始数据表

赶工活动	赶工费用	路径长度					
		ABCDGHM	ABCEHM	ABCEFJKN	ABCEFJLN	ABCIJKN	ABCIJLN
		40	31	43	44	41	42

由于表 10.10 中第 4 条路径最长(44 周)。将工期缩减 1 周的唯一方法,是将这条特殊路线上活动的工期缩减 1 周。比较表 10.9 最右边一列给出的活动每周节省的赶工费用,最小的是活动 J,为 30000 美元(注意:活动 I 虽具有相同的费用,但不在关键路径上)。因此,首先将活动 J 缩减 1 周。

变化后,包含活动 J 的路径长度都会缩减 1 周(包括表 10.10 中第 2 条、第 4 条、第 5 条、第 6 条路径),变化结果见表 10.11 中的第 2 行。因为第 4 条路径仍是最长的(43 周),重复上述过程,在这条路径上找到费用最低的活动进行工期缩减。根据表 10.9 末尾第 2 列,活动 J 的可缩减量最大,为 2 周,因此再将活动 J 的工期缩减 1 周。第 2 次缩减活动 J 后各路径的长度如表 10.11 中的第 3 行所列。

表 10.11 Reliable 项目边际费用分析过程的最终数据表

赶工活动	赶工费用/美元	路径长度					
		ABCDGHM	ABCEHM	ABCEFJKN	ABCEFJLN	ABCIJKN	ABCIJLN
		40	31	43	44	41	42
J	30000	40	31	42	43	40	41
J	30000	40	31	41	42	39	40
F	40000	40	31	40	41	39	40
G	40000	40	31	39	40	39	40

这时,最长的路径仍是第 4 条(42 周),但活动 J 已经不能再缩减了。根据表 10.9 所列,这条路径上的其他活动中,活动 F 成了费用最小的活动,因而应该缩减活动 F 的工期,缩减后的结果如表 10.11 中的第 4 行所列。同理,将活动 F 的工期再缩减 1 周(最多 2 周),结果如表 10.11 中的最后一行所列。

这时,最长的路径(第 4 条、第 6 条)长度已经达到了期望的 40 周,所以不需要再进行多余的赶工。赶工活动费用的计算如表 10.11 的第 2 列所列,总计 140000 美元。图 10.30 显示了最终的项目网络图,加粗线表示关键路径。

由于活动 J 和活动 F 的赶工使图 10.30 中有 3 条关键路径,原因是这 3 条路径的长度都是最长的 40 周。

对于规模较大的网络图,边际费用分析就不再适用,需要使用效率更高的方法。因此,标准的 CPM 过程采用线性规划替代(通常使用专门的软件开发特殊结构的网络优化模型)。

10.8.6 用线性规划制定赶工决策

用线性规划形式寻找费用最小的赶工活动时,问题可描述如下。

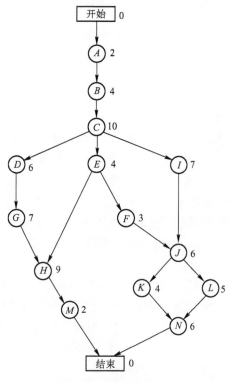

图 10.30 Reliable 项目赶工活动 J、活动 F 后的项目网络(粗线表示关键路径)

问题重述：令 Z 表示赶工活动的总费用，问题是在满足项目工期小于或等于项目经理预期的限制条件下，使 Z 达到最小值。

决策变量为

$$x_j = 赶工活动 J 缩减的工期, j = A, B, \cdots, N$$

使用表 10.9 的数据表达目标函数，即

$$Z = 100000x_A + 50000x_B + \cdots + 60000x_N$$

右边的 14 个决策变量都应非负，且不能超过表 10.9 倒数第 2 列所给出的最大值。另一个约束条件是工期不能多于 40 周，令

$$y_{结束} = 项目工期（即项目到达结束节点时所需要的时间）$$

则约束条件为

$$y_{结束} \leq 40$$

为了帮助线性规划给 $y_{结束}$ 分配恰当的值，给定 $x_A, x_B, \cdots, x_N$ 的值，在模型中引入下列辅助变量将带来很大便利。

$y_j =$ 活动 $j(j = B, C, \cdots, N)$ 的开始时间，对应决策变量 $x_A, x_B, \cdots, x_N$（活动 A 不需要辅助变量，因为作为项目的开始活动将自动为 0）。将结束节点作为一个工期为 0 的活动对待，因此对应活动结束的 $y_{结束}$ 的定义也与 y_j 的定义一致。

每项活动的开始时间（包括结束）与其紧前活动的开始时间和工期有关。

对于每项活动 $(B, C, \cdots, N, 结束)$ 与其紧前活动，活动的开始时间"$\geq$"紧前活动（开始时间 + 工期）。

进一步，利用表 10.9 的常规活动时间数据，可知

活动 j 的工期 = 常规时间 $- x_j$

例如，对于项目网络图（图 10.28）中的活动 F，其紧前活动为 E，E 的工期 = $4 - x_E$。

两个活动之间有这样的关系，即

$$y_F \geq y_E + 4 - x_E$$

活动 F 直到活动 E 开始并完成工期的 $4 - x_E$ 后才能开始。

对于另一个活动 J，它有两个紧前活动。

它们之间的关系为

活动 F，工期 = $4 - x_F$

活动 I，工期 = $4 - x_I$

$$y_J \geq y_F + 5 - x_F$$

$$y_J \geq y_I + 7 - x_I$$

这些不等式表明，活动 J 必须在其两个紧前活动完成后才能开始。

现在，包括所有活动的约束条件，可得到如下的线性规划模型：

Min $Z = 100000x_A + 50000x_B + \cdots + 60000x_N$

s.t.

(1) 最大缩减约束：

表 10.9 中倒数第 2 列位

$$x_A \leq 1, x_B \leq 2, \cdots, x_N \leq 3$$

(2) 非负约束：

$$x_A \geq 0, x_B \geq 0, \cdots, x_N \geq 0$$

$$y_B \geq 0, y_C \geq 0, \cdots, y_N \geq 0, y_{完成} \geq 0$$

(3) 开始时间约束：

如前面的目标函数所述，除了活动 A 没有紧前活动外，有 1 个紧前活动的活动(活动 B、活动 C、活动 D、活动 E、活动 F、活动 G、活动 I、活动 K、活动 L、活动 M)有 1 个时间约束，有 2 个紧前活动的活动(活动 H、活动 J、活动 N、活动结束)有 2 个时间约束。

有 1 个紧前活动	有 2 个紧前活动
$y_B \geqslant 0+2-x_A$	$y_H \geqslant y_G+7-x_G$
$y_C \geqslant y_B+4-x_B$	$y_H \geqslant y_E+4-x_E$
$y_D \geqslant y_C+10-x_C$	$\vdots$
$\vdots$	$y_{结束} \geqslant y_M+2-x_M$
$y_M \geqslant y_H+9-x_H$	$y_{结束} \geqslant y_N+6-x_N$

(4) 项目工期约束：

$$y_{结束} \leqslant 40$$

图 10.31 显示了利用电子表格来计算线性规划模型的过程。将决策的变量列在可变单元格中，如开始时间(I6:I19)、时间缩减(J6:J19)、项目完成时间(I22)。

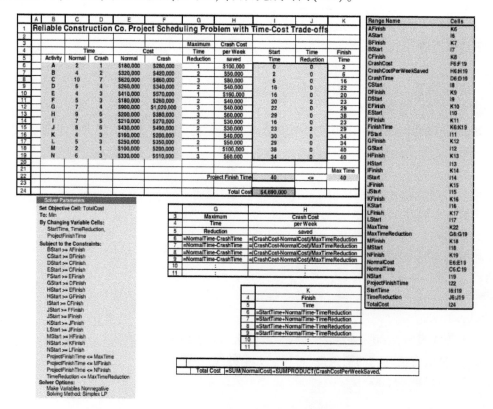

图 10.31 Reliable 项目应用 CPM 时间费用平衡法在电子表格计算的结果
(其中第 I 列、第 J 列显示了最优解)

B 列~H 列引自表 10.9。根据图中底部的等式，G 列和 H 列的数字以从上至下的计算顺序获得。K 列的数字表示活动的完成时间，等于活动开始时间加上常规工期再减去由于赶工而缩减的时间。目标单元格(I24)表示总费用，等于常规时间总和减去赶工缩减的时间之和。

求解对话框的最后一列约束条件,时间缩减(J6:J19)≤最大时间缩减(G6:GI9),即每项活动的时间缩减不能超出 G 列所给出的最大值,另外两个前提约束。项目完成时间(I22)≥Mfinish(K18)和项目完成时间(I22)≥Nfinish(K19)表明,项目不能先于两个紧前活动 M 和活动 N 完成。最后,约束条件项目完成时间(I22)≤最大时间(K22)是一个关键的约束条件,表示项目必须在 40 周内完成。

涉及开始时间(I6:I19)的开始时间约束表示活动不能在它的任何一个紧前活动完成之前开始。例如,第一个约束条件,Bstart(17)≥Afinish(K6)表示活动 B 在活动 A(B 的紧前活动)完成前不能开始。当一个活动有一个以上紧前活动时就会增加类似的约束。例如,活动 H 有 2 个紧前活动,活动 E 和活动 G,相应地,就有 2 个开始时间约束 Hstart(I13)≥Efinish(KI0)和 Hstart(I13)≥Gfinish(K12)。

读者可能注意到,开始时间约束中的"≥"符号表示允许活动在其紧前活动完成后延期一定时间开始。虽然这种延期在模型中是可行的,但对关键路径上的活动是不允许的,因为这时不必要的延期将会增加总费用(必须增加赶工以达到工期约束)。因此,除了非关键路径上的活动,模型的最优方案不会存在这样的延期。

图 10.31 中的第 I 列和第 J 列显示了在单击"Solve"按钮后获得的最优解(注意:最优解中出现了一个延期活动 K,它开始于 30。其紧前活动 J 完成于 29,因为活动 K 不在关键路径上),这对项目不会有任何影响,结果与图 10.30 利用边际费用分析方法获得的结果是一致的。

读者可以通过本书的网页了解其他有关用线性规划求解 CPM 和边际费用分析的案例。

10.9　结　　论

在现实中,网络具有广泛的应用,能够清晰地描述系统组成部分的关系,一些类型的动态网络流往往必须通过网络模型求解。

本章介绍的网络优化模型和算法可以为制定这类决策提供有力的工具。

最小费用流问题在网络优化模型中具有核心作用,不仅因为它应用广泛,还因为通过网络单纯形法能够快速求解。本章介绍的最短路径问题和最大流问题也是网络优化模型的两个基本问题,就像在第 9 章讨论的附加特殊案例一样(运输问题和分配问题)。

本章所有的模型都考虑了现存网络的优化问题,其中最小生成树是优化新网络设计的典型例子。

费用-时间平衡的 CPM 方法为项目管理提供了一个非常好的网络模型解决方法,能够使项目以最少的费用达到工期的限制。

本章仅仅是对网络方法学的当前研究和应用状况作了一些简单的介绍,由于网络具有的组合特性,网络问题通常比较难以解决。然而,在求解方法方面已取得了巨大进步。事实上,近年来,算法的发展已做到能够成功求解大规模的复杂网络问题。

参 考 文 献

[1] Bazaraa, M. S., J. J. Jarvis, and H. D. Sherali: *Linear Programming and Network Flows*, 4th ed., Wiley, Hoboken, NJ, 2010.
[2] Bertsekas, D. P.: *Network Optimization: Continuous and Discrete Models*, Athena Scientific Publishing, Belmont, MA, 1998.
[3] Cai, X., and C. K. Wong: *Time Varying Network Optimization*, Springer, New York, 2007.
[4] Dantzig, G. B., and M. N. Thapa: *Linear Programming 1: Introduction*, Springer, New York, 1997, chap. 9.

[5] Hillier, F. S., and M. S. Hillier: *Introduction to Management Science: A Modeling and Case Studies Approach with Spreadsheets*, 5th ed., McGraw-Hill/Irwin, Burr Ridge, IL, 2014, chap. 6.

[6] Sierksma, G., and D. Ghosh: *Networks in Action: Text and Computer Exercises in Network Optimization*, Springer, New York, 2010.

[7] Vanderbei, R. J.: *Linear Programming: Foundations and Extensions*, 4th ed., Springer, New York, 2014, chaps. 14 and 15.

[8] Whittle, P.: *Networks: Optimization and Evolution*, Cambridge University Press, Cambridge, UK, 2007.

习　题

某些问题(或它们中的一部分)左侧的符号的意义如下。
D：学习辅导中列出的展示例子可能会有帮助。
I：使用本书所给出的相关程序。
C：使用软件求解问题。
习题上有星号提示读者习题与章节的部分内容有关。

10.2-1　考虑下面的有向网络图，然后回答问题。

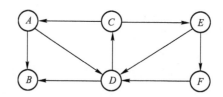

(a) 在节点 A 与节点 F 之间找到一条有向路径，并指出其他 3 条非有向路径。

(b) 找到 3 条有向环，并指出一条包含所有节点的非定向环。

(c) 指出组成一个生成树的弧集合。

(d) 使用如图 10.3 所示的过程，以一次增加一条弧的方式构建两个生成树，要求与(c)不同的树。

10.3-1　阅读 10.3 节应用案例中概述并在其参考文献中详述的运筹学研究文章。简述网络优化模型如何在该项研究中得到应用的，然后，列出这项研究结果的各类财务与非财务的效益。

10.3-2　假设你需要驾车到一个陌生的城市，通过研究地图决定到达目的地的最短路线。沿途可能经过 5 个城市(分别用 A、B、C、D、E 表示)，你将如何选择路线？下表中的数字表示两个城市直达的距离。"—"线表示两个城市无法直接到达。

城　市	距　离					
	A	B	C	D	E	目的地
始点	40	60	50	—	—	—
A		10	—	70	—	—
B			20	55	40	—
C				—	50	—
D					10	60
E						80

(a) 将此问题归结为最短路径问题，并画出网络图。

(b) 使用 10.3 节介绍的算法解决此最短路径问题。

C(c) 使用电子表格为此问题建模并给出解。
(d) 如果表中的数字代表驾车的费用,给出问题(b)和问题(c)有关最小费用的答案。
(e) 如果表中的数字代表驾车的时间,给出问题(b)和问题(c)有关最少时间的答案。

10.3-3 在一个不断发展壮大的小型机场,当地的航空公司计划购买一辆新的拖车在机场中托运行李。自动化的行李搬运系统将在3年后投入使用,那时拖车将不再使用。由于承载重量,拖车的使用和维修成本将随着使用年限的增加而快速增加,也可能1年或2年后更换新的拖车更加经济。下表给出了在第 i 年年底购买、在第 j 年年底卖出的相关的总成本(购价减去折扣,再加上运行和维修费用)。请问如何决策才能使3年内总费用最小?

		J		
		1	2	3
i	0	8000 美元	18000 美元	31000 美元
	1		10000 美元	21000 美元
	2			12000 美元

(a) 将此问题归结为最短路径问题。
(b) 使用 10.3 节介绍的算法解决此最短路径问题。
C(c) 使用电子表格为此问题建模并给出解。

10.3-4* 使用 10.3 节介绍的算法寻找下面网络图的最短路径(路径上的数字代表两个节点之间的距离)。

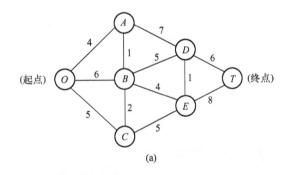

(a)

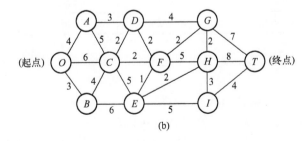

(b)

10.3-5 将最短路径问题表述成一个线性规划问题。

10.3-6 Speedy 航空公司拟开通一条从西雅图飞往伦敦的直达航线。按照天气条件,在下图所示的几条航线可供选择。其中 SE 和 LN 分别代表西雅图和伦敦,弧上的数字表示由于风向影响而需要飞行时间(根据气象报告),也代表了油料的消耗。因为油耗费用是巨大的,所以 Speedy 航空公司的经理希望建立一条费用最小的航线。

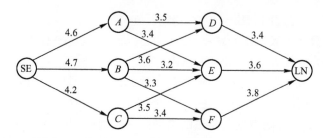

（a）在利用最短路径解决此问题时，什么可以代表最短路径问题中的距离？

（b）使用10.3节介绍的算法解决此最短路径问题。

C(c) 使用电子表格为此问题建模并给出解。

10.3-7 Quick 公司获悉一个竞争对手正计划推出一种有很大市场潜力的新产品。Quick 公司也已经计划在 20 个月后推出类似的产品。现在，研发已接近完成，Quick 公司的管理层希望加速上市以应付竞争。

完成此产品必须经过 4 个不可逾越的阶段，包括当前正以正常速度进行的未完成的研发工作。每一个阶段都可以有优先或赶工两种进度加速完成。下表中的数字代表了每种进度下所需的时间(月数)。

活动方式	时间			
	研究	开发	生产系统设计	初次生产和配送
常规	5月	(4月)	(7月)	(4月)
优先	4月	3月	5月	2月
赶工	2月	2月	3月	1月

管理层已经为这 4 个阶段分配了总计 3000 万美元的预算。每阶段在每种进度下的费用如下表所列。

活动方式	时间			
	研究	开发	生产系统设计	初次生产和配送
常规	300 万美元	—	—	—
优先	600 万美元	600 万美元	900 万美元	300 万美元
赶工	900 万美元	900 万美元	1200 万美元	600 万美元

管理层希望在不超出总预算 5000 万美元的情况下，为每个阶段确定一种进度，使整个进度时间最短。

（a）将此问题归结为最短路径问题。

（b）使用 10.3 节介绍的算法解决此最短路径问题。

10.4-1* 使用 10.4 节表述的最小支撑树算法，在习题 10.3-4 的网络图中分别找到最小支撑树。

10.4-2 Wirehouse Lumer 公司拟在某个地区的 8 个树林中进行伐木活动。因此，必须在这 8 个树林之间开辟出一个通路，使其能相互贯通。下面列出了 8 个树林之间的距离。管理层现在希望这个通路总的距离最短树林之间的距离。

		树林间距离							
		1	2	3	4	5	6	7	8
树林	1	—	1.3	2.1	0.9	0.7	1.8	2.0	1.5
	2	1.3	—	0.9	1.8	1.2	2.6	2.3	1.1
	3	2.1	0.9	—	2.6	1.7	2.5	1.9	1.0
	4	0.9	1.8	2.6	—	0.7	1.6	1.5	0.9
	5	0.7	1.2	1.7	0.7	—	0.9	1.1	0.8
	6	1.8	2.6	2.5	1.6	0.9	—	0.6	1.0
	7	2.0	2.3	1.9	1.5	1.1	0.6	—	0.5
	8	1.5	1.1	1.0	0.9	0.8	1.0	0.5	—

(a) 将此问题归结为最小支撑树问题。

(b) 使用 10.4 节介绍的算法解决此最小支撑树问题。

10.4-3 Premiere 银行计划不久将用专用的电话线把总部的计算机与每个分支机构的计算机终端连接起来。每个分支机构的计算机不必都与总部的计算机直接相连。这种专用电话线的价格是连接距离(mile)的 100 倍。

	距 离					
	总部	分支1	分支2	分支3	分支4	分支5
总部	—	190	70	115	270	160
分支1	190	—	100	110	215	50
分支2	70	100	—	140	120	220
分支3	115	110	140	—	175	80
分支4	270	215	120	175	—	310
分支5	160	50	220	80	310	—

管理层希望在所有分支结构都能够与总部直接或间接连通的前提下使购买专用电话线的费用最小。

(a) 将此问题归结为最小支撑树问题。

(b) 使用 10.4 节介绍的算法解决此最小支撑树问题。

10.5-1* 观察下面的网络图,使用 10.5 节给出的增广链算法,找到从源点到汇点的最大流,紧邻节点的数字表示两节点弧的容量,画出你的结果。

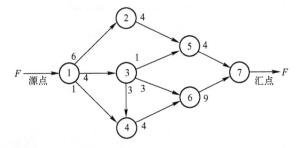

10.5-2 将最大流问题描述为线性规划。

10.5-3 下图描述的是一个水渠系统,其中 R_1、R_2、R_3 代表三条河流,A、B、C、D、E 代表水渠的交汇地点,T 表示水渠终点的一个城市。水架的长度以千米为单位,左边的表给出了水渠系统的每日最大流量,城市水资源管理部门希望制定一个方案使到这城市的水流量最大。

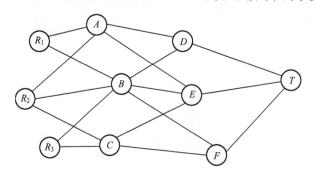

	A	B	C			D	E	F		T
R_1	75	65	—		A	60	45	—	D	120
R_2	40	50	60		B	70	55	45	E	190
R_3	—	80	70		C	—	70	90	F	130

（a）将此问题归结为最大流问题,分别指出发点(源)、收点(汇)和中间点,并画出完整的网络图,给出每条弧的容量。

（b）使用 10.5 节介绍的方法给出解。

C(c) 使用电子表格解此问题。

10.5-4　Texago 公司有 4 个油田、4 个炼油厂和 4 个集散中心。一次大规模的运输行业的罢工大大地缩减了公司从油回到炼油厂的石油运输及炼油厂与集散中心之间的石油产品的运输能力。使用千桶作为原油的度量单位,下表给出了各点之间的最大运输能力。

油田	炼 油 厂			
	新奥尔良	查尔斯顿	西雅图	圣路易斯
得克萨斯	11	7	2	8
加利福尼亚	5	4	8	7
阿拉斯加	7	3	12	6
中东	8	9	4	15

炼油厂	集 散 中 心			
	匹兹堡	亚特兰大	堪萨斯城	旧金山
新奥尔良	5	9	6	4
查尔斯顿	8	7	9	5
西雅图	4	6	7	8
圣路易斯	12	11	9	7

公司如何决定从油田回到炼油厂及炼油厂与集散中心之间的运输量才能使到达集散中心的桶数最大。

（a）画图表示各节点的位置,并用箭头的方向表示原油和石油产品的流向和数量(显示容量)。

（b）重画网络图,使第 1 列、第 2 列分别表示油田、炼油厂和集散中心,并用箭线表示可能的流量。

(c) 优化(b)的网络图,使其描述为一个具有单发点(源)、单收点(汇)及弧容量的最大流问题。

(d) 使用 10.5 节介绍的方法给出解。

C(e) 使用电子表格解此问题。

10.5-5 Eura 铁路系统经营从工业城市 Faireparc 到港口城市 Portstown 之间的铁路。这条铁路线上的特快客运和货运都比较繁忙。客运列车对时间比较关注,比慢速的货运列车具有优先权(欧洲铁路),所以当客运列车按时刻表通过时,货运列车必须在侧轨上等候让行。现在需要增加货运列车服务,如何规划货运列车的时刻,才能在不改变可运列车时刻的条件下使不中断运行的货运列车数量最多?

连续两趟货运列车之间的间隔至少为 0.1h(时刻表上的时间单位为 0.1h,所以每天的运行调度只表明每趟货物列车在时刻 0.0,0.1,0.2,…,23.9 时的状况)。两个城市之间有 S 条侧轨,假设每条侧轨 $i(i=1,2,…,S)$ 的长度足以容纳货运列车 $n_i(i=1,2,…,S)$,并且货运列车从侧轨 i 到达侧轨 $i+1$ 需要 t_i 个时间单位(t_0 表示从 Faireparc 市的出发时刻,t_s 表示到达 Portstown 市的时刻)。货运列车只能在 $0.1t$ 倍数的时刻才可以进出侧轨,且要满足在到达下一个侧轨前没有被客运列车超出这一条件(当不被超车时设 $\delta_{ij}=1$,当被超车时设 $\delta_{ij}=0$)。另外,如果后面所有倒轨站点都无法再停留货运列车,在被客运列车超过之前需要停留在侧轨上。将此问题归结为最大流问题,并指出网络图中所有节点(包括所有供给节点和需求节点人弧及其弧容量)(提示:对每 240 单位时间使用一组节点)。

10.5-6 考虑如下图所示的最大流问题网络,节点 A 和节点 F 分别代表发点(源)和收点(汇)。有向弧上的数字表示弧容量。

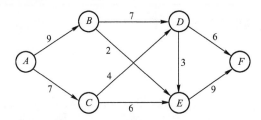

(a) 使用 10.5 节介绍的增广链算法给出解。

C(b) 使用电子表格解此问题。

10.5-7 阅读在 10.5 节应用案例中简要描述并在其参考文献中详述的文章。简述最小费用流问题是如何在该项研究中得到应用的,然后,列出由该项研究结果带来的各类财务与非财务的效益。

10.5-8 应用习题 10.5-7 的方式描述 10.5 节第 2 个案例。

10.6-1 阅读在 10.6 节应用案例中简要描述并在其参考文献中详述的文章。简述最小费用流问题是如何在该项研究中得到应用的,然后,列出由该项研究结果带来的各类财务与非财务的效益。

10.6-2 将习题 10.5-6 的图看做最小费用流问题,增加弧 $A \rightarrow F$,令 $\overline{F}=20$。

10.6-3 一个公司将在两个工厂生产同种产品,而且需要运送到两个仓库。工厂 1 仅可以不限数量地通过铁路运到仓库 1,工厂 2 仅可以不限数量地通过铁路运到仓库 2。可以通过卡车将产品先运到一个集散中心,集散中心最多只能存储 50 单位产品,超出 50 单位就必须运往两个仓库。下表给出了每单位可替代的运输费用、两个工厂的生产数量及两个仓库的需求量。

	单位运费			输出
	集散中心	仓库		
		1	2	
工厂1	3	7	—	80
工厂2	4	—	9	70
集散中心		2	4	
配送中心		60	90	

(a) 使用网络图表示最小费用流问题。

(b) 用线性规划解出此问题。

10.6-4 重新考虑习题10.3-3,将其表示为最小费用流问题,并说明网络中各元素代表的意义。

10.6-5 Makonsel公司是一个集团公司,产品在其零售店中销售。产品完工后先存储在2个仓库中直到零售店要求运送。从2个车间到仓库,再从仓库到3个零售店都使用公路运输。假设卡车都是满载的,并将其作为产品的运送单位。下表给出了2个车间每月的产量、车间到每个仓库每车的运送成本和每个仓库每月的最大库存能力。

	单位运费/美元		海运能力		输出
	仓库1	仓库2	仓库1	仓库2	
车间1	425	560	125	150	200
车间2	510	600	175	200	300

对于每个零售店,下表给出了其每月的需求量,从仓库到零售店的每车运输成本及从每个仓库可运输的每月最大数量。

	单位运费/美元			海运能力		
	RO1	RO2	RO3	RO1	RO2	RO3
仓库1	470	505	490	100	150	100
仓库2	390	410	440	125	150	75
需求量	150	200	150	150	200	150

管理部门现在需要制定一个配送计划(每月从车间到仓库,从仓库到零售店的运输数量),使得总的运输费用最小。

(a) 画出配送网络图,指出网络图中的供给节点、中转节点和需求节点。

(b) 将其归结为一个最小费用流问题,并在网络图中增加必要的数字。

C(c) 使用电子表格解出此问题。

C(d) 不使用电子表格,利用计算机解出此问题。

10.6-6 Audiofile公司生产内置立体声系统。管理层决定将用于内置立体声系统扬声器的生产外包,有3家供应商能够提供这种扬声器。下表给出了3家供应商每1000个扬声器集装箱的价格。

供应商	价格/美元
1	22500
2	22700
3	22300

供应商	每集装箱要价
1	(300 美元+40 美分)/mile
2	(200 美元+50 美分)/mile
3	(500 美元+20 美分)/mile

供应商	仓库 1/mile	仓库 2/mile
1	1600	400
2	500	600
3	2000	1000

	单位费用/美元	
	工厂 1	工厂 2
	200	700
仓库 1	400	500
仓库 2	10	6

货物将被运往公司两个仓库中的一个。另外,每家供应商要求支付运输费用,运输费用都根据里程数按一个公司计算。下表给出了各供应商里程数和计算公式。

无论何时,公司的两个工厂都需要一个集装箱的扬声器,并雇用卡车从其中的一个仓库运输。下面给出了每集装箱的运输费用和工厂每月需要的集装箱数。

每个供应商每月最多能提供 10 集装箱。由于运输限制,每家供应商运到每个仓库的数量每月不超过 6 集装箱,每个仓库运到工厂的运量也不超过每月 6 集装箱。管理者现在打算确定一种方案,每月从每家供应商处订购多少扬声器,应该运送各仓库多少,各仓库又应该运输到各工厂多少,才能使总的购买费用(包括买价和运费)和仓库到工厂的运输费用最小?

(a) 画出配送网络图,指出网络图中的供给节点、中转节点和需求节点。

(b) 将其归结为一个最小费用流问题,在网络图中增加必要的数字,也包括接收不使用供应量的虚拟需求节点(0 费用)。

C(c) 使用电子表格解出此问题。

C(d) 不使用电子表格,利用计算机解出此问题。

D10.7-1 观察下面给出的最小费用流。由节点附近的数字给出 b_i(网络流量)的值,c_{ij}(单位费用)由弧上的数字表示,u_{ij}(弧容量)的值由节点 C 和节点 D 之间的文字给出。

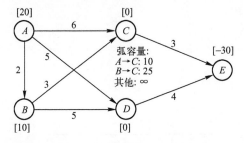

(a) 通过求解基本弧 $A \to B$、$C \to E$、$D \to E$ 和 $C \to A$(反向弧)的可行生成树获取一个初始 BF 解,另外,$C \to B$ 为一个非基本弧,并以同样的表示方式画出结果图。

(b) 使用最优测试方法验证初始 BF 解最优,并存在多个最优解。应用网络单纯形法的迭代寻找另个最优 BF 解。利用结果证明其他最优解不是 BF 解。

(c) 现在再考虑下面的 BF 解。

基本弧	流量	非基本弧
$A \to D$	20	$A \to B$
$B \to C$	10	$A \to C$
$C \to E$	10	$B \to D$
$D \to E$	20	

从这个 BF 解开始,应用网络单纯形法进行一次迭代,指出入基变量、出基变量和下个 BF 解,但不用再继续进行迭代。

10.7-2 重新考虑习题 10.6-2 中的最小费用流问题。

(a) 通过求解基本弧 $A \to B$、$A \to C$、$A \to F$、$B \to D$ 和 $E \to F$ 与非基本弧 $E \to C$、$F \to D$(反向弧)的可行生成树获取一个初始 BF 解。

D,I(b) 用网络单纯形法求出解。

10.7-3 重新考虑在习题 10.6-3 中构建的最小费用流问题。

(a) 求解对应于利用两条铁路线加上从工厂 1 经分配中心运送到仓库 2 的可行支撑树,得到一个初始的 BF 解。

D,I(b) 用网络单纯形法求解这个问题。

D,I 10.7-4 重新考虑习题 10.6-4 中构建的最小费用流问题。用这个 BF 解作为初始解,使用网络单纯形法求出解。

D,I 10.7-5 参考表 9.2 给出的 P&T 公司的运输问题,将图 9.2 的网络图看做最小费用流问题。使用西北角规则从表 9.2 中获得初始 BF 解,然后使用网络单纯形法求出解。你可以应用 IOR Tutorial 中的交互程序求解(并证明 9.1 节中给出的最优解)。

10.7-6 思考表 9.12 给出的 Metro Water 区运输问题。

(a) 将此问题转化为最小费用流问题(提示:删除禁止流通的弧)。

D,I(b) 以表 9.19 给出的数据作为初始 BF 解,使用网络单纯形法求出解(你可以使用 IOR Tutorial 中的交互程序)。与表 9.23 中用运输单纯形法求出的 BF 解的顺序进行比较。

D,I 10.7-7 思考下面的最小费用流问题,节点附近的数字表示 b_i(网络流量)的值,c_{ij}(单位费用)由弧上的数字表示,有限制的 u_{ij}(弧容量)的值由弧上括弧内的数字给出。通过求解基本弧 $A \to C$、$B \to A$、$C \to D$ 和 $C \to E$ 与非基本弧 $D \to A$ 的可行生成树获取一个初始 BF 解,然后使用网络单纯形法求解。

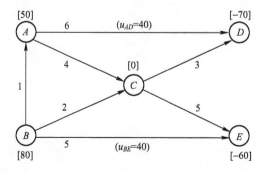

10.8-1 Tinker 建筑公司准备开始一个新项目,要求在 12 个月内完工。项目包括 4 项活动(A、B、C、D),项目网络图如下图所示。该项目的经理 Sean Murpny 认为以常规活动方式不可能按期完成。因此 Sean 决定使用 CPM 的时间费用平衡方法决定最经济的赶工活动方式。下表是

他搜集的 4 项活动的资料,使用边际费用分析求解问题。

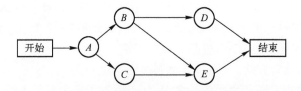

活动	常规时间/月	赶工时间/月	常规费用/美元	赶工费用/美元
A	8	5	25000	40000
B	9	7	20000	30000
C	6	4	16000	24000
D	7	4	27000	45000

10.8-2 重新思考习题 10.8-1 的问题。Sean 记得在大学期间的运筹学课程上他曾用一个月的时间学习过线性规划,所以 Sean 决定使用线性规划来解决问题。

(a) 思考网络图中靠上的那条路线,用两个变量的线性规划模型描述怎样施工才能在工期内使费用最小。使用图解法给出答案。

(b) 对网络图中靠下的那条路线重复(a)的做法。

(c) 将(a)和(b)合并为一个线性规划模型,最优解是什么?

(d) 使用 10.8 节描述的 CPM 线性规划方法建立完整的线性规划模型(这个模型比(c)中的规模稍大,也更适用于较复杂的项目网络)。

C(e) 使用 Excel 求解。

C(f) 使用其他软件求解。

C(g) 将工期限制分别改为 11 个月、13 个月,重复以上(e)和(f)。

10.8-3* Good Homes 建筑公司准备开建一个大型的住宅项目。公司总裁 Michael Dean 正在为该项目进行项目时间规划,Michael 已经区别出了 5 个大的活动(分别用 A、B、C、D、E 代表),下因是项目网络图,并且搜集了 5 个项目常规和赶工活动下的一些数据(见下表活动)。

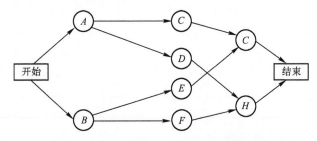

活动	常规时间/周	赶工时间/周	常规费用/美元	赶工费用/美元
A	3	2	54000	60000
B	4	3	62000	65000
C	5	2	66000	70000
D	3	1	40000	43000
E	4	2	75000	80000

表中的费用反映了公司活动的材料、设备的直接费用和直接人工费用。另外，公司还要支付监理、正常的管理费用及资金占用的利息费用等间接费用。Michael 估计这些间接费用每周平均为 5000 美元。他想使项目总的费用最小，因此需要节约这些间接费用。Michael 认为只要赶工一周的费用小于 5000 美元，就应该通过赶工缩短工期。

(a) 使用边际费用分析方法，说明应该对哪些活动进行赶工，赶工后的总费用最少是多少？在这个计划下每项活动的工期和费用各是多少，赶工节省了多少费用？

C(b) 假设一次缩短一周，用线性规划方法重解(a)。

10.8-4 21 世纪音像公司打算拍摄一部本年度最重要的影片(也是消耗最大的)。该影片的制片人 Dusty Holfmer 决定应用 PERT/CPM 方法帮助和控制这部关键影片。他将拍摄过程分为 8 项主要活动(分别标为 $A,B,\cdots,H$)。各活动的关系见下面的项目网络图。

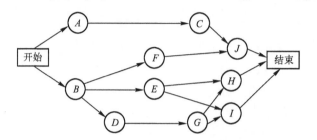

Dusty 获知另一家音像公司将在即将到来的夏季的中期推出一部具有轰动效应的影片。很不幸，他的影片预计也将在那时上映。因此，他和 21 世纪音像公司的高层管理人员一致决定应该加速制作过程，使其能够在夏季初(从现在起 15 个周)完成本年的这部影片。虽然这需要增加一大笔预算，但管理层认为国内外票房的收入将会有更多增长，足以弥补预算的增加。

Dusty 现在想确定在新的 15 周的工期内费用最小的制作方式。为使用 CPM 的时间费用平衡方法，他搜集了下表所列的数据。

活动	常规时间/周	赶工时间/周	常规费用/美元	赶工费用/美元
A	5	3	20	30
B	3	2	10	20
C	4	2	16	24
D	6	3	25	43
E	5	4	22	30
F	7	4	30	48
G	9	5	25	45
H	8	6	30	44

(a) 用线性规划模型描述该问题。

C(b) 用 Excel 求解。

C(c) 使用其他软件求解。

10.8-5 Lockhead 飞行器公司准备开始一个新项目，为美国空军开发一种新型运输机。公司与国防部的合同规定项目在 92 周内完成，延期将支付罚金。

项目设计 10 项活动(分别标为 $A,B,\cdots,J$)，下面的项目网络图给出了各活动之间的次序。管理层打算避免超期完工的重罚，因此决定进行赶工，使用 CPM 的时间-费用平衡方法决定最经济的方案。下表给出了所列的数据。

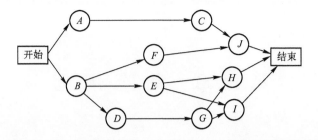

活动	常规时间/周	赶工时间/周	常规费用/百万美元	赶工费用/百万美元
A	32	28	160	180
B	28	25	125	146
C	36	31	170	210
D	16	13	60	72
E	32	27	135	160
F	54	47	215	257
G	17	15	90	96
H	20	17	120	132
I	34	30	190	226
J	18	16	80	84

（a）用线性规划模型描述该问题。

C(b) 用 Excel 求解。

C(c) 使用其他软件求解。

第 11 章 动 态 规 划

动态规划是制定一系列相关决策时运用的一项数学技术,它可以为寻求最优决策组合提供系统化的方法。

与线性规划相比,动态规划问题没有一个标准的数学模型。然而,动态规划是一类通用的问题解决方法,需要建立特定的方程以适应各种情况。因而,只有对动态规划问题一般性结构有深入的理解,才能够更好地判断何时以及如何通过动态规划的方法解决问题。这些能力可以通过大量的动态规划应用以及对其普遍特性的研究而形成。基于这一目的,本章将给出大量实例(其中有些实例可以快速地使用穷举法得到结论,但是运用动态规划的方法可以在面对更复杂的相似问题时,提高效率)。

11.1 动态规划的范例

11.1.1 例1 驿站马车问题

驿站马车问题是专门构建用来阐述动态规划特征[1]和介绍动态规划术语的特殊问题。

19世纪中叶,密苏里州的一位淘金者决定去加州西部淘金。淘金者在旅途中,需要乘坐驿站马车经过一些有强盗出没的乡村。虽然他的出发点和目的地已定,但是他有多种路线的选择,这些不同的路线经过不同的州(或后来成为州的地区)。图11.1 所示为可能路线,每个州用带圆圈的字母表示,旅行的方向从左向右。淘金者无论选择哪条路线从 A 州(密苏里州)出发到达目的地 J 州(加利福尼亚州)都需要经过3个驿站,行驶4段被驿站隔开的路程,称为4个阶段。

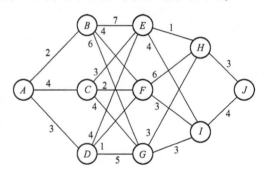

图 11.1 驿站马车问题的路线和成本

淘金者是个谨慎的人,他很担心自己的安全,经过思考,他想到一个巧妙的方法寻找最安全的路线。由于路途凶险,政策为每位驿站马车的乘客提供保险,每条路线保险的成本是充分考虑路线的凶险程度后设定的,因此,最安全的路线应当是保险金额最低的路线。图 11.1 中连接两个驿站之间的横线上的数字为该路线的保险金额。

从 I 州到 J 州驿站马车的保险金额用 c_{ij} 表示:

	B	C	D
A	2	4	3

	E	F	G
B	7	4	6
C	3	2	4
D	4	1	5

	H	I
E	1	4
F	6	3
G	3	3

	J
H	3
I	4

---

[1] 该问题由 Harvey M. Wagner 教授在斯坦福大学的时候构建。

现在问题就转化为选哪条路线保险金额之和最小的问题了。

11.1.2 问题的求解

首先需要注意,在每个州出发时选择最低金额的路线组合后并不一定会得到一个整体金额最低的方案,假如按照这种思路,那么,应当选择 A→B→F→I→J 的路线,这条路线的保险金额为 13,而路线 A→D→F→I→J 显然要比前者金额更低。

解决这一问题可以使用反复试验的办法①,但是可能的路线数量较多(共 18 条),计算每条路线的总保险金额并不容易。

动态规划提供了一种比反复试验工作量小的解决方案(面对更大规模的问题,减少工作量的优势更加明显)。动态规划首先从原始问题中的一小部分入手,找到小部分的最优解,然后逐渐扩大这一部分,逐步寻找最优解,直到求得原始问题的最优解。

针对驿站马车问题,我们首先从淘金者旅程的最后一个阶段(指抵达目的地前的一个州开始的路线)开始求解,然后每次向前增加一个阶段,逐步扩大问题,从前面已求解的问题找出目前问题的最优解。方法的具体细节如下。

建模:前面提到淘金者从出发到终点需要经过 4 个阶段,设决策变量 $x_n(n=1,2,3,4)$ 为阶段 n 的直接目的地。这样,选择的路线就是 $A \to x_1 \to x_2 \to x_3 \to x_4$,其中 $x_4 = J$。

假如淘金者在 s 州,即将开始第 n 阶段的路线,且 x_n 为其该阶段目的地,设 $f_n(s,x_n)$ 为该阶段及其之后阶段的整体最优路线的保险金额,并设 x_n^* 为使 $f_n(s,x_n)$ 最小的 x_n(不一定唯一),$f_n^*(s)$ 为相应的 $f_n(s,x_n)$ 最小值,则

$$f_n^*(s) = \min_{x_n} f_n(s,x_n) = f_n(s,x_n^*)$$

式中:$f_n(s,x_n)$ = 阶段 n 金额+最小未来金额(阶段 $n+1$ 至终点)= $c_{sx_n} + f_{n+1}^*(x_n)$。$c_{sx_n}$ 的值可以通过前面表格中 c_{ij} 的值确定。因为第 4 阶段的终点为最终的目的地(J 州),因此 $f_5^*(J) = 0$。

我们的目标是找到 $f_1^*(A)$ 和相应的路线,动态规划通过连续地确定 $f_4^*(s)$、$f_3^*(s)$、$f_2^*(s)$,最终确定 $f_1^*(A)$②。

求解过程:当淘金者的旅程只剩最后一个阶段($n=4$)时,由于他的最终目的地 $x_4 = J$,路线选择由目前所处的州 s(H 或者 I)决定,最终行驶的路线为 $s_4 \to J$。由于 $f_4^*(s) = f_4(s,J) = c_{sj}$,则 $n=4$ 时:

s	$f_4^*(s)$	x_4^*
H	3	J
I	4	J

当淘金者的旅程剩两个阶段时,求解的过程相对复杂一下。例如,当淘金者在 F 州,根据路线图,接下来他必须走到 H 州或者 I 州,直接保险金额分别为 $c_{F,H}=6$ 或者 $c_{F,I}=3$,如果他接下来选择到 H 州,则在他到达之后的最小保险金额为 $f_4^*(H)=3$,这一决策的全部成本为 6+3=9;如果他接下来选择到 I 州,则在他到达之后的最小保险金额为 $f_4^*(I)=4$,这一决策的全部成本为 3+4

---

① 本问题也可以构建为最短路径问题(见 10.3 节),这里的保险金额相当于最短路径中的距离。10.3 节中的算法实际上运用了动态规划求解的思路。由于这个问题中途径路线的数量一定,因此用动态规划方法更好。

② 因为这一过程是一步步逆向反推的过程,有些作者也将 n 定义为距离目的地剩余的阶段数。本书中简化起见,采用更直观的前向段数定义 n。

=7,小于前者。所以,最优的选择是后者,$x_3^* = I$,此时,最小金额$f_3^*(F) = 7$。

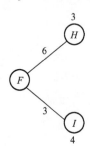

当然,淘金者旅程剩两个阶段时,还存在$s = E$和$s = G$两种情况,这两种情况也需要进行类似于上述的计算,这里不再介绍具体的计算过程,利用下面的表格将最终的结果进行呈现。当$n = 3$时:

s \ x_3	$f_3(s, x_3) = c_{sx_3} + f_4^*(x_3)$		$f_3^*(s)$	x_3^*
	H	I		
E	4	8	4	H
F	9	7	7	I
G	6	7	6	H

对第2阶段($n = 2$)问题求解与之前类似,运用公式$f_2(s, x_2) = c_{sx_2} + f_3^*(x_2)$求解。假如淘金者在$C$州($s = C$时),如下面路线图所示,他接下来必须走到$E$州、$F$州或$G$州,这一阶段的保险金额分别为$c_{C,E} = 3$、$c_{C,F} = 2$或者$c_{C,G} = 4$。根据$n = 3$时的计算结果:$f_3^*(E) = 4$、$f_3^*(F) = 7$或者$f_3^*(G) = 6$,可以得到$s = C$时,3种不同选择的保险金额计算结果:

$x_2 = E$: $f_2(C, E) = c_{C,E} + f_3^*(E) = 3 + 4 = 7$

$x_2 = F$: $f_2(C, F) = c_{C,F} + f_3^*(F) = 2 + 7 = 9$

$x_2 = E$: $f_2(C, G) = c_{C,G} + f_3^*(G) = 4 + 6 = 10$

最小值为7,因此,从C州到终点的最小保险金额是$f_2^*(C) = 7$,该选择下这一阶段的目的地是$x_2^* = E$。

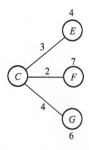

用相同的方法计算从起点B或D出发的结果,可以得到$n = 2$时的计算结果,如下表所列。

s \ x_2	$f_2(s, x_2) = c_{sx_2} + f_3^*(x_2)$			$f_2^*(s)$	x_2^*
	E	F	G		
B	11	11	12	11	E 或 F
C	7	9	10	7	E
D	8	8	11	8	E 或 F

表格的第 1 行和第 3 行中显示,从 B 州或者 D 州出发,到达 E 州或 F 州都是该出发点下的最佳路线选择。

对于第 1 阶段($n=1$)如何选择的问题,需要涉及之后的全部 3 个阶段,这一步的计算与第 2 阶段时计算相似,并且只涉及一个出发点。$s=A$ 时的路线图如下所示:

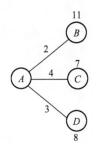

计算过程如下:

$x_1=B$: $f_1(A,B)=c_{A,B}+f_2^*(B)=2+11=13$

$x_1=C$: $f_1(A,C)=c_{A,C}+f_2^*(C)=4+7=11$

$x_2=D$: $f_1(A,D)=c_{A,D}+f_2^*(D)=3+8=11$

最小值为 11,因此 $f_1^*(A)=11$,$x_1^*=C$ 或 D,如下表所列:

s \ x_1	$f_1(s,x_1)=c_{sx_1}+f_2^*(x_1)$			$f_1^*(s)$	x_1^*
	B	C	D		
A	13	11	11	11	C 或 D

从 4 个表格中可以得到驿站马车问题的最优解。$n=1$ 的问题的结果表明,淘金者从 A 州出发后应该到 C 州或者 D 州。假如他选择到 C 州,那么,由于 $s=C,n=2$ 时,$x_2^*=E$,接下来应该到 E 州;之后,由于 $s=E,n=3$ 时,$x_3^*=H$,他应当在离开 E 州后来到 H 州;最后从 H 州出发到达最终目的地 J 州。综上所述,选择第一阶段到 C 州之后的最优路线是 $A \to C \to E \to H \to J$。同理,可以得出淘金者第一阶段选择到 D 州之后的最优路线为 $A \to D \to E \to H \to J$ 和 $A \to D \to F \to I \to J$。3 条路线的总保险金额都为 11。

这一问题的动态规划分析的结果概览如图 11.2 所示。图中的箭头和金额数字都可以从之前的 4 个表中找到依据。

图 11.2 中的每个箭头表示处于该状态时的最优决策,数字代表从该状态到终点的保险金额。加粗箭头标出的路线是 A 到 J 的 3 个最优路线,保险金额均为 11。

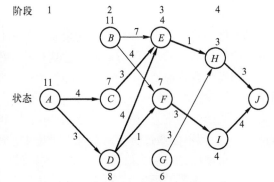

图 11.2 驿站马车问题动态规划求解图示

下一章节中将会对描述这个问题的特殊名词(阶段、状态和策略)进行解释。

11.2 动态规划问题的特性

驿站马车问题是动态规划问题的范例,这一范例的设计是为了对动态规划问题进行具体的解释。因此，一种识别动态规划问题的方法，就是该问题的结构是否与驿站马车问题的结构类似。

本节对提出动态规划问题的基本特征，并对其进行讨论，具体如下。

(1) 问题可以划分为多个阶段(stages)，每个阶段对应一个策略决策(policy decision)。

驿站马车问题中，根据旅程的实际情况，将问题分为了4个阶段。每个阶段对应的策略决策是选择保险金额（根据金额确定马车的下一站）。与此类似，其他的动态规划问题也需要制定一系列的决策，并且这些决策与其问题的阶段划分相一致。

(2) 每个阶段都存在一些与该阶段开始就相关的状态。

驿站马车问题中，每个阶段的状态是该阶段开始时所处的州以及该阶段结束时所在的州。一般来说，状态指的就是动态规划问题中每个阶段各种可能的情况，状态的数量可以是有限的（如驿站马车问题），同时也可以是无限的（之后的例子会涉及）。

(3) 每个阶段的策略决策结果是导致当前状态向下一阶段开始时的状态转变（可能是依据概率分布的）。

淘金者下一个目的地的决策，使他在旅程中从一个州走到下一个州。这一过程表明，动态规划问题可以用第10章中描述的网络来解释，网络中每个节点代表一个状态，网络由节点组成的列构成，每一列代表一个阶段，从网络中的一个点只能向右面的列流动。连接两个点之间的链代表了一种策略决策，而链的价值表示执行这一决策策略后对目标函数的直接贡献。多数情况下，动态规划问题的目标是通过网络寻找最短或最长路径。

(4) 求解问题的过程可以为所有的问题提供一个最优策略，如为每一阶段为每个可能的状态提供最优策略决策。

驿站马车问题求解的过程中，为每个阶段构建了一个表格，指明处于该阶段开始时的最优决策，因此，假如淘金者第一个阶段没有选择最优路线，而是去了B州，那么，驿站马车问题的求解结果依旧可以为他提供一个从该阶段开始的最优路线。对任何采用动态规划方法解决的问题，分析结果为该问题提供了每个可能的状态下应该做的策略决定，而并非简单地指出一种从始到终的最优策略。

(5) 已知目前状态的情况下，剩余阶段的最优策略与先前阶段采用的策略无关。因此，最优决策要依据当前的状态，而与如何到达这种状态没有关系，这是动态规划的最优原理。

已知淘金者目前所在的州，之后的旅程中保险金额最低的路线与他如何到这个州没有关系。通常，在动态规划问题中，系统当前的状态所展示出的信息，包含了所有其先前的决定中会对之后决策造成影响的信息（该特性是之后29.2节中讨论的马尔可夫链的性质）。任何不具备这一特征的问题，都不能通过建立动态规划模型来求解。

(6) 求解的过程从为最后一个阶段找出最优策略开始。

最后一个阶段的最优决策，表示该阶段每种可能状态的最优决策策略。这个单一阶段的问题求解方法采用尝试的办法，如驿站马车问题的范例中所示。

(7) 从$n+1$阶段的最优策略，可以通过递推关系确定第n阶段的最优策略。驿站马车问题中的递推关系为

$$f_n^*(s) = \min_{x_n}\{c_{sx_n} + f_{n+1}^*(x_n)\}$$

上式是针对特定问题的动态规划递推关系，这里利用类比的方法，对动态规划问题普遍的递推关系进行概括：

$N=$阶段的数量；

$n=$当前阶段的标号$(n=1,2,\cdots,N)$；

s_n = 第 n 阶段的当前状态；

x_n = 第 n 阶段的决策变量；

x_n^* = x_n 的最优值（给定 s_n 的情况下）；

$f_n(s_n,x_n)$ = 从 n 阶段的 s_n 状态出发，直接决策为 x_n 时，阶段 $n, n+1, \cdots, N$ 对目标函数的贡献值，然后据此确定最优决策时的贡献值为

$$f_n^*(s_n) = f_n(s_n, x_n^*)$$

这种递推关系总是表示为

$$f_n^*(s_n) = \max_{x_n}\{f_n(s_n,x_n)\}$$

或者

$$f_n^*(s_n) = \min_{x_n}\{f_n(s_n,x_n)\}$$

式中：$f_n(s_n,x_n)$ 可以用 $s_n, x_n, f_{n+1}^*(s_{n+1})$ 等表示，正是由于 $f_n^*(s_n)$ 和 $f_{n+1}^*(s_{n+1})$ 可以通过这种方式互相表示，所以具备了递推的关系。

处理问题时，一步步的逆序分析，使得这种递推的关系不断重复。直到数字 n 的值降到 1。这种特性在下一个特点中会进一步强调。

（8）利用递推关系求解动态规划问题时，我们从问题的最后出发，一步一步向前推导，直至找到第 1 阶段的最优策略。第 1 阶段的最优策略就是整个问题的最优解决方案，即初始阶段 s_1 选择 x_1^* 这一决策变量；第 2 阶段 s_2 选择 x_2^* 这一决策变量，依此类推。

驿站马车问题的求解演示了整个逆向递推的过程，① 对于所有动态规划问题，每个阶段（$n = N, N-1, \cdots, 1$）都可以使用如下所列的表格。

s_n \ x_n	$f_n(s_n,x_n)$	$f_n^*(s_n)$	x_n^*

最初阶段（$n=1$）时，得到这个表格后就解决了动态规划需要解决的问题。

11.3 确定性动态规划

确定性动态规划问题，是指下一阶段的状态完全由当前阶段状态和策略决策决定的动态规划问题。本节深入讨论确定性动态规划问题的方法，下一节会对随机动态规划问题进行讨论。

确定性动态规划可以用图 11.3 描述。在第 n 阶段，在决策变量 x_n 的作用下，状态从 s_n 变成了 s_{n+1}，由于 s_{n+1} 状态下的最优策略的 $f_{n+1}^*(s_{n+1})$ 已经在之前的分析中计算了出来，然后，只需要根据 x_n 对于 $f_n(s_n, x_n)$ 的值的贡献，就可以确定各种情况下最优化的 x_n，寻找到相匹配的 x_n^* 和 $f_{n+1}^*(s_{n+1})$ 之后，求解的过程就可以逆向移动一个阶段。

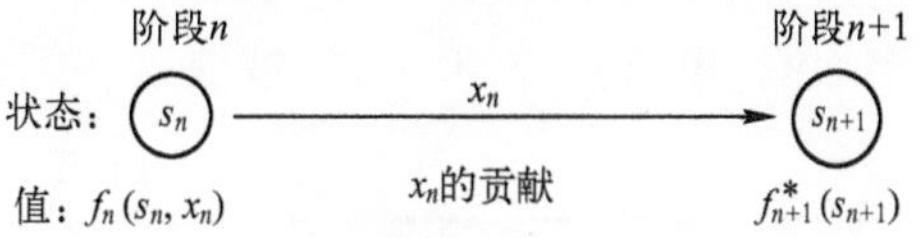

图 11.3 确定性动态规划的基本结构

对确定性动态规划问题进行分类的一种方法可以通过区分不同形式的目标函数实现，如可以划分为最大化各阶段对目标函数贡献的总和或者最小化各阶段对目标函数贡献的总和等类别。另外一种分类方法与各阶段状态的性质有关，典型的类别包含：状态 s_n 可以由离散类型的状态变量描

---

① 实际上，这个问题也可以选择正向递推的求解过程，但是对于多数动态规划求解的问题必须选择逆向递推的过程。

述(如驿站马车问题中的状态),同时状态也可以由连续的状态变量来描述,甚至有些问题中状态变量是向量性质的。类似地,决策变量($x_1, x_2, \cdots, x_n$)也可以存在离散和连续等不同的形式。

下面会通过几个例子对这些不同的类别的确定性动态规划进行说明,需要注意的是,虽然这些类别表面上存在差异,但其实质上都符合图 11.3 中描述的确定性动态规划基本结构,只是计算方面存在复杂性的差异。

接下来介绍的第一个例子与驿站马车问题具有相似的数学表达方式,只不过它的决策要求是将目标最大化。

应 用 案 例

1990 年 8 月 2 日,萨达姆·侯赛因命令伊拉克军队入侵科威特 6 天之后,美国开始将大批军队和物资运往波斯湾地区。在以美国为首的、来自 35 个国家的联合国军队集结完毕后,1991 年 1 月 17 日发动了称为"沙漠风暴"的军事行动。联合国部队攻入伊拉克,科威特被解放,联合国部队获得了决定性的胜利。

将需要的部队和物资快速运往战区是一项艰难的物流任务。在一个典型的空运任务中,从美国本土出发的空运部队和物资到波斯湾往返需要 3 天,途经至少 7 个空域,消耗大约 100 万 lb 燃料,成本高达 280000 美元。在整个"沙漠风暴"行动期间,美国空军机动司令部(MAC)指挥着历史上最大规模的空运,平均每天要组织超过 100 次的类似空运。

为了满足需要,应用运筹学开发的决策支撑系统需要对每个空运任务进行调度和分配航线。驱动该过程的运筹学技术是动态规划方法。动态规划建模中的阶段对应于空运计划的飞行路径网络中的机场。对于一个给定的机场,状态用从机场的起飞时间及当前机组成员的剩余职责描述。要求最小化的目标函数是一个性能测度(包括交货的延误、任务的飞行时间、起落时间及机组成员改变的数量)的权重和。约束包括一次任务的最低载货量、机场可用机组成员及地面物资支持的上限。

动态规划在快速地将所需要的物资和军队运送到波斯湾支持"沙漠风暴"行动中发挥了意想不到的效果。MAC 负责运营和运输的总参谋长与该方法的开发者交谈时,说:"我发誓,没有你们的帮助及你们所做的贡献(决策支持系统),我们是无法成功的(在波斯湾的部署),我们绝对无法做到"。

资料来源:M. C. Hilliard, R. S. Solanki, C. Liu, l. K. Busch, G. Harrison, and R. D. Kraemer: "Scheduling the Operation Desert Storm Airlift: An Advanced Autumated Scheduling Support System." Interfaas. 22(1), 131-146. Jan.-Feb. 1992. (以下网址提供本文链接:www.mhhe.com/hillier。)

11.3.1 例 2 医疗队分配问题

世界卫生组织致力于提升发展中国家的医疗水平,为实现这一目的,世界卫生组织现决定将 5 个医疗队分配到 3 个国家,用以改善这些国家的医疗服务、健康教育及培训。这种情况下,世界卫生组织需要考虑如何分配现有的队伍资源,以使效益最大化。同时,分配的过程中必须保证每支队伍的完整性,因此分配到每个国家的队伍数量都是整数。

用以评价效益的指标是人们的寿命增加(针对某一特定国家,这一指标的值等于寿命增加的期望值乘以该国人口数量)。表 11.1 中列出了每个国家的不同医疗队配备数量下,估算的寿命增加值(单位:千人·年)。解决这一问题需要确定如何分配才能使评价指标的数值最大。

表 11.1 医疗队分配问题数据

医疗队	增加的人口寿命/(千人·年)		
	国家		
	1	2	3
0	0	0	0
1	45	20	50
2	70	45	70
3	90	75	80
4	105	110	100
5	120	150	130

第11章 动态规划

建模:这个问题的解决需要作出3个相关决策,即分别分配多少个医疗队到3个国家,虽然这3个决策没有先后顺序之分,但是也可以视作动态规划模型的3个阶段。决策变量x_n($n=1,2,3$)是分配给n阶段(第n个国家)的医疗队数目。

状态的确定稍微困难一些。为了确定状态,我们需要思考是什么推动一个阶段向下一个阶段发展?已知之前状态做出的决定,如何描述目前阶段的状态情况?目前状态的什么信息对决定后面的最优策略是必要的?基于这些考虑,选择状态的一种方法为

$$s_n = 用于分配给剩余国家的医疗队数目$$

基于这种考虑,第1阶段(国家1)开始由于还未进行分配,因此,$s_1=5$,在第2阶段和第3阶段,s_n是5减去前一阶段分配了的医疗队数目,所以状态依次为

$$s_1=5, s_2=5-x_1, s_3=s_2-x_2$$

由于一开始的分配数量不确定性,因此在每个阶段都需要充分考虑所有的分配可能性,即s_n可以为0,1,2,3,4,5。

图11.4反映了每个阶段的所有可能状态,其中的连线表示从一个阶段到下一个阶段可能发生的转变。线段上的数字表示相应转变产生的用以评价的效益,数据来自于表11.1。解决问题就是找到从状态5到状态0的路径,使该路径上数量之和的值最大。

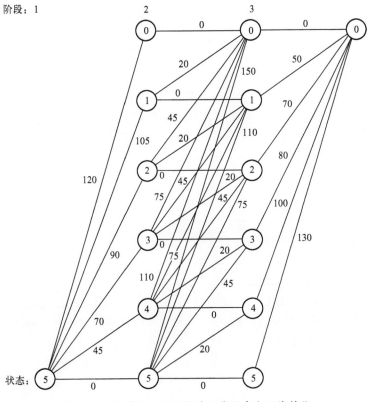

图11.4 医疗队分配问题的可能状态和可能转化

为了用数学方法描述整个问题,设$p_i(x_i)$为向国家i分配x_i个医疗队后的寿命增长值,目标就是选择x_1、x_2、x_3,使

$$\max \sum_{i=1}^{3} p_i(x_i)$$

s. t.
$$\sum_{i=1}^{3} x_i = 5$$

且 x_i 为非负整数。

运用 11.2 节中提到的内容,$f_n(s_n,x_n)$ 为
$$f_n(s_n,x_n) = p_n(x_n) + \max \sum_{i=n+1}^{3} p_i(x_i)$$

其中
$$\sum_{i=n}^{3} x_i = s_n$$

且
$$f_n^*(s_n) = \max_{x_n=0,1,\cdots,s_n} f_n(s_n,x_n)$$

因此,有
$$f_n(s_n,x_n) = p_n(x_n) + f_{n+1}^*(s_n-x_n)$$

(将 f_4^* 定义为 0。)图 11.5 中对这些基本关系进行了总结。

因此,该问题中的递推关系用 f_1^*、f_2^* 和 f_3^* 可以表达为
$$f_n^*(s_n) = \max_{x_n=0,1,\cdots,s_n}\{p_n(x_n)+f_{n+1}^*(s_n-x_n)\},n=1,2$$

对于 $n=3$,有
$$f_3^*(s_3) = \max_{x_3=0,1,\cdots,s_3} p_3(x_3)$$

下面对动态规划问题的计算过程进行介绍。

图 11.5 医疗队分配问题的基本结构图

求解过程:从最后一个阶段($n=3$)开始,$p_3(x_3)$ 的值在表 11.1 的最后一列给出,在向国家 3 分配 s_3 个医疗队时,由于分配的医疗队越多 $p_3(x_3)$ 的值越大,因此,$x_3^* = s_3$,且 $f_3^*(s_3) = p_3(s_3)$,如下表所列:

s_3	$f_3^*(s_3)$	x_3^*
0	0	0
1	50	1
2	70	2
3	80	3
4	100	4
5	130	5

接下来是倒数第 2 个阶段($n=2$),找到 x_2^* 需要计算所有可能的 x_2 的 $f_2(s_2,x_2)$ 值,并对其进行比较。这里选择 $s_2=2$ 时进行说明。

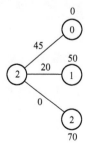

上图截选自图 11.5,如果 $x_2=0$,则第 3 阶段的状态将是 $s_2-x_2=2-0=2$;$x_2=1$,则第 3 阶段状态将是 1;$x_2=2$,则第 3 阶段状态将是 0。图中线段上的数字表示 $p_2(x_2)$ 的值,第 3 阶段 $f_3^*(s_2-x_2)$

的值在第 3 阶段状态点的上方标出。计算概括如下。

公式：$f_2(2,x_2) = p_2(x_2) + f_3^*(2-x_2)$

$p_2(x_2)$ 的值可以从表 11.1 的国家 2 那一列得到。

$f_3^*(2-x_2)$ 的值可以从第 3 阶段的 $n=3$ 的表中给出。

$x_2 = 0$：$f_2(2,0) = p_2(0) + f_3^*(2) = 0+70 = 70$

$x_2 = 1$：$f_2(2,1) = p_2(1) + f_3^*(1) = 20+50 = 70$

$x_2 = 2$：$f_2(2,2) = p_2(2) + f_3^*(0) = 45+0 = 70$

为使目标函数最大化，所以 $x_2^* = 0$ 或者 1，$f_2^*(2) = 70$。

用相同的方法可以得到 s_2 的其他可能值，如下表所列：

s_2 \ x_2	\multicolumn{6}{c|}{$f_2(s_2,x_2)=p_2(x_2)+f_3^*(s_2-x_2)$}	$f_2^*(s_2)$	x_2^*
	0	1	2	3	4	5		
0	0						0	0
1	50	20					50	0
2	70	70	45				70	0 或 1
3	80	90	95	75			95	2
4	100	100	115	125	110		125	3
5	130	120	125	145	160	150	160	4

接下来从第 1 阶段开始求解整个问题。第 1 阶段，只需要考虑 $s_1 = 5$ 的最初状态，如下图所示。

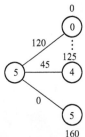

向第 1 个国家分配 x_1 个医疗队，使得第 2 阶段状态为 $5-x_1$，因此，当 $x_1 = 0$ 时，对应图中右侧最下方一个点，依此类推，$x_1 = 5$ 时，对应右侧最上方一个点。$p_1(x_1)$ 的值可以从表 11.1 中获取，图中标示在直线上，$f_2^*(s_2)$ 的值可以从第 2 阶段分析结束时的表格中获取，图中标示在右侧节点上方。计算过程与 $n=2$ 时相似，需要对决策变量的每个可能值进行计算，计算过程如下。

公式：$f_1(5,x_1) = p_1(x_1) + f_2^*(5-x_1)$

$p_1(x_1)$ 的值可以从表 11.1 的国家 1 那一列得到。

$f_2^*(5-x_1)$ 的值可以从第 2 阶段 $n=2$ 的表中给出。

$x_1 = 0$：$f_1(5,0) = p_1(0) + f_2^*(5) = 0+160 = 160$

$x_1 = 1$：$f_1(5,1) = p_1(1) + f_2^*(4) = 45+125 = 170$

$\vdots$

$x_1 = 5$：$f_1(5,5) = p_1(5) + f_2^*(0) = 120+0 = 120$

为使目标函数最大化，所以 $x_1^* = 1$，$f_1^*(5) = 170$。具体结果见下表。

s_1 \ x_1	\multicolumn{6}{c}{$f_1(s_1,x_1)=p_1(x_1)+f_2^*(s_1-x_1)$}	$f_1^*(s_1)$	x_1^*
	0	1	2	3	4	5		
5	160	170	165	160	155	120	170	1

因此，实现最优解的方法是 $x_1^*=1$，使 $s_2=5-1=4$，从而 $x_2^*=3$，使 $s_3=4-3=1$，从而 $x_3^*=1$，这种情况下，$f_1^*(5)=170$。最后的结论是向 3 个国家分别分配 1 个、3 个、1 个医疗队，会为总寿命带来大概 170000 人·年的增加量，比次优的方案多出 5000 人·年。图 11.6 对动态分析结果进行了概括。

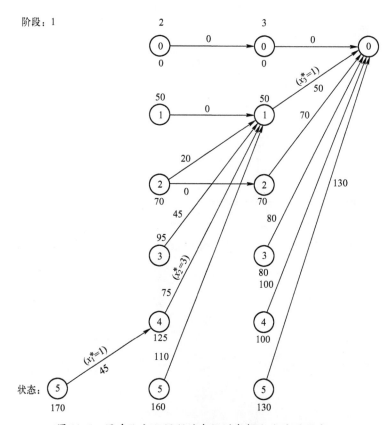

图 11.6　医疗队分配问题动态规划求解方法的图形演示

11.3.2　一种常见的问题范例——工作分配问题

前面的例子展示了一种常见类型的动态规划问题，称为工作分配问题，这种类型的问题中，一种资源被分配到许多活动中，这一类型问题的目标是决定如何在活动中最有效地分配工作（资源）。医疗队分配问题的范例中，资源指的是医疗队，涉及的 3 个活动是在 3 个国家的医疗保健工作。

假设：分配资源给活动的这种解释是第 3 章开头的线性规划问题中的典型解释。但是工作分配问题和线性规划问题之间存在一些区别。在这里借助工作分配问题和线性规划问题间的区别，阐述动态规划和其他数学规划间的区别。

区别之一是工作分配问题仅涉及一种资源的分配（一个约束），线性规划可以处理上千种资源（原则上，动态规划问题也可以处理多种资源问题，如例 5 中的问题，但是随着资源数量的增长，采用动态规划的方法解决问题效率会变的很低）。

此外,工作分配问题远比线性规划问题普遍,3.3 节中提到线性规划问题需要具备比例性、可加性、可分性和确定性 4 个假设,但实际上,仅比例性这一个假设几乎就与所有的动态规划问题相违背,如表 11.1 中的数值就不符合比例性。可分性也经常不能够满足,如例 2 中,决策变量必须为整数,与可分性相违背,但当可分性成立时(如例 4),动态规划的计算将变的更为复杂。虽然我们应该在确定性的假设条件下考虑工作分配问题,但是这并非必需,并且许多动态规划问题都不符合这一假设(如 11.4 节中所述)。

线性规划的 4 个假设中,只有可加性是工作分配问题(或其他动态规划的问题)必须满足的,因为只有满足可加性的条件下,动态规划的最优性原则才能够成立(11.2 节中特点 5)。

模型:工作分配问题总是为多个活动分配一种资源,工作分配问题具有下述符合动态规划规则的公式(其中活动的排序是任意的):

阶段 n = 活动 n($n=1,2,\cdots,N$)

x_n = 分配到活动 n 的资源数

状态 s_n = 分配到剩余活动中的可用资源数($n, n+1, \cdots, N$)

这种方式定义的 s_n 正是时间当前状态的信息,我们需要用这种信息对剩余活动进行分配决策。

当系统从阶段 n 的状态 s_n 开始时,选择 x_n 将使位于 $n+1$ 阶段的下一个状态 $s_{n+1} = s_n - x_n$,描述如下[①]:

```
阶段:       n                    n+1
状态:      (s_n) ——— x_n ———→ (s_n-x_n)
```

上图与医疗队分配问题案例的结构具有一定相似性,不同的地方在于 $f_n(s_n, x_n)$ 和 $f_{n+1}^*(s_n - x_n)$ 之间的关系,以及 f_{n+1}^* 和 f_n^* 之间的递推关系。这些关系的确定取决于特定问题的目标函数,因此这里图中没有给出。

下面的例子与医疗队分配问题相似,也是工作分配问题,区别在于其目标是最小化相关阶段的产品数量。这个例子中涉及到概率的问题,会造成该问题不属于动态规划研究的范畴,但它的确符合我们关于动态规划问题的定义,例子中下一阶段的状态完全由当前阶段的状态和决策策略决定。

11.3.3 例 3 向科研小组分配科学家

一项政府空间计划正在进行某项工程问题的攻关,这个问题是人类登陆火星的关键。3 个科研小组目前正在尝试 3 种不同的方法解决这个问题,各组估计的(分别称为 1 组、2 组和 3 组)失败概率分别为 0.40、0.60 和 0.80。因此,整个问题攻关失败的概率为 (0.40)(0.60)(0.80) = 0.192,为最小化问题攻关失败的概率,现有另外 2 名科学家被分配到该工程项目中。

由于新加入的科学家需要全身心投入该组的工作,因此分配科学家的数目必须为整数,表 11.2 中列出了各组在有 0 名、1 名或 2 名科学家加入时的失败概率。需要解决的问题是如何分配两名科学家才能够最小化整个工程项目失败的概率。

---

① 这种描述中假定 s_n、x_n 用相同单位表达,另一种更为方便的定义为:x_n 是分配于第 n 项活动的资源总量,数量为 $a_n x_n$,于是,有 $s_{n+1} = s_n - a_n x_n$。

表 11.2 政府空间计划问题的数据

新科学家数目	失败概率 小组		
	1	2	3
0	0.40	0.60	0.80
1	0.20	0.40	0.50
2	0.15	0.20	0.30

建模:例2和例3都是工作分配问题,其基本结构具有较大相似性。例3中,科学家代替医疗队成为了被分配的资源,科研小组代替了国家成为了资源分配的去向,这两个问题之间唯一的区别是它们的目标函数。

例3中涉及到的科学家和小组数量较少,采用枚举法可以很容易地解决问题,但采用动态规划的方法解决此问题,有利于掌握此类问题的通用解法。

本例中,阶段 $n(n=1,2,3,)$ 与科研小组编号 n 相一致,状态 s_n 是能够被分配到剩余小组中的科学家数目,决策变量 $x_n(n=1,2,3)$ 是额外分配到组 n 中的科学家数量。

设 $p_i(x_i)$ 为向组 i 分配 x_i 个科学家后的失败概率值,数值由表11.2给出。政府的目标是选择合适的 x_1、x_2、x_3,使

$$\min \prod_{i=1}^{3} p_i(x_i) = p_1(x_1) \, p_2(x_2) \, p_3(x_3)$$

s.t.

$$\sum_{i=1}^{3} x_i = 2$$

且 x_i 为非负整数。

因此,该问题中,$f_n(s_n,x_n)$ 为

$$f_n(s_n,x_n) = p_n(x_n) \cdot \min \prod_{i=n+1}^{3} p_i(x_i)$$

其中

$$\sum_{i=n}^{3} x_i = s_n$$

对 $n=1,2,3$,有

$$f_n^*(s_n) = \min_{x_n=0,1,\cdots,s_n} f_n(s_n,x_n)$$

其中

$$f_n(s_n,x_n) = p_n(x_n) \cdot f_{n+1}^*(s_n-x_n)$$

(将 f_4^* 定义为1。)图11.7中对这些基本关系进行了总结。

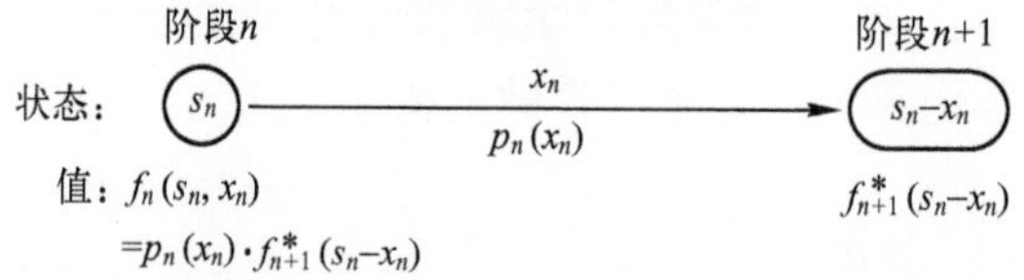

图 11.7 政府空间计划问题的基本结构

因此,该问题中的递推关系用 f_1^*、f_2^* 和 f_3^* 可以表达为

$$f_n^*(s_n) = \min_{x_n=0,1,\cdots,s_n} \{ p_n(x_n) \cdot f_{n+1}^*(s_n-x_n) \}, n=1,2$$

对于 $n=3$,有
$$f_3^*(s_3) = \min_{x_3=0,1,\cdots,s_3} p_3(x_3)$$

求解过程:动态规划计算如下。

$n=3$ 时:

s_3	$f_3^*(s_3)$	x_3^*
0	0.80	0
1	0.50	1
2	0.30	2

$n=2$ 时:

s_2	x_2	$f_2(s_2,x_2)=p_2(x_2) \cdot f_3^*(s_2-x_2)$			$f_2^*(s_2)$	x_2^*
		0	1	2		
0		0.48			0.48	0
1		0.30	0.32		0.30	0
2		0.18	0.20	0.16	0.16	2

$n=1$ 时:

s_1	x_1	$f_1(s_1,x_1)=p_1(x_1) \cdot f_2^*(s_1-x_1)$			$f_1^*(s_1)$	x_1^*
		0	1	2		
2		0.064	0.060	0.060	0.060	1

因此,最优解的情况是 $x_1^*=1, s_2=1$; $x_2^*=0, s_3=1$; $x_3^*=1$,最优的分配策略是小组 1 和小组 3 分别接收一名科学家,这种情况下,3 个组都失败的概率为 0.060。

之前的所有案例每个阶段都有一个离散的状态变量 s,并且这些案例都具有可逆性,体现在求解过程可以向后或者向前一步一步完成,并且活动的阶段可以按照需要任意排序,而不用考虑资源分配的先后顺序。这个可逆性是工作分配问题的一般特性。

下面的例子与之前的例子不同,阶段 n 的状态变量 s_n 没有必须为整数的约束条件,是可以任意取值的连续变量,这就导致分别考虑每一个可行值的办法变得不可行。这个例子不再是可逆的了,它的阶段与时间周期一致,求解过程必须从前向后进行。

在介绍下一个例子之前,可以先去本书(英文版)网站的案例解答部分学习另外两个关于确定性动态规划的例子。其中一个例子是关于多个时间阶段产品和存货的规划问题,这个例子中状态变量和决策变量都是离散的,但是由于案例中阶段与时间直接相关,因此是不可逆的过程,不属于工作分配问题;第 2 个案例属于非线性规划问题,具有两个变量和一个约束条件,过程虽然可逆,但是状态和决策变量都是连续的,与接下来要介绍的案例相比,这个案例只有两个阶段,求解思路和计算都比较简单。

11.3.4 例 4 车间雇佣问题

地方加工车间的工作量受季节影响波动较大,但是机床工人招聘难度较大,且培训费用高。因此,加工车间的经理不愿意在淡季时裁员,同时也不愿意为不需要的机床工人支付薪水。由于所有工作按照订单完成,无法在淡季时库存产品留给旺季用,所以在确定雇佣策略时,经理进退两难。

下表是未来一年不同季节中,加工车间的最小雇佣需求的估算值(单位:个)。

季节	春	夏	秋	冬	春
需求	255	220	240	200	255

雇佣的数量不能够小于表中的数值,当雇佣数量高于表中的数值时,每人每个季节需要耗费掉约 2000 美元。从一个季节到下一个季节,雇佣数量发生变化时,成本为 200 乘以雇佣数量变化的平方。雇佣数量可以出现非整数的情况,因为雇佣中会存在一些兼职的工人,这使得成本的数据也可以为非整数。

建模:雇佣的人数超过旺季的需求显然是不划算的,因此,作为每年旺季的春季雇佣人数应当为 255 人(不能少于最低需求),问题就简化成了确定其他 3 个季节雇佣人数的问题。

从动态规划模型的角度来说,季节应该是阶段。问题随着时间无限延伸,阶段的数量应该是无限个,但是由于阶段以一年为周期循环,所以只需要考虑 4 个阶段。春季的雇佣人数是确定的,因此,将春季作为一个循环周期中的最后一个阶段,因为最后一个阶段的决策变量的最优值必须是已知或者不考虑其他阶段影响就可以得到的,其他季节的最优雇佣数量都需要考虑后面季节的雇用成本决定,具体如下:

阶段 1 = 夏季

阶段 2 = 秋季

阶段 3 = 冬季

阶段 4 = 春季

x_n = 阶段 n 的雇佣数量,其中 $x_4 = 255$。

设 r_n 为第 n 阶段最小雇佣数量,前面表中已经给出了每个阶段的 r_n 值。这样,x_n 的取值范围为

$$r_n \leq x_n \leq 255$$

根据之前叙述部分提供的信息,可以确定

阶段 n 的成本 $= 200(x_n - x_{n-1})^2 + 2000(x_n - r_n)$

从上式可以看出,阶段 n 的成本仅取决于当前需要作出决策的 x_n 和上一阶段的雇佣数量 x_{n-1},因此,当前阶段决策所需的全部信息都可以从之前阶段的状态中获得。第 n 阶段的状态为

$$s_n = x_{n-1}$$

当 $n = 1$ 时,$s_1 = x_0 = x_4 = 255$。

为了便于理解,表 11.3 中列出了 4 个阶段的数据并进行了归纳。

表 11.3 车间雇佣问题中的数据

n	r_n	x_n	$s_n = x_{n-1}$	成　本
1	220	$220 \leq x_1 \leq 255$	$s_1 = 255$	$200(x_1 - 255)^2 + 2000(x_1 - 220)$
2	240	$240 \leq x_2 \leq 255$	$220 \leq s_1 \leq 255$	$200(x_2 - x_1)^2 + 2000(x_2 - 240)$
3	200	$200 \leq x_3 \leq 255$	$240 \leq s_2 \leq 255$	$200(x_3 - x_2)^2 + 2000(x_3 - 200)$
4	255	$x_4 = 255$	$200 \leq s_3 \leq 255$	$200(255 - x_3)^2$

这个问题的目标是选择合适的 x_1、x_2 和 x_3,使

$$\min \sum_{i=1}^{4} \left[200(x_i - x_{i-1})^2 + 2000(x_i - r_i) \right]$$

s.t. $\quad r_i \le x_i \le 255, i = 1,2,3,4$

对第 n 阶段,由于 $s_n = x_{n-1}$,有

$$f_n(s_n, x_n) = 200(x_n - s_n)^2 + 2000(x_n - r_n) + \min_{r_i \le x_i \le 255} \sum_{i=n+1}^{4} \left[200(x_i - x_{i-1})^2 + 2000(x_i - r_i) \right]$$

当 $n = 4$ 时,上式没有意义。由于

$$f_n^*(s_n) = \min_{r_n \le x_n \le 255} f_n(s_n, x_n)$$

因此,有

$$f_n(s_n, x_n) = 200(x_n - s_n)^2 + 2000(x_n - r_n) + f_{n+1}^*(x_n)$$

由于阶段 4 之后的成本与分析过程无关,因此,将 f_5^* 定义为 0。为便于理解,在图 11.8 中对这些关系进行了概括。

因此,函数 f_n^* 的递推关系为

$$f_n^*(s_n) = \min_{r_n \le x_n \le 255} \{ 200(x_n - s_n)^2 + 2000(x_n - r_n) + f_{n+1}^*(x_n) \}$$

图 11.8 车间雇佣问题的基本结构

动态规划中运用这一关系确定 $f_4^*(s_4), f_3^*(s_3), f_2^*(s_2), f_1^*(s_1)$ 和它们对应的 x_n 值。

求解过程:阶段 4:由于已知 $x_4^* = 255$,因此其结果为

s_4	$f_4^*(s_4)$	x_4^*
$200 \le s_4 \le 255$	$200(255 - s_4)^2$	255

阶段 3:问题仅包含后两个阶段时,递推关系可以简化为

$$f_3^*(s_3) = \min_{200 \le x_3 \le 255} \{ 200(x_3 - s_3)^2 + 2000(x_3 - 200) + f_4^*(x_3) \}$$
$$= \min_{200 \le x_3 \le 255} \{ 200(x_3 - s_3)^2 + 2000(x_3 - 200) + 200(255 - x_3)^2 \}$$

其中

$$240 \le s_3 \le 255$$

对于特定的 s_3,可以使用图解法确定使 $f_3(s_3, x_3)$ 最小的 x_3 的值,如图 11.9 所示。

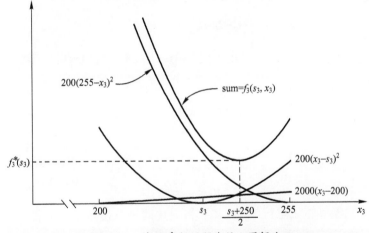

图 11.9 车间雇佣问题阶段 3 图解法

然而,使用微积分的方法可以更快地得到结果。由于阶段 3 开始时 s_3 是定值(目前不明确),因此最终得到 x_3 的最小值是用 s_3 表示的,当 $f_3(s_3,x_3)$ 对 x_3 的偏导数为 0 时,解出的 x_3 为使 $f_3(s_3,x_3)$ 值最小时的 x_3,即

$$\frac{\partial f_3(s_3,x_3)}{\partial x_3} = 400(x_3-s_3)+2000-400(255-x_3)$$
$$= 400(2x_3-s_3-250)$$
$$= 0$$

由于 2 阶导数大于零,得出 $x_3^* = \frac{s_3+250}{2}$,由于对于任何 s_3 的可能值,x_3^* 都在 x_3 的可行域内,因此求得的 x_3^* 符合条件。

从阶段 3 的求解过程就可以看出,这个例子与之前例子的不同,这个例子中由于 s_3 可以取无限多连续的值,因此 x_3^* 也存在无限多的值,而不能和之前例子一样,通过有限个 s_3,一一尝试之后就可以确定每个 x_3^*。这里我们将 s_3 作为未知变量,用它对 x_3^* 进行了表示,同时,$f_3^*(s_3)$ 也可以用 s_3 进行表示,即

$$f_3^*(s_3) = f_3(s_3,x_3^*) = 200\left(\frac{s_3+250}{2}-s_3\right)^2 + 200\left(255-\frac{s_3+250}{2}\right)^2 + 2000\left(\frac{s_3+250}{2}-200\right)$$

对上式进行简化,可以得到第 3 阶段的分析结果,如下表所列:

s_3	$f_3^*(s_3)$	x_3^*
$240 \leq s_3 \leq 255$	$50(250-s_3)^2+50(260-s_3)^2+1000(s_3-150)$	$\frac{s_3+250}{2}$

阶段 2:第 2 阶段和第 1 阶段求解的方法类似。$n=2$ 时,有
$$f_2(s_2,x_2) = 200(x_2-s_2)^2+2000(x_2-r_2)+f_3^*(x_2)$$
$$= 200(x_2-s_2)^2+2000(x_2-240)+50(250-x_2)^2+50(260-x_2)^2+1000(x_2-150)$$

s_2 的可能值是 $220 \leq s_2 \leq 255$,x_2 的可行域是 $240 \leq x_2 \leq 255$,现在需要找出满足如下关系的 x_2,即
$$f_2^*(s_2) = \min_{240 \leq x_2 \leq 255} f_2(s_2,x_2)$$

与第 3 阶段相同,采用微积分的方法,令 $f_2(s_2,x_2)$ 关于 x_2 的偏导数为 0,则

$$\frac{\partial f_2(s_2,x_2)}{\partial x_2} = 400(x_2-s_2)+2000-100(250-x_2)-100(260-x_2)+1000$$
$$= 200(3x_2-2s_2-240) = 0$$

2 阶导数大于零,得出 $x_2 = \frac{2s_2+240}{3}$,由于仅 $240 \leq s_2 \leq 255$ 时,该 x_2 可以落在可行域内,针对剩余的 s_2 还需要找出使 $f_2(s_2,x_2)$ 最小的 x_2 可行值。

当 $s_2 < 240$ 时,有
$$\frac{\partial f_2(s_2,x_2)}{\partial x_2} > 0$$

其中
$$240 \leq x_2 \leq 255$$

于是,使 $f_2(s_2,x_2)$ 最小的 x_2 可行值是 240。将上述两种情况下的 x_2 值带入 $f_2(s_2,x_2)$,可以求得 $f_2^*(s_2)$,具体结果如下表所列:

s_2	$f_2^*(s_2)$	x_2^*
$220 \leq s_2 \leq 240$	$200(240-s_2)^2+115000$	240
$240 \leq s_2 \leq 255$	$\frac{200}{9}[(240-s_2)^2+(225-s_2)^2+(270-s_2)^2]+2000(s_2-195)$	$\frac{2s_2+240}{3}$

阶段 1：对于第 1 阶段，有
$$f_1(s_1,x_1) = 200(x_1-s_1)^2 + 2000(x_1-r_1) + f_2^*(x_1)$$
其中 $r_1 = 220$，x_1 需满足 $220 \leq x_1 \leq 255$，但是 x_1 在 $220 \leq x_1 \leq 240$ 和 $240 \leq x_1 \leq 255$ 两个区间里，$f_2^*(x_1)$ 具有不同的表达形式。

因此，当 $220 \leq x_1 \leq 240$ 时，有
$$f_1(s_1,x_1) = 200(x_1-s_1)^2 + 2000(x_1-220) + 200(240-x_1)^2 + 115000$$
当 $240 \leq x_1 \leq 255$ 时，有
$$f_1(s_1,x_1) = 200(x_1-s_1)^2 + 2000(x_1-220) + \frac{200}{9}[(240-x_1)^2+(225-x_1)^2+(270-x_1)^2] + 2000(x_1-195)$$
考虑第 1 种情况，当 $220 \leq x_1 \leq 240$ 时，有
$$\frac{\partial f_1(s_1,x_1)}{\partial x_1} = 400(x_1-s_1) + 2000 - 400(240-x_1) = 400(2x_1-s_1-235)$$
其中已知 $s_1 = 255$，$\frac{\partial f_1(s_1,x_1)}{\partial x_1} = 800(x_1-245)$，考虑 x_1 的取值范围，$\frac{\partial f_1(s_1,x_1)}{\partial x_1}$ 恒小于 0，因此，$x_1 = 240$ 时，$f_1(s_1,x_1)$ 最小。

当 $240 \leq x_1 \leq 255$ 时，有
$$\frac{\partial f_1(s_1,x_1)}{\partial x_1} = 400(x_1-s_1) + 2000 - \frac{400}{9}[(240-x_1)+(225-x_1)+(270-x_1)] + 2000$$
$$= \frac{400}{3}(4x_1-3s_1-225)$$
由于 2 阶导数大于 0，令
$$\frac{\partial f_1(s_1,x_1)}{\partial x_1} = 0$$
得出 $x_1 = \frac{3s_1+225}{4}$，由于 $s_1 = 255$，$x_1 = 247.5$，满足可行域的要求，因此，当 $240 \leq x_1 \leq 255$ 时，$x_1 = 247.5$ 使 $f_1(s_1,x_1)$ 最小。

比较 $x_1 = 240$ 和 $x_1 = 247.5$ 时的 $f_1(s_1,x_1)$ 的大小，可以发现，$x_1 = 247.5$ 时，$f_1(s_1,x_1)$ 更小。它的最终值为
$$f_1^*(225) = 200(247.5-255)^2 + 2000(247.5-220)$$
$$+ \frac{200}{9}[2(250-247.5)^2+(265-247.5)^2+30(742.5-575)] = 185000$$

第 1 阶段的结论如下表所列：

s_1	$f_1^*(s_1)$	x_1^*
255	185000	247.5

根据第 1 阶段的结论，并设 $s_n = x_{n-1}^*$，可以一次求得 4 个阶段的 x_n^* 分别为 247.5、245、247.5、255，每个周期的成本为 185000 美元。

虽然之前已经讲解了多个关于动态规划的案例,并且在本章接下来的部分,还将继续进行案例的分析,但是这些案例仅仅涉及动态规划表层的东西。第 2 章的参考文献[2]中描述了可运用动态规划求解的 47 种不同问题(文章中还提供了求解这些问题的软件工具),这些动态规划应用的目的都是为一系列相关的活动高效地寻找最优的决策组合。

11.4 随机性动态规划

随机性动态规划不同于确定性动态规划,它在下一阶段的状态不完全由当前阶段状态和决策策略决定,下一阶段会按照一定的概率存在多种状态,但是概率分布由当前阶段的状态和决策策略决定。随机性动态规划的基本结构如图 11.10 所示。

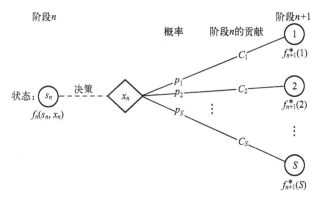

图 11.10 随机性动态规划基本结构图

基于图 11.10,设 S 为阶段 $n+1$ 的可能状态,将这些状态标记为 $1,2,\cdots,S$,在阶段 n 状态 s_n 下,做出 x_n 的决策后,系统有 $p_i(i=1,2,\cdots,S)$ 的概率进入状态 i,这种情况下,设 C_i 为阶段 n 对目标函数的贡献。

当图 11.10 扩展到包含所有阶段的可能状态和决策时,可以称为决策树。由于随机性的原因,$f_n(s_n,x_n)$ 和 $f_{n+1}^*(s_{n+1})$ 之间的关系要比确定性动态规划复杂,其精确形式取决于目标函数。为了说明问题,这里假设目标是每个阶段某要素求和的最小化,用 $f_n(s_n,x_n)$ 表示阶段 n 之前的要素和,已知第 n 阶段状态和决策策略,则

$$f_n(s_n,x_n) = \sum_{i=1}^{S} p_i[C_i + f_{n+1}^*(i)]$$

其中

$$f_{n+1}^*(i) = \min_{x_{n+1}} f_{n+1}(i,x_{n+1})$$

接下来介绍的例 5 就是这种形式,例 6 属于另外一种形式。

11.4.1 例 5 确定次品限额

HIT-AND-MISS 公司接受了一份特殊类型的产品供应订单,订单客户对于质量的要求十分严格,公司需要生产多个产品以保证生产出合格的产品。生产周期内生产的额外产品的数量称为次品限额。

公司估计每个该类型的产品生产时,成品率为 $\dfrac{1}{2}$,次品率也为 $\dfrac{1}{2}$。批量生产 L 件产品成品的

数量符合二项式分布,全部次品概率为 $\left(\dfrac{1}{2}\right)^L$。

每件产品的边际成本为 100 美元(即使产品不合格),额外的产品没有任何价值。每个产品设立生产过程需要花费 300 美元的固定成本,如果所有产品被检出不合格,要以同样的成本设立新的生产过程。由于时间所限,公司只有 3 个生产周期的时间,如果经过 3 个生产周期(只有 3 次设立生产过程的时间),仍未能产出一件合格的产品,则不仅没有收入,还会被罚款 1600 美元。

问题是确定每个生产周期应制造几件产品(次品数量+1),使总的生产成本最小。

建模:这个问题的动态规划模型是:

阶段 n = 第 n 个生产周期($n=1,2,3$)

x_n = 阶段 n 的产品数量

s_n = 从阶段 n 开始仍需要生产的成品数量(1 或者 0)

在阶段 1,$s_1=1$,如果后续至少得到 1 个成品,则 $s_n=0$,此后没有额外成本增加。

该问题的目标是:

$f_n(s_n, x_n)$ = 阶段 $n, \cdots, 3$ 的全部预期成本,如果系统第 n 阶段开始于状态 s_n,直接决策为 x_n,之后的最优决策为

$$f_n^*(s_n) = \min_{x_n = 0, 1, \cdots} f_n(s_n, x_n)$$

式中:$f_n^*(0) = 0$。简单起见,接下来的分析中用 100 美元为单位,不考虑下一状态的情况下,第 n 阶段的对成本的贡献是 $[K(x_n) + x_n]$,其中 $K(x_n)$ 是关于 x_n 的函数,具体形式为

$$K(x_n) = \begin{cases} 0, & x_n = 0 \\ 3, & x_n = 1 \end{cases}$$

因此,对于 $s_n = 1$ 的情况,有

$$f_n(1, x_n) = K(x_n) + x_n + \left(\dfrac{1}{2}\right)^{x_n} f_{n+1}^*(1) + \left[1 - \left(\dfrac{1}{2}\right)^{x_n}\right] f_{n+1}^*(0)$$

$$= K(x_n) + x_n + \left(\dfrac{1}{2}\right)^{x_n} f_{n+1}^*(1)$$

如果最终没有得到合格的产品 $f_4^*(1) = 16$,图 11.11 对基本关系进行了概括。

对于 $n = 1, 2, 3$,动态规划计算的递推关系为

$$f_n^*(1) = \min_{x_n = 0, 1, \cdots} \left\{ K(x_n) + x_n + \left(\dfrac{1}{2}\right)^{x_n} f_{n+1}^*(1) \right\}$$

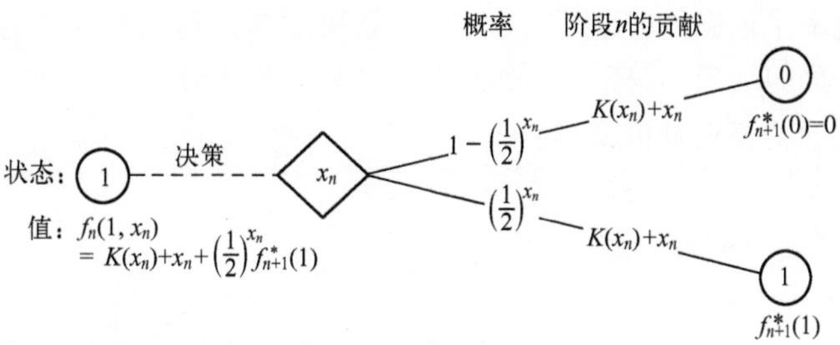

图 11.11 确定次品限额问题的基本结构

求解过程:用上述递推关系进行计算,结果如下。

$n = 3$ 时:

s_3 \ x_3	\multicolumn{6}{c}{$f_3(1,x_3)=K(x_3)+x_3+16\left(\frac{1}{2}\right)^{x_3}$}	$f_3^*(s_3)$	x_3^*
	0	1	2	3	4	5		
0	0						0	0
1	16	12	9	8	8	$8\frac{1}{2}$	8	3 或 4

$n=2$ 时:

s_2 \ x_2	\multicolumn{5}{c}{$f_2(1,x_2)=K(x_2)+x_2+\left(\frac{1}{2}\right)^{x_2}f_3^*(1)$}	$f_2^*(s_2)$	x_2^*
	0	1	2	3	4		
0	0					0	0
1	8	8	7	7	$7\frac{1}{2}$	7	2 或 3

$n=1$ 时:

s_1 \ x_1	\multicolumn{5}{c}{$f_1(1,x_1)=K(x_1)+x_1+\left(\frac{1}{2}\right)^{x_1}f_2^*(1)$}	$f_1^*(s_1)$	x_1^*
	0	1	2	3	4		
1	7	$7\frac{1}{2}$	$6\frac{3}{4}$	$6\frac{7}{8}$	$7\frac{7}{16}$	$6\frac{3}{4}$	2

得出结论,最优策略时,第1个生产周期中生产2个产品;如果都不合格,第2个生产周期中生产2个或者3个产品;如果还是都不合格,第3个生产周期生产3个或4个产品。该策略预计总期望成本为675美元。

11.4.2 例6 在拉斯维加斯赢钱

一位年轻的统计学家相信自己开发的一套系统可以在拉斯维加斯的一款常见赌博游戏中赢钱。她的同事们不相信,于是和她打了一个赌。打赌的条件是:如果她开始时有3个筹码,在3局之后,她剩余的筹码数不会超过5个。每局可以将手上有的筹码以任意数量下注,游戏的结果要么输掉下注的筹码,要么赢得相同数量的筹码。统计学家相信她的系统每一局都有 $\frac{2}{3}$ 概率的胜算。

假设她估计的概率是正确的,现在使用动态规划决定3局游戏每次下注多少个筹码。每局的决策应该考虑上一局的结果,目标是使她赢得同事的可能性最大。

建模。这个问题的动态规划模型是:

阶段 $n=$ 第 n 局游戏($n=1,2,3$)

$x_n=$ 第 n 局游戏需要下的筹码数

$s_n=$ 第 n 局下注前手中的筹码数

用第 n 局下注前手中的筹码数定义状态,可以为该阶段提供决策前所需的所有信息。

$f_n(s_n,x_n)=$ 3局结束后有至少5个筹码的概率。目标是使该概率最大,即

$$f_n^*(s_n)=\max_{x_n=0,1,\cdots,s_n}f_n(s_n,x_n)$$

假如某一局输了,下一阶段的状态就变为了 s_n-x_n,完成时至少有5个筹码的概率应该是 $f_{n+1}^*(s_n-x_n)$,如果赢下这一局,则下一阶段状态变为了 s_n+x_n,完成时至少有5个筹码的概率应该

是 $f^*_{n+1}(s_n+x_n)$，那么，有

$$f_n(s_n,x_n) = \frac{1}{3}f^*_{n+1}(s_n-x_n) + \frac{2}{3}f^*_{n+1}(s_n+x_n)$$

式中：当 $s_4<5$ 时，$f^*_4(s_4)=0$；当 $s_4 \geq 5$ 时，$f^*_4(s_4)=1$。从表达式中可以看出，阶段 n 的目标函数在下一状态才产生影响。图 11.12 概括了这种关系。

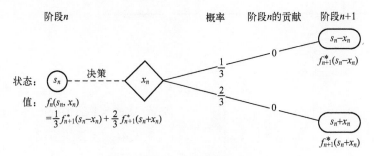

图 11.12 拉斯维加斯赌博问题结构

这个问题的递推关系为

$$f^*_n(s_n) = \max_{x_n=0,1,\cdots,s_n}\left\{\frac{1}{3}f^*_{n+1}(s_n-x_n) + \frac{2}{3}f^*_{n+1}(s_n+x_n)\right\}$$

求解过程：利用递推关系，可以得到如下计算结果。

$n=3$ 时：

s_3	$f^*_3(s_3)$	x^*_3
0	0	—
1	0	—
2	0	—
3	$\frac{2}{3}$	2 或更多
4	$\frac{2}{3}$	1 或更多
≥ 5	1	0

$n=2$ 时：

s_2 \ x_2	$f_2(s_2,x_2) = \frac{1}{3}f^*_3(s_2-x_2) + \frac{2}{3}f^*_3(s_2+x_2)$					$f^*_2(s_2)$	x^*_2
	0	1	2	3	4		
0	0					0	—
1	0	0				0	—
2	0	$\frac{4}{9}$	$\frac{4}{9}$			$\frac{4}{9}$	1 或 2
3	$\frac{2}{3}$	$\frac{4}{9}$	$\frac{2}{3}$	$\frac{2}{3}$		$\frac{2}{3}$	0、2 或 3
4	$\frac{2}{3}$	$\frac{8}{9}$	$\frac{2}{3}$	$\frac{2}{3}$	$\frac{2}{3}$	$\frac{8}{9}$	1
5	1					1	0 或 s_2-5

$n=1$ 时：

s_1 \ x_1	$f_1(s_1,x_1)=\dfrac{1}{3}f_2^*(s_1-x_1)+\dfrac{2}{3}f_2^*(s_1+x_1)$				$f_1^*(s_1)$	x_1^*
	0	1	2	3		
3	$\dfrac{2}{3}$	$\dfrac{20}{27}$	$\dfrac{2}{3}$	$\dfrac{2}{3}$	$\dfrac{20}{27}$	1

因此，最佳策略为

$$x_1^*=1 \begin{cases} 赢, x_2^*=1 \begin{cases} 赢, x_3^*=0 \\ 输, x_3^*=2 \text{ 或 } 3 \end{cases} \\ 输, x_2^*=1 \text{ 或 } 2 \begin{cases} 赢, x_3^*=\begin{cases} 2 \text{ 或 } 3(x_2^*=1 \text{ 的情况}) \\ 1,2,3,4(x_2^*=2 \text{ 的情况}) \end{cases} \\ 输, 最后无法赢得赌局 \end{cases} \end{cases}$$

这种策略下，统计学家赢得和同事赌局的概率为 $\dfrac{20}{27}$。

11.5 结　论

动态规划对制定一系列相关的决策非常有用，相比于穷举法，它能够大大节省计算量，例如，某问题包含 10 个阶段、10 个状态，这样每个阶段就会具有 10 个可能的策略，假如使用穷举法解决问题就需要考虑 100 亿个组合，而运用动态规划的方法，仅需要不超过 1000 次的计算。

本章仅考虑了阶段数量有限的动态规划。

部分参考文献

[1] Denardo, E. V.：*Dynamic Programming*：*Models and Applications*，Dover Publications, Mineola, NY, 2003.
[2] Lew, A., and H. Mauch：*Dynamic Programming*：*A Computational Tool*，Springer, New York, 2007.
[3] Sniedovich, M.：*Dynamic Programming*：*Foundations and Principles*，Taylor & Francis, New York, 2010.

习　题

习题上有星号表示书后至少给出该题一部分答案。

11.2-1　考虑下面的网络图，其中沿线的每个数字表示了通过线段连接的两点之间的距离，找出从始点到终点的最短路径。

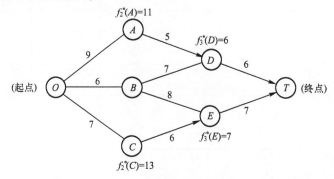

(a) 该问题的动态规划模型的阶段和状态是什么?

运用动态规划解决这个问题。用图解法表示求解过程(图 11.2)。图中有 4 个节点,已知 $f_n^*(s_n)$,求解 $f_2^*(B)$ 和 $f_1^*(O)$,然后用箭头在图中标明最优路线。

(b) 运用动态规划方法,建立 $n=3$、$n=2$、$n=1$ 时的表格求解这个问题。

(c) 使用 9.3 节中最短路径法解决这个问题,并与(b)和(c)中的方法比较。

11.2-2 某大学教材出版社的销售经理手下有 6 名推销员,他将这些推销员分配到 3 个不同的区域。每个区域应至少派一名推销员,并且每名推销员只能严格负责该区域的推销工作。现在他需要考虑,为使销售量最大,每个区域应该分配多少名推销员?

下表给出了每个区域分配到一定数量推销员时的销量增长值。

销售人数	地区		
	1	2	3
1	40	24	32
2	54	47	46
3	78	63	70
4	99	78	84

利用动态规划解决该问题。通过绘制类似于习题 11.2-2 中的网络图进行求解,要求按照节点求解 $f_n^*(s_n)$,并在图中每个节点处进行标示,用箭头标示出最优路线,并指出最优路径及最优解。

运用动态规划方法,建立 $n=3$、$n=2$、$n=1$ 时的表格求解这个问题。

11.2-3 下面的工程网络图(如 10.8 节中所述),每点上的数字是相应活动所需的时间,找到这个网络从开始到结束的最长路径(全部时间最长)。

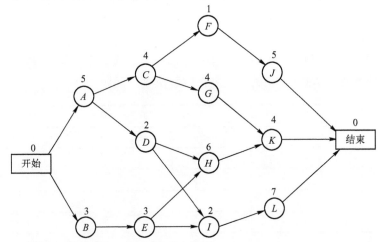

(a) 问题中动态规划模型的阶段和状态是什么?

(b) 利用动态规划的图解法解决该问题。要求按照节点求解 $f_n^*(s_n)$,并在图中每个节点处进行标示;标示出最优路线,并指出最优路径及最优解。如果存在不止一条最优路线,全部进行标出。

(c) 运用动态规划方法,建立 $n=4$、$n=3$、$n=2$、$n=1$ 时的表格求解这个问题。

11.2-4 考虑下列关于动态规划问题求解的陈述。判断每条陈述的对错,并从本章的内容中寻找证明(标出对错及证明的引用页码)。

（a）求解的过程使用递推关系，已知阶段 n 的最优策略时，能够解出 $n+1$ 阶段的最优策略。

（b）完成求解后发现某一阶段错误地做出非最优决策，重新求解时需要对该阶段之后的阶段重新确定最优决策。

（c）整个问题的最优策略确定后，需要说明的是，特定阶段的最优策略是该阶段的状态和前一阶段的决策。

11.3-1 通过阅读参考文献，了解 11.3 节中插图部分故事的完整内容，简述故事中动态规划如何运用，然后列出动态规划的运用为其带来的财务和非财务方面的好处。

11.3-2* 一位水果店主有 3 个连锁水果店，他有 5 箱新鲜草莓需要在腐烂前售出。3 家水果店潜在的销售能力不同，但店主可以接受有水果店分不到草莓的情况，同时，不希望在售出之前将整箱的草莓拆箱。因此，店主想知道如何分配这 5 箱草莓，才能够使最终的收益最大。

下表给出了不同的店分配到不同箱数草莓时的利润，运用动态规划的方法，将 5 箱草莓分配给 3 家店，使总利润最大。

箱 数	水 果 店		
	1	2	3
0	0	0	0
1	5	6	4
2	9	11	9
3	14	15	13
4	17	19	18
5	21	22	20

11.3-3 距离期末考试还有 7 天时间，某学生需要参加 4 门课的考试，她想要尽可能有效地分配学习时间。每门课至少需要花一天时间复习，且该学生喜欢每天仅复习一门课程，因此，每门课程可分配的时间为 1 天、2 天、3 天和 4 天。由于学习了运筹学课程，该学生决定运用动态规划的方法制定时间分配的策略，使 4 门课程总的分数提高最大。下表是该学生估计的每门课复习一定天数后的成绩提升数据，试用动态规划帮她解决这一问题。

复习天数	估计可提升的分数			
	课程			
	1	2	3	4
1	1	5	4	4
2	3	6	6	4
3	6	8	7	5
4	8	8	9	8

11.3-4 一项竞选活动进入了最后阶段，这是一场势均力敌的选举。其中一名候选人还有足够的资金购买 5 个黄金时段的电视时间，备选的电视时间包含 4 个不同地区电视台。基于选举信息，在电视播放地区赢得额外选票的数量与黄金时段的数量相关，下表给出了估算数据，其中数据单位为千张选票。运用动态规划的方法确定如何在 4 个地区电视台分配 5 个黄金时段，使最终增加的选票数最多。

时间段数量	地区			
	1	2	3	4
0	0	0	0	0
1	4	6	5	3
2	7	8	9	7
3	9	10	11	12
4	12	11	10	14
5	15	12	9	16

11.3-5 一个政党的地区主席正在为即将到来的总统竞选制定计划。为了选区工作,她准备将 6 名志愿者分派到 4 个选区,以获得最大的选票数的提升。为提高工作效率,每名志愿者只能去一个选区工作,并且允许出现不向某些选区分配志愿者的情况。下表给出了每个选区被分配一定数量志愿者后的选票增加数量。运用动态规划的方法,找出 6 名志愿者的分配策略,使选票数提升总数最大。

志 愿 者	选 区			
	1	2	3	4
0	0	0	0	0
1	4	7	5	6
2	9	11	10	11
3	15	16	15	14
4	18	18	18	16
5	22	20	21	17
6	24	21	22	18

11.3-6 采用动态规划的方法求解 9.1 节中提出的北方航空公司生产计划问题(表 9.7),假设生产数量必须为 5 的倍数。

11.3-7* 一家公司即将向某竞争激烈的市场推出新产品,目前正在制定营销策略。目前的策略准备分为 3 个阶段推出产品,第 1 阶段为吸引首次购买的顾客,将会以非常低的价格推出某款介绍性产品;第 2 阶段将运用广告攻势,以使首次购买产品的客户能够按照正常价格购买产品;据了解,第 2 阶段结束时,另一家公司将推出一款竞争产品,所以第 3 阶段将在广告攻势的基础上增加促销活动,以确保客户不转向购买竞争产品。

本次市场营销的经费预算大概为 400 万美元,现在需要决定如何以最有效的方式,将这笔经费合理分配给 3 个阶段。用 m 表示第一阶段结束后的市场份额(用百分比表示),f_2 和 f_3 分别表示在 2、3 阶段结束后,剩余的市场份额比例。用动态规划的办法决定如何分配 400 万美元,使 3 个阶段的营销结束后,市场份额最大,即 $\max m f_2 f_3$。

(a) 假设这些经费必须以 100 万美元的整数倍花在每个阶段,其中第 1 阶段花费的最小允许倍数为 1,其他阶段为 0。下表给出了每个阶段花费对市场份额的影响,求解题干中所述的动态规划问题。

花费/百万美元	对市场份额的影响		
	m	f_2	f_3
0	—	0.2	0.3
1	20	0.4	0.5
2	30	0.5	0.6
3	40	0.6	0.7
4	50	—	—

(b) 假如预算内的经费可以以任何数量花在每一阶段,其中 x_i 表示第 i 阶段($i=1,2,3$)花费的金额(单位:百万美元),根据下面花费和影响的关系,求解题干中的动态规划问题。

$$m = 10x_1 - x_1^2$$
$$f_2 = 0.40 + 0.10x_2$$
$$f_3 = 0.60 + 0.07x_3$$

11.3-8 某电子系统由 4 个部件组成,系统的运行需要每个部分都运行。该系统的可靠性可以通过在部件中安装并行单元提升,下表给出了不同部件安装不同数量的并行单元后的运行概率。

单元数量	运行概率			
	部件 1	部件 2	部件 3	部件 4
1	0.5	0.6	0.7	0.5
2	0.6	0.7	0.8	0.7
3	0.8	0.8	0.9	0.9

系统运行的概率为各部件运行概率的乘积。下表给出了每一个部件分别安装一定数量的并行单元的成本(以 100 美元为单位)。

单元数量	成本			
	部件 1	部件 2	部件 3	部件 4
1	1	2	1	2
2	2	4	3	3
3	3	5	4	4

由于预算的限制,最多可以花费 1000 美元。使用动态规划的方法确定每个部件应该安装多少个并行单元,使系统的可靠运行概率最大。

11.3-9 考虑下列非线性整数规划问题。

max $Z = 3x_1^2 - x_1^3 + 5x_2^2 - x_2^3$

s.t. $x_1 + 2x_2 \leq 4$

且

$x_1 \geq 0, x_2 \geq 0$

x_1、x_2 为整数。

使用动态规划求解这个问题。

11.3-10 考虑下列非线性整数规划问题。

max $Z = 18x_1 - x_1^2 + 20x_2 + 10x_3$

s. t. $2x_1+4x_2+3x_3 \leqslant 11$

$x_1、x_2、x_3$ 为非负整数。

使用动态规划求解这个问题。

11.3-11* 考虑下列非线性规划问题。

$$\max \quad Z = 36x_1+9x_1^2-6x_1^3+36x_2-3x_2^3$$

s. t. $x_1+2x_2 \leqslant 3$

且

$x_1 \geqslant 0, x_2 \geqslant 0$

使用动态规划求解这个问题。

11.3-12 例4的问题中,假如从一个季节到下一个季节,改变雇员数量的全部成本变为100美元乘以雇佣数量差值的平方时,利用动态规划的方法重新求解该问题。

11.3-13 考虑下列非线性规划问题。

$$\max \quad Z = 2x_1^2+2x_2+4x_3-x_3^2$$

s. t. $2x_1+x_2+x_3 \leqslant 4$

且

$x_1 \geqslant 0, x_2 \geqslant 0, x_3 \geqslant 0$

使用动态规划求解这个问题。

11.3-14 考虑下列非线性规划问题。

$$\min \quad Z = x_1^4+2x_2^2$$

s. t. $x_1^2+x_2^2 \geqslant 2$

(没有非负的限制)使用动态规划求解这个问题。

11.3-15 考虑下列非线性规划问题。

$$\max \quad Z = x_1^3+4x_2^2+16x_3$$

s. t. $x_1 x_2 x_3 = 4$

且

$x_1 \geqslant 1, x_2 \geqslant 1, x_3 \geqslant 1$

当3个变量都为整数时,使用动态规划求解这个问题。

无整数约束条件,使用动态规划求解这个问题。

11.3-16 考虑下列非线性整数规划问题。

$$\max \quad Z = x_1(1-x_2)x_3$$

s. t. $x_1-x_2+x_3 \leqslant 1$

$x_1、x_2、x_3$ 非负。

使用动态规划求解这个问题。

11.4-1 一个西洋双陆棋棋手今晚有连续3场比赛。每次比赛,他都有机会进行他会赢得比赛的赌局。投注金额可以为他手中的钱的任意值,每场比赛,他赢得比赛的概率都是1/2,赢得比赛后他可以赢得投注金额,输掉比赛后会输掉投注金额。他以75美元开始比赛,目标为最终拥有100美元(由于是友谊赛,他不想在结束比赛时超过100美元)。使用动态规划找出最优打赌策略,使他3场比赛之后正好赢得100美元的概率最大。

11.4-2 假设你有5000美元用于投资,接下来的3年中,每年选择2种投资方式中的一种(A 或 B)进行投资。两种投资的回报都不确定:对于 A 投资,一年结束后可能失去全部资金或者收回10000美元(利润为5000美元);对于 B 投资,一年结束后收回5000美元或10000美元。回报概率如下表所列：

投 资	回收金额/美元	概 率
A	0	0.3
	10000	0.7
B	5000	0.9
	10000	0.1

每年只能够进行一次投资，每次只能投资 5000 美元（额外的资金不能够进行投资）。

(a) 使用动态规划寻找投资策略，使 3 年后拥有的资金最多。

(b) 使用动态规划寻找投资策略，使 3 年后拥有至少 10000 美元的概率最大。

11.4-3* 假设经过仔细分析，例 5 中生产每件成品的概率为 $\frac{2}{3}$，而不是 $\frac{1}{2}$，因此批量生产 L 件商品都为次品的概率为 $\left(\frac{1}{3}\right)^L$，并且时间仅够两个生产周期。在这种情况下，运用动态规划的方法确定最优策略。

11.4-4 例 6 中，假如打赌改为：开始有两个筹码，5 局之后，她的筹码数小于 5 个。结合例 6 的计算结果，为统计学家确定新的最优策略。

11.4-5 Profit & Gambit 公司有一款主打产品，近期由于销量下降一直在亏本。本季度，销量将低于保本点 400 万个单位，每个单位将导致 5 美元的亏损（由于每个单位产品售出后边际收入比边际成本高 5 美元），总损失将达到 2000 万美元。管理层有两种方法扭转亏损局面：一种方法是放弃生产，停产将导致 2000 万美元的费用；另外一种方法是通过广告营销，增加产品的销售，当广告营销不成功时放弃产品（当成本达到 2000 万美元）。广告营销的初步计划已经形成，广告的时间将持续之后的 3 个季度（也可能在广告营销不成功的情况下提前取消），每个季度的费用为 3000 万美元，预计第一季度销量会增加 300 万个；第二季度再增加 200 万个；第三季度再增加 100 万个。进一步分析表明，选择任一发展方向，估计每个季度都会以 200 万个单位结束生产（假设每个季度增量为独立的随机变量，3 个季度额外增长分别处于 100 万~500 万、0~400 万、-100 万~300 万），假如实际增量太少，可停止广告活动，并在下两个季度中的任一季度都可以放弃该产品。

如果开始广告营销持续到其结束，估计后来一段时间里的销量将于第三季度保持同水平，因此，如果第三个季度的销量仍低于保本点，产品将被放弃。其后，假如销量高于第三季度保本点，则每个产品的利润为 40 美元。

运用动态规划确定最优策略，使期望的利润最高。

第12章 整 数 规 划

第3章描述了几个例子，你会发现线性规划能够用来解决各种问题。然而，线性规划的可分割性假定，限制了它的应用范围。即决策变量要求取非整数值（见3.3节）。但在很多实际问题中，决策变量只有取整数值才有意义，如必须给一个任务分派整数的人、机器或车辆。如果一个问题与线性规划的不同之处仅在于要求变量取值为整数，那它就是一个整数规划（**IP**）问题（更复杂的名称是整数线性规划。形容词线性通常被省略掉，除非是与更高深的整数非线性规划问题对比，这超出了本书涉及的范围）。

整数规划的数学模型就是线性规划的数学模型（见3.2节）再加上一个变量必须取整数值的额外限制。只要求部分变量取整数值的（可分割性假定对其余变量仍然适用）称为混合整数规划（**MIP**）。为了加以区分，我们要求全部变量取整数值的问题称为纯整数规划问题。

例如，在3.1节的Wyndor Glass公司问题中，如果两个决策变量 x_1、x_2 分别代表产品1和产品2的总产量，而不是生产率，那么，该模型就是一个整数规划问题。因为两种产品（玻璃门和木框窗）都是不可分割的，所以必须考虑 x_1、x_2 的整数约束。

当变量不满足可分割性假定时，许多此类问题可以作为线性规划直接扩展的整数规划来解决。然而，另一领域的应用显得尤为重要，即涉及是或否的决策问题。在这种决策中，只有两个可能的选择是或否。例如，我们是否应该实施一项准备就绪的工程？我们是否应该进行某项投资？我们是否应该在一个特定地点安置设备？

由于只有两种选择，我们只给决策变量取两个值0和1，就能够表达这种决策。x_j 代表第 j 个是或否的决策，有

$$x_j = \begin{cases} 1, & \text{决策 } j \text{ 为是} \\ 0, & \text{决策 } j \text{ 为否} \end{cases}$$

这种变量称为二值变量（或0-1变量）。所以只包含二值变量的整数规划问题有时称为二值整数规划问题（或0-1整数规划问题）。

12.1节提出一个简单的典型二值整数规划问题。12.2节考察了各种二值整数规划的应用。其他二值变量的一些模型将在12.3节中讨论。12.4节提出了一系列建模的例子。12.5节～12.8节讨论了解决整数规划问题的方法，包括二值整数规划和混合整数规划问题。12.9节介绍了一个令人激动的最新发展（约束规划），这将显著提高建模和求解整数规划模型的能力。

12.1 范 例

加州制造公司正在考虑建一个新工厂来扩大公司规模。新工厂可能建在洛杉矶或旧金山，甚至可能在两座城市都建新工厂。该公司同时正在考虑建至多一个新仓库，但是新仓库的选址需视新工厂的厂址而定。表12.1的第4列是每种选择的净现值（考虑到资金时间价值的总收益）。最右边一列给出了目前投资所需要的资金（已经包含在净现值中）。可用的总资金为1000万美元。目标是找到一种可行的选择组合，以使总净现值最大。

表 12.1 加州制造公司的数据

决 策 数	答案为是或否的问题	决策变量	总净现值	需要的资金
1	是否在洛杉矶建新工厂	x_1	900 万美元	600 万美元
2	是否在旧金山建新工厂	x_2	500 万美元	300 万美元
3	是否在洛杉矶建新仓库	x_3	600 万美元	500 万美元
4	是否在旧金山建新仓库	x_4	400 万美元	200 万美元

可用资本:1000 万美元

12.1.1 二值整数规划模型

这个问题非常简单,稍做调查就能很快得出结论(在两座城市都建新工厂,不建新仓库)。让我们用一个整数规划模型说明。所有决策变量都是二值形式,即

$$x_j = \begin{cases} 1, & \text{决策 } j \text{ 为是} \\ 0, & \text{决策 } j \text{ 为否} \end{cases} \quad (j=1,2,3,4)$$

令

$Z=$ 这些决策的总净现值

如果投资建一个工厂或仓库(相应的决策变量取值为 1),则该投资的预期净现值由表 12.1 的第 4 列给出。如果没有投资(相应的决策变量取值为 0),净现值为 0。因此,以百万美元为单位:

$$Z = 9x_1 + 5x_2 + 6x_3 + 4x_4$$

表 12.1 最右边一列说明用于工厂和仓库的投资金额不能超过 1000 万美元,故仍然以百万美元为单位,该模型的一个约束条件为

$$6x_1 + 3x_2 + 5x_3 + 2x_4 \leq 10$$

因为后两个决策是互斥的(公司至多新建一个仓库),我们需要以下约束条件:

$$x_3 + x_4 \leq 1$$

另外,决策 3 和决策 4 是可能决策,因为它们分别要视决策 1 和决策 2 而定(只有当公司打算在某城市新建一个工厂时,公司才会考虑是否在那里建一个仓库),因此,对于决策 3 来说,我们要求若 $x_1 = 0$,则 $x_3 = 0$。这个对决策 3 的限制(当 $x_1 = 0$ 时)通过以下约束条件实现:

$$x_3 \leq x_1$$

类似地,若 $x_2 = 0$,则 $x_4 = 0$。可以由以下约束条件实现:

$$x_4 \leq x_2$$

因此,我们重写这两个约束条件,把所有变量都移到左边,完整的 0-1 整数规划模型为

Max $Z = 9x_1 + 5x_2 + 6x_3 + 4x_4$

s. t.

$6x_1 + 3x_2 + 5x_3 + 2x_4 \leq 10$

$x_3 + x_4 \leq 1$

$-x_1 \quad\quad + x_3 \quad\quad \leq 0$

$\quad\quad -x_2 \quad\quad + x_4 \leq 0$

$x_j \leq 1$

$x_j \geq 0$

且 x_j 是整数,$j = 1, 2, 3, 4$。

该模型的最后3行可以等价转换为一个约束条件：
$$x_j \text{ 是二值变量}, j=1,2,3,4$$

这个例子虽然简单,但是当主要变量为0-1变量时,它能典型地代表许多整数规划的实际应用。正如本例的第二对决策,一组是或否的决策经常构成一组互斥的选择。也就是在一组中只能有一个决策的结果为是。每一组需要一个约束条件,相应地,0-1变量的和必须等于1(如果一组中刚好有一个决策的结果为是)或小于等于1(如果一组中至多有一个决策的结果为是)。有时,是或否的决策是可能决策,也就是依赖先前决策结果的后续决策。例如,如果只有当一个决策结果为是时,另一个决策才可能为是,那么,我们就说后一个决策要视前一个决策而定。当可能决策涉及一个后续的行动时这种情况就发生了;如果前一个决策结果为否,那么,可能决策就变得无足轻重甚至不可能了。最终得到的约束条件通常采用本例中第三个与第四个约束条件的形式。

12.1.2 用于求解此类模型的软件

所有用于运筹学软件包(Excel、LINGO/LINDO 和 MPL/Solvers)都包括求解0-1(纯或混合)整数规划模型的算法,也包括求解一般(纯或混合)整数规划模型的算法,此时,变量必须是整数而不是0-1变量。二值变量处理起来较一般整数变量更为容易,所以前者的算法能够解决问题的范围比后者大。

在使用Solver时,处理过程与线性规划基本相同。当为了增加约束条件,单击"Solver"对话框的"Add"按钮时,会出现一点不同。除了满足线性规划的约束条件之外,还需要添加整数约束。在整数变量而不是0-1变量的情况下,这要在"Add Constraint"对话框中完成,在左边选择整数变量的范围并且在弹出菜单中选择"int"。对于二值变量来说,在弹出菜单中选择"bin"。

本章的一个Excel文件给出了加州制造公司案例的完整的建模和结果的程序列表。本书网站的解题案例包括了两个整数约束的最小值案例。这个案例解释了整数规划的模型和图形解法,也包括电子表格式解法。

一个LINGO模型使用@BIN()函数说明圆括号例的变量为0-1变量。对于一般整数变量(取整数值而不是0-1变量),@GIN()函数的使用方法与之相同。在两种方法中,函数都可以嵌入一个@FOR声明,给整个变量组规定二值或整数约束。

在一个LINDO模型中,二值或整数约束是插在END声明后面的。输入GIN X是指定变量X为一般整数变量。另外,对于任何正整数n声明GIN n指定前n个变量是一般整数变量。除了用INTEGER替换GIN之外,对0-1变量的处理方法是相同的。

对于个MPL模型,关键词INTEGER用来指明一般整数变量,而BINARY用于0-1变量。在MPL模型的变量部分,你要做的只是在VARIABLES标签前加适当的形容词(整数或二值的)指明标签下列表中的变量是哪种类型的,或者你可以不在变量部分给出指定,而是在模型部分在其他的约束后面加入二值或整数约束。使用这种方法时,变量组上的标签会变成INTEGER或BINARY。

学生版本的MPL包括经典的解决线性规划问题的方法——CPLEX、GUROBI、CoinMP和SULUM。这4种工具可以用于求解解纯或混合整数规划或二值整数规划模型。例如,运用CPLEX,通过选择Options菜单下CPLEX Parameters对话框中的MIP Strategy标签。一个有经验的人能够从完成算法的众多选项中找到最适合的选项。

当你看到这些不同的软件包应用于例子时,上面的介绍就会变得更加清晰。运筹学课程软件中本章的Excel、LINGO/LINDO和MPL/Solvers文件,说明了怎样将各个软件应用于本节介绍的范例,以及后面的整数规划的例子。

本章的后半部分将主要讨论整数规划算法,这些算法与软件包中所使用的算法类似。12.6节将用本范例演示纯二值整数规划算法的应用。

12.2 整数规划的应用

正如加州制造公司的例子,管理者经常要面对是或否的决策,因此二值整数规划广泛用于诸如此类的辅助决策。

我们现在要介绍不同类型的是或否的决策。本章节包括了两个应用用于解释这两种类型。对于其他类型,我们也提到了一些其他的关于二值整数规划解决实际应用的例子。所有这些例子都包含在了本章参看文献中,这些文献可通过本书网站进行浏览。

12.2.1 投资分析

人们有时利用线性规划完成资金预算决策,决定对不同的项目分别投资多少。然而,正如加州制造公司的例子,一些资金预算决策不是决定投资多少,而是决策是否进行一项固定金额的投资。尤其在该例中4个决策为是否投入固定的资金在一座城市(洛杉矶或旧金山)新建工厂或仓库。

管理层必须经常面对的决策是有关是否进行一项固定投资(需要投入的资金是已经预先确定的)。我们是否应该收购正从另一家公司中分离出来的子公司?我们是否应该买下某个原料来源?我们是否应该引进一条新生产线自己生产某种原料,而不是继续从供应商那里获得它?

总之,关于固定投资的资金预算决策是一种是或否的决策,其表达形式如下。

每个是或否的决策:

我们是否应该进行一项固定投资?

它的决策变量 = $\begin{cases} 1, & 是 \\ 0, & 否 \end{cases}$

案例来源于参考文献[A6]。主要的运筹学问题,是关于南非国防部用更少的支出改善国防能力。这个案例中的"投资"是获得物的成本和正在发生的支出,为了获得某种特定的军事能力,这些投入都是必需的。它们建立了一个混合二值整数规划模型,选择那些能够使国防部整体效力最大化的特定能力,同时满足了预算限制。这个模型的变量超过16000个(包括256个0-1变量),函数约束超过5000个。国防部优化后的编制每年能节约11亿多美元和重要的非货币收益。

参考文献[A2]给出了另外一个成功的关于投资分析的混合二值整数规划。该模型被Grantham、Mayo、VanOtterloo公司用来定量地组合它所控制的资金,资金额超过80亿美元。每次公司都组合其资产使之与目标组合相近(以部门和安全为依据)。但是该组合的股票数目要少得多而且更加容易控制。一个0-1变量用来表示某支股票是否应该包括在资产组合中,而一个连续变量则代表组合中包含的股票数目。给出一个需要被平衡的现有投资组合,是希望减少为了得到最终投资组合所需要的交易次数,降低交易成本。所以另一个0-1变量被引入模型,代表是否完成改变持股票数目所进行的交易。使用该模型以后,每年能使持有资本所带来的成本减少400万美元以上。

应用案例

美国中西部独立传输系统公司(简称MISO)是一家成立于1998年的非盈利组织,组织负责美国中西部电力的生产与传输。

该公司服务于4000万用户（包括个人和公司），控制了近6万mile的高压传输电线和能够生产14600000万W电力的电力工厂1000多个。基础设施覆盖了美国中西部13个州和加拿大的马尼托巴湖省。

该公司主要任务是向所有用户提高可靠且高效率的电力。该公司将运用混合二元线性规划求解在满足用电需求的条件下，花费的最小化。模型中的每一个二元变量需要提供电厂在特定时间段提供电力的决策（"是"或"否"）模型结论将应用到电力输出级别和电价的线性规划模型。

混合二元线性规划模型包括330万个连续变量，45万个0-1变量和390万个约束条件。运用特殊的算法（拉格朗日松弛算法）求解该复杂巨系统模型。

该改进运筹学算法，4年（2007至2010年）为该公司共节约了25亿美元，预计到2020年能为公司节约70亿美元。该公司因为该算法获得了2011年Franz Edelman运筹学和管理科学国际竞赛第一名。

来源：B. Carlson and 12 co-authors, "MISO Unlocks Billions in Savings Through the Application of Operations Research for Energy and Ancillary Services Markets," *Interfaces*, 42（1）: 58-73, Jan.-Feb. 2012.（我们的网址提供了本文链接：www.mhhe.com/hillier。）

12.2.2 选址

在如今的全球经济中，许多公司正在全世界各个地方建立新工厂，为的是获得低劳动力成本等好处。在为新工厂选址之前，需要分析和比较很多地点（在加州制造公司的例子中，有两个可供选择的厂址）。每个可供选择的地点都涉及一个是或否的决策，其表达形式如下。

每个是或否的决策：
是否应该选择某个地点来建新设施？

它的决策变量 = $\begin{cases} 1, & \text{是} \\ 0, & \text{否} \end{cases}$

在许多案例中，目标是地点的选择以使新建设施的总成本最小化，这些新设施能满足生产的需要。

正如参考文献[A10]描述的，AT&T利用一个BIP模型来帮助几十个客户选择电话促销中心的地址。该模型使劳动力、交通和实际土地成本最小化，同时提供了每个中心理想的覆盖面积。仅仅在一年中，这个方法就使AT&T的46位客户迅速而放心地做出了对选址是与否的决策，一年就产生了3.75亿美元的网络服务费用和3100万美元AT&T设备销售额。

正如参考文献[A5]描述的，全球造纸公司Norske Skog也应用了类似模型。但是这次模型主要用于解决关闭工厂的问题，而不是建立新工厂。由于电子媒体逐步取代纸质媒体，所有该公司的造纸产量被迫下降。为此，该公司建立了一个巨大的混合二元线性规划模型（312个0-1变量，47000个连续变量和2600个约束条件），得到了关闭两个造纸工厂和一个造纸机器的决策，从而每年为公司节约1亿美元。

下面将要讨论这类问题对于许多公司都是很重要的，其中选址起到了关键性的作用。

12.2.3 设计生产和销售网络

如今，制造商们为了使产品更快地进入市场同时降低生产和销售成本，面临巨大的压力。因此，任何在大范围内（甚至全世界）销售产品的公司必须不断关注生产和销售网。

这种设计包括下述类型的是或否的决策：
是否应该让某工厂继续运营？
是否应该选择某地点开一家新工厂？
是否应该保持某销售中心继续营业？
是否应该选择某地点建一个新销售中心？

如果每个市场都仅由一个销售中心来提供服务，那么，对于每个市场与销售中心的组合，我们产生了另一种是或否的决策。

是否应该指定某一销售中心为某一市场服务？

对于每个此类是或否的决策：

它的决策变量 = $\begin{cases} 1, & 是 \\ 0, & 否 \end{cases}$

正如本章关于美国中西部独立传输系统公司的应用案例，运用巨型混合二元线性规划模型为公司节约了上亿美元。

12.2.4 发送运输

生产和销售网络投入运行后，关于如何送货的日常运营决策是必不可少的。某些此类决策同样属于是或否的决策。

举个例子来说，假设用卡车运送货物，每辆卡车在每一次行程中都将货物送给几个顾客，这时候，就有必要为每一辆卡车选择一个路线（顾客的次序），故每个候选路线产生一个是或否的决策。

是否应该为一辆卡车选择某一路线？

它的决策变量 = $\begin{cases} 1, & 是 \\ 0, & 否 \end{cases}$

目标是选择路线使送达所有货物的总成本最小。

我们还要考虑到具体操作中的复杂性。例如，如果存在不同的卡车型号，每个备选方案既包括路线也包括相应卡车的型号。类似地，如果时间是一个因素，出发的时间段也可以包含在是或否的决策中。考虑到这两个因素，每个是或否的决策有如下形式。

在一次送货过程中，是否应该同时考虑以下因素：

（1）一条路线；

（2）卡车的载重；

（3）出发的时间段。

它的决策变量 = $\begin{cases} 1, & 是 \\ 0, & 否 \end{cases}$

正如参考文献[A7]描述的该类型的混合二元线性规划模型可以以巴西最大的全球石油企业 Petrobras 为例，该公司由近 1900 雇员运用 40 架直升机在 4 个陆地基地和 80 个海岸石油工厂运输石油。模型通过优化直升机路径和时间，每年为公司节约 2000 万美元。

12.2.5 安排相互联系的活动

每天我们都要安排互相关联的活动，甚至安排什么时候开始不同的家庭作业。所以管理者必须对相关活动进行安排。我们应该什么时候开始生产不同的新产品？我们应该什么时候开始为不同的新产品作市场推广？我们应该什么时候进行不同的投资扩大生产能力？

对于每一项活动，对于每一个可能的开始时间对应一个决策，关于什么时候开始决策都可以通过是或否的决策表达。

某活动是否应该在某一时间开始？

它的决策变量 = $\begin{cases} 1, & 是 \\ 0, & 否 \end{cases}$

由于特定活动只能在一个时间开始，对各种时间的选择是一组互斥选择，所以如果只有一个时间可供选择，那么，决策变量的值为 1。

正如参考文献[A4]描述的,瑞典政府运用大型混合二元线性规划模型安排4000个员工的工作时间和路径为老年人提供家庭护理。该模型不仅节约了3000万~4500万美元,而且提高了家庭护理的质量。

12.2.6 航空应用

航空业在其日常运营中广泛地使用运筹学。很多运筹学专家在该领域工作。主要的航空公司都有专门从事运筹学应用的内部机构。另外,一些著名的咨询公司仅仅关注公司涉及运输的问题,如航空公司。我们将要提及两个应用,它们都使用混合二元线性规划模型。

一个是飞机安排问题。给定几种不同类型的可用飞机,问题是为每个日程安排中的航班指定某种机型,以使完成日程安排获得利润最大化。基本问题是如果给航班分配的飞机太小,那么,将失去潜在的乘客。如果飞机太大,则因为存在空座位,公司将承担更大的开销。

对于每个机型与航班的组合,我们有如下是或否的决策。

它的决策变量 $= \begin{cases} 1, & 是 \\ 0, & 否 \end{cases}$

应 用 案 例

荷兰铁路公司是荷兰主要的铁路建设和运输管理公司。该公司用于5500个乘客运输线路,每天运输110万乘客,每年的收益约15亿欧元(约20亿美元)。

过去几年荷兰铁路公司的乘客数量稳定增长,由于2002年国家开始扩建3个基础设施,所以所有的荷兰列车时刻表需要更新,每列火车的始发和到站时间都需要改变。因此,为了确保新的时刻表满足需求,以及最大化利用资源,针对荷兰铁路规划的运筹学分析就此开始。该项任务由公司的后勤部门、欧洲顶尖的运筹学专业大学以及软件公司共同完成。

新的时刻表于2006年12月开始正式运行,包括相关配套运输资源的调配以及员工工作时间的分配。混合二元线性规划模型解决了相关问题。同样地,该模型也有效解决了西南航空公司人员调度的相关问题。

运用该运筹学方法每年为公司增加了6000万美元的收入,今年收入将增加到1.05亿美元。该公司因为该算法获得了2008年Franz Edelman运筹学和管理科学国际竞赛第一名。

来源:L. Kroon, D. Huisman, E. Abbink, P. -J. Fioole, M. Fischetti, G. Maróti, A. Schrijver, A. Steenbeck, and R. Ybema, "The New Dutch Timetable: The OR Revolution," *Interfaces*, **39**(1):6-17, Jan. -Feb. 2009. (我们的网址提供了本文链接:www.mhhe.com/hillier。)

2010年,西北航空公司完成了合并,Delta航空公司每天的班次超过2500个,拥有属于10种不同机型的450架飞机。它们运用巨大的整数规划模型(大概40000个约束条件、20000个0-1变量和40000个一般整数变量)解决飞机安排的问题。每年为Delta航空公司节省大约1亿美元。

一个很相似的应用是机组人员安排问题。在这里,不是为航班分配机型,而是把飞行员和乘务人员分配给某条航线。因此,每条可行的航线都是从机组人员的基地出发再返回同一基地,对每条航线,是或否的决策是:是否应该指定某队机组人员飞行某航线?

它的决策变量 $= \begin{cases} 1, & 是 \\ 0, & 否 \end{cases}$

目标是使机组人员要飞行所有班次,且所花的费用最小。

此类的一个比较完整的建模案例将在12.4节给出。

与航空公司有关的一个问题是:有时由于天气恶劣、飞机机械故障或人员缺乏等原因,出现航班延误或取消的情况时,需要很快调整机组人员的安排。正如2.2节(参考文献[A12])所描述的,大陆航空公司在发生上述情况时,使用一个基于BIP的复杂决策支持系统进行机组人员安排,第1年就节省了4000万美元。

航空公司所面临的问题在其他运输业同样会出现。因此,运筹学研究在航空业的一些应用也扩展到其他部门,包括铁路运输。例如,本章第二个应用案例描述了荷兰铁路公司运用线性规划和约束规划(见 12.9 节)解决了实际问题,并获得广泛认可。

12.3　0-1 变量在模型构建中的创新应用

前面我们看了一些例子,这些问题的基本决策结果都为是或否,因此引入 0-1 变量表示这些决策。现在我们看一些 0-1 变量的其他有效应用。特别地,有时这些变量有助于解决复杂模型问题,并将它们重新建模,使之成为纯或混合 IP 问题。

如果问题的原模型对应于一个整数规划模型或线性规划模型,只是在模型中的组合关系稍有不同,那么,就可以对它们重新建模,通过问题表达这些组合关系,而对问题的回答只能为是或否,于是,辅助 0-1 变量被引入模型以表达是或否的决策(与其作为原问题的决策变量考虑,不如在问题模型中引入一个辅助的二元变量帮助建立一个纯或混合的 BIP 模型)。引进这些变量可以将问题变成一个混合整数规划(MIP)问题(或一个纯 IP 问题,如果所有的原始变量都要求是整数值)。

下面介绍一些可以用这种方法解决的例子。x_j 表示问题的原始变量(可以是连续变量或者是整数变量),y_i 表示用于重新建模的辅助 0-1 变量。

12.3.1　"或"约束

考虑这种重要情况:在两个约束条件之间选择 1 个,即只有一个约束条件(两者之中任一)是必须保留的(尽管另一个也可以保留,但我们不要求这么做)。例如,为了达到某种目的,在两种资源中择其一使用,因此,在计算上,有必要把其中一种资源的可用性约束保留下来。为了说明适用于这种情况,假设整个问题的一个要求为

$3x_1+2x_2 \leq 18$

或

$x_1+4x_2 \leq 16$

也就是说,两个不等式中至少有一个要保留,但不必保留两个。为了使这个要求满足线性规划模型,必须改变它的形式,因为在线性规划模型中,所有约束条件都必须被保留下来。假设 M 是一个很大的正数,则这个要求可以重写为

$3x_1+2x_2 \leq 18$

$x_1+4x_2 \leq 16+M$

或

$3x_1+2x_2 \leq 18+M$

$x_1+4x_2 \leq 16$

关键是把 M 加到约束式的右边后,约束条件不再起作用,因为满足该问题其余约束条件的解都必然满足该约束(这个公式假设总体问题的可行解集是一个有限集合,而 M 足够大以至于不会漏掉任何一个可行的解)。这等价于下面这种约束条件集:

$3x_1+2x_2 \leq 18+My$

$x_1+4x_2 \leq 16+M(1-y)$

因为辅助变量 y 必须是 0 或 1,这个公式保证原始约束条件中的一个被满足,而另一个实际

上是不起作用的。把这个新约束集加入总体模型的其他约束集中,使之成为一个纯或混合的 IP 问题(主要取决于 x_j 是整数变量还是连续变量)。

我们先前讨论了通过问题表达组合联系,而对问题的回答只能为是或否,这种方法与之直接相关。这里涉及的组合联系主要是模型的其他约束条件与可选约束的第一个的组合,然后是与第二个的组合。这两种约束组合哪一种更好呢(根据可以取得的目标函数值)?为了用是或否来重写这个问题,我们提出两个补充问题。

(1) 公式 $x_1+4x_2 \leqslant 16$ 应该作为被保留的约束吗?
(2) 公式 $3x_1+2x_2 \leqslant 18$ 应该作为被保留的约束吗?

因为两个问题中的一个要被肯定地回答,所以我们让 0-1 变量 y 和 $1-y$ 相应地表示是或否决策。因此,当第一个问题回答是(第二个问题回答否)时,$y=1$;当第二个问题回答是(第一个回答否)时,$1-y=1$(也就是 $y=0$)。既然 $y+1-y=1$(其中一个回答是)自动满足,就不再需要加入另一个约束迫使这两个决策是互斥的了(如果用单独的 0-1 变量 y_1 和 y_2 表示这两个是或否决策,那么,还需要附加额外的约束 $y_1+y_2=1$ 使之互斥)。

对于这种方法,以后我们将在更常见的例子中正式介绍。

12.3.2 保留 N 个约束条件中的 K 个

考虑这样一个例子:总体模型有一个大小为 N 的可能约束集,而只有其中的 K 个约束条件要保留下来(假设 $K<N$)。优化过程的部分工作是选择 K 个约束的组合使目标函数达到可能的最佳值。其余没有被选择的 $N-K$ 个约束条件,实际上,这个问题不起作用,虽然可行解可能恰巧也能使它们中的部分成立。

本例是前面假设 $K=1, N=2$ 例子的一般化。N 个可能的约束如下所示:

$f_1(x_1, x_2, \cdots, x_n) \leqslant d_1$
$f_2(x_1, x_2, \cdots, x_n) \leqslant d_2$
$\vdots$
$f_N(x_1, x_2, \cdots, x_n) \leqslant d_N$

然后,应用与前述例子相同的逻辑,可以找到必须保留 K 个约束条件所要求的一个等式:

$f_1(x_1, x_2, \cdots, x_n) \leqslant d_1+My_1$
$f_2(x_1, x_2, \cdots, x_n) \leqslant d_2+My_2$
$\vdots$
$f_N(x_1, x_2, \cdots, x_n) \leqslant d_N+My_N$
$\sum_{i=1}^{N} y_i = N-K$

且 y_i 是 0-1 变量,$i=1, 2, \cdots, N$。

式中,M 是一个极大正数。对每一个二值变量 $y_i(i=1, 2, \cdots, N)$,注意到,$y_i=0$ 时,$My_i=0$,这使得新约束 i 变成初始约束 i。若 $y_i=1$,d_i+My_i 变得相当大(仍然假定在一个范围内),以至于新约束 i 能够自动被任一满足其余新约束的解所满足,它消除了初始约束 i 的作用。因此,因为对 y_i 的约束保证了其中的 K 个变量等于 0 而剩下的等于 1,初始约束中的 K 个变量将不会改变,而另外 $(N-K)$ 个实际将被剔除。通过对整个问题应用适当的算法,能够决定哪些约束条件被保留在模型中,以得到对所有变量最佳的解。

12.3.3 有 N 个可能取值的函数

考虑下面的情况：一个给定函数要求取给定 N 个值中的一个，如下所示：
$$f(x_1,x_2,\cdots,x_n)=d_1 \text{ 或 } d_2,\cdots,d_N$$
一种特殊情况为
$$f(x_1,x_2,\cdots,x_n)=\sum_{j=1}^{n}a_j x_j$$
类似一个线性规划约束条件的左边项。另一种特殊情况是 $f(x_1,x_2,\cdots,x_n)=x_j$，即对于给定的 j，必须取给定的 N 个值之一。

等价的 IP 方程如下表示：
$$f(x_1,x_2,\cdots,x_n)=\sum_{i=1}^{N}d_i y_i$$
$$\sum_{i=1}^{N}y_i=1$$
且 y_i 是 0-1 变量，$i=1,2,\cdots,N$。

因此，新的约束集将会取代整个问题的要求。该约束集提供了一个等价形式，因为必须有个 y_i 等于 1，而其他的等于 0，所以正好有一个 d_i 被选为函数值。在这个例子中，提出了 N 个是或否问题，那么，是否应该选择 $d_i(i=1,2,\cdots,N)$ 作为函数值呢？因为 y_i 表示相应是或否决策，所以第 2 个约束条件使得它们成为互斥的可选择。

为了说明为什么会出现这种情况，重新考虑 3.1 节提出的 Wyndor Glass 公司的问题。在第 3 个工厂，每周有 18h 的生产时间可以用来生产两种新产品，或者生产即将投入生产的某些产品。为了保留一些生产力来生产未来的产品，管理层现在想限制两种新产品的生产时间，每周 6h、12h 或者 18h。因此，初始模型的第 3 个约束（$3x_1+2x_2 \leq 18$）现在变成
$$3x_1+2x_2=6 \text{ 或 } 12 \text{ 或 } 18$$
在之前的符号中，$N=3$，而 $d_1=6$, $d_2=12$, $d_3=18$。因此，管理层的新要求可以用如下公式表示：
$$3x_1+2x_2=6y_1+12y_2+18y_3$$
$$y_1+y_2+y_3=1$$
且 y_1、y_2、y_3 是 0-1 变量。

现在这个新问题的总体模型由两部分构成，原模型（见 3.1 节）加上替换原始第 3 个约束的新约束集。该替换产生一个易处理的 MIP 模型。

12.3.4 固定支出问题

当举办一项活动时，产生固定支出或组织成本的情况是很常见的。例如，一个工厂接下生产一批产品的订单后，必须建立相应的生产设施以启动生产，这时就产生了一笔费用。在这种情况下，项目的总开销就是与项目进度相关的可变支出以及用来启动项目的启动资金。可变支出通常大致与项目进度成比例。如果是这种情况，项目（称为项目 j）的总开销可以用如下的函数形式表示：
$$f_j(x_j)=\begin{cases}k_j+c_j x_j, & x_j>0\\ 0, & x_j=0\end{cases}$$
式中：x_j 表示项目 j 的进度（$x_j \geq 0$）；k_j 表示组织成本；c_j 表示多生产一个单位所带来的成本。如

果不是因为组织成本 k_j,成本结构表明,可以用线性规划模型决定项目最佳的生产进度。幸运的是,即使有 k_j,仍然可以使用 MIP 模型。

为了建立总体模型,假设有 n 个项目,它们的成本结构如前所述(每个项目的 $k_j \geq 0$,对于某些 $j=1,2,\cdots,n$ 来说,$k_j>0$),这样,问题表示为

$$\text{Min} \quad Z = f_1(x_1) + f_2(x_2) + \cdots + f_n(x_n)$$

s.t. 给定的线性规划约束条件

为了将问题转化为 MIP 形式,我们提出 n 个问题,这些问题必须回答是或者不是。也就是说,对于每一个 $j=1,2,\cdots,n$,项目 j 应该实施($x_j>0$)吗?每一个是或否决策用一个辅助 0-1 变量 y_j 表示,所以

$$Z = \sum_{j=1}^{n} (c_j x_j + k_j y_j)$$

其中

$$y_j = \begin{cases} 1, & x_j > 0 \\ 0, & x_j = 0 \end{cases}$$

因此,y 可以被看成可能决策,与 12.1 节中提到的类型类似(但不等同),假设 M 是一个极大正数,它大于任意 $x_j(j=1,2,\cdots,n)$ 的最大可能值,那么约束:

$$x_j \leq My_j, \quad j=1,2,\cdots,n$$

将保证当 $x_j>0$ 时 $y_j=1$ 而不是 0。剩下的一个难题是当 $x_j=0$ 时,y_j 自由地选择 0 或者 1。幸运的是,这个难题会因目标函数自身的特点而被自动解决。$k_j=0$ 的情况将会被忽略,因为这时 y_j 将从模型中去掉。所以我们考虑另一种情况,也就是 $k_j>0$。当 $x_j=0$ 时,既然约束集允许 y_j 在 $y_j=0$ 和 $y_j=1$ 之间选择,$y_j=0$ 必然产生一个比 $y_j=1$ 更小的 Z 值。既然如此,因为目标是最小化 Z。所以产生最优解算法会在 $x_j=0$ 的时候选择令 $y_j=0$。

总之,固定支出问题的 MIP 模型如下:

$$\text{Min} \quad Z = \sum_{j=1}^{n} (c_j x_j + k_j y_j)$$

s.t. 原始约束条件,加上

$$x_j - My_j \leq 0$$

且 y_j 是 0-1 变量 $j=1,2,\cdots,n$。

如果 x_j 也被限制为整数,那么,它将会变成一个纯 IP 问题。

为了说明这种方法,再次回顾 3.4 节所介绍的 Nori&Leets 公司空气污染问题。考虑第一种消除污染的方法,增加烟囱的高度,实际上包括为增高烟囱而做准备产生的固定支出和大致与增高量成比例的可变支出。在转化为模型中相应的年支出后,对于每一个鼓风炉和平炉来说,固定支出将会是 200 万美元,而可变支出如表 3.14 所列。因此,在之前的符号中,$k_1=2,k_2=2,c_1=8$ 以及 $c_2=10$,这里目标函数是以百万美元为单位的。因为另一种消除污染的方法不涉及任何固定支出,即对于 $j=3,4,5,6,k_j=0$,所以,此问题的新 MIP 模型可表示如下:

$$\text{Min} \quad Z = 8x_1 + 10x_2 + 7x_3 + 6x_4 + 11x_5 + 9x_6 + 2y_1 + 2y_2$$

s.t.

3.4 节中给出的约束条件,加上

$$x_1 - My_1 \leq 0$$

$$x_2 - My_2 \leq 0$$

且 y_1、y_2 是 0-1 变量。

12.3.5 一般整数变量的二值表示

假设有一个纯 IP 问题,其中大多数变量都是 0-1 变量,但是一般整数变量的存在使我们没有行之有效的 BIP 算法解决这个问题。一种绕开该难点的有效办法是对每一个一般整数变量进行二值表示。特别地,如果一个整数变量 x 的取值范围为

$$0 \leq x \leq u$$

而 N 被定义成如下所示的整数:

$$2^N \leq u \leq 2^{N+1}$$

那么,x 的二值表示为

$$x = \sum_{i=0}^{N} 2^i y_i$$

式中:变量 y_j 是(辅助)二值变量。用二值表示替换每一个一般整数变量(用不同的辅助二值变量集),这样就将整个问题简化成一个 BIP 模型。

例如,假设一个 IP 问题有两个一般整数变量 x_1 和 x_2 以及许多二值变量,再假设 x_1 和 x_2 都是非负的,函数约束包括:

$$x_1 \leq 5$$
$$2x_1 + 3x_2 \leq 30$$

这些约束条件显示对于 x_1,$u = 5$,而对于 x_2,$u = 10$,所以根据 N 的定义,对应于 N,$N = 2(2^2 \leq 5 < 2^3)$,而对 x_2,$N = 3(2^3 \leq 10 < 2^4)$。因此,这些变量的二值表示为

$$x_1 = y_0 + 2y_1 + 4y_2$$
$$x_2 = y_3 + 2y_4 + 4y_5 + 8y_6$$

在用上式替换在所有函数约束和目标函数中的变量后,上述的两个函数约束变成

$$y_0 + 2y_1 + 4y_2 \leq 5$$
$$2y_0 + 4y_1 + 8y_2 + 3y_3 + 6y_4 + 12y_5 + 24y_6 \leq 30$$

注意:x_1 的可能值对应于向量 (y_0, y_1, y_2) 的可能值,同样,x_2 对应于 (y_3, y_4, y_5, y_6)。例如,$x_1 = 3$ 对应于 $(y_0, y_1, y_2) = (1, 1, 0)$,而当 $x_2 = 5$ 时,$(y_3, y_4, y_5, y_6) = (1, 0, 1, 0)$。

对于一个 IP 问题,其所有的变量都是(有界的)一般整数变量,我们有可能利用相同的方法将其简化为一个 BIP 模型。然而,大多数情况下这么做并不可取,因为其中包含的变量将会急剧增加。对一个原始 IP 模型使用一个好的 IP 算法,通常会比在一个更大的 BIP 模型上应用一个好的 BIP 算法更为有效。

概括地说。对于本节介绍的所有用辅助二值变量表达的形式,我们需要小心谨慎。这种方法有时要求加入大量变量,这可能使模型在计算上是不可行的(12.5 节将会讨论可求解的 IP 问题的规模)。

12.4 一些建模举例

我们现在给出一些例子,阐明各种用 0-1 变量建模的方法,包括前面几节所讨论的内容。为了清楚起见,例子都很简单(包含很多 0-1 变量和约束条件的大型案例可以通过本书网站查找)。实际应用时,在一个更为巨大的模型中,这些模型是典型小的组成部分。

12.4.1 例1 当决策变量是连续变量时的选择

GOOD PRODUCTS 公司研发部开发了 3 种可行的新产品。然而,为了使产品的生产线不至过于多样化,管理层决定实施以下限制。

限制 1:在 3 种新产品中,至多有 2 种被投入生产。

每一种产品可能由 2 个工厂中的任何一个生产。出于管理方面的考虑,管理层实行了第 2 条限制。

限制 2:2 个工厂中,仅有一个能作为新产品的唯一生产者。

对于 2 个工厂来说,每种新产品的单位生产成本都是相同的。然而,由于 2 个工厂的生产设备不同,每种产品的单位生产时间可能是不同的。数据在表 12.2 中给出。还有其他一些信息,包括在投产后每周每种新产品的预期销售数量。目标是选择新产品、工厂和生产新产品的生产率,以使利润最大化。

表 12.2 案例 1 的数据(GOOD PRODUCTS 公司问题)

	单位产品的生产时间/h			每周可用生产时间/h
	产品 1	产品 2	产品 3	
工厂 1	3h	4h	2h	30h
工厂 2	4h	6h	2h	40h
单位利润/千美元	5	7	3	
可能销售量/周	7	5	9	

在某种程度上,这个问题类似一个标准的产品混合问题,正如 3.1 节所描述的 Wyndor Glass 公司的例子。实际上,如果我们去掉两个约束条件并且满足 12.2 列出的 2 个工厂(所以这 2 个工厂生产产品的工艺是不同的)生产每种新产品所用的时间。那么,原问题就变成了此类问题。特别地,令 x_1、x_2、x_3 分别代表新产品的生产率,那么,模型变为

Max $Z = 5x_1 + 7x_2 + 3x_3$

s.t.

$3x_1 + 4x_2 + 2x_3 \leq 30$

$4x_1 + 6x_2 + 2x_3 \leq 40$

$x_1 \leq 7$

$x_2 \leq 5$

$x_3 \leq 9$

且

$x_1 \geq 0, x_2 \geq 0, x_3 \geq 0$

对于实际问题,必然会给模型加入限制条件 1。

严格大于零的决策变量(x_1, x_2, x_3)必须 ≤ 2。

这个约束条件无法用于一个线性或整数规划模型,所以关键问题是怎样把它转化成此类模型,以便使用相应的算法求解总体模型。如果决策变量是 0-1 变量,那么,约束条件就可以表达为 $x_1 + x_2 + x_3 \leq 2$。然而,我们需要一个更为复杂的模型,不仅涉及辅助 0-1 变量,还包含连续变量。

第 2 个约束要求前 2 个约束条件($3x_1 + 4x_2 + 2x_3 \leq 30$ 与 $4x_1 + 6x_2 + 2x_3 \leq 40$)被下述约束条件代替:

$$3x_1+4x_2+2x_3 \leq 30$$

或

$$4x_1+6x_2+2x_3 \leq 40$$

至于哪个约束条件被保留，对应于选择哪个工厂生产新产品，我们在前面的章节已经讨论了怎样把约束转化成为一个线性或整数规划形式，再次用到一个辅助 0-1 变量。

使用辅助 0-1 变量建模：为了处理第一个限制条件，我们引入 3 个辅助 0-1 变量 (y_1, y_2, y_3) 它们的含义如下：

$$y_j = \begin{cases} 1, & x_j > 0 \text{ 被保留（生产产品 } j) \\ 0, & x_j = 0 \text{ 必须保留（不能生产产品 } j) \end{cases} \quad (j=1,2,3)$$

为了把该含义融入模型中，我们把 M（一个非常大的正数）加到约束条件当中：

$x_1 \leq My_1$

$x_2 \leq My_2$

$x_3 \leq My_3$

$y_1+y_2+y_3 \leq 2$

y_j 是 0-1 变量，$j=1,2,3$。

或约束与非负约束使决策变量的可行域是有限的（每个 $x_j \leq M$）。因此，在每个约束条件 $x_j \leq My_j$ 中，$y_j=1$ 使 x_j 能取到可行域中的任何值，而 $y_j=0$ 迫使 $x_j=0$（反过来，$x_j \geq 0$ 迫使 $y_j=1$，而 $x_j=0$ 时允许 $y_j=0$ 或 1）。结果，因为第 4 个约束条件令至多能有 2 个 $y_j=1$，所以它等价于至多能有 2 种新产品被投入生产。

为了处理第 2 个限制条件，我们引入第 2 个辅助 0-1 变量 y_4，其含义如下：

$$y_4 = \begin{cases} 1, & 4x_1+6x_2+2x_3 \leq 40 \text{ 必须保留（关闭工厂 2）} \\ 0, & 3x_1+4x_2+2x_3 \leq 30 \text{ 必须保留（关闭工厂 1）} \end{cases}$$

正如 12.3 节所论述的，通过加上如下约束条件表达该含义：

$3x_1+4x_2+2x_3 \leq 30+My_4$

$4x_1+6x_2+2x_3 \leq 40+M(1-y_4)$

y_4 是 0-1 变量。

结果，我们把所有变量移到约束条件的左边后，完整的模型为

Max $Z = 5x_1+7x_2+3x_3$

s. t.

$x_1 \leq 7$

$x_2 \leq 5$

$x_3 \leq 9$

$x_1-My_1 \leq 0$

$x_2-My_2 \leq 0$

$x_3-My_3 \leq 0$

$y_1+y_2+y_3 \leq 2$

$3x_1+4x_2+2x_3-My_4 \leq 30$

$4x_1+6x_2+2x_3+My_4 \leq 40+M$

且

$$x_1 \geq 0, x_2 \geq 0, x_3 \geq 0$$

y_j 是 0-1 变量,$j=1,2,3,4$。

现在这是一个 MIP 模型,3 个变量(x_j)不要求是整数,4 个 0-1 变量,所以可以用 MIP 算法求解这个模型。求得结果是(在用一个相当大的数替换 M 之后)①:最优解为 $y_1=1, y_2=0, y_3=1$, $y_4=1, x_1=5\frac{1}{2}, x_2=0$ 和 $x_3=9$;也就是说,选择生产第 1 个和第 3 个新产品,选择第 2 个工厂生产新产品,并且第 1 个产品的生产率是每周 $5\frac{1}{2}$ 个,第 3 个产品的生产率是每周 9 个。总利润是每周 54500 美元。

12.4.2 例 2 违反比例性

SUPERSUDS 公司正在为明年的新产品开发制定市场计划。对于 3 个新产品,公司决定在国内电视上购买 5 个时段播出广告。问题是怎样把这 5 个时段分配给 3 个产品,对每个产品最多只能分配 3 个(最小值为零)时段。

表 12.3 显示了把时段 0、1、2、3 分配给每个产品带来的预期效果,这个效果是由在该时段播出广告所产生销售增长带来的利润(以百万美元为单位)来衡量的,也要考虑到制作广告和购买时段所花的费用。目标是把 5 个时段分配给产品使利润最大化。

这个小问题可以很容易用动态规划或推断解决(最优解是分配 2 个时段给产品 1,3 个时段给产品 3,不为产品 2 做广告)。然而,我们将给出两个不同的 BIP 模型阐明这个问题。如果这个小问题要与一个涉及为公司所有新产品的市场活动分配资源的大 IP 模型组合起来,则需要应用这类模型。

0-1 变量的模型:一个自然的建模方式是令 x_1, x_2, x_3 分别为分配给每种产品的电视广告的时间段数。每个 x_j 对目标函数的贡献由表 12.3 的相应列给出。然而,每一列都不满足 3.3 节提出的成比例的假定。因此,我们无法用这些整数决策变量写出一个线性的目标函数。

表 12.3 案例 2 数据(SUPERSUDS 公司的问题)

	利润		
	产品		
电视时段数	1	2	3
0	0	0	0
1	1	0	-1
2	3	2	2
3	3	3	4

现在看一下当我们为每个正整数 $x_j=j(j=1,2,3)$ 引入一个辅助 0-1 变量 y_{ij} 会发生什么,y_{ij} 的定义为

$$y_{ij} = \begin{cases} 1, & x_i = j \\ 0, & \text{否则} \end{cases}$$

(例如,$y_{21}=0, y_{22}=0$ 以及 $y_{23}=1$,意味着 $x_2=30$)结果这个线性 BIP 模型为

---

① 实际上,给 M 取值时,M 应足够大,以免消除任何可行解,但也应尽可能小,这是为了避免在进行 LP 松弛(避免数字上的不稳定)时,无谓地扩大可行域的范围。经过对约束条件的检查,M 的最小可行值为 $M=9$。

Max $Z = y_{11} + 3y_{12} + 3y_{13} + 2y_{22} + 3y_{23} - y_{31} + 2y_{32} + 4y_{33}$

s.t.

$y_{11} + y_{12} + y_{13} \leq 1$

$y_{21} + y_{22} + y_{23} \leq 1$

$y_{31} + y_{32} + y_{33} \leq 1$

$y_{11} + 2y_{12} + 3y_{13} + y_{21} + 2y_{22} + 3y_{23} + y_{31} + 2y_{32} + 3y_{33} = 5$

且每个 y_{ij} 是 0-1 变量。

注意：前 3 个约束条件确保每个 x_i 只能取一个可能值（在这里 $y_{i1} + y_{i2} + y_{i3} = 0$ 对应 $x_i = 0$，这对于目标函数没有贡献）。最后一个约束条件确保 $x_1 + x_2 + x_3 = 5$。根据表 12.3，这个线性目标函数给出了总利润。

解这个 BIP 模型，最优解为

$y_{11} = 0, y_{12} = 1, y_{13} = 0$，故 $x_1 = 2$

$y_{21} = 0, y_{22} = 0, y_{23} = 0$，故 $x_2 = 0$

$y_{31} = 0, y_{32} = 0, y_{33} = 1$，故 $x_3 = 3$

用 0-1 变量建模的另一个例子：现在重新定义辅助 0-1 变量 y_{ij} 如下：

$$y_{ij} = \begin{cases} 1, & x_i \geq j \\ 0, & \text{否则} \end{cases}$$

故不同之处在于，当 $x_i \geq j$，而不是 $x_i = j$ 时，有 $y_{ij} = 1$。因此，有

$x_i = 0 \Rightarrow y_{i1} = 0, y_{i2} = 0, y_{i3} = 0$

$x_i = 1 \Rightarrow y_{i1} = 1, y_{i2} = 0, y_{i3} = 0$

$x_i = 2 \Rightarrow y_{i1} = 1, y_{i2} = 1, y_{i3} = 0$

$x_i = 3 \Rightarrow y_{i1} = 1, y_{i2} = 1, y_{i3} = 1$

所以

$x_i = y_{i1} + y_{i2} + y_{i3}$

因为 $y_{i2} = 1$ 时才可能有 $y_{i1} = 1$，$y_{i3} = 1$ 时才可能有 $y_{i2} = 1$，这些定义通过加入下述约束条件来实现：

$y_{i2} \leq y_{i1}$ 并且 $y_{i3} \leq y_{i2}$, $i = 1, 2, 3$。

y_{ij} 的新定义同样改变了目标函数，图 12.1 显示了目标函数中产品 1 的部分。因为 y_{11}、y_{12}、y_{13} 提供了 x_1 值（从 0 开始）的连续增加（如果有），y_{11}、y_{12}、y_{13} 的系数分别由表 12.3 中产品 1 相应的增长量给出（1-0=1, 3-1=2, 3-3=0）。这些增长量在图 12.1 中是斜率，得到 $y_{11} + 2y_{12} + 0y_{13}$ 作为目标函数的产品 1 部分。注意：对 3 种产品应用这个方法必然会得到一个线性目标函数，我们把所有变量移到约束条件的左边，最后得到完整的 BIP 模型：

Max $Z = y_{11} + 2y_{12} + 2y_{22} + y_{23} - y_{31} + 3y_{32} + 2y_{33}$

s.t.

$y_{12} - y_{11} \leq 0$

$y_{13} - y_{12} \leq 0$

$y_{22} - y_{21} \leq 0$

$y_{23} - y_{22} \leq 0$

$y_{32} - y_{31} \leq 0$

$y_{33} - y_{32} \leq 0$

$y_{11} + y_{12} + y_{13} + y_{21} + y_{22} + y_{23} + y_{31} + y_{32} + y_{33} = 5$

且每个 y_{ij} 是 0-1 变量。

解这个 BIP 模型,最优解为

$y_{11}=1, y_{12}=1, y_{13}=0$,故 $x_1=2$

$y_{21}=0, y_{22}=0, y_{23}=0$,故 $x_2=0$

$y_{31}=1, y_{32}=1, y_{33}=1$,故 $x_3=3$

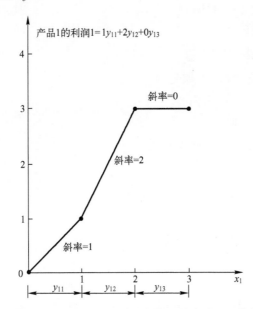

图 12.1　产品 1 播出 x_1 个时段的广告导致销售增加而带来的利润,
其中范围绘出了例 2 的第 2 个 BIP 模型中目标函数的相应系数(SUPERSUDS 公司的问题)

除了个人偏好外,在这个 BIP 模型与前一个模型之间没有优劣之分。它们有相同数目的 0-1 变量(决定 BIP 问题计算效果的主要因素)。它们都有一些特定结构(第 2 个模型中存在互斥的约束条件,第 2 个模型中存在相互关联的决策)提高模型效率。第 2 个模型较第 1 个具有更多的函数约束。

12.4.3　例 3　覆盖所有特征

西南航空公司需要分配它的机组人员,使其覆盖所有将要飞行的航班。我们研究的重点是,为驻扎在旧金山的 3 队机组人员指定如表 12.4 第 1 列所列的所有航班,另外 12 列显示的是 12 条可行的航线(每列的数字代表该航线覆盖的航班及其顺序号)。在这些航线中,需要选择 3 条(一队机组人员负责一条航线),但是要保证覆盖所有的航班(允许在一个航班上有多队机组人员,多出来的机组人员被视为乘客,但是工会合同要求,多余的机组人员被视为正在工作,应向其支付工资)。把一队机组人员分配给某条航线的成本由表中的最后一行列出(以千美元为单位)。目标是分配 3 队机组人员,使他们飞行所有航班的总成本最小。

用 0-1 变量建模:有 12 条可行的航线,相应地,我们有 12 个是或否的决策:
应该指定一队机组人员飞行航线 j 吗?$(j=1,2,\cdots,12)$

$$x_j = \begin{cases} 1, & \text{指定一组人员飞行航线 } j \\ 0, & \text{否则} \end{cases}$$

该模型最有趣的地方是,每个约束条件实际上是保证一个航班被覆盖。例如,考虑表 12.4 的最后一个航班(西雅图到洛杉矶)。5 条航线(也就是 6 航线、9 航线、10 航线、11 航线和 12 航

线)包括该航班,因此,公司至少会选择其中的一条航线飞行。结果约束条件为

$x_6+x_9+x_{10}+x_{11}+x_{12} \geq 1$

对另外 10 个航班使用类似的约束,完整的 BIP 模型为

Min $Z = 2x_1+3x_2+4x_3+6x_4+7x_5+5x_6+7x_7+8x_8+9x_9+9x_{10}+8x_{11}+9x_{12}$

s. t.

$x_1+x_4+x_7+x_{10} \geq 1$(旧金山-洛杉矶)

$x_2+x_5+x_8+x_{11} \geq 1$(旧金山-丹佛)

$x_3+x_6+x_9+x_{12} \geq 1$(旧金山-西雅图)

$x_4+x_7+x_9+x_{10}+x_{12} \geq 1$(洛杉矶-芝加哥)

$x_1+x_6+x_{10}+x_{11} \geq 1$(洛杉矶-旧金山)

$x_4+x_5+x_9 \geq 1$(芝加哥-丹佛)

$x_7+x_8+x_{10}+x_{11}+x_{12} \geq 1$(芝加哥-西雅图)

$x_2+x_4+x_5+x_9 \geq 1$(丹佛-旧金山)

$x_5+x_8+x_{11} \geq 1$(丹佛-芝加哥)

$x_3+x_7+x_8+x_{12} \geq 1$(西雅图-旧金山)

$x_6+x_9+x_{10}+x_{11}+x_{12} \geq 1$(西雅图-洛杉矶)

$$\sum_{j=1}^{12} x_j = 3$$

且 x_j 是 0-1 变量,$j=1,2,\cdots,12$。

该 BIP 模型的一个最优解为

$x_3 = 1$(航线 3)

$x_4 = 1$(航线 4)

$x_{11} = 1$(航线 11)

其余 $x_j=0$,总成本为 18000 美元(另一最优解是 $x_1=1, x_5=1, x_{12}=1$ 其他 $x_j=0$)。

表 12.4 例 3 的数据(西南航空公司的问题)

航班	可行的航线											
	1	2	3	4	5	6	7	8	9	10	11	12
1. 旧金山至洛杉矶	1			1			1			1		
2. 旧金山至丹佛		1			1			1			1	
3. 旧金山至西雅图			1			1			1			1
4. 洛杉矶至芝加哥				2			2			3	2	3
5. 洛杉矶至旧金山	2					3				5	5	
6. 芝加哥至丹佛				3	3				4			
7. 芝加哥至西雅图							3	3		3	3	4
8. 丹佛至旧金山		2		4	4				5			
9. 丹佛至芝加哥						2		2			2	
10. 西雅图至旧金山			2				4	4				5
11. 西雅图至洛杉矶						2			2	4	4	2
费用/千美元	2	3	4	6	7	5	7	8	9	9	8	9

这个例子阐明了一类更常见的问题,即集合覆盖问题[①]。任何集合覆盖问题都可以用涉及一些可能的活动(如航线)与特征(如航班)的一般模型描述。每个活动处理一些特征但不是全部特征。目标是决定成本最小的活动组合,所有活动必须覆盖所有特征。因此,令 S_i 是覆盖特征 i 的所有活动的集合。集合 S_i 中,至少有一个被选择,所以对于每个特征 i,一个约束条件为

$$\sum_{j \in S_i} x_j \geq 1$$

另一类相关问题是集合分离问题,把每个约束条件变成

$$\sum_{j \in S_i} x_j = 1$$

所以每个集合 S_i 中恰好有一个被包括在选择出来的活动中。用于该例,也就是对选出的航线,每个航班只能在一条航线中出现,消除了在任何航班上有多余机组人员的情况。

12.5 求解整数规划问题的若干展望

表面看来 IP 问题应该相对容易解决,毕竟我们能够采取很有效的方法解决线性规划问题,而它们的区别也仅仅是对于 IP 问题,我们需要考虑的解相对更少,事实上,具有有限可行域的纯 IP 问题一定有有限个可行解。

不幸的是,在这个推理过程中存在两个谬误。一个是有限个数的可行解保证了问题是容易解决的,然而,有限个数也可以是天文数字那么大,如考虑一个简单的 BIP 问题。如果有 n 个变量,则需要考虑 2^n 个解(随后其中一些解可能因为不符合函数约束条件而被舍去)。因此,n 的个数每增长一个,解的数量就会变成 2 倍。这种情况使得问题难度呈指数增长。如果 $n = 10$,就有 1000 多个(1024)解,如果 $n = 20$ 或 $n = 30$,就有 10 亿多个解,依此类推。因此,对于有几十个变量的 BIP 问题,即使是最快的计算机也不可能一一列举(检查每一个解的可行性,如果可行,计算目标函数值),更不用说有同样多整数变量的一般 IP 问题了。但幸运的是,应用后面各节中的思路,目前最好的整数规划算法远远优于上述枚举的算法。这种改进在过去二三十年内十分明显。25 年前需用一年计算时间的 BIP 问题,用目前最好的商业软件只需几秒钟时间。速度的极大提高主要基于以下 3 个方面的巨大进展:BIP 算法及其他 IP 算法的改进、整数规划程序中频繁调用的线性规划算法的改进以及计算机(包括台式计算机)运算速度的提高。因此,目前规模十分巨大的 BIP 的求解,与过去 10 年相比具有了更大的可能性。今天最好的算法已能求解某些具有几十万个变量的纯 BIP 问题。然而,由于变量指数增长,即使是最好的算法,也不一定能解出每一个相对小的问题(有少于几百个 0-1 变量)。由于小问题自身的特点,有时候它们比那些规模大得多的问题要难解得多。

当要处理的变量是一般整型变量而非 0-1 变量时,能够求解的问题规模往往小得多。然而,仍然存在例外。

另一个谬误是从一个线性规划问题里去除一些可行解(非整型的)将使得问题更易于解决。相反,正是所有的这些可行解才保证了能够得到一个位于顶点的可行解(CPF 解)(也是一个相应基本可行解(BF 解)),这个 CPF 解是整个问题的最优解。这个保证是高效率实现单纯形法的关键。因此,线性规划问题通常比 IP 问题更容易求解。

因此,大多数成功的整数规划算法都通过把 IP 问题的一部分与相应的线性规划算法联系起

[①] 严格地讲,一个集合覆盖问题不包括任何其他函数的约束,如上例中最后一个函数约束。有时还假定目标函数的每个系数都被最小化为 1,在不满足这个假定时称其为加权的集合覆盖问题。

来,如单纯形法或对偶单纯形法。对给定的 IP 问题,从中去除变量的整约束,得到的相应线性规划问题通常称作它的 LP 松弛。在接下来两节里所描述的算法阐述了一个 IP 问题某些部分的一系列 LP 松弛是如何有效地解决整个 IP 问题的。

在一种特殊情况下,解决 IP 问题不再比用单纯形法解决它的 LP 松弛困难,也就是说,后者的最优解恰好满足 IP 问题的整数约束。当发生这种情况时,这个解也一定是 IP 问题的最优解,因为这个解是 LP 松弛所有可行解中的最优解,也包括了 IP 问题的所有可行解。因此,对一个 IP 算法来说,用单纯形法求解 LP 松弛问题,首先检查这个偶然的结果是否已经产生,是很常见的事情。

通常来说,尽管发生 LP 松弛的最优解也是整数这种情况的概率很小,但是,事实上,存在几种特殊类型的 IP 问题,其结果一定是整数。在第 9 章和第 10 章,你已经看到这些特殊类型的典型代表,即最小费用流问题(带有整型参数)和它的特殊案例(包括运输问题、分配问题、最短路径问题和最大流问题)。这些类型的问题保证了这个最优解是整数,因为它们具有一种特殊的结构(如表 9.6)。正如 9.1 节和 10.6 节关于整数解的性质里提到的,这种结构保证了每一个 BF 解都是整数。因此,这些特殊类型的 IP 问题可以看做线性规划问题,因为它们完全可以用改进的单纯形法求解。

尽管这种较大程度的简化并不常见,但实际上 IP 问题常常有某种特殊的结构,这种结构可以用来简化问题(12.4 节的例 2 和例 3 就属于此类,因为它们有互斥的约束条件、可能决策约束条件或者集合覆盖约束条件)。有些时候,这类问题的很大一部分都能够被成功地解决。在整数规划问题上,用于求解一定特殊结构的、具有特殊用途的算法正变得越来越重要。

因此,有 3 个主要的因素决定了 IP 问题的计算难度,它们是:①整数变量的数量;②这些变量是 0-1 变量还是一般整型变量;③问题中的特殊结构。这种情况正好与线性规划相反,在线性规划中(函数)约束条件的数量要比变量的数量重要得多。在整数规划中,约束条件的数量也是比较重要的(尤其是如果正在求解 LP 松弛)。但是其重要性严格次于上面提到的 3 个因素。事实上,偶尔会出现,约束条件的数量增加了而计算时间却减少了,产生这种情况的原因是可行解的数量减少了。对 MIP 问题来说,整数变量的数量才是重要的,而不是所有变量的总数,因为连续变量几乎对计算量没有什么影响。

因为 IP 问题通常比线性规划问题难解得多,所以有时候采用一种近似程序是很吸引人的。首先用单纯形法求解 LP 松弛,然后,在最终结果中,把非整数值凑整成为整数值。这种方法对这些应用来说可能就足够了,尤其是变量的值非常大,以至于调整所产生的误差相对很小时。然而,应该注意这个方法有两个缺陷。

一个缺陷是线性规划的最优解,在凑整之后,并不一定是可行的。通常来说,预见到怎样调整能够保持可行性是困难的。在调整之后,甚至有必要将一些变量的值改变一个或更多单位。为了说明这种情况,考虑下面这个问题:

Max $Z = x_2$

s. t.

$-x_1 + x_2 \leq \dfrac{1}{2}$

$x_1 + x_2 \leq 3\dfrac{1}{2}$

且

$x_1 \geq 0, x_2 \geq 0$

x_1、x_2 是 0-1 变量。

应 用 案 例

2013 年,塔可钟公司在美国拥有近 5600 家快餐店,在 20 多个国家拥有 250 家快餐店。年均销售 20 亿份套餐。

塔可钟快餐店,每天的生意非常可观,特别是在饭点顾客非常拥挤。如何规划每个时段员工的数量及其应该完成工作是一件非常复杂和令人焦虑的问题。

为了解决该问题,塔可钟公司的管理者雇用了一个运筹学团队(包括一些咨询师)开发一套新的人力管理系统。该系统主要有 3 个功能模块:①一个预测模型,用来预测任何时刻的顾客订单;②一个仿真模型(如第 20 节所描述的),用来将顾客订单转换为人力需求;③一个整数规划模型,用来调度员工以满足人力需求同时最小化薪金。

该整数规划模型的整数决策变量是不同时间段每次轮班需要的员工数。轮班的时长也是决策变量(受最小和最大轮班时间的限制),该模型还包括连续决策变量,因此该模型称为混合整数规划(MIP)模型。主要的约束是每 15min 间隔内工作的员工数要大于或等于该间隔内需要的最少员工数(根据预测模型)。

该 MIP 模型与 3.4 节介绍的联合航空公司分配员工的线性规划模型类似。然而,主要的区别是塔可钟快餐轮班的工作员工比联合航空 100 个雇员少得多,因此必须将这些决策变量限制为整数(对于联合航空公司的非整数解可以将 100 多个雇员整数化,同时整数化后精确度的损失很小)。

通过应用 MIP 模型及人力管理系统,每年为塔可钟公司节约了大约 1300 万美元的人力成本。

资料来源:J. Hueter and W. Swart:"An Integrated LaborManagement System for Taco Bell," *Interfaces*, **28**(1):75-91,Jan.-Feb. 1998。(我们的网址提供了本文链接:www.mhhe.com/hillier。)

如图 12.2 所示,LP 松弛的最优解是 $x_1 = 1\frac{1}{2}, x_2 = 2$,但是不可能把非整数解 x_1 改进到 1 或 2(或其他任何整数)并且保持可行性。可行性的唯一保持方法是同时改变 x_2 的值。可以想象,当有成百上千个约束条件和变量时,这种改进会有多困难。

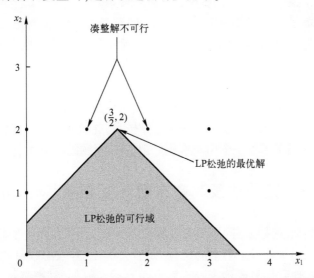

图 12.2 LP 松弛的最优无论怎么凑整,也不是可行解的 IP 问题的例子

即使 LP 松弛的最优解被成功改进,仍存在另一个缺陷。不能保证这个改进的解是最优整数解。实际上,从目标函数值的角度考虑,它可能远离了最优。这个事实可由以下问题来说明:

Max $Z = x_1 + 5x_2$

s. t.

$x_1 + 10x_2 \leq 20$

$x_1 \leq 2$

且

$x_1 \geq 0, x_2 \geq 0$

x_1、x_2 是 0-1 变量。

因为只有两个决策变量,这个问题可以用图形描述,如图 12.3 所示。无论用图解法还是单纯形法都可以得到 LP 松弛的最优解是 $x_1 = 2, x_2 = \frac{9}{5}, Z = 11$。如果不能使用图解法(有更多变量的情况),那么,非整数变量 $x_2 = \frac{9}{5}$ 一般会朝着可行的方向调整到 $x_2 = 1$。最后的整数解是 $x_1 = 2, x_2 = 1$,得到 $Z = 7$。注意:这个解远离最优解 $(x_1, x_2) = (0, 2), Z = 10$。

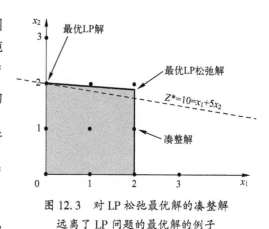

图 12.3 对 LP 松弛最优解的凑整解远离了 LP 问题的最优解的例子

因为这两个缺陷,当 IP 问题过大而无法求解时,一种更好的方法是启发式的算法。这种算法对于大型问题是相当有效的,但是不能保证找到一个最优解。然而,在寻找非常好的可行解方面,这种算法比刚刚讨论的改进的方法要有效得多。

近年来,运筹学取得了一个令人兴奋的发展,即为处理各种组合问题如 IP 问题,而开发的高效启发式的算法(通常称作元启发式算法)发展快速。这些复杂的元启发式算法,甚至可以用于整数非线性规划问题,这种问题的局部最优解可能是远离全局最优解的。它们还可以用于各种联合最优问题,这种问题常常在一个有整数变量但约束条件比 IP 模型复杂的模型中出现。

回到整数线性规划,对一个小到可以求解的 IP 问题来说,有很多算法是可用的。但是,在计算效率方面,没有任何一种 IP 算法可以与单纯形法(除了问题的特殊性)相提并论。因此,开发 IP 算法仍然是一个活跃的研究领域。幸运的是,已经取得了一些令人兴奋的算法进展,并且预期在未来的几年中将获得更多成果。这些进展将在 12.8 节与 12.9 节论述。

在 IP 算法中,最常见、最传统的方法是使用分支定界技术和相关思想,枚举可行整数解,我们应该主要讨论这种方法。下一节将提出分支定界技术,并且用一个解 BIP 问题的基本分支定界算法来阐述。12.7 节提出了另一个用于求解一般 MIP 问题的同类算法。

12.6 分支定界法及其在求解 0-1 整数规划中的应用

任何一个有界纯整数线性规划问题只有有限数目的可行解,所以我们很自然地考虑是否可以用类似枚举的方法找出最优解。不幸的是,正如前文所述,有限的数目通常也很大。因此,必须巧妙地设计枚举方法使我们只需检查一小部分可行解。例如,动态规划(见第 11 章)就为那些只有有限数目可行解的问题提供了这样的方法(虽然对大多数线性规划问题其效率并不高)。另一种方法则是分支定界法。这种方法及其变形已经成功地应用于各种运筹学问题,尤其在解决整数规划问题方面更为出色。

分支定界法的基本思想是拆分排除法。对于那些很难直接处理的大问题,我们把它拆分成越来越小的子问题,直到这些子问题能被处理。拆分(分支)的工作是通过把整个可行解的集合分成越来越小的子集完成的。排除(剪枝)的工作是通过界定子集中的最好的解"好"的程度,然后舍弃这样的子集——其边界值表明它不可能包含原问题的最优解来完成。

现在我们依次介绍这 3 个基本步骤——分支、定界、剪枝,并通过应用分支定界算法的一个原型例子来解释这些步骤。例子(加州制造公司)出现在 12.1 节,现在复述一下(对约束条件进行编号以便下文引用)。

Max　$Z=9x_1+5x_2+6x_3+4x_4$

s. t.

(1) $6x_1+3x_2+5x_3+2x_4 \leq 10$

(2) $x_3+x_4 \leq 1$

(3) $-x_1+x_3 \leq 0$

(4) $-x_2+x_4 \leq 0$

(5) x_j 是 0-1 变量,$j=1,2,3,4$

12.6.1　分支

在处理 0-1 变量时,把可行解集合拆分成子集的最直接的办法是在某个子集中令某个变量(如 x_1)取值为 $x_1=0$,在另一个子集中令此变量为 1。在本例中,原问题被拆分成如下两个小的子问题。

子问题 1:

令 $x_1=0$ 相应的子问题为

Max　$Z=5x_2+6x_3+4x_4$

s. t.

(1) $3x_2+5x_3+2x_4 \leq 10$

(2) $x_3+x_4 \leq 1$

(3) $x_3 \leq 0$

(4) $-x_2+x_4 \leq 0$

(5) x_j 是 0 或 1,$j=2,3,4$

子问题 2:

令 $x_1=1$ 相应的子问题为

Max　$Z=9+5x_2+6x_3+4x_4$

s. t.

(1) $3x_2+5x_3+2x_4 \leq 4$

(2) $x_3+x_4 \leq 1$

(3) $x_3 \leq 1$

(4) $-x_2+x_4 \leq 0$

(5) x_j 是 0 或 1,$j=2,3,4$

图 12.4 用树图展示了这个分支过程。树图中,从所有节点(对应于包含所有可行解的原问题)分支(弧)生成与两个子问题相对应的两个节点。经过一次次迭代,树会继续长出新枝,我们称这种树为求解树(或枚举树)。在每次迭代中被赋值用以产生分支的变量(如上文的 x_1)称为分支变量(选择分支变量方法很复杂,它是某些分支定界算法重要的研究内容,不过,为了简化问题,我们在本节中只是以变量的自然顺序——x_1、x_2、x_3 进行选择)。

在本节以下部分你将看到某些子问题被直接处理(剪

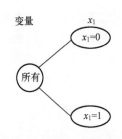

图 12.4　对 12.1 节中的例子应用 0-1 整数规划的分支定界法进行第 1 次迭代分立后产生的求解树

枝)。另一些子问题通过赋值 $x_1=0$ 或 $x_2=1$ 被进一步拆分成更小的子问题。

对于那些整数变量有两个以上取值的整数规划问题,可对其分支变量的每个方面都赋予单个值产生分支,从而建立两个以上的子问题。不过,较好的选择是对分支变量设置取值区间(如 $x_j \leq 2$ 或 $x_j \geq 3$) 产生子问题,12.7 节中描述了这种方法。

12.6.2 定界

对每个子问题,我们需要得到一个边界值,此边界值可表示该子问题是好的可行解的"好"的程度。完成这项工作的标准方式是快速求解该子问题的松弛问题,此松弛问题比该子问题更为简单。在大多数情况下。我们通过删除(放松)某些使问题难以解决的约束条件就能很容易地得到一个问题的松弛问题。对于整数规划问题,最烦人的约束是要求变量为整数。因此,最广泛采用的松弛方法是删除此类约束的线性松弛法。

下面举个例子。考查 12.1 节中绘出并在本节一开始重复的问题。它的松弛问题是把模型的最后一行($x_j=0$ 或 $1, j=1,2,3,4$) 换成如下新的约束:

(5) $0 \leq x_j \leq 1, j=1,2,3,4$

利用单纯形法,我们就能很快得出线性松弛问题的最优解为

$$(x_1, x_2, x_3, x_4) = \left(\frac{5}{6}, 1, 0, 1\right), Z = 16\frac{1}{2}$$

因此,对原 0-1 整数规划问题的所有可行解都有 $Z \leq 16\frac{1}{2}$(因为这些解是线性松弛问题可行解的子集)。事实上,正如下文总结所述,$16\frac{1}{2}$ 这个上限可以下调至 16。因为目标函数的所有系数都是整数,所有的整数解必定产生整数值 Z。

原问题的边界值 $Z \leq 16$。

我们以同样的方式求得两个子问题的边界值。对于子问题 1,固定变量 $x_1=0$,这很容易在线性规划松弛式中通过加入约束 $x_1 \leq 0$ 得到。因为将其同现有约束 $0 \leq x_1 \leq 1$ 结合,得到 $x_1=0$。类似地,对于子问题 2,当固定变量 $x_1=1$,即在线性规划松弛式中加入约束 $x_1 \geq 1$。应用单纯形法可以求得对这些线性规划松弛问题的最优解,如下所示。

子问题 1 的松弛问题: $x_1 \leq 0$ 和 (5) $0 \leq x_j \leq 1, j=2,3,4$

最优解: $(x_1, x_2, x_3, x_4) = (0, 1, 0, 1), Z=9$

子问题 2 的线性松弛问题: $x_1=1$ 和 (5) $0 \leq x_j \leq 1, j=2,3,4$

最优解: $(x_1, x_2, x_3, x_4) = \left(1, \frac{4}{5}, 0, \frac{4}{5}\right), Z=16\frac{1}{5}$

子问题 1 的边界值: $Z \leq 9$

子问题 2 的边界值: $Z \leq 16$

图 12.5 汇总了这些结果,节点下方的数字即为边界值,而边界值下方则为线性松弛问题的最优解。

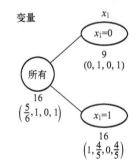

图 12.5 对 12.1 节中的例子应用 0-1 整数规划的分支定界法进行第 1 次迭代分支后产生的边界值

12.6.3 剪枝

子问题可采用以下 3 种方式处理(剪枝),以避免进一步的考查。

第一种方式可通过图 12.5 中 $x_1=0$ 节点处子问题 1 的结果看出。注意:它的线性松弛问题的(唯一)最优解 $(x_1, x_2, x_3, x_4) = (0, 1, 0, 1)$ 是整数解。因此该解也必定是子问题 1 的最优解。

这个解及其 Z 值作为原问题的现有最佳可行解（到目前为止最好的可行解）保留下来。该值被标注为

$$Z^* = 当前现有最佳可行解的 Z 值$$

所以此时 $Z^* = 9$。一旦解被保留，就不必再从 $x_1 = 0$ 节点分支进一步考虑子问题 1。因为继续这样做，所得出的其他可行解都劣于现有最佳可行解，我们对这样的解并无兴趣。子问题 1 已被解决，我们就剪枝（舍弃）子问题 1 了。

以上的结果表明了另一种重要的剪枝测试。一旦 $Z^* = 9$，就没有理由再进一步讨论边界值小于等于 9 的子问题，因为这样的子问题不含有比现有最佳可行解更好的可行解。一般而言，当子问题的边界值小于等于 Z^* 时，就可剪枝。

这样的结果并没有在本例的此次迭代中发生，因为子问题 2 的边界值 16 大于 9。然而，它却有可能在此子问题的后代（从该子问题分支而成的新的更小子问题，或者从接下来的后代更进一步产生的分支）中出现。采用这种方式，一旦发现新的比现有最佳可行解产生更大的 Z^* 值的解，它就能很容易被剪枝。

第三种剪枝的方式十分直截了当。如果利用单纯形法发现某个子问题的线性松弛问题没有可行解，则该子问题本身必不含有可行解。那么它可以被舍弃（剪枝）。

在这 3 种情况下，只有那些有可能含有比当前的现有最佳可行解更好的可行解的子问题才被保留下来进一步探查，我们就是采用这样的方式来指导搜寻最优解的过程的。

剪枝测试总结：在下列情况下，子问题可被剪枝（不必进一步考查）。

测试 1：它的边界值 $\leq Z^*$。

测试 2：它的线性松弛问题不含可行解。

测试 3：它的线性松弛问题的最优解是整数（如果此解比现有最佳可行解更好，则它成为新的现有最佳可行解，测试 1 以新的更大的 Z 值重新应用于所有未被剪枝的子问题）。

图 12.6 中的求解树汇总了对子问题 1 和子问题 2 进行这 3 项测试的结果 $x_1 = 0$ 节点旁边的 $F(3)$ 表明只有子问题 1 由于测试 3 而被剪枝。所产生的现有最佳可行解标注在节点下方。

下一次迭代将显示这 3 项测试的成功应用。不过，继续这个例子之前，我们先对应用于 0-1 整数规划问题的这种算法做个总结（此算法假定目标函数为求最大化，目标函数中所有系数都是整数，为简化起见，用来产生分支变量的顺序为 $x_1, x_2, \cdots, x_n$ 用以代替前面讲到的较复杂的选择分支变量的方法）。

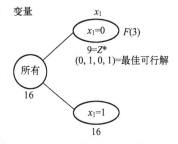

图 12.6 对 12.1 节应用 0-1 整数规划的分支定界法进行第 1 次迭代分支后产生的求解树

12.6.4　0-1 整数规划问题的分支定界算法总结

初始化设 $Z^* = -\infty$。对原问题进行下文所述的定界、剪枝、最优性测试。如果没有被剪枝，则把该问题归类为进行以下的一次完整迭代保留下来的子问题。

每次迭代的步骤：

（1）分支。从这些保留下来的（未被剪枝的）子问题中，选择最近建立的子问题（并不是选择具有最大边界值的子问题）。固定下一个变量（分支变量）为 0 或 1，从而在对应于这个子问题的节点处，分支建立两个新的子问题。

（2）定界。对于每一个新的子问题，利用单纯形法获得它的线性松弛问题的边界值，对其 Z 值向下取整得到最优解。

（3）剪枝。对于每一个新的子问题,应用如上所述的 3 种剪枝测试,舍弃那些被剪枝的子问题。

最优性测试:当没有保留下来的子问题时,测试结束,当前的现有最佳可行解即是最优的[①];否则,返回进行新的迭代。

该算法的分支步骤注定要引起为什么要这样选取将被分支子问题的争议。按理来说,应采用的方案是选择那些具有最好边界值的保留下来的子问题,因为这些子问题最有可能含有原问题的最优解。采用选择最近建立的子问题方案,是因为线性松弛问题在定边界步骤被求解。不是每次都从头进行单纯形法计算,算法执行的规模大时,每个线性松弛问题一般是通过再优化而得以解决的。再优化包括修改前一个线性松弛问题的最终单纯形表,因为模型只有少许不同(正如灵敏度分析一样),然后可能要采用对偶单纯形法进行几次迭代。如果前后模型关系紧密,再优化会比从头进行快得多。在遵守分支规则的情况下,前后模型紧密相关。但如果你通过采用选择最好边界值的子问题,绕过求解树,则前后模型并不相关。

12.6.5 示例

接下来的迭代模式与前文所述的第 1 次迭代非常相似,除了剪枝发生的方式。因此我们简单地介绍分支和定界步骤,而把精力放在剪枝步骤。

第 2 次迭代:图 12.6 中唯一保留下来的子问题对应于 $x_1=1$ 的节点,所以我们从这个节点分支,产生以下两个新的子问题。

子问题 3:

固定 $x_1=1, x_2=0$,则相应的子问题为

Max　　$Z = 9+6x_3+4x_4$

s. t.

（1）$5x_3+2x_4 \leqslant 4$

（2）$x_3+x_4 \leqslant 1$

（3）$x_3 \leqslant 1$

（4）$x_4 \leqslant 0$

（5）x_j 是 0 或 1, $j=3,4$

子问题 4:

固定 $x_1=1, x_2=1$,则相应的子问题为

Max　　$Z = 14+6x_3+4x_4$

s. t.

（1）$5x_3+2x_4 \leqslant 1$

（2）$x_3+x_4 \leqslant 1$

（3）$x_3 \leqslant 1$

（4）$x_4 \leqslant 1$

（5）x_j 是 0 或 1, $j=3,4$

这些子问题的线性松弛问题可通过利用约束条件(5)得到。下面将分析它们的最优解。

子问题 3 的线性松弛问题: $x_1=1, x_2=0$ 和(5) $0 \leqslant x_j \leqslant 1, j=3,4$

---

① 如果没有最佳可行解,那么,该问题没有可行解。

最优解：$(x_1,x_2,x_3,x_4)=\left(1,0,\dfrac{4}{5},0\right),Z=13\dfrac{4}{5}$

子问题 4 的线性松弛问题：$x_1=1,x_2=1$ 和 $(5)\ 0\leqslant x_j\leqslant 1, j=3,4$

最优解：$(x_1,x_2,x_3,x_4)=\left(1,1,0,\dfrac{1}{2}\right),Z=16$

子问题 3 的边界值：$Z\leqslant 13$

子问题 4 的边界值：$Z\leqslant 16$

注意：这些边界值都大于 $Z^*=9$，所以两者都无法由测试 1 被剪枝。这两个线性松弛问题都有可行解（它们存在最优解表明了这一点）。所以也无法由测试 2 被剪枝。测试 3 也一样，因为两个最优解都包括非整数值的变量。

图 12.7 显示了此时的求解树。每个新节点的右端缺少 F 项，表明它们都尚未被剪枝。

第 3 次迭代：到目前为止，利用该算法，我们已经建立了 4 个子问题。子问题 1 被剪枝，子问题 2 被替换成（拆分成）子问题 3 和子问题 4。这两个子问题还需进一步考虑，因为它们是同时建立的，但子问题 4（$x_1=1$，$x_2=1$）的边界值较大（16>13）下一次分支从$(x_1,x_2)=(1,1)$节点开始，从而产生如下所示的新的子问题（其中第 3 个约束条件由于不含 x_4 而被删除）。

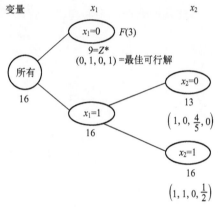

图 12.7 对 12.1 节中的例子应用 0-1 整数规划的分支定界法进行第 2 次迭代分支后产生的求解树

子问题 5：

固定 $x_1=1,x_2=1,x_3=0$，则相应的子问题为

Max $Z=14+4x_4$

s. t.

(1) $2x_4\leqslant 1$

(2), (4) $x_4\leqslant 1$

(5) x_4 是 0 或 1

子问题 6：固定 $x_1=1,x_2=1,x_3=1$，则相应子问题为

max $Z=20+4x_4$

s. t.

(1) $2x_4\leqslant -4$

(2) $x_4\leqslant 0$

(4) $x_4\leqslant 1$

(5) x_4 是 0 或 1

相应线性规划问题的松弛式具有约束(5)的不同形式，其最优解和边界（如果存在）表示如下。

子问题 5 的线性规划松弛式：$x_1=1,x_2=1,x_3=0$ 和 $(5)\ 0\leqslant x_j\leqslant 1, j=4$

最优解：$(x_1,x_2,x_3,x_4)=\left(1,1,0,\dfrac{1}{2}\right),Z=16$

边界值：$Z\leqslant 16$

子问题 6 的线性规划松弛式：

$x_1=1,x_2=1,x_3=1$ 和 $(5)\ 0\leqslant x_j\leqslant 1, j=4$

最优解：无，没有可行解
边界值：无

对上述两个子问题。约束(5)松弛的有关形式是先确定 x_1、x_2、x_3 为希望的值，然后要求 $0 \leq x_4 \leq 1$。所以对这些子问题的线性规划松弛形式，除了用 $0 \leq x_4 \leq 1$ 替换约束(5)之外，减少了对上面给出的子问题的叙述。将这些线性规划的松弛问题缩减为一个变量的问题（加上固定值的 x_1、x_2、x_3），使得容易看到子问题 5 的线性规划松弛问题的最优解实际上是上面给出的一个。类似地，子问题 6 中线性规划松弛问题中约束 1 同 $0 \leq x_4 \leq 1$ 的组合阻止了任何的可行解。因此，根据测试 2，该子问题被剪枝。然而，子问题 5 不符合测试 2，也不符合测试(16>9)和测试 $3 (x_4 = \frac{1}{2}$ 不是整数)，所以尚需留待考查。

这样我们就得出了如图 12.8 所示的求解树。

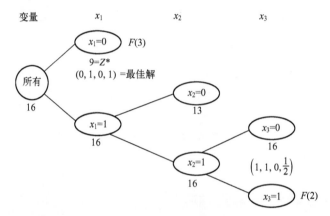

图 12.8　对 12.1 节中的例子应用 0-1 整数规划的分直定界法进行第 3 次迭代分支后产生的求解树

第 4 次迭代：对应图 12.8 中的节点(1,0)和节点(1,1,0)的子问题尚需考查，但后者较晚建立，所以它被选中用于下次分支。由于分支变量且是最后一个变量，固定它的值为 0 或 1 事实上已经产生了单一解，而不是还需计算的子问题。这些单一解是：

$x_4 = 0 : (x_1, x_2, x_3, x_4) = (1,1,0,0)$ 是可行的，$Z = 14$

$x_4 = 1 : (x_1, x_2, x_3, x_4) = (1,1,0,1)$ 是不可行的

进行剪枝测试后，我们发现第一个解符合测试 3，而第二个解符合测试 2。第一个可行解比现有最佳可行解更优(14>9)，所以它成为新的现有最佳可行解 $Z^* = 14$。

由于我们已经找到一个新的现有最佳可行解，则用新的 Z^* 值对保留下来的位于节点(1,0)的子问题进行剪校测试。

子问题 3：

边界值 $= 13 \leq Z^* = 14$

因此，该子问题被剪枝。

由此得出如图 12.9 所示的求解树。注意：已经不存在保留下来(未被剪枝)的子问题了。最后，最优性测试表明当前的现有最佳可行解 $(x_1, x_2, x_3, x_4) = (1,1,0,0)$ 是最优解。本题至此完成。

在运筹学辅导中包含了应用这个算法的另一个例子，同样，包含了执行这个算法的交互式程序。与前几章一样，本章的运筹学课件中的 Excel、LINGO/LINDO 和 MPL/Solvers 文件会说明这些软件包的学生版在本章的各个例子。它们用于 BIP 的算法均同上面描述的类似。

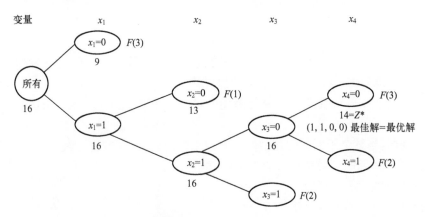

图 12.9 对 12.1 节中的例子应用 0-1 整数规划的分支定界法进行最后一次(第 4 次)迭代分立后产生的求解树

12.6.6 分支定界法的其他方案

本节介绍了求解 0-1 整数规划问题的分支定界法的基本算法。分支定界法的总体框架提供了很大的灵活性，使得可对给定类型的问题，如 0-1 整数规划，设计具体的算法。有多种方案可供选择，要得到效率高的算法要求按照问题的特定结构，设计特定的算法。

每种分支定界算法都包括基本的 3 个步骤：分支、定界和剪枝。灵活性体现在这些步骤是如何实施的。

分支包括选择一个保留下来的子问题，并把它拆分成小问题。灵活性就蕴涵在选择和拆分的策略中。0-1 整数规划算法选择最近建立的子问题，是因为从上一个子问题开始，对每个线性松弛问题进行再优化效率非常高。选择具有最好边界值的子问题也是非常受欢迎的策略，因为它趋向于更快地产生更好的现有最佳可行解和更多的剪枝，也可以把这两种策略结合起来。拆分通常(但并不总是)采取选择某个分支变量，然后赋予单一值(如我们的 0-1 整数规划算法)或指定取值区间(如下一节介绍的算法)的方式，更复杂的算法通常采用选择促使更早剪枝的分支变量的策略。较之简单地按 BIP 算法规则依据变量 $x_1, x_2, \cdots, x_n$ 的自然排序，上述选择分支的方法效率通常要高得多。例如，选择分支变量简单规则的主要缺点是：假定这个变量在已分支子问题的线性规划松弛问题的最优解中取整数值，则固定该变量为同一整数值的下一个子问题对线性规划松弛问题具有相同的最优解，因此对将要进行的剪枝无任何进展。所以更具战略性的选择分支变量的方案是选择在现有子问题的线性规划松弛问题的最优解中其值离已有整数最远的变量。

定界通常是通过求解松弛问题完成的。有多种形成松弛问题的方式。例如，采用拉格朗日松弛方式，具体来说，除了那些易于处理的约束以外，删除整个函数约束集 $Ax \geq b$ (矩阵形式)，然后，目标函数

$$\text{Max} \quad Z = cx$$

替换成

$$\text{Max} \quad Z_R = cx - \lambda(Ax - b)$$

式中：固定的向量 $\lambda \geq 0$。如果 x^* 是原问题的最优解，它的 $Z \leq Z_R$，所以求解拉格朗日松弛问题得到的 Z_R 值即是合乎要求的边界值。如果 λ 选得好，此边界值很可能相当接近最优值(至少与线性松弛问题的边界值相当)。如果没有任何函数约束，此松弛问题也能非常快地求解。不足之处是进行剪枝测试 2 和测试 3(修订后的)不如线性松弛的效力大。

总之，选择何种松弛方式主要考虑两个方面：求解速度快、边界值与最优值接近，缺少哪一方面都不充分。线性松弛之所以受欢迎就在于它很好地平衡了这两个因素。

偶尔被使用的一种方案是快速求解松弛问题，然后，如果没有剪枝的情况发生，以某种方式强化松弛问题的约束条件，从而获得更接近的边界值。

剪枝一般按照 0-1 整数规划算法中所描述的进行。下文的 3 条剪枝准则可应用于更广泛的情况。

剪枝准则概要：当某个子问题的松弛问题有以下情况时，该子问题可被剪枝。

准则 1：由该子问题的可行解求得的 $Z \leqslant Z^*$。或

准则 2：该子问题没有可行解。

准则 3：已找出该子问题的最优解。

正如 0-1 整数规划算法，前两条准则大多用于通过求解松弛问题，获得子问题的边界值，然后检查边界值是否 $\leqslant Z^*$（测试 1），或松弛问题是否含有可行解（测试 2）的情况。如果松弛问题与子问题仅仅是由于删除（或放宽）某些约束而导致的不同，则准则 3 大多被用来检查松弛问题的最优解是否为子问题的可行解，如果是，它必是子问题的最优解。对于其他松弛方式（如拉格朗日松弛），还要分析松弛问题的最优解是否也是子问题的最优解。

如果原问题是求最小值而不是最大值，有两种可选方案：一是以通常的方式转换成求最大值（见 4.6 节）；二是直接把分支定界法转换成求最小值形式，此方案要求改变剪枝测试 1 的不等号方向：

从子问题的边界值 $\leqslant Z^*$？

变成

子问题的边界值 $\geqslant Z^*$？

到目前为止，我们介绍了如何应用分支定界法找出唯一的最优解。然而，在存在相同最优解的情况下，有时希望得到所有的最优解，使我们能够根据未进入数学模型的无形因素做出最终的选择。为找出全部最优解，只需把求解过程稍作变动。

第一，把剪枝测试 1 的弱不等号（子问题的边界值 $\leqslant Z^*$？）变为严格不等号（子问题的边界值是否 $\leqslant Z^*$？），因此，如果子问题有与现有最佳可行解相等的可行解，也不会被剪枝。第二，如果符合剪枝测试 3，且子问题的最优解目标函数值 $Z = Z^*$，则把此解保存下来，作为另一个（相同的）现有最佳可行解。第三，如果由测试 3 得到一个新的现有最佳可行解（相同的或其他），则检查由该松弛问题所得到的这个最优解是不是唯一的。如果不是，则识别该松弛问题的其他最优解，并检查它们对于此子问题来说，是否也是最优的。如果是，它们也是现有最佳可行解。第四，最优性测试发现不存在保留下来的（未被剪枝的）子问题，那么，当前的所有现有最佳可行解就是最优解。

最后，我们发现除了能找到最优解，分支定界法也可用于发现接近最优解，用于该目的时，通常计算量远远小得多。对于某些应用来说，如果一个解的 Z 值足够接近最优解情况下的 Z 值（称为 Z^{**}），就可认为此值足够好了。"足够好"可由以下两种方式之一来定义：

$Z^{**} - K \leqslant Z$

或

$(1-a)Z^{**} \leqslant Z$

式中：K、a 为给定的（正的）常数。例如，如果以第二种定义为准，且设 $a = 0.05$，则解要求在距离最优解 5% 附近。因而，假如我们知道当前的现有最佳可行解（Z^*）满足

$Z^{**} - K \leqslant Z^*$

或

$(1-a)Z^{**} \leq Z^*$

则求解过程可结束,选择现有最佳可行解作为接近最优解。虽然求解过程实际上并未识别出最优解及其相应的 Z^{**},但是如果这个(未知的)解是当前所考查的子问题的可行解(也是最优解),那么,由剪枝测试 1 就得出了上界,如

$Z^{**} \leq$ 边界值

或

边界值$-K \leq Z^*$

或

$(1-a)$ 边界值 $\leq Z^*$

必然使上述不等式成立。即使此解不是当前子问题的可行解,仍然可求得此子问题最优解的 Z 作为上界。因此,满足这两个不等式之一就足以剪去此子问题,因为现有最佳可行解已足够接近子问题的最优解。

因此,为求得足够接近以至于可当成最优结果的解,只需对通常的分支定界法作个改变。这个改变就是把子问题通常的剪枝测试 1:

边界值 $\leq Z^*$?

替换成

边界值$-K \leq Z^*$?

或

$(1-a)$ 边界值 $\leq Z^*$?

然后,在测试 3 之后执行这项测试(因此,其 $Z > Z^*$ 的可行解仍被当作新的现有最佳可行解)。较弱的测试 1 就已足够的原因在于无论子问题的(未知的)最优解的 Z 值多么接近子问题的边界值,现有最佳可行解仍然足够接近此解(如果仍然保持不等关系)以至于该子问题并不需进一步考查。当不存在保留下来的子问题时,当前的现有最佳可行解就是希望得到的接近最优解。新的剪枝测试(二者选一的形式)使得剪枝更容易发生,所以算法会运行得更快。对于大问题,这种加速可能使得原本不会终止的求解过程最终能得到保证接近最优的解。对实践中出现的非常大的问题,因为模型毕竟是实际问题的理想表达,因此找出一个对实际问题已接近最优的解就可以了,在实践中这种走捷径的方法已经比较完美。

12.7 用于混合整数规划的分支定界算法

我们来考查一般混合整数规划问题。在此类问题中,某些变量(假定为 I 个)只能取整数值(未必是 0 和 1),其他变量为普通的连续变量。为了便于标记,我们按顺序安排这些变量,使得前 I 个变量为整数变量。因此,这类问题的一般形式为

Max $Z = \sum_{j=1}^{n} c_j x_j$

s.t.

$\sum_{j=1}^{n} a_{ij} x_j \leq b_i, i = 1, 2, \cdots, m$

$x_j \geq 0, j = 1, 2, \cdots, n$

x_j 为 0 或 1, $j = 1, 2, \cdots, I, I \leq n$

(当 $I=n$ 时,该问题就变成纯整数规划问题。)

对基本的分支定界算法进行一番改进之后,我们就得到了求解混合整数规划问题的标准途径。算法的基本结构是由 R. J. Dakin 在 A. H. Land 和 A. G. Doig 的开创性分支定界算法基础上发展而来的。

算法在结构上与前文所述的 0-1 整数规划算法十分类似。定界和剪枝的基础仍然是求解线性松弛问题。实际上,只需对 0-1 整数规划算法做 4 处改变,即可处理由 0-1 扩大至一般整数变量和由纯整数规划扩大至混合整数规划的问题。

第一处改变为分支变量的选择。此前,下一个变量是按照自然顺序 $x_1, x_2, \cdots, x_n$ 自动选取的。现在,所选的变量是那些在当前子问题的线性松弛问题最优解中,取值为非整数的整数变量。我们的选择策略是在这些变量中按照自然顺序选取(商用算法一般采用更复杂的策略)。

第二处改变为对那些用以产生新的子问题的分支变量赋值。此前,对应于两个新的子问题,0-1 变量被分别固定为 0 或 1。现在,一般的整数变量有大量的可能值,通过在变量的每个值上,产生一个子问题的方式将无多大效率。因此,替代的方案是指定变量的两个取值区间,从而仅仅产生两个新的子问题(与前面一样)。

为说明此过程,令 x_j 为当前的分支变量,x_j^* 为当前子问题的线性松弛问题最优解中 x_j 的取值(非整数)。采用方括号标记为

$[x_j^*]$ =最大整数 $\leqslant x_j^*$

我们就得到这两个新的子问题中分支变量各自的取值区间:

$x_j \leqslant [x_j^*]$

和

$x_j \geqslant [x_j^*]+1$

每个不等式成了新的子问题附加约束。例如,如果 $x_j^* = 3\frac{1}{2}$,则

$x_j \leqslant 3$ 和 $x_j \geqslant 4$

就成了新的子问题各自的附加约束。

以上两个改变综合起来之后,就出现了有趣的递归分支变量的现象。如图 12.10 所示,令上面例子中 $x_j^* = 3\frac{1}{2}$ 的 $j=1$,考查 $x_1 \leqslant 3$ 的子问题。求解该子问题的某个后代问题的线性松弛问题之后,假设得到 $x_1^* = 1\frac{1}{4}$,则 x_1 作为分支变量递归出现,所建立的两个新的子问题各自多了附加约束 $x_1 \leqslant 1$ 和 $x_1 \geqslant 2$(以及此前的附加约束 $x_1 \leqslant 3$)。然后,求解 $x_1 \leqslant 1$ 子问题的某个后代问题的线性松弛问题之后,假定得到 $x_1^* = \frac{3}{4}$ 又作为分支变量递归出现了。新建立的两个子问题分别有 $x_1 = 0$(因为 $x_1 \leqslant 0$ 的约束及 x_1 的非负约束)和 $x_1 = 1$(因为 $x_1 \geqslant 1$ 的约束及此前 $x_1 \leqslant 1$ 的约束)。

第 3 处改变为定界。此前,对于纯整数规划问题和系数为整数的目标函数,子问题的线性松弛问题最优解的 Z 值向下取整得到边界值,因为任何可行解都产生整数值 Z。现在有些变量并不限定取整,使得 Z 值不必向下取值,本身即为边界值。

第 4 处(最后一处)改变为剪枝测试 3。此前,对于纯整数规划问题,测试为子问题的线性松弛问题最优解是整数,由于已保证解是可行解,所以它也是子问题的最优解。现在,对于混合整数规划问题,测试只要求那些整数变量在子问题的线性松弛问题最优解中为整数,因为这足以保证解是可行解,从而它也是子问题的最优解。

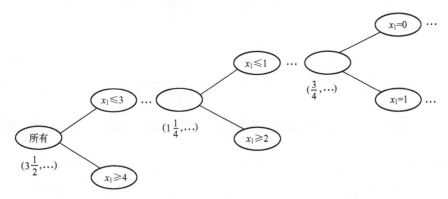

图 12.10 递归分支变量现象,该图中 x_1 3 次成为分支变量,因为它在 3 个
节点处的线性松弛问题最优解中取值都为非整数

把这 4 处改变与前面的 0-1 整数规划算法总结结合起来,就产生了以下的求解混合整数规划问题算法的总结。

（同前面一样,这个总结假定目标函数是求最大化,但对求最小化时当剪枝测试 1 时需改变不等式的不等号方向。）

应用案例

总部位于得克萨斯州休斯敦的垃圾管理公司(财富 100 强),是北美提供综合废物管理服务的一家领袖级企业。该公司拥有 21000 交通车辆和 45000 雇员,为美国和加拿大 2000 万顾客服务。

公司的收集和转运车辆每天需要行驶近 2 万条路径。由于每辆车辆每年成本接近 12 万美元,公司管理层希望有一套综合路径管理系统使每条路径尽可能有效。因此,成立了一个包括几名咨询师的运筹学团队以解决该问题。

该团队开发的路径管理系统的核心是一个巨大的混合 BIP 模型,该模型用于优化分配给每个收集转化车辆的路径。尽管目标函数考虑了很多因素,主要的目标还是最小化整个行驶时间。主要的决策变量是二元变量,等于 1 时用于表示分配给特殊车辆的路径包括一个特殊的路段,反之为 0。一个地理信息系统(GIS)能够提供两点间的距离和需要的时间。所有这些功能均被写入一个基于 Web 的 Java 程序,并且与公司的其他系统连接起来。

据估计,在 5 年内,该综合路径管理系统的应用将增加公司现金近 6.48 亿美元,很大程度上是因为在该 5 年期限内能够节省运营费用近 4.98 亿是美元。同时,该系统还为用户提供了更好的服务。

资料:S. Sahoo,S. Kim,B. -I. Kim,B. Krass,and A. Popov,Jr. :"Routing Optimization for Waste Management," *Interfaces*,**35**(1):24-36,Jan. -Feb. 2005. (我们的网址提供了本文链接:www.mhhe.com/hillier。)

12.7.1 混合整数规划的分支定界算法总结

初始化:设 $Z^* = -\infty$。对原问题进行下文所述的定界、剪枝、最优性测试。如果没有被剪枝,则把该问题归类为保留下来的进行下一次完整迭代的子问题。

每次迭代的 3 个步骤如下。

(1) **分支**。从这些保留下来的(未被剪枝的)子问题中,选择最近建立的子问题(而不是选择具有最大边界值的子问题)。从那些在子问题的线性松弛问题最优解为非整数值的整数变量中,按照自然顺序选取第一个变量作为分支变量,设此变量为 x_j,在该解中取值为 x_j^*。在这个子问题的节点外,附加各自的约束 $x_j \leq [x_j^*]$ 和 $x_j \geq [x_j^*]+1$,从而分支建立两个新的子问题。

(2) **定界**。对于每个新的子问题,利用单纯形法(再优化时利用对偶单纯形法)获得它的线性松弛问题的边界值,该 Z 值作为最优解。

(3) **剪枝**。对于每个新的子问题,应用如下所述的 3 种剪枝测试,舍弃那些被剪枝的子问题。

测试1：它的边界值$\leq Z^*$。Z^*是当前的现有最佳可行解的Z值。

测试2：它的线性松弛问题不含可行解。

测试3：它的线性松弛问题最优解中的整数变量取值为整（如果此解比现有最佳可行解更好，则它成为新的现有最佳可行解，测试1以新的更大的Z值重新应用于所有未被剪枝的子问题）。

最优性测试：当没有保留下子问题时，测试结束，当前的现有最佳可行解即是最优的；否则，返回进行新的迭代。

混合整数规划示例：现在我们通过以下混合整数规划问题来介绍这个算法。

Max $Z = 4x_1 - 2x_2 + 7x_3 - x_4$

s. t.

$x_1 + 5x_3 \leq 10$

$x_1 + x_2 - x_3 \leq 1$

$6x_1 - 5x_2 \leq 0$

$-x_1 + 2x_2 - 2x_4 \leq 3$

且

$x_j \geq 0, j = 1, 2, 3, 4$

x_j 是 0 或 1, $j = 1, 2, 3$

注意到整数变量为$I = 3$，所以x_4是唯一的连续变量。

初始化：设$Z^* = -\infty$，删除x_j是整数变量的约束，就形成了该子问题的线性松弛问题，利用单纯形法求得该松弛问题的最优解如下：

原问题的线性松弛问题：$(x_1, x_2, x_3, x_4) = \left(\dfrac{5}{4}, \dfrac{3}{2}, \dfrac{7}{4}, 0\right), Z = 14\dfrac{1}{4}$

由于它是可行解，并且该最优解含有取值为非整数的整数变量，所以原问题并未被剪枝，因而应用此算法进行如下的一次完整迭代。

第1次迭代：在线性松弛问题的最优解中，第一个取值为非整数的整数变量为$x_1 = \dfrac{5}{4}$，所以x_1就作为分支变量。以此分支变量从所有节点（所有可行解）分支生成不面两个子问题。

子问题1：

原问题加上附加约束

$x_1 \leq 1$

子问题2：

原问题加上附加约束

$x_2 \geq 2$

再次删除整数约束，求解这两个子问题的线性松弛问题，得以下结果。

子问题1的线性松弛问题：$(x_1, x_2, x_3, x_4) = \left(1, \dfrac{6}{5}, \dfrac{9}{5}, 0\right), Z = 14\dfrac{1}{5}$

边界值：$Z \leq 14\dfrac{1}{5}$

子问题2的线性松弛问题：无可行解

子问题2的结果意味着它由于测试2而被剪枝。然而，正如原问题一样，子问题1并不符合剪枝的任何测试。如果没有现有最佳可行解,那么,该问题没有可行解。

图 12.11 的求解树汇总了这些结果。

第 2 次迭代:由于只有一个子问题保留下来,即与图 12.11 中的 $x_1 \leq 1$ 节点相对应的问题,所以下一次分支从此节点开始。检查其线性松弛问题的最优解,我们发现分支变量应为 x_2,因为 $x_2 = \dfrac{6}{5}$ 是第一个取值为非整数的整数变量。附加约束 $x_2 \leq 1$ 或 $x_2 \geq 2$,产生了以下两个新的子问题。

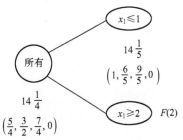

图 12.11 对示例应用混合整数规划的分支定界法进行第 1 次迭代后产生的求解树

子问题 3:

原问题加上附加约束

$x_1 \leq 1, x_2 \leq 1$

子问题 4:

原问题加上附加约束

$x_1 \leq 1, x_2 \geq 2$

求解它们的线性松弛问题,得以下结果。

子问题 3 的线性松弛问题:$(x_1, x_2, x_3, x_4) = \left(\dfrac{5}{6}, 1, \dfrac{11}{6}, 0\right), Z = 14\dfrac{1}{6}$

边界值:$Z \leq 14\dfrac{1}{6}$

子问题 4 的线性松弛问题:$(x_1, x_2, x_3, x_4) = \left(\dfrac{5}{6}, 2, \dfrac{11}{6}, 0\right), Z = 12\dfrac{1}{6}$

边界值:$Z \leq 12\dfrac{1}{6}$

两个问题的解(可行解)都存在,解中含有取值为非整数的整数变量,所以两个子问题都不被剪枝(测试 1 未起作用,因为 $Z^* = -\infty$ 直至找到第一个现有最佳可行解),求解树,如图 12.12 所示。

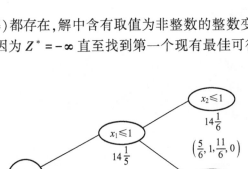

图 12.12 对示例应用混合整数规划的分支定界法进行第 1 次迭代后产生的求解树

第 3 次迭代:还剩下两个一同建立的子问题(子问题 3 和子问题 4),最大的一个(子问题 3,$14\dfrac{1}{6} > 12\dfrac{1}{6}$)被选出用于下一次分支。由于 $x_1 = \dfrac{5}{6}$ 在此最优解中取值为非整数,则其被选为分支变量(注意:x_1 现在是递归的分支变量,它已在第 1 次迭代时被选中)。这就产生了以下新的子问题。

子问题 5：

原问题加上附加约束

$x_1 \leq 1$

$x_2 \leq 1$

$x_1 \leq 0$（所以 $x_1 = 0$）

子问题 6：

原问题加上附加约束

$x_1 \leq 1$

$x_2 \leq 1$

$x_1 \geq 1$（所以 $x_1 = 1$）

求解它们的线性松弛问题，得以下结果。

子问题 5 的线性松弛问题：$(x_1, x_2, x_3, x_4) = \left(0, 0, 2, \frac{1}{2}\right), Z = 13\frac{1}{2}$

边界值：$Z \leq 13\frac{1}{2}$

子问题 6 的线性松弛问题：无可行解

子问题 6 随即因测试 2 而被剪枝。不过，我们发现子问题 5 也可被剪枝。由于所有的整数变量在线性松弛问题的最优解$(x_1 = 0, x_2 = 0, x_3 = 2)$中都取整数值，所以满足测试 3（不必理会 $x_4 = \frac{1}{2}$，因为 x_4 并不要求取值为整）。原问题的可行解就是我们的第一个现有最佳可行解，即

现有最佳可行解 $= \left(0, 0, 2, \frac{1}{2}\right), Z^* = 13\frac{1}{2}$

用新的 Z^* 值去测试另外的一个子问题（子问题 4），结果是有效的。因为它的边界值 $12\frac{1}{6} \leq Z^*$。

本次迭代应用 3 种测试方式，成功地对于问题进行了剪枝，并且不再有被保留下来的子问题，所以当前的现有最佳可行解是最优的，即

最优解 $= \left(0, 0, 2, \frac{1}{2}\right), Z = 13\frac{1}{2}$

图 12.13 的最终求解树汇总了这些结果。

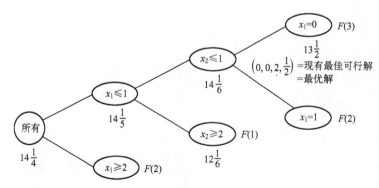

图 12.13 对示例应用混合整数规划的分支定界法进行最后一次（第 3 次）迭代后产生的求解树

在运筹学辅导中有其他关于 MIP 算法的案例。此外，小型案例（仅仅两个变量，同时受整数

限制)包括图形解法在本书网站可以查询。在辅导书中还包括了有关 MIP 算法的相关过程。

12.8 解 0-1 整数规划的分支——切割法

由于整数规划求解方法论取得了显著的进步,所以从 20 世纪 80 年代中期开始,整数规划成为运筹学中一个特别活跃的领域。

12.8.1 背景

为正确地看待这些进步,我们先看看历史背景。20 世纪 60 年代至 70 年代初,由于分支定界法的发展和优化,产生了一次大的突破,但随后却停滞不前。虽然小问题(100 个变量以内)能被高效率地解决,但即使略微增大问题规模就很可能使计算时间呈指数级增长,超出了可行范围。在攻克计算时间随问题增大量指数级增长方面没有多大进展。现实中产生的很多重要的问题无法得到解决。

随着分支切割法被用于处理 0-1 整数规划问题。20 世纪 80 年代中期又一次突破,开始有报道说,上千个变量的大问题通过这种方法得以解决,这极大地振奋了人心,使得从那时起此方法一直被人们深入地研究。起先,此方法只用于纯 0-1 整数规划问题,不久就被扩展至混合 0-1 整数规划问题,接着是混合整数规划问题。我们只在纯 0-1 整数规划内介绍此方法。

现在分支-切割法已很普遍地应用于有几千个变量的问题,甚至有时也用于几万或几十万个变量的问题。正如 12.4 节指出的,这个巨大的进展是由以下 3 个原因造成的:BIP 算法同后来发展起来的分支-切割法的结合,在 BIP 算法中大量应用线性规划算法的改进,计算机(包括台式计算机)运算速度的大大加快。

需要说明的是,这种算法并不能解决所有的上千个(甚至几百个)变量的 0-1 整数规划问题。很多能解决的纯 0-1 整数规划问题,其系数矩阵是稀疏矩阵,如函数约束中的系数不为零的只占小部分(可能不超过 5%。甚至不足 1%)。事实上,此方法非常依赖这种稀疏性(幸运的是,现实中的大问题一般具有稀疏性),而且,除了稀疏性和规模之外,还有其他因素使得难以求解任意一个给定的整数规划问题。对大问题建立整数规划模型还需小心谨慎。

详细地阐述这种算法已超出本书的范围和层次,我们只作简要说明。由于我们只考虑纯 0-1 整数规划情况,接下来的内容中所提及的变量都是 0-1 变量。

该方法主要是结合 3 种技术:自动的问题预处理、割平面的生成以及巧妙的分支定界技术。你已经很熟悉分支定界技术,所以我们不再详细地介绍它了。以下是其他两种技术的介绍。

12.8.2 对纯 0-1 整数规划问题的自动预处理

自动的问题预处理指的是利用计算机检查用户所建立的整数规划问题的模型,目的是重新构造模型,新的模型能使问题得以快速求解,而不减少可行解。重构可分为以下 3 类。

(1) 固定变量。识别可固定为某个值(0 或 1)的变量,因为它取另外的值无法使包含它的解同时是可行解和最优解。

(2) 消除冗余约束。识别并消除冗余约束(满足其他约束后,其自动满足的约束)。

(3) 强化约束。以某种方式强化约束可以缩小线性松弛问题的可行域,但并不删减 0-1 整数规划问题的任何可行解。

下面依次介绍这 3 类重构。

固定变量:以下是固定变量的一般原则。

如果一个变量的某个值无法满足某个约束,即使当其他变量取最好的值去试图满足此约束时,该变量也可以固定地取另一个值。

例如,以下的每一个"≤"约束都可让我们确定 $x_1=0$,因为当其他变量取最适合的值(系数为正的取 0,系数为负的取 1)而 $x_1=1$ 时,仍然会违反约束条件,即

$3x_1 \leq 2 \Rightarrow x_1 = 0$ 因为 $3(1)>2$

$3x_1+x_2 \leq 2 \Rightarrow x_1 = 0$,因为 $3(1)+1(0)>2$

$5x_1+x_2-2x_3 \leq 2 \Rightarrow x_1 = 0$,因为 $5(1)+1(0)-2(1)>2$

检查任何一个"≤"约束的一般程序是先识别最大正系数的变量,如果该系数和任何一个负系数之和超过右端项,则该变量可固定为 0(一旦固定了变量,程序可重复进行,识别具有最大正系数的变量)。

对"≥"约束进行类似处理,可使我们把变量固定为 1,如下所述。

$3x_1 \geq 2 \Rightarrow x_1 = 1$,因为 $3(0)<2$

$3x_1+x_2 \geq 2 \Rightarrow x_1 = 1$,因为 $3(0)+1(1)<2$

$3x_1+x_2-2x_3 \geq 2 \Rightarrow x_1 = 1$,因为 $3(0)+1(1)-2(1)<2$

$A \geq$ 约束也可使我们固定某变量的取值为 0,如下所述。

$x_1+x_2-2x_3 \geq 1 \Rightarrow x_3 = 0$,因为 $1(1)+1(1)-2(1)<1$

下一个例子表明 $a \geq$ 约束可使我们固定某个变量为 1,而另一个变量为 0。

$3x_1+x_2-3x_3 \geq 2 \Rightarrow x_1 = 1$,因为 $3(0)+1(1)-3(0)<2$

和 $\Rightarrow x_3 = 0$,因为 $3(1)+1(1)-3(1)<2$

类似地,右端项为负的"$a \leq$"约束可固定某变量值为 0 或 1。例如,以下的例子两者都发生。

$3x_1-2x_2 \leq -1 \Rightarrow x_1 = 0$,因为 $3(1)-2(1)>-1$

和 $\Rightarrow x_2 = 1$,因为 $3(0)-2(0)>-1$

通过某个约束而固定某个变量的值有时可引起连锁反应,将导致通过其他约束而固定其他变量的值。例如,以下的 3 个约束。

$3x_1+x_2-3x_3 \geq 2 \Rightarrow x_1 = 1$

由此可得

$x_1+x_4+x_5 \leq 1 \Rightarrow x_4 = 0, x_5 = 0$

于是,有

$-x_5+x_6 \leq 0 \Rightarrow x_6 = 0$

在某些情况下,我们可以把一个或多个互斥的约束与另一个约束结合起来以固定某个变量的值,如下所示。

$\left.\begin{array}{l} 8x_1-4x_2-5x_3+3x_4 \leq 2 \\ x_2+x_3 \leq 1 \end{array}\right\} \Rightarrow x_1 = 0$

因为 $8(1)-\max\{4,5\}(1)+3(0)>2$

还有别的固定变量方法,有些还考虑了优化,不过我们不深入探讨这个话题。

固定变量能显著地缩小问题规模。毫不稀奇的是,它能减少一半的变量,免去进一步的考查。

消除冗余约束:通过以下方式能很容易地识别冗余约束。

如果 0-1 变量取最极端的值,照样能满足约束,那么,此约束即是冗余的,可以删除。对于"$a \leq$"约束,最极端取值为正系数变量等于 1,其他变量等于 0(对于"$a \geq$"约束则反过来)。

示例如下：

$3x_1+2x_2 \leq 6$ 是冗余，因为 $3(1)+2(1) \leq 6$

$3x_1-2x_2 \leq 3$ 是冗余，因为 $3(1)-2(0) \leq 3$

$3x_1-2x_2 \geq -3$ 是冗余，因为 $3(0)-2(1) \geq -3$

在大多数情况下，那些被识别为冗余的约束在原模型中并不冗余，只是因固定了若干变量的值后才如此。以上所给的固定变量的 11 个例子中，除了最后一个，其他都含有一个冗余约束。

强化约束：考查以下问题。

Max $Z = 3x_1+2x_2$

s. t.

$2x_1+3x_2 \leq 4$

x_1、x_2 是 0 或 1

该 0-1 整数规划只有以下 3 个可行解——(0,0)、(1,0)、(0,1)，最优解是(1,0)，其 $Z=3$。该问题的线性松弛问题的可行域如图 12.14 所示。此线性松弛问题的最优解是 $\left(1, \dfrac{2}{3}\right)$，$Z = 4\dfrac{1}{3}$，与该 0-1 整数规划问题的最优解并不很接近。分支定界法需做不少工作才能得到该 0-1 整数规划问题的最优解。

现在看看把函数约束 $2x_1+3x_2 \leq 4$ 换成 $x_1+x_2 \leq 1$，发生了什么变化。该 0-1 整数规划问题的可行解保持不变——(0,0)、(1,0)、(0,1)，所以最优解仍是(1,0)。但是，线性松弛问题的可行域却大大缩小了，如图 12.15 所示。实

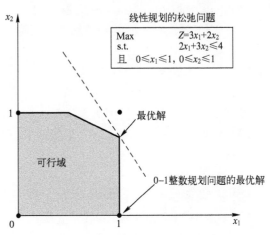

图 12.14 描述约束的 0-1 整数规划问题的线性松弛问题（包括可行域和最优解）

际上，可行域缩小幅度之大以至于线性松弛问题的最优解也是(1,0)。此时，不需额外工作，就找到了该 0-1 整数规划问题的最优解。

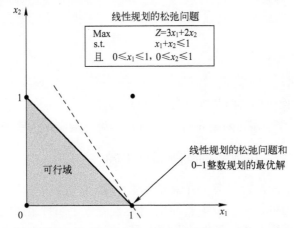

图 12.15 图 12.14 例子中，强化约束后（从 $2x_1+3x_2 \leq 4$ 至 $x_1+x_2 \leq 1$）的线性松弛问题

这个例子表明了以某种方式强化约束可缩小线性松弛问题的可行域，而不减少 0-1 整数规划问题的可行解。对于这类含有两个变量的小问题，可通过作图法简单求解。然而，遵循强化约

束而不减少 0-1 整数规划问题的可行解的应用原则,以下的算法程序可应用于含有任意数量变量的任何"≤"约束。

强化一个"a≤"约束的步骤:

约束为

$a_1x_1+a_2x_2+\cdots+a_nx_n \leq b$

(1) 计算 $S=$所有大于 0 的 a_j 之和。
(2) 找出一个满足 $S<b+|a_j|$且非零的 a_j。
(a) 如果没有停止,此约束无法再被强化。
(b) 如果 $a_j>0$,转至(3)。
(c) 如果 $a_j<0$,转至(4)。
(3) ($a_j>0$)计算$\bar{a}_j=S-b$ 和 $\bar{b}=S-a_j$,重置 $a_j=\bar{a}_j$ 和 $b=\bar{b}$,返回(1)。
(4) ($a_j<0$)增大 a_j 至 $a_j=b-S$,返回(1)。

按照这些步骤,对上例的函数约束进行强化,过程如下。

函数约束为

$2x_1+3x_2 \leq 4(a_1=2, a_2=3, b=4)$

(1) $S=2+3=5$。
(2) a_1 满足 $S<b+|a_1|$,因为 $5<4+2$。a_2 满足 $S<b+|a_2|$,因为 $5<4+3$。任意选取一个,选 a_1。
(3) $\bar{a}_1=5-4=1$ 和 $\bar{b}=5-2=3$,重置 $a_1=1$ 和 $b=3$。新的更强的约束为

$x_1+3x_2 \leq 3(a_1=1, a_2=3, b=3)$

(1) $S=1+3=4$。
(2) a_2 满足 $S<b+|a_2|$,因为 $4<3+3$。
(3) $\bar{a}_2=4-3=1$ 和 $\bar{b}=4-3=1$。重置 $a_2=1$ 和 $b=1$。新的更强的约束为

$x_1+x_2 \leq 1(a_1=1, a_2=1, b=1)$

(1) $S=1+1=2$。
(2) $a_j \neq 0$,满足 $S<b+|a_j|$。所以停止 $x_1+x_2 \leq 1$ 就是所要强化后的约束。

本例第一次执行(2)时,如果换成选取 a_2,那么,第一个更强的约束就变成 $2x_1+x_2 \leq 2$。再下一步更强的约束则是 $x_1+x_2 \leq 1$。

下一个例子中,左边的约束先被强化成右边第一个约束,然后,更进一步强化成为右边第二个。

$4x_1-3x_2+x_3+2x_4 \leq 5 \Rightarrow 2x_1-3x_2+x_3+2x_4 \leq 3$
$\Rightarrow 2x_1-2x_2+x_3+2x_4 \leq 3$

(习题 12.8-5 要求你应用这些步骤,以证实该结果。)

A≥约束可转化成"≤"约束(两边同时乘以-1),然后直接应用这些步骤。

12.8.3 生成纯 0-1 整数规划问题的割平面

整数规划问题的割平面(或割)是一个新的函数约束,它可以缩小线性松弛问题的可行域,而不减少整数规划问题的可行解。事实上,你刚才已经看到了一种生成纯 0-1 整数规划问题的割平面方法,也就是说,采用上述的强化约束的步骤。因此,$x_1+x_2 \leq 1$ 就是图 12.14 的 0-1 整数规划问题的割平面,它使得图 12.15 中的线性松弛问题的可行域缩小了。

除此之外,还有许多生成割平面的方法,这些方法都是用于加速采用分支定界法求得纯 0-1 整数规划问题的最优解。我们只介绍其中的一种。

为了介绍这种方法,我们以 12.1 节中的加州制造公司为例,该例也在 12.6 节中被用于描述 0-1 整数规划问题的分支定界法。如图 12.5 所示,此例的线性松弛问题的最优解为

$$(x_1, x_2, x_3, x_4) = \left(\frac{5}{6}, 1, 0, 1\right)$$

其中一个函数约束为

$6x_1 + 3x_2 + 5x_3 + 2x_4 \leq 10$

注意:0-1 约束和此约束结合起来,可得

$x_1 + x_2 + x_4 \leq 2$

这个新的约束就是一个割平面。它删减了线性松弛问题的部分可行域,包括此前的最优解 $\left(\frac{5}{6}, 1, 0, 1\right)$,但它并不删减任何可行的整数解。此割平面加入原模型,将从两方面提升 12.6 节(图 12.9)中所述的 0-1 整数规划的分支定界法的性能。首先,新的(强化的)线性松弛问题的最优解为 $(1, 1, \frac{1}{5}, 0)$,$Z = 15\frac{1}{5}$,以及 $(x_1, x_2) = (1, 1)$ 节点的边界值变成 15,而不是 16,其次,将减少一次迭代,因为 $(x_1, x_2, x_3) = (1, 1, 0)$ 节点的线性松弛问题的最优解现在是 $(1, 1, 0, 0)$,产生新的现有最佳可行解 $Z^* = 14$,因此,在第 3 次迭代时(图 12.8),此节点将由于测试 3 而被剪枝,$(x_1, x_2) = (1, 0)$ 节点将由于测试 1 被剪枝,从而表明此现有最佳可行解是原 0-1 整数规划问题的最优解。

以下是生成割平面的一般步骤。

(1) 考查只含有非负系数的"≤"函数约束。
(2) 找出这样一组变量(称为该约束的最小覆盖)。
(a) 如果组中的所有变量均取值为 1,其他变量取值为 0,则违反约束。
(b) 但是如果组中的任意一个变量取值从 1 变成 0,则满足约束。
(3) 设组中变量数为 N,产生的割平面满足下式:

组中变量之和 ≤ $N-1$

应用这些步骤于约束 $6x_1 + 3x_2 + 5x_3 + 2x_4 \leq 10$,我们发现这组变量 (x_1, x_2, x_4) 是最小覆盖。

(a) $(1, 1, 0, 1)$ 违反约束。
(b) 但是如果这 3 个变量任意一个取值从 1 变成 0,则满足约束。

本例 $N = 3$,所以割平面为 $x_1 + x_2 + x_4 \leq 2$。

可同样求得另一个最小覆盖 (x_1, x_3) 因为 $(1, 0, 1, 0)$ 违反约束,但 $(0, 0, 1, 0)$ 和 $(1, 0, 0, 0)$ 满足约束,因此,$x_1 + x_3 \leq 1$ 也是一个合乎要求的割平面。

分支-切割法以前面所述的方式生成许多割平面,然后巧妙地应用分支定界法。引进割平面在强化线性松弛问题方面是一个相当大的进步。在某些情况下,所求得的线性松弛问题的最优解 Z 值可接近到原问题的最优解 Z 值的 98%。有意思的是,整数规划的第一种求解算法包括 Ralph Gomory 于 1958 年发表的算法,都是基于割平面的(它产生于另一种途径),但割平面法在实践中(除了某些特定问题)却无法令人满意。不过,这些算法并不只是依靠割平面。我们已经知道,合理地结合割平面和分支定界法(还有自动的问题预处理)可以提供强有力的工具以求解大规模 0-1 整数规划问题,这就是我们把这种方法命名为分支-切割法的原因。

12.9 同约束规划的结合

如今,介绍整数规划的基本理念,都应介绍近年来令人兴奋的发展——同约束规划的结合,

它很有可能极大地扩展我们建立及求解整数规划问题的能力(类似的方法也正被用于数学规划等相关领域,特别是组合优化。但我们只研究它在整数规划方面的主要应用)。

12.9.1 约束规划的原理

20世纪80年代中期,计算机科学领域的研究人员把人工智能理念引入计算机编程语言开发过程,从而提出了约束规划概念。目的是开发一种灵活的计算机编程系统,该系统可以对变量和约束设定取值范围,还能搜寻得到可行解。每个变量都有一个可取的值域,如(2,4,6,8,10),不仅限于数学规划中的数学约束,我们还可以很灵活地表达这些约束。特别地,可以是以下的任意一种约束。

(1) 数学约束,如 $x+y \leq z$。
(2) 分割约束,如在正对其进行建模的问题中,各项任务的时期不能重叠。
(3) 关联约束,如至少3项任务分配给某一台机器。
(4) 显性约束,如尽管 x、y 的值域都为(1,2,3,4,5),但(x,y)必须是(1,1)、(2,3)或(4,5)。
(5) 一元约束,如 Z 是 5~10 的某个整数。
(6) 逻辑约束,如果 z 是 5,那么,y 为 6~8。

表达这些约束时,约束规划允许使用各种标准的逻辑函数,如 IF、AND、OR、NOT 等。Excel含有许多这样的逻辑函数。LINGO 现已支持所有的标准逻辑函数,并且可以利用它的全局优化器找到全局最优解。

为了说明约束规划用以产生可行解的算法,假设某问题有4个变量 x_1、x_2、x_3、x_4,且它们的值域为

$$x_1 \in \{1,2\}, x_2 \in \{1,2\}, x_3 \in \{1,2,3\}, x_4 \in \{1,2,3,4,5\}$$

式中:符号"$\in$"表示左端变量属于右端集合,并假设约束是:

(1) 所有变量值各不相同;
(2) $x_1+x_3=4$。

显然,值1和值2应保留给 x_1 和 x_2,第一个约束意味着 $x_3 \in \{3\}$,接着有 $x_4 \in \{4,5\}$(缩小可能取值的过程称为域缩减)。由于 x_3 的值域已改变,约束传播,作用于第2个约束,得 $x_1 \in \{1\}$,这再次触发了第1个约束,所以

$$x_1 \in \{1\}, x_2 \in \{2\}, x_3 \in \{3\}, x_4 \in \{4,5\}$$

就是此问题的唯一可行解。这种基于域缩减和约束传播之间的交互的可行性论证是约束规划的关键。

随着约束传播和域缩减的应用,就产生了一种用于找出全部可行解的搜寻方法。以上的例子中,除了所有变量的域都被减小到单个值,搜寻过程简单地用 $x_4=4$ 和 $x_4=5$ 得出问题的全部可行解。但是,对于有很多约束和变量的问题来说,约束传播和域缩减通常无法把每个变量的域都减小到单个值。因此,必须设计一种搜寻方法,该方法能对每个变量尝试赋予不同的值。赋值时,约束传播被触发,域缩减进一步发生。此过程形成一棵搜寻树,类似整数规划的分支定界树。

约束规划应用于复杂整数规划问题的整个过程包括以下3步。

(1) 建立各种类型的约束(大部分不符合整数规划的格式),形成该问题的简洁模型。
(2) 高效地找出满足所有约束的可行解。
(3) 在这些可行解中搜寻最优解。

约束规划的强大体现在对(1)和(2)的执行能力而不是(3),整数规划的主要能力则体现在

(3)。因而,约束规划适宜处理高度约束的无目标函数的问题,它的唯一目标就是找到可行解。然而,它也可扩展到(3)。一种方法是枚举这些可行解,逐个计算目标函数值。不过,当可行解相当多时,此方法效率非常低。为克服此不足,常用的方法是添加一个约束,这个约束将目标函数值限定在与预期的最优解的 Z 值非常接近的某个值。例如,目的是最大化目标函数,预期其最优解的 Z 值大约是 10,可采取的方式是添加约束 $Z \geq 9$。如此一来,所需枚举的保留下来的可行解就非常接近最优解了。搜寻时,每次发现一个新的更好的解,Z 的边界值就被更进一步限定,则只需考虑那些至少跟当前最好的解一样好的可行解。

虽然可将这种方法应用于(3),但较受人关注的做法是结合约束规划和整数规划,这样每一个都利用其所长——(1)和(2)采用约束规划,(3)采用整数规划。这就是以下将要说明的约束规划的潜能的一部分。

12.9.2 约束规划的潜能

20 世纪 90 年代,约束规划的特点包括其强大的处理约束的算法,成功地与许多通用性和一些特殊用途的编程语言结合起来。这使得计算机科学越来越靠近计算机编程的圣杯(Holy Grail),也就是说,用户只需简单陈述问题,剩下的就交给计算机完成。

运筹学研究人员开始意识到约束规划与传统的整数规划方法(也与数学规划的其他领域)集成起来的巨大潜能。表达约束的方式越灵活,越能提高建立复杂问题模型的能力。非常简洁明了的模型将因它而出现。除此之外,通过减小需要考查的可行域的大小,并在此域内高效地找到可行解的方式,约束规划处理约束的算法有助于加快整数规划算法求最优解的过程。

约束规划和整数规划之间的差异很大,要把它们集成起来并不是件容易的事。整数规划无法辨识约束规划的大部分约束,这就要求设计出能把约束规划的语言转译成整数规划的语言的计算机程序;反之亦然。这方面已有很大的进展。但毫无疑问,未来几年它仍将是运筹学研究最活跃的领域之一。

为了说明约束规划如何极大地简化整数规划的建模过程,现在我们引入约束规划中两种最重要的全局约束。全局约束指的是简洁地表达多变量之间可能的关系的全局模式。因此,一个全局约束通常可代替传统的整数规划的大量约束,并且令模型更具可读性。为阐明这些,我们采用了非常小的例子(这些小例子其实并无必要利用约束规划)说明全局约束,也能很容易地将其推广到复杂的同类型约束的问题。

12.9.3 所有变量取不同值约束

所有变量取不同值(All-different)约束简单地表明给定集合中的所有变量必须取不同值。假定有关变量为 $x_1, x_2, \cdots x_n$,则约束可以很简洁地写为

all-different$(x_1, x_2, \cdots, x_n)$

同时,还需指定模型中每个变量的值域(为满足 all-different 约束,这些值域合起来必须至少包含 n 个不同值)。

为了说明这一约束,我们以 9.3 节的古典指派问题为例。这类问题以一对一的方式,指派 n 个人完成 n 项工作,目标是最小化工作成本。虽然指派问题很容易解决(见 9.4 节),但它很精巧地显示了 all-different 约束如何极大地简化这类模型的建立。

采用 9.3 节的传统建模方法,决策变量是 0-1 变量。

$$x_{ij} = \begin{cases} 0, & \text{由人员 } i \text{ 完成工作 } j \\ 1, & \text{否则} \end{cases},$$

暂且忽略目标函数,函数约束如下。
每个人 i 恰好被指派一项工作：

$$\sum_{j=1}^{n} x_{ij} = 1 \quad (i = 1, 2, \cdots, n)$$

每项工作 i 恰好由一个人完成：

$$\sum_{i=1}^{n} x_{ij} = 1 \quad (j = 1, 2, \cdots, n)$$

因此,共有 n^2 个变量和 $2n$ 个函数约束。

现在看一下约束规划所建立的小得多的模型。此时,变量为

$y_i =$ 指派给第 i 人工作

n 项工作标记为 $1, 2, \cdots, n$,所以每个 y_i 变量的值域为 $1, 2, \cdots, n$。所有人都被指派不同的工作,对这些变量的这种限制由一个全局约束准确地描述出来：

all-different$(y_1, y_2, \cdots, y_n)$

因而,不需 n^2 个变量和 $2n$ 个函数约束,完整的约束规划(排除目标函数)只含有 n 个变量和一个约束(加上所有变量的一个值域)。

现在我们看下一个全局约束,它可以把目标函数结合进入这样的小模型。

12.9.4 元素约束

元素(Element)全局约束通常用于计算关联到某个整数变量的成本或利润。特别地,假设变量 y 的值域为 $\{1, 2, \cdots, n\}$,与成本相关的值分别是 $c_1, c_2, \cdots, c_n$,则约束

element$(y, [c_1, c_2, \cdots, c_n], z)$

限定了变量 z 等于列表 $[c_1, c_2, \cdots, c_n]$ 的第 y 个常量。换句话说,即 $z = c_y$。现在变量 z 可被加入目标函数,以反映与 y 相关联的成本。

仍然用指派问题讲解元素约束,令

$c_{ij} =$ 指派 i 完成工作 j 的成本 $(i, j = 1, 2, \cdots, n)$

完整的约束规划模型(包括该问题的目标函数)如下：

Min $Z = \sum_{i=1}^{n} z_i$

s.t.

element$(y_i, [c_{i1}, c_{i2}, \cdots c_{in}], z_i) \quad (i = 1, 2, \cdots, n)$

all-different$(y_1, y_2, \cdots, y_n)$

$y_i \in \{1, 2, \cdots, n\} \quad (i = 1, 2, \cdots, n)$

此完整模型含有 $2n$ 个变量和 $(n+1)$ 个约束(加上所有变量的一个值域),仍然远小于 9.3 节所介绍传统的整数规划模型。例如,当 $n=100$ 时,该模型有 200 个变量、101 个函数约束,而传统的整数规划模型则有 10000 个变量和 200 个函数约束。附加个例子,考虑 1.4 节中的例 2(不成比例问题)。在这个例子中,5 个电视时段将被分配给 3 种产品,原决策变量为

$x_j =$ 分配给产品 j 的电视时段数$(j=1,2,3)$

不过,表 12.3 中,对于每个 x_j,它取不同值时所产生的利润并不与 x_j 成比例。12.4 节中利用辅助的 0-1 变量建立了两个可供选择的整数规划模型,两个模型都相当复杂。

采用元素约束建立的约束规划模型简洁得多。例如,表 12.3 中产品 1 的利润分别是 0、1、3 和 3(分别相对于 $x_1=0,1,2,3$)。因此,设利润为 z_1 由以下约束给出

element$(x_1+1,[0,1,3,3],z_1)$

(第一部分是 x_1+1,而不是 x_1,是因为 $x_1+1=1$、2、3 或 4。这样的值才能表明列表[0,1,3,3]中位置 1、2、3、4 的选择)以同样的方式接着处理另外两种产品,完整的模型为

Max $Z=z_1+z_2+z_3$

s. t.

element$((x_1+1,[0,1,3,3],z_1)$

element$((x_2+1,[0,0,2,3],z_2)$

element$((x_3+1,[0,-1,2,4],z_3)$

$x_1+x_2+x_3=5$

$x_j \in \{0,1,2,3\}$ $(j=1,2,3)$

现在将此模型与 12.4 节中此问题的两个整数规划模型对比一下,我们发现约束规划建立了一个非常简洁、清晰的模型。

All-different 和元素约束仅是众多全局约束中的两个,但它们却很好地阐释了约束规划建立复杂问题的简洁、可读性强的模型能力。

12.9.5 当前的研究

有关集成约束规划和整数规划的研究正沿着多个方向展开。例如,最直截了当的做法是同时使用约束规划和整数规划,取长补短以求解问题。因此,每个相关的约束都被并入它所适合的模型,如果可行,被并入两个模型。约束规划算法和整数规划算法作用于各自的模型,信息来回传递以搜寻可行解(同时满足两个模型的约束的解)。

双模型的构想被优化编程语言(OPL)实现了,该语言已被结合进入 OPL-CPLEX 开发系统。OPL 开发是一门建模语言,它可以调用约束规划算法和数学规划求解器,然后把信息从一个传递到另一个。

双模型只是很好的开始,目标是完全集成约束规划和整数规划,如果那样,我们就能利用单一的合成模型和单一的算法。这种无缝集成可使这两种技术互相补充。虽然完全达到这个目标仍是一项令人生畏的挑战,不过此研究一直在进行着。参考文献[5]描述了这个领域当今的研究情况。

即使在早期阶段,已经有很多数学规划同约束规划结合的成功应用,这些应用领域包括网络设计、车辆路线优化、人员值勤、库存管理、计算机图形学、软件工程、数据库、金融、工程技术和组合优化。另外,还提供了各种各样的调度应用,此类应用被认为是应用约束规划的富有成效的领域。例如,由于含有许多复杂的调度约束,约束规划正被用于美国足球联盟的常规赛日程安排。

这些应用仅仅发挥了集成约束规划和整数规划很少的潜能。如果两者高度集成,将产生越重要的令人激动的应用。

12.10 结 论

由于某些或全部决策变量被严格地限定取值为整数,因此频繁出现整数规划问题。许多应用都涉及可用二值(0-1)变量表示的是与否的决策(包括这些决策的组合关系)。这些因素使得整数规划成为最广泛应用的运筹学技术之一。

整数约束使得整数规划问题变得难以解决,所以目前的整数规划算法效率一般都远远不如单纯形法。但是过去几十年里,在求解某些(并非全部)有几万甚至几十万变量的大型整数规划

问题的能力上已取得了巨大进展。这个进展归结为以下 3 个因素的组合。整数规划算法的极大改进、整数规划中反复应用的线性规划算法的显著改进、计算机运算速度的大大加快。但整数规划算法偶然在求解较小问题(甚至只有上百个整数变量)时也会失败。一个整数规划问题的不同特征和规模对是否容易求解有极大影响。整数变量的数目一定时,0-1 整数规划问题通常比含有一般整数变量的问题容易处理,但是加上连续变量(混合整数规划)后,并不显著增加计算时间。对于包含特殊结构可被特殊用途的算法加以利用的 0-1 整数规划问题,此类大问题(上千个 0-1 变量)通常也有可能求解。

整数规划算法的计算机代码很容易从数学规划软件包中获得。传统上,这些算法大多基于分支定界法及其变形。

更先进的整数规划算法采用分支-切割法。该算法包括自动的问题预处理、生成割平面以及巧妙的分支定界法。该领域的研究在不断深化,综合这些技术的复杂软件包也在发展中。

整数规划方法论最新的发展是开始结合约束规划。看起来,此方法可以极大地扩展我们建立和求解整数规划模型的能力。

近几年来,整数非线性规划的算法(包括启发式算法)也被研究得相当多,该领域仍将非常活跃(参考文献[7]描述了相关领域进展)。

参 考 文 献

[1] Achterberg, A.: "SCIP: Solving Constraint Integer Programs," Mathematical Programming Computation, 1(1): 1-41, July 2009.

[2] Appa, G., L. Pitsoulis, and H. P. Williams(eds.): Handbook on Modelling for Discrete Optimization, Springer, New York, 2006.

[3] Baptiste, P., C. LePape, and W. Nuijten: Constraint-Based Scheduling: Applying Constraint Programming to Scheduling Problems, Kluwer Academic Publishers(now Springer), Boston, 2001.

[4] Hillier, F. S., and M. S. Hillier: Introduction to Management Science: A Modeling and Case Studies Approach with Spreadsheets, 5th ed., McGraw-Hill/Irwin, Burr Ridge, IL, 2014, chap. 7.

[5] Hooker, J. N.: Integrated Methods for Optimization, 2nd ed., Springer, New York, 2012.

[6] Karlof, J. K.: Integer Programming: Theory and Practice, CRC Press, Boca Raton, FL, 2006.

[7] Li, D., and X. Sun: Nonlinear Integer Programming, Springer, New York, 2006. (A 2nd editioncurrently is being prepared with publication scheduled in 2015.)

[8] Lustig, I., and J.-F. Puget: "Program Does Not Equal Program: Constraint Programming and ItsRelationship to Mathematical Programming," Interfaces, 31(6): 29—53, November—December 2001.

[9] Nemhauser, G. L., and L. A. Wolsey: Integer and Combinatorial Optimization, Wiley, Hoboken, NJ, 1988, reprinted in 1999.

[10] Schriver, A.: Theory of Linear and Integer Programming, Wiley, Hoboken, NJ, 1986, reprinted in paperback in 1998.

[11] Williams, H. P.: Logic and Integer Programming, Springer, New York, 2009.

[12] Williams, H. P.: Model Building in Mathematical Programming, 5th ed., Wiley, Hoboken, NJ, 2013.

习 题

其中一些问题左边的符号有如下的意思。

D:上面列出的相应范例也许会有用。

I:我们建议你使用上面列出的相应交互的程序(打印输出将记录你的工作)。

C:在软件帮助下(或者在导师的指示下)解决这些问题。

题号前面的星号表示至少部分答案已经在书的最后给出了。

12.1-1 重新考虑在12.1节中提到过的加利福尼亚制造公司的案例。圣地亚哥的市长联系了公司的总裁,并且试图劝说他在该市建立一个工厂或仓库。在公司享受税收减免政策下,总裁的下属们估计在圣地亚哥修建一个工厂的净现值是700万美元,并且需要的资本是400万美元。修建一个仓库的净现值是500万美元,而需要的资本是300万美元(修建仓库的前提条件是工厂也必须修建在那里)。

现在公司总裁希望修改先前的运筹学研究将这些选择整合到总体问题中。在可用资本是1000万美元的前提下,公司的目标是使总的净现值最大的投资的可行性组合。

(a) 为这个问题建立一个 BIP 模型。
(b) 将这个模型展示在 Excel 表格中。
C(c) 使用计算机解出这个模型。

12.1-2 Eve 和 Steven 这对年轻夫妇想把家里主要的零活(购物、做饭、洗碗、去洗衣店)进行分配,使他们花费在家务活上的时间最少并且每个人分配两个任务。他们完成这些任务的时间是不同的,他们各自完成这些任务的时间见下表。

	每周需要的时间/h			
	购物	做饭	洗碗	洗衣
Eve	4.5h	7.8h	3.6h	2.9h
Steven	4.9h	7.2h	4.3h	3.1h

(a) 为这个问题建立一个 BIP 模型。
(b) 将这个模型展示在 Excel 表格中。
C(c) 使用计算机解出这个模型。

12.1-3 Peterson 和 Johnson 房地产开发公司在考虑5个可能开发的项目。下面的表格估计的是5个项目可以产生的长远利润(净现值)和实施每个项目需要的投资额。

	开发项目/百万美元				
	1	2	3	5	5
预期利润	1	1.8	1.6	0.8	1.4
需要的资金	6	12	10	4	8

Dave Peterson 和 Ron Johnson 是这家公司的所有者,他们已经为这些项目筹集了2000万美元的资金。Dave 和 Ron 现在想选择一些项目组合来做,使他们预计的长期利润最大化并且投资不超过2000万美元。

(a) 为这个问题制定一个 BIP 模型。
(b) 将这个模型展示在 Excel 表格中。
C(c) 使用计算机解出这个模型。

12.1-4 通用车轮公司的董事会正在考虑7个大型投资项目。每个项目只能投资一次。从预计的长期利润(净现值)和所需投资资金来看每个投资项目是不一样的,详见下表。

	投资机会					
	1	2	3	4	5	6
预期利润	15	12	16	18	9	11
需要的资金	38	33	39	45	23	27

进行这些投资可利用的总资金是1亿美元。投资机会1和投资机会2是互斥的,只能选择其中一个,投资机会3和投资机会4也是这样的。只有前两个机会中的一个被选择,投资机会3和投资机会4才能被选择。投资机会5、投资机会6没有以上限制。目的是选择这些投资的组合,使预期的长期利润最大(净现值)。

(a) 为这个问题制订一个BIP模型。

C(b) 使用计算机解出这个模型。

12.1-5 重新考虑习题9.3-4,一个游泳队的教练需要把游泳队员分配到200码混合接力的各段赛程中。为这个问题制定一个BIP模型。识别这个模式中互斥的选择组。

12.1-6 Vincent Cardoza是一家接受顾客预定的机械工厂的所有者和经理。星期三下午,他接到2名匆忙预定的顾客的电话。一个是拖车栓钩公司,它想订做一些重型拖曳杆。另外一个是微型汽车公司,它需要定制一些稳定杆。2名顾客都希望在这周末能有尽可能多的产品(两个工作日)。既然生产这2种产品使用2种相同的机器,这个下午Vincent需要决定并且告诉顾客接下来2天将要生产的每种产品的数量。生产一个拖曳杆需要占用第一台机器3.2h、第二台机器2h。生产一个稳定杆需要第一台机器2.4h、第二台机器3h。在未来的2天内,第一台机器的可用时间是16h、第二台机器是15h。每生产一个拖曳杆可获利130美元,每生产一个稳定杆的利润是150美元。为了使总利润最大化,Vincent现在要决定这些产品的生产数量。

(a) 为这个问题建立个BIP模型。

(b) 将这个模型展示在Excel表格中。

C(c) 使用计算机解出这个模型。

12.1-7 重新考虑习题9.2-21,承包商(Susan Meyer)需要从2个深坑中拖运碎石到3个建筑工地去。现在Susan需要租用卡车(还有司机)帮她拖运,每辆卡车只能从一个坑到一个建筑地拖运碎石。除了在习题9.2-21中提到的运费和碎石的费用外,租用每辆卡车还有固定支出150美元。每辆卡车能够托运5t,但是不要求载满。在每组深坑和建筑工地的组合中,都要做两个决定,使用卡车的数量和托运碎石的重量。

(a) 为这个问题制定一个BIP模型。

C(b) 使用计算机解出这个模型。

12.2-1 学习12.2节中提到的第一个应用案例。简单地描述如何运用整数规划求解上述问题,然后总结该案例获得的财务和非财务好处。

12.2-2 选择12.2节中提到的一个公司或政府机构使用BIP模型的实际应用,并详细阅读参考文献中关于该应用的文章,在此基础上,通过2页纸总结案例如何应用该方法和使用该方法的好处。

12.2-3 选择3个在12.2节中提到的一个公司或政府机构对BIP模型的实际应用,并详细阅读参考文献中关于该应用的文章,在此基础上,通过1页纸总结案例如何应用该方法和使用该方法的好处。

12.2-4 按照习题12.2-1的要求,对12.2节的第2个应用案例进行分析。

12.3-1* Progressive公司的研发部门已经开发了4种新产品线。管理部门必须做出决定,究竟生产这4种产品中的哪一种以及生产多少。因此,需要运筹研究来决定能获得最大利润的产品组合。

开始生产任何产品都需要大量支出,这在下表的第一行给出。管理层的目标是要找出最大化利润的产品组合(总的净现值收入减去启动费用)。

	产品			
	1	2	3	4
启动费用/美元	50000	40000	70000	60000
边际收入/美元	70	60	90	80

用连续决策变量 x_1、x_2、x_3 和 x_4 分别代表产品 1、产品 2、产品 3、产品 4 的产量,管理层对这些变量作了如下的一些约束限制。

(1) 投入生产的产品不超过两种。

(2) 只有在产品 1 或者产品 2 被投入生产时,才能生产产品 3 或产品 4。

(3) $5x_1+3x_2+6x_3+4x_4 \leqslant 6000$

或

$4x_1+6x_2+3x_3+5x_4 \leqslant 6000$

(a) 对这个问题引入辅助 0-1 变量建立一个混合 BIP 模型。

C(b) 使用计算机解这个模型。

12.3-2 假定数学模型满足线性规划,但是有约束条件 $|x_1-x_2|=0$、3 或 6。说明怎样改写约束条件满足 MIP 模型。

12.3-3 假定数学模型满足线性规划,但有下列约束条件。

(1) 以下的两个不等式至少有一个成立。

$3x_1-x_2-x_3+x_4 \leqslant 12$

$x_1+x_2+x_3+x_4 \leqslant 15$

(2) 下列不等式至少有两个成立。

$2x_1+5x_2-x_3+x_4 \leqslant 30$

$-x_1+3x_2+5x_3+x_4 \leqslant 40$

$3x_1-x_2+3x_3-x_4 \leqslant 60$

说明为了满足 MIP 模型,怎样改写约束条件。

12.3-4 Toys-R-4-U 公司为即将到来的圣诞节开发了两种新的玩具,这两种玩具可能包含在产品线中。开始生产产品 1 而建立的生产设备将花费 50000 美元,而产品 2 花费是 80000 美元。一旦支付启动费用,则每单位产品 1 将有 10 美元的利润,而每单位产品 2 将有 15 美元的利润。

公司有两个工厂能够生产这些玩具,但是,基于利润最大化的考虑,为了避免双倍启动费用,仅使用一个工厂。由于管理的原因,如果两种玩具都要生产,一个工厂可以生产这两种玩具。

玩具 1 每小时在工厂 1 能生产 50 个,在工厂 2 能生产 40 个。玩具 2 每小时在工厂 1 能生产 40 个,在工厂 2 能生产 25 个。在圣诞节来临之前,工厂 1 和工厂 2 分别用 500h 和 700h 生产这些玩具。

在圣诞节后,不知道是否还会继续生产这两种玩具。因此,问题是在圣诞节前决定对每一种产品生产多少使总利润最大化。

(a) 为这个问题制定一个 MIP 模型。

C(b) 使用计算机解这个模型。

12.3-5* 东北航空公司想要购买新的大、中、小型喷气式客机。每架飞机的购买价格是大型 6700 万美元、中型 5000 万美元、小型 3500 万美元。董事会授权购买这些飞机的花费最多是

15亿美元。不管购买哪种飞机，所有距离乘飞机旅行的人都相当多，从而这些飞机的承载能力都能得到充分利用。(减去投入资金后)预计年净利润，每架大型飞机将是420万美元，中型飞机是300万美元，小型飞机是230万美元。

预计对于30架新飞机将有足够多的飞行员可以聘用。如果只购买小型飞机，维护设备能够处理新飞机。但是在使用维护设备方面，每架中型飞机等价于 $1\frac{1}{3}$ 架小型飞机，每架大型飞机等价于 $1\frac{2}{3}$ 架小型飞机。

这里给出的信息只是对问题的初步分析，更详细的分析将在后面讨论。但是使用前面的数据作为初步近似，管理层想知道各购买几架不同型号的飞机，以实现利润的最大化。

(a) 为这个问题建立一个 BIP 模型。

C(b) 使用计算机解出这个模型。

(c) 使用 0-1 变量，作为 BIP 问题重写(a)建立的 IP 模型。

C(d) 使用计算机解出(c)中的 BIP 模型，然后使用这个最优解为(a)中建立的 IP 模型确定最优解。

12.3-6 考虑12.5节讨论的两变量 IP 案例，如图12.3所示。

(a) 使用 0-1 变量改写这个模型使之成为一个 BIP 模型。

C(b) 使用计算机解这个 BIP 问题，然后用这个最优解来确定原始 IP 模型的最优解。

12.3-7 Fly-Right 飞机公司生产小型喷气式飞机，卖给那些供经理层使用的公司。为了满足这些经理的需要，该公司的客户有时订购客户自己设计的飞机。此时，需要大量的启动费用生产这些飞机。

Fly-Right 飞机公司最近接到了3个客户的订单，它们都有最后交货期限。然而，因为公司的生产设备几乎完全被以前的订单所占用，所以不可能接受所有订单。因此，需要决定为每个客户生产飞机的数量(如果生产)。

相关数据在下表中给出。第一行给出了为每个客户开始生产所需的启动费用。一旦开始生产，从生产每架飞机获得的边际净收入(等于购买价格减去边际生产成本)在第2行显示。第3行给出了可用的生产能力的百分比。最后一行给出了每个顾客订单的最大数量(但是公司接受的会少一些)。

	顾 客		
	1	2	3
启动费用/万美元	300	200	0
边际净利润/万美元	200	300	80
每架飞机所需生产能力/%	20	40	20
最大订货数量	3	2	5

Fly-Right 飞机公司现在需要决定为每一位客户生产飞机的数量(如果生产)，以使公司的总利润最大(总净收入减去启动费用)。

(a) 对这个问题，用整数变量和 0-1 变量建立一个模型。

C(b) 使用计算机解出这个模型。

12.4-1 重新考虑在习题12.3-7中介绍的 Fly-Right 飞机公司的问题。通过对各种成本和收入进行更为复杂的分析，发现从为每个客户生产飞机获得的潜在利润不能简单地用启动费用和一个固定边际净收入表达。利润由下表给出。

生产的飞机数/架	来自客户的利润/万美元		
	1	2	3
0	0	0	0
1	−100	100	100
2	200	500	300
3	400		500
4			600
5			700

(a) 引入互斥的约束条件,为这个问题建立一个 BIP 模型。

C(b) 使用计算机解出(a)模型,然后使用这个最优解确定为每个客户生产的最优数量。

(c) 引入可能决策为这个模型建立另一个 BIP 模型。

C(d) 为(c)中建立的模型重复(b)。

12.4-2 重新考虑 3.1 节提出的 Wyndor Glass 公司问题。基于利润最大化的选择,管理层现在决定应该生产两种产品中的一种。对这个新问题,引入辅助 0-1 变量建立 MIP 模型。

12.4-3* 重新考虑习题 3.1-11,Omega 制造公司正在考虑把多余的生产能力分配给 3 个产品中的一个或更多。管理层已经决定加入约束条件,3 个产品中应生产的不超过 2 个。

(a) 引入辅助的 0-1 变量建立这个问题新版本的混合整数规划模型。

C(b) 用计算机求解这个模型。

12.4-4 考虑以下整数非线性规划问题。

Max $Z = 4x_1^2 - x_1^3 + 10x_2^2 - x_2^4$

s. t.

$x_1 + x_2 \leq 3$

$x_1 \geq 0, x_2 \geq 0$

x_1、x_2 是整数。

使用 6 个 0-1 变量($y_{1j}, y_{2j}, j = 1, 2, 3$),根据它们所代表的含义,这个问题可以作为一个纯 BIP 问题(目标函数是线性的),用两种不同的方式建模。

(a) 就这个问题建立 BIP 模型,0-1 变量含义如下。

$y_{ij} = \begin{cases} 1, & x_i = j \\ 0, & 否则 \end{cases}$

C(b) 使用计算机求解(a)建立的模型,并且由此为原始问题(x_1, x_2)确定最优解。

(c) 为这个问题建立一个 BIP 模型。0-1 变量的含义如下。

$y_{ij} = \begin{cases} 1, & x_i \geq j \\ 0, & 否则 \end{cases}$

C(d) 使用计算机求解(c)建立的模型,并且由此为原始问题(x_1, x_2)确定最优解。

12.4-5* 考虑下面这个特殊的最短路径问题(见 10.3 节)。其中节点在每列中,并且一条路线就是沿着每列移动一次。

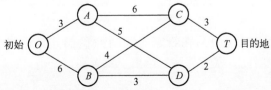

数字之间的连线表示距离,目标是找出从起点出目的地的最短路径。这个问题同样可以用互斥的选择和可能决策建立一个 BIP 模型。

(a) 建立这个模型,为互斥的选择和可能决策确定约束条件。

C(b) 使用计算机解这个模型。

12.4-6 快速快递公司在全美提供了一种大型包裹 2 天投递的服务。每天上午在每个收集中心,前一天晚上到达的包裹被装上卡车运送到各地。既然该行业的竞争是投递速度,根据包裹到达的目的地不同,它们被装进不同的卡车,使完成投递所需的平均时间极短。

今天上午。Blue River Valley 收集中心的调度员 Sharon Lofton 工作很忙碌。她的 3 个司机将在 1h 之内把包裹送到。有 9 个包裹需要投递,它们都相隔好几英里。像往常一样。Sharon Lofton 把目的地输入计算机。她使用特殊的计算机软件——决策支持系统 Dispatcher。Dispatcher 做的第一件事是使用这些目的地,为每辆卡车设计许多可行线路。这些线路以及走每条线路的估计时间在下表中给出(每列中的数字表示投递顺序)。

目的地	可行路线									
	1	2	3	4	5	6	7	8	9	10
A	1				1			1		
B		2		1		2			2	2
C			3	3			3		3	
D	2					1		1		
E			2	2		3				
F		1			2					
G	3						1	2		3
H			1		3					1
I		3		4			2			
时间/h	6	4	7	5	4	6	5	3	7	6

Dispatcher 是一个交互式系统,它能显示这些线路,供 Sharon 选择或修改(如计算机可能并不知道一次洪水已经使某条线路不能用)。在 Sharon 选出可行线路及合理的估计时间后,Dispatcher 建立并解这个 BIP 模型。选择 3 条线路使总时间最短,同时每个目的地只包含在一条线路中。今天上午 Sharon 同意了所有的线路。

(a) 建立这个 BIP 模型。

C(b) 使用计算机解这个模型。

12.4-7 越来越多的美国人在他们退休之后搬到更暖和的地方。为了利用这种趋势,Sunny Skier Unlimited 公司正在实施一项大型房地产开发项目。这个项目是开发一个全新的退休社区(称为 Pilgrim Haven),占地面积达几平方英里。决策之一是怎样在社区里安置两个消防站。在计划中,Pilgrim Haven 划分为 5 个地区,每个地区要安置的消防站不能多于一个。每个消防站要对其所在地区的所有火灾负责,也要对分配给这个消防站的其他地区发生的火灾负责。因此,决策包括:①需要建立消防站的社区;②把每个地区分配给每个消防站。目标是使火灾的平均响应时间最短。

下表给出了如果一个地区由坐落在给定地区(行)的给定消防站负责,那么,在每个地区(列)内对火灾的平均响应时间。最下面一行给出了每天在每个地区,预计的火灾发生数量。

消防站坐落地区	发生火灾的响应时间/min				
	1	2	3	4	5
1	5	12	30	20	15
2	20	4	15	10	25
3	15	20	6	15	12
4	25	15	25	4	10
5	10	25	15	12	5
火灾的平均频率	2次/天	1次/天	3次/天	1次/天	3次/天

对这个问题建立一个 BIP 模型,确定相应的互斥约束和可能约束条件。

12.4-8 重新考虑习题 12.4-7。Sunny Skier Unlimited 公司的管理层现已设置消防站主要应考虑成本。对地区 1 来说,设立 1 个消防站的成本是 200000 美元,地区 2 是 250000 美元,地区 3 是 400000 美元,地区 4 是 300000 美元,地区 5 是 500000 美元。管理层的目标如下。

决定需要在哪些地区设置消防站,以使消防站的总成本最小,同时,要保证每个地区都有一个较近的消防站,对该地区火灾的响应时间不超过 15min(平均)。

与原始问题相比,注意消防站的总数量不再是固定的。如果一个没有消防站的地区拥有不止一个响应时间在 15min 内的消防站,那么,不再需要为这个地区指定消防站。

(a) 对于这个问题,用 5 个 0-1 变量建立一个完整的纯 BIP 模型。

(b) 这是一个设置覆盖问题吗?

C(c) 使用计算机解(a)建立的模型。

12.4-9 设想一个州可以派 R 个人去美国众议院。该州有 D 个郡($D>R$),州议会想把这些郡分配给不同的选区,每个选区派一个代表去国会。该州的总人口是 P。州议会想设立选区,每个选区的人数是 $p=P/R$。假设相关的立法委员会研究了这个选区问题,产生了 N 个候选选区的列表($N>R$)。每个候选选区包含附近的郡,总人数是 $p_j(j=1,2,\cdots,N)$,p_j 接近于 p。定义 $c_j=|p_j-p|$。每个郡 $i(i=1,2,\cdots,D)$ 至少包括在一个候选选区中,更为典型的情况是,一个郡包括在一定数量的候选选区中(为了提供更多可行的方式选择一组候选选区。每个郡恰好只包括一次)。定义

$$a_{ij}=\begin{cases}1, & i\text{ 郡包括在候选选区 }j \\ 0, & \text{否则}\end{cases}$$

给定 c_j 和 a_{ij},目标是从 N 个候选选区中选择 R 个,使每个郡都只包括在一个选区内,c_j 的最大值尽可能小。

为这个问题建立一个 BIP 模型。

12.5-1 阅读 12.5 节应用案例概要描述并在其参考文献中详述的运筹学研究。简述整数规划在这项研究中是如何得到应用的,然后列出该项研究带来的各类财务与非财务效益。

12.5-2* 考虑下述 IP 问题。

Max $Z = 5x_1 + x_2$

s.t.

$-x_1 + 2x_2 \leq 4$

$x_1 - x_2 \leq 1$

$4x_1 + x_2 \leq 12$

$x_1 \geq 0, x_2 \geq 0$

$x_1 、 x_2$ 是整数。

(a) 用图形求解这个问题。

(b) 用图形求解这个 LP 松弛。把这个解变成最近整数解,并检查它是否可行。然后,通过以所有可能的方式(如通过把非整数解变大变小)对 LP 松弛的解进行改进,列出所有改进解。对每个改进解,检查它的可行性。如果可行,则计算 Z。说明是否所有这些改进可行解对这个问题都是最优的。

12.5-3 用习题 12.5-2 的说明解下述 IP 问题。

Max $Z = 220x_1 + 80x_2$

s.t.

$5x_1 + 2x_2 \leqslant 16$

$2x_1 - x_2 \leqslant 4$

$-x_1 + 2x_2 \leqslant 4$

$x_1 \geqslant 0, x_2 \geqslant 0$

$x_1 、 x_2$ 是整数。

12.5-4 用习题 12.5-2 的说明解下述 BIP 问题。

Max $Z = 2x_1 + 5x_2$

s.t.

$10x_1 + 30x_2 \leqslant 30$

$95x_1 - 30x_2 \leqslant 75$

$x_1 、 x_2$ 是 0-1 变量。

12.5-5 用习题 12.5-2 说明解下述 BIP 问题。

Max $Z = -5x_1 + 25x_2$

s.t.

$-3x_1 + 30x_2 \leqslant 27$

$3x_1 + x_2 \leqslant 4$

$x_1 、 x_2$ 是 0-1 变量。

12.5-6 判断下列陈述,参考本章的相关陈述,证明你的答案。

(a) 线性规划问题一般比 IP 问题更容易求解。

(b) 对 IP 问题,在确定计算难度方面,一般整数变量的数量比函数约束的数量更重要。

(c) 为了用适当的程序求解 IP 问题,可以用单纯形法求解这个 LP 松弛问题,然后把每个非整数解变成最近整数,这个结果是可行的,但不一定是这个 LP 问题的最优解。

D,I 12.6-1* 利用 12.6 节中 0-1 整数规划的分支定界算法,求解以下问题。

Max $Z = 2x_1 - x_2 + 5x_3 - 3x_4 + 4x_5$

s.t.

$3x_1 - 2x_2 + 7x_3 - 5x_4 + 4x_5 \leqslant 6$

$x_1 - x_2 + 2x_3 - 4x_4 + 2x_5 \leqslant 0$

x_j 是 0-1 变量,$j = 1, 2, \cdots, 5$。

D,I 12.6-2 利用 12.6 节中 0-1 整数规划的分支定界算法,求解以下问题。

Min $Z = 5x_1 + 6x_2 + 7x_3 + 8x_4 + 9x_5$

s.t.

$$3x_1 - x_2 + x_3 + x_4 - 2x_5 \geq 2$$
$$x_1 + 3x_2 - x_3 - 2x_4 + x_5 \geq 0$$
$$-x_1 - x_2 + 3x_3 + x_4 + x_5 \geq 1$$

x_j 是 0-1 变量，$j=1,2,\cdots,5$。

D,I 12.6-3　利用 12.6 节中 0-1 整数规划的分支定界算法，求解以下问题。

Max $Z = 5x_1 + 5x_2 + 8x_3 - 2x_4 + 4x_5$

s. t.

$$-3x_1 + 6x_2 - 7x_3 + 9x_4 + 9x_5 \geq 10$$
$$x_1 + 2x_2 - x_4 - 3x_5 \leq 0$$

x_j 是 0-1 变量，$j=1,2,\cdots,5$。

D,I 12.6-4　重新思考习题 12.3-6(a)。利用 12.6 节中 0-1 整数规划的分支定界算法，求解该问题。

D,I 12.6-5　重新思考习题 12.4-8(a)。利用 12.6 节中 0-1 整数规划算法，求解该问题。

12.6-6　对于任意一个纯整数规划问题(形式为求极大值)及其线性松弛问题，思考以下论断。判断每个论断，并验证你的回答。

(a) 线性松弛问题的可行域是整数规划问题可行域的一个子集。

(b) 如果线性松弛问题的一个最优解是整数解，则两个问题的目标函数最优值都一样。

(c) 如果某个非整数解是线性松弛问题的可行解，则最接近的整数解(每个变量取最近的整数值)是整数规划问题的可行解。

12.6-7*　思考下面的指派问题，成本表如下。

		任　务				
		1	2	3	4	5
人员	1	39	65	69	66	57
	2	64	84	24	92	22
	3	49	50	61	31	45
	4	48	45	55	23	50
	5	59	34	30	34	18

(a) 针对此类问题，设计一种分支定界算法，具体说明如何分支、定界和剪枝(提示：对当前子问题中还未指派任务的人员，删除其只能恰好完成一项任务的限制，构造松弛问题)。

(b) 利用该算法求解此问题。

12.6-8　有 5 项工作，需在某台机器上完成。每项工作的启动时间取决于前一项在该机器上执行的工作，如下表所列。

		启动时间				
		工作				
		1	2	3	4	5
前一项工作	无	4	5	8	9	4
	1	—	7	12	10	9
	2	6	—	10	14	11
	3	10	11	—	12	10
	4	7	8	15	—	7
	5	12	9	8	16	—

目的是安排这些工作的顺序,使总的启动时间最小。

(a) 针对此类定序问题,设计一种分支定界算法,具体说明如何分支、定界和剪枝。

(b) 利用该算法求解此问题。

12.6-9* 思考以下的非线性 0-1 整数规划问题。

Max $Z = 80x_1 + 60x_2 + 40x_3 + 20x_4 - (7x_1 + 5x_2 + 3x_3 + 2x_4)^2$

s.t. $x_j = 0$ 或 $1(j=1,2,3,4)$。

给定前 k 个变量 $x_1, x_2, \cdots, x_k$ 的值,$k=0,1,2$ 或 3,则 Z 的上界可由其相应的可行解通过下式得到,即

$$\sum_{j=1}^{k} c_j x_j - \left(\sum_{j=1}^{k} d_j x_j\right)^2 + \sum_{j=k+1}^{4} \max\left\{0, c_j - \left[\left(\sum_{i=1}^{k} d_i x_i + d_j\right)^2 - \left(\sum_{i=1}^{k} d_i x_i\right)^2\right]\right\}$$

其中 $c_1 = 80, c_2 = 60, c_3 = 40, c_4 = 20, d_1 = 7, d_2 = 5, d_3 = 3, d_4 = 2$。采用分支定界法,利用此边界值求解这个问题。

12.6-10 思考 12.6 节结尾附近所述的拉格朗日松弛。

(a) 如果 x 是某个混合整数规划问题的可行解,那么,x 也必定是其相应的拉格朗日松弛问题的可行解。

(b) 如果 x^* 是某个混合整数规划问题的最优解,其目标函数值为 Z,那么,$Z \leq Z_R^*$,其中 Z_R^* 是相应的拉格朗日松弛问题的最优目标函数值。

12.7-1 阅读 12.7 节应用案例中概要描述并在其参考文献中详述的运筹学的研究。简述整数规划是如何应用于该项研究的,然后列出该项研究带来的财务与非财务的效益。

12.7-2* 思考以下的整数规划问题。

Max $Z = -3x_1 + 5x_2$

s.t.

$5x_1 - 7x_2 \geq 3$

$x_j \leq 3$

$x_j \geq 0$

x_j 是 0-1 变量,$j=1,2$。

(a) 采用图解法求解此问题。

(b) 利用 12.7 节中的混合整数规划的分支定界算法,人工求解该问题。对每个子问题,采用图解法求解它的线性松弛问题。

(c) 用 0-1 变量表示整数变量,把该问题重新构造成 0-1 整数规划问题。

D,I (d) 利用 12.6 节中 0-1 整数规划的分支定界算法,求解 (c) 中构造的问题。

12.7-3 按照习题 12.7-1 的条件,求解下面的整数规划模型。

Min $Z = 2x_1 + 3x_2$

s.t.

$x_1 + x_2 \geq 3$

$x_1 + 3x_2 \geq 6$

且

$x_1 \geq 0, x_2 \geq 0$

x_j 是 0-1 变量。

12.7-4 重新思考习题 12.5-2 的整数规划问题。

(a) 利用 12.7 节中介绍的混合整数规划的分支定界算法,人工求解该问题。对每个子问

题,采用图解法求解它的线性松弛问题。

D,I(b) 利用辅导书中的方法求解该问题。

C(c) 利用计算机程序求解该问题,检查你的答案。

D,I 12.7-5 思考在 12.5 节中讨论过的图 12.3 所示的整数规划示例。利用 12.7 节中介绍的混合整数规划的分支定界算法,求解该问题。

D,I 12.7-6 重新思考习题 12.3-5(a)。利用 12.7 节中介绍的混合整数规划的分支定界算法,求解该问题。

12.7-7 某个机械车间生产两种产品。生产 1 单位的第一种产品要求机器 1 运行 3h,机器 2 运行 2h。生产 1 单位的第二种产品要求机器 1 运行 2h,机器 2 运行 3h。每天机器 1 只能工作 8h,机器 2 只能工作 7h。每售出 1 单位的第一种产品,所获利润为 16,第二种产品为 10。每种产品每天的生产总量必须是 0.25 的整数倍。目标是确定每种产品的生产量,使利润最大化。

(a) 对该问题构造整数规划模型。

(b) 采用图解法求解此模型。

(c) 分析图形,应用 12.7 节中介绍的混合整数规划的分支定界算法,求解该模型。

D,I (d) 应用辅导书中的交互程序求解此模型。

C(e) 利用计算机程序求解(b)、(c)、(d)中的模型,检查你的答案。

D,I 12.7-8 利用 12.7 节中介绍的混合整数规划的分支定界算法,求解下面的整数规划问题。

Max $Z = 5x_1 + 4x_2 + 4x_3 + 2x_4$

s.t.

$x_1 + 3x_2 + 2x_3 + x_4 \leq 10$

$5x_1 + x_2 + 3x_3 + 2x_4 \leq 15$

$x_1 + x_2 + x_3 + x_4 \leq 6$

且

$x_j \geq 0, j = 1, 2, 3, 4$

x_j 是 0-1 变量,$j = 1, 2, 3$。

D,I 12.7-9 利用 12.7 节中介绍的混合整数规划的分支定界算法,求解下面的整数规划问题。

Max $Z = 3x_1 + 4x_2 + 2x_3 + x_4 + 2x_5$

s.t.

$2x_1 - x_2 + x_3 + x_4 + x_5 \leq 3$

$-x_1 + 3x_2 + x_3 - x_4 - 2x_5 \leq 2$

$2x_1 + x_2 - x_3 + x_4 + 3x_5 \leq 1$

且

$x_j \geq 0, j = 1, 2, 3, 4, 5$

x_j 是 0-1 变量,$j = 1, 2, 3$。

D,I 12.7-10 利用 12.7 节中介绍的混合整数规划的分支定界算法,求解下面的整数规划问题。

Min $Z = 5x_1 + x_2 + x_3 + 2x_4 + 3x_5$

s.t.

$$x_2-5x_3+x_4+2x_5 \geq -2$$
$$5x_1-x_2+x_5 \geq 7$$
$$x_1+x_2+6x_3+x_4 \geq 4$$

且

$$x_j \geq 0, j=1,2,3,4,5$$

x_j 是 0-1 变量,$j=1,2,3$。

12.8-1* 下面的每个约束属于不同的纯 0-1 整数规划问题,利用这些约束尽可能多地固定变量的值。

(a) $4x_1+x_2+3x_3+2x_4 \leq 2$

(b) $4x_1-x_2+3x_3+2x_4 \leq 2$

(c) $4x_1-x_2+3x_3+2x_4 \geq 7$

12.8-2 下面的每个约束属于不同的纯 0-1 整数规划问题,利用这些约束尽可能多地固定变量的值。

(a) $20x_1-7x_2+5x_3 \leq 10$

(b) $10x_1-7x_2+5x_3 \geq 10$

(c) $10x_1-7x_2+5x_3 \leq -1$

12.8-3 下面的每个约束属于同一个纯 0-1 整数规划问题,利用这些约束尽可能多地固定变量的值,并识别由于固定变量而变成冗余的约束。

$$3x_3-x_5+x_7 \leq 1$$
$$x_2+x_4+x_6 \leq 1$$
$$x_1-2x_5+2x_6 \geq 2$$
$$x_1+x_2-x_4 \leq 0$$

12.8-4 下面的每个约束属于不同的纯 0-1 整数规划问题,识别由于设置变量为 0-1 变量而成为冗余的约束,并说明其成为或不成为冗余的原因。

(a) $2x_1+x_2+2x_3 \leq 5$

(b) $3x_1-4x_2+5x_3 \leq 5$

(c) $x_1+x_2+x_3 \geq 2$

(d) $3x_1-x_2-2x_3 \geq -4$

12.8-5 在 12.8 节的强化约束小节,我们指出约束 $4x_1-3x_2+x_3+2x_4 \leq 5$ 可被强化到 $2x_1-3x_2+x_3+2x_4 \leq 3$。然后,再强化到 $2x_1-2x_2+x_3+2x_4 \leq 3$。应用强化约束的步骤,证实该结果。

12.8-6 按照强化约束的步骤,强化下面的纯 0-1 整数规划问题的约束。

$$3x_1-2x_2+x_3 \leq 3$$

12.8-7 按照强化约束的步骤,强化下面的纯 0-1 整数规划问题的约束。

$$x_1-x_2+3x_3+4x_4 \geq 1$$

12.8-8 按照强化约束的步骤,强化下面某个纯 0-1 整数规划问题的约束集。

(a) $x_1+3x_2-4x_3 \leq 2$

(b) $3x_1-x_2+4x_3 \geq 1$

12.8-9 12.8 节中以某个纯 0-1 整数规划问题为例,其约束为 $2x_1+3x_2 \leq 4$,说明了强化约束的步骤。请你应用生成割平面的步骤,由此约束产生同样的约束 $x_1+x_2 \leq 1$。

12.8-10 某个纯 0-1 整数规划问题,它的某个约束为 $x_1+3x_2+2x_3+4x_4 \leq 5$,找出该约束的所有最小覆盖,然后求出相应的割平面。

12.8-11 某个纯 0-1 整数规划问题,它的某个约束为 $3x_1+4x_2+2x_3+5x_4 \leq 7$,找出该约束的所有最小覆盖,然后求出相应的割平面。

12.8-12 对下面的纯 0-1 整数规划问题的约束,生成尽可能多的割平面。
$3x_1+5x_2+4x_3+8x_4 \leq 10$

12.8-13 对下面的纯 0-1 整数规划问题的约束,生成尽可能多的割平面。
$5x_1+3x_2+7x_3+4x_4+6x_5 \leq 9$

12.8-14 思考下面的 0-1 整数规划问题。
Max $Z = 2x_1+3x_2+x_3+4x_4+3x_5+2x_6+2x_7+x_8+3x_9$
s. t.
$3x_2+x_4+x_5 \geq 3$
$x_1+x_2 \leq 1$
$x_2+x_4-x_5-x_6 \leq -1$
$x_2+2x_6+3x_7+x_8+2x_9 \geq 4$
$-x_3+2x_5+x_6+2x_7-2x_8+x_9 \leq 5$
x_j 是 0-1 变量。

采用自动的问题预处理(固定变量、删除冗余约束和强化约束)技术,使该问题的约束最强化,然后观察该强化后的问题,得出最优解。

12.9-1 思考下面的问题。
Max $Z = 3x_1+2x_2+4x_3+x_4$
s. t.
$x_1 \in \{1,3\}, x_2 \in \{1,2\}, x_3 \in \{2,3\}, x_4 \in \{1,2,3,4\}$
每个变量的值必须都不一样:
$x_1+x_2+x_3+x_4 \leq 10$
采用约束规划技术(域缩减、约束传播、搜寻步骤和枚举),找出所有可行解,然后找到一个最优解,说明你的运算步骤。

12.9-2 思考下面的问题。
Max $Z = 5x_1-x_1^2+8x_2-x_2^2+10x_3-x_3^2+15x_4-x_4^2+20x_5-x_5^2$
s. t.
$x_1 \in \{3,6,12\}, x_2 \in \{3,6\}, x_3 \in \{3,6,9,12\}, x_4 \in \{6,12\}, x_5 \in \{9,12,15,18\}$
每个变量的值必须都不一样:
$x_1+x_3+x_4 \leq 25$
采用约束规划技术(域缩减、约束传播、搜寻步骤和枚举),找出所有可行解,然后找到一个最优解。说明你的运算步骤。

12.9-3 思考下面的问题。
Max $Z = 100x_1-3x_1^2+400x_2-5x_2^2+200x_3-4x_3^2+100x_4-2x_4^4$
s. t.
$x_1 \in \{25,30\}, x_2 \in \{20,25,30,35,40,50\}, x_3 \in \{20,25,30\}, x_4 \in \{20,25\}$
每个变量的值必须都不一样:
$$x_1+x_2 \leq 60$$
$$x_3+x_4 \leq 50$$

采用约束规划技术(域缩减、约束传播、搜寻步骤和枚举),找出所有可行解,然后找到一个最优解。说明你的运算步骤。

12.9-4 思考 9.3 节中人才市场的例子。表 9.25 把它看成一个指派问题,利用全局约束,为该指派问题建立一个简洁的约束规划模型。

12.9-5 思考习题 9.3-4 提出的混合接力中如何安排游泳选手的问题。书后的答案把它当成指派问题建模。利用全局约束,为该指派问题建立一个简洁的约束规划模型。

12.9-6 思考习题 11.3-3,该问题是决定给这 4 门课的期末考试,每门课多少天的学习时间。为该问题建立一个简洁的约束规划模型。

12.9-7 习题 11.3-2 讨论了一个拥有 3 家连锁零售商店的店主如何在每个商店分配草莓的问题,为该问题建立一个简洁的约束规划模型。

12.9-8 约束规划的特点之一是变量可作为目标函数中的各项下标。例如,思考下面的货郎问题。货郎需走过 n 个城市(城市 $1,2,\cdots,n$),每个城市恰好走一次,起点是城市 1(他的家乡)。走遍整个旅程,最后返回城市 1。令 c_{ij} 表示城市 i 与城市 j 之间的距离,$i,j=1,2,\cdots,n(i\neq j)$。目的是确定一条路线,使得整个旅程的总长度最短(在第 14 章的介绍中,货郎问题被认为是著名的古典运筹学问题,它可以应用于许多与货郎毫无关系的场合)。

令决策变量 $x_j(j=1,2,\cdots,n,n+1)$ 代表货郎走过的第 j 个城市,其中 $x_1=1,x_{n+1}=1$。采用约束规划,目标函数可表示为

$$\text{Min } Z = \sum_{j=1}^{n} c_{x_j, x_{j+1}}$$

采用该目标函数,为该问题建立一个完整的约束规划模型。

第 13 章 非线性规划

本书 1/3 的内容侧重于讲述线性规划，足以证明线性规划在运筹学中起基础性作用。线性规划的一个关键性假设是：线性规划的所有函数（目标函数和约束函数）均为线性函数。尽管这一假设在许多实际问题中基本适用，但它往往不成立。因此，通常需要直接处理非线性规划问题，本章将介绍这一重要领域。

在一个通用式[①]中，非线性规划的问题是找到 $\boldsymbol{x}=(x_1,x_2,\cdots,x_n)$，以便

Max $f(\boldsymbol{x})$

s.t.

$g_i(\boldsymbol{x}) < b_i, \quad i=1,2,\cdots,m$

且

$\boldsymbol{x} \geq 0$

其中 $f(\boldsymbol{x})$ 和 $g_i(\boldsymbol{x})$ 为 n 决策变量的给定函数。[②]

根据 $f(\boldsymbol{x})$ 和 $g_i(\boldsymbol{x})$ 函数的特性不同存在多种不同类型的非线性规划问题。不同类型的问题采用不同的算法。对于某些形式简单的函数类型，问题可以有效解决。对其他类型的问题，即使是小问题也存在较大挑战。

由于类型和算法繁多，非线性规划属于一个特别大的课题。我们没有能力全面研究这一课题，但我们给出了一些应用实例，并介绍了解决某些重要类型的非线性规划问题的基本思路。

13.1 应用实例

下面举例说明部分已应用非线性规划解决的几种重要问题类型。

13.1.1 具有价格弹性的产品组合问题

产品组合问题（如 3.1 节中介绍的 Wyndor Glass 公司的问题）的目标是，在公司产品生产所需资源有限的条件下确定产品的最优生产水平组合，以实现公司总利润最大化。某些情况下，每个产品都有一个固定的单位利润，所以其目标函数为线性函数。但在许多产品组合问题中，某些因素会将非线性引入到目标函数中。

例如，一家大型制造商可能遇到价格弹性的问题，能够卖出的产品数量与产品定价成反比关系。因此，一个典型产品的价格需求曲线可能是如图 13.1 所示的曲线，其中，$p(x)$ 为卖出 x 单位产品所需要的售价。那么，公司生产和销售 x 单位产品所获利润为产品销售收入 $xp(x)$ 减去生产和销售成本。因此，如果生产和销售产品的单位成本固定为 c（见图 13.1 中虚线），公司生产和销售 x 单位产品的利润由非线性函数得出，如图 13.2 所示，即

$$p(x) = xp(x) - cx$$

[①] 3.2 节列出了线性规划对应的其他正规形式。4.6 节介绍了如何将其他形式转换为此处所述形式。
[②] 为简单起见，整章假设所有这些函数为可导函数或分段线性函数（在 13.1 节和 13.8 节中讲述）。

如果公司 n 个产品中每一个均有一个类似的利润函数,如生产和销售 x_j 个单位产品 $j(j=1,2,\cdots,n)$ 的函数为 $P_j(x_j)$,则整体目标函数为

$$f(\boldsymbol{x}) = \sum_{i=1}^{n} P_j(X_i)$$

该函数是非线性函数的总和。

目标函数中出现非线性的另一个原因是给定产品在生产一个单位产品时的边际成本会随生产水平的不同而发生变化。例如,当生产水平因学习曲线效应(生产效率随着经验的增长而提升)而提高时边际成本可能降低。另一方面,边际成本也可能由于一些特殊措施(如加班或为进一步增加产量而使用更昂贵的生产设施)而上升。

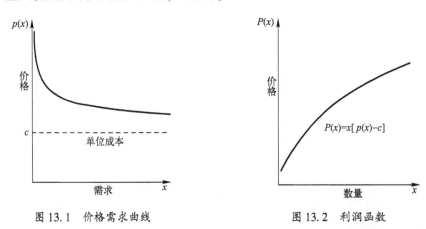

图 13.1　价格需求曲线　　　　　图 13.2　利润函数

非线性也可能在 $g_i(\boldsymbol{x})$ 约束函数中以类似方式出现。例如,如果对总生产成本有预算约束,且生产的边际成本发生上述变化,则成本函数为非线性函数。对于其他类型资源的约束条件,只要相应资源的使用不与各产品生产水平严格成比例,$g_i(\boldsymbol{x})$ 即为非线性函数。

13.1.2　运输成本存在总量折扣时的运输问题

9.1 节中例举的 P&T 公司的例子,运输问题的一个典型应用是,在给定供应和需求约束条件的情况下确定将货物从不同货源运往不同目的地的最优方案,从而最大限度降低总的运输成本。第 9 章中假设,不论运输数量多少,从指定货源运到指定目的地的单位成本是固定的,实际上该成本可能不固定。有时大批量运输可以享受总量折扣,因此,增加一个单位的产品运输其边际成本可能遵循如图 13.3 所示的模式。由此产生的运输 x 个单位产品的成本由非线性函数 $C(x)$ 确定,该函数为分段线性函数,斜率等于边际成本,如图 13.4 所示(图 13.4 所示函数由一个斜率为 6.5(从(0,0)到(0.6,3.9))的线段、斜率为 5(从(0.6,3.9)到(1.5,8.4))的第二线段、斜率为 4(从(1.5,8.4)到(2.7,13.2))的第三线段和斜率为 3(从(2.7,13.2)到(4.5,18.6))的第四线段组成)。因此,如果每个货源和目的地组合均存在类似的运输成本函数关系,则从货源 $i(i=1,2\cdots,m)$ 处运输 x_{ij} 个单位产品到目的地 $j(j=1,2\cdots,n)$ 的运输成本由非线性函数 $C_{ij}(x_{ij})$ 得出,那么,需要最小化的整体目标函数为

$$f(\boldsymbol{x}) = \sum_{i=1}^{m} \sum_{j=1}^{n} c_{ij}(X_{ij})$$

即使存在该非线性目标函数,通常约束条件仍然为适合 9.1 节所述运输问题模型的特殊线性约束条件。

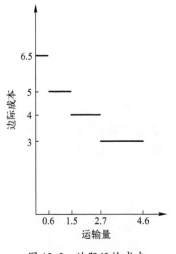

图 13.3　边际运输成本

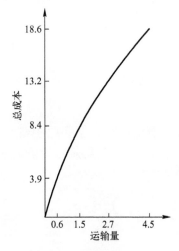

图 13.4　运输成本函数

13.1.3　存在风险的证券投资组合选择

现在,大型股票投资组合职业经理人的一个常见做法是,利用计算机模型指导其工作。由于投资者关心预期回报(收益)和投资相关风险,因此,可采用非线性规划确定一定假设条件下的投资组合,在两个因素之间找到一个最佳平衡。该方法主要基于哈利·马可维兹(Harry Markowitz)和威廉·夏普(William Sharpe)的开创性研究,他们也因此研究赢得了1990年度诺贝尔奖经济学奖。

应用案例

以色列工人银行集团(Bank Hapoalim Group)是以色列最大的银行集团,服务范围遍及全国。截至2012年年初,该银行集团在以色列拥有300多家分行和8个区域商业中心。集团还在南北美洲和欧洲的主要金融中心拥有多家分支机构、办事处和子公司。

工人银行主要业务包括为客户提供投资顾问。为了在行业中保持领先地位,管理层组建了一个运筹学研究小组,开始实施一项重组计划,以便为投资顾问提供最先进的方法和技术。

研究小组得出结论,需要为投资顾问开发一个灵活的决策支持系统,可根据每位客户的不同需求量身定制服务。要求每位客户提供其全面的需求信息,包括从多个投资选项中确定其投资目标、投资范围、力争超越的指数、货币和流动性偏好等。同时还要求客户回答一系列问题,以确定该客户的风险承受能力类别。

此类决策支持系统(称为最优货币系统)模型通常就是典型的投资组合选择非线性规划模型,这也是本节所述内容。只不过是结合每个客户需求信息,进行了相应修正。该模型从60类股票和债券资产的投资组合中产生最优加权类型,随后投资顾问与客户共同从这些优选项中挑选所拟投资的股票和债券。

全面实施的第一年,使用该决策支持系统的银行投资顾问与63000名客户召开了133000次咨询会议。根据系统提供投资建议的客户,其超出基准的年收益总计约2.44亿美元,同时银行年收入增加3100万美元以上。

来源:M. Avriel, H. Pri-Zan, R. Meiri, and A. Peretz: "OptiMoney at Bank Hapoalim: A Model-Based Investment Decision Support System for Individual Customers," Interfaces, 34(1):39-50, Jan.-Feb. 2004. (我们的网址提供了本文链接:www.mhhe.com/hillier。)

建立该问题的非线性规划模型,假设考虑将 n 支股股票(证券)纳入投资组合中,且令决策变量 $x_j(j=1,2,\cdots,n)$ 为组合中所包含的股票 j 的数量。令 μ_j 和 σ_{jj} 分别为(预估)股票 j 每股收益的均值和方差,其中 σ_{jj} 可测定该股票的风险。对于 $i=1,2,\cdots,n$ $(i \neq j)$,令 σ_{ij} 为股票 i 和股票 j 的每股收益的协方差(由于很难预估所有 σ_{ij} 的值,通常的做法是对市场行为做某种假设,从而可直接根据 σ_{ii} 和 σ_{jj} 计算 σ_{ij}),则整个投资组合的总回报预期值 $R(x)$ 和 $V(x)$ 可分别用以下公式表

示，即

$$R(\boldsymbol{x}) = \sum_{j=1}^{n} \mu_j X_j$$

和

$$V(\boldsymbol{x}) = \sum_{i=1}^{n} \sum_{j=1}^{n} \sigma_{ij} x_i x_j$$

式中：$V(\boldsymbol{x})$ 用于测定投资组合相关的风险。对这两个因素进行权衡的方法之一就是将 $V(\boldsymbol{x})$ 作为需要最小化的目标函数，再规定约束条件，即 $R(\boldsymbol{x})$ 不得小于最低可接受预期回报，则完整的非线性规划模型为

$$\text{Min} \quad V(\boldsymbol{x}) = \sum_{i=1}^{n} \sum_{j=1}^{n} \sigma_{ij} x_i x_j$$

s. t.

$$\sum_{j=1}^{n} \mu_j x_j \geq L$$

$$\sum_{j=1}^{n} P_j x_j \leq B$$

且

$$x_j \geq 0 \quad (j=1,2\cdots,n)$$

式中：L 为可接受的最低预期回报；P_j 为股票 j 的每股价格；B 为投资组合预算资金。

该公式的一个不足是，较难选择适当的 L 值以达到 $R(\boldsymbol{x})$ 和 $V(\boldsymbol{x})$ 之间的最佳平衡。因此，与其只能选择一个 L 值，更常见的做法是使用一个参数（非线性）规划方法来生成最优解，作为一系列 L 值的 L 函数。下一步要检验部分 L 值最优解的 $R(\boldsymbol{x})$ 和 $V(\boldsymbol{x})$ 值，然后，选择似乎能达到两个量之间最佳平衡的解。这通常也是在 $R(\boldsymbol{x})$ 和 $V(\boldsymbol{x})$ 二维图上各点的有效边界，对可行的 $\boldsymbol{x}$ 生成解的过程。原因是一个最优 $\boldsymbol{x}$（对于部分 L）的 $(R(\boldsymbol{x})$ 和 $V(\boldsymbol{x}))$ 点落在可行点的前沿（边界）上。此外，从以下角度看，每个最优 $\boldsymbol{x}$ 都是有效的，因为对一个参数而言（R 或 V）没有别的可行解至少一样好，且该解对另一个参数值（更小的 V 或更大的 R）来说更好。

这是一个特别重要的非线性规划应用。目前，投资组合优化非线性规划在现代金融分析工作应用处于核心地位（广而言之，新出现的金融工程学领域，极为重视运筹学技术的应用，对包括投资组合优化在内的各种金融问题，进行非线性规划）。如本节应用案例所示，该类非线性规划的应用在实践中正产生着巨大的影响。同时，对上述模型和复杂类型的投资组合分析的相关非线性规划模型特性与应用研究仍在不断进行。

13.2 非线性规划问题的图解说明

当一个非线性规划问题只有一个或两个变量时，其图形表现与 3.1 节中所述的 Wyndor Glass 公司的线性规划实例非常相似。该类图形表示法对线性和非线性规划最优解的性质进行了深入描述，让我们看几个示例。为凸显线性规划和非线性规划之间的区别，将使用 Wyndor Glass 公司问题的部分非线性变化。

如图 13.5 所示，3.1 节所述模型第二个和第三个函数约束条件均被单非线性约束条件 $9x_1^2 + 5x_1^2 \leq 216$ 取代时所发生的变化。比较图 13.5 与图 3.3，最优解仍然处于 $(x_1, x_2) = (2,6)$。此外，最优解仍位于可行域的边界上。但它不是角点可行（CPF）解。最优解本可以是目标函数

(检验 $Z=3x_1+x_2$)不同的角点可行(CPF)解,但事实上,最优解不必为一个,这也就意味着我们不能再进一步简化,将线性规划的最优解的搜索范围仅限制在角点可行解范围内。

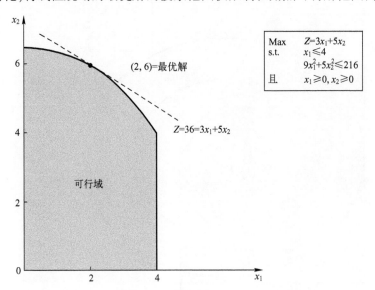

图 13.5 Wyndor Glass 公司示例,将非线性约束条件 $9x_1^2+5x_2^2 \leqslant 216$ 替代原第二个和第三个约束条件

现在假设 3.1 节的线性约束保持不变,但目标函数为非线性。例如,如果
$$Z=126x_1-9x_1^2+182x_2-13x_2^2$$
则图 13.6 所示图形表法表明最优解是 $x_1=\dfrac{8}{3}, x_2=5$,同样位于可行域边界上(该最优解的 Z 值是 $Z=857$,所以图 13.6 描述了这样一个事实,即所有 $Z=857$ 的点其轨迹与可行域在该点相交,而任何 Z 值较大的点其轨迹与可行域不相交)。另一方面,如果
$$Z=54x_1-9x_1^2+78x_2-13x_2^2$$

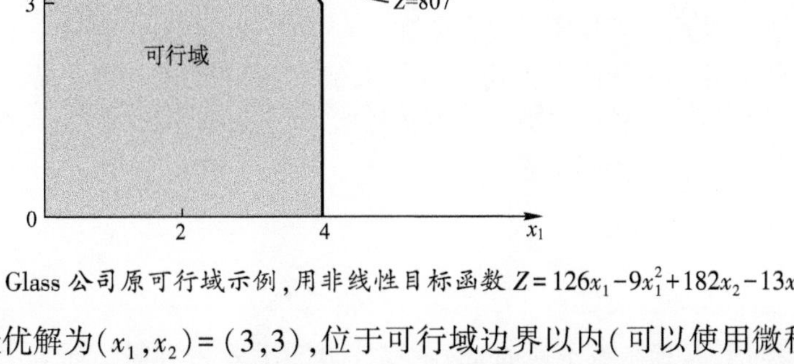

图 13.6 Wyndor Glass 公司原可行域示例,用非线性目标函数 $Z=126x_1-9x_1^2+182x_2-13x_2^2$ 替代原目标函数

则图 13.7 表明最优解为 $(x_1, x_2)=(3,3)$,位于可行域边界以内(可以使用微积分推导出该解为无约束全局最大值,从而验证该解为最优解;因为它同时还满足约束条件,所以一定是该约束问题的最优解)。因此,解决类似问题的通用算法需要考虑可行域的所有解,而非仅仅考虑边界上的解。

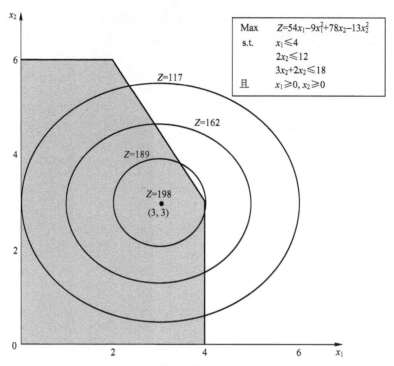

图 13.7 Wyndor Glass 公司原可行域示例,用另一个非线性目标函数 $Z=54x_1-9x_1^2+78x_2-13x_2^2$ 替代原目标函数

非线性规划中出现的另一个复杂情形是局部最大值不必为全局最大值(全局最优解)。例如,考虑图 13.8 中所示单变量函数。在 $0 \leqslant x \leqslant 5$ 区间,该函数有三个局部最大值:$x=0$、$x=2$ 和 $x=4$,但其中只有 $x=4$ 是全局最大值(同样,存在局部最小值 $x=1$、3 和 5,仅 $x=5$ 为全局最小值)。

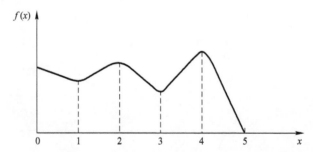

图 13.8 存在多个局部最大值($x=0$、2、4),但仅 $x=4$ 为全局最大值的函数

非线性规划算法一般无法区分局部最大值和全局最大值(除非找到另一个更优的局部最大值)。因此,清楚在什么条件下能确保任何局部最大值均为可行域上的全局最大值就变得非常关键。说到微积分,你可能还记得,当满足以下条件时,在无任何约束条件的情况下可使单变量 $f(x)$ 的普通(二阶可微)函数达到最大:

当 x 取任何值时,有

$$\frac{\partial^2 f}{\partial x^2} \leqslant 0$$

该类永远"曲线向下"(或根本不弯曲)的函数称为凹函数①。同样,如果用"≥"取代"≤",

---

① 凹函数有时称为下凹函数。

则该类永远"曲线向上"(或根本无曲线)的函数称为凸函数①(因此,线性函数既是凹函数也是凸函数)。以图13.9为例,请注意,图13.8所示为既不是凹函数也不是凸函数的函数,因为该函数在曲线向上和曲线向下之间交替。

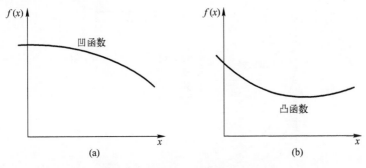

图13.9 凹函数(a)和凸函数示例(b)

有多个变量的函数,如果曲线总是向下或曲线总是向上,也可定性为凹函数或凸函数。以下是检验含有两个以上变量的函数(当函数由包含一个或两个变量的小函数的总和构成)是凹函数还是凸函数的简便方法。

如果每个小函数为凹函数,那么,整个函数也为凹函数。同样,如果各小函数为凸函数,则整个函数也为凸函数,即

$$f(x_1,x_2,x_3) = 4x_1-x_1^2-(x_2-x_3)^2$$
$$= [4x_1-x_1^2]+[-(x_2-x_3)^2]$$

如上所示函数为方括号中给出的两个小函数的总和。第一个小函数 $4x_1-x_1^2$ 是单变量 x_1 的函数,所以从其第二个导数为负数可看出该函数为凹函数。第二个小函数 $-(x_2-x_3)^2$ 是仅包含 x_2 和 x_3 的函数,是凹函数。因为两个小函数均为凹函数,所以整个函数 $f(x_1,x_2,x_3)$ 一定为凹函数。

如果一个非线性规划问题无约束条件,且目标函数为凹函数的,可保证局部最大值就是全局最大值(同样,目标函数为凸函数的,则局部最小值一定为全局最小值)。如果有约束条件,那么,再增加一个条件可保证这一点,即可行域为凸集。因此,凸集在非线性规划中具有非常关键的作用。

一个凸集仅为这样的一组点,即对于集合中的每一对点,连接两点间的整个线段也在集合中。因此,原Wyndor Glass公司问题(图13.6或图13.7)的可行域是一个凸集。事实上,任何线性规划问题的可行域都是凸集。同样,图13.5中的可行域也是一个凸集。

一般来说,当所有 $g_i(\boldsymbol{x})$(约束条件为 $g_i(\boldsymbol{x}) \le b_i$)为凸函数时,非线性规划问题的可行域为凸集。如图13.5所示,其两个 $g_i(\boldsymbol{x})$ 均为凸函数,因为 $g_1(\boldsymbol{x})=x_1$(线性函数自动为凹函数和凸函数),且 $g_2(\boldsymbol{x})=9x_1^2+5x_2^2$($9x_1^2$ 和 $5x_2^2$ 均为凸函数,所以其总和为凸函数)。这两个凸函数 $g_i(\boldsymbol{x})$ 导致图13.5所示可行域为一个凸集。

现在我们来看看当只有一个 $g_i(\boldsymbol{x})$ 为凹函数时的情形。尤其假设原Wyndor Glass公司问题的唯一变化是第二个和第三个函数约束被 $2x_2 \le 14$ 和 $8x_1-x_1^2+14x_2-x_2^2 \le 49$ 所取代,因此,新的 $g_3(\boldsymbol{x})=8x_1-x_1^2+14x_2-x_2^2$ 是一个凹函数,因为 $8x_1-x_1^2$ 和 $14x_2-x_2^2$ 均为凹函数。图13.10所示新的可行域不是凸集。为什么?这是因为该可行域包含对点,如(0,7)和(4,3),而连接两点间的线段部分不在可行域内。因此,不能保证一个局部最大值就是全局最大值。事实上,该例中有两个局部最大值,(0,7)和(3,4),但只有(0,7)是全局最大值。

---

① 凸函数有时称为上凹函数。

因此，为了保证约束条件为 $g_i(x) \leq b_i (i=1,2,\cdots,m)$ 和 $x \geq 0$ 的非线性规划问题的局部最大值即为全局最大值，目标函数 $f(x)$ 必须是一个凹函数，且各 $g_i(x)$ 必须也是凸函数。这类问题称为凸规划问题，也是 13.3 节中所述非线性规划问题的关键类型之一。

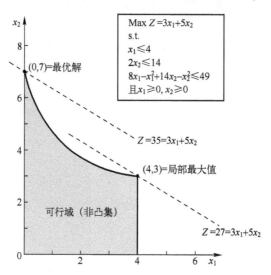

图 13.10　Wyndor Glass 公司示例，用 $2x_2 \leq 14$ 和非线性约束条件 $8x_1 - x_1^2 + 14x_2 - x_2^2 \leq 49$ 替代原第二、第三函数约束

13.3　非线性规划问题的类型

非线性规划问题有多种不同的形状和形式。与线性规划单纯形法不同，任何一个单一算法均不可能解决所有不同类型的问题。相反，人们针对各种不同类型（特殊类型）的非线性规划问题已经开发了多种算法。本节简要介绍最重要的几个类别。后面章节将说明如何解决上述类型的一些问题。为了简化讨论，整篇假设问题已按本章开头所述通用式进行了表述（或重新表述）。

13.3.1　无约束最优化

无约束最优化问题没有任何约束条件，所以其目标仅仅为了
Max $f(x)$
$x = (x_1, x_2, \cdots, x_n)$
当 $f(x)$ 为可微函数时，特解 $x = x^*$ 为最优解的必要条件为
$$\frac{\partial f}{\partial x_j} = 0, x = x^*, j = 1, 2, \cdots, n$$
当 $f(x)$ 为凹函数时，该条件也为充分条件，那么，解决了 x^* 就减少了将 n 偏导数设置为零从而解出系统 n 个方程组。不幸的是，对非线性函数 $f(x)$，这些方程往往也是非线性的，在此情况下，不大可能分析解出其解。下一步怎么办？13.4 节和 13.5 节介绍了找到 x^* 的算法搜索程序，首先是 $n=1$，然后是 $n>1$。这些程序在解决后面所述有约束条件的多种类型问题时同样发挥重要的作用。原因是，许多约束问题算法的设计可以使每次迭代部分过程中仅仅关注于无约束版本。

当变量 x_j 存在非负约束条件 $x_j \geq 0$ 时，各个 j 的前述充要（也许）条件作细微改变：
当 $x = x^*$ 时，如果 $x_j^* = 0$，则
$$\frac{\partial f}{\partial x_j} \leq 0$$

当 $x=x^*$ 时,如果 $x_j^* >0$,则

$$\frac{\partial f}{\partial x_j}=0$$

该情形如图 13.11 所示,其中单变量问题即使导数为负数而不为零时其最优解也是 $x=0$。由于此例有一个非负约束条件下需最大化的凹函数,在 $x=0$ 时导数小于或等于 0 是 $x=0$ 为最优的充要条件。

包含部分非负约束条件但无函数约束的问题是另一类问题的一个特例($m=0$)。

13.3.2 线性约束优化

线性约束优化问题的特点是约束条件完全符合线性规划,所以所有 $g_i(x)$ 约束函数均为线性函数,但目标函数 $f(x)$ 为非线性函数。仅考虑一个非线性函数和一个线性规划可行域可大大简化该问题。对非线性目标函数,人们开发了一系列基于单纯形法扩展的特殊算法。

下面要考虑的一个重要特例就是二次规划。

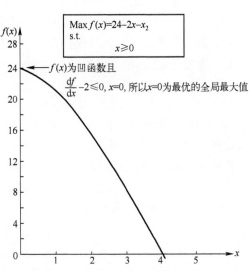

图 13.11 如何使最优解落在导数为负而不为零的点上的示例(由于该点位于非负约束条件边界上)

13.3.3 二次规划

二次规划问题同样也存在线性约束,但目前需最大化的目标函数 $f(x)$ 必须是二次函数,该函数且是凹函数。因此,除凹形假设外,这类问题与线性规划问题之间的唯一区别是目标函数中的部分项涉及变量的平方或两个变量的乘积。

人们开发了几种针对有效解决二次规划问题的特殊算法。13.7 节介绍的该类算法,与单纯形法的直接扩展有关。

二次规划非常重要,部分原因是许多应用中会自然出现这类公式。例如,13.1 节所述风险证券投资组合选择问题就是这种形式。但另一个主要原因是,解决一般线性约束优化问题的一种常见方法是解决一系列二次规划近似值问题。

13.3.4 凸规划

凸规划涵盖了一大类问题,这些问题实际囊括了前面所述的所有特例中 $f(x)$ 需最大化的凹函数类型。本章开始时提出的一般问题形式(包括最大化)假设依然成立,假设如下:

(1) $f(x)$ 为凹函数。
(2) 各个 $g_i(x)$ 为凸函数。

如 13.2 节结尾所述,这些假设条件足以保证局部最大值即为全局最大值。如果目标是使 $f(x)$ 最小化,则在 $g_i(x) \leq b_i$ 或 $-g_i(x) \geq b_i$ ($i=1,2,\cdots,m$) 约束条件下,第一个假设条件将变为 $f(x)$ 必须为凸函数,因为这是确保局部最小值为全局最小值的所需条件。13.6 节中会看到,这类最优解的充要条件是无约束优化及其延伸条件的自然扩展,使其包含非负约束条件。13.9 节将介绍解决凸规划问题的算法。

13.3.5 可分规划

可分规划是凸规划的一个特例,其中一个附加假设如下。

(3) 所有 $f(\boldsymbol{x})$ 和 $g_i(\boldsymbol{x})$ 函数均为可分函数。

可分函数是指其中每一项仅涉及一个单变量,使函数可分为单变量函数的总和。例如,如果 $f(\boldsymbol{x})$ 是一个可分函数,则可以表示为

$$f(\boldsymbol{x}) = \sum_{j=1}^{n} f_j(x_j)$$

式中:每个 $f_j(x_j)$ 函数仅包含只有 x_j 的项。线性规划术语(见3.3节)中,可分规划问题满足可加性假设条件,但当 $f_j(x_j)$ 函数为非线性函数时,比例假设不成立。

具有示例如下:图13.6中所示目标函数

$$f(x_1, x_2) = 126x_1 - 9x_1^2 + 182x_2 - 13x_2^2$$

是一个可分函数,因为它可以表示为

$$f(x_1, x_2) = f_1(x_1) + f_2(x_2)$$

式中:$f_1(x_1) = 126x_1 - 9x_1^2$ 和 $f_2(x_2) = 182x_2 - 13x_2^2$ 分别为单变量 x_1 和 x_2 的函数。同理,可以验证图13.7所示目标函数同样也是可分函数。

区分可分规划问题与其他凸规划问题非常重要,因为任何该类问题都可能与线性规划问题极为相似,所以可以采用极为有效的单纯形法。该方法在13.8节进行了介绍(为简便起见,侧重讲述仅目标函数需要采用特殊方法时的线性约束情况)。

13.3.6 非凸规划

非凸规划包含所有不满足凸规划假设条件的非线性规划问题。现在,即使成功找到了一个局部最大值,也无法保证它同时是全局最大值。因此,没有任何算法可找到所有这类问题的最优解。但有些算法的确比较适合探索可行域各个不同部分,在该过程中或许能找到一个全局最大值。我们将在13.10节讲述该方法。13.10节还将介绍两种全局优化法(可通过Lingo和MPL提供),用于找到中等规模的非凸规划问题的最优解以及搜索程序(可通过标准的Excel规划求解和ASPE求解提供),利用该类搜索程序一般能发现相当大问题的近似最优解。

某些特殊类型的非凸规划问题可通过特殊方法解决。接下来讲述该类问题的两种特别重要的类型。

13.3.7 几何规划

当我们对工程设计问题以及某些经济学和统计学问题运用非线性规划时,目标函数和约束函数往往为以下形式,即

$$g(\boldsymbol{x}) = \sum_{i=1}^{n} c_i P_i(\boldsymbol{x})$$

其中

$$P_i(\boldsymbol{x}) = x_1^{a_{i1}} x_2^{a_{i2}} \cdots x_n^{a_{in}} \quad (i = 1, 2, \cdots, N)$$

这种情况下,c_i 和 a_{ij} 通常代表物理常数,x_j 为设计变量。这类函数一般既非凸函数也非凹函数,所以凸规划技术不能直接应用于此类几何规划问题。但有一个重要情况,即问题可转化为等效的凸规划问题。这种情况下每个函数的所有 c_i 系数均为正系数,所以函数为广义正多项式,现称为正项式,目标函数需达到最小。决策变量为 $y_1, y_2, \cdots, y_n$ 的等效凸规划问题通过在整个原

模型中进行以下设定获得,即

$$x_j = e^{y_j} \quad (j=1,2,\cdots,n)$$

所以现在可以应用凸规划算法。人们同时还开发了用于解决这些正项式规划问题以及其他类型的几何规划问题的相关求解程序。

13.3.8 分式规划

假设目标函数为分数形式,即为两个函数之比,则

$$\text{Max } f(\boldsymbol{x}) = \frac{f_1(\boldsymbol{x})}{f_2(\boldsymbol{x})}$$

例如,当使产出与工时花费比率(生产率)、利润与资本支出比率(收益率)或预期值与投资组合业绩测定标准偏差(收益/风险)最大化时,便会出现此类分式规划问题。人们针对 $f_1(\boldsymbol{x})$ 和 $f_2(\boldsymbol{x})$ 的某些形式开发了一些特殊求解程序。

如果可行,解决分式规划问题的最简单方法是将其转化为已有有效求解程序的标准型等效问题。为了说明这一点,假设 $f(\boldsymbol{x})$ 具有线性分式规划形式,即

$$f(\boldsymbol{x}) = \frac{\boldsymbol{cx}+c_0}{\boldsymbol{dx}+d_0}$$

式中:$\boldsymbol{c}$ 和 $\boldsymbol{d}$ 为行向量;$\boldsymbol{x}$ 为列向量;c_0 和 d_0 为标量。同时假设约束函数 $g_i(\boldsymbol{x})$ 为线性函数,所以矩阵形式中的约束条件为 $\boldsymbol{Ax} \leq \boldsymbol{b}$ 和 $\boldsymbol{x} \geq 0$。

在稍加附加假设的条件下,可以在满足以下条件的前提下把问题转化为等效的线性规划问题。

令

$$\boldsymbol{y} = \frac{\boldsymbol{x}}{\boldsymbol{dx}+d_0} \text{ 和 } t = \frac{1}{\boldsymbol{dx}+d_0}$$

以便 $\boldsymbol{x} = \dfrac{\boldsymbol{y}}{t}$。该结果导致

Max $Z = \boldsymbol{cy} + c_0 t$

s. t.

$\boldsymbol{Ay} - \boldsymbol{b}t \leq 0$

$\boldsymbol{dy} + d_0 t = 1$

且

$\boldsymbol{y} \geq \boldsymbol{0}, t \geq 0$

可用单纯形法求解,更概括地说,可用同类变化式将凹像 $f_1(\boldsymbol{x})$、凸像 $f_2(\boldsymbol{x})$ 和凸像 $g_i(\boldsymbol{x})$ 的分式规划问题转化为一个等效的凸规划问题。

13.3.9 互补问题

当处理 13.7 节所述二次规划时,会看到一个示例,是关于如何减少解决某些非线性规划问题,从而解决互补问题的。给定变量 $w_1, w_2, \cdots, w_p$ 和 $z_1, z_2, \cdots, z_p$,互补问题是找到同时满足互补约束 $\boldsymbol{w}^\text{T}\boldsymbol{z} = 0$ 约束集合 $\boldsymbol{w} = F(\boldsymbol{z}), \boldsymbol{w} \geq 0, \boldsymbol{z} \geq 0$ 的可行解。

这里 $\boldsymbol{w}$ 和 $\boldsymbol{z}$ 为列向量,F 为给定向量值函数,上标 T 表示转置。该问题没有目标函数,所以从技术上说它并不完全属于非线性规划问题。之所以称为互补问题,是因为各 $i=1,2,\cdots,p$ 的 $w_i = 0$ 或 $z_i = 0$(或两者)为互补关系。

一个重要特例是线性互补问题,其中

$$F(z) = q + Mz$$

式中:q 为给定的列向量;M 为给定的 $p \times p$ 矩阵。人们开发了在 M 矩阵特性相应假设条件下解决这一问题的高效算法。一类涉及从一个基本可行(BF)解到下一个的转置,与线性规划的单纯形法非常相似。

除非线性规划应用外,互补问题在博弈论、经济平衡问题和工程平衡问题领域也有应用。

13.4 单变量无约束优化

现在我们来讨论如何解决部分仅包含单变量 $x(n=1)$ 的最简单(即无约束优化)问题类型,其中需最大化的可微函数 $f(x)$ 为凹函数。因此,特解 $x = x^*$ 为最优解(全局最大值)的充要条件为

当 $x = x^*$ 时,有

$$\frac{df}{dx} = 0$$

如图 13.12 所示。如果 x^* 可通过该方程直接求解,则大功告成。但如果 $f(x)$ 不是一个特别简单的函数,则导数不仅仅是一个线性函数或二次函数,您可能无法通过分析求解方程。这种情况下,可使用搜索程序以数字方式解决问题。

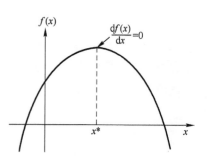

图 13.12 函数为凹函数时的单变量无约束优化问题

采用这类搜索程序是为了找到一个试解序列,最终找到最优解。每一次迭代过程中,从当前试解开始进行系统搜索,确定一个新的可不断改进的试解,最终达到最优点。该程序一直继续,直到试解收敛,得到最优解(假设存在最优解)为止。

现在介绍两种常用搜索程序:第一种为二分法,具有直观明了的特点;第二种为牛顿法,该方法通常是非线性规划的基础。

13.4.1 二分法

该搜索程序总是适用于 $f(x)$ 为图 13.12 所示的凹函数(因此所有 x 的二阶导数为负数或零)的情况,其也可用于某些其他函数,特别是当 x^* 表示最优解时,只需满足以下条件[①]:

如果 $x < x^*$,则 $\frac{df(x)}{dx} > 0$;

如果 $x = x^*$,则 $\frac{df(x)}{dx} = 0$;

如果 $x > x^*$,则 $\frac{df(x)}{dx} < 0$。

当 $f(x)$ 为凹函数,这些条件自动满足,但当部分 x 值(并非全部)的二阶导数为正数时,这些

---

① 另一种可能性是,$f(x)$ 的图形顶部平坦,所以 x 在部分区间 $[a, b]$ 为最优。在此情况下,只要 $x < a$ 时导数为正,$x > b$ 时导数为负,则程序仍会继续收敛直到获得最优解。

条件也可满足。

二分法的思路非常直观,即无论试解斜率(导数)为正还是负,都明确指示改进方向为右还是左。因而,如果特定 x 值的导数为正,那么,x^* 一定大于该 x(图 13.12),所以该 x 为后续需要加以考虑的试解下界。相反,如果导数为负,那么,x^* 一定小于 x,所以 x 将成为上界。因此,确定两类界值后,在当前界值之间选择的各个新试解会提供一类更为严格的新界值,从而进一步缩小搜索范围。只要以这种方式采用合理规则选择每一个试解,则由此产生的试解序列一定能收敛到 x^*。实践中,这意味着,要持续这个过程直到界值之间的距离足够小,使后面的试解必须在一个预先设定好的 x^* 的容错度范围之内。

接下来对整个过程进行概括,用以下符号表示:

x' = 当前试解

$\underline{x} = x^*$ 的当前下界

$\bar{x} = x^*$ 的当前上界

$\varepsilon = x^*$ 的容错度

虽然各个新试解选择过程中可以采用多个合理规则,但二分法使用中点法则(传统上称为博尔扎诺(Bolzano)搜索计划),简言之,就是在两个当前界值之间选择中点。

13.4.2 二分法概述

初始值:选择 ε,通过检验(或分别找到导数为正和负时的 x 值)找到初始 $\underline{x}$ 和 $\bar{x}$。选择一个初步试解,即

$$x' = \frac{\underline{x} + \bar{x}}{2}$$

迭代:

(1) $x = x'$ 时,求值 $\dfrac{\mathrm{d}f(x)}{\mathrm{d}x}$;

(2) 如果 $\dfrac{\mathrm{d}f(x)}{\mathrm{d}x} \geqslant 0$,重设 $\underline{x} = x'$;

(3) 如果 $\dfrac{\mathrm{d}f(x)}{\mathrm{d}x} \leqslant 0$,重设 $\bar{x} = x'$;

(4) 选择新的 $x' = \dfrac{\underline{x} + \bar{x}}{2}$。

停止规则:如果 $\bar{x} - \underline{x} \leqslant 2\varepsilon$,则新的 x' 必定在 x^* 的 ε 范围以内,停止迭代;否则,再执行一次迭代。

现在通过以下示例阐述二分法。

例 假设需最大化的函数为

$$f(x) = 12x - 3x^4 - 2x^6$$

如图 13.13 所示,其前两个导数为

$$\frac{\mathrm{d}f(x)}{\mathrm{d}x} = 12(1 - x^3 - x^5)$$

$$\frac{\mathrm{d}^2 f(x)}{\mathrm{d}x^2} = -12(3x_2 + 5x^4)$$

因为各处二阶导数均为非正数,$f(x)$ 为凹函数,所以可安全使用二分法找到其全局最大值

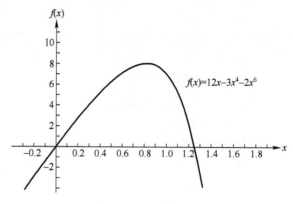

图 13.13 二分法示例

(假设存在全局最大值)。

对该函数进行的快速检验(甚至不必构建如图 13.13 所示的图形)显示, x 值为小正数时 $f(x)$ 为正,但 $x<0$ 或 $x>2$ 时 $f(x)$ 为负。因此, $\underline{x}=0$ 和 $\overline{x}=2$ 可用作初始界值,中点 $x'=1$ 可作为初始试解。令 $\varepsilon=0.01$ 为停止规则中 x^* 的容错度,则最终 $(\overline{x}-\underline{x})\leqslant0.02$,且最终 x' 在中点。

运用二分法,输出结果序列如表 13.1 所列(该表包含函数和导数值,供参考,其中导数在前面所述的迭代中生成的试解处求值。但请注意,该算法实际上并不需要计算 $f(x')$,仅需计算导数即可确定其符号),得出结论为

$$x^* \approx 0.836$$
$$0.828125 < x^* < 0.84375$$

运筹学导论教程介绍了执行二分法的互动过程。

13.4.3 牛顿法

虽然二分法是一个直观明了的过程,但其缺点是最优解收敛相对缓慢。每一次迭代过程只能将界值差减少一半。因此,即使使用表 13.1 中所示相当简单的函数,将 x^* 的容错度减小至 0.01 以下也需要七次迭代。另外还需七次迭代才能将该容错度减小至 0.0001 以下。

表 13.1 二分法应用示例

迭代	$\dfrac{\partial'(x)}{\mathrm{d}x}$	$\underline{x}$	$\overline{x}$	新 x'	$f(x')$
0		0	2	1	7.0000
1	−12	0	1	0.5	5.7812
2	+10.12	0.5	1	0.75	7.6948
3	+4.09	0.75	1	0.875	7.8439
4	−2.19	0.75	0.875	0.8125	7.8672
5	+1.31	0.8125	0.875	0.84375	7.8829
6	−0.34	0.8125	0.84375	0.828125	7.8815
7 停止	+0.51	0.828125	0.84375	0.8359375	7.8839

该收敛过程缓慢的根本原因是:使用的唯一 $f(x)$ 信息仅有 x 的各试解的一阶导数 $f'(x)$ 的

值,同时考虑二阶导数 $f''(x)$ 可获得额外的有用信息,这正是牛顿法①的方式。

牛顿法的基本思路是:通过二次函数逼近当前试解邻域内的 $f(x)$,然后以精确的方式使逼近函数最大化(或最小化),以获得新的试解,从而启动下一次迭代(自此,采用目标函数二次逼近的思路已成为更普遍的非线性规划问题中所使用的诸多算法的一个关键特征)。该类逼近二次函数可通过截断二阶导数项后的泰勒级数获得。特别是令 x_{i+1} 为迭代 i 产生的试解,开始第 $i+1$ 次迭代(如果这样,x_1 是用户提供的开始迭代 1 的初始试解),x_{i+1} 的截断泰勒级数为

$$f(x_{i+1}) \approx f(x_i) + f'(x_i)(x_{i+1}-x_i) + \frac{f''(x_i)}{2}(x_{i+1}-x_i)^2$$

如果在迭代 i 开始时 x_i 值已固定,注意 $f(x_i)$、$f'(x_i)$ 和 $f''(x_i)$ 也是右侧逼近函数的固定常数。因此,该逼近函数仅仅是 x_{i+1} 的一个二次函数。此外,该二次函数为 x_i 邻域的充分逼近 $f(x_{i+1})$ 函数,当 $x_{i+1}=x_i$ 时,它们的值及其一阶和二阶导数的值完全相同。

该二次函数现可按通常方式将其一阶导数设置为零并求解 x_{i+1},从而达到最大化(请记住,我们假设 $f(x)$ 为凹函数,则意味着该二次函数为凹函数,所以将一阶导数设置为零时的解为全局最大值)。该一阶导数为

$$f(x_{i+1}) \approx f'(x_i) + f''(x_i)(x_{i+1}-x_i)$$

由于 x_i、$f(x_i)$、$f'(x_i)$ 和 $f''(x_i)$ 为常数,将右边一阶导数设为零,得到

$$f'(x_{i+1}) + f''(x_i)(x_{i+1}-x_i) = 0$$

直接用代数方法得出

$$x_{i+1} = x_i - \frac{f'(x_i)}{f''(x_i)}$$

上述公式为每次迭代 i 使用的关键公式,获得试解 x_i 后计算下一个试解 x_{i+1},开始迭代 i,然后再计算 x_i 的一阶导数和二阶导数(使凸函数最小化时使用同一个公式)。

迭代过程通过这种方式不断产生新的试解,直到这些试解基本上实现收敛。收敛的一个标准就是 $|x_{i+1}-x_i|$ 变得足够小。另一个标准是 $f'(x_i)$ 足够接近于零。还有一个标准就是 $|f(x_{i+1})-f(x_i)|$ 足够小。选用第一个标准,将 ε 确定为当 $|x_{i+1}-x_i| \leq \varepsilon$ 时算法停止的值。

以下是对算法的完整说明。

13.4.4 牛顿法概述

初始值:选择 ε。通过检验找到初始试解 x_i,设 $i=1$。

迭代 i:

(1) 计算 $f'(x_i)$ 和 $f''(x_i)$(可选择是否计算 $f(x_i)$);

(2) 设 $x_{i+1} = x_i - \frac{f'(x_i)}{f''(x_i)}$。

停止规则:如果 $|x_{i+1}-x_i| \leq \varepsilon$,停止迭代,$x_{i+1}$ 基本上是最优解;否则,重设 $i=i+1$,进行另一次迭代。

例 我们将对二分法的示例采用牛顿法进行分析。如图 13.13 所示,需最大化的函数为

---

① 该方法归功于 17 世纪伟大的数学家和物理学家艾萨克·牛顿。当时,牛顿还是剑桥大学(英国)的一名年轻学生,他用将近两年的大学时间(由于 1664—1665 年的欧洲正受黑死病的蹂躏)发现了万有引力定律并发明了微积分(并获得了其他成就)。牛顿开发的微积分导致了该方法的诞生。

$$f(x) = 12x - 3x^4 - 2x^6$$

因此，利用以下公式在当前试解(x_i)基础上计算新的试解(x_{i+1})，即

$$x_{i+1} = x_i - \frac{f'(x_i)}{f''(x_i)} = x_i - \frac{12(1-x^3-x^5)}{-12(3x^2+5x^4)} = x_i + \frac{1-x^3-x^5}{3x^2+5x^4}$$

选择 $\varepsilon = 0.00001$ 并选择 $x_1 = 1$ 作为初始试解，表 13.2 所列为对该示例采用牛顿法所得结果。经过四次迭代，已收敛到 $x = 0.83762$ 作为最优解，精确度极高。

表 13.2 牛顿法应用示例

迭代 i	x_i	$f(x_i)$	$f'(x_i)$	$f''(x_i)$	x_{i+1}
1	1	7	-12	-96	0.875
2	0.875	7.8439	-2.1940	-62.733	0.84003
3	0.84003	7.8838	-0.1325	-55.279	0.83763
4	0.83763	7.8839	-0.006	-54.790	0.83762

将表 13.2 与表 13.1 进行对比发现，牛顿法的收敛速度比二分法快得多。牛顿法进行四次迭代达到的收敛精度使用二分法需要进行近 20 次迭代才能达到。

虽然快速收敛是牛顿法相当典型的特性，但其收敛性能也会因不同问题而异。由于该方法以使用 $f(\boldsymbol{x})$ 二次逼近为基础，所以其收敛性能受近似精确度的影响。

13.5 多变量无约束优化

现在考虑一下可行值无约束条件时将多变量 $\boldsymbol{x} = (x_1, x_2, \cdots, x_n)$ 的凹函数 $f(\boldsymbol{x})$ 最大化的问题。再次假设最优性的充要条件(该条件通过将各偏导数设置为零所得方程组提供(见 13.3 节))不能解析求解，因此必须使用数值搜索程序。

至于单变量的情况，可以使用多个搜索程序以数字方式解决这类问题。其中特别重要的一个程序就是梯度搜索法，该方法之所以重要是因为其可识别和使用从当前试解($f(\boldsymbol{x})$ 增加时比率最大化)的移动方向。这也是非线性规划其中的一个核心思路。为适应这一思路，将约束条件纳入考虑范畴也是许多约束优化算法的一个重要特征。

详细讨论该程序后，将简要介绍牛顿法如何扩展应用于多变量情况。

13.5.1 梯度搜索法

13.4 节中，二分法使用寻常导数值从两个可能方向(x 增加或 x 减少)中选择一个方向，使当前试解按此方向移到下一个试解。目标是最终到达一个点，使导数在该点(基本上)上为 0。现在，有无数可移动方向，这些方向对应各变量可能发生变化的比率。目标是最终达到一个点，在该点所有偏导数均(基本)为 0。因此，自然方法是使用偏导数的值选择特定的移动方向。该方向的选择涉及目标函数梯度的使用，介绍如下。

假设目标函数 $f(\boldsymbol{x})$ 为可微函数，所以各 $\boldsymbol{x}$ 点都有一个梯度，用 $\nabla f(\boldsymbol{x})$ 表示。尤其是特定点 $\boldsymbol{x} = \boldsymbol{x}'$ 的梯度为向量，其要素为 $\boldsymbol{x} = \boldsymbol{x}'$ 所得各偏导数，以便

$$\boldsymbol{x} = \boldsymbol{x}', \nabla f(\boldsymbol{x}') = \left(\frac{\partial f}{\partial x_1}, \frac{\partial f}{\partial x_2}, \cdots, \frac{\partial f}{\partial x_n} \right)$$

梯度的意义在于,使 $f(x)$ 增大时的比率最大化的 x 值的(无穷小)变化是与 $\nabla f(x)$ 成比例的变化。从几何的角度表述该思路,梯度 $\nabla f(x')$ 的"方向"可解释为从原点 $(0,0,\cdots,0)$ 到点 $\left(\frac{\partial f}{\partial x_1},\frac{\partial f}{\partial x_2},\cdots,\frac{\partial f}{\partial x_n}\right)$ 的有向线段(箭头)的方向,其中 $\frac{\partial f}{\partial x_j}$ 在 $x_j=x_j'$ 时求值。因此,可以说,当 x(无穷小)在梯度 $\nabla f(x)$ 方向上变化时,$f(x)$ 增大时的比率为最大。由于目标是找到将 $f(x)$ 最大化的可行解,尽可能在梯度方向尝试移动似乎可行。

由于当前问题无约束条件,对梯度的这一解释表明,高效搜索程序中应一直保持在梯度方向移动,直到(基本上)达到最优解 x^*,这时,$\nabla f(x^*) = 0$。但在 $\nabla f(x)$ 方向不断改变 x 是不现实的,因为这一系列变化要求不断重新对 $\frac{\partial f}{\partial x_j}$ 求值并改变路径方向。因此,更好的方法是从当前试解开始保持在固定方向移动,直到 $f(x)$ 停止增大为止。该停止点即为下一个试解,因而会重新计算梯度,以确定新的移动方向。用这种方法,每次迭代都需要改变当前试解 x',如下所示:

重设 $x' = x' + t^* \nabla f(x')$,其中 t^* 为 $f(x' + t \nabla f(x'))$ 最大化时 t 的正值,即
$$f(x' + t^* \nabla f(x')) = \max_{t \geq 0} f(x' + t \nabla f(x'))$$

(注意:$f(x' + t \nabla f(x'))$ 仅仅是当
$$x_j = x_j' + t \left(\frac{\partial f}{\partial x_j}\right)_{x=x'} \quad (j=1,2,\cdots,n)$$

的 $f(x)$,且这些有关 x_j 的表达式为仅涉及常量和 t 的表达式,所以 $f(x)$ 成为一个仅含单变量 t 的函数)。该梯度搜索法的迭代一直继续,直到在较小容差 ε 范围以内 $\nabla f(x) = 0$ 为止,即直到满足

$$\left|\frac{\partial f}{\partial x_j}\right| \leq \varepsilon \quad (j=1,2,\cdots,n)^{①}$$

我们进行一个类比可能有助于阐明这一过程。假如需要爬上山顶,可你是近视眼,看不到山顶,因此无法直接朝山顶方向走。然而,当你站着不动时,可以看清双脚周围的地面,确定山的哪个方向最陡峭。你可以按此方向行走。但当你在行走时,也能辨别何时停止了爬升(你行走的方向是平地)。假设这座山是座凹山,则可以使用梯度搜索法协助你高效地爬到顶部。该问题是一个两变量问题,其中 (x_1,x_2) 表示你当前位置的坐标(忽略高度)。函数 $f(x_1,x_2)$ 给出了在 (x_1,x_2) 处的高度。在当前位置(当前试解)开始进行迭代过程,以确定山在哪个方向((x_1,x_2) 坐标系)最陡峭(梯度方向)。然后,开始朝这个固定的方向走,只要还在攀升就一直朝这个方向走。当你前进的方向变为水平后,最终会在一个新的试点(解)停下来,从这个点准备朝另一个方向开始下一次迭代。按照一条曲折的上山路线继续该迭代过程,直到到达一个所有方向上斜率均基本为零的试点。假设 $[f(x_1,x_2)]$ 为凹山的情况下,你实际上就处在了山顶位置。

梯度搜索法最困难的部分往往是找到 t^*,即找到每次迭代过程中使梯度方向上 f 最大化时的 t 值。因为最大化时 x 和 $\nabla f(x)$ 为固定值,且 $f(x)$ 为凹函数,这个问题应视为使一个单变量 t 的凹函数最大化的问题。因此,该问题可用 13.4 节中介绍的单变量无约束优化(同时由于 $t \geq 0$ 的约束条件,只考虑 t 的非负值)的搜索程序解决。或者,如果 f 为简单函数,那么,可将与 t 相关的导数设置为零并求解获得分析解。

---

① 该停止规则一般会提供一个接近最优解 x^* 的解 x,使 $f(x)$ 的值非常接近 $f(x^*)$。但这不能保证一定能实现,因为在 x 到 x^* 的非常大的距离范围内,函数的正斜率有可能非常小。

13.5.2 梯度搜索法概述

初始值：选择 ε 和任一初始试解 x'。先转停止规则。

迭代：

（1）将 $f(x'+t\,\nabla f(x'))$ 表示为 t 的函数，设置为

$$x_j = x'_j + t\left(\frac{\partial f}{\partial x_j}\right)_{x=x'} \quad (j=1,2\cdots,n)$$

然后将以上表达式代入 $f(x)$；

（2）使用单变量无约束优化（或微积分）搜索程序找到 $t=t^*$，使 $f(x'+t\,\nabla f(x'))$ 在 $t\geq 0$ 条件下最大化；

（3）重设 $x'=x'+t^*\nabla f(x')$，然后转停止规则。

停止规则：当 $x=x'$ 时求解 $\nabla f(x')$。验证是否满足

$$\left|\frac{\partial f}{\partial x_j}\right| \leq \varepsilon \quad (j=1,2,\cdots,n)$$

如果满足以上条件，当前 x' 为最优解 x^* 所需的近似值时停止迭代；否则，再执行一次迭代。该过程示例如下。

例 考虑以下两变量问题：

$$\text{Max } f(x) = 2x_1x_2 + 2x_2 - x_1^2 - 2x_2^2$$

$$\frac{\partial f}{\partial x_1} = 2x_2 - 2x_1$$

$$\frac{\partial f}{\partial x_2} = 2x_1 + 2 - 4x_2$$

我们也可以验证 $f(x)$ 为凹函数。

开始梯度搜索法，选择一个较小的 ε 值（通常在 0.1 以下），假设 $x=(0,0)$ 被选为初始试解。由于该点各偏导数为 0 和 2，所以梯度为

$$\nabla f(0,0) = (0,2)$$

当 $\varepsilon<2$ 时，按照停止规则可以执行一次迭代。

第 1 次迭代：各偏导数值分别为 0 和 2，进行以下设置，开始第一次迭代：

$x_1 = 0 + t(0) = 0$

$x_2 = 0 + t(2) = 2t$

然后，将以上所示表达式代入 $f(x)$，得

$$f(x'+t\,\nabla f(x')) = f(0,2t)$$
$$= 2(0)(2t) + 2(2t) - 0^2 - 2(2t)^2$$
$$= 4t - 8t^2$$

因为

$$f(0,2t^*) = \max_{t\geq 0} f(0,2t) = \max_{t\geq 0}\{4t - 8t^2\}$$

且

$$\frac{\text{d}}{\text{d}t}(4t - 8t^2) = 4 - 16t = 0$$

则

$$t^* = \frac{1}{4}$$

所以，重设

$$x' = (0,0) + \frac{1}{4}(0,2) = \left(0, \frac{1}{2}\right)$$

至此第一次迭代完成。对于该新试解，梯度为

$$\nabla f\left(0, \frac{1}{2}\right) = (1,0)$$

当 $\varepsilon < 1$ 时，按照停止规则可以执行下一次迭代。

第 2 次迭代：开始第二次迭代，使用各偏导数值 1 和 0，设置如下：

$$x = \left(0, \frac{1}{2}\right) + t(1,0) = \left(t, \frac{1}{2}\right)$$

所以，有

$$f(x' + t\,\nabla f(x')) = f\left(0+t, \frac{1}{2}+0t\right) = f\left(t, \frac{1}{2}\right)$$
$$= (2t)\left(\frac{1}{2}\right) + 2\left(\frac{1}{2}\right) - t^2 - 2\left(\frac{1}{2}\right)^2$$
$$= t - t^2 + \frac{1}{2}$$

因为

$$f\left(t^*, \frac{1}{2}\right) = \max_{t \geq 0} f\left(t, \frac{1}{2}\right) = \max_{t \geq 0}\left\{t - t^2 + \frac{1}{2}\right\}$$

且

$$\frac{d}{dt}\left(t - t^2 + \frac{1}{2}\right) = 1 - 2t = 0$$

则

$$t^* = \frac{1}{2}$$

所以，重设

$$x' = \left(0, \frac{1}{2}\right) + \frac{1}{2}(1,0) = \left(\frac{1}{2}, \frac{1}{2}\right)$$

至此第二次迭代完成。在典型的 ε 值较小的条件下，程序将以类似方式继续进行几次迭代（我们在此不再赘述）。

组织这项工作的一个非常好的方法是编制一个表格（表 13.3）对前两次迭代进行汇总。每次迭代过程中，第 2 列为当前试解，最右侧一列为最终新试解，然后，进入下一次迭代的第 2 列。第 4 列给出需要代入 $f(x)$ 获得第 5 列的 t 的 x_j 表达式。

表 13.3 梯度搜索法应用示例

迭代	x'	$\nabla f(x')$	$x' + t\,\nabla f(x')$	$f(x' + t\,\nabla f(x'))$	t^*	$x' + t^*\,\nabla f(x')$
1	$(0,0)$	$(0,2)$	$(0,2t)$	$4t - 8t^2$	$\frac{1}{4}$	$\left(0, \frac{1}{2}\right)$
2	$\left(0, \frac{1}{2}\right)$	$(1,0)$	$\left(t, \frac{1}{2}\right)$	$t - t^2 + \frac{1}{2}$	$\frac{1}{2}$	$\left(\frac{1}{2}, \frac{1}{2}\right)$

继续这一方式，后面的试解将为 $\left(\frac{1}{2},\frac{3}{4}\right)$，$\left(\frac{3}{4},\frac{3}{4}\right)$，$\left(\frac{3}{4},\frac{7}{8}\right)$，$\left(\frac{7}{8},\frac{7}{8}\right)$，…，如图 13.14 所示。因为这些点收敛于 $x^* = (1,1)$，所以该解为最优解，通过以下事实可以验证：

$$\nabla f(1,1) = (0,0)$$

但因该试解收敛序列一直未达到其极限，程序将在稍低 $(1,1)$ 位置停止（取决于 ε），作为其 x^* 的最终近似值。

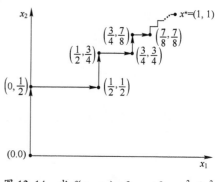

图 13.14　当 $f(x_1,x_2) = 2x_1x_2 + 2x_2 - x_1^2 - 2x_2^2$ 时的梯度搜索法示例

如图 13.14 所示，梯度搜索法不是直线，而是曲折前进，直到获得最优解为止。考虑到这一曲折过程，人们对该程序做了部分修改，从而加速了最优解的过程。

如果 $f(x)$ 不是凹函数，梯度搜索法仍然会收敛于局部最大值。此例中对程序说明的唯一变化是 t^* 相当于 $f(x' + t\nabla f(x'))$ 的第一个局部最大值，因为 t 从 0 开始增加。

如果目标是使 $f(x)$ 达到最小，则程序中有一个变化，即是每次迭代中在梯度相反方向移动。换言之，获得下一个点的规则将是，重设

$$x' = x' + t^* \nabla f(x')$$

另一个唯一的变化是，t^* 将是使 $f(x' + t\nabla f(x'))$ 达到最小的 t 的非负值，即

$$f(x' - t^* \nabla f(x')) = \min_{t \geq 0} f(x' - t \nabla f(x'))$$

本书网站的"已解示例"部分和你手中的运筹学导论教程中均有关于梯度搜索法应用的其他示例。运筹学导论教程包含该算法应用的交互式程序和自动程序。

13.5.3　牛顿法

13.4 节介绍了如何使用牛顿法解决单变量无约束优化的问题。牛顿法的通用版本实际上是为了解决多变量无约束优化的问题。基本思路与 13.4 节中所述思路相同，即使被最大化的目标函数 $f(x)$ 二次逼近，该例中 $x = (x_1, x_2, \cdots, x_n)$。通过截断二阶导数项后围绕当前试解的泰勒级数可获得这类二次逼近函数。该逼近函数以极大精确度最大化，以获得新的试解，进入下一次迭代。

当目标函数为凹函数且当前试解 x 及其梯度 $\nabla f(x)$ 均书写为列向量时，使二次逼近函数最大化的解 x' 为

$$x' = x - [\nabla^2 f(x)]^{-1} \nabla f(x)$$

式中：$\nabla^2 f(x)$ 为在当前试解 x 求值的 $f(x)$ 的二次偏导数的 $n \times n$ 矩阵（称为海赛矩阵），且 $[\nabla^2 f(x)]^{-1}$ 是该海赛矩阵的倒数。

采用牛顿法的非线性规划算法（包括采用牛顿法帮助处理约束优化问题的算法）通常近似于各种不同方式的海赛矩阵的倒数。牛顿法的这些近似值称为准牛顿法（或可变计量法）。我们将在 13.9 节进一步讨论这些方法对非线性规划的重要作用。

对这些方法的深入阐述超出了本书范畴，但有关非线性规划的书籍对这些方法均有详细介绍。

13.6　约束优化的库恩–塔克(KKT)条件

现着重介绍如何确认本章开头所示形式的非线性规划问题（含可微函数）的最优解。该类最优解必须满足哪些必要条件和（也许）充分条件？

前面章节所述无约束优化的条件汇总如表 13.4 的前两行所列。前面的 13.3 节也介绍了对无约束优化进行轻微延伸的条件,其中唯一的约束是非负约束。这些条件如表 13.4 第三行所列。如该表最后一行所列,由于该类条件由卡罗需(Karush)、库恩和塔克独立推导得出,所以,这些条件一般称为库恩-塔克条件(或 KKT 条件)。其基本成果体现于以下定理中。

表 13.4 最优性的必要条件和充分条件

问题	最优性的必要条件	如果满足以下条件,同时也为充分条件
单变量无约束	$\dfrac{df}{dx}=0$	$f(x)$ 为凹函数
多变量无约束	$\dfrac{\partial f}{\partial x_j}=0 \;(j=1,2,\cdots,n)$	$f(\boldsymbol{x})$ 为凹函数
有约束条件时,仅为非负约束	$\dfrac{\partial f}{\partial x_j}=0 \;(j=1,2,\cdots,n)$ (或 ≤ 0,如果 $x_j=0$)	$f(\boldsymbol{x})$ 为凹函数
一般约束问题	库恩-塔克条件	$f(\boldsymbol{x})$ 为凹函数且 $g_i(\boldsymbol{x})$ 为凸函数 $(i=1,2,\cdots,m)$

定理:假设 $f(\boldsymbol{x}),g_1(\boldsymbol{x}),g_2(\boldsymbol{x}),\cdots,g_m(\boldsymbol{x})$ 为满足一定正则性条件的可微函数,则

$$\boldsymbol{x}^* = (x_1^*, x_2^*, \cdots, x_n^*)$$

只有存在满足以下所有库恩-塔克条件的 m 数 $u_1, u_2, \cdots, u_m$ 时,上式才可能是非线性规划问题的最优解:

$$\left.\begin{aligned}(1)\; & \frac{\partial f}{\partial x_j} - \sum_{i=1}^{m} u_i \frac{\partial g_i}{\partial x_j} \leq 0 \\ (2)\; & x_j^*\left(\frac{\partial f}{\partial x_j} - \sum_{i=1}^{m} u_i \frac{\partial g_i}{\partial x_j}\right) = 0\end{aligned}\right\} x = x^* \quad (j=1,2,\cdots,n)$$

(3) $g_i(\boldsymbol{x}^*) - b_i$

(4) $u_i[g_i(\boldsymbol{x}^*) - b_i] = 0 \quad (i=1,2,\cdots,m)$

(5) $x_j^* \geq 0 \quad (j=1,2,\cdots,n)$

(6) $u_i \geq 0 \quad (i=1,2,\cdots,m)$

请注意,(2)和(4)均要求两个量的乘积为零。因此,这些条件中每一个条件实际上表示两个量中至少有一个必须为零。因此,(4)可以与(3)结合以另一种等价形式表示,如下所示:

(3,4) $g_i(\boldsymbol{x}^*) - b_i = 0$
(或 $u_i = 0$ 时,≤ 0),其中 $i=1,2,\cdots,m$

同理,(2)可以与(1)结合,如下所示:

(1,2) $\dfrac{\partial f}{\partial x_j} - \sum_{i=1}^{m} u_i \dfrac{\partial g_i}{\partial x_j} = 0$

(或 $x_j^* = 0$ 时,≤ 0),其中 $j=1,2,\cdots,n$

当 $m=0$(无函数约束),该求和停止,且组合条件(1,2)归为表 13.4 第 3 行所示条件。因此,$m>0$ 时,求和中的每一项根据相应的函数约束效果修改 $m=0$ 条件。

在(1)、(2)、(4)和(6)下,u_i 对应线性规划的对偶变量(该对应关系具体见本节末),它们有一个类似的经济学含义。但 u_i 实际上在数学推导中作为拉格朗日乘数出现。(3)和(5)仅保证所得解的可行性。其他条件将可能的候选最优解中的大多数可行解排除。

但请注意,满足这些条件并不能保证该解就是最优解。如表 13.4 最右列汇总所列,要保证

该解为最优解还需附加凸性假设。在以下定理推论中,给出了这些假设。

推论:假设 $f(x)$ 为凹函数,且 $g_1(x),g_2(x),\cdots,g_m(x)$ 为凸函数(即该问题为凸规划问题),所有这些函数均满足正则性条件,则当(且仅当)定理的所有条件均得到满足时,$x^* = (x_1^*, x_2^*, \cdots, x_n^*)$ 才为最优解。

例 为阐释库恩-塔克条件的公式和应用,考虑以下两变量非线性规划问题:

Max $f(x) = \ln(x_1+1) + x_2$

s. t.
$$2x_1 + x_2 \leq 3$$

且
$$x_1 \geq 0, x_2 \geq 0$$

式中:ln 表示自然对数。因此,$m=1$(一个函数约束)且 $g_1(x) = 2x_1 + x_2$,故 $g_1(x)$ 为凸函数,而且,很容易验证 $f(x)$ 为凹函数。因此,该推论成立,所以任何满足库恩-塔克条件的解一定为最优解。使用定理中给出的公式,得出此例的库恩-塔克条件为

1 ($j=1$). $\dfrac{1}{x_1+1} - 2u_1 \leq 0$

2 ($j=1$). $x_1 \left(\dfrac{1}{x_1+1} - 2u_1 \right) = 0$

1 ($j=2$). $1 - u_1 \leq 0$

2 ($j=2$). $x_2(1-u_1) = 0$

3. $2x_1 + x_2 - 3 \leq 0$

4. $u_1(2x_1 + x_2 - 3) = 0$

5. $x_1 \geq 0, x_2 \geq 0$

6. $u_1 \geq 0$

该特例中求解库恩-塔克条件的步骤如下。

(1) 从条件 1($j=2$) 可知,$u_1 \geq 1$;从条件 5 可知,$x_1 \geq 0$。

(2) 因此,$\dfrac{1}{x_1+1} - 2u_1 < 0$。

(3) 因此,从条件 2($j=1$) 得到 $x_1 = 0$。

(4) 从条件 4 得到,$u_1 \neq 0$ 表示 $2x_1 + x_2 - 3 = 0$。

(5) 步骤(3)和步骤(4)表示 $x_2 = 3$。

(6) 从条件 2($j=2$) 得到 $x_2 \neq 0$ 表示 $u_1 = 1$。

(7) $x_1 = 0, x_2 = 3, u_1 = 1$ 满足所有条件。

因此,存在一个数 $u_1 = 1$,使得 $x_1 = 0, x_2 = 3$,且 $u_1 = 1$ 满足所有条件。所以,$x^* = (0,3)$ 为该问题的最优解。

由上述前两个步骤很快就能得出其余结论,所以该特殊问题较容易解决。但往往较难确定如何开始,求解库恩-塔克条件所需的特定步骤数列因不同问题而异。当逻辑不明显时,有时可分开考虑 x_j 和 u_i 指定为等于或大于 0 时的不同情形,然后,尝试每一种情形直到得出一个解为止。

举例说明,假设上述示例中对不同情形分开考虑,而不采用上述 7 个步骤的逻辑。此例中需要考虑 8 种情形。这些情形对应 8 个组合:$x_1 = 0$ 对 $x_1 > 0$,$x_2 = 0$ 对 $x_2 > 0$,$u_1 = 0$ 对 $u_1 > 0$。每一种

情形可导出一个更简单的条件说明和分析。例如,首先考虑下一步要说明的情形,其中 $x_1=0$, $x_2=0$ 且 $u_1=0$。

当 $x_1=0, x_2=0, u_1=0$ 时,库恩-塔克条件为

$1(j=1)$. $\frac{1}{0+1} \leq 0$ 矛盾

$1(j=2)$. $1-0 \leq 0$ 矛盾

$3. 0+0 \leq 3$

(所有其他条件均为冗余条件。)

如下所列,其他 3 种 $u_1=0$ 的情形也类似,直接矛盾,故无解。

$x_1=0, x_2>0$ 的情形, $u_1=0$ 与条件 $1(j=1)$、$1(j=2)$ 和 $2(j=2)$ 矛盾。

$x_1>0, x_2=0$ 的情形, $u_1=0$ 与条件 $1(j=1)$、$2(j=1)$ 和 $1(j=2)$ 矛盾。

$x_1>0, x_2>0$ 的情形, $u_1=0$ 与条件 $1(j=1)$、$2(j=1)$、$1(j=2)$ 和 $2(j=2)$ 矛盾。

$x_1>0, x_2>0$ 的情形, $u_1>0$ 允许删除条件 $2(j=1)$、$2(j=2)$ 和条件 4 中的非零乘数,从而可以删除冗余的条件 $1(j=1)$、$1(j=2)$ 和条件 3,如下所述。

当 $x_1>0, x_2>0, u_1>0$ 时,库恩-塔克条件为

$1(j=1)$. $\frac{1}{x_1+1} - 2u_1 < 0$

$2(j=2)$. $1-u_1=0$

$4. 2x_1+x_2-3=0$

(所有其他条件均为冗余条件。)

因此, $u_1=1$,故 $x_1=-\frac{1}{2}$,与 $x_1>0$ 矛盾。

现假设 $x_1=0, x_2>0$,下面尝试 $u_1>0$ 的情形。

当 $x_1=0, x_2>0, u_1>0$ 时,库恩-塔克条件为

$1(j=1)$. $\frac{1}{x_1+1} - 2u_1 = 0$

$2(j=2)$. $1-u_1=0$

$4. 0+x_2-3=0$

(所有其他条件均为冗余条件。)

因此, $x_1=0, x_2=3, u_1=1$。获得一个解后,不再需要考虑其他情形。

如果希望了解其他采用库恩-塔克条件获得最优解的示例,请参阅本书网站的"已解示例"部分。

比上述示例更复杂的问题基本上不可能,若能也很难从库恩-塔克条件直接推导出最优解。但这些条件仍能提供有价值的线索,用于识别最优解,同时也使我们得以验证建议解是否为最优解。

此外,库恩-塔克条件还有许多有价值的间接应用。为非线性规划开发的二元论方面的应用,便是上述间接应用之一,该非线性规划二元论与本书第 6 章所述线性规划二元论是对应的。尤其针对任何给定约束最大化的问题(称为初始问题),库恩-塔克条件可用于界定与约束最小化问题密切相关的对偶问题。对偶问题变量包括拉格朗日乘数 $u_i(i=1,2,\cdots,m)$ 和初始变量 $x_j(j=1,2,\cdots,n)$。

在初始问题为线性规划问题的特例中, x_j 变量不再属于对偶问题,它成为了常见的线性规划

对偶问题（其中，u_i 变量对应于第 6 章中的 y_i 变量）。当初始问题为凸规划问题时，可在初始问题和对偶问题之间建立联系，类似于线性规划。例如，6.1 节的强对偶性在这里也成立，强对偶性是指两个问题的最优目标函数值是相等的。此外，对偶问题最优解中 u_i 变量的值可以再次理解为影子价格（见 4.7 节和 6.2 节），即该变量值给出一个比率，在这个比率，可通过（略微）增加右侧的相应约束条件增加初始问题的最优目标函数值。由于非线性规划二元论是一个比较前沿的话题，感兴趣的读者可查阅更多相关资料。

下一节将介绍库恩-塔克条件的另一种间接应用。

13.7 二次规划

如 13.3 节所述，二次规划问题唯一不同于线性规划问题之处在于目标函数还包含 x_j^2 和 $x_i x_j (i \neq j)$ 项。因此，如果使用 5.2 节开头部分介绍的矩阵符号，则该问题就成了找到 x，以便

$$\text{Max } f(x) = cx - \frac{1}{2} x^T Q x$$

s.t.

$$Ax \leq b$$

且

$$x \geq 0$$

式中：目标函数为凹函数；c 为行向量，x 和 b 为列向量；Q 和 A 为矩阵；上标 T 表示转置。q_{ij}（Q 的元素）为给定常数，使其满足 $q_{ij} = q_{ji}$（这也是目标函数因子为 $\frac{1}{2}$ 的原因）。通过执行所示向量和矩阵乘法，目标函数则可用 q_{ij} 和 c_j（C 的元素）表示，变量为

$$f(x) = cx - \frac{1}{2} x^T Q x = \sum_{j=1}^{n} c_j x_j - \frac{1}{2} \sum_{i=1}^{n} \sum_{j=1}^{n} q_{ij} x_i x_j$$

该双重求和中 $i=j$ 的各项中，$x_i x_j = x_j^2$，故 $-\frac{1}{2} q_{jj}$ 为 x_j^2 的系数。当 $i \neq j$，则 $-\frac{1}{2}(q_{ij}x_i x_j + q_{ji}x_j x_i) = -q_{ij} x_i x_j$，故 $-q_{ij}$ 为 x_i 和 x_j 的乘积的总系数。

通过以下示例说明：

$$\text{Max } f(x_1, x_2) = 15x_1 + 30x_2 + 4x_1 x_2 - 2x_1^2 - 4x_2^2$$

s.t.

$$x_1 + 2x_2 \leq 30$$

且

$$x_1 \geq 0, x_2 \geq 0$$

目标函数为严格凹函数（见习题 13.7-1a），故该问题为二次规划问题。该例中，有

$$c = \begin{bmatrix} 15 & 30 \end{bmatrix}, x = \begin{bmatrix} x_1 \\ x_2 \end{bmatrix}, Q = \begin{bmatrix} 4 & -4 \\ -4 & 8 \end{bmatrix}$$

$$A = \begin{bmatrix} 1 & 2 \end{bmatrix}, b = \begin{bmatrix} 30 \end{bmatrix}$$

请注意

$$x^T Q x = \begin{bmatrix} x_1 & x_2 \end{bmatrix} \begin{bmatrix} 4 & -4 \\ -4 & 8 \end{bmatrix} \begin{bmatrix} x_1 \\ x_2 \end{bmatrix}$$

$$= \begin{bmatrix} (4x_1-4x_2) & (-4x_1+8x_2) \end{bmatrix} \begin{bmatrix} x_1 \\ x_2 \end{bmatrix}$$

$$= 4x_1^2 - 4x_2x_1 - 4x_1x_2 + 8x_2^2$$

$$= q_{11}x_1^2 + q_{21}x_2x_1 + q_{12}x_1x_2 + q_{22}x_2^2.$$

乘以 $-\frac{1}{2}$ 得出

$$-\frac{1}{2}\boldsymbol{x}^{\mathrm{T}}\boldsymbol{Q}\boldsymbol{x} = -2x_1^2 + 4x_1x_2 - 4x_2^2$$

上式为该例目标函数的非线性部分。由于 $q_{11}=4$ 且 $q_{22}=8$,示例表明,$-\frac{1}{2}q_{jj}$ 为目标函数中 x_j^2 的系数。从 $q_{12}=q_{21}=-4$ 可看出,由 $-q_{ij}$ 和 $-q_{ji}$ 两者均可得出 x_i 和 x_j 乘积的总系数。

人们针对二次规划问题已开发出多种算法。使用时,假设目标函数为凹函数(当目标函数仅有两个变量时该假设是否成立。当多于两个变量时,验证目标函数为凹函数的另一种方法即是验证所有 $\boldsymbol{x}$ 满足以下条件的等价条件:

$$\boldsymbol{x}^{\mathrm{T}}\boldsymbol{Q}\boldsymbol{x} \geq 0$$

即 $\boldsymbol{Q}$ 为半正定矩阵。我们将介绍其中一种算法——改进单纯形法,因其仅需在单纯形法基础上稍作修改即可,所以运用相当普遍。该方法的关键是根据前面部分所述构建库恩-塔克条件,然后以与线性规划极其相似的简便形式重新表示这些条件。因此,在介绍该算法之前,应开发该简便形式。

13.7.1 二次规划的库恩-塔克条件

我们先从上述示例着手看一下具体应用。首先来看上一节给定的形式,其库恩-塔克条件为

1($j=1$). $15+4x_2-4x_1-u_1 \leq 0$

2($j=1$). $x_1(15+4x_2-4x_1-u_1) = 0$

1($j=2$). $30+4x_1-8x_2-2u_1 \leq 0$

2($j=2$). $x_2(30+4x_1-8x_2-2u_1) = 0$

3. $x_1+2x_2-30 \leq 0$.

4. $u_1(x_1+2x_2-30) = 0$.

5. $x_1 \geq 0$. $x_2 \geq 0$.

3. $u_1 \geq 0$.

首先以更简便的形式重新表示这些条件,将条件 1($j=1$)、1($j=2$) 和条件 3 中的常数右移,然后引入非负松弛变量(分别用 y_1、y_2 和 v_1 表示)将这些不等式转换为方程式,即

1($j=1$). $-4x_1+4x_2-u_1+y_1 = -15$

1($j=2$). $4x_1-8x_2-2u_1+y_2 = -30$

3. $x_1+2x_2+v_1 = 30$

注意:现可将条件 2($j=1$) 重新表示,仅要求 $x_1=0$ 或 $y_1=0$,即

2($j=1$). $x_1y_1 = 0$

以同样的方式,条件 2($j=2$) 和条件 4 可替换为

2($j=2$). $x_2y_2 = 0$

4. $u_1v_1 = 0$

三对变量：(x_1,y_1)、(x_2,y_2)、(u_1,v_1)中的每一对变量称为**互补变量**，因为两个变量中，仅有一个变量可以为非零变量。这些新形式的条件2($j=1$)、2($j=2$)和条件4可组合成一个约束，即

$$x_1y_1+x_2y_2+u_1v_1=0$$

称为互补约束。

条件1($j=1$)和1($j=2$)的方程式乘以-1，得出右侧为非负，现将整个条件集以理想的简便形式表示，即

$$4x_1-4x_2+u_1-y_1=15$$
$$-4x_1+8x_2+2u_1-y_2=30$$
$$x_1+2x_2+v_1=30$$
$$x_1\geq 0,x_2\geq 0,u_1\geq 0,y_1\geq 0,y_2\geq 0,v_1\geq 0$$
$$x_1y_1+x_2y_2+u_1v_1=0$$

该形式特别简便，因为除互补约束外，这些条件均为线性规划约束条件。

任何二次规划问题的库恩-塔克条件均可归纳为该简便形式，仅包含线性规划约束条件外加一个互补约束。矩阵符号中，该通用式为

$$Qx+A^Tu-y=c^T$$
$$Ax+v=b,$$
$$x\geq 0,u\geq 0,y\geq 0,v\geq 0$$
$$x^Ty+u^Tv=0$$

式中：列向量u的元素为前一节所述u_i；列向量y和v的元素为松弛变量。

由于初始问题的目标函数假定为凹函数，且约束函数为线性函数，因而为凸函数，所以13.6节所述定理推论成立。因此，当且仅当存在y、u和v的值，使4个向量满足所有这些条件时，x才为最优。因此，初始问题可归纳为找到这些约束条件的可行解的等价问题。

注意：该等价问题是13.3节（见习题13.3-6）中介绍的线性互补问题的其中一个示例，且线性互补问题的关键约束是其互补约束。

13.7.2 改进单纯形法

改进单纯形法基于这样一个关键事实，即上文中得出的简便形式的库恩-塔克条件仅为线性规划约束条件（互补约束除外）。此外，互补约束仅表示，当考虑（非退化）基本可行解时，不允许任一对变量的两个互补变量均为（非退化）基本变量（唯一变量>0）。因此，该问题简化为，在满足基本变量识别的附加限制条件下，找到具有这类约束条件的线性规划问题的初始基本可行解（该例中该初始基本可行解可能是唯一可行解）。

如4.6节所述，找到这类初始可行解比较简单。在$c^T\leq 0$（不大可能）且$b\geq 0$的简单案例中，初始基本变量为y和v的元素（第一组方程乘以-1），所以理想解是$x=0,u=0,y=-c^T,v=b$；否则，就需要为每个方程（其中$c_j>0$（在左边添加变量）或$b_i<0$（左边减去变量再乘以-1））引入人工变量，对问题进行修改，以便将这些人工变量（称为$z_1、z_2、\cdots$）用作修改后问题的初始基本变量（注：该初始基本变量的选择能够满足互补约束条件，因为作为非基本变量，就自动变为$x=0$和$u=0$）。

下一步，使用两阶段法（见4.6节）的第1阶段找到真实问题的基本可行解，即将单纯形法（修改一处）应用至以下线性规划问题中。

使$z=\sum_j Z_j$，在根据库恩-塔克条件获得且添加人工变量的线性规划约束条件下达到最小。

对单纯形法所作的一处修改即为在选择进基变量的过程中作以下变更。

限制进入规则:选择进基变量时,排除任何互补变量已经是基本变量的非基本变量;应根据单纯形法的通用标准从其他非基本变量中选择。

该规则使整个算法过程满足互补性约束条件。当从第 1 阶段的问题中获得最优解 $x^*, u^*, y^*, v^*, z_1 = 0, \cdots, z_n = 0$ 时,x^* 为原二次规划问题的理想最优解。不需要实施两阶段法的第 2 阶段。

示例:我们现在针对本节开头部分的示例说明这一方法(见习题 13.7-1a),$f(x_1, x_2)$ 为严格凹函数,即

$$Q = \begin{bmatrix} 4 & -4 \\ -4 & 8 \end{bmatrix}$$

为正定函数,所以可使用该算法。

该示例求解从本节前面部分获得的简便形式的库恩-塔克条件开始。引入所需人工变量后,通过改进单纯形法明确求解的线性规划问题为

Min $Z = z_1 + z_2$

s. t.

$4x_1 - 4x_2 + u_1 - y_1 + z_1 = 15$

$-4x_1 + 8x_2 + 2u_1 - y_2 + z_2 = 30$

$x_1 + 2x_2 + v_1 = 30$

且

$x_1 \geq 0, x_2 \geq 0, u_1 \geq 0, y_1 \geq 0, y_2 \geq 0, v_1 \geq 0, z_1 \geq 0, z_2 \geq 0$

附加互补约束条件

$$x_1 y_1 + x_2 y_2 + u_1 v_1 = 0$$

未明确包含在内,因为该算法由于限制进入规则而自动强制施加了该约束条件。尤其是 3 对互补变量 (x_1, y_1)、(x_2, y_2)、(u_1, v_1) 中,只要两个变量中有一个为基本变量,则另一个变量排除在候选进基变量之外。记住:只有非零变量是基本变量。因为从线性规划问题的基本变量初始集:z_1、z_2、v_1 可得出满足互补约束条件的初始基本可行解,所以后续任何基本可行解都不可能不满足该约束条件。

表 13.5 所列为针对该问题应用改进单纯形法的结果。第一个单纯形表显示从最小化 Z 转换为最大化 $-Z$ 后以及用代数法消除方程式(0)中的初始基本变量后(如 4.6 节的放射治疗示例)的初始方程组。除因限制进入规则原因排除某些候选进基变量外,改进单纯形法和常规单纯形法一样进行 3 次迭代。第一个表中,u_1 因其互补变量 (v_1) 已经是基本变量(但因为 $-4 < -3$ 所以 x_2 无论如何会被选择),所以被排除在候选之列。第二个表中,u_1 和 y_2 被排除在候选之列(因为 v_1 和 x_2 是基本变量),所以 x_1 自动选为候选进基变量,第 0 行系数为负(而常规单纯形法由于存在最大负系数的限制,允许选择 x_1 或 u_1)。第三个表中,y_1 和 y_2 均被排除(因为 x_1 和 x_2 是基本变量)。但不排除 u_1,因为 v_1 不再是基本变量,所以 u_1 通常选为进基变量。

第 1 阶段问题所得最优解为 $x_1 = 12, x_2 = 9, u_1 = 3$,其余变量为 0(习题 13.7-1c 要求以 13.6 节所示形式书写时,证明 $x_1 = 12, x_2 = 9, u_1 = 3$ 满足初始问题的库恩-塔克条件,从而验证该解为最优解)。因此,二次规划问题的最优解(只包含 x_1 和 x_2 变量)为 $(x_1, x_2) = (12, 9)$。

本书网站的"已解示例"部分例举了另一个示例,对改进单纯形法在二次规划问题中的应用进行了说明。此外,库恩-塔克条件也适用于本例。

表 13.5 二次规划示例中改进单纯形法的应用

迭代	基本变量	Eq.	Z	x_1	x_2	u_1	y_1	y_2	v_1	z_1	z_2	右侧
0	Z	(0)	-1	0	-4	-3	1	1	0	0	0	-45
	z_1	(1)	0	4	-4	1	-1	0	0	1	0	15
	z_2	(2)	0	-4	8	2	0	-1	0	0	1	30
	v_1	(3)	0	1	2	0	0	0	1	0	0	30
1	Z	(0)	-1	-2	0	-2	1	$\frac{1}{2}$	0	0	$\frac{1}{2}$	-30
	z_1	(1)	0	2	0	2	-1	$-\frac{1}{2}$	0	1	$\frac{1}{2}$	30
	x_2	(2)	0	$-\frac{1}{2}$	1	$\frac{1}{4}$	0	$-\frac{1}{8}$	0	0	$\frac{1}{8}$	$3\frac{3}{4}$
	v_1	(3)	0	2	0	$-\frac{1}{2}$	0	$\frac{1}{4}$	1	0	$-\frac{1}{4}$	$22\frac{1}{2}$
2	Z	(0)	-1	0	0	$-\frac{5}{2}$	1	$\frac{3}{4}$	1	0	$\frac{1}{4}$	$-7\frac{1}{2}$
	z_1	(1)	0	0	0	$\frac{5}{2}$	-1	$-\frac{3}{4}$	-1	1	$\frac{3}{4}$	$7\frac{1}{2}$
	x_2	(2)	0	0	1	$\frac{1}{8}$	0	$-\frac{1}{16}$	$\frac{1}{4}$	0	$\frac{1}{16}$	$9\frac{3}{8}$
	x_1	(3)	0	1	0	$-\frac{1}{4}$	0	$\frac{1}{8}$	$\frac{1}{2}$	0	$-\frac{1}{8}$	$11\frac{1}{4}$
3	Z	(0)	-1	0	0	0	0	0	0	1	1	0
	u_1	(1)	0	0	0	1	$-\frac{2}{5}$	$-\frac{3}{10}$	$-\frac{2}{5}$	$\frac{2}{5}$	$\frac{3}{10}$	3
	x_2	(2)	0	0	1	0	$\frac{1}{20}$	$-\frac{1}{40}$	$\frac{3}{10}$	$-\frac{1}{20}$	$\frac{1}{40}$	9
	x_1	(3)	0	1	0	0	$-\frac{1}{10}$	$\frac{1}{20}$	$\frac{2}{5}$	$\frac{1}{10}$	$-\frac{1}{20}$	12

13.7.3 部分软件选项

你手中的运筹学导论教程介绍了执行改进单纯形法帮助有效学习该算法的互动过程。此外，Excel、MPL/Solver、LINGO、和 LINDO 都可以解决凸二次规划问题。

使用 Excel 的程序与线性规划几乎相同。一个重要的区别是，在包含目标函数值的单元格输入的方程式需为二次方程。为说明这一点，再次例举本节开头部分的示例，该例具有以下目标函数，即

$$f(x_1, x_2) = 15x_1 + 30x_2 + 4x_1x_2 - 2x_1^2 - 4x_2^2$$

假设 x_1 和 x_2 的值在 Excel 电子表格的 B4 和 C4 单元格，且目标函数的值在 F4 单元格，则 F4 单元格的方程式应为

F4 = 15 * B4 + 30 * C4 + 4 * B4 * C4 - 2 * (B4^2) - 4 * (C4^2)

式中：符号^2 表示 2 的指数。

标准的 ExcelSolver 求解程序并没有专门针对二次规划的求解方法。但它包含一个名为 GRG 非线性的凸规划问题求解方法。如 13.3 节所述，二次规划是凸规划的一个特例。因此，在"求解参数对话框"（以及使变量为非负选项）中应选择 GRG 非线性求解法而非 LP 单纯形法求解法，LP 单纯形法常用于解决线性规划问题。ASPESolver 求解器除了包含同样的求解法外，还有另一个求解器，称为二次方程，应选择该求解器，因为该程序是专为高效解决二次规划问题而

设计的。

使用 MPL/Solver 求解器时，应在模型文件开头添加如下语句以将模型类型设为二次模型：

选项

模型类型＝二次

（或者，你可以从"MPL 语言选项"对话框选择二次模型选项，但是，重新处理线性规划问题时，请记得更改设置。）否则，该程序中，除了目标函数的表达式为二次函数外，其他与线性规划的程序相同。例如，目标函数将表示为

15x1+30x2+4x1*x2—2(x1^2)—4(x2^2)

MPL——CPLEX 和 GUROBI 学生版中包含两个精英求解器——包括求解二次规划问题的一种特殊算法。

该目标函数可用与 LINGO 模型相同的方式表达，LINGO/LINDO 会自动调用其非线性求解器求解该模型。

事实上，你的运筹学课件中本章的 Excel、MPL/Solver 和 LINGO/LINDO 文件均对相应程序进行了介绍，对如何设置软件包和求解该示例进行了详细说明。

13.8 可分规划

前面介绍了如何通过扩展单纯形法求解一类非线性规划问题。现在讨论另一类称为可分规划问题，由于任何该类问题均可非常逼近存在大量变量的线性规划问题，所以该类问题实际上可通过单纯形法求解。

如 13.3 节所述，可分规划中，假设目标函数 $f(\boldsymbol{x})$ 为凹函数，各约束函数 $g_i(\boldsymbol{x})$ 为凸函数，且所有这些函数均为可分函数（各项仅涉及单变量的函数）。但为了简单起见，下面着重讲述一个特例，即凸函数和可分函数 $g_i(\boldsymbol{x})$ 实际为线性函数（正如线性规划一样，本节结尾部分将简要介绍一般情况）。因此，该特例情况下仅需对目标函数进行特殊处理。

在前述假设条件下，目标函数可以表示为单变量凹函数的总和，即

$$f(\boldsymbol{x}) = \sum_{j=1}^{n} f_j(x_j)$$

所以各个 $f_j(x_j)$ 函数在 x_j 值的可行域范围内均有一个如图 13.15（任一案例）所示的形状[①]，由于 $f(\boldsymbol{x})$ 代表所有活动整体的业绩测定指标（如利润），故 $f_j(x_j)$ 代表活动 j 在 x_j 层级实施时的利润收益。$f(\boldsymbol{x})$ 为可分函数的条件仅表示具有可加性（见 3.3 节），即对总利润的影响超出其各自贡献的各项活动之间不产生交互作用（没有交叉乘积项）。假设每个 $f_j(x_j)$ 为凹函数，表示边际利润（盈利曲线的斜率）保持不变或随着 x_j 的上升而下降（决不会上升）。

出现凹盈利曲线的情况相当常见。例如，可以按某一价格出售一定数量的某类产品，然后，以较低价格出售更多产品，最后，还可能以更低价格再出售一批产品。同样，购买原材料的价格可能越来越贵。另一种常见情形是，为了提高生产率，必须使用更加昂贵的生产过程以便使生产率加大到超出一个特定值（如除正常工作时间外还需加班工作）。

上述情形均可导致产生如图 13.5 所示的任一种盈利曲线。案例 1，斜率仅在某些分割点下降，所以 $f_j(x_j)$ 为一个分段线性函数（一系列相连的线段）。案例 2，斜率可能随 x_j 的上升而连续下降，所以 $f_j(x_j)$ 为一般凹函数。任何这类函数均可能非常逼近分段线性函数，且根据需要，这

[①] 当（且仅当）每一个 $f_j(x_j)$ 为凹函数时，$f(\boldsymbol{x})$ 为凹函数。

类逼近法可应用于可分规划问题(图 13.15 所示为一个逼近函数,该函数只有三条线段,但引入附加分割点后,逼近法效果会更好)。该类逼近法非常方便,因为一个单变量分段线性函数可以改写为多变量线性函数,仅对这些变量的值进行一个特殊限制即可,如下文所述。

13.8.1 线性规划问题重写

将分段线性函数重写为线性函数的关键在于在每个线段采用分离变量。例如,图 13.15 所示分段线性函数 $f_j(x_j)$ 中,案例 1(或案例 2 逼近分段线性函数)在 x_j 值的可行域范围内有 3 条线段。引入 3 个新的变量 x_{j1}、x_{j2} 和 x_{j3},并设

$$x_j = x_{j1} + x_{j2} + x_{j3}$$

其中

$$0 \leq x_{j1} \leq u_{j1}, 0 \leq x_{j2} \leq u_{j2}, 0 \leq x_{j3} \leq u_{j3}$$

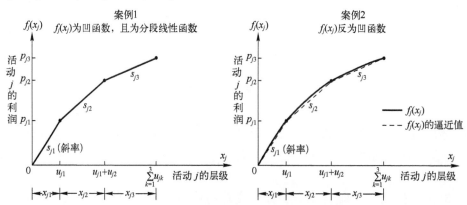

图 13.15 可分规划盈利曲线形状

然后,使用斜率 s_{j1}、s_{j2} 和 s_{j3} 将 $f_j(x_j)$ 重写为

$$f_j(x_j) = s_{j1}x_{j1} + s_{j2}x_{j2} + s_{j3}x_{j3}$$

进行以下特殊限制即可。

只要 $x_{j1} \leq u_{j1}$,则 $x_{j2} = 0$。

只要 $x_{j2} \leq u_{j2}$,则 $x_{j3} = 0$。

下面探讨一下为何需要进行该特殊限制,假设 $x_j = 1$,其中 $u_{jk} > 1 (k=1, 2, 3)$,故 $f_j(1) = s_{j1}$。请注意

$$x_{j1} + x_{j2} + x_{j3} = 1$$

允许

$$x_{j1} = 1, x_{j2} = 0, x_{j3} = 0 \Rightarrow f_j(1) = s_{j1}$$
$$x_{j1} = 0, x_{j2} = 1, x_{j3} = 0 \Rightarrow f_j(1) = s_{j2}$$
$$x_{j1} = 0, x_{j2} = 0, x_{j3} = 1 \Rightarrow f_j(1) = s_{j3}$$

以此类推,其中

$$s_{j1} > s_{j2} > s_{j3}$$

但特殊限制仅允许第一种可能性,也是唯一能给出 $f_j(1)$ 正确值的可能性。

不幸的是,特殊限制不符合线性规划约束要求的格式,所以部分分段线性函数不能以线性规划格式重写。但假设 $f_j(x_j)$ 为凹函数,故 $s_{j1} > s_{j2} > \cdots$,所以当 x_j 从零开始上升时,使 $f(x)$ 最大化的算法自动最优先使用 x_{j1},其次使用 x_{j2},依此类推。模型中甚至不包含明确的特殊限制。从该观

察结果得出以下关键特性。

可分规划关键特性：当 $f(x)$ 和 $g_i(x)$ 满足可分规划假设条件,且由此产生的分段线性函数改写为线性函数时,删除特殊限制可得出最优解自动满足特殊限制的线性规划模型。

本节后面部分将通过具体实例进一步阐述该关键特性背后的逻辑同时请参阅习题 13.8-6(a)。

用上述符号写下完整的线性规划模型,令 n_j 为 $f_j(x_j)$（或逼近它的分段线性函数）中的线段数,以便

$$x_j = \sum_{k=1}^{n_j} x_{jk}$$

在整个初始模型中被替换,且

$$f_j(x_j) = \sum_{k=1}^{n_j} s_{jk} x_{jk}$$

在目标函数中被替换①,其中 $j = 1, 2, \cdots n$。由此产生的模型为

$$\text{Max } Z = \sum_{j=1}^{n} \left(\sum_{k=1}^{n_j} s_{jk} x_{jk} \right)$$

s. t.

$$\sum_{i=1}^{n} a_{ij} \left(\sum_{k=1}^{n_j} x_{jk} \right) \leq b_i, i = 1, 2, \cdots, m$$

$$x_{jk} \leq u_{jk}, k = 1, 2, \cdots, n_j; j = 1, 2, \cdots, n$$

且

$$x_{jk} \geq 0, k = 1, 2, \cdots, n_i; j = 1, 2, \cdots, n$$

($\sum_{k}^{n_j} = 1 x_{jk} \geq 0$ 约束条件被删除,因其通过 $x_{jk} \geq 0$ 约束条件已得到保证。) 如果某些初始变量 x_j 没有上界,则 $u_{jn_j} = \infty$,所以涉及该量的约束条件将被删除。

求解该模型的一个有效方法是采用精简版单纯形法处理上界约束(详见 8.3 节)。获得该模型的最优解后,再计算 $j = 1, 2, \cdots, n$ 时的如下值,即

$$x_j = \sum_{k=1}^{n_j} x_{jk}$$

以便确定初始可分规划问题(或其分段线性逼近)的最优解。

示例：Wyndor Glass 公司(见 3.1 节)收到了未来 4 个月由工厂 1 和工厂 2 制作手工品的特别订单。交付订货需要从生产常规产品的员工中调借部分员工,因此,其余员工需要加班工作才能充分利用工厂该部分常规产品的机械和设备产能。尤其是 3.1 节所述的两款新的常规产品,需要加班才能充分利用工厂 1 生产产品 1 的最后 25%的产能和工厂 2 生产产品 2 的最后 50%产能。假如盈利曲线如图 13.16 所示,两者均适合图 13.15 所示案例 1 的情况,则加班工作产生的额外费用将使产品 1 每台产品的利润从 3 美元降至 2 美元,产品 2 每台产品的利润从 5 美元降至 1 美元。

管理层决定继续通过加班(而不是雇佣更多工人)来应对这一临时状况。但管理层坚持,生产各款产品的员工应在常规上班时间得到充分利用后再安排加班。此外,管理层还认为,如果可以提高整体盈利能力,应暂时改变当前生产率(产品 1 为 $x_1 = 2$,产品 2 为 $x_2 = 6$)。所以管理层指示运筹学研究小组对产品 1 和产品 2 进行研究,以确定未来 4 个月的最盈利的产品组合。

公式：让我们回顾一下,3.1 节中原 Wyndor Glass 公司问题的线性规划模型为

---

① 如果一个或多个 $f_j(x_j)$ 已经是线性函数 $f_j(x_j) = c_j x_j$,则 $n_j = 1$,所以两者均不会替换 j。

Max $Z = 3x_1 + 5x_2$

s. t.

$x_1 \leq 4$

$2x_2 \leq 12$

$3x_1 + 2x_2 \leq 18$

且

$x_1 \geq 0, x_2 \geq 0$

我们现需要对该模型进行修改以适应上述新情况。为此,令产品 1 的生产率为 $x_1 = x_{1R} + x_{10}$,其中 x_{1R} 为常规时间达到的生产率,x_{10} 为加班工作产生的增量生产率。同理,规定产品 2 的生产率为 $x_2 = x_{2R} + x_{20}$。因此,开始该示例之前给出的可分规划的一般线性规划模型符号中,$n = 2$、$n_1 = 2$ 且 $n_2 = 2$。将图 13.16 中给定的数据(包括常规时间和加班时间的最大生产率)带入该通用模型中,得出该应用的特定模型。尤其应注意的是,新的线性规划问题是确定 x_{1R}、x_{10}、x_{2R} 和 x_{20} 的值。

Max $Z = 3x_{1R} + 2x_{10} + 5x_{2R} + x_{20}$

s. t.

$x_{1R} + x_{10} \leq 4$

$2(x_{2R} + x_{20}) \leq 12$

$3(x_{1R} + x_{10}) + 2(x_{2R} + x_{20}) \leq 18$

$x_{1R} \leq 3, x_{10} \leq 1, x_{2R} \leq 3, x_{20} \leq 3$

且

$x_{1R} \geq 0, x_{10} \geq 0, x_{2R} \geq 0, x_{20} \geq 0$

注意:模型倒数第二行的上界约束使前两个函数约束成为冗余,故这两个函数约束条件可以删除。)

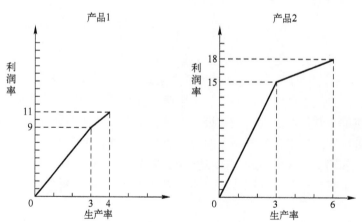

图 13.16 Wyndor Glass 公司未来 4 个月的利润数据

但该公式中有一个重要因素未明确考虑。具体而言,安排加班之前,模型中没有任何因素要求完全利用该产品的常规生产时间。换言之,即使当 $x_{1R} < 3$ 或 $x_{2R} < 3$ 时,$x_{10} > 0$ 或 $x_{20} > 0$ 都是可行的,但管理层不接受这样的解(禁用该类解就是本节前面部分讨论的特殊限制)。

接下来要讨论的是可分规划的关键特性。即使该模型不明确考虑该因素,也会隐式考虑该因素。尽管该模型存在多余的实际上不可接受的"可行"解,但可保证该模型的任何最优解均为合理解,这些合理解均不会用加班工作替代任何常规时间工作(此处的推理类似于第 4.6 节中讨论的大 M 法。为方便起见,该模型也允许存在多余的可行但非最优解)。因此,该模型可安全运用单纯形法,找到可接受的最盈利的产品组合。原因包括两个方面:首先,各个产品的 2 个决策变量在各个函数约束中总是以和的形式同时出现:$x_{1R}+x_{1O}$ 或 $x_{2R}+x_{2O}$,而不以各单变量上界约束的形式出现。因此,总是可以将一个不可接受的可行解转换为一个可以接受的具有相同总生产率的可行解:$x_1=x_{1R}+x_{1O}$ 和 $x_2=x_{2R}+x_{2O}$,只要尽可能使用常规生产时间替代加班时间即可。其次,加班生产比常规生产利润低(即图 13.16 中每个盈利曲线的斜率为生产率的单调递减函数),所以,以这种方式将一个不可接受的可行解转换为可以接受的可行解必须提高总利润率 Z。因此,当还有正常生产时间的情况下,使用加班生产的可行解不可能是该模型的最优解。

例如,考虑不可接受的可行解 $x_{1R}=1, x_{1O}=1, x_{2R}=1, x_{2O}=3$,该解产生的总利润率为 $Z=13$。可接受的实现相同的总生产率 $x_1=2$ 和 $x_2=4$ 的方式是 $x_{1R}=2, x_{1O}=0, x_{2R}=3, x_{2O}=1$。后者仍然可行,但同时也因 $(3-2)(1)+(5-1)(2)=9$ 使 Z 总利润率增加到 $Z=22$。

同样,该模型的最优解是 $x_{1R}=3, x_{1O}=1, x_{2R}=3, x_{2O}=0$,为可接受的可行解。

可分规划应用的另一示例见本书网站"已解示例"部分。

13.8.2 展开

目前为止,我们已着重讲述了唯一一个非线性函数为目标函数 $f(\boldsymbol{x})$ 的可分规划的特例。现简要介绍一下约束函数 $g_i(\boldsymbol{x})$ 不需要为线性函数,但应为凸函数和可分函数的一般情况,这样,每个 $g_i(\boldsymbol{x})$ 可表示为单变量函数的总和,即

$$g_i(x) = \sum_{j=1}^{n} g_{ij}(x_j)$$

式中:各 $g_{ij}(x_j)$ 为凸函数。再次重申,这些新函数中每一个函数均可足够逼近分段线性函数(如果还不是该形式)。新约束条件是,对于每个变量 $x_j(j=1,2,\cdots,n)$,该变量 $[f_j(x_j), g_{1j}(x_j),\cdots, g_{mj}(x_j)]$ 函数的所有分段线性逼近必须有相同的分割点,以便所有分段线性函数均可使用相同的新变量 $(x_{j1}, x_{j2},\cdots,x_{jn_j})$。该公式引出了线性规划模型,该模型除 i 和 j 外,其他均与特殊案例运用的公式一样。现 x_{jk} 变量在约束条件 i 中存在不同系数(其中这些系数为分段线性函数逼近 $g_{ij}(x_j)$ 的相应斜率)。由于 $g_{ij}(x_j)$ 应为凸函数,本质上与之前的逻辑如出一辙,这意味着可分规划的关键特性依然存在(见习题 13.8-6(b))。

本节所述分段线性函数的逼近函数的一个缺点是需要大量线段(变量)才能获得接近的逼近值,而仅最优解邻域才需要如此精细的分割点网格。因此,人们已开发更为复杂的方法,即使用一系列两段分段线性函数在该邻域内获得连续的更准确的逼近值。该方法往往能更快、更准确地逼近最优解。

可分规划的关键特性高度取决于目标函数 $f(\boldsymbol{x})$ 为凹函数以及约束函数 $g_i(\boldsymbol{x})$ 为凸函数的假设条件。但即使违反上述假设中一个或两个条件,已开发的方法仍可在模型中引入辅助二元变量,实现分段线性优化。该方法需要相当大的计算量,但仍不失求解该类问题的一个合理选项。

13.9 凸 规 划

我们在 13.4 节和 13.5 节(无约束问题)及 13.7 节(有线性约束的二次目标函数)和 13.8 节(可分函数)中讨论了凸规划的一些特例。13.6 节中也介绍了一般情况(最优性的充要条件)的部分原理。本节简要讨论求解一般凸规划问题(其中,需最大化的目标函数 $f(\boldsymbol{x})$ 为凹函数,

$g_i(\boldsymbol{x})$ 约束函数为凸函数)的一些方法类型,之后,将例举凸规划算法的一个示例。

求解凸规划问题并不存在一个标准算法。人们为此开发了多种不同算法,各有优缺点,且该领域的研究活动依然保持活跃。这些算法大致可分为以下三类。

第一类为梯度算法,该算法对 13.5 节所述梯度搜索程序进行了一些修改,以防止搜索路径突破任何约束边界。例如,最常用的一种梯度算法为广义简约梯度法(GRG)。Solver 求解程序就采用广义简约梯度法求解凸规划问题(如下一节所述,Solver 求解程序和 ASPE 均包含"进化规划求解器(Evolutionary Solver)"选项,非常适用于处理非凸规划问题)。

第二类为顺序无约束算法,包括罚函数法和障碍函数法。这些算法将原具有约束的优化问题转化为最优解向原问题最优解收敛的一系列无约束优化问题。每一个无约束最优化问题均可采用 13.5 节所述的各种程序求解。通过将约束条件转化为一个罚函数(或障碍函数),完成上述转换,该罚函数(或障碍函数)从目标函数中减去,以对违反约束条件(或甚至接近约束边界)施加较大的惩罚。本节后半部分将介绍 20 世纪 60 年代一种称为序列无约束极小化技术(简称为罚函数法)的算法,该算法开创了此类算法的先锋(罚函数法同时也推动了一些线性规划内点法的发展)。

第三类为逐次逼近算法,包括线性逼近法和二次逼近法。这些算法用一系列线性或二次逼近代替非线性目标函数。对于有线性约束的优化问题,这类逼近法允许重复使用线性或二次规划算法。同时,可进行其他分析,产生可向原问题的最优解收敛的一系列解。虽然这些算法特别适用于有线性约束的优化问题,但也可运用相应的线性逼近法将该类算法运用于非线性约束函数的问题。

为举例说明逐次逼近算法,现介绍有线性约束的凸规划问题(约束条件为矩阵表中的 $A\boldsymbol{x} \leq \boldsymbol{b}$ 和 $\boldsymbol{x} \geq \boldsymbol{0}$)的弗兰克-沃尔夫(Frank-Wolfe)算法。该程序特别直接,它结合了目标函数的线性逼近(使我们能使用单纯形法)和单变量无约束优化程序(如 13.4 节所述)。

13.9.1 逐次线性逼近算法(弗兰克-沃尔夫算法)

给定可行试解 $\boldsymbol{x}'$,用于目标函数 $f(\boldsymbol{x})$ 的线性逼近为位于 $\boldsymbol{x} = \boldsymbol{x}'$ 周围的 $f(\boldsymbol{x})$ 的一阶泰勒级数展开式,即

$$f(\boldsymbol{x}') \approx f(\boldsymbol{x}') + \sum_{j=1}^{n} \frac{\partial f(\boldsymbol{x}')}{\partial x_j}(x_j - x_j') = f(\boldsymbol{x}') + \nabla f(\boldsymbol{x}')f(\boldsymbol{x} - \boldsymbol{x}')$$

式中:偏导数在 $\boldsymbol{x} = \boldsymbol{x}'$ 求值。因为 $f(\boldsymbol{x}')$ 和 $\nabla f(\boldsymbol{x}')\boldsymbol{x}'$ 有固定值,它们可以缩减至一个给定的等价线性目标函数

$$g(\boldsymbol{x}) = \nabla f(\boldsymbol{x}')\boldsymbol{x} = \sum_{j=1}^{n} c_j x_j$$

其中,当 $\boldsymbol{x} = \boldsymbol{x}'$ 时,$c_j = \dfrac{\partial f(\boldsymbol{x})}{\partial x_j}$。

然后,将单纯形法(或 $n = 2$ 时使用图形法)应用于由此产生的线性规划问题(使 $g(\boldsymbol{x})$ 在初始约束条件:$A\boldsymbol{x} \leq \boldsymbol{b}$ 和 $\boldsymbol{x} \geq \boldsymbol{0}$ 下达到最大),找到其最优解 $\boldsymbol{x}_{LP}$。注意:线性目标函数一定沿着 $\boldsymbol{x}'$ 到 $\boldsymbol{x}_{LP}$(在可行域边界上)的线段稳步上升。但由于 $\boldsymbol{x}$ 远离 $\boldsymbol{x}'$,线性逼近可能不是特别接近,所以非线性目标函数可能在 $\boldsymbol{x}'$ 至 $\boldsymbol{x}_{LP}$ 的整个范围内不会一直上升。因此,与其接受 $\boldsymbol{x}_{LP}$ 作为下一个试解,不如选择使非线性目标函数沿该线段最大化的一个点。可通过执行 13.4 节中所述单变量无约束优化程序找到这一点,其中用于该搜索的单变量为 $\boldsymbol{x}'$ 到 $\boldsymbol{x}_{LP}$ 的总距离的分数 t。该点则成为启动所述算法的下一次迭代的新试解。反复迭代产生的试解序列向原问题的最优解收敛,所以连续

试解足够接近,基本上达到该最优解时算法即停止。

13.9.2 弗兰克-沃尔夫算法概述

初始值:找到一个初步可行试解$x^{(0)}$,例如,运用线性规划程序找到一个初始基本可行解。设$k=1$。

迭代k:

(1)对于$j=1,2,\cdots,n$,求$x=x^{(k-1)}$时$c_j=\dfrac{\partial f(x)}{\partial x_j}$的值,并设$c_j$等于该值。

(2)找到以下线性规划问题的一个最优解$x_{LP}^{(k)}$:

$$\text{Max } g(x) = \sum_{j=1}^{n} c_j x_j$$

s.t.

$$Ax \leq b$$

且

$$x \geq 0$$

(3)对于变量$t(0 \leq t \leq 1)$,设

$$h(t) = f(x)$$

其中

$$x = x^{(k-1)} + t(x_{LP}^{(k)} - x^{(k-1)})$$

故$h(t)$给出$x^{(k-1)}$(其中$t=0$)至$x_{LP}^{(k)}$(其中$t=1$)线段上$f(x)$的值。使用单变量无约束优化(见13.4节)程序,使$h(t)$在$0 \leq t \leq 1$范围内达到最大,并设$x^{(k)}$等于相应的x。转停止规则。

停止规则:如果$x^{(k+1)}$和$x^{(k)}$足够接近,停止迭代,并使用$x^{(k)}$(或$x^{(0)},x^{(1)},\cdots,x^{(k-1)},x^{(k)}$的部分外推法)作为最优解的估计值;否则,重设$k=k+1$并执行下一次迭代。

该程序示例如下。

例 考虑以下二次规划问题(线性约束凸规划问题的一个特例):

$$\text{Max } f(x) = 5x_1 - x_1^2 + 8x_2 - 2x_2^2$$

s.t.

$$3x_1 + 2x_2 \leq 6$$

且

$$x_1 \geq 0, x_2 \geq 0$$

请注意

$$\frac{\partial f}{\partial x_1} = 5 - 2x_1, \frac{\partial f}{\partial x_2} = 8 - 4x_2,$$

故无约束最大值$x = (\dfrac{5}{2}, 2)$违反了函数约束条件。因此,需要继续进行迭代才能找到约束的最大值。

第1次迭代:显然,$x=(0,0)$是可行的(且对应于线性规划约束的初始基本可行解),我们选择它作为弗兰克-沃尔夫算法的初始试解$x^{(0)}$。将$x_1=0$和$x_2=0$代入偏导数的表达式,得出$c_1=5$和$c_2=8$,故$g(x)=5x_1+8x_2$为目标函数的初始线性逼近值。从图形上看,求解该线性规划问题(图13.17(a))得出$x_{LP}^{(1)}=(0,3)$。对于第1次迭代的第3步,图13.17(a)所示(0,0)至(0,3)线段上的点表示为

$$(x_1, x_2) = (0,0) + t[(0,3)-(0,0)], 0 \leq t \leq 1$$
$$= (0, 3t)$$

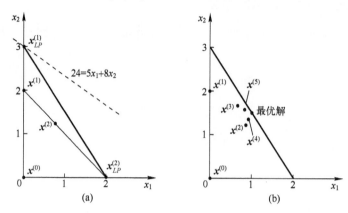

图 13.17 弗兰克-沃尔夫算法图示

如表 13.6 第 6 列所示,由该表达式得出
$$h(t) = f(0, 3t) = 8(3t) - 2(3t)^2$$
$$= 24t - 18t^2$$

表 13.6 弗兰克-沃尔夫算法应用示例

k	$x^{(k-1)}$	c_1	c_2	$x_{LP}^{(K)}$	x	$h(t)$	t^*	$x^{(k)}$
1	(0,0)	5	8	(0,3)	(0,3t)	$24t-18t^2$	$\frac{2}{3}$	(0,0)
2	(0,0)	5	0	(2,0)	(2t,2-2t)	$8+10t-12t^2$	$\frac{5}{12}$	(0,0)

该例中可通过以下设置获得使 $h(t)$ 在 $0 \leq t \leq 1$ 范围内达到 $t=t^*$ 的最大值,即
$$\frac{dh(t)}{dt} = 24 - 36t = 0$$

故 $t^* = \frac{2}{3}$。由该结果得出下一个试解,即
$$x^{(1)} = (0,0) + \frac{2}{3}[(0,3)-(0,0)]$$
$$= (0,2)$$

至此,第 1 次迭代完成。

第 2 次迭代:对产生表 12.6 第 2 行所示结果的计算方法进行简单介绍,由 $x^{(1)} = (0,2)$ 得出
$c_1 = 5 - 2(0) = 5$
$c_2 = 8 - 4(2) = 0$

对于目标函数 $g(x) = 5x_1$,以图形方式求解图 13.17(a)所示可行域内的问题,得出 $x_{LP}^{(2)} = (2,0)$。因此,$x^{(1)}$ 至 $x_{LP}^{(2)}$ 线段(图 13.17(a))的表达式为
$$x = (0,2) + t[(2,0)-(0,2)]$$
$$= (2t, 2-2t)$$

故
$$h(t) = f(2t, 2-2t)$$

$$= 5(2t)-(2t)^2+8(2-2t)-2(2-2t)^2$$
$$= 8+10t-12t^2$$

设

$$\frac{\mathrm{d}h(t)}{\mathrm{d}t} = 10-24t = 0$$

得出 $t^* = \frac{5}{12}$，因此，有

$$\boldsymbol{x}^{(2)} = (0,2)+\frac{5}{12}[(2,0)-(0,2)]$$
$$= \left(\frac{5}{6},\frac{7}{6}\right)$$

至此，第 2 次迭代完成。

图 13.17 所示为第 3 次、第 4 次及第 5 次迭代得出的试解。可以看到，这些试解一直在 $\boldsymbol{x} = \left(1,\frac{3}{2}\right)$ 点附近交叉的两条轨线之间交替。事实上，该点即为最优解，可利用 13.6 节所述库恩-塔克条件进行验证。

该示例展示了弗兰克-沃尔夫算法的一个共同特征，即试解在两条（或两条以上）轨迹之间交替。当试解以这种方式交替时，可将轨迹向其交点的逼近点外推，从而估算最优解。这种估算法比使用最后试解所获得的值，效果往往更好。原因是：试解向最优解收敛往往非常缓慢，以致最后试解离最优解仍可能相当远。

了解有关弗兰克-沃尔夫算法应用的另一示例，可参阅本书网站"已解示例"部分。运筹学辅导材料也提供了其他示例。运筹学导论对该算法的计算过程也有详细介绍。

13.9.3 一些其他算法

我们应强调的是，弗兰克-沃尔夫算法仅是逐次逼近算法的一个示例。许多这类算法在每次迭代时使用二次逼近而非线性逼近，因为二次逼近明显更适合于原问题，从而令一系列试解向最优解收敛速度比图 13.17(b) 所示示例快得多。为此，尽管弗兰克-沃尔夫这类逐次线性逼近法使用起来相对简单，但目前实际应用中一般仍首选逐次二次逼近法。其中准牛顿法（或可变计量法）更为常用。如 13.5 节所述，上述方法使用牛顿快速逼近法，并根据问题的约束条件对此方法做了进一步改进。为了加快计算，采用准牛顿法计算非线性函数曲率二次逼近值时，无需对二次（偏）导数进行显式计算（对于有线性约束的优化问题，该非线性函数仅为目标函数，而对非线性约束，则为拉格朗日函数）。一些准牛顿算法甚至没有明确形成并求解每次迭代时的逼近二次规划问题，而是整合了梯度算法的一些基础成分（有关逐次逼近算法的详细内容，请参阅参考文献[5]）。

现在我们从逐次逼近算法转到顺序无约束算法。如本节开头所述，后者用于求解有初始约束的优化问题而非一系列无约束优化问题。

自 20 世纪 60 年代开始，顺序无约束极小化技术（简称罚函数法）得到了广泛应用。实际上，罚函数法有两个版本，一个是外点算法，该算法通过罚函数强行收敛到可行域来处理不可行解。下面我们介绍另一个版本，即内点算法，该算法采用障碍函数强制留在可行域内，直接处理可行解。虽然罚函数法最初是作为一项极小化技术提出的，但我们必须将其转换为极大化技术，以便与本章其余部分保持一致。因此，我们继续假设该问题的形式为本章开头给出的形式，且所

有函数均为可微函数。

13.9.4 顺序无约束极小化技术(罚函数法)

顾名思义,罚函数法将初始问题替换为一系列无约束优化问题,其解收敛于初始问题的一个解(局部最大值)。该方法极具吸引力,因为无约束优化问题较有约束优化问题更容易求解(见13.5节)。该序列中的每一个无约束问题都需要选取标量 r 的(连续变小)严格正值,然后求解 x,以便使

Max $P(\boldsymbol{x};r)=f(\boldsymbol{x})-rB(\boldsymbol{x})$

此处, $B(\boldsymbol{x})$ 为一个障碍函数,具有以下特性(对初始问题可行的 x)。

(1) 当 x 离可行域的边界较远时, $B(\boldsymbol{x})$ 较小。
(2) 当 x 接近可行域的边界时, $B(\boldsymbol{x})$ 较大。
(3) 当(最近的)可行域边界距离 $\to 0$ 时, $B(\boldsymbol{x})\to\infty$。

因此,从初步可行试解启动搜索程序,再尝试加大 $P(\boldsymbol{x};r)$, $B(\boldsymbol{x})$ 提供了一个障碍,防止搜索穿越(甚至接近)初始问题可行域边界。$B(\boldsymbol{x})$ 最常见的选择为

$$B(\boldsymbol{x}) = \sum_{i=1}^{m}\frac{1}{b_i-g_i(\boldsymbol{x})} + \sum_{j=1}^{n}\frac{1}{x_j}$$

对于 x 的可行值,请注意每一项的分母与 x 离约束边界(相应函数或非负约束)的距离成比例。因此,每一项都是一个边界排斥项,具有该特定约束边界的前 3 个特性。$B(\boldsymbol{x})$ 的另一个具有吸引力的特点是:当所有凸规划假设均得到满足时, $P(\boldsymbol{x};r)$ 为凹函数。

由于 $B(\boldsymbol{x})$ 使搜索远离可行域边界,你可能要问一个非常合理的问题:如果想要的解在可行域边界将会怎样?这正是使用罚函数法的原因所在,罚函数法涉及一系列 r 值连续变小、趋近于 0(各个值的最终试解成为下一个值的初始试解)的该类无约束优化问题的求解。例如,上一个 r 值乘以一个常数 $\theta(0<\theta<1)$ 可获得一个新的 r 值, $\theta=0.01$ 是一个典型值。随着 r 值趋近于 0, $P(\boldsymbol{x};r)$ 趋近于 $f(\boldsymbol{x})$,相应地, $P(\boldsymbol{x};r)$ 局部最大值向初始问题局部最大值收敛。因此,只要求了解足够多的无约束优化问题就能将其解外延到该限制解。

那么,需要求解多少该类问题才能实现上述外延呢?当初始问题满足凸规划的假设条件时,就能获得进行决策的有用信息。尤其在 $\bar{x}$ 为 $P(\boldsymbol{x};r)$ 的全局最大值的情况下,则

$$f(\bar{\boldsymbol{x}}) \leqslant f(\boldsymbol{x}^*) \leqslant f(\bar{\boldsymbol{x}})+rB(\bar{\boldsymbol{x}})$$

式中: $\boldsymbol{x}^*$ 为初始问题的(未知)最优解。因此, $rB(\bar{\boldsymbol{x}})$ 为最大误差(在目标函数值中),可用 $\bar{x}$ 求 $\boldsymbol{x}^*$ 的逼近值,并外延到 $\bar{x}$ 以外,使 $f(\boldsymbol{x})$ 加大,从而进一步减小这一误差。如果预先设定了容错度,则当 $rB(\bar{\boldsymbol{x}})$ 小于该值时即可立即停止。

13.9.5 罚函数法概述

初始值:确定一个不在可行域边界上的初步可行试解 $\boldsymbol{x}^{(0)}$。设 $k=1$,并为 r 和 $\theta<1$ 选择一个相应的严格正值(如 $r=1$ 且 $\theta=0.01$)。[①]

迭代 k:从 $\boldsymbol{x}^{(k-1)}$ 开始,应用 13.5 节所述的多变量无约束优化程序(如梯度搜索程序),找到下式的一个局部最大值 $\boldsymbol{x}^{(k)}$,即

$$P(x;r)=f(x) - r\left[\sum_{i=1}^{m}\frac{1}{b_i-g_i(x)} + \sum_{j=1}^{n}\frac{1}{x_j}\right]$$

[①] 选择初始 r 值的一个合理标准是,在 $f(\boldsymbol{x})$ 的可行解 x 不特别靠近边界的情况下,该值能令 $rB(\boldsymbol{x})$ 处在同一个数量级。

停止规则：如果从 $x^{(k-1)}$ 到 $x^{(k)}$ 的变化可忽略不计，则停止迭代并用 $x^{(k)}$（或 $x^{(0)}, x^{(1)}, \cdots,$ $x^{(k-1)}, x^{(k)}$ 的一个外推）作为初始问题局部最大值的估计值；否则，重设 $k=k+1$ 和 $r=\theta r$ 并执行下一次迭代。

最后，应该注意，罚函数法也可展开以满足等式约束条件 $g_i(x)=b_i$。标准方法如下所示。每个等式约束条件下：

对于"罚函数法"中给定的 $P(x;r)$，公式用

$$\frac{-[b_i-g_i(x)^2]}{\sqrt{r}}$$

替代

$$\frac{-r}{b_i-g_i(x)}$$

然后使用相同的程序。

对于严格偏离、不满足等式约束条件的，分子 $-[b_i-g_i(x)]^2$ 施以大惩罚，然后，随着 r 降低到一个非常小的量，分母大大增加该惩罚，从而迫使试解序列向一个满足约束条件的点收敛。

一直以来，罚函数法因其简单实用而得到广泛应用。然而，通过数值分析发现，罚函数法较容易出现数值不稳定的情况，所以应谨慎使用。有关该问题详细信息及其他类似算法分析，请参阅参考文献[6]。

例 为举例说明罚函数法，考虑以下两变量问题：

Max $f(x) = x_1 x_2$

s.t.

$x_1^2 + x_2 \leq 3$

且

$x_1 \geq 0, x_2 \geq 0$

虽然 $g_1(x) = x_1^2 + x_2$ 为凸函数（因为每一项均为凸象），但该问题是一个非凸规划问题，因为 $f(x) = x_1 x_2$ 不是凹函数。但是，该问题非常接近凸规划问题，使用罚函数法时一定会向最优解收敛（我们将在下一节进一步讨论非凸规划，包括罚函数法在处理此类问题时的作用）。

对于初始值，$(x_1, x_2) = (1,1)$ 显然是一个不在可行域边界上的可行解，所以可设 $x^{(0)} = (1,1)$。r 和 θ 的合理选择是 $r=1$ 和 $\theta=0.01$。

对于每次迭代，有

$$P(x;r) = x_1 x_2 - r\left(\frac{1}{3-x_1^2-x_2} + \frac{1}{x_1} + \frac{1}{x_2}\right)$$

$r=1$ 时，从 $(1,1)$ 开始运用梯度搜索程序，使该表达式达到最大，从而最终达到 $x^{(1)} = (0.90, 1.36)$。重设 $r=0.01$，并从 $(0.90, 1.36)$ 开始重新启动梯度搜索程序，从而得出 $x^{(2)} = (0.983, 1.933)$。从 $x^{(2)}$ 到 $x^{(3)} = (0.998, 1.994)$ 引出另一次 $r = 0.01(0.01) = 0.0001$ 的迭代。显然，该点序列（表 13.7）向 $(1,2)$ 收敛。对该解施加库恩-塔克条件，验证是否满足最优解的必要条件。图形分析表明 $(x_1, x_2) = (1,2)$ 实际是全局最大值（见习题 13.9-13(b)）。

对该问题，除了 $(x_1, x_2) = (1,2)$，没有其他局部最大值，所以对于多个初步可行试解重新施加罚函数法往往产生同样的解。[①]

[①] 技术原因是：$f(x)$ 是一个（严格）拟凹函数，具有局部最大值始终为全局最大值的凹函数的特性。

表 13.7 罚函数法示例

k	r	$x_1^{(k)}$	$x_2^{(k)}$
0		1	1
1	1	0.90	1.36
2	10^{-2}	0.987	0.925
3	10^{-4}	0.998	0.993
		↓	↓
		1	2

本书网站"已解示例"部分例举了另一个示例,对罚函数法在最小化形式在凸规划问题中的应用进行了说明。运筹学辅导材料中也提供了其他示例。执行罚函数法的自动程序见运筹学导论。

13.9.6 凸规划的软件部分选项

如 13.7 节所述,标准的 ExcelSolver 求解程序包含一个凸规划问题求解法,称为广义简约梯度非线性。ASPESolver 求解程序也包含该求解法。本章 Excel 文件显示了该求解方法在本节第 1 个示例中的应用。

LINGO 可求解凸规划问题,但 LINDO 学生版只能求解二次规划的特例(包括本节第 1 个示例)。本例详细内容见运筹学课件中本章的 LINGO/LINDO 文件。

MPL 专业版支持大量求解程序,包括一些可以处理凸规划的程序。其中名为 CONOPT 的程序在本书网站的 MPL 学生版进行了介绍。CONOPT(一种 AKRI 咨询公司产品)程序专门用于有效求解凸规划问题。在 MPL 模型文件的开头部分添加以下语句即可使用:

选项

ModelType = Nonlinear(模型类型 = 非线性)

本章 MPL/Solver 文件形成的凸规划示例已通过该求解程序求解。

13.10 非凸规划(带电子表格)

凸规划(需最大化的函数 $f(\boldsymbol{x})$ 为凹函数,所有 $g_i(\boldsymbol{x})$ 约束函数均为凸函数)的假设条件非常实用,因为这些假设条件能确保任何局部最大值同时也是全局最大值(如果目标是使 $f(\boldsymbol{x})$ 达到最小,则凸规划假设 $f(\boldsymbol{x})$ 为凸函数等,这样就确保局部最小值同时也是全局最小值)。然而,实践中出现的非线性规划问题往往无法满足这些假设条件。那么,处理此类非凸规划问题的方法又是什么呢?

13.10.1 求解非凸规划问题所面临的挑战

由于存在多种不同类型的非凸规划问题,所以上述问题不存在唯一答案。有些非凸规划问题求解难度极高。例如,目标函数接近凸函数的最大化问题通常比目标函数接近凹函数的最大化问题,求解难度大很多(13.9 节例举的所述罚函数法示例阐明了目标函数非常接近凹函数、问题可以视作凸规划问题来处理的情况)。同样,包含非凸集可行域的情况(因部分 $g_i(\boldsymbol{x})$ 函数不是凸函数)往往比较复杂,处理不可微或甚至不连续的函数通常更为复杂。

目前进行的许多研究,目标就是开发有效的全局优化程序,以找到各类非凸规划问题的全局最优解,有些已取得一定进展。例如,LINDO 系统(该系统包含 LINDO、LINGO 和 What'sBest!)已将全局优化程序纳入其高级求解程序,该公司的部分软件产品中包含有这一求解程序。尤其在 LINGO 和 what'sbest! 中,含有多起点搜索选项,可自动生成多个非线性规划求解程序的起点,以便快速找到一个优解。如果勾选全局选项,则启用全局优化程序。全局优化程序将非凸规划问题(甚至包括公式中包含有 IF、AND、OR 和 NOT 等逻辑函数的非凸规划问题)转换为多个子问题,这些子问题为原问题各个部分的凸规划等式。就能使用分支定界法对这些子问题进行穷举搜索。程序运行完成后,得到的解必为全局最优解(另一个可能结论是,问题不存在可行解)。本书网站中有该全局优化程序 LINGO 学生版,但它只能用于求解较小的问题(原有 500 个变量中最多允许使用 5 个非线性变量)。该全局优化程序专业版已成功求解了一些较大的问题。

应用案例

德国邮政敦豪集团是全球最大的物流公司。该集团在 220 多个国家拥有 50 多万名员工,该公司 15 万多辆汽车每天递送 300 万件货物和 7000 多万封信件。敦豪集团在快速成长为全球行业龙头企业的传奇故事背后,是该集团开明的领导管理艺术和具有创新性的营销活动。此外将非线性规划应用于市场资源优化,同样功不可没。

公司从德国邮政服务起家,高层管理者制定了一项远见卓识的计划,使公司从 21 世纪开始,成长为一家真正的全球物流企业。公司先是在全球范围内收购和整合了多家在当地具有极大市场份额的同类小公司。由于拥有全球业务的客户一般都期望仅靠一家物流公司就能满足其全部业务需求,他们在广泛市场调查基础上,又制定一项颇具扩张性的市场推广规划,将敦豪集团打造成为超级全球化公司,全面满足上述客户的需求。他们在全球四大洲 20 多个大国大力进行了市场推广活动。

这类市场推广计划费用不菲,所以尽可能有效利用有限的营销资源显得非常重要。因此,运筹学分析师开发了一个品牌选择模型,其目标函数是衡量市场推广的有效性。然后在一个电子表格环境中实施非凸规划,使该目标函数达到最大,且其费用不得突破总营销预算。

对市场营销理论和非线性规划的这种创新性运用使敦豪集团的全球品牌价值获得大幅增长,集团迅速占据市场领先地位。2003—2008 年,增长预计达 13.2 亿美元(增长 32%)。相应的投资回报率达 38%。

来源:M. Fischer, W. Giehl, and T. Freundt, "Managing Global Brand Investments at DHL," Interfaces, 41(1): 35-50, Jan. -Feb. 2011. (我们的网址提供了本文链接:www.mhhe.com/hillier。)

同样,MPL 现支持一个名为 LGO 的全局优化程序。本书网站上提供一个 MPL 求解程序 LGO 学生版。LGO 也可用于求解凸规划问题。

目前,人们正在尝试使用多种不同的全局优化法(如上述 LINGO 中的方法),在此不再做更深阐述。我们仅从一个简单案例入手,在本节结尾部分还将介绍一个更为通用的方法。我们将用电子表格和 Excel 软件展示我们的方法,但也可以使用其他软件包进行展示。

13.10.2 利用求解程序找出局部最优解

现重点介绍针对较简单的非凸规划类问题采用的简便方法。尤其着重考虑目标函数在整个可行域或在可行域主要部分均接近凹函数的(最大化)问题。同样,为简化问题的复杂性,我们仅使用线性约束条件,而忽略了非凸约束函数 $g_i(x)$。针对该类问题,先仅用部分凸规划算法,我们来观察一下能实现何种效果。虽然也可采用其他类似算法(如 13.9 节所述算法),但在这里仅采用 Solver 求解程序使用的求解非线性规划问题的凸规划算法。

例如,考虑以下单变量的非凸规划问题:

Max $Z = 0.5x^5 - 6x^4 + 24.5x^3 - 39x^2 + 20x$

s. t.

$x \leq 5$

$x \geq 0$

式中:Z 代表利润,单位为美元。图 13.18 所示为可行域范围内的利润曲线图,显示了该函数的高度非凸性质。但如果没有该曲线图,则无法立即确定这不是一个凸规划问题,还需要做一些简单的分析,验证目标函数在可行域范围内不是凹函数后才能最终确定。因此,假设 Solver 求解程序 GRG(广义简约梯度法)非线性求解方法(该求解法专为求解凸规划问题而设计)适用于本案例(ASPE 也有同样的求解方法,因此也同样适用)。图 13.19 表明,试图用 Solver 求解程序求解该问题是何等困难。电子数据表中该模型简单明了,x(C5)为可变单元格,利润(C8)为目标单元格(注意:选用广义简约梯度法(GRG)非线性作为求解方法)。当 $x=0$ 作为初始值输入变更单元格时,图 13.19 左侧电子表格显示,在 $x=0.371$ 时 Solver 得到最优解,此时,利润 = 3.19 美元。但如果将 $x=3$ 作为初始值,如图 13.19 中间电子表格所示,Solver 求得在 $x=3.126$ 时得到最优解,此时,利润 = 6.13 美元。在右侧表格中再输入另一个初始值 $x=4.7$,则 Solver 显示 $x=5$ 达到最优解,此时,利润 = 0 美元。那么,到底是怎么回事呢?

图 13.18 有助于说明 Solver 求解程序处理该问题时所遇到的难度。从 $x=0$ 开始,利润曲线图在 $x=0.371$ 时确实爬到了一个峰值,如图 13.19 左侧表格所示。从 $x=3$ 开始后,当 $x=3.126$ 时图形爬升到一个峰值,即中间表格得到的解。使用右侧表格 $x=4.7$ 的起始值,图形爬升,直到达到 $x\leqslant 5$ 约束条件的边界,故 $x=5$ 时,为该方向上的峰值。这 3 个峰值均为局部最大值(或局部最优值),因为每一个值都是图形在该点所在局部区域内的最大值。然而,只有这些局部最大值中最大的 1 个才是全局最大值,即整个图形的最高点。因此,图 13.19 的中间表格确实成功找到了全局最优解,即 $x=3.126$,利润 = 6.13 美元。

Solver 求解程序采用广义简约梯度法,该方法适应于 13.5 节所述梯度搜索方法,用于求解凸规划问题。因此,该算法可视为一个爬山过程。从可变单元格中输入的初始解开始,然后开始爬山,直到达到高峰(或因约束条件的限制达到边界,从而阻止继续爬升)为止。当达到该高峰(或边界)时程序终止,并报告所得的解。无法检测利润曲线图上其他地方是否存在更高的"山"。

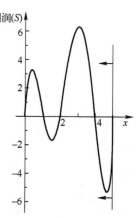

图 13.18 非凸规划示例利润曲线图

	A	B	C	D	E
1	Solver求解程序的解				
2	(从$x=0$开始)				
3					
4					最大
5		$x=$	0.371	<=	5
6					
7		利润=$0.5x^5-6x^4+24.5x^3-39x^2+20x$			
8		=	3.19		

	A	B	C	D	E
1	Solver求解程序的解				
2	(从$x=3$开始)				
3					
4					最大
5		$x=$	3.126	<=	5
6					
7		利润=$0.5x^5-6x^4+24.5x^3-39x^2+20x$			
8		=	6.13		

	A	B	C	D	E
1	Solver求解程序的解				
2	(从$x=4.7$开始)				
3					
4					最大
5		$x=$	5.000	<=	5
6					
7		利润=$0.5x^5-6x^4+24.5x^3-39x^2+20x$			
8		=	0.00		

	B	C
7	利润=	
8	=	=$0.5*x$^$5-6*x$^$4+24.5*x$^$3-39*x$^$2+20*x$

Solver求解程序参数	
设目标单元格:利润	
达到:最大	
更改可变单元格:	
x	
在以下约束条件下:	
$x \leqslant$ 最大	
Solver求解程序选项:	
使变量为非负	
求解方法:广义简约梯度法(GRG)非线性	

范围名称	单元格
最大	E5
x	C5
利润	C8

图 13.19 非凸规划问题示例(图 13.18),Solver 求解程序从 3 个不同初始解得到 3 个不同的解

任何其他爬山过程都会发生同样的情况,如罚函数法(如13.9节所述),当发现一个局部最大值时立即停止。因此,如果该示例运用罚函数法,采用图13.19中使用的3个初始试解,则会找到3个局部最大值,与Solver求解程序找到的局部最大值相同。

13.10.3 寻找局部最优解的更系统方法

求解"简单的"非凸规划问题的一个通用方法是采用一些算法式爬山程序,当找到局部最大值时停止,然后,从多个不同初始试解(该值既可随机选取也可按系统横切面选取)进行多次重复运算,以便找到尽可能多的局部最大值。从这些局部最大值中选择最佳值。通常,爬山过程是专为找到所有凸规划假设条件均成立时的全局最大值而设计的,但如果假设条件不成立,也能找到一个局部最大值。

求解程序可采用自动化方式,可尝试多个起点。在Excel的求解程序中,单击Solver的"选项(Option)"按钮,然后,选择"GRG非线性(GRGNonlinear)"选项卡,打开"选项(Option)"对话框,如图13.20所示。选择"使用多起点(UseMultistart)"选项,使Solver求解程序随机选择100个不同起始点(可通过改变"群体规模(PopulationSize)"选项改变起始点的数目)。ASPE(教育平台分析求解程序)的Solver求解程序中,这些选项在"模型(Model)"窗格的"引擎(Engine)"选项卡上。当启用"多起点(Multistart)"选项时,Solver求解程序在对每一个不同起始点求解后可得出最优解。

然而,无论尝试多少个不同的起始点,通常情况下,均无法保证一定能找到全局最优解。另外,如果利润曲线图不平滑(如果曲线存在不连续点或弯折),则Solver求解程序

图13.20 "GRG非线性选项(GRGNonlinearOptions)"对话框提供了多种非线性模型求解参数。"多起点(Multistart)"选项使Solver求解程序随机尝试多个起始点(可通过改变"群体规模(PopulationSize)"选项调整起始点数目)

使用广义简约梯度法(GRG)非线性求解方法时甚至可能无法找到局部最优解。幸运的是,ASPE和Excel的Solver求解程序的最新版本均提供了另一个搜索程序,该程序称为进化求解程序(EvolutionarySolver),可用于尝试求解这些较为困难的非凸规划问题。

13.10.4 进化求解程序

ASPE的Solver求解程序和Excel标准Solver求解程序(适用于Excel2010及以上版本)的成套工具中均包含有一个称为进化求解程序(EvolutionarySolver)的搜索程序,可用于搜索模型最优解。进化求解程序的理念是基于遗传学、进化论和适者生存理论。因此,这类算法有时也被称为遗传算法。我们将在14.4节中介绍遗传算法的运算方法。

进化求解程序相比标准的Solver求解程序(或任何其他凸规划算法)在求解非凸规划问题方面具有三大显著优势。首先,目标函数的复杂性对进化求解程序没有影响。只要函数可对给定的试解求解,则函数有弯折或有不连续点或存在多个局部最优点均不构成影响。其次,给定的约束条件(甚至包括非凸约束条件)的复杂度也不会对进化求解程序产生太大影响(虽然限制条

件的数量会有影响)。最后,由于进化求解程序不必对在同一区域的所有试解求值,所以进化求解程序可防止被困在一个局部最优解。事实上,只要进化求解程序一直运行(这当然是不切实际的),就能保证最终找到任一非线性规划问题(包括非凸规划问题)的全局最优解。因此,进化求解程序非常适合于解决许多相对较小的非凸规划问题。

另外,必须指出的是,进化求解程序不是万能的。首先,进化求解程序找到最终解所需时间比标准 Solver 求解程序要长很多。其次,进化求解程序在存在诸多约束条件的模型上表现并不理想。再次,进化求解程序是一个随机过程,所以在同一模型上再次运行该程序时往往会产生不同的最终解。最后,找到的最优解往往不是最理想的解(尽管可能非常接近最优解)。进化求解程序不会持续不断地接近更优解,它更像一个智能搜索引擎,会尝试不同的随机解。因此,虽然进化求解程序最终获得的解可能非常接近最优解,但对于大多数类型的非线性规划问题,它几乎永远不会得到全局最优解。因此,如果在进化求解程序之后采用广义简约梯度法非线性(GRGNonlinear)选项运行 Solver 求解程序,并从进化求解程序获得的最终解开始运行,搜索该解所在邻域,观察该解是否可以得到改进,通常不无裨益。

13.11 结　　论

实际优化问题往往涉及必须加以考虑的非线性行为。有时也可对这些非线性进行重写,以适用线性规划格式,就像处理可分拆的规划问题一样。但实际问题往往需要使用非线性规划公式。

与线性规划单纯形法不同的是,求解非线性规划问题时,并不存在一种通用的有效算法。事实上,有些非线性规划问题使用任何方法均无法令人满意地求解。但对一些重要类型问题的求解已取得了长足进步,如二次规划、凸规划和某些特殊类型的非凸规划。目前,有多种表现良好的算法可用于解决上述问题。其中部分算法融合了高效程序,可用于每次迭代部分的无约束优化,还有部分算法对原问题使用连续线性或二次逼近法。

近年来,人们极为重视开发高品质可靠的通用软件包,从而,最好地运用这些算法。例如,斯坦福大学系统优化实验室开发了数个强大的软件包。本章还介绍了 Solver 求解程序、ASPE、MPL/Solvers 和 LINGO/LINDO 的令人印象深刻的功能。上述软件包被广泛运用于各种类型问题(包括线性和整数规划问题)的求解,本章对此亦进行了部分阐述。随着算法技术和软件技术的稳步改进,有些大型问题也逐渐可以采用计算机方式进行求解。

非线性规划领域的研究依然保持活跃。

参 考 文 献

[1] Bazarra, M. S., H. D. Sherali, and C. M. Shetty: Nonlinear Programming: Theory and Algorithms, 3rd ed., Wiley, Hoboken, NJ, 2006.
[2] Best, M. J.: Portfolio Optimization, Chapman & Hall/CRC Press, Boca Raton, FL, 2010.
[3] Boyd, S., and L. Vandenberghe: Convex Optimization, Cambridge University Press, Cambridge, UK, 2004.
[4] Fiacco, A. V., and G. P. McCormick: Nonlinear Programming: Sequential Unconstrained Minimization Techniques, Classics in Applied Mathematics 4, Society for Industrial and Applied Mathematics, Philadelphia, 1990. (Reprint of a classic book published in 1968.)
[5] Fletcher, R.: Practical Methods of Optimization, 2nd ed., Wiley, Hoboken, NJ, 2000.
[6] Gill, P. E., W. Murray, and M. H. Wright: Practical Optimization, Academic Press, London, 1981.

[7] Hillier, F. S., and M. S. Hillier: Introduction to Management Science: A Modeling and Case Studies Approach with Spreadsheets, 5th ed., McGraw-Hill/Irwin, Burr Ridge, IL, 2014, chap. 8.
[8] Li, H.-L., H.-C. Lu, C.-H. Huang, and N.-Z. Hu: "A Superior Representation Method for Piecewise Linear Functions," INFORMS Journal on Computing, 21(2): 314-321, Spring 2009.
[9] Luenberger, D., and Y. Ye: Linear and Nonlinear Programming, 3rd ed., Springer, New York, 2008.
[10] Murty, K. G.: Optimization for Decision Making: Linear and Quadratic Models, Springer, New York, 2010.
[11] Vielma, J. P., S. Ahmed, and G. Nemhauser: "Mixed-Integer Models for Nonseparable PiecewiseLinear Optimization: Unifying Framework and Extensions," Operations Research, 58(2): 303-315, March-April 2010.
[12] Yunes, T., I. D. Aron, and J. N. Hooker: "An Integrated Solver for Optimization Problems," Operations Research, 58(2): 342-356, March-April 2010.

习　题

部分习题(或问题的组成部分)左侧的符号含义如下。
D:"学习辅助资料"中所列举的相应演示示例可能有帮助。
I:我们建议你使用所列的相应交互式程序(打印记录你的操作)。
C:使用装有任何可选软件的计算机(或按导师指示)对问题进行求解。
带星号的问题表示本书后面给出了该问题的至少部分答案。

13.1-1　阅读全面描述13.1节所述运用案例中概括的运筹学研究的参考文章。简要说明该项研究中如何运用非线性规划。然后,列出通过该项研究产生的各种有形和无形收益。

13.1-2　考虑习题3.1-11所述产品组合问题。假设该制造公司在实际销售这3种产品时遇到了价格弹性问题,所以其利润与第3章所述利润存在差异。尤其当假设生产产品1、产品2和产品3的单位成本分别为25美元、10美元和15美元,且卖出x_1、x_2和x_3台产品所需的价格(美元)分别为$(35+100x_1^{-\frac{1}{3}})$、$(15+40x_2^{-\frac{1}{4}})$和$(20+50x_3^{-\frac{1}{2}})$。

建立一个该问题的非线性规划模型,确定公司各个产品应分别生产多少台才能创造最大利润。

13.1-3　对于9.1节所述P&T公司的问题,假设对于每个罐头厂和仓库的组合,超出前40车货之后,运输成本将打9折。绘出与图13.3和图13.4类似的图,图上显示从罐头厂1运送到仓库1的每卡车豌豆的边际成本和总装运成本。然后描述该问题的整体非线性规划模型。

13.1-4　一名名叫理查德·史密斯(Richard Smith)的股票经纪人刚刚接到他最重要的客户安·哈代(Ann Hardy)打来的电话。安(Ann)有5万美元可用于购买两只股票。第1支股票是一支具有可观增长潜力且风险较小的蓝筹股。第2支股票更具有投机性。这支股票被两篇投资通信文章捧为具有突出增长潜力股,但同时也具有较大风险。安希望她的投资能有一个较大回报,但同时也不希望承担风险。因此,她指示理察德帮忙分析这两支股票怎样组合比较适合她。

安习惯于以千美元和千股作为金额和股票份额的单位。使用这两种单位,各组股票价格是第1支股票为20、第2支股票为30。经过研究后,理察德做出了如下估算。每组股票的预期收益第1支股票为5、第2支股票为10。每组股票的收益率方差第1支为4、第2支为100。每组股票收益率协方差两支股票均为5。

在还未指定最低预期收益特定数值的情况下,为该题建立一个非线性规划模型(习题13.7-6将继续讨论)。

13.2-1　重新考虑13.1-2题。证明该问题为凸规划问题。

13.2-2　重新考虑13.1-4题。证明所建立的模型是一个凸规划问题,证明被最小化的目标函数为凸函数。

13.2-3 考虑图13.5例举的Wyndor Glass公司的示例,该例中,原问题的第2个和第3个函数约束条件(见3.1节)用$9x_1^2+5x_2^2 \leq 216$替代。通过证明目标函第36行$=3x_1+5x_2$在(2,6)点与该约束边界相切,从而验证$(x_1,x_2)=(2,6)(Z=36)$确实为最优解(提示:用该边界上的x_1表示x_2,然后,对表达式就x_1进行微分,找到边界斜率)。

13.2-4 考虑图13.6所示Wyndor Glass公司问题的变异,其中原目标函数(见3.1节)被$Z=126x_1-9x_1^2+182x_2-13x_2^2$替代。证明椭圆$857=126x_1-9x_1^2+182x_2-13x_2^2$与在$(\frac{8}{3},5)$点的约束边界$3x_1+2x_2=18$相切,验证$(x_1,x_2)=(\frac{8}{3},5)(Z=857)$确实为最优解(提示:椭圆根据$x_1$求解$x_2$,然后,微分$x_1$的该表达式,找到椭圆的斜率)。

13.2-5 考虑以下函数:
$f(x)=48x-60x^2+x^3$
(a) 使用一阶和二阶导数找到$f(x)$的局部最大值和局部最小值。
(b) 使用一阶和二阶导数证明$f(x)$即没有全局最大值,也没有全局最小值,因为它在两个方向上都是无界的。

13.2-6 指出以下各函数为凸函数、凹函数或两者都不是。
(a) $f(x)=10x-x^2$。
(b) $f(x)=x^4+6x^2+12x$。
(c) $f(x)=2x^3-3x^2$。
(d) $f(x)=x^4+x^2$。
(e) $f(x)=x^3+x^4$。

13.2-7* 判断以下各个函数为凸函数、凹函数或两者都不是。
(a) $f(\boldsymbol{x})=x_1x_2-x_1^2-x_2^2$。
(b) $f(\boldsymbol{x})=3x_1+2x_1^2+4x_2+x_2^2-2x_1x_2$。
(c) $f(\boldsymbol{x})=x_1^2+3x_1x_2+2x_2^2$。
(d) $f(\boldsymbol{x})=20x_1+10x_2$。
(e) $f(\boldsymbol{x})=x_1x_2$。

13.2-8 考虑以下函数:
$f(\boldsymbol{x})=5x_1+2x_2^2+x_3^2-3x_3x_4+4x_4^2+2x_5^2+x_5^2+$
$3x_5x_6+6x_6^2+3x_6x_7+x_7^2.$

将$f(\boldsymbol{x})$表示为一个或两个变量的函数之和并证明所有这些函数均为凸函数,从而证明$f(\boldsymbol{x})$为凸函数。

13.2-9 考虑以下非线性规划问题:
Max $f(\boldsymbol{x})=x_1+x_2$
s.t.
$x_1^2+x_2^2 \leq 1$
且
$x_1 \geq 0, x_2 \geq 0$
(a) 证明这是一个凸规划问题。
(b) 以图形方式求解该问题。

13.2-10 考虑以下非线性规划问题：

Min $Z = x_1^4 + 2x_2^2$

s.t.

$x_1^2 + x_2^2 \geq 2$

（没有非负约束条件。）

(a) 采用几何分析判断可行域是否为凸集。

(b) 现在用代数和微积分判断可行域是否为凸集。

13.3-1 重新考虑习题 13.1-3。证明该问题为凸规划问题。

13.3-2 考虑以下约束优化问题：

Max $f(x) = -6x + 3x^2 - 2x^3$

s.t.

$x \geq 0$

使用 $f(x)$ 的一阶和二阶导数，推导出最优解。

13.3-3 考虑以下非线性规划问题：

Min $Z = x_1^4 + 2x_1^2 + 2x_1 x_2 + 4x_2^2$

s.t.

$2x_1 + x_2 \geq 10$

$x_1 + 2x_2 \geq 10$

且

$x_1 \geq 0, x_2 \geq 0$

(a) 13.3 节所述特殊类型的非线性规划问题中，该特殊问题适用哪一类或哪几类？证明你的答案的合理性。

(b) 现假设对问题稍作更改，用 $x_1 \geq 1$ 和 $x_2 \geq 1$ 替代非负约束条件。将新问题转换为一个只有两个函数约束条件、两个变量和两个非负约束条件的等价问题。

13.3-4 考虑以下几何规划问题：

Min $f(\boldsymbol{x}) = 2x_1^{-2} x_2^{-1} + x_2^{-2}$

s.t.

$4x_1 x_2 + x_1^2 x_2^2 \leq 12$

且

$x_1 \geq 0, x_2 \geq 0$

(a) 将该问题转化为等价的凸规划问题。

(b) 证明 (a) 部分建立的模型确实属凸规划问题。

13.3-5 考虑以下分式规划问题：

Max $f(\boldsymbol{x}) = \dfrac{10x_1 + 20x_2 + 10}{3x_1 + 4x_2 + 20}$

s.t.

$x_1 + 3x_2 \leq 50$

$3x_1 + 2x_2 \leq 80$

且

$x_1 \geq 0, x_2 \geq 0$

(a) 将该问题转化为等价的线性规划问题。

C(b) 用计算机求解(a)部分建立的模型。由此产生的原问题的最优解是什么？

13.3-6 考虑 13.7 节中所述的二次规划问题的库恩-塔克(KKT)条件一般形式的矩阵符号表达式。通过识别 13.7 节所述向量和矩阵相关的 w、z、q 和 M 证明求解这些条件可行解的问题属于 13.3 节中所述的线性互补问题。

13.4-1* 考虑以下问题：

Max $f(x) = x^3 + 2x - 2x^2 - 0.25x^4$

I(a) 运用二分法(近似)求解该问题。使用容错度 $\varepsilon = 0.04$ 和初始界值 $\underline{x} = 0$，$\overline{x} = 2.4$。

(b) 对该问题采用牛顿法，$\varepsilon = 0.001$ 且 $x_1 = 1.2$。

I 13.4-2 使用二分法，容错度 $\varepsilon = 0.04$，且用以下初始界值交互式求解(近似)以下各个问题。

(a) Max $f(x) = 6x - x^2$，$\underline{x} = 0$，$\overline{x} = 4.8$。

(b) Min $f(x) = 6x + 7x^2 + 4x^3 + x^4$，$\underline{x} = -4$，$\overline{x} = 1$。

13.4-3 考虑以下问题：

Max $f(x) = 48x^5 + 42x^3 + 3.5x - 16x^6 - 61x^4 - 16.5x^2$

I(a) 运用二分法(近似)求解该问题。使用容错度 $\varepsilon = 0.08$ 和初始界值 $\underline{x} = -1$，$\overline{x} = 4$。

(b) 对该问题采用牛顿法，$\varepsilon = 0.001$ 且 $x_1 = 1$。

13.4-4 考虑以下问题：

Max $f(x) = x^3 - 30x - x^6 - 2x^4 - 3x^2$

I(a) 运用二分法(近似)求解该问题。使用容错度 $\varepsilon = 0.07$，通过检验找到合适的初始界值。

(b) 对该问题采用牛顿法，$\varepsilon = 0.001$ 且 $x = 1$。

13.4-5 考虑以下凸规划问题：

Min $Z = x^4 + x^2 - 4x$

s.t.

$x \leq 2$

且

$x \geq 0$

(a) 通过简单计算仅检查最优解位于 $0 \leq x \leq 1$ 区间还是 $1 \leq x \leq 2$ 区间(不对最优解实际求解以判断最优解一定位于哪一个区间)，解释你的逻辑。

I(b) 使用二分法，初始界值 $\underline{x} = 0$，$\overline{x} = 2$ 且容错度 $\varepsilon = 0.02$，对该问题进行交互式求解(近似)。

(c) 对该问题采用牛顿法，$\varepsilon = 0.0001$ 且 $x_1 = 1$。

13.4-6 考虑使单个无约束变量 x 的可微分函数 $f(x)$ 最大化的问题。令 $\underline{x}_0$ 和 $\overline{x}_0$ 分别为相同全局最大值(如有)的有效下界和上界。证明尝试求解这一问题的二分法以下一般特性(如 13.4 节所述)。

(a) 给定 $\underline{x}_0$、$\overline{x}_0$ 且 $\varepsilon = 0$，通过中点法则选择的试解序列一定收敛到一个极限解(提示：首先证明，$\lim_{n \to \infty} (\overline{x}_n - \underline{x}_n) = 0$，其中 $\overline{x}_n$ 和 $\underline{x}_n$ 为第 n 次迭代中识别的上界和下界)。

(b) 如果 $f(x)$ 为凹函数(故 $df(x)/dx$ 为 x 的单调递减函数)，则(a)部分的极限解一定为全局最大值。

(c) 如果 $f(x)$ 不是任何位置均为凹函数,而仅仅在其域限制在 $\underline{x}_0$ 至 $\bar{x}_0$ 区间时才为凹函数,则(a)部分的极限解一定为全局最大值。

(d) 如果 $f(x)$ 即使在 $\underline{x}_0$ 至 $\bar{x}_0$ 区间也不是凹函数,则(a)部分极限解不是全局最大值(举反例以图形方式加以证明)。

(e) 如果所有 x 均满足 $df(x)/dx<0$,则不存在 $\underline{x}_0$。如果所有 x 均满足 $df(x)/dx>0$,则不存在 $\bar{x}_0$。任一情况下, $f(x)$ 均不具全局最大值。

(f) 如果 $f(x)$ 为凹函数,且 $\lim df(x)/dx<0$,则不存在 $\underline{x}_0$。如果 $f(x)$ 凹函数,且 $\lim\limits_{x\to-\infty} df(x)/dx>0$,则不存在 $\bar{x}_0$。任一种情况下, $f(x)$ 均不具 $x\to\infty$ 全局最大值。

I 13.4-7 考虑以下线性约束问题:

Max $f(x) = 32x_1 + 50x_{22} - 10x_2^2 + x_1^3 - x_1^4 - x_2^4$

s. t.

$3x_1 + x_2 \leq 11$

$2x_1 + 5x_2 \leq 16$

且

$x_1 \geq 0, x_2 \geq 0$

忽略约束条件,求解由此产生的单变量无约束优化问题。使用微积分求解涉及 x_1 的问题,并采用 $\varepsilon = 0.001$,且初始界值为 0 和 4 的二分法求解涉及 x_2 的问题。证明由此产生的 (x_1, x_2) 的解满足所有约束条件,所以它实际上是原问题的最优解。

13.5-1 考虑以下无约束优化问题:

Max $f(\boldsymbol{x}) = 2x_1x_2 + x_2 - x_1^2 - 2x_2^2$

D, I (a) 从初始试解 $(x_1, x_2) = (1,1)$ 开始,交互式运用梯度搜索程序 $(\varepsilon = 0.25)$ 获得逼近解。

(b) 设 $\nabla f(\boldsymbol{x}) = \boldsymbol{0}$,求解所得线性方程组,获得精确解。

(c) 图 13.14 为类似问题的示例,画出在(a)部分获得的试解的路径。然后,通过对后面 3 个试解的最佳猜测(根据(a)部分和图 13.14 的模式)证明该路径的明显延续。同时证明(b)部分的精确解收敛于序列试解。

C(d) 对该问题运用,运筹学导论教程中的梯度搜索程序 $(\varepsilon = 0.01)$ 的自动例程。

D, I, C13.5-2 从初始试解 $(x_1, x_2) = (1,1)$ 开始,交互式运用梯度搜索程序的两次迭代开始求解下面的问题,然后,对该程序运用自动例程 $(\varepsilon = 0.01)$。

Max $f(\boldsymbol{x}) = 4x_1x_2 - 2x_1^2 - 3x_2^2$

然后,直接求解 $\nabla f(\boldsymbol{x}) = \boldsymbol{0}$ 获得精确解。

D, I, C13.5-3* 从初始试解 $(x_1, x_2) = (0,0)$ 开始,交互式运用梯度搜索程序 $(\varepsilon = 0.3)$ 获取以下问题的逼近解,然后,对该程序运用自动例程 $(\varepsilon = 0.01)$。

Max $f(\boldsymbol{x}) = 8x_1 - x_1^2 - 12x_2 - 2x_2^2 + 2x_1x_2$

然后,直接求解 $\nabla f(\boldsymbol{x}) = \boldsymbol{0}$ 获得精确解。

D, I, C13.5-4 从初始试解 $(x_1, x_2) = (0,0)$ 开始,交互式运用梯度搜索程序的两次迭代,开始求解下面的问题,然后,对该该程序运用自动例程 $(\varepsilon = 0.01)$。

Max $f(\boldsymbol{x}) = 6x_1 + 2x_1x_2 - 2x_2 - 2x_1^2 - x_2^2$

然后,直接求解 $\nabla f(\boldsymbol{x}) = \boldsymbol{0}$ 获得精确解。

13.5-5 从初始试解 $(x_1, x_2) = (0,0)$ 开始,对以下问题手动运用梯度搜索程序的一次迭代:

Max $f(\boldsymbol{x}) = 4x_1 + 2x_2 + x_1^2 - x_1^4 - 2x_1x_2 - x_2^2$

完成本次迭代,手动运用二分法的两次迭代(初始界值 $\underline{t}=0, \bar{t}=1$),从而近似求解 t^*。

13.5-6 考虑以下无约束优化问题:

Max $f(\boldsymbol{x}) = 3x_1x_2 + 3x_2x_3 - x_1^2 - 6x_2^2 - x_3^2$

(a) 描述如何将该问题降为求解一个双变量无约束优化问题。

D,I (b) 从初始试解$(x_1, x_2, x_3) = (1,1,1)$开始,交互式运用梯度搜索程序($\varepsilon = 0.05$)求解(近似)(a)部分判明的双变量问题。

C(c) 采用自动例程对本程序重复(b)部分($\varepsilon = 0.005$)。

D,I,C13.5-7* 从初始试解$(x_1, x_2) = (0,0)$开始,交互式运用梯度搜索程序($\varepsilon = 1$)求解(近似)以下问题,然后,对该程序运用自动例程($\varepsilon = 0.01$)。

Max $f(\boldsymbol{x}) = x_1x_2 + 3x_2 - x_1^2 - x_2^2$

13.6-1 重新考虑习题13.4-5中给定的单变量凸规划模型。使用库恩-塔克条件推导出该模型的最优解。

13.6-2 重新考虑习题13.2-9。使用库恩-塔克条件检验$(x_1, x_2) = (1\sqrt{2}, 1\sqrt{2})$是否为最优解。

13.6-3* 重新考虑习题13.3-3给定的模型。该模型的库恩-塔克条件是什么?使用这些条件判断$(x_1, x_2) = (0, 10)$是否可以为最优解。

13.6-4 考虑以下凸规划问题:

Max $f(x) = 24x_1 - x_1^2 + 10x_2 - x_2^2$

s.t.

$x_1 \leq 10$
$x_2 \leq 15$

且

$x_1 \geq 0, x_2 \geq 0$

(a) 对该问题使用库恩-塔克条件推导出最优解。

(b) 将该问题分解为两个单独的约束优化问题,分别仅含 x_1 或仅含 x_2。画出这两个问题中各个问题可行域范围内的目标函数,验证(a)部分推导出的 x_1 或 x_2 的值事实上为最优解。然后,使用目标函数的一阶和二阶导数以及各问题的约束条件证明该值为最优解。

13.6-5 考虑以下线性约束优化问题:

Max $f(\boldsymbol{x}) = \ln(x_1 + 1) - x_2^2$

s.t.

$x_1 + 2x_2 \leq 3$

且

$x_1 \geq 0, x_2 \geq 0$

式中:ln 表示自然对数。

(a) 证明该问题为凸规划问题。

(b) 使用库恩-塔克条件推导出最优解。

(c) 使用直观推理验证(b)部分获得的解事实上为最优解。

13.6-6* 考虑习题11.3-11中给出的非线性规划问题。利用库恩-塔克条件判断$(x_1, x_2) = (1, 2)$是否为最优解。

13.6-7 考虑以下非线性规划问题:

Max $f(\boldsymbol{x}) = \dfrac{x_1}{x_2+1}$

s. t.

$x_1 - x_2 \leq 2$

且

$x_1 \geq 0, x_2 \geq 0$

(a) 使用库恩-塔克条件验证$(x_1, x_2) = (4, 2)$不是最优解。

(b) 推导出一个满足库恩-塔克条件的解。

(c) 证明该问题不是凸规划问题。

(d) 不管(c)部分的结论如何,通过直观推理证明,事实上,(b)部分获得的解为最优解(理论上的原因是$f(\boldsymbol{x})$为伪凹函数)。

(e) 由于该问题为线性分式规划问题,可将其转化为一个等价的线性规划问题。求解后一个问题,从而确定原问题的最优解(提示:使用线性规划问题中的等式约束替换模型中的其中一个变量,然后,以图形方式求解该模型。

13.6-8* 使用库恩-塔克条件推导出下列各问题的最优解。

(a) Max $f(\boldsymbol{x}) = x_1 + 2x_2 - x_2^3$

s. t.

$x_1 + x_2 \leq 1$

且

$x_1 \geq 0, x_2 \geq 0$

(b) Max $f(\boldsymbol{x}) = 20x_1 + 10x_2$

s. t.

$x_1^2 + x_2^2 \leq 1$

$x_1 + 2x_2 \leq 2$

且

$x_1 \geq 0, x_2 \geq 0$

13.6-9 以下形式的非线性规划问题的库恩-塔克条件是什么?

Min $f(\boldsymbol{x})$

s. t.

$g_i(x) \geq b_i, i = 1, 2, \cdots, m$

且

$\boldsymbol{x} \geq \boldsymbol{0}$

(提示:通过4.6节所述方法将该形式转换为本章假设的标准形式,然后,应用13.6节给出的库恩-塔克条件。)

13.6-10 考虑以下非线性规划问题:

Min $Z = 2x_1^2 + x_2^2$

s. t.

$x_1 + x_2 = 10$

且

$x_1 \geq 0, x_2 \geq 0$

(a) 13.3节所述特殊类型的非线性规划问题中,该特殊问题属于哪一类或哪几类?证明你的答案的合理性(提示:首先将该问题转换为一个符合本章第二段所述形式的等价非线性规划问题,$m=2$ 且 $n=2$)。

(b) 获得该问题的库恩-塔克条件。

(c) 使用库恩-塔克条件导出最优解。

13.6-11 考虑以下线性约束规划问题:

Min $f(\boldsymbol{x}) = x_1^3 + 4x_2^2 + 16x_3$

s. t.

$x_1 + x_2 + x_3 = 5$

且

$x_1 \geq 1, x_2 \geq 1, x_3 \geq 1$

(a) 将该问题转换为一个符合本章开头部分(第二段)所述形式的等价非线性规划问题 $m=2$ 且 $n=3$)。

(b) 使用(a)部分获得的形式创立该问题的库恩-塔克条件。

(c) 使用库恩-塔克条件检验 $(x_1, x_2, x_3) = (2, 1, 2)$ 是否为最优解。

13.6-12 考虑以下线性约束问题:

Min $Z = x_1^2 - 6x_1 + x_2^3 - 3x_2$

s. t.

$x_1 + x_2 \leq 1$

且

$x_1 \geq 0, x_2 \geq 0$

(a) 获得该问题的库恩-塔克条件。

(b) 使用库恩-塔克条件检验 $(x_1, x_2) = \left(\frac{1}{2}, \frac{1}{2}\right)$ 是否为最优解。

(c) 使用库恩-塔克条件推导出最优解。

13.6-13 考虑以下线性约束问题:

Max $f(\boldsymbol{x}) = 8x_1 - x_1^2 + 2x_2 + x_3$,

s. t.

$x_1 + 3x_2 + 2x_3 \leq 12$

且

$x_1 \geq 0, x_2 \geq 0, x_3 \geq 0$

(a) 使用库恩-塔克条件验证 $(x_1, x_2, x_3) = (2, 2, 2)$ 不是最优解。

(b) 使用库恩-塔克条件推导出最优解(提示:做一些初步的直观分析,判断哪些变量为非零变量,哪些为零变量的最可能的情况)。

13.6-14 使用库恩-塔克条件证明 $(x_1, x_2, x_3) = (1, 1, 1)$ 是否可以为以下问题的最优解。

Min $Z = 2x_1 + x_2^3 + x_3^2$

s. t.

$x_1^2 + 2x_2^2 + x_3^2 \geq 4$

且

$x_1 \geq 0, x_2 \geq 0, x_3 \geq 0$

13.6-15 重新考虑习题 13.2-10 给出的模型。该问题的库恩-塔克条件是什么?使用这些条件判断 $(x_1, x_2) = (1, 1)$ 是否可以为最优解。

13.6-16 重新考虑习题 13.4-7 给出的线性约束凸规划模型。使用库恩-塔克条件判断 $(x_1,x_2)=(2,2)$ 是否可以为最优解。

13.7-1 考虑 13.7 节所述的二次规划实例。
(a) 证明目标函数为严格凹函数。
(b) 证明 Q 为正定矩阵;即所有 $x \neq 0$ 时 $x^T Q x > 0$,从而验证目标函数为严格凹函数(提示:将 $x^T Q x$ 简化为一个平方和)。
(c) 证明 $x_1=12$、$x_2=9$ 且 $u_1=3$ 用 13.6 节所述格式表述时满足库恩-塔克条件。

13.7-2* 考虑以下二次规划问题:
Max $f(\boldsymbol{x}) = 8x_1 - x_1^2 + 4x_2 - x_2^2$
s. t.
$x_1 + x_2 \leq 2$
且
$x_1 \geq 0, x_2 \geq 0$
(a) 使用库恩-塔克条件推导出最优解。
(b) 现假设该问题通过改进单纯形法求解。用公式表示需要明确解决的线性规划问题,然后,确定算法自动执行的补充互补约束条件。
I (c) 对(b)部分所述问题运用改进单纯形法。
C(d) 用计算机直接求解二次规划问题。

13.7-3 考虑以下二次规划问题:
Max $f(\boldsymbol{x}) = 20x_1 - 20x_1^2 + 50x_2 - 50x_2^2 + 18x_1 x_2$
s. t.
$x_1 + x_2 \leq 6$
$x_1 + 4x_2 \leq 8$
且
$x_1 \geq 0, x_2 \geq 0$
假设该问题通过改进单纯形法求解。
(a) 用公式表示需要明确解决的线性规划问题,然后,确定算法自动执行的补充互补约束条件。
I (b) 对(a)部分所述问题运用改进单纯形法。

13.7-4 考虑以下二次规划问题:
Max $f(\boldsymbol{x}) = 2x_1 + 3x_2 - x_1^2 - x_2^2$
s. t.
$x_1 + x_2 \leq 2$
且
$x_1 \geq 0, x_2 \geq 0$
(a) 使用库恩-塔克条件直接推导出最优解。
(b) 现假设该问题通过改进单纯形法求解。用公式表示需要明确解决的线性规划问题,然后确定算法自动执行的补充互补约束条件。
(c) 在不运用改进单纯形法的情况下,证明(a)部分中所得解事实上是(b)部分所述等价问题的最优解($Z=0$)。
I (d) 对(b)部分所述问题运用改进单纯形法。

C(e) 用计算机直接求解二次规划问题。

13.7-5 重新考虑 13.2 节所述 Wyndor Glass 公司问题(图 13.6)的第一个二次规划变差。按照习题 13.7-4 的(a)、(b)和(c)部分的说明对该问题进行分析。

13.7-6 重新考虑习题 13.1-4 及其二次规划模型。

(a) 在一个 Excel 表格中列出该模型(包括 $R(x)$ 和 $V(x)$ 的值)。

(b) 利用 Solver 求解程序(或 ASPE)及其 GRG(广义简约梯度法)非线性求解法求解该模型的 4 种情况:最低可接受的预期收益率 = 13、14、15、16。

(c) 运用 ASPE 及其二次求解方法重复 b 部分。

(d) 从整个投资组合总收益的典型概率分布(均值 μ 和方差 σ^2)看,收益超过 $\mu-\sigma$ 的概率相当高(约 0.8 或 0.9),收益超过 $\mu-3\sigma$ 的概率极其高(通常接近 0.999)。计算(b)部分获得的 4 个组合的 $\mu-\sigma$ 和 $\mu-3\sigma$。同时判断 $\mu-\sigma \geq 0$ 的组合中哪一个组合提供的 μ 最高?

13.7-7 阿尔伯特·汉森(Albert Hanson)公司尝试确定两个新产品的最佳组合。由于这两款产品共用相同的生产设施,所以生产两个产品组合的总数量不能超过每小时 2 台。由于不确定这些产品是否会卖得很好,所以生产每一个产品的利润产生的边际收益随着生产率的提高而降低。尤其是生产率为每小时 1 台时,产品 1 预期每小时利润为 $200R_1 - 100R_1^2$。如果产品 2 的生产率为每小时 R_2 台,其估计利润为每小时 $300R_2 - 100R_2^2$。

(a) 建立一个代数形式的二次规划模型,用于确定实现每小时总利润最大化的产品组合。

(b) 在电子表格上建立该模型。

(c) 利用 Solver 求解程序(或 ASPE)及其 GRG 非线性求解法求解该模型。

(d) 使用 ASPE 及其二次求解方法求解该模型。

13.8-1 MFG 公司计划生产和销售 3 种不同的产品。令 x_1、x_2、x_3 分别表示待生产的 3 个产品的台数。初步估计这些产品的潜在盈利能力如下。

生产的前 15 台产品 1,单位利润约为 360 美元,但随后生产的产品 1 单位利润仅为 30 美元。生产的前 20 台产品 2,单位利润估计为 240 美元,接下来的 20 台每台利润为 120 美元,随后再生产的产品 2 每台利润为 90 美元。生产的前 20 台产品 3,单位利润为 450 美元。接下来的 10 台单位利润为 300 美元,随后再生产的产品 3 每台利润为 180 美元。

所需资源对 3 个产品的生产产生以下约束:

$$x_1 + x_2 + x_3 \leq 60$$
$$3x_1 + 2x_2 \leq 200$$
$$x_1 + 2x_3 \leq 70$$

管理层想知道应怎样选择 x_1、x_2、x_3 的值才能使总利润达到最大。

(a) 分别绘出 3 个产品的利润图表。

(b) 使用可分规划为该问题建立一个线性规划模型。

C(c) 求解该模型。从而向管理者推荐选用哪些 x_1、x_2、x_3 值。

(d) 现假设存在一个额外约束条件,即产品 1 和产品 2 的总利润至少为 12000 美元。使用 13.8 节的"展开"部分所述技术将该约束条件添加到(b)部分建立的模型中。

C(e) 对(d)部分建立的模型重复(c)部分。

13.8-2* Dorwyn 公司有两个新产品,这两个新产品将与 Wyndor Glass 公司的两个新产品产生竞争(详见 3.1 节)。目标函数以百美元为单位,建立了如下所示线性规划模型,用以确定达到最大利润的产品组合:

Max $Z = 4x_1 + 6x_2$

$x_1 + 3x_2 \leq 18$

$5x_1 + 2x_2 \leq 14$

且

$x_1 \geq 0, x_2 \geq 0$

然而，由于来自 Wyndor Glass 公司的强有力竞争，Dorwyn 公司管理层现意识到公司需要实施强有力的营销举措，大量销售这些产品。估计产品 1 实现每周 x_1 台的生产和销售率所需营销成本为每周 x_1^3 百美元。产品 2 相应的营销成本估计为 $2x_2^2$ 百美元。因此，模型中的目标函数应该为 $Z = 4x_1 + 6x_2 - x_1^3 - 2x_2^2$。

Dorwyn 公司管理层现希望使用修改后的模型来确定最大利润产品组合。

(a) 运用库恩−塔克条件验证 $(x_1, x_2) = (2/\sqrt{3}, \frac{3}{2})$ 为最优解。

(b) 创建表格，列出生产率为 0、1、2、3 时每个产品的利润数据。

(c) 画一个与图 13.15(b) 类似的图，绘出生产率为 0、1、2、3 时每个产品的每周利润点。用(虚线) 线段连接各对连续点。

(d) 根据该图使用可分规划为该问题建立一个逼近线性规划模型。

C(e) 求解该模型。根据所得解可知 Dorwyn 管理层应使用哪个产品组合？

13.8-3 B. J. Jensen 公司是一家专业生产家用电动锯和电动钻的公司。除圣诞节期间大幅上涨外，全年的销售额相对稳定。由于生产作业需要大量工作量和经验，公司保持稳定的雇员水平，并通过加班，提高 11 月的生产量。雇员亦乐于得到为节日加班增加额外收入的机会。

现任公司总裁 Jensen 先生正在监督即将到来的 11 月份生产计划的制定。获得了以下数据：

	最大月产量		生产每台产品的利润	
	正常上班时间	加班	正常上班时间	加班
电动锯	3000	2000	$150	$50
电动钻	5000	3000	$100	$75

假设公司的供应商能供应充足的材料。

但 Jensen 先生现了解到，除劳动小时数有限外，还有另外两个因素对 11 月可以实现的生产水平造成限制。首先，公司供电装置供应商 11 月只能提供 10000 台供电装置(已超出平常每月发货量 2000 台)。每台电动锯和每台电钻各需要一个供电装置。其次，供应齿轮组件关键部件的供应商 11 月只能提供 15000 个关键部件(比其他月份高出了 4000 个)。每台电动锯需要两个这样的部件，每台电动钻需要 1 个。

Jensen 先生现要确定 11 月份必须生产多少台电动锯和多少台电动钻才能使公司总利润达到最大。

(a) 分别画出两个产品的利润图表。

(b) 使用可分规划为该问题建立 1 个线性规划模型。

C(c) 求解该模型。根据所得解可知 11 月要生产多少台电动锯和多少台电动钻？

13.8-4 重新考虑习题 13.4-7 给出的线性约束凸规划模型。

(a) 使用 13.8 节所述可分规划技术为该问题建立一个逼近线性规划模型。使用 $x_1 = 0, 1, 2, 3$ 和 $x_2 = 0, 1, 2, 3$ 作为分段线性函数的断点。

C(b) 使用单纯形法求解(a)部分建立的模型。然后用问题的原始变量重新表示该解。

13.8-5 假设已使用可分规划技术将一个特定问题("原问题")转换为以下等价线性规划

问题：

Max $Z = 5x_{11} + 4x_{12} + 2x_{13} + 4x_{21} + x_{22}$

s. t.

$3x_{11} + 3x_{12} + 3x_{13} + 2x_{21} + 2x_{22} \leq 25$

$2x_{11} + 2x_{12} + 2x_{13} - x_{21} - x_{22} \leq 10$

且

$0 \leq x_{11} \leq 2, 0 \leq x_{21} \leq 3$

$0 \leq x_{12} \leq 3, 0 \leq x_{22} \leq 1$

$0 \leq x_{13}$

原问题的数学模型是什么（可以用代数方式或图形方式定义目标函数，但必须用代数方式表示约束条件）？

13.8-6 对于以下各案例，证明必须满足 13.8 节所述可分规划的关键特性（提示：假设存在一个违反该特性的最优解，则证明存在一个更好的可行解否定该假设）。

(a) 所有 $g_i(\boldsymbol{x})$ 为线性函数的可分规划特例。

(b) 所有函数均为指定形式的非线性函数的可分规划的一般情况（提示：考虑作为资源约束的函数约束条件，其中 $g_{ij}(x_j)$ 代表在 x_j 标准实施活动 j 所用的资源数量，然后，使用逼近分段线性函数斜率的凸性假设）。

13.8-7 MFG 公司在两个独立的工厂生产一个特定组件。然后，将这些组件运到附近工厂使用，用于生产某个产品。该产品需求旺季即将临近，所以如欲将生产率维持在期望的范围内，就有必要临时加班生产组件。两家工厂在正常上班时间（RT）和加班时间（OT）生产每个组件的成本如下表所示，同时列出了每天正常上班时间（RT）可生产的组件最大数量和加班时间（OT）生产的组件最大数量。

	单位成本		生产能力	
	正常上班时间	加班时间	正常上班时间	加班时间
工厂 1	15	25	2000	1000
工厂 2	16	24	1000	500

令 x_1 和 x_2 分别表示工厂 1 和工厂 2 每天分别生产的组件总数。目标是使 $Z = x_1 + x_2$ 在每日总成本不超过 60000 美元的约束条件下达到最大。请注意，该问题的数学规划模型（x_1 和 x_2 作为决策变量）与 13.8 节所述可分规划模型的主要案例形式相同，可分函数出现在约束函数中而不是目标函数中这一点除外。但可使用同样的方法将问题重写为线性规划模型，该线性模型中，当工厂正常上班时间的生产能力未充分使用的情况下也可使用加班时间。

(a) 建立该线性规划模型。

(b) 解释为何在此也适用可分规划逻辑，保证除非工厂已充分利用正常上班时间的产能，否则，决不加班的条件下(a)部分所建立的模型有最优解。

13.8-8 考虑以下非线性规划问题：

Max $Z = 5x_1 + x_2$

s. t.

$2x_1^2 + x_2 \leq 13$

$x_1^2 + x_2 \leq 9$

且

$x_1 \geq 0, x_2 \geq 0$

(a) 证明该问题为凸规划问题。

(b) 使用 13.8 节结尾部分所述可分规划技术为该问题制定一个逼近线性规划模型。分段线性函数断点采用整数。

C(c) 使用计算机求解在(b)部分建立的模型。然后,用问题的原始变量重新表示该解。

13.8-9 考虑以下凸规划问题:

Max $Z = 32x_1 - x_1^4 + 4x_2 - x_2^2$

s.t.

$x_1^2 + x_2^2 \leq 9$

且

$x_1 \geq 0, x_2 \geq 0$

(a) 运用 13.8 节结尾部分所述可分规划技术,使用 $x_1 = 0,1,2,3$ 和 $x_2 = 0,1,2,3$ 作为分段线性函数的断点,为该问题建立一个逼近线性规划模型。

C(b) 使用计算机求解(a)部分建立的模型。然后,用问题的原始变量重新表示该解。

(c) 使用库恩-塔克(KKT)条件判断(b)部分获得的原始变量的解是否为原问题的实际最优解(不是逼近模型)。

13.8-10 重新考虑习题 11.3-9 给出的整数非线性规划模型。

(a) 证明目标函数不是凹函数。

(b) 为该问题建立如下一个等价的纯二进制整数线性规划模型。运用可分规划技术,用可行整数作为分段线性函数的断点,使辅助变量为二进制变量。然后,对这些二进制变量增加部分线性规划约束可分规划的特殊限制(注意:由于目标函数不是凹函数,所以该问题的可分规划关键特性不成立)。

C(c) 使用计算机求解(b)部分所创立的该问题。然后,用问题的原始变量重新表示该解。

c(d) 使用装有你所需软件的计算机对该问题求解。

D,I 13.9-1 重新考虑 13.6-5 节所述线性约束凸规划模型。从初始试解 $(x_1, x_2) = (0,0)$ 开始,使用弗兰克-沃尔夫(Frank-Wolfe)算法的 1 次迭代获得与问题 13.6-5(b)部分所获解完成相同的解,然后,通过第 2 次迭代验证该解是否为最优解(是否完全重复)。

D,I 13.9-2 重新考虑 13.6-12 节所述线性约束凸规划模型。从初始试解 $(x_1, x_2) = (0,0)$ 开始,使用弗兰克-沃尔夫算法的 1 次迭代获得与问题 13.6-12(c)部分所获解完成相同的解,然后,通过第 2 次迭代验证该解是否为最优解(是否完全重复)。解释为何两次迭代中得到的结果与任何其他试解完全相同。

D,I 13.9-3 重新考虑习题 13.6-13 所述的线性约束凸规划模型。从初始试解 $(x_1, x_2, x_3) = (0,0,0)$ 开始,运用弗兰克-沃尔夫算法的 2 次迭代。

D,I 13.9-4 考虑 13.7 节所述二次规划示例。从初始试解 $(x_1, x_2) = (5,5)$ 开始,运用弗兰克-沃尔夫算法 8 次迭代。

13.9-5 重新考虑习题 13.7-4 所述二次规划模型。

D,I (a) 从初始试解 $(x_1, x_2) = (0,0)$ 开始,运用弗兰克-沃尔夫算法(6 次迭代)求解该问题(近似)。

(b) 以图形方式说明如何对(a)部分获得的试解序列进行推断,从而获得更接近最优解的逼近值。你对这个解的预估结果是什么?

D,I 13.9-6 重新考虑习题13.4-7所述的线性约束凸规划模型。从初始试解$(x_1,x_2,x_3)=(0,0,0)$开始,运用弗兰克-沃尔夫算法(4次迭代)求解该模型(近似)。

D,I 13.9-7 考虑以下线性约束问题:
$$\text{Max } f(\boldsymbol{x}) = 3x_1x_2+40x_1+30x_2-4x_1^2-x_1^4-3x_2^2-x_2^4$$
s. t.
$$4x_1+3x_2 \leq 12$$
$$x_1+2x_2 \leq 4$$
且
$$x_1 \geq 0, x_2 \geq 0$$
从初始试解$(x_1,x_2)=(0,0)$开始,运用弗兰克-沃尔夫算法的2次迭代。

D,I 13.9-8* 考虑以下线性约束凸规划问题:
$$\text{Max } f(\boldsymbol{x}) = 3x_1+4x_2-x_1^3-x_2^2$$
s. t.
$$x_1+x_2 \leq 1$$
且
$$x_1 \geq 0, x_2 \geq 0$$

(a) 从初始试解$(x_1,x_2)=\left(\dfrac{1}{4},\dfrac{1}{4}\right)$,运用弗兰克-沃尔夫算法的3次迭代。

(b) 使用库恩-塔克条件检验(a)部分获得的解实际上是否为最优解。

C(c) 使用计算机软件对该问题求解。

13.9-9 考虑以下线性约束问题:
$$\text{Max } f(\boldsymbol{x}) = 4x_1-x_1^4+2x_2-x_2^2$$
s. t.
$$4x_1+2x_2 \leq 5$$
且
$$x_1 \geq 0, x_2 \geq 0$$

(a) 从初始试解$(x_1,x_2)=\left(\dfrac{1}{2},\dfrac{1}{2}\right)$开始,运用弗兰克-沃尔夫算法的4次迭代。

(b) 以图形方式说明如何对(a)部分获得的试解序列进行推断,从而获得更接近最优解的逼近值。你对这个解的预估结果是什么?

(c) 使用库恩-塔克条件检验(b)部分所得解是否为实际最优解。如果不是最优解,请利用这些条件推导出精确最优解。

C(d) 使用计算机软件对该问题求解。

13.9-10 重新考虑习题13.9-8给出的线性约束凸规划模型。

(a) 如果对该问题运用罚函数法,每次迭代需最大化的无约束函数$P(\boldsymbol{x};r)$是什么?

(b) 设$r=1$且使用$\left(\dfrac{1}{4},\dfrac{1}{4}\right)$作为初始试解,手动运用梯度搜索程序(求解$t^*$之前停止的情况除外)的一次迭代开始最大化(a)部分获得的函数$P(\boldsymbol{x};r)$。

D,C(c) 从与(b)部分相同的初始试解开始,使用运筹学导论教程中的自动程序对该问题运用罚函数法,其中$r=1,10^{-2},10^{-4}$。

(d) 比较(c)部分获得的最终解与本书后面给出的问题13.9-8的真正的最优解。x_1、x_2和

$f(x)$ 中的误差百分比各多少?

13.9-11 重新考虑习题 13.9-9 给出的线性约束凸规划模型。除使用 $(x_1, x_2) = \left(\dfrac{1}{2}, \dfrac{1}{2}\right)$ 作为初始试解及使用 $r = 1, 10^{-2}, 10^{-4}, 10^{-6}$ 外,其他按照问题 13.9-10(a)、(b) 和 (c) 部分对该模型的说明。

13.9-12 重新考虑习题 13.3-3 给出的模型。
(a) 如果对该问题直接运用罚函数法,每次迭代需最小化的无约束函数 $P(x; r)$ 是什么?
(b) 设 $r = 100$ 且使用 $(x_1, x_2) = (5, 5)$ 作为初始试解,手动运用梯度搜索程序(求解 t^* 之前停止的情况除外)的一次迭代开始最小化 (a) 部分获得的函数 $P(x; r)$。
D,C(c) 从与 (b) 部分相同的初始试解开始,使用运筹学导论教程中的自动程序对该问题运用罚函数法,其中 $r = 100, 1, 10^{-2}, 10^{-4}$ (提示:计算机程序假设该问题已转化为最大化形式,函数约束为"≤"形式。

13.9-13 考虑 13.9 节所述罚函数的运用实例。
(a) 证明 $(x_1, x_2) = (1, 2)$ 满足库恩-塔克条件。
(b) 以图形形式显示可行域,然后,绘出 $x_1 x_2 = 2$ 点的轨迹,验证 $(x_1, x_2) = (1, 2), f(1, 2) = 2$ 实际为全局最大值。

13.9-14* 考虑以下凸规划问题:
Max $f(x) = -2x_1 - (x_2 - 3)^2$
s.t.
$x_1 \geq 3$
且
$x_2 \geq 3$
(a) 如果对该问题运用罚函数法,每次迭代需最大化的无约束函数 $P(x; r)$ 是什么?
(b) 推导分析得出 $P(x; r)$ 的最大解,然后,求 $r = 1, 10^{-2}, 10^{-4}, 10^{-6}$ 的最大解。
D,C(c) 从初始试解 $(x_1, x_2) = (4, 4)$ 开始,使用运筹学导论教程中的自动程序对该问题运用罚函数法,其中 $r = 1, 10^{-2}, 10^{-4}, 10^{-6}$。

D,C13.9-15 考虑以下凸规划问题:
Max $f(x) = x_1 x_2 - x_1 - x_1^2 - x_2 - x_2^2$
s.t.
$x_2 \geq 0$
从初始试解 $(x_1, x_2) = (1, 1)$ 开始,使用运筹学导论教程中的自动程序对该问题运用罚函数法,其中 $r = 1, 10^{-2}, 10^{-4}$。

D,C13.9-16 重新考虑习题 13.7-4 中给出的二次规划模型。从初始试解 $(x_1, x_2) = \left(\dfrac{1}{2}, \dfrac{1}{2}\right)$ 开始,使用运筹学导论教程中的自动程序对该模型运用罚函数法,其中 $r = 1, 10^{-2}, 10^{-4}, 10^{-6}$。

D,C13.9-17 重新考虑 13.2 节所述 Wyndor Glass 公司的问题(图 13.6)的第一个二次规划变差。从初始试解 $(x_1, x_2) = (2, 3)$ 开始,使用运筹学导论教程中的自动程序对该问题运用罚函数法,其中 $r = 10^2, 1, 10^{-2}, 10^{-4}$。

13.9-18 重新考虑包含习题 13.6-11 给出的等价约束条件的凸规划模型。
(a) 如果对该模型运用罚函数法,那么,每次迭代需最小化的无约束函数 $P(x; r)$ 是什么?

D,C(b) 从初始试解 $(x_1, x_2, x_3) = \left(\dfrac{3}{2}, \dfrac{3}{2}, 2\right)$ 开始，使用运筹学导论教程中的自动程序对该模型运用罚函数法，其中 $r = 10^{-2}, 10^{-4}, 10^{-6}, 10^{-8}$。

C(c) 用 Solver 求解程序求解该问题。

C(d) 用进化求解程序(Evolutionary Solver)求解该问题。

C(e) 用 LINGO 求解程序求解该问题。

13.10-1 考虑以下非凸规划问题：

$$\text{Max } f(x) = 1000x - 400x^2 + 40x^3 - x^4$$

s. t.

$$x^2 + x \leq 500$$

且

$$x \geq 0$$

(a) 确定 x 的可行值。得出 $f(x)$ 的前 3 个导数的一般式。使用该信息有助于绘制 x 可行域范围内的 $f(x)$ 函数草图，不计算其值的情况下，在图上标记与局部最大值和极小值对应的点。

I(b) 使用二分法($\varepsilon = 0.05$)，找到每个局部最大值。使用(a)部分草图确定每一次搜索的适当初始界值。其中哪一个局部最大值是全局最大值？

(c) 从初始试解 $x = 3$ 和 $x = 15$ 开始，使用牛顿法($\varepsilon = 0.001$)找到各个局部最大值。

D,C(d) 使用运筹学导论教程中所述自动程序对该问题运用罚函数法，其中 $r = 10^3, 10^2, 10, 1$，找到每个局部最大值。对这些搜索使用 $x = 3$ 和 $x = 15$ 作为初始试解。其中哪一个局部最大值是全局最大值？

C(e) 在电子表格中用公式表示该问题，然后，使用有多起点选项的 GRG(广义简约梯度法)非线性求解方法求解该问题。

C(f) 用进化求解程序求解该问题。

C(g) 利用 LINGO 的全局优化程序的特性求解该问题。

C(h) 使用 MPL 及其全局优化程序 LGO 求解该问题。

13.10-2 考虑以下非凸规划问题：

$$\text{Max } f(\boldsymbol{x}) = 3x_1 x_2 - 2x_1^2 - x_2^2$$

s. t.

$$x_1^2 + 2x_2^2 \leq 4$$
$$2x_1 - x_2 \leq 3$$
$$x_1 x_2^2 + x_1^2 x_2 = 2$$

且

$$x_1 \geq 0, x_2 \geq 0$$

(a) 如果对该问题运用罚函数法，每次迭代需最大化的无约束函数 $P(\boldsymbol{x}; r)$ 是什么？

D,C(b) 从初始试解 $(x_1, x_2) = (1, 1)$ 开始，使用运筹学导论教程中的自动程序对该问题运用罚函数法，其中 $r = 1, 10^{-2}, 10^{-4}$。

C(c) 用进化求解程序求解该问题。

C(d) 利用 LINGO 的全局优化程序的特性求解该问题。

C(e) 使用 MPL 及其全局优化程序 LGO 求解该问题。

13.10-3 考虑以下非凸规划问题：

Min $f(\boldsymbol{x}) = \sin 3x_1 + \cos 3x_2 + \sin(x_1+x_2)$

s. t.

$x_1^2 - 10x_2 \geq -1$

$10x_1 + x_2^2 \leq 100$

且

$x_1 \geq 0, x_2 \geq 0$

(a) 如果对该问题运用罚函数法,每次迭代需最小化的无约束函数 $P(\boldsymbol{x};r)$ 是什么?

(b) 描述应如何运用罚函数法试求全局最小值(不是实际求解)。

C(c) 利用 LINGO 的全局优化程序的特性求解该问题。

C(d) 使用 MPL 及其全局优化程序 LGO 求解该问题。

C13.10-4 考虑以下非凸规划问题:

Max $f(x) = x^5 - 13x^4 + 59x^3 - 107x^2 + 61x$

s. t.

$0 \leq x \leq 5$

(a) 在电子表格中用公式表示该问题,然后,使用有多起点选项的 GRG 非线性求解方法求解该问题。

(b) 用进化求解程序求解该问题。

C13.10-5 考虑以下非凸规划问题:

Max $f(x) = 100x^6 - 1359x^5 + 6836x^4 - 15670x^3 + 15870x^2 - 5095x$

s. t.

$0 \leq x \leq 5$

(a) 在电子表格中用公式表示该问题,然后,使用有多起点选项的 GRG 非线性求解方法求解该问题。

(b) 用进化求解程序求解该问题。

C13.10-6 由于人口增长,华盛顿州已在众议院获得额外席位,使总数达到 10 个席位。州议会(目前由共和党人执掌)需制定一项对全州重新划分选区的计划。华盛顿州共有 18 个大城市,需划分到 10 个国会选区之一。下表列出了每个城市登记在册的民主党人和共和党人的数量。每个行政区必须有 150000~350000 名登记选民。利用进化求解程序将各个城市划分到 10 个国会选区之中的一个选区,使注册共和党人比注册民主党人多的选区最多(提示:使用条件求和(SUMIF)函数)。

城市	民主党人/千人	共和党人/千人
1	152	62
2	81	59
3	75	83
4	34	52
5	62	87
6	38	87
7	48	69
8	74	49

(续)

城市	民主党人/千人	共和党人/千人
9	98	62
10	66	72
11	83	75
12	86	82
13	72	83
14	28	53
15	112	98
16	45	82
17	93	68
18	72	98

13.10-7 重新考虑 3.1 节所述 Wyndor Glass 公司的问题。

C(a) 使用 Solver 求解程序求解该问题。

C(b) 将生产 0 批门和 0 批窗户作为初始解,用进化求解程序求解该问题。
对这两种方法的效果进行评价。

13.10-8 阅读有关 13.10 节所述应用案例中总结的运筹学研究的参考文章。简要说明该项研究中是如何应用非线性规划的。然后列出该项研究产生的各种有形和无形收益。

13.11-1 考虑以下问题:

Max $Z = 4x_1 - x_1^2 + 10x_2 - x_2^2$

s.t.

$x_1^2 + 4x_2^2 \leq 16$

且

$x_1 \geq 0, x_2 \geq 0$

(a) 该问题是否为凸规划问题吗?回答是或不是,然后,证明你的答案。

(b) 是否可使用改进单纯形法求解该问题?回答是或不是,然后,证明你的答案(但不实际求解)。

(c) 是否可使用弗兰克-沃尔夫算法求解该问题?回答是或不是,然后,证明你的答案(但不实际求解)?

该问题的库恩-塔克条件是什么?使用这些条件判断 $(x_1, x_2) = (1, 1)$ 是否可以为最优解?

(e) 使用可分规划技术为该问题建立一个逼近线性规划模型。各分段线性函数的断点采用可行整数。

C(f) 使用单纯形法求解(e)部分所述问题。

(g) 对该问题运用罚函数法时使 $P(x; r)$ 函数在每一次迭代达到最大(不实际求解)。

D,C(h) 使用罚函数法(运筹学导论教程中的自动程序)求解(g)部分所述问题。从初始试解 $(x_1, x_2) = (2, 1)$ 开始,并使用 $= 1, 10^{-2}, 10^{-4}, 10^{-6}$。

C(i) 在电子表格中用公式表示该问题,然后,使用 Solver 求解程序求解该问题。

C(j) 用进化求解程序求解该问题。

C(k) 用 LINGO 求解程序求解该问题。

案 例

案例 13.1　精明选股

自高中上第一堂经济学课那天起，丽迪雅（Lydia）就想知道她父母的理财情况。为了挣到足够的钱，可以过一个舒适的中产阶级生活，他们工作非常努力，可他们从未试图让钱生钱。他们只是把辛苦挣来的薪水储存在储蓄账户收取一定金额的利息（幸运的是，她在上大学期间总有足够的钱支付学费）。她决心长大成人后决不遵循她父母的保守理财做法。

丽迪雅遵守了这个承诺。每天早上在她准备上班之前她都会观看美国有线电视新闻网的财经报告。她在万维网上玩投资游戏，寻求最大限度地获得回报，同时，最大限度地减少风险的投资组合。她如饥似渴地阅读华尔街日报和金融时报。

丽迪雅还阅读了金融杂志的投资建议专栏，她发现投资顾问的建议非常好。因此，她决定听从最新一期杂志上发表的投资顾问建议。专栏编辑乔纳森泰勒（Jonathan Taylor）在他的月刊上推荐了 3 支股票，他认为这 3 支股票将大幅上涨，远高于市场平均水平。此外，知名的共有基金专家唐娜·卡特（Donna Carter）主张再多买 3 支股票，她认为这 3 支股票在未来一年将超出市场预期。

BIGBELL 公司（证券交易所股票代码为：BB）是全美最大的电信公司之一，以远低于市场平均值的价格收益比率进行交易。过去 8 个月的巨额投资已使收益大幅缩水。然而，随着新的尖端技术的出现，该公司利润率预计将大幅提升。泰勒预测，该公司股票将从目前的每股 60 美元上涨至下一年的每股 72 美元。

LOTSOFPLACE（LOP）是世界领先的硬盘制造商之一。行业最近经历了重大重整，过去几年中许多竞争对手热衷于激烈的价格战而导致破产或被 LOTSOFPLACE 及其竞争者收购。由于硬盘驱动器市场的竞争下降，下一年预期收益和盈利将大幅上涨。泰勒预计 LOTSOFPLACE 股票一年内将从现在每股 127 美元上涨 42%。

INTERNETLIFE（ILI）是一家历经多次起伏的互联网公司。随着下一代互联网狂潮的来临，泰勒预计该公司股票价格一年内将增长一倍，从 4 美元涨至 8 美元。

HEALTHTOMORROW（HEAL）是一家领先的生物技术公司，有数种新药即将获得美国食品及药物管理局批准，这将促使未来几年该公司收益增长 20%。特别是一种能显著降低心脏病发病风险的新药预期将获得巨大利润。此外，由于几种新的儿童美味药物的推出，该公司已经能够在媒体上树立良好形象。这一公共关系妙招必定对其非处方药的销售产生积极影响。卡特（Carter）确信一年内股票将从每股 50 美元上涨至每股 75 美元。

QUICKY（QUI）是一家快餐连锁店，其加盟店已大规模扩张到全美各地。自公司约 15 年前上市以来（当时仅在美国西海岸有几十家餐厅），卡特就一直密切关注该公司。自那以后，公司开始扩张，目前已在全美各州设立了分店。由于公司对健康食品的重视，目前正在逐步占领越来越多的市场份额。卡特认为，股票将继续表现良好，超出市场平均水平，一年内股价将从目前的 150 美元上涨 46%。

汽车联盟（AUA）是底特律地区一家领先的汽车制造商，最近刚刚推出两款新车型。这两款车型刚开始销售时表现强劲，因此，下一年公司股票预计能从去年的 20 美元上升至 26 美元。

丽迪雅在万维网上找到了这几家公司股票的风险数据。这 6 支股票的收益率历史方差及其协方差如下所列：

公司	BB	LOP	ILI	HEAL	QUI	AUA
方差	0.032	0.1	0.333	0.125	0.065	0.08

协方差	LOP	ILI	HEAL	QUI	AUA
BB	0.005	0.03	-0.031	-0.027	0.01
LOP		0.085	-0.07	-0.05	0.02
ILI			-0.11	-0.02	0.042
HEAL				0.05	-0.06
QUI					-0.02

(a) 起初，丽迪雅想忽略所有投资风险。鉴于这一策略，丽迪雅最理想的投资组合是什么，即她应在 6 支不同股票中的投资比例各是多少？该投资组合的总风险是多少？

(b) 丽迪雅决定，她不想在任何一支股票中的投资超过 40%。虽然同样忽略风险，但新的最佳投资组合是怎样的？新投资组合的总风险是多少？

(c) 现在丽迪雅要考虑投资风险。在下面各部分的运用中，建立一个二次规划模型，最大限度降低风险（通过投资组合收益率方差测定),同时确保预期收益至少不低于所选择的最低可接受值。

(d) 丽迪雅希望确保预期回报率至少为35%。她希望以最低风险达到这一目标。什么样的投资组合可以使她实现这一目标?

(e) 如果丽迪雅想要达到不低于25%的预期收益,那么,最低风险是多少?当预期收益不低于40%时,最低风险又是多少?

(f) 你是否看出丽迪雅的投资策略是否存在任何问题或缺点?

注:本案例的数据文件见本书网站。

案例 13.2　国际投资

一位金融分析师持有部分德国债券,如果再持有3年,待这些债券完全成熟就可以提高利率。还可以随时赎回,收回原本金加利息。德国联邦政府刚推出一项资本收益税,对超出一定标准的利息收益征税,因此将债券持有到到期就不再具有太大的吸引力。因此,分析师需要对最佳投资策略作出判断,根据不同方案确定未来3年每年要卖出多少债券。

案例 13.3　再论促进早餐谷物食品

该案例接案例3.4,涉及超级谷物公司(Super Grain Corporation)新早餐谷物的广告宣传活动。案例3.4要求实施的分析引入线性规划的应用。然而,这种情况下,线性规划的某些假设是值得怀疑的。很明显,推出早餐谷物食品产生的总利润与广告宣传活动的总数量成正比的假设仅为粗略近似假设。要进行细化分析就需要建立和运用一般非线性规划与可分规划并对两者进行比较。

第 14 章 启发式算法

前面章节描述了用于获取各类运筹学模型最优解的算法,包括线性规划、整数规划和非线性规划模型。这些算法对解决各类实际问题价值很大,但并非总是有效。某些问题(以及相应的运筹学模型)异常复杂,有可能无法得到一个最优解。在此情况下,找到一种接近最优解的可行解就十分重要,启发式算法通常用于寻找此类解。

对于一个特定问题,启发式算法是用来求解非常好的可行解,但不一定是最优解。我们无法保证解的质量,但是经过精心设计的启发式算法可以提供一种至少近似于最优的解(或得出"此类解不存在"结论)。该算法足以处理非常大的问题。是一种成熟的迭代算法,每次迭代的结果可能导致比先前最佳解更好的新解。当该算法经过适当的时间终止时,提供的解就是在迭代程序中发现的最优解。

启发式算法通常基于相对简单的寻找优良解的思路,这些思路需要针对特定的问题进行量体裁衣的调整。因此,本质上启发式算法更像是一种特别算法,也就是说,每种启发式算法通常用于解决一种特定问题,而不能适用于多种情况。

很多年来,当运筹学团队无法从一个算法中获得最优解时,需要临时设计一种启发式算法,用于解决手头问题。随着强大的通用启发式算法出现,这一切在近些年有所改变。通用启发式算法是一种解决问题的通用方法,拥有通用结构和策略,通用启发式算法已经成了运筹学的最重要的技术工具之一。

本章简要介绍通用启发式算法。14.1 节描述通用启发式算法的一般特性,14.2 节~14.4 节介绍和演示 3 种常用的通用启发式算法。

14.1 通用启发式算法的性质

为展示通用启发式算法的性质,先举一个中等难度的非线性规划问题。

14.1.1 示例:具有多个局部最优解的非线性规划问题

考虑下列问题:
Max $f(x) = 12x^5 - 975x^4 + 28000x^3 - 345000x^2 + 1800000x$
s. t.
$0 \leq x \leq 31$

图 14.1 绘出了目标函数 $f(x)$ 针对单变量 x 的可行值。此图表明,这一问题有 3 个局部最优解,第一个在 $x=5$ 时,第二个在 $x=20$ 时,第三个在 $x=31$ 时,而全局最优解在 $x=20$ 时。

目标函数 $f(x)$ 已经十分复杂,因为如果不看图 14.1,将很难确定最优解的位置。可能要用到微积分,但是这需要求解一个 4 次多项式方程(在将第一个导函数设置为 0 之后),以确定临界点的位置。我们甚至很难确定 $f(x)$ 有多个局部最优解,而不是只有一个全局最优解。

这就是非凸规划问题的一个示例,凸规划问题是一种特殊的非线性规划问题,通常有多个局部最优解。13.10 节讨论了非凸规划,还介绍了一种软件包(Evolutionary Solver),该软件包使用了14.4节介绍的启发式算法。

诸如此类看起来较为困难的非线性规划问题,一个简便的启发式算法便是采用局部改进程序。即从一个初始解出发,然后在每次迭代中,在当前试解的邻域内搜索一个更优解。持续进行该程序,直至在当前试解的邻域内无法找到更优解。因此,这种策略可视为爬山策略,爬山策略会在目标函数下,爬向更高的地方(假设目标是实现最大化),直至最终爬到山顶。精心设计的局部改进程序通常会收敛于局部最优解(山顶),但即便是该局部最优解不是全局最优解(并非最高峰),程序也会停止。

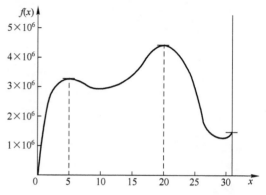

图14.1 可行范围为 $0 \leq x \leq 31$ 的目标函数值的非线性规划示例。局部最优解出现在 $x=5$、$x=20$ 或 $x=31$ 时,但仅在 $x=20$ 处为全局最优解

例如,13.5节介绍的梯度搜索法是一种局部改进程序。如果以图14.1中的 $x=0$ 作为初始试解,由此出发,随着 x 数值不断增大,它会不断爬上山坡,直至在 $x=5$ 时到达山顶,此时,爬坡终止。图14.2展示了从山下开始,通过局部改进程序获得 $f(x)$ 值的典型顺序。

由于图14.1的非线性规划示例仅仅涉及一个变量,13.4节所介绍的二分法也可以用于解决这一特定问题。这一策略也是局部改进程序的另一个示例,因为每次迭代都是从当前的试解开始,在试解的邻域内(由变量值当前的下限和上限确定)搜索一个更优解。例如,如果从图14.1所示的下限 $x=0$ 和上限 $x=6$ 开始搜索,通过二分法所获得的试解的顺序分别为 $x=3$、$x=4.5$、$x=5.25$、$x=4.875$ 等,并收敛于 $x=5$。这4个试解的目标函数值分别为297.5万、328.6万、330.0万和330.2万。因此,第二次迭代比第一次迭代有了一个相对较大的改进(31.1万),第三次迭代改进则相对较小(1.4万),第四次迭代所带来的改进很小(0.2万)。如图14.2所示,这种模式在局部改进中非常典型(尽管局部最优解的收敛速度会发生一些变化)。

与梯度搜索法相似,通过二分法进行搜索会在 $x=5$ 时陷入局部最优解,因此,永远无法得到 $x=20$ 时的全局最优解。同其他局部改进相似,梯度搜索法与二分法仅用于不断改进试解邻域范围内的当前解。一旦爬上山顶,就必须停止,因为它们无法在山顶的邻域内爬向更高的地方,这也是所有局部改进的弊端所在。

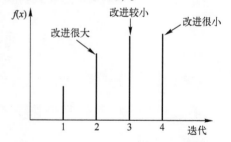

图14.2 在采用局部改进求解最大值问题时,当其收敛于局部最优解时,通过局部改进获得解的目标函数值的典型顺序

局部改进的不足之处是:若将设计完善的局部改进应用于通过多个局部最优解来求解最优化问题,该程序将会收敛于一个局部最优解,然后终止。至于会发现哪一个局部最优解取决于程序搜索的范围。因此,仅当该程序恰巧在全局最优解的邻域内开始搜索时,才会发现全局最优解。

为克服这一不足,可从随机选择试解出发,多次重复执行局部改进程序。在可行域内重新执行这一程序,通常会得到一个新的局部最优解。通过多次重复执行程序,实际得到的局部最优解中的最佳解是全局最优解的概率将会提高。(如13.10节所述,这与在采用"GRG非线性解决方法",然后,选择"采用多点搜索法"时针对规划求解和ASPE所采取的措施相同)。这种方法对于解决小问题(图14.1所示的一元非线性规划示例)颇为有效。但在求解涉及多个变量和复杂可行域的大型问题时,效果却不尽如人意。当可行域有多个"断点",如仅随机从其中一个点开始执行局部改进程序就能得到全局最优解,则全凭运气。

相反,我们需要的是一个更为系统的方式,即利用收集到的信息做指导,朝着全局最优解方向进行搜索,这也是通用启发式算法的作用所在。

通用启发式算法的性质:通用启发式算法是一种通用的求解方法,它将局部改进程序与高层策略相互协调,形成一个流程,可逃离局部最优解,并在可行区域内展开稳健的搜索。

也就是说,通用启发式算法的一个关键特征是有能力逃离局部最优解。在达到(或几乎达到)局部最优之后,不同的通用启发式算法会通过不同方式逃离局部最优解,但它们有一个共同特点:即允许稍次于局部最优解的试解存在。因此,当通用启发式算法应用于求解极大值问题(图 14.1 示例)时,对于所得试解的顺序,其目标函数值的模式与图 14.3 所示模式相似。与图 14.2 相同,这一过程也是始于局部改进程序,以爬到当前山坡的山顶(迭代 4)。但是,通用启发式算法并不会止步于此,而是可能会指向山的另一面略微向下搜索,直至其爬到最高峰(迭代 8)。为证实这便是全局最优解,通用启发式算法在停止前还会略微往前探索(迭代 12)。图 14.3 展示了设计完

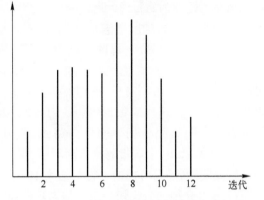

图 14.3 通过通用启发式算法得到的目标函数值的典型顺序:目标函数值首先收敛到局部最优解(迭代 4),然后逃离局部最优解,(有望)收敛于一个最大值问题的全局最优解(迭代 8),最后结束搜索(迭代 12)

善的通用启发式算法的优势和劣势。其优势是:该方法可较快得出相当好的解,因此,是求解大型复杂问题的有效方式。其劣势是:无法保证得出的最佳解是最优解或准最优解。因此,如果一个问题可使用确保得到最优化的算法求解,就不应使用通用启发式算法。通用启发式算法的作用是解决一些精确算法无法求解的大型复杂问题。本章的所有示例都是小型问题,无需使用通用启发式算法,因为这些问题仅仅是为了直观展示通用启发式算法是如何求解大型复杂问题的。

14.3 节将介绍应用于图 14.1 所示非线性规划示例的专用通用启发式算法。14.4 节介绍另一种通用启发式算法在同一示例整数规划中的应用。

虽然通用启发式算法有时可用于求解非线性规划及整数规划难题,但通用启发式算法更为常见的一个应用领域是组合优化问题。下一个示例便是这一类型问题。

14.1.2 示例:旅行商问题

或许最知名、最经典的组合优化问题便是旅行商问题。之所以赋予这一问题一个如此形象的名称,是因为其从旅行商的角度阐述组合优化问题。在一次旅途中,旅行商需要途经多个城市,从家乡城市出发,旅行商希望确定一条路线,使其恰好能一次访问完所有城市,然后再返回其家乡城市,并最大限度地缩短旅程。

图 14.4 展示了一个简单的旅行商问题示例,涉及 7 个城市。城市 1 是旅行商的家乡。因此,从该城市出发,旅行商必须选择一条使其恰好能一次访问完其他各个城市的路线,然后再返回城市 1。每两个城市之间线路旁边的数字表示两个城市之间的距离(或往返成本、时间)。假设两点的往返距离相同(这称为对称旅行商问题)。虽然通常每两个城市之间会有一条直线,但在示例中进行了简化,假设仅仅存在图中所示的这些直线,目的是确定使旅行商旅行的总距离最短的路线。

旅行商问题已广泛应用于与旅行无关的问题。例如，一辆卡车驶离配送中心，运送货物至各不同地点，确定最短路线问题便也是旅行商问题。又如，连接芯片及其他元件线路的印制电路板制造问题也属于旅行商问题。如需在印制电路板上钻出多个孔时，确定最有效的钻孔顺序问题亦为旅行商问题。

旅行商问题的难度随着城市数量的增加而迅速增大。对于涉及 n 个城市、每两个城市间都有一条路线的问题，由于选择家乡城市之外的第一个城市有 $(n-1)$ 种可能性，下一个城市则有 $(n-2)$ 种可能性，以此类推，所以需考虑的可行路线的数量为 $(n-1)!/2$。因为每条路线都有一个距离完全相等的反向路线，所以分母为 2。

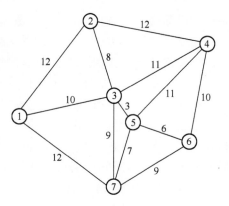

图 14.4 用于说明本章内容的旅行商问题示例

因此，对于涉及 10 个城市的旅行商问题，需要考虑的可行解不到 20 万个，而对于涉及 20 个城市的旅行商问题，需要考虑的可行解约为 10^{16} 个，50 个城市的旅行商问题，可行解约为 10^{62} 个。

12.8 节介绍的分支切割法的强大算法能够成功地解决一些涉及上百个（甚至上千个）城市复杂的旅行商问题，并得到了最优解。然而，由于解决复杂的旅行商问题难度极大，通用启发式算法依然是解决此类问题的常用方法。

此类启发式算法通常会产生一个系列可行试解，其中，通过对当前试解进行某种小幅度调整获得每一个新试解。对于如何调整当前试解，本书介绍了几种方法，以下为一种常用的比较简单的调整方式。

子游逆转通过选择一个城市子顺序，仅逆转该城市子序列的访问次序，从而调整现有试解中的城市访问次序（逆转的子顺序可以只包含两个城市，也可包含多个城市）。

为说明子游逆转，假设图 14.4 示例中的初始试解为按以下数字顺序访问各个城市：

1-2-3-4-5-6-7-1　距离 = 69

如果选择子顺序 3-4，然后逆转，则得出以下新试解：

1-2-4-3-5-6-7-1　距离 = 65

因此，这种特定的子游逆转成功将整个旅程的距离从 69 缩短至 65。

图 14.5 所示为该子游逆转，其将左图中的初始试解变为右图中的新试解。虚线表示通过子

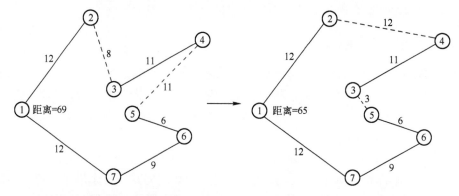

图 14.5　子游逆转通过逆转城市 3 和城市 4 的访问顺序，用右图所示旅程（新试解）替换左图所示旅程（初始试解）。得出的结果是，右图中的虚线代替了左图中的虚线，成为新旅程中的旅行线路

游逆转,从旅程中删除的(左图)线路或旅程中增加的(右图)线路。注意:新试解恰好从上一旅程中删除了两条线路,并替换为两条新线路,从而形成新旅程。这是所有子游逆转(包括逆转的城市子顺序涉及两个以上城市的子游逆转)的特点之一。因此,一个特定的子游逆转仅适用于相应的两个新线路真实存在的情况。

仅通过采用子游逆转成功改进旅程说明,下述启发式算法可为任意旅行商问题搜索合适的可行解。

14.1.3 子游逆转算法

初始值:从任一可行旅程出发,以此作为初始试解。

迭代:对于当前试解,考虑能完成子游逆转(整个旅程逆转的情况除外)的所有可行方式,从而得出一个改进解。选择旅程缩短幅度最大的方案作为新试解(连线可任意打破)。

停止规则:当子游逆转无法改进当前试解时,停止子游逆转,并将该解作为最终解。

现在,将该算法应用到以下示例中,以 1-2-3-4-5-6-7-1 作为初始试解。可改进该解的子游逆转有 4 种,如下列第 2 行~第 5 行所示:

    1-2-3-4-5-6-7-1 距离=69
逆转 2-3: 1-3-2-4-5-6-7-1 距离=68
逆转 3-4: 1-2-4-3-5-6-7-1 距离=65
逆转 4-5: 1-2-3-5-4-6-7-1 距离=65
逆转 5-6: 1-2-3-4-6-5-7-1 距离=66

距离=65 的两个解在旅程中距离缩短幅度最大,因此,假设随意选中第 1 个解 1-2-4-3-5-6-7-1(图 14.5 中的右图)作为下一个试解,至此完成第 1 次迭代。

第 2 次迭代从图 14.5 中的右图所示旅程开始,以此作为当前试解。可改进该解的子游逆转只有 1 种,如下列第 2 行所示:

1-2-4-3-5-6-7-1 距离=65
逆转 3-5-6: 1-2-4-6-5-3-7-1 距离=64

图 14.6 所示为该子游逆转,其中,左图中城市 3-5-6 的整个子序列在右图中的访问次序完全逆转(6-5-3)。因此,右图所示的旅程现在途经路线 4-6 而非 4-3、3-7 而非 6-7,以便在城市 4 和 7 之间按照逆转次序 6-5-3 进行访问,从而完成第 2 次迭代。接下来,找到一个改进这一新试解的子游逆转。但是,没有更好的方法,因此,子游逆转算法停止,这一试解便成为最终解。

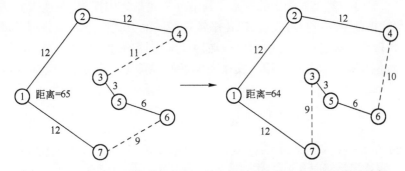

图 14.6 经过子游逆转 3-5-6 后,左图中的试解变为右图中的改进试解

1-2-4-6-5-3-7-1 是最优解吗? 很遗憾,不是。经证明,最优解是:
1-2-4-6-7-5-3-1 距离=63

（或逆转整个旅程的方向，即 1-3-5-7-6-4-2-1）

但是，该解无法通过执行改进 1-2-4-6-5-3-7-1 的子游逆转得出。

子游逆转算法是局部改进程序的另一示例。该算法在每次迭代时，均对当前试解进行改进。当该算法无法找到更优解时，算法停止，则当前试解为局部最优解。在这种情况下，1-2-4-6-5-3-7-1 确为局部最优解，因为在其邻域内，通过执行子游逆转，无法得出更优解。

若要提高得出全局最优解的可能性，需要使用通用启发式算法，确保搜索过程逃离局部最优解。在接下来的讲述中，将介绍 3 种不同的通用启发式算法如何逃离局部最优解。

14.2 禁忌搜索

禁忌搜索是一种广泛使用的通用启发式算法，采用一些常识使搜索过程逃离局部最优解。介绍完基本概念后，将具体分析一个简单示例，然后再回到旅行商案例。

14.2.1 基本概念

禁忌搜索的任一应用均包含一个子程序——局部搜索程序，该算法适用于待解问题(局部搜索程序的运行方式与局部改进程序几乎相同，但前者可能并不要求每个新试解必须优于之前的试解)。首先，该过程通常会将局部搜索程序用作局部改进程序(即在每次迭代中仅接受改进解)，以便得出局部最优解。禁忌搜索的一个关键策略是：允许在局部最优解邻域内存在向最优解进行非改进性移动，继续进行搜索。当到达某一个当前试解邻域内可找到更优解的点时，则可再次应用局部改进程序，找到新的局部最优解。

以爬山法进行类比，该过程有时称为最速上升法/最温和下降法，因为每次迭代会选择可以向山上爬坡最远的移动，或当无法向上移动时，选择向山下下降最小的移动。如果一切顺利，该过程将遵循图 14.3 所示模式，将局部最优解留在后面，以便爬升至全局最优解。

这种方式的危险之处是：在远离局部最优解后，该过程将会循环至同一个局部最优解。为避免这一问题，禁忌搜索暂时禁止返回至(又或许朝向)近期访问过的解移动。禁忌表记录被禁移动，也可称为禁忌移动(若发现禁忌移动实际上优于目前得出的最优可行解，此类移动可解禁)。

通过禁忌列表记录最近的部分搜索历史，然后，使用记忆来指导搜索是禁忌搜索的一个鲜明特征，该特征起源于人工智能领域。

禁忌搜索还可融合一些更为先进的概念。其中一个便是集中搜索，该搜索方法包括确定一部分极有可能包含极佳解的可行域之后，以比平常更彻底的方式探索该部分可行域。另一个概念是分散搜索，该搜索方法包括强行搜索可行域内此前未探索过的区域(长时记忆有助于这两个概念的实施)。但是我们只着重介绍下文中总结的禁忌搜索的基本形式，而不再探讨其他相关概念。

应用案例

西尔斯·罗巴克公司(Sears Roebuck and Company)(现通常称为西尔斯)成立于 1886 年，于 20 世纪中叶发展为美国最大的多元化零售商。时至今日，西尔斯依然跻身于世界最大的零售商之列，出售商品并提供服务。截至 2013 年，西尔斯在美国和加拿大已拥有 2500 多家百货店和专营零售店。西亚斯还是美国和加拿大最大的家具家电宅配服务供应商，每年送货约 400 万次。西尔斯管理着由 1000 多辆送货车辆组成的车队，既有合约承运车辆，也有西尔斯自营车辆。在美国，西尔斯运营着一支约有 12500 辆服务车的车队，配备相关技术人员，平均每年提供约 1400 万次上门服务，修理和安装电器，以及提供家居装饰服务。

这支庞大的宅配及上门服务队伍每年的运营成本高达数十亿美元。每天,有成千上万辆车拜访数万名客户,运营效率对公司的盈利能力有着重大影响。

由于需要派遣大量车辆拜访诸多客户,因此,每天都要做出大量决策,确定每辆车的路线应分配哪些站点,每辆车的停站次序(会对该路线的总距离和时间产生显著影响),如何使做出的所有决策在为客户提供满意服务的同时,降低总运营成本。

很显然,需要采用运筹学来解决这一问题。常用的表述方式是有时间窗的车辆路径问题(VRPTW),针对这一问题,已研究出了精确算法及启发式算法。遗憾的是,西尔斯问题太过复杂,是一个难度极大的组合优化问题,超出了有时间窗的车辆路径问题标准算法的范围。因此,基于禁忌搜索的应用研究出了一种新算法,可用于确定哪辆车的路线上设置哪些站点以及该条线内这些站点的次序。

最终制定的车辆路线规划与调度新系统很大程度上以禁忌搜索为基础,为西尔斯一次性节约 900 多万美元,年平均节约 4200 多万美元,该系统还带来了诸多无形收益,包括(最重要的是)改善了客户服务质量。

来源:D. Weigel, and B. Cao: "Applying GIS and OR Techniques to Solve Sears Technician-Dispatching and HomeDelivery Problems," Interfaces, **29**(1): 112-130, Jan.-Feb. 1999. (我们的网址提供了本文链接:www.mhhe.com/hillier。)

14.2.2 基本禁忌搜索算法概述

初始值:从一个可行的初始试解开始。

迭代:使用适当的局部搜索程序确定向当前试解局部邻域内的可行移动数。不再考虑当前禁忌表中的任何移动,除非能得出优于当前所得最优试解的解。确定其移动中,哪一移动可得出最优解,将该解作为下一个试解,无论其是否优于当前试解。更新禁忌表,禁止其循环至当前试解。如果禁忌表已满,删除禁忌表中最早的项,为后续移动提供更多灵活性。

停止规则:使用一些停止准则,如固定迭代数量,固定 CPU 时间,或在不改进最优目标函数值的情况下固定连续迭代数量(最后一个尤为常用)。如果在迭代中没有向当前试解局部邻域内的可行移动,则停止迭代,将迭代中得出的最优试解作为最终解。

本概述中尚有如下问题未解答。

(1)应使用哪种局部搜索程序?

(2)该程序应如何确定邻域结构以便规定哪些解可作为当前试解的近邻(一次迭代即可得出)?

(3)禁忌移动在禁忌表上的表现方式如何?

(4)在每次迭代中,应将哪个禁忌移动添加至禁忌表中?

(5)禁忌移动应在禁忌表上保留多长时间?

(6)应使用哪一个停止规则?

上述问题均为需要解决的重要细节,以便适用于特定类型的待解决问题,如以下示例所示。禁忌搜索仅提供通用结构和策略指南,用于为特定情况研究特定的启发式算法。参数选择是成功使用启发式算法的关键环节。

以下示例说明禁忌搜索的使用情况。

14.2.3 有约束条件最小生成树问题

10.4 节介绍了最小生成树问题。简单来讲,该问题从一个有节点但节点之间无线路的网络出发,确定应将哪些线路嵌入到网络中,目标是降低被嵌入线路的总成本(或长度),嵌入线路将会在每两个节点之间提供一条路。对于有 n 个节点的网络,需要有 $(n-1)$ 个线路(不含圈)才能使每两个节点之间都有一条路,这种网络被称为生成树。

图 14.7 中的左图为有 5 个节点的网络,图中的虚线代表可嵌入网络中的潜在线路,每条虚线旁边的数字代表嵌入该线路的相关成本。因此,问题是确定应将哪 4 条线路(不含圈)嵌

入到网络中,以最大限度地降低这些线路的总成本。图中的右图为理想最小生成树,其中,黑线代表已嵌入到网络中的线路,总成本为50。最优解可通过运用10.4节所述的"贪心"算法轻松得出。

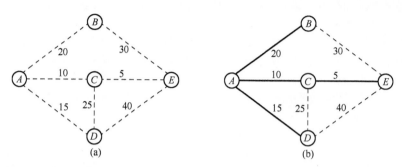

图14.7 选择嵌入网络中的线路前,最小生成树问题的数据(a)及黑线表示已选线路时,该问题的最优解(b)

为说明如何应用禁忌搜索,现在增加该示例的难度,假设在选择嵌入网络线路时,必须遵循以下约束。

约束1:仅当线路 DE 嵌入网络中时,线路 AD 才可嵌入。

约束2:3条线路 AD、CD 与 AB 中,至多有一条线路可嵌入网络。

注意:图14.7中右图所示之前的最优解违反了上述两个约束,因为(1)线路 AD 已嵌入网络中,但线路 DE 未嵌入;(2)线路 AD 与 AB 均嵌入网络。

通过增加约束,10.4节所述的贪心算法不可再用于求解新的最优解。对于此类较小问题,其解或许可通过检验快速得出。但让我们看看禁忌搜索是如何搜索该类问题或更复杂问题最优解的。

考虑约束条件的最简单方式是对违反约束的行为收取巨额罚款,如下所述。

(1)如若违反约束1,罚款100。

(2)如若约束2中所述3条线路中有两条线路嵌入网络之中,罚款100。如若3条线路都嵌入网络之中,罚款增长至200。

罚款100足以确保不会违反生成树的约束条件,最大限度地降低总成本(包括罚款),但前提是存在可行解。如果严重违反约束2,双倍罚款至少有助于减少禁忌搜索迭代3条线路中嵌入网络中的线路的数量。

有多种方法可回答说明如何实施禁忌搜索的6个问题(请参见基本禁忌搜索算法概述后面的问题列表)。以下是回答这些问题的其中一个直接方法。

(1)局部搜索程序。每次迭代中,选择因禁忌被排除的当前试解的最佳近邻。

(2)邻域结构。当前试解的近邻是指通过增加单段线路,然后,删除圈中其他线路而得出的解(删除的线路必须为圈中的线路,以确保仍会形成一个生成树)。

(3)禁忌移动的形式。列出不得删除的线路。

(4)增加禁忌移动。每次迭代中,选择添加到网络中的一段路线后,同时,将该路线添加到禁忌表中。

(5)禁忌表的最大长度为2。若禁忌表已满,添加禁忌移动时,则删除禁忌表中已存在的两个禁忌移动中时间较早的一个(由于待解决问题的生成树仅包含4条线路,所以禁忌表长度必须非常小,以便每次迭代中选择删除线路时有一定灵活性)。

(6)停止规则。若连续3次迭代后最佳目标函数值无改进,则停止搜索(任意迭代中,若当前试解不存在未因其禁忌状态被排除的近邻时,亦应停止搜索)。

规定上述详细信息后,我们现在可以继续将禁忌搜索算法应用于该例。首先,合理选择图 14.7(b)所示无约束生成树问题的最优解作为初始试解。

由于该解违反了两条约束(但仅包含约束 2 中所述 3 条线路中的 2 条线路),应罚款 2 次,每次 100。因此,该解的总成本为

$$成本 = 20+10+5+15+200(违反约束罚款) = 250$$

迭代 1:在图 14.7(b)所示网络中增加一条线路有 3 种方案:BE、CD 与 DE。若果选择 BE,形成的圈是 BE-CE-AC-AB,因此,删除一条线路也存在 3 种方案:CE、AC 和 AB(此时,尚未添加任何线路到禁忌表中)。如果将 CE 删除,成本变化为 $30-5=25$,违反约束罚款不会发生变化,所以,总成本从 250 增长至 275。同样,如果删除 AC,总成本从 250 增长至 $250+(30-10)=270$。但如果删除线路 AB,线路成本变化为 $30-20=10$,违反约束罚款从 200 减少至 100,因为此时不再违反约束 2,因此,总成本将变为 $50+10+100=160$,结果归纳为表 14.1 的前 3 行所列。

表 14.1　迭代 1 中增添一条线路并删除另一线路的选择方案

增添	删除	成本
BE	CE	$75+200=275$
BE	AC	$70+200=270$
BE	AB	$60+100=160$
CD	AD	$60+100=160$
CD	AC	$65+300=365$
DE	CE	$85+100=185$
DE	AC	$80+100=180$
DE	AD	$75+0=75$←极小值

接下来的两行总结了将线路 CD 嵌入网络中的计算结果。此时,形成的圈是 CD-AD-AC,所以,只能删除 AD 或 AC 两种方案。删除 AC 是特别糟糕的选择,因为这样仍然会违反约束 1(罚款 100)。违反约束 2 则会罚款 200,因为约束条件中所述的 3 条线路全部嵌入了网络中。相反,删除 AD 则满足了约束 1,也不会加大违反约束 2 的程度。

表中最后 3 行所示为增加线路 DE 的选择方案。增加该线路形成的圈为 DE-CE-AC-AD,因此,可选择删除 CE、AC 或 AD。3 个方案都满足约束 1,但删除 AD 同时还满足约束 2。完全消除约束罚款后,该方案的总成本仅为 $50+(40-15)=75$。由于在所有的 8 个可选方案中,该方案移动到当前试解近邻的成本最低,因此,选择该移动方式——增加线路 DE,删除线路 AD。图 14.8 中的迭代 1 说明了这一方案,进行迭代 2 得出的生成树如右图所示。

完成迭代时,由于 DE 已嵌入网络,因此,DE 成为禁忌表上的第一条线路。这样防止接下来删除线路 DE,并返回该迭代开始时的试解。

简而言之,第 1 次迭代中已做出以下决策。

将线路 DE 嵌入网络中。

删除网络中的线路 AD。

将线路 DE 增添到禁忌表中。

迭代 2:图 14.8 右上角部分显示,第 2 次迭代中做出的相应决策如下所示。

将线路 BE 嵌入网络中。

自动将该新增线路增添到禁忌表中。

从网络中删除线路 AB。

表 14.2 概括了做出这些决策所做的计算,通过计算发现第 6 行的移动成本是最低的。

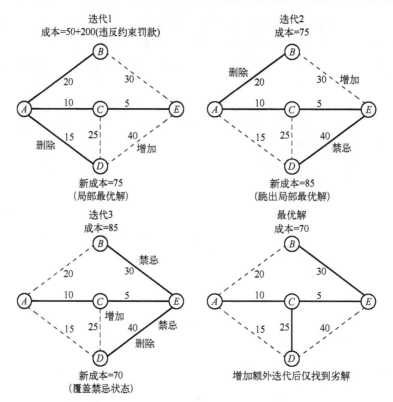

图 14.8 同样增加两项约束后,对图 14.7 所示最小生成树问题应用禁忌搜索算法

表 14.2 迭代 2 中增添一条线路并删除另一条线路的选择方案

增添	删除	成本
AD	DE*	(禁忌移动)
AD	CE	85+100 = 185
AD	AC	80+100 = 180
BE	CE	100+0 = 100
BE	AC	95+0 = 95
BE	AB	85+0 = 85←极小值
CD	DE*	60+100 = 160
CD	CE	95+100 = 195

* 表示禁忌移动,仅当该移动会得出比先前发现的最佳试解更优的解时才考虑禁忌移动

表中第 1 行和第 7 行所示移动涉及删除线路 DE,该线路已增添到禁忌表中。因此,只有当这些移动会产生优于当前最佳试解的解时才考虑这些移动。目前发现的最佳试解的成本为 75。第 7 行计算结果显示,这一移动不会得出更优解。第 1 行甚至无需计算,因为该移动会返回前面的试解。

注意:第 6 行所示移动得出的新试解比从迭代 2 开始的前面的试解的成本(75)更高(85)。这表明,前面试解的所有近邻(仅需进行表 14.2 所列的其中一项移动即可得出的解)的成本更高,所以是一个局部最优解。但向最佳近邻移动可跳出局部最优解,继续搜索全局最优解。

进行迭代 3 之前,在选择最佳近邻时应插入一个观测值,看这里可以采用什么更先进的禁忌搜索形式。通过使用其他形式的记忆支持集中搜索和分散搜索过程,根据历史情况不同更常用的禁忌搜索方法可改变"最佳邻解"的含义。如前所述,集中搜索侧重于搜索前面确定的极有可能的求解域,而分散搜索则进入新的可能区域进行搜索。

迭代 3:图 14.8 左下角部分总结了迭代 3 中做出决策。

将线路 CD 嵌入网络中。

自动将该新增线路增添到禁忌表中。

从网络中删除线路 DE。

表 14.3 所列为通过该移动得出启动该迭代的试解的最佳近邻。

表 14.3 迭代 3 中增添一条线路并删除另一线路的选择方案

增添	删除	成本
AB	BE*	(禁忌移动)
AB	CE	100+0=100
AB	AC	95+0=95
AD	DE*	60+100=160
AD	CE	95+0=95
AD	AC	90+0=90
CD	DE*	70+0=70←极小值
CD	CE	105+0=105

* 表示禁忌移动,仅当该移动会得出比先前发现的最佳试解更优的解时才考虑禁忌移动

该移动有一个有趣的特征,即使是一个禁忌移动仍要移动。原因除了是最佳近邻外,还会得出一个比先前发现的最佳试解(成本为 75)更好的解(成本为 70),从而使该移动的禁忌状态为覆盖禁忌状态(禁忌搜索还可采纳若干更先进覆盖禁忌状态标准)。

开始下一次迭代前还需对禁忌表进行更多调整。

从禁忌表中删除线路 DE。

这样做的原因主要包括两个方面:首先,禁忌表包含当前迭代中通常不应从网络中删除的线路(前文所述情况除外),但 DE 已不在网络之中;其次,由于禁忌表的长度设置为 2,而且最近已在禁忌表中添加了两条其他线路(BE 和 CD)。此时,DE 会自动从禁忌表中删除。

延拓:图 14.8 右下角部分所示当前试解实际上是该问题的最优解(全局最优解)。但采用禁忌搜索算法无法了解这一点,因此,禁忌搜索算法会继续运行一段时间。迭代 4 从该试解和禁忌表中路线 BE 和 CD 开始。完成此次迭代,再进行 2 次迭代后,如果连续 3 次迭代都无法改进前面的最佳目标函数值(其成本为 70),则禁忌搜索算法停止运行。

采用设计完善的禁忌搜索算法,运行几次迭代后得出的最佳试解可能是一个很好的可行解,甚至是最优解,但无法保证。选择算法运行时间相对较长的停止规则会提高得出全局最优解的几率。

对该类简单问题初步设计和应用禁忌搜索算法,我们现在将相似的禁忌搜索算法应用于 14.1 节所述的旅行商问题。

14.2.4 旅行商问题示例

最小生成树问题和旅行商问题有一些极其相似之处。两种情况下,问题都是需选择所得解中包含哪些线路(回顾一下,旅行商问题的一个解可视为旅行商在途经各个城市的旅程途中各线路的次序)。两类案例的目标都是找到可最大限度降低固定数量线路的总成本或距离的解。两种情况都可采用直观的局部搜索程序,该程序涉及添加或删除当前试解中的线路,从而得出新的试解。

对于最小生成树问题,前一小节中所述的局部搜索程序包括每次迭代中仅增加或删除一条线路。14.1 节所述求解旅行商问题的相应程序包括利用子游逆转在每次迭代中增加或删除一对线路。

由于两类问题极为相似,针对旅行商问题的禁忌搜索算法的设计可能与前述针对最小生成树问题的算法同样非常相似。尤其是,采用前面介绍的基本禁忌搜索算法概述,按照概述提出 6 个问题可按如下类似方式加以回答。

(1) 局部搜索算法:每次迭代中,选择当前未被禁忌状态被排除的最佳近邻试解。

(2) 邻域结构。当前试解的近邻是指采用 14.1 节所述及图 14.5 所示的子游逆转得出的解。该类逆转要求增加两条线路并从当前试解中删除另外两条线路(排除仅逆转当前试解旅程方向的子游逆转)。

(3) 禁忌移动表。如果子游逆转等删除的两条线路在禁忌表中,则列出这两条线路,以便将该子游逆转列为禁忌(这会防止快速循环至前面的试解)。

(4) 添加禁忌移动。每次迭代中,选择两条添加到当前试解中的线路后,同时将这两个线路添加到禁忌表中。

(5) 禁忌表最大长度:4(最近两次迭代中每次迭代各 2 条线路)。若禁忌表已满,再添加一对线路时,删除禁忌表中时间最长的两条线路。

(6) 停止规则。若连续 3 次迭代后最佳目标函数值无改进,则停止搜索(任意迭代中,若当前试解不存在因其禁忌状态被排除的近邻,亦应停止搜索)。

为了将该禁忌搜索算法应用于示例中(图 14.4),我们从 14.1 节所述的相同初始试解 1-2-3-4-5-6-7-1 开始。回想一下,如何从两次迭代(图 14.5 和图 14.6)获得的该初始试解开始子游逆转算法(局部改进算法),得到局部最优解 1-2-4-6-5-3-7-1 后停止子游逆转算法。除增加一个禁忌表外,禁忌搜索算法以完全相同的方式开始搜索,总结如下:

初始试解:1-2-3-4-5-6-7-1　　距离 = 69
禁忌表:此时为空白。
迭代 1:选择逆转 3-4(图 14.5)
删除线路:2-3 和 4-5
增添线路:2-4 和 3-5
禁忌表:线路 2-4 和 3-5
新试解:1-2-4-3-5-6-7-1　　距离 = 65
迭代 2:选择逆转 3-5-6(图 14.6)
删除线路:4-3 与 6-7(不在禁忌表上,所以可以删除)
增添线路:4-6 与 3-7
禁忌表:线路 2-4、3-5、4-6 与 3-7
新试解:1-2-4-6-5-3-7-1　　距离 = 64

然而,禁忌搜索算法并非终止搜索,而是要移至当前试解的最佳近邻处,以跳出局部最优解(图 14.6 右图及图 14.9 左图),但此时距离更远。考虑到图 14.4 中每对节点(城市)之间的可用线路有限,当前试解仅有如下所示两个近邻:

逆转 6-5-3:1-2-4-3-5-6-7-1　　距离 = 65
逆转 3-7:1-2-4-6-5-7-3-1　　距离 = 66

(排除逆转 2-4-6-5-3-7,得出 1-7-3-5-6-4-2-1,因为这仅仅是相反方向的同一旅程)。但我们必须首先排除这些近邻中的第一个,因为这需要删除线路 4-6 与 3-7。这是禁忌的,因为这两条线路都在禁忌表中(如果该移动能够改善截至目前发现的最佳试解,则允许移动,但它并未改进当前最佳试解)。排除这一近邻可防止我们直接循环至先前试解。因此,默认选择这些近邻中的第二个作为下一个试解,如下所述:

迭代 3:选择逆转 3-7(图 14.9)

删除线路:5-3 与 7-1

增添线路:5-7 与 3-1

禁忌表:线路 4-6、3-7、5-7 与 3-1

(2-4 和 3-5 已被删除)

新试解:1-2-4-6-5-7-3-1

距离 = 66

该迭代的子游逆转可参见图 14.9,图中虚线表示为得出新试解删除的线路(左图)及增加的线路(右图)。注意:删除的其中一条线路是 5-3,但它迭代 2 结束时已列入禁忌表。这是没有问题的,因为只有当删除的两条线路都在禁忌表中时该子游逆转才是禁忌的。同时,应注意,迭代 3 结束时更新的禁忌表已删除禁忌表上保留时间最长的两个线路(迭代 1 中增添的线路),因为禁忌表的最大长度已设为 4。

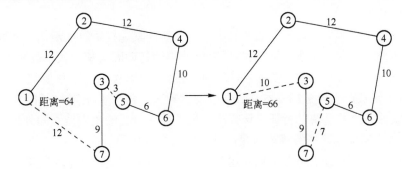

图 14.9　迭代 3 中的逆转子游 3-7,将左图中的试解变为右图中的新试解

新试解有如下 4 个近邻:

逆转 2-4-6-5-7:1-7-5-6-4-2-3-1　距离 = 65

逆转 6-5:1-2-4-5-6-7-3-1　距离 = 69

逆转 5-7:1-2-4-6-5-7-3-1　距离 = 63

逆转 7-3:1-2-4-6-5-3-7-1　距离 = 64

然而,这些近邻中第二个是禁忌的,因为删除的两条线路(4-6 和 5-7)均在禁忌表中。出于同一原因,第 4 个近邻(即前一个试解)也是禁忌的。因此,可行方案只有第 1 个和第 3 个近邻。由于第 3 个距离更短,因此它成为下一个试解,如下所示:

迭代 4:选择逆转 5-7(图 14.10)

删除线路:6-5 与 7-3

增添线路:6-7 与 5-3

禁忌表:5-7、3-1、6-7 与 5-3

(4-6 和 3-7 现已从禁忌表中删除)

新试解:1-2-4-6-7-5-3-1　距离 = 63

图 14.10 所示为该子游逆转。右图中新试解的旅程距离仅为 63,这比前面的任何试解距离都要短。实际上,新试解恰巧也是最优解。

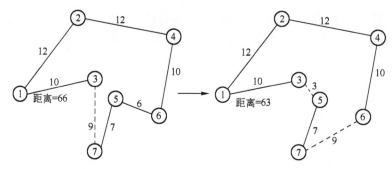

图 14.10 迭代 4 中的逆转子游 5-7，将左图中的试解变为右图中的新试解（新试解恰巧也是最优解）

由于并不清楚这一点，所以禁忌搜索算法会试图尝试更多次迭代，但当前试解的唯一近邻便是在前面的迭代中获得的试解。这要求删除线路 6-7 和 5-3，两条线路都在禁忌表中，从而防止我们循环至先前试解。由于没有其他近邻，此时，按照停止规则，禁忌搜索算法在 1-2-4-6-7-5-3-1 处（最佳试解）停止，作为最终解。虽然无法保证该算法的最终解是最优解，但庆幸此例中最终解即为最优解。

《运筹学导论》教程中的通用启发式算法部分介绍了将这一禁忌搜索算法应用于其他简单的旅行商问题中的程序。

该特定算法仅仅是解决旅行商问题的其中一个可能的禁忌搜索算法示例。该算法的诸多详细信息可通过多种合理方式修改。例如，当所有可获得的移动因其禁忌状态被禁止时，该方法通常不会停止，只是选择"最小禁忌"移动。另外，通用禁忌搜索法的一个重要特征是可以使用多个邻域，这取决于能够产生改进的基本邻域数以及发现改进解概率下降时所包含的更先进的邻域数。禁忌搜索另一个最重要的特征是该算法使用了前文所述的集中搜索和分散搜索策略。但基本的"短期记忆"禁忌搜索法的概述与我们已阐述的大致相同。

本节所考虑到的示例属于组合优化问题范畴，涉及网络。这是禁忌搜索算法极为常见的一个领域。这些算法的概要包括本节介绍的原则，但需确定详细信息以适应所考虑的特定问题的结构。

14.3 模拟退火

模拟退火是另一种广泛使用的通用启发式算法，可使搜索过程跳出局部最优解。为了更好地对比模拟退火与禁忌搜索，我们将模拟退火用于同一个旅行商问题示例，然后，再回到 14.1 节所述的非线性规划示例。但首先要了解一些模拟退火的基本概念。

14.3.1 基本概念

14.1 节图 14.1 介绍了寻找复杂极大值问题的全局最优解的概念，与确定多座山峰中的最高山峰，然后爬到该山峰的山顶的概念类似。但遗憾的是，数学搜索过程并没有那么敏锐的眼光，能够发现远方的高山。相反，该过程更像是在浓雾中坎坷前行，确定前行方向的唯一线索是朝任何方向迈出下一步，你会向上或向下走多远。

禁忌搜索采取的一个方法是朝最陡的方向爬上当前山峰，直至登上山顶，然后开始缓慢下山，同时寻找另一座山峰攀登。该方法的不足之处是花费大量时间（迭代）攀爬上遇到的每一座山，而不是搜寻最高峰。

与此相反，模拟退火采用的方式是将注意力主要放在最高山峰的寻找上。由于最高峰可能位于可行域的任何地方,前期重点是随机朝不同方向移动(部分(非所有)向下(而非向上)的移动除外),以便尽可能探索更多可行域。由于大部分接受的移动都是向上的,所以搜索会逐渐朝可行域内最高山峰所在的部分倾斜。因此,搜索过程逐步否定越来越多向下的移动,从而逐渐将主要注意力放在向上攀爬上。只要时间足够,搜索过程通常会达到最高峰。

具体来讲,模拟退火搜索过程中的每次迭代都会从当前试解向该解邻域内的一个近邻移动,这一点与禁忌搜索相似。与禁忌搜索的不同之处在于如何选择近邻作为下一个试解。令

Z_c = 当前试解的目标函数值

Z_n = 下一个试解的当前候选解的目标函数值

T = 该候选解不能改进当前试解时,衡量当前候选解作为下一个试解可能性的参数

选择哪一个近邻作为下一个试解的规则如下。

移动选择规则:从当前试探的所有近邻中随机选择一个近邻作为下一个试解的当前候选解。假设目标是求目标函数的最大值,按下述条件接受或拒绝该候选解作为下一个试解。

若 $Z_n \geq Z_c$,始终接受该候选解。

若 $Z_n < Z_c$,按照下述概率接受该候选解。

概率{接受} = e^x,其中

$$x = \frac{Z_n - Z_c}{T}$$

若目标是求极小值,将上述公式中 Z_n 与 Z_c 的位置颠倒。若拒绝该候选解,随机选择当前试解一个新近邻,重复该过程(如果不存近邻,则终止该算法)。

因此,如果当前候选解优于当前试解,则接受该候选解作为下一个试解。若不如当前试解,则接受的概率取决于候选解不如当前试解的程度(以及 T 值的大小)而定。表14.4所列为这些概率值抽样,取样范围覆盖广泛,从当前候选解仅次于当前试解(相对于 T 值)的高概率到当前候选解比当前试解差很多时的极低概率。换言之,移动选择规则通常接受稍下降的移动,很少接受急剧下降的移动。若开始时 T 值相对较大(与模拟退火中一样),则接受的概率相对较大,从而使搜索几乎随机向任何方向进行。随着搜索的继续,逐渐降低 T 值(与模拟退火算法一样),接受概率也逐渐下降,从而使主要注意力集中于向上攀爬。因此,随着时间推移,T 值的选择影响着搜索过程中允许向下移动的随机程度。

表14.4 求最大值时,移动选择规则接受向下移动的部分样本概率

$x = \frac{Z_n - Z_c}{T}$	概率{接受} = e^x
-0.01	0.990
-0.1	0.905
-0.25	0.779
-0.5	0.607
-1	0.368
-2	0.135
-3	0.050
-4	0.018
-5	0.007

该随机分量基本禁忌搜索中不存在,它提供了更大的灵活性,可向可行域的另一部分移动,以便找到更高的山峰。

通过移动选择规则确定是否接受某一特定向下移动的常用方式是比较 0 和 1 之间的随机数与接受概率。该随机数可视为 0 和 1 之间均匀分布的随机观测值（本章引用的所有随机数均为此类随机数）。产生随机数的方法有多种（具体方法在 20.3 节介绍）。例如，Excel 函数 RAND( ) 根据请求可产生此类随机数（"习题"的开头部分也介绍了如何使用表 20.3 给出的随机数获得部分习题中所需的随机数）。随机数产生之后，按下文所述使用这些随机数确定是否接受向下移动：

若随机数<概率｛接受｝，则接受向下移动；否则，则拒绝向下移动。

模拟退火为什么采用移动选择规则确定的专用概率｛接受｝公式？原因是模拟退火类似于物理退火过程。物理退火过程最初用高温融化铁或玻璃，然后慢慢冷却，直至达到低能量稳定状态，并获得所期望的物理性质。这一过程中任何给定温度 T，物质中原子能量级会有波动，但总体呈下降趋势。有关能量级波动的数学模型中，假定能量级会随机发生变化，但可接受的情况是个别能量级出现上升。当温度为 T 时，接受能量级上升的概率与模拟退火中移动选择规则的概率｛接受｝形式尤其相同。

与求极小值的最优化问题类似之处是：系统当前状态下，物质能量级相当于最优化问题当前可行解的目标函数值。使物质达到稳定状态，能量级尽可能低的目标相当于用尽量小的目标函数值求可行解。

与物理退火过程一样，设计模拟退火算法求解最优化问题的一个关键是选用适当的温度计划表（为模仿物理退火，现将模拟退火算法中的 T 表示温度）。该计划表需规定一个初始的相对较大的 T 值，后续值逐渐变小。此外，该计划还需规定每个 T 值应进行多少次移动（迭代）。为所关注问题选择合适的参数是决定算法效率的关键，可进行一些初步实验以指导算法参数的选择。我们稍后将指定一个特定的温度计划表，该计划表对于本节所研究的两个示例似乎均适用，但也可以采用更多其他方法。

现在以此为背景，概要介绍基本模拟退火算法。

14.3.2　基本模拟退火算法概要

初始化：从一个可行初始试解开始。

迭代：根据移动选择规则选择下一个试解（若当前试解的近邻均不可接受，则算法终止）。

核查温度计划表：在当前 T 值条件下进行了所需次数的迭代后，将 T 值降低至温度计划表中的下一个 T 值，然后恢复迭代。

停止规则：在温度计划表中最低 T 值进行所需次数的迭代后（或当前试解的近邻均不可接受时），停止搜索。接受迭代中发现的最佳试解（包括 T 值较高时）作为最终解。

将该算法运用于解决特定问题时，需确定大量详细信息，使其适合于问题的结构。

（1）应如何选择初始试解？

（2）确定那些解是当前试解的近邻（迭代一次即可得出的解）的邻域结构是什么？

（3）移动选择规则中应采用何种策略随机选择当前试解的一个近邻作为当前候选解，用作下一个试解？

（4）什么是恰当的温度计划表？

下面通过将模拟退火算法应用于下述两个示例，以介绍几种求解这些问题的可行方法。

14.3.3　旅行商问题示例

现在再次回到 14.1 节所述及图 14.4 所示的旅行商问题。

《运筹学导论》教程中通用启发式算法部分包括将基本模拟退火算法应用于此类简单旅行商问题的程序,这一程序用下列方式回答上述 4 个问题。

(1) 初始试解。可以输入任何一个试解(旅程中城市的访问次序),也可随机产生一个序列,但输入一个看似比较好的可行解大有益处。对于该示例而言,可行解 1-2-3-4-5-6-7-1 就是一个合理选择。

(2) 邻域结构。当前试解的近邻是指通过 14.1 节所述及图 14.5 所示的子游逆转即可得出的解(但不包括仅逆转当前试解所提供旅程方向的子游逆转)。

(3) 随机选择近邻。选择一个逆转子游,要求在当前城市访问次序中选择一个位置作为当前子游的起点,然后再选择一个位置作为当前子游的终点。起点和终点可选择除第一个位置和最后一个位置(作为家乡城市保留)及倒数第二个位置之外的任何地方。终点必须在起点之后,最后一个位置除外(从第二个位置开始或在倒数第二个位置结束都须排除,因为这仅仅是逆转了整个行程的方向)。下面我们将进行简短说明,使用随机数,确保选择任何符合条件的起点位置和选择任何符合条件的终点位置的概率相同。如果经证明,起点和终点位置的选择不可行(由于完成子游逆转所需的线路不存在),则重复该过程,直至得到可行选择为止。

(4) 温度计划表:对 5 个 T 值(T_1、T_2、T_3、T_4 及 T_5),分别依次进行 5 次迭代,其中

$T_1 = 0.2Z_c$,其中 Z_c 为初始试解的目标函数值

$T_2 = 0.5T_1$

$T_3 = 0.5T_2$

$T_4 = 0.5T_3$

$T_5 = 0.5T_4$

该温度计划表仅用以说明可以采用哪些温度值。由于 T_1 应大于 $|Z_n - Z_c|$ 的标准值,$T_1 = 0.2Z_c$ 是合理选择,有助于在可行域内进行接近随机的搜索,以确定重点搜索的区域。然而,当 T 值降至 T_5 时,几乎不会再接受任何非改进性移动,因此,此时的重点是改进目标函数值。

在处理更复杂的问题时,每个 T 值可能进行 5 次以上迭代。此外,T 值下降可能比上述温度计划表更慢。

现在讲解如何随机选择近邻。假设示例中初始解为 1-2-3-4-5-6-7-1。

初始解:1-2-3-4-5-6-7-1　$Z_c = 69$　$T_1 = 0.2Z_c = 13.8$。

待逆转子游可以从第 2 个(现指定城市 2)及第 6 个位置(现指定城市 6)之间的任何位置开始。使下述 0~1 的随机数值与下述位置相对应,确保这 5 个位置的概率相同。

0.0000~0.1999:　子游起点为位置 2。

0.2000~0.3999:　子游起点为位置 3。

0.4000~0.5999:　子游起点为位置 4。

0.6000~0.7999:　子游起点为位置 5。

0.8000~0.9999:　子游起点为位置 6。

假设生成的随机数恰巧是 0.2779。

0.2779:选择起点为位置 3 的子游。

待逆转子游从位置 3 开始,需在位置 4 和位置 7 之间的某个位置结束。采用以下与随机数之间的对应关系,确保 4 个位置的概率相同。

0.0000~0.2499:　子游终点为位置 4。

0.2500~0.4999:　子游终点为位置 5。

0.5000~0.7499:　子游终点为位置 6。

0.7500~0.9999：子回路终点为位置7。

假设生成的随机数为0.0461。

0.0461：选择位置4作为子游的终点。

由于位置3和位置4指定为城市3和城市4，是旅程中的第3和第4个城市，逆转子游城市3-4：

逆转3-4(图14.5)：1-2-4-3-5-6-7-1　$Z_n = 65$

当前(初始)试解的近邻成为下一个试解的当前候选解。由于

$$Z_n = 65 < Z_c = 69$$

所以该候选解优于当前试解(切记，此处目标是使旅程距离最小)，因此，可自动接受将这一候选解作为下一试解。

很幸运，我们刚好选择了该子游逆转，通过它得出了一个可行解。然而，此类旅行商问题中，因为某两个城市之间并没有一条线路直接相连，所以这种情况不会总发生。例如，若随机数要求逆转2-3-4-5，得到1-5-4-3-2-6-7-1，如图14.4所示，这是一个不可行解，因为城市1和城市5、城市2和城市6之间没有线路。发生这种情况时，需要计算出另一对新的随机数，直至得出可行解(可以构建一个更为复杂的程序，专为相关线路计算随机数)。

为了证明将当前候选解作为下一个试解时，候选解次于当前试解，我们假设第2次迭代得出的结果是逆转3-5-6的次序(图14.6)，得到1-2-4-6-5-3-7-1，总距离为64。然后假设第3次迭代从逆转3-7开始(图14.9)，得到1-2-4-6-5-7-3-1(总距离为66)，作为下一个试解的当前候选解。由于1-2-4-6-5-3-7-1(总距离为64)是迭代3的当前试解，得出

$$Z_c = 64, \ Z_n = 66, \ T_1 = 13.8$$

因此，由于目标是求极小值，接受1-2-4-6-5-7-3-1为下一个试解的概率为

$$概率\{接受\} = e^{(Z_c - Z_n)/T_1} = e^{-2/13.8} = 0.865$$

若得出下一个随机数小于0.865，接受该候选解作为下一个试解；否则，拒绝作为下一个试解。

表14.5所列为按照《运筹学导论》教程将完整的模拟退火算法运用于该问题的结果。注意：迭代14和迭代16都得到了最佳试解1-3-5-7-6-4-2-1(这和旅程1-2-4-6-7-5-3-1恰巧都是最优解，仅仅是方向相反)，因此，将该解作为最终解。当你亲自使用该软件求解上述问题时，或许会有更多有趣的发现。由于该算法固有的随机性，所得试解的次序每次都会不同。由于这一特性，人们有时会对相同问题多次运用模拟退火算法，以提高获得最优解的可能性(习题14.3-2要求针对该相同示例进行该项操作)。初始试解每次也可能发生变化，这样有助于更深入探索整个可行域。

表14.5　《运筹学导论》教程中的模拟退火算法在旅行商问题示例中的应用

迭代	温度	所得试解	距离
0		1-2-3-4-5-6-7-1	69
1	13.8	1-3-2-4-5-6-7-1	68
2	13.8	1-2-3-4-5-6-7-1	69
3	13.8	1-3-2-4-5-6-7-1	68
4	13.8	1-3-2-4-6-5-7-1	65
5	13.8	1-2-3-4-6-5-7-1	66
6	6.9	1-2-3-4-5-6-7-1	69
7	6.9	1-3-2-4-5-6-7-1	68

(续)

迭代	温度	所得试解	距离
8	6.9	1-2-3-4-5-6-7-1	69
9	6.9	1-2-3-5-4-6-7-1	65
10	6.9	1-2-3-4-5-6-7-1	69
11	3.45	1-2-3-4-6-5-7-1	66
12	3.45	1-3-2-4-6-5-7-1	65
13	3.45	1-3-7-5-6-4-2-1	66
14	3.45	1-3-5-7-6-4-2-1	63←极小值
15	3.45	1-3-7-5-6-4-2-1	66
16	1.725	1-3-5-7-6-4-2-1	63←极小值
17	1.725	1-3-7-5-6-4-2-1	66
18	1.725	1-3-2-4-6-5-7-1	65
19	1.725	1-2-3-4-6-5-7-1	66
20	1.725	1-3-2-4-6-5-7-1	65
21	0.8625	1-3-7-5-6-4-2-1	66
22	0.8625	1-3-2-4-6-5-7-1	65
23	0.8625	1-2-3-4-6-5-7-1	66
24	0.8625	1-3-2-4-6-5-7-1	65
25	0.8625	1-3-7-5-6-4-2-1	66

本书网站"解决实例"部分列举了另一个示例,通过该示例可以了解如何使用随机数进行基本模拟退火算法迭代,求解旅行商问题。

继续下一个示例之前,我们暂停一下,简单介绍一下成功结合禁忌搜索高级特性与模拟退火算法的几种方法。其中一种方法就是将禁忌搜索算法的策略交替运用特征应用于模拟退火的温度计划表。通过策略交替运用使温度比平时下降速度更快,然后,在发现最佳解的各级进行策略性的来回移动温度,从而调整温度计划表。另一种方法是将禁忌搜索的候选解列表策略运用于模拟退火的移动选择规则。其思路是浏览多个邻解,看是否可在运用随机规则确定接受或拒绝当前候选解为下一个试解之前,找到一个改进性移动。此类变化有时会带来巨大的改进。

将禁忌搜索的特征用于模拟退火的思路表明,结合不同通用启发式算法思路的混合算法有时比完全基于单一通用启发式算法的算法效果更佳。本章分别介绍了3种常用的通用启发式算法,当然,经验丰富的学者,可根据实际情况,对这些及其他通用启发式算法思路进行挑选,设计自己的启发式方法。

14.3.4 非线性规划示例

现在重新回到14.1节所述的简单的线性规划问题(仅有一个变量)。该问题为
Max $f(x) = 12x^5 - 975x^4 + 28000x^3 - 345000x^2 + 1800000x$
s. t.
$0 \leq x \leq 31$

图14.1中所示函数$f(x)$图形显示,在$x=5$、$x=20$及$x=31$时有局部最优解,但只有$x=20$时是全局最优解。

《运筹学导论》教程中的通用启发式算法部分包含将模拟退火算法运用于该类简单的非线性规划问题的程序:

$$\text{Max } f(x_1, x_2, \cdots x_n)$$
s. t.
$$L_j \leq x_j \leq U_j (j=1,2,\cdots,n)$$

式中:$n=1$ 或 2,且 L_j 和 U_j 为表示 x_j 边界的常数($0 \leq L_j < U_j \leq 63$)(各个变量边界宜相对紧密,有助于提高模拟退火算法以及下节将要介绍的遗传算法的效率)。当 $n=2$ 时,变量 $x=(x_1, x_2, \cdots x_n)$ 可能有一个或两个线性函数约束。该例中,有

$n=1, L_1=0, U_1=31$

无线性函数约束。

如下文所述,《运筹学导论》教程中该程序设计了用模拟退火算法求解此类非线性规划问题的详细内容。

(1) 初始试解。可以输入任意可行解,但宜输入一个看似较好的可行解。如果无法判断较好可行解的可能位置,比较合理的做法是将每一个变量 x_j 设为下限 L_j 和上限 U_j 之间的中间值,从可行域中间位置开始搜索(因此,该例中选择 $x=15.5$ 为初始试解是合理的)。

(2) 邻域结构。任何可行解都可以视为当前试解的一个近邻,但下述选择一个近邻作为下一个试解的当前候选解的方法优先考虑离当前试解相当近的可行解,同时,允许向可行域的其他部分移动,继续搜索。

(3) 近邻的随机选择。设

$$\sigma_j = \frac{U_j - L_j}{6}, j=1,2,\cdots,n$$

然后,给定当前试解 $(x_1, x_2, \cdots x_n)$,设

$$x_j = x_j + N(0, \sigma_j), j=1,2,\cdots,n$$

式中:$N(0, \sigma_j)$ 为正态分布的随机观测值,平均值为零,标准偏差为 σ_j。如果据此无法得出可行解,则根据需要多次重复该过程(从当前试解重新开始),得出可行解。

(4) 温度计划表。对于旅行商问题,依次对 5 个 T 值 (T_1, T_2, T_3, T_4, T_5) 进行 5 次迭代,其中

$T_1 = 0.2 Z_c$

$T_2 = 0.5 T_1$

$T_3 = 0.5 T_2$

$T_4 = 0.5 T_3$

$T_5 = 0.5 T_4$

选择近邻时设 $\sigma_j = (U_j - L_j)/6$ 的原因是:变量 x_j 取 L_j 与 U_j 的中间值时,变量的任何新可行值都在当前值的 3 个标准偏差范围内。因此,新值向其中一个边界作相当大的移动概率很大,但也存在极大可能新值更靠近当前值。从正态分布产生随机观测值 $N(0, \sigma_j)$ 的方法有很多种(将在 20.4 节简要介绍)。例如,利用 Excel 函数 NORMINV(RAND(),0,σ_j) 就能产生随机观测值。作为课外作业,这是产生所需随机观测值的直观方式,得出一个随机数 r,用正态表得出 $N(0, \sigma_j)$ 值,使 X 为正态随机变量,平均值为 0,标准偏差为 σ_j 时,$P\{X \leq N(0, \sigma_j)\} = r$。

为说明如何将以这种方式设计的算法运用于该示例中,首先以 $x=15.5$ 作为初始试解。因而,有

$$Z_c = f(15.5) = 3741121, T_1 = 0.2 Z_c = 748224$$

由于

$$\sigma = \frac{U-L}{6} = \frac{31-0}{6} = 5.167$$

下一步是从平均值为 0 以此为标准偏差的正态分布中得出随机观测值 $N(0,5.167)$。为此,首先得到一个随机数,该随机数恰好是 0.0735。然后回到正态表,$P\{标准正态 \leq -1.45\} = 0.0735$,故 $N(0,5.167) = -1.45(5.167) = -7.5$。设

$$x = 15.5 + N(0,5.167) = 15.5 - 7.5 = 8$$

从而得出当前候选解为下一个试解。所以,有

$$Z_n = f(x) = 3055616$$

由于

$$\frac{Z_n - Z_c}{T} = \frac{3055616 - 341121}{748224} = -0.916$$

接受 $x = 8$ 作为下一个试解的概率为

$$概率\{接受\} = e^{-0916} = 0.400$$

因此,只有当 0~1 对应随机数恰巧小于 0.400 时,才能接受 $x = 8$ 为下一个试解。因而,$x = 8$ 很有可能被拒绝作为下一个试解(稍后,当 T 值小很多时进行的迭代中,$x = 8$ 几乎肯定被拒绝)。如图 14.1 所示,应重点搜索 $x = 10$ 和 $x = 30$ 之间的可行域部分,开始攀爬最高峰。

表 14.6 列出了根据《运筹学导论》教程将完整的模拟退火算法运用于该非线性规划问题所得结果。注意:在前期迭代中获得的试解广泛分布于可行域范围内,随着 T 值不断变小,后面的迭代中,试解开始不断向最高峰更稳定前进。因此,在 25 次迭代中,直至第 21 次迭代时才得出最佳试解 $x = 20.031$(最优解为 $x = 20$)。

可将该软件运用于求解同一问题,看随机数次序和正态分布随机观测值会产生什么结果,你会发现是件非常有趣(习题 14.3-6 要求多次重复这一过程)。

表 14.6 《运筹学导论》教程中模拟退火算法在非线性规划示例中的应用

迭代	温度	得出的试解	$f(x)$
0		$x = 15.5$	3741121.0
1	748224	$x = 17.557$	4167533.956
2	748224	$x = 14.832$	3590466.203
3	748224	$x = 17.681$	4188641.364
4	748224	$x = 16.662$	3995966.078
5	748224	$x = 18.444$	4299788.258
6	374112	$x = 19.445$	4386985.033
7	374112	$x = 21.437$	4302136.329
8	374112	$x = 18.642$	4322687.873
9	374112	$x = 22.432$	4113901.493
10	374112	$x = 21.081$	4345233.403
11	187056	$x = 20.383$	4393306.255
12	187056	$x = 21.216$	4330358.125
13	187056	$x = 21.354$	4313392.276
14	187056	$x = 20.795$	4370624.01
15	187056	$x = 18.895$	4348060.727
16	93528	$x = 21.714$	4259787.734
17	93528	$x = 19.463$	4387360.1
18	93528	$x = 20.389$	4393076.988
19	93528	$x = 19.83$	4398710.575

(续)

迭代	温度	得出的试解	$f(x)$
20	93528	$x=20.68$	4378591.085
21	46764	$x=20.031$	4399955.913←极大值
22	46764	$x=20.184$	4398462.299
23	46764	$x=19.9$	4399551.462
24	46764	$x=19.677$	4395385.618
25	46764	$x=19.377$	4383048.039

14.4 遗传算法

遗传算法是第3种通用启发式算法,与前2种通用启发式算法截然不同。这种算法在探索可行域的不同部分,然后,逐步搜索最佳可行解方面颇为有效。

首先,介绍这类通用启发式算法的基本概念,然后,将基本遗传算法运用于上文所举例的同一非线性规划示例,但附加变量仅限整数值约束条件。之后,将该算法运用于贯穿前面几节的旅行商问题。

14.4.1 基本概念

与模拟退火类模拟自然现象(物理退火过程)一样,遗传算法也受到另一种自然现象的极大影响。遗传算法类似于查尔斯·达尔文于19世纪中叶提出的生物进化论,每种动植物都存在极大的个体差异。达尔文发现,这些存在差异的个体通过提高环境适应能力获取生存优势,并最大可能地传给下一代。因此,这种现象被称为适者生存。

应用案例

英特尔公司是世界上最大的半导体芯片制造商。公司拥有员工80000余名,年收入超过530亿美元,生产5000多种产品,销往各类市场。

公司产品种类繁多,保持长盛不衰的一个法宝便是公司拥有一个高效系统,可持续更新公司产品线的设计与调度。公司仅需在恰当的时机将具有正确功能的产品以合理的价格投入市场即可实现收入最大化。为此,公司进行了一项重大的运筹学研究,以优化这一过程。结果模型综合了市场需求、金融状况、工程设计能力、生产成本及多种动态。然后,将该模型集成到一个决策支持系统中,很快为英特尔公司不同部门数百名员工所采用。

该方法还结合使用启发式算法与数学最优化技术,以优化产品结构。使用该算法及相关数据库形成了一个新的业务流程,使英特尔各部门共同专注于实现全球利润最大化。

由于成功运用了以遗传算法为中心的运筹学,英特尔公司运筹学专家赢得了2011年度DanielH. Wagner运筹学卓越实践奖。

来源:Rash, E., and K. Kempf, "Product Line Design and Scheduling at Intel," Interfaces, 42(5): 425-436, September-October 2012. (我们的网址提供了本文链接:www.mhhe.com/hillier。)

现代遗传学领域进一步阐述物竞天择、适者生存的这一过程。对于任何一个有性繁殖物种来说,其每一个子代都会遗传双亲的部分染色体,染色体中的基因决定了子代的个体特征。遗传了双亲优良特征的子代则更有可能存活下来,直到成年,然后再繁衍后代,将其部分特征遗传给下一代。久而久之,种群数量通过该过程会逐步增长,影响该过程的另一因素是染色体DNA突变,DNA突变是随机的,且概率较低。偶尔会发生突变,改变父代遗传给子代的染色体特征。虽然大部分突变不会产生影响或产生不利影响,但部分变异产生良好改进,发生良好改进变异的子代存活的几率更大,并进一步优化了该物种未来的基因库。

上述概念自然能转化为最优化问题的处理方式。一个特定问题的可行解相当于一个特定种群的成员,其中,每个成员的适应度用目标函数值来衡量。不再是每次仅处理一个试解(如禁忌搜索及模拟退火基本方式),现在,我们处理的是整个群体的试解。[①] 对于遗传算法的每一次迭代(每一代),当前群体是由当前研究的一系列试解组成的。这些试解被视为该群体中现有成员。该群体中部分最年轻的成员(包括适应度最强的成员)存活到成年,成为父代(随机配对),然后,他们又繁衍子代(新试解),这些子代遗传了父代的部分特征(基因)。由于群体中适应度最强的成员比其他成员更有可能成为父代,遗传算法会随着过程的不断推进得到试解的改进群体。偶尔会发生突变,所以某些子代可能获得其父代任何一方均不具备的特征(有时是更好的特征)。这有助于遗传算法探索一个新的可行域或优于此前考虑的可行域的其他部分。最终,由于适者生存,遗传算法会得出一个试解(所研究的最佳解),至少,该试解近似于最优解。

虽然以生物进化过程进行类比,确定了遗传算法的核心内容,但不必严格拘泥于该类似的每个细枝末节。例如,部分遗传算法(包括下文所述遗传算法)允许同一个试解重复作为多代父代(重复用于多次迭代中),因此,该类比仅需一个起点,以确定算法的详细信息,更好地解决当前研究的问题。

下文概述运用于上述两个示例的遗传算法。

14.4.2 基本遗传算法概述

初始化:从可行试解的初始群体开始,可以随机生成。评估当前群体每个成员的适应度(目标函数值)。

迭代:采用一个随机过程,该过程偏向于当前群体适应度较强的成员,选择其中的部分成员(偶数)作为父代。对父代进行随机配对,让每对父代都分娩两个子代(新的可行试解),子代的特征(基因)是其父代特征的随机混合,偶然发生突变的情况除外(任何时候特征的随机混合及突变产生不可行解时,即为一次流产,因此,重复进行分娩子代的过程,直至产生一个对应于可行解的子代)。保留这些子代并保留足够的当前群体最佳成员,以便形成一个同样规模的新群体进行下一次迭代(丢弃当前群体的其他成员)。评估新群体中各新成员(子代)的适应度。

停止规则:采用某种停止规则,如固定迭代次数、固定 CPU 时间或固定最佳试解中未发现任何改进的连续迭代的次数,并将迭代中发现的最佳试解作为最终解。

在运用此算法之前,首先要回答下列问题。

(1) 群体规模多大?
(2) 如何选择当前群体中作为父代的成员?
(3) 子代应如何继承父代的特征?
(4) 应如何将某些突变融入子代的特征中?
(5) 应采用哪种停止规则?

上述问题的答案很大程度上取决于待解特定问题的结构。《运筹学导论》教程中通用启发式算法部分有两种版本的遗传算法:一种用于非常小的整数非线性规划问题,如下文示例;另一种用于简单的旅行商问题。两种版本对部分问题的回答方式相同,论述如下。

(1) **群体规模**:10(对于该软件所针对的简单问题,这一规模是合理的,但对于复杂问题,群

[①] 禁忌搜索的其中一个强化策略也保持最佳解群体。该群体用于创建各成员之间的连接线路,然后,沿着这些线路重新搜索。

体规模通常更大)。

(2) 父代选择。从群体中适应度最强的 5 个成员中(根据目标函数值确定),随机选择 4 个作为父代。从适应度最差的 5 个成员中随机选择 2 个作为父代。随机配对 6 位父代,形成 3 对配偶。

(3) 父代特征(基因)遗传给子代。这一过程很大程度上必须视具体问题而定,所以该软件中两种版本的遗传算法也存在很大差别,见下述两个示例。

(4) 突变率。该软件中,子代的一个遗传特征突变为相反特征的概率设定为 0.1(这一突变率比复杂问题所采用的概率小很多)。

(5) 停止规则。进行 5 次连续迭代后仍未在最佳试解中发现任何改进时,则停止迭代。

现在将该算法用于两个示例。

14.4.3 非线性规划示例的完整版本

再次回到 14.1 节(图 14.1)所介绍的简单非线性规划问题,该问题在前一节的末尾已通过模拟退火算法进行了求解。现在增加附加约束条件:该问题的唯一变量 x 必须为整数值。由于该问题已有一个约束条件 $0 \leq x \leq 31$,这表示该问题有 32 个可行解:$x = 0, 1, 2, \cdots, 31$(对于遗传算法而言,设定该类边界非常重要,因为它将搜索空间缩小到相关区域)。因此,现在要解决的是一个整数非线性规划问题。运用遗传算法时,通常采用二进制数字字符串代表问题的解,这些解的编码对于遗传算法的各个步骤(包括父代生成子代的过程)非常便捷。对于特定问题来说,该编码方式非常简单,因为仅须将 x 的每一个值以二进制表示即可。由于 31 是 x 的最大可行值,任一可行值仅有 5 个二进制数字。5 位二进制数字全部包括在内,即使前导数位为 0 也是如此,例如:

$x = 3$ 二进制数字为   00011
$x = 10$ 二进制数字为   01010
$x = 25$ 二进制数字为   11001

5 个二进制数字中,每一个数字均表示解的一个基因,其中二进制数字的两个可能值表示两个可能特征中基因中遗传了哪一个特征,构成整体基因。当两位父代具有同一特征时,这一特征将遗传给子代(发生突变的情况除外。)但如果两位父代的同一基因具有截然不同的特征时,子代会遗传哪一个特征则是随机的。

例如,假设两位父代分别为

父代 1:00011
父代 2:01010

由于第 1 位、第 3 位及第 4 位数字一致,子代会自动变成以下情况(发生突变的情况除外):

子代 1:0x01x
子代 2:0x01x

其中,x 表示该数为未知。用随机数识别这些未知的数位,其中存在如下自然对应关系:

0.0000~0.4999   对应数字为 0
0.5000~0.9999   对应数字为 1

例如,假设后面产生的四位随机数分别为 0.7265、0.5190、0.0402 及 0.3639,那么,第一个子代的两位未知数均为 1,第二个子代的两个未知数均为 0。因此,子代为如下所示(发生突变的情况除外):

子代 1:01011
子代 2:00010

这种父代产生子代的方法称为均匀交叉。这可能是已提出的多种替代方法中最为直观的一种。

现在,考虑发生突变的可能性,突变会影响子代的基因组成。

由于该算法中,任何基因突变的概率(将二进制数字翻转为相对的值)已设为 0.1,可以令随机数为

0.0000~0.0999　对应突变

0.1000~0.9999　对应无突变

例如,假设接下来产生 10 个随机数中,仅第 8 个数小于 0.1000。这表明第一个子代不会发生突变,但第 2 个子代的第 3 个基因(数位)的值发生翻转。因此,最终结论是两个子代:

子代 1:01011

子代 2:00110

转换为十进制数后,两个父代对应的解分别 $x=3$ 与 $x=10$,而它们的子代对应的解(发生突变的情况除外)分别为 $x=11$ 和 $x=2$。但由于发生突变,子代分别变为 $x=11$ 和 $x=6$。

该特定示例中,满足 $0 \leq x \leq 31$(十进制)约束条件 x 的任何整数值均为可行解,所以,每个 5 位数的二进制数也是一个可行解。因此,上述生成子代的过程绝不会导致流产(得出不可行解)。但如果假设 x 的上限为 $x \leq 25$,则偶尔会发生流产。任何时候发生流产时,放弃该解,并重复生成子代的整个过程,直至得出可行解。

该示例中仅包含一个变量。对于有多个变量的非线性规划问题,群体中的每一个成员都将使用二进制表示每一个变量的值。上述父代生成子代的过程与一次仅有一个变量的操作方法相同。

表 14.7 显示了从初始化步骤(表中的(a)部分)到迭代 1(表中的(b)部分)的完整算法在本例中的应用。初始化步骤中,通过生成 5 个随机数,并利用前面给出的随机数与二进制数的对应关系依次获得 5 个二进制数,从而生成初始群体中的每一个成员。然后将相应的十进制 x 值代入 14.1 节开头部分给出的目标函数中,评估该成员在群体中的适应度。

表 14.7　遗传算法在(a)初始步骤和(b)迭代 1 的整个非线性规划示例中的运用

	成员	初始群体	x 值	适应度
(a)	1	01111	15	3628125
	2	00100	4	3234688
	3	01000	8	3055616
	4	10111	23	3962091
	5	01010	10	2950000
	6	01001	9	2978613
	7	00101	5	3303125
	8	10010	18	4239216
	9	11110	30	1350000
	10	10101	21	4353187

	成员	父代	子代	x 值	适应度
(b)	10	10101	00101	5	3303125
	2	00100	10001	17	4064259
	8	10010	10011	19	4357164
	4	10111	10100	20	4400000
	1	01111	01011	11	2980637
	6	01001	01111	15	3628125

初始群体中适应度最高的 5 个成员(按顺序排列)分别为 10、8、4、1 和 7。从中随机选择 4 个成员作为父代时,用一个随机数选择被拒绝的成员,其中 0.0000～0.1999 对应于拒绝列表中的第一个成员(成员 10),0.2000～0.3999 对应第二个成员被拒绝的成员,以此类推。本例中随机数为 0.9665,所以,列表的第 5 个成员(成员 7)不能成为父代。

初始群体中适应度最差的 5 个成员中(成员 2、1、6、5 和 9),用随机数选择哪两个成员成为父代。该示例中,随机数为 0.5634 和 0.1270。对于第一个随机数,0.0000～0.1999 对应于选择列出的第一位成员(成员 2),0.2000～0.3999 对应于选择第二位成员,以此类推,因此,该示例中,选择的是列表中的第三个成员(成员 6)。由于现在仅从 4 个成员(成员 2、1、5 和 9)中选出最后一个父代,第二个随机数的相应区间为 0.0000～0.2499、0.2500～0.4999、0.5000～0.7499 和 0.7500～0.9999。

0.7500～0.9999,由于 0.1270 位于第一个区间,表中剩余成员中,第一个成员(成员 2)选作父代。

下一步是对 6 个父代:成员 10、8、4、1、6 和 2 进行配对。首先利用一个随机数确定表中第一个成员的配偶(成员 10)。随机数 0.8204 表示它应与所列其他 5 个父代中的第五个成员(成员 2)配对。为列表中下一成员(成员 8)配对时,下一个随机数为 0.0198,位于 0.0000～0.3333 区间内,因此,所列其他 3 个父代中的第一个成员(成员 4)选为成员 8 的配对。这时,只剩两个父代(成员 1 和 6),它们成为最后一对。

表 14.7(b)部分所列为上述父代通过本节前述过程繁衍的子代。注意:第二个子代的第三个基因和第四个子代的第四个基因发生了突变。总体来说,6 个子代的适应度都相对较高。实际上,结果证明,每一对父代的两个子代都比两个父代中的任何一个的适应度都强。这种情况并非始终如此,但相当普遍。以第二对父代为例,两个子代恰好都比两个父代的适应度强。偶尔也会有两个子代(($x=19$ 与 $x=20$)的实际适应度优于表中(a)部分所列的前面群体中的任何一个成员。为下一次迭代形成新的群体,需要将 6 个子代及前面群体中适应度最强的 4 个成员(成员 10、8、4 和 1)全部保留。

后续迭代也以相同的方式进行。从 14.1 节(图 14.1)的探讨中得知,$x=20$(迭代 1 产生的最佳试解)实际上是该示例的最优解,接下来的迭代不会再产生任何改进。因此,根据停止规则,再进行 5 次迭代后,将终止遗传算法,那么,$x=20$ 为最终解。

《运筹学导论》教程中介绍了将该遗传算法运用于其他简单的整数非线性规划问题的程序(形式及规模约束条件与 14.3 节所述非线性规划问题的形式及规模约束条件相同)。

将《运筹学导论》教程中的这一程序运用于同一示例时,你也许会发现,由于遗传算法固有的随机性,每次使用该算法时,得出的中间结果截然不同(习题 14.4-3 要求在这一示例多次应用该算法)。

虽然这是一个离散的例子,但遗传算法也可用于连续问题,如无整数约束的非线性规划问题。这种情况下,连续变量的值将表示为(或近似于)二进制小数。例如,$x=23\frac{5}{8}$ 用二进制表示为 10111.10100,$x=23.66$ 用二进制表示则近似于 10111.10101。小数点两侧的所有二进制数字可以按前文所述进行处理,令父代繁衍子代,以此类推。

14.4.4 旅行商问题示例

14.2 节和 14.3 节介绍了如何将禁忌搜索算法及模拟退火算法运用于 14.1 节(图 14.4)所述的旅行商问题。现在讨论如何将遗传算法运用于同一示例。

该示例中,我们不再使用二进制数字,而是以自然方式将各个解(旅程)表示为城市访问次序。例如,14.1 节所述第一个解是按下述次序访问各个城市:1-2-3-4-5-6-7-1,其中,城市 1 是旅程开始和结束的家乡城市。然而,应指出的是,用于旅行商问题的遗传算法通常使用其他方法对解进行编码。通常来说,巧妙地表示解的方法(通常使用二进制字符串来表示)可以使以自然方式繁衍子代、产生突变、确保可行性等更为简单。制定一个合适的编码方案是各种应用中制定有效遗传算法的关键。

某种意义上说,该示例的复杂之处在于它过于简单。由于图 14.4 所示的各对城市之间的线路是有限的,如果将前面所说的相反方向的旅程排除在外,则该问题仅 10 个不同可行解。因此,不可能有具备 10 个不同试解的初始群体,使得出的 6 个父代繁衍出与初始群体中的成员(包括父代)不同的子代。

所幸的是,当一个群体中或两个连续群体中的试解有少量重复时,遗传算法依然可行。例如,即使配偶中的两个父代完全相同,子代仍有可能因发生变异而与父代不同。

《运筹学导论》教程中,针对旅行商问题的遗传算法并未采取任何措施避免所研究的试解出现重复。初始群体中 10 个试解中的每一个试解均按下列过程依次得出。从家乡城市出发,利用随机数从与家乡城市有线路连接的城市中(图 14.4 中的城市 2、3 和 7)选择下一个城市。然后使用随机数从与第二个城市有线路连接的剩余城市中选择第三个城市。持续该过程,直至所有城市(包括从最后一个城市返回家乡城市)都在旅程中出现一次,或者直到因当前城市到仍需访问的剩余城市中的任何一个城市之间没有线路而出现死路。后一种情况下,整个生成试解的过程是从新随机数开始的。

此外,随机数还用于使一对父代繁衍子代。为了说明该过程,以下面这对父代为例:

父代 1:   1-2-3-4-5-6-7-1
父代 2:   1-2-4-6-5-7-3-1

在介绍父代繁衍子代的过程中,同时也对结果进行了总结(表 14.8)。

表 14.8 旅行商问题示例中繁衍子代的过程说明

父代 P1:	1-2-3-4-5-6-7-1		
父代 P2:	1-2-4-6-5-7-3-1		
线路	选择方案	随机选择	旅程
1	1-2,1-7,1-2,1-3	1-2	1-2
2	2-3,2-4	2-4	1-2-4
3	4-3,4-5,4-6	4-3	1-2-4-3
4	3-5*,3-7	3-5*	1-2-4-3-5
5	5-6,5-6,5-7	5-6	1-2-4-3-5-6
6	6-7	6-7	1-2-4-3-5-6-7
7	7-1	7-1	1-2-4-3-5-6-7-1

注:子游逆转线路

在忽略突变可能性的情况下,如何繁衍子代的主要思路介绍如下。

继承线路:基因相当于旅程中的线路。因此,每个子代继承的每条线路(每个基因)均应来自父代中的任一方(或双方)(后文将介绍的另一种可能性是父代一方也可遗传一个子游逆转)。这些遗传下来的线路是随机选择的,每次选择一条线路,直至形成一条完整的旅程(子代)。

从上述父代开始执行这一程序,由于每个旅程都必须从城市 1 出发,所以子代的初始线路必须是父代的一条连接城市 1 与另一个城市的线路。对于父代 1,有两条初始线路:线路

1-2和线路1-7(由于线路1-7相当于按另一方向旅行,所以也符合条件)。对于父代P2,相应线路为1-2和1-3。两个父代中都包含线路1-2,使子代继承这一线路的概率提高了一倍。因此,使用随机数确定子代将继承哪条线路时,区间0.0000~0.4999(或同等跨度的区间)对应继承线路1-2,而区间0.50000~0.7499和0.7500~0.9999分别对应选择线路1-7和1-3。假设选择线路1-2,如表14.8第一行所列。选择线路1-2之后,下一个父代采用线路2-3,而另一个父代采用线路2-4。因此,生成一个子代时,应在这两种选择方案中随机选择。假设选择线路2-4(见表14.8第二行),则线路1-2-4有3种方案,因为第一个父代采用两条线路(4-3与4-5)与旅程中的城市4相连,而第二个父代则采用线路4-6(由于城市2已存在于子代旅程中,所以忽略线路4-2)。随机选择这些方案中的任一方案时,假设选择线路4-3,形成1-2-4-3,作为目前子代旅程的起点,如图14.8第三行所示。

现在,我们得出这一过程生成子代旅程的另一个特征,即使用父代的子游逆转。

继承子游逆转:还有一种可能子代会继承一条线路,即该线路是完成子代旅程为父代旅程一部分的子游逆转所需的线路。

为了说明这种可能性,请注意,1-2-4-3以外的下一个城市须为一个尚未访问的城市(城市5、6与7),但第一个父代从城市3到任何这几个城市之间都没有线路。原因是子代正在使用该父代旅程1-2-3-4-5-6-7-1的子游逆转(逆转了3-4)。完成这一子游逆转需要增加线路3-5,因此,这便成为子代旅程中下一条线路的其中一种方案。另一种方案是第二个父代提供的线路3-7(因为城市1必须作为旅程的终点,因此,线路3-1不能作为一个方案)。在这两种方案中随机选择一种。假设选择线路3-5,该线路提供1-2-4-3-5作为目前的子代旅程,如表14.8第4行所列。

继续该旅程,下一条线路有两种方案:5-6(由两个父代提供)及5-7(由第二个父代提供)。假设在5-6及5-7中随机选择5-6,则目前为止旅程为1-2-4-3-5-6(见表14.8第5行)。唯一尚未访问的城市是城市7,因此,线路6-7自动加后面,然后再添加线路7-1,返回家乡城市。因此,如表14.8最后一行所列,子代的完整旅程为:

子代1:1-2-4-3-5-6-7-1

如图14.5所示,子代与第一个父代非常相似,唯一区别在于通过逆转父代中的3-4得出的子游逆转。

相反,如果在旅程1-2-4-3-5之后选择线路5-7,旅程将自动按照1-2-4-3-5-7-6-1路线。然而,并不存在线路6-1(图14.4),因此,到城市6时即走到了尽头。发生这种情况时即出现了流产,要根据新的随机数重新从头开始整个过程,直至获得一个完整旅程的子代。然后重复这一过程,获得第二个子代。

现在,需要再增加一个特征:突变的可能性,才能完成对繁衍子代过程的完整介绍。

继承线路的突变:无论何时子代正常继承父代的一个特定线路时,都存在发生突变的较小概率,即拒绝该特定线路,并随机选择一个从当前城市到另一个未包含在旅程中的城市(无论父代中任一方是否采用了该线路)的其他线路。

《运筹学导论》教程中,针对旅行商问题的遗传算法将子代旅程每次需选择下一条线路时发生突变的概率设为0.1。因此,当相应的随机数小于0.1000时,则不会按上文所述的常规方式选择线路(如存在其他可能的选择方案),而是确定从当前城市到旅程中未包含的一个城市的所有其他线路(包括父代任何一方均未提供的线路),然后,从这些线路中随机选择一条线路作为旅程中的下一条线路。例如,假设生成子代的第一条线路时发生突变,即使随机选择1-2作为第一条线路,也会因为突变而将该线路排除在外。由于城市1到城市3和城市7之间有线路

(图14.4),所以可随机从线路1-3或1-7中选择一条作为第一段旅程(由于父代以这两条线路中的任一条作为旅程的结束,因此,这种情况下可把逆转父代旅程的方向看作是子代旅程的开端)。

对一对父代生成一个子代的通用程序概括如下。

14.4.5 子代的生成程序

(1) 初始化。首先,指定家乡城市作为当前城市。

(2) 下一条线路的选择方案。确定从当前城市到未包含在父代任一方向使用的子代旅程中的另一个城市的所有线路。此外,增添任一完成子代旅程为父代旅程一部分的子游逆转所需的线路。

(3) 选择下一条线路。使用随机数随机选择步骤2中给出的一个方案。

(4) 检查突变情况。如果下一个随机数小于0.1000,则发生突变,步骤(3)中所选线路被排除(除非从当前城市到未包含在旅程中的另一个城市之间没有线路的方案)。如果该线路被排除,确定从当前城市到未包含在旅程中的另一个城市之间的所有其他线路(包括父代任何一方均未使用的线路),使用随机数从这些线路中随机选择一条线路。

(5) 延拓将步骤(3)(若未发生突变)或步骤(4)(若发生突变)中选择的线路添加至子代的当前尚不完整的旅程末尾,然后,将线路末尾的城市重新指定为当前城市。如果仍存在一个以上城市未包含在旅程中(包括返回家乡城市的旅程),则返回步骤(2)~步骤(4)选择下一条线路;否则,转到步骤(6)。

(6) 完成。到只剩一个城市未添加至子代旅程中时,增加当前城市至该剩余城市的线路。然后,再增加从该最后一个城市到家乡城市的线路,完成子代旅程。但如果所需线路不存在,则会发生流产,此时,必须从步骤(1)开始重新执行这一程序。

对每一对父代运用该程序,获得每对父代的两个子代。

《运筹学导论》教程中针对旅行商问题的遗传算法还包括子代生成程序,也是本节开头部分介绍的总体算法的一部分。表14.9所列为通过初始化步骤及整体算法的第一次迭代将该算法运用于该示例得出结果。由于该算法固有的随机性,该算法完成运算时每次产生的中间结果(也可能包括最终最佳解)会不尽相同(为进一步探索该问题,习题14.4-7要求根据《运筹学导论》教程多次将完整的遗传算法运用于该示例)。

表14.9仅列出了该示例较少部分不同的可行解。成员1、4、6和10完全相同,成员2、7和9完全相同(仅成员2旅程方向相反)。因此,随机生成的初始群体的10个成员仅有5个是不同的可行解。同样,生成的6个子代中有4个(成员12、14、15和16)与父代的其中一方相同(成员14除外,它的旅程方向与其第一个父代相反)。其中两个子代(成员12和15)比其父代适应度更强(距离更短),但两者均未在其父代基础上做出改进。

表14.9 《运筹学导论》教程中遗传算法在旅行商问题中从(a)初始步骤至(b)迭代1的应用

	成员	初始群体	距离
(a)	1	1-2-4-6-5-3-7-1	64
	2	1-2-3-5-4-6-7-1	65
	3	1-7-5-6-4-2-3-1	65
	4	1-2-4-6-5-3-7-1	64
	5	1-3-7-5-6-4-2-1	66
	6	1-2-4-6-5-3-7-1	64
	7	1-7-6-4-5-3-2-1	65
	8	1-3-7-6-5-4-2-1	69
	9	1-7-6-4-5-3-2-1	65
	10	1-2-4-6-5-3-7-1	64

(续)

成员		父代	子代	成员	距离
(b)	1	1-2-4-6-5-3-7-1	1-2-4-5-6-7-3-1	11	69
	7	1-7-6-4-5-3-2-1	1-2-4-6-5-3-7-1	12	64
	2	1-2-3-5-4-6-7-1	1-2-4-5-6-7-3-1	13	69
	6	1-2-4-6-5-3-7-1	1-7-6-4-5-3-2-1	14	65
	4	1-2-4-6-5-3-7-1	1-2-4-6-5-3-7-1	15	64
	5	1-3-7-5-6-4-2-1	1-3-7-5-6-4-2-1	16	66

也未提供最优解(距离为 63)，说明遗传算法可能需要对一些问题经过几代演变(多次迭代)，然后才能通过适者生存法则明显改善群体质量。

本书网站的"求解实例"部分列举了另一个用遗传算法解决旅行商问题的示例。该问题比上述示例的不同可行解数量略大，因此，初始群体、产生的父代及子代也相对更为多元化。

遗传算法非常适用于解决旅行商问题，且在开发比上述算法更为复杂的版本方面取得了重大进步。事实上，在撰写本书时已发布了一个更强大的算法版本，该版本已成功获得涉及 200000 个城市的复杂问题的高质量解。

14.5 总　　结

一些最优化问题(包括各种组合优化问题)十分复杂，用前面章节中介绍的各类精确算法都无法得出最优解。这种情况下通常采用启发式算法搜索好的可行解(但并不一定是最优解)。有几种通用的启发式算法，为求解特定问题的启发式算法提供了通用结构及策略指南。上述通用启发式算法的一个关键特征是，它们具备跳出局部最优解并在可行域内实施强大搜索的能力。

本章介绍了三类典型的通用启发式算法。禁忌搜索每次迭代从当前试解向最佳近邻试解移动，除没有改进性移动时允许进行非改进性移动外，其他与局部改进程序非常相似。然后，该算法具有对过去搜索的短期记忆，以便向可行域的新区域移动，而不是回到前面已知解。另外，该算法还可基于长期记忆，采用集中搜索和分散搜索策略，重点搜索可能性更高的延续部分。同样，模拟退火法也在每次迭代时从当前试解向邻近试解移动，但偶尔允许非改进性移动。该算法随机选择邻近试解，然后仿照物理退火过程，确定如果该近邻并不优于当前试解，是否拒绝将其作为下一个试解。第三类通用启发式算法为遗传算法，该算法的每次迭代都将整个试解群体作为对象。然后，该算法采用类似于生物进化论的演进方式(包括适者生存的概念)舍弃部分试解(尤其是那些适应度差的试解)，用新的试解替代。这一替代过程使群体中多对续存的成员将其部分特征传递给新的成员，就像是父代繁衍子代一样。

为了具体说明，我们对各通用启发式算法的一个基本算法进行了介绍，然后，通过简单示例使该算法适用于两类特定问题(包括旅行商问题)。然而，研究人员还开发了各算法的多种变体版本，供专业人士使用，以更好地满足复杂问题的特征。例如，14.4 节介绍的针对旅行商问题的基本遗传算法的各版本达几十种之多(包括生成子代的不同程序)，且这类研究目前仍在持续(旅行商问题的部分最佳方法采用特殊的"k 变换策略(k-opt)"及"抛射链"策略，这些策略经过精心设计，充分利用问题结构)。因此，本章的精髓是，各种通用启发式算法中所隐含的基本概念及其敏锐的洞察力。

除本章介绍的 3 种算法外，还有其他几种重要的通用启发式算法。其中包括蚁群优化算法、分散搜索及人工神经网络等。参考文献[3]全面涵盖了上述几种通用启发式算法及本章介绍的 3 种算法。

实际上，一些启发式算法综合了不同类型的通用启发式算法，结合其优秀特征。例如，短期禁忌搜索(不含多元化成分)可以有效找到局部最优解，但却不擅长在可行域的不同部分进行彻底搜索，以找到包含全局最优解的部分，而遗传算法的特征却恰恰相反。因此，有时可通过以下方式获得改进算法：首先从遗传算法出发，试图找到最高峰(目标是求极大值时)，然后，在最后结束时转而采用基本禁忌搜索算法，以快速登顶。一个有效的启发式算法的设计关键在于综合利用各种能够有效解决问题的思路，而不是拘泥于某一种通用启发式算法。

参 考 文 献

[1] Coello, C., D. A. Van Veldhuizen, and G. B. Lamont: Evolutionary Algorithms for Solving MultiObjective Problems, Kluwer Academic Publishers (now Springer), Boston, 2002.
[2] Gen, M., and R. Cheng, Genetic Algorithms and Engineering Optimization, Wiley, New York, 2000.
[3] Gendreau, M., and J.-Y. Potvin (eds): Handbook of Metaheuristics, 2nd ed., Springer, New York, 2010.
[4] Glover, F.: "Tabu Search: A Tutorial," Interfaces, 20(4): 74–94, July–August 1990.
[5] Glover, F., and M. Laguna: Tabu Search, Kluwer Academic Publishers (now Springer), Boston, MA, 1997.
[6] Gutin, G., and A. Punnen (eds.): The Traveling Salesman Problem and Its Variations, Kluwer Academic Publishers (now Springer), Boston, MA, 2002.
[7] Haupt, R. L., and S. E. Haupt: Practical Genetic Algorithms, Wiley, Hoboken NJ, 1998.
[8] Michalewicz, Z., and D. B. Fogel: How To Solve It: Modern Heuristics, Springer, Berlin, 2002.
[9] Mitchell, M.: An Introduction to Genetic Algorithms, MIT Press, Cambridge, MA, 1998.
[10] Reeves, C. R.: "Genetic Algorithms for the Operations Researcher," INFORMS Journal on Computing, 9: 231–250, 1997. (Also see pp. 251–265 for commentaries on this feature article.)
[11] Sarker, R., M. Mohammadian, and X. Yao (eds.): Evolutionary Optimization, Kluwer Academic Publishers (now Springer), Boston, MA, 2002.
[12] Talbi, E.: Metaheuristics: From Design to Implementation, Wiley, Hoboken, NJ, 2009.

习 题

部分习题(或习题的组成部分)左侧符号 A 具有以下含义。

A：应运用《运筹学导论》教程中相应的计算机程序。输出数据将记录每次迭代得出的结果。

带星号的习题表示本书后面至少给出了一部分答案。

随机数获取指南：

对于任何需要使用随机数的问题或其组成部分，按下述方法从 20.3 节表 20.3 中的连续随机数字中获取。从表格顶行前面开始，按照你所需要的随机数的顺序，在每组 5 个随机数前添加一个小数点(0.09656、0.96657 等)，形成一个 5 位数的随机数。对于每一个新问题或其组成部分，始终从顶行的开头开始。

14.1-1 以下述旅行商问题为例，其中城市 1 为家乡城市。

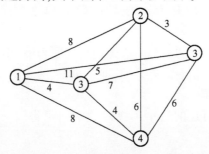

(a) 列出所有可能的旅程,仅将已列出旅程反方向的旅程除外。计算每个旅程的距离,从而确定最佳旅程。

(b) 从 1-2-3-4-5-1 作为最初试解开始时,运用子游逆转算法求解该问题。

(c) 从 1-2-4-3-5-1 作为最初试解开始时,运用子游逆转算法求解该问题。

(d) 从 1-4-2-3-5-1 作为最初试解开始时,运用子游逆转算法求解该问题。

14.1-2 再次以图 14.4 中所示旅行商问题为例。

(a) 当子游逆转算法运用于 14.1 节中的旅行商问题时,第一次迭代得出,有两种子游逆转方式(逆转 3-4 或 4-5)会使旅程距离缩短最多,达成平局。因此,任意选择第一种逆转来打破这一平局。请判断,如果选择第二种逆转(逆转 4-5)会得出何种结果。

(b) 从 1-2-4-5-6-7-3-1 作为最初试解开始时,运用子游逆转算法求解该问题。

14.1-3 以下述旅行商问题为例,其中城市 1 为家乡城市。

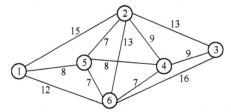

(a) 列出所有可能的旅程,仅将已列出旅程的反方向的旅程除外。计算每个旅程的距离,从而确定最佳旅程。

(b) 从 1-2-3-4-5-6-1 作为最初试解开始时,运用子游逆转算法求解该问题。

(c) 从 1-2-5-4-3-6-1 作为最初试解开始时,运用子游逆转算法求解该问题。

14.2-1 请阅读详细描述 14.2 节所述应用案例中所总结的运筹学研究的参考文章。简要描述该研究中如何运用禁忌搜索。然后,请列出该研究所带来的各种经济效益及非经济效益。

14.2-2* 以下述最小生成树问题为例,其中虚线表示可能添加到网络中的潜在线路,每条虚线旁的数字表示插入该条线路所需的成本。

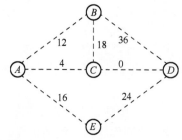

该问题也有以下两个约束条件。

约束 1:只能从 AB、BC 和 AE 3 条线路中选择一条线路添加到网络中。

约束 2:线路 AB 只有当网络中包含线路 BD 时才可加入网络。

以加入线路 AB、AC、AE 和 CD 作为初始试解,运用 14.2 节所述基本禁忌搜索算法求解该问题。

14.2-3 再次以 14.2 节所述的最小生成树约束问题为例(引入限制条件之前的数据,如图 14.7(a)所示)。然后,以另一个初始试解开始,即以包含 AB、AD、BE 和 CD 线路的初始试解,再次运用基本搜索算法求解该问题。

14.2-4 再次以 10.4 节所述的最小生成树约束问题为例。假设对该问题增加以下约束条件:

约束1:必须包含线路 AD 或线路 ET。

约束2:AO、BC 和 DE 3 条线路中最多可包含一条线路。

以 10.4 节结尾所述的最小生成树约束问题的最优解作为初始试解,运用基本禁忌搜索算法求解该问题。

14.2-5 再次以习题 14.1-1 中所述的旅行商问题为例,将 1-2-4-3-5-1 作为初始试解,手动运用基本禁忌搜索算法求解该问题。

A14.2-6 以包含 8 个城市的旅行商问题为例,其中各条线路的相应距离如下表所列(虚线表示不存在这条线路)。

城市	2	3	4	5	6	7	8
1	14	15	—	—	—	—	17
2		13	14	20	—		21
3			11	21	17	9	9
4				11	10	8	20
5					15	18	—
6						9	—
7							13

城市 1 是家乡城市。分别从下列初始试解出发,运用《运筹学导论》教程中基本禁忌搜索算法求解该问题。计算各种情况下该算法作出非改进性移动的次数。同时指出产生目前为止最佳试解的禁忌移动。

(a) 将 1-2-3-4-5-6-7-8-1 作为初始试解。

(b) 将 1-2-5-6-7-4-8-3-1 作为初始试解。

(c) 将 1-3-2-5-6-4-7-8-1 作为初始试解。

A14.2-7 以包含 10 个城市的旅行商问题为例,其中各条线路的相应距离如下表所列。

城市	2	3	4	5	6	7	8	9	10
1	13	25	15	21	9	19	18	8	15
2		26	21	29	21	31	23	16	10
3			11	18	23	28	44	34	35
4				10	13	19	34	24	29
5					12	11	37	27	36
6						10	35	14	25
7							32	23	35
8								10	16
9									14

城市 1 是家乡城市。分别从下列初始试解出发,运用《运筹学导论》教程中基本禁忌搜索算法求解该问题。计算各种情况下该算法作出非改进性移动的次数。同时指出产生目前为止的最佳试解的禁忌移动。

(a) 将 1-2-3-4-5-6-7-8-9-10-1 作为初始试解。

(b) 将 1-3-4-5-7-6-9-8-10-2-1 作为初始试解。

(c) 将 1-9-8-10-2-4-3-6-7-5-1 作为初始试解。

14.3-1 将模拟退火算法运用于特定问题时,会得出一个迭代,其中当前 T 值是 $T=2$,当前试解的目标函数值为 30。该试解有 4 个近邻,其目标函数值分别是 29、34、31 和 24。在随机选择一个近邻作为下一个试解的当前候选解时,依次采用这 4 个近邻,确定按照移动选择规则接受该近邻的概率。

(a) 确定目标为求目标函数极大值时接受各直接近邻的概率。

(b) 确定目标为求目标函数极小值时接受各直接近邻的概率。

A14.3-2 由于随机数的使用,每次运行模拟退火算法得出的结果都会稍有不同。表 14.5 介绍了应用《运筹学导论》教程中的基本模拟退火算法求解图 14.4 所示旅行商问题的示例。从同一个初始试解(1-2-3-4-5-6-7-1)开始,使用《运筹学导论》教程对该相同问题运用模拟退火算法 5 次。再次找到最优解(1-3-5-7-6-4-2-1 或反方向的 1-2-4-6-7-5-3-1)的次数有多少?

14.3-3 再次以习题 14.1-1 所述的旅行商问题为例。将 1-2-3-4-5-1 作为初始试解,按照下述指示将 14.3 节所述基本模拟退火算法运用于该问题。

(a) 手动进行第一次迭代。按照"习题"开头部分的说明获得所需随机数。

A(b) 使用《运筹学导论》教程运用基本模拟退火算法,遵守该算法过程,并记录下接受一个候选解作为下一试解之前,每次迭代中有多少候选解(如有)被拒绝作为下一试解。

A14.3-4 将 1-2-3-4-5-6-7-8-1 作为初始试解,按照习题 14.3-3 中的指示,解决习题 14.2-6 中所述的旅行商问题。

A14.3-5 将 1-9-8-10-2-4-3-6-7-5-1 作为初始试解,按照习题 14.3-3 中的指示,解决习题 14.2-7 中所述的旅行商问题。

A14.3-6 由于随机数的使用,每次运行模拟退火算法得出的结果都会稍有不同表 14.6 所列为《运筹学导论》教程中基本模拟退火算法运用于 14.1 节中所示非线性规划的其中一种应用示例。从相同试解($x=15.5$)开始,使用《运筹学导论》教程 5 次对该问题运用基本模拟退火算法。5 次应用中得出的最佳解是什么?是否比表 14.6 中的最佳解更接近最优解($x=20$ 时,$f(x)=4400000$)?

14.3-7 以下述非凸规划问题为例。

Max $f(x) = x^3 - 60x^2 + 900x + 100$

s.t.

$0 \leq x \leq 31$

(a) 用 $f(x)$ 的一次导数和二次导数确定 x 为局部最大值,或局部最小值的临界点(及可行域的终点)。

(b) 手动画出可行域内的 $f(x)$ 函数图。

(c) 使用 $x=15.5$ 作为初始试解,手动进行 14.3 节所述的基本模拟退火算法的第一次迭代。按照"习题"章节开头部分的说明获得所需随机数。

A(d) 使用《运筹学导论》教程运用基本模拟退火算法,以 $x=15.5$ 作为初始试解。遵守该算法过程,并记录下接受一个候选解作为下一试解之前,每次迭代中有多少候选解(如有)被拒绝作为下一试解。

14.3-8 思考一下 13.10 节所述及图 13.18 所示的非凸规划问题示例。

(a) 使用 $x=2.5$ 作为初始试解,手动进行 14.3 节所述的基本模拟退火算法的第一次迭代。按照"习题"章节开头部分的说明获得所需随机数。

A(b) 使用《运筹学导论》教程运用基本模拟退火算法,以 $x=2.5$ 作为初始试解。遵守该算法过程,并记录下接受一个候选解作为下一试解之前,每次迭代中有多少候选解(如有)被拒绝作为下一试解。

A14.3-9 以 $x=25$ 为初始试解,按照习题 14.3-8 的说明求解下述非凸规划问题。

Max $f(x) = x^6 - 136x^5 + 6800x^4 - 155000x^3 + 1570000x^2 - 5000000x$

s. t.

$0 \leqslant x \leqslant 50$

A14.3-10 以 $(x_1, x_2) = (18, 25)$ 为初始试解,按照习题 14.3-8 的说明求解下述非凸规划问题。

Max $f(x_1, x_2) = x_1^5 - 81x_1^4 + 2330x_1^3 - 28,750x_1^2 + 150,000x_1 + 0.5x_2^5 - 65x_2^4$
$\qquad + 2950x_2^3 - 53,500x_2^2 + 305,000x_2$

s. t.

$x_1 + 2x_2 \leqslant 110$

$3x_1 + x_2 \leqslant 120$

且

$0 \leqslant x_1 \leqslant 36, 0 \leqslant x_2 \leqslant 50$

14.4-1 对于下述每一对父代,将 14.4 节所述的基本遗传算法运用于仅含一个变量 x 的整数非线性规划问题,生成两个子代,且变量 x 仅限于 $0 \leqslant x \leqslant 63$ 区间内的整数值(按照"习题"开头部分的说明获得所需随机数,然后展示随机数的使用)。

(a) 父代为 010011 和 100101。

(b) 父代为 000010 和 001101。

(c) 父代为 100000 和 101000。

14.4-2* 以包含 8 个城市的旅行商问题(城市 1、2、…、8)为例,其中城市 1 是家乡城市,且每两个城市之间都存在线路。对于下述每一对父代,将 14.4 节所述的基本遗传算法生成两个子代(按照"习题"章节开头部分的说明获得所需随机数)。

(a) 父代为 1-2-3-4-7-6-5-8-1 和 1-5-3-6-7-8-2-4-1。

(b) 父代为 1-6-4-7-3-8-2-5-1 和 1-2-5-3-6-8-4-7-1。

(c) 父代为 1-5-7-4-6-2-3-8-1 和 1-3-7-2-5-6-8-4-1。

A14.4-3 表 14.7 所列为 14.4 节所述基本遗传算法的应用,通过初始化步骤及第一次迭代,解决整数非线性规划问题。

(a) 使用《运筹学导论》教程将该基本遗传算法运用于相同问题,从另一个随机选择的初始群体开始继续运行该算法,直至结束。此次应用是否可以再次获得与表 14.7 中所列第一次迭代相同的最优解($x=20$)?

(b) 由于使用随机数,每次运行遗传算法所产生的结果都会稍有不同。使用《运筹学导论》教程将 14.4 节所述的基本遗传算法运用于该同一问题 5 次。再次找到最优解($x=20$)的次数有多少?

14.4-4 再次以习题 14.3-7 所示的非凸规划问题为例。现在假设变量 x 的限制条件是必须为取整数值。

(a) 手动执行 14.4 节所述基本遗传算法的初始化步骤和第一次迭代。按照习题开头部分的说明获得所需随机数。

A(b) 使用《运筹学导论》教程运用该基本遗传算法。遵守该算法过程,并记录下每对父代生成适应度优于父代的子代的次数。同时,计算出优于先前得出的最佳解的迭代次数。

A14.4-5 变量 x 必须为整数时,按照习题14.4-4的说明求解习题14.3-9中的非凸规划问题。

A14.4-6 按照习题14.4-4的说明求解习题14.3-10所述非凸规划问题,其中变量 x_1 和 x_2 均取整数值。

A14.4-7 表14.9所列为14.4节所示基本遗传算法的运用,通过该算法的初始化步骤和第一次迭代求解图14.4所示旅行商问题示例。

(a) 使用《运筹学导论》教程,将该基本遗传算法运用于相同问题,从另一个随机选择的初始群体开始继续运行该算法,直至结束。此次应用是否可以获得最优解(1-3-5-7-6-4-2-1 或 1-2-4-6-7-5-3-1)?

(b) 由于使用随机数,每次运行遗传算法所产生的结果都会稍有不同。使用《运筹学导论》教程,将14.4节所述的基本遗传算法运用于该同一问题至少5次。再次找到的次数有多少?

14.4-8 再次以习题14.1-1中所述的旅行商问题为例。

(a) 手动执行14.4节所述基本遗传算法的初始化步骤和第一次迭代。按照"习题"开头部分的说明获得所需随机数。

A(b) 使用《运筹学导论》教程运用该基本遗传算法。遵守该算法过程,并记录下每对父代生的路线更短的子代的次数。同时,计算出优于先前得出的,路线更短的最佳解的迭代次数。

A14.4-9 按照习题14.4-8中的指示,解决习题14.2-6中所述的旅行商问题。

A14.4-10 按照习题14.4-8中的指示,解决习题14.2-7中所述的旅行商问题。

14.4-11 请阅读详细描述14.4节所述应用案例中所总结的运筹学研究的参考文章。简要描述该研究中是如何运用遗传算法的。然后,请列出该研究所带来的各种经济效益及非经济效益。

A14.5-1 使用《运筹学导论》教程,将本章所述的3种通用启发式算法的基本算法运用于习题14.2-6中所述的旅行商问题(用 1-2-3-4-5-6-7-8-1 作为禁忌搜索及模拟退火算法的初始试解)。哪种通用启发式算法可得出这一问题的最佳解?

A14.5-2 使用《运筹学导论》教程,将本章所述的3种通用启发式算法的基本算法运用于习题14.2-7中所述的旅行商问题(用 1-2-3-4-5-6-7-8-9-10-1 作为禁忌搜索及模拟退火算法的初始试解)。哪种通用启发式算法可得出这一问题的最佳解?

第 15 章 博 弈 论

生活中冲突和竞争无处不在。许多冲突中存在对手关系,例如室内游戏、军事战争、政治竞选活动、广告宣传以及同类商业企业开展的市场营销活动等,其中多数情境的基本特征是最终结果主要取决于对手选择的策略组合。博弈论是一种数学理论,以一种正式、抽象的方式探讨上述竞争形势的一般特点,重点关注对手的决策过程。

由于竞争形态随处可见,博弈论的应用范围广泛,包括商业和经济领域。例如,参考文献[2]中给出了商业领域的博弈论各种应用案例。1994 年,小约翰·福布斯·纳什(John F. Nash, Jr.)(其生平故事被改编为电影《美丽心灵》)、约翰·C·海萨尼(John C. Harsanyi)和莱茵哈德·泽尔腾共同荣获诺贝尔经济学奖,完成了非合作博弈理论中的均衡分析。随后,2005 年,罗伯特·约翰·奥曼(Robert J. Aumann)和托马斯·C·谢林(Thomas C. Schelling)因其博弈论分析增进了人们对冲突与合作的理解而共同荣获诺贝尔经济学奖。

正如 15.6 节所简要介绍的,博弈论研究持续深入到更为复杂的竞争态势类型。但本章重点关注最简单的两人零和游戏。顾名思义,这类游戏仅涉及两位对手或局中人(可以是军队、团队、公司等)。由于局中人在游戏中非输即赢,因此双方净收益之和为零,而这种游戏即称之为零和游戏。

15.1 节中介绍了两人零和游戏的基本模型,此后,四个小节进一步说明了解决这类游戏的不同方法。本章结尾介绍了其他博弈论分支探讨的另外几种竞争形态。

15.1 两人零和游戏制定

为阐明两人零和游戏的基本特点,以奇偶数游戏为例。这种游戏仅需双方同时伸出一根或两根手指。如双方所伸的手指数一致,则总手指数为偶数,赌偶数的玩家(假定为玩家 1)获胜,以奇数为胜的玩家(玩家 2)赔付赌注(假定为 1 美元)。如两人所伸手指数不一致,玩家 1 向玩家 2 赔付 1 美元。因此,每位玩家有两种策略:伸一根手指或两根手指。表 15.1 为收益表,给出了玩家 1 的最终美元收益。

表 15.1 奇偶数游戏收益表

策略		玩家 2	
		1	2
玩家 1	1	1	−1
	2	−1	1

一般而言,两人游戏有三个特征:
(1) 玩家 1 的策略;
(2) 玩家 2 的策略;
(3) 收益表。

游戏开始前,每位玩家均知晓其可采用的策略、对方能采用的策略以及收益表。在实际游戏中,每位玩家选择策略的同时不知道对方将选择何种策略。

一种策略可能仅涉及一个简单动作,如在奇偶数游戏中伸出几根手指。从另一个角度看,在复杂游戏中涉及一系列动作,策略属于一种预设定规则,全面规定了某人在游戏各阶段对各种可能出现的状况应该如何应对。例如,棋局中一方采取的策略可能暗示着棋盘上下步棋出现的各种位置,因此可能的对策总数或会是一个天文数字。通常,博弈论应用的竞争形态远不如棋局那么错综复杂,但所涉及的对策却相当繁多。

收益表中显示了玩家 1 从双方各种策略组合中可能获得的收益(正或负)。基于游戏的零和性质,因此表中仅给出了玩家 1 的收益,玩家 2 的收益与玩家 1 相反。

收益表可采用各种计量单位,如美元,只要其能准确代表玩家 1 对应的效益。但当数量巨大时,效用不一定与金额(或任何其他商品数量)成正比。例如,对一个穷人而言,200 万美元的价值可能远远达不到 100 万美元的 2 倍。换言之,给出两个选择:①肯定获得 100 万美元,②仅 50%的概率获得 200 万美元 50%的概率一无所获,穷人更倾向于选择①。另一方面,对于玩家 1 而言,收益表中条目对应结果为 2 的价值应该是对应结果为 1 的两倍。因此,在面临选择时,玩家应该在 50%概率获得前一结果(而不是一无所有)和肯定获得后一结果之间保持中立态度。①

博弈论的主要目标是为策略选择制定一套理性准则。这里有两个关键假设:
(1) 两位局中人均具有理性;
(2) 两位局中人所选策略均只想提高自己的收益(对对方无同情心)。

博弈论与决策分析(见第 16 章)不同,博弈论假设决策者在游戏中遇到的是被动的对手,即其选择策略时具有随机性。

我们将用示例的方式,为策略选择制定标准的博弈论准则。下一节的结尾特别介绍了博弈论如何论述奇偶数游戏(习题 15.3-1、习题 15.4-1 和习题 15.5-1 也请运用本章介绍的技巧解算出此游戏的最优玩法)。此外,下一节中给出了两人零和游戏原型案例以及在某些简单情形下的解决方案。15.3 节中给出了更为复杂的变形,以便制定更为通用的准则。15.4 节和 15.5 节分别给出了应对此类游戏的图示法和线性规划建模。

15.2 简单对策求解——典型范例

两名竞选者正在竞选美国参议院议员。现要为最后两天的竞选活动制定计划。由于选情胶着,竞选计划至关重要。因此,两名竞选者都想将这两天的竞选活动安排在两个重点城市:Bigtown 和 Megalopolis。为了避免浪费竞选时间,两名竞选者把旅程安排在晚间,以便每个城市度过一整天或在其中一个城市度过两整天。但由于必要的安排必须事先进行,两名竞选者在敲定自己的竞选行程之前均不清楚他②对手的竞选日程。因此,每位竞选者都要求其在各城市的竞选负责人对自己及对手在相应城市度过的天数的可能性组合所产生的影响(赢得或失去选票)进行评估。然后,通过这些信息就如何利用最后两天时间确定一个最优策略。

---

① 见 16.6 节中有关效用概念的详细论述。
② 为了便于阅读,我们在一些示例或问题中仅用"他"或"她"表示各方;并非表示各不同活动中只有男性或只有女性参加。

15.2.1 两人零和游戏模型

将该问题按两人零和游戏建模,必须确定两位玩家(即这两名竞选者)、每位玩家的策略以及收益表。

上述问题中,每位玩家都有以下三种策略:

策略 1 = 每个城市花一天时间;

策略 2 = 在 BigTown 花两天时间;

策略 3 = 在 Megalopolis 花两天时间。

相比之下,如果每位竞选者在确定自己第二天的计划之前清楚对手第一天在哪个城市度过,那么策略就会复杂很多。这种情况下的一个典型策略就是:第一天在 Bigtown;如果对手第一天也在 BigTown,则第二天仍在 Bigtown;但如果对手第一天在 Megalopolis,则第二天在 Megalopolis。类似的策略共有八种,即自身首日的两个选择组合,对手首日的两个选择组合,以及第二日的两个选择组合。

玩家 1 收益表的每一个条目代表两名玩家采用的相应策略所产生的结果对玩家 1 的效用(或对玩家 2 产生的负效用)。从竞选者的角度来看,他们的目的是为了赢得选票,每增加一票(知道选举结果之前)对他们来说都具有同等价值。因此,竞选者 1 收益表的相关条目是通过这两天竞选活动从对手手中赢取的净选票总数(即,两座城市的净选票变化的总数)。表 15.2 以 1000 票为单位,对该模型进行总结。博弈论假设两个玩家均使用相同的方式(包括与玩家 1 相同的收益)选择策略。

表 15.2 政治竞选问题中竞选者 1 收益表

策略		竞选者 1 获得的净选票总数 (以 1000 票为单位)		
		竞选者 2		
		1	2	3
竞选者 1	1			
	2			
	3			

但也应声明,如果竞选者可获得其他信息,那这个收益表就不适用。尤其是如果两名竞选者在选举前两天清楚民众的投票计划,那么,每位竞选者就能清楚地知道自己需要在最后两天的竞选活动中赢得多少净选票(正或负)才能赢得选举。因此,表 15.2 所述数据的唯一意义就在于说明各个策略组合中哪位竞选者能够赢得选举。由于最终目标是赢得选举,且胜出票数相对无关紧要,因此,当竞选者 1 获胜时,表中效用条目应为正数(如+1),反之,则为 −1。即使只能确定每个策略组合的获胜概率,相关条目也能以获胜概率减去失败概率的所得值代表期望效用。然而,通常无法获得足够的精确数据用以做出该等决定,因此,示例中将竞选者 1 赢得的数千净选票总数作为收益表条目。

收益表 15.2 中有三组可选数据,阐明如何求解三种不同类型的博弈游戏。

15.2.2 示例变形 1

假定表 15.3 为玩家 1(竞选者 1)的收益表,两位玩家应选择哪种策略?

表 15.3　政治竞选问题变形 1 中玩家 1 收益表

策略		玩家 2		
		1	2	3
玩家 1	1	1	2	4
	2	1	0	5
	3	0	1	-1

这属于非常特殊的情况,运用劣势策略法排除一系列劣势策略,直到剩下一个选择项即为答案。

无论对手做什么,如果第二个策略始终不亚于第一个策略(有时甚至更好),则第二个策略优于第一个策略。劣势策略法即将第一个策略从进一步考虑中排除。

开始时,表 15.3 不包含玩家 2 的劣势策略。但对于玩家 1,策略 3 劣于策略 1,因为无论玩家 2 做什么,策略 1 都可获得更大收益(1>0,2>1,4>-1)。故可排除策略 3,得出以下精减收益表,即

$$\begin{array}{c|ccc} & 1 & 2 & 3 \\ \hline 1 & 1 & 2 & 4 \\ 2 & 1 & 0 & 5 \end{array}$$

假设两位玩家均为理性的,玩家 2 也可以推断出玩家 1 也只将这两个策略纳入考虑范围。因此,玩家 2 就会有一个劣势策略,即策略 3。在精减后的收益表中,对玩家 2 来说,策略 1 和策略 2 的损失(玩家 1 的收益)始终小于策略 3(策略 1:1<4,1<5;策略 2:2<4,0<5),因此,策略 3 劣于策略 1 和策略 2。故排除策略 3,得出

$$\begin{array}{c|cc} & 1 & 2 \\ \hline 1 & 1 & 2 \\ 2 & 1 & 0 \end{array}$$

此时,玩家 1 的策略 2 劣于策略 1,因为策略 1 在第 2 列中效果更好(2>0),且与第 1 列效果相同(1 = 1)。故采用劣势策略,得出

$$\begin{array}{c|cc} & 1 & 2 \\ \hline 1 & 1 & 2 \end{array}$$

玩家 2 的策略 2 劣于策略 1(1 < 2),所以策略 2 应被淘汰。

因此,两位玩家均应选择策略 1。故玩家 1 将从玩家 2 处赢得 1 个收益值(即竞选者 1 将从竞选者 2 处赢得 1000 张选票)。

一般而言,当两位玩家均发挥最佳时,玩家 1 的收益值称为对策值。对策值为 0 时,称为公平博弈。由于该博弈对策值为 1,所以为非公平博弈。

劣势策略法非常有效,不但可用于减少需要考虑的收益表规模,实际上,在特殊情况下(如此例中),还可用于确定博弈游戏的最优解。然而,大多数博弈游戏在完成求解时至少需要采用另一种方法,如该示例的另两个变形所示。

15.2.3　示例变形 2

现在假设表 15.4 为玩家 1(竞选者 1)的收益表。该示例中没有劣势策略,所以很难判断玩

家应该做什么，根据博弈论应该采用何种推理思路。

表 15.4 政治竞选问题变形 2 中玩家 1 收益表

策略		玩家 2			最小
		1	2	3	
玩家 1	1	−3	−2	6	−3
	2	2	0	2	0←极大极小值
	3	5	−2	−4	−4
最大：		5	0 ↑ 极小极大值	6	

就玩家 1 而言，选择策略 1 时，他可能赢得 6 个收益值，也可能输掉 3 个收益值。然而，由于玩家 2 是理性的，他会选择一个可以保护自己的收益值不被玩家 1 赢取的策略，因此，玩家 1 采用策略 1 可能会导致损失。同理，如果玩家 1 选择策略 3，可以赢得 5 个收益值，但很有可能他的对手十分理性，不但能避免这种损失，相反，会让玩家 1 损失多达 4 个收益值。另一方面，如果玩家 1 选择策略 2，他可以保证不会有任何损失，甚至还可以赢得一些票数。因此，策略 2 可以提供最优保证（0 收益），似乎是玩家 1 与理性对手竞争的一个"理性"选择。（该推理思路的假设条件是，如果没有必要，两个玩家都不愿冒险遭受更大的损失；与热衷于赌博的人不同，他们更着眼于长期收益，而不仅仅是眼前利益。）

就玩家 2 而言，如果采用策略 1 或策略 3，可能失去 5 或 6 个收益值，但策略 2 至少能保证与对方打平。因此，通过同样的推理，选策略 2 是其对付理性对手的最优保证方案。

如果两位玩家都选择策略 2，结果就是二人打成平手。因此，在这种情况下，两位玩家都未改善自身的最优保证，但都迫使对手与自己处于相同的境地。即使对手推断出另一方所采用的策略，也无法改善自己的处境，这就称为"僵局"。

该推理思路的最终结果是，每位玩家都应以这样的方式开展竞选，即无论何时，对手都不能利用最终选择的策略改善自身处境，从而使最大损失最小化。这就是博弈论提出的策略选择准则——极大极小准则。实质上，该准则即为选择最好策略的准则，即使该策略选择在对手选择策略之前已被对手知晓也是最优策略。收益表表明，玩家 1 应选择最小收益最大化的策略，而玩家 2 应选择对玩家 1 来说最大收益最小化的策略。该准则如表 15.4 所列，确定策略 2 为玩家 1 的极大极小策略，玩家 2 的极小极大策略。由此产生的收益值 0 即为对策值，所以这是一场公平博弈。

由此发现一个有趣的事实，该收益表中相同条目可产生极大极小和极小极大两个值，因为该条目既是该行中最小的，也是该列中最大的。该类条目位置称为"鞍点"。

该博弈拥有一个鞍点，这对确定博弈如何开展是至关重要的。由于鞍点的存在，双方都无法利用对手的策略改善自身处境。特别是当玩家 2 预测或得知玩家 1 使用策略 2 时，如果他改变原定使用策略 2 的计划，则会遭受损失而不是打成平手。同理，如果玩家 1 改变其计划，也只能是使自身处境更加不利。因此，两名玩家都没有任何理由改变策略，既不能利用对手，也不会被对手利用。因此，这是一个稳态解（也称均衡解），玩家 1 和玩家 2 只能选择各自的极大极小和极小极大策略。

如下一个变形所示，有些博弈没有鞍点，这种情况下，需要进行更复杂的分析。

15.2.4　示例变形3

竞选的后期发展产生了玩家1(竞选者1)的最终收益表,如表15.5所列。这场博弈该如何继续?

表15.5　政治竞选问题变形3中玩家1收益表

策略		玩家2			最小
		1	2	3	
玩家1	1	0	-2	2	-2←极大极小值
	2	5	4	-3	-3
	3	2	3	-4	-4
最大:		5	4	2↑极小极大值	

假定两个玩家都试图以变形2中同样的方式运用极小极大准则。玩家1可以保证,采用策略1失去的收益值不会超过2个。同样,玩家2也可以保证,采用策略3失去的收益值不会超过2个。

但请注意,在这种情况下,极大极小值(-2)和极小极大值(2)不同,结果就是没有鞍点。

如果两位玩家都计划使用刚推导出的策略,结果会如何?可以看出,玩家1会从玩家2处赢得2个收益值,这会使玩家2不开心,因为玩家2是理性的,本可以预见这个结果,然后,通过采用策略2赢得2个收益值,而不是输掉2个收益值。但玩家1也是理性的,能够预测到这一转变,从而改为采用策略2,将结果值从-2大幅提高到4。认识到这一点之后,玩家2会再考虑换回策略3,将损失4改为赢3。这一转换的可能性会导致玩家1重新考虑采用策略1,之后,会重新开始整个循环。因此,即使这场游戏只玩过一次,任何一次改变策略的尝试都可能促使该玩家为了利用对手或防止被对手利用而考虑改变策略。

简言之,由于收益表没有鞍点,最初的建议解(玩家1采用策略1,玩家2采用策略3)为不稳定解,因此,有必要确定一个更为满意的解。但什么样的解更为满意呢?

事实的关键似乎在于每当一方的策略可以预测时,对手就可以根据这一信息改善自身处境。因此,博弈游戏(如此游戏)合理计划的一个基本特征应该是,任何一方都不能推断出对方会使用什么策略。这种情况下,有必要从一些可接受的备选策略中相对随机地选择其中一种,而不是利用已知的标准确定一个肯定会使用的单一策略。通过这种方式,两名玩家事先都不知道自己会采用哪种策略,更不会知道对手将采用何种策略。

15.1节介绍的奇偶数游戏中也存在同样的情况。如表15.1所列,该游戏的收益表没有鞍点,所以每位玩家每一局应选择什么策略(出一根手指还是两根手指)没有一个稳态解。事实上,如果玩家总是出相同数量的手指将十分荒谬,因为那样,对手就会每次都出能赢他的手指数。即使一个玩家的策略因过去的倾向或模式只能在某种程度上被预测到,对手也能利用这一信息提高获胜的概率。根据博弈论,奇偶数游戏的合理玩法是每次都完全随机地选择策略,如掷硬币(不让给对手看到结果),如果硬币是正面,则出一根手指头,如果硬币是背面,则出两根手指头。

这种建议非常笼统,一般没有鞍点的游戏需要用这种方法。下一节将使用方法进行详细介绍。在此基础上,以下两节内容将继续以政治竞选问题的变形3为例,说明这些思路的发展情况,确定寻求该类游戏最优解的方法。

15.3 混合策略游戏

根据博弈论,只要游戏没有鞍点,建议每位玩家对其策略组合指定一个分布概率。用数学方式表示,令

x_i = 玩家 1 使用策略 $i(i=1,2,\cdots,m)$ 的概率

y_j = 玩家 2 使用策略 $j(j=1,2,\cdots,n)$ 的概率

式中:m 和 n 分别为可用策略的数量。玩家 1 会给 $x_1,x_2,\cdots,x_m$ 赋值来指定游戏计划。由于这些值都是概率值,所以需为非负值且和为 1。同样,玩家 2 的计划则通过向其决策变量 $y_1,y_2,\cdots,y_n$ 赋值进行说明。这些计划 $(x_1,x_2,\cdots,x_m)$ 和 $(y_1,y_2,\cdots,y_n)$ 通常称为混合策略,原策略称为纯策略。

实际玩游戏时,每位玩家必须使用其中一种纯策略。该纯策略通过一些随机设备进行选择,即随机设备从混合策略指定的概率分布中获得一个随机观察结果,该观察结果显示使用哪一种纯策略。

为了阐明这一点,假设政治竞选问题变形 3 中玩家 1 和玩家 2(表 15.5)分别选择混合策略 $(x_1,x_2,x_3)=\left(\dfrac{1}{2},\dfrac{1}{2},0\right)$ 和 $(y_1,y_2,y_3)=\left(0,\dfrac{1}{2},\dfrac{1}{2}\right)$,则该选择表明,玩家 1 选择策略 1 和策略 2 的机会均等 $\left(概率为\dfrac{1}{2}\right)$,完全放弃策略 3。同理,玩家 2 则在最后 2 个纯策略中随机选择。玩游戏时,玩家可抛硬币确定最终使用哪种策略。

虽然用于评估混合策略的完全令人满意的绩效度量方式不存在,但预期收益是一种非常有效的方法。根据期望值的概率论定义,该值表示如下:

玩家 1 预期收益为

$$= \sum_{i=1}^{m} \sum_{j=1}^{n} p_{ij} x_i y_j$$

式中:p_{ij} 为收益;i 为玩家 1 使用的纯策略;j 为玩家 2 使用纯策略。之前的混合策略的示例中,有四种可能的收益 $(-2,2,4,-3)$,每一种的发生概率均为 $\dfrac{1}{4}$,所以预期收益值为 $\dfrac{1}{4}(-2+2+4-3)=\dfrac{1}{4}$。由此可见,该绩效度量方法无法显示游戏过程中的任何风险,但能表明游戏玩多次时的平均收益值倾向。

通过该项度量方法,博弈论将极小极大准则的概念延伸到没有鞍点的游戏中,因而需要混合策略。这种情况下,根据极小极大准则,指定玩家应选择能使自身最大预期损失最小化的混合策略。同样,当把焦点放在收益(玩家 1)而非损失(玩家 2)上时,该准则则为极大极小准则,即使玩家的最低预期收益达到最大的准则。最低预期收益指对手用以还击的任何混合策略可能产生的最小的可能预期收益。因此,根据该准则,玩家 1 的最优混合策略即为能保证(最低预期收益)最优(最大)的策略(该最优保证值即为极大极小值,用 $\underline{v}$ 表示)。同理,玩家 2 的最优策略也是提供最优保证的策略,这里最优是指最小,保证是指对手的任何混合策略可能产生的最大预期损失(该最优保证值即为极小极大值,用 $\bar{v}$ 表示)。

回想一下,当仅使用纯策略时,游戏没有鞍点,结果是不稳定的(没有稳定解)。究其原因,主要是因为 $\underline{v}<\bar{v}$,所以,各玩家想要通过改变策略以改善自身处境。同理,使用混合策略时,若 $\underline{v}=\bar{v}$,则最优解为稳定解。幸运的是,根据博弈论的极小极大定理,该类游戏的该项条件始终成立。

极小极大定理:如果允许使用混合策略,则根据极小极大准则,最优的成对混合策略可通过 $\underline{v}=\bar{v}=v$(对策值)提供一个稳态解,因此,任一玩家都不能通过单方面改变策略而获得更好的解。有关该定理的证明见 15.5 节。

如果游戏反复玩,混合策略的概念就会变得非常直观,但游戏只玩一次时则需要做一些解释说明。这种情况下,使用混合策略仍要选择和使用一个纯策略(从指定的概率分布中随机选择),所以忽略这个随机过程,只选择采用一个"最优"纯策略似乎更合情理。但是,在游戏没有鞍点的情况下,我们已在前面部分的政治竞选问题变形 3 和决不让对手推断其策略(即游戏不稳定时,博弈论规则下的求解过程无法明确确定所使用的纯策略)的奇偶数游戏中进行了说明。此外,即使对手能够通过对第一个玩家选择倾向的了解推导出的(所选择纯策略)概率与最优混合策略的概率不同,也能通过这种了解降低第一个玩家的预期收益值。因此,保证获得最优预期收益 v 的唯一方法是从最优混合策略的概率分布中随机选择纯策略(有关作出这类随机选择的有效统计程序将在 20.4 节中介绍)。

现要说明为每个玩家找到最优混合策略的几种方法。其中一种是图示法,只要其中一个玩家只有两个(非劣势)纯策略即可使用图示法,该方法将在下一节进行介绍。当涉及更大的游戏时,常用方法是将该问题转化为线性规划问题,然后在计算机上用单纯形法求解。15.5 节将介绍这种方法。

15.4 图示求解法

以任何有混合策略的游戏为例,如劣势策略淘汰后,其中一个玩家只有两个纯策略。具体来说,令该玩家为玩家 1。由于该玩家的混合策略为 (x_1, x_2),且 $x_2 = 1-x_1$,所以该玩家只需求解 x_1 的最优解。通过将对手的纯策略预期收益绘成 x_1 的函数图形将十分明了。利用该图形可确定使最低预期收益达到最大的点,还能确定对手的极小极大混合策略。

为了阐明这一过程,以政治竞选问题变形 3(表 15.5)为例。注意:玩家 1 的第三个纯策略劣于第二个纯策略,所以可以精减收益表,形成表 15.6。因此,对于玩家 2 可用的各个纯策略,玩家 1 的预期收益如下:

(y_1, y_2, y_3)	预期收益
(1, 0, 0)	$0x_1 + 5(1-x_1) = 5-5x_1$
(0, 1, 0)	$-2x_1 + 4(1-x_1) = 4-6x_1$
(0, 0, 1)	$2x_1 + 3(1-x_1) = -3+5x_1$

现将这些预期收益线用图形表示出来,如图 15.1 所示。对于 x_1 和 (y_1, y_2, y_3) 的任何给定值,预期收益都将是这三条线上对应点的适当加权平均值。特别是,玩家 1 的预期收益 $= y_1(5-5x_1) + y_2(4-6x_1) + y_3(-3+5x_1)$。

表 15.6 政治竞选问题变形 3 中玩家 1 的精减收益表

				玩家 2		
			概率	y_1	y_2	y_3
		概率	纯策略	1	2	3
玩家 1		x1	1	0	-2	2
		1 - x1	2	5	4	-3

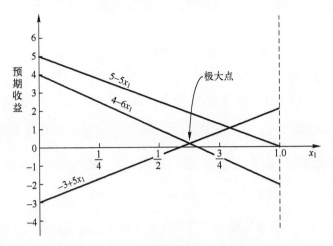

图 15.1 博弈求解图示法

请记住，玩家 2 想要使玩家 1 的该预期收益值达到最小。给定 x_1 值时，玩家 2 可通过选择图 15.1 中 x_1 的底线对应的纯策略（$-3+5x_1$ 或 $4-6x_1$，但决不会是 $5-5x_1$）使玩家 1 预期收益达到最小。根据极小极大准则（实际上从玩家 1 的角度来看是极大极小准则），玩家 1 想要将该最小预期收益值最大化。因此，玩家 1 应选择底线峰值作为 x_1 的值，即 ($-3+5x_1$) 和 ($4-6x_1$) 的相交点，该点会产生以下预期收益，即

$$\underline{v}=v=\max_{0\leqslant x_1 \leqslant 1}\{\min\{-3+5x_1, 4-6x_1\}\}$$

为了用代数法求解 $-3+5x_1$ 和 $4-6x_1$ 两条线相交点处 x_1 的最优值，设

$$-3+5x_1=4-6x_1$$

得出 $x_1=\frac{7}{11}$。故 $(x_1,x_2)=\left(\frac{7}{11},\frac{4}{11}\right)$ 是玩家 1 的最优混合策略，且

$$\underline{v}=v=-3+5\left(\frac{7}{11}\right)=\frac{2}{11}$$

是对策值。

为了找到玩家 2 相应的最优混合策略，现进行如下推理：根据极小极大值的定义和极小极大定理，最优策略 $(y_1,y_2,y_3)=(y_1^*,y_2^*,y_3^*)$ 产生的预期收益将满足所有 $x_1(0 \leqslant x_1 \leqslant 1)$ 值的以下条件，即

$$y_1^*(5-5x_1)+y_2^*(4-6x_1)+y_3^*(-3+5x_1)\leqslant \bar{v}=v=\frac{2}{11}$$

此外，当玩家 1 发挥最佳（即 $x_1=\frac{7}{11}$）时，按照极小极大定理，该不等式将变成等式，故

$$\frac{20}{11}y_1^*+\frac{2}{11}y_2^*+\frac{2}{11}y_3^*=v=\frac{2}{11}$$

由于 (y_1,y_2,y_3) 是一个概率分布，所以已知

$$y_1^*+y_2^*+y_3^*=1$$

而 $y_1^*>0$ 违反倒数第二个等式，即图中 $x_1=\frac{7}{11}$ 时的预期收益会高于极大极小点，故 $y_1^*=0$（一般而言，任何不经过极大极小点的线都必须赋予一个零权重值，以免增加高于此点的预期收益）。

因此，有

$$y_2^*(4-6x_1)+y_3^*(-3+5x_1) \begin{cases} \leq \dfrac{2}{11}, 0 \leq x_1 \leq 1 \\ = \dfrac{2}{11}, x_1 = \dfrac{7}{11} \end{cases}$$

但 y_2^* 和 y_3^* 是数字,所以左边是直线方程,是图中两条"底线"的一个固定加权平均值。由于该线在 $x_1 = \dfrac{7}{11}$ 处的坐标必须等于 $\dfrac{2}{11}$,且决不能超过 $\dfrac{2}{11}$,所以该线一定是条水平线(除非 x_1 的最优值为 0 或 1,否则,该结论始终成立,这种情况下,玩家 2 也应使用单一纯策略)。因此,有

$$y_2^*(4-6x_1)+y_3^*(-3+5x_1) = \dfrac{2}{11}, 0 \leq x_1 \leq 1$$

所以,为了求解 y_2^* 和 y_3^*,选择 x_1 的两个值(比如 0 和 1),解出由此生成的两个联立方程即可,故

$$4y_2^* - 3y_3^* = \dfrac{2}{11}$$

$$-2y_2^* + 2y_3^* = \dfrac{2}{11}$$

两个联立方程的联立解为 $y_2^* = \dfrac{5}{11}$ 和 $y_3^* = \dfrac{6}{11}$。因此,玩家 2 的最优混合策略为 $(y_1, y_2, y_3) = (0, \dfrac{5}{11}, \dfrac{6}{11})$。

另一种情况,如果碰巧有两根以上的线穿过极大极小点,则有两个以上的 y_j^* 值大于零,这种情况意味着玩家 2 有多种可获得最优混合策略的可能性。可通过将所有值(这两个 y_j^* 值除外)全部设置为零然后用上述方法求解其余两个值来确定该类最优混合策略。关于其余的两个值,相关线条斜率必须一个为正、一个为负。

虽然该图示法仅说明了一类特定问题,但实际上,当其中任何一位玩家仅有两个非劣势策略时,可使用相同的推理方法求解所有该类混合策略的游戏。本书网站"求解实例"部分提供了另一示例,该示例中玩家 2 仅有两个非劣势策略,所以图解过程应首先从玩家 2 的角度出发。

15.5 线性规划求解

任何有混合策略的游戏均可通过将该问题转化为线性规划问题求解。这种转化仅采用极小极大定理以及极大极小值、极小极大值的定义。

首先,以如何找到玩家 1 的最优混合策略为例,如 15.3 节所示。

如果所有对策 $(y_1, y_2, \cdots, y_n)$ 均满足条件 $\sum_{i=1}^{m}\sum_{j=1}^{n} p_{ij} x_i y_j \geq \underline{v} = v$,则玩家 1 的预期收益为 $\sum_{i=1}^{m}\sum_{j=1}^{n} p_{ij} x_i y_j$,且策略 $(x_1, x_2, \cdots, x_m)$ 为最优策略。因此,对于玩家 2 的每个纯策略(即一个 $y_j = 1$ 且其余等于 0 的各策略 $(y_1, y_2, \cdots, y_n)$),该不等式均应成立。将这些值代入不等式,得出

$$\sum_{i=1}^{m} p_{ij} x_i \geq v, j = 1, 2, \cdots, n$$

所以不等式隐含该组 n 的不等式集。此外,该组 n 的不等式集隐含原不等式(重写)

$$\sum_{j=1}^{n} y_j \Big(\sum_{i=1}^{m} p_{ij} x_i \Big) \geqslant \sum_{j=1}^{n} y_j v = v$$

由于

$$\sum_{j=1}^{n} y_j = 1$$

且因隐含是双向的,因此,实施该组 n 线性不等式集等价于要求原不等式对于所有策略 $(y_1, y_2, \cdots, y_n)$ 均成立。但这些 n 的不等式是合理的线性规划约束条件,是附加约束

$$x_1 + x_2 + \cdots + x_m = 1$$
$$x_i \geqslant 0, i = 1, 2, \cdots, m$$

要求确保 x_i 为概率。因此,满足这一整套线性规划约束条件的任意解 $(x_1, x_2, \cdots, x_m)$ 都是理想的最优混合策略。

由此,找到最优混合策略的问题简化为找到线性规划问题的可行解,可按第 4 章所述方法求解。剩下两个难题就是:①v 为未知;②该线性规划问题没有目标函数。幸运的是,这两大难题可通过用变量 x_{m+1} 取代未知常数 v 再使 x_{m+1} 最大化一举解决。所以,线性规划问题最优解处 x_{m+1} 的值即为 v 值(按照定义)。

15.5.1 线性规划模型

简言之,玩家 1 通过用单纯形法求解线性规划问题找到最优混合策略,即

Max x_{m+1}

s. t.

$$p_{11}x_1 + p_{21}x_2 + \cdots + p_{m1}x_m - x_{m+1} \geqslant 0$$
$$p_{12}x_1 + p_{22}x_2 + \cdots + p_{m2}x_m - x_{m+1} \geqslant 0$$
$$\cdots$$
$$p_{1n}x_1 + p_{2n}x_2 + \cdots + p_{mn}x_m - x_{m+1} \geqslant 0$$
$$x_1 + x_2 + \cdots + x_m = 1$$

且

$$x_i \geqslant 0, i = 1, 2, \cdots, m$$

注意:x_{m+1} 不限于非负数,单纯形法只有在所有变量均有非负约束条件时才能使用。但这个问题较容易调整,稍后再作讲述。

现在以玩家 2 为例。玩家 2 可通过将收益表重写为自己的收益而非玩家 1 的收益,然后,完全按照上述方法操作即可找到最优混合策略。但我们可以得到启发,然而,将玩家 2 的模型按照原收益表进行归纳十分具有启发性。玩家 2 完全按照上述类似方法操作便可得出线性规划问题的最优解,即为最优混合策略:

Min y_{n+1}

s. t.

$$p_{11}y_1 + p_{12}y_2 + \cdots + p_{1n}y_n - y_{n+1} \leqslant 0$$
$$p_{21}y_1 + p_{22}y_2 + \cdots + p_{2n}y_n - y_{n+1} \leqslant 0$$
$$\cdots$$
$$p_{m1}y_1 + p_{m2}y_2 + \cdots + p_{mn}y_n - y_{n+1} \leqslant 0$$
$$y_1 + y_2 + \cdots + y_n = 1$$

且

$$y_j \geq 0, j=1,2,\cdots,n$$

显而易见（见习题 15.5-6 及其提示），根据 6.1 节和 6.4 节所述，该线性规划问题和提供给玩家 1 的线性规划问题互为对偶关系，这一事实有几个重要含义。其中一层含义是，由于对偶最优解是单纯形法寻求原始问题最优解的计算过程中自然产生的副产品，所以两位玩家的最优混合策略均可通过求解其中一个线性规划问题找到。第二层含义是，这使所有对偶理论（第 6 章中描述）都涉及到博弈游戏的解释和分析。

还有一层相关含义是，这简单证明了极小极大定理。令 x_{m+1}^* 和 y_{n+1}^* 表示各线性规划问题最优解中的 x_{m+1} 和 y_{n+1} 的值。由 6.1 节给定的强对偶性可知，$-x_{m+1}^* = -y_{n+1}^*$，所以，$x_{m+1}^* = y_{n+1}^*$。但从 $\underline{v}$ 和 $\overline{v}$ 的定义可知，$\underline{v} = x_{m+1}^*$ 且 $\overline{v} = y_{n+1}^*$，由此得出结论 $\underline{v} = \overline{v}$，与极小极大定理所述一致。

剩下一个未解决的问题需要加以解决，即如何使 x_{m+1} 和 y_{n+1} 在线性规划模型中不受正负号的限制。如果明确 $v \geq 0$，则 x_{m+1} 和 y_{n+1} 的最优值即为非负数，便可安全引入这些变量的非负约束条件于单纯形法中。但如果 $v < 0$，则需要进行调整。一种可能是使用 4.6 节中所述方法，用两个非负变量替代无非负约束条件的变量。另一种可能则是把玩家 1 和玩家 2 对调，将收益表重写为原玩家 2 的收益，使相应的 v 值为正。第三种可能，也是最常用的一个方法，则是给收益表中的所有条目增加一个足够大的固定常数，使对策值为正（如将该常数设置为等于最大负项的绝对值）。由于每项都增加了该相同常量，所以该调整不会对最优混合策略造成任何影响。现在可以通过常用方式获得最优混合策略。常数值会使指示的对策值增加，但在求解后可重新调整该对策值。

15.5.2　政治竞选问题变形 3 的应用

为了说明该线性规划方法，玩家 1 的劣势策略 3 被淘汰后，再次以政治竞选问题变形 3 为例进行说明（表 15.6）。由于简化的收益表中有部分负项，所以一开始并不清楚对策值是否为非负（证明是非负）。暂且假设 $v \geq 0$，且不进行前面段落所述的任何调整，继续往下。

为了写出此例中玩家 1 的线性规划模型，应注意，一般模型中的 p_{ij} 是表 15.6 中 i 行和 j 列中的项，$i=1,2; j=1,2,3$。由此产生的模型为

Max x_3

s.t.

$$5x_2 - x_3 \geq 0$$
$$-2x_1 + 4x_2 - x_3 \geq 0$$
$$2x_1 - 3x_2 - x_3 \geq 0$$
$$x_1 + x_2 = 1$$

且

$$x_1 \geq 0, x_2 \geq 0$$

（增加约束条件 $x_3 \geq 0$ 后）对该线性规划问题应用单纯形法，得出 $x_1^* = \frac{7}{11}, x_2^* = \frac{4}{11}, x_3^* = \frac{2}{11}$ 为最优解（见习题 15.5-8 和习题 15.5-9）。所以，与前一节图示法所获的结果相同，根据极小极大准则，玩家 1 的最优混合策略为 $(x_1, x_2) = \left(\frac{7}{11}, \frac{4}{11}\right)$，且对策值为 $v = x_3^* = \frac{2}{11}$。单纯形法同时也产生了该问题的对偶最优解（后面再作介绍），即 $y_1^* = 0, y_2^* = \frac{5}{11}, y_3^* = \frac{6}{11}, y_4^* = \frac{2}{11}$，故玩家 2 的最优混合策略是 $(y_1, y_2, y_3) = \left(0, \frac{5}{11}, \frac{6}{11}\right)$。

上述问题的对偶性正是本节前面所述的玩家2的线性规划模型(包含$y_1, y_2, \cdots, y_n, y_{n+1}$变量的模型)。(见习题15.5-7)。在表15.6中插入p_{ij}的值,则该模型为

Min y_4
s. t.
$$-2y_2 + 2y_3 - y_4 \leq 0$$
$$5y_1 + 4y_2 - 3y_3 - y_4 \leq 0$$
$$y_1 + y_2 + y_3 = 1$$

且
$$y_1 \geq 0, y_2 \geq 0, y_3 \geq 0$$

(增加$y_4 \geq 0$的约束条件后)直接将单纯形法应用于该模型,得出最优解:$y_1^* = 0, y_2^* = \frac{5}{11}$, $y_3^* = \frac{6}{11}, y_4^* = \frac{2}{11}$(以及最优对偶解$x_1^* = \frac{7}{11}, x_2^* = \frac{4}{11}, x_3^* = \frac{2}{11}$)。因此,玩家2的最优混合策略是$(y_1, y_2, y_3) = \left(0, \frac{5}{11}, \frac{6}{11}\right)$,而对策值再次为$v = y_4^* = \frac{2}{11}$。由于我们在处理第一个模型时已经找到玩家2的最优混合策略,所以无需求解第二个模型。一般而言,只选用其中一个模型(任一个),然后,使用单纯形法求解最优解和最优对偶解即可找到两位玩家的最优混合策略。

当用单纯形法求解这两个线性规划模型时,需增加一个非负约束条件,即假定$v \geq 0$。如果违反该假设,则两个模型均没有可行解,因此,随着该信息的出现,单纯形法也将很快无法适用。为避免这一风险,可以给表15.6中所有项均增加一个正常数,如3(最大负项的绝对值),则两个模型的不等式约束条件中的x_1, x_2, y_1, y_2和y_3的所有系数均增加3(见习题15.5-2)。

15.6 扩 充

虽然本章仅介绍纯策略数量有限的两人零和游戏,但博弈论的应用远远超出该类游戏。事实上,人们对一些更为复杂的游戏类型进行了大量研究,包括本节总结的这些游戏类型。

最简单的引申应用是两人常和游戏。两人常和游戏中,无论采用什么样的策略组合,两名玩家的收益总数都是一个固定常数(正数或负数)。与两人零和游戏的唯一区别是:两人零和游戏的常数必须为零。由于除一方赢另一方就必定输之外,参加游戏的两名玩家还可能共享部分好处(如果常数为正数)或分担部分成本(如果常数为负数),所以还可能产生非零常数。增加这一固定常数对应该选择的策略不会产生任何影响。因此,有关确定最优策略的分析与本章所述两人零和游戏的分析完全相同。

更为复杂的扩展应用是多人博弈,多人博弈中不止有两名玩家参与。该类扩展尤为重要,因为在许多竞争情景中,往往会有两名以上竞争对手,如企业之间的竞争、国际外交等。然而,有关该类游戏的现有理论却不如两人游戏理论成熟。

另一个扩展应用是非零和游戏,该类游戏中玩家的收益总和不必为0(或其他任何固定常数)。这种情况反映了一个事实,即许多竞争中包含非竞争性的方面,这将使玩家拥有共同的优势或劣势。例如,竞争公司的广告策略不仅影响他们如何分割市场,同时也会对竞争对手产品的市场规模产生影响。然而,与常和博弈相比,玩家的互利(或共同损失)取决于所选的策略组合。

由于可能实现双赢的局面,所以非零和游戏可按照玩家合作的程度进一步分类。存在两个极端情况,一个极端是非合作博弈,这种情况下玩家之前没有预先沟通。另一个就是合作博弈,

这种情况下,允许事先进行讨论和签订具有约束力的协议。例如,当竞争形势涉及国家间的贸易法规或劳资之间的集体谈判时,可按合作博弈形式建模。当玩家超过两名时,合作博弈允许部分或全部玩家结成联盟。

还有一个扩充是无限博弈类,这类博弈中玩家可以有无限个纯策略。该类博弈是专门针对所选择策略可由一个连续的决策变量表示的情况。例如,在竞争局面中,该决策变量可能是采取某种行动的时间或分配给特定活动的资源比例。

两人零和有限博弈之外的这些扩展需要更为复杂的分析,此处不再做详细介绍(详见参考文献[6-8,10])。

15.7 结 论

如何在竞争环境中做出决策的问题十分常见,也非常重要。博弈论最基本的贡献就是,它为确定和分析简单情况下的该类问题提供了基本的概念框架。然而,对问题的理论处理与复杂环境下真实问题的处理往往存在较大差距。因此,博弈论概念工具只能用于辅助处理这类问题。

由于此类问题的重要性,因此人们一直在致力于将上述理论扩展至涵盖复杂问题的处理,并取得了一定的成果。

参 考 文 献

[1] Bier, V. M., and M. N. Azaiez (eds.): Game Theoretic Risk Analysis of Security Threats, Springer, New York, 2009.
[2] Chatterjee, K., and W. F. Samuelson (eds.): Game Theory and Business Applications, 2nd ed., Springer, New York, 2013.
[3] Denardo, E. V.: Linear Programming and Generalizations: A Problem-based Introduction with Spreadsheets, Springer, New York, 2012, chaps. 14-16.
[4] Geckil, I. K., and P. L. Anderson: Applied Game Theory and Strategic Behavior, CRC Press, Boca Raton, FL, 2009.
[5] Kimbrough, S.: Agents, Games, and Evolution: Strategies at Work and Play, Chapman and Hall/CRC Press, Boca Raton, FL, 2012.
[6] Leyton-Brown, K., and Y. Shoham: Essentials of Game Theory: A Concise Multidisciplinary Introduction, Morgan and Claypool Publishers, San Rafael, CA, 2008.
[7] Mendelson, E.: Introducing Game Theory and Its Applications, Chapman and Hall/CRC Press, Boca Raton, FL, 2005.
[8] Meyerson, R. B.: Game Theory: Analysis of Conflict, Harvard University Press, Cambridge, MA, 1991.
[9] Washburn, A.: Two-Person Zero-Sum Games, 4th ed., Springer, New York, scheduled for publication in 2014.
[10] Webb, J. N.: Game Theory: Decisions, Interaction and Evolution, Springer, New York, 2007.

习 题

部分习题(或习题的组成部分)左侧的符号具有以下含义。

C:使用计算机的所有可用软件(或按导师指示)对问题进行求解。

带星号的习题表示本书后面附有该问题的至少部分答案。

15.1-1 某公司工会和管理层一直在进行一份新的劳动合同谈判。然而,现在谈判已陷入僵局,管理层给出的"最后"的工资增长金额为每小时增加 1.10 美元,而工会"最后"的工资要求为每小时增加 1.60 美元。因此,双方都同意由公正仲裁员裁定工资涨幅,介于每小时 1.10 美元和 1.60 美元(含)之间。

仲裁员要求双方各自提交一份保密提案,以便作出公平和经济合理的工资涨幅(四舍五入

第 15 章 博弈论

到角)裁定。根据以往的经验,双方都清楚该仲裁员通常会接受让步最多的一方的提议。如果双方都不更改确报数,或者都让步相同的金额,那么,仲裁员通常会折中处理(本例中是 1.35 美元)。现在,双方都需确定为了最大化自身优势应提出多大的工资增幅。

请将该问题按两人零和游戏建模。

15.1-2 两家生产商在竞争两条不同但利润相等的产品线的销售。两种情况下,制造商 2 的销售量都是制造商 1 销售量的 3 倍。由于近期的技术突破,两家制造商都将对两款产品进行重大改进。但他们并不确定应遵循什么样的发展和营销策略。

如果两款产品同时改进,那么,两家制造商均可在 12 个月内完成。另一种方案是制定一个"应急计划",首先只开发一款产品,争取在竞争中将该产品提前推向市场。通过这样的方式,制造商 2 在 9 个月内即有一款产品可出售,而制造商 1 则需要 10 个月(因为之前已将生产设施作其他规划)。两家制造商再有 9 个月时间均可推出第二款产品。

对于任一产品线,如果两家制造商同时推出其改进产品,预计制造商 1 该款产品的总销售额将上涨 8%(从 25% 上涨到 33%)。同样,如果制造商 1 早于制造商 2 个月、6 个月、8 个月将产品推出市场,则增加份额将分别为 20%、30% 和 40%。另一方面,如果制造商 2 提前 1 个月、3 个月、7 个月和 10 个月推出产品,则制造商 1 损失的市场份额将分别为 4%、10%、12% 和 14%。

请将该问题按两人零和游戏建模,然后根据极小极大准则确定两家制造商各应采取何种策略。

15.1-3 以下面两名玩家之间的室内游戏为例,每位玩家开始各有三个筹码:一个红色、一个白色、一个蓝色。每个筹码只能使用一次。

首先,每个玩家选择自己的一个筹码放在桌上,不让对方看到。然后,两名玩家翻开筹码,分出胜负,赢的一方获得收益。如果两名玩家出同一种颜色的筹码,则为平局;否则,下表即为赢家及赢家从对方手中获得的收益。接下来,每位玩家从剩下的两个筹码中选择一个筹码,然后,重复这个过程,根据下表获得另一个收益。最后,每位玩家出最后一个筹码,得到第三个(也是最后一个)收益。

获胜筹码	收益/美元
红色赢白色	50
白色赢蓝色	40
蓝色赢红色	30
同色	0

请确定策略和收益形式,将该问题按两人零和游戏建模。

15.2-1 再次以问题 15.1-1 为例。
(a) 利用劣势策略的概念确定双方的最优策略。
(b) 不排除劣势策略,利用极小极大准则确定双方的最优策略。

15.2-2* 对于收益表如下所列的游戏,可通过依次排除劣势策略确定各个玩家的最优策略(说明策略排除顺序)。

策略		玩家 2		
		1	2	3
玩家 1	1	−3	1	2
	2	1	2	1
	3	1	0	−2

15.2-3 以收益表如下所列的游戏为例。

策略		玩家 2			
		1	2	3	4
玩家 1	1	2	-3	-1	1
	2	-1	1	-2	2
	3	-1	2	-1	3

通过依次排除劣势策略确定各玩家的最优策略。按劣势策略排除顺序(和相应的优势策略)列出劣势策略清单。

15.2-4 找到收益表如下所列的游戏的鞍点。

策略		玩家 2		
		1	2	3
玩家 1	1	1	-1	1
	2	-2	0	3
	3	3	1	2

用极小极大准则找到各个玩家的最优策略。该游戏是否有鞍点？是否为静态博弈？

15.2-5 找到收益表如下所列的游戏的鞍点。

策略		玩家 2			
		1	2	3	4
玩家 1	1	3	-3	-2	-4
	2	-4	-2	-1	1
	3	1	-1	2	0

用极小极大准则找到各个玩家的最优策略。该游戏是否有鞍点？是否为静态博弈？

15.2-6 两家公司共同占有一款特殊产品的大部分市场份额。现在,两家公司都在规划下一年新的营销计划,试图从对方手中夺取部分销售份额(产品的总销售额相对固定,所以任何一家公司要增加其销售额只能从另一家公司手中赢取)。两家公司都在考虑三种方案:(1)改善产品包装;(2)加大宣传力度;(3)略微降低产品价格。这三种方案成本相当,都比较高,所以每家公司只选择一种。公司 1 各个组合增加销售额百分比的预估效果如下:

策略		玩家 2		
		1	2	3
玩家 1	1	2	3	1
	2	1	4	0
	3	3	-2	-1

各公司必须在了解对方公司的决策之前做出选择。

(a) 不排除劣势策略,利用极小极大(或极大极小)准则确定各公司的最优策略。

(b) 现在尽可能确定并排除劣势策略。列出劣势策略清单，说明这些劣势策略的排除顺序。然后，列出由此产生的不含劣势策略的精减收益表。

15.2-7* 两名政治家即将开展一场政治竞选活动，争取赢得某个政治职位。现在两名竞选者须选择各自将要强调的主要议题，作为各自竞选的主题。每位竞选者各有三个有利议题可供选择，但各议题的有效性是相对的，取决于对手所选择的议题。竞选者1的各议题组合所产生预估增长（以总票数的百分比表示）如下所列。

		竞选者2的议题		
		1	2	3
竞选者1的议题	1	7	−1	3
	2	1	0	2
	3	−5	−3	−1

然而，由于调查和制定所选议题需要工作人员做大量工作，因此，每位竞选者必须在清楚对手的选择之前作出自己的选择。那么，她应该选择哪个议题？

对于此处所述情形，请将该问题按两人零和游戏建模，然后根据指定准则确定各竞选者应选用哪个议题。

(a) 目前，选民偏好非常不明确，因此，每位竞选者每增加一个百分点的选票就能获得相同的对策值。使用极小极大准则。

(b) 一份可靠的民意调查显示，目前，倾向于竞选者1的选民百分比（在提出议题之前）在45%和50%之间（假设在这个范围内统一分配）。运用劣势策略的概念，从竞选者1的策略开始。

(c) 假设(b)部分所述百分比实际为45%，那么，竞选者1是否应使用极小极大准则？请解释说明。你会推荐哪个议题？为什么？

15.2-8 简要说明你认为极小极大准则有哪些优缺点。

15.3-1 以15.1节中介绍的奇偶数游戏为例，表15.1所列为其收益表。
(a) 请说明该游戏没有鞍点。
(b) 按照两名玩家使用各自纯策略的概率写出玩家1（偶数一方）预期收益的表达式。然后，说明该表达式在以下三种情况下应该如何精减：(1)玩家2确定使用第一种策略；(2)玩家2确定使用第二种策略；(3)玩家2使用两个策略的概率相等。
(c) 当玩家1为奇数一方时，重复(b)部分。

15.3-2 以下述两人室内游戏为例。由裁判员掷硬币开始，注意，不管是正面还是反面，裁判员仅向玩家1出示结果。然后，玩家1可选择：(1)放弃，向玩家2支付5美元；(2)下注，如果玩家1放弃，则游戏终止。但是，如果玩家1选择下注，则游戏继续，这种情况下，玩家2可以选择：(1)放弃并支付5美元给玩家1；(2)叫牌，如果玩家2叫牌，裁判则向他展示硬币；如果是正面，则玩家2向玩家1支付10美元；如果是反面，则玩家2收到玩家1的10美元。
(a) 请为每位玩家提供纯策略（提示：玩家1将有四个纯策略，每个纯策略都说明他将如何回应裁判向他展示的两个结果；玩家2将有2个纯策略，每一个纯策略都说明如果玩家1下注他将如何应对）。
(b) 为该游戏制定收益表，必要时使用各条目的期望值，然后识别并排除所有劣势策略。
(c) 请说明所产生的收益表中的所有条目均非鞍点。然后，解释为什么两位玩家任何纯策略的固定选择一定是不稳定解,而必须改用混合策略。

(d) 按照两名玩家各自使用纯策略的概率写出玩家 1 预期收益的表达式。然后,说明该表达式在以下三种情况下如何简化:(1)玩家 2 确定使用第一种策略;(2)玩家 2 确定使用第二种策略;(3)玩家 2 使用两个策略的概率相等。

15.4-1 以 15.1 节中介绍的奇偶数游戏为例,表 15.1 所示为其收益表。从玩家 1(偶数一方)的角度,根据极小极大准则,用 15.4 节介绍的图示法确定每位玩家的最优混合策略。然后,再从玩家 2(奇数一方)的角度,确定每位玩家的最优混合策略。同时给出相应的对策值。

15.4-2 再次以问题 15.3-2 为例。根据极小极大准则,用 15.4 节中所述的图示法确定每位玩家的最优混合策略。同时给出相应的对策值。

15.4-3 以收益表如下所列的游戏为例。

策略		玩家 2	
		1	2
玩家 1	1	3	-2
	2	-1	2

根据极小极大准则,用 15.4 节中所述的图示法确定每位玩家的对策值和最优混合策略。通过构建玩家 2 的收益表,直接用图示法验证玩家 2 的答案是否正确。

15.4-4* 针对收益表如下所示的游戏,根据极小极大准则,用 15.4 节所述的图示法确定每位玩家的对策值和最优混合策略。

策略		玩家 2		
		1	2	3
玩家 1	1	4	3	1
	2	0	1	2

15.4-5 A. J. 游泳队即将与 G. N. 游泳队有一场重要的游泳比赛。每队各有一名明星选手(分别是约翰和马克),两人 100 码蝶泳、仰泳和蛙泳比赛项目成绩都非常好。但按照比赛规则,他们在以上比赛项目中最多只能参加两个项目。因此,两队的教练需要决定如何安排才能获得最大优势。

每队在每个比赛项目中将有三人参加(最大参赛人数)。针对各比赛项目,下表给出了约翰和马克以往最佳时间记录以及其他每位确定参赛选手的最佳时间(无论约翰和马克不参加哪个项目,该项参赛者都将比两人的速度慢)。

	A. J. 游泳队			G. N. 游泳队		
	参赛者			参赛者		
	1	2	约翰	马克	1	2
蝶泳	1:01.6	59.1	57.5	58.4	1:03.2	59.8
仰泳	1:06.8	1:05.6	1:03.3	1:02.6	1:04.9	1:04.1
蛙泳	1:13.9	1:12.5	1:04.7	1:06.1	1:15.3	1:11.8

各比赛项目中,第一名得 5 分,第二名得 3 分,第三名得 1 分,其他名次不得分。双方教练都认为,所有游泳运动员在这场比赛中基本上能达到各自的最佳时间。因此,约翰和马克肯定会参加三项比赛中的两项。

(a) 教练必须在不清楚另一队参赛者的情况下在比赛开始之前提交各自的参赛者,且提交之后不允许作任何更改。比赛的结果非常不确定,所以每增加一分对两个教练来说都具有相同的价值。请将该问题按两人零和游戏建模。排除劣势策略,然后根据极小极大准则,用15.4节中所述的图示法确定每队的最优混合策略。

(b) 假设两位教练都认为,如果A.J.队在三个项目中赢得13分以上,则该队将赢得游泳比赛的胜利,但如果得分低于13分则会输掉比赛。其他情况和安排与(a)部分相同(对所产生的最优混合策略与(a)部分所产生的最优混合策略进行比较)。

(c) 假设在比赛中,教练每个比赛项目提交一次参赛者名单,在提交每个比赛项目的参赛者时不清楚对方赛队会派谁参加,但是知道谁参加过之前的比赛项目。三个比赛项目按表中所列顺序进行。同样,A.J.队在三个项目中的总得分需达到13分以上才能赢得此次游泳比赛。请将该问题按两人零和游戏建模。然后,运用劣势策略的概念确定G.N.队采用什么最优策略才能"保证"在该假设条件下赢得比赛。

(d) 情形与(c)部分相同。但现在假设G.N.队的教练不了解博弈论,所以他可能会让马克参加任意两项比赛。请用劣势策略的概念确定A.J.队教练应选择的最优策略。如果该教练清楚对方教练让马克参加蝶泳和仰泳比赛的概率比参加蛙泳的更大,那么,他应选择哪种策略?

15.5-1 以15.1节中介绍的奇偶数游戏为例,表15.1所列为其收益表。

(a) 根据极小极大准则,用15.5节中所述方法,将寻找最优混合策略的问题建模,转化为两个线性规划问题,一个问题为玩家1(偶数一方)的问题,另一个为玩家2(奇数一方)的问题,即第一个问题的对偶问题。

C(b) 用单纯形法找到这些最优混合策略。

15.5-2 参阅15.5节的最后一段。假设表15.6中的所有条目都增加3,以确保两位玩家相应的线性规划模型都有可行解$x_3 \geq 0$和$y_4 \geq 0$。请写出这两个模型。根据15.5节给出的信息,这两个模型的最优解是什么?x_3^*和y_4^*之间是什么关系?原对策值v与x_3^*和y_4^*的值之间是什么关系?

15.5-3* 以下列收益表的游戏为例。

策略		玩家2			
		1	2	3	4
玩家1	1	5	0	3	1
	2	2	4	3	2
	3	3	2	0	4

(a) 根据极小极大准则,用15.5节中所述的方法,按线性规划问题将该求解最优混合策略的问题进行建模。

C(b) 用单纯形法找到这些最优混合策略。

15.5-4 收益表如下所列的游戏,请按照问题15.5-3的说明进行。

策略		玩家2		
		1	2	3
	1	4	2	−3
	2	−1	0	3
	3	2	3	−2

15.5-5 收益表如下所列的游戏,请按照问题 15.5-3 的说明进行。

策略		玩家 2				
		1	2	3	4	5
玩家 1	1	1	-3	2	-2	1
	2	2	3	0	3	-2
	3	0	4	-1	-3	2
	4	-4	0	-2	2	-1

15.5-6 15.5 节介绍了为玩家 1 和玩家 2 寻找最优混合策略的一般线性规划模型。通过表 6.14 说明玩家 2 的线性规划问题是玩家 1 问题的对偶问题(提示:记住,一个有非正数约束条件 $y_i' \leq 0$ 的对偶变量可用有非负数约束条件 $y_i \geq 0$ 的 $y_i = -y_i'$ 来替代)。

15.5-7 以 15.5 节接近结尾部分介绍的政治竞选问题变形 3(表 15.6)中玩家 1 和玩家 2 的线性规划模型为例。请按照问题 15.5-6 关于这两个模型的说明进行。

15.5-8 以政治竞选问题变形 3(表 15.6)为例,参考 15.5 节接近结尾部分生成的玩家 1 的线性规划模型,忽略目标函数变量 x_3,以图表形式绘出 x_1 和 x_2 的可行域(如 3.1 节所述)(提示:该可行域由一条单一线段组成)。然后,写出该可行域内任一点处 x_3 的最大值的代数表达式。最后,利用该表达式证明最优解确实是 15.5 节中给定的最优解。

15.5-9 以 15.5 节接近结尾部分介绍的政治竞选问题变形 3(表 15.6)中玩家 1 的线性规划模型为例。通过单纯形法自动例程找到该模型的最优解及其对偶最优解,从而验证 15.5 节中给出的两名玩家的最优混合策略。

15.5-10 以一般 $m \times n$ 两人零和游戏为例。如果玩家 1 采用策略为 $i(i=1,2,\cdots,m)$,玩家 2 采用策略为 $j(j=1,2,\cdots,n)$,则令 p_{ij} 为玩家 1 的收益表。若 $p_{1j} \leq p_{2j}(j=1,\cdots,n)$ 且 j 的一个或多个值使 $p_{1j}=p_{2j}$,则玩家 1 的策略 1 弱劣于策略 2。

(a)假设收益表有一个或多个鞍点,则在极小极大准则下,玩家就会有相应的最优纯策略。请证明将弱劣势策略从收益表中排除既不能消除所有鞍点,也不能产生任何新的鞍点。

(b)假设收益表没有鞍点,则在极小极大准则下的最优策略是混合策略。请证明将弱劣势策略从收益表中排除既不能消除所有最优混合策略,也不能产生任何新的混合策略。

第 16 章 决 策 理 论

前面各章主要针对结果具有相当程度确定性的可选决策。决策环境使得建立有效的数学模型(线性规划、整数规划、非线性规划等)成为可能,模型的目标函数给定了任一决策组合的估计结果。虽然这些结果通常不能被完全确定,但是至少能够足够精确地判断使用这些模型(伴随灵敏性分析等)是否可行。

然而,决策通常是在充满不确定性条件下做出的。下面举几个例子。

(1) 制造商将新产品推向市场。潜在顾客是什么反应?应该生产多少?在决定全面推广产品是否应该在小范围内进行试销?成功地推广这种产品需要多少广告?

(2) 金融公司投资于证券。哪些市场部门和个人证券更有前景?经济走向如何?利率如何?这些因素怎样影响投资决策?

(3) 政府承包人投标新合同。工程项目实际成本如何?哪些公司可能投标?投标价可能是多少?

(4) 农业企业为下一季度选择庄稼和牲畜的养殖组合。天气条件如何?价格走势?成本是多少?

(5) 石油公司决定是否在某特定地点开采石油。出油的可能性有多大?储量多少?需要钻探多深?需要在开采前进行进一步的地质勘探吗?

这些是面临很大不确定性的决策问题,需要决策分析来解决。当结果不确定时,决策分析提供了理性决策的框架和方法。

第 15 章的博弈论和本章决策分析使用的方法具有某些相似性,然而,也存在不同,它们的应用领域不同。我们将在 16.2 节具体介绍两者的异同。

通常,使用决策分析时需要解决的一个问题是,制定所需的决策还是首先进行一些测试(以一定的代价)减少决策结果的不确定性。例如,测试可能是在决定是否进行大规模生产和营销产品前,对新产品进行实地测试以检验客户的反应。这个测试指的是进行试验,因此,决策分析将决策分为有试验和无试验两种情况。

16.1 节介绍了用于解释目的的原型实例。16.2 节和 16.3 节分别提出不进行试验和进行试验决策的基本原则。接下来介绍决策树,这是一个在需要制定一系列决策时用于描述和分析决策过程的有用工具。16.5 节讨论了怎样使用电子表格对决策树进行灵敏性分析。16.6 节介绍了效用理论,提供了对决策可能结果的校准方法反映了这些结果对决策者的真正价值。本章末尾讨论了决策分析的实际应用并且总结了多种对组织非常有益的应用。

16.1 原 型 案 例

Golerbroke 公司拥有一块可能有石油的地产。一位地质学家顾问向管理层报告该地有 1/4 的可能性含有石油。

由于这个前景,另一家石油公司提出用 90000 美元购买此土地。然而,Golerbroke 公司正在考虑保留此土地自己开采石油。开采的成本是 100000 美元。如果发现石油,期望收入是

800000 美元,因此公司的期望利润是 700000 美元(减去开采成本之后),如果没有石油,将有 100000 美元的损失(开采成本)。

表 16.1 总结了以上问题的数据。16.2 节给出了基于这些数据制订是否开采或者出售的决策方法(我们称其为 Golerbroke 公司第一问题)。

然而,在决定出售还是开采之前,另一个选择是进行详细的地震勘测以获得发现石油概率,从而更好的估计(这一具体决策过程将称为 Golerbroke 公司完整问题)。16.3 节讨论了试验的决策情况,界时将提供所需的其他数据。

公司的运营资金并不多,因此,100000 美元的损失将是相当严重的。在 16.6 节,我们将说明怎样对各种可能结果的影响评价进行评价。

表 16.1 Golerbroke 公司收益期望

选择	收益	
	有石油	没有石油
开采石油	700000 美元	-100000 美元
出售土地	90000 美元	90000 美元
状态可能性	1/4	3/4

16.2 不进行试验的决策

在解决 Golerbroke 公司第一问题之前,将制定一般的决策框架。

概括来讲,决策者必须从可能的决策方案集合中选择一个方案集合,包括怎样处理问题所有可行方案。

方案的选择一定面临不确定性,因为结果将受到随机因素影响而这些因素在决策者的掌控之外。这些随机因素决定了决策方案执行时的情形,每一种可能情况都称为可能的自然状态。

对于决策方案和自然状态的每种组合,决策者都知道最终收益将如何。收益是决策者决策结果价值的定量测度。例如,收益通常表示为净现金收益(利润),尽管其他测度也可能被使用(16.6 节描述)。如果当自然状态给定时,结果的影响不能被完全确定。那么,收益将变成一个后果度量的期望值(统计意义上)。收益表通常用于提供行动与自然状态每种组合的收益。

如果你先前学习了博弈论,我们将指出决策分析与二人零和博弈之间有趣的相似性。决策者和自然被看成博弈的双方,方案和可能的自然状态被看成各方的可用策略,其中策略的每种组合产生参与者 1(决策者)的某些收益。从这个观点看,决策分析的框架可被总结如下。

(1) 决策者需要从决策方案集中选择一个方案。
(2) 自然将选择一个可能的自然状态。
(3) 决策方案和自然状态的每种组合将产生一个收益,作为收益表中的一个元素。
(4) 收益表被决策者用于根据合适的准则找出最优解。

很快,我们将提出一种可能的准则,其中第一个(极大化极小收益准则)来自博弈论。

然而,与二人零和博弈的类比忽视了一个重要方面。在博弈论中双方都被假设是理性的,选择策略是提高自己的福利。这个描述仍然符合决策者,但不符合自然。相比之,自然现在是被动的参与者,以某种随机的方式选择它的策略(自然状态)。这点不同意味着怎样选择最优策略(方案)的博弈论准则在当前的情境下将对很多决策者不具有吸引力。

一个额外要素需要被添加到决策分析框架中。决策者一般具有一些应该被考虑的有关自然可能状态相对可能性的信息。这些信息通常能够被转化成概率分布，自然状态是随机变量，这个分布被看成先验分布。先验分布通常是主观的，依赖个人的经验或者直觉。由先验分布提供的各个自然状态的概率称为先验概率。

应 用 案 例

2002 年，随着 Conoco 公司和 Phillips 石油公司的合并成立 ConocoPhillips 公司，该公司已经成为美国第三大综合能源公司。2013 年，该公司成为全世界最大的独立原油开采和生产企业，并在 30 多个国家拥有生产和运管能力。与该行业的其他公司一样，ConocoPhillips 公司的管理者必须进行决策，将有限的资本投入几个有风险的石油勘探项目。这些决策对公司的收益有巨大的影响。

在 20 世纪 90 年代，Phillips 石油公司在应用运筹学方法支持决策方面就是行业领先者，该公司开发了一套 DISCOVERY 决策分析软件包。地质学家或工程师通过软件可以对项目不确定性进行建模，软件还可以解释输入变量并构建一个决策树指出所有的决策节点（包括产生地震信息的概率）和干预节点。该软件的主要特点是应用了指数型的效用函数（将在 16.6 节介绍）以考虑管理者对于投资风险的偏好。一套直觉性的问题被用来测度风险偏好以便为效用函数提供一个风险承受参数的大概估计值。

管理者应用该软件能够做到以下工作：①应用整个公司一致性的风险承受政策，评价石油勘探项目；②根据总体偏好对项目进行排序；③识别公司参与这些项目的恰当程度；④保证预算。

来源：M. R. Walls, G. T. Morahan, and J. S. Dyer: "Decision Analysis of Exploration Opportunities in the Onshore US at Phillips Petroleum Company," Interfaces, 25(6)：39-56, Nov.-Dec. 1995.（我们的网址提供了本文链接：www.mhhe.com/hillier）。

16.2.1 此框架下原型实例的建模

表 16.1Goferbroke 公司有两个要考虑的可能决策方案：开采石油或者出售土地。如表 16.1 的列标题所列，可能的自然状态是土地有石油和没有石油。由于顾问地质学家已经估计有 0.25 的机会有石油（0.75 的机会没有石油）。两个自然状态的先验概率分别为 0.25 和 0.75。因此，以千美元为单位的收益，收益表可以直接从表 16.1 中获得，如表 16.2 所列。

接下来将根据介绍的三个准则中的每一个使用收益表找出最优方案。

表 16.2　Goferbroke 公司问题决策分析建模收益表

机会	自然状态	
	有石油	没有石油
1. 开采石油	700	-100
2. 出售土地	90	90
先验概率	0.25	0.75

16.2.2 最大最小收益准则

如果决策者的问题被看做与自然的博弈，那么，博弈论将采用最小最大准则选择决策方案。从参与者 1（决策者）的观点来看，这个准则被命名为最大最小收益准则是适当的，概括如下。

最大最小收益准则：对于每一个可能的决策方案，找出所有可能自然状态的最小收益，然后找出所有最小收益中最大的一个。选择最小收益最大的方案。

表 16.3 给出了这个准则在原型实例中的应用。因此，由于出售的最小收益（90）比开采（-100）大，将选择前面的方案（出售）。

表 16.3　应用最大最小准则于 Goferbroke 公司第一问题

方案	自然状态		最小	
	有石油	无石油		
1. 开采石油	700	-100	-100	
2. 出售土地	90	90	90	←最大最小值
先验概率	0.25	0.75		

这个准则的原理在于它提供了将获收益的最好保证。不管例子中自然的真实状态是什么，出售土地获得的收益不能少于 90，从而提供了最好的保证。因此，这个准则采用悲观主义的观点，不管哪个方案被选择，对应于该方案的最坏自然状态都可能发生，因此我们应该选择在最坏自然状态下产生最好收益的方案。

当面对一个理性的、有恶意的对手时，这个原理是十分有效的。然而，这个准则并不被经常用于与自然博弈，因为它是一种极端保守的准则。事实上，它假设自然是一个有意识的对手，想要对决策者尽可能地造成最大的伤害。自然不是一个有恶意的对手，决策者不需要集中在每个方案最差的可能收益。特别是方案的最差可能收益来自相对不太可能的自然状态时。因此，通常只有非常谨慎的决策才会对这个准则感兴趣。

16.2.3　最大似然值准则

下面的准则集中于自然最可能的状态，概括如下。

最大似然值准则：识别最有可能的自然状态（具有最大先验概率的状态）。对于这一自然状态，找出具有最大收益的决策方案，选择这个决策方案。

应用这个准则，如表 16.4 所列。无石油状态具有最大的先验概率。在这一列，出售方案有最大的收益，因此选择出售土地。

表 16.4　应用最大似然值准则于 Goferbroke 公司第一问题

方案	自然状态		最小	
	有石油	无石油		
1. 开采石油	700	-100	-100	
2. 出售土地	90	90	90	←最大
先验概率	0.25	0.75		
		↑最大		

这个准则的吸引力在于最重要的自然状态是最可能的状态，因此被选择的方案对于这个特别重要的自然状态是最好的方案。基于假设这个自然状态将会发生的决策和假设其他任何自然状态相比趋向于给有利的结果更好的机会。除了确定最可能的状态外，这个准则不依赖于各个自然状态概率的不可靠主观估计。

这个准则的主要缺点是完全忽略了很多相关信息除了最可能的自然状态以外，对于具有很多可能自然状态问题，最可能自然状态的概率可能非常小。因此，集中于这个自然状态可能是非常没有保证的。即使在这例子里，无石油状态的先验概率是 0.75。这个准则忽略了如果公司开采并发现石油收益为 700。实际上，这个准则不允许在低概率的大收益上赌博，不管赌博成功的吸引力有多大。

16.2.4 贝时斯决策准则

我们的第三个通常被选择的决策准则是贝叶斯决策准则,描述如下。

贝叶斯决策准则:使用各个自然状态概率的可得到最好估计(当前的先验概率),计算每个可能决策方案收益的期望值。选择具有最大期望收益的决策方案。

对于原型实例,这些期望收益从表 16.2 直接计算如下:

$E[$收益(开采)$] = 0.25(700) + 0.75(-100) = 100$

$E[$收益(出售)$] = 0.25(90) + 0.75(90) = 90$

由于 100>90,选择的方案是开采石油。

注意:这个选择与前两个准则下出售方案的选择有所不同。

贝叶斯决策准则的最大优势在于结合了所有可用的信息,包括所有的收益和各个自然状态概率的最好可得估计。

有些人认为这些概率估计必然在很大程度上是主观的,因此是不可靠的,不能被信任。没有精确的方法预测未来,包括将来的自然状态,即使以概率的方式。这一观点有一些合理性。在每一种情况下,概率估计的合理性应该被评估。

然而,在许多情况下,过去的经验和当前的证据使得能够建立合理的概率估计。使用这些信息和忽略它们相比应该为合理决策提供更好的依据。经常进行试验能够改进这些估计,正如下一节介绍的一样。因此,本章剩余的部分将只使用贝叶斯决策准则。

为了评估先验概率可能不准确性的影响,进行下面介绍的灵敏性分析通常是有帮助的。

16.2.5 贝叶斯决策的灵敏性分析

灵敏性分析通常被用于各种运筹学应用,研究当数学模型中包含的一些数字不正确时的影响。在这个例子中,数学模型如表 16.2 所列。该表中最不可靠的数字是先验概率。尽管类似的方法可用于分析表中的收益,我们将集中用灵敏性分析来进行这方面的研究。

两个先验概率的和必须等于1,因此这些概率中一个概率的数量增加必然伴随另一个概率以相同的数量减少,反之亦然。Golerbroke 公司的管理层觉得这块土地有石油的概率可能介于 15%~35%。换句话说,有石油的先验概率在 0.15~0.35 这个范围,因此,相应的土地没有石油的先验概率范围是 0.65~0.85,且

$p =$ 有石油的先验概率

任何概率 p 下采油的期望收益为

$E[$收益(开采)$] = 700p - 100(1-p) = 800p - 100$

图 16.1 中的斜线表示对于 p 的期望收益图。由于对于任何 p,出售土地的收益都是 90,图 16.1 中的水平线给出了对于用户的 $E[$收益(出售)$]$。

图 16.1 中的四个点表示两个决策方案在概率 $p = 0.15$ 和 $p = 0.35$ 时的期望收益。当 $p = 0.5$ 时,决策更偏向于出售土地(期望收益 90 对开采 20)。当 $p = 0.35$ 时,决策更偏向于开采石油(期望收益 180 对出售 90)。因此,决策对 p 十分灵敏。灵敏性分析已经表明,建立一个更精确的 p 值估计是十分重要的。

图 16.1 中两条直线相交的点是交叉点,随着先验概率的增长,决策从一个方案(出售土地)转向另一个方案(开采石油)。为了找到这点,令

$E[$收益(开采)$] = E$ 收益(出售)

$800p - 100 = 90$

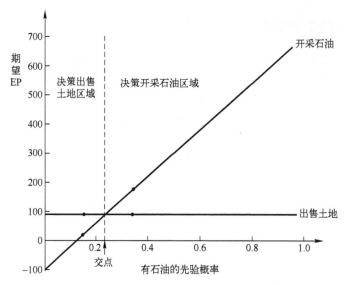

图 16.1 显示了 Goferbroke 公司问题中先验概率第一次变化时每种决策的期望收益的变化

$$p = \frac{190}{800} = 0.2375$$

结论：如果 $p<0.2375$ 应该出售土地。

如果 $p>0.2375$ 该开采石油。

估计 p 的真实值时，关键问题是 p 比 0.2375 大还是小。

对于多于两个决策方案的其他问题，能够进行同种类型的分析。主要的差别在于，对应于图 16.1 中的图形现在将多于两条直线（一条代表一个方案）。然而，对应于先验概率特定值最上面的直线仍然表明哪个方案应被选择。由于直线多于两条，将有多于一个的交叉点，决策从一个方案转向另一个方案。

你可以通过本书网站学习另外的有关三个方案的决策分析案例（相同案例同样解释了本节介绍的三种准则）。

对于多于两个可能自然状态的问题，最直接的方法是按照上面介绍的方法一次仅对两个状态进行灵敏分析。这也包括研究保持其他状态先验概率固定的情况下，当一个状态的先验概率增加，另一个状态的先验概率以同样的数量减少时将会发生什么。这个过程能够被重复应用于其他状态对的组合。

因为 Goferbroke 公司的决策严重依赖有石油的真实概率，应该仔细考虑进行地震勘测来更为接近地估计这个概率。在接下来的两节中我们将探讨这个问题。

16.3 进行试验时的决策制定

通常，额外的测试（试验）可以用来提高由先验概率提供的各个自然状态概率的初步估计，这些被改进的估计称为后验概率。

我们首先修改一下 Goferbroke 公司问题以加入试验，然后说明如何得到后验概率，最后讨论怎样决定是否值得进行试验。

16.3.1 继续原型实例

正如 16.1 节末尾提到的，制定决策前的一个可用选择是进行详细的地震勘测以获得有石油概率的更好估计。总成本是 30000 美元。

地震勘测获得的振动声波表明该地质结构是否有利于储存石油。我们把勘测的可能现分为下面两类。

USS：振动显示不利，不可能有石油。
FSS：振动显示有利，可能有石油。

基于过去的经验，如果有石油，那么，不利振动声波的概率为
$P(\text{USS}|\text{有油}) = 0.4$，因此 $P(\text{FSS}|\text{有油}) = 1-0.4 = 0.6$
类似地，如果没有石油（也就是真正的自然状态是无油），那么，不利振动声波的概率估计为
$P(\text{USS}|\text{无油}) = 0.8$，因此 $P(\text{FSS}|\text{无油}) = 1-0.8 = 0.2$
很快，我们将使用这些数据找出给定振动声波时各自然状态的后验概率。

16.3.2 后验概率

从概率来讲，令

n = 自然状态的可能数目

$P(\text{State} = \text{state } i)$ = 自然状态的真实状态是 i 的先验概率，$i = 1, 2, \cdots, n$

Finding = 试验结果（一个随机变量）

Finding j = 一个可能的结果值

$P(\text{State} = \text{state } i \mid \text{Finding} = \text{finding } j)$ = 给定结果值为 j，自然的真实状态是状态 i 时的后验概率，$i = 1, 2, \cdots, n$

当前的问题表述如下。

给定 $P($自然真实状态为 $i)$ 和 $P($结果值为 $j|$自然真实状态为 $i)$ 时，$i = 1, 2, \cdots, n$，$P($真实状态 $i|$结果值为 $j)$ 等于多少？

这个问题通过利用下面的概率论标准公式来回答：

$$P(\text{真实状态为 } i | \text{结果值为 } j) = \frac{P(\text{真实状态为 } i, \text{结果值为 } j)}{P(\text{结果值为 } j)}$$

$$P(\text{结果值为 } j) = \sum_{k=1}^{n} P(\text{真实状态为 } i, \text{结果值为 } j)$$

$P(\text{真实状态为 } i, \text{结果值为 } j) = P(\text{结果值为 } j | \text{真实状态为 } i) P(\text{真实状态为 } i)$

因此，对于每一个 $i = 1, 2, \cdots, n$，相应后验概率的期望公式为

$$P(\text{真实状态 } i | \text{结果值为 } j) = \frac{P(\text{真实状态为 } i | \text{结果值为 } j) P(\text{真实状态为 } i)}{\sum_{k=1}^{n} P(\text{结果值为 } j | \text{自然状态为 } k) P(\text{自然状态 } k)}$$

（这个公式通常称为贝叶斯定理，因为它由 Thomas Bayes 创立，这位 18 世纪的数学家还发展建立了贝叶斯决策准则。）

现在让我们返回原型实例并应用这个公式。如果地震勘测的结果是不利的振动声波（USS），那么，后验概率为

$$P(\text{状态为有油}|\text{结果} = \text{USS}) = \frac{0.4(0.25)}{0.4(0.25) + 0.8(0.75)} = \frac{1}{7}$$

$$P(\text{状态为无油}|\text{结果} = \text{USS}) = 1 - \frac{1}{7} = \frac{6}{7}$$

类似地,如果地震勘测的结果是有利的振动声波(FSS),那么,后验概率为

$$P(\text{状态为有油} \mid \text{结果}=\text{FSS}) = \frac{0.6(0.25)}{0.6(0.25)+0.2(0.75)} = \frac{1}{2}$$

$$P(\text{状态为无油} \mid \text{结果}=\text{FSS}) = 1 - \frac{1}{2} = \frac{1}{2}$$

图 16.2 的概率树图给出了直观地表示这些计算的好方式。第一列的先验概率和第二列的条件概率是问题的部分输入数据。第一列的每一个概率乘以第二列的概率得到第三列的相应联合概率。每一个联合概率然后变成第四列相应后验概率计算的分子。对于相同结果累加联合概率(见图的底部)提供这个结果每个后验概率的分母。

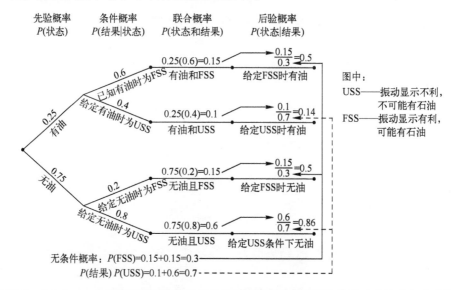

图 16.2　Goferbroke 公司问题的概率树模型显示所有的在计算自然状态的后验概率之前的概率。自然状态的后验概率基于地震勘测的发现

应 用 案 例

加拿大不列颠哥伦比亚省的工人赔偿委员会(WCB)负责本省工人和员工的职业健康和安全、康复及赔偿。2011 年,该委员会受理了 104000 例赔偿权利要求。

控制 WCB 成本的一个关键因素是识别哪些原本是短期残疾索赔但有可能转为长期残疾索赔的案例,除非有一个强有力的早期索赔管理干预机制以提供必要的医疗和康复。该问题是如何正确识别哪些高风险的索赔以使减少索赔赔偿和索赔管理干扰的期望成本。

WCB 组织了一个运筹学团队用决策分析来研究该问题。对于每种不同类型的残疾索赔,根据受伤的严重程度,使用一个基于残疾特点、工人性别和年龄的决策树来评价这种类型的残疾应该被划分为低风险(不需要干涉)还是高风险(需要干涉)。对于每种类型,每次计算用来解释短期残疾索赔时间的临界数量的终止点,该值能够触发索赔管理的干涉,因此可以最小化索赔赔偿支付和干涉的期望成本。该方法的核心是评估给定短期残疾索赔支付时间后请求变成长期残疾索赔的后验概率。

WCB 用带有决策树的决策分析,现在每年大概节约 400 万美元,同时使一些受伤员工重新回到工作岗位。

来源:E. Urbanovich, E. E. Young, M. L. Puterman, and S. O. Fattedad:"Early Detection of High-Risk Claims at the Workers' Compensation Board of British Columbia," Interfaces, 33(4): 15-26, July-Aug. 2003.(我们的网址提供了本文链接: www.mhhe.com/hillier。)

运筹学课程软件也包括 Excel 模板,可用于计算这些后验概率,如图 16.3 所示。

完成这些计算以后,贝叶斯决策准则如前面那样被应用,现在用后验概率代替先验概率。再次通过使用图 16.2 中的收益(单位:千美元)并减去试验成本我们得到下面的结果。

	A	B	C	D	E	F	G	H
1	用于计算后验概率的模板							
2								
3		数据:				P(状态|找到)		
4		自然	先验			找到		
5		状态	概率	FSS	USS			
6		有油	0.25	0.6	0.4			
7		无油	0.75	0.2	0.8			
8								
9								
10								
11								
12		后验				P(状态|找到)		
13		概率				自然状态		
14		找到	P(找到)	有油	无油			
15		FSS	0.3	0.5	0.5			
16		USS	0.7	0.142 86	0.857 14			
17								
18								
19								

	B	C	D
12	后验		P(状态|找到)
13	概率:		自然状态
14	找到	P(找到)	=B6
15	=D5	=生产总和(C6:C10,D6:D10)	=C6*D6/生产总和(C6:C10,D6:D10)
16	=E5	=生产总和(C6:C10,E6:E10)	=C6*E6/生产总和(C6:C10,E6:E10)
17	=F5	=生产总和(C6:C10,F6:F10)	=C6*F6/生产总和(C6:C10,F6:F10)
18	=G5	=生产总和(C6:C10,G6:G10)	=C6*G6/生产总和(C6:C10,G6:G10)
19	=H5	=生产总和(C6:C10,H6:H10)	=C6*H6/生产总和(C6:C10,H6:H10)

图 16.3 运筹学课程软件中的这个后验概念模板使得后验概率的计算效率更高

如果结果是不利的振动声波(USS)的期望收益:

$$E[\text{收益}(\text{开采}\mid\text{结果}=USS)] = \frac{1}{7}(700) + \frac{6}{7}(-100) - 30 = -15.7$$

$$E[\text{收益}(\text{出售}\mid\text{结果}=USS)] = \frac{1}{7}(90) + \frac{6}{7}(90) - 30 = 60$$

如果结果是有利的振动声波(FSS)的期望收益:

$$E[\text{收益}(\text{开采}\mid\text{结果}=FSS)] = \frac{1}{2}(700) + \frac{1}{2}(-100) - 30 = 270$$

$$E[\text{收益}(\text{出售}\mid\text{结果}=FSS)] = \frac{1}{2}(90) + \frac{1}{2}(90) - 30 = 60$$

由于目标是最大化期望收益,这些结果产生了如表 16.5 所列的最优策略。

16.5 对于 Goferbroke 公司完整问题贝叶斯决策准则下有试验的最优策略

来自地震勘测结果	最优方案	未减去勘测成本的期望收益	减去勘测成本的期望收益
USS	出售土地	90	60
FSS	开采石油	300	270

然而,这个分析不能回答是否值得 30000 美元进行试验(地震勘测)。或许放弃这个主要花费并使用无试验时的最优解(开采石油,期望收益为 100000 美元)可能更好。下面我们将说明这个问题。

16.3.3 试验的价值

在进行任何试验之前,我们应该决定它的潜在价值,在此,我们提出两种估计它的潜在价值互补方法。

一种方法(不现实地)假设试验将消除自然真实状态的所有不确定性,并且这个方法对期望收益产生的改进进行了非常迅速的计算(忽略试验成本)。这个量称为完美信息的期望价值,提供了试验潜在价值的上限。因此,如果试验成本超过上限,那么这个试验肯定应该被放弃。

然而,如果这个上限超过试验成本,那么第二个(较慢的)方法接下来应该被使用,这个方法计算了进行试验产生的期望收益的实际改进(忽略试验的成本)。用这个改进与成本相比较,来确定是否应该进行试验。

完美信息的期望价值:假设试验能够确定地识别自然的真实状态,因此提供了"完美"信息。无论哪个自然状态被识别,你自然地选择该状态具有最大收益的行动。由于预先不知道自然的哪个状态将被识别,因此具有完美信息期望收益的计算(忽略试验成本)需要利用自然状态的先验概率加权每个自然状态的最大收益。

Goferbroke 公司完整问题的计算如表 16.6 所列,完美信息的期望值是 242.5。因此,如 Goferbroke 公司在选择行动之前了解到土地是否蕴藏石油,那么,现在的期望收益(获得信息之前)是 242500 美元(不包括产生信息的试验成本)。

表 16.6　Goferbroke 公司完整问题具有完美信息的期盟收益

方　案	自然状态	
	有　石　油	没 有 石 油
1. 开采石油	700	−100
2. 出售土地	90	90
最大收益	700	90
先验概率	0.25	0.75
具有完美信息的期望收益 = 0.25(700) + 0.75(90) = 242.5		

为了评估是否应该进行试验,我们现在使用这个量来计算完美信息的期望价值。

完美信息的期望价值 EVPI 计算为

EVPI = 完美信息的期望收益 − 无试验的期望收益

由于试验不能提供完美信息,EVPI 提供了试验期望价值的上限。

对于同样的例子,由 16.2 节我们发现无试验的期望收益(在贝叶斯决策准则下)是 100。因此,有

EVPI = 242.5 − 100 = 142.5

由于 142.5 远大于 30——试验的成本(地震勘测),所以进行地震勘测是值得的。

为了进一步确定,我们现在介绍评估试验潜在收益的第二个方法。

试验的期望价值:除了只获得由于进行试验收益期望增长的上限(不包括试验成本),我们现在将做更多的工作来直接计算这个期望增长,这个量称为试验的期望价值(有时称为样本信息的期望值)。

计算这个量需要首先计算试验的期望收益(不包括试验成本)。获得后一个量需要做前面介绍的全部工作以确定所有后验概率,进行试验的最优策略,以及与试验每个可能结果相应的期望收益(不包括试验成本)。然后,需要用相应结果的概率加权每个期望收益,即

$$\text{有试验的期望收益} = \sum_j P(\text{结果为}j) E[\text{收益} | \text{结果为}j]$$

式中:对 j 所有可能值加总。

对于原型实例,我们已经做了所有的工作去获得这个等式右边的项,对于地震勘测的两个可

能结果,不利的(USS)和有利的(FSS)。相应的 P(结果为 j)值在图 16.2 中概率树的底部计算。

$P(\text{USS}) = 0.7, P(\text{FSS}) = 0.3$

对于有试验的最优策略,每个试验结果的相应期望收益(不包括地震勘测的成本)在表 16.5 的第三列获得,即

$E(\text{收益} | \text{结果} = \text{USS}) = 90$

$E(\text{收益} | \text{结果} = \text{FSS}) = 300$

使用这些数值,有

有试验的期望收益 $= 0.7(90) + 0.3(300) = 153$

现在准备计算试验的期望价值。

试验的期望价值 EVE 计算为

EVE = 有试验的期望收益 − 无试验的期望收益

因此,EVE 确定了试验的潜在价值。

对于 Goferbroke 公司,有

EVE = 153 − 100 = 53

由于这个值超过了 30——进行详细地震勘测的成本(单位:千美元),应该进行这个试验。

16.4 决 策 树

决策树提供了可视化表示问题的有用方法,并且组织了前两节介绍的计算工作,当必须制定一系列决策时,决策树尤其有用。

16.4.1 建立决策树

原型实例包括下列两个决策的序列。

(1) 在行动选择之前,地震勘测应该进行吗?

(2) 应该选择什么行动(开采石油或者出售土地)?

相应的决策树(添加数值和进行计算前)如图 16.4 所示。

在决策树中,连接点称为节点(或者分叉点),线被称为分支。

用正方形表示的决策点表示过程中在该点需要制定决策。用圆圈表示的事件点(机会点),表示在该点随机事件发生。

应 用 案 例

Westinghouse 科学和技术中心是 Westinghouse 电气公司新技术的主要研发机构。对于管理者来说,由于研发项目有着巨大的不确定性并且时间较长,因此对研发项目进行评价以决定应该启动哪项研发项目,应该继续主持哪项研发项目是一项具有挑战性的工作。从最初的研发提议到研究技术潜能,一项新技术的实际开发时间可能需要几年甚至是几十年时间。

由于中心减少成本并且快速推出高影响技术的压力不断增加,中心主管资助了一项运筹学项目以提高项目的评价。该运筹团队开发了一种决策树方法来分析每个研发提议,同时考虑主要决策点的顺序。第一个决策点是是否在第一年对一个提出的新计划进行资助。如果达到早期目标,第二个决策点是未来一段时间是否继续资助该项目。这种做法可能需要重复多次。如果实现了后期目标,一个决策点是是否要推出该技术,因为创新仍然要满足战略性的商业目标。如果能够满足战略目标,最终的决策是是否立刻商业化或者延迟退出,或者完全忽视该技术。拥有不断推进决策节点和干预事件节点的决策树能够为描述和分析这种研发项目提供一种非常好的方法。

来源:R. K. Perdue, W. J. McAllister, P. V. King, and B. G. Berkey:"Valuation of R and D Projects Using Options Pricing and Decision Analysis Models," *Interfaces*, 29(6):57−74, Nov.−Dec. 1999. (我们的网址提供了本文链接:www.mhhe.com/hillier。)

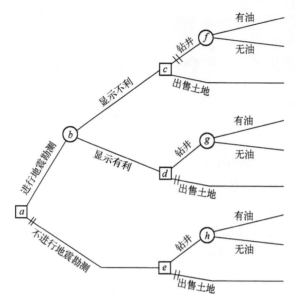

图 16.4 Goferbroke 公司问题的决策树(在包含任何数字之前)

因此,在图 16.4 中,第一个决策用决策点 a 表示。节点 b 是一个事件点,表示地震勘测结果的随机事件。从事件点 b 发出的两个分支表示勘测的两个可能结果。接下来是具有两种可能选择的第二个决策(节点 c、d、e)。如果决策是开采石油,来到另一个事件点(节点 f、g、h),它的两个分支对应两个可能的自然状态。

注意:从节点 a 到任何最终分支路径(除了底部的一个)由制定的决策以及决策者控制之外的随机事件两者决定,这是采用决策分析解决问题的特征。

接下来构建决策树将数值插入决策树中,如图 16.5 所示。分支上不在括号内的数是分支上产生的现金流(千美元单位)。对于从节点 a 到终端分支的每一条路径,这些相同的数值被相加以获得分支边的黑体字表示的总收益,最后的数值表示集合随机事件的概率。特别地,由于每个

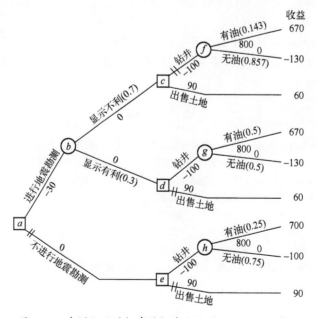

图 16.5 在增加了随机事件概率和收益之后图的概率树

分支从表示可能随机事件的事件点发出，因此，从该节点发生的事件概率已经被插入分支的括号内。在事件点 h，概率是自然状态的先验概率，因为在这种情况下没有进行地震勘测获得更多的信息。然而，事件点 f 和点 g 推导出进行地震勘测的决策（然后开采）。因此，给定地震勘测的结果，这些事件点的概率是自然状态的后验概率，如图16.2和图16.3所示。最后，从事件点 b 发出两个分支，这些数值是进行地震勘测获得结果 f 有利的（FSS）和不利的（USS）概率，如图16.2中的概率树下面，或者图16.3中的单元 C15：C16 所示。

16.4.2 进行分析

已经建立决策树（包括它的数据），现在准备通过使用下面的过程分析这个问题。

（1）从决策树的右边开始，一次向左移动一步。对于每一步，根据节点是事件点还是决策点执行步骤（2）或者步骤（3）。

（2）对于每个事件点，通过将每个分支的期望收益（分支右边的黑体字）与分支概率相乘得到节点的期望收益，然后把它们加总。对邻接事件点的每个决策点记录这个期望收益，并且指定这个量也是指向这个节点分支的期望收益。

（3）对于每个决策点，比较每个分支的期望收益，然后，选择有最大期望收益分支的方案。在每一种情况下，通过在被拒绝的分支上添加一个双破折线来记录在决策树上的选择。

开始这个过程，考虑最右一列的节点，即事件点 f、事件点 g、事件点 h。使用步骤（2），它们的期望收益（EP）计算为

对于节点 f，EP $= 1/7(670) + 6/7(-130) = -15.7$

对于节点 g，EP $= 1/2(670) + 1/2(-130) = 270$

对于节点 h，EP $= 1/4(700) + 3/4(-100) = 100$

这些期望收益被放置在这些节点的上面，如图16.6所示。

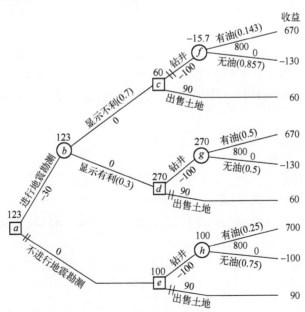

图 16.6　使用现金收的时候，分析 Goferbroke 公司问题的最终决策树

接下来，向左移动一列，到决策点 c、决策点 d、决策点 e，指向事件点的每个分支的期望收益，以黑体字记录在事件点的上方。因此，步骤（3）应用如下。

节点 c:
开采方案的 EP = -15.7
出售方案的 EP = 60
60>-15.7,因此选择出售方案。
节点 d:
开采方案的 EP = 270
出售方案的 EP = 60
270>60,因此选择开采方案。
节点 e:
开采方案的 EP = 100
出售方案的 EP = 90
100>90,因此选择开采方案。

对每个被选方案的期望收益现在以黑体字记录在决策点的上方,如图 16.6 所示。被选方案也通过在每个被拒绝的分支上标记双破折线来表示。

接下来,再向左移动,来到节点 b,由于这是一个事件点,需要应用过程的步骤(2)。它的每一个分支的期望收益都被记录在下面决策点的上方。因此,期望收益

对于节点 b,EP = 0.7(60) + 0.3(270) = 123

如图 16.6 所示,记录在这个节点的上方。

最后,向左移动到节点 a,这是一个决策点。应用步骤(3),产生节点 a:
进行地震勘测有 EP = 123
不进行地震勘测有 EP = 100
123>100,因此选择做地震勘测。

期望收益 123 被记录在节点上方,一个双破折线标记在被拒绝的分支上,如图 16.6 所示。

出于分析的目的,过程从右向左进行。然而,以这种方式完成的决策树,决策者能够从左向右观察决策树查看真实的事件进程。双破折线已经划掉了不期望的路径,因此,给定在右边显示的最终结果的收益,贝叶斯决策准则仅沿着开放路径从左向右达到最大可能的期望收益。

根据贝叶斯决策准则,在图 16.6 中沿着从左向右的开放路径产生了下面的最优策略。

最优策略:
进行地震勘测
如果结果是不利的,出售土地
如果结果是有利的,开采石油
期望收益(包括地震勘测成本)是 123(123000 美元)。

(唯一的)最优解自然与前面章节不用决策树获得的结果一样(有必要参考表 16.5 给出的有试验的最优策略和 16.3 节末尾的结论)。

对于任何决策树,对从机会点发出的分支计算概率之后,向归纳过程总是产生最优策略。

决策树的另一个案例的解题过程在本书网站可以查看。

16.5 使用电子表格对决策树进行灵敏性分析

一些有用的电子数据表软件可用于在电子数据表上建立和分析决策树。我们将介绍如何应用教育专用分析解算平台(ASPE)在 Excel 对决策树进行求解。前文对该平台进行了介绍,由于

ASPE 软件仅与 Excel 兼容,如果没有使用 Excel 软件,可以使用 Excel 插件是 TreePlan 建立和分析决策树。在考虑全部问题之前,我们将从解释建立 Goferbroke 公司第一问题的一个小决策树开始。

16.5.1 使用 ASPE 建立 Goferbroke 公司第一问题的决策树

考虑先前表 16.2 总结的 Goferbroke 公司第一问题(没有考虑地震勘测),使用 ASPE 建立相应的决策树,选择从 Decision Tree/Node 菜单中选择 Add Node。这样将建立一个对话框如图 16.7 所示。你可以选择决策节点的类型(决策或事件),给每个分支取名,并取值(分支的收益)。在 ASPE 中默认的决策点名称为决策 1 和决策 2。可以通过双击鼠标修改分支的名称(或添加分支),或者在系一个分支空白处添加新的分支。Goferbroke 公司第一问题初始决策点有两条分支:"开采"和"出售"。开采的收益为 -100(100000 美元),出售的收益为 90(90000 美元)。填写完所有参数后,如图 16.7 所示,单击"OK"按钮得到如图 16.8 所示的决策树。

如果决策为开采,下一个事件是要知道土地是否有石油。点击开采分支的三角形(图 16.8),从 Decision Tree/Node 菜单中选择 Add Node 创建事件节点,如图 16.9 所示。节点是事件节点包括两个分支:有石油和没有石油,概率分别为 0.25 和 0.75,价值分别为 800 和 0,通过对话框输入相关参数。单击"OK"按钮得到如图 16.10 所示的最终决策树(注意:在 ASPE 软件中概率通常用百分比表示)。

图 16.7 用于确定第一个节点类别的决策树对话框

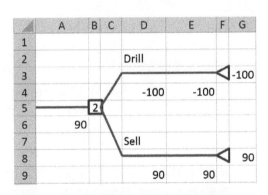

图 16.8 通过 ASPE 局部决策树

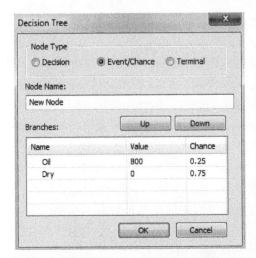

图 16.9 用于确定第二个节点类别的决策树对话框

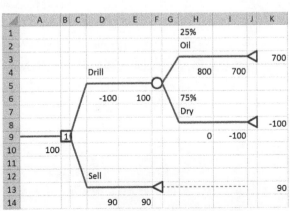

图 16.10 通过 ASPE 求解的决策树

任何时候,也可以通过点击已经存在的节点,修改节点类型(ASPE 中决策树菜单)。例如,在节点子菜单中,可以选择添加节点、改变节点、删除节点、复制节点或粘贴节点。在分支子菜单中,可以选择添加分支、改变分支和删除分支。

16.5.2　Goferbroke 公司完整问题的决策树

现在考虑 Goferbroke 公司的完整问题,其中制定的第一个决策是是否进行地震勘测。继续上面的介绍,ASPE 将被用于建立和求解如图 16.11 所示的决策树。尽管形式有一些不同,注意这个决策树完全等价于图 16.6 中的决策树。除了直接在电子数据表上建立决策树的便利以外,ASPE 还提供了自动求解决策树。不像图 16.6 那样依赖于手工计算,一旦决策树被建立,ASPE 立即计算决策树每一个阶段的所有期望收益,并在节点附近表示出来。ASPE 在每一个决策点的内部放一个数,表示所选择的分支(假设从节点发出的分支从上到下连续编号),而不是使用双破折线。

16.5.3　用电子数据表进行灵敏性分析

16.2 节的末尾解释了怎样对一个小问题(Goferbroke 公司第一问题)进行灵敏性分析,其中仅需要制定单个决策(开采还是出售)。在这种情况下,分析是简单直接的,因为每一个决策方案的期望收益都能够表示成所考虑的模型参数的简单函数(有石油的先验概率)。相比之下,需要制定一系列决策(如 Goferbroke 公司的完整问题)时,更应该包含灵敏性分析。此时,有必要对较多相当不确定的模型参数(各种成本、收入和概率)进行灵敏性分析。对应于模型参数的任何特定值找出最大期望收益需要求解决策树。因此,使用类似 ASPE 这样的电子数据表软件自动求解决策树是非常有益的。

从已经包含决策树的电子数据表开始,下一步是扩展和组织电子数据表进行灵敏性分析。下面通过使用图 16.11 中通过 ASPE 建立的决策树电子数据表开始,用 Goferbroke 公司问题解释这一点。

如图 16.12 右侧所示,从将数据和结果整理到新区域。决策树中所有的数据单元现在需要参考整理的数据单元(V4:V11 单元),如图的底部 P6 和 P11 单元表示的公式所说明的那样。类似地,决策树右边总结的结果通过使用图 16.12 底部的 U19、V15、V26 和 W19:W20 单元的公式,参考决策树的输出单元(单元 B29、F41、J11、J26 中的决策点以及单元 A30 的期望收益)。

决策树的概率数据是复杂的,因为当任何先验概率发生变化时,需要更新后验概率。幸运的是,计算后验概率的模板(图 16.3)可用来进行这些计算。与模板相关的部分(B3:H19)已经复制(使用 Edit 菜单的 Copy 和 Paste 命令)到图 16.12 的电子数据表中(出现在 U30:AA46)。模板数据参考了数据单元 PriorProbabilityOfOil(V9)、ProbFSSGivenOil(V10)和 ProbUSSGivenOry(V11)的概率数据,图 16.12 底部的单元 V33:X34 所显示的公式。模板基于这些数据自动计算了每一个结果的概率和后验概率(单元 V42:X43)。当需要时,决策树参考这些计算得到的概率,如图 16.12 底部单元的 P11 公式。

整理数据和结果提供了两个好处。首先,它确保每部分数据仅在唯一的位置。每次决策树需要该数据时,参考单个数据单元。这简化了灵敏性分析,为了改变一个数据,只需要在一个位置做出修改,不必搜寻整个决策树找到它出现的所有位置进行修改。整理数据和结果的第二个好处是使每一个人都能很好地理解模型。不需要为了查看在模型中使用了什么数据以及建议的行动计划和期望收益是什么去理解 ASPE 或者学习怎样读决策树。

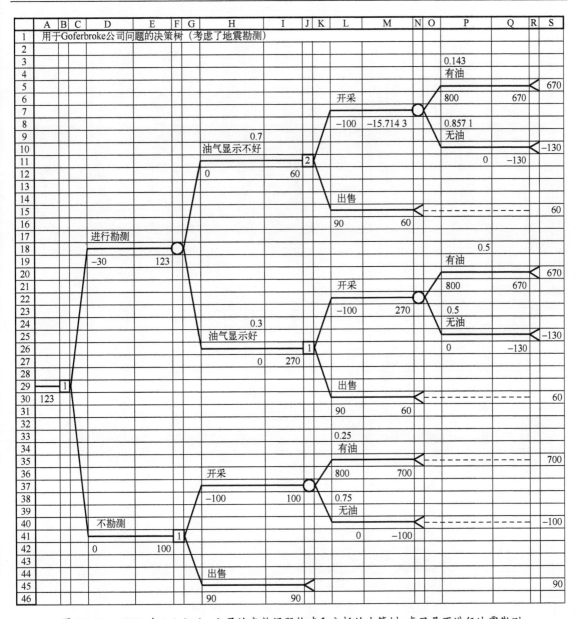

图 16.11 ASPE 对 Goferbroke 公司的完整问题构建和分析的决策树,虑了是否进行地震勘测

尽管需要花费一些时间和努力来整理数据和结果,包括所有必要的前后参照,但是对于进行灵敏性分析这一步骤是相当必要的。在决策树中,多个数据被用于几个位置。例如,如果Goferbroke 公司发现石油的收入出现在单元 P6、P21 和 L36 中,对该数据进行灵敏性分析现在只需要在一个位置(单元 V6)而不是在三个位置(单元 P6、P21 和 L36)修改数据。整理的好处甚至比概率数据还重要。改变任何先验概率都可能引起所有的后验概率发生变化。通过后验概率的模板,你可以在一个位置改变先验概率。所有其他概率都能够适当地计算和更新。

在对图 16.12 中的成本数据、收入数据、概率数据做出调整后,电子数据表很好地概括了通过后验概率模板和决策树得到的新结果。因此,以反复试验的方式利用方案数据进行实验是进行灵敏性分析的有用方法。然而,使用另一个方法进行更为系统的灵敏性分析是令人期望的。

现在介绍如何系统运用数据表格进行灵敏度分析。

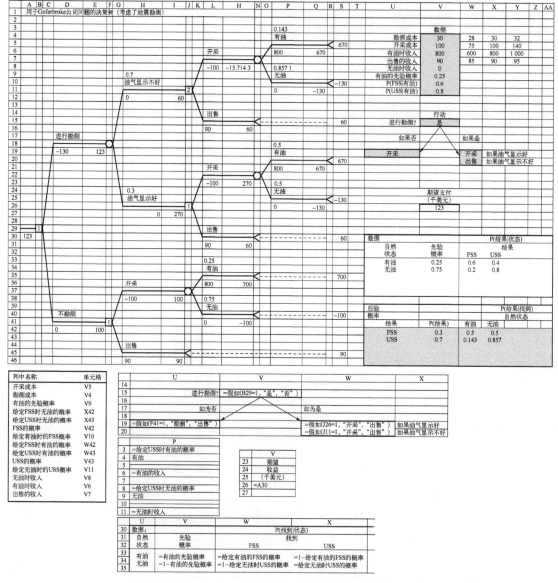

图 16.12 为 Goferbroke 公司的完整问题的灵敏度分析做准备，其结果和数据被整理放在决策树右边的电子数据表中

16.5.4 使用数据表进行系统的灵敏性分析图

系统的研究当是否有石油的先验概率发生变化，决策和期望收益如何变化，我们需要继续随机试验是否有石油的先验概率。然而，较好的方式是系统确定值的范围。在 Excel 中建立数据表格求解上述问题。数据表格用于得到不同试验值对应的结果。

运用数据表格，第一步是在电子数据表中建立标头 Y 到 AD，如图 16.13 所示。表中第一列（Y5：Y15）累出了数据单位的试验值（是否有石油的先验值）。下一栏表头列举了需要评价的结果。对于每一列，通过表第一行得到等式的输出单位。案例中，第一步决策时决定是否勘测（V15），第二步是如果勘测是有利或者无利的情况下，是否开采，第三步如果不利，是否需要开采（U19），第四步期望收益的价值（V26）。图 16.13 得到了等式 Y4：AD4 的计算结果。

下一步，选择全部表格（Y4：AD15），同时调查数据分析菜单。数据表格对话框包括了列的输入单位(V9)。

单击"OK"按钮就产生了图 16.13。表中第一列数据试验值的相关计算结果在表的其他列显示。数据表中输出结果不是全部相关的。例如,当决策是不开发(第 Z 列),AA 和 AB(有利的或不利的勘测结果)的结果就和 Z 不相关。同样地,当决策是开发(第 Z 列),AC(如果不开放怎么办)的结果就和 Z 不相关。表中相关的数据通过黑体进行了标注。

图 16.13 揭示了当有无石油的先验概率为 0.1~0.2 时,选择出售土地决策是理想决策,当先验概率为 0.3~0.4 时,开发时理想决策。运用软件进行试错分析,如图 16.12 所示,从而得到依靠概率的最佳策略。

	Y	Z	AA	AB	AC	AD
1	先验					期望
2	概率	是否	如果勘测	如果勘测	如果不	收益
3	有无石油	开发	有利	无利	开发	(千美元)
4		是	开发	出售	开发	123
5	0	否	出售	出售	出售	90
6	0.1	否	开发	出售	出售	90
7	0.2		开发	出售	出售	102.8
8	0.3		开发	出售	开发	143.2
9	0.4	否	开发	开发	开发	220
10	0.5	否	开发	开发	开发	300
11	0.6	否	开发	开发	开发	380
12	0.7	否	开发	开发	开发	460
13	0.8	否	开发	开发	开发	540
14	0.9	否	开发	开发	开发	620
15	1	否	开发	开发	开发	700
1	先验					期望
2	概率	是否	如果勘测	如果勘测	如果不	收益
3	有无石油	开发	有利	无利	开发	/千美元
4		=V15	=W19	=W20	=U19	=Expected Payoff

图 16.13 数据表格针对不同有无石油的先验概率理想策略和期望收益

理想策略:

p = 是否有石油的先验概率

如果 $p \leq 0.168$,那么,出售土地(不进行地震勘测)。

如果 $0.169 \leq p \leq 0.308$,那么,进行地震勘测,如果是有利的就进行开采,否则出售。

如果 $p \geq 0.309$,那么,开采石油(不进行地震勘测)。

16.6 效用理论

迄今,在应用贝叶斯决策准则时,假设在现金上的期望收益是采取行动的结果的适当度量。然而,在许多情况下,这个假设是不适当的。

例如,一个人被提供如下的选择:①50%的机会赢取 100000 美元或一无所获。②100%确定获得 40000 美元。许多人会选择②。尽管①的期望收益是 50000 美元。如果失去投资和破产的风险很大,一个公司可能不愿意投资一大笔钱在一个新产品上,尽管期望收益很大。人们可能购买保险,尽管从期望收益的角度看这个投资并不诱人。

这些例子使贝叶斯准则失效了吗?幸运的是,答案是否定的,因为有一种方法可以把现金值转化成反映决策者偏好的适合的度量,这个度量称为现金的效用函数。

16.6.1 现金的效用函数

图 16.14 给出了现金 M 的一个典型的效用函数 $U(M)$。它表明,有这个效用函数的人,将把 30000 美元看成 10000 美元的 2 倍。把 100000 美元看成 30000 美元的 2 倍。这反映了这样一个事实。此人的最高偏好需求在第一个 10000 美元获得满足。随着金钱数量的增加有递减的函数斜率,称作现金递减的边际效用。这样的人称为回避风险的人。

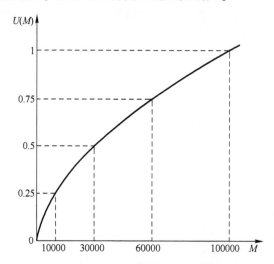

图 16.14 典型的现金效用函数,其中 $U(M)$ 代表获得 M 数量现金的效用

然而,并不是所有的人都有现金的递减的边际效用,一些人是风险追求者而不是风险回避者,他们一生追求最大的收益。随着金钱数量的增加,他们的效用函数的斜率也增加,因此有现金递增的边际效用。

介于中间的情况是风险中性的人,他们以票面价值评价金钱。这种人现金的效用函数,只与现金的数量简单地成比例。尽管当涉及少量现金时,一些人似乎是风险中性的。当现金数量较大时,真正的风险中性是不常见的。

表现为这些类型的混合也是可能的。例如,一个人对少量的现金可能是风险中性的,对于中等数量的现金可能是风险追求的,对于大量的现金可能是风险回避的。另外一个人的风险态度可能依赖于环境随着时间变化。

一个人在进行个人理财和为组织做出决策时,风险态度可能是不同的。一个商业企业的管理者在制定管理决策应对风险时,需要考虑公司的环境和管理高层的群体价值观。

不同的人有不同的现金效用函数。这个事实对不确定情况下的决策制定有重要的影响。

现金的效用函数被包含进一个问题的决策分析方法中以后,效用函数被建立以满足所涉及的决策制定者偏好和数值(决策制定者可以是一个人也可以是一群人)。

效用函数的尺度与大小无关。换句话说,图 16.14 中在点线上的值可以为 0.25、0.5、0.75、1,也可以为 10000、20000、30000、40000。所在的效用值可以乘以任何正的常数均不影响哪一个行动方案具有最大的期望效用。它同样可以对效用值添加任何常数(正的或负的)也不影响哪一个行动方案具有最大的期望效用。

由于上述理由,我们具有对两个 M 值任意确定 $U(M)$ 的自由,只要较大的现金值具有较大的效用值。特别方便的是(但并不是必要的),对最小现金值 M 令 $U(M)=0$。对最大现金值 M 令 $U(M)=1$,如图 16.14 所示。通过让最坏结果的效用值为 0,最好结果的效用值为 1。然后,确定其他结果的效用值,就很容易看到各个结果由坏到好在标尺上的排列。

建立适合决策者效用函数的关键在于下面的效用函数的基本属性。

基本属性:在效用函数理论的假设条件下,决策制定者的现金效用函数有这一属性。如果两个方案有相同的期望效用,决策制定者认为两个行动方案是相同的。

提案:一个可能性是以概率 p 获得 100000 美元(效用=1)或者以 $1-p$ 的概率一无所获(效用=0)。

这样对于这个提案,E(效用)= p。

因此,对于下面三个方案中的每一个,决策制定者认为第一个和第二个是没有区别的。

第一种方式:以 $p=0.25$ 的概率接受提案,即 E(效用)= 0.25。

第二种方式:获得 10000 美元,虽然决策者的两种决策方式不同,但是期望效用是相同的。然而,该方式的效用也是 0.25,如图 16.14 所示。

这个例子也首先解释了决策制定者的效用函数的构建方法。决策制定者将被提供同样的假设提案:以概率 p 获得较大数量的现金(如 100000 美元)或者一无所获。对于较小数量的现金(如 10000 美元、30000 美元、60000 美元),决策制定者将被要求来选择 p 的数值,此 p 值将使决策者认为在提案和确定获得一定数量的金钱之间没有不同。较小数量现金的效用是较大数量现金效用的 p 倍。选择 $p=0.25$、0.5 和 0.75,对应的效用为 10000、30000、60000,如图 16.14 所示。

这个过程称为确定效用的等价抽奖法,下面将详细介绍。

16.6.2 等价抽奖法

(1) 确定最大潜在收益 M = Maximum,指定某个效用值,如 U(Maximum) = 1。

(2) 确定最小潜在收益 M = Minimum,指定某个小于第 1 步中的效用值,如 U(Minimum) = 0。

(3) 确定其他潜在收益 M,决策者提供下面两个假设选择。

A1:以概率 p 获得最大的收益,以概率 $1-p$ 获得最小的收益。

A2:肯定得到 M 的收益。

对决策者提问:什么样的 p 值会使其感到上述两种选择无差别,于是,M 的效用值为

$$U(M) = pU(\text{Maximum}) + (1-p)U(\text{Minimum})$$

或简写为

$U(M) = p$,当 U(Minimum) = 0,U(Maximum) = 1

现在将决策分析中效用函数的基本作用概括如下。

当决策者的现金效用函数用于测量不同的可能现金结果的相对价值时,贝叶斯决策准则通过相应效用取代了现金收益。因此,最优行动(一系列行动)是最大化期望收益的行动。

在这里只讨论现金的效用函数。然而,我们应该提到,当行动方案的一些或者全部影响不是现金时,也可以建立收益函数(如医生的决策方案的结果涉及患者将来的健康问题)。然而,在这些情况下,将价值判断融入决策过程是很重要的。这是不容易的,因为它需要做出对无形结果的相对期望价值判断。因此,在这些情况下,将价值判断融入决策过程是很重要的。

16.6.3 对 Goferbroke 公司完整问题应用效用理论

在 16.1 节的结尾我们提到 Goferbroke 公司没有太多的运营资金,100000 美元的损失是十分严重的。公司的(主要的)所有者已经负债保持公司继续运营。最坏的情况是提供 30000 美元用于地质勘察,然后当开采了,但是没有石油的时候,依旧损失 100000 美元。这种情况不会使公

司破产,但是确定地将使公司财务达到不稳定的状态。

然而,丰富的石油是一个令人激动的前景,由于最终将挣 700000 美元,将使公司有一个相对固定的财务基础。

为了在 16.1 节和 16.3 节的问题中应用所有者(决策者)现金的效用函数,必须识别所有可能现金收益的效用。使用千美元作为单位,这些可能的收益和相应的效用在表 16.7 中给出,现在我们研究怎样获得这些效用。

表 16.7　Goferbroke 公司完整问题的效用

现金收益/千美元	效　　用
−130	0
−100	0.05
60	0.3
90	0.333
670	0.97
700	1

作为建立效用函数的出发点,因为我们可以对 M 的两个极端值任意确定 $U(M)$ 值(一般对较大现金确定较大效用值)。所以很方便地确定 $U(-130)=0$ 和 $U(700)=1$,再用等价抽奖法确定其他现金收益的效用值。如 $M=90$,通过对决策者(Goferbroke 公司的所有者)提出下列问题。

假定只有两种选择,以千美元为单位,选择 1 为以概率 p 得到收益 700 和以概率 $(1-p)$ 得到收益 −130(即损失 130);选择 2 为肯定得到收益 90。若决策者选择为 $p=\frac{1}{3}$,即

$U(90)=0.333$

接下来,等价抽奖法被应用于 $M=-100$。这时,决策者的无差异点是 $p=\frac{1}{20}$,所以

$U(-100)=0.05$

据此,通过 $U(-130)$、$U(-100)$、$U(90)$ 和 $U(700)$ 画一条光滑曲线得到决策者的效用函数,如图 16.15 所示。这条曲线上对 $M=60$ 和 $M=670$ 的值提供了相应的效用值 $U(60)=0.30$ 和 $U(670)=0.97$。这些值补全了表 16.7 右端的列,这条曲线的形状表明,Goferbroke 公司的所有者是略微的风险回避。作为比较,图中 45°的虚线表明决策者的效用函数为风险中性。

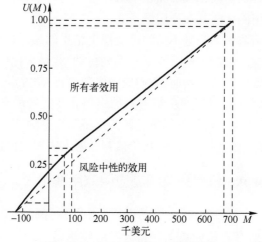

图 16.15　Goferbroke 公司现金效用

实际上，Goferbroke 公司的所有者可能是风险追求型的。然而，所有者想解决公司困难的财务环境，强迫采取相对风险回避型的态度来制定当前的决策。

16.6.4 评估 $U(M)$ 的另一个方法

上面建立 $U(M)$ 的过程让决策者反复地进行一个困难的决策，决定什么样的概率让他觉得两个方案没有差别。制定这样的决策让许多人感觉很不舒服，因此，有时用替代方法来评估现金的效用函数，这个方法假设效用函数有一个确定的数学形式，然后，调整这个形式来尽可能适应决策者对于风险的态度。例如，一个特定的通用的形式是（由于相对简化）指数效用函数为

$$U(M) = 1 - e^{-\frac{M}{R}}$$

式中：R 为决策者的风险限度。效用函数有一个对于现金的递减边际效用，因此它用于风险回避类型的个人。较大的风险回避程度对应较小的 R 值（引起效用函数曲线剧烈的弯曲），较小的风险回避程度对应较大的 R 值（引起效用曲线缓慢的弯曲）。

由于 Goferbroke 公司的所有者有相对较小的风险回避程度，图 16.15 的效用函数曲线弯曲得较缓慢，对接近图 16.15 右端的大的 M 值弯曲更为缓慢。所以在这个区域内的 R 值接近 $R = 20000$。然而，当由于有破产的风险而出现巨大损失时，公司所有者变为更趋风险回避，所以当 M 值出现很大负值时，效用函数变得更为弯曲，由此可知，相应的 R 值要小得多。在这个区域内，大致为 $R = 500$。

不幸的是，对于相同的效用函数使用不同的 R 值是不可能的。指数效用函数的缺点就是给定了常数的风险回避（一个固定的 R 值），不管决策制定者当前有多少钱。这不符合 Goferbroke 公司的情况，由于当前现金的短缺，使所有者比往常更担心产生大的损失。

在其他情况下，潜在损失的结果不很严重，假设指数效用函数可能提供一个合理的近似值。在那样的情况下，有一个评估 R 值方法（有一点近似）。决策者将被要求选择 R 的值，使他对下面两个方案感到无差异。

A1：一个 50 比 50 的赌博，将给出以概率 0.5 获得 R 美元，以概率 0.5 失去 $R/2$ 美元的结果。
A2：既不失去也不获得任何东西。

可以通过 ASPE 软件使用指数效用函数。在软件对话框单击"选项"按钮。选择指数效用函数，并给定风险承受 R 的值。单击"OK"按钮修正决策树，以包含指数效用函数。

16.6.5 使用带有效用的决策树分析 Goferbroke 公司问题

现在 Goferbroke 公司所有者的效用函数已经获得如表 16.7（图 16.15）所列的信息。这些信息可用于概括决策树。

除了使用效用替代现金收益以外，使用决策树分析问题的过程和前面所描述的过程相同。因此，被获得用于评估树的每一个分支的值是期望效用而不是期望（现金）收益。结果，贝叶斯决策准则选择的最优决策最大化了整个问题的期望效用。

因此，最终的决策树如图 16.16 所示，与 16.4 节给出的图 16.16 十分相似。节点和分支都是相同的，从节点分出的分支的概率也是一样的。为了报告的目的，全部的现金收益仍然在最终分支的右侧给出（但是我们不再在分支附近给出单个的收益）。然而，我们已经在右边添加了效用，这些数被用来计算所有给出的临近节点的期望效用。

这些期望效用在节点 a、c 和 d 产生了同样的决策，如图 16.6 所示。但是在节点 e 的决策转向出售，而不是开采。然而，后退归纳过程仍然保留节点 e 在一个封闭的路径上。因此，总的最优策略仍然与 16.4 节末尾给出的一样（进行地质勘察：如果结果是不利的，则出售；如果结果是

有利的,则开采)。

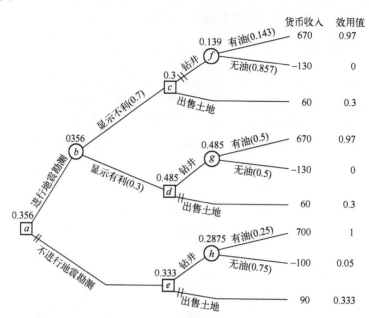

图16.16 Goferbroke公司完整问题的最终决策树,所有者的效用函数来最大化期望效用

前面各节所使用的最大化期望现金收益数量的方法假设决策制定者是风险中性的,因此,$U(M)=M$。通过使用效用理论,现在最优解反映了决策制定者对风险的态度,因为Goferbroke公司的所有者仅仅采用适当的风险回避政策,最优策略与此前相比没有变化。对于有些更加害怕风险的所有者,最优解将变成立即卖掉土地的更加保守方法(不进行地质勘察)(见习题16.6-1)。

当前的所有者决策分析方法中使用效用理论。效用理论提供了面对不确定情况的理性的决策制订方法。然而,许多决策制定者对使用这个完全抽象的效用概念或者使用概率建立效用函数来应用这个方法感觉不舒服。因此,效用理论在实际中仍然没有被广泛使用。

16.7 决策分析的实际应用

总而言之,本章的原型实例(Goferbroke公司问题)是决策分析的典型应用。像其他应用一样,管理者面对较大的不确定情况需要制定一些决策(是否进行地质勘察?开采石油还是卖掉土地?)制定这些决策是困难的,因为它们的收益是不可预知的,结果依赖于管理者掌控以外的因素(土地蕴藏石油还是无石油)。因此,在这种不确定的环境中,管理者需要制定一个理性决策框架和方法。这些是决策分析应用的常见特征。

然而,在其他方面,Goferbroke公司问题不是一个典型的应用。它过于简单,仅仅包括两个自然状态(有石油和无石油),而实际上可能有很多种差别很大的可能性。例如,实际的状态可能是石油、有少量石油、中等数量的石油、大量石油和巨大数量石油,加上关于蕴藏石油的深度的不同概率,都会影响开采成本的条件。管理者仅仅考虑两个决策中的每一个的两个方案。真实的应用包含更多的决策、更多的方案,每一个都需要考虑,还有更多的可能的自然状态。

当处理较大的问题时,决策树的规模可能是巨大的,可能有几千个最终的分支。在这种情况下,手工建立决策树以及计算后验概率,计算不同节点的期望收益(或者效用),然后求解最优的决策显然是不可行的。幸运的是,一些优秀的软件包(主要用于个人计算机),可专门做这个工作,而且,专门的数学技术发展起来,并包括在计算机求解工具中,以用于处理较大的问题。

对于大规模问题,敏感性分析也可能变得笨拙。尽管它有计算机软件支持,但是数据数量仍很容易超出分析工具和决策制定者的能力。因此,已经开发了一些图形技术,如 tornado charts 用于以一种可理解的方式组织和管理数据。

在描述和求解决策分析问题时,其他种类的图形技术也可用于建立决策树。一种十分流行的技术称为影响图,研究者还在继续开发其他工具。

许多商务战略决策通过管理层的几个人员集体制定。一种群体决策制定技术称为决策会议,即一个群体在分析人员和决策辅助者的帮助下聚集在决策会议上一起讨论。决策辅助者直接与群体一起工作帮助建立和集中讨论,有创造性地思考问题,带来一些简单的假设,说明问题所涉及的整个范围等。分析人员使用决策分析帮助群体探究不同决策方案的含义,凭借计算机化群体决策支持系统的帮助,分析人员建立和求解现场模型,然后执行敏感性分析,从群体中回答"What-if"类型的问题。

决策分析的应用通常包括管理决策制定者(单个或者是群体)和分析人员(单个或者小组)之间的运筹学培训。有些公司并没有符合条件的组织成员来担任专业分析人员。因此,大量管理咨询公司专门从事决策分析。

如果你想查阅更多关于决策分析的实际应用,我们建议你阅读参考文献[9]。这篇文章是《决策分析》杂志创刊第 1 期文章。该期刊侧重于决策分析的应用,文章介绍了关于决策分析的各类出版物。

16.8　结　　论

决策分析已经变成一个面对不确定情况的重要的决策工具。它以列举所有可能的行动方案,识别所有可能结果的收益,量化所有可能随机事件的主观概率为特征。当这些数据可用时,决策分析成为决定一个最优行动方案的强有力的工具。

决策分析中包括的一个选项是进行试验获得自然状态的概率估计。决策树是有用的、可视化的、用来分析这些选项或者一系列决策的工具。

效用理论提供了一个在分析过程中考虑决策者对于风险态度的方法,已有软件(包括 ASPE 软件)被广泛地用于执行决策分析(参考文献[11]提供了对这类软件的调查)。

参 考 文 献

[1]　Bleichrodt, H., J. M. Abellan-Perpiñan, J. L. Pinto-Prades, and I. Mendez-Martinez: "Resolving Inconsistencies in Utility Measurement Under Risk: Tests of Generalizations of Expected Utility," Management Science, 53(3): 469-482, March 2007.

[2]　Bleichrodt, H., U. Schmidt, and H. Zank: "Additive Utility in Prospect Theory," Management Science, 55(5): 863-873, May 2009.

[3]　Chelst, K., and B. Canbolat: Value-Added Decision Making for Managers, Chapman and Hall/CRC Press, Boca Raton, FL, 2012.

[4]　Clemen, R. T., and T. Reilly: Making Hard Decisions: with Decision Tools, Updated ed., Duxbury Press, Pacific Grove, CA, 2005.

[5]　Ehrgott, M., J. R. Figueira, and S. Greco(eds): Trends in Multiple Criteria Decision Analysis, Springer, New York, 2010.

[6]　Fishburn, P. C.: Nonlinear Preference and Utility Theory, The Johns Hopkins Press, Baltimore, MD, 1988.

[7]　Hammond, J. S., R. L. Keeney, and H. Raiffa: Smart Choices: A Practical Guide to Making Better Decisions, Harvard Business School Press, Cambridge, MA, 1999.

[8] Hillier, F. S., and M. S. Hillier: Introduction to Management Science: A Modeling and Case Studies Approach with Spreadsheets, 5th ed., McGraw-Hill/Irwin, Burr Ridge, IL, 2014, chap. 9.

[9] Keefer, D. L., C. W. Kirkwood, and J. L. Corner: "Perspective on Decision Analysis Applications," Decision Analysis, 1(1): 4-22, 2004.

[10] McGrayne, S. B.: The Theory That Would Not Die: How Bayes' Rule Cracked the Enigma Code, Hunted Down Russian Submarines and Emerged Triumphant From Two Centuries of Controversy, Yale University Press, New Haven, CT, 2011.

[11] Patchak, W. M.: "Decision Analysis Software Survey," OR/MS Today, 39(5): 38-49, October 2012.

[12] Smith, J. Q.: Bayesian Decision Analysis: Principles and Practice, Cambridge University Press, Cambridge, UK, 2011.

习 题

一些习题左边的符号(或者它们的一部分)有下面的含义。

T：上面所列的有帮助的 Excel 模板。

A：使用 ASPE 软件。

习题上有一个星号表示书后至少给出该题的一部分答案。

16.2-1 阅读 16.2 节应用案例中概要叙述并在其参考文献论文中详述的运筹学研究。简要描述决策分析如何在该项研究中应用的，然后，列出由其带来的财务与非财务的效益。

16.2-2* Silicon Dynamics 开发了一个计算机芯片，从而能够生产和销售个人计算机。它可以将计算机芯片的专利权销售 1500 万美元，这是一个替代方案。如果公司选择制造计算机，可能的收入取决于公司在第一年销售计算机的能力。公司完全有能力保证有销售 10000 台计算机的渠道。另外，如果这种计算机流行，计算机公司可销售 100000 台机器。这两种销售情况被当作计算机销售的两个可能结果，但是不清楚先验概率是多少？建立生产线的成本是 600 万美元，每一台计算机的销售价格和可变成本的差是 600 美元。

(a) 通过识别决策方案、自然状态和收益表建立这个问题的决策分析公式。

(b) 画一个图形，标明对应销售 10000 台计算机先验概率的每一个决策方案的期望收益。

(c) 参考(b)中所绘的图形，使用代数法求解交叉点，解释这个点的含义。

A(d) 画一个图形标明对应销售 10000 台计算机的先验概率的每一个决策方案的期望收益(使用贝叶斯决策准则)。

(e) 假设这两种销售情况的先验概率都是 0.5，应该选择哪一个决策方案？

16.2-3 Jean Clark 是 Midtown Saveway 食品杂货店的管理者，她现在需要补充草莓的供应。过去供应者能够提供她所需要的数量，然而，因为这些草莓已经十分成熟了，需要明天就卖掉它们，没有卖掉的将被扔掉。Jean 估计明天可能的销售境况将是 12 箱、13 箱、14 箱、15 箱四种。它能够在每一种情况下，以 3 美元每单位买入，以 8 美元每单位出售。Jean 需要决策应购买多少。

Jean 已经检查了商店每天草莓的销售记录，在这个基础上，明天销售草莓 12 箱、13 箱、14 箱、15 箱等每一情况的先验概率分别是 0.1、0.3、0.4、0.2。

(a) 通过识别决策方案、自然状态和收益表建立这个问题的决策分析公式。

(b) 如果 Jean 使用最大最小收益准则，应该购买多少草莓？

(c) 根据最大可能准则，Jean 应该购买多少草莓？

(d) 根据贝叶斯决策准则，Jean 应该购买多少草莓？

(e) Jean 认为她有正确的销售 10 箱和 13 箱情况的先验概率，但是对于如何区分 11 箱和 12 箱的先验概率是不确定的，当 11 箱和 12 箱的先验概率分别是(1)0.2 和 0.5，(2)0.4 和 0.3，(3)0.5 和 0.2 时，再应用贝叶斯决策准则。

16.2-4* Warren Bufly 是一位大的财产投资者。他凭借自己的投资天赋积累了财富。当前有三种主要的投资,他将选择一个。第一个是保守的投资,在好的经济状况下将运行良好,在坏的经济状况下将损失很小;第二个是投机性的投资,在好的经济状况下将运行极好,在坏的经济状况下将损失很大;第三个是一个反周期的投资,在好的经济状况下有少许损失,在坏的经济状况下运行良好。

Warren 相信在投资周期中,有三种可能的情况:(1)运行良好的经济状况;(2)稳定的经济状况;(3)差的经济状况。他对经济前景是悲观的,因此分别对三种情况赋予先验概率 0.1、0.5 和 0.4。他估计三种情况下各自的收益如下表所示。

	良好经济	稳定经济	差的经济
保守投资	3000 万美元	500 千万美元	-1000 万美元
投机投资	4000 万美元	1000 万美元	-3000 万美元
反周期投资	-1000 万美元	0	1500 万美元
先验概率	0.1	0.5	0.4

在下面每一个决策准则下,Warren 应该做出什么决策准则?
(a) 最大最小收益准则。
(b) 最大可能性准则。
(c) 贝叶斯决策准则。

16.2-5 再考虑习题 16.2-4,Warren Buffy 认为贝叶斯决策准则是最可靠的决策准则,他确信良好经济状况下的先验概率是 0.1,但是不确定稳定经济情况和差的经济情况的先验概率的大小该如何分配,因此,他希望对后两个先验概率作敏感性分析。
(a) 在经济稳定和差的情况下先验概率分别是 0.3 和 0.6 时,再应用贝叶斯决策准则分析。
(b) 在经济稳定和差的情况下先验概率分别是 0.7 和 0.2 时,再应用贝叶斯决策准则分析。
(c) 用图形表示对于稳定经济状态下先验概率的三种投资方案的收益(良好经济状态的先验概率固定为 0.1)。使用这个图形识别从一个方案到另一个方案的交点。
(d) 使用代数法求解(c)中找到的交点。
A(e) 画出稳定经济状态先验概率下的期望收益的图形(使用贝叶斯决策准则)。

16.2-6 给定决策分析问题的收益表。

方案	状态		
	S_1	S_2	S_3
A_1	220	170	110
A_2	200	180	150
先验概率	0.6	0.3	0.1

(a) 最大最小收益准则下,应该选择哪一种方案?
(b) 最大可能准则下,应该选择哪一种方案?
(c) 贝叶斯决策准则下,应该选择哪一种方案?
(d) 使用贝叶斯决策准则,对应状态 S1 和 S2,先验概率(不改变状态 S3 的先验概率)。进行图形化的敏感性分析,来决定从一个方案转向另一个方案的交点,然后,使用代数法计算该交点。

(e) 对状态 S1 和 S3,先验概率重复(d)。
(f) 对状态 S2 和 S3,先验概率重复(d)。
(g) 如果感觉自然状态的真实概率在给定概率的 10% 以内,应该选择哪一个方案?

16.2-7 Dwight Moody 是拥有 1000 亩可耕种土地的大农场的管理者。为了保持高效,Dwight 的农场在一段时期内只种植一种作物。他现在需要制定决策,决定在将来一季度种植四种作物中的哪一种。对于这些作物中的一种。Dwight 已经获得了不同天气条件下每种作物的产量估计和净收益估计,如下表所示。

天气	期望产出(蒲式耳/英亩)			
	作物 1	作物 2	作物 3	作物 4
干旱	20	15	30	40
适中	35	20	25	40
潮湿	40	30	25	40
每蒲式耳的净收入	1 美元	1.5 美元	1 美元	0.5 美元

参考了历史气象记录之后,Dwight 也估计了下一季天气先验概率如下。

干旱	0.3
适中	0.5
潮湿	0.2

(a) 通过识别决策方案、自然状态和收益表建立这个问题的决策分析公式。
(b) 使用贝叶斯决策准则决定种植哪一种作物。
(c) 使用贝叶斯决策准则,对中等天气和潮湿天气的先验概率进行敏感性分析(不改变干燥天气的先验概率)。再求解中等天气先验概率分别为 0.2、0.3、0.4 和 0.6 的情况。

16.2-8* 空军部门采购了一种新型的飞机,必须决策备用发动机的订购数量。空军部门以五个为一批来订购发动机,将在订购数量 15、20、25 中选择订购策略。有两个工厂供应这种备件,在知道使用哪一个工厂前必须做出订购决策。然而,空军部门从过去的经验知道所有类型的发动机的 2/3 在工厂 A 生产,只有 1/3 在工厂 B 生产。空军部门也知道在工厂 A 生产备用发动机近似服从 $\theta=21$ 的泊松分布,然而,在工厂 B 生产备用发动机近似服从 $\theta=24$ 的泊松分布。现在备用发动机的采购成本是 40 万美元,然而,更晚一些日期购买发动机的成本将是 90 万美元。

如果要求备件必须一直供应,飞机荒废备件将丢弃,持有成本和利息被忽略。根据这些数据,总成本计算如下(负收益)。

方案	状态	
	$\theta=21$	$\theta=24$
订购 15	1.155×10^7	1.414×10^7
订购 20	1.012×10^7	1.207×10^7
订购 25	1.047×10^7	1.135×10^7

在贝叶斯决策准则下决定最优方案。

16.3-1 阅读 16.3 节应用案例中概述描述并在其参考文献论文中详述的运筹学的研究。先简要说明决策分析在该项研究中是如何应用的,再列出研究带来的各类财务与非财务效益。

16.3-2* 再考虑习题 16.2-2 中 Silicon Dynamics 的管理层现在考虑进行全面成熟的市场调查,以 100 万美元的成本,预测两种级别的需求将发生哪一个。以前的经验表明,这样的市场调查有 2/3 是正确的,先验概率都为 0.5。

(a) 求解这个问题的 EVPI。
(b) (a) 中的答案表明值得进行这样的市场调查吗?
(c) 建立一个概率树以获得市场研究可能结果的每一种需求级别的后验概率?
T(d) 使用相应的 Excel 模板检验你在(c)中得到的结果。
(e) 求解 EVE 值得进行市场调研吗?

16.3-3 给定决策分析问题的收益表(单位:每千美元)。

方案	状态		
	S_1	S_2	S_3
A_1	4	0	0
A_2	0	2	0
A_3	3	0	1
先验概率	0.2	0.5	0.3

(a) 根据贝叶斯决策准则,应该选择哪一个决策方案?
(b) 求解 EVPI。
(c) 给你一个机会,花费 1000 美元获得可能发生哪一种状态的更多信息,给定(b)中的答案,这个花费值得吗?

16.3-4* Betsy Pitzer 根据贝叶斯决策准则制定决策,对于当前的问题 Betsy 已经建立了下面的收益表。

方案	状态		
	S_1	S_2	S_3
A_1	50	100	−100
A_2	0	10	−10
A_3	20	40	−40
先验概率	0.5	0.3	0.2

(a) Betsy 应该选择哪一种方案?
(b) 求解 EVPI。
(c) 要想获得自然状态将发生的更多信息,Betsy 最能接受的花费是多少?

16.3-5 使用贝叶斯决策准则,考虑决策分析问题的收益表。

方案	状态		
	S_1	S_2	S_3
A_1	−100	10	100
A_2	−10	20	50
A_3	10	10	60
先验概率	0.2	0.3	0.5

(a) 应该选择哪一种方案？最终期望收益是多少？

(b) 现在你有机会获得自然状态 S_1 将发生的确定信息，你愿意最大付出多少来获得信息？假设你愿意获得信息，你将怎样使用信息来选择方案？期望收益是多少（不包括报酬）？

(c) 当提供的信息是关于 S_2，而不是 S_1，重复(b)。

(d) 当提供的信息是关于 S_3，而不是 S_1，重复(b)。

(e) 现在有机会获得将发生哪一个自然状态的确定信息，你愿意最大付出多少来获得信息？假设你愿意获得信息，将怎样使用信息来选择方案？期望收益是多少（不包括报酬）？

(f) 如果有机会做一些试验来获得一些关于自然状态的部分附加信息（不是完美信息），你最多愿意付出多少来获得信息？

16.3-6 再考虑 Goferbroke 公司的原型实例，包括 16.3 节的分析。在地理学家的帮助下，已经得到的历史数据提供了更精确的信息，使得在相似的土地上增加了有利勘察的可能性。特别的，当土地蕴藏石油时，有 80% 的可能获得有利的勘察结果；当土地不蕴含石油时，概率将降低到 40%。

(a) 重新修改图 16.2 求解最新的后验概率。

T(b) 使用相应的 Excel 模板检验(a)中的答案。

(c) 最终的最优策略是什么？

16.3-7 给定下面的收益表（单位：每美元）。

方案	状态	
	S_1	S_2
A_1	400	-100
A_2	0	100
先验概率	0.4	0.6

有个选择，即付出 100 美元进行研究，更准确地预测自然状态的发生。当真实的自然状态是 S_1 时，研究准确预测 S_1 的可能性为 60%（40% 的可能性将不准确预测 S_2）；当真实的自然状态是 S_2 时，研究准确预测 S_2 的可能性为 80%（20% 的可能性将不准确预测 S_1）。

(a) 假定没有进行研究，使用贝叶斯决策准则决定选择哪一种决策方案。

(b) 求解 EVPI。这个结果表明值得进行研究吗？

(c) 假设进行研究，求解下面成对结果的联合概率（1）自然状态是 S_1，研究预测也是 S_1；（2）自然状态是 S_1，研究预测是 S_2；（3）自然状态是 S_2，研究预测是 S_1；（4）自然状态是 S_2，研究预测也是 S_2。

(d) 求解研究预测 S_1 的无条件概率并研究预测 S_2 的无条件概率。

(e) 假设进行研究，使用在(c)、(d)中得到的答案求解两种可能研究预测中每一个自然状态的后验概率。

T(f) 使用相应的 Excel 模板检验你在(e)中得到的答案。

(g) 假定研究预测为 S_1，使用贝叶斯决策准则决策应该选择哪一种决策方案及其最终的期望收益。

(h) 当研究预测为 S_1 时，重复(g)。

(i) 假设研究已完成，应用贝叶斯决策准则求期望收益。

(j) 使用前述的结果决定是否进行研究，并决定决策方案选择的最优策略。

16.3-8* 再考虑习题 16.2-8。假设现在空军部门知道一种相似类型的发动机被生产用于这种飞机的早期型号,这种飞机在当前考虑范围之内。对于早期型号订购的数量与当前类型相同。给定产品生产的工厂,对于发动机需求数量的概率分布,认为早期型号的飞机与当前的一样。当前订购的发动机将在与以前一样的工厂生产,尽管空军部门不知道是两个工厂中的哪一个。空军部门已经得到了所需要老型号的备件数量的数据,但供应商没有说明生产地点。

(a) 值得花费多少来得到那些反映哪一个工厂生产产品的全部信息?

(b) 假设关于老的飞机模型的数据成本是免费的,需要 30 个备用件。给定 30 个备用件的概率,给定泊松分布,当 $\theta=21$ 时,等于 0.013;当 $\theta=24$ 时,等于 0.036。求解贝叶斯决策准则下的最优行动。

16.3-9* Vincent Cuomo 是 Fine Fabrics Mill 的信托管理者。他当前需要决定是否扩大 10 万美元的借贷给一个潜在的新顾客。这个新顾客是一个服装制造商。Vincent 有三种类型的公司信贷:低风险、一般风险和高风险,但不知道哪一种类型适合潜在的顾客。经验表明,与该公司相似的公司有 20%是低风险的,50%是一般风险的,30%是高风险的。如果扩大信贷,低风险期望收益是-15000 美元、一般风险的期望收益是 10000 美元、高风险的收益是 20000 美元。如果不扩大信贷,服装制造商将转向其他工厂。Vincent 可以花费 5000 美元向咨询公司进行咨询。对于公司的信贷记录属于这三种类型的公司,下表给出了信贷咨询公司评估的三种类型各自的百分比。

信用评估	实际信用记录		
	差	一般	好
差	50%	40%	20%
一般	40	50	40
好	10	10	40

(a) 当不向信贷咨询公司咨询时,通过识别决策方案、自然状态和收益表建立这个问题的决策分析公式。

(b) 当不向信贷咨询公司咨询时,使用贝叶斯决策准则,应该选择哪一个决策方案?

(c) 求解 EVPI。这个答案有没有显示应该考虑向信贷咨询公司咨询?

(d) 假设向信贷咨询公司咨询,建立概率树图求解现在顾客的三种可能评估的各个自然状态的后验概率。

T(e) 使用相应的 Excel 模板求解(d)中的答案。

(f) 求解 Vincent 的最优策略。

16.3-10 一个运动团体对运动员进行药物测试,运动员 10%使用药物。然而,这个测试只有 95%的可靠性。也就是说,一个药物使用者将以 0.95 的概率测试为阳性,0.05 的概率测试为阴性。一个非药物使用者将以 0.95 的概率测试为阴性,以 0.05 的概率测试为阳性。

建立概率树图,求解测试运动员的下列结果的后验概率。

(a) 给定测试结果是阳性,运动员是药物使用者。

(b) 给定测试结果是阳性,运动员不是药物使用者。

(c) 给定测试结果是阴性,运动员是药物使用者。

(d) 给定测试结果是阴性,运动员不是药物使用者。

T(e) 使用相应的 Excel 模板检验前述各部分的答案。

16.3-11 Telemore 公司的管理层正考虑开发和营销一种新产品,据评估,产品成功的可能是不成功的两倍。如果成功,期望收益将是 1500000 美元。如果不成功,期望损失将是 1800000 美元,可进行市场调查,预测产品是否会成功,其成本是 300000 美元。过去这样的市场调查表明成功的产品有80%的可能被预测为成功,然而,不成功的产品有70%的可能被预测为不成功。

(a) 当不进行市场调查时,通过识别决策方案、自然状态和收益表建立这个问题的决策分析公式。

(b) 当不进行市场调查时,使用贝叶斯决策准则,应该选择哪一个决策方案?

(c) 求解EVPI,这个答案是否显示应该进行市场调查?

T(d) 假设进行市场调查,求解市场调查两种可能评估的各个状态的后验概率。

(e) 求解是否进行市场调查以及是否开发和销售新产品的最优策略。

16.3-12 Hit-and-Miss 制造公司生产的产品有缺陷的概率是p。这些产品每批生产150。过去的经验表明,p是0.05或者0.25,而且,对于这些产品有80%的可能$p=0.05$(有20%的可能$p=0.25$)。这些产品然后用于集装,产品的数量在最终集装离开工厂前决定。起初,公司以10美元的成本遴选产品,然后,挑出有缺陷的产品,或者不遴选就直接使用它们。如果后一种方案被选择,对于每一种有缺陷的产品再次工作的成本是100美元。因为遴选需要检查和装配的计划,遴选或者不遴选的决策需要在进行遴选两天之前确定。然而,产品可以送到实验室检查,在遴选或者不遴选的决策制订前它的质量(有缺陷或者无缺陷)可以报告出来,最初检验的成本是125美元。

(a) 当不对单个产品进行提前检验时,通过识别决策方案、自然状态和收益表建立这个问题的决策分析公式。

(b) 当不对单个产品进行提前检验时,使用贝叶斯决策准则,应该选择哪一个决策方案?

(c) 求解EVPI。这个答案是否显示应该对单个产品进行提前检验?

T(d) 假设对单个产品进行提前检验,求解检验的两种可能评估结果的各个状态的后验概率。

(e) 求解EVE。值得对单个的产品进行检验吗?

(f) 求解最优策略。

T16.3-13* 考虑两枚硬币,硬币1有0.3的概率正面朝上,硬币2有0.6的概率正面朝上。一枚硬币投掷一次,硬币1被投掷的概率是0.6,硬币2被投掷的概率是0.4。决策制定者使用贝叶斯决策准则决定投掷的硬币。收益表如下。

方案	状态	
	投掷硬币1时的收益	投掷硬币2时的收益
认为投掷的是硬币1	0	−1
认为投掷的是硬币2	−1	0
先验概率	0.6	0.4

(a) 在投掷硬币前,最优方案是什么?

(b) 投掷硬币后如果正面朝上,最优方案是什么?如果反面朝上呢?

16.3-14 两枚硬币分别以概率0.8和0.4正面朝上,每枚硬币以随机(各以1/2概率)选择投掷两次。如果正确预测两次投掷中有多少正面朝上你将得到250美元。

(a) 应用贝叶斯决策,最优预测是什么?相应的期望收益是多少?

T(b) 假设在预测前可以观察一次实际的投掷,使用相应的Excel模板求解所投掷硬币的后验概率。

(c) 观察实际预测后,决定你的最优预测,期望收益是多少?

(d) 求解观察实际投掷的EVE,如果必须支付30美元来观察投掷,最优策略是什么?

第16章 决策理论

16.4-1 阅读16.4节应用案例中概要描述并在其参考文献的论文中详细阐明的运筹学的研究。先简要说明决策分析在该项研究中是如何应用的,然后,列出由此带来的各类财务与非财务的效益。

16.4-2* 再考虑习题16.3-2,Silicon Dynamics现在想得到显示全部问题的决策树,手工建立和求解这个决策树。

16.4-3 给定下面的决策树,括号内的数是概率,右边终点的数是收益,分析此决策树获得最优策略。

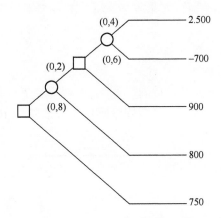

16.4-4* Leland大学体育系正在考虑下一年是否扩大运动会规模来为新的体育场筹集资金。这一活动很大程度上取决于足球队能否赢得秋季赛事。在过去,足球队已经赢得了夺取60%赛季。如果足球队赢了这个赛季(W),学校的男女生将进行捐献,活动将筹集300万美元。如果足球队输了这个赛季(L)。很少有人捐献,活动将损失200万美元。如果不进行活动,则不发生成本。9月1日,在足球赛季开始前,体育系开始制订决策决定是否举办下一年的活动。

(a) 通过分析决策方案、自然状态和收益表建立这个问题的决策分析公式。
(b) 使用贝叶斯决策准则,应该选择哪一个决策方案?
(c) EVPI是多少?
(d) 著名的足球领袖William Walsh来帮助评估足球队能否赢得该赛季,需花费10万美元,他将通过整个春季的实际情况和整个季前的测试来仔细地评估球队。William将在9月1日给出对球队赛季的预测,W或者L。在相同的情况下,过去在评估球队时,有50%的机会赢,这时预测的正确性是75%。考虑到球队曾经赢过,如果William预测会赢得赛季,球队赢的后验概率是多少?球队输的后验概率是多少?如果William预测会输,赢的后验概率是多少?输的后验概率是多少?说明怎样从概率树图中获得这些答案。
T(e) 使用相应的Excel模板求解(d)中的答案。
(f) 手工画出整个问题的决策树,分析决策树求解关于是否雇用William和是否开展活动的最优策略?

16.4-5 Macrosoft公司的审计员有1亿美元资金用于投资。她被指示在第一年将全部的投资投于股票或者证券(但不是两者都投)。然后,于第二年将全部投资投于股票或者证券,目标是在第二年年末最大化期望的现金值。在这些投资上的年回报率取决于经济环境,如下表所列。

经济环境	回报率	
	股票	债券
增长	20%	5%
衰退	−10	10
萧条	−50	20

第一年经济增长、后退和萧条的概率分别为 0.7、0.3、0,如果第一年发生增长,接下来第二年经济情况仍然是这些概率。然而,如果发生萧条,在第二年经济情况的相应概率分别变为 0.2、0.7、0.1。

(a) 手工建立这个问题的决策树。

(b) 分析决策树得到最优策略。

16.4-6 某支股票以 10(美元/股)收盘。周二,你期望股票每股收于 9 美元、10 美元、11 美元的概率分别为 0.3、0.3、0.4,在周三,你期望股票比周二以降低 10% 收盘、不变或者增加 10% 收盘相应概率如下。

当天收盘价	下降 10%	不变	上升 10%
9 美元	0.4	0.3	0.3
10 美元	0.2	0.2	0.6
11 美元	0.1	0.2	0.7

在周二,即在周四之前你被指导去买 100 股股票。在这一天末,以当天已知的收盘价购买所有的股票,因此你的唯一选择就是在周二或者周三末购买股票。给定周二的价格,你希望进行最优决策,决定在周二还是周三买,以最小化期望购买股价。手工建立和评估一个决策树来决策最优策略。

16.4-7 使用习题 16.3-9 给定的情境。

(a) 正确画出和标注决策树,包括除了概率以外的所有收益。

T(b) 求解从事件节点分出的分支概率。

(c) 应用后退归纳过程,求解最优策略。

16.4-8 使用习题 16.3-11 给定的情境。

(a) 正确画出和标注决策树,包括除了概率以外的所有收益。

T(b) 求解从事件节点分出的分支概率。

(c) 应用后退归纳过程,求解最优策略。

16.4-9 使用习题 16.3-12 给定的情境。

(a) 正确画出和标注决策树,包括除了概率以外的所有收益。

T(b) 求解从事件节点分出的分支概率。

(c) 应用后退归纳过程,求解是优策略。

16.4-10 使用习题 16.3-13 给定的情境。

(a) 正确画出和标注决策树,包括除了概率以外的所有收益。

T(b) 求解从事件节点分出的分支概率。

(c) 应用后退归纳过程,求解最优策略。

A16.4-11 Head Hunters 公司为 Western Bank 所做的寻找管理人才的工作很可能大有收获。要填补的职位很重要(信息规划副总裁),他将负责建立先进的管理信息系统,以便将

Western 的许多分支联系在一起。Head Hunters 觉得已经发现了适当的人选，Matthew Fenton 在纽约一家中等规模的银行的类似职位上工作得很出色。

一轮面试之后 Western 的主席相信 Matthew 有 0.7 的概率做到成功设计管理信息系统。如果 Matthew 成功，公司将得到 200 万美元的利润（减去 Matthew 的薪水、培训、招募成本和花费后的净额）；如果不成功，公司将有 40 万美元的损失。

若再花费 20000 美元，Head Hunters 将提供详细的调查过程（包括扩大的背景调查、一系列学术和心理测试等），从而进一步揭示 Matthew 的成功潜力。这个调查过程有 90% 的可靠性，即调查表明一个能成功设计信息系统的候选人将以 0.9 的概率通过测试。调查表明，一个不能成功设计信息系统的人将以 0.9 的概率测试失败。

Western 的高层管理者需要决定是否雇用 Matthew，并决定在决策前是否让 Head Hunters 公司进行详细的调查。

(a) 建立这个问题的决策树。

T(b) 求解从事件节点分出的分支概率。

(c) 分析决策树，求解最优策略。

(d) 现在假设 Head Hunters 公司进行详细调查的费用是可以协商，Western Bank 最多应为此付出多少。

A16.5-1 再考虑习题 16.2-2 描述的 Silicon Dynamics 问题的原始版本。

(a) 假设销售的两个水平的先验概率都是 0.5。使用 ASPE 软件建立和求解这个问题的决策树。根据这个分析，应选择哪一个决策方案？

(b) 使用数据表格计算当销售 10000 台计算机的先验概率为 $0, 0.1, 0.2, \cdots, 1$ 时，最优决策和期望收益（使用贝叶斯决策准则）。

A16.5-2 再考虑习题 16.3-2 和习题 16.4-2 描述的 Silicon Dynamics 问题的扩展版本。

(a) 使用 ASPE 软件建立和求解这个问题的决策树。

(b) 使用数据表格计算当销售 10000 台计算机的先验概率为 $0, 0.1, 0.2, \cdots, 1$ 时，最优决策和期望收益（使用贝叶斯决策准则）。

(c) 习题 16.2-2 中描述的财务数据有一些不确定性（分别为 1500 万美元、600 万美元和 600 美元）。每一个能够以基准值为基础变化 10%，对于每一个值（其他的两个值不变化），进行敏感性分析，通过相应地调节数据单元的值，找出此值在变化范围的两端将发生什么？然后，对这 8 种情况的所有数据的两端或者其他部分进行敏感性分析。

A16.5-3 再考虑习题 16.4-3 描述的决策树，使用 ASPE 软件建立和求解问题的决策树。

A16.5-4 再考虑习题 16.4-5 描述的问题，使用 ASPE 软件建立和求解问题的决策树。

A16.5-5 再考虑习题 16.4-6 描述的问题，使用 ASPE 软件建立和求解问题的决策树。

A16.5-6 Jose Morales 在加利福尼亚圣何塞的一个略显贫痛的地区经营一个大型户外水果摊。为了补充供应，Jose 每天从圣何塞的南部供应者购买成箱的水果，大约 90% 的水果箱的质量都令人满意，但是另外的 10% 则不令人满意。每箱包含 80% 的优质水果将为 Jose 挣 200 美元的利润。包含 30% 的优质水果则将使 Jose 失去 1000 美元。在 Jose 决定接受水果之前，将对水果箱取样测试它是否优质。基于这样的取样，他有拒收不付报酬的选择。Jose 想知道：(1) 是否应该继续向该供应者购买？(2) 如果购买，是否值得进行从一箱水果中拍一个水果的抽样？(3) 如果购买，基于这个抽样结果，他是否应该购买这箱水果。

使用 ASPE 软件（和后验概率的 Excel 模板）建立和求解这个问题的决策树。

16.5-7* Morton Ward 公司正考虑引进新产品，相信有 50% 的机会成功。一个选择是在制订引进决策前在市场上试销,成本为 500 万美元。过去的经验表明,成功的产品在试销市场上成功的概率是 80%,不成功的产品在市场试销的成功概率是 25%。如果产品成功,公司的净收益是 4000 万美元;如果不成功,损失 150 万美元。

(a) 不考虑产品的试销,通过问题的决策方案、自然状态、收益表建立这个问题的描述公式,然后,应用贝叶斯决策准则求解最优解。

(b) 求解 EVPI。

A(c) 考虑试销,使用 ASPE 软件(和后验概率的 Excel 模板)建立和求解这个问题的决策树。

A(d) 使用数据表格计算当新产品成功的先验概率为 $0.1, 0.2, \cdots, 1$ 时,最优决策和期望收益。

A(e) 假设新产品成功的概率为 0.5。然而,关于获利和损失现在有些不确定(4000 万美元和 150 万美元),围绕基础值上下 25% 变化。使用 ASPE 软件产生在变化范围内的期望收益图形。

A16.5-8 Chelsea Bush 是她所在党派任命的热门美国总统候选人。她正在考虑是否进行一个高风险的候选人提名会 Super Tuesday,如果进行 Super Tuesday(S. T.)。她的顾问相信做得好(第一和第二)和做得坏(第三和更坏)的概率分别是 0.4 和 0.6。做得好,将赢得大约 160 万美元的参选捐款;坏的表现将意味着 1000 万美元的巨额电视广告的损失。另外,她也可以不参加 Super Tuesday,不用付出成本。

Chelsea 的顾问意识到她在 Super Tuesday 成功的可能性将受到在 Super Tuesday 之前三周举行的规模较小的 New Hampshire(N. H.)候选人提名会的影响。政治分析人士认为,New Hampshire(N. H.)候选人提名会有 2/3 的概率正确预测 Super Tuesday 候选人提名会的结果。在 Chelsea 顾问中有一名决策分析专家使用这些信息得出下面的概率,即

P(假定在 N. H. 做得好,Chelsea 在 S. T. 做得好)= 4/7

P(假定在 N. H. 做得不好,Chelsea 在 S. T. 做得好)= 1/4

P(Chelsea 在 N. H. 做得好)= 7/15

估计参加 New Hampshire(N. H.)候选人提名会的成本是 1600000 美元。

Chelsea 觉得成功赢得任命的机会取决于在 Super Tuesday 候选人提名会后有足够的可用资金进行其余部分的有活力的竞选运动。因此,她想选择策略(是否参加 New Hampshire(N. H.)候选人提名会,是否参加 Super Tuesday 候选人提名会)以最大化这些活动后募集的资金。

(a) 建立和求解这个问题的决策树。

(b) 使用数据表格计算当 New Hampshire(N. H.)成功的先验概率为 $0, 1/15, 2/15, \cdots, 1$ 时,Chelsea 的最优决策和期望收益。

(c) 假设 Chelsea 在 New Hampshire(N. H.)成功的先验概率为 7/15。但是在获得 1600 万美元收益和 1000 万美元损失的评估中存在一些不确定性,这取决于 Super Tuesday 候选人提名会的表现。两个值将在这个评估上下 25% 变化。对于这两个财务数据中的每一个,进行敏感性分析来检验在这个变化范围两端(a)中的结果如何变化(另一个财务数据不变化时)。然后,对两个财务数据分别在两端的四种情况进行敏感性分析。

16.6-1 再考虑 Goferbroke 公司问题的原型实例,包括 16.6 节效用的应用。所有者已经假设公司的警戒的财务状况,他需要对这个问题采取风险回避的方法。因此,修订表 16.7 的效用如下,$U(-130) = 0, U(-100) = 0.1, U(60) = 0.4, U(90) = 0.45, U(670) = 0.985$,和 $U(700) = 1$。

(a) 手工修改对应的图 16.16 的决策树,并求解新的最优策略。

A(b) 使用 ASPE 软件建立和求解此决策树。

16.6-2* 你居住在一个有发生大规模地震可能性的区域。因此,你在考虑为房屋购买地震保险,每一年 180 美元。一年间地震毁坏你的房屋的概率是 0.001。如果发生这种情况,毁坏

的成本是(地震险全部覆盖)160000 美元。你的全部资产(包括房屋)价值 250000 美元。

(a) 应用贝叶斯决策准则决定选择一个方案,使得你的期望资产最大化(是否购买保险)。

(b) 你现在已经建立一个效用函数用于度量你的全部资产的价值 x 美元($x \geq 0$)。效用函数是 $U(x)=\sqrt{x}$,比较下一年购买地震险的成本使你的总资产风险减少的效用和不购买地震险的期望效用,你应该购买保险吗?

16.6-3 你即将从大学毕业,你的父亲提供给你两个选择方案:一个是给你 19000 美元;另一个是以你的名义进行投资。该投资可能很快有下面两个结果。

结 果	概 率
获得 10000 美元	0.3
获得 30000 美元	0.7

你收到 M 千美元的效用函数是 $U(M)=\sqrt{M+6}$,为了最大化期望收益,你将做出什么选择?

16.6-4* 再考虑习题 16.6-3,你现在对于你的效用函数是不确定的。因此,建立效用函数,你已经发现 $U(19)=16.7, U(30)=20$ 分别是收到 19000 美元和 30000 美元的效用。你已经得到结论:对于父母提供的两个方案感到没有差异,使用这个信息求解 $U(10)$。

16.6-5 你希望建立个人的效用函数,即你收到 M 千美元的效用函数。设置 $U(0)=0$ 后,接下来当你收到 1000 美元时,设置 $U(1)=1$。你想得到 $U(10)$ 和 $U(5)$。

(a) 你提供给自己下面两个假设方案。

A1:以概率 p 获得 10000 美元。

以概率 $1-p$ 获得 0 美元。

A2:确定地获得 1000 美元。

然后,问自己这样的问题:p 为什么值,让你觉得这两个方案没有差别?你的答案是 0.125。求解 $U(10)$。

(b) 除了改变第二个方案为确定获得 5000 美元以外,重复(a)。使你觉得两个方案无差异的 $p=0.5625$。求解 $U(5)$。

(c) 使用你自己选择的 p 值重复(a)和(b)。

16.6-6 给定下面的收益表:

方案	状态	
	S_1	S_2
A_1	25	36
A_2	100	0
A_3	0	49
先验概率	P	1-p

(a) 假设你的收益的效用函数是 $U(x)=\sqrt{x}$,在同一个圈中画出每一个方案相对 p 的期望效用,对于每一个方案找出最大化期望效用的 p 值范围。

A(b) 现在假设你的收益的效用函数是风险容限 $R=50$ 指数函数。在 $p=0.25, p=0.5, p=0.75$ 情况下,分别使用 ASPE 软件建立和求解最终的决策树。

16.6-7 Switzer 医生有一个重症患者,但是在诊断疾病的原因时遇到了麻烦。医生已经将原因缩小为两种可能:疾病 A 和疾病 B。基于上面的证据,这两个原因的可能性相等。

除了已经做出的测试,没有测试可用于决策是不是疾病 B。一个测试可用于疾病 A,但有两个主要的问题:第一,它是非常昂贵的;第二,有一些不可靠,仅有 80% 可能给出精确结果,能对疾病 A 的患者以 80% 的概率给出正面的结果(疾病 A)。然而,可能对疾病 B 的患者以 20% 的概率给出正面的结果。

疾病 B 是无法医治的疾病,有时候是致命的。即使活着,也会饱受健康状况很糟和生活质量低劣之苦。疾病 A 的受害者如果不治疗,预计后果是相似的。消除疾病 A 的方法费用昂贵,可以让他们恢复健康。不幸的是,如果患者得的是疾病 B,则进行这一治疗将导致患者死亡。

每种情况下,患者被给予的后果的概率分布如下表,列头给出了患者的疾病。

	后果概率			
	不治疗		对疾病 A 进行治疗	
结果	A	B	A	B
死亡	0.2	0.5	0	1
以低劣的生活质量活着	0.8	0.5	0.5	0
恢复良好的健康状况	0	0	0.5	0

患者已经得到下列可能结果的效期。

结果	效用
死亡	0
以低劣的生活质量活着	10
恢复良好的健康状况	30

另外,如果患者承担测试疾病 A 的成本,效用将增加 −2,如果患者承担治疗疾病 A 的成本,效用将增加 −1。使用带有完整决策树的决策分析决定患者是否应该进行疾病 A 的测试,然后,确定怎样处理(是否进行疾病 A 的治疗)才能最大化患者的期望效用。

16.6-8 需要决策选择在下面决策树中的方案 A1 和 A2,但是对于概率 p 的值是不确定的,也需要对 p 进行敏感性分析。

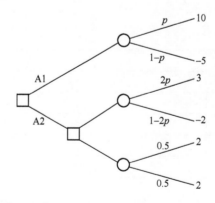

货币的效用函数(支付的收入)为

$$U(M) = \begin{cases} M^2, & M \geq 0 \\ M, & M < 0 \end{cases}$$

(a) 对于 $p = 0.25$,在最大化期望收益的效用下,决策最优方案。
(b) 在同样的方案最优的情况下,决策概率 p 值的范围($0 \leq p \leq 0.5$)。

第17章 排 队 论

排队(等待排队)是人们日常生活中常见的现象。我们排队购买电影票、在银行排队办理存款业务、在食品店排队付款、在邮局排队邮寄包裹、在自助餐厅排队取食、在游乐园排队乘车等都需要排队。我们虽然已经习惯了太多的等待,但是遇到特别长的等待时依然会火冒三丈。

然而,无奈的等待不只是一件令个人不快的小事情。一个国家的民众在排队等待中所浪费的时间量是决定一国民众生活质量和国家经济效率的重要因素。

除了人们排队之外,还有其他形式的等待也会造成效率极其低下。例如,等待修理的机床会造成生产损失。交通工具(包括船只和卡车)需要等待卸货时可能会延误后面的装运工作。飞机等待起飞或者等待降落时可能会影响后面航班的飞行计划。由于信道饱和引起的电话通信延误可能会导致数据故障。造成制造业工作延误的因素可能会影响后续的生产活动。售后服务超过预定日期可能会丢失未来的业务。

排队论就是研究所有隐含在各种不同形式里的等待问题。它使用排队模型来代表实际生活中出现的各种类型的排队系统(涉及某些类型排队的系统)。每个模型都对应有多个公式,代表相应的排队系统如何运行,包括在各种情况下平均等待时间量。

因此,这些排队模型非常有助于确定如何以最有效方式运行一个排队系统。如果运行排队系统时提供的服务数量过多,需要的费用也会过高。但是如果服务数量不足,等待的时间就会过长,随之也会产生各种不良后果。模型能够在服务成本和等待时间之间找到合适的平衡点。

本章经一般性讨论后,将会介绍多数比较基本的排队模型及其基本效果。本章17.10节将论述如何用排队论所提供信息规划排队系统,最大限度地减少服务总成本和等待时间,然后,第26章(本书网站)则进一步阐述按照该方式所进行的排队论的应用。

17.1 典型案例

县医院急诊室向救护车或私家车送来的急诊患者提供快速医疗服务。无论任何时间,急诊室总会有一名值班医生。但是,随着越来越多的急诊病人倾向于去急诊室而非找自己的私人医生,因此,每年到急诊室就诊的患者数量不断增加。因此,在就诊高峰期间(傍晚时分),患者常常需要等待医生治疗。因此,有人提议急诊室高峰时段应再安排一名医生,这样两人就可以同时处理两个急诊病人。医院派管理工程师研究这一问题。

管理工程师开始先收集相关历史数据,然后,在第二年使用这些数据。她意识到急诊室是一个排队系统,于是,运用几种不同的排队论模型预测该排队系统等待时的特点,并对单个医生和两个医生时的两种不同情况进行分析,本章后半部分对此有所论述(表17.2和表17.3)。

17.2 排队模型的基本组成

1. 基本排队过程

大多数排队模型使用以下基本过程:需要服务的顾客由输入源随着时间的变化产生;这些顾

客如不能立即得到服务,就进入排队系统的队列里等待;在特定的时间,根据已知排队规则,队列中某个成员会被选为服务对象;然后,服务台为顾客提供所需服务,顾客获得服务后离开排队系统。该过程如图17.1所示。

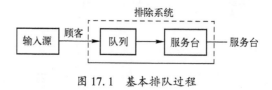

图17.1 基本排队过程

关于排队过程的各种要素,可以有很多不同的假设,下面将对此进行讨论。

2. 输入源(顾客源)

输入源的一个特点规模就是其规模。规模指间或可能需要服务的顾客总数量,即明显是潜在顾客的总数量。所到达的群体指的是顾客源,顾客源可被看成是无限的或有限的(这样输入源也可以被说成是无限的或有限的)。因为顾客源是无限时,计算起来要简单得多,所以当实际规模是相对较大的有限数字时,也常常采用这个假设;对任意排队模型来说,除另有说明,该假设一般都应视为默认的假设。在顾客源有限时,解析的难度要更大一些,因为在任何时候,排队系统里的顾客数量都会影响到系统外潜在顾客的数量。但是,如果输入源产生新顾客的速度受排队系统中顾客数量的严重影响,那么,就必须要做有限的假设。

同时,也必须明确以何种统计方式来计算随时间变化所产生的顾客数量。一般假设顾客的产生过程符合泊松过程;也就是产生顾客的数量要求任意特定时间都具有泊松分布。在17.4节中已讨论过,这个实例说明是各个到达到排队系统的顾客是随机发生的,但要有固定的平均概率,不用管有多少顾客已经到那里(因此输入源的规模是无限的)。同样的假设是连续两个到达之间的时间概率分布呈指数式分布(17.4节对此分布的属性进行了介绍)。连续两个到达之间的时间指的就是间隔到达时间。

对任何有关顾客到达行为方式的不常见的假设也必须予以明确。"拒绝进入"就是这样一个例子,因为如果队列太长,顾客就会拒绝进入排队系统而且会离开。

3. 队列

队列就是顾客在接受服务之前等待的场所。队列的特点就是在它的容量允许范围内最大程度地容纳顾客。这个数量是无限的还是有限的就决定了队列是有限还是无限的。大多数队列模型采用的标准是无限队列,即使实际情况确实允许顾客的数量有一个(相对较大)有限的上限,这种情形也不会改变,因为处理这样的上限在解析当中将会比较复杂。然而,对于有些队列而言,此上限已经很小,而且小到实际上会被该系统以某种频率突破的程度,因此采用有限队列是很有必要的。

4. 排队规则

排队规则指队列里的成员被选中接受服务的顺序。例如,规则可能是先到先服务,可能是随机的,也有可能根据优先权的顺序或者其他顺序。除非事先说明采用的是其他某种规则,否则,排队规则通常都指的是先到先服务。

5. 服务机构

服务机构由一个或多个服务设施组成,每个设施包含一个或多个并联的服务通道,也称为服务台。如果有多个服务设施,顾客会从这些一系列的串联服务通道接受服务。如果是一个特定的服务设施,顾客将进入其中一个并联服务通道,并由该服务台完成对其服务。排队模型必须明确服务设施的安排以及每个设施上服务台(并联通道)的数量。基本模型大多采用一个服务设施，包含了一个或数量有限的多个服务台。服务设施向顾客提供的服务从开始到结束所用的时间称为服务时间（或者占用时间）。

尽管所有服务台一般都采用相同的分布（本章中所有模型都做此假设），但是特定排队系统的模型必须明确每个服务台服务时间的概率分布（而且尽可能向不同类型的顾客说明）。服务时间分布在实践中使用频率极高（很大程度上因为它远比其他的更易处理），这也是 17.4 节中指数分布所要探讨的内容，而且我们大多数模型将属于此类。另外一些重要的服务时间分布包括退化分布（连续服务时间）和爱尔朗（γ）分布，17.7 节将用模型对此进行阐述。

6. 基本排队过程

如前述，排队理论已应用在很多不同类型的排队场合中。不过，最常见的排队场合是单排队队列（这种类型的排队随时都有可能消失）：在前方设有单一服务设施，内含一个或多个服务台。每一位顾客都来自输入源，在队列（排队队列）里排队等待一段时间后，一般都会等到某个服务台的服务。图 17.2 对该排队系统进行了介绍。

17.1 节典型案例中所用的排队过程就属于该排队系统。顾客来自输入源，以需要医疗服务的急诊病例形式出现。急救室是服务设施而医生则是服务台。

服务台不必是单独个体，它有可能是一群人，如集结各维修工种、向客户提供服务的修理队。服

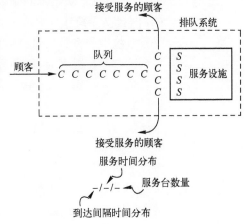

图 17.2 基本排队系统（C 代表顾客，S 代表服务台）

务台甚至可以不必是人。在很多情况下，服务台可以是一台机器、一辆车、一个电子器械等。同理，排队的顾客也不必是人。例如，他们可能是等候由特定机器来进行某种处理的产品，也可能是收费站前排队等候的小汽车。

所以，在讨论构成服务设施的物理结构时，实际上所排队列也不必是一个真实有形的队列。相反，排队的成员也可以散落在某个区域，然后，等待服务台的上门服务，如等待维修的机器。被指派到特定区域的服务台或一组服务台构成了该区域内的服务设施。尽管如此，排队论依然能给出平均等待数量、平均等待时间等，因为这与顾客是否在一个群组里等待无关。运用排队论的唯一必要条件是，顾客的数量在等待特定服务时要发生变化，如图 17.2（或与之相当的对应物）中所描述的普遍存在的真实状况。

除了 17.9 节的模型外，本章所提及的所有排队模型均指图 17.2 中所描述的基本类型。此外，这些模型中进一步假设所有到达间隔时间是独立的、恒等分布的，而且所有服务时间也都是独立的、恒等分布的。这样的模型常常具有以下标记：

M = 指数分布（马尔可夫），如 17.4 节所述；
D = 退化分布（常数时间），如 17.7 节所述；
E_k = 爱尔朗分布（形状参数 $=k$），如 17.7 节所述；
G = 一般分布（允许任何随机分布）[①]，如 17.7 节所述。

例如，17.6 节的 $M/M/s$ 模型假设间隔到达时间和服务时间都具有指数分布，服务台数量用 s 表示（为任意正整数）。17.7 节中的 $M/G/1$ 模型假设间隔到达时间具有指数分布，但没有限制

[①] 当我们说间隔到达时间时，一般都可以用 GI = 通用独立分布代替符号 G。

服务时间的分布,而服务台的数量精确限制为 1 个。17.7 节中也介绍了其他适用于该符号描述方案的模型。

7. 术语和符号

除非另有说明,否则,将使用以下标准术语和符号:

系统状态=排队系统中的顾客数量;

排队长度=等待服务开始的顾客数量
　　　　=系统状态-正在接受服务的顾客数量;

$N(t)$= 在 $t(t \geq 0)$ 时排队系统的顾客数量,即系统在时刻 t 的瞬时状态;

$P_n(t)$= 在 t 时排队系统中恰好有 n 位顾客的概率;

s =服务系统中服务台数量(并联服务通道);

λ_n =当系统有 n 位顾客时,新顾客的平均到达率(单位时间内预计到达的顾客数量);

μ_n =当系统有 n 位顾客时,整个系统的平均服务率(单位时间内预计完成服务的顾客数量);

　　注释:μ_n 表示复合概率,即所有工作中的服务台(指那些正在为顾客服务的)完成服务的概率。

λ, μ, ρ =请看下面内容。

当 λ_n 为所有 n 值的常数时,该常数 λ_n 可用 λ 代替。当每个工作中的服务台平均服务率为所有 $n(\geq 1)$ 值的常数时,该常数可用 μ 代替(在这种情况下,当 $n \geq s$ 也就是所有 s 服务台都在工作中时,$\mu_n = s\mu$)。在这些情况下,$1/\lambda$ 和 $1/\mu$ 分别代表预期的间隔到达时间和服务时间。$\rho = \lambda/(s\mu)$ 表示服务设施的利用率,也就是单个服务台所预期的工作时间段,因为 $\lambda/(s\mu)$ 表示新到达顾客(λ)平均使用系统容量($s\mu$)的比例。

标记稳态结果也需要符号。当排队系统刚开始运转时,对系统状态(系统内顾客数量)影响最大的两个因素是初始状态和已用去的时间。该系统被认为处于瞬时状态。但是,大量的时间用掉之后,系统状态基本上不依赖于初始状态和所用去的时间(特殊情况除外)[1]。该系统现在已经基本上达到了稳定的状态,系统状态的概率分布在时间上保持一致(稳态或固定分布)。排队论通常将重点放在稳定状态条件上,部分原因是由于解析瞬时状态比较困难(有些瞬时结果存在,但是往往都超出了本书中的技术范围)。以下符号的使用都假设系统处于稳定状态:

P_n	=	排队系统中正好有 n 位顾客的概率
L	=	排队系统中的预期顾客数量 = $\sum_{n=0}^{\infty} n P_n$
L_q	=	预期排队长度(不包括正在接受服务的顾客) = $\sum_{n=s}^{\infty} (n-s) P_n$
$\mathcal{W}$	=	每位顾客在系统中的逗留时间(包括服务时间)
W	=	$E(\mathcal{W})$
$^c\mathcal{W}_q$	=	每位单独顾客在队列中的逗留时间(不包括服务时间)
W_q	=	$E(^c\mathcal{W}_q)$

---

[1] 当 λ 和 μ 界定好后,在 $\rho \geq 1$ 这些不常见的情况下,系统的状态往往随着时间的推移持续增大。

8. L、W、L_q 和 W_q 之间的关系

假设 λ_n 是所有 n 值的常数 λ。这已在稳态排队过程里得到了证明,即

$$L = \lambda W$$

(因为约翰·D·C·李特尔首次提供了严密的证据,所以该方程有时也指的就是李特尔公式)。此外,同样的证据也表明

$$L = \lambda W_q$$

如果 λ_n 不相等,则这些方程式中的 λ 可以被 $\bar{\lambda}$ 代替(即经过长时间后的平均到达率)(我们将在后面的案例中证明在如何确定 $\bar{\lambda}$)。

现在可假设平均服务时间是常数,$1/\mu$ 是所有 $n(\geqslant 1)$ 的常数。于是,由此得出

$$W = W_q + \frac{1}{\mu}$$

这些关系极为重要,因为知道四个基本量 L、W、L_q 和 W_q 中任何,则另外三个量即可轻松算出。当排队模型根据基本原则解算出时,这些量中的某些量常常比其他量更容易确定出来。

17.3 排队系统实例

17.2 节中介绍的排队系统或许比较抽象,而且只适用于某些特定的场景。然而,排队系统在很多种情况下却十分有用。为拓宽对排队论实用性的认识,我们将会对各类排队系统的实例进行简要介绍。然后,我们将就几家著名公司(附加一个城市)的排队系统和设计这些排队系统的获奖研究成果进行介绍。

1. 排队系统的主要类型

商业服务系统是人们日常生活中都会碰到的一个重要的排队系统,在该系统中,商业机构为顾客提供服务。很多商业机构都是在一个固定的场所向顾客提供面对面的直接服务,如理发店(理发师是服务台)、银行柜台、食品店收银台以及自助餐厅(串联服务通道)。也有一些其他不同的示例,如家电维修(服务台为顾客提供上门服务)、自动售货机(服务台是一台机器)以及加油站(小汽车是顾客)。

另一种重要的排队系统是运输服务系统。对于该系统而言,车船是顾客,如收费站和红绿灯(服务台)前排队等候的小汽车、待船员(服务台)装卸的卡车或轮船、等待降落或在飞机跑道(服务台)上等待起飞的飞机(停车场是运输服务系统的一个独特的例子,其中小汽车是顾客,停车位是服务台,但是该系统却不用排队,因为如果停车场停满了,新到的顾客就会自动到其他地方停车)。在其他一些案例中,车船(如出租车、消防车、电梯)是服务台。

近年来,排队论已经在内部服务系统中得到了广泛的应用,而且顾客是在机构内接受服务。具体的案例包括:原料加工系统,其中原料加工仪器(服务台)负责传送原料(顾客);维护系统,其中维修队(服务台)负责维修机器(顾客);还有检查站,由质量检控员(服务台)检查产品(顾客)。员工设施和服务部门的员工也属于这一场景。除此之外,机器也可以看成是服务台,其顾客就是正在加工的原料。与此相关的一个例子是计算机实验室,里面的每台计算机也可以看成是服务台。

现在越来越多的人认识到,排队论也适用于社会化服务体系。举例来说,假设司法系统是一个排队网,那么,法院就是服务设施,法官(或陪审小组)是服务台,而等待审理的案件便是顾客。立法系统也是一个类似的排队网,等待审核的议案就是顾客。同样,各种医疗系统也属于排队系统。在 17.1 节中我们已举了医院急诊室的例子,但是也可以把救护车、X 射线仪以及医院病床

看做是各自排队系统中的服务台。同样,排队等待购买福利房或者其他社会服务的中低等收入家庭,也可以看做是排队系统中的顾客。

虽然排队系统主要由这四大类构成,但并不能代表全部。实际上,排队论研究早在20世纪初就已开始,主要用于电话工程(排队论的创始人——A. K. 爱尔朗是丹麦电话公司的工程师),直到现在电话工程的用途仍然很重要。此外,我们每个人都有自己的排队系统,如学校布置的家庭作业、要读的书等。这些例子足以说明排队系统确实已遍及社会各个领域。

2. 设计排队系统的获奖研究成果

美国运筹学和管理学(INFORMS)研究学会,每年为年度运筹学最佳应用者颁发运筹学与管理学成就奖著名奖项"弗朗茨·爱德曼奖"。自该奖项设立以来,已有多人荣获殊荣,奖励他们在设计排队系统中对排队论的创新性应用。

本章(17.6 节和 17.9 节)会对其中两项获奖的排队论应用进行介绍。本章末所选参考文献中也包括一些介绍其他获奖应用的文章(所有文章的链接,包括应用案例均可在本书网站上找到)。下面简要介绍排队论应用的其他一些经典案例。

参考文献[1]中提到,在"弗朗茨·爱德曼奖"评比中,美国施乐公司是最早一批获得此奖项一等奖的公司。该公司于近期推出了新款大型复印机系统,且经买家证明确实物有所值。随之而来的是,这些买家要求施乐公司的技术代表降低等待修复复印机的时间。该公司于是成立了一个运筹学小组,研究如何使用排队论更好地满足顾客所提出的新需求。其结果是,之前一位技术代表负责的代理区被三个技术代表负责的更大代理区所取代。这一变化产生了巨大的影响,既极大降低了顾客的平均等待时间,又把技术代表的使用率至少提高了50%。(第11章的参考文献[9]提供了一项案例分析研究,介绍了施乐公司对上述排队论的应用情况。)

参考文献[5]中提到,里昂比恩(L. L. Bean)公司是一家大型电话销售和产品目录邮购商,其在研究如何有效分配公司电信资源上的成果获奖,主要靠的就是排队论。在一个大的排队系统中,打进顾客服务中心下订单的电话是顾客,而电话接线员则是服务台。在该研究过程当中,问及的关键问题如下。

(1) 应该给顾客服务中心的来电提供多少个电话干线?

(2) 在不同时段应该安排多少名电话接线员?

(3) 应该给等待电话接线员的顾客提供多少部话机(注意:由于话机数量有限,所以该排队系统的队列也是有限的)?

对这三个量进行任意组合,各排队模型都能给出排队系统的绩效测度。由于这些测度已知,所以运筹小组会仔细估算由于让顾客遭遇信号占线或等待时间过长而造成的成本损失。但是,增加对电信资源的投入后,该小组就能给这三个量找到最优组合,从而把预期总成本降到最低。此方法每年能够节省 900 万~1000 万美元。

另外一家公司,美国电话电报公司(AT&T),凭借把排队论及其模拟用法结合使用(第 20 章的研究课题)的研究成果,在"爱德曼奖"竞赛中也获得了一等奖。如参考文献[2]所述,对于 AT&T 公司拥有服务中心的典型企业而言,排队模型均适用于 AT&T 公司电信网络和服务中心环境。该研究的目的为开发一个以 PC 为基础的易处理的系统,AT&T 的企业顾客可以用该系统来指导自己去设计或重新设计自己的顾客服务中心。截止本文完稿为止,由于顾客服务中心已经步入美国成长速度最快行业之列,因此 AT&T 企业顾客对该系统的使用已经达到了 2000 倍。同时,也为这些顾客每年带来 7.5 亿多美元的利润。

惠普(HP)公司在生产电子设备的跨国公司中处于领先地位。多年前,惠普公司安装了一套机械化产品装配线系统,在华盛顿和温哥华的工厂里生产喷墨打印机,以满足当时对该款打印机的爆炸性需求。但是,安装的系统速度很快被证明不够快或不够稳定,无法满足公司的生产目标要求。鉴于此,惠普公司和麻省理工学院(MIT)各自派出管理专家组成一个联合小组,研究设计一套新的系统以提高其性能。

如参考文献[4]中介绍的该项获奖研究,惠普/麻省理工学院联合小组很快明白生产装配线可以模拟成一种特殊的排队系统。在这个系统里,顾客(待装配的打印机)能够以固定的次序通过一系列的服务台(装配操作台)。为该系统量身定制的排队模型的很快就能得知分析结果,以确定重新设计系统的方法,以期用最经济的方式满足生产能力的需求。改进的地方为在战略点增加了缓冲存储空间,可以让随后的站点保持良好的工作流动性的同时还可以消除机器故障带来的后果。新的系统设计使生产率提高了约50%,仅打印机销售一项收入就增加了近2.8亿美元,而且还不计其他产品的收入。同时,对这种特殊排队模型的创新使用为惠普公司创造快速有效的系统设计带来了新思路,该公司其他领域的产品也因此受益匪浅。

17.4 指数分布的作用

排队系统的运行特点很大程度上由两大统计特性决定,即间隔到达时间的概率分布(参见17.2节"输入源")和服务时间的概率分布(参见17.2节"服务机构")。对于真正的排队系统,这些分布几乎可以任何形式出现(唯一的限制是不能出现负值)。但是,想用一个排队论模型来代表真实的系统,需要明确每一种分布所采用的形式。为了能发挥作用,所采用的形式应足够真实,模型能够给出合理预测,同时,还要足够的简洁,模型在数学层面上易于处理。基于上述考虑,排队论最重要的概率分布是指数分布。

假设随机变量 T 代表间隔到达时间或者服务时间(我们将到达时间或者服务完成时间结束称为事件)。这就是说,该随机变量具有以 α 为参数的指数分布,前提是其概率密度函数为

$$f_T(t) = \begin{cases} \alpha e^{-\alpha t}, & t \geq 0 \\ 0, & t < 0 \end{cases}$$

如图 17.3 所示,在此情况下,累积概率为

$$P\{T \leq t\} = 1 - e^{-\alpha t} \quad (t \geq 0)$$
$$P\{T > t\} = e^{-\alpha t}$$

同时,期望值和变量 T 分别为

$$E(T) = \frac{1}{\alpha}$$

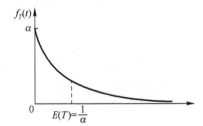

图 17.3 指数分布的概率密度函数

$$\mathrm{var}(T) = \frac{1}{\alpha^2}$$

假设变量 T 有一个指数分布的排队模型,这将意味着什么?为了探究此问题,首先研究指数分布的六个主要属性。

属性 1:$f_T(t)$ 是 $t(t \geq 0)$ 的严格递减函数。

属性 1 所产生的一个结果为

$$P\{0 \leq T \leq \Delta t\} > P\{t \leq T \leq t + \Delta t\}$$

该公式对于任何正值的 Δt 和 t 成立(此结果遵从这样一个事实,即这些概率处于 $f_T(t)$ 曲线以下、指定的间隔长度 Δt 以上区域,同时,第二个概率曲线平均高度要低于第一个的平均高度)。因此,变量 T 不仅有可能而且很可能取接近 0 的小数值。实际上,有

$$P\left\{0 \leq T \leq \frac{1}{2}\frac{1}{\alpha}\right\} = 0.393$$

以及

$$P\left\{\frac{1}{2}\frac{1}{\alpha} \leq T \leq \frac{3}{2}\frac{1}{\alpha}\right\} = 0.383$$

所以 T 值更有可能"小"$\left(\text{即小于}\frac{1}{2}E(T)\right)$于其"近"期望值$\left(\text{即无限接近于}\frac{1}{2}E(T)\right)$,尽管第二个间隔宽度是第一个间隔宽度的 2 倍。

在排队模型中,对于 T,该属性真的行得通吗? 如果 T 表示服务时间,答案取决于所提供的服务的属性,我们将在后面进行讨论。

一方面,如果每位顾客需要的服务基本上相同,且服务台总是执行同样的服务作业顺序,那么,实际服务时间比较接近于预期服务时间。有可能会发生小幅度偏离平均服务时间的情况,但一般情况下可以忽略,因为服务台效率只有微小的变化。比平均值还要小很多的服务时间基本上不可能存在,因为提供服务的最小时间是一定的,即使服务台以最快的速度工作也是如此。指数分布显然不会向这类情况的服务时间分布提供一个比较接近的近似值。

另一方面,请考虑一下这种情况,即在顾客当中,某些特定任务需要的服务台有所不同。该服务的广义特性也许是相同的,但是特殊类型和数量的服务却不相同。比如 17.1 节中的县医院急诊室的问题,医生会遇到各种各样的医疗问题。大多数情况下,医生都能比较快的提供所需医疗服务,但是偶尔会有病人需要大量的护理服务。同样,银行柜员和食品店收款员属于这种通用类型里其他类型的服务台,所需要的服务往往是短暂的,但有时一定是持续时间较长的。指数服务时间分布对于这种情况的服务类型貌似行得通。

如果 T 表示间隔到达时间,属性 1 会将这种情况(即接近排队系统的潜在顾客如果看到其他顾客先于他们进入系统,他们就会倾向于延迟自己进入系统)排除在外。另一方面,它与发生"随机"到达的普通现象完全一致,下面的属性会进行介绍。所以,当把到达时间绘在一个时间线上时,从图形外观上看,他们不时的会一组组地簇在一起,且这些组偶尔会被一些较大的间距隔开,因为出现较小间隔到达时间的概率大,出现较大间隔到达时间的概率小,但这样的不规则图案正是随机性本质的体现。

属性 2:无记忆性。

此属性可以用数学公式表示为

$$P\{T>t+\Delta t \mid T>\Delta t\} = P\{T>t\}$$

适用于 t 和 Δt 的任意正量。也就是说,在事件(新顾客到达或者上一个顾客服务完成)发生之前,不用考虑时间(Δt)已用去多少,剩余时间的概率分布总是相同的。实际上,过程会"忘记"已发生的事情。这种令人惊讶的现象的发生具有指数分布,因为

$$P\{T>t+\Delta t \mid T>\Delta t\} = \frac{P\{T>\Delta t, T>t+\Delta t\}}{P\{T>\Delta t\}}$$

$$= \frac{P\{T>t+\Delta t\}}{P\{T>\Delta t\}}$$

$$= \frac{e^{-\alpha(t+\Delta t)}}{e^{-\alpha \Delta t}}$$

$$= e^{-\alpha t}$$

$$= P\{T>t\}$$

该属性说明的是对于一般情况下的到达间隔时间而言,下一个到达的时间完全不受上一次到达发生时间的影响。对于服务时间,要解释该属性则显得更难一些。我们不应指望它一直保持这样一种状态,即服务台针向每位顾客提供的服务必须按照相同的、固定的顺序来执行,因为耗时较长的服务可能会让能做的事情所剩无几。但是,如果服务台提供顾客所需服务存在差异,该属性的数学表述可能会比较贴合实际。在该案例中,如果一位顾客用去了太多的服务时间,这只能说明该顾客很特殊,相比大多数人而言,该顾客所需的服务时间更多。

属性3:几个独立指数随机变量的最小值具有指数分布。

如用数学的方式表述此属性,令$T_1, T_2, \cdots, T_n$为独立的指数随机变量,对应的参数分别为$\alpha_1, \alpha_2, \cdots, \alpha_n$。同时,令$U$为随机变量,取值与$T_1, T_2, \cdots, T_n$的最小值相同,即

$$U = \min\{T_1, T_2, \cdots, T_n\}$$

因此,如果某个特定事件发生前的时间用T_i来表示,则第n个不同事件首次发生前的时间用U表示。当$t \geq 0$时,有

$$\begin{aligned} P\{U>t\} &= P\{T_1>t, T_2>t, \cdots, T_n>t\} \\ &= P\{T_1>t\}P\{T_2>t\}\cdots P\{T_n>t\} \\ &= e^{-\alpha_1 t} e^{-\alpha_2 t} \cdots e^{-\alpha_n t} \\ &= \exp\left(-\sum_{i=1}^{n} \alpha_i t\right) \end{aligned}$$

因此,U实际上具备指数分布,且参数

$$\alpha = \sum_{i=1}^{n} \alpha_i$$

此属性对排队模型中的到达间隔时间有重要的意义。特别是,假设有n个不同类型的顾客,每个类型顾客(类型i)的间隔到达时间都具有指数分布,且参数为$\alpha_i(i=1,2,\cdots,n)$。根据属性2,从任意特定瞬时后的剩余时间,在下一个类型i的顾客到达之前都拥有相同的指数分布。所以,用T_i表示该剩余时间,测算依据为任意类型顾客到达时的瞬时时刻。属性3向我们证明,U表示排队系统的整体间隔到达时间,呈指数分布,其参数α由上一个方程式计算而来。所以可以忽略顾客与顾客之间的区别,而该排队模型的间隔到达时间仍然呈指数式。

但是,多服务排队模型中服务时间要比间隔到达时间意义更重要。例如,所有服务台的服务时间都呈现相同的指数式分布,且参数为μ。在此例中,n为当前正在提供服务的服务台数量,T_i为服务台$i(i=1,2,\cdots,n)$的剩余服务时间且呈现指数式分布,参数为$\alpha_i=\mu$。其遵循的原则是:服务台中的任何一个在下一次服务完成之前,U具有指数分布,且参数$\alpha=n\mu$。实际上,排队系统当前正在执行的运作就像单个服务系统一样,服务时间具有指数分布,且参数为$n\mu$。在本章后半部分,会经常用到此蕴涵式来分析多服务台模型。

应用此属性时,有时它也会在确定哪个指数随机变量有概率最后成为具备最小值的变量上发挥作用。例如,它可以帮你找到,特殊服务台j在n个繁忙指数服务台中第一个完成对顾客的服务的概率。可以很直观的(见习题17.4-9)看到该概率与参数α_j成正比。尤其是,T_j成为随机变量n的最小值的概率可以表示为

$$P\{T_j = U\} = \frac{\alpha_j}{\sum_{i=1}^{n} \alpha_i}, \quad j = 1, 2, \cdots, n$$

属性4:与泊松分布的关系。

假设某特定类型事件之间相继发生的(如忙碌的服务台持续接待新顾客或者完成服务)时

间具有以 α 为参数的指数分布,则属性 4 就必须处理因此而来的蕴涵式,即有关此类事件在特定时间发生的时间量概率分布。特别是,把 $X(t)$ 作为事件发生次数 $t(t \geq 0)$,其中时间 0 指计数开始时的瞬间时刻。随机变量 $X(t)$ 概率分布的方式为以 αt 为参数的泊松分布。该分布的表现形式为

$$P\{X(t) = n\} = \frac{(\alpha t)^n e^{-\alpha t}}{n!}, \quad n = 1, 2, \cdots$$

例如,当 $n = 0$ 时,有

$$P\{X(t) = 0\} = e^{-\alpha t}$$

这只是时间 t 之后第一个事件所发生的指数分布概率。这种泊松分布的平均值为

$$E\{X(t)\} = \alpha t$$

因此,每个单位时间的事件预期量用 α 表示。所以 α 表示的是事件发生的平均概率。当基于一个持续不变的算法计算事件时,则计算过程 $\{X(t); t \geq 0\}$ 表示的是以 α (平均概率) 为参数的泊松过程。

当服务时间具有以 μ 为参数的指数分布时,此属性可提供关于服务完成的有用信息。我们获取此信息的方式是,把 $X(t)$ 定义为由一个持续忙碌的服务台在所用时间 t 内实现的服务完成数,其中 $\alpha = \mu$。对于多服务台排队模型,$X(t)$ 也可定义为由 n 个持续忙碌的服务台在所用时间 t 内实现的服务完成数,其中 $\alpha = n\mu$。

当到达间隔时间具有以 λ 为参数的指数分布时,此属性对于表述到达的概率行为方面特别管用。在此案例中,$X(t)$ 表示在所用时间 t 内的到达数,其中 $\alpha = \lambda$ 表示平均到达概率。因此,到达发生的依据是以 λ 为参数的泊松输入过程。描述此类排队模型时也可以假设其符合泊松输入。

顾客的到达有时是随机的,也就是到达的发生是符合泊松输入过程的。对这种现象的一个直观解释就是每个固定长度的时间段获得一次有同等机会的到达,而且可以忽略上一次到达发生的时间,下一个属性中也提到了这一点。

属性 5:当所有 t 为正值时,$P\{T \leq t + \Delta t \mid T > t\} \approx \alpha \Delta t$,适用于小值 Δt。

继续把 T 作为某类(服务到达或服务完成)事件最近一次发生的时间,而且是在下一次同类事件发生之前,我们假设在没有事件发生的情况下,已经过去的时间为 t。从属性 2 可知,在固定长度 t 的下一次事件间隔期间内,事件发生的概率是一个常数(见下段介绍),可以不用管 t 的大小。属性 5 则进一步说明了当 Δt 值较小时,该常数概率非常接近为 $\alpha \Delta t$。此外,当考虑到不同的较小 Δt 值时,此概率基本上与 Δt 成正比,且比例系数为 α。实际上,α 是事件发生(见属性 4)的平均概率,因此在时间长度 Δt 区间内,事件的准确预期数量为 $\alpha \Delta t$。如果事件的发生概率和此值有略微不同,唯一的原因就是一件以上的事件将要发生的概率,但当 Δt 较小时这种概率可以忽略不计。

如要看懂属性 5 保持数学特性的原因,请注意,当 $t \geq 0$ 时,概率的常量(固定值 $\Delta t > 0$) 为

$$P\{T \leq t + \Delta t \mid T > t\} = P\{T \leq \Delta t\} = 1 - e^{-\alpha \Delta t}$$

因此,由于对于任何指数 x 来说 e^x 级数展开为

$$e^x = 1 + x + \sum_{n=2}^{\infty} \frac{x^n}{n!}$$

其遵从

$$P\{T \leq t + \Delta t \mid T > t\} = 1 - 1 + \alpha \Delta t - \sum_{n=2}^{\infty} \frac{(-\alpha \Delta t)^n}{n!} \approx \alpha \Delta t \quad (\text{适用于小值 } \Delta t)$$

因为 $\alpha\Delta t$ 小值小到足以忽略求和项。

由于在排队模型中,T 既能表示间隔到达时间也能表示服务时间,所以该属性为下一个微小间隔时间(Δt)内所要发生相关事件的概率提供了一个近似值。通过使相应的极限值 $\Delta t \to 0$,也能将基于此近似值的解析做的很精确。

属性6:不受聚合或解集的影响。

此属性主要用于验证输入过程为泊松分布。因此,尽管由于属性4,它也能直接适用于指数分布(指数间隔到达时间),但是我们还是要用这些术语来对其进行说明。

首先把几个泊松输入过程的聚合(集合)看作一个整体的输入过程。尤其是,假如有 n 个不同类型的顾客,其中,每个类型(类型 i)顾客的到达符合泊松输入过程,参数为 $\lambda_i(i=1,2,\cdots,n)$。假设这些都是独立的泊松过程,该属性表示聚合输入过程(不考虑类型的情况下所有顾客的到达)也必须是泊松过程,且参数(平均到达率)$\lambda = \lambda_1 + \lambda_2 + \cdots + \lambda_n$。换句话说,具备泊松过程是不受聚合影响的。

本部分的属性直接根据属性3和属性4而来。后一属性的意义表示 i 类型顾客流的间隔到达时间具有以 λ_i 为参数的指数分布。对此类情况,我们已经对属性3,即所有顾客的间隔到达时间也必须具有指数分布进行了讨论,且参数为 $\lambda = \lambda_1 + \lambda_2 + \cdots + \lambda_n$。那么,再次使用属性4就意味着聚合输入过程为泊松过程。

属性6的第二部分("不受解集影响")指的是一个相反的例子,其中聚合输入过程(通过将几类顾客的输入过程合并为一个)就是大家所知的以 λ 为参数的的泊松过程,但现在问题是要考虑解集输入过程(针对单个顾客类型的单个输入过程)的性质。假设每个到达顾客都有一个固定概率 p_i,类型为 $i(i=1,2,\cdots,n)$,且

$$\lambda_i = p_i \lambda \text{ 与 } \sum_{i=1}^{n} p_i = 1$$

该属性表示 i 类型顾客的输入过程也必须是以 λ_i 为参数的泊松过程。换句话说,具有泊松过程是不受解聚影响的。

作为该属性第二部分有用性的一个案例,请看下面一种情况。无差别顾客的到达符合以 λ 为参数的泊松过程。每个到达顾客具有固定不进入系统的概率 p(离开且无需进入排队系统),所以进入系统的概率是 $1-p$。因此,这里有两种类型的顾客:一种是拒绝进入的;另一种是那些进入系统的。该属性表示每个类型顾客的到达都符合泊松过程,且参数分别为 $p\lambda$ 和 $(1-p)\lambda$。因此,符合泊松输入过程的排队模型,使用后一个泊松过程,仍然可以用来分析那些顾客进入的排队系统的绩效。

17.5 生灭过程

大多数常用排队模型认为排队系统的输入(到达的顾客)和输出(离开的顾客)的发生是符合生灭过程的。概率理论已应用于很多领域。但是,在排队理论背景下,术语"生"指的是进入排队系统新顾客到达,"灭"指的是接受完服务的顾客离开。系统在时间 $t(t \geq 0)$ 的状态,用 $N(t)$ 表示,指的是排队系统在时间 t 时的顾客数量。生灭过程说明的是 $N(t)$ 随着 t 的增加以怎样的概率发生变化。广义来说,单个的灭和多个的灭发生的机率是随机的,其平均发生率仅取决于系统的当前状态。更确切地说,生灭亡过程有以下几个假设。

假设1:假设 $N(t)=n$,当前剩余时间的概率分布在下一个生(到达)之前是指数分布,且参数为 $\lambda_n(n=0,1,2,\cdots)$。

假设 2：假设 $N(t)=n$，当前剩余时间的概率分布在下一个灭（服务完成）之前是指数分布，且参数为 $\mu_n(n=0,1,2,\cdots)$。

假设 3：假设 1（在下一个生之前的剩余时间）的随机变量和假设 2（在下一个灭之前的剩余时间）的随机变量是互为独立的。在此过程状态下的下一个转移要么为

$$n \to n+1（单生）$$

要么为

$$n \to n-1（单灭）$$

取决于前者和后者的随机变量中哪个更小。

对单个排队系统，当系统中有 n 位顾客时，λ_n 和 μ_n 分别表示平均到达率和平均服务完成率。对某些排队系统，λ_n 的值与 n 的全部值是相同的，而且 μ_n 的值与 n 的全部值也相同，但当 n 是个较小值（如 $n=0$）时，即服务台处于闲置状态时例外。然而，对于某些排队系统来说，λ_n 和 μ_n 会随着 n 的变化发生变化。

例如，在某种情况下，随着 n 的增加，如果潜在的新到达顾客越来越倾向于离开系统（拒绝进入系统），那么，λ_n 值就会随着 n 的变化而变化。同样，μ_n 的值也会因为 n 的不同而不同，因为排队中的顾客会越来越可能因为排队队形的增大而拒绝进入系统（没有接受服务而离开）。

1. 分析生灭过程

生灭过程的这些假设表明，该过程影响未来的概念仅取决于该过程当前的状态，与之前发生的事件无关。这种"无记忆性"是马尔可夫链的主要特征。因此，生灭过程是连续时间马尔可夫链的一个特殊类型。考虑到指数分布具有"无记忆性"（17.4 节中的属性 2），因此，独有的基于指数分布的排队模型（包含下节中基于生灭过程的全部模型）可用连续时间马尔可夫链表示。类似的排队模型比其他的模型要更容易分析。

所以，连续时间马尔可夫链理论对分析很多排队模型至关重要，包括基于生灭过程排队模型。但是，我们不需要排队论的绪论篇里深究此理论。因此，也不需要为了本章而提前学习有关连续时间马尔可夫链的知识背景，后面将不会再提及与此相关的问题。

因为对于指数分布（参见 17.4 节），属性 4 隐含了两个平均率，即 λ_n 和 μ_n，我们可以用图 17.4 所示的概率图来概括这些假定。当系统处于箭头下部的状态时，箭头显示了在系统（假定 3 中已给出）中的唯一可能的转变，同时每个进入的箭头给出了转移的平均率（假定 1 和 2 中已给出）。

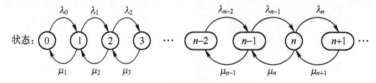

图 17.4 生灭过程概率图

除了少数特殊案例外，系统处于转移时，很难对生灭过程进行解析。有关 $N(t)$ 概率分布的某些答案虽然已经求出，但这些答案过于复杂而无太多实际用处。另一方面，系统在达到稳态条件（假设该条件可以达到）后，可以相对直接地得知该分布。该分布如下列所述也可以直接从机率表中获得。

请看一下系统 $n(n=0,1,2,\cdots)$ 的任意特殊状态。从时间 0 开始，假设一个数由时间量组成，这个时间量包括过程进入此状态的时间量和过程离开此状态的时间量，如下所示：

$E_n(t) =$ 时间 t 时，过程进入状态 n 的时间量；

$L_n(t) =$ 时间 t 时，过程离开状态 n 的时间量。

因为两种事件(进入和离开)必须交替出现,所以这两种时间量总是相等的或者只差1个数字,即

$$|E_n(t)-L_n(t)|\leq 1$$

两侧除以 t,然后令 $t\to\infty$,得出

$$\left|\frac{E_n(t)}{t}-\frac{L_n(t)}{t}\right|\leq\frac{1}{t}$$

所以,有

$$\lim_{t\to\infty}\left|\frac{E_n(t)}{t}-\frac{L_n(t)}{t}\right|=0$$

$E_n(t)$ 和 $L_n(t)$ 除以 t 可算出这两种事件所发生的实际机率(每单位时间的事件量),同时,令 $t\to\infty$,则得出平均率(每单位时间的预期事件量)为

$\lim_{t\to\infty}\dfrac{E_n(t)}{t}=$ 过程进入状态 n 时的平均率

$\lim_{t\to\infty}\dfrac{L_n(t)}{t}=$ 过程离开状态 n 时的平均率

得出以下重要原则,即

输入率=输出率

对于系统 $n(n=0,1,2,\cdots)$ 的任何状态,有

平均输入率=平均离开率

表达此原则的方程称为状态 n 的平衡方程式。根据未知概率 P_n 为全部状态构建好平衡方程式后,可以解出该方程组(加一个概率求和为1的方程式),进而得出概率。

想要解释平衡方程式,可考虑状态0。该过程只能通过状态1进入该状态。因此,在状态1 (P_1)中的稳态概率表示的是可能让过程进入状态0时间比例。假设过程处于状态1,进入状态0 的平均机率是 μ_1。(也就是说,对于该过程用在状态1上的每个积累时间单位而言,它离开状态1进入状态0的预期时间量为 μ_1。)从其他任一状态得出的该平均率均为0。所以,该过程离开其当前状态进入状态0(平均进入率)的总平均率为

$$\mu_1 P_1+0(1-P_1)=\mu_1 P_1$$

同理,从状态0的平均离开率必须是 $\lambda_0 P_0$,所以状态0的平衡方程式为

$$\mu_1 P_1=\lambda_0 P_0$$

对于其他每个状态而言,能进入且能离开此状态的转移有两种可能。所以,对于这些状态而言,平衡方程式的两侧都表示所涉及的两个转移平均率之和。否则,所用推理正好和状态0的相同。表17.1对这些平衡方程式进行了概括总结。

表 17.1 生灭过程的平衡方程式

状态	输入率=输出率
0	$\mu_1 P_1=\lambda_0 P_0$
1	$\lambda_0 P_0+\mu_2 P_2=(\lambda_1+\mu_1)P_1$
2	$\lambda_1 P_1+\mu_3 P_3=(\lambda_2+\mu_2)P_2$
$\vdots$	$\vdots$
$n-1$	$\lambda_{n-2}P_{n-2}+\mu_n P_n=(\lambda_{n-1}+\mu_{n-1})P_{n-1}$
n	$\lambda_{n-1}P_{n-1}+\mu_{n+1}P_{n+1}=(\lambda_n+\mu_n)P_n$
$\vdots$	

注意:第一个平衡方程式包含两个需要求解的变量(P_0和P_1),前两个方程式包含三个变量(P_0、P_1和P_2)等,所以总是有一个"额外"的变量。因此,这些方程求解过程的依据是众多变量中选一个,而且是最便捷的一个作为P_0。所以,第一个方程式根据P_0来求解P_1,利用P_1和第二个方程式接着用P_0来求解P_2等。最后,所有概率的总和等于1可以用来求解P_0。

2. 生灭过程的结果

应用该过程会得出如下结果:

状态	
0	$P_1 = \dfrac{\lambda_0}{\mu_1} P_0$
1	$P_2 = \dfrac{\lambda_1}{\mu_2} P_1 + \dfrac{1}{\mu_2}(\mu_1 P_1 - \lambda_0 P_0) = \dfrac{\lambda_1}{\mu_2} P_1 = \dfrac{\lambda_1 \lambda_0}{\mu_2 \mu_1} P_0$
2	$P_3 = \dfrac{\lambda_2}{\mu_3} P_2 + \dfrac{1}{\mu_3}(\mu_2 P_2 - \lambda_1 P_1) = \dfrac{\lambda_2}{\mu_3} P_2 = \dfrac{\lambda_2 \lambda_1 \lambda_0}{\mu_3 \mu_2 \mu_1} P_0$
$\vdots$	$\vdots$
$n-1$	$P_n = \dfrac{\lambda_{n-1}}{\mu_n} P_{n-1} + \dfrac{1}{\mu_n}(\mu_{n-1} P_{n-1} - \lambda_{n-2} P_{n-2}) = \dfrac{\lambda_{n-1}}{\mu_n} P_{n-1} = \dfrac{\lambda_{n-1} \lambda_{n-2} \cdots \lambda_0}{\mu_n \mu_{n-1} \cdots \mu_1} P_0$
n	$P_{n+1} = \dfrac{\lambda_n}{\mu_{n+1}} P_n + \dfrac{1}{\mu_{n+1}}(\mu_n P_n - \lambda_{n-1} P_{n-1}) = \dfrac{\lambda_n}{\mu_{n+1}} P_n = \dfrac{\lambda_n \lambda_{n-1} \cdots \lambda_0}{\mu_{n+1} \mu_n \cdots \mu_1} P_0$
$\vdots$	$\vdots$

为简化此表达式,令

$$C_n = \frac{\lambda_{n-1} \lambda_{n-2} \cdots \lambda_0}{\mu_n \mu_{n-1} \cdots \mu_1}, \quad n = 1, 2, \cdots$$

然后,令$n=0$时的$C_n=1$。所以,稳态概率为

$$P_n = C_n P_0, \quad n = 0, 1, 2, \cdots$$

必要条件为

$$\sum_{n=0}^{\infty} P_n = 1$$

表明

$$\left(\sum_{n=0}^{\infty} C_n \right) P_0 = 1$$

因此,有

$$P_0 = \left(\sum_{n=0}^{\infty} C_n \right)^{-1}$$

当排队模型是基于生灭过程时,则系统n的状态表示的是排队系统中顾客数量,排队系统(L、L_q、W和W_q)的主要绩效测度可以从以上方程式中算出P_n后立即得出。17.2节中给出的L和L_q定义明确指出

$$L = \sum_{n=0}^{\infty} n P_n, \quad L_q = \sum_{n=s}^{\infty} (n-s) P_n$$

此外,根据该节结尾处所给出的关系可得出表达式为

$$W = \frac{L}{\bar{\lambda}}, \quad W_q = \frac{L_q}{\bar{\lambda}}$$

式中:$\bar{\lambda}$ 为较长时间内的平均到达率。因为 λ_n 是平均到达率,同时,系统处于状态 $n(n=0,1,2,\cdots)$,且 P_n 是系统在该状态内的时间比例,则

$$\bar{\lambda} = \sum_{n=0}^{\infty} \lambda_n P_n$$

刚给出的几个公式涉及无限数量项的求和。这些求和公式为许多特殊案例提供了解析答案,详见下节内容。另外,这些和可以对计算机上有限数量项求和取近似值。

这些稳态结果的获取首先要假设 λ_n 和 μ_n 参数具有确保该过程能达到稳态条件的值。这个假设始终认为,如果 $\lambda_n = 0$ 的一些 n 值大于初始状态值,则只有有限数量的状态(小于此 n)是可能存在的。该假设也认为当定义好 λ 和 μ(参见 17.2 节中的"术语和符号"),且 $\rho = \lambda/(s\mu) < 1$。如果 $\sum_{n=1}^{\infty} C_n = \infty$,它就不成立。

17.6 节中介绍的几个排队模型是生灭过程的几个特殊案例。因此,为了获取这些模型的特定稳态结果,阴影框中所给的总稳态结果将会多次使用。

17.6 基于生灭过程的排队模型

对于生灭过程,每个平均率 $\lambda_0, \lambda_1, \cdots$ 和 $\mu_1, \mu_2, \cdots$ 可为任意非负值,所以在模型化排队系统时有很大的灵活性。排队论中使用频率最多的模型在很大程度上直接依赖于该过程。由于假定 1 和假定 3(以及假定 4 都是针对指数分布而言),这些模型都具有泊松输入和指数服务时间。模型在假定内容中的区别仅表现在 λ_n 和 μ_n 随 n 变化而变化上的差异。我们在本节中选取了三个模型作为排队系统的三个重要类型。

1. $M/M/s$ 模型

如 17.2 节中所述,$M/M/s$ 模型认为所有间隔到达时间是按照指数分布呈独立且平均分布(即输入过程为泊松过程),所有服务时间按照另一个指数分布呈独立且平均分布,且服务台数量为 s(正整数)。因此,此模型仅仅是生灭过程的特殊案例,其中,在忽略系统状态的情况下,排队系统每个工作中服务台的平均到达率和平均服务率分别为常数 λ 和 μ。当系统有单个服务台时($s=1$),表示生灭过程的参数为 $\lambda_n = \lambda(n=0,1,2,\cdots)$ 和 $\mu_n = \mu(n=1,2,\cdots)$。概率图如图 17.5(a) 所示。

但是,当系统具有多个服务台时($s>1$),参数 μ_n 不会这么简单,原因如下。

系统服务率:系统服务率 μ_n 表示当系统中有 n 位顾客时,整个排队系统的服务完成平均率。如果是多服务台且 $n>1$,μ_n 不等于每个工作中的服务台平均服务率 μ。相反:

当 $n \leq s$ 时,$\mu_n = n\mu$;
当 $n \geq s$ 时,$\mu_n = s\mu$。

针对 $M/M/s$ 模型,可用这些公式计算 μ_n,图 17.4 中所示的生灭过程概率图变为图 17.5 所示的两组小概率图。当 $s\mu$ 超出平均到达率 λ 时,即当 $\rho = \dfrac{\lambda}{s\mu} < 1$ 时。

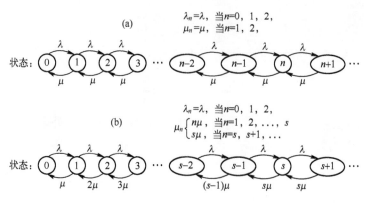

图 17.5 $M/M/s$ 模型概率图
(a) 单服务台案例($s=1$);(b) 多服务台案例($s>1$)。

应 用 案 例

科凯国际集团(KeyCorp)是美国一家大型银行控股公司。该公司重点为个人银行业务,截止 2013 年初,其旗下分布美国 14 个州的 1000 家分行均运作良好。

为了发展自身业务,科凯集团管理层数年前展开了广泛的运筹学研究,确定如何改善顾客服务(主要是减少顾客在服务开始前的等待时间),同时还配置成本效益较高的人员编制。当时还制定了服务质量目标让至少 90%的顾客等待时间不超过 5min。

解决此问题的关键方法就是 $M/M/s$ 排队模型,该模型证明其适用性良好。在应用此模型中,数据显示,服务一位顾客所需的平均时间居然高达 246s。基于这样的平均服务时间和典型的平均到达率,该模型显示要完成服务质量目标需要将柜台职员数量增加 30%。对于如此昂贵的选项,管理层得出结论:开展广泛的整顿,重新设计顾客服务,并提供更好的员工管理,以期大幅降低平均服务时间。这场运动历时 3 年,其结果是平均服务时间下降到 115s。对 $M/M/s$ 模型的使用在大幅超越服务质量目标的同时,还通过改善各分行之间的人员调度情况,切实把人员的级别降下来了。最终每年节省了近 2000 万美元,服务质量大幅度改善,96%的顾客等待时间不到 5min。这种改善在整个公司得到推广,能完成服务质量目标的分行由 42%上升至 94%。调查结果也证实了顾客的满意度大大提高。

来源:S. K. Kotha, M. P. Barnum, and D. A. Bowen: "KeyCorp Service Excellence Management System," *Interfaces*, **26**(1): 54-74, Jan.-Feb. 1996.(我们网址提供了本文的链接:www.mhhe.com/hillier。)

适用此模型的排队系统最终会达到一个稳定状态(回顾 17.2 节中内容,ρ 指的是利用率,表示的是单个服务台工作的预期时间段)。这种情况下,17.5 节稳态结果的通用生灭过程可直接使用。然而,这些结果大大简化了该模型,并且为 P_n、L、L_q 等带来了闭合的表达式,如下所示。

(1) 单服务台案例($M/M/1$)结果。 当 $S=1$ 时,生灭过程的 C_n 系数归算为

$$C_n = \left(\frac{\lambda}{\mu}\right)^n = \rho^n, \quad n=0,1,2,\cdots$$

所以,用 17.5 节中给出的结果为

$$P_n = \rho^n P_0, \quad n=0,1,2,\cdots$$

其中

$$P_0 = \left(\sum_{n=0}^{\infty} P_n\right)^{-1} = \left(\frac{1}{1-\rho}\right)^{-1} = 1-\rho$$

因此,有

$$P_n = (1-\rho)\rho^n, \quad n=0,1,2,\cdots$$

所以,有

$$L = \sum_{n=0}^{\infty} n(1-\rho)\rho^n = (1-\rho)\rho \sum_{n=0}^{\infty} \frac{d}{d\rho}(\rho^n) = (1-\rho)\rho \frac{d}{d\rho}\left(\sum_{n=0}^{\infty} \rho^n\right)$$

$$= (1-\rho)\rho \frac{d}{d\rho}\left(\frac{1}{1-\rho}\right) = \frac{\rho}{1-\rho} = \frac{\lambda}{\mu-\lambda}$$

同样,有

$$L_q = \sum_{n=1}^{\infty}(n-1)P_n = L - 1(1-P_0) = \frac{\lambda^2}{\mu(\mu-\lambda)}$$

当 $\lambda \geq \mu$ 时,平均到达率大于平均服务率,之前的解决方案"膨胀"(因为求和计算 P_0 发生偏离)。在此案例中,排队会"爆炸",没有限制性的增长。如果排队系统开始运行而无顾客到来时,服务台也许能成功跟上一小段时间内到来的顾客,但是长时间是不可能的(甚至当 $\lambda = \mu$ 时,排队系统中预期顾客数量会随着时间不受约束缓慢增长,因为即使临时回到无顾客的情况始终是可能的,大量顾客到来的概率随着时间的推移变得越来越重要)。

再假设 $\lambda < \mu$,当排队规定为先到先服务时,能推出随机到达排队系统的等待时间(所以包含服务时间)的概率分布 W。如该人到达时发现 n 位顾客已进入系统,则此到达将必须等待 $n+1$ 个指数服务时间,包括他自己的等待(对于当前正接受服务的顾客而言,可以回顾 17.4 节中指数分布的"无记忆"属性)。所以,令 $T_1, T_2, \cdots$ 为独立服务时间随机变量,而且具有以 μ 为参数的指数分布,而且令

$$S_{n+1} = T_1 + T_2 + \cdots + T_{n+1}, \quad n = 1, 2, \cdots$$

因此,假设有 n 位顾客已来到系统,S_{n+1} 表示有条件的等待时间。17.7 节中已经提到过,已知 S_{n+1} 具有爱尔朗分布①。因为随机到达将会找出系统中 n 位顾客的概率为 P_n,所以它遵从

$$P\{W > t\} = \sum_{n=0}^{\infty} P_n P\{S_{n+1} > t\}$$

经过大量运算后简化为(见习题 17.6-17)

$$P\{W > t\} = e^{-\mu(1-\rho)t}, \quad t \geq 0$$

结论令人惊讶,W 具有以 $\mu(1-\rho)$ 为参数的指数分布。因此,有

$$W = E(W) = \frac{1}{\mu(1-\rho)} = \frac{1}{\mu-\lambda}$$

这些结果包含了等待时间中的服务时间。在某些情况下(如 17.1 节县医院急诊室问题),更多有关等候的时间也是服务开始后的事情了。因此,当排队规定为先到先服务时,针对一个随机到达,把队列中等待时间(所以不包括服务时间)看作是 W_q。若此到达没有发现有顾客已经进入系统,于是,该到达立即接受服务,因此,有

$$P\{W_q = 0\} = P_0 = 1-\rho$$

若相反,该到达发现 n 位顾客($n>0$)已经进入系统,于是,该到达必须按照 n 的指数服务时间等待,直到他本人服务开始时为止,因此,有

$$P\{W_q > t\} = \sum_{n=1}^{\infty} P_n P\{S_n > t\} = \sum_{n=1}^{\infty}(1-\rho)\rho^n P\{S_n > t\} = \rho \sum_{n=0}^{\infty} P_n P\{S_{n+1} > t\}$$
$$= \rho P\{W > t\} = \rho e^{-\mu(1-\rho)t}, \quad t \geq 0$$

注意:W_q 并不完全具有指数分布,因为 $P\{W_q = 0\} > 0$。但是,假设 $W_q > 0$,W_q 的条件分布确实具有以 $\mu(1-\rho)$ 为参数的指数分布,正如 W 一样,因为

$$P\{W_q > t \mid W_q > 0\} = \frac{P\{W_q > t\}}{P\{W_q > 0\}} = e^{-\mu(1-\rho)t}, \quad t \geq 0$$

---

① 除排队论之外,该指数分布也称为 γ 分布。

通过确定W_q(条件)分布的平均值(或代入$L_q=\lambda W_q$或$W_q=W-1/\mu$),有

$$W_q=E(W_q)=\frac{\lambda}{\mu(\mu-\lambda)}$$

(2) 多服务台案例成果($s>1$)。当$s>1$时,C_n系数变为

$$C_n=\begin{cases}\dfrac{(\lambda/\mu)^n}{n!}, & n=1,2,\cdots,s\\ \dfrac{(\lambda/\mu)^s}{s!}\left(\dfrac{\lambda}{s\mu}\right)^{n-s}=\dfrac{(\lambda/\mu)^n}{s!s^{n-s}}, & n=s,s+1,\cdots\end{cases}$$

结论:若$\lambda<s\mu$(即$\rho=\lambda/(s\mu)<1$),将此表达式代入到17.5节的生灭过程结果得出

$$P_0=1\Big/\left[1+\sum_{n=1}^{s-1}\frac{(\lambda/\mu)^n}{n!}+\frac{(\lambda/\mu)^s}{s!}\sum_{n=s}^{\infty}\left(\frac{\lambda}{s\mu}\right)^{n-s}\right]$$

$$=1\Big/\left[\sum_{n=1}^{s-1}\frac{(\lambda/\mu)^n}{n!}+\frac{(\lambda/\mu)^s}{s!}\frac{1}{1-(\lambda/s\mu)}\right]$$

其中,在最后的求和中$n=0$项得出正确值1,因为$n=0$时$n!=1$。这些C_n系数同时也给出

$$P_n=\begin{cases}\dfrac{(\lambda/\mu)^n}{n!}P_0, & 0\leqslant n\leqslant s\\ \dfrac{(\lambda/\mu)^n}{s!s^{n-s}}P_0, & n>s\end{cases}$$

且

$$L_q=\sum_{n=s}^{\infty}(n-s)P_n=\sum_{j=0}^{\infty}jP_{s+j}=\sum_{j=0}^{\infty}j\frac{(\lambda/\mu)^s}{s!}\rho^j P_0=P_0\frac{(\lambda/\mu)^s}{s!}\rho\sum_{j=0}^{\infty}\frac{\mathrm{d}}{\mathrm{d}\rho}(\rho^j)$$

$$=P_0\frac{(\lambda/\mu)^s}{s!}\rho\frac{\mathrm{d}}{\mathrm{d}\rho}\Big(\sum_{j=0}^{\infty}\rho^j\Big)=P_0\frac{(\lambda/\mu)^s}{s!}\rho\frac{\mathrm{d}}{\mathrm{d}\rho}\left(\frac{1}{1-\rho}\right)=\frac{P_0(\lambda/\mu)^s\rho}{s!(1-\rho)^2}$$

$$W_q=\frac{L_q}{\lambda}$$

$$W=W_q+\frac{1}{\mu}$$

$$L=\lambda\left(W_q+\frac{1}{\mu}\right)=L_q+\frac{\lambda}{\mu}$$

如图17.6所示,对于不同的s值,L是如何随ρ的变化而变化的。用来确定等待时间概率分布的单服务台方法也能扩展用于多服务台的案例。这就得出①($t\geqslant0$时)

$$P\{W>t\}=e^{-\mu t}\left[1+\frac{P_0(\lambda/\mu)^s}{s!(1-\rho)}\left(\frac{1-e^{-\mu t(s-1-\lambda/\mu)}}{s-1-\lambda/\mu}\right)\right]$$

$$P\{W_q>t\}=(1-P\{W=0\})e^{-s\mu(1-\rho)t}$$

其中

$$P\{W_q=0\}=\sum_{n=0}^{s-1}P_n$$

若$\lambda\geqslant s\mu$,使平均到达率超出服务完成的最大平均率,那么,队列就会无限制的增长,所以前面的稳态方案就不适用了。

---

① 当$s-1-\lambda/\mu=0$时,$(1-e^{-\mu t(s-1-\lambda/\mu)})/s-1-\lambda/\mu$应替换为$\mu t$。

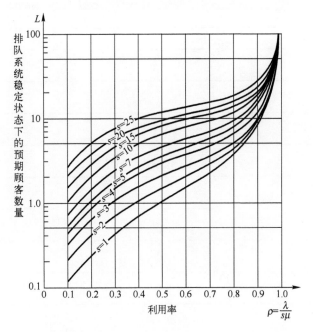

图 17.6 $M/M/s$ 模型中 L 的值（17.6 节）

(3) 采用 $M/M/s$ 模型的县医院案例。在县医院急诊案例中（见 17.1 节），管理工程师已得出结论，即急诊的到达是随机的（为泊松输入过程），所以间隔到达时间具有指数分布。她还指出，每名医生治疗病人所用的时间遵从指数分布。所以她选用 $M/M/s$ 模型对该排队系统进行了初步研究，将傍晚时分轮班制的可用数据规划到第二年里，估算得出病人的平均到达率为每半小时 1 人。每名医生平均需要 20min 治疗每位病人。所以，把 1h 作为时间单位，即

$$\text{每位病人治疗需要}\frac{1}{\lambda}=\frac{1}{2}\text{h}$$

及

$$\text{每位病人治疗需要}\frac{1}{\mu}=\frac{1}{3}\text{h}$$

因此，有

$$\text{每小时可以治疗 }\lambda=2\text{ 位病人}$$

及

$$\text{每小时可以治疗 }\mu=3\text{ 位病人}$$

有两个备选方案正在考虑，要么是继续这种每次只有一位医生的轮班制（$s=1$），要么再增加一位医生（$s=2$）。在这两种情况下，有

$$\rho=\lambda/(s\mu)<1$$

使得该系统应接近稳定状态（实际上，由于 λ 在轮班过程中有稍微的变化，所以该系统将永远不会真正达到一个稳定状态，但是管理工程师认为稳定状态的结果将会提供一个非常接近的近似值）。因此，以上方程式可用来求表 17.2 中所列的结果。

表 17.2 从 $M/M/s$ 模型中所得的县医院问题的稳定状态结果

	$s=1$	$s=2$
ρ	$\dfrac{2}{3}$	$\dfrac{1}{3}$

(续)

	$s=1$	$s=2$
P_0	$\frac{1}{3}$	$\frac{1}{2}$
P_1	$\frac{2}{9}$	$\frac{1}{3}$
$P_n, n>2$	$\frac{1}{3}\left(\frac{2}{3}\right)^n$	$\left(\frac{1}{3}\right)^n$
L_q	$\frac{4}{3}$	$\frac{1}{12}$
L	2	$\frac{3}{4}$
W_q	$\frac{2}{3}h$	$\frac{1}{24}h$
W	$1h$	$\frac{3}{8}h$
$P\{W_q>0\}$	0.667	0.167
$P\{W_q>\frac{1}{2}\}$	0.404	0.022
$P\{W_q>1\}$	0.245	0.003
$P\{W_q>t\}$	$\frac{2}{3}e^{-t}$	$\frac{1}{6}e^{-4t}$
$P\{W>t\}$	e^{-t}	$\frac{1}{2}e^{-3t}(3-e^{-t})$

基于以上这些结果,她得出的暂时性结论是,第二年为医院急诊室提供相对迅速的医疗服务,一位医生将是不够的。17.8 节中会有她通过使用另一个排队模型(该模型以一个更好的方式表示真实的排队系统)对此结论进行了验证。

2. $M/M/s$ 模型的有限队列变化(称为 $M/M/s/K$ 模型)

表 17.2 中对队列的讨论中提到,排队系统可以具有有限的队列,如系统中的顾客数量不允许超过一些特定的数值(用 K 表示),因此队列的容量为 $K-s$,队列已满的状态下,新来的顾客无法加入队列。从生灭过程的观点来说,队列已满的情况下,平均输入率为 0,因此需要对 λ_n 的定义进行如下修正,即

$$\lambda_n = \begin{cases} \lambda, & n=0,1,2,\cdots,K-1 \\ 0, & n \geq K \end{cases}$$

由于对于 n 部分取值的 $\lambda_n=0$,即使在 $\rho=\lambda/(s\mu) \geq 1$ 的情况下,满足这一模型的排队系统会趋于一个稳定状态。通常,用 $M/M/s/K$ 来表示这种模型,该模型与 $M/M/s$ 模型的区别在于前者 K 是有限的,后者 K 是无限的。例如,县医院案例中,假如有规定当县医院急诊室病人数达到 K 时,其后的病人将被送到其他医院,这样县医院案例的排队问题就变成了有限队列的问题。

(1) 单服务台案例结果($M/M/1/K$)。针对这种情况,有

$$C_n = \begin{cases} (\lambda/\mu)^n = \rho^n, & n=1,2,\cdots,K \\ 0, & n \geq K \end{cases}$$

因此,$\rho \neq 1$[①] 时,17.5 节中生灭过程的结果为

[①] 若 $\rho=1$,则 $P_n=1/(K+1)$,$n=0,1,2,\cdots,K$,所以 $L=K/2$。

$$P_0 = \frac{1}{\sum_{n=0}^{K}(\lambda/\mu)^n} = 1 \bigg/ \left[\frac{1-(\lambda/\mu)^{K+1}}{1-\lambda/\mu}\right] = \frac{1-\rho}{1-\rho^{K+1}}$$

所以,有

$$P_n = \frac{1-\rho}{1-\rho^{K+1}}\rho^n, \quad n=0,1,2,\cdots,K$$

因而

$$L = \sum_{n=0}^{K} n P_n = \frac{1-\rho}{1-\rho^{K+1}}\rho\sum_{n=0}^{K}\frac{\mathrm{d}}{\mathrm{d}\rho}(\rho^n) = \frac{1-\rho}{1-\rho^{K+1}}\rho\frac{\mathrm{d}}{\mathrm{d}\rho}\left(\sum_{n=0}^{K}\rho^n\right) = \frac{1-\rho}{1-\rho^{K+1}}\rho\frac{\mathrm{d}}{\mathrm{d}\rho}\left(\frac{1-\rho^{K+1}}{1-\rho}\right)$$

$$= \rho\frac{-(K+1)\rho^K + K\rho^{K+1} + 1}{(1-\rho^{K+1})(1-\rho)} = \frac{\rho}{1-\rho} - \frac{(K+1)\rho^{K+1}}{1-\rho^{K+1}}$$

照例($s=1$ 时),有

$$L_q = L - (1-P_0)$$

请注意之前的结果不要求 $\lambda < \mu$(即 $\rho < 1$)。

当 $\rho < 1$ 时,因为 $K \to \infty$,所以可以证明 L 最终表达式中的第二项接近为 0,使前面所有的结果覆盖由 $M/M/1$ 模型之前给出的相应结果。

同样的推理可得出 $M/M/1$ 模型的等待时间分布(参见习题 17.6-28)。但是,在这种情况下,没有简单的表达式,所以需要电脑计算。好在即使当前模型 $L \neq \lambda W$ 且 $L_q \neq \lambda W_q$,由于对所有 n 来说 λ_n 都不相等(参见 17.2 节结尾),所以顾客进入系统的预期等待时间仍然能直接从 17.5 节结尾给出的表达式中求得

$$W = \frac{L}{\overline{\lambda}}, \quad W_q = \frac{L_q}{\overline{\lambda}}$$

其中

$$\overline{\lambda} = \sum_{n=0}^{\infty}\lambda_n P_n = \sum_{n=0}^{K-1}\lambda P_n = \lambda(1-P_K)$$

(2) 多服务台案例结果($s>1$)。 由于此模型不允许系统中的顾客数量大于 K,所以 K 是使用过的服务台的最大数目。因此,假设 $s \leq K$。在此情况下,C_n 为

$$C_n = \begin{cases} \dfrac{(\lambda/\mu)^n}{n!}, & n=1,2,\cdots,s \\ \dfrac{(\lambda/\mu)^s}{s!}\left(\dfrac{\lambda}{s\mu}\right)^{n-s} = \dfrac{(\lambda/\mu)^n}{s!\,s^{n-s}}, & n=s,s+1,\cdots,K \\ 0, & n>K \end{cases}$$

因而

$$P_n = \begin{cases} \dfrac{(\lambda/\mu)^n}{n!}P_0, & n=1,2,\cdots,s \\ \dfrac{(\lambda/\mu)^n}{s!\,s^{n-s}}P_0, & n=s,s+1,\cdots,K \\ 0, & n>K \end{cases}$$

其中

$$P_0 = 1 \bigg/ \left[\sum_{n=0}^{s}\frac{(\lambda/\mu)^n}{n!} + \frac{(\lambda/\mu)^s}{s!}\sum_{n=s+1}^{K}\left(\frac{\lambda}{s\mu}\right)^{n-s}\right]$$

(这些方程式继续使用当 $n=0$ 时 $n!=1$ 的假设。)把 $M/M/s$ 模型 L_q 的导数代入该案例可得

$$L_q = \frac{P_0(\lambda/\mu)^s \rho}{s!(1-\rho)^2}[1-\rho^{K-s}-(K-s)\rho^{K-s}(1-\rho)]$$

其中 $\rho=(\lambda/\mu)$。① 其表达为

$$L = \sum_{n=0}^{s-1} n P_n + L_q + s\left(1 - \sum_{n=0}^{s-1} P_n\right)$$

如单服务台案例中所示，W 和 W_q 由上述这些量求得。

本节 Excel 文件中的 Excel 模板可对此模型的以上的绩效测度(包括 P_n)进行计算。

该模型中一个有趣的案例是当 $K=s$ 时，队列容量为 $K-s=0$。在这种情况下，当所有服务台都忙时，到达的顾客将立即离开，不再属于该系统。例如，拥有 s 个电话干线的电话网里会发生这种情况，当所有的电话线路都繁忙时，呼叫者一听到忙音就会挂断电话。这种系统(没有队列的"排队系统")就是爱尔朗损失系统，该系统于 20 世纪初首先由 A. K. 爱尔朗研究，因而得名(17.3 节提到过，A. K. 爱尔朗是一位丹麦电话局的工程师，被认为是排队论的创始人)。

现在用于顾客服务中心的电话系统通常都会提供一些额外的电话干线，将呼叫者置于保持状态，但随后多出的呼叫者听到的将是忙音。这种系统也适合此模型，其中 $(K-s)$ 是可以让呼叫者置于保持状态的额外电话干线数量。

3. $M/M/s$ 模型的有限顾客源变化

现在，假设 $M/M/s$ 模型的唯一偏差数是(17.2 节中已解释)顾客源规模是有限的。在这种情况下，令 N 表示顾客源规模。那么，当排队系统内的顾客数量是 $n(n=0,1,2,\cdots,N)$ 时，客源中只有 $(N-n)$ 个潜在的剩余顾客。

此模型最重要的应用是机器维修问题，其中，一位或多位维修人员负责维修一定数量的 N 台机器，按照操作程序修理每个损坏的机器。如果维修人员以个体为单位修理各种不同的机器，可以把他们看成是排队系统中的单服务台；如果全体维修人员团队合作，共同修理每台机器，那可以把他们这个团体看成是单服务台。所有的机器则为客源。当机器损坏等待维修时，每台机器可看成是排队系统中的一位顾客；如果机器运转良好，那就不需进入排队系统。

注意：每位客源成员在进、出排队系统之间交换更替。因此，适用此情况的 $M/M/s$ 模拟模型假设每个成员的在外时间(即离开系统后再次返回系统时所用的时间)具有以 λ 为参数的指数分布。当有 n 个成员在系统内时，则在系统外的成员为 $N-n$，到下一次到达排队系统之前的当前剩余时间概率分布为后者 $N-n$ 个成员在系统外剩余时间最小值的分布。属性 2 和属性 3 中的指数分布隐含的意义是该分布必须是以 $\lambda_n = (N-n)\lambda$ 为参数的指数分布。因而，此模型只是生灭过程的一个特例，如图 17.7 的概率图所示。

当 $n=N$ 时，$\lambda_n=0$，任何适用此模型的排队系统最终将达到一个稳定状态。以下为一些有用的稳态结果。

(1) 单服务台案例结果 $(s=1)$。当 $s=1$ 时，17.5 节中的系数 C_n 简化为

$$C_n = \begin{cases} N(N-1)\cdots(N-n+1)\left(\frac{\lambda}{\mu}\right)^n = \frac{N!}{(N-n)!}\left(\frac{\lambda}{\mu}\right)^n, & n \leq N \\ 0, & n > N \end{cases}$$

所以，再次使用 $n=0$ 时 $n!=1$ 的假设，有

---

① 若 $\rho=1$，对于 L_q，有必要将洛必达法则运用到该表达式两次。另外，所有这些多服务台的结果都认为所有 $\rho>0$。该排队系统之所以即使 $\rho \geq 1$ 时都能够达到稳定状态，原因在 $n \geq K$ 时 $\lambda_n=0$，所以系统中的顾客数量不可能无限制地持续增长。

$$P_0 = 1 \Big/ \sum_{n=0}^{N} \left[\frac{N!}{(N-n)!} \left(\frac{\lambda}{\mu} \right)^n \right]$$

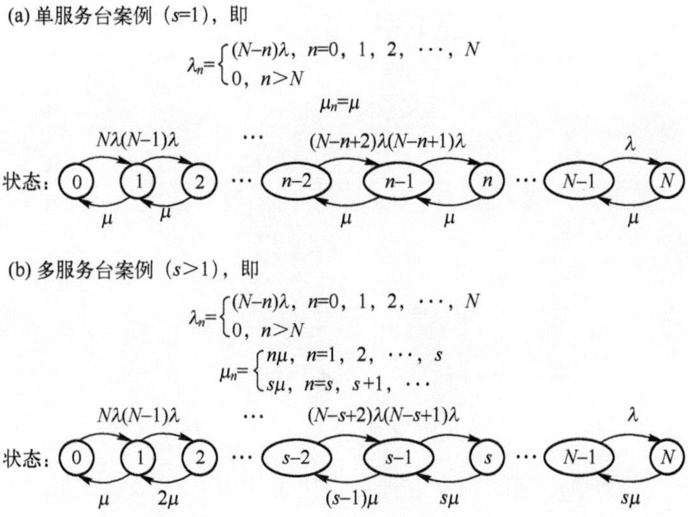

(a) 单服务台案例 ($s=1$), 即

$$\lambda_n = \begin{cases} (N-n)\lambda, & n=0,1,2,\cdots,N \\ 0, & n>N \end{cases}$$

$$\mu_n = \mu$$

(b) 多服务台案例 ($s>1$), 即

$$\lambda_n = \begin{cases} (N-n)\lambda, & n=0,1,2,\cdots,N \\ 0, & n>N \end{cases}$$

$$\mu_n = \begin{cases} n\mu, & n=1,2,\cdots,s \\ s\mu, & n=s,s+1,\cdots \end{cases}$$

图 17.7 $M/M/s$ 模型的有限顾客源变化的概率图

$$P_n = \frac{N!}{(N-n)!} \left(\frac{\lambda}{\mu} \right)^n P_0, \quad n=1,2,\cdots,N$$

$$L_q = \sum_{n=1}^{N} (n-1) P_n$$

可归算为

$$L_q = N - \frac{\lambda+\mu}{\lambda}(1-P_0)$$

$$L = \sum_{n=0}^{N} n P_n = L_q + 1 - P_0 = N - \frac{\mu}{\lambda}(1-P_0)$$

最终,有

$$W = \frac{L}{\bar{\lambda}} \quad W_q = \frac{L_q}{\bar{\lambda}}$$

其中

$$\bar{\lambda} = \sum_{n=0}^{\infty} \lambda_n P_n = \sum_{n=0}^{N} (N-n)\lambda P_n = \lambda(N-L)$$

(2) 多服务台案例结果($s>1$)。当 $N \geq s > 1$ 时,有

$$C_n = \begin{cases} \dfrac{N!}{(N-n)!n!} \left(\dfrac{\lambda}{\mu} \right)^n, & n=0,1,2,\cdots,s \\ \dfrac{N!}{(N-n)!s!s^{n-s}} \left(\dfrac{\lambda}{\mu} \right)^n, & n=s,s+1,\cdots,N \\ 0, & n>N \end{cases}$$

因此,17.5 节中生灭过程的结果就会得出

$$P_n = \begin{cases} \dfrac{N!}{(N-n)!n!}\left(\dfrac{\lambda}{\mu}\right)^n P_0, & 0 \leq n \leq s \\ \dfrac{N!}{(N-n)!s!s^{n-s}}\left(\dfrac{\lambda}{\mu}\right)^n P_0, & s \leq n \leq N \\ 0, & n > N \end{cases}$$

其中

$$P_0 = 1 \bigg/ \left[\sum_{n=0}^{s-1} \dfrac{N!}{(N-n)!n!}\left(\dfrac{\lambda}{\mu}\right)^n + \sum_{n=s}^{N} \dfrac{N!}{(N-n)!s!s^{n-s}}\left(\dfrac{\lambda}{\mu}\right)^n \right]$$

最终

$$L_q = \sum_{n=s}^{N} (n-s) P_n$$

及

$$L = \sum_{n=0}^{s-1} n P_n + L_q + s\left(1 - \sum_{n=0}^{s-1} P_n\right)$$

于是,在单服务台案例中使用同一个方程可得出 W 和 W_q。

在两种情况下,前面 P_n 和 P_0(以及 L_q、L、W 和 W_q)的公式,已经证实也对此模型的推广起到作用。尤其是,我们可以放弃假设,即客源的成员用在排队系统外的时间具有指数分布,尽管这样会把此模型置于生灭过程模型范围之外了。只要这些时间是按照以 $1/\lambda$ 的恒等分布(且指数服务时间的假设仍然成立),那么,这些在外时间具有任意概率分布。

17.7 非指数分布的排队模型

之前章节(最后一段的概括部分除外)的所有排队论模型都基于生灭过程,所以其间隔到达和服务时间要求具有指数分布。如 17.4 节所述,虽然这种类型的概率分布为排队理论提供了很多方便,但只适合某些特定类型的排队系统。尤其是对指数间隔到达时间的假设意味着到达是随机的(泊松输入过程),虽然在很多情况下是一个合理的近似值,但却不适用于精心安排或规划过的到达。实际服务时间分布常常偏离指数形式极大,特别是当顾客的服务要求都非常相似时。所以,很重要的一点是,要有其他可用排队模型而且使用的是可变的分布。

对非指数分布的排队模型进行数学分析要困难的多。但是,有可能获得对少数类似模型有用的结果。可能获取这些结果已超出了本书的范围,但在本节,我们可对这些模型及其结果进行总结。

1. $M/G/1$ 模型

如 17.2 节所述,$M/G/1$ 模型假设排队系统有一台单服务台和一个泊松输入过程(指数间隔到达时间),且固定平均到达率为 λ。同时,该模型假设顾客有独立的服务时间和相同的概率分布。但对该服务时间的分布没有任何限制。实际上,只需要知道(或估算)该分布的平均值 $1/\mu$ 和方差 σ^2。

如果 $\rho = (\lambda/\mu) < 1$,任何这此类排队系统最终都可以达到一个稳定状态。下面列出了适用于通用模型的现成的稳态结果,即

$$P_0 = 1 - \rho$$

$$L_q = \dfrac{\lambda^2 \sigma^2 + \rho^2}{2(1-\rho)}$$

$$L = \rho + L_q$$
$$W_q = \frac{L_q}{\lambda}$$
$$W = W_q + \frac{1}{\mu}$$

考虑到分析一个允许任意服务时间分布的模型的复杂性,所以一个如此简单的公式可以求得 L_q,这点非常了不起。该公式因其方便普及性是排队论最重要的结果之一。对于 L_q(或与其对应的 W_q),该公式通常是指 Pollaczek-Khintchine(P-K)公式,该公式以 20 世纪 30 年代初,两位独立研究排队论并推导出此公式的创始人的名字命名。

对于任意固定的预期服务时间 $1/\mu$,L_q、L、W_q 以及 W 将随着 σ^2 的增大而增大。该结果很重要,因为它表明了服务台的连惯性对服务设施性能的重大影响,而不仅仅是服务台的平均速度。下一段将对此关键点进行阐述。

当服务时间呈指数分布时,$\sigma^2 = 1/\mu^2$,前述结果将会简化为 M/M/1 模型相应的结果(17.6 节开始部分已提到)。

此模型在服务时间分布上所具备的灵活性非常有用,但为多服务台案例得到同样结果并没有取得成功。但在下面两种模型中,某些多服务台在一些重要的特殊案例中成功得到了成果。

2. M/D/s 模型

当服务的主要组成是针对全体顾客要执行的、相同的常规任务时,所需的服务时间变化不大。M/D/s 模型可以用来描述此类情况,因为该模型假设所有服务时间实际上等同于一些固定常数(定长服务时间分布),并且有一个固定平均到达率为 λ 的泊松过程。

当只有单服务台时,M/D/s 模型只是 $\sigma^2 = 0$ 时 M/G/1 模型的一个特例,所以 P-K 公式可简化为

$$L_q = \frac{\rho^2}{2(1-\rho)}$$

式中:L、W_q 以及 W 由 L_q 求得,方式如上所示。注意:L_q 和 W_q 其实只有 17.6 节(M/M/1 模型)中指数服务时间案例的一半大,其中 $\sigma^2 = 1/\mu^2$,所以降低 σ^2 能大大提高排队系统的绩效测度。

对于此模型(M/D/s)的多服务台,有一个复杂的方法可求得系统中顾客数量稳态概率分布及其平均值(假定 $\rho = (\lambda/s\mu) < 1$)。这些结果已被制成列表用于众多案例中,同时平均值(L)也参见图 17.8 中的绘图。

3. $M/E_k/s$ 模型

M/D/s 模型假设服务时间零变差($\sigma = 0$),但是指数服务时间分布假设的变差却非常大($\sigma = 1/\mu$)。在这两个比较极端的例子中间有一个长长的中间地带($0 < \sigma < 1/\mu$),这适合大多数的实际服务时间分布。另一种可填补此中间地带的理论服务时间分布是爱尔朗分布。爱尔朗分布的概率密度函数为

$$f(t) = \frac{(\mu k)^k}{(k-1)!} t^{k-1} e^{-k\mu t}, \quad t \geq 0$$

式中:μ 和 k 为该分布的严格正参数,且 k 必须为整数(除了此整数限制及参数的定义外,该分布等同于 γ 分布)。其平均值和标准偏差为

$$\text{平均值} = \frac{1}{\mu}$$

及

$$标准偏差 = \frac{1}{\sqrt{k}} \frac{1}{\mu}$$

所以,k 作为参数,用于指定相对于平均值的服务时间变化的程度,通常指形状参数。

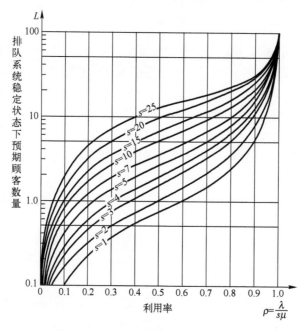

图 17.8　$M/D/s$ 模型的 L 值(17.7 节)

爱尔朗分布在排队理论中是一个非常重要的分布,原因有两个。首先,假设 $T_1, T_2, \cdots, T_k$ 是 k 的独立随机变量,且指数分布相同,平均值为 $1/(k\mu)$。其和为

$$T = T_1 + T_2 + \cdots + T_k$$

具有以 μ 和 k 为参数的爱尔朗分布。17.4 节讲述的指数分布认为执行某些任务所需要的时间可能具有指数分布。但是,一位顾客所需的总服务可能包含了由服务台执行的不只一项的特殊任务,而是一系列的 k 任务。如果各自任务在其运行期内拥有独立且相同的指数分布,则总服务时间将具有爱尔朗分布。比如,服务台必须为每位顾客进行 k 次独立的、相同的指数式任务。

爱尔朗分布也很有用,因其是一个只允许非负数值的、大(双参数)分布族。因此,实证服务时间分布通常能够通过爱尔朗分布进行近似值运算。实际上,指数分布($k=1$)和退化(常数)服务($k=\infty$)分布都是爱尔朗分布的特例。k 的中间值是以平均值$=1/\mu$ 的中间分布,众数$=(k-1)/(k\mu)$,且方差$=1/(k\mu^2)$,如图 17.9 所示。因此,在估算实际服务时间分布的平均值和方差后,这些平均值和方差的公式可用来选择与估算值最接近的 k 的整数值。

现在看看 $M/E_k/1$ 模型,它只是 $M/G/1$ 模型的特例,其中,服务时间具有以 k 为形状参数的爱尔朗分布。若 $\sigma^2 = 1/(k\mu^2)$(且给出 $M/G/1$ 的附带结果),应用 P-K 公式可得出

$$L_q = \frac{\lambda^2/(k\mu^2) + \rho^2}{2(1-\rho)} = \frac{1+k}{2k} \frac{\lambda^2}{\mu(\mu-\lambda)}$$

$$W_q = \frac{1+k}{2k} \frac{\lambda}{\mu(\mu-\lambda)}$$

$$W = W_q + \frac{1}{\mu}$$

$$L = \lambda W$$

在多服务台($M/E_k/s$)下,刚刚所描述的爱尔朗分布与指数分布之间的关系可依据单个指数服务阶段(k/顾客)并非全部顾客来制定一个改良的生灭过程。但是,要为系统中顾客数量的概率分布得出一个通用的稳态方案(当 $\rho = (\lambda/s\mu) < 1$ 时)已证明是不可能的,这和我们在 17.5 节中所做的一样。相反,需要先进的理论数值求解一些个别情况。这些结果再次被得到并制成表格用于很多的案例。同时,平均值(L)也以绘图的形式在图 17.10 中给出,用于某些案例,其中 $s = 2$。

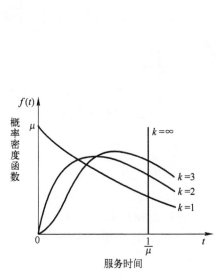

图 17.9　以平均值 $1/\mu$ 为常数的爱尔朗分布族

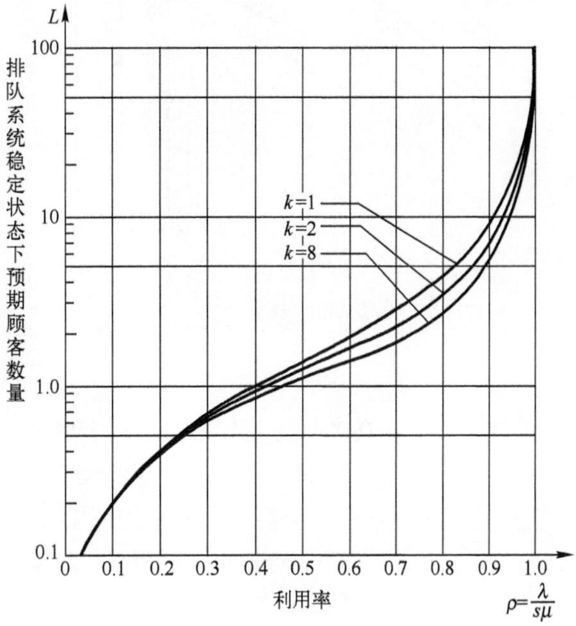

图 17.10　$M/E_k/2$ 模型的 L 值(17.7 节)

4. 没有泊松输入的模型

目前讲述的所有排队模型均假设为泊松输入过程(指数间隔到达时间)。然而,如果到达是按照某种规划好的形式或者按照某种防止随机发生的形式设定的,则不再适应于此假设,所以需要另一种模型。

只要服务时间具有固定参数指数分布,则会有三个类似的模型。这三个模型仅仅是把之前三个模型里所假设的间隔到达和服务时间分布倒置过来。因此,第一个新模型($GI/M/s$)对于间隔到达时间分布没有任何限制。在这种情况下,某些稳态结果(特别是有关等待时间分布)对于该模型的单服务台和多服务台版本都适用,但是这些结果不像 $M/G/1$ 模型中的简单表达式那样简便。第二个新模型($D/M/s$)假设所有间隔到达时间等于某个固定的常数,表示排队系统的到达按照恒定的间隔规划。第三个新模型($E_k/M/s$)假设爱尔朗间隔到达时间分布介于定期(常数)的和完全随机的(指数)到达之间的位置。关于后两种模型的大量计算结果已制成表格,包括以图 17.11 和图 17.12 方式给出了 L 值。

如果排队系统的间隔到达时间和服务时间均不具有指数分布,则会有额外三种排队模型的计算结果。其中一种模型(即 $E_m/E_k/s$)假设两种时间分布均为爱尔朗分布。另两种模型(即 $E_k/D/s$ 和 $D/E_k/s$)假设这些时间中有一个具有爱尔朗分布,且其他时间等于某个固定参数。

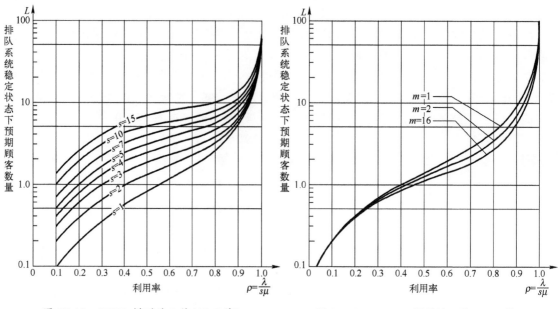

图 17.11　$D/M/s$ 模型的 L 值(17.7 节)　　图 17.12　$E_k/M/2$ 模型的 L 值(17.7 节)

5. 其他模型

尽管本节中有众多非指数分布的排队模型,但我们根本不可能列出全部的模型。例如,偶尔用于间隔到达时间或服务时间分布的超指数分布。这种分布的主要特点是:即使只允许非负数值,但其标准偏差 σ 实际上要大于其平均值 $1/\mu$。此特点与爱尔朗分布相反,爱尔朗分布特点是 $\sigma<1/\mu(k=1($指数分布$),\sigma=1/\mu$ 时除外)。为解释 $\sigma>1/\mu$ 的典型例子,我们假设排队系统中的服务是某种机器或车辆的维修。如果大量修理工作是常规的工作(小服务时间),偶尔需要大的整修(非常大的服务时间),那么服务时间的标准偏差相对于平均值而言将会相当大,在这种情况下,可以用超指数分布来表示服务时间分布。具体来说,此分布假设哪种服务的发生会有固定的概率 p 和 $(1-p)$ 对应,假设每种服务所需的时间均具有指数分布,但这两种指数分布的参数不同(一般而言,超指数分布是由两个或两个以上指数分布所组成的综合体)。

另一个渐渐被广泛使用的分布族系是相位类型分布(其中某些也称为通用型爱尔朗分布)。这些分布把总时间拆分为很多的相位,每个相位都具有指数分布,这些指数分布的参数可能不同,相位可能是串联或并联的(或两者兼有)。一组并联的相位是指根据指定的概率,过程随机每次选择其中一个相位。实际上,该方法正是超指数分布的来历,所以该分布是相位类型分布的一个特例。另一个特例是爱尔朗分布,其限制条件是:所有 k 个相位串联,且这些相位是具有参数相同的指数分布。没有这些限制意味着在真实排队系统间隔到达时间或服务时间的实际分布中,相位类型分布比爱尔朗分布有更大的灵活性。当在模型中不容易直接使用实际分布的解析时,这种灵活性就显得特别有用,同时,实际分布的平均值与标准差比率与爱尔朗分布的可用率(当 $k=1,2,\cdots$ 时的$\sqrt{k}$)并不紧密匹配。

由于它们从指数分布的组合发展而来,所以使用相位类型分布的排队模型仍然能够按照只涉及指数分布的转移来表示。由此而来的模型状态通常都是无限量,所以对系统状态的稳态分布的求解,需要求解相当复杂的线性方程的无限系统。求解这样一个系统并不是件简单的事情,但理论的研究进步使得我们在某些案例中用数字的方式解算了这些排队模型。我们获得了为此类具有各种相位类型分布(包括超指数分布)模型制作的表。

17.8 有优先规则的排队模型

在优先规则的排队模型里,排队规则基于优先系统。因此,队列成员服务的顺序基于他们已经分配的优先权。

这些具有优先规则的模型比其他模型更适合于真实的排队系统。事分优先紧急,重要顾客可能会优先于其他普通顾客。医院急诊室的病人一般也会根据生病或受伤的严重程度确定优先治疗权(本节结尾部分将分析带有优先规则的县医院示例)。所以,与普通的排队模型相比,优先规则模型的精细化更受欢迎。

在这里向大家展示两个基本的优先规则模型。由于两个模型的假设相同,除了优先的本质外,所以先介绍一下两个模型,然后再分别总结其结果。

1. 模型

两个模型都假设有 N 个优先等级(1 级为最高优先级,N 级为最低优先级),当服务台开始服务队列里的新顾客时,此新顾客对于队列里已经等待时间最长的顾客来说便是优先级最高的成员。换句话说,顾客是按其优先级别顺序接受服务的,但是每个优先级都要遵从先到先服务这个前提。每个优先级都假设具有泊松输入过程和指数服务时间。除后面的特例外,这两个模型也有一些限制性的假设,即所有优先级的预期服务时间是相等的。但是,这些模型允许各优先级的平均到达率有所不同。

两种模型的区别在于优先权是抢先型还是非抢先型。在非抢先型优先权时,当拥有更高优先权的顾客进入排队系统时,则正在接受服务的顾客不会被勒令回到排队队列里(已被抢占)。所以,一旦服务台已经开始服务顾客,那么,该服务在完成前不会被打断。第一种模型采用的是非抢先型优先权。

在抢先型优先权时,只要优先级较高的顾客进入排队系统,那么,正在接受服务的优先级最低的顾客就会被抢先(被勒令回到队列里)。所以,服务台总是立即开始服务新到达的顾客(当服务台成功完成一项服务时,将选定下一名顾客接受服务,如本节开始所述,所以在正常情况下,被抢先的顾客会再次进入服务系统,且经过多次此过程后最终完成服务)。由于指数分布具有失忆特性(参见 17.4 节),所以当被抢先的顾客重回服务系统时,我们不必担心定义服务开始的时间点;剩余服务时间的分布总是保持不变(对于其他服务时间分布而言,区分抢先式恢复系统和抢先式重复系统是很重要的,对于前者而言,被抢占的顾客在中断点恢复服务;对于后者而言,服务必须是从头再开始)。第二个模型为抢先型优先权。

对于两种模型,如果忽略顾客间优先权的区别,那么,指数分布的属性 6(参见 17.4 节)意味着所有顾客的到达均需符合泊松输入过程。此外,所有顾客的服务时间具有相同的指数分布。因此,这两种模型和 17.6 节中的 $M/M/s$ 模型除顾客接受服务的顺序不同外,其他均很相似。所以,如果只是计算系统内顾客的总数,$M/M/s$ 模型的稳定态分布同样也适用于这两种模型。因此,L 和 L_q 的方程式可继续用于随机选定的顾客,这同预期等待时间的结果(使用李特尔公式)W 和 W_q 的做法一样。发生变化的是等待时间的分布,这在 17.6 节中运用先到先服务的排队规则已推导得出。

在此优先规则下,该分布的方差大,因为优先级最高的顾客的等待时间要比那些遵从先到先服务规则的顾客的等待时间少得多,而那些优先级最低的顾客的等待时间则更长一些。基于此,系统内顾客总数量的下降趋向于朝较低优先级别群体的不均衡发展。但这种情况产生的原因只不过是把对排队系统施加优先等级放在了首要的位置。想要提升每个优先级较高顾客的绩效测度,代价是牺牲优先级较低顾客的绩效。为确定要提升的幅度,需要为单个优先等级获取一些测度方法,如系统中预期等待时间和系统中预期顾客的数量。这两个模型的测度手段的表达式参见下述内容。

2. 非抢先型优先权模型的结果

令 W_k 为系统中优先级为 k 的成员的稳态预期等待时间(包括服务时间),则

$$W_k = \frac{1}{A B_{k-1} B_k} + \frac{1}{\mu}, \quad k = 1, 2, \cdots, N$$

其中

$$A = s! \frac{s\mu - \lambda}{r^s} \sum_{j=0}^{s-1} \frac{r^j}{j!} + s\mu$$

$$B_0 = 1$$

$$B_k = 1 - \frac{\sum_{i=1}^{k} \lambda_i}{s\mu}$$

s = 服务台的数量

μ = 每个忙碌服务台的平均服务率

λ_i = 优先级为 i 时的平均到达率

$$\lambda = \sum_{i=1}^{N} \lambda_i$$

$$r = \frac{\lambda}{\mu}$$

此结果假设

$$\sum_{i=1}^{k} \lambda_i < s\mu$$

所以优先级 k 能够达到稳定状态。李特尔公式还适用于单个优先级,所以,作为排队系统(包括正在接受服务的)中优先级为 k 成员的稳态预期数量,L_k 为

$$L_k = \lambda_k W_k, \quad k = 1, 2, \cdots, N$$

决定队列里优先级 k 的预期等待时间(不包括服务时间),只需 W_k 减 $1/\mu$ 即可;乘以 λ_k 就可再次求得所对应的预期队列长度。对于这些 $s = 1$ 时特例,A 的表达式可缩略为 $A = \mu^2/\lambda$。

3. 非抢先型优先权模型的单服务台变化

以上假设的预期服务时间 $1/\mu$ 对于所有优先级别都是一样的有很多局限性。该假设有时不适用此实际情况,因为不同优先级别的服务要求是不同的。

不过,对于单服务台的特例而言,有可能容许存在不同的预期服务时间,且仍然能求得有用结果。令 $1/\mu_k$ 表示优先级 k 时的指数服务时间分布的平均值,所以,有

μ_k = 优先级 k 的平均服务率,$\quad k = 1, 2, \cdots, N$

那么,系统中优先级为 k 的成员的稳态预期等待时间为

$$W_k = \frac{a_k}{b_{k-1} b_k} + \frac{1}{\mu_k}, \quad k = 1, 2, \cdots, N$$

其中

$$a_k = \sum_{i=1}^{k} \frac{\lambda_i}{\mu_i^2}$$

$$b_0 = 1$$

$$b_k = 1 - \sum_{i=1}^{k} \frac{\lambda_i}{\mu_i}$$

此结果有效条件为

$$\sum_{i=1}^{k} \frac{\lambda_i}{\mu_i} < 1$$

这使优先级 k 能够达到一个稳定状态。上述李特尔公式可用来为每个优先级获取其他一些主要的绩效测度。

4. 抢先型优先权模型的结果

对于抢先型优先权模型，我们需要恢复所有优先级别具有相同预期服务时间的假设。对于单服务台案例 ($s=1$)，使用与初始抢先型优先权模型相同的符号，系统内抢占的总预期等待时间（包括总服务时间）变为

$$W_k = \frac{1/\mu}{B_{k-1} B_k}, \quad k = 1, 2, \cdots, N$$

当 $s>1$ 时，W_k 可以通过重迭代计算得出，这将在后面的县城医院例子中讲到。L_k 继续满足

$$L_k = \lambda_k W_k, \quad k = 1, 2, \cdots, N$$

与队列（不包括正在服务中的顾客）相对应的结果也可通过 W_k 和 L_k 获得，如非抢先型优先级案例描述。由于指数分布具有失忆特性（参见 17.4 节），所以抢占不会以任何方式影响服务过程（服务完成的发生）。顾客的预期总服务时间仍为 $1/\mu$。

5. 有优先级别的县医院示例

在县医院急诊室示例中，管理工程师已注意到病人的治疗规则并不是按照先到先服务原则。确切地说，负责接待的护士似乎把病人粗略地分为三种类型。①病情危急型。及时的治疗对病人的生死至关重要。②病情严重型。及早的治疗对防止病人病情进一步恶化非常重要。③病情稳定型。可延缓治疗但不会对病人带来不利后果。病人按照此优先级别顺序进行治疗，其中，属于同一优先类别的病人一般遵从先到先服务的规则。如果有新的病例出现，且属于更高优先级，医生会中断当前病人的治疗。大约 10% 的病人属于第一类，30% 的病人属于第二类，60% 的病人则属于第三类。急诊治疗后，病情较为严重的病人将被送到医院做进一步的救治，所以医生在急诊室的平均治疗时间实际上对于这三类患者来说区别不大。

管理工程师已决定使用有优先规则的排队模型作为此类排队系统的典型代表，其中，这三种病人为该模型的三种优先级别。由于优先级更高病人的到达会中断医生目前的治疗，所以抢占型优先级模型较为合适。若之前的数据可用 ($\mu=3, \lambda=2$)，则前面所提到的百分比数值为 $\lambda_1 = 0.2$、$\lambda_2 = 0.6$ 以及 $\lambda_3 = 1.2$。当有 1 名 ($s=1$) 或 2 名 ($s=2$) 值班医生时，表 17.3 给出了三个优先级别①在队列里的预期等待时间（不包括治疗时间）（为说明抢先效果，表 17.3 也给出了非抢先型模型的对应结果）。

表 17.3 县医院优先规则模型所取得的稳态结果

	抢先型优先权		非抢先型优先权	
	$s=1$	$s=2$	$s=1$	$s=2$
A	—	—	4.5	36

---

① 注意：当 $k>1$ 时，治疗前的预期时间开始后，预期时间不能被中断，因为治疗可能至少会被打断一次，会导致在服务完成前产生了额外的等待时间。

(续)

	抢先型优先权		非抢先型优先权	
	$s=1$	$s=2$	$s=1$	$s=2$
B_1	0.933	—	0.933	0.967
B_2	0.733	—	0.733	0.867
B_3	0.333	—	0.333	0.667
$W_1 - \dfrac{1}{\mu}$	0.024 小时	0.00037 小时	0.238 小时	0.029 小时
$W_2 - \dfrac{1}{\mu}$	0.154 小时	0.00793 小时	0.325 小时	0.033 小时
$W_3 - \dfrac{1}{\mu}$	1.033 小时	0.06542 小时	0.889 小时	0.048 小时

(1) 推算抢先型优先权的结果。 $s=2$ 时,抢先型优先权所求得的结果如下所示。由于 1 级优先权顾客的等待时间完全不受较低优先权顾客存在的影响,所以对于 λ_2 和 λ_3 的其他任意值(包括 $\lambda_2=0$ 以及 $\lambda_3=0$),W_1 保持不变。所以,对于相对应的 1 级模型(17.6 节中的 $M/M/s$ 模型),W_1 必须等于 W,且 $s=2, \mu=3, \lambda=\lambda_1=0.2$,得

$$\lambda = 0.2, \quad W_1 = W = 0.33370 \text{h}$$

故

$$W_1 - \frac{1}{\mu} = 0.33370 - 0.33333 = 0.00037 \text{h}$$

先看前两个优先级别。请再次注意,这两个优先级别的顾客完全不受较低优先级别顾客的影响(仅级别 3 受影响),这点在分析中可忽略。令 $\overline{W}_{1-2}$ 作为两种优先级别排队系统(因此,包括服务时间)中任意一个随机到达的预期等待时间,所以优先级 1 中该到达概率为 $\lambda_1/(\lambda_1+\lambda_2) = \dfrac{1}{4}$,而优先级 2 中该到达概率为 $\lambda_2/(\lambda_1+\lambda_2) = \dfrac{3}{4}$,故

$$\overline{W}_{1-2} = \frac{1}{4} W_1 + \frac{3}{4} W_2$$

此外,由于此相同随机到达的预期等待时间对于任意排队规则都是一样的,所以对于 17.6 节中的 $M/M/s$ 模型,$\overline{W}_{1-2}$ 也必须等于 W,且 $s=2, \mu=3, \lambda=\lambda_1+\lambda_2=0.8$,得出

$$\lambda = 0.8, \quad \overline{W}_{1-2} = W = 0.33937 \text{h}$$

合并这些数据后得出

$$W_2 = \frac{4}{3}\left[0.33937 - \frac{1}{4}(0.33370)\right] = 0.34126 \text{h}$$

$$\left(W_2 - \frac{1}{\mu} = 0.00793 \text{h}\right)$$

最终,令 $\overline{W}_{1-3}$ 为三种优先级别排队系统(因此包括服务时间)中任意一个随机到达的预期等待时间,所以 1 级、2 级和 3 级的概率分别为 0.1、0.3 和 0.6,故

$$\overline{W}_{1-3} = 0.1 W_1 + 0.3 W_2 + 0.6 W_3$$

此外,对于 17.6 节中的 $M/M/s$ 模型,$\overline{W}_{1-3}$ 也必须等于 W,且 $s=2, \mu=3, \lambda=\lambda_1+\lambda_2+\lambda_3=2$,所以(表 17.2),有

$$\lambda = 2, \quad \overline{W}_{1-3} = W = 0.375 \text{h}$$

因此,有

$$W_3 = \frac{1}{0.6}[0.375 - 0.1(0.33370) - 0.3(0.34126)] = 0.39875\text{h}$$

$$\left(W_3 - \frac{1}{\mu} = 0.06542\text{h}\right)$$

17.6节中 $M/M/s$ 模型所对应的 W_q 结果的使用方式完全相同,从而直接推导出 $W_k - 1/\mu$ 量。

(2) 小结。 当 $s=1$ 时,表17.3中抢先型优先权案例的 $W_k - 1/\mu$ 值显示,如果只有一名医生的情况下,病情危急的病人平均等待 $1\frac{1}{2}\min(0.024\text{h})$,病情严重的病人平均等待 9 min,病情稳定的病人平均等待 1h 以上(这与表17.2中,在先到先服务排队规则下,所有病人平均等待时间为 $W_q = \frac{2}{3}\text{h}$ 不同)。但是,这些值代表的是统计期望值,所以某些病人等待的时间要比其级别的平均时间要长很多。这种等待是病情危急和病情严重的病人无法承受的,因为短短几分钟对这类病人来说是至关重要的。相反,表17.3中 $s=2$ 时的结果(抢先型优先例子)显示增加一名医生后实际上只消除了前两种病情的等待时间,而病情稳定的病人却除外。因此,管理工程师建议在下一年度的在傍晚时分急诊室应安排两名值班医生。县医院董事会采纳了此项建议,并同时提高了使用急救室的费用。

17.9 排队网络

迄今为止,我们研究的排队系统仅限于由一个或多个服务台组成的单服务设施排队系统。但是,运筹学所遇到的排队系统有时实际上只是排队网络,即服务设施网络,顾客必须在该网络的某部分或全部服务设施中接受服务。例如,通过加工车间的订单必须遵从一定的顺序、经过一系列机器组(服务设施)进行加工。所以,有必要研究一下整个网络,以获取整个系统中预期总等待时间、预期顾客数量等类信息。

因为排队网络的重要性,所以对该领域的研究一直都很活跃。但是,该领域的难度较大,所以在此仅简单介绍。

排队网络的重要性在于,这一重大研究结果的发现及其启示意义值得我们特别的关注。此基本结果就是下面要说的等价性问题,对象是特定排队系统内到达顾客的输入过程和离开顾客的输出过程。

等价性: 假设某服务设施有 s 个服务台和一个无限队列,每个服务台($M/M/s$ 模型)具有以 λ 为参数的泊松输入,以及以 μ 为参数的相同指数服务时间分布,其中 $s\mu > \lambda$。则该服务设施的稳态输出也是一个以 λ 为参数的泊松过程。

应用案例

数十年来,通用公司(GM)牢牢占据着全球最大汽车制造商的地位。但是,20 世纪 80 年代末以后,通用公司工厂的生产力在业内的排名几乎垫底,公司的市场地位持续萎靡不振,原因是其海外竞争能力持续下降。

为了遏止这种海外竞争能力下降趋势,预测并提高公司遍布全球的数百个生产线的产能,通用公司管理层很多年前就启动了一项长期的运筹学研究项目。目标是大幅提高通用公司整个制造业务的生产能力,继而为通用公司赢得战略竞争优势。

在该项目中,使用的最重要的分析工具就是将简单的单服务台模型比作积木一般的、一个复杂的排队模型。模型整体思路是使用一条双跟式生产线,每个站比作一个单服务台排队系,具有恒定间隔到达时间和恒定服务时间,但下列情况除外:当每个站的服务台(一般是机器)偶尔出现故障,且在维修未完成前无法恢复服务功能时。当第一站的服务台完成服务后,且两站之间的缓冲区已满时,该服务台关闭。当第二站的服务台完成服务且还没有从第一站那里接收新的工作时,该服务台也关闭。

下一步分析工作就是如何将此两站生产线的排队模型扩展为拥有任意数量站的生产线。那么,此较大排队模型可用来分析如何设计生产线才能优化其生产能力(第20章中的模拟方法也可用于相对复杂的生产线)。

这种排队论(和模拟)及其支持的数据搜集系统为通用公司带来了巨额的利润。根据可靠行业的消息,通用公司的工厂曾经一度是行业里生产力最低的,但现在生产力位居前列。此举使得通用公司在10个国家内的30多个汽车工厂的生产能力显著提高,其存款记录和收入增加超过21亿美元。这些显著的成果使得通用汽车获得了运筹学管理学领域2005年度"弗兰茨·埃德尔曼奖"国际比赛一等奖。

来源:J. M. Alden, L. D. Burns, T. Costy, R. D. Hutton, C. A. Jackson, D. S. Kim, K. A. Kohls, J. H. Owen, M. A. Turnquist, and D. J. Vander Veen: "General Motors Increases Its Production Throughput," Interfaces, 36(1): 6-25, Jan.-Feb. 2006. (我们网址提供了本文的链接:www.mhhe.com/hillier。)

注意:该属性对所用的排队规则类型均不做任何假设。不管是先到先服务规则、随机规则还是17.8节中的优先规则,接受完服务的顾客都会按泊松过程离开服务设施。这点对排队网络意味着,如果顾客必须接着走到另一个服务设施接受后续服务,则第二个设施也将具有泊松输入。在指数服务时间分布条件下,等价性也将适用于该设施,于是,能够为第三个设施及后续设施提供泊松输入。我们将在下面探讨两种基本网络。

1. 串联式无限队列

假设所有顾客必须在一系列的 m 个服务设施内,按照固定顺序接受服务,每个设施有一个无限队列(即队列里所允许的顾客数量没有限制),所以一系列的设施便组成了一个无限排队串联系统。进一步假设顾客按照泊松过程到达第一个设施,且参数为 λ,每个设施 $i(i=1, 2,\cdots,m)$ 对其服务台 s_i 都具有以 μ_i 为参数的指数服务时间分布,其中 $s_i\mu_i>\lambda$。那么,根据等价性可推出(在稳定状态下)每个服务设施都具有以 λ 为参数的泊松输入。所以17.6节的初级 $M/M/s$ 模型(或17.8节与之相对应的优先规则)可用来分析每个服务设施不受其他设施限制的情况。

使用 $M/M/s$ 模型可独立求得每个设施绩效测度,无需分析两个设施之间的交互情况,这是一个巨大的简化。例如,在给定的设施拥有 n 位顾客的概率可通过17.6节 $M/M/s$ 模型中 P_n 的方程式求得。在设施1处的 n_1 位顾客、在设施2处的 n_2 位顾客的联合概率等,单个概率产品的获取就是用这么简单的方式。特别是,该联合概率可表述为

$$P\{(N_1,N_2,\cdots,N_m)=(n_1,n_2,\cdots,n_m)\}=P_{n_1}P_{n_2}\cdots P_{n_m}$$

(这种以简单形式求解的方式称为乘积形式解。)同样,在整个系统中,要获得预期总等待时间和预期顾客数量,只需对各自设施的相应量求和即可。

但是,等价性不适用于17.6节中的有限队列。事实上,此案例在实际中非常重要,因为排队网服务设施前面排队的长度通常都会有明确的限制。例如,在生产线系统里,每个设施(站)前都会提供有限的缓冲储存空间。对于像串联有限队列这样的系统不适用简单的乘积形式解。相反,必须联合分析设施,且所求的只是有限结果。

2. 杰克逊网络

无限队列串联系统并非是唯一的排队网络,其中 $M/M/s$ 模型可用来分析每个服务设施而不受其他设施的限制。另一种具有此属性(乘积形式解)的重要网络为杰克逊网络,此名称由第一个描述该网络的人(詹姆斯·R·杰克逊)且发现存在此属性的人命名。

杰克逊网络的特点和上述无限队列串联系统特点相同,有一点区别是:现在很多顾客以不同的顺序访问设施(而且有些顾客可能根本就不会访问设施)。对于每个设施,到达的顾客来自两方面:按照泊松过程来自系统外部和其他设施。这些特点可归纳如下。

杰克逊网络是 m 个服务设施的系统,其中设施 $i(i=1,2,\cdots,m)$ 具有:

(1) 无限队列;

(2) 顾客从系统外部按照以 a_i 为参数的泊松输入过程到达；

(3) s_i 个具有以 μ_i 为参数的、具有指数服务时间分布的服务台。

一位正在离开设施 i 的顾客将被路由到相邻的设施 $j(j=1,2,\cdots,m)$，且概率为 p_{ij} 或离开系统的概率为

$$q_i = 1 - \sum_{j=1}^{m} p_{ij}$$

此类网络具有如下的关键属性。

在稳定状态下，在杰克逊网络中的每个设施 $j(j=1,2,\cdots,m)$ 犹如一个独立的 $M/M/s$ 排队模型，且到达率为

$$\lambda_j = a_j + \sum_{i=1}^{m} \lambda_i p_{ij}$$

$$s_j \mu_j > \lambda_j$$

该关键属性不能通过等价物直接证明得出（推理将是死循环），但是其直观理论基础仍由后一个属性给出。直接观点（在技术上可能不一定正确）指的是对于每个设施 i，其输入过程来源多样化（系统外和其他设施）的属于独立泊松过程，因此整体输入过程是以 λ_i 为参数的泊松过程（17.4 节中的属性 6）。因此，等价性指的是设施 i 整体输出过程必须是以 λ_i 为参数的泊松过程。通过分解该输出过程（属性 6），顾客从设施 i 走到设施 j 的过程必须是以 $\lambda_i p_{ij}$ 为参数的泊松过程。此过程对于设施 j 成为了一种泊松输入过程，成了维持整个系统一系列泊松过程的一部分。

用来求解 λ_j 的方程基于以下事实：λ_i 表示所有使用设施 i 的顾客的离开率和到达率。由于 p_{ij} 表示离开设施 i 到下一个设施 j 的顾客的比例，所以顾客从设施 i 到设施 j 比率用 $\lambda_i p_{ij}$ 表示。把所有 i 值相加，然后相加之和与 a_j 相加，可得出所有途径到达设施 j 的总到达率。

求解 λ_j 需要知道 λ_i，因为 $i \neq j$，但是这些未知的 λ_i 由对应的方程式算出。所以，需要同时求解 $\lambda_1, \lambda_2, \cdots, \lambda_m$，方式是通过同时求得 λ_j 线性方程整个系统的联立解，$j=1,2,\cdots,m$。IOR 指导资料中包含了一个以此方式求解 λ_j 的过程。

可考虑使用附带三个服务设施的杰克逊网络去说明这些计算，服务设施的参数如表 17.4 所列。把 $j=1,2,3$，代入 λ_j 方程式后可得

$$\lambda_1 = 1 + 0.1\lambda_2 + 0.4\lambda_3$$
$$\lambda_2 = 4 + 0.6\lambda_1 + 0.4\lambda_3$$
$$\lambda_3 = 3 + 0.3\lambda_1 + 0.3\lambda_2$$

（推导每个方程式可以明白它能给对应设施算出总到达率的原因所在。）此系统的联立解为

$$\lambda_1 = 5, \lambda_2 = 10, \lambda_3 = 7\frac{1}{2}$$

给出联立解后，现在均可按照 17.6 节的 $M/M/s$ 模型公式对三个服务设施做独立分析。例如，求解 i 设施处 $N_i = n_i$ 顾客数量的分布，即

$$\rho_i = \frac{\lambda_i}{s_i \mu_i} = \begin{cases} \dfrac{1}{2}, & i=1 \\ \dfrac{1}{2}, & i=2 \\ \dfrac{3}{4}, & i=3 \end{cases}$$

表 17.4 杰克逊网络实例数据

设施 j	s_i	μ_i	a_i	p_{ij}		
				$i=1$	$i=2$	$i=3$
$j=1$	1	10	1	0	0.1	0.4
$j=2$	2	10	4	0.6	0	0.4
$j=3$	1	10	3	0.3	0.3	0

把这些值(以及表 17.4 中的参数)代入 P_n 的方程式,可得

$$P_{n_1} = \frac{1}{2}\left(\frac{1}{2}\right)^{n_1} \quad (\text{设施 } 1)$$

$$P_{n_2} = \begin{cases} \frac{1}{3}, & n_2 = 0 \\ \frac{1}{3}, & n_2 = 0 \\ \frac{1}{3}\left(\frac{1}{2}\right)^{n_2-1}, & n_2 = 0 \end{cases} \quad (\text{设施 } 2)$$

$$P_{n_3} = \frac{1}{4}\left(\frac{3}{4}\right)^{n_3} \quad (\text{设施 } 3)$$

则 (n_1, n_2, n_3) 的联合概率仅由乘积形式解就可求得,即

$$P\{(N_1, N_2, N_3) = (n_1, n_2, n_3)\} = P_{n_1} P_{n_2} P_{n_3}$$

以类似的方式,i 设施处顾客的预期数量 L_i 可从 17.6 节提供的以下公式算出,即

$$L_1 = 1, L_2 = \frac{4}{3}, L_3 = 3$$

那么,整个系统顾客的预期总数为

$$L = L_1 + L_2 + L_3 = 5\frac{1}{3}$$

求得 W 后,系统内(包括服务时间)某顾客的预期总等待时间有点棘手。不能简单的把预期等待时间加入各设施,因为顾客没必要把每个设施都访问一次。但是,李特尔公式仍然可以使用,其中,系统达到率 λ 是从系统外进入设施的到达率之和,$\lambda = a_1 + a_2 + a_3 = 8$。所以,有

$$W = \frac{L}{a_1 + a_2 + a_3} = \frac{2}{3}$$

最后,应当指出确实存在其他(更复杂)能独立分析各个服务设施的排队网络。事实上,找到带有乘积形式解的排队网络在研究排队网络中的难度犹如登天。更多相关信息请参阅参考文献[1,2]。

17.10 排队论的应用

因排队论能够提供大量信息,所以该理论被广泛用于排队系统设计(或再设计)中。下面详述具体的排队论应用方式。

设计排队系统时需要做很多决定,包括:

(1) 服务设施处的服务台数量;

(2) 服务台的效率;
(3) 服务设施的数量;
(4) 队列中的等待空间量;
(5) 不同类别顾客的优先事项。

第一项决定(多少个服务台)出现的频率最高,我们将在本节研究此问题。

做这类决定的主要考虑两点:①排队系统提供服务能力所需的成本;②顾客在排队系统等候所带来的影响。服务能力过剩会导致成本过高,服务能力过少会导致等待时间过长。所以,关键是要在服务成本和等待时间之间找到一个平衡点。

找到此平衡有两个基本的方法。第一个方法是根据可接受的等待时间建立一个或多个服务满意度标准。例如,此标准可以是:系统中预期等待时间不应超过某个分钟数;或者,至少95%的顾客在系统中的等待时间不应超过某个分钟数;或者也可采用系统中的预期顾客量(或该数量的概率分布)等类似标准。也可按等待时间或在队列中的顾客数而非系统里的顾客数作为标准。标准一经选定,则接下来要做的就是通过试验和误差确定成本最低且能满足所有标准的一项排队项目设计。

第二个实现最佳平衡的方法是,估算因顾客等待所造成影响的成本。例如,假设排队系统是一个内部服务系统(见17.3节),其中顾客是一家盈利型公司的员工。如果让这些员工在排队系统中等待就会造成生产力损失,这就意味着利润损失。此利润损失即为排队系统的等待成本。如果用等待量函数来表示等待成本,则确定排队系统最佳设计的问题现在就是:如何把每单位时间的预期总成本(服务成本加上等待成本)最小化的问题。

我们将在后面详细讲述如何用第二种方法确定最佳数量服务台的问题。

1. 应该提供多少服务台

在某特定服务设施处,当决策变量是服务台数量 s 时,为方便用公式表示目标函数,令

$E(\text{TC})$ = 每单位时间的预期总成本

$E(\text{SC})$ = 每单位时间的预期服务成本

$E(\text{WC})$ = 每单位时间的预期等待成本

则为确定服务台数量,将

$E(\text{TC}) = E(\text{SC}) + E(\text{WC})$ 最小化

当每个服务台的成本相同时,服务成本为

$$E(\text{SC}) = C_s s$$

式中:C_s 为单个服务台每单位时间的边际成本。为估算 WC 的 s 任意值,请注意 $L = \lambda W$ 可为每单位时间排队系统内的总预期等待量。所以,当等待成本和等待量成正比时,该成本可以表示为

$$E(\text{WC}) = C_w L$$

式中:C_w 表示排队系统中每位顾客每单位时间的等待成本。所以,估算过常数 C_s 和 C_w 后,为确定 s 的值,将

$$E(\text{TC}) = C_s s + C_w L \text{ 最小化}$$

通过选定适合排队系统的排队模型,L 值可根据不同 s 值进行求解。s 增大,则 L 变小,先快速变化,然后一步步变慢。

图17.13 为 $E(\text{SC})$、$E(\text{WC})$ 和 $E(\text{TC})$ 曲线与 s 服务台数量关系图(为了更好的概念化,我们把这些曲线画得比较平滑,即使 s 可用的值只有 $s = 1, 2, \cdots$)。通过计算 $E(\text{TC})$ 的相邻值 s,在 $E(\text{TC})$ 停止减小、开始增大之前,可以直接地确定总成本最小化的服务台数量。具体解释详见以下实例。

2. 实例

Acme 机械厂有一个用来存储车间技工所需工具的仓库。该仓库由两名管理员管理。当技工到达并要工具时，两名管理员拿出工具交给他们；当不需要这些工具时，会将工具还回给这两名管理员。监管人员一直都对此抱有意见，因为技工不得不在工具仓库外等待很长时间，从而浪费了大量的时间，看起来似乎需要更多的仓库管理员。另一方面，管理层也在施加压力让工厂降低日常管理费用，这可能会导致员工人数减少。为了解决这个矛盾，运筹学已开始研究确定仓库到底需要多少名管理员这一问题。

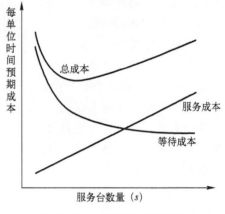

图 17.13 确定服务台数量的预期成本曲线图

工具仓库就形成了一个排队系统，管理员是服务台，技工是其顾客。收集到间隔到达时间和服务时间的数据后，运筹学小组得出了结论，即最适合此排队系统的排队模型为 $M/M/s$ 模型。平均到达率 λ 和平均服务率（每服务台）μ 的估算值为

$$\lambda = 120 \text{ 顾客}/h$$
$$\mu = 80 \text{ 顾客}/h$$

因此，对两名管理员的利用率为

$$\rho = \frac{\lambda}{s\mu} = \frac{120}{2(8)} = 0.75$$

公司每位工具仓库管理员的总成本约为 20 美元/h，所以 $C_s = 20$ 美元。当技工处于忙碌状态时，为公司所创造的平均价值约为 48 美元/h，所以 $C_w = 48$ 美元。所以，运筹学研究小组现在需要确定服务台（工具仓库管理员）的数量 s，即将

$$E(TC) = 20s + 48L \text{ 最小化}$$

运筹学课件中有一个 Excel 模板，可计算 $M/M/s$ 模型下的这些成本。只需将数据输入该模型，同时输入想试的单位服务成本 C_s、单位等待成本 C_w 和服务台数量 s，Excel 模板就会算出 $E(SC)$、$E(WC)$ 和 $E(TC)$，图 17.4 为 $s = 3$ 时的示例。通过多次输入 s 的可选值，该模板在几秒钟就可算出将 $E(TC)$ 最小化的值。

图 17.5 为当 $s = 1, 2, 3, 4, 5$ 时，通过重复以上计算后，该模板所得出的数据。由于 $s = 1$ 时，利用率 $\rho = 1.5$，一个管理员可能无法满足顾客的要求，所以排除该选项。比 1 更大的 s 值都是可用的，但 $s = 3$ 时产生预期的总成本最小。此外，$s = 3$ 时的预期总成本比 $s = 2$ 的预期总成本低 61 美元/h。所以，尽管管理层正要求降低开支（包括该仓库管理员的成本），但是运筹学小组仍然建议工具仓库再增加一名管理员。请注意，该建议将会管理员的利用率从现在比较适中的 0.75 降到 0.5。但是，通过降低技工在仓库所浪费的等待时间，技工（其成本高于管理员）的生产力将大幅提高，所以管理层最后还是采纳了此项建议。

17.11 本章小结

排队系统普遍存在于整个社会中。这些系统的丰富性对我们的生活质量和生产力产生着重要的影响。

排队论研究排队系统的方法是用将其运作的数学模型公式化，然后，用这些模型求解绩效测

度。此分析为有效设计排队系统提供了至关重要的信息,已实现服务成本和等待服务的相关成本之间取得相应的平衡。

本章讲述了排队论最基本的几个模型,尤其是提供了一些有用的结果值。不过如果篇幅允许,可以考虑更多有趣的模型。实际上,科技文献中已有数千篇关于用公式表示和/或分析排队模型的研究论文,而且每年还有更多的论文在不断发表。

指数分布在排队论间隔到达和服务时间的分布中发挥着重要作用。一方面,是因为间隔到达时间通常具有指数分布,此分布可为服务时间提供合理的近似值;另一方面,是因为基于指数分布的排队模型比其他任何模型都好用。例如,基于生灭过程的排队模型可以求得大量的结果,这就要求两个间隔到达时间和服务时间具有指数分布。相位类型分布(如爱尔朗分布)也比较好用,因为在这类分布中,总时间被分解成若干具有指数分布的单个相位。运用其他假设的排队模型中只有少数几个可以得出有用的分析结果。

优先规则的排队模型对某些顾客拥有比其他顾客高的优先级别,可以优先接受服务的情况非常有用。

另一种常见情况是:顾客必须在几个不同的服务设施处接受服务。在这种情况下可以采用排队网络模型。对此模型的研究是一个特别活跃的研究课题。

如果没有能够合理反应正在研究的排队系统模型,一个常见方法是通过开发模拟系统运行的计算机程序,获取相关绩效数据。此方法详见第20章。

17.10节简单介绍了排队论是如何用于设计有效排队系统的,第26章(见本书网站)就此课题进行了更进一步的拓展。

参 考 文 献

[1] Boucherie, R. J., and N. M. van Dijk (eds.): *Queueing Networks: A Fundamental Approach*, Springer, New York, 2011.
[2] Chen, H., and D. D. Yao: *Fundamentals of Queueing Networks: Performance, Asymptotics, and Optimization*, Springer, New York, 2001.
[3] El-Taha, M., and S. Stidham, Jr.: *Sample-Path Analysis of Queueing Systems*, Kluwer Academic Publishers (now Springer), Boston, 1998.
[4] Gautam, N.: *Analysis of Queues: Methods and Applications*, CRC Press, Boca Raton, FL, 2012.
[5] Gross, D., J. F. Shortle, J. M. Thompson, and C. M. Harris: *Fundamentals of Queueing Theory*, 4th ed., Wiley, Hoboken, NJ, 2008.
[6] Hall, R. W. (ed.): *Patient Flow: Reducing Delay in Healthcare Delivery*, Springer, New York, 2006.
[7] Hall, R. W.: *Queueing Methods: For Services and Manufacturing*, Prentice-Hall, Upper Saddle River, NJ, 1991.
[8] Haviv, M.: *Queues: A Course in Queueing Theory*, Springer, New York, 2013.
[9] Hillier, F. S., and M. S. Hillier: *Introduction to Management Science: A Modeling and Case Studies Approach with Spreadsheets*, 5th ed., McGraw-Hill/Irwin, Burr Ridge, IL, 2014, Chap. 11.
[10] Jain, J. L., S. G. Mohanty, and W. Bohm: *A Course on Queueing Models*, Chapman & Hall/CRC, Boca Raton, FL, 2007.
[11] Kaczynski, W. H., L. M. Leemis, and J. H. Drew: "Transient Queueing Analysis," *INFORMS Journal on Computing*, 24(1): 10-28, Winter 2012.
[12] Lipsky, L.: *Queueing Theory: A Linear Algebraic Approach*, 2nd ed., Springer, New York, 2009.
[13] Little, J. D. C.: "Little's Law as Viewed on Its 50th Anniversary," *Operations Research*, 59(3): 536-549, May-June 2011.
[14] Stidham, S., Jr.: "Analysis, Design, and Control of Queueing Systems," *Operations Research*, 50: 197-216, 2002.
[15] Stidham, S., Jr.: *Optimal Design of Queueing Systems*, CRC Press, Boca Raton, FL, 2009.

一些成功的排队论应用

[1] Bleuel, W. H.: "Management Science's Impact on Service Strategy," *Interfaces*, 5(1, Part 2): 4-12, November 1975.

[2] Brigandi, A. J., D. R. Dargon, M. J. Sheehan, and T. Spencer III: "AT&T's Call Processing Simulator (CAPS) Operational Design for Inbound Call Centers," Interfaces, 24(1): 6-28, January-February 1994.

[3] Brown, S. M., T. Hanschke, I. Meents, B. R. Wheeler, and H. Zisgen: "Queueing Model Improves IBM's Semiconductor Capacity and Lead-Time Management," Interfaces, 40(5): 397-407, September-October 2010.

[4] Burman, M., S. B. Gershwin, and C. Suyematsu: "Hewlett-Packard Uses Operations Research to Improve the Design of a Printer Production Line," Interfaces, 28(1): 24-36, Jan.-Feb. 1998.

[5] Quinn, P., B. Andrews, and H. Parsons: "Allocating Telecommunications Resources at L. L. Bean, Inc.," Interfaces, 21(1): 75-91, January-February 1991.

[6] Ramaswami, V., D. Poole, S. Ahn, S. Byers, and A. Kaplan: "Ensuring Access to Emergency Services in the Presence of Long Internet Dial-Up Calls," Interfaces, 35(5): 411-422, September-October 2005.

[7] Samuelson, D. A.: "Predictive Dialing for Outbound Telephone Call Centers," Interfaces, 29(5): 66-81, September-October 1999.

[8] Swersy, A. J., L. Goldring, and E. D. Geyer, Sr.: "Improving Fire Department Productivity: Merging Fire and Emergency Medical Units in New Haven," Interfaces, 23(1): 109-129, January-February 1993.

[9] Vandaele, N. J., M. R. Lambrecht, N. De Schuyter, and R. Cremmery: "Spicer Off-Highway Products Division—Brugge Improves Its Lead-Time and Scheduling Performance," Interfaces, 30(1): 83-95, January-February 2000.

习　题

如果以上所列模板会对下述习题(或其中一部分)有所帮助,我们就在其左边插入一个字母T。习题数字上加 * 的表示在书的背部会有部分的答案。

17.2-1* 设定是一家典型的理发店。通过描述其组成部分,证明其是一个排队系统。

17.2-2* 纽厄尔和杰夫不仅是理发师,而且共同拥有和运营这家理发店。他们俩给等待理发的顾客提供两把椅子,所以理发店内顾客的数量介于 0 和 4 之间。当 $n=0,1,2,3,4$ 时,理发店内恰好有 n 位顾客的概率 P_n 为 $P_0=\frac{1}{16}, P_1=\frac{4}{16}, P_2=\frac{6}{16}, P_3=\frac{4}{16}, P_4=\frac{1}{16}$。

(a) 计算 L 的值。请描述 L 对纽厄尔和杰夫的含义。

(b) 对于排队系统中顾客数量的每一个可能的值,列出队列中顾客的数量,然后计算 L_q 值。请描述 L_q 对纽厄尔和杰夫的含义。

(c) 算出正在接受服务的顾客预期数量。

(d) 假定每小时平均有 4 位顾客到达,并等待接受理发服务,算出 W 和 W_q 值。解释这两个数值对纽厄尔和杰夫的意义。

(e) 假设纽厄尔和杰夫理发速度同样快,那么,理一次发平均需要多长时间?

17.2-3 "爸爸妈妈"食品店附近有个停车场,并预留了 3 个车位给店里的顾客。在营业时间,平均每小时有两辆汽车进入停车场并使用其中一个停车位。当 $n=0,1,2,3$ 时,恰好有 n 个停车位正被使用的概率 P_n 为 $P_0=0.2, P_1=0.3, P_2=0.3, P_3=0.2$。

(a) 描述一下这个停车场如何才能被看作为一个排队系统,要明确顾客和服务台。正在提供的是什么服务?服务时间的构成是什么?队列容量是多少?

(b) 为此系统确定基本的绩效测度 L, L_q, W 以及 W_q。

(c) 使用(b)部分的结果确定一辆汽车占用一个停车位的平均时长。

17.2-4 判断以下有关对排队系统中队列的陈述,并参考本章中的具体表述证明你的答案。

(a) 队列指的是顾客的服务完成前在排队系统中等待的地方。

(b) 队列模型通常假设队列仅能容纳有限数量的顾客。

(c) 最常用的队列规则是先到先服务规则。

17.2-5 市中心银行一般有两名值班出纳员。顾客到达银行接受出纳员服务的平均概率为每小时 40 个。每名出纳服务一位顾客平均需要 2min。当两名出纳员都忙时,刚到达的顾客就会加入单个队列里排队等待服务。根据经验,顾客在开始接受服务前平均需要等待 1min。

(a) 请解释这个是排队系统的原因。

(b) 请算出此排队系统的基本绩效测度 L、L_q、W 以及 W_q(提示:该排队系统间隔到达时间和服务时间的概率分布情况未知,所以需要用这些绩效测度之间的关系来帮助解答问题)。

17.2-6 请解释在单服务台排队系统中服务台利用率 ρ 必须等于 $1-P_0$ 的原因,其中 P_0 是系统中有 0 位顾客时的概率。

17.2-7 假设有两个排队系统 Q_1 和 Q_2。Q_2 系统的平均到达率、每个服务台在忙时的平均服务概率以及稳态预期顾客数量都是 Q_1 系统对应值的 2 倍。令 $W_i = Q_i$ 系统稳态预期等待时间,当 $i=1,2$ 时,分别算出 W_2/W_1 的值。

17.2-8 假设某单服务台排队系统的服务时间分布和间隔到达时间分布均为任意值($GI/G/1$ 模型)。仅使用 17.2 节中给出的基本定义及关系以证实下列的一般关系:

(a) $L = L_q + (1-P_0)$;

(b) $L = L_q + \rho$;

(c) $P = 1 - \rho$。

17.2-9 利用 L、L_q 根据 P_n 的定义,推导

$$L = \sum_{n=0}^{s-1} nP_n + L_q + s\left(1 - \sum_{n=0}^{s-1} P_n\right)$$

17.3-1 找出在下列情形中,排队系统的顾客和服务台:

(a) 食品店内的收银台;

(b) 消防站;

(c) 大桥收费站;

(d) 自行车修理铺;

(e) 装卸码头;

(f) 分配给一名操作人员的一组半自动机器;

(g) 厂区的材料处理设备;

(h) 水管店;

(i) 生产定制订单的加工车间;

(j) 文秘打字室。

17.4-1 假设某个排队系统有两个服务台,且每个服务台的间隔到达时间指数分布平均值为 2h,服务时间指数分布平均值为 2h。此外,一位顾客刚刚于中午 12 点钟到达。

(a) 下一位顾客在(1)下午 1 点前,(2)下午 1 点到 2 点之间,(3)下午 2 点后到达的概率分别是多少?

(b) 假设下午 1 点前没有新的顾客到达。那么在下午 1 点到 2 点之间,下一位顾客到达的概率是多少?

(c) 下午 1 点到 2 点之间,到达顾客的数量为(1)0,(2)1,(3)2 或更多时的概率分别是多少?

(d) 假设下午 1 点时,两个服务台都在忙于服务顾客。两个服务台在(1)下午 2 点前,

(2)下午 1:10 前,(3)下午 1:01 前还未完成服务顾客的概率分别是多少?

17.4-2* 需要在某特定机床上加工到达符合泊松输入过程,且平均到达概率每小时为 2 次。假设机床发生故障,并需要 1h 维修。那么,在此时间新到工作数量为(1)0、(2)2、(3)5 或更多时的概率分别是多少?

17.4-3 机修工维修一台车床所需的时间具有指数分布,平均维修时间为 4h。但是,如使用某种专用工具,则该维修平均值可降为 2h。如果该机修工在 2h 内能够修好一台车床,他的薪酬为 100 美元;否则,他的薪酬只能是 80 美元。如果机修工使用专用工具,请确定他每修好一台机床薪酬的预期增加量。

17.4-4 某排队系统有三个服务台,其受控到达过程会及时输入顾客,以保证服务台处于持续忙碌状态。服务时间具有指数分布,且平均值为 0.5。

注意:该排队系统开始工作时,三个服务台也都开始服务,时间是 $t=0$。把第一个服务完成的时间标记为 $t=1$。根据此信息,在 $t=1$ 之后,下一个服务完成前,确定预期所需的时间。

17.4-5 某排队系统有三个服务台,平均服务时间为 20min、15min 和 10min。服务时间具有指数分布。每个服务台已经为当前的顾客服务了 5min。请计算预期还要多长时间才能完成下一个服务。

17.4-6 假设某排队系统有两种类型的顾客。第一类顾客的到达符合泊松过程,平均到达率为每小时 5 人。第二类顾客的到达也符合泊松过程,平均到达率也为每小时 5 人。该系统有两个服务台,都能为这两类顾客服务。对于两种类型的顾客,服务时间具有指数分布,平均值为 10min。服务基于先到先服务原则。

(a)任一类型顾客的两个连续到达客户之间的间隔时间概率分布(包括其平均值)是多少?

(b)当一位第二类顾客到达时,她发现系统中有两个第一类顾客正在服务的过程中,没有其他顾客。该第二类型的顾客在队列中的等待时间具有怎样的概率分布(包括它的平均值)?

17.4-7 假设某排队系统有两个服务台,其中,所有的服务时间都各自独立并恒等分布,具有指数分布,且平均值为 10min。服务遵从先到先服务原则。当某个特殊顾客到达时,他发现两个服务台都处于工作状态,而且队列中无人排队等待。

(a)该顾客在队列中等待时间具有怎样的概率分布(包括其平均值和标准差)?

(b)确定该顾客在系统中等待时间的期望值和标准差。

(c)假设该顾客到达 5min 后仍然在队列中等待。根据此信息及从(b)部分中所得答案,这一情况将会如何改变该顾客在系统中等待总时间的期望值和标准差?

17.4-8 请判断这列与指数分布建模的服务时间有关陈述的对错,并参照本章中的具体内容来证明你的判断。

(a)服务时间的期望值和方差总是相等。

(b)当每位顾客需要同样的服务操作时,指数分布始终都非常接近实际服务时间分布。

(c)在具有 s 个服务台的设施点,$s>1$ 时,系统中恰好已经有 s 位顾客,那么,一名新顾客在接受服务前的预期等待时间为 $1/\mu$ 个时间单位,其中 μ 表示每个繁忙服务台的平均服务率。

17.4-9 对于指数分布的属性 3,令 $T_1, T_2, \cdots, T_n$ 作为独立的指数随机变量,且参数分别为 $a_1, a_2, \cdots, a_n$,且令 $U = \min\{T_1, T_2, \cdots, T_n\}$。证明在 n 个随机变量中,某个特定随机变量 T_j 成为最小值的概率为

$$P\{T_j = U\} = a_j \Big/ \sum_{i=1}^{n} a_i, \quad j = 1, 2, \cdots, n$$

(提示:$P\{T_j = U\} = \int_0^\infty P\{T_i > T_j \text{ 其中 } i \neq j \mid T_j = t\} a_j e^{-a_j t} dt$。)

17.5-1 假设某个生灭过程中,$\mu_n = 2(n=1,2,\cdots)$,当 $n=3,4,\cdots$ 时,$\lambda_0 = 3, \lambda_1 = 2, \lambda_2 = 1$, $\lambda_n = 0$。

(a) 画出概率图。

(b) 当 $n=4,5,\cdots$ 时,计算 P_0、P_1、P_2、P_3 和 P_n。

(c) 计算 L、L_q、W 以及 W_q。

17.5-2 假设某生灭过程只有三种可达到达状态(0、1 和 2),其稳态概率分别为 P_0、P_1、P_2。生灭概率情况归纳为下表。

状　态	生 的 概 率	死 的 概 率
0	1	—
1	1	2
2	0	2

(a) 为该生灭过程画出概率图。

(b) 建立平衡方程式。

(c) 用这些方程式算出 P_0、P_1、P_2。

(d) 使用生灭过程的通用方程式来解 P_0、P_1、P_2。同时也计算 L、L_q、W 以及 W_q 的值。

17.5-3 假设某生灭过程使用以下的平均概率。当 $n>3$ 时,出生率为 $\lambda_0 = 2, \lambda_1 = 3, \lambda_2 = 2$, $\lambda_3 = 1, \lambda_n = 0$。当 $n>4$ 时,$\mu_1 = 3, \mu_2 = 4, \mu_3 = 1, \mu_n = 2$。

(a) 为此生灭过程画出概率图。

(b) 建立平衡方程式。

(c) 求解这些方程式,确定稳态概率分布 $P_0, P_1, \cdots$。

(d) 使用生灭过程的通用方程式计算 $P_0, P_1, \cdots$ 以及 L、L_q、W 和 W_q 的值。

17.5-4 假设生灭过程下,$\lambda_n = 2(n=0,1,\cdots)$,当 $n=2,3,\cdots$ 时,$\mu_1 = 2, \mu_n = 4$。

(a) 画出概率图。

(b) 计算 P_0、P_1 的值。然后,根据 P_0,给出当 $n=2,3,\cdots$ 时,P_n 的一般式。

(c) 假设某排队系统有两个服务台且符合此过程,则该排队系统的平均到达率是多少?当每个服务台都处于顾客服务工作状态时,平均服务率是多少?

17.5-5* 某个加油站有一个加油泵。需要加油汽车的到达符合泊松过程,平均概率为每小时 15 辆车。但是,如果加油泵正在使用,潜在的顾客可能就会"离开"(驾车到另一家加油站加油)。尤其是,如果有 n 辆车正在加油站,当 $n=1,2,3$ 时,则潜在新到达顾客离开的概率是 $n/3$。服务一辆车所需时间具有指数分布,平均值为 4min。

(a) 为本排队系统画出概率图。

(b) 建立平衡方程式。

(c) 求解这些方程式,以确定加油站汽车数量的稳态概率分布。请证明该解和生灭过程所给的一般解相同。

(d) 确定留在加油站的汽车的预期等待时间(包括服务)。

17.5-6 某维修人员的工作是负责保持两台机器正常运转状态。一台机器在故障前的工作时间量具有指数分布,平均工作时间为 10h。维修人员维修机器需要的时间也具有指数分布,平均值为 8h。

(a) 请通过界定状态,明确 λ_n 和 μ_n 的值,接着再画出概率图,证明该过程符合生灭过程。

(b) 计算 P_n 的值。

(c) 计算 L、L_q、W 和 W_q 的值。
(d) 确定维修人员忙时的时间比例。
(e) 确定任一指定的正在运转机器的时间比例。

17.5-7 假设某单服务台排队系统的间隔到达时间具有以 λ 为参数的指数分布,服务时间具有以 μ 为参数的指数分布。此外,如果顾客在队列里等候的时间太长,则顾客就会放弃等待(未接受到服务便离开排队系统)。尤其是,假设每位顾客在放弃等待前愿意在队列里等待的时间具有指数分布,平均值为 $1/\theta$。

(a) 为本排队系统画出概率图。
(b) 建立平衡方程式。

17.5-8* 某小食品店有一个收银台、一个全职收银员。顾客到达收银台是"随机的"(即泊松输入过程),平均到达率为每小时 30 位。当收银台前只有一位顾客时,该顾客接受收银员的单独服务,此时的预期服务时间为 1.5min。但是,理货员已经得到了标准指令,即无论何时,只要收银台处的顾客超过 1 位,男理货员就得去帮助收银员把顾客购买的商品装袋。这会帮收银员把服务顾客所需的预期服务时间降为 1min。在两种情况下,服务时间都呈指数分布。

(a) 为本排队系统画出概率图。
(b) 在收银台处,顾客数量的稳态指数分布是多少?
(c) 请推算出该系统的 L 值(提示:参考 17.6 节开头部分 $M/M/1$ 模型的偏差值 L)。使用该数据来确定 L_q、W 和 W_q。

17.5-9 某部门有一个文字处理员。部门内所产生的文档送去文字处理的过程符合泊松过程,且预期间隔到达时间为 20min。当操作员只有一个文件需要处理时,预期处理时间为 15min。当她需要处理一个以上的文件时,则可用的辅助编辑手段将每个文件的预期处理时间减少至 10min。在两种情况下,处理时间都具有指数分布。

(a) 为本排队系统画出概率图。
(b) 算出文字处理员已经收到但还未处理完的文档数量的稳态分布。
(c) 请推算出该系统的 L 值(提示:参考 17.6 节开头部分 $M/M/1$ 模型的偏差值 L)。使用该数据来确定 L_q、W 和 W_q。

17.5-10 顾客到达某排队系统符合泊松过程,平均到达率为每分钟 2 位顾客。服务时间具有指数分布,平均值为 1min。由于可使用的服务台数量不受限制,所以顾客无需等待就可以接受服务。计算系统中只有 1 位顾客的稳态概率。

17.5-11 若某个单服务台排队系统符合生灭过程的所有假设,不同之处在于,顾客总是成对到达。平均到达率为每小时 2 对顾客(4 位顾客/小时),同时,平均服务率(当服务台处于忙时)为每小时 5 位顾客。

(a) 为本排队系统画出概率图。
(b) 建立平衡方程式。
(c) 为了进行对比,画出完全符合生灭过程的相应排队系统的概率图,即顾客以每小时 4 位的平均概率依次单独到达。

17.5-12 假设具有单个服务台的排队系统有一个有限队列,除了任一正在接受服务的顾客之外,该队列最多还能容纳 2 位顾客。服务台能同时给 2 位顾客提供批量服务,其中,服务时间具有指数分布,平均值为 1 单位时间,不包括正在接受服务顾客的数量。无论何时,只要队列未满,顾客单独到达是符合泊松过程的,平均概率为每单位时间 1 个。

(a) 假设服务台必须同时服务 2 位顾客。那么,如果当系统只有 1 位顾客时的服务台处于闲时状态,那么该服务台必须等待下一位顾客的到来才能开始服务。通过界定相应的状态,根据只涉及指数分布的转移来规划设计排队模型,然后画出概率图。列出平衡方程式,但不用做进一步求解。

(b) 现在假设当该服务台完成之前的服务,队列内只有 2 位顾客时,则服务的批处理量为 2。所以,当系统只有 1 位顾客时服务台处于闲时状态,则该服务台必须服务这 1 位顾客,同时,在对目前的这位顾客服务完成之前,任一随之而来的到来必须在队列里等待。通过界定相应的状态,根据只涉及指数分布的转换式来规划设计由此而来的排队模型,然后做出概率图。给出平衡方程式但不用做进一步解算。

17.5-13 假设某排队系统有 2 类顾客,由 2 个服务员提供服务,且没有队列。潜在的不同类别顾客的到达符合泊松过程,其中,1 类顾客平均到达率为每小时 10 位,2 类顾客平均到达率为每小时 5 位,但是如果这些到达顾客不能立即接受服务,他们就会离开系统。

每名 1 类顾客进入系统后都会接受其中一名空闲服务员的服务,其中服务时间具有指数分布,平均值为 5min。

每名 2 类顾客进入系统后都会要求两名雇员同时提供服务(两名服务员一起作为一个服务台来使用),其中,服务时间具有指数分布,平均值为 5min。因此,此类到达的顾客将会离开系统,除非两名服务员都空闲且能立即开始提供服务。

(a) 通过界定相应的状态,根据只涉及指数分布的转换式来规划设计排队模型,然后再画出概率图。

(b) 描述部分(a)的公式化如何能够应用于生灭亡过程。

(c) 使用生灭亡过程的结果计算系统中每类顾客数量的稳态联合分布。

(d) 对于两类顾客中的每一位,到达顾客不能进入该排队系统的预期比例值是多少?

17.6-1 阅读参考文章,学习里面 17.6 节中的应用案例中运筹学研究的内容。请简要介绍一下排队论是如何在此研究中运用的。然后,列出通过此项学习所获的各种经济和非经济所得。

17.6-2* 4M 公司车间有一个单六角车床,是车间里的主要工作站。到达该工作站的原料符合泊松过程,平均概率为 2 件/天。处理每件原料的时间具有指数分布,平均值为 $\frac{1}{4}$ 天。由于原料数量过大,当前未处理的原料都储存在一个距离车床有一段距离的房间里。但是,为了节约提取原料的时间,负责生产的经理建议给邻近六角车床的地方增加足够的储存空间,使得除了正在处理的单件原料外还可以再容纳 3 件原料(除此之外,其他多出来的原料将继续暂时储存在远处的房间里)。根据此建议,比例时间应该是多少才能使这个紧邻六 T 角车床的储存空间足以容纳所有等待处理的原料?

(a) 使用可用的方程式,算出答案。

T(b) 使用相应的 Excel 模板,算出能够解决该问题所需的概率。

17.6-3 顾客到达某单服务台排队系统符合泊松过程,平均到达率为 10 人/h。如果该服务台连续工作,每小时可服务的顾客数量具有泊松分布,平均值为 15。算出无顾客等待服务的时间比例。

17.6-4 利用 $M/M/1$ 模型,$\lambda<\mu$。

(a) 算出顾客在系统中实际等待时间大于预期等待时间的稳态概率,即 $P\{W>\mathcal{W}\}$。

(b) 算出顾客在队列中实际等待时间大于预期等待时间的稳态概率,即 $P\{W_q>\mathcal{W}_q\}$。

17.6-5 证明以下 $M/M/1$ 排队系统的关系:

$$\lambda = \frac{(1-P_0)^2}{W_q P_0}, \quad \mu = \frac{1-P_0}{W_q P_0}$$

17.6-6 算出分配给新工厂特定工作中心的进程内存放空间是必要条件。到达该工作中心的原料符合泊松分布,平均到达率为 3 件/h,同时,完成必要工作所需的时间具有平均值为 0.5h 的指数分布。无论何时,如果等待处理的原料所需进程内存放空间比已经分配好的要大,则需要临时存放多余原料的位置就更加不方便了。如果每件原料需要 1 平方英尺的面积,同时它还处于工作中心旁的进程内存储位置,那么,必须提供多大空间,才能容纳所有等待的原料 (1)50%的时间,(2)90%的时间,还是 99% 的时间?请推导出一个解析表达式来解答这三个问题。提示:几何级数之和为

$$\sum_{n=0}^{N} x^n = \frac{1-x^{N+1}}{1-x}$$

17.6-7 对下面关于排队系统及其利用率 ρ 的陈述进行正误判断,并证明你的答案。
(a) 顾客在服务开始前所必须等待的概率和 ρ 成正比。
(b) 系统中预期顾客数量与 ρ 成正比。
(c) 如果 ρ 已从 $\rho=0.9$ 增至 $\rho=0.99$,那么,只要 $\rho<1$,再进一步增加 ρ 对 L、L_q、W 和 W_q 的影响是相对比较小的。

17.6-8 顾客到达某个单服务台排队系统符合泊松过程,预期间隔到达时间为 25min。服务时间具有指数分布,平均时间为 30min。
对下列有关该系统的陈述进行正误判断,然后再证明你的答案。
(a) 在第一个顾客到来之后,服务台显然永远都将处于忙碌状态。
(b) 队列的增长没有限制。
(c) 如果再增加一个服务时间分布相同的服务台,那么,该系统就能达到一个稳定状态。

17.6-9 对下列有关 $M/M/1$ 排队系统的陈述进行正误判断,然后,再参考本章中的相关内容来证明你的答案。
(a) 该系统内的等待时间具有指数分布。
(b) 队列中的等待时间具有指数分布。
(c) 鉴于系统内已有的顾客数量,系统内有条件的等待时间具有爱尔朗(γ)分布。

17.6-10 友邻食品店只有一个收银台和一个全职收银员。顾客随机到达收银台,平均到达率为 30 个/h。服务时间呈指数分布,平均值为 1.5min。这种情况已经导致了顾客偶尔会排长队并投诉。所以,由于没有空间可供第二个收银台使用,所以经理在考虑雇一名可替换的人来帮助收银员把商品打包。这个帮助会把服务一名顾客所需的预期时间降低到 1min,但分布仍然还是呈指数的。经理想把收银台处有两个以上顾客的时间比例降到 25% 以下。她还想实现在开始服务前,只有 5%的顾客等待时间超过 5min 或者结束服务前等待 7min 以上的时间。
(a) 使用 $M/M/1$ 模型公式算出当前运行模式的 L、L_q、W、W_q、P_0、P_1、P_2。在收银台前有两个以上顾客时的概率是多少?
T(b) 使用此模型的 Excel 模板,检验(a)部分的答案。同时,算出开始服务前等待时间超过 5min 的概率,并算出开始服务前等待时间超过 7min 的概率。
(c) 重复(a)部分的运算,以便经理再考虑另一种选项。
(d) 对此选项,重复(b)部分运算。
(e) 经理应该使用何种方法才最可能满足自己的要求?

T**17.6-11** 森特威尔国际机场有两条跑道,一条只用来起飞,另一条只用来降落。飞机到

达森特威尔空域请求降落指令符合泊松过程,平均到达率为 10 架/h。飞机收到降落许可指令后落到地面所需时间具有指数分布,平均值为 3min,同时这个过程必须在给出下一架飞机降落指令之前完成。等待降落许可的飞机必须在机场上空盘旋飞行。

联邦航空管理局设立了很多标准,用来描述等待降落飞机的安全拥堵水平。这些标准取决于机场的很多因素,如适合降落的跑道数量。森特威尔机场的标准如下:(1)等待接受降落许可指令的平均飞机数量不应超过 1 架;(2)在 95% 的时间里,等待接收降落许可飞机的实际数量不应超过 4 架;(3)在 99% 的时间里,飞机接受降落许可前在机场上空盘旋飞行所用的时间量不应超过 30min(如超过 30min,通常会要求飞机重新规划飞到另一个机场的飞行路线,并在燃料用尽前成功实现紧急迫降)。

(a) 评估这些标准当前落实的程度。

(b) 大航空公司正在考虑将该机场作为其航空枢纽之一。这会将平均到达率提高到 15 架/h。如果发生这种情况,请估算怎样才能很好地满足上述标准。

(c) 为吸引更多业务(包括(b)部分中所提及的大航空公司),机场管理层正在考虑增加一条跑道用来飞机降落。据估计,这最终会将平均到达率提高到 25 架/h。如果发生这种情况,请估算怎样才能很好地满足上述标准。

T 17.6-12 证券与信托银行雇佣了 4 名出纳员向银行顾客服务。顾客的到达符合泊松过程,平均到达率为 2 位/min。但是,随着业务的不断增长,管理层计划从现在起,平均到达率一年后将升至 3 个/min。出纳员和顾客之间的交易时间具有指数分布,平均值为 1min。管理层已经为顾客服务满意度水平建立了如下的指导原则。排队等待接受服务的平均顾客数量不应超过 1。至少在 95% 的时间里,排队等待的顾客数量不应超过 5 个。对于至少 95% 的顾客而言,排队等待服务开始的时间不应超过 5min。

(a) 使用 $M/M/s$ 模型确定如何才能很好地满足当前这些指导原则。

(b) 如果从现在起一年后,出纳员数量没有变化,请评估如何才能很好地满足当前这些指导原则。

(c) 请算出从现在起一年后,要完全满足这些指导原则需要多少名出纳员。

17.6-13 请看 $M/M/s$ 模型。

T(a) 假设有一个服务台,平均服务时间恰好是 1min。当平均到达率分别为 0.5 名顾客/min、0.9 名顾客/min 和 0.99 名顾客/min 时,请比较一下 L 值。按照同样的方法,比较一下 L_q、W、W_q 和 $P\{W>5\}$。将利用率 ρ 从小值(如 $\rho=0.5$)增加到较大值(如 $\rho=0.9$),甚至增加到接近 1 (如 $\rho=0.99$),对于 ρ 的变化所带来的影响你能得出什么样的结论?

(b) 现在假设有两个服务台,预期服务时间恰好为 2min。请遵从(a)部分的要求。

T 17.6-14 假设 $M/M/s$ 模型的平均到达率为 10 名顾客/h,预期服务时间为 5min。利用该模型的 Excel 模板算出并打印出,当服务台数量为 1、2、3、4、5 时各个绩效测度(当 t 分别 $=10$ 和 $=0$ 时的两个等待时间概率)。对于下面每个可能的服务满意度水平(时间单位为 1min)的标准,使用已经打印出的结果,算出需要多少个服务台才能满足该标准。

(a) $L_q \leq 0.25$。

(b) $L \leq 0.9$。

(c) $W_q \leq 0.1$。

(d) $W \leq 6$。

(e) $P\{W_q>0\} \leq 0.01$。

(f) $P\{W>10\} \leq 0.2$。

(g) $\sum_{n=0}^{s} P_n \geq 0.95$

17.6-15 某个加油站只有一个加油泵，并遵循如下原则：如果顾客必须等待，则油价为 3.5 美元/加仑；如果不必等待，则油价为 4 美元/加仑。顾客的到达符合泊松过程，平均到达率为 20 人/h。油泵处的服务时间具有指数分布，平均值为 2min。顾客加到汽油之前一直处于等待状态。算出每加仑汽油的预期价格。

17.6-16 某 $M/M/1$ 排队模型，平均到达率为 λ，平均服务率为 μ。如果有 n 名顾客已经在系统中，则刚到达的顾客就可以获得 n 美元。算出每名顾客预期花费多少美元。

17.6-17 17.6 节中给出了 $M/M/1$ 模型的下列公式：

(1) $P\{W > t\} = \sum_{n=0}^{\infty} P_n P\{S_{n+1} > t\}$；

(2) $P\{W > t\} = e^{-\mu(1-\rho)t}$。

已知等式(1)用数学方法计算等式(2)(提示：使用微分、代数和积分)。

17.6-18 通过建立并归算类似习题 17.6-17 中的等式(1)，直接从下列例子中算出 W_q（提示：使用队列里的条件预期等待时间，假设随机到达已经确认系统里有 n 名顾客）。

(a) $M/M/1$ 模型。

(b) $M/M/s$ 模型。

T 17.6-19 假设一个 $M/M/2$ 排队系统的 $\lambda=4, \mu=3$。算出在没有顾客排队等待期间，发生服务完成的平均概率。

T 17.6-20 某 $M/M/2$ 排队系统，且 $\lambda=4/h, \mu=6/h$。假设系统里已有 2 名以上的顾客，算出刚刚到达的顾客将要在队列里等待 30min 以上的概率。

17.6-21* 在蓝筹人寿保险公司内部，和特定投资产品关联的存、取款业务由两名员工克拉拉和克拉伦斯分开单独掌管。克拉拉柜台的存款单到达是随机的（泊松过程），平均到达率为 16 张/h。克拉伦斯柜台的取款单到达也是随机的（泊松过程），平均到达率为 14 张/h。处理任一笔交易所需的时间具有指数分布，平均值为 3min。为了缩短存、取款单在系统内的预期等待时间，精算部制定了以下建议：

(1) 培训每个员工都能处理存、取款业务；

(2) 把存、取款单放进一个两员工都能拿到的单个队列里。

(a) 根据每种单据的现行办理手续，算出系统的预期等待时间。然后，结合这些结果，针对每种单据的随机到达情况，算出系统中的预期等待时间。

T(b) 如果这些建议被采用，那么算出系统中针对到达单据的预期等待时间。

T(c) 现在假设采用建议后会导致预期处理时间小幅拉长。使用 $M/M/s$ 模型 Excel 模板，通过用 Excel 模板进行反复试验来算出预期处理时间（范围在 0.001h 内），这就会导致在现有程序下，根据建议，系统的随机到达等待时间和预期等待时间基本一样。

17.6-22 大众软件公司刚成立一个客户服务中心，目的是为了向新软件套装提供技术保障。两名技术客服代表正在打电话，其中，任一客服代表回答顾客问题所需的时间具有指数分布，平均值为 8min。

电话的打入符合泊松过程，平均到达率为 10 个/h。到下一年，电话平均到达率预期下降到 5 个/h，接着继而将技术客服代表的数量减为 1 个。

T(a) 假设 μ 将继续为 7.5 个电话/h，且要持续到下一年的排队系统，请算出现有系统和下一年系统的 L、L_q、W、W_q。对于这四个绩效测度，哪个系统会产生最小值？

(b) 现在假设当技术代表数量减为 1 时，μ 将是可调整的。在现有系统下，用代数求解 μ 的值将会产生相同的 W 值。

(c) 重复(b)部分的运算，用 W_q 代替 W。

17.6-23 假设某通用 $M/M/1$ 模型，其中服务台需要在繁忙期开始时进行"预热"，同时要求服务忙时第一个顾客的概率比后面顾客的要低。如果刚刚到达的顾客发现服务台处于闲时，则该顾客体验的服务时间就具有以 μ_1 为参数的指数分布。但是，如果刚刚到达的顾客发现服务台处于忙时，则此顾客会加入排队队列，因此经历的服务时间具有以 μ_2 为参数的指数分布，其中 $\mu_1 < \mu_2$。顾客的到达符合泊松分布，且平均到达率为 λ。

(a) 通过定义所对应的状态，根据只涉及指数分布的转移来规划设计此模型，然后画出相应的概率图。

(b) 建立平衡方程式。

(c) 假设数字值具体化为 μ_1、μ_2 和 λ，并且 $\lambda < \mu_2$（存在稳态分布）。由于该模型有一个无限数量的状态，稳态分布就是同时解决一个无限数量的平衡式（外加一个明确概率之和等于 1 的方程式）。假设不能以解析方式求得此答案，则我们可能希望用计算机以数字的方式来解算此模型。假设无法以数字方式解算一个无限数量方程式，则要求得稳态分布的近似值，请简要介绍继续使用这些方程式都可以完成哪些运算。在何种情况下，该近似值是否基本准确？

(d) 假设已获得稳态分布，请给出用来计算 L、L_q、W、W_q 的精准表达式。

(e) 根据该稳态分布，为 $P\{W>t\}$ 建立一个和习题 17.6-17 表达式(1)相类似的表达式。

17.6-24 针对下列每个模型，写出平衡方程式，并证明它们满足 17.6 节所提供的系统内顾客数量稳态分布的解决方案。

(a) $M/M/1$ 模型。

(b) $M/M/1$ 模型有限队列变量，且 $K=2$。

(c) $M/M/1$ 模型有限呼叫人口变量，且 $N=2$。

T **17.6-25** 假设某电话系统有 3 条线路。电话的到达符合泊松分布，平均到达率为 6 个/h。每个电话的时长具有指数分布，平均值为 15min。如果所有线路繁忙，在可用线路出现之前，电话将保持占线状态。

(a) 打印出由该排队系统 Excel 模板提供的绩效测度（且针对的是 2 个等待时间概率，t 分别 =1h 和 $t=0$）。

(b) 使用打印出来的结果，给出 $P\{W_q>0\}$，以确认稳定状态概率，即电话将会很快有人接通（而不是占线状态）。然后，通过使用打印的 P_n 结果来验证此概率。

(c) 使用打印结果证明呼叫状态电话数量的稳态概率分布。

(d) 只要所有线路都处于忙时，到达的电话丢失，打印出新的绩效测度。使用这些结果，算出损失到达电话的稳态概率。

17.6-26* 珍妮特正在计划开一个小型洗车店，她必须定好给等待车辆提供多大的空间。珍妮特预计顾客的到来是随机的（即泊松输入过程），且平均到达机率为 1 人/4min，除非等待区域停满车，在这种情况下，新到达的顾客将把自己的车开往别处去。洗一辆车的时间具有指数分布，平均值为 3min。若提供了(1) 0 个车位（不含正在洗车所用的车位），(2) 2 个空车位，(3) 4 个空车位，比较一下因为等待车位不足而丢失的潜在顾客的预期比例。

17.6-27 假设 $M/M/s$ 模型的队列变量有限。请推导出 L_q 的表达式（17.6 节中有此模型）。

17.6-28 针对 $M/M/1$ 模型的有限队列变量，建立一个习题 17.6-17 表达式(1)类似的、具有以下概率的表达式：

(a) $P\{W>t\}$；

(b) $P\{W_q>t\}$。

(提示：只有当系统未满时，才可以有到达的发生，所以随机的到达会发现有 n 名顾客已经在那里的概率是 $P_n/(1-P_k)$。)

17.6-29 乔治计划在商业繁华地段开一个单服务窗口的免下车照片冲洗店，每个月营业时间约为 200h。可用的免下车通道租金为 200(美元/车位长度)/月。乔治需要确定向他的顾客提供车辆通过通道所需的车位长度。

除了车道的租金成本外，乔治相信他能从他所服务的每名顾客身上平均赚取 4 美元的利润(底片丢失就没有利润可言，而照片被取走时就有 8 美元收入)。他也估算过，即使顾客发现车通道已满时被迫离开，但是顾客的到达是随机的(泊松分布)，平均到达率为 20 个/h。有一半的顾客发现车道已满时就想丢掉底片离开，但是另一半顾客却想等待直到取走他们的照片再走。丢掉底片的那一半顾客发现车道满时就转而去其他地方了。另一半顾客发现车道已满时不会离开，因为他们将继续等待，直到他们进入车道并取走照片。乔治假设服务一个顾客所需时间将具有指数分布，平均值为 2min。

T(a) 当所提供的车位长度数量是 2、3、4、5 时，请算出 L 值和顾客未办业务而离开的平均概率。

(b) 参考(a)部分提到过的例子，从 L 中算出 W。

(c) 当所提供的车位长度数量从 2 增加到 3、从 3 到 4 及从 4 到 5 时，使用(a)部分的结果算出顾客中途离开平均概率的下降幅度。然后，算出这三种案例每小时预期利润的上涨幅度(车位租用成本除外)。

(d) 把在(c)部分求得的预期利润的上涨幅度和每小时租用每个车位长度所用成本进行比较。最后算出乔治应该提供的车位长度数量。

17.6-30 弗雷斯特制造公司派给每名维修工的任务是维修 3 台机床。每台机床故障前运行时间的概率分布呈指数分布，平均值为 9h。维修时间也具有指数分布，平均值为 2h。

(a) 请问该排队系统适用哪个排队模型？

T(b) 使用该排队模型，算出故障车床数量的概率分布及其平均值。

(c) 使用此平均值，算出车床故障和完成维修该车床之间的预期时间。

(d) 维修工忙时到来的预期时间比例是多少？

T(e) 作为一个粗近似值，假设需要维修服务车床的总数是无限的且车床发生故障是随机的，平均概率为 3 次/9h。将(b)部分的结果和通过取该近似值所得结果进行比较，同时运用(i) $M/M/s$ 模型和(ii) $K=3$ 时 $M/M/s$ 模型的有限队列变量。

T(f) 当第二个维修工维修第二台车床时，而且只要这三台车床中一台以上的需要修复，就重复(b)部分的运算。

17.6-31 请再看一下习题 17.5-1 中具体的生灭过程问题。

(a) 确定 17.6 节中介绍的符合该过程的一个排队模型(及其参数值)。

T(b) 使用相应的 Excel 模板，算出习题 17.5-1 中(b)部分和(c)部分的答案。

T 17.6-32* 多洛迈特公司计划建一个新工厂。某部门已分到 12 台半自动化车床。该公司将要招聘为数不多(数量未定)的操作人员，偶尔给车床提供必要的保养(装载、卸载、调校、设置等)。现在需要决定如何组织操作人员去做这些事情。选择 1：派遣每个操作员到自己所属的车床工作。选择 2：把所有操作人员集合在一起，这样便于让空闲的操作人员去下一个需要保养的车床那里去。选择 3：把这些操作人员组合成为一个员工整体，然后，一起到任意一台需要保养的车床处工作。

每台车床的运转时间(介于完成服务和车床需要再次服务之间的时间)预期具有指数分布,且平均值为150min。假设服务时间具有指数分布,且平均值为15min(适合选择1和2)或15min除以一个员工群体内一定数量的操作人员(适合选择3)。对于要实现所要求生产率的部门,车床必须平均至少89%的时间都在运转。

(a) 对于选择1,在保证能实现所要求的生产率的情况下,能够分配给一个操作人员使用的机床最大数量是多少?由此而来的每个操作人员的利用率是多少?

(b) 对于选择2,在保证能实现所要求的生产率的情况下,需要操作人员的最少数量是多少?由此而来的每个操作人员的利用率是多少?

(c) 对于选择3,在保证能实现所要求的生产率的情况下,所需员工群体的最小规模是多大?由此得出的员工群体的利用率是多少?

17.6-33 某车间内有3台完全相同的机器,都容易出现某种故障。因此,故障机器需要一个维修系统来提供维修服务。每次维修所需时间具有指数分布,平均值为30min。不过,有1/3的概率必须进行第二次维修(同样的时间分布),以便使故障机器恢复到令人满意的工作状态。在先到先服务的基础上,维修系统一次只能维修一台故障机器,而且对该机器提供全套维修服务(一次或两次)。机器修好后,到下次出现故障的时间间隔呈现指数分布,平均值为3h。

(a) 如何定义系统状态,才能使该排队系统可以转成只包含指数分布的模型(提示:假设故障机器正在进行第一次维修,且维修成功和不成功是两个相关的独立事件。然后使用属性6中相关的指数分布分解)?

(b) 画出相应的概率图。

(c) 写出平衡方程式。

17.7-1* 我们看一下 $M/G/1$ 模型。

(a) 比较在服务时间呈现以下分布时的预期排队等待时间:(1)指数式,(2)常数式,(3)爱尔朗式,其中变化量(即标准差)介于常数式和指数式之间。

(b) 如果 λ 和 μ 都加倍,服务时间分布比例发生相应变化,这种情况对预期排队等待时间和预期队长有什么影响?

17.7-2 假设 $M/G/1$ 模型的 $\lambda=0.2, \mu=0.25$。

T(a) 利用该模型 Excel 模板(或手工计算),算出下列 L、L_q、W、W_q 的主要绩效测度——前提是 σ 值:4,3,2,1,0。

(b) $\sigma=4$ 时的 L_q 与 $\sigma=0$ 时的 L_q 的比值是多少?这对减少服务时间的变化有何重要意义?

(c) 计算当 σ 值从4减到3、从3减到2、从2减到1和从1减到0时,L_q 的减少值。最大的减少值是多少?最小的减少值是多少?

(d) 用模板进行反复试验,确定当 $\sigma=4$ 时,μ 值需要为多大,才能使其 L_q 与 $\mu=0.25$、$\sigma=0$ 时的相同。

17.7-3 以下是有关 $M/G/1$ 排队系统的陈述,其中 σ^2 是服务时间的方差。判断每个表述是否正确,然后证明你的答案。

(a) 增加 σ^2(带固定的 λ 和 μ)将会增加 L_q 和 L,但不会改变 W_q 和 W。

(b) 当选择乌龟(小值 μ 和 σ^2)或兔(大值 μ 和 σ^2)作为服务台时,乌龟总是可以凭借更小的 L_q 胜出。

(c) 如果 λ 和 μ 为固定值,服务时间呈现指数分布的 L_q 值是常数服务时间的2倍。

(d) 在所有可能的服务时间分布中(λ 和 μ 固定),指数分布得出的 L_q 值最大。

17.7-4 玛莎开了一家咖啡店。顾客的到达符合泊松过程,平均到达率为每小时 30 人。玛莎为顾客服务所需时间呈现指数分布,平均值为 75s。

(a) 利用 $M/G/1$ 模型算出 L、L_q、W、W_q。

(b) 假设用一台自动咖啡售卖机代替玛莎,每位顾客恰好只需 75s 就可以取出咖啡,算出 L、L_q、W、W_q。

(c) (b) 部分中 L_q 与 (a) 部分中 L_q 的比值是多少?

T(d) 用 $M/G/1$ 模型的 Excel 模板进行反复试验,确定玛莎大概需要将其预期服务时间减少多少,才能获得与自动咖啡售卖机相同的 L_q 值。

17.7-5 安东尼奥自己经营一家修鞋铺。顾客带一双鞋到达店里修理符合泊松过程,平均到达率为每小时 1 双。安东尼奥维修单只鞋所需时间呈现指数分布,平均值为 15min。

(a) 请考虑将单只鞋(不是一双鞋)看作是顾客的排队系统的公式。画出概率图并建立平衡方程式,但不必进一步求解。

(b) 请考虑将每双鞋看作是顾客的排队系统的公式。确定适应此公式的具体排队模型。

(c) 计算店内鞋子以双为单位的预期数量。

(d) 计算某顾客送来一双鞋子到该鞋子修好等待被取走的预期时长。

T(e) 利用相应的 Excel 模板,请检验在 (c) 和 (d) 部分所求答案。

17.7-6* 友谊天空航空公司维修基地的设施每次只能对一台飞机引擎进行检修。因此,为使飞机尽快恢复使用,采取的方法是对每架飞机 4 台发动机的检修按交错顺序安排进行。也就是说,每次当有一架飞机到达车间时,只能检修 1 个发动机。据此方法,飞机的到达符合泊松过程,平均到达率为每天 1 架。检修一台发动机所需的时间(一旦工作开始后)呈现指数分布,平均值为 1/2 天。

有人建议改变方法,这样飞机每次到达车间时,可以连续检修 4 台发动机。尽管这样会将预期服务时间增至 4 倍,但每架飞机需要到维修基地的频率变成平时的 1/4。

管理层现在需要决定,到底是维持现状,还是采纳建议。其目标是最大限度地减少由于检修飞机发动机,给整个飞行编队的平均飞行时长所造成的损失。

(a) 就一架飞机每次到达维修基地所损失的平均飞行时长,对两种选择进行比较。

(b) 就一架飞机每次在维修基地内所损失的平均飞行时长,对两种选择进行比较。

(c) 比较后,哪一种更适合为管理层做出决策?请加以解释。

17.7-7 在以上习题 17.7-6 中,假设管理层已经采纳了建议,但现在想对此新排队系统进行进一步分析。

(a) 应如何定义系统状态,才能使该系统变成只包含指数分布的排队模型?

(b) 画出相应的概率图。

17.7-8 麦卡利斯特公司工厂的生产区目前有两个工具仓库,每个工具仓库内配有一名管理员。一个仓库只存放重型机械的工具,另一个仓库则存放其他工具。不过,对每个工具仓库而言,技工到达并获取工具的平均概率为每小时 24 人,预期服务时间为 2min。

由于有技工抱怨到工具仓库后等待的时间太长,因此提议合并两个工具仓库,这样,在需求增多时,两名管理员都可以管理任何一种工具。合并后的工具仓库拥有两名管理员,到仓库的平均到达率将加倍成每小时 48 人,预期服务时间仍为 2min。不过,我们不清楚间隔到达时间和服务时间的概率分布形式,所以不知道哪个排队模型是最合适的。

就工具仓库内技工预期总数量(s)和每位技工的预期等待时间(包括服务在内),对现状和提议两种情况进行对比。将图 17.6、17.8、17.10 和 17.11 中四个排队模型的数据制成表格(当适用爱尔朗分布时,使 $k=2$)。

17.7-9* 某个单服务台排队系统符合泊松输入,具备爱尔朗服务时间和有限队列。尤其是,假设 $k=2$,平均到达率为每小时 2 位顾客,预期服务时间为 0.25h,系统中顾客的最大允许数量为 2 人。该系统可以转化成只包含指数分布,方法是通过将每个服务时间平分为两个连续的阶段,每个阶段都呈现指数分布,平均值为 0.125h,然后再将系统状态定义为 (n,p),其中,n 是指系统中的顾客数量 $(n=0,1,2)$,p 表示顾客接受服务的阶段 $(p=0,1,2$,其中,$p=0$ 是指没有顾客在接受服务)。

(a) 画出相应的概率图。列出平衡方程式,然后再利用这些方程式,解出该排队系统状态的稳态分布情况。

(b) 利用(a)部分所得稳态分布,求出系统中顾客数量的稳态分布 (P_0,P_1,P_2),以及系统中顾客的稳态预期数量 (L)。

(c) 对比(b)部分结果和当服务时间呈现指数分布时的相应结果。

17.7-10 假设 $E_2/M/1$ 模型中 $\lambda=4,\mu=5$。该模型可以转移成只包含指数分布,方法是通过将每个间隔到达时间平分为两个连续的阶段,每个阶段都呈现指数分布,平均值为 $1/(2\lambda)=0.125$,然后再将系统状态定义为 (n,p),其中,n 是指系统中的顾客数量 $(n=0,1,2,\cdots)$,p 表示下一个到达阶段(尚不在系统中)$(p=1,2)$。画出相应的概率图(不必做进一步求解)。

17.7-11 某公司有一名维修技师,负责维护一大批机器使其处于运行状态。将该批机器当作无限客源,单台机器出现故障符合泊松过程,平均概率为每小时 1 台。对于每次故障而言,需小修的概率是 0.9,在这种情况下,维修时间呈现指数分布,平均值为 $\frac{1}{2}$h;否则,要进行大修。在这种情况下,维修时间呈现指数分布,平均值为 5h。由于这两种条件分布都是指数式的,所以维修时间的非条件(组合)分布是超指数式的。

(a) 请计算该超指数分布的平均值和标准差(提示:利用概率理论的一般关系,即对任一随机变量 X 和任意一对互斥事件 E_1 和 E_2,$E(X)=E(X|E_1)P(E_1)+E(X|E_2)P(E_2)$,$\text{var}(X)=E(X^2)+E(X)^2$)。请比较该标准差和具有同样平均值的指数分布的标准差。

(b) 该排队系统的 P_0、L、L_q、W、W_q 是多少?

(c) 如果机器需要大修,则 W 的条件值是多少?如果需要小修,值是多少?需要两种维修类型的机器的 L 值相除是多少(提示:李特尔公式仍适用于单类型的机器)?

(d) 如果将该系统转成只包含指数分布,应怎样定义该系统的状态(提示:除故障机器的数量外,还必须知道哪些额外信息,才能知道在下一次同类事件呈现指数分布前,剩余时间的条件分布情况)?

(e) 画出相应的概率图。

17.7-12 假设 $M/G/1$ 模型的队列变量有限,其中 K 是指系统中所允许顾客的最大数量。当 $n=1,2,\cdots$,设在第 n 位顾客刚接受完服务的时间为 t_n 时,系统中的顾客数量为随机变量 X_n(不包括准备离开的顾客)。时间 $\{t_1,t_2,\cdots\}$ 称为再生点。此外,$\{X_n\}$ $(n=1,2,\cdots)$ 是一个离散时间马尔可夫链,而且称为嵌入式马尔可夫链。嵌入式马尔可夫链在研究连续时间随机过程的性质时很有用,如 $M/G/1$ 模型。

现在我们看一个非常特殊的案例,$K=4$,连续顾客的服务时间是固定常数 10min,平均到达率为每 50min 1 人。因此,$\{X_n\}$ 是一个嵌入式马尔可夫链,状态为 0、1、2、3(因为系统中顾客数量永远不超过 4 人,所以系统在再生点时顾客不会超过 3 人)。由于是在连续离开时观察该系统,所以 X_n 的下降值永远不会超过 1。此外,导致 X_n 增加的转移概率直接从泊松分布中求得。

(a) 找出嵌入式马尔可夫链的单步转移矩阵(提示:在获得由状态 3 到状态 3 的转移概率时,利用 1 个或多个到达的概率,而不仅仅只用 1 个到达概率,同样适用于到状态 3 的其他转移)。

(b) 利用 IOR 学习指南的马尔可夫链领域中相关程序,算出系统在再生点时顾客数量的稳态概率。

(c) 计算系统在再生点时顾客的预期数量,并将其与 17.7 节中 $M/D/1$ 模型(且 $K=\infty$)的 L 值进行对比。

17.8-1* 东南航空公司是一家小型通勤航空公司,主要为佛罗里达州提供服务。该公司在某机场的售票处设有一名售票员。售票时有两个独立的队列,一个供头等舱乘客使用,另一个供经济舱乘客使用。当售票员准备为顾客提供服务时,如果队列中有头等舱乘客,则下一位接受服务的便是头等舱乘客。如果没有,则下一位接受服务的是经济舱乘客。服务时间呈指数分布,为两种类型顾客服务时间的平均值都为 3min。售票处每天开放 12h,乘客随机到达,头等舱乘客的平均到达率为每小时 2 位,经济舱乘客的平均到达率为每小时 10 位。

(a) 该排队系统适用于哪种排队模型?

T(b) 算出头等舱乘客和经济舱乘客的主要绩效测度:L、L_q、W、W_q。

(c) 头等舱乘客服务开始前的预期等待时间与经济舱乘客等待时间的比值是多少?

(d) 算出售票处每天忙时的平均小时数。

T 17.8-2 我们看一下 17.8 节中给出的非抢先型优先权模型。假设有两个优先等级,$\lambda_1=2$,$\lambda_2=3$。在设计该排队系统时,可以在下面两个选项中选择:(1)一个快速服务台($\mu=6$);(2)两个慢服务台($\mu=3$)。

比较这两个选项和单个优先等级(W_1、W_2、L_1、L_2 等)的四个常见平均绩效测度(L、L_q、W、W_q)。如果主要考虑的是系统中优先等级为 1(W_1)的预期等待时间,则应选择哪个选项?如果主要考虑的是队列中优先等级为 1 的预期等待时间,则应选择哪个选项?

17.8-3 我们看一下 17.8 节中给出的非抢先型优先权模型的单服务台变量。假设有三个优先等级,$\lambda_1=1$,$\lambda_2=1$,$\lambda_3=1$。优先等级 1、2、3 的预期服务时间分别为 0.4、0.3 和 0.2,所以 $\mu_1=2.5$,$\mu_2=3\frac{1}{3}$,$\mu_3=5$。

(a) 请算出 W_1、W_2、W_3。

(b) 当使用 17.8 节中给出的非抢先型优先权通用模型的近似值时,重复(a)部分运算即可。由于这个通用模型假设所有优先等级的预期服务时间都相同,使用预期服务时间为 0.3,所以 $\mu=3\frac{1}{3}$。请将该结果与(a)中所得值进行比较,并评估在此假设下近似值是否好用。

T 17.8-4* 某加工车间的特定工作中心可用单服务台排队系统表示,其中,原料的到达符合泊松过程,平均到达率为每天 8 份。尽管到达的原料有三种不同的类型,但是加工任何一种原料所需的时间都呈相同的指数分布,平均概率为每工作日 0.1 份。到达原料的加工遵从先到先服务的原则。不过根据重要性,第一种原料不能等得太久,第二种原料的重要性中等,第三种原料的重要性相对较低。这三种原料的平均到达率分别为每天 2 份、4 份和 2 份。三种原料都经历了相当长时间的延误,所以有人提议可根据相应的优先原则来选择原料。

如果队列原则是(a)先到先服务,(b)非抢先型优先权,(c)抢先型优先权,请比较每种原料的预期等待时间(包括服务在内)。

T 17.8-5 关于 17.8 节中的县医院急诊室问题。假设三种类型患者的定义更加严格,将一些边缘病例转成更低的类型。这样,只有 5% 的患者会被认为是病危,20% 为病重,75% 为稳定。

该问题修改后,建立表 17.3,并列出所给数据。

17.8-6 关于习题 17.4-6 中的排队系统。现在假设第一种顾客比第二种顾客更重要。如果队列原则由先到先服务变为优先级系统,且第一种顾客对第二种顾客拥有非抢先型优先权,这样,系统中顾客预期总数量会增加、减少还是保持不变?

(a) 不用进行任何计算,确定答案,然后给出你得出结论的理由。

T(b) 通过算出这两种排队原则下各系统中顾客预期总数量,证明在(a)部分中的结论。

17.8-7 我们看一下 17.8 节中遵从抢先型优先权队列原则的排队模型。假设 $s=1, N=2$,且 $(\lambda_1+\lambda_2)<\mu$;同时设排队系统中有 i 位高优先级成员和 j 位低优先级成员时,稳态概率为 $P_{ij}(i=0,1,2,\cdots;j=0,1,2,\cdots)$。利用 17.5 节中类似的方法,得出一个联立解为 P_{ij} 的线性方程组。不需要实际求解。

17.9-1 17.9 节中的应用场景中总结了详细描述该运筹学研究的参考文献,请仔细阅读。简要描述排队理论在该研究中的应用。然后列出该研究的各种经济效益和非经济效益。

17.9-2 假设某排队系统有两个服务台,顾客的到达有两种不同的来源。第一种来源:顾客总是每次到达 2 人,成对顾客连续到达的时间间隔呈指数分布,平均值为 20min。第二种来源:本身是一个双服务台排队系统,符合泊松输入过程,平均到达率为每小时 7 位顾客,这两个服务台的服务时间都呈指数分布,平均值为 15min。当某位顾客在第二种来源处完成服务时,立即进入排队系统,接受另一种服务。后一种排队系统原则为抢先型优先权,即:第一种来源的顾客总是对第二种来源的顾客拥有抢先型优先权。不过,两种顾客服务时间的分布都各自独立并完全相同,呈指数分布,平均值为 6min。

(a) 算出排队系统中第一种来源顾客数量的稳态分布。定义各状态并画出能高效获得该分布的概率图(但不需要实际求解)。

(b) 算出当考虑排队系统中两种来源时的顾客总数量的稳态分布。定义各状态并画出能高效获得该分布的概率图(但不需要实际求解)。

(c) 算出当考虑排队系统中每种来源时顾客数量的稳态联合分布。定义各状态并画出能高效获得该分布的概率图(但不需要实际求解)。

17.9-3 假设某系统有两个连续的无限队列,其中有两个服务设施,每一处设施都只有一个服务台。所有服务时间都各自独立,且呈指数分布,设施 1 的平均值为 3min,设施 2 的平均值为 4min。设施 1 符合泊松输入过程,平均概率为每小时 10 人。

(a) 依次算出设施 1 和设施 2 处顾客数量的稳态分布。然后,求出各自设施处数量的联合分布的乘积形式解。

(b) 两个服务台都闲置的概率是多少?

(c) 找出系统中顾客的预期总数量以及每位顾客的预期等待总时间(包括服务时间)。

17.9-4 根据 17.9 节中所述的假设,某系统有连续的无限队列,这种排队网络实际上是杰克逊网络的一个特殊案例。为该系统假设 λ,通过将该系统描述为杰克逊网络,包括具体的 a_j 和 P_{ij} 值来证明其确实是一个特殊案例。

17.9-5 假设某杰克逊网络有三个服务设施,其参数值如下。

设施 j	s_i	μ_i	a_i	p_{ij}		
				$i=1$	$i=2$	$i=3$
$j=1$	1	40	10	0	0.3	0.4
$j=2$	1	50	15	0.5	0	0.5
$j=3$	1	30	3	0.3	0.2	0

T(a) 算出每处设施的总到达率。

(b) 算出设施1、设施2和设施3处顾客数量的稳态分布。然后,给出各自设施处数量的联合分布的乘积形式解。

(c) 所有设施的队列都为空(没有顾客等待提供服务)的概率是多少?

(d) 算出系统中顾客预期总数量。

(e) 算出每位顾客的预期等待总时间(包括服务时间)。

T 17.10-1 在描述排队系统所提供服务台数量的经济分析时,17.10节中介绍了一个基本成本模型,其目标是最大限度降低 $E(TC) = C_s s + C_w L$。该问题旨在探究 C_s 和 C_w 的相对大小对服务台最优数量的影响。

假设所研究的排队系统符合 $M/M/s$ 模型,且 λ = 每小时8位顾客,μ = 每小时10位顾客。运用运筹学课程软件中用于 $M/M/s$ 模型经济分析的 Excel 模板,算出下列情况中服务台的最优数量。

(a) $C_s = 100, C_w = 10$。

(b) $C_s = 100, C_w = 100$。

(c) $C_s = 10, C_w = 100$。

T 17.10-2* 吉姆·麦克唐纳是 McBurger 快餐汉堡店的经理,他意识到饭店成功的关键就是要提供快速的服务。如果顾客等待时间过长,他们下次很可能就会去其他快餐店。他估计,顾客在完成服务前每排队等待 1min,平均就会减少 30 美分的未来收益。因此,他确信,只要有足够多的收银台保持开通状态,则就能使等待时间降到最低。每个收银台由一名兼职员工操作,负责处理每位顾客的订单,并收取费用。这样的员工单个总成本是每小时 9 美元。

午餐期间,顾客的到达符合泊松过程,平均到达率为每小时 66 人。服务每位顾客所需时间呈指数分布,平均为 2min。

吉姆在午餐时间要开通多少个收银台才能使每小时的预期总成本降到最低?

T 17.10-3 加勒特-汤普金斯公司的复印室有三台复印机供员工使用。近期有人抱怨,大量时间都浪费在等待复印上,因此管理部门正在考虑增加一台或更多的复印机。

在每年 2000 个工作小时中,职员到达复印室符合泊松过程,平均到达率为每小时 30 人。每位职员需要使用复印机的时间呈指数分布,平均值为 5min。因职员在复印室花费时间造成生产力的损失预计这会使公司平均每小时要付出 25 美元的成本。每台复印机的租借费用是每年 3000 美元。

该公司需要拥有多少台复印机才能使其每小时预期总成本降到最低?

17.11-1 在本章结尾的参考文献下方,选择一篇应用排队理论获奖的文章。仔细阅读该文章,然后写一份关于其应用和效益(包括非经济效益)的总结(2页)。

17.11-2 在本章结尾的参考文献下方,选择三篇应用排队理论获奖的文章。仔细阅读每篇文章,然后各写一份关于其应用和效益(包括非经济效益)的总结(每份总结1页)。

案 例

案例 17.1 减少在制品库存

吉姆·韦尔斯是北方航空公司负责制造的副总裁,他现在非常恼火。今天早上,当他走过公司最重要的车间时,情绪很不好。他把车间的生产经理杰里·卡斯特尔斯叫到办公室,准备对他大发脾气。

吉姆:"杰里,我刚从车间走回来,非常生气。"

杰里:"怎么了,总裁?"

吉姆:"你知道,我一直强调要减少在制品库存。"

杰里:"是的,我们一直在朝这个方向努力。"

"但是努力的还不够!"吉姆的声音越来越高。

"你知道我在那些压力机那里发现什么了吗?"

"不知道,总裁。"

"5 块金属板仍在等待制成机翼段。而且在门右边的检查站上,还有 13 个机翼段! 检查员检查其中一个,剩下的 12 个都只是在那儿等着。你知道,每一个机翼段都价值几十万美元。在压力机和检查站中间,价值几百万美元的金属只是在那儿等着。我们不能再这样了!"

委屈的杰里·卡斯泰尔斯试图解释。"是的,总裁,我知道检查站是一个瓶颈。它平常不像你今早看到的那样糟糕,但这是个瓶颈。压力机更不是如此。你真的是恰好碰上了这么一个上午。""我希望如此,"吉姆说道"但你需要防止类似事情的再次发生,即使偶尔出现也不行。你打算怎么办?"杰里现在感觉总裁的语气好一些了,说道:"事实上,我已经在努力解决这个问题。我有几个提议,已要求我们的运筹学分析师对这些提议进行分析,并回馈意见。""很好,"吉姆回答道,"很高兴你能解决这个问题。请你高度重视这个问题,并尽早向我报告处理情况。""我会的。"杰里承诺道。

以下就是杰里和运筹学分析师正在解决的问题。共有 10 台完全相同的压力机,每一台都能将经过特殊处理的大型金属板制成机翼段。金属板随机到达压力机处的平均概率为每小时 7 块。一台压力机将金属板制成机翼段所需时间呈指数分布,平均值为 1h。机翼段完成后,随机到达检查站的平均概率与金属板到达压力机处的平均概率相同(每小时 7 个)。单个检查员全职检查这些机翼段,以确保能够符合规格要求。单次检查会花费 $7\frac{1}{2}$min,所以每小时能检查 8 个机翼段。除在压力机组上已经发现的库存外,该检查概率还导致了检查站内在制品库存的平均数量非常大(即等待完成检查的机翼板平均数量相当大)。

在压力机处的每块金属板或在检查站的每块机翼段,该在制品库存的成本估计为每小时 8 美元。因此,杰里·卡斯泰尔斯提出了两个建议,以便减少在制品库存的平均水平。

建议 1:略微减少压力机的功率(这会将其制成机翼段的平均时间增加到 1.2h),这样检查员就可以更好地跟上其产出速度。同时,这也会减少机器运行的功率成本,由每台机器每小时 7.00 美元降到 6.50 美元(相比之下,如果把制成一个机翼段的平均时间减少为 0.8h,将功率增到最大后会使成本增加到每小时 7.50 美元)。

建议 2:换成更年轻的检查员开展这项工作。他的速度要更快一些(如果他缺乏经验,检查时间上可能会出现波动),能更好地跟上产出速度(检查时间呈爱尔朗分布,平均值为 7.2min,形状参数 $k=2$)。该检查员所处的职位分类要求每小时 19 美元的总补偿(包括效益),但当前检查员处于较低的职位分类,补偿费为每小时 17 美元(每位检查员的检查时间都符合其典型的职位分类)。

假设你是杰里·卡斯泰尔斯员工里的运筹学分析师,现要求你分析该问题。利用最新的运筹学技术,计算两种建议各会削减多少的在制品库存,然后提出你的建议。

(a) 首先,通过评估现状,为对比提供基础。算出在压力机和检查站的在制品库存的预期数量。然后,在考虑以下所有因素的同时,算出每小时的预期总成本:在制品库存的成本、压力机运行的功率成本、检查员成本。

(b) 建议 1 的效益如何? 为什么? 与(a)部分中得出的结果进行对比。就此结果向杰里·

卡斯泰尔斯做出解释。

（c）计算建议 2 的效益。与（a）部分中得出的结果进行对比。就此结果向杰里·卡斯泰尔斯做出解释。

（d）提出关于减少检查站和机器上在制品库存平均水平的建议。建议要具体，并运用如（a）部分中的定量分析来支持你的建议。与（a）部分中得出的结果进行对比，并援引建议中的改进措施。

请预览本网站上（www.mhhe.com/hillier）的另一个案例。

案例 17.2　排队的困惑

许多客户愤怒地抱怨需要等很长时间才能接通客服中心。看似需要更多的客服代表来接听电话。或者进一步培训客服代表，使他们能够更高效地接听电话。针对服务满意度已有了一些可行性的标准。需要运用排队理论，确定如何重新设计客户服务中心的运转情况。

第 18 章 库 存 理 论

"抱歉,这一商品断货了。"购物时,你是否经常听到这样的答复？多数情况下,你光顾的这些商家在库存(即用于未来使用或销售的商品存货)管理方面存在一定的问题。他们未及时下单补充库存,以致出现断货。希望这些商家能从本章讲述的科学库存管理方法中有所获益。

并非只有零售商才需要进行库存管理。事实上,库存管理在商业中无处不在。任何一家与实物产品打交道的公司(如制造商、批发商及零售商)保持库存是必要的。如制造商需要有生产所需的原材料库存,同时也要有用于发货的成品库存;同样,批发商和零售商也需要保持一定的商品库存,以保障顾客购买。

每年用于储存("保持")存货的成本非常大,甚至高达库存商品价值的 1/4。因此,美国每年用于存货保管的费用成千上万亿美元。所以,降低库存成本,避免无必要的大量库存可增强公司的竞争力。

某些日企在引进适时制存货管理机制方面走在前列,该机制强调所需物资的计划与调配应做到按需"适时"到达。将库存降至最低,可节省大量开销。

一直以来,全球很多公司都在致力于改进库存管理。运筹学技术在库存管理方面的应用(有时也称作科学库存管理)是企业获得竞争优势的有力工具。

公司如何利用运筹学改进其库存策略,何时补充库存、补充多少库存,这是科学库存管理需要回答的问题,它包含以下步骤。

(1) 建立描述库存系统行为的数学模型。
(2) 根据该模型找出最优库存策略。
(3) 利用基于计算机的信息处理系统记录当前库存水平。
(4) 根据当前库存水平记录,应用最优库存策略,提示何时补充、补充多少库存。

根据需求的可预测性,采用上述方法构建的库存数学模型可分为两大类——确定性模型和随机模型。库存产品的需求是指在特定时期内需从库存中移出、用于某种目的(如销售)的产品数量。如果能非常精确地预测出未来时期对产品的需求,则在所采用的库存策略中假定所有预测均完全精确便是合情合理的。这是需求已知的情况,应采用确定性库存模型。但需求无法准确预测时,则必须使用随机库存模型,此时,产品需求在任何时期均为随机变量,而非已知常量。

在确定库存策略时,需要考虑若干基本点并将其反映到所建的库存数学模型中。18.1 节将通过示例对这些基本点做出解释,18.2 节将通过一般术语进行描述,18.3 节将建立库存水平在持续监控条件下的确定性库存模型并进行分析,18.4 节继续讨论不同时段下(而非持续监控下)的确定性库存模型,18.5 节介绍一些确定性模型的拓展应用,用于协调公司供应链不同节点的库存情况。接下来的两节讲述随机模型,其中,18.6 节介绍库存水平持续监控情况下的随机模型,18.7 节介绍在一个时段内处理易逝品的建模。18.8 节对库存理论中一个较新领域,即收益管理,进行了介绍。收益管理涉及在处理特殊易逝品时,如何能使公司的预期收益最大化,这类易逝品必须在规定时间节点全数交至客户,否则,便会尽数损失(现在某些服务行业已广泛采用收益管理,如航空公司用来处理在规定时间为乘客提供某架航班的所有舱位问题)。

18.1 示 例

在此,我们给出两个情境不同(分别关于制造商和批发商)但均需制定库存策略的示例。

18.1.1 示例1:电视机扬声器生产

一家电视机制造公司自行生产扬声器用于自产的电视机上。电视机在连续生产线上组装,每月装配 8000 台,每台电视上需配置一个扬声器。由于不值得为扬声器设置连续生产线,故采用批量生产方式,短时间内生产的扬声器数量相对较大,因此,扬声器在进入生产线安装至电视机之前需存在库房内。该公司希望确定每批次生产扬声器的时间及数量。在此,需要考虑的成本如下。

(1) 每生产一批扬声器,需要 12000 美元的准备成本,其中包括工装成本、管理成本、记账成本等。需要注意的是,由于存在准备成本,因而要求每批次的产量要大。

(2) 无论每批次的产量多少,每个扬声器的单位生产成本(不包括准备成本)为 10 美元(然而,一般来说,单位生产成本并非固定不变,可能会随批量规模增大而降低)。

(3) 大批量生产扬声器将直接导致大量库存。每件扬声器每月的存储成本约为 0.30 美元,其中包括库存的资本占用成本。因为投入库存的资金无法用于其他生产目的,也就失去了相关收益,因此资本成本中包括收益损失(即机会成本)。存储成本的其他构成要素还包括存储空间租赁成本、库存保险成本(如火灾险、失窃险、人为损坏险等)、库存价值税以及库管人员成本。

(4) 公司管理规定禁止某一部件出现人为规划的短缺。不过,偶尔还是会发生扬声器短货,缺货时每个扬声器的每缺一个月的成本估计为 1.10 美元。该缺货成本包括电视装配完毕后再安装扬声器的额外成本、售货回款延迟造成的利息损失以及额外的记账成本等。

借助 18.3 节所述的首个库存模型,我们将为该例子制定相应库存政策。

18.1.2 示例2:自行车批发销售

某自行车批发商最畅销车型目前出现缺货问题,因此批发商对该款车型的库存策略进行了审查。该批发商每月从自行车制造商处购入该型车,然后,根据采购订单向美国西部多家自行车商店供货。但自行车商店在某个月内的总需求量很不确定,因此,便产生了在特定月份,根据当前库存水平,下个月应订购多少自行车的问题。

批发商对成本进行了分析,并确定下列重要事项。

(1) 订货成本,即下单成本加购车成本。该成本包括两项内容:①下单管理费,预计每单的管理费为 2000 美元;②每辆自行车的实际成本,本例中为 350 美元/辆。

(2) 存储成本,即库存的维护成本。每辆自行车月末的存储成本为 10 美元,其中包括资本占用成本、仓库空间租赁成本、保险以及税费等。

(3) 缺货成本,即自行车无法及时按需供货产生的成本。该款畅销车型易于从制造商处订货,而且自行车商店通常也接受延迟交货。然而,尽管允许出现断货现象,但批发商发现这对她而言是一笔损失,据她估计,每辆自行车每月的缺货成本为 150 美元。该估值考虑到由于商誉损失所造成的对未来销售的潜在损失。缺货成本还包括销售回款延迟所造成的利息损失以及与断货相关的额外管理费用。如果有些商店由于交货延迟而取消订单,由此造成的销售额损失也许应记入缺货成本之中。幸运的是,该批发商通常不会遇到订单取消的情况。

18.7 节还会对本例一个变体进行讨论。

上述示例表明,根据不同情况,公司补充库存的方法存在两种可能。第一种是公司自己生产所需产品(如电视制造厂家自己生产扬声器);第二种是公司从供应商处订货(如自行车批发商从生产厂家订购自行车)。由于库存模型无需对这两种补充存货的方式加以区分,所以"生产"与"订货"这两个词汇在此可互相替换使用。

上述两例均涉及某一具体产品(即某种电视上的扬声器,或某种型号的自行车)。大部分库存模型每次一般只考虑单一产品,本章所讲述的全部库存模型均涉及单一产品(涉及多个产品的模型也很重要,但已超出库存理论导论的范畴)。

上述两例表明,需在所涉成本之间进行权衡。下一节将讨论库存模型的基本成本要素,以确定如何在这些成本中做出最优权衡。

18.2　库存模型组成要素

由于库存策略会影响盈利性,所以策略选择取决于不同策略盈利性的比较。正如示例 1、示例 2 所示,决定盈利性的成本包括订货成本、存储成本、缺货成本。其他相关因素包括收益、残值成本、贴现率。下面分别对这六项因素进行说明。

订货量(该量既可以通过采购,也可以通过生产实现)为 z 时,订货成本可用函数 $c(z)$ 表示。该函数最简单的形式便是直接与订货量成正比的形式,即 $c \cdot z$,其中 c 代表单价。还一种普遍假设,即假设 $c(z)$ 由两部分组成:直接与订货量成正比的代数项,以及当 z 为正数时的常数项 K、当 $z=0$ 时的常数项 0。本例中,有

$c(z) = z$ 单位产品的订货成本

$$= \begin{cases} 0, & z=0 \\ K+cz, & z>0 \end{cases}$$

式中:K 为准备成本;c 为单位成本。

常数 K 包括下单管理费;当自行生产货物时,K 涉及启动生产运行的准备成本。

关于订货成本还有其他假设,不过本章只讨论上述情况。

示例 1 中扬声器为自制品,每次生产运行的准备成本为 12000 美元。此外,每个扬声器的成本为 10 美元,因此,当批量生产 z 件扬声器时,其生产成本为

$c(z) = 12000 + 10z, z>0$

示例 2 中批发商从厂家订购自行车,订货成本为

$c(z) = 2000 + 350z, z>0$

存储成本(有时也称作保管成本)是指存货出售或使用前,所有与货物相关的库存保管费用,其中包括与存货相关的资金占用成本、仓储空间成本、保险、保护费用以及存货税费等。对存储成本既可进行连续分析,也可分阶段分析。进行分阶段分析时,存储成本可能是某一周期内最大库存量的函数,也可能是平均库存量的函数,或某周期末库存量的函数。周期末库存量函数可使分析得以简化,因此本章在进行分阶段存储成本分析时,通常会采用此方法。

将周期末库存量函数法用于自行车一例,月末每辆自行车库存的存储成本为 10 美元。然而,在电视机扬声器一例中则采用连续性分析,每个扬声器每月的存储成本为 0.30 美元,因此,每月平均存储成本为 0.30 美元乘以扬声器的平均库存量。

当商品需求量大于可用库存量时,就导致缺货成本(有时也称为需求未满足成本)。缺货成本存在于以下两种情况。

第一种情况为延期交货，即超额需求部分不会损失，而是待下次正常收货补充库存后再满足该部分需求。当公司出现暂时缺货、无法向客户供货(如自行车一例)时，可将缺货成本理解为，由于商誉的损失及相应的与公司合作意愿的降低，而导致回款成本和管理成本的增加。对制造商而言，当所需生产材料出现暂时短缺时(如组装电视机时出现扬声器短缺)，与生产延期相关的所有成本为缺货成本。

第二种情况为无法延期交货，即当出现超过可用库存量的超额需求部分时，公司不能等到下次正常发货时再去满足该超额需求。此时，要么①通过优先发货满足该超额需求，要么②由于订单取消而根本无需再满足该需求。在情况①下，可将缺货成本视为优先发货成本；在情况②下，缺货成本即由于未满足该需求所造成的当前收入损失，以及失去商誉所造成的未来业务损失[①]。

模型中包不包括收益均可。如果产品价格与需求均已由市场确立，公司对此无法控制，则销售收益(假设所有需求均得到满足)便与公司库存策略无关，可以不考虑收益。然而，如果模型中忽略收益，则每当公司无法满足需求、订单取消时，由此造成的收益损失必须记入缺货成本。此外，即使遇到可延期交货满足需求的情况，回款延迟所造成的费用也必须记入缺货成本。基于上述说明后，本章以后部分不再专门考虑收益因素。

残余价值指在库存过剩的情况下剩余物品的价值。对公司而言，残余价值代表物品的变卖价值，可通过折价销售实现。残值成本与残余价值相对，指物品变卖的相关费用。在此，我们假定将所有残值成本均记入存储成本。

贴现率涉及货币的时间价值。当公司库存占压资金时，该笔资金便无法用作它途。例如，公司本可将这笔资金用于公债等债券投资，每年可获取如3%的投资收益，这样，当前投资1美元，一年后其价值便是1.03美元。换句话说，也就是一年后1美元的利润相当于当前的 $\alpha=1/1.03$，其中 α 为贴现因子。因此，计算采用某库存策略后的总利润时，一年的利润或成本应乘以 α；两年的利润或成本应乘以 α^2，以此类推(也可采用年以外的其他时间单位)。如此计算出的总利润通常被称作净现值。

如果问题所涉时间范围较短，可假设 α 等于1(即可忽略不计)，这是因为在较短时间范围内，1美元的现值变化不大。但当问题所涉时间范围较长时，便应考虑贴现因子。

通过定量分析寻找最优库存策略时，一般采用使总(期望)成本(或贴现成本，此时所涉时间范围较长)最小化的原则。假设公司无法控制产品价格与需求，且营业收入损失或回款延迟损失均记入缺货违约成本，此时，使成本最小化便相当于使净收益最大化。另一个有用的原则是保持库存策略简便易行，如确保何时订货、订多少货的规则易于理解和执行。本章所考虑的多数策略均具有该特点。

如本章开始所述，根据某一时段的需求量是已知量，还是概率分布已知的随机变量，库存模型可分为确定性与随机型两种。18.1节示例1中扬声器的产量表现为确定性需求，因为扬声器用于电视组装的速率为固定的每月8000件。示例2中自行车商店从批发商处采购自行车表现为随机型需求，因为自行车商店每月的总需求量根据概率分布而各不相同。库存模型的另一要素是交付时间，即从补充库存(可通过采购或生产实现)下单到收货入库的时间。如果交付时间始终保持不变(即固定交付时间)，则补充库存的时间则可根据需要安排。本章大部分模型均假设各次库存补充都是根据需要安排的，原因有两个：要么是由于发货时间与需要时间几乎一致；

---

① 对情况②的分析详见：E. T. Anderson, G. J. Fitzsimons, and D. Simester, "Measuring and Mitigating the Costs of Stockouts," *Management Science*, **52**(11): 1751-1763, Nov. 2006。在不同情况下，究竟是"延期交货"还是"无法延期交货"才是花费较低的存储策略，相关分析可见：B. Janakiraman, S. Seshadri, and J. G. Shanthikumar, "A Comparison of the Optimal Costs of Two Canonical Inventory Systems," *Operations Research*, **55**(5): 866-875, Sept. -Oct. 2007。

要么是由于何时需要补充库存已知,且交付时间固定。

还有一种对库存模型的分类是根据对当前库存水平的监控方式,即连续监控和定期监控。在连续监控方式下,只要库存水平低于预设的再订货点,便需下单补货。在定期监控方式下,只在离散的时间点,如每周末,对库存水平进行监控。即使上次监控到本次监控期间,库存水平已低于再订货点,也只能在上述时间点做出订货决策(实际上,当时间间隔足够小时,定期监控库存策略可用于连续监控)。

18.3　确定性连续监控模型

制造商、零售商及批发商所面临的最普遍库存情况是:随着时间的推移库存用尽,然后新到一批货物,对库存重新补充。下面的经济订货定量模型(Economic Order Quantity Model),简称 EOQ 模型,便是表达上述情形的简单模型(该模型有时也被称作经济批量模型)。

假设将产品按已知恒定速率(用 d 表示)从库存中持续调出,即单位时间对产品的需求量为 d 单位。进一步假设库存在需要时均可通过订购(即采购或生产)一批固定数量(Q 单位)的产品补充,所有 Q 单位产品均在需要时交货。为了讲述基本的 EOQ 模型,只考虑以下成本:

K = 订购一批产品的准备成本;
c = 生产或采购每单位产品的单位成本;
h = 单位时间每单位产品的存储成本。

目标是确定何时补充库存、补充多少库存,可使单位时间上述成本之和达到最低。

假设采用连续监控方式,只要库存降低至预设水平就进行补充。首先假设不允许出现缺货现象(但后文会放宽这一假设)。由于需求率固定,因此,每当库存水平降至 0 时,便可通过补货来避免出现断货,这样也可使存储成本最小化。库存水平随时间变化的模式如图 18.1 所示,从 0 时刻开始,订一批 Q 单位的产品,初始库存水平从 0 增至 Q,此后,每当库存降为 0 时重复这一过程。

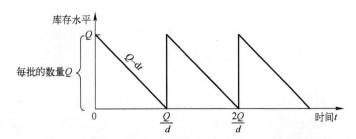

图 18.1　基本 EOQ 模型中,以库存水平为时间函数的图表

18.1 节示例 1(给电视生产扬声器)符合这一模型,下面将通过该例加以说明。

18.3.1　基本 EOQ 模型

为便于概括起见,基本 EOQ 模型除包括上述成本外,还包含下列假设。

(1) 已知单位时间的需求率常数 d 单位。
(2) 用于补充库存的订货量(Q)均在需要时(即库存为 0 时)即全部送达。
(3) 不允许出现计划内断货。

关于假设(2),通常下单与交货入库之间存在一定延迟。正如 18.2 节所述,下单与交货入库之间的这段时间称作交付周期。下单时的库存水平称作再订货点。为满足假设(2),需将再

订货点设定为

再订货点＝(需求率)×(交付周期)

因此,尽管并未言明,假设(2)。

隐含要求交付周期是常数。

两次相邻补货间的时间间隔称为一个补货周期。以扬声器为例,补货周期可视为两次相邻生产运行之间的间隔时间。因此,如果每次可生产 24000 件扬声器,且每月用量为 8000 件,则补货周期为 24000/8000＝3 个月。总而言之,补货周期为 Q/d。

每单位时间 T 内的总成本可通过下述方式求得

各补货周期的生产或订货成本 $=K+cQ$

一个补货周期内的平均库存水平为 $(Q+0)/2=Q/2$ 单位,相应的单位时间存储成本为 $hQ/2$。由于补货周期为 Q/d,所以,有

$$每个补货周期的存储成本 = \frac{hQ^2}{2d}$$

因此,可得

$$每个补货周期总成本 = K+cQ+\frac{hQ^2}{2d}$$

可得单位时间总成本为

$$T = \frac{K-cQ+hQ^2/(2d)}{Q/d} = \frac{dK}{Q}+dc+\frac{hQ}{2}$$

令一阶导数为 0(注意:二阶导数为正数),可求得使 T 最小的 Q 值(即 Q^*),表达为

$$-\frac{dK}{Q^2}+\frac{h}{2}=0$$

可得

$$Q^* = \sqrt{\frac{2dK}{h}}$$

这就是著名的 EOQ 公式(有时也被称作平方根公式)[①]。相应的补货周期 t^* 为

$$t^* = \frac{Q^*}{d} = \sqrt{\frac{2K}{dh}}$$

有趣的是,当 K、h 或 d 其中一个发生变化时,可以看到 Q^* 和 t^* 也会发生变化。从直觉说来,这些变化也是合理的。随着准备成本 K 的增加,Q^* 和 t^* 随之增加(生产准备更少)。随着单位存储成本 h 的增加,Q^* 和 t^* 均减少(库存水平更低)。随着需求率 d 的增加,Q^* 也增加(批量更大),但 t^* 开始减少(生产准备更加频繁)。

现将上述有关 Q^* 和 t^* 的公式用于扬声器一例。18.1 节给出的参考数值为

$$K=12000, \quad h=0.30, \quad d=8000$$

所以,有

$$Q^* = \sqrt{\frac{(2)(8000)(12000)}{0.30}} = 25.298, \quad t^* = \frac{25298}{8000} = 3.2 \text{ 月}$$

[①] 本书写作之际适逢 EOQ 公式诞生 100 周年。有关该模型与公式的历史(包括 1913 年引入该公式的重印版论文),详见参考文献 D. Erlenkotter, "Ford Whitman Harris and the Economic Order Quantity Model," *Operations Research*, **38**: 937-950, 1990。

$$Q^* = \sqrt{\frac{2\times 8000 \times 12000}{0.30}} = 25298$$

$$t^* = \sqrt{\frac{25298}{8000}} = 3.2 \text{ 月}$$

因此,最优解为每 3.2 月启动一次扬声器生产设施,每次生产 25289 件扬声器(由于该最优解附近的总成本曲线较为平坦,所以与之接近又便于计算的生产安排,如每 3 月生产 24000 件扬声器,可能会更优)。

18.3.2 计划内断货的 EOQ 模型

库存断货(有时也称作缺货),即库存用尽而无法当即满足需求,是所有库存经理的苦恼。这种情况会引起诸多麻烦,如应对客户的不满,为了在库存补充后弥补先前的需求(即拖欠订单)而需要额外记账等。由于假设不允许出现计划内断货,因此,上述基本 EOQ 模型对于库存经理那些尽量避免缺货的普通需求,都能较好地满足(然而,如果需求率与发货情况与计划不符,则意外断货仍会发生)。

不过,从管理角度而言,有些情况允许出现一定的计划内断货现象,最重要的是,如果情况需要,客户一般能够并且愿意接受合理的交货延迟。此时,18.1 节与 18.2 节中的缺货成本(包括失去的未来业务)也不会过高。如果存储成本比缺货成本高,偶尔则通过短期断货来降低平均库存水平未尝不是一种合理的商业决策。

在处理此类情况时,计划内断货的 EOQ 模型仅替换基本 EOQ 模型中的假设(3),新假设如下:允许出现计划内断货现象,一旦出现断货,受影响的顾客将一直等到产品再次供货为止。订货到达,库存得以补充时,马上补发顾客的拖欠订单。

根据这一假设,随着时间的推移,库存水平模式如图 18.2 所示,其中锯齿的形状与图 18.1 一致,但库存水平向下延伸成为负值,该值代表拖欠的产品数量。

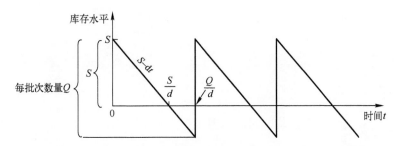

图 18.2 计划内断货的 EOQ 模型中,以库存水平为时间函数的图表。

令
$p=$ 单位断货时间内每单位断货产品的缺货成本
$S=$ 刚补充完一批产品(Q 单位)后的库存水平
$Q-S=$ 产品(Q 单位)补充前的缺货量
每单位时间 T 内的总成本可通过下述方式求得

各补货周期的生产或订货成本 $=K+cQ$

每一补货周期的 S/d 时段内,库存水平为正,该时段内的平均库存水平为 $(S+0)/2=S/2$ 单位,相应的单位时间存储成本为 $hS/2$,可知每个补货周期的存储成本 $= \dfrac{hS}{2}\dfrac{S}{d} = \dfrac{hS^2}{2d}$

类似地,$(Q-S)/d$ 时段内发生断货,该时段内的平均断货量为 $(0+Q-S)/2 = (Q-S)/2$ 件,相应的单位时间缺货成本为 $p(Q-S)/2$,可知

每个补货周期的缺货成本 $= \dfrac{P(Q-S)}{2}\dfrac{Q-S}{d} = \dfrac{P(Q-S^2)}{2d}$

因此,有

每个补货周期的总成本 $= K + cQ + \dfrac{hS^2}{2d} + \dfrac{P(Q-S^2)}{2d}$

可得单位时间总成本为

$$T = \dfrac{K+cQ+hS^2/(2d)+p(Q-S)^2/(2d)}{Q/d}$$

$$= \dfrac{dK}{Q} + dc + \dfrac{hS^2}{2Q} + \dfrac{p(Q-S)^2}{2Q}$$

该模型有两个决策变量(S 和 Q),因此将偏导数 $\partial T/\partial S$ 和 $\partial T/\partial Q$ 设置为 0,可得出最优值 (S^* 和 Q^*)

$$\dfrac{\partial T}{\partial S} = \dfrac{hS}{Q} - \dfrac{p(Q-S)}{Q} = 0$$

$$\dfrac{\partial T}{\partial Q} = \dfrac{dK}{Q^2} - \dfrac{hS^2}{2Q^2} + \dfrac{p(Q-S)}{Q} - \dfrac{p(Q-S)^2}{2Q^2} = 0$$

联立求解上述方程可得到

$$S^* = \sqrt{\dfrac{2dK}{h}}\sqrt{\dfrac{p}{p+h}}, \quad Q^* = \sqrt{\dfrac{2dK}{h}}\sqrt{\dfrac{p+h}{p}}$$

最优补货周期 t^* 可通过下列等式得出

$$t^* = \dfrac{Q^*}{d} = \sqrt{\dfrac{2K}{dh}}\sqrt{\dfrac{p+h}{p}}$$

最大断货量为

$$Q^* - S^* = \sqrt{\dfrac{2dK}{p}}\sqrt{\dfrac{h}{p+h}}$$

此外,根据图 18.2,不出现断货的时段可通过下式求出

$$\dfrac{S^*/d}{Q^*/d} = \dfrac{p}{p+h}$$

该时断与 K 无关。

当 p 或 h 的设定值远大于对方时,上述各量的变化十分明显。尤其是当 $p \to \infty$、h 为常量时(即缺货成本远高于存储成本),$Q^* - S^* \to 0$,而 Q^* 和 t^* 的值均趋于其在基本 EOQ 模型中的值。虽然当前模型允许出现断货现象,但 $p \to \infty$ 表明这样做是不值得的。

另一方面,当 $h \to \infty$、p 为常量时(即存储成本远高于缺货成本),$S^* \to 0$。因此,当 $h \to \infty$ 时,保持库存水平为正值便非经济之举。所以,新进每批产品(Q^* 单位)均不超过当前库存断货量。

如果 18.1 节扬声器一例允许出现计划内断货,据估计其缺货成本为

$$p = 1.10$$

$K = 12000, h = 0.30, d = 8000$ (K、h、d 值不变)

所以,有

$$S^* = \sqrt{\frac{2 \times 8000 \times 12000}{0.30}} \sqrt{\frac{1.1}{1.1+0.3}} = 22424$$

$$Q^* = \sqrt{\frac{2 \times 8000 \times 12000}{0.30}} \sqrt{\frac{1.1+0.3}{1.1}} = 28540$$

$$t^* = \frac{28540}{8000} = 3.6 \text{ 月}$$

因此,需每 3.6 月启动一次生产设备,生产 28540 件扬声器。最大断货量为 6116 件。需要注意的是,Q^* 和 t^* 与不出现断货时的情形相差无几,其原因是 p 值远高于 h 值。

18.3.3 含数量折扣的 EOQ 模型

上述模型在说明其成本构成要素时,均假设无论每批产品的数量为多少,每件产品的单位成本都相同。事实上,该假设所得出的最优解与单位成本无关。含数量折扣的 EOQ 模型将该假设替换为以下的新假设:

每件产品的单位成本取决于每批次产品的数量。特别是,批量越大时每件产品的单位成本越小,通过这种方式取代小批量的单位成本,以此鼓励客户下大订单。

除此之外,该模型的其他假设与基本 EOQ 模型相同。

用 18.1 节的电视扬声器一例说明该模型。现在假设产量低于 10000 件时,每个扬声器的单位成本为 $c_1 = 11$ 美元;若产量在 10000 件到 80000 件之间,则 $c_2 = 10$ 美元;若产量高于 80000 件,则 $c_3 = 9.50$ 美元。那么,最优策略是什么?通过该问题的求解,演示介绍一般求解方法。

根据基本 EOQ 模型,当单位成本为 c_j 时,单位时间总成本 T_j 为

$$T_j = \frac{dK}{Q} + dc_j + \frac{hQ}{2}, \quad j = 1, 2, 3$$

(该表达式假设 h 与产品的单位成本无关,但通常进行微小的修正,使 h 与单位成本成正比,从而体现库存占用资金成本随单位成本的这种正比变化。)图 18.3 为 j 取不同值时 T_j 随 Q 的变化情况,图中,对每条曲线的实线部分进行了拓展,均超出相应折扣情况下 Q 值的可行范围。

对各曲线而言,使 T_j 最小化的 Q 值可通过下述公式求得,该公式与基本 EOQ 模型中所用公式相同。其中,$K = 12000$、$h = 0.30$、$d = 8000$,得该 Q 值为

$$\sqrt{\frac{2 \times 8000 \times 12000}{0.30}} = 28540$$

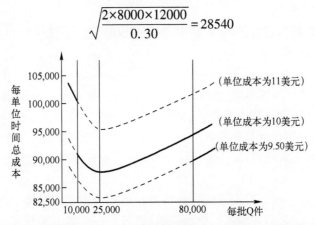

图 18.3 扬声器一例中含数量折扣的每单位时间总成本

(如果 h 与产品单位成本相关,则 Q 的极小值对于不同曲线而言存在细小差异。)该 Q 极小值是成本函数 T_2 的一个可行值。对于任何固定的 Q 值, $T_2<T_1$,所以在接下来的过程中可不再考虑 T_1,但不能马上清除 T_3。必须用 T_3 最小可行值($Q=80000$ 时)与当 $Q=25298$ 时 T_2 的值(为 87589 美元)进行比较。由于当 $Q=80000$ 时 T_3 为 89200 美元,因此最好将产量定在 25298 件,该产量为本组数量折扣的最优值。

如果当产量大于 80000 时,该数量折扣的单位成本为 9 美元(而非 9.50 美元),那么,当 $Q=80000$ 时, T_3 为 85200 美元,则最优产量为 80000 件。

尽管该分析涉及的是具体问题,其方法同样可应用于所有类似问题。下面对该方法的一般过程进行总结。

(1) 对于每个可用的单位成本 c_j,利用 EOQ 模型的 EOQ 公式计算其最优订货量 Q_j^*。

(2) 对每个 c_j,当 Q_j^* 位于其订货量可行范围内时,计算与各 c_j 相应的单位时间总成本 T_j。

(3) 对每个 c_j,当 Q_j^* 未在其订货量可行范围内时,找到该可行范围与 Q_j^* 最接近的端点作为订货量 Q_j,然后,计算 Q_j 和 c_j 的单位时间总成本 T_j。

(4) 对所有 c_j 下的 T_j 值进行比较,并选出最小的 T_j。然后,选出通过步骤(2)或步骤(3)求得该最小 T_j 的订货量 Q_j。

类似的分析还可用于其他类型的数量折扣,如累进制数量折扣,第一批 q_0 单位产品的成本为 c_0,第二批 q_1 单位产品的成本为 c_1,如此等等。

18.3.4 一些实用的 Excel 模板

为方便起见,本书网站上关于本章的 Excel 文件内包括五个用于 EOQ 模型的模板,其中两个用于基本 EOQ 模型。这两个模板内均可输入基本数据(d、K、h)、订货交付周期,以及公司每年的工作天数。输入后,模板便可计算公司年准备成本、存储成本,以及这两项成本之和(即总可变成本)。模板还可计算再订货点,即需要下单补货的库存水平,当该库存水平降至 0 时,新的产品将到库补充。第一个模板(Solver 模板)可随意输入任何订货量,然后显示该订货量下的年成本及再订货点。该模板还可通过 Solver 软件求解最优订货量。第二个模板(分析模板)利用 EOQ 公式计算最优订货量。

另有两个模板用于计划内断货的 EOQ 模型。输入数据后(包括单位缺货成本 p)均会得出各类年成本(包括年缺货成本)。采用 Solver 模板时,既可输入订货量 Q 的试验值和最大缺货量 $Q-S$ 的试验值,也可求解其最优解。分析型模板通过 Q^* 和 Q^*-S^* 的公式计算最优解。相应的最大库存水平 S^* 也包含在结果中。

最后一个模板为分析型模板,用于含数量折扣的 EOQ 模型。该模板中包含了单位存储成本 h 与单位成本 c 的正比关系,即

$$h = Ic$$

式中:比例因子 I 为库存存储成本率。所以,输入的数据包括 I、d、K。还需输入折扣分类的数量(其中,订货数量最低的一类虽然没有折扣,但仍视为一种折扣类别),以及各类别的单位价格和订货量范围。然后,模板便可计算出使各类别每年总成本降至最低的可行订货量,同时还显示得出的年度成本(包括年度采购成本)。利用这些模板可找出整体最优订货量及相应的年度总成本。

输入基本数据后,这些模板有助于快速计算大量信息。但更为重要的用途是可对这些数据进行灵敏度分析。在电子表格内输入新数据值后,该值的任一具体变化所带来的结果变化便一目了然。重复这一步骤,改变多个数据值,是进行灵敏度分析的便捷方法。

18.3.5 关于 EOQ 模型的探讨

（1）假设产品的单位成本不随时间的变化而变化，也与批量规模无关（与前两个 EOQ 模型相同），那么，单位成本便不会出现在批量规模的最优解中。之所以会产生这样的结果，是因为无论采用何种库存策略，单位时间内所需的产品数量相同，因此单位时间内的成本是固定的。

（2）EOQ 模型分析假设各订货周期的批量规模 Q 不变。所求得的最优批量规模 Q^* 实际上使各订货周期单位时间的总成本降至最低，因此，分析表明，即使没有做出批量规模固定不变的假设，各订货周期也应采用固定的批量规模。

（3）上述模型中，应当补充库存时的最优库存水平不可能大于零。等到库存降为零（在允许出现计划内断货的情况下，可小于零）时再补充库存，不仅可降低存储成本，还可降低生产准备的次数，以及由此产生的准备成本 K。然而，如果无法完全满足"已知固定的需求率"及"订货量恰好在需要时即送达（因为交付周期固定不变）"这两个假设，那么，在按计划补充库存时留出一些"安全库存"则是稳妥之举，这一点可通过提高模型所给出的重新再订货点实现。

（4）EOQ 模型的基本假设均要求很高，实际中很少有完全满足的情况。例如，即使计划中设置固定的需求率（如 18.11 节电视扬声器生产线一例），但需求率中断或改变的现象仍有可能发生。此外，再补充订货量恰好在需要时即送达这一假设也很难实现。尽管计划要求交付周期固定不变，但实际交付周期却经常出现变化。不过，幸运的是，尽管 EOQ 模型假设只是对现实情况的粗略近似，但通常仍可提供次优解。从这一角度而言，EOQ 模型还是实用的。这就是这些模型在实际中得以广泛应用的一个重要原因。但有些情况与这些假设差距太大，因此，在采用 EOQ 模型前应先对其适用性进行初步分析，这一点很重要。初步分析应重点关注通过模型计算不同订货量的单位时间总成本，然后，在更为现实的假设情况下评价该成本曲线的变化。

（5）参考文献[4]给出了更多有关确定性与随机性 EOQ 模型的信息及其应用情况。

18.3.6 产品需求的不同类型

18.1 节示例 2（即自行车批发销售一例）关注的是一种款式自行车的库存管理。对该产品的需求取决于批发商的客户（各零售商），他们根据自身计划购买该款自行车对库存进行补充。因此，批发商无法控制他们的需求。由于该款自行车与其他款式分开销售，所以对它的需求与对该公司其他产品的需求之间不存在任何联系。这类需求称作独立需求。

这与 18.1 节所介绍的扬声器一例不同。扬声器仅是需要装配到公司最终产品——电视机上的一个部件。所以，对扬声器的需求取决于对电视机的需求。对扬声器的这种需求模式是由公司内部制定的电视生产计划决定的，生产计划通过调节电视生产线的生产率实现。此类需求称作非独立需求。

电视厂家生产大量不同的零件、组件用作电视机部件，这些产品与扬声器相同，都是非独立需求产品。

由于非独立需求产品间具有相关性、彼此关联，因此与独立需求产品相比，其库存管理要复杂得多。物料需求计划，简称 MRP，是一种普遍用于辅助此项工作的技术。MRP 是一套基于计算机的系统，用于成品的全部部件生产的计划、调度与管理。该系统首先将产品分解成子组件，再分解成单个零部件。然后，根据各零件需求量及交付周期确定下一工序各部件的需求量及交付周期，由此制定出生产计划。除成品的主生产计划外，物料清单还提供所有零部件的详细信息。库存情况记录显示当前所有零部件的库存水平及已订购数量等信息。某一零件需订购更多量时，MRP 系统自动生成供应商采购订单，或向生产该零件的内部部门发出工作订单[①]。

18.3.7 适时制（JIT）库存管理的作用

采用基本 EOQ 模型计算扬声器一例的最优生产量时，所求结果数量很大（25298 件扬声器），这一结果使得进行生产准备、启动生产过程的频次相对较低（仅需每 3.2 月启动一次生产过程）。但这也导致平均库存水平较高（12649 件扬声器），因此，每年的总存储成本超过 45000 美元。

如此高的费用，根本原因是每次生产运行的准备成本很高（$K=12000$ 美元），而准备成本高的原因是生产设备每次使用前均需重新装配。因此，即使每年生产运行不足 4 次，但年准备成本仍超出 45000 美元，与年存储成本一样高。

如果公司未来不想继续承受每次 12000 美元的准备成本，就需要寻求降低该成本的方法。一种可能是寻找可将设备从一种用途快速转换至另一用途的方法；另一种可能是设定一套扬声器专用生产设备，这样在不同生产批次之间就无需拆除这些设备，随时准备开始另一批次的生产。

假设准备成本可从 12000 美元降至 $K=120$ 美元，则扬声器的最优生产批量便从 25298 件降至 $Q^*=2530$ 件，这样，新的生产运行时间每次都较短，每月可至少启动 3 次。这样也可降低年准备成本与年存储成本，二者均可从 45000 美元降至仅 4500 多美元。通过提高生产频次（但很经济），扬声器实际是以适时制的生产方式用于电视装配。

适时制实际是一种理想的库存管理理念。适时制（JIT）库存系统非常注重将库存水平降至绝对最低，以便仅在需要时适时提供产品。这一理念首先由日本丰田公司于 20 世纪 50 年代末发明，日本在 20 世纪后期所取得的生产硕果部分要归功于这一理念。近年来，该理念也日渐在世界其他国家包括美国流行起来。[②]

尽管适时制理念有时被误解，认为其与 EOQ 模型应用彼此矛盾（因为准备成本较高时，EOQ 模型给出的订货量会很大），但二者实际上是互补的。JIT 库存系统重点关注找出可大幅降低准备成本的方法，从而使最优订货量较小。JIT 系统还寻求降低订单交付周期的方法，因为这可降低发货时需求量的不确定性。此外，JIT 还强调预防性维护，从而使生产设备在需要时即可投入生产。最后一点是重视改善生产流程，以确保产品质量。因为要按时提供恰当数量的产品就无法为任何次品留出余地。

更为概括地说，适时制理念的核心是避免生产过程中产生任何浪费。其中一种形式的浪费是不必要的库存，其他浪费形式包括不必要的高额准备成本、不必要的较长交付周期、生产设备无法在需要时投入运行以及残次品等。将这些浪费降至最低是理想库存管理的关键。

18.4 确定性定期监控模型

18.3 节探讨了基本 EOQ 模型及其变化，其结果依赖于需求率固定不变这一假设。若放宽

[①] *IIE Solution* 1996 年 9 月刊第 32 页–第 44 页的系列文章有更多关于 MRP 的信息。

[②] 有关 JIT 在美国应用情况的更多信息，可参见 R. E. White, J. N. Pearson, and J. R. Wilson, "JIT Manufacturing: A Survey of Implementations in Small and Large U. S. Manufacturing," *Management Science*, 45: 1–15, 1999. 以及 H. Chen, M. Z. Frank, and O. Q. Wu, "What Actually Happened to the Inventories of American Companies Between 1981 and 2000," *Management Science*, **51**(7): 1015–1031, July 2005。

该假设,即不同时段从库存中提取产品的数量不同,则就无法确保 EOQ 公式生成最小成本解。

考虑以下定期监控模型:制定未来 n 个周期的计划,确定每个周期开始时需要(如有需要)生产或订购多少产品补充库存(补充库存的方式既可通过采购,也可通过生产,但本模型的应用中更为普遍的做法是生产产品,因此我们主要使用生产这一说法)。各周期需求已知(但各不相同),可表示为

$$r_i = 周期\ i\ 的需求, \quad i=1,2,\cdots,n$$

这些需求需要及时满足。开始时并无现货库存,但第一个周期开始时留有收货时间。

本模型所包括的成本与基本 EOQ 模型涉及成本类似:

$K=$ 每个周期开始时为补充库存生产或采购产品的准备成本;

$c=$ 生产或采购产品的单位成本;

$h=$ 每个周期结束时剩余库存产品的存储成本。

需要注意的是,上述存储成本仅根据周期末库存产品的数量而求得。每个周期在产品出库前的一段时间内也有存储成本,但这些成本均为固定成本,与库存策略无关,不影响分析。只有那些受所选库存策略影响的可变成本,如库存从一个周期进入下个周期而产生的额外存储成本,才与库存策略的选择相关。

同理,由于在所有周期内,所有库存策略都以相同的成本生产相同数量的产品,因此单位成本 c 也是独立的固定成本。

目标是使 n 个周期的总成本最小,这就需要忽略固定成本并将 n 个周期的总可变成本降至最低,具体见以下示例。

18.4.1 示例

一家专营小型飞机生产制造的飞机制造商,刚从一家大公司接到订单,要求为该公司高层管理人员定制 10 架公务喷气机。订单要求在本年的冬季(周期1)交付 3 架飞机(并收到货款);第二年的春季(周期2)交付 2 架飞机,夏季(周期3)交付 3 架飞机;秋季(周期4)交付最后 2 架飞机。

建设用于生产这种特定类型飞机的生产设备的准备成本为 200 万美元。制造商具备在冬季前数月内生产出全部 10 架飞机的能力,但这必然导致库存 7 架飞机,在规定的交付时间前,每架飞机每个交付周期的存储成本为 20 万美元。为降低或避免昂贵的存储成本,现在先小批量生产几架飞机,在接下来的交付周期或各交付周期内重新组装生产设备(准备成本还是 200 万美元)继续进行其他的小批量生产。管理层希望确定生产方案,以最低成本完成该订单。

使用模型的符号,未来 4 个周期(或季度)对该款定制飞机的需求可表示为

$r_1=3, \quad r_2=2, \quad r_3=3, \quad r_4=2$

相关成本为(单位:百万美元)

$K=2, \quad h=0.2$

问题是确定 4 个周期中,各交付周期开始时需生产几架飞机(如需要),可使总可变成本降至最低。

高昂的准备成本 K 给人的一个强烈的感觉是,最好一次生产完所有飞机,而不是在各交付周期内分别生产。但由于存储成本 h 很高,在生产之初便完成 4 期总需求(10 架飞机),导致大量库存也是不可取的。或许最好的方法是采取一个折中策略:飞机分多次生产,生产次数小于 4 次,如图 18.4 所示的一个这样的可行解(但非最优解)。该图显示了从第 1 个周期生产 3 架飞机开始,到第二年库存水平的变化情况,其中第 2 个周期开始生产 6 架,第 4 个周期开始生产 1 架。

图中黑点代表 4 个周期开始前的库存水平。

那么,如何确定最优生产计划呢?对该模型,一般来讲,第 1 个周期的生产(或采购)是必须的,但对于其他 $n-1$ 个周期来说,则需制定决策是否进行生产。因此,求解该模型的一种方法是对 2^{n-1} 个生产决策组合中的每个决策组合,枚举各周期可能的产量(如果当期需要进行生产)。即使对中等数值的 n 而言,该方法仍显笨拙,因此,需要更为有效的方法。接下来将对这一方法进行概述,然后,继续寻找本例的最优生产计划。尽管该一般方法既可通过生产也可通过采购补充库存,但为了叙述简洁,在此仅使用生产这一术语。

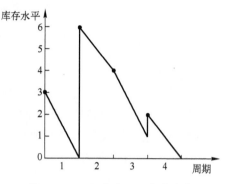

图 18.4 飞机生产示例中某生产计划样本的库存水平

18.4.2 算法

理解最优策略的本质是制定上例最优库存策略(或称为最优生产计划)有效算法的关键。

最优策略(生产计划)仅在库存为零时进行生产。

为说明该结论的正确性,考虑图 18.4 所示的策略(称为策略 A)。由于策略 A 在第 4 个周期开始进行生产时的库存水平大于 0(有 1 架飞机),因此该策略违反上述最优策略特征。但对该策略稍作调整便可满足上述特征,即只需在第 2 个周期少生产 1 架飞机,而在第 4 个周期多生产 1 架。图 18.5 中用虚线表示调整后的策略(称为策略 B),并显示了策略 A(实线)与策略 B 的差异。可注意到,策略 B 的总成本必定小于策略 A。尽管二者的准备成本(及生产成本)相同,但由于策略 B 在第 2 个、第 3 个周期的库存小于策略 A(其他周期内库存相等),因而,策略 B 的存储成本小于策略 A。因此,策略 B 优于策略 A,所以策略 A 并非最优策略。

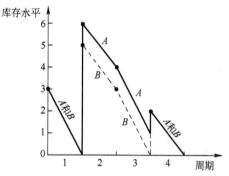

图 18.5 飞机生产示例中两个库存策略(生产计划)的比较

可利用最优策略的这一特征识别哪些不是最优策略。此外,由于采用最优策略便意味着第 i 个周期开始时可选择的产量有 $0, r_i, r_i+r_{i+1}, \cdots,$ 或 $r_i+r_{i+1}+\cdots+r_n$,因而,可利用这一点得到一个有效算法,且该算法与 11.3 节所述确定性动态规划方法相关。

特别地,做出如下定义:

$C_i=$ 当周期 i 的开始为 0 库存时(即开始生产之前),最优策略下周期 $i, i+1, \cdots, n$ 的总可变成本,其中 $i=1, 2, \cdots, n$。

利用动态规划法按周期反向求 C_i 值,首先求得 C_n,然后求 C_{n-1},依此类推。计算出 C_n、C_{n-1}、C_{i+1} 后,便可通过递推关系求出 C_i 值,即

$$C_i = \underset{j=i, i+1, \cdots, n}{\text{minimum}} \{ C_{j+1} + K + h[r_{i+1} + 2r_{i+2} + 3r_{i+3} + \cdots + (j-i)r_j] \}$$

式中:j 表示库存在周期 i 开始生产后首次达到 0 的那个周期(的结束),带有系数 h 的项表示从周期 i 到周期 j 时段内的总存储成本,$j=n$ 时,C_{j+1} 项等于 0。j 的最小值表明,如果进入周期 i 时库存水平确实降至零,则周期 i 的产量应满足自周期 i 至该周期 j 间的所有需求。

求解该模型的算法包括逐个求解 $C_n, C_{n-1}, \cdots, C_1$。对 $i=1, j$ 的最小值表明第 1 个周期的产

量应满足第 1 个至第 j 个周期的需求,所以第二次生产应从周期 $j+1$ 开始。对 $i=j+1$,新的 j 的最小值代表第二次生产的时间间隔,依此类推,直至最后一个周期。下面通过示例对该方法进行讲解。

该算法应用起来比全动态规划法要快很多①。动态规划法中,必须先算出 C_n,C_{n-1},…,C_2,才能再求解 C_1。但该算法计算量却小很多,并且潜在生产数量也大幅降低。

18.4.3 运用算法求解飞机生产问题

继续回到飞机生产这个例子上来。首先考虑计算 C_4,即第 4 个周期开始至计划结束这段时间的最优策略成本为

$$C_4 = C_5 + 2 = 0 + 2 = 2$$

为计算 C_3,必须考虑两种情况,即第 3 个周期后库存为零何时首次出现,是第 3 个周末还是第 4 个周期末? 就 C_3 的递推关系而言,这两种情况分别对应 $j=3$ 和 $j=4$。其相应成本分别用 $C_3^{(3)}$ 与 $C_3^{(4)}$ 表示(即在 j 下递推关系的右侧数值)。$C_3^{(3)}$ 的相关策略要求仅在第 3 个周期进行生产,然后遵循第 4 个周期的最优策略;然而 $C_3^{(4)}$ 的相关策略则要求第 3 个与第 4 个周期均进行生产。因而,成本 C_3 取 $C_3^{(3)}$、$C_3^{(4)}$ 中的较小者。这两种情况在图 18.6 所示的策略中均有体现,即

$C_3^{(3)} = C_4 + 2 = 2 + 2 = 4$

$C_3^{(4)} = C_5 + 2 + 0.2(2) = 0 + 2 + 0.4 = 2.4$

$C_3 = \min\{4, 2.4\} = 2.4$

因此,进入第 3 个周期时如果库存水平降至零(此时,应进行生产),则第 3 个周期的产量应既满足第 3 个周期、也满足第 4 个周期的需求。

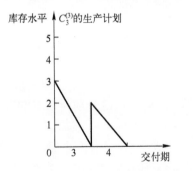
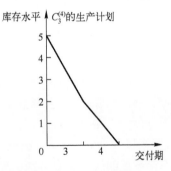

图 18.6 飞机生产一例中,当要求在第三交付期期初进行生产时的替代生产计划

为计算 C_2,必须考虑第 2 个周期后何时首次出现库存为零,有 3 种情况:(1)第 2 个周期末;(2)第 3 个周期末;(3)第 4 个周期末。就 C_2 的递推关系而言,这 3 种情况分别对应 $j=2$,$j=3$ 和 $j=4$,相应的成本分别用 $C_2^{(2)}$、$C_2^{(3)}$ 与 $C_2^{(4)}$ 表示。然后,C_2 的成本取 $C_2^{(2)}$、$C_2^{(3)}$ 与 $C_2^{(4)}$ 中的最小者,即

$C_2^{(2)} = C_3 + 2 = 2.4 + 2 = 4.4$

$C_3^{(4)} = C_4 + 2 + 0.2 \times 3 = 2 + 0.6 = 4.6$

$C_2^{(4)} = C_5 + 2 + 0.2 \times (3 + 2 \times 2) = 0 + 2 + 1.4 = 3.4$

$C_2 = \min\{4.4, 4.6, 3.4\} = 3.4$

---

① 但是,全动态规划法在模型的一般性问题求解方面(如生产成本和存储成本的非线性函数等)是有用的,而对这些问题上述算法则不适用(习题 18.4-3 和习题 18.4-4 均为采用动态规划法处理模型一般性问题的例子)。

这样,如果在第 2 个周期进行生产(因为库存水平降至 0),其产量应满足剩余各周期的需求。

最后,要计算 C_1,必须考虑第 1 个周期后首次出现库存为零的时间,有 4 种情况:(1)第 1 个周期末;(2)第 2 个周期末;(3)第 3 个周期末;(4)第 4 个周期末。分别对应 $j=1,2,3,4$,其成本分别为 $C_1^{(1)}$、$C_1^{(2)}$、$C_1^{(3)}$ 与 $C_1^{(4)}$。然后,C_1 的成本取 $C_1^{(1)}$、$C_1^{(2)}$、$C_1^{(3)}$ 与 $C_1^{(4)}$ 中的最小者,即

$$C_1^{(1)} = C_2 + 2 = 3.4 + 2 = 5.4$$
$$C_1^{(2)} = C_3 + 2 + 0.2 \times 2 = 2.4 + 2 + 0.4 = 4.8$$
$$C_1^{(3)} = C_4 + 2 + 0.2 \times (2 + 2 \times 3) = 2 + 2 + 1.6 = 5.6$$
$$C_1^{(4)} = C_5 + 2 + 0.2 \times (2 + 2 \times 3 + 3 \times 2) = 0 + 2 + 2.8 = 4.8$$
$$C_1 = \min\{5.4, 4.8, 5.6, 4.8\} = 4.8$$

需要注意的是,$C_1^{(2)}$ 和 $C_1^{(4)}$ 同时作为最小值赋给了 C_1,意味着 $C_1^{(2)}$ 与 $C_1^{(4)}$ 对应的策略均可能是最优策略。$C_1^{(4)}$ 的策略要求第 1 周期内便生产足够产品,以满足所有 4 个周期的需求。$C_1^{(2)}$ 的策略仅满足到第 2 个周期的需求。根据 $C_1^{(2)}$ 的策略,第 2 个周期末时库存会降至零,接下来便采用 C_3 的结果,即在第 3 个周期生产足够的产品,以满足第 3 个、第 4 个周期的需求。以下对所求得的生产计划进行总结。

18.4.4 最优生产计划

(1)在第 1 个周期生产 10 架飞机。

总可变成本为 480 万美元。

(2)在第 2 个周期生产 5 架飞机,在第 3 个周期生产 5 架飞机。

总可变成本为 480 万美元。

18.5 供应链管理的确定性多级库存模型

近年来,随着全球经济的不断增长,库存管理发生了极大的变化。如今,许多制造商的库存遍布世界各地,甚至一种产品的库存也分散于世界不同地方,这是前所未有的现象。

制造商可能先将存货放在生产场地(库存系统的一级梯队),然后,存放至国家或区域性仓库(三级梯队),接下来进入分销中心(三级梯队),如此等等。因此,多级库存系统中存放货物的各个阶段被称作库存系统的级。含有多级的库存系统则称作多级库存系统。综合型企业不仅从事生产,还经营零售,其库存级别一直延伸到零售商店。

任何一种产品的存货均需在不同级别的仓库间进行协调。由于各级仓库(最后一级仓库除外)的存货均用于在需要时补充下一级仓库,因此,某级仓库当前所需库存水平受下级各仓库补库时间的影响。

对多级库存系统进行分析是一项很大的挑战。然而,经过大量的创新研究(其历史可追溯至 20 世纪中叶),已开发出简便的多级库存模型。随着多级库存系统的作用日趋显著,这类研究无疑将持续成为热点。

供应链管理是全球经济中新涌现出的另一重要管理模式,由于这一概念还需首先考虑产品入库应采取的措施,因此使多级库存系统管理更进一步。然而,与库存管理一样,供应链管理的主要目的,仍是尽快将产品送达至客户,从而在与其他公司的竞争中取得优势。

供应链是从采购原料、制成半成品及成品到最终通过包括多级库存系统在内的分销系统将

产品交付客户的一整套功能网络。因此,供应链涉及采购、生产及销售各个过程。由于这些阶段均需要库存,因此,高效的库存管理是供应链管理的关键。为高效完成订单,必须理解供应链所有关键要素间的相互关系。供应链综合管理也因此成为当前多龙头企业获得成功的关键。

为辅助供应链管理,现在的多级库存模型可能会包括供应链开始和成品销售部分所涉及的各级仓库。因此,第一级仓库可能是用于产品生产的原料或零件库存;第二级仓库可能是由原料或零件制成的组件库存,这些组件日后将用于成品装配;接下来可能便是成品销售所用到的各级仓库,从生产场地的一处或多处存储地,至国家或区域性仓库,再到分销中心等。

通常,多级库存模型旨在协调不同级仓库间的库存,以使整个多级库存系统的总成本降至最低。对于一个运营所有业务的综合公司,上述目标是自然而然的。将某些级别的仓库交由公司的供应商或客户管理,或许也合适,因为供应链管理的一个主要概念便是公司应努力与供应商及客户形成友好融洽的伙伴关系,促使他们共同实现总体利润最大化。通常,这就要求制定互惠互利的供货合同,从而降低共同管理的多级库存系统的总运行成本。

多级库存模型比本章其他部分介绍的单级库存模型分析起来要复杂得多。不过,下面介绍两种相对易于处理的多级库存模型,以便讲解相关概念。

18.5.1 二级库存系统模型

最简单的多级库存系统仅有两级,且各级仅有一个仓库。图 18.7 所示为一个此类库存系统,其中仓库 1 的库存用于定期补充仓库 2。例如,仓库 1 可能是一家不定期生产某产品的工厂,仓库 2 可能是该产品的分销中心,或者仓库 2 是生产该产品的工厂,仓库 1 生产或从供应商处接收该产品的零部件。

图 18.7 二级库存系统

由于仓库 1 和仓库 2 的产品可能不同,因此分别将其称为产品 1 和产品 2。产品 1 和产品 2 的数量是固定的,生产一单位的产品 2 需要一单位产品 1。例如,如果产品 1 中包含了生产成品(即产品 2)的全部零部件,那么便将生产一单位成品所需的一整套零部件定义为一单位的产品 1。

该模型做出如下假设。

(1) 二级库存系统模型假设。

① 基本 EOQ 模型的假设(见 18.3 节)也适用于仓库 2。因此,单位时间需求率固定不变,且已知为 d 件。当库存水平降至零时,及时下单订购 Q_2 单位的产品补充库存。不允许出现计划内断货现象。

② 仓库 2 的相关成本包括每次下单后的准备成本 K_2 和单位时间每单位产品的存储成本 h_2。

③ 每次接到订单后,仓库 1 立即利用库存向仓库 2 提供一批(Q_2 单位)产品。

④ 出现断货前,需及时下单订购 Q_1 单位产品对仓库 1 进行补充。

⑤ 与仓库 2 类似,仓库 1 的相关成本包括每次下单后的准备成本 K_2 和单位时间每单位产品的存储成本 h_1。

⑥ 仓库 2 每次接收并加工产品后,其库存便会增加,所以 $h_1 < h_2$。

⑦ 该模型旨在使两个仓库的单位时间可变成本之和最低(单位时间可变成本将以 C 表示)。

假设③中"立即"一词意味着从仓库 2 下单订购 Q_2 单位产品到仓库 1 完成该订单的交付周期为 0。实际上,从仓库 1 接收、处理订单到送货到仓库 2 需要大量时间,因而,交付周期较长是普遍现象。但只要交付周期基本是固定不变的，便相当于模型假设交付周期为 0，因为可以及时下单，当库存水平降为 0 时，订货也恰好送达。例如，如果交付周期为一星期，便会在库存降至 0 的前一星期下单。

尽管交付周期为 0 与固定交付周期对建模而言并无区别，我们还是特意假设交付周期为 0，这样简化会使两个仓库的库存水平随时间同时变化。图 18.8 为这一概念的描述。由于基本 EOQ 模型假设也适用于仓库 2，所以其库存水平也按照锯齿模式（图 18.1）变化。每次仓库 2 需要补充库存时，仓库 1 便运送 Q_2 单位的产品 1 至仓库 2。产品 1 可能与产品 2 一模一样（如工厂将成品运至分销中心），如果不一样（如供应商将生产成品所需的零件运至工厂），仓库 2 立即利用运来的 Q_2 单位产品 1 生产 Q_2 单位的产品 2（即成品），然后，仓库 2 以固定需求量出货，即每单位时间 d 单位，直至库存水平降为 0 再进行补库。

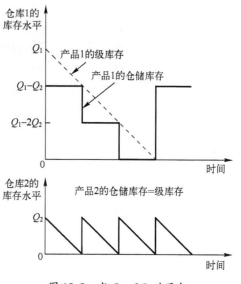

图 18.8 当 $Q_1 = 3Q_2$ 时两个仓库的同步库存水平

仓库 1 的库存水平随时间的变化模式要比仓库 2 复杂。每次仓库 2 需增加 Q_2 单位的产品补库时，都需要从仓库 1 提取 Q_2 单位的库存。这就要求对仓库 1 进行补充，因而，仓库 1 会定期下单订购 Q_1 单位产品。采用与 18.4 节相同的推理方法（图 18.4 和图 18.5）可知，模型的确定性意味着只有当库存水平为 0 的时刻，方可补充仓库 1 的库存，并在此时从仓库 1 提取货物供应仓库 2。分析过程中，需要核查如果仓库 1 的补库时间早于或晚于上述时间会发生什么。如果补库时间过晚，仓库 1 无法及时供应仓库 2，也就无法继续执行仓库 2 的最优库存策略，因而无法接受这一做法。如果补库时间过早，仓库 1 便需额外承担该批库存在供给仓库 2 之前的时间内的存储成本，因此，最好将仓库 1 的补库时间延长至上述时间。于是，可得出以下结论：

最优策略应使 $Q_1 = nQ_2$，其中，n 为固定的正整数，且只有当仓库 1 的库存为零、恰好需向仓库 2 供应一批数量为 Q_2 单位的产品时，才应为仓库 1 补充一批数量 Q_1 单位的产品。

这便是图 18.8 所示策略，图中的情况为 $n=3$。特别地，每次仓库 1 收到一批数量为 Q_1 单位的产品后，便同时向仓库 2 供应一批数量为 Q_2 单位的产品，因此仓库 1 剩余的现货库存（称为仓库库存）变为 (Q_1-Q_2) 单位。图 18.8 显示，继续为仓库 2 提供两批数量各为 Q_2 单位的产品后，下一周期的开始仓库 1 又收到一批数量为 Q_1 单位的产品，与此同时，仓库 1 需为仓库 2 供应另一批数量为 Q_2 单位产品。

图 18.8 上图中，虚线表示的是仓库 1 的另一个量——级库存。

多级库存系统中，任一仓库内某产品的级库存包括该仓库的实际现货库存（称为仓库库存），加上该产品分流到多级库存系统下级仓库中的库存（或许已装配接近成品）。

由于产品 1 的库存定期由仓库 1 运至仓库 2，并立即在仓库 2 制成产品 2，所以图 18.8 中，仓库 1 的级库存等于仓库 1 的仓库库存与仓库 2 的库存水平之和。在时间轴的 0 点位置，由于现货库存为 (Q_1-Q_2) 单位，且刚向仓库 2 运送 Q_2 单位的产品用于补充库存，因而，仓库 1 中产品 1 的级库存为 Q_1。因为仓库 2 的需求率固定不变，相应地，其出库量也固定不变，所以仓库 1 中产品 1 的级库存也以相同的固定速率减少，直至仓库 1 收到下一批数量为 Q_1 单位的产品。在

图 18.8 中,如果在更长的时间内绘制仓库 1 中产品 1 的级库存的变化,将会看到与图 18.1 所示库存水平变化模式相同的锯齿状图形。

很快就会看到级库存在多级库存系统分析中的重要作用,这是因为级库存的锯齿形状库存水平变化模式,将促使采用与基本 EOQ 模型类似的分析方法。

由于目的是使两个仓库的单位时间可变成本之和最小,因此,最简单(且普遍采用)的办法便是分别计算使仓库 2 与仓库 1 的产品总可变成本最小的 Q_2 与 $Q_1 = nQ_2$ 的值。但遗憾的是,该方法忽视了两个仓库可变成本之间的联系。因为产品 2 的批量 Q_2 会影响仓库 1 中产品 1 的库存水平的变化模式,因此,单独优化 Q_2 而不考虑其对产品 1 所产生的影响,不会产生整体最优解。

为更好地理解其中的关系,先对这两个仓库分别进行优化会有一定的启发性。接下来,我们先优化,然后说明为何这样做会产生较大错误。

(2) 分别优化两个仓库所隐含的陷阱。

先优化仓库 2。由于仓库 2 的假设完全适用于基本 EOQ 模型,因此可直接使用 18.3 节该模型的结果。所以,仓库 2 的单位时间总可变成本为

$$C_2 = \frac{dK_2}{Q_2} + \frac{h_2 Q_2}{2}$$

(该总可变成本表达式与 18.3 节所列基本 EOQ 模型的总成本表达式不同,该表达式删除了固定成本 dc,其中 c 为获得产品的单位成本)。EOQ 公式表明,仓库 2 的最优订货量为

$$Q_2^* = \sqrt{\frac{2dK_2}{h_2}}$$

所以,当 $Q_2 = Q_2^*$ 时,可得 C_2 为

$$C_2^* = \sqrt{2dK_2 h_2}$$

现在,考虑仓库 1 的订货量为 $Q_1 = nQ_2$ 的情况。图 18.8 表明仓库库存的平均库存水平为 $(n-1)Q_2/2$,由于仓库 1 每 $Q_1/d = nQ_2/d$ 单位时间便需 Q_1 单位的产品补充库存,可得仓库 1 的单位时间总可变成本为

$$C_1 = \frac{dK_1}{nQ_2} + \frac{h_1(n-1)Q_2}{2}$$

为找出使 C_1 最小的订货量 $Q_1 = nQ_2$,已知 $Q_2 = Q_2^*$,需计算使 C_1 最小的 n 值。忽略 n 为整数这一要求,计算 C_1 关于 n 的微分,将导数设为零(同时注意正数 n 的二阶导数也为正),计算 n 值,可得

$$n^* = \frac{1}{Q_2^*}\sqrt{\frac{2dK_1}{h_1}} = \sqrt{\frac{K_1 h_2}{K_2 h_1}}$$

已知 $Q_2 = Q_2^*$,如果 n^* 为整数,那么,$Q_1 = n^* Q_2^*$ 便是仓库 1 的最优订货量;如果 n^* 不是整数,那么,需将 n^* 四舍五入为整数。规则如下。

(3) n^* 的四舍五入过程。

如果 $n^* < 1$,取 $n = 1$。

如果 $n^* > 1$,令 $[n^*]$ 为 $\leq n^*$ 的最大整数,于是,$[n^*] \leq n^* < [n^*] + 1$,取整方法如下。

如果 $\dfrac{n^*}{[n^*]} \leq \dfrac{[n^*]+1}{n^*}$,取 $n = [n^*]$。

如果 $\frac{n^*}{[n^*]} > \frac{[n^*]+1}{n^*}$，取 $n = [n^*] + 1$。

n^* 的公式表明其值与 K_1/K_2 和 h_2/h_1 均有关。如果这两个量均比 1 大很多，那么，n^* 也会比 1 大很多。记得二级库存系统模型的假设⑥便是 $h_1 < h_2$，也就是说，$h_2/h_1 > 1$，而且可能大许多。假设⑥通常都是成立的，因为当产品 1 被送至仓库 2（此处生成满足需求的成品）变为产品 2（成品）时，产品 1 的数量通常增加，这就意味着，当产品从仓库 1 运往仓库 2 时，单位库存的资金占用成本（这通常是存储成本的主要组成部分）也会增加。同样，如果仓库 1 需要运行准备以生产各批产品（因此 K_1 较大），而仓库 2 仅需投入少量管理成本 K_2 便可为每批产品下单，那么，K_1/K_2 会远大于 1。

上述分析的缺点来自于第一步，即选择仓库 2 的订货量这一步。选择订货量时，不应仅考虑仓库 2 的成本，还应考虑由此产生的仓库 1 的成本。现在我们来看同时考虑两个仓库并使总成本最低的正确分析。

(4) 两个仓库同时优化。

将上述各仓库的成本相加，可两个仓库的单位时间总可变成本为

$$C = C_1 + C_2 = \left(\frac{K_1}{n} + K_2\right)\frac{d}{Q_2} + [(n-1)h_1 + h_2]\frac{Q_2}{2}$$

从两个仓库的级库存存储成本的角度，对式中第二项存储成本的解释非常有趣。尤其是，令

$e_1 = h_1 = $ 仓库 1 单位时间内单位产品的级存储成本

$e_2 = h_2 - h_1 = $ 仓库 2 单位时间内单位产品的级存储成本

因此，存储成本可表达为

$$[(n-1)h_1 + h_2]\frac{Q_2}{2} = h_1\frac{nQ_2}{2} + (h_2 - h_1)\frac{Q_2}{2} = e_1\frac{Q_1}{2} + e_2\frac{Q_2}{2}$$

式中：$Q_1/2$ 和 $Q_2/2$ 分别为仓库 1 和仓库 2 的级库存的平均库存水平（图 18.8）。令 $e_2 = h_2 - h_1$ 而非 $e_2 = h_2$，是因为 $e_1Q_1/2 = h_1Q_1/2$ 中已包含下游仓库 2 中产品 1 的存储成本，因此，$e_2 = h_2 - h_1$ 仅需反映将仓库 2 的产品 1 制成产品 2 的附加值即可（采用基于各仓库附加值的级存储成本这一概念，在接下来多于两级的库存模型中还会发挥更为重要的作用）。

通过上述级存储成本可得

$$C = \left(\frac{K_1}{n} + K_2\right)\frac{d}{Q_2} + (ne_1 + e_2)\frac{Q_2}{2}$$

计算 Q_2 的微分，将导数设置为零（同时验证 Q_2 为正数时，其二阶导数也为正数），然后，计算 Q_2 作为仓库 2 的最优订货量（n 已知），可得

$$Q_2^* = \sqrt{\frac{2d\left(\frac{K_1}{n} + K_2\right)}{ne_1 + e_2}}$$

需要注意的是，这与基本 EOQ 模型所采用的 EOQ 公式相同，在 EOQ 公式中，总准备成本为 $K_1/n + K_2$，总单位存储成本为 $ne_1 + e_2$。

将该 Q_2^* 表达式插入 C 中，然后，进行代数简化后可得

$$C = \sqrt{2d\left(\frac{K_1}{n} + K_2\right)(ne_1 + e_2)}$$

当 $Q_1 = nQ_2^*$ 时，为计算仓库 1 的最优订货量，需找出使 C 最小的 n 值。通常的做法是对 C 计算 n 的微分，将导数设置为零，然后计算 n 值。但由于 C 的表达式涉及平方根，因此，不便于直

接进行微分。因为能使 C^2 最小化的 n 值同样可使 C 最小化,所以更便捷的方法是求 C 的平方值,并使 C^2 最小化,以此去掉 C 的平方根符号。因此,我们求 C^2 关于 n 的微分,将导数设置为零,然后,计算含有 n 的等式。由于 n 为正数时,其二阶导数也为正数,于是,所求得的 n 最小值为

$$n^* = \sqrt{\frac{K_1 e_2}{K_2 e_1}}$$

这与 18.5.3 节所求得的 n^* 表达式基本相同,只是这里分别用 e_1 和 e_2 替代了 h_1 和 h_2。当 n^* 为非整数时,其取整过程与 18.5.4 节相同。

可用这一方法计算 n 值后,进而可计算 Q_2^* 的值,然后,求得 $Q_1^* = nQ_2^*$。

(5) 示例。

为说明上述结果,假设该模型参数为

$$K_1 = 1000, \quad K_2 = 100, \quad h_1 = 2, \quad h_2 = 3, \quad d = 600$$

表 18.1 分别列出了以上述两种方法求得的 Q_2^*、n^*、n(n^* 取整后的值)、Q_1^* 及 C^*(所求得的单位时间总可变成本)的值,第二列为采用分别优化两个仓库的不精确方法所得的结果,第三列为运用同时优化两个仓库的有效方法求得的结果。

表 18.1 两级库存模型在本例中的应用

订货量	仓库分别优化	仓库同时优化
Q_2^*	200	379
n^*	$\sqrt{15}$	$\sqrt{5}$
n	4	2
Q_1^*	800	758
C^*	1950	1897

需要注意的是,同时优化所产生的结果与分别优化产生的结果不同,最大的不同是仓库 2 的订货量几乎是分别优化时的 2 倍,此外,总可变成本 C^* 比分别优化时低近 3%。采用不同参数值时,分别优化所产生的总可变成本误差有时较大。因此,分别优化方法提供的是非常粗略的近似。此外,由于同时优化也一样简便易行,因此没有理由使用分别优化法。

18.5.2 多级库存系统模型

下面将把上述分析拓展到两级以上库存系统。图 18.9 描述了此类系统,其中仓库 1 定期补充库

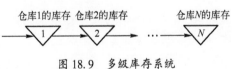

图 18.9 多级库存系统

存,然后,其库存用于定期为仓库 2 补库,再接下来仓库 2 为仓库 3 补库,以此类推,直至最后一个仓库(仓库 N)。有些或全部仓库可能均为加工中心,它们将从上一仓库收到的产品进行加工,制成接近成品的产品。在产品就绪、可以发运至下一加工中心或下一个离成品客户不远的存储设施前,仓库也用于产品存放。仓库 N 既可进行任何所需的最终加工,也可用于将成品存放在可连续不断、随时满足对其需求的某处便利位置。

因为产品经不断加工接近成品的形态,因此它们在不同仓库时也略有不同,所以我们把在仓库 1 的产品称为产品 1,在仓库 2 的称为产品 2,以此类推。不同产品的数量是明确的,某仓库中 1 单位的产品恰好用于下一仓库生产 1 单位的产品。

多级库存系统模型是直接基于上文二级库存系统模型的总结概括,模型假设如下。

(1) 多级库存系统模型假设。

① 基本 EOQ 模型(18.3 节)的假设也适用于仓库 N。因此,单位时间需求率为已知常量 d

单位。当库存水平降至零时,应及时下单订购 Q_N 单位的产品补充库存。不允许出现计划内断货现象。

② 出现断货前,需及时下单订购 Q_1 单位的产品补充仓库 1 的库存。

③ 除仓库 N 外,各仓库定期利用库存为下一级仓库补库。因此,每次从仓库 $(i+1)$ 接到订单后,仓库 $i(i=1,2,\cdots,N)$ 便立即为仓库 $(i+1)$ 提供一批数量 Q_{i+1} 单位的产品。

④ 各仓库 $i(i=1,2,\cdots,N)$ 的相关成本包括每次下单后的准备成本 K_i 与单位时间内每单位产品的存储成本 h_i。

⑤ 产品每经过一个仓库都进行加工,产品价值便会增加,所以 $h_1<h_2<\cdots<h_N$。

⑥ 模型旨在使 N 个仓库的单位时间可变成本之和最低(单位时间总可变成本用 C 表示)。

假设③中"立即"一词意味着从一个仓库下单到其上一级仓库完成该订单之间的交付周期基本为零,即使交付周期为固定不变的正值,也不会使问题更加复杂。图 18.10 是对图 18.8 的扩展,显示当交付周期为零、仓库数量为 4 个时,这些仓库的库存水平随时间的同步变化情况。此时,$Q_i=2Q_{i+1}$,$i=1,2,3$,因此,对前 3 个仓库,每当为其下级仓库补库 2 次时,均需为自己补库一次。这样,以 0 时刻作为 4 个仓库一个补库周期的起点,当仓库 1 的库存为 0 后补充一批数量为 Q_1 单元的产品的情况,如图 18.10 所示。这批产品中,有一半用于立即补充仓库 2 的库存;然后,仓库 2 再将一半产品立即补充仓库 3 的库存;仓库 3 再这样补充仓库 4 的库存。因此,在时间轴的 0 点位置,刚送达仓库 1 的产品便以最快的速度被一路送至下游最后一个仓库,最后一个仓库立即利用补充后的成品库存满足该产品每单位时间 d 单元的需求量。

前文中,将仓库 1 的级库存定义为该仓库的实际现货库存(仓储库存)加上该产品已位于多级库存系统下游(或许已装配得接近成品形态)下级库的库存。因此,正如图 18.10 虚线所示,仓库 1 在时间轴 0 点位置上的级库存为 Q_1 单元,然后,以每单位时间 d 单元减少,直至

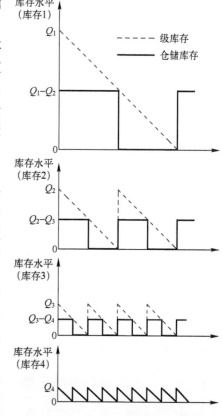

图 18.10 当 $Q_i=2Q_{i+1}(i=1,2,3)$ 时,4 个仓库$(N=4)$的同步库存水平

需要订下一批量为 Q_1 单元产品为止。此后,锯齿状变化模式便持续下去。仓库 2 和仓库 3 的级库存也是按这样的锯齿状展开变化,但其变化周期较短。仓库 4 的级库存与仓库库存完全吻合,所以此处的级库存也以锯齿状发生变化。

18.3 节中,基本 EOQ 模型的锯齿状变化模式使问题分析变得简单易行。同样,分析当前模型时,把主要精力放在各仓库的级库存而非仓库库存上,将比较便捷。为此,需要使用级存储成本

$$e_1=h_1, e_2=h_2-h_1, e_3=h_3-h_2,\cdots,e_N=h_N-h_{N-1}$$

式中:e_i 为仓库 $(i-1)$ 中的产品 $(i-1)$ 制成仓库 i 中的产品 i 后,单位时间内单位产品的增值的存储成本。

图 18.10 假设各仓库的补库周期是同步的,如仓库 1 进行补库的同时,也有其他仓库在进行

补库。这样做的合理性在于,避免了仓库无需补库时进行补库造成的浪费。为避免仓库在补库周期结束时还有剩余库存,符合逻辑的做法是订适量产品,仅够为下一仓库提供整数次供应。

对任一补库周期,最优策略应使 $Q_i = n_i Q_{i+1} (i=1,2,\cdots,N-1)$,其中 n_i 为正整数(补库周期不同,n_i 值可能不同)。此外,只有当仓库 $i(i=1,2,\cdots,N-1)$ 库存降至 0 且需向仓库 $(i+1)$ 提供 Q_{i+1} 单位产品时,方可为其补充 Q_i 单位的库存。

(2) 问题的改进。

遗憾的是,当 $N>2$ 时,求解该模型最优解就变得异常困难。例如,同一仓库的最优订货量可能随补库周期而变化。因此,通常采取两项简化逼近来求解。

简化逼近 1:假设同一仓库各补库周期的订货量相同,这样,$Q_i = n_i Q_{i+1} (i=1,2,\cdots,N-1)$,其中 n_i 为固定正整数。

简化逼近 2:$n_i = 2^{m_i} (i=1,2,\cdots,N-1)$,其中 m_i 为非负整数,因此,n_i 可能的取值为 1,2,4,8,$\cdots$。

事实上,通过设定新约束条件、缩小需考虑的可行域范围,上述简化逼近对原问题进行改进。改进后,问题的新增结构(包括简化逼近 2 所隐含的相对简单的补库周期计划)使其在求解方面比原问题大大简化。此外,依据下述重要结果,改进问题的最优解总是原问题的近最优解。

朗迪 98% 逼近法则:确保问题改进后与原问题的逼近程度至少为 98%,其含义是:改进后问题最优解的成本不超过原问题最优解成本的 2%(通常远低于 2%)。也就是说,如果

C^* = 原问题最优解的单位时间总可变成本

$\overline{C}$ = 改进后问题最优解的单位时间总可变成本

那么,有
$$\overline{C} - C^* \leq 0.02 C^*$$

因为该基本特性是由杨百翰大学教授罗宾·朗迪提出并加以证明的,所以(也适用于更多通用型多级库存系统)通常被称为朗迪 98% 逼近法则[①]。

上述两项简化逼近隐含着改进后问题的订货量必须满足下述弱不等式,即
$$Q_1 \geq Q_2 \geq \cdots \geq Q_N$$

求解改进后问题的过程涉及两个阶段,上述不等式在第一阶段发挥关键作用。下面考虑原问题和改进问题的下述变体。

松弛问题:仍假设同一仓库各补库周期的订货量相等,但以 $Q_1 \geq Q_2 \geq \cdots \geq Q_N$ 替代简化逼近 2,前者的限制性小于后者。于是,简化逼近 1 对 n_i 的唯一限制便是各 $n_i \geq 1 (i=1,2,\cdots,N-1)$,甚至不要求 n_i 为整数。当 n_i 为非整数时,可忽略由此导致的各仓库库存不同步现象,并假设各仓库均满足基本 EOQ 模型要求,即当级库存水平降为零时便进行补库,无需考虑其他仓库的情况,因而,各仓库可分别优化。

尽管松弛问题忽视了所有仓库库存补充需要协调的事实(所以也低估了实际存储成本),没有真实体现实际问题,但却提供了一种非常容易求解的逼近方法。

改进问题的求解过程的第一阶段包括求解该松弛问题,第二阶段再应用简化逼近 2,对所得的解进行修改。

---

① R. Roundy,"A 98%-Effective Lot-Sizing Rule for a Multi-Product, Multi-Stage Production/Inventory System," *Mathematics of Operations Research*,**11**:699-727,1986。

弱不等式 $Q_i \geq Q_{i+1}(i=1,2,\cdots,N-1)$ 允许出现 $Q_i = Q_{i+1}$ 的可能(相当于使简化逼近 2 中的 $m_i = 0$)。如图 18.10 所示，如果 $Q_i = Q_{i+1}$，只要仓库 $(i+1)$ 需要补充 Q_{i+1} 单位产品时，仓库 i 就需同时订购相同批量的产品,并(经必要加工后)立即将整批产品送往仓库 $(i+1)$。因此，即使这些仓库实际上是分开的，但建模时可将它们作为一个单独的组合仓库来处理，视其订货量为 $Q_i = Q_{i+1}$ 单位，准备成本为 $K_i + K_{i+1}$，级存储成本为 $e_i + e_{i+1}$。将仓库合并(出于建模的目的)这一做法属于求解过程的第一阶段。

下面将分别讲述并概括求解过程的两个阶段。

(3) 第一阶段求解。

模型的假设⑥表明,模型旨在使 C(即所有仓库的每单位时间总可变成本)最小。采用级存储成本，仓库 i 的每单位时间总可变成本为

$$C_i = \frac{dK_i}{Q_i} + \frac{e_i Q_i}{2}, \quad i = 1,2,\cdots,N$$

所以,有

$$C = \sum_{i=1}^{N} C_i$$

(C_i 表达式假设级库存水平降为零时进行补库,这一点对原问题和改进后的问题均适用。但由于各仓库间订货量的设置缺乏协调，容易产生提前补库的现象,所以该 C_i 表达式仅是对松弛问题的逼近而已。)应当注意,C_i 只是满足基本 EOQ 模型的单个仓库的单位时间总可变成本,此时 e_i 为该仓库单位时间的存储成本。因此，先求解该松弛问题,仅需对各仓库分别进行优化(此时，需采用级存储成本，而非仓库存储成本进行优化),然后,便可通过 EOQ 公式获得各仓库的订货量。事实表明,对改进后的问题各仓库进行同步优化时,上述做法可首先得到最优订货量的合理逼近值。因此,应用 EOQ 公式是本求解过程第一阶段的关键。然后,第二阶段应用简化逼近 2 对不同仓库的订货量进行必要的协调。

当将 EOQ 公式分别应用于各仓库且 $K_i/e_i < K_{i+1}/e_{i+1}$ 时,将导致 $Q_i^* < Q_{i+1}^*$，而这是松弛问题所不允许的。为满足松弛问题 $Q_i \geq Q_{i+1}$ 的要求,最好的做法是使 $Q_i = Q_{i+1}$。正如前面所述，这意味着出于建模的目的,需要将这两个仓库合二为一。

第一阶段概述(求解松弛问题)如下。

① 如果对于任何 $i=1,2,\cdots,N-1$ 时有 $\frac{K_i}{e_i} < \frac{K_{i+1}}{e_{i+1}}$，那么,出于建模的目的,将仓库 i 与仓库 $i+1$ 视为一个合并的仓库，其准备成本为 $K_i + K_{i+1}$，单位时间单位产品的级存储成本为 $e_i + e_{i+1}$。合并后,如果还存在两个连续的仓库(其中可能包括合并后的仓库),则需重复上述合并过程,然后根据结果重新对这些仓库进行编号。

② 令

$$Q_i = \sqrt{\frac{2dK_i}{e_i}}, \quad i = 1,2,\cdots,N$$

③ 令

$$C_i = \frac{dK_i}{Q_i} + \frac{e_i Q_i}{2}, \quad i = 1,2,\cdots,N$$

$$\underline{C} = \sum_{i=1}^{N} C_i$$

(4) 第二阶段求解。

现在通过第二阶段对订货量进行调节,从而获得类似图 18.10 所示的一个便捷的补库周期

计划。主要通过对第一阶段所求得的订货量取整、使其符合上述简化逼近所规定的模式,因而,暂时确定 $n_i = 2^{m_i}$,这样, $Q_i = n_i Q_{i+1}$。最后一步是改进 Q_N 的值,以期获得改进后问题的一个整体最优解。

上述最后一步涉及用 Q_N 表达各 Q_i。已知各 n_i 的值且 $Q_i = n_i Q_{i+1}$,令 p_i 代表产品,则

$$p_i = n_i n_{i+1} \cdots n_{N-1}, \quad i = 1, 2, \cdots, N-1$$

所以,有

$$Q_i = p_i Q_N, \quad i = 1, 2, \cdots, N-1$$

其中 $p_N = 1$。因此,所有仓库的每单位时间总可变成本为

$$C = \sum_{i=1}^{N} \left[\frac{dK_i}{p_i Q_N} + \frac{e_i p_i Q_N}{2} \right]$$

由于 C 仅包括单个订货量 Q_N,所以该表达式也可理解为满足基本 EOQ 模型的单个仓库单位时间总可变成本,其准备成本和单位存储成本分别为

$$准备成本 = \sum_{i=1}^{N} \frac{dK_i}{p_i}$$

$$单位存储成本 = \sum_{i=1}^{N} e_i p_i$$

因此,使 C 最小的 Q_N 值可通过 EOQ 公式求得,即

$$Q_N^* = \sqrt{\frac{2d \sum_{i=1}^{N} \frac{K_i}{P_i}}{\sum_{i=1}^{n} e_i p_i}}$$

因为该表达式要求知道 n_i 的值,所以第二阶段首先用第一阶段求得的 Q_N 值作为 Q_N^* 的近似值,然后,通过 Q_N 确定 n_i 值(暂时),之后,再利用上述方程计算 Q_N^*。

第二阶段求解概述(求解改进后的问题)如下。

① 将 Q_N^* 设置为第一阶段所求得的 Q_N 值。

② 对 i 分别等于 $N-1, N-2, \cdots, 1$ 时,进行以下运算,通过第一阶段求得的 Q_i 值,确定 m 的非负整数值,使

$$2^m Q_{i+1}^* \le Q_i < 2^{m+1} Q_{i+1}^*$$

如果 $\dfrac{Q_i}{2^m Q_{i+1}^*} \le \dfrac{2^{m+1} Q_{i+1}^*}{Q_i}$,令

$$n_i = 2^m, \quad Q_i^* = n_i Q_{i+1}^*$$

如果 $\dfrac{Q_i}{2^m Q_{i+1}^*} > \dfrac{2^{m+1} Q_{i+1}^*}{Q_i}$,令

$$n_i = 2^{m+1}, \quad Q_i^* = n_i Q_{i+1}^*$$

③ 通过第二阶段所求得的 n_i 值及上述 p_i 和 Q_N^* 的公式来计算 Q_N^*。然后,用所求得的 Q_N^* 值重复步骤②[1]。如果所有 n_i 均未发生改变,用 $(Q_1^*, Q_2^*, \cdots, Q_N^*)$ 作为改进后问题的解,并计算相应的成本 $\overline{C}$。如果有任一 n_i 发生变化,则重复步骤②(从当前 Q_N^* 值开始)和步骤③,利用求得

---

[1] 可能会产生一种复杂情况,即当 $Q_N < Q_N^*$ 时,且采用 Q_N^* 新值可能导致无法重复步骤②。如果发生此类情况,只需停止运算,然后,以先前求得的 $(Q_1^*, Q_2^*, \cdots, Q_N^*)$ 值作为改进后问题的解。这一做法在接下来重复步骤②时也同样适用。

的解再计算$\overline{C}$。

该过程为改进问题求得一个较优解。尽管无法保证该解为最优解,但通常情况下是最优解;即便不是最优解,至少也接近最优解。由于改进问题本身便是对原问题的逼近,因此为改进问题求得这样的解实际上便已足够了。现有理论可确保该解非常逼近原问题最优解。

如前所述,朗迪98%逼近法则保证改进问题的最优成本解不会超出 C^*(原问题未知最优解的成本)的2%。实际上,两者之差通常远小于2%。如果上述过程所求得的解并非改进问题的最优解,根据朗迪法则所得到的结果仍可确保改进问题的成本$\overline{C}$不会超出 C^* 的6%。同样,实际上两者之差一般情况下远低于6%,而且通常也远低于2%。

对任何问题,即使 C^* 未知,但如果能检验$\overline{C}$与 C^* 的接近程度,就已经非常好了。松弛问题为此提供了一种简单的方法。因为松弛问题无需协调所有仓库的库存补充情况,所以求得的最优解的成本$\underline{C}$为 C^* 的下限值。通常情况下,$\underline{C}$极为接近 C^*。因此,通过检验$\overline{C}$与$\underline{C}$的接近程度可保守估出$\overline{C}$在多大程度上接近 C^*。总结如下。

成本关系:因为$\underline{C} \leq C^* \leq \overline{C}$,所以,有

$$\overline{C} - C^* \leq \overline{C} - \underline{C}$$

式中:$\underline{C}$为松弛问题的最优解的成本;C^*为原问题最优解(未知)的成本;$\overline{C}$为改进问题解的成本。

在下面的典型示例中可以看到,因为其$\overline{C} = 1.0047\underline{C}$,可知$\overline{C}$不超过 C^* 的 0.47%。

(5) 示例。

考虑一连续库存系统,该系统有4个仓库,各仓库的准备成本及单位存储成本如表18.2所列。

表 18.2 以四级库存系统为例的相关数据

仓库 i	K_i	h_i	$d = 4000$
1	250	0.50	
2	6	0.55	
3	30	3.55	
4	110	7.55	

应用本模型时,首先将各仓库的单位存储成本 h_i 转化为相应的单位级存储成本 e_i,这样,有

$$e_1 = h_1 = 0.50, \quad e_2 = h_2 - h_1 = 0.05$$
$$e_3 = h_3 - h_2 = 3, \quad e_4 = h_4 - h_3 = 4$$

现在可通过求解过程第一阶段的步骤①对各 K_i/e_i 与 K_{i+1}/e_{i+1} 进行比较,即

$$\frac{K_1}{e_1} = 500, \quad \frac{K_2}{e_2} = 120, \quad \frac{K_3}{e_3} = 10, \quad \frac{K_4}{e_4} = 27.5$$

除 $\frac{K_3}{e_3} = 10 < \frac{K_4}{e_4} = 27.5$ 以外,比值由左至右呈下降趋势。

所以,出于建模的目的,需将仓库3与仓库4视为一个合并仓库,然后,计算它们的准备成本之和与级存储成本之和,便得出调整后的数据,如表18.3所列。

表 18.3 上述四级库存系统调整(将仓库3和仓库4合并)后的数据

仓库 i	K_i	e_i	$d = 4000$
1	250	0.50	
2	6	0.05	
3(+4)	140	7	

利用调整后的数据,应用求解过程的其他步骤,得出如表18.4所列的结果。

表18.4 应用求解过程后所得结果

仓库 i	松驰问题的解		改进问题的初始解		改进问题的最优解	
	Q_i	C_i	Q_i	C_i	Q_i	C_i
1	2000	1000	1600	1025	1700	1013
2	980	49	800	50	850	49
3(+4)	400	2800	400	2800	425	2805
		$\underline{C}=3849$		$C=3875$		$\overline{C}=3867$

第二列和第三列为应用求解过程第一阶段步骤②和步骤③直接求得的结果。对于第二阶段步骤①,第二列的 $Q_3=400$ 被赋值到第四列 $Q_3^*=400$。关于步骤②,由于

$$2\times400=800<980<4\times400=1600$$

可以发现

$$2^1Q_3^*<Q_2<2^2Q_3^*$$

因为

$$\frac{Q_2}{2^1Q_3^*}=\frac{980}{800}<\frac{1600}{980}<\frac{2^2Q_3^*}{Q_2}$$

可令

$$n_2=2^1=2,\quad Q_2^*=n_2Q_3^*=800$$

同样地,因为

$$2\times800=1600<2000<4\times800=3200,\quad \frac{2000}{1600}<\frac{3200}{2000}$$

可令

$$n_1=2^1=2,\quad Q_1^*=n_1Q_2^*=1600$$

计算完相应 C_i 值后,仅应用求解过程第二阶段步骤①和步骤②进行计算,所得的结果如表18.4第四列和第五列所列。

接下来,表18.4应用第二阶段步骤③完成整体求解过程,并将结果总结于最后两列内。因为 $p_1=n_1n_2=4$、$p_2=n_2=2$,根据 Q_N^* 的公式可得 $Q_3^*=425$ 作为 Q_3 的值,该值为改进问题总体最优解的一部分。将新 Q_3^* 值重新应用于步骤②,可得 $n_2=2$、$n_1=2$,所以 $Q_2^*=n_2Q_3^*=850$、$Q_1^*=n_1Q_2^*=1700$。因为 n_2 和 n_1 值从一开始直至步骤②始终未变过,所以当前解实际上是我们希望的改进问题的解(事实上,该解为改进问题的最优解),据此计算 C_i 值。

需要记住的是,仓库3和仓库4仅是出于建模的目的而合并的,事实上,可认为它们仍是独立存在的仓库。因此,表18.4第六列的结论,即 $Q_3^*=425$,实际意义是仓库3和仓库4的订货量均为425单位。每次仓库3接到并加工好这些数量的产品后,便马上将整批产品送至仓库4。

表18.4第三列、第五列、第七列底部所列为对应解的单位时间总可变成本。第五列的成本 C 比第三列的 $\underline{C}$ 高0.68%,而第七列的 $\overline{C}$ 仅比 $\underline{C}$ 高0.47%。因为 $\underline{C}$ 为原问题最优解(未知)成本 C^* 的下限值,也就是说在完成求解过程第二阶段步骤②后,不再进行其他运算便可获得一个成本与 C^* 的偏差不超过0.68%的解。而继续进行第二阶段步骤③的进一步修正后,可获得一个更好的解,其成本与 C^* 的偏差不超过0.47%。

(6)模型的扩展。

本节所讲述的两个模型均是用于连续多级库存系统的,如图18.9所示,模型规定各仓库(除第一个仓库)只能有一个补充库存的直接前库。同样,各仓库(除最后一个仓库)仅有一个直接

接收其发送货物的直接后库。

实际上，许多多级库存系统比上述情况复杂。一个仓库可能有多个直接后库，如一家工厂为多个库房供货，或一间库房为多个零售商供货等，此类库存系统称为分销系统。图 18.11 所示为某产品典型分销库存系统，该产品单独在一家工厂内进行生产，每次需补充该产品库存时，便迅速组织工厂生产。该产品库存用于供给不同地区的库房，在需要时为这些库房补库。这些库房再分别为其所在区域的多个零售商供货，在需要时为这些零售商补库。如果各零售商对该产品的需求率（基本）固定不变，且为已知常量，可扩展连续多级库存模型用于本分销库存系统（对此不再详述）。

另一类普遍存在的连续多级库存系统有多个直接前库，如一个分装车间收到多家供应商交付的零件，或一间工厂收到多个分装车间交来的分装部件，此类库存系统称为装配系统。图 18.12 所示为典型的装配库存系统，某装配车间利用存放的分装部件库存装配某产品，分装部件均由生产该部件的车间在需要时给予补充，车间利用存放在那里的零件库存，生产该分装部件。同样，某零件的库存也均是在需要之际由定期生产该零件的供货商补充。做出适当的假设后，可对连续多级库存模型进行扩展，用于本装配库存系统。

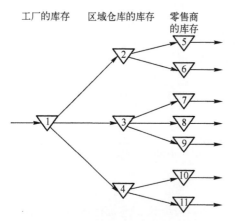
图 18.11 典型的分销库存系统

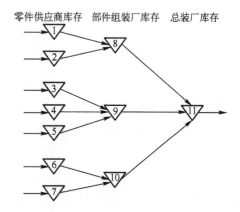
图 18.12 典型装配库存系统

有些多级库存系统中，有的仓库有多个直接后库，有的仓库多个直接前库（有些仓库甚至可能既有多个直接后库，也有多个直接前库）。供应链管理中某些挑战性的问题便来自于这类混合型多级库存系统。当多级库存系统（包括混合型多级库存系统、分销库存系统、装配库存系统）的不同部分分别由不同组织（如供应商、生产商及零售商）控制时，便会产生某种难题。此时，供应链管理成功的重要原则就是各组织应同心协力，包括从制定互利双赢的供货合同开始，直至优化整体多级库存系统运行的全过程。

尽管对上述分销系统与装配系统的分析会有一些额外难题，但可将本节所描述的用于连续多级库存模型的方法（包括朗迪 98% 逼近法则）予以扩展，使其适用于其他类型的多级库存系统，详情见参考文献[9]（也可阅读参考文献[1]获取更多关于其他类型的多级库存系统的信息和更多关于连续库存系统模型的详细内容）。

连续多级库存系统的另一种扩展方法是改变仓库 N 的需求率，允许其随机变化而不是固定不变，这是一个有待继续研究的领域[①]。

[①] H. K. Shang and L.-S. Song,"Newsvendor Bounds and Heuristic for Optimal Policies in Serial Supply Chains," *Management Science*, 49(5):618-638, May 2003. Also see X. Chao and S. X. Zhou,"Probabilistic Solution and Bounds for Serial Inventory Systems with Discounted and Average Costs," *Naval Research Logistics*, 54(6):623-631, Sept. 2007.

总而言之,多级库存系统是当前一个非常活跃的研究领域。在经济全球化的大背景下,对全球范围高效供应管理需求不断增长,多级库存系统的重要性将日渐突显[①]。

18.6 随机连续监控库存模型

现在我们来看随机库存模型,主要用于分析未来需求存在较大不确定性的库存系统。本节将考虑连续监控库存系统,顾名思义,其库存水平是受到连续监控的,因此,只要库存水平降至再订货点便可下单重新订货。

传统上,连续监控库存系统采用两级库存管理制。某产品的全部库存分置于两个存储点,其中一个存储点的库存能力应与再订货点水平相等,由于产品先从另一个存储点提取,因而其库存水平不断下降将促成重新下单,在收到该批订货前的这段交付期内,便从第一个存储点提取产品。

近年来,两级库存管理制几乎被计算机库存系统所取代。每笔库存补充、销售及其相应的库存减少,均由计算机记录,因此计算机中始终记录当前库存水平(例如,零售商店结账柜台的现代扫描设备既可逐条记录顾客所购买的商品,也可记录稳定性商品的销售情况,以便调节其当前库存水平)。因此,每当库存水平降至再订货点,便会触发计算机下单。目前,可从软件公司买到各种优秀的软件包来实现计算机化库存系统。

由于现代库存管理广泛使用计算机,所以对于那些非常重要、必须采用正式库存策略的产品而言,连续监控库存系统便日渐普遍。

某产品的连续监控库存系统通常基于两个关键数字,即

$$R = 再订货点$$
$$Q = 订货量$$

对于管理成品库存的制造商而言,订单用于生产 Q 单位数量的产品;对批发商或零售商(或从供应商处购买原材料补充库存的制造商)而言,订单用于采购 Q 单位数量的产品。

基于以上两个关键数字制定的库存策略相对简单。

库存策略:只要产品库存水平降至 R 单位,便下单再订购 Q 单位的产品用于补充库存。

该策略通常称为再订货点、订货量策略,或简称 (R,Q) 策略(相应地,整个模型可称作 (R,Q) 模型,有时还使用该名称的其他变异称谓,如 (Q,R) 策略、(Q,R) 模型等)。接下来,首先概述模型假设,然后介绍确定 R 与 Q 的方法。

18.6.1 模型假设

(1) 模型的应用仅涉及一种产品。
(2) 库存水平受连续监控,因此当前库存值始终已知。
(3) 将采用 (R,Q) 策略,所以唯一需要确定的便是 R 值与 Q 值。
(4) 从下单到收货之间存在一个交付周期,该周期可以是固定周期,也可以是可变周期。
(5) 在交付周期这段时间内,从库存中提货用于销售(或用于其他目的)的需求是不确定的,但需求的概率分布已知(或至少经过预估)。

[①] M. Zhang, S. Kücükyavuz, and H. Yaman, "A Polyhedral Study of Multiechelon Lot Sizing with Intermediate Demands," Operations Research, 60(4):918-935, July-August 2012. Also see W. T. Huh and G. Janakiraman, "Technical Note-On Optimal Policies for Inventory Systems with Batch Ordering," 60(4):797-802, July-August 2012。

(6) 如果收货前出现缺货现象,超额需求部分将作为未完成订单处理,待订货到达时便马上完成这些拖欠订单。

(7) 各次下单的准备成本均固定(以 K 表示)。

(8) 除上述准备成本外,订货成本与订货量 Q 成正比。

(9) 每单位库存产品均会产生的单位时间存储成本(以 h 表示)。

(10) 出现缺货时,延期交付的每单位产品在交货前均会产生单位时间缺货成本(以 p 表示)。

该模型与 18.3 节所述计划内断货的 EOQ 模型关系密切。实际上,此处所述假设也与计划内断货的 EOQ 模型的假设基本一致,主要的不同在于假设(5)。假设(5)的需求为不确定需求,而计划内断货的 EOQ 模型的需求则为已知需求,且需求率固定。

由于这两个模型关系紧密,其结果应极为相似。二者的主要区别是:因为当前模型的需求具有不确定性,因此,设置再订货点时应增加安全库存,以便在交付周期内出现高于平均需求水平的情况时,可提供部分缓冲。除此之外,两个模型不同成本因素间的权衡基本相同,因此由二者所得的订货量应较为接近。

18.6.2 选择订货量 Q

选择当前模型的订货量 Q 的最简便的方法是:直接使用 18.3 节所述计划内断货的 EOQ 模型的公式,即

$$Q = \sqrt{\frac{2dK}{h}} \sqrt{\frac{p+h}{p}}$$

式中:d 为单位时间的平均需求;K、h 与 p 的定义分别见假设(7)、假设(9)和假设(10)。

Q 仅为当前模型最优订货量的近似值。但是,由于目前没有确定最优订货量精确值的公式,因此需要采用近似值,好在以上所给出的近似值已相对准确[①]。

18.6.3 选择再订货点 R

选择再订货点 R 的一个普遍方法是,根据管理层希望为客户提供的服务水平确定该值。因此,首先需获得管理层在服务水平方面的决策(习题 18.6-3 对这方面管理决策涉及的因素做出了分析)。就选择再订货点而言,服务水平可有不同的定义,概述如下。

(1) 服务水平的标准。

① 从下单到收货这段时间内,不出现缺货的概率。

② 每年出现缺货的平均次数。

③ 每年可立即满足需求的天数(无缺货现象)的百分比。

④ 出现缺货后,完成拖欠订单所用的平均延迟时间。

⑤ 完成订单所用的总平均延迟时间(无缺货的延迟时间为0)。

标准①与标准②密切相关。例如,假设已将订货量 Q 设定为年度需求的 10%,那么,每年平均需下 10 次订单。如果收货前的交付周期内会出现缺货的概率为 0.2,那么,每年出现缺货的平均次数为 $10 \times 0.2 = 2$ 次。

标准②与标准③也相关。例如,假设年均出现 2 次缺货现象,且每次缺货的平均延迟为 9

---

① 关于该近似值性质的更多内容可参见 S. Axsäter, "Using the Deterministic EOQ Formula in Stochastic Inventory Control," *Management Science*, 42:830-834, 1996. Also see Y.-S. Zheng, "On Properties of Stochastic Systems," *Management Science*, 38:87-103, 1992.

天。因此,每年缺货 $2 \times 9 = 18$ 天,基本相当于全年天数的 5%,所以年均可立即满足需求的天数百分比为 95%。

此外,标准③、标准④和标准⑤之间也彼此关联。例如,假设年均可立即满足需求的百分比为 95%,且出现缺货后,完成拖欠订单的平均延迟时间为 5 天。由于仅有 5% 的客户会遇到此类延迟,所以完成订单的总平均延迟时间应为 $0.05 \times 5 = 0.25$ 天/单。

管理层应至少对这些服务水平标准中的一项进行决策,确定其期望值。从这些标准中选出首要关注的一项后,再继续探索该标准的不同赋值对其他标准的影响,最后选定该标准最佳值。

标准①作为主要标准可能最为方便,因此将重点讨论这一情况。用 L 表示标准①服务水平的期望值,所以,有

$$L = \text{从下单到收货这段时间内,管理层对不出现缺货现象的期望概率}$$

采用标准①时,需考虑下述随机变量概率分布的估值,即

$$D = \text{下订单后交付周期内的需求}$$

例如,若 D 服从均匀分布,选择再订货点 R 的公式则较为简单。

如果 D 服从 $[a,b]$ 的均匀分布,由于

$$P(D \leq R) = L$$

可令

$$R = a + L(b-a)$$

由于该均匀分布的均值为

$$E(D) = \frac{a+b}{2}$$

所以依据再订货点 R 得出的安全库存量(刚要收货前的预期库存水平)为

$$\text{安全库存} = R - E(D) = a + L(b-a) - \frac{a+b}{2}$$

$$= \left(L - \frac{1}{2}\right)(b-a)$$

当需求服从其他分布时,R 选择的过程类似。

(2)服务水平标准①下选择 R 值的一般过程。
① 选择 L。
② 根据下式求解 R,即

$$P(D \leq R) = L$$

例如,假设 D 服从如图 18.13 所示的正态分布,均值为 μ,方差为 σ^2。给定 L 值,可通过正态分布表确定 R 值。在此,仅需从表中找出 K_{1-L} 值,然后代入下列公式计算 R,即

$$R = \mu + K_{1-L}\sigma$$

由此求得的安全库存量为

$$\text{安全库存} = R - \mu = K_{1-L}\sigma$$

如果 $L = 0.75$,那么,$K_{1-L} = 0.675$,则 $R = \mu + 0.675\sigma$,如图 18.13 所示,即

$$\text{安全库存} = 0.675\sigma$$

《运筹学》课件还给出了可计算订货量 Q 和再订货点 R 的 Excel 模板。在此,需根据标准①输入单位时间的平均需求(d)、成本(K,h,p)及服务水平。还需明确

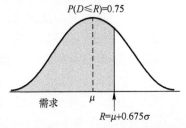

图 18.13 当 $L=0.75$、交付周期内需求概率呈正态分布(均值为 μ,标准差为 σ)时,计算随机连续监控模型的再订货点 R

交付周期内需求是呈均匀分布,还是正态分布。如果是均匀分布,需说明分布区间的起始点,即输入该区间的下端点及上端点。如果呈正态分布,则输入分布的均值 μ 和标准差 σ。输入上述数据后,模板立刻计算 Q 和 R,并在右侧显示所得结果。

18.6.4 示例

再次考虑 18.1 节所述示例 1(电视机扬声器生产一例)。扬声器的准备成本 $K=12000$ 美元,每件扬声器每月的单位存储成本 $h=0.30$ 美元,每件扬声器每月的单位缺货成本为 $p=1.10$ 美元。

开始时,每月用于电视装配的扬声器需求量固定为 8000 件,因为生产线每月的电视产量也固定为此值。但电视销售量一直呈较大变化,所以造成电视成品库存水平波动很大。为降低电视成品库存的存储成本,管理层决定每天均对产量进行调整,以更好地协调产量与新订单订货量相匹配。

因此,现在对扬声器的需求也呈较大变化。从安排扬声器生产至生产完毕可用于电视装配之间的交付周期为 1 个月。交付周期内,对扬声器的需求为服从正态分布的随机变量 D,均值为 8000,标准差为 2000。为使电视生产线中断的风险降至最低,管理层决定扬声器的安全库存应足够大,以确保在该交付周期内,不会出现缺货现象的概率至少为 95%。

通过应用该模型,可知每次扬声器生产的订货量应为

$$Q=\sqrt{\frac{2dK}{h}}\sqrt{\frac{p+h}{p}}=\sqrt{\frac{2\times 8000\times 12000}{0.30}}\sqrt{\frac{1.1+0.3}{1.1}}=28540$$

该订货量与 18.3 节计划内断货的 EOQ 模型所求得的结果相同,在 18.3 节本例的固定(而非"平均")需求率为每月 8000 件扬声器,并且允许出现计划内断货。但与此前的主要区别在于现在需提供安全库存用于应对需求的变化。管理层选定的服务水平为 $L=0.95$,根据正态分布表所给出的值可知 $K_{1-L}=1.645$。所以,再订货点应为

$$R=\mu+K_{1-L}\sigma=8000+1645\times 2000=11290$$

由此得出安全库存量为

$$\text{安全库存}=R-\mu=3290$$

本书网站"已解决案例"部分给出了本模型应用的另一案例,该例涉及两种发货方案,每种的交付周期分布都不相同,因此需找出较为经济的方案。

18.7 易逝品单周期随机模型

将库存模型应用于某产品时,应区别两类产品。一类是稳定产品,即始终可用于销售、没有库存期限的产品。前几节涉及的均是此类产品。另一类产品是易逝产品,即存储时间十分有限、超过存储期便不可用于销售的产品。这便是本节单周期模型(及其变体形式)所适用的产品。在此,本模型中的单周期时间很短,超过该期限产品便不可再用于销售。

报刊亭出售的日报便是易逝产品。某天的报纸仅可储存一天,此后便为过期产品,取而代之的是第二天的报纸。若报纸的需求(如本节所做假设)为随机变量,报刊亭负责人在确定每日订货量时,应在订货过量的潜在成本(即无法售出的报纸所浪费的成本)与订货不足的潜在成本(即因报纸订量不足所造成的利润损失)之间的进行权衡。本节所述模型可解决这一类每日订货量问题,并使预期利润最大化。

因为所分析的一般问题与本例比较吻合,所以此类问题通常称为报童问题。然而,人们已认

识到该模型不仅适用于报纸,也同样适用于其他易逝产品。事实上,多数情况下本模型所分析的易逝产品并非报纸,而是下列易逝品。

18.7.1 易逝品的类型

了解下列不同类型易逝品清单时,请思考一下这些产品(超过单个周期后无法继续出售的产品)在库存管理方面与报刊亭出售报纸存在哪些相似之处。这里,唯一的区别可能是该单个周期的时长不是一天,可能是一周、一个月或几个月。

(1) 期刊,如报纸、杂志等。
(2) 花店出售的鲜花。
(3) 餐馆的新鲜食材。
(4) 杂货店出售的农产品,包括新鲜水果及蔬菜等。
(5) 圣诞树。
(6) 应季服装,如冬季外套等。当季结束时,还未售出的服装均须大幅打折出售,以便腾出空间销售下一季服装。
(7) 庆祝不同节日的贺卡。
(8) 即将过时的时尚商品。
(9) 产品型号年度结束时,还未售出的新车。
(10) 即将过时的产品。
(11) 某型号产品(如飞机)的关键备件,这类备件必须在最后一次生产运行期间生产,在型号产品的漫长使用过程中会用到。
(12) 某航空公司为其航班提供的座位预订,因为班机上的可用座位均可视为易逝单品库存(航班起飞后,这些座位便无销售价值)。

最后一类易逝品尤为引人关注,因为目前诸多大型航空公司(以及多种其他涉及运送乘客业务的公司)在处理此类特殊库存时,已广泛应用运筹学分析实现收益最大化。存储理论的这一特殊分支(常称收益管理)正是18.8节要探讨的主题。

管理不同类型的易逝产品时,有时不仅要考虑本节将讨论的内容,还需考虑诸多其他因素。因此,人们经过大量研究,扩展了该模型,使其涵盖其他需要考虑的因素,并已取得了喜人的进展(更多相关信息参见参考文献[5,8,10])。

18.7.2 示例

回顾18.1节示例2,即关于某型号自行车批发销售的示例。现已开发出新款自行车,且制造商刚通知经销商老款型号已开始停产。为快速清空库存,制造商为经销商提供一次清仓廉价进货的机会,即每辆自行车的单位成本仅为200美元。这样,经销商在下单时也不会产生高额准备成本。经销商觉得这样的价格是一次好机会,可在即将到来的圣诞季以每辆450美元的折扣价向客户(自行车商店)销售最后一轮,每辆可获得250美元的利润。因为新款自行车很快会取代老型号,使其成为过时产品,所以此次需清仓销售。因此,此次未售出的自行车几乎会变得一文不值。不过,经销商认为圣诞节后自己仍能以每辆100美元的价格(即残值)售出所有剩余车辆,这样便可弥补一半的采购成本。考虑这种由于经销商订货量大于销售量所造成的损失,以及由于订货不足、无货可卖所造成的利润损失时,经销商需要认真决定提交给制造商的订货数量。

为备战圣诞季而下该特殊订单,其管理成本较小,因此,在临近圣诞季结束前,该成本可忽略不计。

另一相关费用是:未售出自行车直至(圣诞节后的)甩卖前的存储成本。将库存占用资金成本与其仓库成本相加,据估计圣诞节后未售出的自行车,每辆的库存成本为 10 美元。考虑其残值为 100 美元,因此最终每辆库存自行车的存储成本为 90 美元。

还有两项成本要素仍需讨论,即缺货成本和收益。如果需求大于供给,那么,没买到自行车的顾客可能会心生不悦,由此经销商也产生一种"成本"。该成本等于每件产品量化的商誉损失与每次断货时未满足需求的乘积,经销商认为该成本可忽略不计。

如果采用利润最大化的标准,模型中就必须包括收益这一项。实际上,总利润等于总收益减去发生的成本(订货成本、存储成本及缺货成本)。假设经销商没有初始库存,则上述交易的利润为

$$利润 = 450 \times 经销商售出的数量 - 200 \times 经销商购入的数量$$
$$+ 90 \times 未售出而等待残值处置的产品数量$$

令

$$S = 经销商购入的数量$$
$$= 收货后存货(库存)水平(因为没有期初库存)$$
$$D = 自行车商店的需求(随机变量)$$

则有

$$\min\{D,S\} = 销售数量$$
$$\max\{0,S-D\} = 未售出数量$$

因而,有

$$利润 = 450\min\{D,S\} - 200S + 90\max\{0,S-D\}$$

第一项也可写为

$$450\min\{D,S\} = 450D - 450\max\{0,D-S\}$$

$450\max\{0,D-S\}$ 代表未满足需求所造成的收益损失。该损失加上未满足客户需求所造成的商誉损失(本例中假设可忽略不计),可共同理解为缺货成本。

需要注意,$450D$ 与库存策略(即所选 S 值)无关,因此,可从目标函数中删除,得到以下需求解最大值的式子,即

$$相关利润 = -450\max\{0,D-S\} - 200S + 90\max\{0,S-D\}$$

所有右侧项均为成本负项,分别是缺货成本、订货成本及存储成本(此处为负值)。在此,并不计算总成本负项的最大值,而是计算其以下等价成本的最小值,即

$$总成本 = 450\max\{0,D-S\} + 200S - 90\max\{0,S-D\}$$

更为确切地说,因为总成本为随机变量(因为 D 是随机变量),所以本模型的目标是使预期总成本最小。

在说明缺货成本时,假设未得到满足的需求均为损失。如果可通过优先发货完成未满足的需求,也应用类似的推理。净收益的组成要素为:自行车售价(450 美元)乘以需求量,再减去优先发货单位成本与出现断货时未满足的需求的乘积。如果强烈要求批发商以 350 美元/辆的价格从制造商处采购自行车,再加上每辆约 20 美元的空运费,使未满足的需求得到满足,则相应的缺货成本为 370 美元/辆(如果存在与商誉损失相关的成本,则该费用同样记入缺货成本)。

经销商不清楚这批自行车的需求是多少,也就是说,需求 D 为随机变量。但是如果有 D 的概率分布数据,便可获得最优库存策略。令

$$P_D(d) = P\{D=d\}$$

假设 $P_D(d)$ 已知,其中 $d = 0, 1, 2, \cdots$。

现在,先对易逝产品单周期随机模型进行一般性概括,然后再继续讨论本例。

18.7.3 易逝品单周期随机模型假设

(1) 模型只涉及一种易逝品。
(2) 由于所涉产品无法用于日后销售,因此模型仅涉及单周期。
(3) 但在该周期结束时,可对所有剩余产品进行处理,甚至可能收回产品的残值。
(4) 该周期内可能含有某些初始库存,表示为
$$I = 初始库存$$
(5) 唯一需要决定的是产品订货数量(通过采购或生产),从而使产品在单周期之初便可入库。因此,有
$$Q = 订货量$$
$$S = 收货后存货(库存)水平$$
$$= I + Q$$
在 I 已知的情况下,用 S 做模型的决策变量十分方便,且可得出 $Q = S - I$。
(6) 该周期内提取库存产品用于销售(或其他目的)的需求为随机变量 D,D 的概率分布已知(或至少可估算)[①]。
(7) 如果需求得到满足删除收益项后(因为其对 S 的决策无关),目标便成为使预期总成本最小化。所涉及的成本要素为
$$K = 采购或生产整批产品的准备成本$$
$$c = 产品采购或生产的单位成本$$
$$h = 周期末单位剩余产品的存储成本(包括缺货成本减去产品残值)$$
$$p = 未满足需求情况下,单位产品的缺货成本(包括收益损失与顾客商誉损失成本)$$

18.7.4 不含初始库存($I=0$)和准备成本($K=0$)的模型分析

(1) 模型分析。
在对模型进行普遍性分析前,先考虑一个相对简单的案例,其中 $I=0$(无初始库存)、$K=0$(无准备成本)。

如何确定订货量 S 值,很大程度上取决于需求 D 的概率分布。有些情况下,订货量大于预期需求较好,有些情况下,订货量小于预期需求较好。因此,需在以下两种情况中做出权衡:①缺货的风险以及由此产生的缺货成本;②库存过剩的风险以及由此造成的订货成本与存储成本浪费。可通过使成本之和的预期值(统计学意义上的)降至最低实现这一权衡。

销售量可通过下式计算,即
$$\min\{D,S\} = \begin{cases} D, & 若 D < S \\ S, & 若 D \geq S \end{cases}$$
因此,如果需求为 D、库存为 S,则可通过下式计算所发生的成本,即
$$C(D,S) = cS + p\max\{0, D-S\} + h\max\{0, S-D\}$$

[①] 实际上,通常必须根据之前的需求数据对 D 的概率分布进行估算。关于如何取消假设(6),而直接利用现有需求数据的相关研究的参考文献有:R. Levi, R. O. Roundy, and D. B. Shmoys, "Provably Near-Optimal Sampling-Based Policies for Stochastic Inventory Control Models," *Mathematics of Operations Research*, 32(4):821-839, Nov. 2007. 以及 L. Y. Chu, J. G. Shanthikumar, and Z.-J. M. Shen, "Solving Operational Statistics Via a Bayesian Analysis," *Operations Research Letters*, 36(1):110-116, Jan. 2008.

因为需求为随机变量（概率分布为 $P_D(d)$），所以其成本也是随机变量，可通过 $C(S)$ 计算预期成本，即

$$C(S) = E[C(D,S)] = \sum_{d=0}^{\infty}(cS + p\max\{0, d-S\} + h\max\{0, S-d\})P_D(d)$$

$$= cS + \sum_{d=S}^{\infty}p(d-S)P_D(d) + \sum_{d=0}^{S-1}h(S-d)P_D(d)$$

$C(S)$ 取决于 D 的概率分布。通常，很难找到该概率分布的表达式，尤其是当需求的取值范围很大时，因此，通常用连续随机变量作为该离散随机变量的近似值。此外，当需求的取值范围很大时，通常可利用该近似值得到一个非常接近最优库存量的精确值。采用离散需求得到的表达式在用解析法求解时可能会略微复杂。所以，除非另作说明，本章剩余部分均假设为连续需求。

关于该连续随机变量 D，令

$$f(x) = D \text{ 的概率密度分布函数}$$

且

$$F(d) = D \text{ 的累积分布函数}$$

则有

$$F(d) = \int_0^d f(x)\,dx$$

选择库存水平 S 时，累积分布函数 $F(d)$ 成为单周期结束前不会出现缺货的概率。如 18.6 节所述，该概率称作订货量的服务水平，相应的预期成本 $C(S)$ 表达为

$$C(S) = E[C(D,S)] = \int_0^{\infty} C(x,S)f(x)\,dx$$

$$= \int_0^{\infty}(cS + p\max\{0, x-S\} + h\max\{0, S-x\})f(x)\,dx$$

$$= cS + \int_S^{\infty}p(x-S)f(x)\,dx + \int_0^S h(S-x)f(x)\,dx$$

因此，必须求出使 $C(S)$ 最小的 S 值，即 S^*。由于 S^* 的推导公式较为繁琐，因而，这里直接给出 S^* 的答案。不过，喜欢数学及感兴趣的读者，可详见本书网站本章补充材料 1 所提供的推导过程（该补充材料还对模型稍作扩展，因为在其所应用的案例中，存储成本与缺货成本均不是线性函数，而是非线性函数）。

补充材料表明，$C(S)$ 函数为凹函数（即二阶导数在任何情况下均为非负数），其形状基本如图 18.14 所示。事实上，当对所有 $x \geq 0$ 时均有 $f(x) > 0$，$C(S)$ 函数为严格凸函数（即二阶导数在任何情况下均具有严格正值）。此外，当 S 值足够大时，一阶导数变为正值，所以 $C(S)$ 一定具有全局最小值。这一全局最小值在图 18.14 中显示为 S^*，因此，当周期的开始收到订货量 ($Q = S^*$) 时，$S = S^*$ 便是所要求得的最优库存（存货）水平。

特别地，补充材料 1 发现，最优库存水平 S^* 满足

$$F(S^*) = \frac{p-c}{p+h}$$

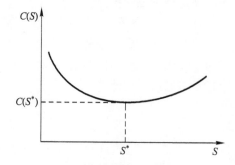

图 18.14 $C(S)$ 函数曲线，即已知期初库存为 $I=0$、准备成本为 $K=0$ 时，以 S（即周期开始收到订货量 $Q=S-I$ 时的库存水平）为变量的易逝品单周期随机模型预期成本函数

因此，$F(S^*)$为最优服务水平且其对应的库存水平S^*既可通过代数法求解上述方程获得，也可通过画出累积分布函数根据图解确定。为理解上述方程的右侧数值，可将方程分子视为

$p-c$ = 货物不足产生的单位成本
　　= 未订购每单位产品（这些产品原本可在该周期订购后售出）所造成的利润下降

同样，有

$c+h$ = 订货过剩产生的单位成本
　　= 该周期内因无法售出的单件产品所造成的利润下降

因此，以C_{under}和C_{over}分别表示订货不足与订货过剩时的单位成本，上述方程变为

$$\text{最优服务水平} = \frac{C_{under}}{C_{under}+C_{over}}$$

如果假设D为具有如下累积分布函数的离散随机变量，即

$$F(d) = \sum_{n=0}^{d} P_D(n)$$

则可求得相似的结果。特别是由于最优库存水平S^*为最小整数，所以，有

$$F(S^*) \geqslant \frac{p-c}{p+h}$$

(2) 模型应用。

继续回到本节开始部分所描述的自行车一例。假设对自行车的需求呈指数分布，且其均值为10000，则其概率密度分布函数为

$$f(x) = \begin{cases} \dfrac{1}{10000} e^{-x/10000}, & x \geqslant 0 \\ 0, & \text{其他} \end{cases}$$

累积分布函数为

$$F(d) = \int_0^d \frac{1}{10000} e^{-x/10000} dx = 1 - e^{-d/10000}$$

根据已知数据可得

$$c=200, \quad p=450, \quad h=-90$$

因此，S^*（即周期开始时为满足需求应获得的最优库存水平）为满足下式的值，即

$$1 - e^{-S^*/10000} = \frac{450-200}{450-90} = 0.69444$$

通过采用（以ln表示的）自然对数，该方程可通过以下方法计算，即

$$e^{-S^*/10000} = 0.30556$$
$$\ln e^{-S^*/10000} = \ln 0.30556$$
$$\frac{-S^*}{10000} = -1.1856$$
$$S^* = 11856$$

因此，得出经销商在圣诞季应储存11856辆自行车。需要注意的是，该数值稍高于10000辆的预期需求量。

只要需求呈指数分布形式且期望值为λ时，可通过以下关系式计算S^*，即

$$S^* = -\lambda \ln \frac{c+h}{p+h}$$

18.7.5 初始库存 $I>0$、准备成本 $K=0$ 时的模型分析

现在分析一下 $I>0$ 时的情况,在收到本批订货量($Q=S-I$)前,本周期已有 I 件库存(例如,在自行车一例中,如果分销商在下单前已有 500 辆自行车的库存,就会出现这种情况,即 $I=500$)。继续假设 $K=0$(无准备成本)。

已知 S 为周期开始收到订货量时的库存水平,令

$$\overline{C}(S) = 任意 I、K 值下模型的预期成本$$

所以目标是在 $S \geq I$ 条件下使 $\overline{C}(S)$ 最小,即

$$\text{Min } \overline{C}(S)$$
$$S \geq I$$

将 $\overline{C}(S)$ 与前面所述成本函数(图 18.14)进行对比,会有一定启发性。

当 $K=0$ 时,有

$$\overline{C}(S) = c(S-I) + \int_S^\infty p(x-S)f(x)dx + \int_0^S h(S-x)f(x)dx$$

$C(S)$ 的第一项为 cS,而非 $c(S-I)$,除第一项不同外,$\overline{C}(S)$ 与 $C(S)$ 完全相同。因此,有

$$\overline{C}(S) = C(S) - cI$$

因为 I 是常数,这意味着使 $\overline{C}(S)$ 和 $C(S)$ 取得最小值的 S^* 值是相同的,如图 18.14 所示。但由于 S 必须符合条件 $S \geq I$,图 18.14 表明,当 $I>S^*$ 时,可通过设定 $S=I$(即不下订单)使得满足 $S \geq I$ 条件下 $\overline{C}(S)$ 最小,于是,产生下述库存策略。

$I>0$、$K=0$ 时的最优库存策略:

如果 $I<S^*$,则需订购 S^*-I 单位产品,以使库存水平升至 S^*;

如果 $I \geq S^*$,则无需订货,此时,S^* 仍满足以下等式

$$F(S^*) = \frac{p-c}{p+h}$$

因此,在自行车一例中,如果有 500 辆现货,则最优策略是将库存增至 11856 辆(也就是说,需再订购 11356 辆自行车)。如果现货有 12000 辆,那么,最优策略便是无需订货。

18.7.6 准备成本 $K>0$ 时的模型分析

(1) 模型分析。

现在考虑该模型最后一种情况,即 $K>0$ 时的情况,此时,无论是产品采购或生产,均会产生准备成本 K(在自行车示例中,如果为圣诞季下单采购特价自行车的管理成本为 8000 美元,则 $K=8000$)。现在允许有初始库存,所以 $I \geq 0$。

当 $K>0$ 时,已知决策变量 S,则预期成本 $\overline{C}(S)$ 为

$$\overline{C}(S) = K + c(S-I) + \int_S^\infty p(x-S)f(x)dx + \int_0^S h(S-x)f(x)dx(下单的情况)$$

$$\overline{C}(S) = \int_S^\infty p(x-S)f(x)dx + \int_0^S h(S-x)f(x)dx(不下单的情况)$$

因此,与图 18.14 所示预期成本函数 $C(S)$ 相比,即

$$\overline{C}(S) = K + C(S) - cI(下单的情况)$$
$$\overline{C}(I) = C(I) - cI(不下单的情况)$$

因为 I 是常数,为在满足 $S \geq I$ 条件下求 $\overline{C}(S)$ 的最小值,两个表达式中的 cI 项均可忽略。因此,可利用图 18.14 所示的 $C(S)$ 图形确定是否需要下单;如果需要下单,S 应取何值。

图 18.15 对此做了回答,其中 s^* 便为满足下式的 S 值,即
$$C(s^*) = K + C(S^*)$$

如果 $I < s^*$,则 $C(S^*) < K + C(I)$,应订货使 $S = S^*$。

如果 $I \geq s^*$,则对任意的 $S \geq I$,均有 $C(S) \leq K + C(I)$,无需订货。

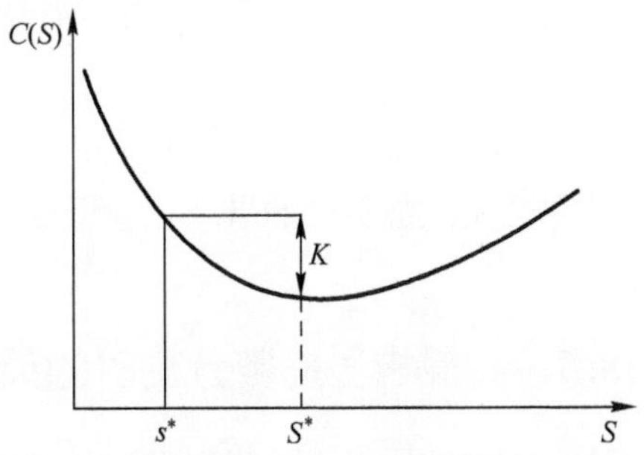

图 18.15 $I=0$、$K=0$ 且 S 已知时易逝品单周期随机模型的预期成本 $C(S)$ 图,可用该图确定当 $I \geq 0$、$K > 0$ 时模型最优库存策略的两个关键点 s^* 与 S^*

换言之,当初始库存 $I < s^*$ 时,是值得支出准备成本的,这是因为与不订货相比,使库存水平增至 S^*(通过订购 $S - I$ 单位产品)所节省的预期剩余成本要高于 K。但当 $I > s^*$ 时,仍下单订货便无法收回准备成本了(当 $I = s^*$ 时,订购 $S^* - s^*$ 单位产品所产生的准备成本与节省的预期剩余成本相同,因此没有理由仍去订货)。于是,得出以下 $I \geq 0$、$K > 0$ 时的最优库存策略。

如果 $I < s^*$,订 $S^* - I$ 单位产品,使库存水平升至 S^*。

如果 $I \geq s^*$,则无需订货。

此类策略称为 (s, S) 策略,已在行业中得到广泛应用。

应用周期监控随机模型分析稳定性商品时,也经常使用 (s, S) 策略,不过,此时,需考虑多个周期。因为 s 与 S 的值在不同周期内可能会不同,因而,计算此类情况的最优库存策略较为复杂。详细内容可见本书网站上本章第二项补充材料。

下面继续回到当前所述的单周期模型上来。现在将要介绍,当 $K > 0$ 时如何计算自行车一例的最优库存策略。

(2) 模型应用。

假设在即将到来的圣诞季下单采购特价自行车的管理成本估计为 8000 美元,此时,模型参数为
$$K = 8000, \quad c = 200, \quad p = 450, \quad h = -90$$

如前文所述,假设对自行车的需求呈指数分布,其均值为 10000。

之前已经计算出
$$S^* = 11856$$

为计算 s^* 值,需求解下列方程,即
$$C(s^*) = K + C(S^*)$$

将本节前文所述 $C(S)$ 表达式分别带入上述方程两侧,左侧中 $S = s^*$,右侧中 $S = S^* = 11856$,可得

$$200 s^* + 450 \int_{s^*}^{\infty} (x - s^*) \frac{1}{10000} e^{-x/10000} dx - 90 \int_0^{s^*} (s^* - x) \frac{1}{10000} e^{-x/10000} dx$$
$$= 8000 + 200 \times 11856 + 450 \int_{11856}^{\infty} (x - 11856) \frac{1}{10000} e^{-x/10000} dx$$
$$- 90 \int_0^{11856} (11856 - x) \frac{1}{10000} e^{-x/10000} dx$$

对方程右侧表达式经过一系列数值计算,方程左侧关于 s^* 的表达式进行简化后,最终求解方程得

$$s^* = 10674$$

因此,最优策略要求如果现货量低于 $s^* = 10674$ 辆,则将库存水平增至 $S^* = 11856$ 辆;否则,无需订货。

18.7.7 需求呈指数分布时的最优策略近似解

正如本例方程所示,即使需求服从如指数分布这类相对简单的分布时,求解 s^* 值也需要进行繁琐的计算。因此,在需求分布已知的情况下,需要设计一种非常近似最优库存策略、且容易计算的方法。

如 17.4 节所述,对均值为 $1/\alpha$ 的指数分布,其概率密度函数 $f(x)$ 及累积分布函数的 $F(x)$ 分别为

$$f(x) = \alpha e^{-\alpha x}, \quad x \geq 0$$
$$F(x) = 1 - e^{-\alpha x}, \quad x \geq 0$$

由于

$$F(S^*) = \frac{p-c}{p+h}$$

可得

$$1 - e^{-aS^*} = \frac{p-c}{p+h}$$

或

$$e^{-aS^*} = \frac{(p+h)-(p-c)}{p+h} = \frac{h+c}{h+p}$$

所以,下式为 S^* 的精确解

$$S^* = \frac{1}{a} \ln \frac{h+p}{h+c}$$

下面以下列精确方程式为起点设计用于求解 s^* 的近似法,即

$$C(s^*) = K + C(S^*)$$

因为

$$C(S) = cS + h \int_0^S (S-x) \alpha e^{-\alpha x} dx + p \int_S^\infty (x-S) \alpha e^{-\alpha x} dx$$
$$= (c+h)S + \frac{1}{\alpha}(h+p) e^{-\alpha S} - \frac{h}{\alpha}$$

可得以下方程

$$(c+h)s^* + \frac{1}{\alpha}(h+p) e^{-\alpha s^*} - \frac{h}{\alpha} = K + (c+h)S^* + \frac{1}{\alpha}(h+p) e^{-\alpha S^*} - \frac{h}{\alpha}$$

或(利用上述 S^* 的表达式)

$$(c+h)s^* + \frac{1}{\alpha}(h+p) e^{-\alpha s^*} = K + (c+h)S^* + \frac{1}{\alpha}(c+h)$$

尽管最后的方程式没有为 s^* 提供封闭解,但可通过数值求解,还可以下述方式计算该方程的近似解。令

$$\Delta = S^* - s^*$$

注意：由于

$$e^{-\alpha s^*} = \frac{h+c}{h+p}$$

于是，由最后的程式可得

$$\frac{1}{\alpha}(h+p)\frac{e^{-\alpha s^*}}{e^{-\alpha S^*}} = \frac{K+(c+h)\Delta+\frac{1}{\alpha}(c+h)}{\frac{h+c}{h+p}}$$

可简化为

$$e^{\alpha\Delta} = \frac{\alpha K}{c+h} + \alpha\Delta + 1$$

如果 $\alpha\Delta$ 的值接近于零，则可将 $e^{\alpha\Delta}$ 展开为零附近的泰勒级数，如果忽略二次项以外的各项，可得

$$1+\alpha\Delta+\frac{\alpha^2\Delta^2}{2} \cong \frac{\alpha K}{c+h} + \alpha\Delta + 1$$

所以，有

$$\Delta \approx \sqrt{\frac{2K}{\alpha(c+h)}}$$

因此，s^* 的近似值为

$$s^* \approx S^* - \sqrt{\frac{2K}{\alpha(c+h)}}$$

将该近似值用于自行车一例，可得

$$\Delta \approx \sqrt{\frac{2\times10000\times8000}{200-90}} = 1206$$

所以，有

$$s^* \approx 11856 - 1206 = 10650$$

该值非常接近 s^* 的精确值 10674。

18.8　收益管理

18.7 节开始列出了 12 项易逝品的清单，清单最后一项（某航空公司为其航班提供的可用座位数量）长期以来一直非常引人瞩目，其早期研究将其成功引领至运筹研究的一个更宽阔的应用领域，通常称为收益管理。

收益管理可追溯到 1978 年颁布的《航空解除管制法》，该法案放松了对航空票价的管制。于是，廉价和包机航空公司得以进入市场，分享市场份额。以美国航空公司为首的大型航空公司，通过引入根据载客能力制定折扣机票的办法，发起了反击战。当时，为了匹敌廉价航空公司的票价或提供比其更具吸引力票价，不同航班均出售一定数量的折扣座位，但前提之一是必须在距飞机启飞前一段时间（起初要求是 30 天）购票。对于航空公司的重要商务乘客，由于他们通常都是在机票打折日期截止后才订票，所以公司仍为他们提供价格高出很多的正价机票（本节第一个模型用于处理此类情况）。

在航空业，还有一项历史悠久、收效成功的收益管理实践，就是超售（即为应对经常出现的

大量爽约乘机现象,航班所提供的预定座位大于实际可用座位)。根据行业经验,如果不超售,航班上有接近15%的座位是无人乘坐的。因此,在不产生由座位超售所带来的违约风险的情况下,通过超售可获得大量额外收入。但拒绝已购票乘客登机所支付的罚款也非常昂贵,因此必须谨慎分析,在超售获利与罚款风险间做出权衡(本节第二个模型用来处理此类情况的)。

实施收益管理时,大型航空公司每日需要处理的飞行乘客数以万计。因此,在运用各种运筹模型与算法改善收益管理的同时,还需要借助信息技术等其他必要途径。幸运的是,20世纪80年代以来的信息技术进步,为自动交易、海量数据采集与存储、复杂算法快速运算提供了技术能力支撑,从而有利于实施和管理更加详细的收益管理决策。

截至1990年,美国航空公司的收益管理实践不断优化,已实现每年增收近5亿美元的骄人业绩(见参考文献[A8])。与此同时,其他航空公司也逐渐具备了类似的收益管理能力。

时至今日,收益管理在航空业已无处不在,并得到了发展、完善且效果显著。根据参考文献[12](有关收益管理理论与实践的权威论文)第10页的内容,"根据大部分估算,采用收益管理系统所获得的收入几乎与许多航空公司的全年利润(约为收入的4%或5%)相差无几。"

收益管理在航空业取得巨大成功,使其他具有类似特点的服务业也着手开发自己的收益管理系统。此类服务业涉及酒店、游艇、铁路客运、租车公司、旅行社、剧院及体育场馆等。在易腐蚀产品(如食品杂货零售摊贩)、季节性产品(如服装零售商)及易过时产品(如高科技产品零售商)的零售行业,收益管理的应用也日渐普遍。

取得如此骄人的业绩,有时需要开发具有多种客户分类、票价随时间浮动等特性的相对复杂的收益管理系统。用于支持此类系统的模型与算法也相对复杂,因此不在本书探讨范围。但为便于大家了解其梗概,下面将讲解两个用于初级收益管理的基本模型。各模型要素均以一般性语言描述,以便适用于所有类型的公司。但为了具体明确,会在括号内对航空公司的情况进行附带说明。每个模型后都会有一个应用示例。

18.8.1 基于容量控制的折扣票价模型

某公司库存有某种易逝品(如航班座位)销售给两类顾客(如乘坐飞机旅行的普通乘客及商务乘客)。二等顾客首先购买单件折价产品,打折旨在确保将所有库存产品在"消逝"前全部售出。打折销售有时间限制,不过只要公司觉得所余产品数量有限时,也可随时提前结束特价销售。打折销售结束后,一等顾客开始以正价购买单件产品。假设已知一等顾客的需求概率分布,接下来需要决策应为他们预留多少库存产品。当在公布的折扣价销售截止前,如果发现剩余库存下降至预留库存水平时,便提前中断折扣销售。本模型参数(及随机变量)为

$L =$ 可供出售的易逝品库存水平

$p_1 =$ 一等顾客所支付的产品单价

$p_2 =$ 二等顾客所支付的产品单价,$p_2 < p_1$

$D =$ 一等顾客的需求(为随机变量)

$F(x) = D$ 的累积分布函数,因而 $F(x) = P(D \leq x)$

决策变量为

$x =$ 必须为一等顾客预留的库存水平

求解 x 最优值(以 x^* 表示)的关键是提出以下问题,并通过边际分析进行解答。

问题:假设在以价格 p_2 打折出售截止之前有 x 单位的库存产品,此时,有一位二等顾客想以折扣价购买一单位产品,是否应满足其要求?

为回答这一问题,需比较下述两种方案的增量收益(或对增量收益的统计期望值)。

如果接受要求,增量收益为 p_2。
反之,增量收益为

$$\begin{cases} 0, & D \leq x-1 \\ p_1, & D \geq x \end{cases}$$

所以,有

$$E(\text{增量收益}) = p_1 P(D \geq x)$$

因此,如果 $p_2 > p_1 P(D \geq x)$,便可接受二等顾客的购买要求;否则,予以拒绝。

现在,注意到 $P(D \geq x)$ 随 x 的增加而减小。因此,当 x 增加时,存在 x 的临界点 x^*,满足

$$p_2 \leq p_1 P(D \geq x^*)$$

且

$$p_2 > p_1 P(D \geq x^* + 1)$$

因此,为一等顾客预留的最优库存水平为 x^*。所以,在结束促销价格 p_2 前,最多应卖给二等顾客的产品量为 $L-x^*$。

到目前为止,我们已假设顾客均为购买单件产品(如航班座位),因此,D 的概率分布为离散分布。但当 L 值较大时(如大型航班上的座位数量),采用连续分布作为近似值可使计算变得简便些。也有可少量购买的易逝品,因此无论如何连续需求分布都是恰当可用的。如果现在至少假设采用连续需求分布作为近似值,则通过上述分析可得为第一类顾客预留的最优库存水平为 x^* 是满足以下方程的解,即

$$p_2 = p_1 P(D > x^*)$$

因为 $P(D > x^*) = 1 - P(D \leq x^*) = 1 - F(x^*)$,该方程还可写为

$$F(x^*) = 1 - \frac{p_2}{p_1}$$

(当用连续分布作近似值,但上述两个方程的解 x^* 并非整数时,应将 x^* 向下舍入取整,以满足 x^* 为最优整数值的要求)。显然,后一方程式表明,p_2 与 p_1 之比在确定满足一等顾客整体需求概率方面具有重要作用。

18.8.2 基于容量控制的折扣票价模型应用示例

BLUE SKIES 航空公司决定在一架航班上应用该模型。该航班主舱可接受 200 张预订票(因为经常发生爽约乘机现象,因此该数量中包括一定的超售额)。该航班吸引大量商务乘客,他们通常在航班起飞前几天才订票,鉴于可以享有较大的灵活性,他们也愿为此支付 1000 美元的高额票价。但是,绝大多数乘客仍为普通休闲旅游旅客。因此,为吸引足够数量的普通旅客,公司为至少提前 14 天订票且满足其他规定(包括不可退票)的乘客提供价格为 200 美元的超低折扣票。

如果采用上述模型的术语,商务乘客为一等顾客,普通旅客为二等顾客,该模型参数为

$$L = 200, \quad p_1 = 1000, \quad p_2 = 200$$

根据以往各航班一等顾客订票需求数据,估计未来一等顾客对每架航班的订票需求概率近似服从正态分布,其中均值为 $\mu = 60$、标准差为 $\sigma = 20$。因此,这便是本模型中随机变量 D 的分布,用 $F(x)$ 表示 D 的累积分布。为计算 x^*,即为一等顾客预留的最佳订票额数量,采用本模型提供的方程式

$$F(x^*) = 1 - \frac{p_2}{p_1} = 1 - \frac{200}{1000} = 0.8$$

根据正态分布表，可得

$$x^* = \mu + K_{0.2}\sigma = 60 + 0.842(20) = 76.84$$

实际上，x^* 应为整数，根据本模型规定将其向下舍入取整为 76。为愿意在航班起飞前几天以 1000 美元订票的用户预留 76 张票额，也意味着 200 美元的折扣价预定票最多可售 $L-x^* = 124$ 张；这样，即便未到航班起飞前 14 日内这一促销截止日期，如果预定机票销售量达到 124 张，也应停止折价销售。

18.8.3 超售模型

与上述模型相同，在此我们仍讨论一家向顾客出售某库存易逝品（如航班座位）的公司。不过，不再将顾客分类。库存产品仅在某一特定时间点有售，顾客需提前预定方可在指定时间购得一件该产品，且一经预定概不退款。但实际上，下单预定的顾客并不能都按时到店购买产品，这些无法在指定时间到达的顾客称为爽约顾客。

公司预计会出现大量爽约顾客，因此可通过一定量的超售（即所售预定数量大于可用库存）增加收入。但不能过分超售，因为这样极有可能发生缺货（即需求大于库存）。库存断货后，持有预定的顾客按时到达购买产品时，就会发生缺货成本。例如，在航空业，每当被拒绝预定某航班的乘客（即不允许登机）时，均会发生拒客登机成本，该成本可能包括订票退款、对由此造成的不便所支付的补偿以及商誉损失成本（即未来不再在该公司订票的损失）等。有时，拒客登机成本反而可能是对已拿到票的乘客进行的补偿，因为该乘客自愿将座位让与另一位被拒登机的乘客。

本超售模型所要解决的基本问题是，超售数量为多少可使公司预期利润最大。本模型假设如下。

（1）顾客独立预定某件库存产品，且在指定时间如约到达购买产品的概率相同。

（2）每笔如约兑现的预定，净收入相同。

（3）每次库存断货后，预定产品的顾客如约购买产品时，均导致固定的缺货成本。

根据上述假设，该模型参数如下：

$p =$ 客户预定一件库存产品后，在指定时间如约购买的概率；

$r =$ 每笔如约兑现预定可获得的净收入；

$s =$ 未满足需求的单位缺货成本；

$L =$ 可用库存水平。

本模型决策变量为

$n =$ 预定购买一件库存产品的顾客数量

所以，有

$$n - L = 允许超售量$$

已知 n 值，但无法确定这些已预定产品的顾客中有多少会在指定时间如约购买，也即从库存提取货物的需求是多少。该随机变量可表示为

$$D(n) = 提取存货的需求$$

根据假设(1)，$D(n)$ 服从参数为 p 的二项分布，所以，有

$$P\{D(n) = d\} = \binom{n}{d} p^d (1-p)^{n-d} = \frac{n!}{d!(n-d!)} p^d (1-p)^{n-d}$$

$D(n)$ 的均值为 np，方差为 $np(1-p)$。

分析中另一个十分重要的随机变量为未满足的需求，当有 n 位顾客的预定时便会出现这一

现象。以 $U(n)$ 表示该随机变量,所以,有
$$L = 可用库存水平$$

本模型决策变量为
$$n = 预定后可买到一件库存产品的顾客数量$$
所以,有
$$n - L = 允许超售量$$

已知 n 值,但无法确定这些已预定库存产品的顾客中有多少会在指定时间如约购买。换言之,提取存货的需求是多少? 下面将该随机变量表达为
$$D(n) = 提取存货的需求$$
根据假设(1),$D(n)$ 与参数 p 具有二项分布,所以,有
$$P\{D(n) = d\} = \binom{n}{d} p^d (1-p)^{n-d} = \frac{n!}{d!(n-d)!} p^d (1-p)^{n-d}$$
式中:均值为 np,方差为 $np(1-p)$。

另一个与我们密切相关、十分重要的随机变量为未满足需求,当接受 n 位顾客的预定时便会出现这一现象。以 $U(n)$ 表示该随机变量,则有
$$U(n) = 未满足需求 \begin{cases} 0, & D(n) \leq L \\ D(n) - L, & D(n) > L \end{cases}$$
且
$$E(U(n)) = \sum_{d=L+1}^{n} (d - L) P\{D(n) = d\}$$

采用边际分析(即决策变量 n 增加 1 后分析其效果)来确定使预期利润最大化的最优 n 值,需要了解 n 值增加 1 后对 $E(U(n))$ 所产生的影响。以 n 笔预定为起点,只有当下述两项事件均发生时,再增加一笔预定所产生的影响相当于未满足的需求增加 1。第一项必要事件为起初的 n 笔预定用尽了所有库存,即 $D(n) \geq L$;第二项必要事件为超额预定的顾客会在指定时间购买库存产品,否则,不会对未满足的需求造成任何影响。因此,有
$$\Delta E(U(n)) = E(U(n+1)) - E(U(n)) = pP\{D(n \geq L)\}$$

因为 $P\{D(n) \geq L\}$,所以 $\Delta E(U(n))$ 的值取决于 n 值,也就是说,用尽库存的概率取决于 n (预定数量)。由于用尽库存的概率随着预定数量的增加而增加,对于 $n < L$ 时 $\Delta E(U(n)) = 0$,而随着 n 的进一步增加,$\Delta E(U(n))$ 也增大。

最后一个相关的随机变量为公司接受 n 位顾客预定后的利润。用 $P(n)$ 表示该随机变量,则有
$$P(n) = 利润 = rn - sU(n)$$
$$E(P(n)) = rn - sE(U(n))$$
$$\Delta E(P(n)) = E(P(n+1)) - E(P(n)) = r - s\Delta E(U(n)) = r - spP\{D(n) \geq L\}$$

如上所述,当 $n < L$ 时,$\Delta E(U(n)) = 0$;随着 n 的进一步增长,$\Delta E(U(n))$ 也增大。因此,当 n 值较小时,$\Delta E(P(n)) > 0$;当 n 值较大时,$\Delta E(P(n)) < 0$(假设 $r < sp$)。于是,可得使 $E(P(n))$ 最大的 n 值,即 n^*,满足
$$\Delta E(P(n^* - 1)) > 0$$
且
$$\Delta E(P(n^*)) \leq 0$$
或满足

$$r > spP\{D(n^*-1) \geqslant L\}$$

且

$$r \leqslant spP\{D(n^*) \geqslant L\}$$

因为 $D(n)$ 呈二项分布,所以可直接以此方法求解 n^* 值。

当 L 值较大时,利用二项分布进行此类计算则尤为繁琐。此时(及许多其他情况下),通常的做法是采用二项分布的正态近似。特别地,经常将均值为 np、方差为 $np(1-p)$ 的正态分布作为参数为 n、p 的二项分布的连续近似,因为后者的均值和方差与前者的相同。采用该方法,现在假设 $D(n)$ 具有这一正态分布,并将 n 视为连续决策变量,则可通过以下方程近似得出 n 的最优值为

$$r = spP\{D(n^*) \geqslant L\}$$

即

$$P\{D(n^*) \geqslant L\} = \frac{r}{sp}$$

根据正态分布表,可直接计算 n^* 值(将在下例中给出)。如果 n^* 不是整数,需将其向上舍入取整,以满足 n^* 的最优整数值表达式。

18.8.4 超售模型应用示例

Transcontinental 航空公司每天(周末除外)均有一班从旧金山飞往芝加哥的航班,该航班主要顾客为商务乘客。航班的单人舱区可提供 150 个座位,每个座位的平均价为 300 美元。机票售出概不退款,所以顾客发生误机而未登机时,全额票款不予退还。

由于全部订票乘客中约有 10% 最终爽约不会登机,因此,该公司在几乎所有航班上均执行可用座位 10% 以上的超额预定策略。但如果某航班的实际情况与上述情况差异较大时,则需制定专门策略,并请运筹小组对该航班应采用的超售策略进行分析。从旧金山飞往芝加哥的该趟航班不久前便是这样做的。即使订满 165 张预定票(大部分航班均会订满),通常还是会有大量空座。在收集数据时,运筹小组发现了其中的原因。实际上,该航班仅有 80% 预定机票的乘客会登机,而其余 20% 的乘客则因出行计划改变而需交纳全额票款作为罚款(或在多数情况下由其公司交纳该笔费用)。

乘客被该航班拒载时,Transcontinental 航空公司会安排该乘客搭载另一航空公司飞往芝加哥的下一趟航班,这一做法的平均成本为 200 美元。此外,公司还给该乘客一张价值 400 美元的代金券(但公司实际支出的成本为 300 美元)用于以后乘机使用。公司还觉得由于乘客被拒,公司商誉受损,因此应附加 500 美元的无形成本。因此,拒载乘客的总成本据估计为 1000 美元。

运筹小组现在要应用该超售模型,以确定该航班应接受的预定数量。根据上述数据,该模型参数为

$$p = 0.8, \quad r = 300, \quad s = 1000, \quad L = 150$$

因为 L 值较大,运筹小组决定采用二项分布的正态近似值。因此,可通过求解下述方程计算 n^*,即可接受的最优预定数量的近似值为

$$P\{D(n^*) \geqslant 150\} = \frac{r}{sp} = 0.375$$

式中:$D(n^*)$ 呈正态分布,其均值为 $\mu = np = 0.8n$,方差为 $\sigma^2 = np(1-p) = 0.16n$,所以 $\sigma = 0.4\sqrt{n}$。根据正态分布表,由于 $\alpha = 0.375$、$K_\alpha = 0.32$,则有

$$\frac{150-\mu}{\sigma} = \frac{150-0.8n}{0.4\sqrt{n}} = 0.32$$

上式可简化为

$$0.8n + 0.128\sqrt{n} - 150 = 0$$

求解关于$\sqrt{n}$的二次方程式可得

$$\sqrt{n} = \frac{-0.128 + \sqrt{(0.128)^2 - 4(0.8)(-150)}}{1.6} = 13.6$$

进而可得

$$n^* = (13.6)^2 = 184.96$$

因为x^*实际上应为整数,根据本模型规定将其向上舍入取整为185[①]。所得结论是:该航班可接受的订票数量应从165张增至185张。

由此所得需求$D(185)$的均值为$0.8(185)=148$、标准差为$0.4\sqrt{185}=5.44$。因此,现在只要订票需求达到185张时,Transcontinental航空公司的150个座位便应能够满载或几近满载,且不会发生超出合理范围的拒载情况。所以,将订票数量从165增至185的策略应能大幅增加公司在该航班上的利润。

18.8.5 其他模型

用于不同类型收益管理的模型有很多种,通常这些模型与本节所介绍的两个模型有共同之处。但实践中所经常用到的模型,还必须具备上述两个基本模型所未考虑到的其他特点,如下述清单。

(1) 不同等级的服务(如同一航班上的头等舱、商务舱及经济舱)。
(2) 服务相同,但收费不同(如针对老年人、儿童、学生及本单位员工的折扣)。
(3) 对提前取消预定的预定款返还比例(如有返还),这也属于服务相同,但收费不同之列。
(4) 根据预定时间以及需求和供应能力间的匹配程度,进行动态定价。
(5) 根据开始提供服务前的剩余时间及对预定取消情况的估计,调整超售水平。
(6) 超售缺货成本呈非线性(如前面的少数顾客可能自愿接受适当补偿便放弃当次服务,但随后的补偿会愈发昂贵)。
(7) 顾客以不同的条件、价格购买服务套餐(如购买系列航班转机飞行的顾客或安排多日入住的酒店顾客);
(8) 客户购买多件产品(如夫妇二人、全家或旅行团一起出游)。

将这些及其他需要切实考虑的事项,根据需要纳入更为复杂的模型非常具有挑战。但大量运筹研究与实践人员在这方面已取得巨大进展;该领域业已成为运筹学中最令人兴奋的应用领域。本书不再对此做进一步详述,相关细节可参见参考文献[12]及其所列的591项参考文献。

18.9 小 结

本章仅介绍了几种最基本的库存模型,从而阐述了库存模型的基本性质。此外,上述模型非

[①] 在求得185这一解时,有一步是从正态分布表中读取K_α值,保留小数点后两位数字,即$K_\alpha=0.32$。但如果代入时保留K_α小数点后更多位数,该模型所得解变为186。不采用正态近似值,而直接采用二项分布所得解也是186。

常准确地展现了诸多实际库存情况,因此,这些模型具有很高的实用价值。例如 EOQ 模型应用范围尤其广泛。有时需对上述模型做出修改,以便将某类随机需求纳入其中,随机连续监控库存模型便是一例。随机单周期库存模型可便于易逝品的分析。18.8 节所述的初级收益管理模型是进行复杂收益管理分析的入门,此类分析现已广泛应用于航空业及其他具有类似特点的服务行业。

在当今经济全球化的背景下,多级库存模型(如 18.5 节所介绍的模型)在辅助公司供应链管理方面亦发挥着日益重要的作用。

然而,许多复杂的库存模式尚未纳入本章所述模型的考虑范围,如产品间的相互作用,或复杂的多级库存系统等。为此,人们建立了更为复杂的模型,希望适用于此类库存情况,但既做到充分符合实际情况又具有实用性,是较为困难的。当前,供应链管理实用模型的研发是一个非常热门的研究领域。此外,人们还在研发更为复杂的收益管理模型,以便考虑更多复杂的实际情况。

随着库存数据处理日渐计算机化,科学库存管理也在不断发展中。

参 考 文 献

[1] Axsäter, S.: *Inventory Control*, 2nd ed., Springer, New York, 2006.

[2] Bertsimas, D., and A. Thiele: "A Robust Optimization Approach to Inventory Theory," *Operations Research*, **54**(1):150–168, January–February 2006.

[3] Bookbinder, J. H. (ed.): *Handbook of Global Logistics: Transportation in International Supply Chains*, Springer, New York, 2013.

[4] Choi, T. -M. (ed.): *Handbook of EOQ Inventory Problems: Stochastic and Deterministic Models and Applications*, Springer, New York, 2013.

[5] Choi, T. -M. (ed.): *Handbook of Newsvendor Problems: Models, Extensions and Applications*, Springer, New York, 2012.

[6] Goetschalckx, M.: *Supply Chain Engineering*, Springer, New York, 2011.

[7] Harrison, T. P., H. L. Lee, and J. J. Neale (eds.): *The Practice of Supply Chain Management: Where Theory and Application Converge*, Kluwer Academic Publishers (now Springer), Boston, 2003.

[8] Khouja, M.: "The Single-Period (News-Vendor) Problem: Literature Review and Suggestions for Future Research," *Omega*, **27**:537–553, 1999.

[9] Muckstadt, J., and R. Roundy: "Analysis of Multi-Stage Production Systems," pp. 59–131 in Graves, S., A. Rinnooy Kan, and P. Zipken (eds.): *Handbook in Operations Research and Management Science*, Vol. 4, *Logistics of Production and Inventory*, North-Holland, Amsterdam, 1993.

[10] Nahmias, S.: *Perishable Inventory Systems*, Springer, New York, 2011.

[11] Simchi-Levi, D., S. D. Wu, and Z. -J. Shen (eds.): *Handbook of Quantitative Supply Chain Analysis*, Kluwer Academic Publishers (now Springer), Boston, 2004.

[12] Talluri, G., and K. van Ryzin: *Theory and Practice of Yield Management*, Kluwer Academic Publishers (now Springer), Boston, 2004. (A 2nd edition currently is in preparation.)

[13] Tang, C. S., C. -P. Teo, and K. K. Wei (eds.): *Supply Chain Analysis: A Handbook on the Interaction of Information, System and Optimization*, Springer, New York, 2008.

[14] Tiwari, V., and S. Gavirneni: "ASP, The Art and Science of Practice: Recoupling Inventory Control Research and Practice: Guidelines for Achieving Synergy," *Interfaces*, **37**(2):176–186, March–April 2007.

[15] Zipken, P. H.: *Foundations of Inventory Management*, McGraw-Hill, Boston, 2000.

库存理论部分获奖应用案例

(相关文章链接均可从本书网站 www.mhhe.com/hillier 获取。)

[A1] Billington, C., G. Callioni, B. Crane, J. D. Ruark, J. U. Rapp, T. White, and S. P. Willems: "Accelerating the Profitability of Hewlett-Packard's Supply Chains," *Interfaces*, **34**(1):59-72,January-February 2004.

[A2] Farasyn,I.,et al.:"Inventory Optimization at Procter & Gamble:Achieving Real Benefits Through User Adoption of Inventory Tools," *Interfaces*, **41**(1):66-78,January-February 2011.

[A3] Geraghty,M. K.,and E. Johnson:"Revenue Management Saves National Car Rental," *Interfaces*, **27**(1):107-127, January-February 1997.

[A4] Kok,T. de,F. Janssen,J. van Doremalen,E. van Wachem,M. Clerkx,and W. Peeters:"Phillips Electronics Synchronizes Its Supply Chain to End the Bullwhip Effect," *Interfaces*, **35**(1):37-48,January-February 2005.

[A5] Lin,G.,M. Ettl,S. Buckley,S. Bagchi,D. D. Yao,B. L. Naccarato,R. Allan,K. Kim,and L. Koenig:"Extended-Enterprise Supply-Chain Management at IBM Personal Systems Group and Other Divisions," *Interfaces*, **30**(1):7-25, January-February 2000.

[A6] Nagali,V.,et al.:"Procurement Risk Management(PRM) at Hewlett-Packard Company," *Interfaces*, **38**(1):51-60,January-February 2008.

[A7] Pekgün,P.,et al.:"Carlson Rezidor Hotel Group Maximizes Revenue Through Improved Demand Management and Price Optimization," *Interfaces*, **43**(1):21-36,January-February 2013.

[A8] Smith,B. C.,J. F. Leimkuhler,and R. M. Darrow:"Yield Management at American Airlines," *Interfaces*, **22**(1):8-31, January-February 1992.

习 题

下列各习题(或习题部分内容)左侧的符号 T 表示习题可用上文所列模板,题号旁的星号表示本书后附有习题的至少部分答案。

T18.3-1* 假设某产品每月需求为 30 件,且产品库存提取比率固定。每次投产补充库存的生产准备成本为 15 美元。该产品的生产成本为 1 美元/件,每件产品的存储成本为 0.30 美元/月。

(a)假设不允许出现缺货现象,请问应多久投产一次？产量应为多少？

(b)如果允许出现缺货现象,但缺货成本为每件产品 3 美元/月,请问应多久投产一次？产量应为多少？

T18.3-2 某产品每周需求量为 600 件,且该产品库存提取比率固定。每次下单补充库存的准备成本为 25 美元。该产品的生产成本为 3 美元/件,每件产品的存储成本为 0.05 美元/周。

(a)假设不允许出现缺货现象,请确定应多久订货一次？订货量应为多少？

(b)如果允许出现缺货现象,但缺货成本为每件产品 2 美元/月,请问应多久订货一次？订货量应为多少？

18.3-3* Computer Center 是一家大型计算机折扣店,Tim Madsen 是该店的采购员。最近,他为店内库存新增了时下最流行的新款计算机——Power。目前,该机型每周销售 13 台。Tim 直接从制造商处采购该款计算机的单位成本为 3000 美元,每批产品的交货期为半周。

Tim 通常采用基本 EOQ 模型为商店中较为重要的产品确定库存策略。他估计产品年存储成本为采购成本的 20%,各笔订单的管理成本为 75 美元。

T(a) Tim 当前采用的策略是每次订购 5 台 Power 计算机,每笔订单下单后,订货均会在该款电脑即将断货时送达。通过 Excel 模板的 Solver 版本求解基本 EOQ 模型,确定该策略所涉及的各项年度成本是多少。

T(b) 如果订货量从 5 台、7 台、9 台、……一直变化到 25 台,请仍使用上述电子表格生成一张展示相应成本变化的表格。

T(c) 通过 Solver 求出最优订货量。

T(d) 使用求解基本 EOQ 模型的解析版 Excel 模板(直接应用 EOQ 公式)计算最优订货量。将该结果(包括不同成本)与(c)所得的结果进行比较。

(e) 通过 EOQ 公式,人工检验(d)中所得最优订货量结果。

(f) 根据上述所得最优订货量,平均多久需订货一次?每次下单时,库存水平约为多少?

(g) 与(a)中所述库存策略相比,最优库存策略所减少的年度总可变库存成本(存储成本与下单管理成本之和)是多少?减少的百分比是多少?

18.3-4 Blue Cab 是 Maintown 市一家出租车公司,公司每月消耗 10000 加仑汽油。因为汽油费用是一笔主要开支,所以该公司与 Amicable 石油公司签订了特殊协议,即每隔几月便以每加仑 3.50 美元的优惠价大宗采购一批汽油。每笔订单的准备成本,包括汽油入库的成本,为 2000 美元。据估计汽油的存储成本为每加仑 0.04 美元/月。

T(a) 利用 Excel 模板的 Solver 版本求解基本 EOQ 模型,确定如果按月采购汽油,年度成本是多少。

T(b) 如果下单周期从 1 个月、2 个月、3 个月、……一直变化到 10 个月,请仍使用上述电子表格生成一张展示相应成本变化的表格。

T(c) 通过 Solver 求出最优订货量。

T(d) 使用基本 EOQ 模型的解析版 Excel 模板计算最优订货量。将该结果(包括各种成本)与(c)的结果进行比较。

(e) 通过 EOQ 公式,人工检验(d)中所得最优订货量。

18.3-5 对基本 EOQ 模型,通过平方根公式确定随着下列各成本或需求变化,Q^* 将发生怎样的变化(除非另有说明,下列各变化均需单独考虑)?

(a) 准备成本降至原来的 25%。

(b) 年需求率增至原来的 4 倍。

(c) (a)和(b)同时改变。

(d) 单位存储成本降至原来的 25%。

(e) (a)和(d)同时改变。

18.3-6 Kris Lee 是 Quality Hardware 五金店的老板兼经理。目前,他正对自己商店中锤子的库存策略进行分析。他每月平均销售 50 把锤子,因此每个月末都以 20 美元的单价从批发商处下单订购 50 把锤子。不过,克里斯都是自己下单,他发现这占用了自己很多时间。他估计每次下单所花费的时间成本为 75 美元。

(a) 根据基本 EOQ 模型,如果 Kris 当前的库存策略为最优,则每件锤子的存储成本应为多少?每件锤子的存储成本占购置成本的百分之几?

T(b) 如果单位存储成本为单位购置成本的 20%,那么,最优订货量为多少?相应的年度总可变库存成本(TVC)(存储成本与下单的管理成本之和)是多少?当前库存策略的可变库存成本总额(TVC)是多少?

T(c) 通常批发商需用 5 个工作日(每月平均工作日为 25 天)送达订购的锤子,那么,根据基本 EOQ 模型,再订货点应如何设定?

(d) Kris 不希望重要产品出现库存短缺的现象,因此他决定增订 5 个锤子作为安全库存,以预防送货不及时或超出日常销售水平的情况。为此,他应如何确定新的再订货点?该安全库存使总可变库存成本(TVC)增加多少?

18.3-7* 思考 18.1 节所介绍的示例 1(即生产电视机扬声器一例),18.3 节用该例说明

EOQ 模型。当单位缺货成本变为每件 5 美元/月时，利用计划内缺货的 EOQ 模型求解该例。

T18.3-8 Speedy Wheels 是一家自行车批发商，该店的库管经理 Ricky Sapolo 正对某款自行车的库存策略进行分析。该款车型每月销售 500 辆，从制造商订购该车的单价为 400 美元/辆，且每笔订单的管理成本为 1000 美元。每年库存自行车所占用的资金为这些自行车价值（根据采购价格计算）的 15%。其他自行车存储成本包括仓库租赁费、保险费、税费等，总计每辆自行车 40 美元/年。

（a）利用基本 EOQ 模型确定最优订货量及年可变库存成本总额。

（b）Speedy Wheels 的客户通常都接受订单稍许延迟。因此，管理层一致同意采用偶尔会出现少量计划内缺货的新策略，以降低可变库存成本。与管理层协商后，Ricky 对年度缺货成本（包括未来业务损失成本）做出估算。据他估计，该成本为 150 美元乘以年均自行车缺货数量。利用计划内缺货的 EOQ 模型确定新的最优库存策略。

T18.3-9 重新思考习题 18.3-3。由于 Power 这款电脑非常畅销，Tim Madsen 发现即使库存断货，但只要向顾客保证他们的订单在合理期限内会到货，顾客还是愿意购买该款计算机。因此，Tim 决定放弃使用基本 EOQ 模型，开始采用计划内缺货的 EOQ 模型，且每台计算机的缺货成本为 200 美元/年。

（a）使用 Excel 模板的 Solver 版本（在 Solver 对话框中添加 C10:C11=整数的约束条件）计算计划内缺货 EOQ 模型，求解新的最优库存策略及其年度总可变库存成本，与习题 18.3-3 不允许出现缺货的情况相比，总可变库存成本降低了多少（见本书后面所附答案）？

（b）如果最大缺货量保持与（a）中所得解相同，但订货量从 15 台、17 台、19 台、……一直变化至 35 台，请仍使用上述电子表格生成一张展示总可变库存成本（TVC）及各成本要素变化情况的表格。

18.3-10 假设你受聘为一家公司的运筹研究顾问，对其某项产品的库存策略进行重新评估。该公司目前采用基本 EOQ 模型，根据该模型，该产品的最优订货量为 1000 件，因此最大库存水平也为 1000 件，最大缺货量为 0 件。

在发现单位缺货成本（p）远高于单位存储成本（h）后，你决定向公司建议采用计划内缺货的 EOQ 模型。准备一张表格，用以向管理层展示根据该模型，当 p 与 h 之比分别为 1/3、1、2、3、5、10 时的最优订货量、最大库存水平及最大缺货量。

18.3-11 基本 EOQ 模型假设按单位时间 b 件产品进行均匀补库（而非一次性补库），直至达到订货量 Q。单位时间从库存中提取 a 件产品，且 $a<b$，补充库存与提取库存同时进行，例如，如果 $Q=60$，b 为 3 件/天，a 为 2 件/天，则第 1 天至第 20 天、第 31 天至第 50 天（并依此类推），每天需到达 3 件产品进入库存，同时，每天从库存中提取 2 件产品。下图为本例库存水平随时间变化图。

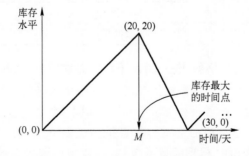

（a）根据准备成本 K、生产数量 Q、单位成本 c、存储成本 h、出库率 a 及库存补充率 b 计算单位时间总成本。

(b) 确定最优订货量 Q^*。

18.3-12* MBI 为一家个人计算机制造商,所生产的个人计算机均采用从 Ynos 采购的硬盘驱动器。MBI 工厂每年生产 52 周,每周需在计算机上安装 100 件该硬盘驱动器。为此,MBI 在该产品上的年存储成本为其库存价值(根据采购成本计算)的 20%。不管订货量大小,每次向 Ynos 下单的管理成本据估计为 50 美元。Ynos 为大笔订单提供以下数量折扣,每类折扣价均为所采购产品的单价。

折扣类型	采购数量/件	硬盘驱动器单价/美元
1	1~99	100
2	100~499	95
3	500 及以上	90

T(a) 根据含数量折扣的 EOQ 模型确定最优订货量,并据此计算年总成本。

(b) 根据最优订货量,每年应下几笔订单? 订单间隔多久?

18.3-13 Gilbreth 一家每天饮用一箱 Royal 牌可乐,一年饮用 365 天。幸好,当地一家分销商为大笔订单提供如下数量折扣,各类折扣价为每箱可乐的价格。Gilbreth 先生估计每次去取订购的可乐时,要花费 5 美元汽油成本。此外,Gilbreth 先生还在股市进行投资,一直以来,每年年均收益为 20%。吉尔布雷斯认为将股票收益用于购买可乐而非继续购买股票,是购买可乐的唯一存储成本。

折扣类型	采购数量/箱	每箱单价/美元
1	1~49	4.00
2	50~99	3.90
3	100 及以上	3.80

T(a) 根据含数量折扣的 EOQ 模型确定最优订货量,并据此计算年度总成本。

(b) 根据最优订货量,每年应订购几次? 订购间隔多久?

18.3-14 Kenichi Kaneko 是生产部经理,生产部每年消耗 400 箱铆钉。为控制库存水平,Kenichi Kaneko 始终每次仅订购 50 箱。但铆钉供应商现在根据以下费率为量大订单提供折扣,各类打折价均为所购的单箱价格。

折扣类型	采购数量/箱	每箱单价/美元
1	1~99	8.50
2	100~999	8.00
3	1000 及以上	7.50

公司的年存储成本为铆钉价格的 20%,每次下单的总费用为 80 美元。

于是,Kenichi Kaneko 决定采用含数量折扣的 EOQ 模型来确定铆钉的最优库存策略。

(a) 以订货量 Q 的函数写出各折扣类型下年度总成本(TC)表达式。

T(b) 利用基本 EOQ 模型的 EOQ 公式计算各折扣类型下,使年度总成本(TC)最小的 Q 值(可行或不可行,可使用基本 EOQ 模型的解析版 Excel 模板计算)。

(c) 用(a)与(b)所得结果确定各折扣类型下,使年度总成本(TC)最小并可行的 Q 的可行值,并计算相应的 TC 值。

(d) 请绘出各折扣类型下的年度总成本(TC)与 Q 之间的曲线,绘制方法采用图 18.3 所示的格式(即以实线表示可行值,以虚线曲线表示不可行值)。在图中表示出(b)与(c)中所得解,但无需为了精确绘制出曲线上的其他点而进行额外的计算。

(e) 用(c)与(d)所得结果确定最优订货量及相应的年度总成本(TC)值。

T(f) 用含数量折扣的 EOQ 模型的 Excel 模板检验(b)、(c)、(e)所得的结果。

(g) 经检验,第二类折扣中使年度总成本(TC)最小化的 Q 值是可行的。请解释为何得知该情况后,无需针对该折扣进行(b)、(c)中的计算,便可将第一类折扣排除在最优订货量备选项之外。

(h) 已知(e)、(f)所得的最优订货量,每年应订货几次?各次订货间隔多久?

18.3-15 Sarah 在市中心经营一家小卖店,该店全年营业,其中最畅销的产品之一为每月销量约为 200 袋的花生棉花糖。

Sarah 从 Peter 棉花糖店采购花生棉花糖,一直以来,她每次都采购 100 袋。但为促进客户大量进货,该店现根据以下费率为 Sarah 的较大订单提供折扣。

折 扣 类 型	订货量/袋	每袋单价/美元
1	1~199	1.00
2	200~499	0.95
3	500 及以上	0.90

Sarah 想通过含数量折扣的 EOQ 模型来确定自己的订货量。为此,她估计这些花生棉花糖的年存储成本为其价值(根据采购价格计算)的 17%。据她估计,每次下单的准备成本为 4 美元。

根据习题 18.3-14 中的要求对 Sarah 的问题进行分析。

18.4-1 假设将要制定未来 5 个月的生产计划,这 5 个月的需求分别为 $r_1=2$、$r_2=4$、$r_3=2$、$r_4=2$、$r_5=3$。生产准备成本为 4000 美元,单位生产成本为 1000 美元,单位存储成本为 300 美元。利用确定性定期监控模型确定可满足月需求量的最优生产计划。

重新思考 18.4 节用于讲解确定性定期监控模型的示例,如果各交付期均需多交付一架飞机,请重新求解该问题。

18.4-3 重新思考 18.4 节用于讲解确定性定期监控模型的示例,假设对本例做一处修改,即飞机的生产成本随交付期的变化而变化。具体来说,除生产准备成本为 200 万美元外,每架飞机在交付期 1 或交付期 3 时的生产成本为 140 万美元,而在交付期 2 或交付期 4 时的生产成本仅为 100 万美元。通过动态规划确定 4 个交付期中,每期应生产几架飞机(如果需要生产)可将总成本降至最低?

18.4-4* 思考以下情况:某产品生产完毕后便被放入待制品库,待下一工序需要时再出库。未来 3 个月,每月对该产品的需求量、生产准备成本及每月正常生产成本(单位:千美元)如下。

月 份	需 求 量	生产准备成本	正常单位成本
1	1	5	8
2	3	10	10
3	2	5	9

目前,该产品仅有一件库存,而我们希望在第三个月月末时有 2 件库存。每月最多可正常生

产 3 件该产品，但也可加班多生产一件，不过其单位生产成本是正常情况下的 2 倍，且该产品每多存放一月，其单位存储成本为 2000 美元/月。

利用动态规划确定每月应生产多少产品可使总成本最小。

18.5-1 阅读 18.5 节应用案例中所引用的参考文献，该文详细描述了案例中所总结的运筹研究。简要说明本例是如何应用库存论的，并列出本研究所取得的各种经济和非经济的效益。

18.5-2 思考一种适合 18.5 节所述连续二级库存系统模型的库存系统，其中 $K_1 = 15000$ 美元、$K_2 = 500$ 美元、$h_1 = 20$ 美元、$h_2 = 22$ 美元、$d = 5000$。制作一张如表 18.1 所列的表格，显示各仓库单独优化的结果以及所有仓库同时优化的结果。然后，计算如果不采用所有仓库同时优化这一有效方法所得的结果，而采用各仓库单独优化所得的结果，那么，单位时间总可变成本会增加百分之多少？

18.5-3 一家公司不久便要投产一种新品，投产后，将采用一种适用 18.5 节所述连续二级库存系统模型的库存系统。此时，两个仓库的生产准备成本与存储成本都很不确定，而且新产品的需求率也不确定。因此，开始制定新库存系统计划时，需对该模型参数可能值的不同组合情况进行检验。

计算以下不同组合中 Q_2^*、n^*、n、Q_1^* 的值。

(a) $h_1 = 25$ 美元、$h_2 = 250$ 美元、$d = 2500$，$(K_1, K_2) = (25000$ 美元, 1000 美元$)$、$(10000$ 美元, 2500 美元$)$ 和 $(5000$ 美元, 5000 美元$)$。

(b) $K_1 = 10000$ 美元、$K_2 = 2,500$ 美元、$d = 2,500$ 时，$(h_1, h_2) = (10$ 美元, 500 美元$)$、$(25$ 美元, 250 美元$)$ 和 $(50$ 美元, 100 美元$)$。

(c) $K_1 = 10000$ 美元、$K_2 = 2500$ 美元、$h_2 = 250$ 美元、$d = 1000$、2500 和 5000。

18.5-4 某公司拥有一家产品生产工厂和一家产品零售商店。该公司某新品将在其零售店独家销售。该新品在需要补充库存时将从工厂库存提货，每次补充库存的管理费用及运费共计 200 美元。工厂在需要补充自己对该产品的库存需求时，会快速组织生产，每次生产的准备成本为 5000 美元。该产品在工厂的年存储成本为 10 美元/件；在零售店的存储成本为 11 美元/件。零售店预计每月销售 100 件该产品。18.5 节所述连续二级库存系统的所有假设均适用于本题中工厂与零售店的联合库存系统。

(a) 假设工厂与零售店分别单独优化各自的库存策略，计算由此求得的 Q_2^*、n^*、n、Q_1^*、C^* 值。

(b) 假设公司同时优化工厂与零售店的联合库存系统，计算由此求得的 Q_2^*、n^*、n、Q_1^*、C^* 值。

(c) 采用(b)方法而不采用(a)方法时，计算单位时间总可变成本 C^* 可降低多少百分比？

18.5-5 一家公司在装配车间组装生产某产品，所有用于组装该产品的零件均从同一家供应商处采购。装配车间每次需要补充该零件库存时，供应商便将所订零件一起送达。这样做，公司除支付所订零件的采购价外，还需每次支付 500 美元运费。每次供应商需补充自己对该零件的库存需求时，便会快速组织生产该零件，这些生产运行的准备成本总额为 50000 美元。在供应商处，每套零件的年存储成本为 50 美元；在上述公司的装配车间时，每套零件的年存储成本则为 60 美元（由于每套零件进入装配车间后所占用的资金较高，因此在装配车间的存储成本也较高）。装配车间每月固定生产 500 件该产品。18.5 节所述连续二级库存系统的所有假设均适用于本题供应商与装配车间的联合库存系统。

(a) 假设供应商与装配车间分别单独优化各自有关该零件的库存策略。计算由此求得的 Q_2^*、n^*、n、Q_1^* 值。再分别计算供应商与装配车间的每单位时间总可变成本 C_1^* 与 C_2^* 各是多少，

以及 $C^* = C_1^* + C_2^*$ 的值。

(b) 假设供应商与装配车间通过合作同时优化他们的联合库存策略。请计算(a)中所列各量在该新库存策略中的值。

(c) 比较(a)与(b)中所求得的 C_1^*、C_2^* 与 C^* 值。如果不使用(a)所求得的单独优化策略,转而采用(b)所求得的联合库存策略,那么,供应商或装配车间是否会由此产生损失?如果会发生损失,双方应采取什么经济措施促使损失一方同意签订一份根据(b)所得出的联合库存策略所制定的供应合同?如果双方同意放弃(a)所求得的单独优化策略,从而遵守(b)的联合库存策略,请对 C^* 值进行比较,并确定双方总节省开支净额是多少?

18.5-6 思考一种复合 18.5 节所述的连续多级库存系统模型的三级库存系统,该特殊库存系统的模型参数如下。

仓库 i	K_i	h_i	
1	50000	1	
2	2000	2	$d = 1000$
3	360	10	

制作一张如表 18.4 所列的表格,显示对该库存系统应用 18.5 节所述求解过程所求得的中间结果与最终结果。计算完单位时间总可变成本最终解后,再计算该最终解比最优解下单位时间总可变成本最多高出多少百分比。

18.5-7 在习题 18.5-6 的基础上,给出一个符合 18.5 节相关模型的五级库存系统,请依据习题 18.5-6 的要求进行分析,相关模型参数如下。

仓库 i	K_i	h_i	
1	125000	2	
2	20000	10	
3	6000	15	$d = 1000$
4	10000	20	
5	250	30	

18.5-8 重新思考 18.5 节所述的四级库存系统一例,该例模型参数如表 18.2 所列。现在假设 4 个仓库的准备成本已不同于表 18.2 中所列,变化后的新值分别为 $K_1 = 1000$ 美元、$K_2 = 5$ 美元、$K_3 = 75$ 美元、$K_4 = 80$ 美元。根据这些值重新进行 18.5 节对本例所做的分析。

18.5-9 Global 公司生产多种产品,其中一种主要在美国销售。该产品在全球公司位于亚洲的一家工厂内完成半成品的生产,然后,将其运往该公司位于美国的一家工厂进行成品生产。随后,将成品运往公司在美国的分销中心进行存储,并利用该库存满足批发商的订单。全年向批发商的销货量相对稳定,保持在大约 10000 件/月的销量上。每当分销中心需要补充库存时,美国工厂便利用其成品库存向分销中心发运一批产品。每批货物的管理费用与运费总计约为 400 美元。同样,每当美国工厂需要补充库存时,亚洲工厂便利用其半成品库存向美国工厂发运一批产品,每次运费与准备成本总计约为 6000 美元。亚洲工厂在需要补充半成品库存时,便迅速组织生产,每次组织生产的准备成本为 60000 美元。每件产品在亚洲工厂的月存储成本为 3 美元,在美国工厂为 7 美元,在分销中心则是 9 美元。18.5 节所述连续多级库存系统模型的所有假设均适用于本例三个仓库的联合库存系统。

制作一张如表 18.4 所列的表格来解该模型,表格需显示应用 18.5 节所述求解过程所求得的中间结果与最终结果。计算完每月总可变成本最终解后,再计算该最终解比最优解下每月总可变成本最多高出多少百分比。

18.6-1 Henry Edsel 是 Honest Henry 汽车经销店的老板,该店是其所在区域内最大的汽车经销店。Henry 最畅销的车型为三菱 Triton,因此,从工厂订购该款车型并维持其库存便成为他最大的开销。于是,Henry 让总经理 Ruby Willis 利用曾经所学的运筹学知识制定一项经济的库存策略,用以确定何时下单订购 Triton 以及每次的订购量。Ruby 决定用 18.6 节所述随机连续监控库存模型来确定 (R, Q) 策略。经过一番调查,据她估计,每笔订单的管理费用为 1500 美元(订购汽车需要填写大量材料),每辆汽车的存储成本为 3000 美元/年(即采购价格 20000 美元的 15%),每缺一辆车的缺货成本为 1000 美元/年(由于缺货造成无法销售的概率据估计为 1/3,损失的利润约为 3000 美元)。对缺货的严重性及高额的存储成本均进行一番考虑之后,Ruby 和 Henry 均同意采取 75% 的服务水平(即下单到所订车辆交付期间,不出现缺货的概率为 0.75)。根据以往经验,他们还估计出 Triton 销售相对稳定,约为 900 辆/年。

下单后,汽车的交货期约为 20 天。Ruby 对车辆送达前这段交付期内的车辆需求的概率分布做出了最佳估计,该概率分布为正态分布,均值为 50,标准差为 15。

(a) 手算订货量。
(b) 根据正态分布表求解再订货点。
利用本书课件中本模型的 Excel 模板检验(a)与(b)所得答案。
(d) 基于上述解答,求该库存策略提供的安全库存。
(e) 根据该库存策略,会发生上一批订货还未送达时便需再下一个新订单的现象。请指出何时会发生此类情况。

18.6-2 J. C. Ward 百货商场最畅销产品之一为一款新型高度节能电冰箱。该冰箱月销量约为 40 台。商场收到批发商交货大约需要一周时间,在此期间的需求呈均匀分布,为 5~15 台。每笔订单的管理费用为 40 美元;每台冰箱的存储成本为 8 美元/月,缺货成本据估计为 1 美元/月。

该百货商场库存经理决定采用 18.6 节所述的随机连续监控库存模型来确定 (R, Q) 策略,该模型服务水平(标准 1)为 0.8。

(a) 手算 R 和 Q 的值。
T(b) 利用相应的 Excel 模板检验(a)求得的解。
(c) 求该库存策略的年均缺货量。

18.6-3 采用 18.6 节所述随机连续监控库存模型时,需做出一项困难的决策确定向顾客提供的服务水平。本题旨在促进读者探索该决策过程中所涉及的权衡与取舍。

假设所采用服务水平标准为 $L=$ 交付周期内不会出现缺货的概率。通常管理层非常重视为客户提供优质服务,所以打算为 L 赋一个较高的值。但这样做需要非常大的安全库存,与管理层希望取消不必要库存的想法相违(请回忆 18.3 节所讨论的适时制理念,该理念对当今管理思维具有重大影响)。因此,管理层需要解决如何在提供优质服务与取消不必要库存间做出最佳权衡的问题。

假设交付周期内需求概率分布呈正态分布,其均值为 μ,标准差为 σ,则再订货点 $R=\mu+K_{1-L}\sigma$,其中 K_{1-L} 可查正态分布表获取。根据再订货点,安全库存量为 $K_{1-L}\sigma$。因此,如果 h 代表每件库存产品的年存储成本,则安全库存的年均存储成本(用 C 表示)$C=hK_{1-L}\sigma$。

(a) 制作一张包含 5 列的表格,第一列为服务水平 L,其值分别为 0.5、0.75、0.9、0.95、0.99 和 0.999。后 4 列为以下 4 种情况下 C 的值:第一种情况为 $h=1$ 美元、$\sigma=1$;第二种情况为 $h=$

100 美元、$\sigma=1$;第三种情况为 $h=1$ 美元、$\sigma=100$;第四种情况为 $h=100$ 美元、$\sigma=100$。

(b) 根据(a)表再制作一张表格。新表为 5 行 5 列格式,列数与第一张表相同。新表中每一列的值由第一张表中每列的下一行减去上一行的值得到,例如,新表第一列的值分布为 $0.75-0.5=0.25$、$0.9-0.75=0.15$、$0.95-0.9=0.05$、$0.99-0.95=0.04$ 及 $0.999-0.99=0.009$。因为第一列的值代表服务水平 L 的增长情况,所以新表后 4 列的值则代表随着第一列 L 值的增加,C 的增加情况。

(c) 根据这两张表,你会向需要对 L 值进行决策的经理提出什么建议?

18.6-4 上一习题描述了在制定采用何种服务水平(L)的管理决策时,所涉及的不同因素。问题还指出,无论 L、h(年度单位存储成本)与 σ(交付周期内需求呈正态分布时的标准差)的给定值为多少,安全库存的年均存储成本均为 $C=hK_{1-L}\sigma$,其中 C 表示存储成本,K_{1-L} 可查正态分布表获取。因此,通过由 σ 表征的需求变化量对存储成本 C 具有重大影响。

σ 值受交付周期的影响,具体而言,σ 随交付周期的延长而延长。因此,本题旨在使读者能进一步探索这二者之间的关系。

为使问题更加具体,假设当前所考虑的库存系统值如下:$L=0.9$、$h=100$ 美元、$\sigma=100$,交付周期为 4 天。但提供库存补充的供应商现在建议改变交货日程安排,这将使交付周期发生变化。因此,需要确定这样做会使 σ 和 C 发生怎样的变化?

假设该库存系统的单日需求具有统计独立性(通常都是如此的)。这种情况下,σ 与交付周期间的关系可通过以下公式求得

$$\sigma = \sqrt{d}\sigma_1$$

式中:d 为交付周期的天数;σ_1 为当 $d=1$ 时的标准差。

(a) 计算当前库存系统 C 值。
(b) 确定 σ_1 值,然后,计算如果交付周期由 4 天减少至 1 天时,C 会怎样变化?
(c) 如果交付周期增加 1 倍,即由 4 天变为 8 天,C 会怎样变化?
(d) 要使 C 值增加 1 倍,交付周期需由当前值 4 天变为几天?

18.6-5 如果库存系统发生下列变化,会对 18.6 节所述随机连续监控库存模型所提供的安全库存量造成什么影响(各变化需单独考虑)?

(a) 交付周期降为 0(需当即交付货物)。
(b) 服务水平(标准 1)降低。
(c) 位缺货成本翻 1 倍。
(d) 交付周期内,需求概率降低(分布未发生其他变化)。
(e) 交付周期内,需求概率服从 a 至 b 的均匀分布,但($b-a$)已为原值的 2 倍。
(f) 交付周期内,需求概率分布呈正态分布,其均值为 μ,标准差为 σ,但 σ 为原值的 2 倍。

18.6-6* Jed Walker 是市中心 Have a Cow 汉堡餐厅的经理。Jed 一直从本地供应商 Ground Chuck 处采购餐厅所需的全部牛肉,但由于 Chuck Wagon(一家全国性货仓)的价格较低,所以他正考虑转为从该处进货。

平均每周所需牛肉为 500lb,各周的需求稍有不同。据 Jed 估计,每磅牛肉的年存储成本为 30 美分。如果牛肉用完了,Jed 必须从隔壁的杂货店购买。据估计,每缺货 1lb 牛肉所产生的高额采购成本及所带来的麻烦会花费杰德 3 美元。为避免缺货,杰德决定储备足够的安全库存,确保在 95% 的订货周期内不会出现缺货的现象。由于下单仅需发送一份传真,所以下单管理费用可忽略不计。

Have a Cow 汉堡餐厅与 Ground Chuck 的合同如下:牛肉价格为 1.49 美元/lb,每笔订单的装

运费固定为 25 美元，且保证货物于 2 日内到达。据 Jed 估计，在该交付周期内的牛肉需求服从 50~150lb 之间的均匀分布。

Chuck Wagon 的牛肉价格为 1.35 美元/lb，由于会以冷冻卡车运货，所以每笔订单额外收取 200 美元外加每磅牛肉 0.1 美元的运费。运输时间约为 1 周，但保证不会超过 10 天。Jed 估计该交付周期内的需求概率分布将呈正态分布，其均值为 500lb，标准差为 200lb。

T(a) 分别针对上述两种情况，用 18.6 节所述随机连续监控库存模型为 Have a Cow 求解 (R, Q) 策略，并决定应选用哪家供应商。

(b) 说明如何计算上述两种策略的再订货点。

(c) 确定(a)所求得的两种策略分别提供多少安全库存量，并予以比较。

(d) 确定并比较两种策略下的年均存储成本。

(e) 确定并比较两种策略下的年均购置成本（采购价与运费之和）。

(f) 因为较少出现缺货现象，所以用于比较两供应商的唯一重要成本是(d)和(e)中所求得的成本。将这些成本相加，计算各供应商总成本，确定最终应选择哪家供应商。

(g) Jed 喜欢使用在收货后一个月内的牛肉（他会将牛肉冷冻），这对选择供应商会产生怎样的影响？

18.7-1 阅读 18.7 节应用案例中所引用的参考文献，该文详细描述了案例中所总结的运筹研究。简要说明本例是如何应用存储论的，并列出本研究所取得的各种经济和非经济的效益。

T18.7-2 一家报刊亭以 0.36 美元采购报纸，再以 0.50 美元的价格出售。每份报纸的缺货成本为 0.50 美元（因为要满足缺货需求，需以零售价购买报纸）。每天结束时，未卖出报纸的存储成本为 0.002 美元。该报纸的需求分布为 200~300 份的均匀分布。求解最优报纸采购量。

18.7-3 报童 Freddie 经营一个报刊亭，由于附近有一家金融服务机构，所以他销售的报刊之一为《金融日报》。弗雷迪每天早上从该报分销商处以 1.5 美元/份的价格批发该报，售价为 2.5 美元/份，当天未销售的报纸还可转天从分销商处拿回 0.5 美元/份的退款。该报的需求量为 15~18 份/天。据 Freddie 估计，全年 40% 的时间内对该报的需求为 15 份/天，20% 的时间内对该报的需求为 16 份/天，30% 的时间内对该报的需求为 17 份/天，剩余时间对该报的需求为 18 份/天。

(a) 通过 16.2 节所述贝叶斯决策规则，确定 Freddie 订货量应为多少可使每日预期利润实现最大化。

(b) 再次应用贝叶斯决策规则，但目标是使 Freddie 由于订货不足或订货过剩所造成的每日预期成本降至最低。

(c) 通过易逝品随机单周期库存模型确定 Freddie 的最优订货量。

(d) 画出需求的累积分布函数，并图解说明(c)中模型是如何计算出最优订货量的。

18.7-4 Jennifer 甜甜圈工坊出售大量多种多样的面包圈，其中一种为蓝莓馅儿巨无霸面包圈，表面涂满巧克力并撒有巧克力屑。该面包圈特别大，适于全家食用。由于发面所需时间很长，所以从凌晨 4 点就要开始制备这些面包圈。因此，尽管还无法知道面包圈的需求，但早早便要决定要准备多少面包圈。准备面包圈的材料成本与人工成本共计 1 美元/个，其售价为 3 美元/个。当天未售出的面包圈均以 0.5 美元/个的价格卖给当地一家打折杂货店。过去几周对每日出售的面包圈数量进行了跟踪，数据相关情况概述如下。

销售数量	全年时间百分比/%
0	10
1	15
2	20
3	30
4	15
5	10

(a) 订货不足的单位成本是多少？订货过剩的单位成本是多少？

(b) 通过 16.2 节所述贝叶斯决策规则确定每日应准备多少面包圈，方可使备货不足或备货过剩的导致日均成本降至最低？

(c) 绘制需求的累积分布函数，应用易逝品随机单周期库存模型，以图解法确定每天应准备多少面包圈。

(d) 根据(c)的答案，任意一天出现面包圈缺货的概率为多少？

(e) 有些家庭特意到 Jennifer 甜甜圈工坊买这种特殊的面包圈。因此，Jennifer 认为缺货的成本可能不止于利润损失。具体而言，可能还涉及顾客每次购买面包圈但却没货时的商誉损失成本。商誉损失成本必须达到多少时，则每天需比(c)中答案多做一个面包圈？

18.7-5* Swanson 面包店所制作的新鲜面包全城闻名，销量也非常大。对该店新鲜面包的日需求量呈 300~600 只的均匀分布。清晨开始烘焙面包时，还未开店营业。每只面包的成本为 2 美元，其售价为 3 美元/只。烘焙当日未售出的面包均打上昨日生产(day-old)标签，以 1.5 美元/只的折扣价出售。

(a) 运用易逝品随机单周期库存模型确定最优服务水平。

(b) 运用该模型图解确定每天早上的最优面包烘焙数量。

(c) 由于需求分布可能值范围较大，所以很难足够精细地绘制出(b)的图像以确定最优面包烘焙量的精确值，请利用代数法计算该值。

(d) 已知(a)中答案，任一天出现新鲜面包缺货的概率为多少？

(e) 由于该店面包十分畅销，每每出现缺货时，都令顾客非常失望。该店老板 Swanson 十分重视顾客满意度，因此不喜欢出现缺货。他觉得分析中还应考虑由于缺货所造成的顾客商誉损失。因为商誉损失对未来销售会产生幅面影响，所以他估计每次顾客无法买到新鲜面包时的损失为每只面包 1.5 美元。根据该变化，重新确定每日最优面包烘焙数量。

18.7-6 重新思考习题 18.7-5。面包店老板 Swanson 现在希望你对不同库存策略做出一份财务分析。首先从习题 18.7-5 前 4 项所得策略开始(忽略由于顾客商誉损失所造成的费用)。正如本书后所附答案，该策略为每天早上烘焙 500 只面包，其出现缺货的概率为 13。

(a) 对于确实出现缺货的任一天而言，计算该日所售新鲜面包的收入。

(b) 未发生缺货时，利用需求概率分布确定新鲜面包预期销售量。利用该值计算不缺货时，销售新鲜面包的每日收入。

(c) 将(a)与(b)的结果相加，计算所有情况下，销售新鲜面包的每日预期收入。

(d) 计算销售昨日生产面包的每日预期收入。

(e) 通过(c)与(d)结果计算每日预期总收入，再计算每日预期利润(扣除日常开支)。

(f) 现在考虑每天早上烘焙 600 只面包的库存策略，这样便不会出现缺货了。计算该策略下的每日预期利润(扣除日常开支)。

(g) 请思考习题 18.7-5 中(e)所求得的库存策略。正如本书后所附答案中的提示一样,该策略为每天早上烘焙 500 只面包,这样做出现缺货的概率为 16。因为该策略位于本题(a)至(e)所求得的策略与(f) 所求得的策略之间,所以其每日预期利润(扣除日常开支与顾客商誉损失成本)也位于这两个策略的每日预期利润之间。根据这一实施确定该策略的每日预期利润。

(h) 现在思考(g)所分析的库存策略,其顾客商誉损失成本为多少? 计算该商誉损失的每日预期成本,然后,再计算将该成本考虑在内的每日预期利润。

(i) 将(a)~(e)所考虑的库存策略重复应用于(h)。

18.7-7 重新思考习题 18.7-5。面包店老板 Swanson 如今已制定出一项用以减少缺货数量的新计划,即每日烘焙两次面包,第一次(与以往一样)在面包店营业前进行;第二次在当日需求变得较为明确时进行。首次烘焙 300 只面包,用以满足当日最小需求量;第二次烘焙则根据对当日剩余需求的估计来确定烘焙数量。假设该剩余需求服从 $a\sim b$ 的均匀分布,且 a 与 b 值需根据每天统计的销售量来确定。

(a) 忽略所有顾客商誉损失成本(如习题 18.7-5(a)~(d)那样),写出一个用 a 与 b 表示的第二次烘焙面包量的公式。

(b) 任一日出现新鲜面包缺货的概率为多少? 如何对该答案与习题 18.7-5 中所对应的概率进行比较?

(c) 当 $b-a=75$ 时,可出现的最大缺货量为多少? 无法售出的最大数量新鲜面包为多少? 如何对这些答案与习题 18.7-5 中(该题中仅每天清晨烘焙一次面包)所对应的值进行比较?

(d) 现在仅考虑备货不足与备货过剩的成本。已知(c)的答案,如何将新计划下由于备货不足或备货过剩所产生的每日预期总成本与习题 18.7-5 中的相应成本进行比较? 总体而言,这说明在易逝品最终订单下单前,获得尽可能多的未来需求信息具有怎样的价值?

(e) 当考虑顾客商誉损失成本时,如习题 18.7-5 中的(e),重复进行(a)、(b)及(c)3 个步骤。

18.7-8 假设对飞机备件的需求呈指数分布,其均值为 50,即

$$\varphi_D(\xi) = \begin{cases} \dfrac{1}{50} e^{-\xi/50}, & \xi \geq 0 \\ 0, & 其他 \end{cases}$$

该型号飞机将于一年后停产,因此所有备件均需现在生产。目前,备件的生产成本为 1000 美元/件,即 $c=1000$;但如果日后必须供应该备件时,其成本则为 10000 美元/件,即 $p=10000$。交付期结束后剩余备件的存储成本为 300 美元/件。

T(a) 请确定备件最优生产数量。

(b) 假设制造商目前已有 23 件(用于相近但已停产机型的)库存备件,请确定当前最优库存策略。

(c) 假设目前还无法确定 p 值,但制造商希望其订货量出现缺货的概率为 0.1,那么,应订多少件产品?

(d) 如果制造商所采用的最优策略要求订货量与(c)中结果相同,则 p 值应为多少?

18.7-9 重新思考习题 18.6-1,该问题涉及 Henry Edsel 所经营的汽车经销店。今年的车型年几近尾声,但 Triton 的销售趋势不减,当前库存等不到用来满足年末需求时,便将销售一空。所幸,当前供货即将卖完时,还有时间再从工厂订购一批 Triton 补充库存。

总经理 Ruby Willis 现在需要决定从工厂订购多少辆三菱 Triton。每辆车进价为 20000 美元,然后,只要在车型年结束前,便可以均价 23000 美元出售。但车型年结束时未售出的车辆,仅

能以促销价 19500 美元出售。此外，Ruby 估计这些车存储这么长时间所占用的资金成本为 500 美元/辆，因此净收入可能只有 19000 美元/辆。因为车型年结束时每辆未售出车辆会令她损失 1000 美元，所以鲁比决定要谨慎行事，避免订量太多。但如果可能，她也不想出现车型年结束前便出现无车可卖的情况。因此，她决定采用易逝品随机单周期库存模型来确定订货量。为此，她估计在车型年结束前从她这里订购出售的 Triton 数量呈正态分布，其均值为 50，标准差为 15。

(a) 请确定最优服务水平。

(b) 请确定 Ruby 应从工厂订购多少辆 Triton？

T18.7-10 求含准备成本的随机单周期库存模型的最优订货策略，该模型需求的概率密度函数为

$$\varphi_D(\xi) = \begin{cases} \dfrac{1}{20}, & 0 \leq \xi \leq 20 \\ 0, & \text{其他} \end{cases}$$

成本为

存储成本 = 1 美元/件

缺货成本 = 3 美元/件

准备成本 = 1.50 美元

生产成本 = 2 美元/件

写出求解过程，然后用运筹学课件中相应的 Excel 模板检验答案。

T18.7-11 用求解含准备成本随机单周期库存模型（该模型需求呈指数分布）最优订货策略的近似值，求解该最优订货策略，其中

$$\varphi_D(\xi) = \begin{cases} \dfrac{1}{25}e^{-\xi/25}, & \xi \geq 0 \\ 0, & \text{其他} \end{cases}$$

成本为

存储成本 = 40 美分/件

缺货成本 = 1.50 美元/件

采购价 = 1 美元/件

准备成本 = 10 美元

写出求解过程，然后，用运筹学课件中相应的 Excel 模板检验答案。

18.8-1 重新思考 18.8 节所述 Blue Skies 航空公司一例。关于本例所讨论的航班，近期经验表明对 200 美元超低折扣票的需求很大，即使大幅提高该票价，休闲旅行乘客与商务乘客仍有可能购完所有机票。因此，管理层想了解如果上调票价，那么，为第一类乘客预留的最优座位数量是多少？请计算当票价上调为 300 美元、400 美元、500 美元和 600 美元时，预留的最优座位数量是多少？

18.8-2 豪华号游轮每年 7 月所提供的地中海 21 日游是其最畅销产品，游轮每日均在著名的旅游景点港口停靠。游轮有 1000 间客舱，但由于船票太贵，很难做到客满。具体而言，每间客舱均价为 20000 美元，这对许多潜在客户而言实在是过于昂贵。因此，为促进卖完所有船票，公司在该游轮提前一年宣布未来航线时，为其提供了均价为 12000 美元/舱的优惠票。游轮启程前 11 个月停止出售优惠票，而且还可根据公司决定提前终止该优惠活动。优惠结束后，公司通过大量宣传以吸引那些追求奢侈的顾客，他们制定度假计划较晚，但愿意支付平日均价为 20000 美元/舱的票价。根据以往经验，据估计该邮轮上此类追求奢侈顾客的人数呈正态分布，均值为

400，标准差为 100。

通过 18.8 节所述的根据容量控制制定折扣票价的模型确定以在以正价销售剩余舱位前，可以优惠价出售的最大客舱数量为多少？

18.8-3 为促进将某航班座位全部售出，一家航空公司推出价格为 100 美元的特价不退款机票，但乘客至少应提前 21 天订票，且还需满足其他条件。优惠结束后，票价为 300 美元。公司一共接受 100 张特价票。此前，以全价预定该趟航班的乘客始终保持在至少 31 人，但不会多于 50 人。据估计，从 31 至 50 之间的整数均有可能成为此类乘客的人数。

通过 18.8 节所述的根据容量控制制定折扣票价的模型确定应为购买正价票的乘客预留多少座位？

18.8-4 重新思考 18.8 节所述的 Transcontinental 航空公司一例。管理层得出的结论是：当初对被拒登机顾客方面所产生的无形商誉损失成本估价为 500 美元，但该估值过低，应提高至 1000 美元。利用超售模型确定现在该航班应接受的超售预定数量为多少？

18.8-5 Quality 航空公司管理层决定根据 18.8 节所述超售模型制定其超售策略。现在需将该策略用于从西雅图至亚特兰大的一架航班上。该航班有 125 个售价为 250 美元的可用座位，该票一经售出不可退款。但由于类似航班上经常出现误机情况，因此，航空公司应接受比 125 个座位稍多一些的预定。当持优惠票搭乘航班的人数大于 125 人时，公司会找到那些自愿接受免费搭乘该司稍晚但有闲置座位的航班的乘客。作为回报，他们会得到优质航空公司一张价值 500 美元的代金券（但公司的成本价为 300 美元），可用于购买该公司未来任何一架航班的机票。

根据以往类似设有 125 个预定座位航班的经验，据估计误机人数（与确切的预定数量无关）的相对频率如下表所列。

误机人数	相对频率/%
0	0
1	5
2	10
3	10
4	15
5	20
6	15
7	10
8	10
9	5

在此不采用二项分布，而是直接将上述分布用于超售模型来确定优质航空公司应为该航班设置的超售量是多少？

18.8-6 思考 18.8 节所述的超售模型。在某具体应用中，假设该模型参数分别为 $p=0.5$、$r=1000$ 美元、$s=5000$ 美元、$L=3$。直接运用二项分布（而非正态近似值）通过反复试验计算 n^* 值，即可接受的最优预定数量。

18.8-7 Mountain Top 宾馆是一家位于滑雪胜地的豪华酒店。每到冬季，酒店基本总是客满，因此，周六至周六这种一周住宿必须提前数月预定、付款。最迟可于入住前一个月取消预定，之后取消的没有退款。该酒店有 100 间房间，住宿一周的房费为 3000 美元。尽管价格如此之高，但预定该酒店的土豪顾客偶尔也会因为计划改变而无法入住，继而被没收所有房费。平均而言，预定房间的顾客中有 10% 不来入住，于是，酒店管理层想进行超售预定。但管理层也觉得对此应谨慎行事，毕竟拒绝订有房间的客人入住，后果是很严重的，其中包括迅速安排客人入住档次稍差的宾馆所要支付的费用、提供未来入住时可使用的代金券，以及被拒后，气愤的顾客对酒店商誉大打折扣所产生的巨大无形成本（并且可以肯定客人一定会将这次懊恼的经历告诉许多同样有钱的朋友）。管理层估计这些后果所产生的成本为 20000 美元。

利用 18.8 节所述的超售模型，包括二项分布的正态近似值，来确定酒店的超售数量应为多少？

18.8-8　阅读 18.8 节应用案例中所引用的参考文献，该文详细描述了案例中所总结的运筹研究。简要说明本例是如何应用收益管理的，并列出本研究所取得的不同经济/非经济效益。

18.9-1　从本章结束部分所列主要参考文献的下半部分挑选一篇有关存储论应用获奖案例的文章。阅读该文，并写一份篇幅为 2 页的案例应用总结及此项研究所带来的效益（包括非经济效益）。

18.9-2　从本章结束部分所列主要参考文献的下半部分挑选 3 篇有关存储论应用获奖案例的文章。分别写出各篇文章的案例应用总结及此项研究所带来的效益（包括非经济效益），篇幅为 1 页。

案　例

案例 18.1　库存管理知识复习

Robert Gates 绕过街道转角，看见妻子正在修剪前院的玫瑰花丛，他面带微笑。将车慢慢开入自家车道后，他关掉发动机，然后和妻子拥抱。

"今天过得怎么样？"妻子问道。

"好极了！药店的生意简直太好了！" Robert 答道，"不过，下班路上的交通实在太糟！这路况能让正常人发疯！现在我太紧张了，我想进屋给自己弄杯马提尼，放松一下。"

Robert 进屋后径直来到厨房。他看到柜橱上放着邮件，便顺手翻了起来，都是各种账单和广告，最后他看见一份最新一期的《今日运筹管理学》。他一边准备酒，一边拿起杂志走进客厅，然后舒舒服服地坐在躺椅里。现在万事俱备，只欠东风了。他看到遥控器放在电视上了，于是，将酒和杂志放到咖啡桌上，伸手去拿遥控器。现在，他一手拿着遥控器，一手拿着杂志，酒就放在旁边的桌子上。此时，Robert 终于可以沉浸在自己的小天地里了。

Robert 打开电视，跳过一个又一个频道，最后找到了当地新闻台。之后，他翻开杂志开始阅读一篇有关科学库存管理的文章。偶尔，他会抬头看一眼电视，了解一下有关商业、天气及体育运动的新闻。

Robert 正深入阅读这篇文章时，电视上一则关于牙刷的广告打断了他。这则 Totalee 牙刷广告让他想到了牙医，而他的脉搏也因为害怕而跳动加速。最后，广告说顾客应购买 Totalee 牙刷，因为这是一款非常有效的"革命性"牙刷。这款牙刷当然有效，它是市场上销售最火的牙刷！

当时，Robert 刚读了那篇关于库存的文章，看了这则有关牙刷广告，他的头脑中突然灵光闪现。他知道该如何控制 Nightingale 药店 Totalee 牙刷的库存了！

作为 Nightingale 药店的库管经理，Robert 总是遇到与 Totalee 牙刷有关的库存问题。他发现自从 Totalee 持有一项由 9 位牙医（专利小组共 10 位牙医）批准的专利后，顾客对 Totalee 品牌便非常忠诚。由于 Nightingale 药店出售的 Totalee 牙刷比本地其他商店要便宜 20%，因此顾客愿意等到药店有货时再购买。对 Nightingale 药店牙刷的这种需求便意味着店内 Totalee 牙刷经常缺货。由于 Totalee 当地库房距 Nightingale 药店仅 20 英里之遥，所以药店每次从该库房下单的几个小时后，便可收到货物。但由于大量紧急订单浪费药店许多不必要的时间和文案工作，而且，如果顾客必须当天晚些时候再回来买牙刷，这也令他们非常不满，所以当前的库存情况问题重重。

Robert 现在知道一种通过科学库存管理来避免这些库存问题的方法了！他抓起大衣和车钥匙,急冲冲地跑出家门。

他朝汽车跑过去时,妻子大声问道:"亲爱的,你去哪儿啊?"

"对不起,老婆",Robert 也大声答道,"我刚发现了一种方法,可以管理药店重要产品的库存。我现在真的很兴奋,因为能把我所学的工业工程用到我的工作中来了！我得去店里拿那些数据,然后重新制定新的库存策略！吃饭前我会回来！"

已经过了高峰时段的路况,开车到药店根本没用多长时间。Robert 打开药店,里面一片黑暗。Robert 径直走向办公室,仔细搜寻着文件柜,查找去年有关 Totalee 牙刷的需求和成本数据。

啊,不出所料！各月对该款牙刷的需求数据几乎是固定不变的。不管是冬天,还是夏天,顾客都得刷牙,刷牙就需要牙刷。因为牙刷使用几个月后便会磨损,所以顾客总是回到店里再买一支。需求数据显示他们药店的顾客月均购买 250 支 Totalee 牙刷(按每月 30 天计算)。

检查完需求数据后,Robert 又检查了成本数据。因为 Nightingale 药店大量采购 Totalee 牙刷,所以 Totalee 以最低的批发价向其供货,每只牙刷仅为 1.25 美元。Robert 每次从 Totalee 下单需花费 20min 时间,他的工资与福利加起来总计 18.75 美元/h。Totalee 牙刷库存的年均存储成本为库存牙刷占用资金的 12%。

(a) Robert 认为缺货后要劳神费力地去安抚顾客,或由此带来的未来业务损失风险,都是不值得的,他决定制定一项一般情况下均可满足所有需求的库存策略。因此,他不允许出现计划内缺货现象。因为药店下单后几小时便可收到货物,所以 Robert 做出"瞬时交货"的简化假设。这些条件下的最优库存策略是什么？Robert 每次应订购多少支 Totalee 牙刷？隔多久订购一次？该策略下的年总可变库存成本是多少？

(b) Totalee 公司由于试图进军生产其他个人卫生产品,如发刷和牙线等,而出现了财务问题,公司发生了亏损。因此,公司决定关闭距 Nightingale 药店 20 英里处的库房。于是,现在该药店必须从距其 350 英里处的一家库房订货,下单后还必须等上 6 天才能收到货物。已知这一新的交付周期,Robert 每次应订购多少支 Totalee 牙刷？应什么时间下订单？

(c) Robert 开始思考如果允许出现计划内缺货,那么,这样做是否可以节省资金？因为顾客对该牙刷品牌忠诚度极高,且 Nightingale 药店的售价较低,所以顾客应该能够等待从我店购买。不过,即使顾客能够这样做,但他们一想到还得回来购买牙刷,也会不开心。于是,Robert 决定需要为由于缺货所造成的不良后果支付 1 美元。他知道员工必须安抚每位不满意的顾客,并跟踪新一批 Totalee 牙刷的到货时间。Robert 也知道顾客会因为在 Nightingale 药店的不便而生气,进而,可能开始寻找另一家可提供更好服务的商店。他估计应对不满顾客及丧失商誉、损失未来销售的成本为每只牙刷 1.5 美元/年。已知交付周期为 6 天,且允许出现计划内缺货,那么,Robert 每次应订购多少支 Totalee 牙刷？应什么时间订购？该最优库存策略下的最大缺货量为多少？每年的总可变库存成本是多少？

(d) Robert 意识到他对缺货成本的估计仅仅是一个估值。他意识到员工有时必须与那些想买牙刷又遇到缺货的顾客谈上好几分钟。此外,他还意识到与损失商誉及未来销售相关的成本可在一个很大范围内变化。Robert 估计用于应对不满顾客、商誉损失和未来销售损失的缺货成本在 85~25 美元。改变单位缺货成本估值会对库存策略及(c)中所得的年总可变库存成本产生什么影响？

(e) 关闭库房并未显著改善 Totalee 的盈亏线,因此,该司决定推出折扣策略促进销售增加。公司决定达到 500 支的订单,每支牙刷为 1.25 美元;大于 500、小于 1000 支牙刷的订单,每支牙刷为 1.15 美元;每笔订单大于等于 1000 支时,每支牙刷为 1 美元。Robert 依然假设交付周期为 6 天,但他不想出现计划内缺货现象。根据 Totalee 新的折扣策略，Robert 每次应订购多少支牙刷？每年的总库存成本(包括采购成本)为多少？

本书网站(www.mhhe.com/hillier)附加案例预览

案例 18.2　TNT：报童问题相关知识应用

一位年轻的企业家要在 7 月 4 号当天设置摊位销售烟花。现在所剩的时间，他只能下一笔订单采购烟花用于摊位销售。获得相关财务数据，以及用于估计潜在销售概率分布的数据后，现在他需要确定应订购多少套烟花，以使其预期利润在不同情况下实现最大化。

案例 18.3　拒绝出现剩余库存

美国航天航空公司生产制造军用喷气机。由于一种关键零件经常出现缺货，导致最畅销一款喷气机多次出现生产延误，因此，需为该关键零件制定一项新的库存策略。从该零件下单到收货之间的交付周期较长。交付周期内对该零件的需求并不确定，但还是有一些数据可用于对其概率分布进行评估。未来，将对该零件库存水平进行连续监控。现在需要对库存水平做出决定：何时应该再下一笔订单？订货量应为多少？

第19章 马尔可夫决策过程

如前两章所述,运筹学研究需要分析某类随机过程(即随着时间的推移,以概率形式发展的过程)。本书第17章所讲的大部分的排队系统均属于随机过程,这是因为我们不清楚顾客来的时间和为他们服务的时间长短,所以随着时间的推移,系统中顾客的数量以概率的形式出现。同样,本书18.6节和18.7节所述的库存系统也是随机过程,因为不确定未来的需求量,所以库存商品数量随着时间的推移也以概率形式出现。

马尔可夫链是一种非常重要的随机过程,其特性是:某一过程未来发展趋势的概率仅与该过程当前状态相关,与该过程的过去事件无关(例如,本书17.5节所述的生灭过程便符合这一定义,本书17.6节所描述的排队系统为生灭过程)。这种无记忆特性称为马尔可夫性。

每次观察马尔可夫链时,它都可以是诸多状态中的任何一个,因此,连续时间的马尔可夫链需连续观察,而离散时间的马尔可夫链则需要在离散的时间点(如每天结束时)上观察。已知离散时间马尔可夫链当前状态,通过(一步)转移矩阵可获得其在下一离散时点状态的概率。通过转移矩阵可计算出大量数据,用以描述马尔可夫链的性态,如马尔可夫链目前状态的稳态概率(本书网站第29章对马尔可夫链有详细的介绍)。

许多重要的系统(如排队系统)均可建立离散时间马尔可夫链模型或连续时间马尔可夫链模型。描写此类系统的性态(正如第17章对排队系统的描述)对评价其效能十分有用。但通过为系统设计运行方式以优化其效能的做法(正如17.10节对排队系统的优化)可能效果更佳。

本章重点讨论如何设计离散时间马尔可夫链的运行方式,以优化其性能。因此,我们现在要积极设计,而不是被动接受马尔可夫链的设计和相应的固定转移矩阵。马尔可夫链各可能状态均有若干应对措施,我们需决定在某状态下采取的措施。所选措施不仅影响转移概率,还对系统运行的即时成本(或回报)和后续成本(或回报)产生影响。考虑到即时成本与后续成本,我们希望为各状态选出最优措施。这一决策过程便称为马尔可夫决策过程。

19.1节给出应用马尔可夫决策过程的一个典型范例。19.2节讲述如何建立马尔可夫决策过程基本模型,以找出使(长期)每单位时间预期平均成本最小化的策略(即应对各状态的措施)。19.3节讲述如何使用线性规划找出最优策略(本书网站本章附录1给出了一种也可有效找出最优策略的策略改进算法,附录2探讨重点不是每单位时间的平均成本,而是如何使预期总折扣费用降至最低)。

19.1 典型范例

某制造商有一台位于生产流程的核心位置的关键设备。由于重度使用,该设备在质量和产量方面快速下滑。因此,每个周末均需对其进行彻底检查,根据下列4种状态,划分属于哪种情况。

状 态	情 况
0	状态如新
1	可运行——轻微磨损
2	可运行——磨损严重
3	不可运行——产品质量无法接受

收集完这些检查历史数据后,对该设备各周间的变化状态进行统计分析。以下矩阵列出了该设备从某周状态(矩阵的某行)转变到下一周的状态(矩阵的某列)时,各种潜在变化的相对频率(概率)。

状态	0	1	2	3
0	0	$\frac{7}{8}$	$\frac{1}{16}$	$\frac{1}{16}$
1	0	$\frac{3}{4}$	$\frac{1}{8}$	$\frac{1}{8}$
2	0	0	$\frac{1}{2}$	$\frac{1}{2}$
3	0	0	0	1

此外,统计分析发现即使将此前数周的设备状态也考虑进来,但转移概率不受影响。这种"无记忆特性"便是马尔可夫特性,是马尔可夫链的特点(本书网站29.2节提供了这一特性的数学定义)。因此,令随机变量 X_t 代表该设备在 t 周周末时的状态,所得结论为该随机过程 $\{X_t, t=0,1,2,\cdots\}$ 为离散时间马尔可夫链,其(一步)转移矩阵正是上图矩阵。

如本转移矩阵最后一行所示,一旦该设备为不可运行状态(即进入状态3),便彻底无法操作。也就是说,状态3就是所谓的吸收收态。不能让设备处于该状态,否则,将会停产,因此必须更换设备(该状态下设备已无法维修)。新设备将从状态0开始。

更换过程需一周完成,因此生产时间就减少一周,由此造成的损失(利润损失)为2000美元,而更换设备的成本为4000美元。因此,只要设备进入状态3,便会发生6000美元的总成本。

即使设备还未进入状态3,但生产的次品也可能产生成本。由此每周产生的预期成本如下。

状态	次品造成的预期成本/美元
0	0
1	1000
2	3000

我们现在讲述了与某一维护策略(当设备不可运行时,将其更换,而不是维修)相关的所有相关费用。该策略下,系统(即设备更换)状态的发展仍为马尔可夫链,但转移矩阵如下。

状态	0	1	2	3
0	0	$\frac{7}{8}$	$\frac{1}{16}$	$\frac{1}{16}$
1	0	$\frac{3}{4}$	$\frac{1}{8}$	$\frac{1}{8}$
2	0	0	$\frac{1}{2}$	$\frac{1}{2}$
3	1	0	0	0

为评价该维护策略,应考虑下一周将发生的即时成本(如前所述)和系统照此发展时的后续成本。(长期)每单位时间预期平均成本是测量马尔可夫链效能的普遍方法。①

为计算该测量值,首先计算该马尔可夫链的稳态概率 π_0、π_1、π_2 和 π_3。将各状态概率写为可

---

① "长期"表示应将平均成本解释为发生在极长一段时间内,因此不存在来自初始状态的影响。随着时光的无限流逝,本书网站29.5节讨论的事实上每单位时间实际平均成本基本上总是与每单位时间预期平均成本趋于相同。

一步转变成该状态的全部潜在方法的概率之和,然后求解所得到的稳态方程组为

$$\pi_0 = \pi_3$$
$$\pi_1 = \frac{7}{8}\pi_0 + \frac{3}{4}\pi_1$$
$$\pi_2 = \frac{1}{16}\pi_0 + \frac{1}{8}\pi_1 + \frac{1}{2}\pi_2$$
$$\pi_3 = \frac{1}{16}\pi_0 + \frac{1}{8}\pi_1 + \frac{1}{2}\pi_2$$
$$1 = \pi_0 + \pi_1 + \pi_2 + \pi_3$$

(尽管该方程组较小,完全可以较为轻松地手动算出,但 IOR 辅导软件中的马尔可夫链稳态概率程序中提供另一种快速求解的方法。)所得联立解为

$$\pi_0 = \frac{2}{13}, \quad \pi_1 = \frac{7}{13}, \quad \pi_2 = \frac{2}{13}, \quad \pi_3 = \frac{2}{13}$$

因此,该维护策略的(长期)每周预期平均成本为

$$0\pi_0 + 1000\pi_1 + 3000\pi_2 + 6000\pi_3 = \frac{25000}{13} = 1923.08 \text{ 美元}$$

然而,还应考虑其他维护策略,与本维护策略相比较。例如,设备或许在进入状态 3 前便应更换,或者花 2000 美元对其进行彻底检修。检修在状态 3 时不可行,在状态 0 或状态 1 时也起不到设备改善的作用,因此仅在状态 2 时发挥作用。在该状态下,设备检修可使其恢复到状态 1,这需要一周时间,于是,便会由于生产时间的浪费而损失 2000 美元。

总之,各次检查后可能做出如下决策。

决 策	行 动	相关状态
1	无需采取行动	0,1,2
2	彻底检修设备(使系统恢复至状态1)	2
3	更换设备(使系统恢复至状态0)	1,2,3

为便于参考,表 19.1 还对各状态各可行决策的相关成本做出总结。

什么是最优维护策略?我们将回答这一问题,以说明下两节材料。

表 19.1 典型范例成本数据

决 策	状态	次品造成的预期成本/美元	维修成本/美元	生产时间损失造成的成本(利润损失)/美元	每周总成本/美元
1. 无需采取行动	0	0	0	0	0
	1	1000	0	0	1000
	2	3000	0	0	3000
2. 彻底检修	2	0	2000	2000	4000
3. 设备更换	1,2,3	0	4000	2000	6000

19.2 马尔可夫决策过程模型

本章所考虑的马尔可夫决策过程模型总结如下。

(1) 每次转变后都可观察到离散时间马尔可夫链的 i 状态,其中的可能状态为 $i=0,1,\cdots,M$。

(2) 每次观察后,从一组潜在决策 K 中选出一个决策(行动)$k(k=0,1,\cdots,K)$(某些 K 决策可能与某些状态无关)。

(3) 如果在状态 i 下,做出 $d_i=k$ 的决策,便产生一项即时成本,其预期值为 C_{ik}。

(4) 状态 i 下,$d_i=k$ 的决策将决定状态 i 下一步转变的转移概率[①]是多少。用 $p_{ij}(k)$ 表示这些转移概率,其中 $j=0,1,\cdots,M$。

应 用 案 例

2003 年,芝加哥第一国民银行为美国第六大银行,其下属公司第一银行卡服务公司也是当时美国最大的 Visa 卡发行商,该公司不仅代表第一银行发行 Visa 卡,还代表几千家营销伙伴发行该卡。第二年,第一银行与摩根大通银行合并,成为美国第三大金融机构,合并后仍称作摩根大通银行。此后,"大通"便用作其信用卡服务的品牌名称。

应用运筹学很自然会应用到信用卡业务上,因为该业务的成功直接与审慎平衡不同定量因素有关。利息费用的年度成本百分率(APR)及信用卡账户的信用额度这两点对信用卡使用情况及银行利润均有影响。用户觉得年度成本百分率(APR)低、信用额度高能吸引他们。但较低的年度成本百分率(APR)可能会降低银行的利润,而不加区分地增长信用额度会增加银行赊账的损失。因此,根据不同客户信用等级的变化情况,采取不同的方式来平衡这些因素至关重要。

考虑到这些,第一国民银行管理层于 1999 年决定公司内部成立运筹研究小组,进行研究产品组合管理与优化(PORTICO)项目,目的是对提高信用卡业务利润的不同方法进行评价。运筹研究小组运用马尔可夫决策过程对 PORTICO 系统进行了设计,选出针对各持卡人的年度成本百分率(APR)及信用额度,以此实现信用卡用户整体业务组合净现值的最大化。运筹研究小组利用多个变量,如信用额度水平、年度成本百分率(APR)水平及其他可描述用户付款行为的变量等来确定某账户某一月份中可用的金额。还从银行业务组合中随机抽取 300 万个信用卡账户,根据该样本 18 个月的时序数据计算出转移概率。对于马尔可夫决策过程各状态,需要判断其类用户下月的年度成本百分率(APR)水平及信用额度水平。对 PORTICO 模型进行长期测试后,证明该模型可大幅提高银行利润水平。实施开始之际,估计这一新方法可使年利润增长超过 7500 万美元。此次对马尔可夫决策过程的出色应用使第一银行荣获 2002 年瓦格纳运筹实践优秀奖。

来源:M. S. Trench, S. P. Pederson, E. T. Lau, L. Ma, H. Wang, and S. K. Nair: "Managing Credit Lines and Prices for Bank One Credit Cards," Interfaces, 33(5):4-21, Sept.-Oct. 2003.(我们网址提供了本文的链接:www.mhhe.com/hillier。)

(5) 对各状态 $(d_0,d_1,\cdots,d_M)$ 所做决策进行说明,为马尔可夫决策过程制定相关策略。

(6) 决策旨在依据相关成本标准,将即时成本及过程进一步发展所需的后续成本均纳入考虑范围,以获得最优策略。本章所考虑的一般成本标准便是将(长期)每单位时间预期平均成本降至最低。

为将该总体描述与 19.1 节所示典型案例相结合,请回忆我们所讲述的马尔可夫链代表的是某一设备的状态(条件)。每次设备检查完毕后,从三项备选决策(即无需采取行动、彻底检修设备和更换设备)中选出一项。表 19.1 最右列便是各状态与决策相结合后所得出的预期即时成本。19.1 节对策略 $(d_0,d_1,d_2,d_3)=(1,1,1,3)$ 进行了具体分析,当设备处于状态 0、状态 1 和状态 2 时,选择决策 1(即无需采取行动);当设备处于状态 3 时,选择决策 3(即更换设备)。19.1 节最后一个转移矩阵中给出了由此得出的转移概率。

由于我们的一般模型具备任一马尔可夫过程所具有的特点——马尔可夫特性,即无记忆特性——所以可称为马尔可夫决策过程。尤其是已知当前状态与决策,所有与该过程未来发展相关的概率表述完全不受该过程历史数据的影响。这一马尔可夫特性在此成立,因为①新转移概率仅与当前状态及决策相关,②预期即时成本也仅与前状态及决策相关。

我们所描述的策略均蕴含两个非常实用(但并非必要)的特点,这两个特点贯穿本章内容(除一处外)。第一个特点是策略的静止性,即只要系统处于状态 i 时,无论当前时间值 t 为多

---

① 下一节给出的求解过程同样假设所求得的转移矩阵最终均可使任一状态到达任一其他状态。

少,制定决策的规则不变。第二个特点是策略的确定性,即只要系统处于状态 i 时,制定决策的规则是选出某一具体决策(这是由所涉算法的特点决定的,19.3 节将考虑采用概率分布制定决策的随机化策略)。

利用该框架,现在我们回到典型案例中,通过列举、比较所有相关策略以获得最优策略。在此过程中,R 表示某一具体策略,$d_i(R)$ 表示状态 i 时所需制定的相应决策,其中决策 1、决策 2 和决策 3 在 19.1 节已有描述。对任何状态而言,三个决策中可以考虑其中的一个或两个,因此对任何状态 i 而言,其 $d_i(R)$ 的唯一可能值是 1、2 或 3。

典型范例的相关策略如下。

策略	描述	$d_0(R)$	$d_1(R)$	$d_2(R)$	$d_3(R)$
R_a	在状态 3 时更换设备	1	1	1	3
R_b	在状态 3 时更换设备,在状态 2 时彻底检修	1	1	2	3
R_c	在状态 2 和 3 时更换设备	1	1	3	3
R_d	在状态 1、2 和 3 时更换设备	1	3	3	3

各策略所产生的转移矩阵各不相同,内容如下。

状态	R_a			
	0	1	2	3
0	0	$\frac{7}{8}$	$\frac{1}{16}$	$\frac{1}{16}$
1	0	$\frac{3}{4}$	$\frac{1}{8}$	$\frac{1}{8}$
2	0	0	$\frac{1}{2}$	$\frac{1}{2}$
3	1	0	0	0

状态	R_b			
	0	1	2	3
0	0	$\frac{7}{8}$	$\frac{1}{16}$	$\frac{1}{16}$
1	0	$\frac{3}{4}$	$\frac{1}{8}$	$\frac{1}{8}$
2	0	1	0	0
3	1	0	0	0

状态	R_a			
	0	1	2	3
0	0	$\frac{7}{8}$	$\frac{1}{16}$	$\frac{1}{16}$
1	0	$\frac{3}{4}$	$\frac{1}{8}$	$\frac{1}{8}$
2	1	0	0	0
3	1	0	0	0

状态	R_b			
	0	1	2	3
0	0	$\frac{7}{8}$	$\frac{1}{16}$	$\frac{1}{16}$
1	1	0	0	0
2	1	0	0	0
3	1	0	0	0

根据表 19.1 最右列数值,C_{ik} 值如下。

状态 i \ 决策 k	C_{ik}/千美元		
	1	2	3
0	0	—	—
1	1	—	6
2	3	4	6
3	—	—	6

然后,可根据表达式 $E(C) = \sum_{i=0}^{M} C_{ik} \pi_i$ 计算出(长期)每单位时间的预期平均成本。

其中,各状态 i 的决策为 $k=d_i(R)$;$(\pi_0,\pi_1,\cdots,\pi_M)$ 代表评估策略 R 时,系统当前状态的稳态分布。根据四项决策中的每一项决策分别求解 $(\pi_0,\pi_1,\cdots,\pi_M)$(可通过 IOR 辅导软件完成),然后计算 $E(C)$,现总结如下。

策略	$(\pi_0,\pi_1,\pi_2,\pi_3)$	$E(C)$/千美元
R_a	$\left(\dfrac{2}{13},\dfrac{7}{13},\dfrac{2}{13},\dfrac{2}{13}\right)$	$\dfrac{1}{13}[2(0)+7(1)+2(3)+2(6)]=\dfrac{25}{13}=1923$
R_b	$\left(\dfrac{2}{21},\dfrac{5}{7},\dfrac{2}{21},\dfrac{2}{21}\right)$	$\dfrac{1}{21}[2(0)+15(1)+2(4)+2(6)]=\dfrac{35}{21}=1667$
R_c	$\left(\dfrac{2}{11},\dfrac{7}{11},\dfrac{1}{11},\dfrac{1}{11}\right)$	$\dfrac{1}{11}[2(0)+7(1)+1(6)+1(6)]=\dfrac{19}{11}=1727$
R_d	$\left(\dfrac{1}{2},\dfrac{7}{16},\dfrac{1}{32},\dfrac{1}{32}\right)$	$\dfrac{1}{32}[16(0)+14(6)+1(6)+1(6)]=\dfrac{96}{32}=3000$

因此,最优策略为 R_b,即当设备处于状态 3 时,需对设备进行更换;当设备处于状态 2 时,需彻底检修设备。由此得到的(长期)每周预期平均成本为 1667 美元。

如果想再求解一个小型案例,本书网站"已解决案例"还有一例。

对于此类小型案例而言,运用列举法是恰当的,因为涉及的相关策略非常少。但许多应用场合具有很多对应策略,此时,该方法完全不可行。遇到此类情形需要一种更有效的方法找出最优策略。下一节将通过强大的线性规划法描述这一更为有效的方法。

19.3 线性规划与最优策略

19.3 节对马尔可夫决策过程所用的主要策略类型(即静态确定性策略)进行了描述。我们看到所有此类策略 R 均可视为这样的规则,其中规定只要系统处于状态 i 时 $(i=0,1,\cdots,M)$,便需采取决策 $d_i(R)$。因此,R 值具有如下特点,即
$$\{d_0(R),d_1(R),\cdots,d_M(R)\}$$
同样,也可使矩阵的 $D_{ik}=0$ 或 1,表征 R,即

$$\text{状态 } i \begin{array}{c} \text{决策 } k=1,2,\cdots,K \\ \begin{array}{c} 0 \\ 1 \\ \vdots \\ M \end{array}\left[\begin{array}{cccc} D_{01} & D_{02} & \cdots & D_{0K} \\ D_{11} & D_{12} & \cdots & D_{1K} \\ \vdots & \vdots & \ddots & \vdots \\ D_{M1} & D_{M2} & \cdots & D_{MK} \end{array}\right] \end{array}$$

式中:各 $D_{ik}(i=0,1,\cdots,M$ 且 $k=0,1,\cdots,K)$ 定义为
$$D_{ik}=\begin{cases}1, & \text{决策 } k \text{ 是在阶段 } i \text{ 做出的} \\ 0, & \text{其他}\end{cases}$$

因此,矩阵各行数值必须含有一个 1,其他值均为 0。例如,本典型案例最优策略 R_b 可用以下矩阵表述,即

$$\text{状态 } i \begin{array}{c} \text{决策 } k=1,2,3 \\ \begin{array}{c} 0 \\ 1 \\ 2 \\ 3 \end{array}\left[\begin{array}{ccc} 1 & 0 & 0 \\ 1 & 0 & 0 \\ 0 & 1 & 0 \\ 0 & 0 & 1 \end{array}\right] \end{array}$$

当设备处于状态 0 或状态 1 时,无需采取行动(决策 1);当设备处于状态 2 时,需进行设备彻底检修(决策 2);当设备处于状态 3 时,需进行设备更换(决策 3)。

1. 随机化策略

引入 D_{ik} 后可采用线性规划公式进行表达。我们希望某策略的预期成本可表达为含有 D_{ik} 或某一相关变量的线性函数,D_{ik} 或该相关变量受线性约束条件的制约。但是,由于 D_{ik} 为整数值(0 或 1),所以需要采用连续变量进行线性规划公式表达。为满足该要求,需进一步对策略做出解释。根据上文描述,每次系统处于状态 i 时,便可做出相同的决策。但新的策略解释方法要求:当系统处于状态 i 时,首先确定待制定决策的概率分布。

根据新的解释,现需将 D_{ik} 重新定义为

$$D_{ik} = P\{决策 = k \mid 状态 = i\}$$

也就是说,当系统处于状态 i 时,变量 D_{ik} 便是选择决策 k 作为待制定决策的概率。因此,$(D_{i1}, D_{i2}, \cdots, D_{iK})$ 是状态 i 下待定决策的概率分布。

此类应用概率分布的策略称为随机化策略,而要求 $D_{ik} = 0$ 或 1 的策略则称为确定性策略。随机化策略的特点可用下列矩阵表达,即

$$\text{状态 } i \begin{array}{c} 0 \\ 1 \\ \vdots \\ M \end{array} \begin{bmatrix} D_{01} & D_{02} & \cdots & D_{0K} \\ D_{11} & D_{12} & \cdots & D_{1K} \\ \vdots & \vdots & \ddots & \vdots \\ D_{M1} & D_{M2} & \cdots & D_{MK} \end{bmatrix} \quad \text{决策 } k = 1, 2, \cdots, K$$

其中各行之和为 1,因此,有

$$0 \leq D_{ik} \leq 1$$

为便于说明,请参考下列矩阵,其代表本典型案例的随机化策略为

$$\text{状态 } i \begin{array}{c} 0 \\ 1 \\ 2 \\ 3 \end{array} \begin{bmatrix} 1 & 0 & 0 \\ \frac{1}{2} & 0 & \frac{1}{2} \\ \frac{1}{4} & \frac{1}{4} & \frac{1}{2} \\ 0 & 0 & 1 \end{bmatrix} \quad \text{决策 } k = 1, 2, 3$$

该策略要求当设备处于状态 0 时,总是做出决策 1(即无需采取行动)。如果设备处于状态 1,不对其采取任何行动的概率为 50%,将其更换的概率也为 50%,所以此时便可抛硬币来做决定。如果发现设备处于状态 2 时,不对其采取任何行动的概率为 25%,对其进行维修的概率也是 25%,而更换设备的概率为 50%。假设,可采用含有概率的随机工具(可能为随机数字列表)做出实际决策。最后,如果发现设备处于状态 3 时,需进行设备更换。

通过采用随机化策略,D_{ik} 不再是整数变量,而是连续变量,因此现在可以建立线性规划模型求得最优策略。

2. 线性规划公式

为方便起见,线性规划模型决策变量(以 y_{ik} 表示)定义如下:i 的取值为 $i = 0, 1, \cdots, M$,k 的取值为 $k = 0, 1, \cdots, K$。当系统处于状态 i 且已制定决策 k 时,使 y_{ik} 为稳态无条件概率,即

$$y_{ik} = P\{状态 = i \text{ 和决策} = k\}$$

各 y_{ik} 与相应的 D_{ik} 均具有密切关系，这是因为根据条件概率规则

$$y_{ik} = \pi_i D_{ik}$$

式中：π_i 为马尔可夫链处于状态 i 时的稳态概率。此外，有

$$\pi_i = \sum_{k=1}^{K} y_{ik}$$

所以，有

$$D_{ik} = \frac{y_{ik}}{\pi_i} = \frac{y_{ik}}{\sum_{k=1}^{K} y_{ik}}$$

y_{ik} 有三组约束条件。

(1) 因为 $\sum_{i=0}^{M} \pi_i = 1$，所以 $\sum_{i=0}^{M} \sum_{k=1}^{K} y_{ik} = 1$。

(2) 根据稳态概率间的关系，有

$$\pi_j = \sum_{i=0}^{M} \pi_i p_{ij}(k)$$

所以，有

$$\sum_{k=1}^{K} y_{jk} = \sum_{i=0}^{M} \sum_{k=1}^{K} y_{ik} p_{ij}(k), \quad j = 0, 1, \cdots, M$$

(3) $y_{ik} \geq 0$，其中 $i = 0, 1, \cdots, M$ 且 $k = 0, 1, \cdots, K$。

长期每单位时间预期平均成本可通过下列公式求出，即

$$E(C) = \sum_{i=0}^{M} \sum_{k=1}^{K} \pi_i C_{ik} D_{ik} = \sum_{i=0}^{M} \sum_{k=1}^{K} C_{ik} y_{ik}$$

因此，该线性规划模型将采用使 $Z = \sum_{i=0}^{M} \sum_{k=1}^{K} C_{ik} y_{ik}$ 取得最小值的 y_{ik}。

其约束条件如下。

(1) $\sum_{i=0}^{M} \sum_{k=1}^{K} y_{ik} = 1$。

(2) $\sum_{k=1}^{K} y_{jk} - \sum_{i=0}^{M} \sum_{k=1}^{K} y_{ik} p_{ij}(k) = 0, j = 0, 1, \cdots, M$。

(3) $y_{ik} \geq 0, i = 0, 1, \cdots, M$ 且 $k = 0, 1, \cdots, K$。

因此，该模型有 $M+2$ 个函数约束条件及 $K(M+1)$ 个决策变量（事实上，(2)给出了一项冗余约束条件，所以对于这些 $M+1$ 的约束条件，其中任何一个条件均可删除）。

因为这是一个线性规划模型，因此可通过单纯形法进行求解。得出 y_{ik} 值后，便可通过下列公式计算各 D_{ik} 值，即

$$D_{ik} = \frac{y_{ik}}{\sum_{k=1}^{K} y_{ik}}$$

利用单纯形法求得的最优解，其中的某些特性十分有趣。该最优解包含 $M+1$ 个基本变量 $y_{ik} \geq 0$，因此，其余所有变量为非基变量，其赋值自动为 0。可以看出，当各 $i = 0, 1, \cdots, M$ 时，至少有一个 $k(k = 0, 1, \cdots, K)$ 的 $y_{ik} > 0$。因此，可知当各 $i = 0, 1, \cdots, M$ 时，仅有一个 k 的 $y_{ik} > 0$。所以，各 $D_{ik} = 0$ 或 1。

由此得出的主要结论是：通过单纯形法求得的最优策略为确定性策略，而非随机化策略。所

以,使策略随机化的做法对改进最终策略丝毫无益。但这一做法将整数变量(D_{ik})转化为连续变量,从而可运用线性规划(LP),这一点对该公式作用极大(与此类似,整数规划中可采用线性规划松弛法,这样便既可应用单纯形法,还可保持整数解性质不变,所以无论怎样线性规划松弛的最优解最终还是整数)。

3. 利用线性规划求解典型案例

参见 19.1 节的典型案例,表 19.1 前两列内容为相关状态及对应决策。因此,该模型应包括的决策变量为 y_{01}、y_{11}、y_{13}、y_{21}、y_{22}、y_{23} 及 y_{33}(上述该模型通式包括 y_{ik},在此用以表示状态与决策间的不相关匹配,所以在最优解中这些 $y_{ik}=0$,可从求解开始时便将其删除)。表 19.1 最右列为这些变量在目标函数中的系数。该表还列出状态 i 与决策 k 间各匹配结合的转移概率 $p_{ij}(k)$。

由此所得到的线性规划模型如下。

求 Z 最小值为

$$Z = 1000y_{11} + 6000y_{13} + 3000y_{21} + 4000y_{22} + 6000y_{23} + 6000y_{33}$$

约束条件为

$$y_{01} + y_{11} + y_{13} + y_{21} + y_{22} + y_{23} + y_{33} = 1$$

$$y_{01} - (y_{13} + y_{23} + y_{33}) = 0$$

$$y_{11} + y_{13} - \left(\frac{7}{8}y_{01} + \frac{3}{4}y_{11} + y_{22}\right) = 0$$

$$y_{21} + y_{22} + y_{23} - \left(\frac{1}{16}y_{01} + \frac{1}{8}y_{11} + \frac{1}{2}y_{21}\right) = 0$$

$$y_{33} - \left(\frac{1}{16}y_{01} + \frac{1}{8}y_{11} + \frac{1}{2}y_{21}\right) = 0$$

$$y_{ik} \geq 0$$

通过单纯形法求得最优解为

$$y_{01} = \frac{2}{21}, \quad (y_{11}, y_{13}) = \left(\frac{5}{7}, 0\right), \quad (y_{21}, y_{22}, y_{23}) = \left(0, \frac{2}{21}, 0\right), \quad y_{33} = \frac{2}{21}$$

所以,有

$$D_{01} = 1, \quad (D_{11}, D_{13}) = (1, 0), \quad (D_{21}, D_{22}, D_{23}) = (0, 1, 0), \quad D_{33} = 1$$

该策略要求当设备处于状态 0 或 1 时,无需采取任何行动(即决策 1);当设备处于状态 2 时,需进行维修(即决策 2);当设备处于状态 3 时,则需更换设备(即决策 3)。这与 19.2 节结束部分采用穷举法所得最优策略相同。

19.4 结 语

马尔可夫决策过程是优化随机过程效能的强大工具,这些随机过程可表达为离散时间马尔可夫链模型。马尔可夫决策过程应用领域广,如医疗保健、公路与桥梁维护、库存管理、设备维护、现金流管理、水库管理、森林管理、排队系统管理、通讯网路运行等领域。参考文献[1,10,11]提供了相关早期的应用调研。参考文献[9]描述了该项研究最新的研究获奖情况。参考文献[2,5]对其他获奖应用做出了描述。

通常,马尔可夫决策过程旨在获得可使(长期)每单位时间预期平均成本降至最低的策略(即根据马尔可夫链各可能状态需采取何种应对措施的规定)。

参 考 文 献

[1] Feinberg, E. A., and A. Shwartz: Handbook of Markov Decision Processes: Methods and Applications, Kluwer Academic Publishers(now Springer), Boston, 2002.
[2] Golabi, K., and R. Shepard: "Pontis: A System for Maintenance Optimization and Improvement of U.S. Bridge Networks," Interfaces, 27(1): 71-88, January-February 1997.
[3] Guo, X., and O. Hernandez-Lerma: Continuous-Time Markov Decision Processes, Springer, New York, 2009.
[4] Howard, R. A.: "Comments on the Origin and Application of Markov Decision Processes," Operations Research, 50(1): 100-102, January-February 2002.
[5] Miller, G., et al.: "Tax Collections Optimization for New York State," INFORMS Journal on Computing, 42(1): 74-84, January-February 2012.
[6] Powell, W. B.: Approximate Dynamic Programming: Solving the Curses of Dimensionality, Wiley, Hoboken, NJ, 2007.
[7] Puterman, M. L.: Markov Decision Processes: Discrete Stochastic Dynamic Programming, Wiley, New York, 1994.
[8] Sennott, L. I.: Stochastic Dynamic Programming and the Control of Queueing Systems, Wiley, New York, 1999.
[9] Wang, K. C. P., and J. P. Zaniewski: "20/30 Hindsight: The New Pavement Optimization in the Arizona State Highway Network," Interfaces, 26(3): 77-89, May-June 1996.
[10] White, D. J.: "Further Real Applications of Markov Decision Processes," Interfaces, 18(5): 55-61, September-October 1988.
[11] White, D. J.: "Real Applications of Markov Decision Processes," Interfaces, 15(6): 73-83 November-December 1985.

习 题

某些习题(或习题的组成部分)左侧所标符号含义如下。

D:上述所举示例可能有助于习题分析。

I:建议使用上述所列相应交互程序(打印出的资料即为所做的工作记录)。

A:上述自动程序可能有助于习题分析。

C:通过计算机上任一可用软件(或老师要求的软件)对线性规划公式进行求解。

练习题序号上标有星号则表示书后附有部分该题答案。

19.2-1 阅读19.2节关于应用案例的参考文章,其中对应用案例所涉运筹研究进行了详尽描述。简要说明本研究中是如何运用马尔可夫决策过程的。然后,列出通过该研究可获得的经济收益与非经济收益。

19.2-2* 任意工作时段内,某潜在顾客光顾某一店面的概率为50%。如果店内已有两位顾客(包括正在接受服务的这位顾客),该潜在顾客则马上离开、且不会再次光顾该店。但是,如果店内只有一位客人,或没有客人时,该潜在顾客便会进入商店,成为实际顾客。商店经理可提供两类服务,因此,在各工作时段之处,必须决定采用哪类服务。如果采用"慢速"服务,成本为3美元,如果此时店内有顾客,只有一位可得到服务,这种情况的概率为60%。如果采用"快速"服务,成本为9美元,如果此时店内有顾客,只有一位可得到服务,这种情况的概率为80%。在工作时段内,同时光顾的顾客人数多于一位,或同时得到服务的顾客多于一位的概率为0。

(a) 将选择各工作时段服务类型这一问题视为马尔可夫决策过程,并列出该问题公式。确定该问题所涉状态与决策。对于各状态及其对应的决策,找出它们在相应生产时段内所产生的预期净即时成本(减去为顾客提供服务所获的全部利润)。

(b) 确定所有(静态确定性)策略。找出各策略的转移矩阵,然后,根据未知稳态概率$(\pi_0, \pi_1, \cdots, \pi_M)$写出(长期)每工作时段预期平均净成本的表达式。

A(c) 应用 IOR 计算出各策略的稳态概率。计算后,对(b)中所列表达式进行评价,以通过穷举法找出最优策略。

19.2-3* 某学生很关心自己的车,不希望车上出现碰痕。开车上学时,她可以选择将车停在街边,占一个停车位;也可选择将车停在街边,占两个停车位;还可选择将车存放在停车场。如果是停在街边,占一个停车位,车上出现碰痕的概率为 10%;如果将车停在街边,占两个停车位,车上出现碰痕的概率为 2%,但还有 30% 的概率会接到一张 15 美元的罚单。使用停车场需支付 5 美元,但车子不会发生碰撞。如果车子出现碰痕,可以请人维修,但此时便有一天不能开车,还将花费她 50 美元用于修车和打的。当然,她也可以开着碰伤的车去上学,但这让她觉得自己没用,没有面子,也相当于每上学一天便损失 9 美元。因此,她想确定关于停车位置以及车碰伤后是否维修的最优策略,以使自己(长期)每上学日预期平均成本降至最低。

(a) 将该问题视为马尔可夫决策过程,并确定其状态及相应决策,求出 C_{ik},然后,列出该问题公式。

(b) 确定所有(静态确定性)策略。找出各策略的转移矩阵,然后,根据未知稳态概率 $(\pi_0, \pi_1, \cdots, \pi_M)$ 写出(长期)每天预期平均成本的表达式。

A(c) 应用 IOR 计算出各策略的稳态概率。计算后,对(b)中所列表达式进行评价,以通过穷举法找出最优策略。

19.2-4 某人每周六晚都与固定的几位朋友在自己家打扑克。如果某周六晚他为这些朋友提供小吃(预期成本为 14 美元),下周六晚他们心情愉悦的概率为 $\frac{7}{8}$,情绪低落的概率为 $\frac{1}{8}$。但如果没提供小吃,不管本周这些牌友心情如何,下周六晚他们心情愉悦的概率仅为 $\frac{1}{8}$,情绪低落的概率为 $\frac{7}{8}$。而且,如果这些牌友当晚开始打牌时便情绪低落,而他又没提供小吃,牌友便会联手对付他,由此他可能会输掉 75 美元。于是,这个人想找出一项关于何时提供小吃的策略,以使其(长期)每周预期平均成本降至最低。

(a) 将该问题视为马尔可夫决策过程,并确定其状态及相应决策,求出 C_{ik},然后,列出该问题公式。

(b) 确定所有(静态确定性)策略。找出各策略的转移矩阵,然后,根据未知稳态概率 $(\pi_0, \pi_1, \cdots, \pi_M)$ 写出(长期)每周预期平均成本的表达式。

A(c) 应用 IOR 计算出各策略的稳态概率。计算后,对(b)中所列表达式进行评价,通过穷举法找出最优策略。

19.2-5* 网球运动员发球时,有两次机会界内发球。如果两次均不成功,便失掉一分。如果想发球得分,界内发球的概率为 $\frac{3}{8}$。如果是挑高球,界内发球的概率为 $\frac{7}{8}$。如果界内发球得分,得到一分的概率为 $\frac{2}{3}$。如果是界内挑高球,得到一分的概率为 $\frac{1}{3}$。如果每失一分的成本是 +1,每得一分的成本是 -1,他的问题便是确定最优发球策略,以使其(长期)每得一分预期平均成本降至最低(提示:用状态 0 表示越线,还需两个发球方可得到下一分;用状态 1 表示还有一次发球机会)。

将该问题视为马尔可夫决策过程,并确定其状态及相应决策,求出 C_{ik},然后,列出该问题公式。

确定所有(静态确定性)策略。找出各策略的转移矩阵,然后,根据未知稳态概率($\pi_0, \pi_1, \cdots, \pi_M$)写出(长期)每得一分预期平均成本的表达式。

A(c) 应用 IOR 计算出各策略的稳态概率。计算后,对(b)中所列表达式进行评价,通过穷举法找出最优策略。

19.2-6 范特内兹女士每年都有机会投资两种不同的免佣金共同基金:冒险投资基金和渐进式共同基金。每年年底,范特内兹女士都会赎回基金、拿回利润,然后,再次投资。共同基金的年利润取决于上一年年末市场点位。近来,根据下列转移矩阵所列概率,市场从上年末至第二年年初这段时间在 12000 点附近振荡,即

$$\begin{array}{c} \begin{array}{ccc} 11000 & 12000 & 13000 \end{array} \\ \begin{array}{c} 11000 \\ 12000 \\ 13000 \end{array} \left[\begin{array}{ccc} 0.3 & 0.5 & 0.2 \\ 0.1 & 0.5 & 0.4 \\ 0.2 & 0.4 & 0.4 \end{array} \right] \end{array}$$

每年市场上扬(或跌落)1000 点,冒险投资基金便可获利润(或遭受损失)20000 美元,而渐进式共同基金可获利润(或遭受损失)10000 美元。如果市场每年上扬(或跌落)2000 点,冒险投资基金便可获利润(或遭受损失)50000 美元,而渐进式共同基金仅可获利润(或遭受损失)20000 美元。如果市场点位不变,两种基金均不会产生盈利,但也不会遭受损失。范特内兹女士想要确定最优投资策略,使其(长期)每年预期平均成本(损失减去收益)降至最低。

(a) 将该问题视为马尔可夫决策过程,并确定其状态及相应决策,求出 C_{ik},然后,列出该问题公式。

(b) 确定所有(静态确定性)策略。找出各策略的转移矩阵,然后,根据未知稳态概率($\pi_0, \pi_1, \cdots, \pi_M$)写出(长期)每年预期平均成本的表达式。

A(c) 应用 IOR 计算出各策略的稳态概率。计算后,对(b)中所列表达式进行评价,通过穷举法找出最优策略。

19.2-7 某无限期库存问题仅设计一种产品,在各生产周期伊始必须决定本期产品产量。现对该问题进行思考。生产准备成本为 10 美元,单位生产成本为 5 美元。本期未出售产品的单位持有成本为 4 美元(最多可存储 2 件该产品)。已知各期产品需求的概率分布,即产品需求量分别为 0 件、1 件和 2 件的概率各为 $\frac{1}{3}$。如果本期需求量大于有效供应量,便会造成相应销售损失及缺货成本(包括收入损失),即缺货 1 件的成本为 8 美元,缺货两件的成本为 32 美元。

(a) 思考这样一个策略:生产周期之初,如无库存,则生产两件产品;如有库存,则不进行生产。确定该策略下(长期)每生产周期预期平均成本是多少。在求解该策略马尔可夫链的转移矩阵时,使各状态代表生产之初的库存水平。

(b) 找出所有可行(静态确定性)库存策略,也就是说,这些策略在任何情况下不得超出存储能力。

19.3-1 重新思考习题 19.2-2。

(a) 建立用于求解最优策略的线性规划模型。

C(b) 利用单纯形法求该模型解。通过所得最优解找出最优策略。

19.3-2* 重新思考习题19.2-3。
(a) 建立求解最优策略的线性规划模型。
C(b) 利用单纯形法求该模型解。通过所得最优解找出最优策略。

19.3-3 重新思考习题19.2-4。
(a) 建立求解最优策略的线性规划模型。
C(b) 利用单纯形法求该模型解。通过所得最优解找出最优策略。

19.3-4* 重新思考习题19.2-5。
(a) 建立求解最优策略的线性规划模型。
C(b) 利用单纯形法求该模型解。通过所得最优解找出最优策略。

19.3-5 重新思考习题19.2-6。
(a) 建立求解最优策略的线性规划模型。
C(b) 利用单纯形法求该模型解。通过所得最优解找出最优策略。

19.3-6 重新思考习题19.2-7。
(a) 建立用于求解最优策略的线性规划模型。
C(b) 利用单纯形法求该模型解。通过所得最优解找出最优策略。

19.3-7 重新思考习题19.2-8。
(a) 建立用于求解最优策略的线性规划模型。
C(b) 利用单纯形法求该模型解。通过所得最优解找出最优策略。

第 20 章 仿 真

本章将着重讲述运筹学最后一项关键技术——仿真。仿真是一种灵活、强大、直观的工具,其应用在快速发展。

该项技术是利用计算机模拟(仿真)整个过程或系统的运行。例如,仿真常用于财务流程的风险分析,即通过反复模拟风险交易的演化过程,生成一份可能结果概要。此外,仿真还经常用于分析具有不确定性的随机系统。计算机可随机生成并记录驱动该类系统的各类事件的发生,如同在实际运行一般。由于运行速率较快,计算机可以在几秒钟内模拟出系统数年的运行情况。仿真还可以记录被仿真系统的设计或操作流程的各备选方案的性能表现,以便对各候选项加以对比,从而做出最优选择。

20.1 节描述仿真的本质,并举例说明。20.2 节介绍各种常见的仿真应用。20.3 节和 20.4 节重点介绍两个重要的仿真工具:随机数生成和概率分布随机观测值生成。20.5 节介绍仿真的应用流程。20.6 节介绍利用电子数据表进行高效仿真的实际应用。

20.1 仿 真 本 质

一直以来,仿真技术都是设计人员的重要工具。例如,新飞机机型设计时,一项标准流程就是模拟飞机在风洞中的飞行状况。理论上,使用物理定律也可获得飞机性能随设计参数变化而变化的信息,但在实际工作中,分析过程太过复杂,无法获得预期效果。还有一个办法是按照每个备选设计制造一架真飞机,通过实际飞行对这些机型进行测试,从而选择最终设计方案,但这种做法成本过高,且不安全。因此,经过初步理论分析确定初步设计后,测试具体方案的一个重要工具就是风洞仿真飞行,即在受控的环境中模拟真实飞机的性能,从而对飞机的实际性能进行预估。以这种方式完成详细的设计后,可建造一个样机模型,并在实际飞行中对该模型进行测试,然后,根据测试结果进行优化,从而获得最终设计方案。

20.1.1 仿真在运筹学研究中的作用

在运筹学的许多研究中仿真都起着重要作用。运筹学研究小组关注的是为随机系统(随着时间的推移而按概率变化的系统)开发设计方案或操作程序,而不是飞机设计。有些随机系统类似于第 17 章和第 19 章中所述的排队系统和马尔可夫链,其他随机系统更为复杂。模拟真实系统的性能时,采用概率分布来随机生成该系统可能发生的各类事件,而不是使用风洞。因此,仿真模型按各种事件对系统进行整合,然后运行,从而获得由各类随机生成事件产生的系统性能的统计观测值。由于模拟运行通常需要生成并处理大量数据,因此,这些仿真统计实验必须在计算机上进行。

运筹学研究使用仿真时,其步骤通常与上述飞机设计的步骤相同。尤其要先进行一些初步分析(可能会用到一些粗略的数学模型),从而确定系统的初步设计方案(包括操作程序)。然后,用仿真方法对具体设计方案进行测试,对每个设计方案的性能表现进行预估。以这种方式开发并选出一个详细的设计方案后,即可在实际应用中对系统进行测试,用此方式选定详细设计后,或会用实地应用对系统加以验证,以便进一步优化最终设计。

对一个复杂系统进行仿真时,需构建一个详细的仿真模型,以描述系统的运行以及如何进行模拟。仿真模型包括几个基本模块。

(1) 系统状态定义(如排队系统中的顾客数量)。
(2) 明确系统的可能状态。
(3) 明确会改变系统状态的可能事件(如排队系统中的到达和服务完成事件)。
(4) 提供一个仿真时钟,位于仿真程序某处,用于记录(模拟)时间过程。
(5) 各类随机生成事件的生成方法。
(6) 明确各类事件所致的状态转换的公式。

人们在仿真模型专用软件开发方面(如20.5节所述)已取得了巨大进步,可将仿真模型有效整合到计算机程序中,从而实现计算机模拟。因此,处理较复杂的系统,仿真程序的开发费用也较高。详细的仿真模型构建完成后,对运行仿真程序的计算机程序进行开发和调试需要大量时间。接下来,需要长时间运行计算机才能获得系统备选设计运行效果的良好数据。最后,在作出最终结论之前,必须认真分析所有数据(仅对备选设计方案的性能提供了估算)。整个过程需花费大量的时间和精力,因此,在拥有成本较低且效果相同(甚至更好)的程序时,一般不使用仿真法。

当随机系统太过复杂,通过前面各章所述的数学模型(如排队模型)无法取得令人满意的分析效果时,才会采用仿真法。数学模型的主要优点之一是它能抽象问题的本质,并揭示其内在结构,从而洞察系统内部的因果关系。因此,如果建模者能够构建一个既能合理描述问题又能提供解决方案的数学模型,则该方法通常优于仿真法。然而,许多问题都太过复杂,无法用这种方法加以解决,因此,仿真往往是解决此类问题唯一可行的方法。

20.1.2 离散事件系统仿真与连续系统仿真

系统仿真包括离散事件系统仿真和连续系统仿真两大类。

离散事件系统仿真是指系统状态随离散事件的发生而随即发生随机变化的仿真。例如,排队系统中,系统内顾客数量即为系统状态,改变这一状态的离散事件是指顾客的到来和服务完成后顾客的离开。实践中,大多数仿真应用都是离散事件系统仿真。

连续系统仿真是指对系统状态随着时间的推移而不断变化的仿真。例如,如研究对象是飞行中的飞机,且系统状态被定义为飞机的当前位置,则系统状态会随着时间的推移而不断发生变化。该类工程系统的设计研究,会应用一些连续系统仿真技术,连续系统仿真通常需要用微分方程来描述状态变量的变化率,因此,其分析过程往往较为复杂。

通过采用断续离散变化的方式对系统状态的连续变化的粗略模拟,往往能实现用离散事件系统仿真对连续系统的表现进行预测,这将大大简化分析过程。

本章以下内容重点讲述离散事件的系统仿真,以下所有仿真示例中,均假设为离散事件系统仿真。

现用两个示例说明仿真的基本思路。为突出主题,所举示例相对于实际应用进行了大量简化。事实上,第一个系统非常简单,甚至不需要在计算机上进行仿真。第二个系统虽然包含更多仿真的一般特点,但也很简单,可通过分析加以求解。

例1 掷硬币游戏。

你幸运地成为抽奖比赛的冠军,奖品是在拉斯维加斯的一家豪华酒店免费度假,并增送一些该酒店赌场内的赌博筹码。进入赌场后,你发现除了常见游戏(如二十一点、轮盘赌等),还有一个有趣的新游戏,规则如下。

20.1.3 游戏规则

(1) 每轮游戏都需要反复投掷一枚硬币,直到正反面出现次数之差为3。
(2) 如果你决定玩该游戏,则每掷一次硬币须支付1美元,且该轮游戏结束前不可退出。
(3) 每轮游戏结束后你将得到8美元。

因此,如果投掷硬币的次数低于8次,则可赢钱;反之,则输钱。具体示例如下(其中H表示正面,T表示反面)。

HHH	3次	赢5美元
THTTT	5次	赢3美元
THHTHTHTTTT	11次	输3美元

你如何决定是否参与这个游戏?

许多人通过仿真做出决定,虽然他们可能并不会使用仿真一词。在本例中,仿真就是通过玩多盘游戏,弄清楚是否值得赌钱。也许花半个小时反复投掷硬币并记录可能的收入或损失就已足够。这确实是一种仿真,因为你在模拟游戏的实际玩法,只是没有实际赢钱或输钱而已。

现在看如何使用计算机进行相同的仿真实验。虽然计算机不会掷硬币,但它可以模拟掷硬币,即从0到1的均匀分布中生成一系列随机观测值。这些随机观测值被称为[0,1]区间的均匀随机数。生成这些均匀随机数的简单方法就是使用Excel表格中的RAND()函数。例如,图20.1的后半部分表明已在C13单元格中输入"=RAND()",然后,用"复制"命令将其复制到C14:C62单元格内(该函数需包含圆括号,且圆括号之间不插入任何东西),这样用Excel表格就能生成如C13:C62区域所示的随机数。已隐藏第27行~第56行,以节省空间。

硬币投掷结果的概率为

$$P(正面) = \frac{1}{2}, \quad P(反面) = \frac{1}{2}$$

因此,模拟掷硬币时,计算机将任何一半的随机数(0或1)对应硬币正面,另一半对应反面即可。具体来说,就是使用以下对应关系。

0.0000~0.4999 对应于正面。
0.5000~0.9999 对应于反面。

使用图20.1中D列单元格内的公式:

$$=IF(随机数<0.5,"正面""反面")$$

如果随机数小于0.5,则Excel表格中输入正面,否则,则输入反面。因此,C列生成的前11个随机数将产生以下正面(H)和反面(T)序列。

HTTTHHHTHHH

只要正面数(7)比反面数(4)多3,游戏停止。D7和D8单元格分别记录投掷总数(11)和所赢金额(8美元-11美元=-3美元)。

图20.1底部的方程式已输入顶部各单元格,然后,使用"复制"命令复制到各列中的公式。使用这些方程,电子数据表可记录一次完整游戏的仿真。为确保游戏的完成,模拟了50次硬币投掷。E列和F列记录每次投掷后硬币正面和反面的累积数,G列单元格中输入的方程式使单元格一直保持空白,直到正面数和反面数之差达到3为止,这时单元格中会插入STOP(停止)。此后,则插入NA(不适用),使用图20.1中电子数据表下方所示的方程式,D7和D8单元格会记

录该轮模拟游戏的结果。

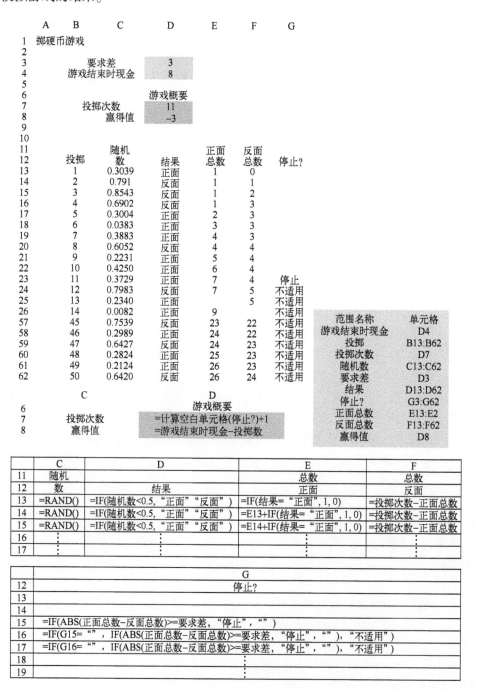

图 20.1 掷硬币游戏仿真的电子数据表模型(例 1)

这种游戏模拟可以根据需要用电子数据表不断重复。每重复一次 Excel 表格都会生成一个新的随机数序列,同时,也会产生一个新的正面和反面序列(只有选择了需要重复的数字范围时 Excel 表格才能重复一个随机数序列,用"复制"命令复制该范围,从"编辑"菜单中选择"选择性粘贴"下的"值"选项,然后,单击"确定"按钮)。

通常,需重复模拟多次才能获得一个较为可靠的平均结果估算值。因此,将使用同一个电子数据表生成 14 次该游戏的数据,如图 20.2 所示。图 20.2 右侧为用 J、K 和 L 列的标题制成的表格,首先在表格的第一行输入图 20.1 中有效输出单元格内的方程式,即"=投掷次数"输入 K6 单元格,且"=赢得值"输入 L6 单元格,J6 保持空白;然后,选中表格(单元格 J6:120)中的全部内容,选择"数据"选项下"假设分析"菜单中的"数据表"选项。最后,选择任意空白单元格(如 E4 单元格)作为列输入单元格,单击"确定"按钮,Excel 表格就会在一列(J7:J20)中输入数字,并使用 C13:G62 单元格区域中的整个原始数据表(图 20.1)重新计算 K 列和 L 列中输入任意数字的 J 行的输出单元。将方程式"=AVERAGE(K7:K20)"或"=AVERAGE(L7:L20)"输入 K22 和 L22 单元格,即可得出平均值。

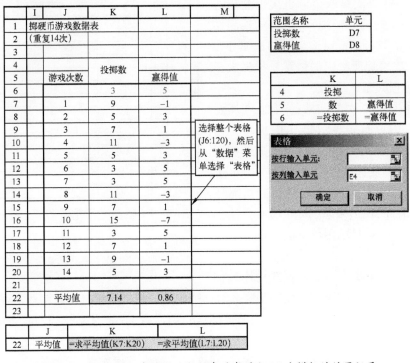

图 20.2 用图 20.1 中的电子数据表重复进行 14 次模拟的结果记录

虽然这一仿真运行时需要使用两个电子数据表,一个用于每次的重复仿真,另一个用于在数据表内记录各次重复仿真的结果,但应说明的是,其他一些仿真重复时,可在一个电子数据表上进行,即每次重复仿真和结果记录均可在同一张电子数据表的单一行完成。例如,如果重复仿真只需一个均匀随机数,则可使用类似于图 20.1 中的电子数据表记录整个仿真的运行情况。

回到图 20.2,K22 单元格显示,在重复运行 14 次游戏的样本中,样本投掷均值为 7.14 次。样本均值是指玩一局游戏所需投掷数的基本概率分布平均数的估值。因此,该 7.14 次的样本均值表明,平均每轮游戏能赢 0.86 美元(L22 单元格)。如果你不太惧怕冒险,可以选择玩这个游戏,而且玩的次数越多越好。

注意:仿真应用中一个常见的错误就是,由于统计分析不足甚至完全缺乏,根据少量样本得出结论。在本例中,样本标准偏差为 3.67,所以样本平均标准偏差估计值为 $3.67/\sqrt{14} \approx 0.98$。因此,即使假设玩一轮游戏所需投掷数的概率分布是正态分布(这只是一个粗略假设,因为真实分布是偏斜的),其真实平均数的任一合理置信区间也将远远高于 8。因此,要在合理的统计学意义水平上得出有效结论就需要更大的样本。然而,由于样本均值标准差与样本量的平方根成反比,所以大量的样本增加量,也只能使真实平均值的估计精度有较小的提升。本例中,100次仿真(重复)可能较为合适,这要取决于样本均值与8的接近程度,但重复1000次会更可靠。

碰巧的是,一轮该游戏所需的硬币投掷次数的真实平均数是9(该平均数可通过分析发现,但很复杂)。因此,从长远来看,实际上每轮游戏都会平均损失1美元。上述仿真试验无法得出这个结论,部分原因是因为每轮游戏都不会损失太多,同样每次赢取金额也决不会超过5美元。但14次的游戏模拟,所获得的观测结果对了解每轮游戏所赢或所输金额的概率分布是不够的。一次模拟所给出的估算是损失大于3美元,而实际损失是7美元。

模拟该游戏1000次的结果如图20.3所示(第17行~第1000行未显示)。K1008单元格记录了投掷硬币的平均次数,为8.97,非常接近真实平均数9。重复这么多次后,根据L1008单元格所示的平均赢值0.97美元提供的可靠依据,可得出结论,从长远来看,该游戏不会让你赢钱(可以肯定,赌场早已用仿真法验证了这一结果)。

	I	J	K	L	M
1		掷硬币游戏数据表			
2		(重复1000次)			
3					
4			投掷		
5		游戏次数	次数	赢得值	
6			5	3	
7		1	3	5	
8		2	3	5	
9		3	7	1	
10		4	11	−3	
11		5	13	−5	
12		6	7	1	
13		7	3	5	
14		8	7	1	
15		9	3	5	
16		10	9	−1	
1001		995	5	3	
1002		996	27	−19	
1003		997	7	1	
1004		998	3	5	
1005		999	9	−1	
1006		1000	17	−9	
1007					
1008		平均值	8.97	−0.97	

图20.3 该数据表通过重复1000次(而不是14次)提高了图20.2中所记录仿真的可靠性

虽然对这一简单仿真不需要正式构建完整的仿真模型,但为了便于讲解,现在需要这么做。被仿真的随机系统是每轮游戏需连续掷硬币的次数,仿真时钟记录了到目前为止已发生的投掷(仿真)次数t。定义系统当前状态的信息,即系统状态为

$$N(t) = 投掷t次后,正面次数减去反面次数$$

投到正面或投到反面即为改变系统状态的事件。事件生成方法为在$[0,1]$区间生成均匀随机数,其中

$$0.0000 \sim 0.4999 \rightarrow 正面$$
$$0.5000 \sim 0.9999 \rightarrow 反面$$

状态转换公式为

$$重置 N(t) = \begin{cases} N(t-1)+1, & t 为正面 \\ N(t-1)-1, & t 为反面 \end{cases}$$

仿真游戏在t值首次达到$N(t) = \pm 3$时结束,此时,该仿真实验的取样观测值为$8-t$,即该轮游戏的赢得值(正或负)。

下一示例将对排队论中著名的随机系统仿真模型的模块构建进行说明。

例2 一个$M/M/1$排队系统。

以17.6节开头部分介绍的$M/M/1$排队论模型(泊松输入、指数服务时间和单服务台)为例。虽然已对该模型进行了分析求解,但如何使用仿真方法求解该问题呢?现在就实际讲解一下。假设平均到达率λ和平均服务率μ为

$$\lambda = 3/h, \quad \mu = 5/h$$

系统的实际运行可概括为:刚到的顾客进行排队,得到服务,然后离开。因此,仿真模型必须

对顾客的到达和服务顾客进行描述并使其同步。

开始时间为0,仿真时钟记录仿真过程中到目前为止已过去的(仿真)时间量为 t。定义排队系统当前状态信息,即系统状态为

$$N(t) = t \text{ 时刻系统中顾客的数量}$$

改变系统状态的事件为顾客的到来或目前正在接受服务的顾客(如有)服务结束。稍后将详细介绍事件生成方法。状态转换公式为

$$\text{重置 } N(t) = \begin{cases} N(t)+1, & t \text{ 时刻有顾客到达} \\ N(t)-1, & t \text{ 时刻服务结束} \end{cases}$$

有两种基本方法可推进仿真时钟并记录系统的运行状况。例1中没有区分这两种方法,因为在简单情况下,两种方法实际上是重合的。但现在要对这两种时间推进法(时间步长法和事件步长法)加以介绍和说明。

利用时间步长推进法时,重复应用以下两个步骤。

20.1.4 时间步长法步骤简介

(1) 按一个很小的固定量推进时间。

(2) 确定过去时间间隔内发生的事件和导致的系统状态更新,同时记录所需的系统性能信息。

对于示例中的排队论模型,每个时间段内只可能发生两类事件,即顾客到达或服务完成。此外,该模型中,如果时间段较短,则一个时间段内两个及以上顾客到达或服务完成的概率可以忽略不计。这样一来,在此时间段内只有两种可能事件:一名顾客到来或一名顾客服务结束。这两种事件发生的概率均已知。

为便于讲解,以 0.1h(6min)作为时钟每次向前推进的一个小的固定时间段(通常情况下,为了使多人到达和完成多个服务的概率可忽略不计,采用的时间段比这要小得多,但这样一来,讲解这一过程就更为复杂了)。由于到达时间和服务时间均呈指数分布,所以,0.1h 区间内一次到达的概率 P_A 为

$$P_A = 1 - e^{-3/10} = 0.259$$

假设一名顾客在某时间段开始时正在接受服务,则服务完成后离开的概率 P_D 为

$$P_D = 1 - e^{-5/10} = 0.393$$

该方法与例1中使用的方法类似,根据概率随机产生任一类事件。再使用计算机在区间 [0,1] 内产生一个均匀随机数,即为 0 和 1 之间均匀分布的随机观测值。如果用 r_A 表示该均匀随机数,则

$$r_A < 0.259 \rightarrow \text{有顾客到达}$$
$$r_A \geq 0.259 \rightarrow \text{没有顾客到达}$$

同理,假定在时间段开始时有顾客正在接受服务,则另一个均匀随机数 r_D 为

$$r_D < 0.393 \rightarrow \text{有顾客离开}$$
$$r_D \geq 0.393 \rightarrow \text{没有顾客离开}$$

如果没有顾客在接受服务(即系统中没有顾客),则可假定在时间段内即使发生了到达事件,也不会发生离开事件。

表 20.1 所列为使用时间步长程序迭代 10 次所产生的结果,从系统中没有顾客开始,并以分钟为时间单位。

第二步(更新系统)包括记录该时间段内系统事件综合的相关性能指标。例如,它可以记录

排队系统中的顾客数量和刚刚结束等待的顾客等待时间。如果只需估算平均值,而不必估算该类随机变量的概率分布,则计算机只需在当前时间段结束时将该值(如有)添加到累积总和中即可。仿真运行完成后,用相加的总量分别除以样本总数(顾客总数)和时间段总数,即可获得相应的样本均值。

为阐述这一估算过程,假设用表20.1中的仿真运行估算排队系统中一名顾客的稳态预期等待时间(包括服务)W。在该仿真运行期间有2名顾客到达,分别在第一时间段和第七时间段内到达,且每名顾客在系统中逗留3个时间段。

表 20.1 例 2 采用时间步长法

t/min	$N(t)$ 系统状态	r_A 到达间隔时间	时间段内到达	r_D 服务时间	时间段内离开
0	0				
6	1	0.096	有	—	
12	1	0.569	无	0.665	无
18	1	0.764	无	0.842	无
24	0	0.492	无	0.224	有
30	0	0.950	无	—	
36	0	0.610	无	—	
42	1	0.1 5	有		
48	1	0.484	无	0.552	无
54	1	0.350	无	0.590	无
60	0	0.430	无	0.041	有

由于每个时间段持续时间为0.1h,故W的估算值为

$$E_{st}\{W\} = \frac{3+3}{2}(0.1\text{h}) = 0.3\text{h}$$

当然,这只是一个非常粗略的估算,样本量只有2个(若使用17.6节中给定的有关W的计算公式,则其值$W=1/(\mu-\lambda)=0.5\text{h}$)。实际使用中,样本量通常要大得多。

仅使用表20.1的另一个不足之处是:该仿真从系统中无顾客时开始运行,从而使等待时间的初始观测值往往小于系统处于稳定状态时的预期值。由于目的是估算稳态预期等待时间,因此有必要使仿真先运行一段时间,基本达到稳态后,再开始收集数据。收集数据之前,最初等待系统基本达到稳态条件的时间称为预热时间。

事件步长法不同于时间步长法,因为事件步长法中仿真时钟每次按变量递增而不是按固定量递增。该变量是从事件发生到任一类型的下一事件发生的时间,即时钟从事件跳到事件。其简要步骤如下。

20.1.5 事件步长法步骤简介

(1) 将时间推进到任一类型的下一事件发生的时间。

(2) 确定由该事件导致的系统新状态并随机生成时间,直到下一次发生改变这一状态的任一类型的事件(如果以前未生成)为止,从而更新系统,同时记录系统表现的所需信息。

本例中,计算机需要对未来两次事件,即下一次到达和下一个服务结束(如果顾客目前正在接受服务)进行跟踪,通过随机观察到达间隔和服务时间的概率分布获得上述时间。如前所述,可通过计算机生成并使用随机数进行该类随机观察(有关根据概率分布进行随机观察的技术将

在 20.4 节介绍)。因此,每次发生到达或服务结束事件时,计算机会确定距离下一次发生该事件还有多长时间,并将此时间添加到当前时钟,然后,将总数存储在计算机文件中(如果服务结束后系统中不再有顾客,则下一个服务完成的时间将会在发生下一次到达事件时开始计算)。计算机根据在存储文件中寻找最小的时间,以确定接下来会发生哪一事件。为了加快记录,仿真编程语言提供一个"计时程序",以确定下一事件的类型和发生时间,从而推进时间,并将控制传输到该事件类型的相关子程序。

表 20.2 所列为反复使用事件步长程序 5 次所产生的结果,开始时系统中没有顾客,并以分钟为时间单位。通过 20.4 节中所述方法生成到达间隔时间 r_A 和服务时间 r_D 的均匀随机数,供以后参考。这些 r_A 和 r_D 与表 20.1 中的 r_A 和 r_D 意义相同,用于真实对比两个时间推进机制。

表 20.2 例 2 采用事件步长法

t/min	$N(t)$ 系统状态	r_A 到达间隔时间	下一次到达间隔时间	r_D 服务时间	下一次服务时间	下一次到达	下一次离开	下一次事件
0	0	0.096	2.019	—	—	2.019	—	到达
2.019	1	0.569	16.833	0.665	13.123	18.852	15.142	离开
15.142	0	—	—	—	—	18.852	—	到达
18.852	1	0.764	28.878	0.842	22.142	47.730	40.994	离开
40.994	0	—	—	—	—	47.730	—	到达
47.730	1							

运筹学课件中有关本章的 Excel 文件介绍了一个名为排队仿真器的自动程序,将事件步长程序应用于各类排队系统。排队仿真器允许排队系统采用单一服务器或多个服务器。到达间隔时间和服务时间的概率分布可以有多种选择(指数分布、厄兰分布、退化分布、均匀分布或变异系数分布)。图 20.4 所示在当前有 10000 名顾客到达的仿真运行中使用排队仿真器所产生的输入和输出(以 h 为单位)。F 列通过 17.2 节中介绍的排队系统各项性能指标的符号,给出了仿真运行所提供的每一项指标的估计值。用 17.6 节给出的 $M/M/1$ 排队系统的公式,可得出这些指标的真值为 $L=1.5, L_q=0.9, W=0.5, W_q=0.3, P_0=0.4$ 和 $P_n=0.4(0.6)^n$。G 列和 H 列所示为

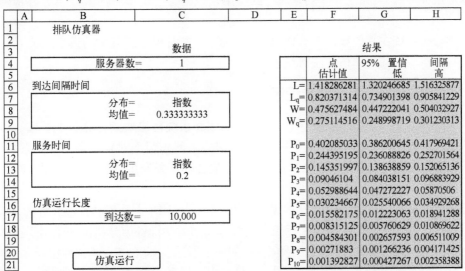

图 20.4 通过本章 Excel 文件中的排队仿真器对示例 2(10000 名顾客到达的时间)进行模拟所获得输出结果

各指标相应的95%的置信区间。注意：这些置信区间在长时间的仿真运行后可能比预期的置信区间要宽一些。一般情况下，排队系统（或大多数随机系统）的仿真需要持续运行很长时间才能获得相对精确的性能指标预估值（置信区间较窄）。

在该例和类似的随机系统中，事件步长程序比时间步长程序更加适用。同样的仿真时间内，事件步长法需要的迭代次数更少，而且生成的系统演化时间表更加精确，而非粗略的近似值。

后续章节还将在更多应用环境中对如何进行该类仿真研究的相关问题进行阐述。

20.1.6　更多示例请参阅运筹学课件

在实际应用中理解仿真示例要比纸上谈兵容易得多。因此，《运筹学导论》教程的仿真部分介绍了一个名为"排队系统动画"的自动程序，通过该程序可实际观察到仿真运行过程中顾客进入和离开排队系统的情况。因此，观看该动画可以了解排队系统仿真中事件步长程序生成的事件序列。此外，运筹学辅导材料的仿真部分还介绍了两个演示实例。

两个演示实例均涉及一家计划开设分行的银行。相关问题包括需要提供多少个服务窗口、开始时需要多少出纳员值班等。因此，所研究的系统是一个排队系统。但与例2中的$M/M/1$排队系统相比，该排队系统太过复杂，无法通过分析求解问题。该系统中有多个服务人员（出纳员），且到达间隔时间和服务时间的概率分布不符合排队论的标准模型。此外，第二个示例中已确定有一类顾客（商家）享有非强占优先权，且其概率分布与其他顾客的概率分布不同。这些并发情况十分常见，应纳入仿真研究中。

可见，两个仿真实例中，均同时应用了顾客到达、得到服务后离开和事件步长程序。

同时，该演示还介绍了《运筹学导论》教程中一个名为"交互式排队问题仿真"的交互程序，该交互程序对求解本章结尾部分的一些问题非常有帮助。

20.2　仿真应用的部分常见类型

仿真是一项通用技术，几乎可用于（难度不等）研究任何类型的随机系统。这种通用性使其成为研究随机系统时应用最广泛的运筹学技术，且其应用领域还在持续扩展。

仿真应用种类繁多，无法一一列举所有的应用领域，因此，这里只简单介绍部分特别重要的应用类型。

前三类随机系统在其他章节中有详细介绍。通常，先用相应章节中的数学模型对系统的简化版本进行分析，然后，再用仿真法对结果优化。

20.2.1　排队系统的设计与运行

17.3节列举了诸多常见的排队系统示例，表明该类系统已渗透到社会各个领域。用于分析简单排队系统的数学模型有很多（包括第17章介绍的模型），但面对较复杂的排队系统时，这些模型最多只能提供粗略估算值。然而，仿真却非常适合求解复杂的排队系统，因此，许多仿真应用都属于这一类。

运筹学辅导材料中的两个仿真演示实例（均属于银行出纳员向客户提供服务的问题）就属于这一类型。仿真在排队方面的应用相当普遍，因此，运筹学课件中介绍了一个用于排队系统仿真的名为"排队仿真器"（图20.4）的自动程序（如前节所述，本章的Excel文件中包含该程序）。

17.3节所述的排队模型的获奖应用中，大量应用了仿真技术，如美国电话电报公司（AT&T）开发了计算机软件系统，帮助客户优化设计了呼叫中心，为客户创造了超过7.5亿美元的年利润。

20.2.2 库存管理系统

18.6节和18.7节介绍了产品需求不确定的简单库存系统的管理模型。然而，在实践中，库存系统往往还存在专用模型未考虑到的情况。虽然其他数学模型有时对分析较复杂的系统也会有所帮助，但仿真的作用往往非常关键。

20.6节将介绍仿真在相对简单的库存系统上的应用。

20.2.3 估算按时完成项目的概率

项目经理关心的主要问题之一是其团队能否按时完成项目。22.4节（本书网站）不仅介绍了如何利用计划评审技术（PERT）的三点估算法粗略估算当前项目按时完成的概率，还对通过该方法获得的可以估算概率的三个简化近似值进行了描述。然而，由于这些值是近似值，所以由此产生的估计值往往过于乐观，有时偏差量甚至会相当大。

因此，人们常常利用仿真方式获得更精确的概率估算值。内容包括根据项目活动持续时间的概率分布生成随机观测值。使用施工程序网络图可以很简单地对每项活动的开始和结束以及项目的完成情况进行模拟。通过数千次（在同一台计算机上运行）的反复模拟，可以得到一个非常可靠的按期完成的概率估算值。

应用案例

美林证券公司1914年成立，在全方位金融服务企业中一直处于领先地位，长期致力于向所有人提供金融服务，将华尔街推广到不同城市。2008年，美林证券公司被美国银行公司收购，更名为美林财富管理公司，成为合并后的企业与投资银行（现名为美国银行美林集团）的一部分。

合并之前，美林证券拥有一支由全美国15000多名财务顾问组成的训练有素销售队伍，与36个国家有业务往来。作为财富100强企业，其2005年的净收入达260亿美元，管理的客户资产总额达17000亿美元。

面对日益激烈的来自折扣经纪公司和电子经纪公司的竞争，美林证券在1998年底成立了一个特别小组，负责推荐应对市场挑战的产品或服务。其强大的运筹学研究小组则负责详细分析客户的两个新的潜在定价方案；方案一是通过收取固定百分比的客户资产取代按交易额收取费用的运营模式，从而使自由交易的金额和财务咨询服务不再受到局限；方案二是开放自主投资者直接在线投资，每次交易收取较低的固定费用，但不提供财务咨询服务。

运筹学研究小组面临的重大挑战是确定上述两个方案价格的"最有效点"，在尽可能降低收入损失风险的同时，扩大公司业务，增加公司收入。事实证明，求解这一问题的一个重要工具就是仿真。为了仿真研究结论更加科学，研究小组收集了公司500万客户的资产和交易活动数据，并对其进行评估。研究小组首先通过管理层的判断、市场调研和客户经验对每个客户群的价格承受能力进行仔细分析，然后，利用该输入信息构建并运行一个包含多个定价方案的仿真模型，从而确定最佳价位点。

上述研究成果提升了美林证券公司的竞争力，恢复了其在行业中的领导地位。在激烈竞争中，公司管理的客户资产增长了220亿美元，18个月增量收入达到8000万美元，扭转了往日不断失利的局面。美林首席执行官称新战略为"美林证券公司（最近20年来）做出的最重要的决策"。这一仿真应用的巨大成功，令美林在2001年度"弗朗茨·爱德曼（Franz Edelman）运筹学与管理科学成就奖"的国际竞争中荣获一等奖。

来源：S. Altschuler, D. Batavia, J. Bennett, R. Labe, B. Liao, R. Nigam, and J. Oh: "Pricing Analysis for Merrill Lynch Integrated Choice," Interfaces, **32**(1): 5-19, Jan.-Feb. 2002.（我们的网址提供了本文链接：www.mhhe.com/hillier。）

本书网站28.2节对该类应用进行了详细介绍。

20.2.4 制造系统的设计与运行

调查不断显示，大部分仿真应用都与制造系统有关。许多制造系统可视为某种形式的排队系统（如以机器为服务人员、待加工件为顾客的排队系统）。这些系统固有的各种并发情况（如偶尔出现的机器故障、需返工的不合格产品和多种类型的加工件等）超出了一般排队模型的适用范围，因此，通过仿真处理会比较简单。

以下是求解上述问题的一些示例。
(1) 每种类型的原料加工设备应有多少台?
(2) 为在规定期限内完成整个生产流程,应采用何种规则确定机器的作业顺序?
(3) 如何制定切合实际的规定期限?
(4) 设计中的新的生产工艺的薄弱环节是什么?
(5) 新生产工艺的吞吐量(生产率)是多少?

参考文献[A1]对上述最后一种类型的获奖应用进行了介绍,17.9节的应用案例对此也进行了简述。美国通用汽车公司在预测和提高生产线吞吐能力方面的仿真应用非常成功,既增加了收入,同时又为10个国家的30多个汽车厂节省费用超过21亿美元。

20.5节的应用案例将介绍萨索尔公司(Sasol,一家综合性能源化工公司,总部设在南非)是如何利用煤气厂仿真模型、液体厂仿真模型和燃料混合仿真模型来指导其生产工艺决策的。萨索尔公司应用上述仿真模型的第一个10年,预计额外收益超过2.3亿美元。

20.2.5 配送系统的设计与运行

一家大型制造厂商需要一个高效的配送系统将货物从工厂或仓库配送到到客户手中。这类系统在运行中存在许多不确定因素。例如,运输车辆何时空闲、一次运输耗时多久、不同客户的要求各是什么?仿真法可通过生成相关概率分布的随机观测值轻松解决这些不确定因素。因此,常用仿真法对各种可能事件进行测试,从而改善这些系统设计和运行状态。

20.2.6 金融风险分析

金融风险分析是最早应用仿真法的领域之一,直到今天,仿真技术在该领域仍扮演着重要角色。以评估一个未来现金流不确定的资本投资计划为例,仿真过程中可生成各时间段(时间段之间的关系考虑在内)现金流概率分布的随机观测值,从而生成数千种投资结果方案,为投资回报(如净现值)提供一份概率分布。该分布(有时称为风险预测)使管理层能够对投资的相关风险进行评估。

类似方法可用于分析各类证券(包括越来越多的外国金融工具,如看跌期权、认购期权、期货、股票期权等)投资的相关风险。

本书网站28.4节详细介绍了使用仿真法分析金融风险的一个示例。

20.2.7 医保应用

医保是仿真应用的另一领域,与投资风险评估类似,对未来不确定性的分析对当前决策极为重要。但医保领域的不确定性主要指人类疾病的演化等,而不是不确定的未来现金流。

以下为采用各类仿真方法指导医保系统设计的部分示例。
(1) 模拟冠心病治疗的医疗资源的使用。
(2) 模拟备选保险计划的医疗保健费。
(3) 模拟某种疾病早期诊断的成本及效果。
(4) 模拟医疗中心外科服务的复杂运用。
(5) 模拟救护车呼叫服务的时间和地点。
(6) 模拟待移植肾脏与受体的匹配度。
(7) 模拟急诊室的运行情况。

20.2.8 其他服务行业的应用

事实证明,其他服务业与医疗保健业一样,也是仿真应用的重要方向,包括政府服务部门、银行、酒店管理、餐饮、教育机构、防灾规划、军事、游乐园等。很多情况下,上述系统实质上是某种类型的排队系统。

20.2.9 军事应用

与其他社会部门相比,仿真在军事方面的应用或许最为广泛。事实上,兵棋推演对仿真的依赖可追溯到几个世纪之前,而美国军事学院的入门课程就包含兵棋推演内容。随着运算能力强大的计算机的出现,仿真在军事上(特别是美国国防部)的应用亦显著增长。兵棋推演这一军事行动仿真现在常用于规划未来军事行动、更新军事条令和实施人员培训。仿真还广泛用于协助军事采办的决策制定。

20.2.10 新应用

每年都会涌现出许多仿真的新应用。美国每年 12 月召开的冬季仿真会议上均会首次公布多项新应用。冬季仿真会议自 1967 年开办以来,已成为仿真领域的一项惯例。截至目标,每次与会者已近 1000 名,其中学术界和从业人员比例大致相等。在该会议上已发表过数百篇论文,出现了许多新的方法和创新应用。

20.3 随机数生成

如 20.1 节中的示例所示,使用仿真模型需要随机数,以获得概率分布的随机观测值。其中一个生成随机数的方法是使用旋转盘或电子随机数生成器等物理设备生成随机数。已通过该方法生成数个随机数表,其中一个为美国兰德公司公布的包含 100 万个随机数的数据表,表 20.3 为兰德表节选。

表 20.3 随机数字表

09656	96657	64842	49222	49506	10145	48455	23505	90430	04180
24712	55799	60854	73479	33581	17360	30406	05842	72044	90764
07202	96341	23699	76171	79126	04512	15426	15980	88898	06358
84575	46820	54083	43918	46989	05379	70682	43081	66171	38942
38144	87037	46626	70529	27918	34191	98668	33482	43998	75733
48048	56349	01986	29814	69800	91609	65374	22928	09704	59343
41936	58566	31276	19952	01352	18834	99596	09302	20087	19063
73391	94006	03822	81845	76158	41352	40596	14325	27020	17546
57580	08954	73554	28698	29022	11568	35668	59906	39557	27217
92646	41113	91411	56215	69302	86419	61224	41936	56393	27816
07118	12707	35622	81485	73354	49800	60805	05648	28898	60933
57842	57831	24130	75408	83784	64307	91620	40810	06539	70387
65078	44981	81009	33697	98324	46928	34198	96032	98426	77488
04294	96120	67629	55265	26248	40602	25566	12520	89785	93932
48381	06807	43775	09708	73199	53406	02910	83292	59249	18597
00459	62045	19249	67095	22752	24636	16965	91836	00582	46721
38824	81681	33323	64086	55970	04849	24819	20749	51711	86173
91465	22232	02907	01050	07121	53536	71070	26916	47620	01619
50874	00807	77751	73952	03073	69603	16894	85570	81746	07568
26644	75871	15618	50310	72610	66205	82640	86205	73453	90232

来源:转载已获得兰德公司许可,《100 万个随机数,包含 10 万个正态离差》

如今计算机已取代物理设备,成为生成随机数的主要来源。例如,20.1节中已指出,Excel表格可使用RAND( )函数实现生成随机数的目的。仿真运行过程中,许多其他软件包在需要时也有生成随机数的能力。

20.3.1 随机数特征

计算机用来获取随机数的程序称为随机数生成器。

随机数生成器是一种算法,该算法可根据指定的概率分布随机生成数字。

数字顺序编号表明该算法能连续生成多个随机数。尽管单个用户可能仅需几个数字,但一般来说,该算法必须具备生成大量数字的能力。概率分布意味着一个概率陈述可能与该算法生成的有关数字有关。

随机数这一术语用以表示某种形式的均匀分布随机观测值,这样一来,所有数字几率相当。当我们关注其他概率分布(如下节所述)时,就可以应用该分布作为随机观测值。

随机数可分为两大类,随机整数和均匀随机数,定义如下。

随机整数是指$\underline{n}, \underline{n}+1, \cdots, \overline{n}$区间内离散均匀分布的随机观测值。该分布的概率为

$$P(\underline{n}) = P(\underline{n}+1) = \cdots P(\overline{n}) = \frac{1}{\overline{n}-\underline{n}+1}$$

通常,$\underline{n}=0$或1,这两个数对大多数应用来说比较方便(如果$\underline{n}$存在另一个值,则用随机整数减去$\underline{n}$或$\underline{n}-1$即可将区间的低端变为0或1)。

均匀随机数是指$[a,b]$区间内(连续)均匀分布的随机观测值。该类均匀分布的概率密度函数为

$$f(x) = \begin{cases} \frac{1}{b-a}, & a \leq x \leq b \\ 0, & 其他 \end{cases}$$

当a和b不确定时,则假定为$a=0, b=1$。

计算机最初生成的随机数通常为随机整数,但如有需要,这些数字可立即转换为均匀随机数,如下所示:

对于0到$\overline{n}$区间内的一个给定的随机整数,将该数字除以$\overline{n}$得到一个近似的均匀分布随机数(如果$\overline{n}$较小,应对该近似值加$\frac{1}{2}$使其成为随机整数,然后,再除以$\overline{n}+1$)。

这是生成均匀随机数的常用方法,由于常用的$\overline{n}$值极大,这种方法生成的均匀随机数较为精确。

严格来说,计算机生成的数字不应该称为随机数,因为如果使用随机数生成器,这些数字是可预测、可重复的(这一点有时具有一定优势),所以,有时称其为伪随机数。但重点是,如果生成这些数字的方法有效,则这些数字就能在仿真中很好地发挥随机数的作用。

已有多种相对复杂的统计程序用于测试生成的数字序列的随机性是否可以接受。基本来说,序列中的每个连续数字取任一可能值的概率都应相等,且与序列中的其他数字应无相关性。

20.3.2 随机数生成同余法

目前,有许多随机数生成器,其中最为常用的是同余法(加同余法、乘同余法和混合同余法)。混合同余法同时包含其他两种方法的特点,所以先介绍混合同余法。

混合同余法在$0 \sim m-1$内生成一个随机整数序列。该方法可根据最后一个随机数计算出下一个随机数。假设初始随机数为x_0,称为种子,可从一些已公开的数据源(如兰德表)获取,该方法利用递推关系根据第n个随机数x_n计算出第$(n+1)$个随机数x_{n+1},即

$$x_{n+1} = (ax_n + c)(模\ m)$$

式中：a、c 和 m 为正整数（$a<m, c<m$）。该数学符号表示 x_{n+1} 是 ax_n+c 除以 m 时的余数，故 x_{n+1} 的值可能是 $0,1,\cdots,m-1$，m 表示所需的不同随机数的个数。

为便于讲解，假设 $m=8, a=5, c=7, x_0=4$，由此产生的随机数序列如表 20.4 所列（该序列不再继续，因为它会以相同的顺序重复这些数字）。注意：该序列中，8 个可能数字中每一个仅能出现一次。这是随机整数序列的必要属性，但当 a 和 c 为某些值时，不会体现该属性（请试下 $a=4$，$c=7$ 和 $x_0=3$）。幸好 a 和 c 值的选择是有章可循的，可以保持该属性（由于种子 x_0 仅对序列的开始位置有影响，对数字进程没有影响，因此，对 x_0 没有限制）。

表 20.4　混合同余法示例

n	x_n	$5x_n+7$	$(5x_n+7)/8$	x_{n+1}
0	4	27	$3+\frac{3}{8}$	3
1	3	22	$2+\frac{6}{8}$	6
2	6	37	$4+\frac{5}{8}$	5
3	5	32	$4+\frac{0}{8}$	0
4	0	7	$0+\frac{7}{8}$	7
5	7	42	$5+\frac{2}{8}$	2
6	2	17	$2+\frac{1}{8}$	1
7	1	12	$1+\frac{4}{8}$	4

序列中开始重复之前的连续数字时的个数称为周期长度。因此，示例中的周期长度为 8，最大周期长度为 m，故 a 和 c 的唯一值是产生该最大周期长度的值。

表 20.5 所列为随机整数向均匀随机数的转换。左列为从表 20.4 最右列中提取的随机整数，右列为通过以下公式获得的相应均匀随机数，即

$$均匀随机数 = \frac{随机整数 + \frac{1}{2}}{m}$$

表 20.5　随机整数转换为均匀随机数

随 机 整 数	均匀随机数
3	0.4375
6	0.8125
5	0.6875
0	0.0625
7	0.9375
2	0.3125
1	0.1875
4	0.5625

注意：在 $0\sim0.125, 0.125\sim0.25,\cdots,0.875\sim1$ 的这 8 个同等区间中，每个均匀随机数都位于相应区间的中点。由于 $m=8$ 值较小，无法获得 $[0,1]$ 区间内的其他值，所以我们获得的是真均

匀随机数的粗略近似值。实践中使用的 m 值一般要大得多。

本书网站"已解实例"部分给出了应用混合同余法将所得随机整数转换为均匀随机数的另一个示例,该例中 m 值相对较小($m=16$)。该例子还探讨了使用如此小的 m 值所导致的问题。

对于字长为 b bit 的二进制计算机,m 值通常选用 $m=2b$;这是非负整数,在字长容量范围内(随机数序列中出现的不需要的整数可以不用)。m 值选定后,可以确保当 $a=1,5,9,13,\cdots$ 和 $c=1,3,5,7,\cdots$ 中的任一值时,任一数字仅出现一次。对于字长为 d 位数字的十进制计算机,m 值通常选用 $m=10d$,同样能确保当 $a=1,21,41,61,\cdots$ 且 $c=1,3,7,9,11,13,17,19,\cdots$ 中的任一值(即所有正奇数,以 5 结尾的除外)时,每个数字都具有相同属性。具体可根据连续生成的数字之间的序列相关性进行选择,这与不同选项之间存在很大不同。

有时,随机整数需要位数相对较少。假设只需 3 位数,则可能值可表示为 $000,001,\cdots,999$。这种情况下,常用程序仍然是 $m=2^b$ 或 $m=10^d$,因为这样可在序列开始重复之前产生大量随机整数。然而,除了用于计算序列中下一个随机整数的情况外,生成的所有非三位数数字都将被舍弃,以获得所需的 3 位数的随机整数。通常是取后 3 个数字(即后 3 位尾数)。

乘同余法是混合同余法在 $c=0$ 时的一种特例。加同余法也类似,但加同余法设 $a=1$ 并用序列中 x_n 之前的一些随机数(如 x_{n-1})代替 c,所以开始计算序列时需要不止一个种子。

混合同余法在选择特定随机数生成器(a、c 和 m 值的特定组合)方面具有相当大的灵活性。由于 a、c 和 m 值的大多数组合会产生不需要的属性(如周期长度小于 m),所以在选择随机数生成器时应非常谨慎。当研究人员发现新的随机数生成器时,应进行大量测试,找出其缺陷所在,从而创建更好的随机数生成器。例如,几年前,$m=2^{31}$ 被认为是一个不错的选择,但现在专家多在质疑它的可接受性,可能会建议采用更大的数字,包括 2^{191} 附近的具体 m 值。

20.4 概率分布随机观测值的生成

对一个给定的随机数序列,如何使其根据既定的概率分布生成一个随机观测值序列?解决这一问题的方法有多种,应根据分布的性质而定。

20.4.1 简单离散分布

对于一些简单的离散分布,可用随机整数序列直接生成随机观测值。将随机数的可能值分配给概率分布中的各种结果即可。其中,这些结果的概率与概率分布成正比。

以 20.1 节例 1 为例,模拟投掷硬币,每次投掷的结果有两种——正面或反面,每种结果的概率为 $\frac{1}{2}$。因此,使用随机数字生成结果即可,不需要使用均匀随机数(如 20.1 节所述)。10 个随机数字中,5 个(如 0、1、2、3、4)分配为正面,另外 5 个(如 5、6、7、8、9)则分配给反面。

再如,每次投掷两枚骰子,以其点数之和的概率分布为例,已知和为 2 的概率是 $\frac{1}{36}$(与和为 12 的概率相同),掷到 3 的概率是 $\frac{2}{36}$,依此类推。因此,随机整数可能值中,有 $\frac{1}{36}$ 个与 2 相关,$\frac{2}{36}$ 个与 3 相关,依此类推。如果使用 2 位数的随机整数,选择 100 个值中的 72 个以供考虑,则随机整数取值为其他 28 个值中的一个时会被舍弃。72 个可能值中的 2 个值(如 00 和 01)将被分配为 2,4 个值(如 02、03、04 和 05)将被分配为 3,依此类推。

当随机整数取自随机数表或通过同余法可直接生成时,使用这种方法比较方便。但在计算机上进行模拟时,由计算机生成均匀随机数然后以相应方式使用这些随机数往往会更加方便。所有生成随机观测值的后续方法均会用到均匀随机数(从0到1区间内连续均匀分布的随机观测值)。

20.4.2 逆转换法

对于较为复杂的分布,无论是离散分布还是连续分布,有时可用逆转换法生成随机观测值。令 X 为随机变量,累积分布函数可用以下公式表示,即

$$F(x) = P\{X \leq x\}$$

按以下2个步骤操作即可生成观测值。

20.4.3 逆转换方法步骤简介

(1) 生成一个 0~1 的均匀随机数 r。
(2) 设 $F(x) = r$,求解 x,所得解即是所需的概率分布随机观测值。

图 20.5 所示的流程,以图表形式绘制出来 $F(x)$,且均匀随机数 r 恰好是 0.5269。

图 20.5 中所示的图表流程很容易进行人工模拟,但在计算机进行模拟时,必须找到一些替代方法。对于离散分布,可采取查表法,即创建一个表格,给出 $X = x$ 各可能值的 $F(x)$ 值的范围(跳)。当在电子数据表上进行仿真时,Excel 表格中的 VLOOKUP 函数可实现该功能。

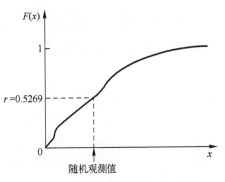

图 20.5 逆转换法生成给定概率分布随机观测值的图示

为阐述该函数的工作原理,假设某公司正在模拟其机器的维护程序。某台机器发生故障的时间间隔一般为 4 天、5 天或 6 天,概率分别为 0.25、0.5 和 0.25。模拟这些故障的第一步是在电子数据表中创建一个如图 20.6 所示的表格。注意:第 2 列中的每一个数字代表第 3 列相应天数之前的累积概率。第 2 列和第 3 列(列标题下方)构成"查找表。"VLOOKUP 函数包含 3 个自变量:第 1 个是指所用均匀随机数的单元格位置,第 2 个为查找表的单元格范围,第 3 个则代表查找表(图 20.6 的第 2 列和第 3 列)中提供随机观测值的列数,本例中该自变量等于 2。电子数据表中的各个单元格内输入包含这 3 个自变量的 VLOOKUP 函数公式,即可获得该分布的随机观测值。

对于某些连续分布,可在计算机上使用逆转换法,首先分析求解方程 $F(x) = r$ 的 x 值。本书网站"已解实例"对此进行了阐述(采用图解法之后)。

接下来将用指数分布对该方法进行阐述。

故障间隔时间分布		
概率	累积	天数
0.25	0	4
0.5	0.25	5
0.25	0.75	6

图 20.6 在电子数据表上创建表格,使用 Excel 表格中的 VLOOKUP 函数对维修方案示例应用逆转换法

20.4.4 指数分布和厄兰分布

如 17.4 节所示,指数分布的累积分布函数为

$$F(x) = 1 - e^{-\sigma x}, \quad x \geq 0$$

式中:$1/\alpha$ 为分布的平均值。设 $F(x) = r$,则

$$1 - e^{-ax} = r$$

所以,有

$$e^{-ax} = 1 - r$$

等号两边取自然对数(用 ln 表示),得

$$\ln e^{-ax} = \ln(1-r)$$

即

$$-ax = \ln(1-r)$$

故

$$x = \frac{\ln(1-r)}{-a}$$

注意:此时,$1-r$ 本身是一个均匀分布的随机数。因此,为了省略减法运算,实践中常常用原均匀随机数 r 直接替代 $1-r$,由此得出

$$\text{随机观测值} = \frac{\ln r}{-a}$$

即为指数分布的随机观测值。

这种逆转换法是生成指数分布随机观测值最简便的方法(人们为此类分布开发了更为复杂的技术,用计算机软件计算比对数计算速度更快)。

这一流程不仅适用于指数分布,自然也可用于生成厄兰分布随机观测值(见 17.7 节)。k 个独立指数随机变量(各自平均值为 $1/(k\alpha)$)的总和具备形状参数为 k、平均值为 $1/\alpha$ 的特性,因此,具有厄兰分布。在 0 到 1 之间给定一个由 k 个均匀随机数组成的序列,如 $r_1, r_2, \cdots, r_k$,则所需的厄兰分布随机观测值为

$$x = \sum_{i=1}^{k} \frac{\ln r_i}{-k\alpha}$$

可简化为

$$x = -\frac{1}{k\alpha} \ln \left[\prod_{i=1}^{k} r_i \right]$$

式中:$\prod$ 为乘法。

20.4.5 正态分布和卡方分布

生成正态分布随机观测值的一项特别简单(但低效)方式为中心极限定理的应用。由于均匀随机数在 0~1 呈均匀分布,所以其平均值为 $\frac{1}{2}$,标准差为 $1/\sqrt{12}$。因此,该定理意味着 n 个均匀随机数的总和具有一个平均值为 $n/2$、标准差为 $\sqrt{n/12}$ 的近似正态分布。故如果 $r_1, r_2, \cdots, r_n$ 为随机数样本,则

$$x = \frac{\sigma}{\sqrt{n/12}} \sum_{i=1}^{n} r_i + \mu - \frac{n}{2} \frac{\sigma}{\sqrt{n/12}}$$

即为近似正态分布的随机观测值,其中 μ 为平均值,σ 为标准差。即使 n 值较小,该近似值也算是比较准确了(分布尾部除外)。因此,n 值在 5~10 比较适当;此外,$n=12$ 也是一个便利数值,

因为这一数值可以抵消上述表达式中的平方根项。

由于正态分布表格应用广泛,所以另一个生成随机观测近似值的简单方法是利用该类表格直接运用逆转换法。手动生成部分随机观测值时,该方法相当方便,而此时计算机则稍逊一筹,因为计算机需要先存储一个较大的表格,然后再使用表格查找功能。

同时,人们还开发了多种生成正态分布随机观测值的精确技术。这些精确技术发展迅速,实践中常会用以取代上述近似法。通常,某些技术中被集成到具有仿真功能的软件包。例如,Excel 表格可通过 NORMINV(RAND( ),μ,σ) 函数生成平均值为 μ、标准差为 σ 的正态分布随机观测值。

对于卡方分布,获得其随机观测值的一个简单方法是求出标准正态随机变量的平方和即可。如果 $y_1, y_2, \cdots, y_n$ 是平均值为 0、标准差为 1 的正态分布的 n 个随机观测值,则

$$x = \sum_{i=1}^{n} y_i^2$$

即为自由度为 n 的卡方分布的随机观测值。

20.4.6 舍选法

对于许多连续分布,逆转换法并不适用,因为无法求出(至少无法有效求出)$x = F^{-1}(r)$ 的值。为此,人们开发了其他几种生成该类分布随机观测值的方法。即使逆转换法可行时,其速度依然是个问题,现对"舍选法"简单举例说明。

以具备概率密度函数的三角分布为例

$$f(x) = \begin{cases} x, & 0 \leq x \leq 1 \\ 1-(x-1), & 1 \leq x \leq 2 \\ 0, & 其他 \end{cases}$$

舍选法生成随机观测值需经过以下两个步骤(也可能反复进行)。

(1) 在 0 和 1 区间内生成一个均匀随机数 r_1,设 $x = 2r_1$(则 x 值的范围是 0~2)。

(2) 将满足条件的 x 值代入以下方程式,即

$$概率 = \begin{cases} x, & 0 \leq x \leq 1 \\ 1-(x-1), & 1 \leq x \leq 2 \end{cases}$$

即可获得随机观测值(因为该概率与 $f(x)$ 相等);否则,舍弃 x 并重复上述步骤。

为了根据该概率随机生成认可(或舍弃)x 的事件,步骤(2)的实施方法如下。

(3) 生成 0 至 1 之间的一个均匀随机数 r_2。

若 $r_2 \leq f(x)$,则认可 x。

若 $r_2 > f(x)$,则舍弃 x。

如果 x 值被舍弃,则重复前两步骤。

由认可 $x = 2r_1$ 的概率 = $f(x)$ 可知,$f(x)$ 是认可值概率分布的密度函数,所以认可值即为 $f(x)$ 的有效随机观测值。

很幸运,该例中 $f(x)$ 的任意 x 的最大值恰好是 1。如果该最大值 $L \neq 1$,则在第(2)步中的 r_2 需乘以 L。进行调整后,该方法可轻松用于其他有限区间范围内的概率密度函数,而且无限区间范围内也可使用类似概念。

20.5 主要仿真研究概述

至此,本章主要讨论了仿真的过程以及部分应用。接下来将简要概述主要运筹学研究中

仿真应用的所有典型步骤,从而以更广泛的角度介绍该素材(其他运筹学技术的应用步骤大致相同)。

第1步:表述问题并制定研究规划。

运筹学研究小组首先与管理层会面,解决以下问题。

(1) 管理层想要研究的问题是什么?
(2) 该项研究的整体目标是什么?
(3) 应解决哪些具体问题?
(4) 应考虑哪类备选的系统配置?
(5) 管理层关注的系统性能指标有哪些?
(6) 实施该项研究的时间节点有哪些?

此外,研究小组还将与工程师和操作人员会面,以了解该系统的操作细节(研究小组成员中一般还包括至少一名了解系统一手资料的人员)。

第2步:收集数据并构建仿真模型。

所需数据类型取决于被模拟系统的性质。例如,对于排队系统,关键数据类型为到达间隔时间分布和服务时间分布;而大多数情况下,则需要相关数量的概率分布。一般而言,对这些分布只可能进行预估,但这一步却相当重要。为了生成有代表性的系统运行方案,仿真的关键是生成这些分布的随机观测值,而不是只用平均值。

应用案例

萨索尔公司是一家综合能源化工公司,总部在南非,与38个国家有业务往来,2009年市值超过230亿美元。

历史上,基于石油化工的商业决策通常会影响整个生产流程。萨索尔公司运筹学研究小组认识到,这些生产流程实际上是随机系统,变化性强,动态交互频繁。因此,研究小组引入仿真法,以便对这些变化和动态交互所造成的影响进行更加充分的考量,这在业内属于首次。

为满足萨索尔公司的需求,他们构建了3个大型仿真模型。煤气厂模型涵盖从原材料到合成原油生产的全过程,液体厂模型对合成原油的提炼及相关的化工生产流程进行模拟,燃料混合模型则将不同的燃料成分混合成多个等级的汽油和柴油。

为了应对政府法规、燃料规格、原材料资源、原材料价格等方面的变化,该行业需经常变更设备及生产流程。此时,萨索尔公司利用一个或多个仿真模型对变更方案可行性进行评估。

这一业界领先的仿真应用使萨索尔公司从根本上改善了其决策的有效性。使用仿真模型的第一个10年(2000—2009年),萨索尔公司收入增加预估超过2.3亿美元。

来源:M. Meyer and 11 other co-authors, "Innovative Decision Support in a Petrochemical Production Environment," *Interfaces*, **41**(1):79-92, Jan.-Feb. 2011. (我们的网址提供了本文链接:www.mhhe.com/hillier。)

仿真模型通常按照连接系统各组件的流程图构建。每个组件都有相应的操作规范,包括控制事件发生时间的概率分布。

第3步:检验仿真模型的精确度。

构建计算机程序之前,运筹学研究小组应与最熟悉系统运行的人员一起,检验仿真模型的精确度。这一过程通常通过使用投影仪在所有关键人员面前对概念模型实施结构化演练。在这类会议上,错误的模型设想会被发现并得以纠正,一些新的设想也会形成,同时还会解决部分有关模型部件详细程度的问题。

第4步:选择软件并编制计算机程序。

仿真软件有几大类别,其中一个是电子表格软件。20.1节例1对如何使用Excel电子数据表进行部分基本仿真已有所介绍。此外,目前,有些优秀的Excel插件可以增强这类电子表格的建模功能,下节将重点介绍该类强大插件。

其他类型的仿真软件应用更为广泛,用于不便使用电子表格软件的仿真。其中一类是通用编程语言,如 C 语言、FORTRAN、BASIC 语言等。该类语言(及其前身)灵活性强,可编程任何类型的模型,在早期的相关领域应用广泛,但由于编程时间过长,目前人们几乎不再使用。

目前,人们开发了许多不使用电子表格的仿真专用商业软件包。历史上,这些仿真软件包可分为两大类,通用仿真语言和面向应用的仿真器。通用仿真语言有多种特性,可有效编程各种仿真模型;面向应用的仿真器(或简称仿真器)是根据有待模拟的系统具体类型专门设计。然而,随着时间的推移,两者之间的差别变得越来越模糊。目前,通用仿真语言可能包含部分特殊功能,使其与某些具体类型的仿真器效能相当。同样,与过去相比,现在的仿真器灵活性更强,适用的系统类型也更加广泛。

仿真软件包的另一个分类依据是离散事件仿真建模时是使用事件调度法还是过程方法。20.1 节中,事件调度法紧随事件步长法,注重的是时间推进。过程方法虽然也在事件步长法的背景下适用,但不同的是,过程方法是将建模的重点放在描述事件产生过程上。目前,大多数仿真软件包都使用过程方法。

目前,包含动画功能的仿真软件包越来越多,这类软件包可以动态展示仿真过程。计算机动画展示时,动画中的各种图标代表系统的关键要素,仿真系统的状态发生变化时,图标的形状、颜色或位置也会随之改变。动画流行的主要原因是它能够向管理人员和其他关键人员揭示仿真模型(或仿真运行)的本质。

由于仿真的重要性日益提升,目前已有数十家软件公司经营仿真软件包。参考文献[11]提供了有关这些软件包的调查结果(《当今运筹学与管理科学》(OR/MSToday)杂志每两年更新一次调查结果)。

第 5 步:测试仿真模型的有效性。

完成构建和计算机程序调试之后,下一步是对集成到程序中的仿真模型进行测试,看其是否能够有效表现被模拟的系统。尤其要测试仿真模型生成的性能指标与实际系统的性能指标的吻合度。

某些情况下,可用数学模型获得简化系统的结果。可能时,这些结果也应与仿真结果进行对比。

如果没有真实数据可用于与仿真结果进行对比,解决办法之一就是进行现场测试以收集该类数据。为此,需构建并运行一个被模拟系统的小型原型。

另一个有效的验证方法是由懂行的操作人员检查仿真结果随被模拟系统配置的变化而变化的可信度。此外,观看仿真运行的动画也是检查仿真模型有效性的方法。

第 6 步:仿真规划。

这一阶段需确定对哪些系统配置进行模拟,这通常是一个循序渐进的过程。在此过程中,一系列配置的初始结果有助于深入了解哪些具体配置必须进行详细调查。此外,这一阶段还需对一些统计问题作出决策。其中之一是开始收集数据之前,等待系统基本上达到稳定状态的预热期。通常,会通过初步仿真运行分析这一问题。由于系统往往需要很长的时间才能基本达到稳定状态,因此为了尽量减少所需时间,选择被模拟系统的起始条件非常重要,应尽量选择已大致达到稳态条件的系统。

应 用 案 例

美国联邦航空管理局(FAA)负责美国国内空中交通管理。航空调度员引导各航班安全飞行,确保其不会与其他航班相撞。此外,美国联邦航空管理局还需控制航班的总流量,使各机场的抵达航班保持在可控范围内,并根据需求变更既定航线,以

应对恶劣天气。 当天气恶劣或发生交通拥堵时,交通管理人员应决定哪些航班应留在地面,哪些已经起飞的航班需更改航线。

对交通管理人员来说,一个特别棘手的问题是雷暴扩散,阻断主要航线。大面积的恶劣天气会造成系统严重紊乱,从而导致航空公司每年损失数10亿美元,同时也对民航飞行带来巨大不便。为此,2005年,美国联邦航空管理局委托一个运筹学研究小组进行一项长达一年的仿真研究,为应对这种情况开发出更好的交通管理操作程序。

由此构建的仿真模型非常复杂,包括美国联邦航空管理局基础设施控制下的数百甚至数千个航班的运行和互动。用该模型对各类提议的操作程序在典型恶劣天气条件下进行了长达数月的测试,以便确定最优程序。然后将这些结论集成到计算机化的决策支持系统,用于指导交通管理人员在恶劣天气条件下的决策。

这一创新预计在前十年的应用中减少因延误和航班取消而导致的10~30亿美元的运营成本。同时预计每年减少的乘客延误时间超过100万h。

来源:V. P. Sud, M. Tanino, J. Wetherly, M. Brennan, M. Lehky, K. Howard, and R. Oiesen, "Reducing Flight Delays Through Better Traffic Management," Interfaces, 39(1):35-45, Jan.-Feb. 2009.(我们的网址提供了本文链接:www.mhhe.com/hillier。)

另一个关键统计问题是各个被模拟的系统配置预热期过后的仿真运行长度。记住,模拟系统不会生成系统性能指标的准确值。每次仿真运行可看作是一个生成系统性能统计观测值的统计实验。这些观测值可生成性能指标的统计估计值,增加运行长度可提高估计值的精确度。

通过仿真进行的统计实验的统计理论,与直接观察实际系统性能的实验稍有不同。因此,在这一阶段,运筹学研究小组中最好包括专业的统计学家(至少是经验丰富的具有强大统计背景的仿真分析师)。

第7步:仿真运行与结果分析。

仿真运行的输出结果可提供所关注系统配置的理想性能指标的统计估计值。除各指标的点估计值外,通常还应获得一个置信区间,用来表示指标可能值的范围(如20.1节例2中图20.4所示)。

上述结果可能能直接显示某一系统配置明显优于其他配置,但通常情况下,通过这些结果只可识别出几个较为理想的候选配置,这时,则可通过更长时间的运行仿真更好地比较这些候选配置。有时还需要额外的仿真运行对候选的最佳配置进行微调。

第8步:向管理层提出建议。

完成分析后,运筹学研究小组需要向负责与所研究系统相关的决策管理者提出建议,通常以书面报告和正式陈述的形式提出上述建议。

报告和陈述应对研究过程加以总结,包括仿真模型的验证文件。为更好地表述仿真过程并增加可信度,还可增加仿真运行的动画演示,建议依据的数据也应有所体现。

在新系统实施的最初阶段,管理层通常会让运筹学小组参与其中,以便对受新系统影响的个人进行必要培训。

20.6 用电子数据表实施模拟

20.5节概述了复杂系统的主要仿真研究中涉及的典型步骤,包括大多数此类复杂系统研究所需的通用仿真语言或专业仿真器的应用。然而,并不是所有仿真研究都涉及上述步骤,事实上,对相对简单的系统进行研究时,有时可以利用电子数据表快速方便地进行仿真。尤其在无需考虑不确定性的情况下,一旦能建立一个电子数据表模型,实现对系统的分析(不包含敏感性分析),往往可通过扩展这一模型,利用仿真对不确定性的影响加以考虑。因此,现在重点介绍可通过电子数据表有效进行仿真的一些简单案例。

图20.1所示,标准的Excel软件包具有一定的基础仿真功能,包括生成均匀随机数的功能,

以及根据概率分布生成随机观测值的功能。随后,一些功能强大的 Excel 插件被开发出来,从而大大扩展了这些功能。其中之一便是名为通用前线系统(Frontline System)产品——解析求解平台。在前几章介绍的各类应用中,已经对该产品的学生版本——分析求解程序平台教学版(简称 ASPE)有所介绍。本章将详细阐述 ASPE 强大的仿真功能。

本节重点介绍 ASPE 的功能,阐述该仿真插件的实际作用。本节末尾附有非常适合应用 ASPE 求解的习题。

商业电子数据表通常包括一些显示关键数据(如与生产或销售产品相关的各类成本数据)的输入单元格以及一个或多个显示性能指标(如生产或销售产品的利润数据)的输出单元格。用户给出 Excel 方程式,将输入与输出链接起来,使输出单元格显示的值与输入单元格中输入的值相对应。某些情况下,无法确定输入单元格的正确值,可用敏感性分析检查输出值随输入值变化而变化的情况。如果部分输入单元格的值相当不确定,则可用一个更为系统的方法分析不确定性的影响,这时就要引入仿真的概念。

借助仿真,并非在一个存在不确定性的单元格中输入单个数字,而是输入描述不确定性的概率分布。根据各个该类输入单元格的概率分布生成随机观测值后,电子数据表以常用方式计算输出值,这称为 ASPE 的一次试运行。运行用户指定的试运行次数(通常为数百或数千次)后,生成与输出值相同数量的随机观测值。ASPE 会记录下所有该类信息,然后,以表格或图形(或两者结合)形式展示出详细统计信息,供用户查看,该展示形式可大致显示输出值的基本概率分布。结果概要中还包含该分布平均值和标准差的估计值。现在举例说明这一流程。

20.6.1 库存管理示例——报贩弗雷迪问题

以一位名叫弗雷迪(Freddie)的报贩所面临的下述问题为例。弗雷迪的报摊售卖一种名为《金融杂志》的日报。报刊发行商每天清晨将当天的《金融杂志》送到报摊,当天未售出的报纸在第二天早上退回给发行商。为了提高报纸的订购量,发行商将对未售完的报纸提供少量退款。

以下是弗雷迪的成本数字。

弗雷迪每份报纸支付 1.50 美元。

弗雷迪以每份 2.50 美元卖出。

每份未卖出的报纸退款 0.50 美元。

部分因为退款的原因,弗雷迪一直以来报纸订购量都非常大。但他现在非常关心的问题是要为未售出报纸支付这么多钱,特别是这种情况差不多每天都会发生。现在,他认为只订购最小数量的报纸可节省下这笔额外费用,这样会更划算一些。

为了进一步研究这一问题,弗雷迪对其日常销售记录进行了整理。

弗雷迪每天卖出 40~70 份(包含 70 份)报纸。具体销售数字在 40~70 大致均匀分布。

弗雷迪需决定每天从发行商处订购多少份报纸才能使日平均利润最大化。

该问题是 18.7 节中所讨论的报贩问题的实例。因此,18.7 节介绍的易逝品随机一级库存模型(没有生产准备成本)可以用来求解这一问题。为了便于讲解,此处以如何使用仿真来分析这一简单的库存系统为例,仿真还可以用同样的方式来分析现有库存模型无法求解的更为复杂的问题。

20.6.2 上述问题的电子数据表模型

图 20.7 所示为该问题的电子数据表模型。给定数据单元格 C4:C6,决策变量是订购量,在

单元格 C9 中输入(任意输入一个数字如 60，作为第一个合理猜测值)。图中底部为计算输出单元格 C14:C16 的方程式。然后，用这些输出单元格计算"利润"输出单元格(C18)。

	A	B	C	D	E	F
1			报贩弗雷迪			
2						
3			数据			
4		单位销售价格	2.50			
5		单位采购成本	1.50			
6		单位残值	0.50			
7						
8			决策变量			
9		订购量	60			
10					下	上
11			仿真		限值	限值
12		需求	44	整数均匀	40	70
13		销售收入	110.00			
14		采购成本	90.00			
15		残值	8.00			
16						
17						
18		利润	28.00			
19						
20		平均利润	46.45			

	B	C
12	需求	=PsiIntUniform(E12,F12)
13		
14	销售收入	=单位销售价格*最小值(订购量,需求)
15	采购成本	=单位采购成本 t * 订购量
16	残值	=单位残值*最大值(订购量-需求,0)
17		
18	利润	=销售收入-采购成本+残值+ PsiOutput()
19		
20	平均利润	=PsiMean(C18)

范围名称	单元格
需求	C12
平均利润	C20
订购量	C9
利润	C18
采购成本	C15
销售收入	C14
残值	C16
单位采购成本	C5
单位销售价格	C4
单位残值	C6

图 20.7 报贩弗雷迪示例中应用仿真的电子数据表模型。不确定变量单元格为需求(C12)，结果单元格为利润(C18)，统计单元格为平均利润(C20)，决策变量为订购量(C9)

该电子数据表中唯一不确定的输入量是单元格 C12 中的一天的需求量是 40~70 的任一值。由于 40~70 的整数出现的频率大致相同，因此，一天需求量的概率分布可以合理假定为 40~70 的整数均匀分布，如单元格 D12:F12 所示。ASPE 不是在"模拟需求"(C12)中输入一个固定的数字，而是在该单元格中输入该数字的概率分布。使用 ASPE 生成该概率分布的随机观测值，电子数据表则可以按常用方式计算输出单元格，完成一次试运行。运行用户指定的试运行次数(通常为数百或数千次)后，生成与输出单元格中的值数量相同的随机观测值。ASPE 记录特别关注的(弗雷迪每天的利润)输出单元格的信息，然后，以各种方便的形式展示该信息，显示弗雷迪每日利润的基本概率分布的估计值(稍后将进一步讨论)。

20.6.3 分析求解程序平台教学版应用

使用图 20.7 所示电子数据表,通过分析求解程序平台教学版(ASPE)实施仿真需要 5 个步骤。
(1) 定义不确定变量单元格。
(2) 定义结果单元格。
(3) 依照要求定义任意统计单元格(如平均利润)。
(4) 设置仿真选项。
(5) 运行仿真。

现在依次讲解这 5 个步骤。

定义不确定变量单元格。不确定变量单元格是具有随机值(如《金融杂志》的日常需求)的单元格,所以单元格中需输入假定的概率分布而不是输入一个固定数字。图 20.7 中唯一的不确定变量单元格是"需求"(C12),通过下述步骤定义一个不确定变量单元格。

1. 定义不确定变量单元格步骤

(1) 点击选中单元格。
(2) 从图 20.8 所示的 ASPE 功能区的"分布"菜单选择一个概率分布输入单元格内。
(3) 在该概率分布对话框中输入分布参数,最好是引用电子数据表中包含这些参数值的单元格。
(4) 单击"保存"按钮。

步骤(2)中提到的"分布"菜单提供了 46 种概率分布选项。图 20.8 所示为"离散"子菜单中的 8 个分布选项,其他子菜单下有更多分布选项(当不确定哪个分布项是历史数据的最佳匹配时,ASPE 可提供一个程序用于选择一个恰当分布。该程序在本书网站 28.6 节有所介绍)。

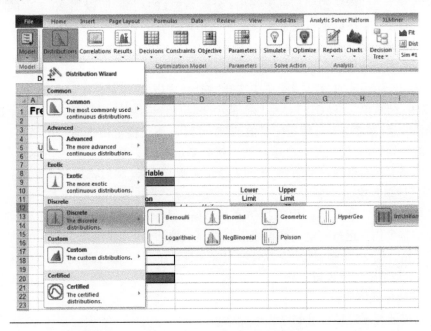

图 20.8 ASPE 功能区"分布"菜单中"离散"子菜单下的分布选项。除此处所示的 8 个分布项外,其他子菜单下还有 38 个分布选项

在弗雷迪示例中,从"分布"菜单中选择整数均匀分布,弹出如图 20.9 所示对话框,在该对话框中输入分布参数。每个参数(上限、下限),是指电子数据表上 E12 和 F12 的数据单元格。

单击"保存"按钮后,ASPE 在单元格中输出公式,计算分布的随机值。对于"需求"(C12)中的整数均匀分布,该公式为 = PsiIntUniform(E12,F12)。该公式利用参数下限 = E12 和上限 = F12 计算整数均匀分布的随机值。该公式与其他 Excel 函数一样,可复制粘贴(这对包含很多类似不确定变量单元格的仿真模型来说非常方便)。

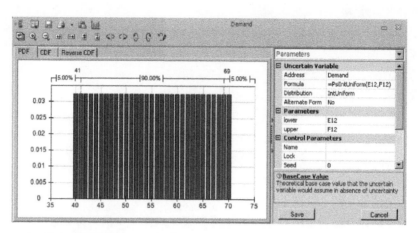

图 20.9　图 20.7 电子数据表模型中,用于指定不确定变量单元格"需求"(C12)中整数均匀分布参数的对话框。整数均匀分布的两个参数是上限和下限,此处作为引用,分别输入到 E12(40)和 F12(70)单元格中

2. 定义结果单元格

仿真所使用的每个用于预测性能指标的输出单元格都称为"结果单元格"。用于仿真的电子数据表模型通常不包含目标单元格,但结果单元格与目标单元格的作用大致相同。

报贩弗雷迪关心的性能指标是每天售出《金融杂志》的利润,所以图 20.7 中的唯一结果单元格是"利润"(C18)。按以下步骤定义该类结果单元格。

3. 定义结果单元格的步骤

(1) 单击选中单元格。

(2) 从 ASPE 功能区的"结果"菜单中选择"输出>内嵌式"。

图 20.7 中,结果单元格(C18)显示利润值为 28 美元。需要注意的是,这是电子数据表当前显示的不确定变量(需求为 44)特定随机值的唯一结果,不是整个仿真运行的结果,甚至不是整个仿真运行的平均利润,仅仅是一个单一的随机结果(试解)。要获得整个仿真运行结果,鼠标悬停在该单元格上方会出现一个图表,该图表显示将所有结果(稍后将进一步介绍)。

4. 定义统计单元格

由于结果单元格中的数字仅为单次仿真的试解(鼠标悬停在单元格上方显示更多结果之前),宜在总结整个仿真运行的电子数据表上直接显示统计值(性能指标)。ASPE 把该类单元格称为统计单元格。图 20.7 中,单元格 C20 被定义为统计单元格,显示平均利润值(46.45 美元),ASPE 通过以下步骤定义统计单元格。

5. 定义统计单元格的步骤

(1) 单击需要显示统计数值的结果单元格。

(2) 在 ASPE 功能区"结果"菜单下"统计"子菜单中选择想要显示的统计数值(如平均值),如图 20.10 所示。

(3) 单击希望显示统计值的统计单元格。

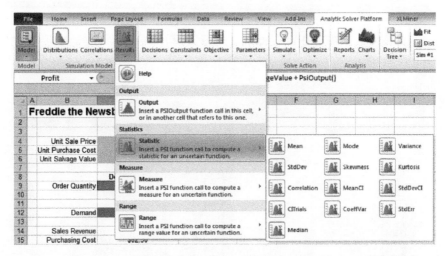

图 20.10 ASPE 功能区"结果"菜单中"统计"子菜单下的统计值。从该子菜单选择一个统计值选项,计算当前仿真运行的统计值。该统计值将在指定的统计单元格内显示

设置仿真选项:ASPE 应用的步骤(4):设置仿真选项,指选择试运行次数并确定执行仿真所需的其他选项。首先单击 ASPE 功能区的选项按钮,选择"仿真"选项,弹出"仿真选项"对话框,如图 20.11 所示。仿真试运行次数或许是最重要的选项,图示为试运行 1000 次。其他选项可改变 ASPE 的采样方式和随机数生成器,一般设置为默认值。

运行仿真:从这一步开始,这一阶段被设定为仿真运行阶段。事实上,仿真可能已经在幕后运行。如图 20.8 或图 20.10 所示,ASPE 功能区的"仿真"按钮有一个灯泡图标。如果该图标亮(呈黄色),则表示 ASPE 处于交互式仿真模式。该模式下,每次更改模型时,仿真可自动在后台运行并立即更新结果,所以如果该图标亮,表明仿真已运行,可查看结果。对于中小规模的模型,仿真运行非常快,甚至觉察不到在后台运行的程序。

图 20.11 显示"仿真"选项后的"ASPE 选项"对话框

如果该图标不亮(显示为灰色),则 ASPE 只有在接到运行指令时才运行。运行仿真时,单击"仿真"按钮打开交互式仿真,或者长按"仿真"按钮显示其菜单,然后,选择"运行一次",即可只运行一次仿真模型。

在交互式仿真模式开启时,统计单元格始终显示最新的仿真运行结果。例如,图 20.7 中的统计单元格"平均利润"(C20)显示弗雷迪每天的平均利润值为 46.45 美元,鼠标悬停在结果单元格"利润"(C18)上方可查看更多结果,从而产生一个图表,该图表显示所有结果的概况,同时显示一个标有"单击这里打开完整图表"的按钮。单击该按钮显示如图 20.12 所示的结果。默认视图是左侧为频率图,右侧为统计表。频率图中垂直线的高度表示仿真运行中获得的各个利润值的相对频率。以 60 美元处高垂直线为例,图表右侧显示大约 350 的频率,表示 1000 次试运行中有 350 次产生的利润是 60 美元。因此,图表的左侧显示 60 美元利润的估计概率为 350/

1000=0.35。这是需求等于或超过订购量60时产生的利润。其他情况下,利润均匀分布在20~60美元。这些利润值对应于需求在40~60的试运行值,利润下限值对应于接近40的需求,上限利润对应于接近60的需求。

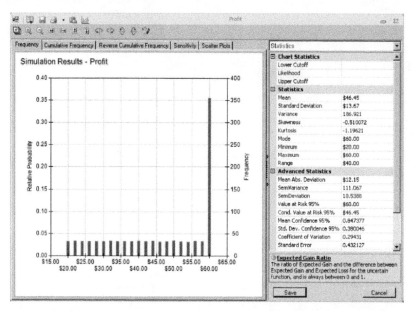

图20.12 ASPE提供的频率图和统计表,总结了图20.7所示仿真模型
(如报贩弗雷迪示例)的运行结果

图20.12右侧的统计表为1000次仿真试运行的结果,1000次试运行提供了弗雷迪每日利润的基本概率分布的1000个随机观测值。该表提供的样本中最受关注的统计数据包括46.45美元的平均值、13.67美元的标准差和60美元的模(表示这是出现频率最高的利润值),表格下方关于最低利润和最高利润值也非常有用。

图20.12所示统计数据中哪些数据最为重要取决于弗雷迪希望实现的目标。通常,最重要的是平均值,因为尽管每日利润波动范围较大,但平均每日利润将随着时间的推移收敛为平均值。因此,平均值乘以报摊一年中开门营业的总天数得到(非常接近)售卖《金融杂志》的年度利润总额,这也是人们希望最大化的指标。然而,如果弗雷迪是一个更注重现在而不是未来的人,那么,他可能对以下模式相当感兴趣。如果他特别在意获得60美元的最大可能利润(给定的订购量为60),那么,他就会希望确保这种情况发生的频率高于任何其他利润额(如60美元模式所示)。另一方面,如果弗雷迪希望规避风险,特别在意意差(利润远远低于平均值)的天数,那么,他将希望获得一个较小的标准差和较大的最小值。

记住,图20.12中的统计数据是基于订购量为60份的,目标是确定最佳订购量。如果弗雷迪感兴趣的统计数据不止一个,则可用不同的订购量重新运行图20.7所示的仿真模型,这样,弗雷迪就可以选择一组他最喜欢的统计数据。但大多数情况下,特别关注的统计值是平均值,在此情况下,其目标是确定使平均值最大化的订购量(之后再对该种情况作假设)。根据这一目标估测最佳订购量后,弗雷迪可得到相应的频率图和统计表(或随后介绍的其他信息),以确保采用这一订购量时其他方面获得的结果也能令人满意。

除图20.12中所示的频率图和统计表外,仿真运行结果还有一些别的显示方式。单击频率图顶部的相关选项可以显示累积频率、反向累积频率、灵敏度或散点图。另外,通过统计表上方的菜单可选择是否显示统计数据或百分比统计表(且可选择变更图表中各选项)。图20.13左侧显示当前仿真运行中产生的累积频率图,右侧显示百分比表。百分比表从最小到最大列出 1000 次试运行所生成的利润值,将该列表分成 100 等份(每份代表 10 个值),然后,将值记录在每部分的末尾。因此,通过列表可知,5% 的值是 22 美元,10% 的值是 26 美元(例如,10% 为 26 美元的直观解释是指 10% 的试运行得到的利润值小于或等于 26 美元,90% 的试运行所生成的利润值大于或等于 26 美元,所以 26 美元是 10% 的最小值与 90% 的最大值之间的分界线)。图 20.13 左侧的累积频率图显示该最小到最大利润值列表的类似(但更详细)信息。水平轴显示从最小可能利润价值(20 美元)到最大可能利润值(60 美元)的整个范围。对于该范围内的每个值,图表累积记录 1000 次试运行生成的低于或等于该值实际利润值的数量。该数字与右边所示频率相等,除以试运行次数后则与左边的概率相等。

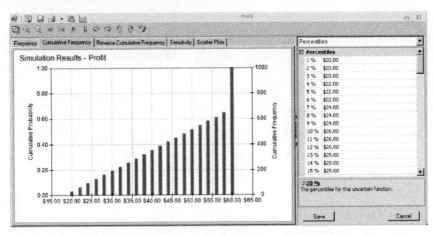

图 20.13　ASPE 展示图 20.7 报贩弗雷迪示例中仿真模型运行结果的
其他两种方式(累积频率图和百分比表)

图 20.14 所示为 ASPE 提供的从仿真运行结果中提取有用信息的诸多方法之一。报贩弗雷迪觉得如果他售卖《金融杂志》每天能获得 40 美元以上的利润就非常满意了。因此,他想知道的是,如果他每天订购量为 60 份,达到这一利润水平的天数的百分比是多少。用 ASPE 获得这一百分比的估计值,需在图 20.14 右侧图表统计中输入下临界值 40 美元,下面的似然框中则显示出估计百分比(64.5%)(同时这一百分比还会显示在上述图标的左侧)。如需要也可输入下临界值和上临界值,从而估算出在这两值之间获取利润的概率。

6. 仿真结果的准确度如何

图 20.12 提供的一个重要数字是平均值 46.45 美元。这一数字为 1000 次试运行生成的每日利润基本概率分布的 1000 个随机观测值的平均值。该样本均值为 46.45 美元,从而提供该分布真实平均数的一个估计值。但真实平均数可能偏离 46.45 美元。希望该估计值达到怎样的准确度?

图 20.12 统计表底部显示的 0.43 美元的标准误差为这一关键问题提供了答案。标准误差通过 $s/\sqrt{n}$ 算出,其中 s 为样本标准差,n 为试运行次数。这是样本均值标准差的估计值,所以大多数情况下样本均值均位于真实平均数的标准偏范围内。换句话说,真实平均数与样本均值的偏差与标准误差十分接近,但大多数情况下(大约 68% 的情况下)偏差值不会超过误差值。因此,46.45 − 0.43 = 46.02 至 46.45 + 0.43 = 46.88 区间是真实平均数的 68% 的置信区间。同样,用样本均值加、减标准误差的相应倍数,即可获得较大的置信区间。例如,95% 置信区间的相应倍数是 1.965,所以,该置信区间范围为 46.45 − 1.965(0.43) = 45.60 至 46.45 + 1.965(0.43) =

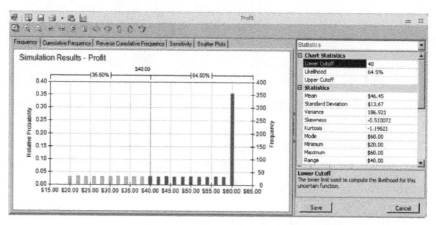

图 20.14 将理想利润值的下限设为 40 美元,似然(Likelihood)框显示:弗雷迪仿真
试运行中,至少 64.5% 的所得值能达到这一利润水平

47.30(试运行次数如果不是 1000 次,该倍数 1.965 可能略有变化)。因此,95% 的情况下,真实平均数介于 45.60 美元和 47.30 美元之间。

ASPE 提供了一个计算 95% 置信区间的快捷方式。统计表中的平均置信度 95% 对应的值 0.85 美元表示;95% 的置信区间为 46.45−0.85=45.60 至 46.45+0.85=47.30。

7. 参数分析报告和趋势图

图 20.12 所示为弗雷迪每日固定订购量 60 份《金融杂志》(如图 20.7 电子数据表单元格 C9 所示)时仿真运行得出的结果。弗雷迪希望先尝试该订购量,因为该订购量是充分满足平时(约 2/3)需求与经常卖不完的天数之间的一个合理折中。然而,获得的结果并未表明 60 份是最大限度提高弗雷迪日平均利润的最佳订购量。需要用其他订购量进行更多仿真试运行才能确定(至少可以估计)最佳订购量。

ASPE 提供了一个方法,可通过参数单元格多次系统地运行仿真。这样,对仅有一个或两个决策变量的问题,很容易确定至少一个近似最优解。弗雷迪的问题只有一个决策变量,即图 20.7 中电子数据表模型的订购量(C9),所以我们现在采用这种方法。

寻找最优解的一个直观方法是使用试解和误差。尝试不同决策变量的值,针对每个值执行一次仿真运行,看哪个值能针对所选定的性能指标提供最满意的估计值。ASPE 的交互式仿真模式使该方法异常简便,因为在决策变量值变更后,从统计单元格可立即获得结果。使用参数单元格可以更系统地进行同一运算,定义一个参数单元格后,所有所需的仿真运行结果将很快显示在"参数分析报告"中。如果需要,还可以查看趋势图,趋势图提供了有关结果的更多细节。

如果之前曾用参数单元格和 ASPE 的 Solver 求解器进行敏感性系统分析,生成"参数分析报告"(如第 7 章所述),就会发现仿真模型的参数分析报告的工作原理大致相同。参数分析报告中可同时变更的决策变量最多为 2 个。

由于向弗雷迪购买报纸的顾客人数每天变化很大(变化范围为 40~70),因此应对可能的订购量(如 45、40、50、55、65、70、60 份)进行抽样。为此,第一步是通过以下步骤将待研究的决策变量,即图 20.7 中的订购量(C9)定义为参数单元格。

8. 将决策变量定义为参数单元格的步骤

(1) 单击选择包含决策变量的单元格。

(2) 从 ASPE 功能区的"参数"菜单选择"仿真"。

(3) 输入进行仿真运算的决策变量的下限值和上限值。

(4) 单击"确定"按钮。

图 20.15 所示为该程序针对弗雷迪问题的应用。按 40~70 份订购量进行仿真运行,已输入该范围的上下限值。

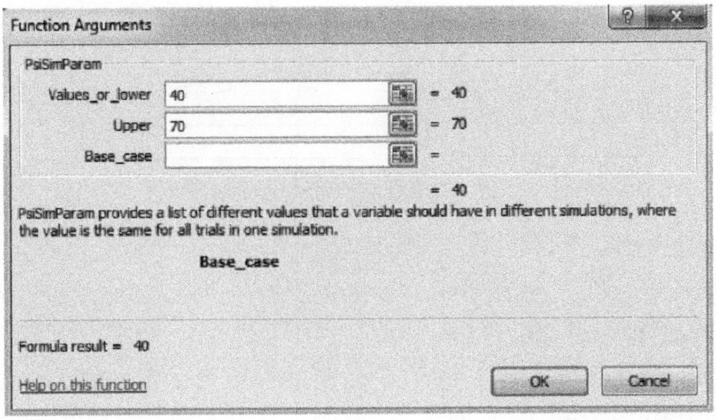

图 20.15 该参数单元对话框显示了图 20.7 所示报贩弗雷迪示例中
仿真模型的决策变量"订购量"(C9)的特征

现在,对参数单元格的不同值运行仿真,以便生成一个参数分析报告。首先从 ASPE 功能区"报告>仿真"菜单下选择"参数分析",弹出图 20.16 所示的对话框,该对话框可用以确定要更改的参数单元格以及需要显示的仿真运行结果。在对话框的下半部分可选择变更哪些参数单元格。单击(>>)选择目前为止所定义的所有参数单元格(将右边框中显示)。本例只定义了一个参数,所以右侧框中只显示一个参数单元格(订购量)。如果定义了更多的参数单元格,则可单击相应的参数单元格进行选择,用(>)将各参数单元格添加到右侧列表。

在对话框的上半部分可选择当参数单元格数值发生变化时,需要显示的仿真运算结果。勾选"均值",则可显示仿真运行中观测到的参数单元格不同值的平均利润。

最后,输入"主要轴点"的数目,以确定参数分析报告所包含的参数单元格不同值的数量。这些值将在图 20.15"参数单元格对话框"中确定的下限和上限值之间均匀分布。如果有 7 个主要轴点,下限值是 40,上限值是 70,则按订购量为 40、45、50、55、60、65 和 70 运行仿真,单击"确定"按钮,ASPE 即可运行这些仿真。

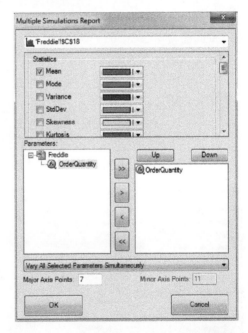

图 20.16 该"参数分析对话框"可用于确定需要更改的参数单元格以及需要显示的仿真运行结果。此处"订购量"(C9)参数单元格将有 7 个不同值,且每次运行仿真后将显示平均值

ASPE 进行仿真运行后,在如图 20.17 所示的新电子数据表中创建参数分析报告。A 列为不同的订购量,B 列为经过仿真运行后获得的结果单元格"利润(C18)"值的均值。单元格 B2:B8 表明,订购量为 55 时获得的平均利润最大,为 47.26 美元,而订购量为 50 和 60 时基本上可获得并列的第二大平均利润值。

	A	B
1	订购量	均值
2	40	40.00
3	45	44.03
4	50	46.45
5	55	47.26
6	60	46.45
7	65	44.03
8	70	40.00

图 20.17 弗雷迪问题的参数分析报告

位于两侧的订购量的平均利润急剧下降,基本上确定最佳订购量应该介于 50~60(可能接近 55)。为了更加精确定位该值,按道理下一步应生成另一个参数分析报告,将 50~60 的所有整数订购量全部纳入考虑,即习题 20.6-6。

ASPE 还可生成各种图表,显示不同参数单元值进行仿真运算的结果。对一个参数单元格进行定义后,需要确定其接受仿真运算的次数。为此,单击 ASPE 功能区"选项"按钮,选择"仿真"选项,弹出"仿真选项"对话框,如图 20.18 所示。在"仿真运行数"框中输入进行仿真所需的参数单元格值的数目。生成参数分析报告时,该数字与图 20.16 中所示"主要轴点"的数字作用相同。参数结果值将在图 20.15"参数单元对话框"确定的下限和上限值之间均匀分布。例如,订单数量同样为 40、45、50、55、60、65 和 70 时,进行 7 次仿真运算(图 20.18)。

确定仿真运行次数后,从 ASPE 功能区"图表>多次仿真"菜单下选择一个图表选项,即可生成相应形式的图表。例如,从该菜单选择参数分析,就会以图形形式显示与图 20.17 所示参数分析报告相同的信息。

另一种特别有趣的图表类型是趋势图。从"图表>多次仿真"菜单下选择"趋势图",弹出如图 20.19 所示的对话框。在该对话框上可选择趋势图应显示哪些仿真结果。单击(>>),即指定将 7 次仿真全部显示在趋势图中。单击"确定"按钮后,生成图 20.20 所示的趋势图。

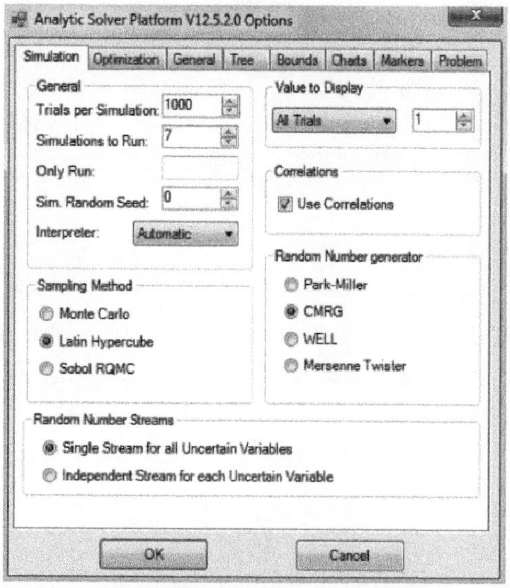

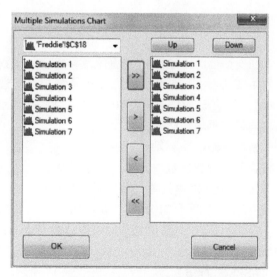

图 20.18 该"仿真选项"对话框可在选择参数单元格不同数值仿真运行结果的展示形式之前,确定仿真运行的次数

图 20.19 该趋势图对话框用于指定显示哪些仿真结果。单击(>>),即指定将所有仿真结果显示在趋势图中

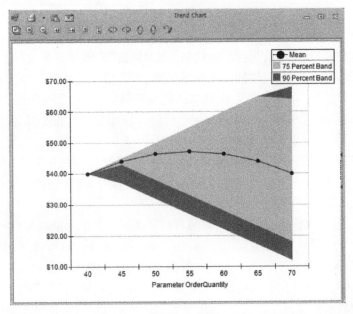

图 20.20 趋势图显示了弗雷迪问题中随着订购量增加,平均值及频率分布范围的变化趋势

趋势图的水平轴为仿真运行参数单元格的 7 个值(订单数量 40、45、…、70)。垂直轴为仿真运行获得的利润值。中间的曲线显示针对各个不同订购量进行仿真运算后获得的平均利润。围绕平均线的是信息汇总带,显示各仿真运算生成的利润值的频率分布(在彩色显示器上,这两条信息带显示为浅灰色和深绿色)。中间灰色带包含中间 75%的利润值,而外层的深绿带(灰色带在中间)包含中间 90%的利润值(以上百分比均列在趋势图上方)。因此,每次仿真试运行生成的利润值的 5%位于顶部地带,5%位于底部地带。

趋势图以图形形式显示了随决策变量(订购量)值增加而形成趋势,这也是趋势图一词的由来。以图 20.20 中平均线为例,订购量在 40～55 时,平均线呈上升趋势,之后呈下降趋势。因此,平均利润在订购量接近 55 时达到峰值。

趋势图往右移动时扩散开来,表明利润值会随着订购量的增加而上升。订购量最大时虽然偶尔会形成单日最高利润,但有时也可能造成极低利润。如果弗雷迪关注每日利润的变化,则这一风险走势可能会成为弗雷迪关注的重点。

20.6.4　用仿真和 ASPE 求解器进行优化

有时用参数分析报告和趋势图可找到至少一个接近最优解的逼近值。报贩弗雷迪的示例证明,当被仿真系统只有一个决策变量并且该决策变量为只有少量可能值的离散变量时,参数分析报告和趋势图相当有效。但当单一决策变量是一个连续变量或者是有大量可能值的离散变量时,上述方法就显得不大奏效。当有两个决策变量时,上述方法也显得比较困难(参数分析报告最多可考虑两个决策变量,趋势图只能有一个决策变量)。对于拥有两个决策变量或众多可能解的大型问题,上述方法不再适用,而实践中许多问题都属于这一范畴。

幸运的是,ASPE 包含一个名为"求解器(Solver)"的工具,针对有任意数量的决策变量和可能的仿真模型,该工具可自动搜索其最优解。该求解器首次在 3.5 节中进行了介绍,其中一些求解方法与标准 Excel 求解器(也可参见 3.5 节)功能相同,并且曾在几个章节中用于求解线性、整数和非线性规划模型最优解。ASPE 求解器还包含更多的应用在仿真领域的强大功能,这些都是 Excel 求解器中所没有的。特别是,通过使用 ASPE 的仿真工具,ASPE 求解器可以非常有效地寻找仿真模型的最优解(为了简便,下文中用"求解器"代表"ASPE 求解器")。

"求解器"通过执行一系列仿真运算,尝试从一系列主要候选值中搜索最优解,并应用搜索结果进行下一步试解,以确定最有可能的候选值。"求解器"不能保证其发现的最佳解就是真正的最优解。但如果有足够的时间,往往能找到最优解,或者至少能找到一个接近最优解的解,对于只有几个离散决策变量的问题,在运算早期就能找到最优解,其余时间则用于排除其他候选解。因此,虽然"求解器"无法确定何时能找到最优解,但可以估计(在仿真运算给定的精度范围内)其他主要候选值不会优于目前找到的最佳解。

下面以报贩弗雷迪问题为例,讲述如何如何使用"求解器"。图 20.17 中生成的参数分析报告显示,弗雷迪每天应订购 50~60 份《金融杂志》。现在,看看如何使用"求解器"估算出实现每日平均利润最大化的具体订购量。

使用图 20.7 中的仿真模型,弗雷迪问题的目标是选择一个使弗雷迪每日利润最大化的订单数。"平均利润(C20)"记录了给定订购量进行仿真运算生成的平均利润,选中该单元格,然后,从"目标"菜单中选择"最大>正常(Normal)",明确目标为使该单元格中的数值最大化。

接下来,定义决策变量。弗雷迪问题中,要做的唯一决定是确定"订购量(C9)",因此只有一个决策变量。选中该单元格,并从"决策"菜单中选择"正常"选项,将该单元格定义为一个(正常的)决策变量。"求解器"通过搜索引擎搜索决策变量的最佳值,搜索空间越小(通过"求解器"必须搜索的可能值数量来衡量),"求解器"解决问题的速度就越快。因此,应对决策变量任意可能值的所有约束条件都加以考虑。由于"订购量"必须是整数,所以应再次选中该单元格,从"约束条件>变量类型>边界(Bound)"菜单下选择"整数"。由于只考虑整数,所以大大减少了搜索的可能值的数量。此外,由于需求是以 40~70 范围内的随机值,因此,订购量一定也在这个范围内。通过添加一对有界约束条件将"订购量"指定在 40~70。首先,选中单元格,从"约束>变量类型/边界"菜单选择>=。弹出"添加约束条件"对话框,如图 20.21 所示。单击"约束条件"框,然后,单击 E12 单元格指定订购量>=E12(=40),再单击"确定"按钮;同样,从"约束>变量类型/边界"菜单中选择<=,并通过"约束条件"框指定订购量<=F12(=70)。这 3 个约束条件最终将"订购量"限制为 40~70 的整数,使搜索空间减少为仅 31 个可能值。

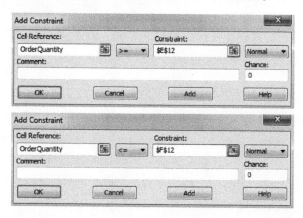

图 20.21 两个"添加约束条件"对话框用以规定弗雷迪问题的决策变量"订购量(C9)"的临界值。
上面的对话框用于规定订购量>=E12(=40),下面的对话框用于规定订购量<=F12(=70)

此时,"模型"窗口的"模型"选项卡应出现在图 20.22 的左侧(如果电子数据表右侧未显示"模型"窗口,可单击 ASPE 功能区的"模型"按钮打开和关闭"模型"窗格)。"模型"窗口显示(1)目标是最大限度提高"平均利润(C20)";(2)决策变量是"订购量(C9)";(3)订购量应为在

40~70 的整数。同时还显示仿真设置，即不确定变量是"需求（C12）"，结果单元格是"利润（C18）"，统计单元格是"平均利润（C20）"。

运行"求解器"对弗雷迪问题进行优化之前，需要考虑"模型"窗口中"引擎"选项卡的设置，如图 20.22 右侧所示。尤其应勾选"自动选择引擎"复选框，使"求解器"自动选择最适合该问题的搜索引擎。其次，应指定"最大时间"和/或"最大无改进时间"。"最大时间"设定一个限值（以秒为单位），以明确搜索应持续的时间。图 20.22 中该处为空白，表示对搜索时间没有限制。这样做是可行的，因为"最大无改进时间"已设为 10s，这就意味着若"求解器"在过去 10s 内未搜索到改进解，则停止搜索。

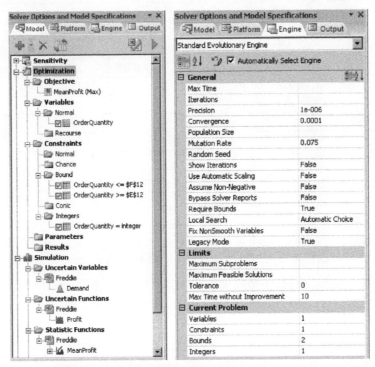

图 20.22 弗雷迪问题中"模型"窗口的"模型"选项卡和"引擎"选项卡。左边的"模型"选项卡显示了"求解器"的优化设置和仿真设置。目标是在 40~70 的整数中变更决策变量"订购量（C9）"，从而最大限度地提高"平均利润（C20）"。右侧的"引擎"选项卡指定 ASPE 自动选择搜索引擎对模型求解，若在至少 10s 内未找到改进解，即停止搜索

此时，单击 ASPE 功能区的"优化"图标开始搜索最优解。"求解器"在搜索空间中搜索不同订购量的解。对每一个试解运行一次仿真，以确定平均利润。然后，"求解器"对目前为止的搜索结果进行评估，确定最有希望的订购量候选值并进行下一步试解。这一过程将持续进行，直到衡量完所有有希望的订单量或达到一个停止规则（最大时间或最大无改进时间）为止。随后，ASPE 将最佳订购量的值（平均利润最大的对应值）直接输入到电子数据表。弗雷迪案例中，通常能找到确切的最优解，即订单数量 55，该解使平均利润达到 47.26 美元左右，如图 20.23 所示。

以上是"求解器"在弗雷迪问题中的应用，下面将对使用"求解器"的整个过程进行总结。

"求解器"使用步骤如下。

（1）在电子数据表上建立仿真模型。

（2）使用 ASPE 定义不确定变量单元格，结果单元格和统计单元格，并设置仿真选项。

（3）使用 ASPE 定义决策变量和目标。

	A	B	C	D	E	F
1		报贩弗雷迪				
2						
3			数据			
4		单位售价	2.50			
5		单位购买成本	1.50			
6		单位残值	0.50			
7						
8			决策变量			
9		订购量	55			
10					下	上
11			仿真		限值	限值
12		需求	46	均匀整数	40	70
13		销售收益	115.00			
14		购买成本	82.50			
15		残值	4.50			
16						
17						
18		利润	37.00			
19						
20		平均利润	47.26			

图 20.23　此图所示为报贩弗雷迪问题中 ASPE 求解器找到的解,当"订购量 (C9)"为 55 时"平均利润(C20)"达到最大,为 47.26 美元

(4) 如果可能的话,定义决策变量的约束条件,以缩小搜索空间。

(5) 使用"模型"窗口"引擎"选项卡,使 ASPE 自动选择搜索引擎,并设置停止规则("最大时间"和/或"最大无改进时间")。

(6) 单击"优化"按钮,运行优化功能。

如欲了解更多有关如何在电子数据表上利用 ASPE 进行仿真的内容,本书网站第 28 章介绍了部分补充案例及详细说明。这些案例包括其在合同投标、项目管理、现金流管理、财务风险分析和收益管理等方面的应用。

20.7　结　论

仿真是一种广泛使用的工具,用于评估复杂随机系统的性能,确定是否应该使用预期设计或经营策略。

本章着重介绍了使用仿真方法预测仅在有限时间点上发生状态变化的系统稳态表现。但从预设的起始条件开始,进行一系列运算后,用仿真方法也能够描述特定系统瞬态表现。此外,如果使用微分方程,仿真也可应用于状态随时间连续变化的系统。

仿真是一个灵活、强大且直观的工具,是运筹学领域最为常用的技术之一,可在数秒或数分钟之内,模拟典型系统长达数年的运行状况,并生成一系列上述时间段内系统表现的统计观察结果。由于仿真无可比拟的性能,使其广泛应用于诸多领域。此外,随着仿真软件(包括利用电子数据表进行仿真的软件)方面取得的巨大进步,仿真的应用范围也在不断扩展。

然而,仿真并不是研究随机系统的灵丹妙药。在有些情况下,分析法(如第 16 章~第 19 章

中的分析方法)具有显著优势。仿真本质上是一项不精确的技术,只能提供统计估算值而非精确结果,只能对备选解进行比较而无法生成一个最优解(使用特殊仿真优化技术的情况除外)。此外,尽管仿真软件方面取得了显著进步,但在研究复杂随机系统方面,仿真仍然是一种相对漫长且昂贵的方法。复杂的随机系统不但需要进行长时间的计算机运算,而且其分析和编程所需的费用和时间也相当不菲。此时,仿真模型往往会变得过于繁杂,其适用的场所和所获结果的准确性也不尽人意。最后,仿真仅生成有关系统性能的数值数据,因此,除根据这些数值数据(以及仿真建模所需的分析)获得的线索外,仿真方法无法提供系统内因果关系的相关信息。因此,对基于模型的参数值进行敏感性分析是一项耗资极大的工作,对上述参数进行分析的唯一可能的方式是利用不同的参数值进行一系列的仿真运算,但这一方式往往效果不佳且费用不菲。

基于上述原因,对于随机系统的研究,分析方法(如有)和仿真具有重要的互补作用。分析方法至少非常适用于初步分析、检验因果关系、初步优化以及敏感性分析。当分析方法的数学模型无法捕捉随机系统的所有重要特征时,可用仿真方法整合上述所有特征,然后获得最终系统配置的少数几个主要候选参数性能指标的详细信息。

对方案中的系统和策略进行试验。设计这些试验时,可采用统计学理论。然而,要想获得意义重大的统计学结果,就需要进行漫长的仿真运算。方差缩减技术有时有助于减少所需的运算时间。

在运用传统的统计估算程序进行模拟试验时还会遇到几个技术问题,包括规定合适的起始条件,确定基本上达到稳态条件的预运行时间,以及对统计数据的观测处理。使用统计分析复演法可以解决上述问题,但该方法的应用存在一些局限性。

在运筹学实践和理论中,仿真无疑具有非常重要的地位。对于无法采用分析技术解决的问题,仿真是一种无可替代的工具,且其用途仍在持续拓宽。

参 考 文 献

[1] Alexopoulos, C., D. Goldsman, and J. R. Wilson: Advancing the Frontiers of Simulation: A Festschrift in Honor of George Samuel Fishman, Springer, New York, 2009.

[2] Asmussen, S., and P. W. Glynn: Stochastic Simulation, Springer, New York, 2007.

[3] Banks, J., J. S. Carson, II, B. L. Nelson, and D. M. Nicol: Discrete-Event System Simulation, 5th ed., Prentice-Hall, Upper Saddle River, NJ, 2009.

[4] del Castillo, E.: Process Optimization: A Statistical Approach, Springer, New York, 2007.

[5] Fishman, G. S.: Discrete-Event Simulation: Modeling, Programming, and Analysis, Springer, New York, 2001.

[6] Fu, M. C.: "Optimization for Simulation: Theory vs. Practice," INFORMS Journal on Computing, 14(3): 192-215, Summer 2002.

[7] Henderson, S. G., and B. L. Nelson: Handbooks in Operations Research and Management Science: Simulation, North-Holland, New York, 2006.

[8] Kleijnen, J. P. C.: Design and Analysis of Simulation Experiments, Springer, New York, 2008.

[9] Kleijnen, J. P. C., S. M. Sanchez, T. W. Lucas, and T. M. Cioppa: "State-of-the-Art Review: A User's Guide to the Brave New World of Designing Simulation Experiments," INFORMS Journal on Computing, 17(3): 263-289, Summer 2005.

[10] Law, A. M.: Simulation Modeling and Analysis, 4th ed., McGraw-Hill, New York, 2007.

[11] Nelson, B. L.: Foundations and Methods of Stochastic Simulation: A First Course, Springer, New York, 2013.

[12] Swain, J.: "Simulation: Back to the Future (Software Survey)" OR/MS Today, 38(5): 56-69, October 2011.

[13] Tekin, E., and I. Sabuncuoglu: "Simulation Optimization: A Comprehensive Review on Theory and Applications," IIE Transactions, 36(11): 1067-1081, November 2004.

[14] Whitt, W.: "Planning Queueing Simulations," Management Science, 35(11): 1341-1366, November 1989.

习 题

部分习题(或习题的组成部分)左侧带有符号,含义如下。
D:本章演示实例可能有帮助。
I:建议使用"学习辅助资料"所列的交互式程序。
E:使用 Excel。
A:使用 Excel 仿真插件,最好是分析求解程序平台教学版(ASPE)。
Q:使用排队仿真器。
R:使用根据表 20.3 中连续随机数获得的 3 位数的均匀随机数(0.569、0.096 等),从顶行前面部分开始做习题。

20.1-1* 使用图 20.1 中单元格 C13:C18 的均匀随机数生成以下各种情形下的 6 个随机观测值。
(a)掷一枚均匀的硬币。
(b)棒球投手 60% 的时间投出好球,40% 的时间投出坏球。
(c)一辆随机到达的汽车遇到交通信号灯的颜色,已知该交通灯 40% 的时间为绿灯、10% 的时间为黄灯、50% 的时间为红灯。

20.1-2 天气可以看作是一个随机系统,因为一天到另一天的天气是随机变化的。假设某地的天气变化概率满足以下条件:
如果今天下雨,则明天下雨的概率为 0.6。如果今天是晴天,则明天晴天(无雨)的概率为 0.8。
(a)使用图 20.1 中单元格 C17:C26 的均匀随机数模拟 10 天的天气演变,从晴天开始。
E(b) 现使用计算机在电子数据表上执行(a)提出的仿真,通过 Excel 生成均匀随机数。

20.1-3 市中心百货商店的厨房电器部经理杰西卡·威廉姆斯认为她的炉灶库存量高于需求量。在修改炉灶库存策略之前,杰西卡对每天的销售量进行了记录,连接记录 25 天,如下所列。

销售量	2	3	4	5	6
天数	4	7	8	5	1

(a)利用上述数据估算日常销售的概率分布。
(b)计算(a)部分获得的分布的平均值。
(c)说明如何使用均匀随机数模拟日销售量。
(d)使用均匀随机数 0.4476、0.9713 和 0.0629 模拟 3 天的日销售量,将所得平均值与(b)部分获得的均值进行比较。
E(e) 制定电子数据表模型进行日销售量的仿真。重复运行 300 次,获得 300 天平均销售数据。

20.1-4 威廉·格雷厄姆娱乐公司将开设一个新的售票处,顾客可以提前购票观看在该地区举办的娱乐活动。使用仿真方法分析售票处需安排一名还是两名售票员值班。
模拟售票处一天中开始时段的情况,第一个顾客在售票处开门后 5min 到达,接下来的 4 名顾客的间隔到达时间(依次)分别为 3min、9min、1min 和 4min,然后,又隔了较长一段时间才有下一位顾客到达。这 5 名顾客的服务时间(依次)分别为 8min、6min、2min、4min 和 7min。

(a) 针对安排一名售票员值班的方案,绘制一个图形,显示售票处这段时间内顾客数量的变化情况。

(b) 利用该数字估算该排队系统的性能指标——L、L_q、W、W_q 和 p_n(如 17.2 节所定义)。

(c) 针对安排 2 名售票员的方案重复(a)部分。

(d) 针对安排 2 名售票员的方案重复(b)部分。

20.1-5 以 17.6 节介绍的 M/M/1 排队理论模型和 20.1 节的例 2 为例。假设平均到达率为每小时 5 人,平均服务率为每小时 10 人,使用仿真方法估算服务开始前的预期等待时间。

R(a) 从系统清空状态开始,使用事件步长法手动运算仿真,直到完成 2 次服务为止。

R(b) 从系统清空状态开始,使用时间步长法(以 2min 为时间单位)手动运算仿真,直到完成 2 次服务为止。

D,I(c) 使用 IOR(其中包括事件步长法)中所述的交互式程序运行仿真,直到完成 20 次服务为止。

Q(d) 使用排队仿真器运算 10000 名客户到达的仿真。

E(e) 使用 17 章 Excel 文件中该模型的 Excel 模板获得该排队系统的一般性能指标。然后,将这些精确结果与(d)部分的仿真运行获得的相应点估计值和 95% 置信区间进行比较,确定精确解落在 95% 置信区间以外的指标。

20.1-6 锈带制造公司按需雇用维修人员修理机器。管理层现要做一个仿真研究,分析应雇用多少人,考虑的雇员人数为 2 人、3 人或 4 人。员工修理机器所需时间在 0~2 倍均值区间内均匀分布,该均值取决于员工数量。如果雇用两名员工,则平均时间为 4h,雇用 3 名员工的平均时间为 3h,雇用 4 名员工的平均时间为 2h。部分机器的故障间隔时间按平均 5h,呈指数分布。当机器出现故障需要维修时,管理层希望维修开始前的平均等待时间不超过 3h,也希望雇员规模不会大于满足这一要求所必需的规模。

(a) 针对该问题建立仿真模型,描述 20.1 节中所列的适用该情形的模型。

R(b) 以 2 名雇员的方案为例。首先从一台机器需要维修开始,且该维修刚刚开始,使用事件步长法手动运算仿真,仿真时间为 20h。

R(c) 重复(b)部分,但这一次用时间步长法(以 1h 为时间单位)。

D,I(d) 使用 IOR(其中包括事件步长法)中所述的交互式程序运行仿真,仿真运行时间为所述 3 种雇员规模方案处理 10 次故障分别所需的时间。

Q(e) 使用排队仿真器对该系统进行模拟,模拟时间为 3 种雇员规模方案处理 10 次故障分别所需的时间。

(f) 用 17.7 节中介绍的 M/G/1 排队模型分析获取 3 种雇员规模方案中各方案的预期等待时间(可以人工计算 W_q,也可用第 17 章的 Excel 文件中该模型模板进行计算)。应使用哪种雇员规模方案?

20.1-7 对一个由单台服务器组成的排队系统实施仿真时,第一个 10min 内系统的顾客数为 0,接下来的 17min 内系统的顾客数为 1 人,再接下来的 24min 内 2 名顾客,之后 15min 内 1 名顾客,再之后的 16min 内 2 名顾客,后来的 18min 内 1 名顾客,总共 100min 后,顾客数再次变为 0。根据前 100min 的这些结果进行以下分析(采用 17.2 节中介绍的排队模型标记法)。

(a) 绘制一个图形,显示这 100min 内系统中顾客数量的演化过程。

(b) 估算 P_0、P_1、P_2、P_3 的值。

(c) 估算 L 和 L_q 的值。

(d) 估算 W 和 W_q 的值。

20.1-8 查看运筹学辅导教材中仿真领域的第一个演示实例(基本排队系统仿真)。

D,I(a) 将同样的问题输入到 IOR 的仿真交互程序中,以交互的方式执行仿真运行,仿真时间为 20min。

Q(b) 使用排队仿真器模拟 5000 名顾客到达的情况,估算现有计划中该排队系统提供 2 名出纳员的一般性能指标。

Q(c) 针对提供 3 名出纳员的方案重复(b)部分。

Q(d) 现通过检验业务水平高于预期水平时的效果来实施部分敏感性分析。特别是,假设客户到达之间的平均时间为 0.9min,而不是原来的 1min。在该假设条件下评估 2 人方案和 3 人方案。

(e) 假设你是这家银行的经理。请根据仿真结果作出管理决策,确定安排多少名出纳员,并证明决策的合理性。

D,I20.1-9 查看运筹学辅导教材中仿真领域的第 2 个演示实例(模拟存在优先级的排队系统)。然后,将同样的问题输入到 IOR 的仿真交互程序中,以交互的方式运行仿真,仿真时间为 20min。

20.1-10* 休米维修店专门修理德国汽车和日本汽车。店里有 2 名汽车修理师。其中一名汽车修理师只修理德国汽车,另一名只修理日本汽车。两种情况下,修理一辆汽车所需的时间平均为 0.2 天,呈指数分布。修理店的业务一直在稳步增长,特别是德国汽车业务增长较快。休米预计,到第二年德国汽车随机进店修理的平均比率为每天 4 辆,所以到店修理的间隔时间平均为 0.25 天,呈指数分布。日本汽车的平均到达率预计为每天 2 辆,所以到达间隔时间平均为 0.5 天,呈指数分布。

休米希望 2 类汽车在开始修理之前在店内的等待时间不超过 0.5 天。

(a) 请建立仿真模型进行仿真,估算第二年两类汽车修理完成之前的预期等待时间是多少。

D,I(b) 只考虑德国车的情况下,使用 IOR 中所述的交互程序运行上述仿真,仿真时间为 10 辆德国车到达的时间。

Q(c) 使用排队仿真器进行仿真,模拟时间为超过 10000 辆德国汽车到达的时间。

Q(d) 只考虑日本汽车的情况下,重复(c)部分。

D,I(e) 休米正在考虑再雇用一名专门修德国汽车的汽车修理师,这样就可以同时修理两辆德国车(一名汽车修理师同一时间只能修理一辆车)。针对该方案重复(b)部分。

Q(f) 使用排队仿真器模拟 10000 辆德国车到店修理的情况,评估(e)部分所述方案。

Q(g) 另一种方案是对现有的两名汽车修理师进行培训,让他们两类汽车都能修理。这样会使预期的维修时间增加 10%,即从 0.2 天增至 0.22 天,使用排队仿真器模拟两类汽车有 20000 次到达的情况,评估该方案。

(h) 由于间隔时间和服务时间都呈指数分布,可用 17.6 节介绍的 $M/M/1$ 和 $M/M/s$ 排队模型分析评估以上所有方案。针对(c)、(d)、(f)和(g)中所述情况,使用这些模型确定各种情况下的 W 值和修理完成前的预期等待时间(可以人工计算 W 值,也可用第 17 章 Excel 文件的 $M/M/s$ 模型计算)。针对每种情况,将仿真获得的 W 预计值与分析值进行比较。通过比较,仿真中应包含的汽车到达数量是多少?

(i) 根据以上结果,如果你是休米,你会选择哪一个方案?为什么?

20.1-11 美国维斯塔印刷公司生产计算机显示器和打印机,以前只对一部分显示器和打印机进行抽样调查。现在制定了新计划,要求在产品出厂前进行全检,根据这一计划,显示器和打印机完成生产后将被送往检验站进行检验,一次一台。显示器送达的间隔时间在 10~20min

均匀分布,打印机的间隔时间恒定为15min。

检验站有2名检查员,一名检查员只检查显示器,另一名检查员只检查打印机。两种情况下,检查平均时间为10min,呈指数分布。

开始执行新计划之前,管理层想对显示器和打印机在检验站的等待时间进行评估。

(a) 构建仿真模型进行仿真,估算显示器和打印机的预期等待时间(包括开始检查前和完成检查后的等待时间)。

D,I(b) 只考虑显示器的情况下,使用IOR中所述的交互程序执行仿真运行,仿真时间为10台显示器到达的时间。

D,I(c) 只考虑打印机的情况下,重复(b)部分。

Q(d) 使用排队仿真器重复(b)和(c)两部分,两种情况各10000次到达。

Q(e) 管理层正在考虑给检查员提供新的检验设备。这种设备不会改变预期的检查时间,但会减少时间的变化性。特别是对检查时间平均为10min,呈厄兰分布,形状参数$k=4$的产品,使用排队仿真器重复该方案的(d)部分。将所得结果与(d)部分所获得的结果进行比较。

20.2-1 请阅读20.2节所述应用案例中总结的有关运筹学研究的参考文章,简要说明该项研究中是如何应用仿真的,然后,列出该项研究产生的各种有形和无形的收益。

20.2-2 20.2节介绍了参考文献[A1]项所述的仿真实际应用。阅读相应章节,并写一份两页的有关应用及其优势的总结。

20.3-1* 使用混合同余法生成以下随机数序列。

(a) 由10个一位随机整数组成的序列,使$x_{n+1} \equiv (x_n+3)$(模数10)且$x_0=2$。

(b) 0~7的8个随机整数组成的序列,使$x_{n+1} \equiv (5x_n+1)$(模数8)且$x_0=1$。

(c) 由5个两位随机整数组成的序列,使$x_{n+1} \equiv (61x_n+27)$(模数100)且$x_0=10$。

20.3-2 再次以习题20.3-1为例,现在假设想把这些随机整数转换成(近似)均匀随机数。3个部分各给出一个转换公式,使之尽可能相近。

20.3-3 使用混合同余法生成一个由5个2位随机整数组成的序列,使$x_{n+1} \equiv (41x_n+33)$(模数100)且$x_0=48$。

20.3-4 使用混合同余法生成一个由3个3位随机整数组成的序列,使$x_{n+1} \equiv (201x_n+503)$(模数1000),且$x_0=485$。

20.3-5 生成5个均匀随机数。

(a) 用混合同余法生成0~31的5个随机整数组成的序列,使$x_{n+1} \equiv (13x_n+15)$(模数32)且$x_0=14$,做好生成5个均匀随机数的准备。

(b) 把这些随机数转换为尽可能接近的均匀随机数。

20.3-6 给定乘同余发生器$x_0=1$且$x_{n+1} \equiv 7x_n$(模数13),$n=0,1,2,\cdots$

(a) 计算x_n,$n=0,1,2,\cdots,12$。

(b) 1~12各个整数在(a)部分产生的序列中出现的频率各为多少?

(c) 不进行额外计算的情况下,说明如何比较$x_{13},x_{14},\cdots$和$x_1,x_2,\cdots$。

20.4-1 再次以20.1节介绍的掷硬币游戏以及图20.1、图20.2和图20.3中的仿真分析为例。

(a) 反复投掷硬币直到游戏结束,模拟一局该游戏束。按图20.1中B、D、E、F和G列所示格式记录结果。如果这是一场真正的游戏,你会赢多少或输多少?

E(b) 用Excel的VLOOKUP函数代替IF函数生成各个掷硬币仿真,修改电子数据表模型,然后模拟该游戏。

E(c) 使用修改后的电子数据表生成数据表重复 14 次,如图 20.2 所示。

E(d) 重复(c)部分,重复次数 1000 次(图 20.3)。

20.4-2* 运用下文所述逆转换法,用以下 3 个均匀随机数生成 -10~40 均匀分布的随机观测值:0.0965、0.5692、0.6658。

(a) 用图形法运用此方法。

(b) 用代数法运用此方法。

(c) 写出 Excel 用以生成每一个这样的随机观测值的方程式。

R20.4-3 按照"习题"部分开头的指示获得均匀随机数,针对以下概率分布情况各生成 3 个随机观测值。

(a) 从 25 到 75 均匀分布。

(b) 分布的概率密度函数如下所示:

$$f(x) = \begin{cases} \frac{1}{4}(x+1)^3, & -1 \leq x \leq 1 \\ 0, & 其他 \end{cases}$$

(c) 分布的概率密度函数如下所示:

$$f(x) = \begin{cases} \frac{1}{200}(x-40)^3, & 40 \leq x \leq 60 \\ 0, & 其他 \end{cases}$$

R20.4-4 按照"问题"部分开头的指示获得均匀随机数,针对以下概率分布各生成 3 个随机观测值。

(a) 随机变量有 $P\{X=0\} = \frac{1}{2}$。给定 $X \neq 0$,在 -5~15 均匀分布。

(b) 分布的概率密度函数如下所示:

$$f(x) = \begin{cases} x-1, & 1 \leq x \leq 2 \\ 3-x, & 2 \leq x \leq 3 \end{cases}$$

(c) 几何分布的参数 $p = \frac{1}{3}$,故

$$P\{X=k\} = \begin{cases} \frac{1}{3}\left(\frac{2}{3}\right)^{k-1}, & k=1,2,\cdots \\ 0, & 其他 \end{cases}$$

20.4-5 每轮投掷均匀硬币 3 次,得到 0 次、1 次、2 次和 3 次正面的概率分别是 $\frac{1}{8}$、$\frac{3}{8}$、$\frac{3}{8}$ 和 $\frac{1}{8}$。因此,投 8 组,每组各投 3 次,平均 1 组产生 0 次正面结果、3 组产生 1 次正面结果、3 组产生 2 次正面结果、1 组产生 3 次正面结果。

(a) 用自己的硬币,投掷 24 次,分 8 组,每组各 3 次,并记录 0 次正面的组数、1 次正面的组数、2 次和 3 次正面的组数。

(b) 按照"习题"部分开头的指示获得均匀随机数,按(a)规定仿真投掷硬币,并按(a)所述记录信息。

E(c) 构建电子数据表模型,模拟投掷 3 次硬币,并记录出现正面结果的次数,再重复一次。

E(d) 使用该电子数据表生成一个重复 8 次仿真运行的数据表,比较正面数的频率分布与

投 3 次的正面数的概率分布。

E(e) 重复(d)800 次。

20.4-6* 掷骰子游戏要求玩家掷两个骰子一次或多次,直到决出胜负。如果投第一把总和为 7 或 11 则为赢;如果第一把总和为 4、5、6、8、9 或 10,则同样的总和数再次出现之前未出现 7 则为赢。相反,如果投第一把的总和为 2、3,或 12,则为输;如果第一次总和为 4、5、6、8、9 或 10,这一总和再次出现之前出现了 7,也为输。

E(a) 构建电子数据表模型模拟投掷骰子游戏,再重复模拟一次。

E(b) 重复执行此仿真 25 次。

(c) 通过这 25 次重复模拟追踪,测定玩家赢得掷骰子游戏的次数和输游戏的次数,上一局结束后再开始下一局游戏。使用该信息计算赢一局游戏概率的初步估计值。

(d) 游戏重复玩多次时,获胜的比例接近平均值=0.493,标准差为=$0.5\sqrt{n}$ 的正态分布。使用该信息来计算当胜算低于 0.5 的概率至少为 0.95 时,需要仿真多少局游戏。

R20.4-7 按照"习题"部分开头的指示获得均匀随机数,使用逆转换法中给定的正态分布表生成均值=1、偏差=4 的正态分布的 10 个随机观测值(保留 3 个小数),然后,计算这些随机观测值的样本平均值。

R20.4-8 按照"习题"部分开头的指示获得均匀随机数,生成均值=5、标准偏差=10 的正态分布的 3 个随机观测值(近似)。

(a) 运用中心极限定理,使用 3 个均匀随机数生成随机观测值。

(b) 现在使用给定的正态分布的表格,运用逆转换法生成随机观测值。

R20.4-9 按照"习题"部分开头的指示获得均匀随机数,生成均值=0、标准偏差=1 的正态分布的 4 个随机观测值(近似)。

(a) 运用中心极限定理,使用 3 个均匀随机数生成随机观测值。

(b) 现在使用给定的正态分布的表格,运用逆转换法生成随机观测值。

(c) 使用(a)和(b)随机观测值生成自由度为 2 的卡方分布随机观测值。

R20.4-10 按照"习题"部分开头的指示获得均匀随机数,针对以下概率分布各生成 2 个随机观测值。

(a) 均值=10 的指数分布。

(b) 均值=10、形状参数 $k=2$(即标准差=$\sqrt{2}$)的厄兰分布。

(c) 均值=10、标准差=$2\sqrt{2}$ 的正态分布(用中心极限定理,且各观测值 $n=6$)。

20.4-11 理查德轮胎服务公司经理兼老板理查德·科林斯希望使用仿真方法对其店铺的运营进行分析。仿真中包含的活动之一就是安装汽车轮胎(包括平衡轮胎),理查德估计,安装 1 个轮胎所需时间(以分钟为单位)的概率分布的累积分布函数(CDF)如下图所示。

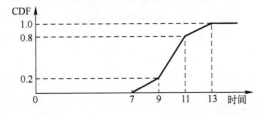

(a) 使用以下 5 个均匀随机数:0.2655、0.3472、0.0248、0.9205、0.6130 时,使用逆转换法生成分布的随机观测值。

(b) 使用 IF 嵌套函数编写一个方程，Excel 可利用该方程式生成该分布的各个随机观测值。

R20.4-12 按照"习题"部分开头的指示获得均匀随机数，生成均值=1 的指数分布的 4 个随机观测值。使用这 4 个观测值生成一个均值=4、形状参数 $k=4$ 厄兰分布的随机观测值。

20.4-13 令 $r_1, r_2, \cdots r_n$ 为均匀随机数，定义 $x_i = -\ln r_i$ 且 $y_i = -\ln(1-r_i)$，$i = 1, 2, \cdots, n$ 且 $z = \sum_{i=1}^{n} x_i$。判断下列陈述中各个陈述是否正确，并证明。

(a) 数字 $x_1, x_2, \cdots, x_n$ 和 $y_1, y_2, \cdots, y_n$ 为相同指数分布的随机观测值。

(b) $x_1, x_2, \cdots, x_n$ 的平均值等于 $y_1, y_2, \cdots, y_n$ 的平均值。

(c) z 是厄兰分布的随机观测值。

20.4-14 以均匀分布（等概率）在 $\{1,2,\cdots,9\}$ 集合上的离散随机变量为例，生成 X 的一系列随机观测值 $x_i (i = 1, 2, \cdots)$。提供了以下 3 种生成这些随机观测值的方案：分析每个方案是否为有效方法，若无效，如何调整使其成为有效方法。

(a) 方案 1：生成均匀随机数 $r_i (i = 1, 2, \cdots)$，然后，设 $x_i = n$，其中 n 为满足 $n/9 \leq r_i < (n+1)/9$ 的整数。

(b) 方案 2：生成均匀随机数 $r_i (i = 1, 2, \cdots)$，然后，设 x_i 为等于或小于 $1+9r_i$ 的最大整数。

(c) 方案 3：用混合同余发生器 $x_{n+1} = (4x_n + 7)$（模数 9）生成 x_i，初始值 $x_0 = 4$。

R20.4-15 按照"习题"部分开头的指示获得均匀随机数，使用舍选法生成三角分布的 3 个随机观测值，用以说明 20.4 节中所述的该方法。

R20.4-16 按照"习题"部分开头的指示获得均匀随机数，使用舍选法生成概率密度分布函数的 3 个随机观测值。

$$f(x) = \begin{cases} \dfrac{1}{50}(x-10), & 10 \leq x \leq 20 \\ 0, & \text{其他} \end{cases}$$

R20.4-17 一家保险公司需承担四大风险。每种风险的损失额相互独立，恒等分布在 $\{0, 1, 2\}$ 点，概率分别是 0.7、0.2 和 0.1。各项损失的大小呈累积分布函数，如下所示：

$$f(x) = \begin{cases} \dfrac{\sqrt{x}}{20}, & 0 \leq x \leq 100 \\ \dfrac{x}{200}, & 100 < x \leq 200 \\ 1, & x > 200 \end{cases}$$

按照"习题"部分开头的指示获得均匀随机数，然后，按四大风险产生的总损失的 2 倍进行仿真试验。

20.4-18 A 公司根据小组计划为其 3 名员工提供健康保险。每一位雇员一年内产生医疗费用的概率是 0.9，因此，一年内发生医疗费用的雇员人数呈二项分布，$p = 0.9$ 且 $n = 3$。假设一名雇员在一年内产生医疗费用，全年总金额 100 美元的分布概率为 0.9，10000 美元的概率为 0.1。该公司与保险公司有一个 5000 美元的自负额条款，所以，保险公司每年为该小组支付超出 5000 美元的总医疗费用。请使用均匀随机数 0.01 和 0.20 按给定顺序生成为期 2 年中每年的二项分布索赔数额。使用以下均匀随机数按给定顺序生成各索赔金额：0.80、0.95、0.70、0.96、0.54、0.01，计算保险公司这 2 年支付的总金额。

20.5-1 阅读有关 20.5 节介绍的首个应用案例中总结的运筹学研究参考文章，简要说明该项研究中是如何应用仿真的。然后，列出该项研究产生的各种财务效益和非财务效益。

20.5-2 对于20.5节介绍的第二个应用案例,按照习题20.5-1的说明进行。

A20.6-1 仿真运行产生的结果本质上是随机的,该习题将证明这一事实,并分析仿真试运行次数对这种随机性的影响。以20.6节介绍的报贩弗雷迪的示例为例,电子数据表可从本书网站上本章的Excel文件中获取,使用ASPE时,确保在"仿真选项"中选择蒙特卡罗(Monte Carlo)抽样方法,采用订购量60。

(a) 在"仿真选项"中将每次仿真的试运行次数设为100,对弗雷迪问题进行5次仿真运行,记录每次仿真运行的平均利润。

(b) 在"仿真选项"中将每次仿真的试运行次数设为1000,重复(a)部分。

(c) 比较(a)和(b)部分的结果,并对存在的差异进行评论。

A20.6-2 阿伯丁发展公司(ADC)正在考虑建设阿伯丁度假酒店项目,该度假酒店项目将位于格雷斯港(Grays Harbor)风景如画的河岸,拥有自己冠军级高尔夫球场。

购买土地的成本为100万美元,现在到期应付。建设成本约为200万美元,年底应付。但建设成本是不确定的,这些成本可能比预估的200万美元的成本要高出20%或低20%。假定建设成本遵循三角分布。

阿伯丁发展公司对酒店建成后的年营业利润(或亏损)非常不确定。年营业利润的最佳估计值在2年、3年、4年、5年产生,为700000美元。由于存在极大的不确定性,每年的年营业利润的标准差估计值也是70000美元。假设年利润具有统计独立性,且遵循正态分布。

5年后,阿伯丁发展公司计划将该酒店出售。出售价格为400万~800万美元(假设为均匀分布)。阿伯丁发展公司计算净现值时采用10%的折现率(为了计算方便,假设每年在年底收到利润)。使用ASPE在电子数据表上对该项目的仿真运行1000次。

(a) 项目的平均净现值(NPV)是多少(提示:假设Excel中NPV(比率、现金流)函数返回的现金流从现在起一年后开始计算。例如,C5为第1年年底的现金流时,D5为第2年年底现金流,E5为第3年年底现金流,F5为第4年年底现金流,NPV(10%,C5:F5)以10%的折扣率返回净现值)?

(b) 项目产生净现值超出200万美元的概率估计是多少?

(c) 阿伯丁发展公司同时还关心第2年、第3年、第4年和第5年的现金流。请生成一个这4年当中任一年赚取的最低年营业利润(无折现)的分布预测。4年内最低年营业利润的平均值是多少?

(d) 4年经营中年营业利润至少为0美元的概率是多少?

A20.6-3 埃弗里有限公司工厂的其中一个生产流程一直存在控制面板维修的问题。该控制面板包含4个相同的机电继电器,这4个机电继电器是造成故障的原因。问题是继电器出现故障的频率相当高,更换继电器时控制面板(及由控制面板控制的生产流程)必须停机。目前采取的办法是,只有出现故障时才更换继电器。这样做的平均总成本是每小时3.19美元。为了降低这一成本,有人建议,在其中任一继电器出现故障时,就将4个继电器全部更换,以便减少停机时间。这实际上是否会降低成本?

相关数据如下:继电器平均无故障时间为1000~2000h均匀分布。更换一个继电器必须将控制面板关闭1h,4个继电器全部更换需要2h。关闭控制面板和更换继电器相关的总成本是每小时1000美元,加上每个新继电器200美元。

使用电子数据表进行仿真,评估实施这一建议所需的成本,并将其与现行办法进行比较。使用ASPE进行1000次仿真试运行(每次试运行结束的时间恰好与控制面板关机结束的时间吻合),并确定每小时的平均成本。

A20.6-4 Aplus 公司生产的一种新产品需要在金属块上钻孔形成轴套,以便插入圆柱形轴。圆柱形轴要求半径至少为 1.0000 英寸,但其半径值应尽可能少的高于 1.0000。采用建议的轴生产流程,轴半径最小为 1.0000 英寸,最可能值为 1.0010 英寸,最大值为 1.0020 英寸,具体值的概率分布为三角分布。拟采用的轴套生产工艺,轴套半径的概率分布为正态分布,均值为 1.0020 英寸,标准差为 0.0010 英寸。轴套和轴之间的间隙是两者半径之差。因为两者随机匹配,偶尔会存在轴套和与之配合的轴之间存在干扰(即负间隙)的情况。

管理层关注这种偶然干扰可能导致新产品生产中断的问题,或许应改善轴和轴套的生产工艺来降低干扰概率(改进成本惊人)。为了评估该类改善需求,管理层要求你确定目前拟定的生产流程发生干扰的频率有多大。

利用 ASPE 在电子数据表上进行 1000 次仿真来估算干扰概率。

A20.6-5 再次以习题 20.4-6 中掷骰子游戏为例,现在的目标是估算赢得该游戏的概率。如果概率大于 0.5,你会想去拉斯维加斯不断玩这种游戏,直到最终赢得大量金钱为止。但如果概率不到 0.5,你就会呆在家里。

你决定利用电子数据表上进行模拟以估算这个概率。按以下所示的游戏局数,使用 ASPE 进行两次仿真运算。

(a) 100 次。

(b) 1000 次。

(c) 10000 次。

(d) 真实概率为 0.493。在进行上述运算过程中,根据运算值落在真实概率 0.007 范围以内所需的游戏局数,你能得出何种结论?

A20.6-6 回到 20.6 节介绍的报贩弗雷迪示例。电子数据表模型可从本书网站上本章的 Excel 文件中获取。20.6 节生成的弗雷迪问题的参数分析报告表明,55 是最佳订购量,但该报告中订购量只考虑了 5 的倍数。请重新生成一个弗雷迪问题的参数分析报告,报告中对 50 到 60 之间的所有整数加以考虑,从而优化搜索。

A20.6-7 珍妮佛目前在上中学,她的父母决定必须开始为珍妮佛上大学存钱了。珍妮佛的父母目前拥有 10000 美元可用于投资。此外,他们计划每年再节省 4000 美元,直到珍妮佛 5 年后开始读大学为止。他们计划对股票基金和债券基金各投资 50% 即 2000 美元。从历史情况看,股票基金平均年收益率为 8%,标准差为 6%。债券基金的平均年收益率为 4%,标准差为 3% (假设两者均呈正态分布)。假设目前(第 0 年)进行初期投资(10000 美元),并在两支基金之间平分投资金额(即各 5000 美元)。每支基金的收益可以在同一基金中累积(即再投资),且在珍妮佛上大学之前不再重新分配。此外,在第 1 年、第 2 年、第 3 年和第 4 年的年终再追加 4000 美元,两只基金平分(即各 2000 美元),再加上第 5 年年终(即珍妮佛上大学时)还另有 4000 美元的储蓄。用 ASPE 进行 1000 次仿真试运行对以下各种情况进行估算。

(a) 第 5 年年终预期的大学基金(平均)为多少?

(b) 第 5 年年终大学基金的标准差是多少?

(c) 第 5 年年终大学基金达到 35000 美元的概率有多大?

(d) 第 5 年年终大学基金达到 40000 美元的概率有多大?

A20.6-8 迈克尔·怀斯在市中心繁华十字路口处经营一个报刊亭。报刊亭对《星期日泰晤士报》的需求量平均为 300 份,标准差为 50 份(假设呈正态分布)。迈克尔以 0.75 美元每份的价格购买该报纸,以 1.25 美元每份的价格卖出,当天所有未卖完的报纸都被收回,不退款。

(a) 假设迈克尔每星期日早上购买 350 份报纸。使用 ASPE 在电子数据表上运行仿真 1000

次,迈克尔售卖《星期日泰晤士报》的平均利润是多少?他获得利润至少为 0 美元的概率有多大?

(b) 生成一个参数分析报告,对 250~350 的 5 个可能的订购量加以考虑。上述何种订购量可使迈克尔的平均利润达到最大?

(c) 针对(b)考虑的 5 个订购量生成一个趋势图。

(d) 使用 ASPE 的求解器搜索使迈克尔平均利润达到最大的订购量。

A20.6-9 路面摊铺机有限公司正在考虑投标一个县公路建设项目,公司预估该项目的成本为 500 万美元。此外,投标总成本预估为 50000 美元。另外,该县还将接收 4 个路面摊铺机有限公司的竞争者的项目投标。这些竞争对手的过去经验表明,每个竞争对手的出价最有可能是超过 500 万美元项目成本的 20%,但也有可能低至 5% 或高至成本价的 40%。假设投标价格呈三角分布。

(a) 假设路面摊铺机有限公司对项目的出价为 570 万美元。使用 ASPE 在电子数据表上执行仿真运行 1000 次。路面摊铺机有限公司中标的概率是多少?公司获得的平均利润是多少?

(b) 生成一份参数分析报告,报告对 530 万~600 万美元的 8 种可能出价加以考虑,预测路面摊铺机有限公司每个投标价格的平均利润是多少。这些投标价格中哪一个出价能使路面摊铺机有限公司的平均利润达到最大?

(c) 针对(b)中考虑的 8 个投标价格生成一个趋势图。

(d) 使用 ASPE 的求解器搜索使路面摊铺机有限公司的平均利润达到最大的出价方案。

A20.6-10 在西雅图和旧金山之间飞行的 120 航班是一个介于休闲和商务旅客的热门航班。该航班飞机的一个客舱可容纳 112 名乘客,提供提前 7 天预购折扣票和全价票。航空公司管理层正试图对以下两项作出决策:(1)配备多少提前 7 天预定折扣票;(2)总共出多少票(会存在部分乘客误机的情况)。

折扣票售价为 150 美元,不可退。7 天预购折扣票的需求量一般在 50 和 150 张之间,但最有可能接近 90 张(假设呈三角分布)。全价票票价(不需预购,且在验票领取登机卡之前可全额退票)为 400 美元。除购买全价票且办理登机手续之前取消的乘客外,该类票的需求量在 30~70 张均匀分布(为在飞机起飞前一周内发生的售票)。不可退款的打折机票平均误机率为 5%,可退票的全价机票的平均误机率为 15%,因全价票误机的情况发生时间太晚而无法退款(全价票误机的通常为商务人士,因计划有变,机票费用由其所在公司承担)。假设一个特定航班的两类机票的实际误机数呈二项分布。如果购买机票乘坐航班的乘客数多于座位数,则多出的乘客必须预订另一航班,并向其提供一个未来航班的免费券。每一位撞票乘客给航空公司造成的总费用为 600 美元,运营每一个航班的固定费用为 10000 美元。

需要做两个决定。第一,航班起飞前一周,应出售多少折扣票?太多,航空公司将承担失去部分全价票乘客的风险;太少,航空公司将承担航班不满员风险。第二,总共需要出多少机票?太多,航空公司承担乘客撞票的风险;太少,则可能承担航班不满员风险。

(a) 假定该航空公司最多可销售 120 张机票,其中最多提供 75 张折扣票。使用 ASPE 进行 1000 次模拟试运行,生成一个有关利润、上座数量和撞票乘客数量的分布预测。

(b) 生成一份二维参数分析报告,报告提供两个决策变量为以下值的所有组合时产生的平均利润:(1)销售折扣票的最大数量是 50~90 中 10 的倍数;(2)销售机票的最大数量是 112、117、122、127 或 132。

(c) 使用 ASPE 的求解器求解,为实现航空公司平均利润最大化,最多可销售多少机票和多少张折扣机票?

20.7-1 从本章末尾部分给出的"参考文献"选择 1 个获奖的仿真应用。阅读本篇文章,然后,撰写一个两页的有关应用及其效益(包括非财务效益)的总结。

20.7-2 从本章末尾部分给出的"参考文献"选择 3 个获奖的仿真应用。针对每个应用阅读本篇文章,然后,撰写一个一页的有关应用及其效益(包括非财务效益)的总结。

案 例

案例 20.1 降低在制品库存,回顾

再次以案例 17.1 为例。借助排队模型对本案例中现有排队系统和拟议中的排队系统进行分析,确定如何尽可能降低在制品库存。也可在运筹学课件提供的排队仿真器的帮助下,通过仿真应用对这些排队系统进行有效分析。

利用仿真方法实施本案例中所要求的所有分析。

案例 20.2 行为冒险

冒险玩具有限公司生产了非常受欢迎的动作玩偶系列,并将这些产品以每个 10 美元的批发价销售给玩具店。该动作玩偶的需求是季节性的,圣诞节前和春季销量最大,夏季和冬季(圣诞节后)月份的销售量最低。

每个月"基础"销量遵循正态分布,平均值相当于上月的实际"基础"销量,标准差为 500 个。任一月份的实际销量等于当月基础销量乘以季节系数,如下表所示,2014 年 12 月基础销量为 6000,实际销量等于 (1.18)(6000) = 7080。现在是 2015 年 1 月。

月 份	季节系数	月 份	季节系数
一月	0.79	七月	0.74
二月	0.88	八月	0.98
三月	0.95	九月	1.06
四月	1.05	十月	1.10
五月	1.09	十一月	1.16
六月	0.84	十二月	1.18

现金销售通常占每月销量的 40% 左右,但部分月份的现金销售比例低至 28%,也可能高达 48%。其余销量是依靠 30 天无息信贷完成的,即发货一个月后收到全额付款。2014 年 12 月,42% 的销售额是现金销售,58% 是赊帐。

生产成本取决于劳动力和材料成本,生产动作玩偶所需的塑料制品每月的价格根据市场情况波动。由于材料价格波动,每个玩偶的生产成本为 6~8 美元不等,除可变生产成本外,该公司每月生产动作玩偶的固定成本为 15000 美元。公司按订单组装产品,若有一批特殊动作玩偶的订单时,公司会立即在几天内完成生产并发货。

该公司采用 8 台注塑成型机制作动作玩偶。机器偶尔会出现故障,更换零部件需 5000 美元,每台机器每月更换零部件的概率为 10%。

该公司有一项政策,即每月月底至少保留 20000 美元的现金余额。2014 年 12 月底(或 2015 年 1 月初),现金余额是 25000 美元。如有需要,公司可获得一个为期 1 月的短期贷款来支付费用,并保持最低余额。贷款必须在下月偿还,支付利息(采用当月贷款利率)。例如,如果 3 月份的年利率为 6%(每月利率为 0.5%),且 3 月份贷一笔 1000 美元的贷款,那么,4 月要支付 1005 美元,每月可以办理一笔新的贷款。

每月月底余额(包括最低余额)结转到下月,也可赚取储蓄利息。例如,如果 3 月份的期末

余额为 20000 美元,3 月的年储蓄利息是 3%(每月 0.25%),那么,4 月可获得 50 美元利息。

贷款利率和存款利率都根据基准利率设定。贷款利率设定为基准利益+2%,储蓄利率设定为基准利率-2%。但贷款利率上限控制在(不能超过)9%,储蓄利率决不会降至 2%以下。

2014 年 12 月的基准年利率是 5%。该利率取决于联邦储备委员会。特别是,每月有 70%的可能是利率保持不变,10%的可能会上涨 25 个基点(25%),10%的可能会下降 25 个基点,5%的可能会上涨 50 个基点,5%的可能会下降 50 个基点。

(a) 请构建电子数据表仿真模型,以跟踪公司每月的现金流,直接在电子数据表上说明假设单元格的概率分布(包括类型和参数)。对 2015 年的情况进行 1000 次仿真试运行,并将结果粘贴到电子数据表中。

(b) 冒险玩具公司管理层希望了解该公司 2015 年年底的净资产数据,包括净资产超过零的可能性(净资产在此处定义为期末现金余额加储蓄利息和应收账款减去贷款和到期应付利息之后的资产)。请用你认为有助于管理层分析该问题的各种形式展示(a)部分仿真运行获得的结果。

(c) 需要做一些安排,以获得 2015 年可从银行短期贷款的特定信贷额度。因此,冒险玩具公司管理层还希望获得 2015 年可能需要的短期贷款的最大额度信息。请你用有助于管理层分析该问题的各种形式展示(a)部分仿真运行获得的结果。

案例 20.3　刨工规划

一家工厂的刨床部存在严重赶工的情况,严重影响后续工序的生产计划。有时,大量工作涌入时存在严重积压的情况,产生瓶颈。而有时又会有相当长时间没有工作,导致作业暂停,所以刨工站部分时间处于空闲状态。现提出 3 个独立的建议缓解刨床部的瓶颈问题:(1)增加一名刨工;(2)消除工作到达间隔时间的变化性;(3)减少实施工作所需的时间的变化性。可采用这些建议中的任何一个或任何建议组合。在排队仿真器的帮助下,采用仿真方法确定应采取什么措施使每小时总预期成本最小化,以尽量减少的。

案例 20.4　压力下定价

一家大型投资银行的顾客有兴趣购买一支某类股票的欧洲认购期权,为他提供从今天起 12 周内可按固定价格购买股票的权利。该名顾客只有在该固定价格低于当时股票市场价格的情况下才会在 12 周内行使该选择权,银行现在需要确定对该期权收取什么价格。这个价格应为 12 周内期权的平均价,按照该股票价格每周不同的随机游走模型,采用仿真方法估算该平均值。